한국
음악창작자의
역사 1

이 도서의 국립중앙도서관 출판시도서목록(CIP)은 e-CIP홈페이지(http://www.nl.go.kr/ecip)에서

이용하실 수 있습니다. (CIP제어번호 : CIP2008002562)

한국
음악창작자의
역사

박 준 흠 지음

1

1970~1980년대

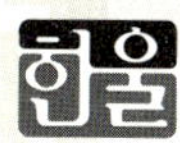

한울

1997년 겨울에 음악평론계에 입문한 내가 '한국 대중음악사'를 다룬 『이 땅에서 음악을 한다는 것은』을 1999년 여름에 발간할 수 있었던 것은 다소 무모한 자신감의 소산이었을지도 모른다. 물론 그 책은 한국 대중음악 '통사'는 아니었고, 신중현 이래 대중음악계에서 활동했던 '앨범 아티스트'들을 위주로 다룬 책이었다. 게다가 "음악연구자와 달리 음악평론가는 '음반가이드' 역할을 해야 하고, 그 방법에서 철저하게 '주관성'을 드러내야 한다"고 믿는 나로서는 세간의 평가를 무시하고 내 개인의 평가와 양심만을 따랐다. 즉, 해당 뮤지션이 발표한 음반들만을 가지고 책에 수록할지 여부와 인터뷰 여부, 글 분량을 결정했다. 그래서 '앨범' 성격의 음반을 발표하지 않은 뮤지션들은 기본적으로 제외했고, 심지어 국민가수라고 얘기되는 조용필이나 1990년대 발라드의 황제라고 얘기되던 신승훈과 같은 싱어송라이터들도 수록하지 않았다. 물론 조용필이나 신승훈과 같은 부류는 책에 수록된 일부 뮤지션들과 비교하면 형평성에서 어긋날 수는 있었지만, 그들에 대한 기존의 납득할 수 없는 평가 때문에 글을 쓸 수가 없었다. 어차피 지면이 한정되었기 때문에 선택과 배제를 할 수 밖에 없었고, 이때는 '우선적으로' '정당하게 조명받아야 할' 뮤지션과 작품을 위주로 선택해야 한다는 생각이었다. 그래서 그 책의 뮤지션 디스코그래피 부분을 본 독자들은 알겠지만 해당 뮤지션의 모든 앨범을 다루지 않은 경우도 있었다. 비정규 음반은 기본적으로 제외했고, 간혹 음반을 구할 수 없어서 디스코그래피에서 빠진 경우도 있지만 '살 필요 없는' 음반이라는 판단에서 임의로 뺀 경우도 있었다. 이런 부분에 대해서 훗날 이의를 제기하는 분들이 있었는데, 그분들 얘기를 듣다 보니 그때까지 난 '당연하다'고 생각했던 부분들이 꼭 그렇지 않을 수도 있겠다는 생각도 들었다.

그런데 대중음악 평론서 하나 쓰는데 뭐 그렇게까지 진지했냐고 물을 사람들이 있겠지만, 이는 근본적으로는 한국 사회에서 정당하게 조명받아야 할 사람들이 그렇지 못하는 상황에 대한 '안타까움' 또는 '분노'를 내 안에 품어왔기 때문일 것이다. 내가 어려서부터 타고난(?) 음악마니아라서 그런지 내가 좋아하고, 존중하고, 존경하는 뮤지션들에 대한 애정이 지나친 탓이라고도 생각한다. 내가 대중음악 쪽에서 일하는 것(처음에는 레코딩 엔지니어로)을 막연하게 결심한 것은 고등학생 때 무렵인데, 그 이후로 내가 좋아하는 뮤지션들에 대한 부당한 대접과 대중음악을 둘러싼 우리사회의 부조리함을 민감하게 받아들였다. 그래서 언젠가 '내가' 이를 바로잡겠다는 막연한 생각 또한 했었다. 물론 내가 '지사'형 인간이 될 수 없음을 알았기에 적극적으로 나서지는 못했지만, 분명히 내 안에는 그런 것에 대한 동경이 있었다. 그래서 책을 쓰면서 목록에 누구를 넣을 것인가를 밤새 고민하는 소심한 방법으로 나의 애정을 표현한 것이고, 심지어 신중현, 조용필로 대표되는 부적절한 평론 환경 때문에 애꿎은 가왕 조용필에게 공공연하게 적의를 표출하기도 했었다. 지금 생각하면 꼭 그렇게 할 필요가 없었다는 것을 잘 알지만 그때는 그럴 수밖에 없었고, 그만큼 글쓰기에서 순수했었다. 그런 이유로 『이 땅에서 음악을 한다는 것은』을 지금 읽어보면 글도 투박하고 심지어 비문도 보이지만, 지금은 도저히 쓸 수 없는 '뜨거운' 글들이 수록되어 있어서 내 글에 내가 놀라는 경우가 있다. 지금은 그때보다 더 많은 정보를 갖고 있고, 더 세련되게 글을 쓸 수 있고, 아카데믹한 논문을 쓰는 방법까지 터득했지만 어느 쪽이 더 나은 필자라고 단언할 수는 없을 것이다. 다만 예전의 그때로 다시 돌아갈 수는 없기 때문에 현재의 나는 묵묵히 정진하는 방법밖에 없고, 또한 그러려고 한다. 최대한 초심을 지키는 선에서.

이 책은 전술한 『이 땅에서 음악을 한다는 것은』(교보문고, 1999)의 개정증보판이다. 앨범 아티스트들의 '인터뷰'와 '디스코그래피'를 방대하게 다룬 책이 특별히 없는 형편이라 계속 팔릴 만한 책이었으나 출판사의 관련 출판부서가 없어지면서 자연스럽게 절판되었다. 그래서 2004년부터 다른 출판사에서 개정증보판을 내는 것을 생각해오다가 사정상 『대한인디만세 – 한국인디음악10년사』(세미콜론, 2006), 『문화기획입문』(한국방송통신대, 2006, 공저), 『축제기획의 실제』(도서출판 한울, 2007)를 먼저 출간하게 되었고, 뒤늦게 이 책이 나오게 되었다. 1999년 이후로 유관 뮤지션들의 추가로 발매된 음반들도 많았지만, 한국 대중음악계의 음악생산 방식에 많은 변화1가 있은 탓에 개정증보판을 해당 뮤지션의 디스코그래피2나 보강하는 수준으로 낼 수는 없었다. 그래서 1970~1980년대를 다룬 1권과 1990~2000년대를 다룬 2권으로 나눠서 출판기획을 하게 되었다. 이 책이 그 1권이고, 2권은 연내에 나올 수 있도록 노력할 것이다.

다시 얘기하지만 이 책은 한국 대중음아 '통사'가 아니라 음악평론가 박준흠 개인이 자신의 고유한 시각으로 선정한 뮤지션들과 그들의 인터뷰, 음반을 정리한 책이다. 기본적인 뮤지션 선정 관

---

1 크게 얘기하면 1998년부터 본격화된 '인디음악 신'과 2003년부터 본격화된 '홈레코딩 음반제작 시스템'의 출현이다. '인디음악신'의 탄생으로 대중음악 창작 · 공연 시스템에 근본적인 변화를 가져왔고, '홈레코딩 음반제작 시스템'으로 온전한 의미의 자주적인 음반제작이 가능해졌다. 뮤지션 측면에서 보면, 이제 돈이 없어서 음반을 제작하지 못하는 시대는 갔다. 이는 2003년 이후로 인디음악 신에서 출시되는 음반의 수가 매년 200장을 넘기고 있다는 사실을 보면 알 수 있다.

2 이 책의 디스코그래피 부분에서는 전작과 달리 해당 뮤지션의 발매작을 최대한 다루었다. 뮤지션의 의지와 상관없이 제작사에서 무단으로 발매했던 특별한 가치가 없어 보이는 컴필레이션음반을 제외하고는 모두 다루려고 했다. 단, 무단 발매 음반이라고 해도 역사성이 있으면 다루었다.

점은 해당 뮤지션이 주목할 만한 '음악창작자' 인지 여부이고, 밴드인 경우 주목할 만한 '음악창작자' 가 내부에 있는지 여부를 따졌다. 그리고 해당 뮤지션이 음악창작자가 아니더라도, 뛰어난 앨범들을 발표했다면 그 역시 음악창작자 범주에 넣었다. 이는 훌륭한 노래들을 알아보는 안목만 가졌어도 주목할 만한 음악창작자에 준한다고 여겼기 때문이고, 이문세나 이소라 같은 경우가 그런 경우이다. 또한 일부 선정 뮤지션들은 주목할 만한 음악창작 여부가 아니라 앨범의 완성도나 역사성만으로 선정한 경우도 있다. 뮤지션 선정 시기는 서구 대중음악의 평론 관점에 준하여 '작품으로서의 음반' (앨범)이 발표되기 시작했다고 얘기되는 1960년대 말 신중현3 이후로 잡았다. 그래서 이 책에서는 신중현을 '앨범 아티스트 1호' 로 보았고, 실질적인 '싱어송라이터 1호' 를 한대수로 파악했다.

　　이번 개정증보판을 만들면서 고민했던 것은 예전에 실었던 인터뷰를 새로운 인터뷰로 교체할 것인가 여부였다. 특히 1970~1980년대를 다룬 1권의 경우 많은 인터뷰가 1998년에 했던 인터뷰인데, 이를 최근의 인터뷰로 교체할지 여부였다. 그러나 미국의 음악잡지《롤링스톤(Rolling Stone)》에서 발간한 인터뷰집인 『The Rolling Stone Interview 1967-1980』(Rolling Stone Press, 1981)과 같은 책을 보면 알 수 있듯이 뮤지션의 인터뷰는 그 자체가 '대중음악의 역사' 이다. 그리고 단언컨대, '뮤지션 인터뷰' 는 음악 관련 글들 중에서 가장 중요하고 생명력도 길다. 일례로 카메론 크로우(Cameron Crowe)4가 1975년에 하드록 밴드 레드 제플린(Led Zeppelin)의 지미 페이지(Jimmy Page)와 로버트 플랜트(Robert Plant), 그리고 닐 영(Neil Young)을 인터뷰한 것을 읽는 일은 지금도 재미있다. 그런데 그때 쓴 음반리뷰나 칼럼은 인터뷰만큼 생명력이 있을까 싶다. 그래서 신중현과 같은 경우 2008년 1월에 한 최근 인터뷰가 있음에도 예전 인터뷰를 그냥 실었다. 그 나름의 의미가 있어서였고, 차라리 최근 인터뷰는 나중에 새로운 책에 수록하려고 한다. 대신 한대수의 경우 이전 책의 인터뷰가 팩스로 주고받은 인터뷰라서 2000년에 8집 [Eternal Sorrow](epi music) 발표 후 가진 인터뷰를 대체해서 실었다. 또한 장필순은 이전 책에 인터뷰가 없어서 2002년 6집 [soony6](하나뮤직) 발표 즈음에 가진 인터뷰를 실었다. 그리고 『이 땅에서 음

---

3 정확히는 신중현의 덩키스(Donkeys) 1집(1969/신향음반)을 말한다.

4 '클럽 싱글스', '제리 맥과이어', '올모스트 페이모스', '마이너리티 리포트' 등을 만든 영화감독. 그는 이전에 롤링스톤과 같은 음악잡지에 글을 기고하던 록평론가였다. 시애틀 그런지록 신을 담은 '클럽 싱글스' (1992)와 자전적인 영화 '올모스트 페이모스' (2000)에서는 음악마니아로서 음악에 대한 애정을 담고 있다. 재미있는 점은 그가 레드 제플린을 인터뷰했던 것처럼 '올모스트 페이모스' 에서는 주인공(록평론가)이 '스틸워터' 라는 가상의 록밴드를 따라다니는데, 그 음악이 레드 제플린풍이라는 점이다.

악을 한다는 것은』의 글과 비교해서 이번 책의 글은 좀 다른데, 이는 원래 원고의 내용과 문체를 살렸기 때문이다.

이 책에서 힘주어서 말하고 싶은 것이 있다면, 음악사뿐만 아니라 음악산업에서의 핵심은 '음악창작'이란 점이다. 이는 서문을 비롯한 본문을 읽다 보면 짐작할 수 있는 '사실'이다. 이 책이 '음악창작'에 대해서 사회적인 환기 역할을 하기 바란다. 그래서 이 책 내용에서 다루고 있는 뮤지션들의 '계속적인 창작 활동'에 도움을 줄 수 있다면 가장 바람직할 것이다.

마지막으로 이 책이 나오기까지 도와주신 분들을 거론해야 할 것 같다. 먼저 이 책의 출판을 기꺼이 수용한 도서출판 한울의 김종수 대표에게 고마움을 전하고, 이 책의 기획에서 편집까지 담당한 신인영, 윤순현, 양은주 씨 등에게 감사의 말을 전한다. 그리고 일부 파트에서 글을 제공한 김민규, 김학선, 서정민갑 씨에게 고마움을 전한다(해당 글에 필자명을 표기함). 이 책에 쓰인 인터뷰 관련 사진은 이정실 씨의 작품이고, 사용을 허락한 것에 감사한다. 내 프로필 사진을 위해 어려운 시간을 내서 촬영해준 최규성 씨에게도 감사드린다. 한국의 우수한 대중음악DB인 maniadb.com은 내게 정보 면에서 많은 도움을 주었는데, 사이트 운영자인 류형규, 박진건 씨에게 고마움을 전한다. 물론 인터뷰에 응해주신 뮤지션들과 관계자들에게는 특별한 고마움을 전한다. 또한 항상 나의 곁에서 지지와 신뢰를 보여주는 까칠하면서도 귀여운 '영혼의 동반자' 아내와, 사랑과 염려의 마음을 주는 어머님께 무한한 고마움을 느낀다. 이 자리에서 거론하지 못한 고마웠던 분들과 이 책을 소중하게 읽어주는 모든 분들에게도 감사의 말을 전한다.

2008년 8월
문화기획자그룹 & 문화예술전문매체 '가슴네트워크' 박준흠

1. 대중가요, 대중음악, 음악창작자의 역사, 다시 생각해보는 '싱어송라이터' 의 의미

대중가요

대중가요의 사전적인 의미는 "서양음악이 도입되던 시절부터 대중 사이에서 즐겨 불려온 세속적인 노래"이다. 그래서 "한국에서의 대중가요는 서양음악의 수입과 더불어 시작된다"고 본다. 즉, 선교사들에 의해 찬송가를 중심으로 한 서양음악이 들어오자(1885) 서양의 노래들이 번안되어 불리기 시작했고, 이를 보통 창가(唱歌)라고 했다. 그리고 대중가요를 노래하는 본격적인 가수의 등장은 축음기가 보편적으로 사용되기 시작한 1930년대 이후이고, 가요음반이 대중의 기호물이 되면서 연극배우들 중 막간무대에 등장했던 인기배우들이 대거 가요곡을 취입했다.

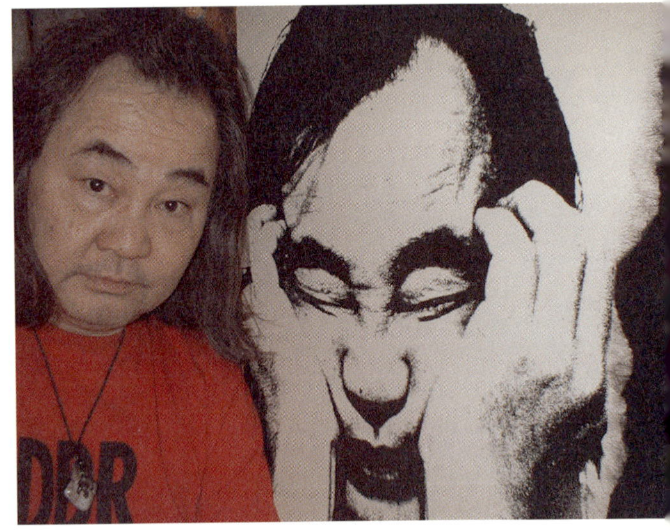

하지만 용어적으로 볼 때 대중가요는 다소 모호한 분류항이다. 샹송, 칸초네처럼 '국가적인' 개념도 없고 '음악장르' 개념도 아니기 때문이다. 통상적으로 대중가요의 영역 안에는 국악, 민요, 가곡뿐만 아니라 민중음악, 서구대중음악의 형식(록, 블루스, 재즈, 포크 등)을 차용한 한국 대중음악까지도 빠져 있다. 지금 대중가요는 거의 일제시대에 도입된 일본의 엔카에서 비롯된 트로트 계열의 음악과 서구대중음악의 형식 중에서 '한국형 댄스, 발라드'로 정착된 팝 계열의 음악만을 가리킨다. 그리고 서구에서는 보통 음악을 크게 클래식과 팝으로 나누고, 팝을 다시 록, 재즈, 블루스, 소울, 포크, 트래디셔널(전통음악), 팝(하위 장르로써의 팝), 힙합, 테크노 등의 장르로 분류하는데, 대중가요에는 그런 개념이 없다. 그래서 현재 대중가요라는 '용어'는 매우 지엽적인 분류에 머물고 있고, "대중가요는 저열하다"는 일반적인 인식 때문에 국악, 민요, 가곡을 부르는 뮤지션들뿐만 아

니라 민중음악을 하는 뮤지션들도 대중가요의 '카테고리'에 들어가는 것을 꺼리고 있다. 이런 이유로 1990년대에 들어와서는 '한국대중음악'으로 명칭을 바꾸어 부르자는 논의도 있었다.

대중음악

1990년대 중반 이후로는 대중음악에 대한 '비평'이 본격화되면서 대중음악과 대중음악인에 대한 개념과 이를 바라보는 시선이 바뀌고 있는 중이다. 일례로 노래 부르는 '가수' 중심의 논의는 더 이상 유효하지 않다. 예전에는 대중음악의 구조를 '노래와 반주'로 보았고, 그래서 가수가 있고 반주자들이 가수를 보조해주는 식이었다. 하지만 지금 가수는 음악 구성에서의 한 파트일 뿐이다. 전체적으로 작사/작곡, 편곡, 프로듀싱, 보컬, 세션으로 구성된 음반제작에서 '보컬 파트를 담당하는 사람'으로 인식된다. 물론 솔로 가수를 보는 일반적인 시선은 그렇지 않겠지만, 이미 대중음악이 '산업'이 되어버린 지금 고도의 매니지먼트 시스템하에서 존재하는 가수의 위치는 그렇다는 것이다.

그래서 음악비평 시 솔로 가수를 얘기할 때도 오히려 작사/작곡, 편곡에 더 많은 주의를 기울이고, 가수는 보컬리스트로서 세션과 함께 얘기되곤 한다. 즉, 음악비평에서 한 가수의 역량은 그가 갖고 있는 가창력이 아니라 얼마나 뛰어난 '창작곡'을 부르는가의 여부에 달려 있고, 그의 보컬이 얼마나 뛰어난 '세션'과 화합을 이루는지 여부로 판가름이 난다. 그리고 이걸 기술적으로 가능케 하는 것이 녹음(레코딩, 믹싱, 마스터링)기사의 역량이고, 이를 전체적으로 조율하는 사람이 프로듀서이다.

음악창작자의 역사

영미권의 대중음악 역사에서는 보통 1960년대 초반 밥 딜런(Bob Dylan) 이후를 '앨범 아티스트'의 시대라고 말하고, 이는 싱글 단위가 아니라 '작품으로서의 음반'을 만드는 뮤지션들이 생겨났음을 의미한다. 그리고 이는 대중음악을 만드는/보는 새로운 관점이고, 현재 대중음악비평의 기원이라고 할 수 있다.

이 글에서 지칭하는 음악창작자는 '앨범 아티스트'를 의미하고, 정확히는 1968년에 국내에 들어와서 활동하기 시작한 '한국 모던포크의 시조'이자 '싱어송라이터의 원조'라고 할 수 있는 한대수 이후의 앨범 아티스트들을 말한다.1 그래서 온전한 의미의 음악창작자라고 지칭할 수 없는 한영애나 이소라도 [바라본다](1988/서라벌레코드)와 [눈썹 달](2004/T-Entertainment)이라는 훌륭한 앨범을 발표한 뮤지션이므로 여기서 '음악창작자'의 범주에 넣었다.

다시 생각해보는 '싱어송라이터'의 의미

우리가 지속적으로 다양하고 훌륭한 작품(으로서의)들을 만나기 바란다면, 그 생산자인 '싱어송라이터'를 조명해야 한다. 물론 훌륭한 '송라이터(음악창작자)'와 '싱어'가 결합해 작품을 만들어내기도 하지만, 특별한 경우가 아니고는 자신이 부르는 노래는 자신 또는 자신이 속한 집단(밴드)에서 만들어야 제대로 감정선을 만들어낼 수 있다는 것이 주지의 사실이다. 이는 '진정성'을 매개로 한 감동 전달이라는 문제도 있지만, 언더그라운드/인디 신에서 뮤지션들이 활동할 수 있게 하는 현실적인 문제이기도 하다. 당장 작사·작곡·편곡료를 지불할 돈이 없는 상황에서는 세션뿐 아니라 작사·작곡·편곡을 자급자족 방식으로 해결해야 하기 때문에 '싱어송라이터'는 선택이 아니라 필수인 상황이다. 그래서 언더그라운드/인디 신에서의 음악창작자는 '싱어송라이터'와 거의 같은 개념으로 볼 수 있다.

1980년대까지만 해도 뮤지션들은 아무리 언더그라운드 애티튜드를 가지고 있더라도 활동을 하기 위해서는 녹음 부분에서부터 '자본의 문제'에 봉착하기 때문에 메이저 시스템에 예속될 수밖에 없는 구조적인 문제점을 안고 있었다. 그래서 이후 기술의 진보와 함께 뮤지션들이 모색한 것이 '하우스 뮤직'(홈레코딩의 초기 개념)이다. 이는 말 그대로 집에서 PC를 중심으로 한 디지털 녹음 시설로 자신이 만든 음악을 레코딩·믹싱하는 것이다. 초기에는 힙합과 테크노 장르에서 이런 방식으로 음반제작을 많이 했기 때문에 하우스 뮤직은 메이저 시스템에 예속되지 않고 음악을 할 수 있는 대안으로서의 힙합과 테크노를 지칭하는 용어가 되었다. 그래서 1990년대의 주요 장르인 힙합과 테크노 그리고 인디레이블 음악은 기존 평론 방법의 잣대로 얘기할 수 없는 부분이 있다. 기본적으로 메이저 제작 시스템을 거부한 음악들이기 때문에(물론 메이저에서 제작된 힙합과 테크노는 다른 논점으로 얘기해야 하겠지만) 그 이유를 감안해 평가를 해야 한다.

1 물론 신중현은 1964년에 한국 최초의 록음악 음반이자 록 창작곡들이 실린 음반인 애드 훠(Add 4)의 [빗속의 여인](엘케엘레코드)을 발표했다. 그리고 이는 '앨범' 개념으로 만들어졌다. 하지만 1969년에 그가 덩키스 1집을 발표하기까지 음반 제작 측면에서 긴 공백이 있었고, 비로소 이 무렵부터 제대로 된 앨범의 개념이 생긴 것으로 보인다.

메이저 제작 시스템을 거부하면 상대적으로 녹음 문제에서 조악함을 드러낼 수밖에 없다.[2] 하지만 그렇더라도 이는 뮤지션이 제작자본의 간섭을 받지 않고 독자적인 음악을 보장받기 위해서 택한 것이기 때문에 우리는 이를 감안해주어야 한다. 그래서 이들 음악에서 중요한 것은 녹음보다 세션이고, 세션보다 중요한 것은 송라이팅일 수밖에 없다. 그리고 국내에서도 2002년 이후에는 뮤지션들이 그간의 노하우를 바탕으로 메이저 시스템에 크게 뒤지지 않는 녹음을 하고 있다. 오히려 레코딩 시 톤을 잘 잡고, 느낌이 사는 믹싱을 하기 때문에 감이 떨어지는 엔지니어들이 작업한 것보다 나은 경우도 많다.

현재 한국의 재능 있는 싱어송라이터들이 중앙 매체에서 잘 다루지 않는 언더그라운드/인디 신에 적어도 70% 이상 집결해 있다는 사실에 제발 놀라지 말았으면 한다. 그래서 '음악창작자의 역사'를 다룰 때 주로 언더그라운드/인디 신을 얘기하는 것이고, '인디음악 10년사'는 현재 '음악창작자의 역사'의 다름 아니다. 이를 아직도 인식하지 못하겠는가?

2. 언제까지 '불법복제' 탓만 할 것인가?

현재 운영하고 있는 가슴네트워크는 1999년에 '대중음악비평웹진 가슴'으로부터 시작되었다. 그 이전에 《서브》라는 월간음악전문지를 창간해서 편집장을 하다가 처음으로 '내 자본'으로 창간해서 운영한 것이 '웹진 가슴'이었고, 벌써 햇수로 10년째 운영 중이다. 그리고 현재는 대중음악과 문화기획 전반을 아우르는 회사 개념으로 발전했다(웹진 가슴은 가슴네트워크 안에서 독립적인 음악매체로 운영되고 있음). 내가 9년 전에 웹진 가슴을 만든 이후 현재의 가슴네트워크로 진화된 과정에는 한국음악산업 안에서 '매체의 역할'을 고민했던 과정이 고스란히 녹아 있다.

1999년 당시 웹진 가슴이라는 독립매체를 만든 이유는 비평매체를 온전하게 운영하기 위해서는 편집권이 자본주의 간섭으로부터 자유로워야 한다는 점 때문이었고, 이를 이전 경험을 통해서 체득한 점이 가장 컸다. 일례로 잡지와 같은 매체를 운영하려면 판매수입과 광고수입이 있어야 하는데, 음악잡지에서 가장 큰 광고주는 바로 음반사들이라는 아이러니가 존재한다. 그러니 유가 음악잡지가 편집방향성을 '일관되고 엄정한 비평'을 통한 음반가이드로 설정하기란 현실적으로 어렵다. 단, 해외의 몇몇 잡지처럼 판매로 승부를 걸거나 처음부터 발행인이 적자를 감수하고라도 이를

---

[2] 물론 2000년대 이후의 홈레코딩 앨범들은 관련 하드웨어·소프트웨어의 급격한 발전으로 녹음실에서 녹음한 음반과 퀄리티 면에서 별 차이가 없는 것들도 많다.

용인한다면 가능하다. 그래서 온전한 비평매체를 만들고
싶었던 나는 스스로 발행인이 되기로 결심했고, 당시 인
터넷 문화사업에 대한 희망 섞인 예측들이 있어서 그럭저
럭 운영은 되겠다 싶었다. 하지만 2000년을 넘기면서부
터 인터넷기업의 수익발생이 그리 만만치 않을 것이란 전
망이 팽배했다. 그 시점에서 '웹진 가슴' 의 운영을 비영
리 · 비회원 방식으로 잠정 결정했고, DB를 만들어가는
것에 치중했다.

내가 온전한 비평매체를 고집했던 이유는 '음악산업'
안에서 '비평' 의 기능에 주목했기 때문이다. 이를 쉽게
얘기하면 "한국에서만 1년에 1,000장 가까이 나오는 음
반들을 음악소비자들이 다 들어볼 수 없기 때문에 대신
음악평론가들이 다양한 방법으로 분류를 해주고, 음악
소비자들은 이를 믿고 가장 적은 돈으로 효율적으로 음
반을 선택해서 만족감을 갖게 하는 것이다. 그리고 궁극
적인 목적은 음악소비자들에게 다른 데 돈을 쓰는 것보
다는 음반구매에 돈을 쓰는 것이 상대적으로 낫겠다는
생각을 계속적으로 갖게 해서 이들을 음악시장에 장기
적으로 묶어두는 것"이고, 이는 사실 고전적인 음악비평
의 기능에 속한다. 또한 온전한 음악비평이 존재해야 음
악산업이 '합리적' 으로 성장할 것이라고 여기고, 여기
서의 '합리적' 이란 지금과 같이 음악사업자(음반사, 이동
통신사, 포털)와 주류매체(공중파방송 중심의 중앙매체)들만
이 수익을 독식하는 것이 아니라 뮤지션과 관계자(공연기
획자, 매체종사자 등)들까지 성장의 혜택을 공평하게 누리
는 것을 말한다. 난 음악시장 성장을 절실히 바라지만 뮤
지션이나 관계자들이 배제되는 구조는 원치 않는다. 아
울러 음악시장 성장에는 명분이 있어야 하는데, 여기서
의 핵심은 '다양한 양질의 음악' 이 음악소비자들에 공급

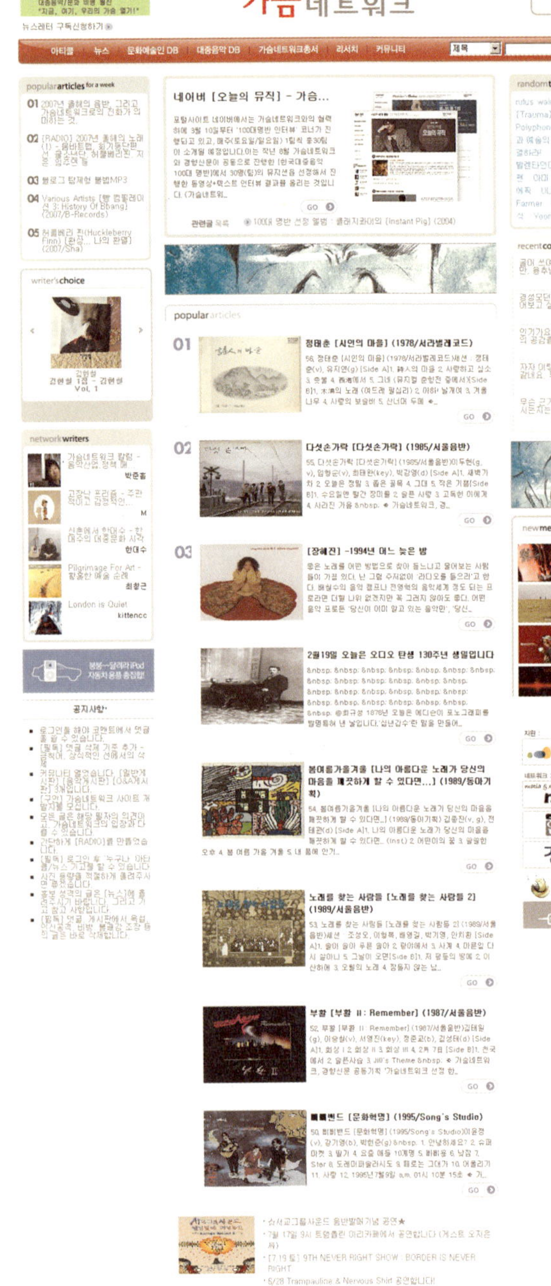

되어 그들에게 만족감을 줄 수 있어야 한다는 점이다.

그리고 비평과 함께 관심을 가졌던 것은 1990년대 초반 이후 한국에서 사라진 '음악전문방송'의 부활 문제였다. 원래 FM방송은 AM방송에서는 불가능한 Hi-Fi 음질을 실현하기 위한 방법론이었고, 따라서 FM방송 자체가 특별히 규정하지 않더라도 '음악전문방송'이라 할 수 있다. 알다시피 한국에서 1980년대까지만 해도 FM방송은 음악방송이었고, 편성에서 60% 이상은 해외 팝음악으로 채워졌으며, 전영혁이나 성시완과 같은 전문DJ가 대접받았다. 하지만 1990년대에 들어서 TV의 엔터테인먼트 위주 편성방식은 FM방송으로까지 확대되어 지금은 왜 굳이 FM방송이 있어야 하는지를 의심케 한다. 한데 여기서의 문제는 FM방송이 엔터테인먼트 위주의 편성으로 바뀌면서 뮤지션들이 신보를 발매한 후 홍보를 할 채널을 잃어버렸다는 점이다. 그래서 'FM방송의 엔터테인먼트화'는 한국에서 해외 팝음반 시장의 몰락을 야기시킨 것 이외에도 인디뮤지션을 포함한 앨범아티스트들의 상업성을 거세시키는 데 한몫했다.**3**

그런 이유로 정공법적인 방법을 생각했고, 그게 지금은 운영이 중단된 '가슴라디오'이다. 왜 메뉴명이 '라디오'였겠는가? 나름대로는 신보들과 함께 뛰어난 노래들을 소개하고 싶었고, 이는 비평적인 텍스트와 함께 음악을 직접 들어봐야 '구매욕구'가 생길 것이란 생각에서였다. 가슴라디오는 2년 전에 웹진 가슴을 복구하는 과정에서 운영을 중단했고, '필자추천 싱글'과 같은 몇몇 음악듣기 코너는 여러 가지 문제로 운영을 중단했다. 재작년 6월에 미디어서버 문제 때문에 음악서비스를 중단했는데, 서버를 교체하려다가 곰곰이 생각해보니 문제가 한두 가지가 아니었다. 가장 큰 문제는 재작년 12월에 개정되어 작년 6월 말부터 발효된 '저작권법' 때문이다.**4**

그런데 그간 음악산업에 종사하고 있는 사람들이 이런 종류의 고민을 어느 정도 해봤는지 심히 의심스럽다. 소수의 사람들을 제외하고는, 특히 주류음악 신의 거의 대부분은 아직도 '한국음반산업 몰락 이유'를 한결같이 '온라인을 통한 음악소비자들의 불법복제' 때문이라고 얘기한다. 이제 그런 얘기는 몇 년째 들어서 귀가 닳을 지경이다. 하지만 2000년을 넘어 같은 기간에 "왜 한국만 전 세계에서 유일하게 음반시장이 급격하게 몰락했는지"에 대한 답변을 하지 못하고, 그 이유를 찾아보려는 노력을 하지 않는다. 그런 사실조차 모르는 것인지, 아니면 알면서도 다른 이유 때문에

---

3 지금도 시대 변화에 따라서 'FM방송의 엔터테인먼트화'가 이루어졌다고 항변하는 관계자들이 있지만 정말 그랬을까? 결국 이러한 편성방식은 10년이 지나서 시청률 1%대의 TV음악방송 프로그램 현실을 만드는 데 일조했고, 대안으로 기껏 얘기하는 수준이 '가요 순위프로그램 부활'과 같은 본질적이지 않은 얘기들이다.

4 여태까지 가슴이 비회원제를 고집한 이유들 중에 하나는 음악서비스를 계속하기 위해서였다. 이는 '비영리'임을 증명하기 위한 것이었고, 조심스럽게 인디뮤지션 중심으로 음원서비스를 해왔다.

애써 거론하지 않는 것인지 궁금하다.**5**

시장이 몰락했다면 거기서 팔고 있는 상품의 가치가 떨어졌다는 점이 첫 번째 이유일 것이다. 에둘러 이유를 어렵게 찾을 필요가 하나도 없다. 물론 그게 인디음반처럼 구조적으로 홍보, 유통 경로가 없어서 원천적으로 상업성을 획득하기 어려운 상황이 아니라면 말이다. 음반시장 몰락의 핵심은 1990년대 중반부터 주류음반사와 주류매체들이 10대 팬덤 중심으로 음반시장을 '게토화' 시켜서 장사하다가 이제는 그게 더 이상 먹히지 않기 때문이 아닌가. 왜냐하면 2000년대에 들어서서 예전 소비자들의 일부는 돈 주고 음반을 사는 대신 인터넷을 통한 '불법복제' 등으로 옮겨갔고, 그도 아니면 주류음악에 대한 관심 자체가 현격하게 줄어들었기 때문이다. 후자는 음악방송프로그램의 시청률이 1%대로 떨어진 현실이 이를 증명한다.**6**

그렇다면 주류음악 관계자들이 말하는 '불법복제' 문제는 음반시장 몰락의 부분적인 이유가 될 수는 있어도 핵심적인 이유는 아니다. 오히려 '소수'의 10대 소녀들만이 관심을 갖는 현재 주류음악 생산·유통 시스템이 가장 큰 문제이다. 그리고 이런 상황이 개선되지 않는다면 음반시장뿐만 아니라 음악시장 전체도 기울지 모른다. 도대체 언제까지 '불법복제' 타령만 할 것인가?

5 현재 전 세계적으로 음반시장이 불황인 것은 사실이지만 한국처럼 시장이 몰락한 경우는 사례를 찾기 힘들다는 점이다. 미국의 예를 보더라도 2000년에서 2005년에 이르는 동안 시장 감소는 25% 선이었다. 그러나 1990년대 세계 음반시장 10대 강국에 들었던 한국만 유독 그 기간에 75%의 시장 감소를 보였다. 그런데 아직까지도 이 부분에 대해서 정확한 논의가 없었던 것으로 알고 있다. 다들 "전 세계적으로 음반판매가 둔화되고 있다"라는 말을 하면서 한국음반시장의 붕괴를 '일반적인 현상'으로만 치부하고 있고, 더욱이 '인터넷 강국'이란 사실로 오프라인 음반시장이 더욱 빨리 급락했을 것이라고 믿고 있다.

6 이 과정을 거치면서 진정한 음악수용자(음악마니아, 돈을 주고 음반을 사는 사람)의 수는 급격하게 감소했다. 1980년대 음악수용자 층이 적어도 10~30대였음을 상기하면 되고, 영미권의 문화소비자 타겟이 30~40대 중산층임을 염두에 두면 된다. 한국에서는 20대 이상의 음악수용자가 거의 전멸하는 상황이 되었다면, 그건 1차적으로 기획·제작·유통 시스템의 문제이다. 1990년대에 들어 조성된 음악창작자들을 죽이는 시스템은 이제 주류제작자들을 죽이는 부메랑이 되어 돌아오고 있다. 더 늦기 전에 할 일은 좋은 음악창작자들이 살아갈 수 있는 시스템을 만드는 일에 동의하는 것이고, 이는 이들에 대한 이미지메이킹을 하는 일부터 시작해야 한다. 밥 딜런이나 닐 영과 같은 이들이 '창작적인 측면'에서 신화가 되는 일이 미국의 음악산업을 키우는 방법에 속한다는 것을 아직도 모르겠는가?

일러두기

서술방법

1. 중요 뮤지션

   모든 정규 앨범 거론: 원칙적으로 베스트음반과 같은 컴필레이션음반 배제

   관련 중요 앨범 거론: 복수 운영작, 중요한 노래/프로듀서/창작/세션 참여작

   관련 중요 VA 음반 거론: 정규앨범 이전에 노래가 담긴 앨범 등

   음악감독을 맡은 OST 음반 거론

   스플릿 앨범(공동 참여 앨범) 거론

   기타 VA, OST는 후반부에 한꺼번에 거론

2. 관련/유사 뮤지션

   같은 성격의 여러 뮤지션을 한번에 거론: 신중현사단 등 | 단락을 나누어서 비평을 하고 음반들은 마지막에 같이 거론

3. VA(Various Artists), OST(Original Sound Track)

   70년대, 80년대, 90년대, 2000년대 중요 VA | 70년대, 80년대, 90년대, 2000년대 중요 OST

4. 글 배치 순서

   1) 중요 뮤지션   서술문(또는 서술 칼럼) 바이오그라피 인터뷰(또는 비평문) 디스코그라피
   2) 관련/유사 뮤지션   서술문(인터뷰, 칼럼) 디스코그라피

표기방법

1. 뮤지션 표기 방법

   개인/밴드 활동을 병행하는 뮤지션의 경우 개인을 우선적으로 표기

   음악창작자가 드러나지 않는 밴드는 밴드명으로 표기

   밴드 소속이지만 중요한 음악창작자인 경우 밴드명 앞에 창작자 이름 명기: 이주원(따로 또 같이), 김창완(산울림), 전인권(들국화) 등

   밴드 내에 복수의 음악창작자가 있는 경우 '&' 표기: 김민규 & 윤준호(넬리스파이스) 등

2. 뮤지션 이름 표기 방법

   국어전용이고 ( ) 안에 영문 표기함: 허클베리 핀(Huckleberry Finn) | 단, 국문으로 바꿀 수 없는 것은 그대로 둠: 99, DJ 등

   띄어쓰기, 국문/영문표기는 가급적이면 앨범에 표기된 것에 준함

3. 음반발매연도 표기 방법

   음반에 기술되어 있는 년도를 기순으로 함:

   이 원칙에 따라 실제로 2001년에 발매된 루시드 폴 1집을 (2000), 2004년에 발매된 스왈로우 1집을 (2003)으로 표기함

4. 본문 글에서의 앨범명, 곡목 표기 기호

   앨범명: [ ]   곡목: 〈 〉

5. 악기 표기 범례

   v(vocal), cho(chorus), g(guitar), b(bass), d(drum), perc(percussion), key(keyboard), p(piano), har(harmonica), prog(programming) 등

앨범 음반사 분류 기준

   음반재킷 하단의 ℗(판권) 표시 옆에 있는 이름을 음반사로 봄: 이럴 경우 손병휘 4집의 음반사는 장수하늘소가 아니라 '손병휘' 임

   ℗ 표시가 없을 경우 ⓒ(저작권) 표시에 붙은 이름을 음반사로 봄

   ℗나 ⓒ 표시가 없을 경우, 음반면에 표시된 이름이나 executive producer와 관련된 이름을 음반사로 봄

   이도저도 아니면 상식선에서 음반사를 판단하거나 배급사를 음반사로 봄

   기타 maniadb.com 정보를 참고함

차례

한국 음악창작자의 역사 1 1970~1980년대

한국 음악창작자의 역사 2 1990~2000년대

※ 2008년 말 발간 예정

III. 1990년대

IV. 2000년대

Ⅰ. 1970년대

한대수의 40년 음악인생, 한국 음악창작자의 역사

* 2007년 9월에 쓴 칼럼입니다.

지난 일요일(2007년 9월 9일) 신촌의 모 카페에서 한대수 씨의 첫 번째 딸인 '양호'의 백일잔치가 있었다. 그의 가족들뿐만 아니라 그간 음반, 공연, 사진, 책 작업을 통해서 친분을 쌓은 동료와 후배들 그리고 매체 관계자들이 참여한 '파티'였고, 술이 거나하게 취한 몇몇 뮤지션들은 즉석에서 어쿠스틱 기타 몇 대만으로 공연을 가졌던 흥겨운 자리였다. 사람들의 어깨 너머로 김도균과 김성민(선글라스)이 합주하는 〈행복의 나라〉가 들렸던 것 같고, 한대수 씨가 사람들 뒤에 서서 그 광경을 지켜보는 모습을 얼핏 본 것 같다. 그는 17살 무렵인 1960년대 중반 베트남전쟁을 반대하며 '사랑과 평화'의 기치 아래 록과 포크를 폭발시켰던 히피들과 어울렸고, 한편으론 아버지에 대한 애증이 응어리진 가슴을 쓸어안고 뮤지션으로서의 꿈을 키웠는데 그때 만든 노래가 바로 〈행복의 나라〉라고 한다. 환갑을 바라보는 나이에 본 첫 딸의 백일잔치에서 그 노래를 듣는다는 것이 어떤 심정일지 궁금하다.

한대수는 '음악평론가의 입장'에서 본다면 '한국대중음악 평론'을 가능케 한 무척 소중한 인물이다. 왜냐하면 음악평론가에게도 평론 '대상'이 있어야 평론이 가능한데 그게 바로 앨범('작품'으로서의 음반)이고, 한대수는 신중현과 함께 '앨범 아티스트'로서 선구자적인 인물이기 때문이다. 지난 8월 가슴네트워크와 경향신문은 '한국대중음악 100대 명반' 선정 작업을 공동으로 진행했는데, 왜 여기에 유명한 트로트 가수나 댄스 가수들의 음반이 선정되지 않았냐는 질문을 하는 사람들이 있었다. 이는 음악평론과 음악사 연구, 앨범과 (단순)음반의 차이를 인식하지 못하는 우문에 가깝고 어찌 보면 이게 한국 대중음악이 처한 현실이다. 사실 음악평론가 입장에서 보면 한대수 이전에서 평론 대상을 찾는다는 것이 쉽지 않다.

1968년 미국에서 귀국한 한대수는 공연을 중심으로 활동했고, 당시 생소했던 '싱어송라이터'의 모습은 한국대중음악사에서 파격이었다. 왜냐하면 '싱어송라이터'는 진정성을 갖는 음악창작을 하기 위한 '방법론'이었기 때문이다. 1970년대 초반 한국에서 청년문화가 개화될 때 김민기, 양희은, 양병집, 서유석 등이 발표한 새로운 가치와 음악적 외관을 담은 앨범들은 한대수의 활동에 일정 부분 빚진다고 할 수 있다. 그래서 한대수의 디스코그라피를 살펴보는 일은 '한국음악창작자의 역사'를 살펴보는 일과 같다. 그는 단지 머리 길고 '빠다' 발음 나는 히피가 아니었다. 지금 생각하면 언뜻 이해되지 않겠지만, 그에 대해서는 1990년대 중반까지 몰상식할 정도의 평가도 적지 않았고, 재평가가 이루어진 것은 1990년대 말에 들어서다.

신중현이 2006년 12월에 은퇴공연을 하고 잠정적으로 활동을 중단한 것을 생각한다면, 8집 [Eternal Sorrow](2000) 이후 항상 "이번이 마지막 앨범일 수 있다"라는 절망적인 얘기를 하면서도 아직까지 꾸준하게 신보들을 발표하는 한대수는 독보적인 존재라고 할 수 있다. 또한 음악적으로 다양한 스타일을 보여주면서 창작적으로도 뛰어난 그의 앨범들을 대하다 보면 단지 그를 '한국 모던포크의 시조' 정도로 얘기하는 것은 너무 약소해 보인다. 왜냐하면 의심할 바 없이 한대수는 한국 음악창작자들의 표상이기 때문이다

한대수의 활동에 비해 그의 데뷔 음반은 매우 늦게 나왔다. 군대에 갔다 오느라고 1집 [멀고먼-길]은 1974년이 되어서야 간신히 발표되었다. 이 앨범에는 지금까지도 불리는 그의 대표곡 〈물 좀 주소〉, 〈바람과 나〉, 〈행복의 나라〉 등이 수록되어 있는데, 김민기, 양희은 계열의 음악과는 작법이 달랐다.[1] 〈물 좀 주소〉 같은 노래를 보더라도 다분히 록적인 어법이 강했기 때문에, 나중에 크래시와 헤비메탈로 합주할 때도 전혀 어색하지 않았다. 그리고 2집 [고무신]이 이듬해 나오고

---

[1] 모던포크 자체가 1960년대 미국의 반문화(counter-culture)운동에서 영향을 받아 1970년대 초반 한국에서 태동한 '청년문화'의 표상(통기타, 맥주, 청바지)이었기 때문에 당연히 마이너 문화적인 속성을 가지고 있었다. 이때 의미 있는 데뷔 음반들을 발표한 '모던포크 4인방' 한대수, 김민기, 양병집, 서유석은 당시 사회의 아웃사이더일 수밖에 없었다. 그러면서도 우리나라에 이식되는 서구문화는 '문화 수입' 측면에서 일반 대중보다 한발 앞선 위치에 있는 대학가 엘리트들에 의해서 먼저 걸러지고 재형상화되었던 것도 사실이다. 당시 모던포크계의 중요 뮤지션인 김민기, 양희은, 이장희, 윤형주, 김세환 등이 명문대 대학생 신분이었다는 것이 이를 반증한다. 그리고 이들은 YMCA의 '청개구리'라는 문화공간에서 노래했고, 이들에게는 '캠퍼스 크루세이더스'라는 이름도 있었다. 하지만 감수성 예민한 10대 시절이었던 1960년대를 '마리화나' 연기가 자욱했던 미국 뉴욕에서 보내고, 거기서 사진을 공부했던 한대수는 동시대의 다른 포크 뮤지션들과도 다른 감성을 가지고 있었다.

여기에는 〈오늘 오후〉, 〈나그네 길〉, 〈고무신〉, 〈여치의 죽음〉 등이 수록되었는데 정부에서 마스터테이프를 회수해가는 바람에 더 이상 활동을 할 수가 없었다. 이후 미국 뉴욕으로 음악적인 망명을 갔고, 하드록밴드 '징기스칸' 활동을 했으며, 이런저런 우여곡절 끝에 더 이상 음악활동은 하지 않았다. 그러다가 1980년대 후반 한국사회의 부분적인 민주화 이후 1989년에 잠시 귀국해서 만든 앨범이 그의 최고작이라 할 수 있는 [무한대]이다. 이 음반은 장장 14년의 공백을 깨고 포크에서 록으로 방향을 전환해 만든 명작이다. 손무현(기타), 김영진(베이스), 김민기(드럼), 송태호(키보드)로 구성된 세션팀과 만든 〈One Day〉, 〈Widow's Theme〉, 〈마지막 꿈〉은 1980년대 베스트 세션으로 기록될 만하다. 하지만 아무도 그의 새로운 음악을 인정해주지 않은 데 실망해서 다시 미국으로 갔는데, 이전과 달리 이때부터는 음악창작에 대한 끈을 놓지 않았다. 그래서 나온 음반들이 [기억상실](1990), [천사들의 담화](1991)이고 여기에는 잭 리(이우진)와 이우창 형제가 참여한다.

6집 [1975 고무신 서울·1997 후쿠오카 라이브](1999)는 국내에서 한대수가 재평가받으면서 나온 앨범이다. 그리고 이 라이브 음반에는 김도균(기타)과 이우창(키보드)이 참여하는데, 이는 현재 한대수 세션 밴드의 기초가 되었다고 할 수 있다. 같은 해에는 [이성의 시대 반역의 시대]가 뉴욕에서 존 롤로의 프로듀싱으로 발표되었다. 음악적으로 새로운 분기점이 되는 8집 [Eternal Sorrow](2000)가 손무현의 주도적인 참여로 만들어졌고, 이 음반은 후기 한대수의 대표작이 된다. 그리고 2002년에 김도균밴드, 이우창의 독집 앨범들과 함께 묶여 발매된 [삼총사]에는 [고민 Source Of Trouble]이 담겨 있는데, 여기에는 〈As Forever〉와 같은 멜로딕한 노래부터 〈호치민〉과 같은 광포한 노래들까지 함께 실렸다.

[다큐멘터리 한대수 – Music & Life](2003)가 DVD로 나온 뒤에 2004년에는 10집 [상처]가 자신의 레이블 'Hahndaesoo Corp'을 통해서 발표되었는데, 이는 제작자가 마땅히 없었음을 의미한다. 이후 2001년에 가졌던 '마지막 콘서트'를 담은 [2001 Live](2005)가 나왔는데도 12집 [욕망 Urge](2006)가 어김없이 나왔고, 같은 해에는 철학자 도올 김용옥과의 합동 콘서트를 담은 [한대수 도올 광주라이브]를 발표하는 기염을 토했다. 그외에 미발표 곡까지 담은 고품질 박스세트 [The Box](2005), 최근 낳은 딸에게 바치는 신곡 〈양호야! 양호야!〉가 수록된 [Best Of Hahn Dae-Soo](2007)도 주목할 만하다. 한마디로 말해서, 한대수의 디스코그라피에서 주목하지 않을 음반은 하나도 없다.

이렇게 한대수를 그의 작품 중심으로 '간결하게' 정리해서 얘기하더라도 숨이 가쁠 정도다. 그렇다면 그가 현재 받고 있는 대접은 어느 정도일까? 한국대중음악을 '통사'가 아니라 '창작자 중심의 역사'로 기술할 때 상당 부분의 페이지를 그에게 할애해야 할 정도의 위상을 가진 아티스트이건만 아직도 음반제작비 수급이 여의치 않아 신보 발매를 주저하는 상황이 현실이다. 물론 음반을 낸다고 해도 인세를 제대로 받은 적이 없다고 하니, 그는 여태까지 '기념음반' 들만 발매한 셈이다.

그런데 2008년 한대수의 음악인생이 40년(1968~2008)을 맞았다는 것을 기억이나 하고 있는 것일까? 2006년은 '음반 사전심의 철폐 10주년' 이었는데 그때 정태춘을 기억하지 않고 지나친 것처럼 올해도 한대수를 기억하지 않고 지나치는 것은 아닌지 모르겠다. 올해가 가기 전에 누군가 꼭 한대수 트리뷰트 앨범과 공연을 제작하기를 바란다.

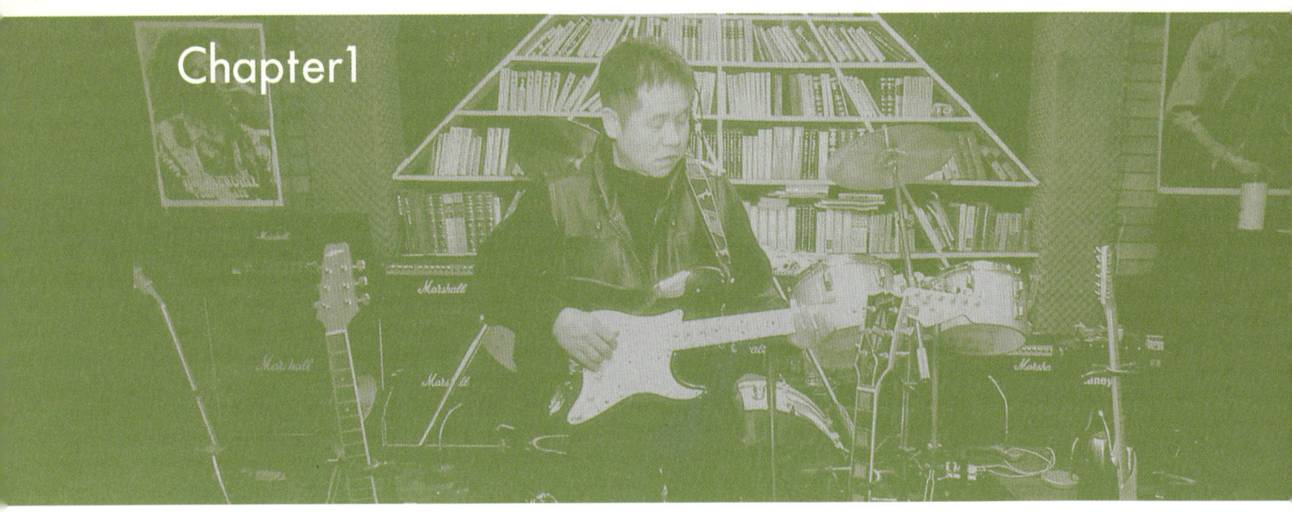

신중현

"한국 음악창작자 역사의 시작점"

신중현의 음악 여정과 의미

* 2007년 11월에 쓴 칼럼입니다.

"5척 단구 백발 노장이 흰 정장을 입고 기타를 멘 채 나타났다. 함박눈 때문인지 4,000명도 안 되는 관중석 사이로 찬바람이 일었다. 모든 것이 서글퍼 보였던 17일 오후 서울 잠실실내 체육관. 그러나 답은 역시 기타였다. '록의 대부' 신중현(66)의 은퇴 콘서트 '내 기타는 잠들 지 않는다'의 마지막 서울 공연은 완벽하지도, 화려하지도 않았다. (중략) 7월 인천을 시작으 로 9월 대구, 10월 제주, 12월 초 광주로 이어지던 그의 은퇴 콘서트는 이제 끝이 났다. 2시 간 40분의 공연이 끝나자마자 찬바람이 다시 불어왔다. 그가 앙코르곡으로 〈가을 나그네〉를 부르자 관객들은 기립박수를 치며 또 다시 '신중현'을 연발했다. 그의 말대로 그는 나그네가 돼 떠났다." (동아일보 김범석 기자)

흔히 '한국 록의 대부'로 불리는 신중현은 2006년 12월 17일 마지막 '은퇴공연'을 무사히 마무 리지었고, 이는 한국 록의 한 시대가 저물었음을 의미한다. 하지만 50년 가까운 음악생활을 접고 은퇴를 한 이때까지도 제대로 규정되지 않은 한국대중음악사에서의 그의 위치와 온당하지 않은 평가는 씁쓸한 구석이 있다. 그가 음악적으로 복권된 1980년 이후만 보더라도 한국의 각종 매체에 서는 무려 20년 이상이나 그를 가리켜 '한국 록의 대부'이니, '살아 있는 록의 신화'니 하면서 철 저히 베껴먹었다. 그렇지만 납득할 수 없는 점은 예술가에게 가장 중요한 '현재 작업물에 대한 평 가'가 별로 이루어지지 않았다는 점이다. 대부분 1960~1970년대에 그가 다른 가수들을 통해서 히트시킨 흘러간 명곡들에 대한 추억과 소회를 이미 만들어진 '안전하고 따뜻한 신화'를 기반으로 재생산하는 방식이었고, 누가 썼는지 구분도 가지 않는 글들이 태반이었다.

일례로 신중현을 평가할 때는 연주자로서보다는 음악창작자 또는 프로듀서로 다루는 것이 타당 한데도 그렇지 못했다. 물론 그가 훌륭한 기타리스트가 아니라는 것이 아니라 그와 관련한 작품들 에서 '창작'과 '프로듀싱' 문제를 핵심으로 다루지 않은 것이 타당하지 않다는 말이다. 이는 한국 대중음악 신(scene)의 잘못된 습성인 '가창력 · 연주력 제일주의'와 같은 기계적인 평가 태도에서 일면 기인하는 것으로 보인다. 무슨 말이냐면 우리나라에서는 가수를 평가할 때 그 가수의 가창력 을 첫 번째 요건으로 보고, 연주자를 평가할 때 연주력을 첫 번째 요건으로 보는 것을 너무나 당연 시하는 풍토가 있는데, 이는 예술에서 가장 중요한 요소가 '창작'임을 망각하는 태도란 것이다. 즉, 뮤지션을 예술가로 보기보다는 단순 기능인으로 보는 인식 수준임을 의미한다.

그래서 창작의 완결성 면에서 보면 높이 평가할 수 없는 앨범들을 발표하는 가수들이 단지 '가창력'이 뛰어나다는 이유만으로 훌륭한 뮤지션으로 평가받는 기현상이 발생하고, 단지 '기능적'으로만 뛰어난 연주인 부류도 같은 평가를 받는 것이다. 연관해서 얘기한다면 신중현을 '한국 록의 대부'라고는 부르지만 '창작'을 핵심에 두지 않고 평가하는 것에는 그를 예술가가 아니라 장인(기능적인 측면의) 정도로 폄하하는 태도가 은연중에 있다고 볼 수 있다. 또 이는 클래식음악, 국악 등과는 달리 대중음악을 '딴따라 음악'이라는 별칭으로 부르는 데서 기인한다고도 할 수 있다.

또한 '한국 록의 대부'나 '살아 있는 록의 신화'라고 얘기하려면 그의 작품(앨범)이 한국 록음악의 진정한 출발점이면서 현재까지도 충실히 양산되고 있어야 하는데, 이게 그렇다 아니다를 말하기에 앞서 여태까지 그의 작품 전반이 비평 측면에서 심도 있게 다루어진 적조차 없다는 점을 지적할 수 있다. 그런데 뭘 가지고 그가 '한국 록의 대부'이면서 '살아 있는 록의 신화'라고 말할 수 있을까? 그리고 신중현은 1990년대에 들어와서 재평가가 이루어졌는데, 사실 제대로 된 자리 매김은 아니었다. 그는 1979년 말에 해금된 후 그의 최고작일 수도 있는 [신중현과 뮤직파워 1집](1980)[2]을 발표했는데, 이에 대해서는 10년 동안 아무 얘기도 않다가 '록 스피릿' 얘기가 불거져나온 시점에서, 그것도 1974년에 발표한 [신중현과 엽전들 1집] 얘기를 꺼내기 시작했다는 것이다. 만약 신중현 재평가 얘기를 꺼낸 사람들이 그의 정규 앨범들[3]을 충실히 들어보았고 영미권 록음악 신과 연관해 한국 록음악 신을 바라보았다면 [신중현과 엽전들 1집]을 극찬하지는 않았을 것이다.[4]

'신중현과 엽전들'에 대한 이전의 평가가 중요한 이유는 개인적으로는 동의하지 않지만 '진정

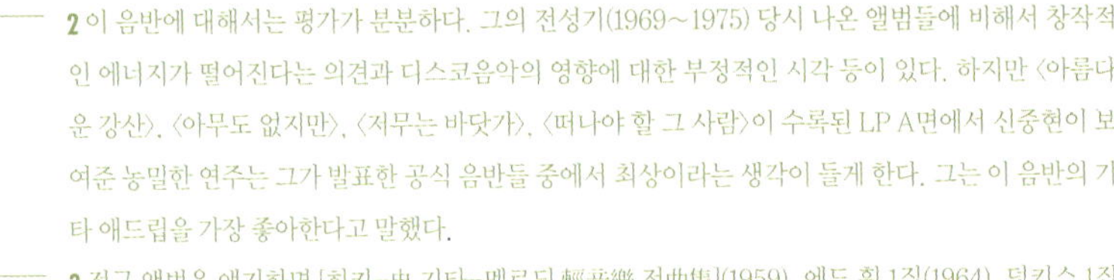

2 이 음반에 대해서는 평가가 분분하다. 그의 전성기(1969~1975) 당시 나온 앨범들에 비해서 창작적인 에너지가 떨어진다는 의견과 디스코음악의 영향에 대한 부정적인 시각 등이 있다. 하지만 〈아름다운 강산〉, 〈아무도 없지만〉, 〈저무는 바닷가〉, 〈떠나야 할 그 사람〉이 수록된 LP A면에서 신중현이 보여준 농밀한 연주는 그가 발표한 공식 음반들 중에서 최상이라는 생각이 들게 한다. 그는 이 음반의 기타 애드립을 가장 좋아한다고 말했다.

3 정규 앨범을 얘기하면 [히키-申 기타-멜로디 輕音樂 전곡집](1959), 에드 훠 1집(1964), 덩키스 1집(1969), 퀘션스 1집(1970), 더 멘[색소폰의 유혹](1972)/[장현 and The Men](1972), 신중현과 엽전들 1집(1974)/2집(1975), 신중현과 뮤직파워 1집(1980)/2집(1982), [기다려요/그대는 떠나도](1980), 신중현과 세나그네 1집(1983), [그동안/겨울공원](1988), [무위자연](1994), [김삿갓](1998), [Body & Feel](2002), [안착](2004), [도시학](2004) 정도이다. 물론 비정규작인 신중현과 더 멘(The Men)[거짓말이야], 신중현과 엽전들 초판(1974)과 싱글(1975)에서 보여준 연주는 정규작과는 판이하고, 기타리스트 신중현의 역량이 제대로 드러나는 앨범들도 있다.

4 [신중현과 엽전들 1집]에 대한 기존 평가는 헷갈리게 만드는 부분이 있다. 왜냐하면 초희귀음반인 초판(드러머 김호식)과 재판(드러머 권용남)의 퀄리티가 본질적으로 다르기 때문이다. 일례로 〈미인〉이나 〈저 여인〉과 같은 노래를 비교해서 들어보면 도저히 같은 노래라고 평가할 수 없다.

한 한국 록의 시발점'이기 때문일 것이다. 그리고 그 이유로는 '굿거리장단', '오음계'의 도입 등을 들었던 것으로 기억한다.[5] 그러나 신중현 본인의 말대로 신중현과 엽전들 1집이 음악적으로 새로운 시도였던 것은 분명하지만, 과연 〈미인〉이 전 국민적으로 히트했다는 사실 이외에 어떤 가치가 있는지는 잘 모르겠다. 앨범 아티스트로서 신중현을 평가한다면 그 이전과 이후에 '창작의 완결성' 면에서 더 훌륭한 앨범들이 있다. 노이즈가든 윤병주의 말대로 영미권의 록음악을 즐겨 듣는 사람들은 신중현의 음반과 연주에 큰 감흥을 받지 못할 수가 있는데, 이는 번지수가 다른 신중현에 대한 음악평에 기인하는 바도 있을 것이다. 분명 신중현은 대단한 송라이터이자 기타리스트인 것은 분명한데 그 증거(?)를 잘못 들이댔다는 말이고, 그래서 생긴 오해도 만만치 않다는 생각이다.

내가 생각하기에 신중현이 한국대중음악사에서 갖는 진정으로 중요한 의미는 '한국음악창작자 역사에서의 시작점'이다. 영미권에서 뮤지션을 평가할 때는 발표한 '앨범'[6]들을 가지고 얘기하고, 그래서 앨범의 예술성으로 뮤지션을 평가하는 것이 상식이다. 그래서 단순 음반이 아니라 앨범을 발표하는가에 따라 아티스트 여부를 판단할 수 있는 것이고, 그런 점에서 앨범을 발표하지 않는 대부분의 한국 아이돌스타들을 뮤지션이 아니라 엔터테이너라고 부르는 것이다. 그런 점에서 본다면 1960년대에 한국 최초의 록음악 음반이자 록 창작곡들이 실린 음반인 에드 휘(Add 4)의 [빗속의 여인](1964/엘케엘레코드)에서 시작해 블루즈 테트(Blooz Tet) 1집(1967/성음제작소), 덩키스(Donkeys) 1집(1969/신향음반)까지 이어지는 '앨범' 개념의 음반들을 발표한 신중현은 영미권의 대중음악 개념으로 보았을 때 '아티스트 1호'로 볼 수 있다. 왜냐하면 대중음악에서 아티스트는 '앨범 아티스트'의 개념이기 때문이다. 사실 신중현 이전에는 우리나라에 '앨범'의 개념이 부재했기 때문에 대부분의 음반들이 수록된 노래들의 예술성 여부를 떠나서 짜깁기로, 주먹구구식으로 만들어졌다. 그래서 그를 온전한 의미에서 '한국음악창작자의 역사에서의 시작점'이라고 말하는 것이다.

어떤 글을 보니 "우리는 그에게 전설, 대부라는 타이틀만 줬을 뿐 실험적이고 도전적이었던 그의 음악에는 거리를 두는 것은 아닌가?"라는 지적이 있었다. 그렇다면 그의 음악에서 어떤 시기의 음반들이 창작 면에서 탁월했는지 한번 따져보면서 글을 마무리하겠다.

---

[5] '진정한'이란 수사를 빼고 '한국 록의 시발점'이라는 점에는 동의한다. 그러나 그와 관련해 가장 중요한 평가 부분으로 '창작' 문제가 핵심에 있어야 하기 때문에 신중현과 엽전들 음반은 그를 얘기할 때 먼저 거론할 음반이 분명히 아니라는 것이다.

[6] 작품으로서의 음반 개념.

1. 1955년~1968년: 모색기

1955년 미8군 쇼에서 음악생활을 시작한 그는 1957년부터 이교숙 교수에게 음악이론을 사사 받는 등 용맹정진의 시기를 거쳤다. 이교숙 교수에게는 음악이론을 배우는 데 그치지 않고, 음악 창작의 가능성을 확인받았다는 것이 주요했다. 1958년에 첫 음반인 [히키-申 기타-멜로듸 輕音樂 전曲集]을 발표했다. 1963년에 한국 최초의 로큰롤 밴드 '에드 훠'를 결성했고, 1964년에는 에드 훠 첫 음반인 [빗속의 여인]을 발표했다. 1964년경 미8군 최초 한국인 여성 드러머인 명정강 씨와 신촌에서 살림살이를 시작해 1966년에는 장남 신대철을 낳았다. 1966년에 그룹 '덩키즈'를 결성해서 가수 이정화가 〈봄비〉, 〈꽃잎〉으로 데뷔했다. 1968년에 '신중현 빅밴드'를 결성했고, 가수 '펄 시스터즈'도 데뷔시켰다. 펄 시스터즈의 데뷔 앨범인 [나팔바지/님아]에서 〈님아〉가 히트해 밀리언셀러를 기록했고, 이로써 그의 대중적인 히트곡 생산의 가능성을 확인시켜주었다. 당시 절망적인 상황에서 월남으로 가려던 그는 이 곡의 히트로 한국에 주저앉아 주류음악 신에 트로트 대신 록의 바람을 불어넣는 역할을 하게 된다.

> **신중현** [히키-申 기타-멜로듸 輕音樂 전曲集] (1959/도미도레코드)
>
> **에드 훠(Add 4)** [빗속의 여인] (1964/엘케엘레코드)
>
> **에드 훠(Add 4)** [신중현 경음악 편곡집 Vol.1] (1966/킹레코드)
>
> **블루즈 테트(Blooz Tet) 1집** (1967/성음제작소)
>
> * 기타 음반
>
> **애드 훠(Add 4)** [즐거운 기타 투위스트] (1968/신향음반제작소)
>
> **펄 시스터즈** [나팔바지/님아] (1968/대지레코드)
>
> O.S.T. [푸른 사과] (1968/신향음반제작소)

2. 1969년~1975년: 전성기

이 시기는 속칭 '신중현 사단'이 맹위를 떨치던 시기였다. 신중현은 자신이 만든 창작곡의 대중성을 확인한 후로 소위 질주하듯이 음악활동을 했다. 자신의 밴드를 운영하는 것 말고도 수많은 가수들을 데뷔시켰고, 여기에는 지금 방송인으로 활동하는 임성훈도 있었다. 1969년에 가수 김추자가 〈늦기 전에〉, 〈월남에서 돌아온 김상사〉, 〈님은 먼 곳에〉 등으로 데뷔했고, 1970년에는 그룹 '퀘션스'를 결성해 가수 박인수, 장현을 데뷔시켰다. 이때 시민회관에서 '고고 갈라 파티'라는 한국 최초의 사이키델릭 무대를 꾸몄는데, 당시 객석을 메운 4,000여 명의 관객들이 열광적으로 반응했다고 한다. 그때 어떻게 '아이언 버터플라이'의 사이키델릭 록음악인 〈In-A Gadda-Da-Vida〉를 연주할 수 있었는지 놀랍기만 한데, 그는 "1975년 활동금지가 되기 전이 한국 대중음악의 절정기였습니다. 세계적으로도 뒤지지 않았죠"라는 얘기와 함께 "제 음악 생활의 피크가 1970년 전후였습니다. 그리고 1975년 활동금지가 될 무렵에 공교롭게도 세계적으로도 록음악의 침체기가 시작됩니다. 댄스뮤직이 판을 치는 시기가 온 거죠. 그래서 저만 슬럼프가 온 것이 아니라, 세계적인 로커들이 뒤로 물러나는 때였습니다. 미국에서는 헤비메탈 등이 나오면서 발버둥을 쳤는데, 대중에게는 외면당했죠. 댄스 음악은 음악성을 상실한 것이고, 발맞추는 음악 아닙니까. 그때부터 음악은 상업적인 음악으로만 존재하기 시작했습니다. 그래서 진정한 뮤지션은 그 시기에 끝났다고 봅니다"라는 얘기도 했다. 그는 그 시대를 정신적인 시대라고 부르며, "그 시대가 육체적인 시대로 바뀐 것이 1970년대 이후인데 당시에 시대적인 정서는 정신적으로 아주 피크를 올렸던 시대입니다. 그때는 음악을 수준급에서 감상했죠. 두려울 정도로 대중의 음악 수준이 높았습니다. 정신적인 시대이다 보니 음악이 감정과 깊이를 추구하고, 그런 쪽에서 감상을 하기 때문에 〈In-A Gadda-Da-Vida〉 같은 음악도 마음놓고 했죠. 저희들이 물론 먼저 사이키델릭 록을 시도했지만, 그걸 금방 받아들이는 대중이 있었기 때문에 가능했단 거죠"라는 얘기도 했다. 1971년에는 가수 김정미가 〈간다고 하지 마오〉, 〈봄〉 등으로 데뷔했다. 1972년에 그룹 '더 멘'을 결성해 〈아름다운 강산〉을 발표했고, 1973년 그룹 '신중현과 엽전들'을 결성해 〈미인〉, 〈저 여인〉 등을 발표했다.

덩키스(Donkeys) 1집 (1969/신향음반)

퀘션스(Questions) 1집 (1970/유니버셜레코드)

신중현 [신중현의 In-A-Kadda-Da-Vida] (1970/유니버셜레코드)

더 멘(The Men) [색소폰의 유혹] (1972/유니버셜레코드)

장현과 더 멘(The Men) (1972/유니버셜레코드)

신중현과 엽전들 1집 (1974/지구레코드)

신중현과 엽전들 [엽전들의 경음악 1집] (1974/지구레코드)

신중현과 엽전들 2집 (1974/지구레코드)

신중현과 엽전들 싱글 (1975)

신중현과 엽전들 [엽전들의 경음악 2집] (1975/지구레코드)

* 기타 음반

김추자 [늦기 전에] (1969/성음)

김정미 1집 (1972/유니버셜레코드)

김정미 [아니야/간다고 하지 마오] (1973/유니버셜레코드)

김정미 [바람] (1973/유니버셜레코드)

김정미 [Now] (1973/성음)

3. 1976년~1979년: 활동 중단

1975년 12월 신중현은 대마초 파동으로 5년간의 활동금지 기간을 갖는다. 1979년 12월에 활동금지가 풀리기까지 정말 지난한 고초를 겪게 된다. 전국을 방랑하면서 노장사상에 심취하기도 했고, 생활고 때문에 송탄 미군기지 근처 클럽에서 몰래 활동하기도 했다. 다음과 같은 록음악에 대한 그의 생각은 이 시기 이후에 생겼다.

"록은 여러 가지 말이 많습니다. 누구는 저항이라고도 하고요. 저는 자유를 꼽습니다. 인간이 만든 법칙들이 인간을 옭아매는 시대가 자꾸 오니까 록으로 탈피해야 하지 않을까 생각합니다. 음악성도 그렇습니다. 젊은 친구들하고 음악할 때 보면 어떤 법칙이나 틀 속에서 헤맬 때가 있습니다. 저는 다 버리라고 합니다. 코드까지 다 버리라고 합니다. 코드가 무슨 소용 있냐, 그냥 좋아서 음악해라. 내고 싶은 소리를 내라. 그게 제가 주장하는 록입니다. 후배나 잘나가는 뮤지션들이 굉장히 의아하게 생각하고, '저 사람이 음악을 모르는 사람인가' 하고 생각합니다. 그렇지만 코드는 필요없습니다. 코드 자체가 법칙, 규제 아닙니까. 코드 진행에 따라서 뭘 해야 한다면, 거기서 음악이 나와봐야 극단적으로 말하면 소음입니다. 전문적으로 들어가면 작곡법도 있고 화성학도 있는데, 그걸 통달하고 나면 자유가 생깁니다. 알고 나면 모든 것을 넘나들 수 있는 힘이 생기죠. 그때 가서 자유가 있는 거고, 그때 음악을 하는 게 록입니다. 기타나 치고 소음이나 낸다면 그건 록이 아닙니다. 록은 자유라고 말은 하지만, 거기까지 도달하려면 어렵습니다."

4. 1980년~1988년: 완숙기

활동금지가 풀리자마자 1980년에 그룹 '신중현과 뮤직파워'를 결성해 〈아름다운 강산〉, 〈너만 보면〉, 〈저무는 바닷가〉 등을 발표했다. 당시 강세를 보이던 댄스뮤직을 염두에 두고 만든 록밴드가 신중현과 뮤직파워인데, 이 9인조 브라스록 밴드는 그의 음악경력상 최고라 할 만하다. 보통 신중현의 음반에서 가장 떨어지는 부분이 보컬 파트인데, 여성 코러스 2명을 대동한 이 음반의 보컬은 잘 어울리는 편이다. 그리고 기타연주는 최상이다. 1983년에는 그룹 '신중현과 세 나그네'를 결성해 〈떠나는 사나이〉 등을 발표하지만 이후 잠정적으로 밴드 활동을 접게 된다. 1985년에 록카페 '라이브'를 운영했고, 1987년에는 라이브 공연장 '록월드'를 운영했다.

이 시기를 끝으로 신중현의 독특한 사랑 노래들을 더 이상 들을 수 없게 된 것이 아쉽다. 그는 사랑 노래를 하더라도 거의 다 짝사랑에 관한 노래만 불렀는데, 인기 절정의 당시에 스포트라이트를 받더라도 그 속에서 공허함과 외로움을 느끼는 듯했다. 이에 대해 그는 "누구나 마찬가지겠지만, 저도 외로움 속에서 인생을 걸어온 것 같습니다. 제 음악은 이루어진 사랑을 그린 게 아니라, 마음의 미련을 그렸습니다. 체구가 작아서 젊었을 때 혼자서 누군가를 좋아하다가 실망하거나 퇴짜를 맞거나 그런 경험을 했죠. 그러다 보니 접근하기도 전에 포기하기도 했습니다. 가사가 대부분 그런 식입니다. 그래도 거짓말할 필요는 없는 거고. 솔직한 면에서 음악이 살아 있는 것이 좋은 것 같습니다"라고 얘기했다.

신중현과 뮤직파워(Music Power) 1집 (1980/지구레코드)

신중현 [기다려요/그대는 떠나도] (1980/한국음반)

신중현과 뮤직파워 2집 (1982/지구레코드)

신중현과 세나그네 1집 (1983/서라벌레코드)

신중현 [그동안/겨울공원] (1988/오아시스레코드)

* 기타 음반

신중현과 뮤직파워(Music Power) [뮤직파워 메들리] (1984/한국음반)

5. 1989년~2001년: 혼돈기

1990년대에 들어와서는 신중현에 대한 재평가가 이루어졌다. 물론 늦게나마 재평가가 이루어진 것은 기쁜 일이지만 그때가 그의 창작 에너지가 예전 같지 않은 시점이었다는 것은 안타까운 일이었다. 1994년에 발표한 [무위자연]과 1998년에 발표된 [김삿갓]은 그간 심취했다는 노장사상이 음악적으로 반영된 것이었고, 그 결과 예전과 같은 노래들을 보기 힘들어졌다. 하지만 안타깝게도 음악창작이 심화된 것이 아니라 마치 몸에 맞지 않는 옷을 걸친 느낌들로 점철되었다는 생각이 든다. 둘 다 각기 2장의 CD로 구성된 콘셉트 앨범들인데, 2장의 CD를 내리 듣기에는 다소 고통스럽기까지 하다.

그리고 이때부터 미디를 이용한 녹음을 시작하고, 대부분의 연주와 함께 레코딩/믹싱/마스터 링까지도 혼자서 하는 순수 홈레코딩시스템 방식을 택했다. 하지만 결과적으로 본다면 이는 실패 사례이다. 제작자가 흔쾌히 나타나지 않는 상황에서 자주적인 제작방식은 어쩔 수 없이 택한 고육 지책이었는지 모르겠지만 음반의 퀄리티를 생각한다면 외부 인력을 쓰는 것이 나을 뻔했다. 최근 음반들을 보더라도 [Body & Feel]을 제외하고 [안착]과 [도시학]의 레코딩 문제는 심각할 정도인 데 그게 그대로 출시되었다는 것은 납득하기 어렵다. 특히 2002년 이후 신중현MVD에서 복각한 예전 음반들의 마스터링 상태는 대부분의 사람들에게 심각한 불평을 들었을 정도였다. 신중현은 음반을 발표하고 나서 만든 음반을 다시는 듣지 않는다는 얘기를 한 적이 있는데, 그래서 모니터 링을 하지 않은 것인지도 모르겠다.

1995~1997년에는 수원여대 대중음악과 교수로 재직했다. 이 시기 가장 주목할 점은 1997년에 헌정음반 [A Tribute To 신중현]이 발매되었다는 점이다. 강산에, 시나위, 봄여름가을겨울, 한상 원 등이 참여한 이 음반은 헌정음반의 이정표를 세울 정도로 탁월했고, 리메이크 곡들을 들으면서 그가 훌륭한 창작자임을 다시 한 번 확인하는 계기가 되었다.

신중현 [무위자연] (1994/삼성나이세스)

신중현 [김삿갓] (1998/킹레코드)

6. 2002년~현재: 기획자의 시기

2002년은 신중현에게는 무척 바쁜 한 해였다. 정규 음반이 나오지는 않았지만 1990년대에 발 표한 [무위자연](1994)과 [김삿갓](1998)을 끝으로 더 이상 작품이 없는 상태에서 거의 정규 음반 성 격인 [Body & Feel]을 발표했다. 그는 "이번 작업은 1960~1970년대 여러 가수들이 불렀던 나의 대표곡들을 현재의 음악관으로 재해석해본 것이다. 조금은 색다른 방식의 리메이크 작업을 통해 기나긴 파란의 역사 속에서 대중과 함께한 음악은 영원한 생명력을 가진다는 것을 보여주고 싶었 다. 이는 단순히 옛 것의 복원을 의미하는 것이 아니라 내 50년 음악 인생에 대한 정리이자 앞으로 의 음악세계에 대한 암시이기도 하다"라는 얘기를 했다. 또한 신중현과 더 멘의 미출시 앨범인 [거짓말이야], 펄 시스터즈의 [나팔바지/님아](1968), 김추자의 [늦기 전에](1969), 이정화 & 덩키스의 [싫어/봄비](1969), 김정미의 [바람](1973), [Now](1973), 이렇게 6장의 '신중현 작품집'이 CD로 복각되어 나왔다. 그리고 신중현과 엽전들의 1집, 2집, 연주곡베스트, 신중현과 뮤직파워 1집, 2집, 거기다 히트 싱글 모음집을 일괄로 사고 싶다면 [Not For Rock] 박스셋도 눈여겨볼 만하다.

2005년에는 신곡을 실은 음반 [도시학]과 과거의 노래를 재해석한 음반 [안착]을 발매했다. [김삿갓]을 낸 이후에 그가 "내가 아는 것은 음악밖에 없다. 한국적인 록음악을 창작하려 했지만 현대적인 감각에서 떨어지지 않으려고 했다"라고 언급했기에, 그 이후에도 창작 음반을 정기적으로 내지 않을까 기대했지만 이후 나온 신보 성격의 음반이 [도시학]과 [안착] 정도라서 아쉬웠다. 이에 대해 그는 "음반을 내도 방송에서 틀어주는 것도 아니고, 홍보에서 막히다 보니까 엄두를 못 냈습니다. 그래도 가끔 구실이 있으면 〈하류인생〉 같은 영화에서 노래를 발표했습니다. 그런 음악들이 저로서는 좋다고 생각하는데, 대중에게 접근할 기회가 없다 보니 인정을 잘 못 받았어요. (리메이크 음반을 가리키며) 이런 것을 자꾸 리메이크하는 이유도 곡은 아까운데 대중은 잘 몰라서죠. 시대가 많이 변하니까 젊은 세대는 저의 음악성을 잘 모르고, 옛날 분들은 좀 알지만 그분들은 이제 음악들을 시기도 아니고, 그러니 별다른 방법이 없는 거죠"라고 말했다. 현재 그는 경기도 용인의 목조 자택에서 인터넷방송을 준비 중이다.

신중현 [Body & Feel] (2002/신중현 뮤직&크리에이션)

신중현 [안착] (2004/신중현 MVD)

신중현 [도시학] (2004/신중현 MVD)

1938년	서울 종로구 명륜동 출생
1941년	만주 신경으로 이주, 아버지 재혼, 배다른 남동생과 여동생이 생김
1945년	해방과 함께 서울로 복귀
1950년	전쟁 발발과 함께 충청북도 진천으로 이주
1952년	아버지 사망
1953년	어머니 사망
1955년	미8군에서 공연 시작
1958년	첫 음반 [히키 신 기타 솔로집] 발표
1962년	한국 최초의 로큰롤 밴드 '에드 훠' 결성
1964년	에드 훠 첫 음반 발표(〈빗속의 여인〉 등)
1966년	그룹 '조커스', '블루즈 테트' 결성
1968년	그룹 '덩키즈' 결성, 가수 이정화 데뷔(〈봄비〉, 〈꽃잎〉 등)
1968년	가수 '펄 시스터즈' 데뷔(〈님아〉, 〈커피 한잔〉 등)
1969년	가수 김추자 데뷔(〈늦기 전에〉, 〈월남에서 돌아온 김상사〉, 〈님은 먼 곳에〉 등)
1970년	그룹 '퀘션스' 결성, 가수 박인수와 장현 데뷔(〈나는 너를〉 등)
1971년	가수 김정미 데뷔(〈간다고 하지 마오〉, 〈봄〉 등)
1972년	그룹 '더 멘' 결성(〈아름다운 강산〉 등)
1973년	그룹 '신중현과 엽전들' 결성(〈미인〉, 〈저 여인〉 등)
1975년	대마초 파동으로 5년간 활동 금지
1980년	그룹 '신중현과 뮤직파워' 결성(〈너만 보면〉, 〈저무는 바닷가〉 등)
1983년	그룹 '신중현과 세 나그네' 결성(〈떠나는 사나이〉 등)
1984년	록 카페 '라이브' 운영
1985년	라이브 공연장 '록월드' 운영
1994년	[무위자연] 음반 발표
1995~1997년	수원여대 대중음악과 교수
1997년	신중현 헌정 음반 [A Tribute to 신중현] 발매
2005년	신곡을 실은 음반 [도시학]과 과거 노래를 재해석한 음반 [안착] 발매
2008년	[Anthology Part 1,2] 발표

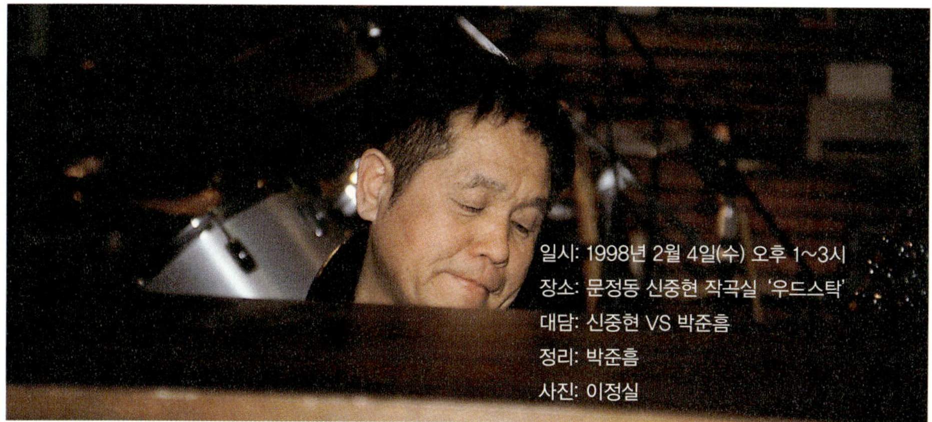

한국 록의 시조라고 일컬어지는 신중현을 만났다. 그는 한국적인 록 음악을 창작하려 하면서 현대적인 감각에도 뒤떨어지지 않으려 노력했다. 정말로 하고 싶은 것이 아직도 음악 작업이냐는 질문에 그는 "그렇다. 나는 음악밖에 아는 것이 없다"라고 답했다. 그는 앞으로도 한국적인 흥을 돋우는 노래를 만들고 싶어 하는 것 같다.

"록은 20세기의 유물이다."

박준흠: 요즘 근황은?

신중현: 수원 여자 전문대학 대중음악과에 출강한다. 처음 생긴 학과라 어느 정도 마무리를 하고 그만두고 싶다. 그리고 틈틈이 이곳 우드스탁에서 곡 만드는 작업을 한다.

록 음악을 하게 된 계기는? 감각적으로 맞았는가?

록은 현대 20세기의 유물로 평가받는다. 각 나라마다 록풍의 음악에 자기네의 민속적인 음악을 얹어서 민속적인 음악을 '록화' 시킨다. 록은 세계의 공통적인 통신망이고 서로 대화할 수 있는 채널이다. 내가 음악을 시작할 때인 1950년대는 전 세계적으로 로큰롤의 기상이 올라갈 때였고 대중적으로 젊은 세대에게 파고들어간 장르가 바로 로큰롤이었다. 물론 당시 우리 음악은 트로트 위주였지만, 나는 미8군에서 음악을 했기 때문에 세계의 음악을 접할 수 있었다. 록은 기타가 위주가 된 음악이고 내가 기타 연주를 했기 때문에 자연스럽게 록을 접했다. 그리고 트로트풍의 우리 가요계를 변혁시키기 위해 내가 나서야 한다는 사명감도 사실 있었다. 가사도 어떻게 해야 록음악에 어울릴지 고민했다.

록 음악을 기존의 대중음악에 접목하려 했던 것을 말한다. 당시에 내가 했던 음악은 어느 정도 수준에 도달했다고 생각한다.

내가 1960년대 초에 음악을 할 때만 해도 록은 국내에서 처음으로 한 것이었고 어떤 바람을 일으켰다. 나는 내 음악만을 했을 뿐이고 이에 대한 평가는 다른 사람의 몫이다.

"환각 상태로 들어가면 소리 자체가 화려해지는 데다가 없던 소리도 들린다."

음악적 실험은 계속했다. 너무 오버되면 음악이 아니라 철학이 되기 때문에 조심했다. 로큰롤, 사이키델릭, 소울, 펑크(funk), 하드록 등 대부분의 장르를 섭렵했다.

사이키델릭은 약물과 관련된 음악이다. 환각 상태에서 느꼈던 것을 맨정신에서 끄집어내는 것이다. 히피들과 접촉하면서 그들의 세계와 음악에 관심을 가졌다. 그들이 사용하는 해피스모크(마리화나, marijuana), LSD 등을 하면서 그들의 음악을 이해했다. 당시가 1968~1970년경이었고 내 나름대로 사이키델릭 음반도 발표했다. 한국적인 사이키델릭을 하려 했다. 환각 상태로 들어가면 소리 자체가 화려해지는 데다가 없던 소리도 들린다.

미국에서 온 사람들로 유람 생활을 하는 떠돌이들이었다. 거지나 마찬가지였다. 집에 찾아왔는데 하도 냄새가 나서 샤워도 시키고 고기도 구워주었다. 그랬더니 고맙다고 놓고 간 것이 대마초였다. 나도 한동안 그 세계에 심취했었는데 그러다 보니 작곡 생활을 하지 못했다. 마약을 하면 후유증이 일주일은 갔기 때문이다. 머리가 맑지 못해서 음악을 만들 수 없었다. 그래서 마약은 끊었다.

마약은 사이키델릭 음악을 듣는 데 도움을 준다. 약물 복용 시에는 아무것도 할 수가 없다. 창작도 할 수 없다. 물론 환각 상태에서는 여러 가지 아이템이 떠오르지만 기록을 할 수가 없다. 기록을 한다고 해도 그 상태에서 기록한 것은 전부 엉터리다. 한마디로 '또라이'가 된 상태에서 만든 것이기 때문에 그 상태에서 만든 곡은 쓸 수가 없다. 환각 상태에서의 특정 이미지를 기억해놓았다가 정상적인 상태로 돌아왔을 때 그 이미지를 음악화할 수는 있겠지만. 환각 상태에서는 안 들리는 소리가 들린다든지, 생각 나지 않았던 가락이 떠오른다든지 하기 때문에 그것을 기억해두었다가 정상 상태로 회복되었을 때 기입을 하면 많은 테마를 만들 수 있다. 세계적으로 유명한 뮤지션들도 이런 수법을 썼던 것으로 알고 있다.

그는 하늘에서 내려온 천재이다. 지금도 그를 능가하는 기타리스트는 없다. 그런 사람은 하늘에서 일찍 데려간다.

"욕심을 버려야 마음이 편하다는 것을 알게 되었다."

그렇게도 생각한다. 더 멘을 결성했을 때는 음악적으로도 어느 정도 성숙한 시기였다.

그녀는 내가 만들다시피 한 가수였다. 가수들은 음악을 잘 모르기 때문에 목소리만 빌려서 내 음악을 했다. 그녀 나름대로도 노력을 많이 한 가수였다.

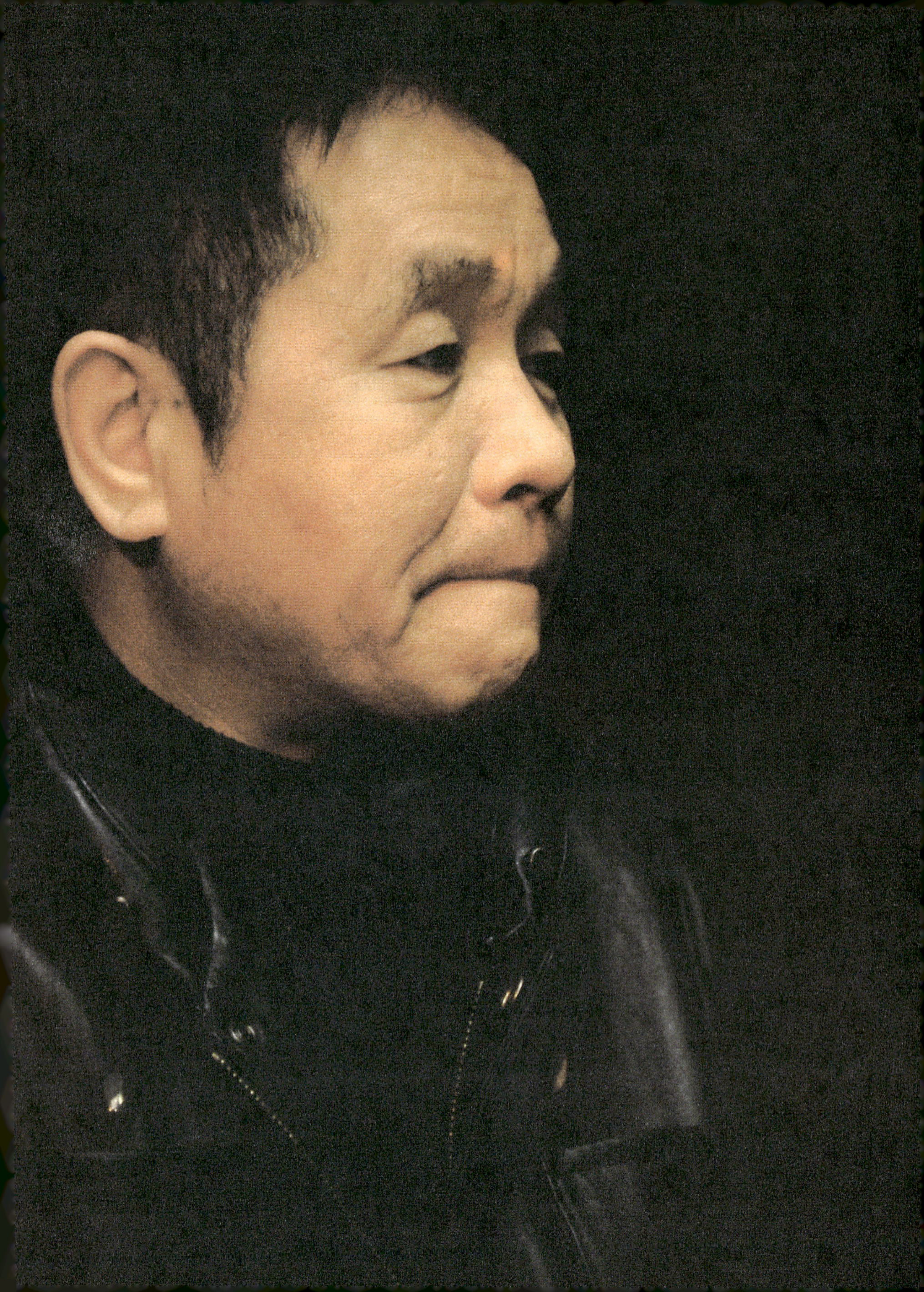

엽전들의 초기 멤버에는 이남이 외에도 김기표, 최이철, 문영배가 함께했는데, 당시 최이철은 어떻게 발굴했는가?

미8군에 있을 때 최이철을 가르쳤다.

1980년에 해금되면서 내놓은 작품인 [신중현과 뮤직파워 1집]은 9인조 브라스 록그룹으로 만든 음반이었고, 선생의 음반들 중에서도 가장 뛰어난 작품이었다고 생각한다. 선생에게 어울리는 음악은 엽전들 스타일이 아니라 더 멘이나 뮤직파워같이 브라스나 키보드 파트가 있으면서 특유의 '쩍쩍 달라붙는' 느낌의 리듬 기타 배킹(backing)이 깔리는 음악이 아닐는지.

어느 한쪽이 좋다고 생각하지는 않는다.

이 음반에 수록된 〈아무도 없지만〉, 〈저무는 바닷가〉, 〈떠나야 할 그 사람〉은 멋진 리듬 기타 배킹과 신중현 씨만의 감각적인 솔로 기타 애드립이 돋보이는 매우 훌륭한 곡들인데, 이 음반은 잘 거론되지 않고 있다.

사실 나도 그 음반의 기타 애드립을 가장 좋아한다. 해금되고 처음 만든 음반이라 신경을 많이 썼다.

뮤직파워 2집은 보컬의 김문숙, 박점미가 나가고 브라스 파트 인원도 줄인 채로 1집보다는 다소 파워 실린 음악을 시도했다. 여기서도 〈기다리는 마음〉, 〈비가 내리면〉, 〈잊어야 한다면〉 등은 좋았지만 아쉽게도 이런 스타일로는 마지막이 되었다. 뮤직파워 스타일을 그만둔 이유는 무엇인가?

안 한 것이 아니라 못 한 것이다. 레코드회사에서 원하는 것을 해주지 않았다. 멤버들 생활도 보장해주어야 하는데 그렇게 할 수가 없었다.

1983년에는 이남이(베이스), 문영배(드럼, 일명 '동포')와 하드록 성향의 세 나그네를 결성했다. [세 나그네]에서의 기름지면서 두툼한 기타 톤도 좋았고, 〈광복동 거리〉에서 보여준 멜로디 라인은 매우 인상적이었다.

세 나그네 결성 전 부산 광복동에 갔는데 밖에 내리는 비를 보며 소주 한잔하면서 쓴 곡이었다. 당시까지는 이펙터를 많이 쓰지 않았는데, 이때부터 조금씩 쓰기 시작했다.

1984년에는 세 나그네 해체 이후에 또 다시 후기 뮤직파워를 결성했고, 리듬 기타에 최구희, 김광석이 있었다고 들었다.

그때는 나이트클럽과 계약을 했었는데 일 때문에 잠시 같이했다.

1984년에는 이태원에 '라이브'라는 카페를 만들어 다운타운 뮤지션들이 음악할 수 있는 공간을 제공했고, 1985년에는 이태원 태평극장을 개조해 헤비메탈 전용 무대인 '록월드'를 만들면서 당시 많은 헤비메탈 밴드들이 정기 공연을 했다. 시나위, 김도균, 손무현 등도 여기서 공연을 했었는데, 사실 조금은 앞서나간 기획으로 오래 유지는 못했다. 다시 이런 공연장을 꾸밀 계획은 있는가?

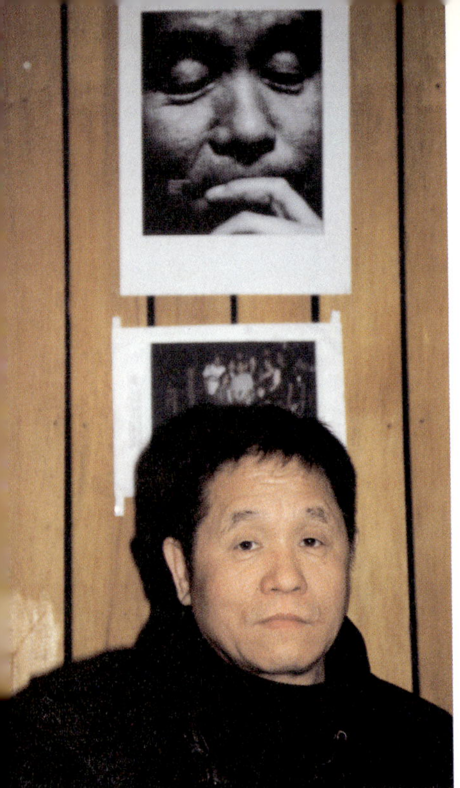

"1950년대 당시 우리 음악은 트로트 위주였지만, 나는 미8군에서 음악을 했기 때문에 세계의 음악을 접할 수 있었다. 록은 기타가 위주로 된 음악이고 내가 기타 연주를 했기 때문에 자연스럽게 록에 접했다. 그리고 트로트풍의 우리 가요계를 변혁시키기 위하여 내가 나서야 한다는 사명감도 사실 있었다. 가사도 어떻게 해야 록 음악에 어울릴지를 고민했다."

라이브를 하는 카페는 당시로서는 처음이었다. 돈을 댄 사람과 동업을 했는데 장사가 매우 잘 되자 나보고 나가달라고 했다. 그래서 거기서 나와 태평극장을 빌려서 록월드를 개장했다. 당시는 내 아들들이 한창 록 음악을 했고, 그래서 록월드와 같은 무대에서 공연을 하게끔 하고 싶었다. 김종서, 임재범 등 그 또래의 아이들이 내 집에서 살았다. 록월드는 500평에 3층짜리 공간이었다. 창고로 쓰던 거라 개조하는데 워낙 많은 돈이 들어갔다. 교통이 안 좋아 젊은이들이 찾아오기도 불편했다. 그 해 겨울이 지나고 나서 손 털고 나왔다. 그 다음 이 장소(우드스탁)로 온 거다. 여기서도 한동안 공연을 했다.

1994년에 나온 [무위자연]은 노자, 장자 사상에 심취한 결과로 나온 음반인가?

1970년대에 음악 활동을 금지당했을 때 할 것이 아무것도 없었다. 내가 할 줄 아는 것은 음악밖에 없었는데 이를 못 하게 하는 것은 죽으라는 것과 마찬가지였다. 집에 있자니 답답해 매일 아침 낚싯대를 들고 낚시터에 가서 저녁 때 들어오곤 했다. 너무 괴로워서 술도 많이 마셨는데 어느 날 집에서 장자 책을 꺼내 읽기 시작했다. 이후 동양사상에 심취했다. 욕심을 버려야 마음이 편하다는 것을 알게 되었다. 모든 것을 버리기로 했다.

"나 자신의 음악을 어떻게 만드느냐에만 관심이 있다."

1990년대에 들어와서 영화는 말 그대로 '대중예술'의 지위를 획득했다. 여기에는 분명히 박광수 등과 같은 의식 있는 장인들의 노력이 주요했다고 본다. 이들은 이 시대에 자신의 작업이 가져야 할 방향성을 굳건히 갖고 있었고, 아울러 대중을 읽는 눈도 있었다. 그리고 치열함이 드러나는 작업을 통해 대중에게 인정도 받았다. 이는 한국 영화 시스템 개혁의 바탕이 되었고,[7] 그 결실로 다양한 영화 작업과 영화에 대한 일반인들의 인식 변화가 가능하게 되었다. 반면 많은 대중음악인들은 이 시기에 적절치 못한 태도를 보여주었다고 생각한다. 1990년대 말 이 시점에서도 대중음악이 '대중예술'의 지위에 오르지 못한 것을 단지 정책 부재 탓으로만 돌려야 하는가?

심의 등 안 좋은 사회적인 환경에서 오랫동안 버티다 보니까 음악을 창작할 기운이 많이 떨어졌다. 모든 시스템이 상업적인 천한 방향으로 굳어졌다. 우리나라는 구제불능이다. 매체에 있는 사람들이 달라지지 않으면 바뀌지 않는다.

그 얘기는 음악인들의 역량만으로는 현재 상황을 변화시키지 못할 것이란 말인가?

어느 정도 활로가 있어야 가능한 이야기다.

1990년대 대중음악도 관심 있게 듣는가? 일례로 모던 록, 인더스트리얼, 테크노 등.

예전에 거의 모든 장르를 섭렵했기 때문에 별로 관심이 없다. 나 자신의 음악을 어떻게 만드느냐에만 관심이 있다.

1990년대에 마음에 드는 연주인은?

특별히 없다. 다 똑같다. 연주인이 실험적으로 아무리 잘난 척을 해봐야 음악에서는 멀어지는 것이다. 지켜보기만 한다.

젊은 세대의 기타리스트와는 교류가 있는가?

없다.

1997년에 나온 [A Tribute To 신중현]에서 마음에 드는 연주는?

나름대로 음악성이 있는 연주자들의 음악이었다. 그 세대에서 내 음악을 다룬다는 것이 색다르게 느껴졌다.

이 음반에 참여한 김세황, 이중산, 김종진, 한상원, 샘 리, 김목경에 대한 평가는? 특히 한상원이 연주한 〈미련〉은 이 음반의 압권이었다고 생각하는데.

전부 우리나라에서는 내가 가장 인정하는 기타리스트들이다.

자신의 기타 테크닉은 어떻게 평가하는가?

나는 한국적인 주법을 추구하는 기타리스트이다.

앞으로도 계속 좋은 뮤지션으로 남았으면 한다.

---

7 1980년대만 해도 어느 누가 그 단단한 충무로 도제 시스템이 깨질 수 있으리라 생각했고, 임권택을 제외한 전대의 거의 모든 영화감독이 단박에 물갈이되리라고 상상이나 했겠는가?

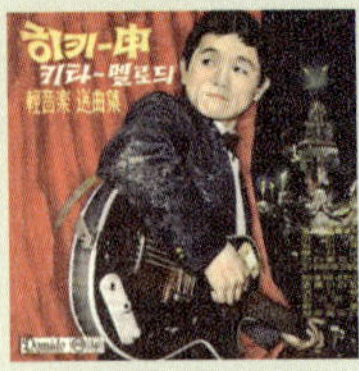

신중현 [히키-申 기타-멜로디 輕音樂 전곡집] (1959/도미도레코드)
신중현의 첫 녹음. 1958년에 신중현은 미8군에서 함께 일하던 선배들인 더블베이스, 드럼, 색소폰 연주자와 함께 이 음반을 녹음했다. 이 음반에는 재즈풍으로 편곡된 동요와 한국 민요가 담겨 있다. 장충동에 있던 최성락의 개인녹음실에서 최성락이 미군 휴대용 수동 녹음기를 가지고 녹음하여 만든 것이다.

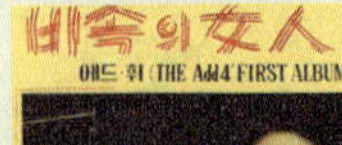

에드 훠(Add 4) [빗속의 여인] (1964/엘케엘레코드)
신중현(g, v), 서정길(v), 한영현(b), 김대환(d), 장미화(v)
한국 최초의 록음악 음반이자 록 창작곡들이 실린 음반. 신중현의 작품 〈빗속의 여인〉, 〈내속을 태우는구려〉 등이 담겨 있다.

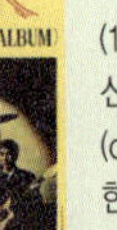

에드 훠(Add 4) [신중현 경음악 편곡집 Vol.1] (1966/킹레코드)
신중현(g, v), 서정길(v, g), 한영현(b), 권순권(d)
그의 작품이 아닌 〈노란 샤쓰의 사나이〉, 〈밤안개〉, 〈서울 광장〉, 〈아 마다 미오〉, 〈이슬비 오는 거리〉, 〈검은 상처의 블루스〉, 〈노랫가락 차차차〉, 〈꿈속의 사랑〉, 〈우리 애인은 올드미쓰〉, 〈물망초〉, 〈영산강 처녀〉, 〈아일랜드 처녀〉 수록.

블루즈 테트(Blooz Tet) [블루즈 테트] (1967/성음제작소)
신중현(g), 한영현(b), 이태현(b), 권순생(b), 조갑출(d)
그의 작품 〈빗속의 여인〉을 비롯해서 트로트와 외국곡들이 담겨 있다. 블루즈 테트는 미8군 전속인 하우스 밴드였고 록, 재즈, 소울 등을 연주했다. 이때 박인수가 미8군으로 찾아가 신중현에게 가수가 되고 싶다고 했고, 박인수는 여기에서 소울 가수로 활동했다. 미발매 음반.

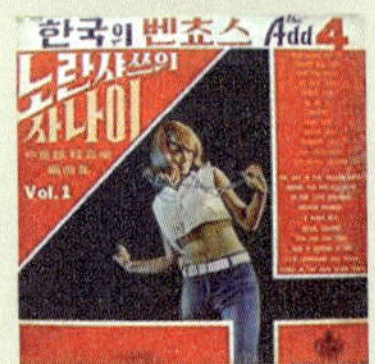

덩키스(Donkeys) 1집 (1969/신향음반)
신중현(g), 이태현(b), 김호식(d), 김민랑(key), 오덕기(g), 이정화(v)
〈봄비〉, 〈꽃잎〉, 〈마음〉 등 수록.
이들은 먼저 나온 펄 시스터즈 1집(1968)의 〈님아〉에서 보여준 그의 신기원적인 그루브 감각에서 발전한 노래들이다. 아마 당시 신중현의 연주는 독보적이었을 것이다. 또한 〈마음〉은 20여 분의 러닝타임을 가지면서 B면 전체를 채우는 곡인데, 산울림의 3집(1978)에 실린 〈그대는 이미 나〉가 이런 유형으로는 국내 처음이라고 알고 있었던 나로서는 놀라웠다. 단지 곡이 길어서가 아니라 20여 분을 이어가는 에너지라든가 곡 구성이 훌륭했고, 기타 솔로도 충일했으며, 당시의 음반 제작 관행을 생각하더라도 실험적이었다. 이때가 그의 창작 정신이 가장 빛날 때였을 것이다.

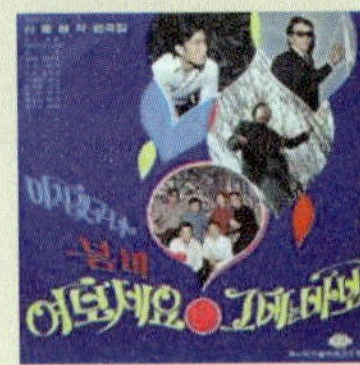

퀘션스(Questions) 1집 (1970/유니버셜레코드)
신중현(g), 이태현(b), 김대환(d), 김민랑(key) 세션: 박인수(v), 임희숙(v), 송만수(v), 임성훈(v)
〈봄비〉, 〈여보세요〉, 〈베트남에서〉, 〈그대는 바보〉, 〈명동거리〉 수록.

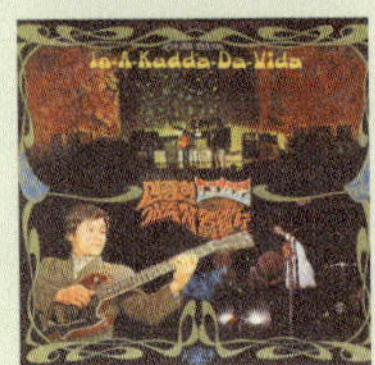

신중현 [신중현의 In-A-Kadda-Da-Vida] (1970/유니버셜레코드)
세션: 퀘션스(신중현g, 이태현b, 김대환d, 김민랑key), 박인수(v), 송만수(v), 김추자(v)
1970년 상반기, 시민회관에서 있었던 'Go Go Gala Party'라는 신중현 공연실황 음반. 그룹 퀘션스와 박인수, 송만수, 김추자가 함께 공연했고, 그의 작품 〈님은 먼 곳에〉, 〈월남에서 돌아온 김상사〉, 〈떠나야 할 그 사람〉 외에 외국곡으로 윌슨 피켓(Wilson Pickett)의 〈Funky Broadway〉와 아이언 버터플라이(Iron Butterfly)의 〈In-A Gadda-Da-Vida〉가 수록되어 있다. 이 음반은 음반회사에서 몰래 녹음해서 불법으로 제작한 것이다.

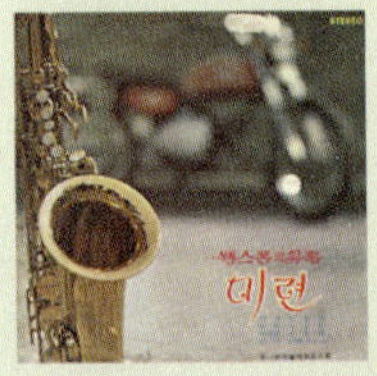

더 멘(The Men) [색소폰의 유혹] (1972/유니버셜레코드)
신중현(g), 박광수(v), 이태현(b), 문영배(d), 김기표(key), 손학래(oboe, sax)
〈거짓말이야〉, 〈나뭇잎이 떨어져〉

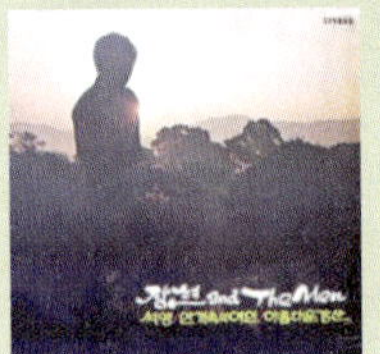

장현과 더 멘 [장현 and The Men] (1972/유니버셜레코드)
장현(v), 신중현(g), 박광수(v), 이태현(b), 문영배(d), 김기표(key), 손학래(oboe, sax)
〈아름다운 강산〉, 〈석양〉, 〈안개 속의 여인〉, 〈미련〉, 〈너를 사랑하네〉 수록.

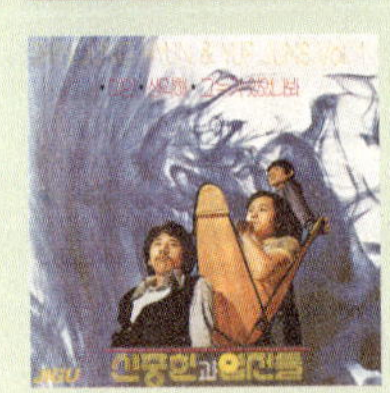

신중현과 엽전들 1집 (1974/지구레코드)
신중현(g, v), 이남이(b), 김호식(d, 초판), 권용남(d, 재판)
〈미인〉, 〈생각해〉, 〈저 여인〉

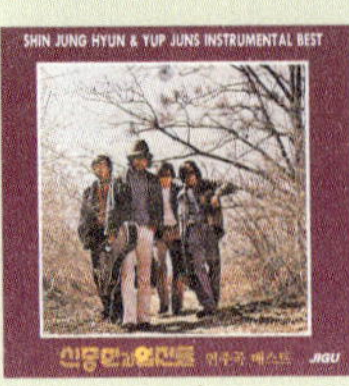

신중현과 엽전들 [엽전들의 경음악 1집] (1974/지구레코드)
신중현(g, v), 이남이(b), 권용남(d), 왕준기(flute)
〈님은 먼 곳에〉, 〈빗속의 여인〉, 〈월남에서 돌아온 김상사〉

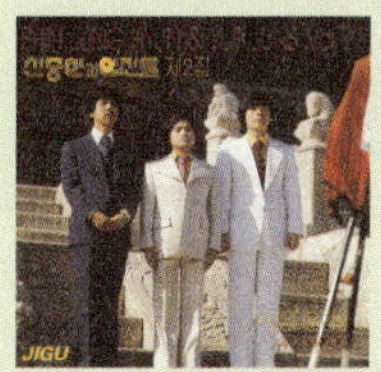

신중현과 엽전들 2집
(1974/지구레코드)
신중현(g, v), 이남이(b), 권용남(d)
〈아름다운 강산〉, 〈산아 강아〉, 〈뭉치자〉

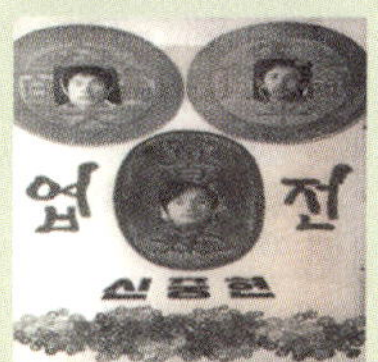

신중현과 엽전들 싱글 (1975)
신중현(g, v), 이남이(b), 권용남(d)
2집과 같이 녹음되었으나 발표되지 않음.
〈선녀〉 등 수록.

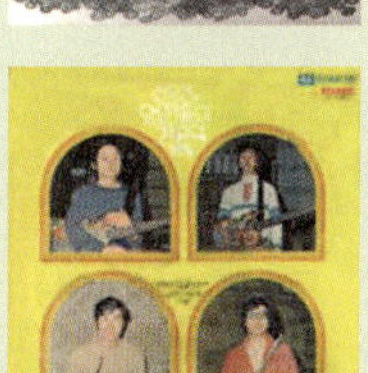

신중현과 엽전들 [엽전들의 경음악 2집]
(1975/지구레코드)
신중현(g, v), 이남이(b), 권용남(d), 왕준기(flute)
〈커피한잔〉, 〈미련〉, 〈마른잎〉, 〈거짓말이야〉

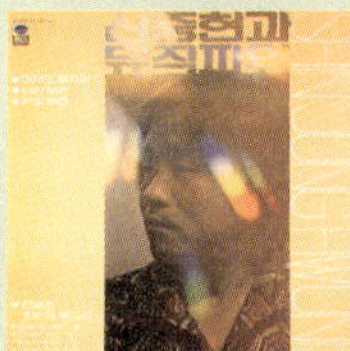

신중현과 뮤직파워 1집
(1980/지구레코드)
신중현(v, g), 김문숙(v), 박점미(v), 이승환(d), 박태우(b), 김정희(key), 이근희(trumpet), 홍성호(a.sax), 한준철(t.sax)
9인조 브라스록 밴드로 만든 음반. 사실 그에게 가장 잘 어울리는 음악은 엽전들 스타일이 아니라 뮤직파워 같은 브라스, 키보드 파트가 있으면서 특유의 '쩍쩍 달라붙는' 느낌의 리듬 기타 배킹(backing)이 깔리는 음악이다. 이 음반의 〈아무도 없지만〉, 〈저무는 바닷가〉, 〈떠나야 할 그 사람〉은 멋진 리듬 기타 배킹과 신중현만의 감각적인 솔로 애드리브가 돋보이는 매우 훌륭한 곡들인데, 이 음반은 사실 묻혀 있는 상태이다. 그러나 그도 인정하듯이 이 음반에서의 감각은 그의 연주 경력의 베스트이고, 그의 필은 무척이나 독특하였다.

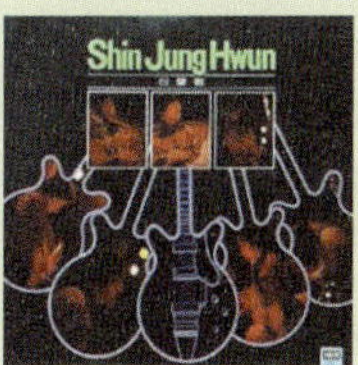

신중현 [기다려요/그대는 떠나도] (1980/한국음반)
세션: 신중현(g, v), 김재찬(b), 이승한(d)
〈기다려요〉, 〈잃어버린 친구〉, 〈만나면〉

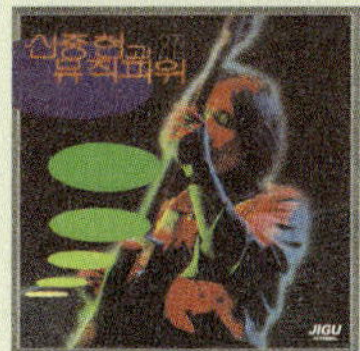

신중현과 뮤직파워 2집
(1982/지구레코드)
신중현(v, g), 김동환(v), 최용태(g), 송창도(b), 김정희(key), 홍성표(sax), 윤세봉(d), 백천남(d)
〈기다리는 마음〉, 〈비가 내리면〉, 〈잊어야 한다면〉

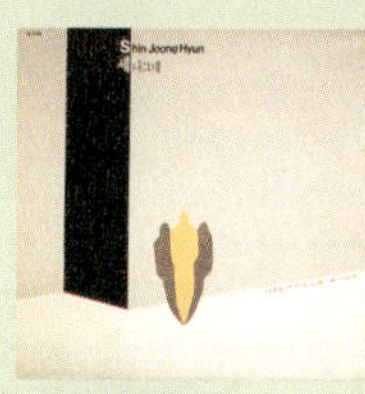

신중현과 세나그네 1집
(1983/서라벌레코드)
신중현(v, g), 이남이(b), 동포(d)
새로운 기타 톤의 묵직한 하드록 사운드를 들려준다. 〈광복동 거리〉, 〈길〉 등 수록.

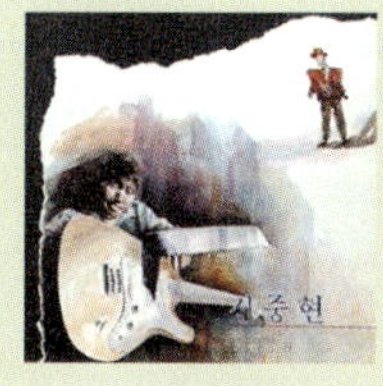

신중현 [그동안/겨울공원]
(1988/오아시스레코드)
세션: 신중현(g, v), 최구희(g), 이황규(b), 주찬권(d), 허성욱(key)
〈그동안〉, 〈잊지마〉, 〈미소〉

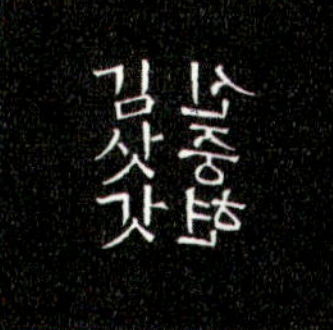

신중현 [무위자연] (1994/삼성나이세스)
신중현(v, all inst.)
그의 작업실 우드스탁에 도입한 하드디스크 레코딩 시스템으로 녹음 전 과정을 그 혼자만의 힘으로 만든 앨범. 〈할 말도 없지만〉, 〈길〉, 〈전기기타 산조〉 등 수록.

신중현 [김삿갓] (1998/킹레코드)
신중현(v, all inst.)
그의 음악 여정과 비슷하다고 할 수 있는 김삿갓의 일생을 음악적으로 표현. 김삿갓의 시들을 세계적으로 알리고 싶다는 소망에서 제작함. 〈간음야점〉, 〈가련기시〉 등 수록.

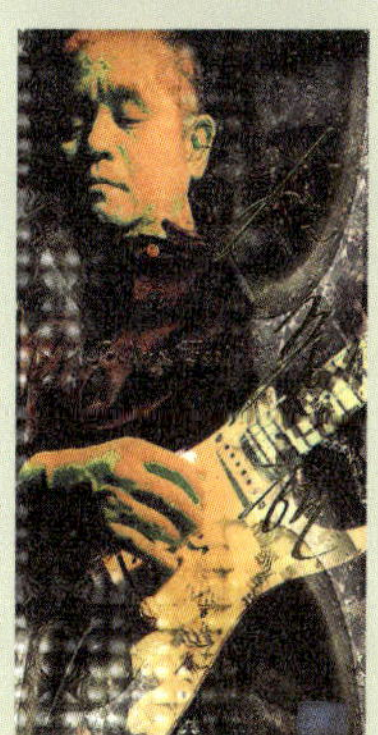

신중현 [Body & Feel]
(2002/신중현 뮤직&크리에이션)
신중현(v, g, 프로듀싱, 레코딩, 믹싱, 마스터링), 신윤철(g), 김정욱(b), 유상원(d)
이 음반은 '온몸으로 전해지는 생생한 현장의 느낌'이라는 표현이 무색하지 않게 스튜디오에서 라이브의 모양새로 녹음이 되었다. 마치 스튜디오 녹음에서도 "한 번에 가야 한다"는 지론으로 기타 연주와 보컬을 동시에 녹음했던 스티비 레이 본의 음반처럼 녹음되었다. 이는 그의 '리얼뮤직'에 대한 생각을 반영한 결과물이기도 하다(신중현은 리얼뮤직에 대해서, "전혀 가식이 없고, 다른 거 꾸미지 않고, 공연장에서 있는 그대로, 실력대로 살아 있는 음악의 음을 들려주는 게 리얼뮤직이죠. 다른 분들은 어떻게 생각하는지 몰라도 이런 게 정말 값진 거라 생각하고요, 이런 값진 걸 대중들한테 나눠주고 싶은 거죠"라고 했다). 그래서 거친 느낌이 나지만 생생하게 살아 있고, 비록 그의 보컬은 타고난 미성이 아니라서 '못 부르는 편'에 가깝지만 이는 전체적으로 볼 때는 무시할 만한 수준으로 여겨진다. 중요한 것은 오랜만에 진솔한 태도와 어울리는 현재 감각의 연주를 들을 수 있다는 점이다. 사실 [무위자연]과 [김삿갓]에 적지 않은 실망을 했기 때문이기도 할 것이다. 또한 음악적인 궤적으로는 전작인

[무위자연]과 [A Tribute To 신중현]에 이어진다. 무슨 얘기냐 하면, 이번 [Body & Feel]은 반은 자전적이면서도 반은 '헌정'의 의미가 담겨 있기 때문이다. 신중현과 뮤직파워 1집은 오랜만의 음악적인 복권인데다가 당시의 관심사였던 브라스록(더 멘과는 다른)을 시도 하면서 〈아름다운 강산〉이나 〈떠나야 할 그 사람〉 등을 맛깔스럽게 다시 부른 형태였지만, 이후 다시 창작을 하기 시작한 후 만든 [무위자연]은 새롭게 개발한 전기기타산조 연주를 선보였다고 하더라도 다분히 자전적이다. 여기에는 〈할 말도 없지만〉, 〈미인〉 등의 신중현과 엽전들 1집 수록곡들과 〈길〉, 〈떠나는 사나이〉 등의 세 나그네 1집 수록곡들이 주를 이루고 있었다. 그리고 [Body & Feel]은 보컬은 신중현이 맡았지만 연주의 핵심은 일렉트릭 기타를 맡은 둘째아들 신윤철이고, 아들이 아버지의 곡들을 재해석한 측면이 강해서 '헌정' 성격도 갖고 있다.[8] 그가 〈미련〉, 〈님아〉, 〈꽃잎〉, 〈커피 한 잔〉에서 보여준 간결하면서도 순간순간 번뜩이는 에너지를 발산하는 기타 연주는 신중현의 곡들을 정말로 제대로 해석했다는 생각이다. 그래서 신중현의 대표곡들이 제대로 살아날 수 있었고, 이것이 [무위자연]과 다른 점이다.[9] 마지막으로 이번 음반을 통해서 신중현 스스로가 밝히는 대표곡에 엽전들 당시 곡으로는 〈미인〉밖에 없는 것을 보면 알겠지만, 여태까지 거대담론 안에서 신중현과 엽전들 1집을 해석했던 오류가 고쳐지기를 바란다. 뮤지션에게 가장 중요한 것은 송라이팅이다. 난 집에서 신중현과 엽전들 1집을 거의 안 듣는다. 대신 〈님아〉나 〈마음〉, 〈떠나야 할 그 사람〉 같은 곡들을 들으며 탄복한다.

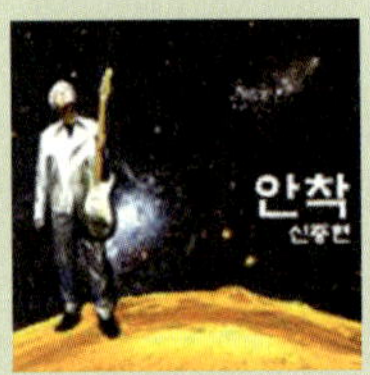

신중현 [안착]
(2004/신중현 MVD)
신중현(g, v), 신윤명(b), 유상원(d)
〈나는 너를〉, 〈바람〉, 〈봄비〉

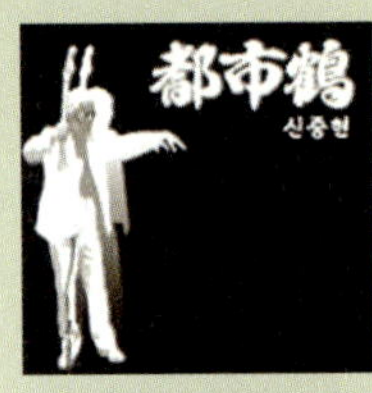

신중현 [도시학]
(2004/신중현MVD)
신중현(g, v), 김재찬(b), 이승한(d)
〈내게로 와요〉, 〈우리 사이〉,
〈그대는 떠나도〉

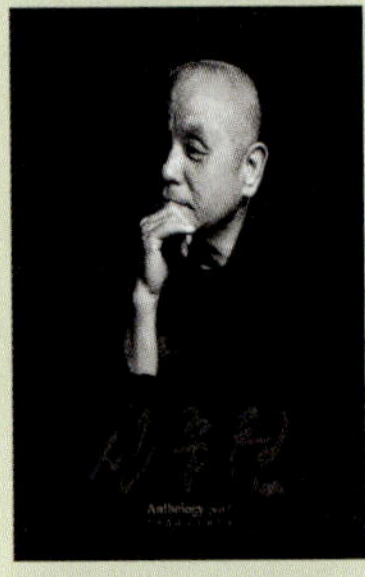

신중현 [Anthology Part1: 1958–1973] (2008/신중현MVD)

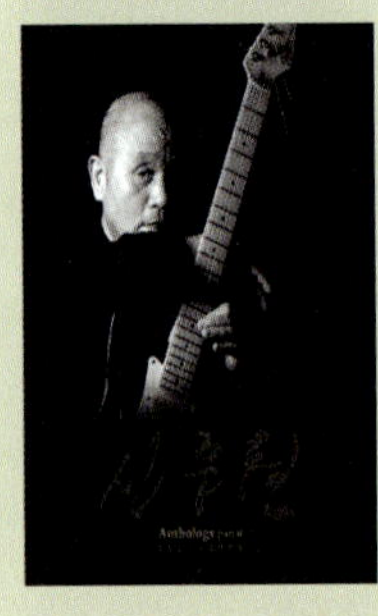

신중현 [Anthology Par2: 1973–2006] (2008/신중현MVD)

---

[8] 세션을 보면 우리 1집(1986)에 참여했던 김정욱이 베이스를 맡았고, 임재범, 김도균, 김영진이 함께했던 수퍼세션 헤비메탈밴드 아시아나의 [Out On The Street](1990)에 참여했던 유상원이 드럼을 맡았다.

[9] 신윤철은 신중현이 예전 한 인터뷰에서 "신대철은 감각이 좋고, 신윤철은 천재성이 있다"라고 칭찬할 만큼 고등학교 재학 시 만든 밴드인 리자드(당시 오태호가 트윈리드기타를 같이 맡았음) 당시부터 주목받는 기타리스트였다. 데뷔 음반 [보라빛 하늘]도 어릴 때인 1988년에 발표하였고, 이후 한국 베이스계의 거두인 송홍섭의 솔로 앨범 [내일이 다가오면](1991)에서 주도적인 세션을 해서 주위를 놀라게 한 적이 있다. 그러나 이후 총 3장의 솔로 앨범과 원더버드 1, 2집을 발표했지만 초기에 받았던 주목을 더 이상 현실화시키지 못해서 안타까운 측면이 있다. 그가 보여준 세션의 성과로만 본다면 한영애의 [불어오라 바람아](1995)와 [난다 난다 난 · 다](1999) 이후 가장 뛰어난 작업이 바로 이 [Body & Feel]이 될 것으로 생각된다.

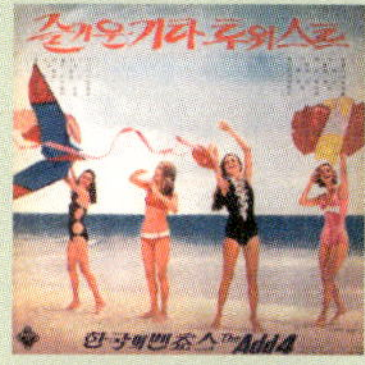

에드 훠(Add 4)
[즐거운 기타 투위스트]
(1968/신향음반제작소)
신중현(g, v), 서정길(v, g),
한영현(b), 권순권(d)
〈홍도야 울지 마라〉, 〈빗속의 여인〉

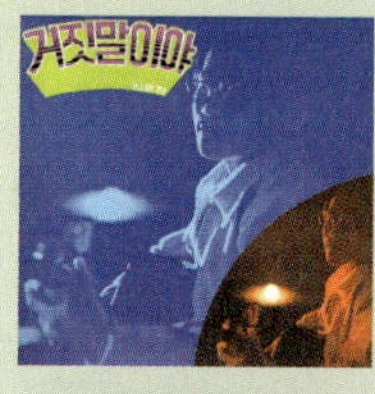

신중현과 더 멘(The Men)
[거짓말이야]
(2002/신중현 MVD)

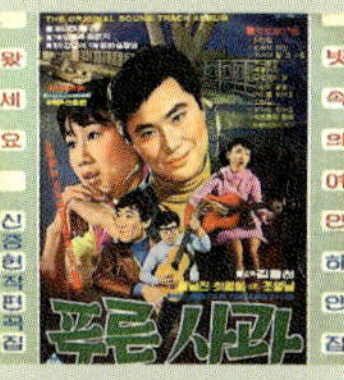

O.S.T. [푸른사과]
(1968/신향음반제작소)
신중현(g), 펄 씨스터즈(v), 이정화(v), 김
상희(v), 김추자(v)
영화 '푸른 사과' 주제가 모음 음반. 신중
현의 곡들로 녹음되었다.

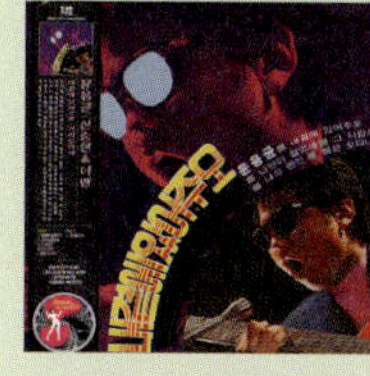

윤용균/신중현과 더 멘(The Men)
[내 곁에 있어주오]
(2003/비트볼레코드)

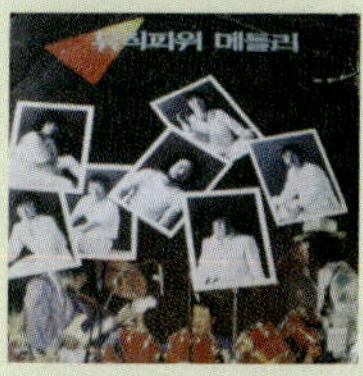

신중현과 뮤직파워(Music Power)
[뮤직파워 메들리] (1984/한국음반)
신중현(g), 이수용(b), 이남이(b), 최구희
(g), 김광석(g), 김형권(key), 김용년(key),
원치욱(d), 배수연(d)
〈히트곡 메들리〉, 〈흘러간 노래 메들리〉

V.A. [A Tribute To 신중현]
(1997/서울음반)
강산에, 시나위, 윤도현 밴드, 이중산,
봄 · 여름 · 가을 · 겨울, 퀘스천스, 이은미,
복숭아, 사랑과 평화, 김광민, 정원영 · 한
상원, 한영애, 김목경, 논 피그
신중현이 대중적으로 붐업되면서 나온 결
과물이 이 헌정음반이다. 신중현에게 영향받았다는 많은 뮤지션들이
신중현의 원곡들을 자신의 개성으로 재해석하여 한 곡 한 곡 가다듬어
서 불렀다. 특이한 것은 각 뮤지션과 곡의 성향에 따라서 레코딩 엔지
니어도 각기 다른 사람들이 참여했다는 점이다. 이는 사실 매우 상식
적인 일임에도 불구하고 우리나라에서는 이렇게 하는 경우를 거의 보
지 못했다. 그래서 이 음반에서는 뮤지션, 세션맨들 갑의 각축전의 작
만 만들어진 것이 아니라 참여 엔지니어들(이훈석, 최병철, 김윤성, 노
현수, 신대철, 신상철, 고종진, 박홍신, 이용준, 박병준, 조성오, 이우
상, 백성호)과 스튜디오들의 특성을 비교해보는 재미를 느낄 수 있다.
그 결과 〈미련〉을 믹싱한 '80년대 최고의 엔지니어'로 평가를 받았던
최병철의 경우 특히 과감하게 스네어 드럼의 소리를 잡아내는 것을 느
끼게 한다(이는 잔재미이고, 팬서비스이다). 강산에의 〈바람〉(김정미가
1972년에 부름)으로 시작하는 이 음반의 압권은 봄여름가을겨울과 한
상원이 참여한 〈미련〉(임아영이 1971년에 불렀고, 리메이크곡 후반부에
서는 한상원의 펑키한 솔로 기타 연주의 진수를 들을 수 있음), 이은미
가 부른 〈봄비〉(덩키스의 이정화가 1969년에 불렀고, 리메이크곡에서
는 박성식, 샘 리의 연주가 뛰어남), 정원영, 한상원이 참여한 〈석양〉(장
현이 1972년에 더 멘에서 부름), 신윤철, 한상원의 연주로 추측되는
〈미인〉(신중현과 엽전들이 1974년에 부름)이다. 일부 수록곡들이 원곡
을 능가하는 드문 경우를 보여주는 이 앨범은 "헌정음반은 이렇게 만
드는 것이야!"라고 얘기하고 있다.

신중현 관련 세션맨 참여 음반

권용남

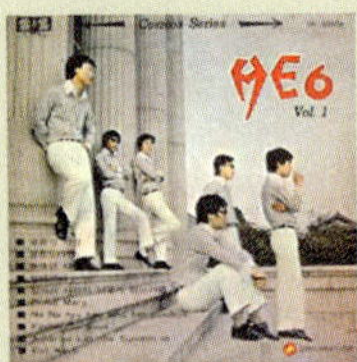

히식스(HE 6) 1집
[HE 6 第1集] (1970/그랜드레코드)
이영덕(v), 김홍탁(g), 김용중(g), 유상윤
(sax), 권용남(d), 조용남(b)

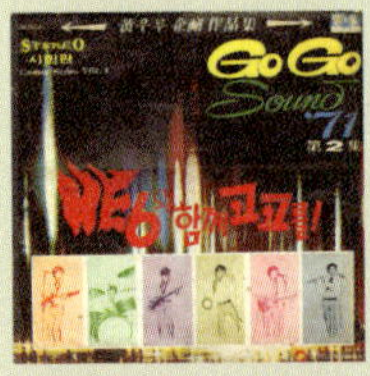

히식스(HE 6) 4집
[Go Go Sound '71 제2집]
(1971/그랜드레코드)
이영덕(v, g, perc, key), 김홍탁(g), 최현
(v), 유상윤(flute, key, g, perc), 권용남
(d), 조용남(b)

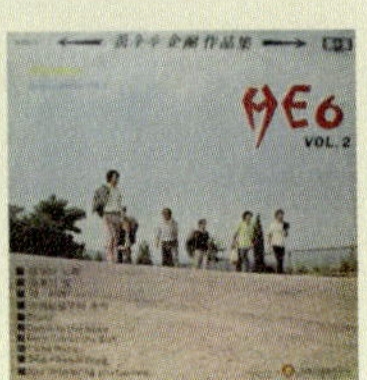

히식스(HE 6) 2집
[HE6 Vol. 2] (1971/그랜드레코드)
이영덕(v), 김홍탁(g), 김용중(g), 유상윤
(sax), 권용남(d), 조용남(b)

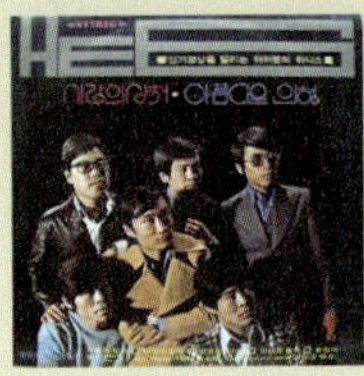

히식스(HE 6) 5집
[HE6] (1972/오아시스)
김홍탁(g), 최현(v, g), 유상윤(sax), 권용
남(d), 조용남(b), 정희택(g)

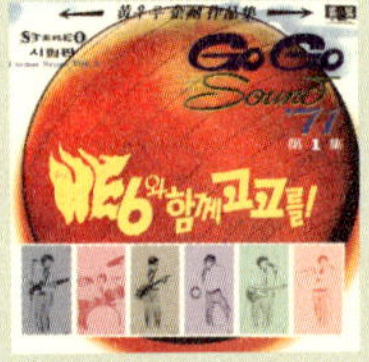

히식스(HE 6) 3집
[Go Go Sound '71 제1집]
(1971/그랜드레코드)
이영덕(v, g, perc, key), 김홍탁(g), 최현
(v), 유상윤(flute, key, g, perc), 권용남
(d), 조용남(b)

김대환

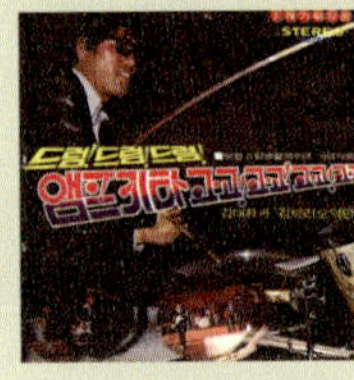

김대환과 김트리오 악단
[드럼! 드럼! 드럼! 앰프키타 고고! 고고! 고
고!] (1972/아세아레코드)
김대환(d), 최이철(g, b) 조용필(g, b)

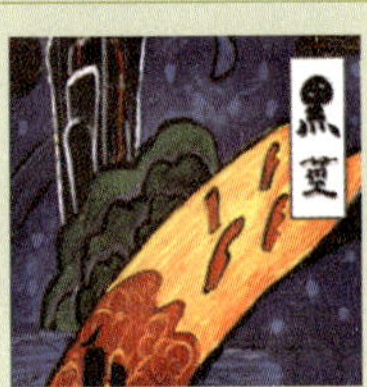

김대환 2집
[흑경] (2000/웅진미디어)

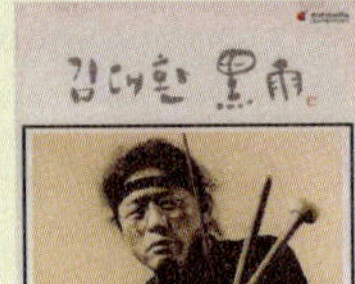

김대환 1집
[黑雨BlackRain] (1994/nices)

이태현, 김기표, 문영배

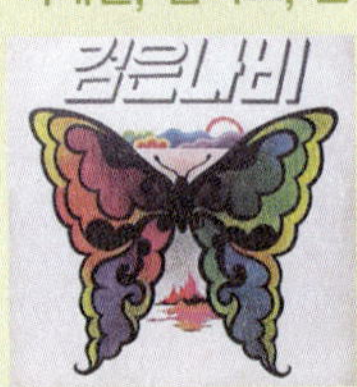

검은나비 1집 [검은나비]
(1974/지구레코드)
손학래(sax, oboe), 김기표(g), 이태현(b),
문영배(d), 최현(v), 김영균(piano, v), 김
인섭(trumpet)

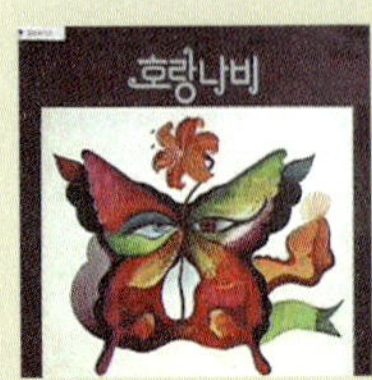

호랑나비 1집 [호랑나비]
(1978/히트레코드)
김영균(key), 김홍탁(g), 문영배(d), 이태현
(b), 최현(v)

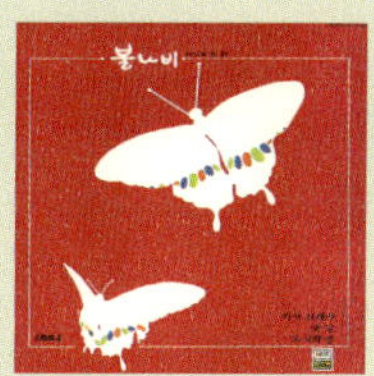

불나비 1집 [불나비]
(1983/한국음반)
최헌(v), 김기표(g), 조용남(b), 이근수
(key), 문영배(d)

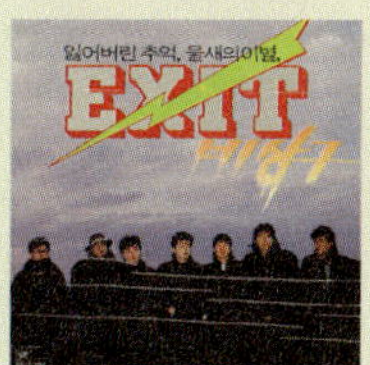

엑시트(EXIT) 1집
[EXIT 비상구] (1987/서울음반)
임동신(v), 김기표(key), 임종흥(b), 황수
권(key), 정현영(d), 양이도(key), 박종배
(g)

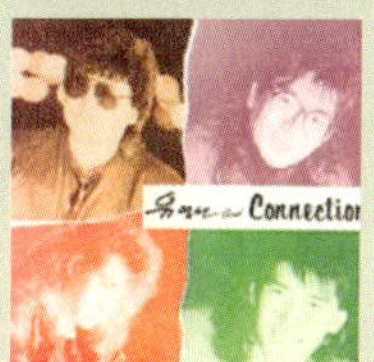

유영선과 컨넥션 1집
(1989/현대음반)
유영선(g, b, key), 문영배(d), 이시우
(key), 조진호(v)

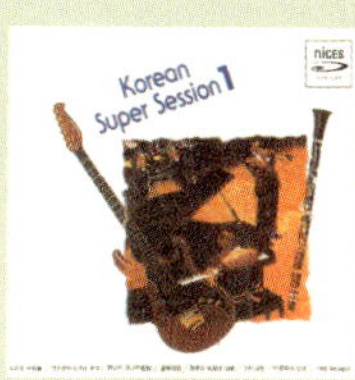

코리아 수퍼세션 1집
(1993/nices)
색소폰(정성조, 이정식), 클라리넷(홍원표),
통기타(김기표, 최준호), 피아노(변성용, 신
관웅, 최태완), 아코디언(심성락), 일렉기타
(유영선, 박광민), 신디사이저(김동성, 이시
우), 베이스(신현권, 이수용, 김봉배), 드럼
(강윤기, 배수연, 유영수), 퍼커션(유복성, 박영용)

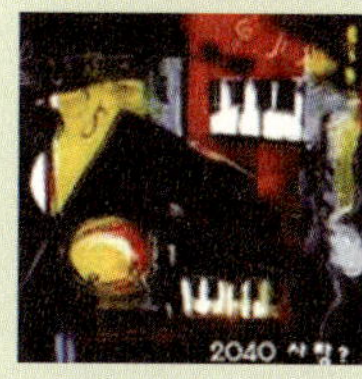

2040 1집 [사랑?]
(1997/삼성뮤직)
김홍탁(g, v), 조용남(b), 정희택(g), 김기
표(d)

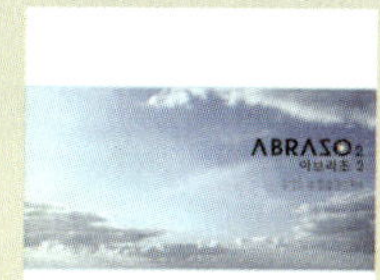

아브라조 2집 [I'll Survive]
(2003/맥 Entertainment)
문영배(d), 조영길(b), 홍영준(key), 홍준
호(g)

이남이

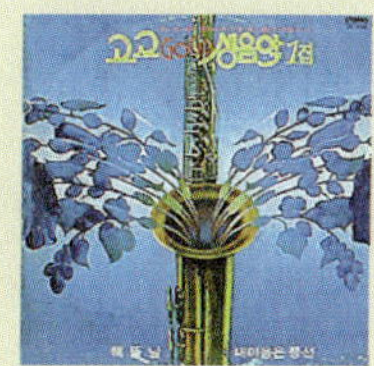

서울 나그네
[고고 생음악 1집]
(1976/오아시스)
김명곤(key), 최이철(g, v), 김태흥(d), 이
철호(perc, v), 이남이(b)

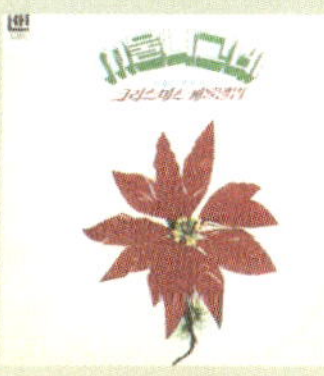

서울 나그네
[크리스마스캐롤 앨범]
(1976/오아시스)
김명곤(key), 최이철(g, v), 김태흥(d), 이
철호(perc, v), 이남이(b)

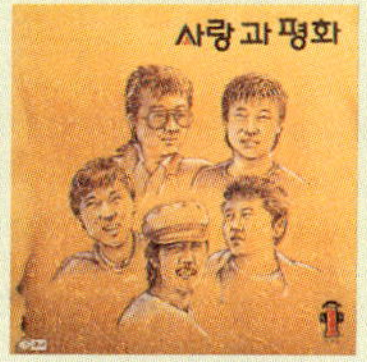

사랑과 평화 3집
(1988/지구레코드)
최이철(g, v), 이남이(b, v), 이병일(d), 한
정호(key), 최태일(b)

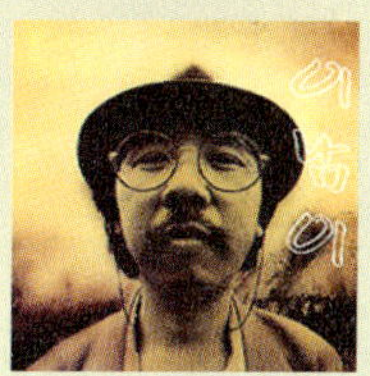

이남이 1집
[이남이] (1988/지구레코드)

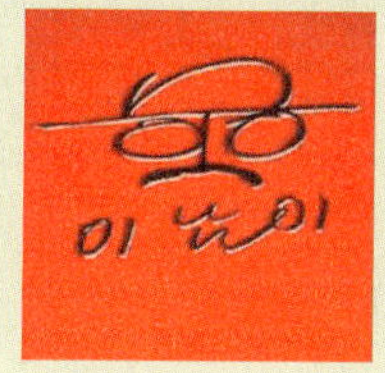

이남이 2집
[이남이] (1989/지구레코드)

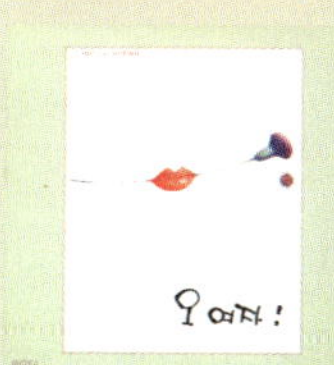

이남이 3집
[오 여자!] (1991/지구레코드)

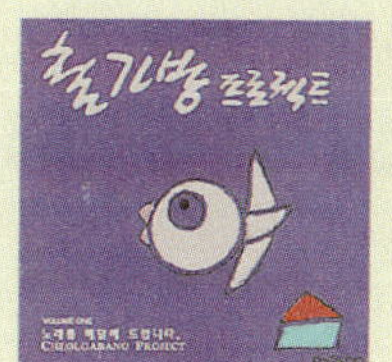

철가방 프로젝트 1집
[철가방 프로젝트] (2002/드림비트)
이남이(v, 장구), 김성호(g), 박광호(g), 엄
태환(b), 이단비(v), 허남일(북, harmoni-
ca)

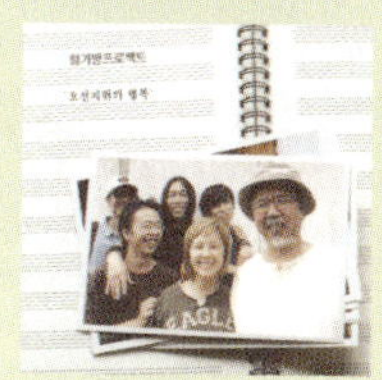

철가방 프로젝트 2집
[오선지위의 행복] (2003/드림비트)
이남이(v, 장구), 김성호(g), 박광호(g), 엄
태환(b), 이단비(v), 허남일(북, harmoni-
ca)

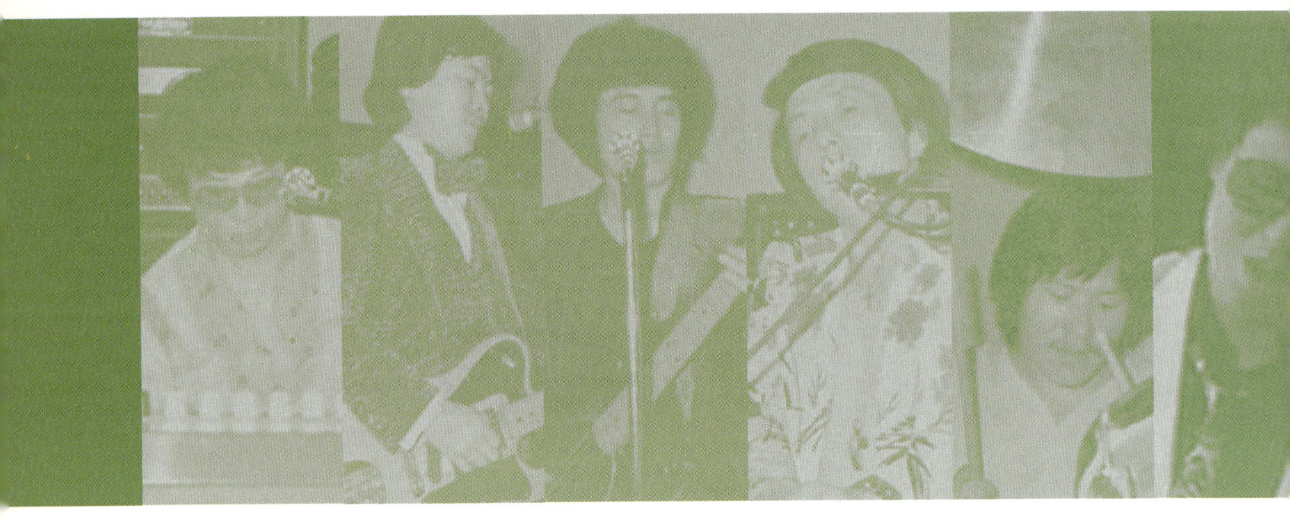

사랑과 평화 & 유영선

"기억 저편의 중견 뮤지션들"

사랑과 평화는 1970년대 말 세션에서 실력을 인정받은 뮤지션들로 구성된 밴드였고, 한국판 토토(ToTo)라고 얘기할 수 있다. 그리고 유영선은 전영록 등 많은 메이저 가수들의 음반에 관여한 1980년대의 대표적인 편곡자이자 세션 기타리스트였다. 대표적인 중견 뮤지션들로서 당시 활발한 활동을 펼친 그들을 다루려고 한다.

사랑과 평화는 1978년 당시 세션 연주자들로서 실력을 인정받고 있던 최이철(기타), 김명곤(키보드)을 중심으로 결성된 한국판 토토(ToTo)였다. 〈한동안 뜸했었지〉가 실린 데뷔 음반을 발표할 당시의 평은 '국내 최고의 연주 그룹'이 지배적이었다. 그 평에 걸맞게 이 데뷔 음반에는 슈베르트의 〈아베마리아〉, 베토벤의 〈운명〉 등이 김명곤의 편곡으로 실렸고, 이 곡들은 당시에 호평을 받았다. 그리고 이 앨범에는 최이철의 마우스튜브 연주가 뛰어난 〈달빛〉이 실렸는데, 이는 당시 국내 대중음악계에서 듣기 힘든 비범한 연주였다. 그리고 1979년 2집 발매 전에 비정규 음반으로 [Disco]가 발표되었는데, 이 음반에는 1970년대 말에 인기를 얻었던 K.C. & 더 선샤인 밴드(K.C. & The Sunshine Band)의 〈Shake Your Booty〉 등이 새롭게 편곡되어 실렸다. 그들의 대표작으로 거론되는 2집에는 이경희(이장희)의 곡인 〈얘기할 수 없어요〉가 타이틀곡으로 실려서 인기를 얻었고, 이 곡은 그루브한 연주에 능한 그들의 역량을 보여주는 대표적인 곡이었다. 그 외에 이규형(이장희)의 〈장미〉, 김명곤의 〈내 진정으로〉, 〈그대만 보면〉, 〈비가 내리네〉 등의 뛰어난 곡이 수록되었고, 1집에서와 같이 차이코프스키의 〈피아노 협주곡 제1번〉, 베토벤의 〈엘리제를 위하여〉가 디스코풍으로 새롭게 연주되었다. 이후 그룹은 최이철과 김명곤의 견해차로 와해되었고, 최이철은 끝까지 밴드에 남아서 이남이(베이스) 등을 영입하여 1988년에 3집을 발표했다. 여기에는 당시 세태를 풍미했던 〈울고 싶어라〉라는 빅 히트곡이 담겨 있었다. 1989년에는 장기호(베이스), 박성식(키보드)을 영입해 〈샴푸의 요정〉이 담긴 4집을 발표한다. 이후 장기호와 박성식은 빛과 소금을 결성하면서 탈퇴했고, 현재까지 정식 멤버로 활동하는 이철호(보컬)와 이승수(베이스)를 영입해 5집을 발표했다. 1995년에 발표한 6집 [Acoustic Funky]는 창단 멤버이자 리더인 최이철이 마지막으로 참여한 작품이 되면서 실질적으로 사랑과 평화는 역사 속으로 사라지게 되었다. 이후 7집(2003), 8집(2007)이 발표되었다.

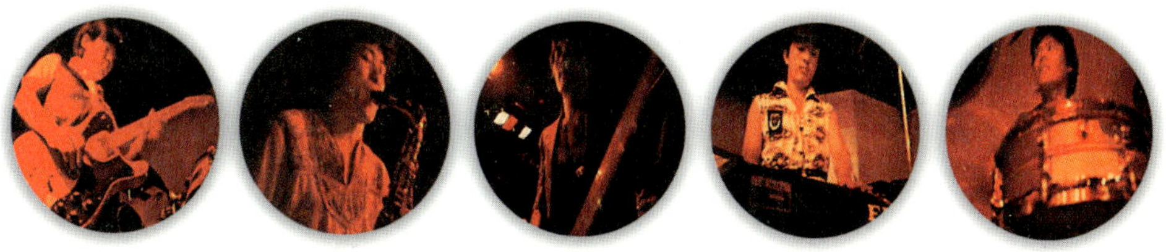

최이철, 이근수, 송홍섭, 김명곤, 최경희

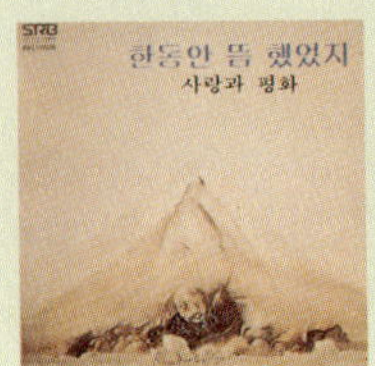

1집
(1978/서라벌레코드)
최이철(g, v), 김명곤
(key,v), 이근수(key),김
태흥(d), Sarvo(b)

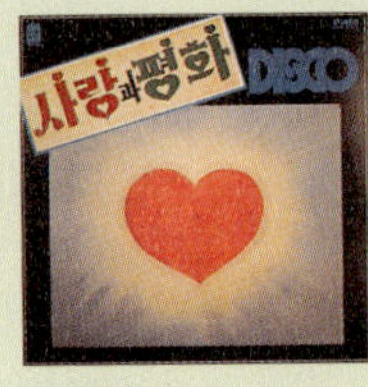

[Disco]
(1979/대도레코드)
최이철(g, v), 김명곤
(key, v), 이근수(key),
김태흥(d), 송홍섭(b)

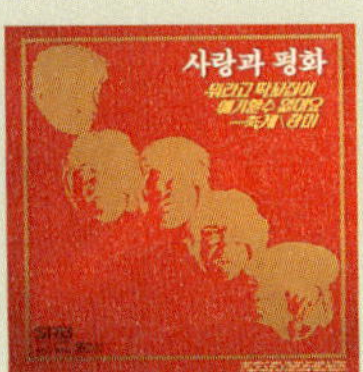

2집
(1979/서라벌레코드)
최이철(g, v), 김명곤
(key, v), 이근수(key),
최경희(d), 송홍섭(b)

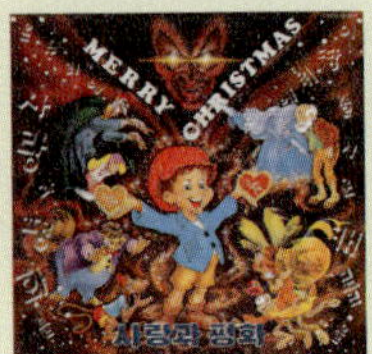

[크리스마스 캐롤집]
(1979/오아시스)
최이철(g, v), 김명곤
(key, v), 이근수(key),
김태흥(d), 송홍섭(b)

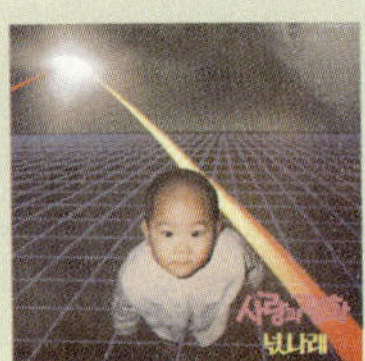

[넋나래]
(1982/태양음향)
최이철(g, v), 유현상(v),
이근수(key), 김태흥(d),
송홍섭(b)

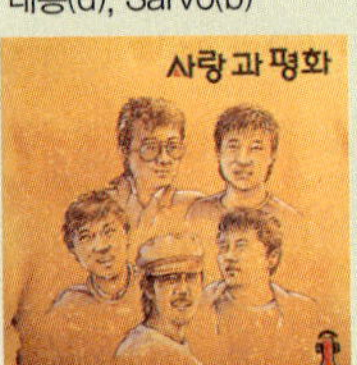

3집 (1988/지구레코드)
최이철(g, v), 이남이(b,
v), 이병일(d), 한정호
(key), 최태일(b)

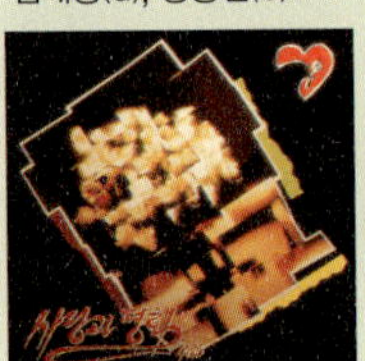

4집 (1989/오아시스)
최이철(g, v), 한정호
(key), 박성식(key), 이
병일(d), 장기호(b)

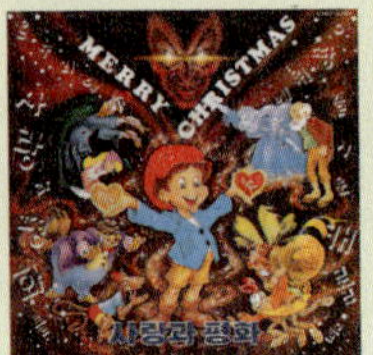

[MerryChristmas]
(1989/오아시스)
최이철(g, v), 한정호
(key), 이병일(d), 장기호
(b), 이승수(b), 최진호(v)

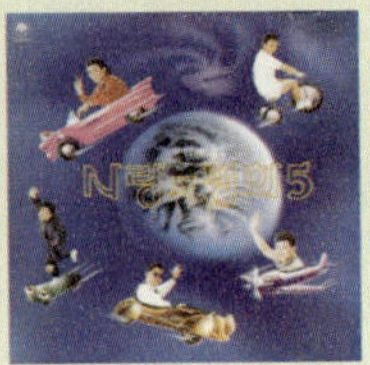

5집 (1992/뉴서울레코드)
최이철(g, b, v), 이철호(v,
perc), 한정호(key, piano)
이종욱(key, piano), 이승
수(b, v), 이병일(d)

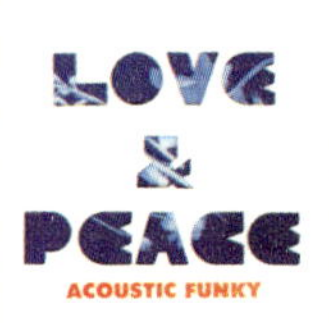

6집
[AcousticFunky]
(1995/킹레코드)
최이철(g, v), 이철호(v,
perc), 이승수(b), 안정현
(key), 이병일(d)
세션: 김성운(피리, 태평
소), 박성범(피리, 태평소)

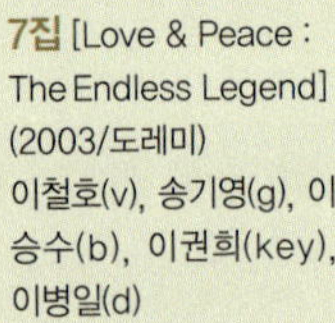

7집 [Love & Peace :
The Endless Legend]
(2003/도레미)
이철호(v), 송기영(g), 이
승수(b), 이권희(key),
이병일(d)

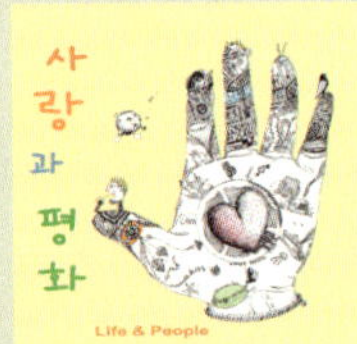

[MerryChristmas]
(1989/오아시스)
최이철(g, v), 한정호

8집 [Life & People]
(2007/SONY-BMG)
이철호(v), 송기영(g), 이
승수(b), 홍현민(key),
정재욱(d)

기타 음반

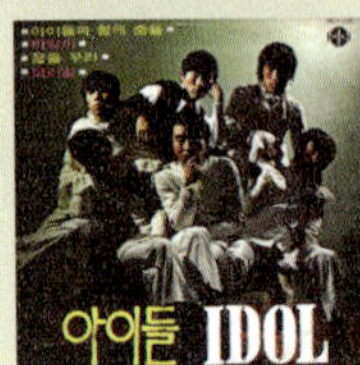

아이들(Idol)
[아이들과 함께 춤을]
(1971/성음)
김영호(sax), 김태흥드
(d), 허경(b), 최이철(g, v),
박병무(key), 이인호(g)

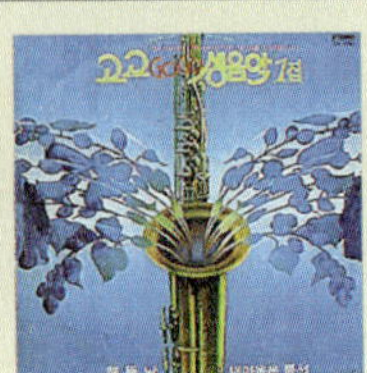

서울 나그네
[고고 생음악 1집]
(1976/오아시스)
김명곤(key), 최이철(g,
v), 김태흥(d), 이철호
(perc, v), 이남이(b)

송홍섭 1집 [송홍섭]
(1991/동아기획)
세션: 송홍섭(b, g, perc,
seq, v), 신윤철(g, har),
오호(g), 배수연(d), 정원
영(key), 최준성(key),
최태완(key), 박정운
(seq), 김헌국(trumpet),
김원용(sax), 신석철
(bongo)

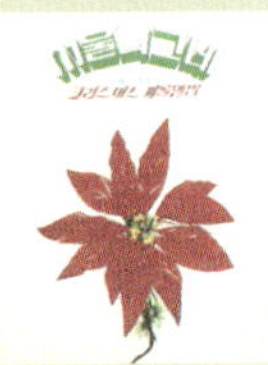

서울 나그네
[크리스마스캐롤 앨범]
(1976/오아시스) 김명곤
(key), 최이철(g, v), 김
태흥(d), 이철호(perc,
v), 이남이(b)

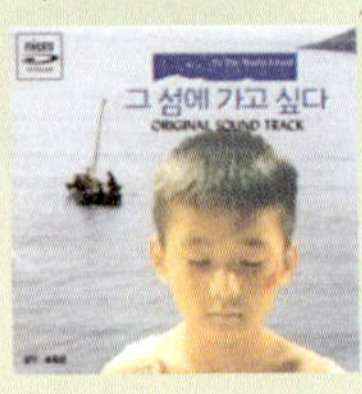

O.S.T.
[아름다운 청년 전태일]
(1995/송스튜디오)

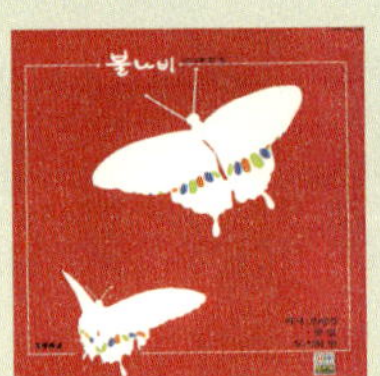

불나비 1집 [불나비]
(1983/한국음반)
최현(v), 김기표(g), 조용
남(b), 이근수(key), 문영
배(d)

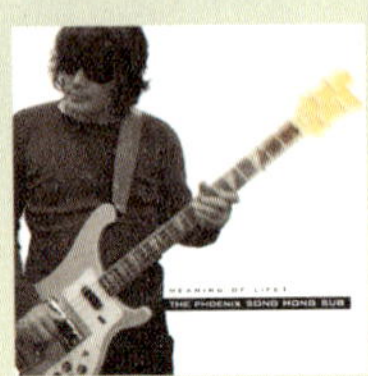

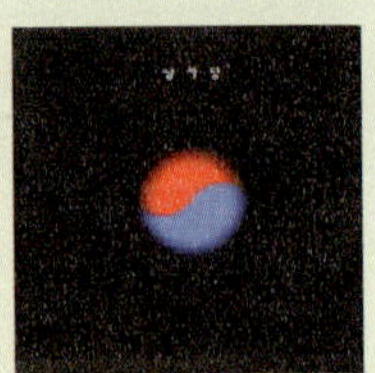

남사당 [남사당]
(1988/동아기획)
오세은(v, g), 한영애(v),
이보임(v), 배수연(d), 김
광석(g), 김명곤(key), 강
성용(sax), 이수용(b)

송홍섭 2집
[Meaning Of Life 1]
(2006/서울음반)
세션: 송홍섭(b, v, key),
이원영(g), 곽준용(d),
hoonsange (painter)

　　유영선은 1980년대 중반 각광받았던 편곡자이자 세션 기타리스트 중의 한 사람이었다. 한창 잘나갈 때는 히트 음반의 20%에서 그의 이름을 발견할 수 있었다고도 하는 일명 '보증수표'였다. 전영록, 최성수가 대표적으로 그가 관여한 가수들이었다. 다른 가수들의 세션 외에 자신의 음악을 하고 싶어 했던 그는 1986년에 최경식(키보드) 등과 동양인을 결성해 〈나비〉, 〈몽상〉, 〈그녀는 아니라 했는데〉라는 좋은 연주의 곡들이 담긴 데뷔 음반을 발표했다. 하지만 이 그룹은 한 장의 앨범으로 단명했고, 1989년에는 문영배(드럼, 일명 동포, 신중현과 세 나그네 참가) 등 자신의 음반 세션 팀과 함께 유영선과 컨넥션을 결성하여 〈슬픔은 사라지고〉가 담긴 데뷔 음반을 발표하였다. 이후 솔로 데뷔작인 [日記](1992)를 발표했고, 유명 세션맨들과 함께 만든 코리아 수퍼세션 1집(1993)을 발표했다(한상원, 김병찬, 한충완 등이 참여한 코리아 수퍼세션 2집은 1996년에 발표되었다).

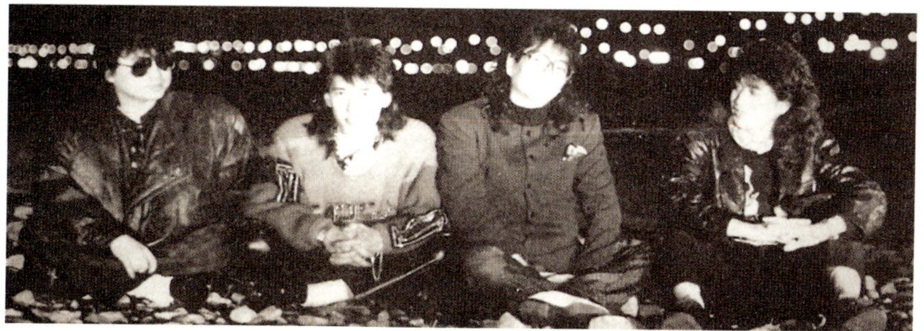

유영선과 커넥션

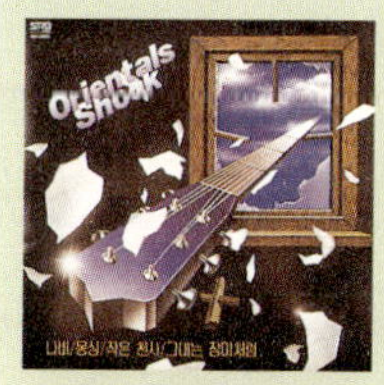

동양인 1집
(1980/시리벌레고드)
유영선(g, v), 석성주(key), 최경식 (key), 김성준(b)

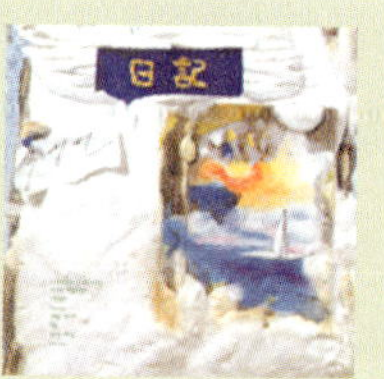

유영선 1집 [日記]
(1992/희지레코드)

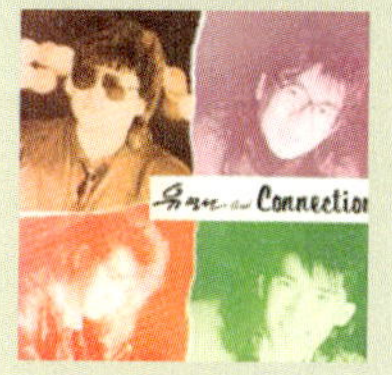

유영선과 컨넥션 1집
(1989/현대음반)
유영선(g, b, key), 문영배(d), 이시우 (key), 조진호(v)

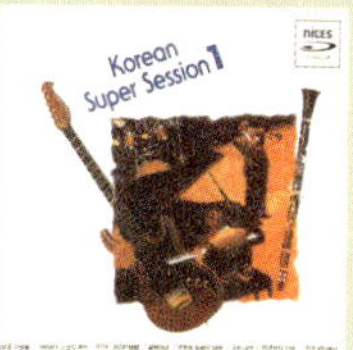

코리아 수퍼세션 1집
(1993/나이세스)
색소폰(정성조, 이정식), 클라리넷(홍원표), 통기타(김기표, 최준호), 피아노(변성용, 신관웅, 최태완), 아코디언(심성락), 일렉기타(유영선, 박광민), 신시사이저(김동성, 이시우), 베이스(신현권, 이수용, 김봉배), 드럼(강윤기, 배수연, 유영수), 퍼커션(유복성, 박영용)

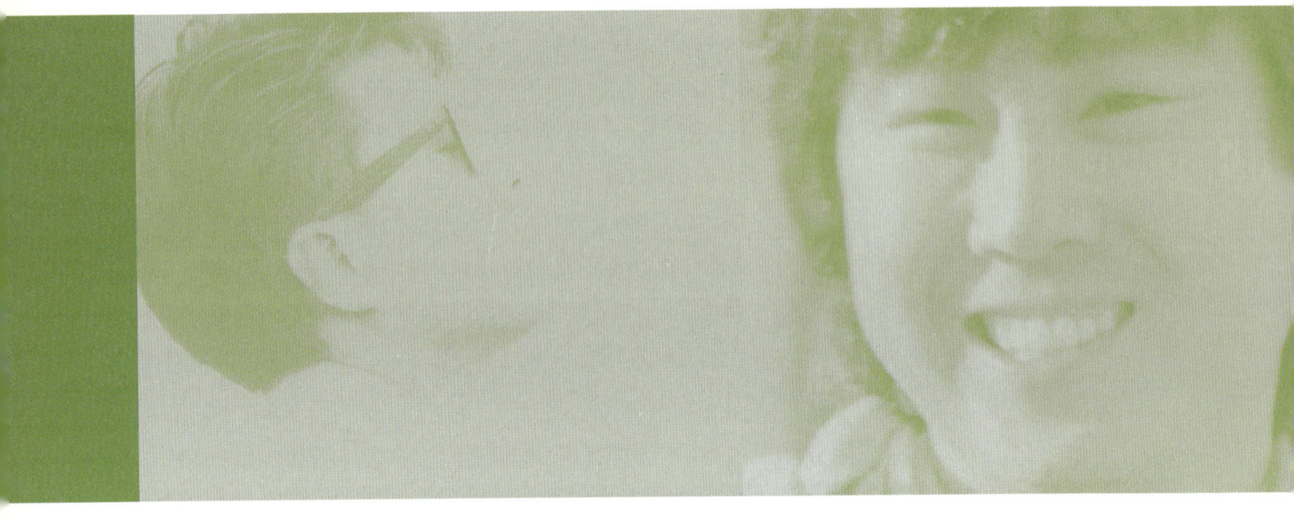

조용필

1980년대의 '30대 아이돌 스타'

조용필은 1980년대부터 '국민가수'라는 호칭을 받아온 범국민적인 인지도를 갖는 가수이다.
그런데 이게 뮤지션 조용필에게 마냥 영예로운 일일까?

조용필은 1969년 그룹 '파이브 핑거스'의 기타리스트로 활동을 시작했다. 같은 해 그룹 '애트킨즈'를 조직해 미8군 무대에서 활동하던 그는 1971년에 김대환, 최이철과 3인조 그룹 '김대환과 김트리오 악단'을 결성했다. 그리고 '선데이컵 팝그룹 콘테스트'에서 〈님이여〉로 최우수 가수왕상을 수상하며 서서히 대중들에게 자신의 존재를 각인시켰다. 이후 김대환과 김트리오 악단은 [드럼! 드럼! 드럼! 앰프키타 고고! 고고! 고고!](1972)를 발매했고, 조용필은 1972년에 〈일하지 않으면 사랑도 않을래〉, 〈돌아와요 부산항에〉, 〈님이여〉 등이 수록된 [조용필 스테레오힛트앨범]을 발매하며 솔로로 데뷔했다. 이 음반은 당시로서는 기록적인 100만 장 판매를 기록하며 수퍼스타의 가능성을 보여주기 시작했다.

1975년에 '조용필과 그림자'를 결성해 활발한 활동을 하던 그는 1977년에 대마초 흡연으로 한동안 활동을 중단했다('조용필과 위대한 탄생'은 이 기간에 결성되었다고 한다). 1979년에 해금되었고, 1980년에는 〈창밖의 여자〉, 〈돌아오지 않는 강〉, 〈단발머리〉, 〈한오백년〉, 〈너무 짧아요〉 등이 수록된 정규 1집을 발표하며 폭발적인 인기를 얻기 시작했다. 이후 〈모나리자〉가 수록된 10집 ['88 조용필 제10집 Part. I](1988)까지는 조용필의 전성기였고, 30대 뮤지션이면서 아이돌 스타이기까지 했던 진귀한 기록을 가지고 있다. 그런데 1990년대에 들어서서 달라진 대중음악 환경은 '가왕' 조용필이 활동하기에도 어려움이 있었고, 또한 40대에 들어선 뮤지션으로서 새로운 음악창작을 모색할 수밖에 없었다.

현재까지 그는 18장의 정규 독집을 발표했고, 계속적인 음악 활동을 시도하고 있다. 하지만 뮤지션을 평가할 때 정규작을 기준으로 얘기하는 것이 상식이란 점을 생각한다면, 그를 뮤지션으로서 '존중'할 수는 있겠지만 그 이상의 평가를 내리기에는 머뭇거리게 하는 점이 있다. 여태까지 조용필을 '국민가수'라고 불러온 매체와 관계사들은 그를 단지 '국민가수'라고 부르기에 앞서 그에 대한 진정한 음악적 비평을 먼저 시도하기를 바란다. 도대체 암묵적으로 붙여주는 '국민가수'라는 호칭의 정체는 무엇이고, 누가 이를 통해서 이득을 얻을 것인지 생각해볼 필요가 있다.

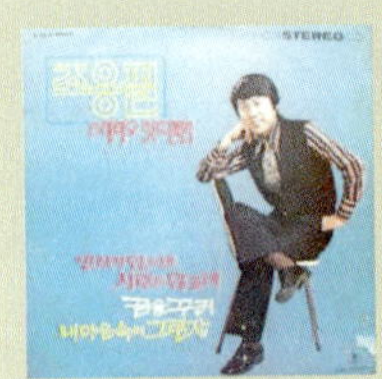
[조용필 스테레오힛트
앨범]
(1972/아세아레코드)

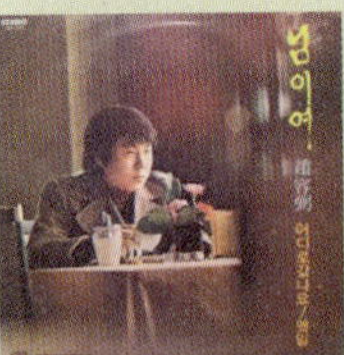
[님이여]
(1976/서라벌레코드)

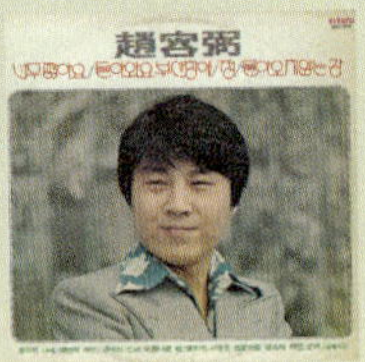
조용필/영사운드
[趙容弼]
(1976/서라벌레코드)

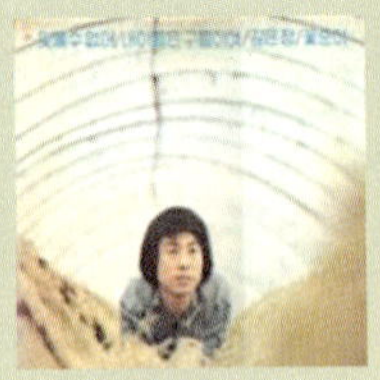
[趙容弼]
(1980/서라벌레코드)

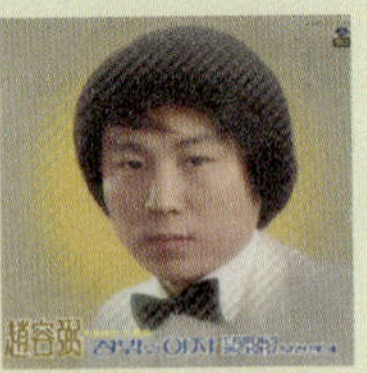
1집
(1980/지구레코드)

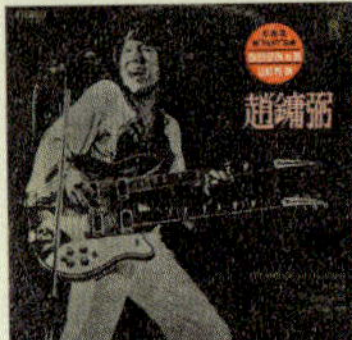
[하얀 모래의 꿈]
(1980/대도레코드)

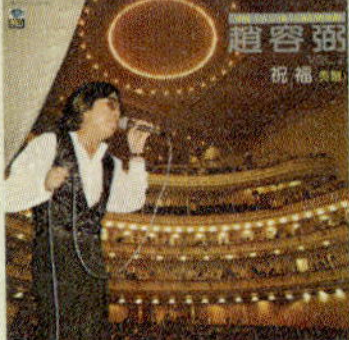
2집
(1980/지구레코드)

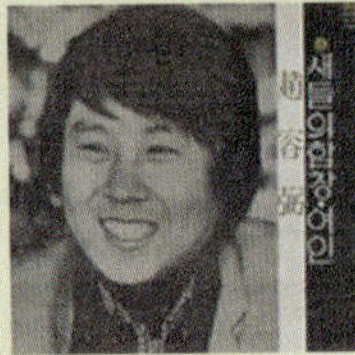
조용필/윤시내
[조용필/윤시내 숨은 노
래들] (1981/대한음반제
작소)

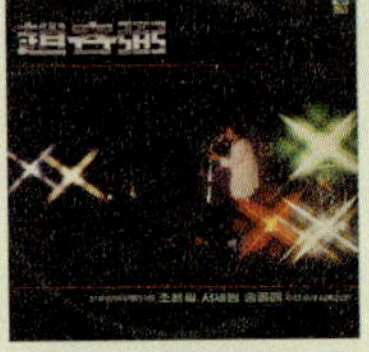
[신체장애자를위한 조용
필.서세원.송골매 자선공
연실황음반]
(1981/지구레코드)

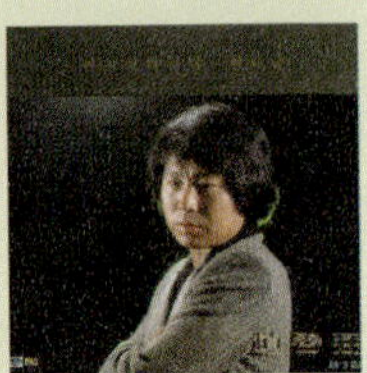
3집
(1981/지구레코드)

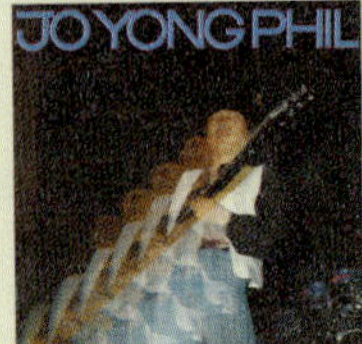
[조용필 특선]
(1982/대한음반제작소)

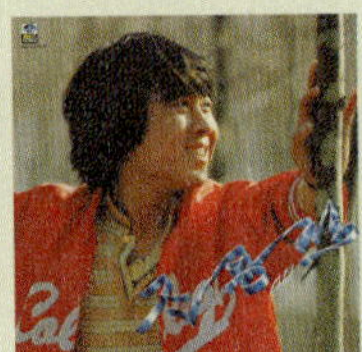
4집
(1982/지구레코드)

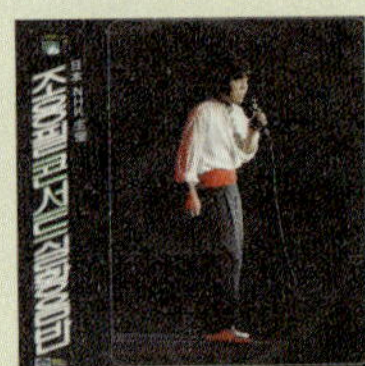
[조용필 콘서트 실황음반
– 일본 NHK 主崔]
(1983/지구레코드)

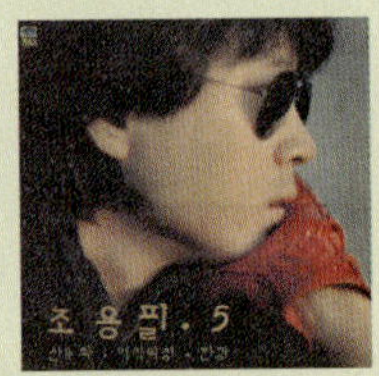
5집
(1983/지구레코드)

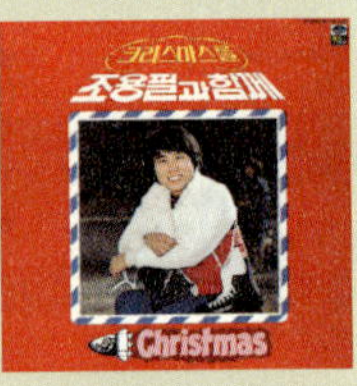
[크리스마스를 조용필과 함
께] (1983/지구레코드)

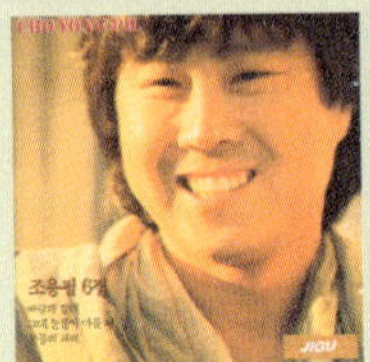
6집
(1984/지구레코드)

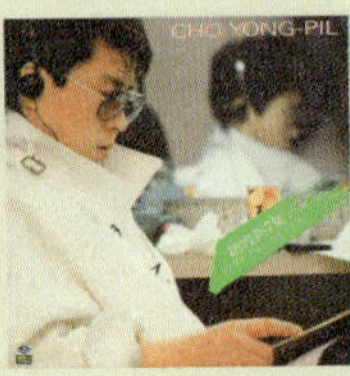
7집
(1985/지구레코드)

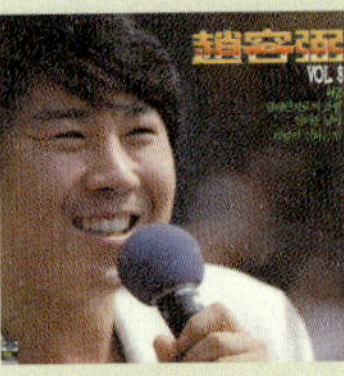
8집
(1985/지구레코드)

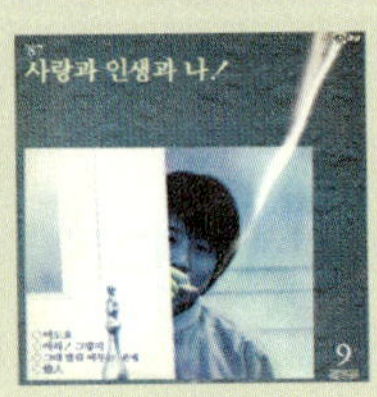
9집
['87 사랑과 인생과 나!]
(1987/지구레코드)

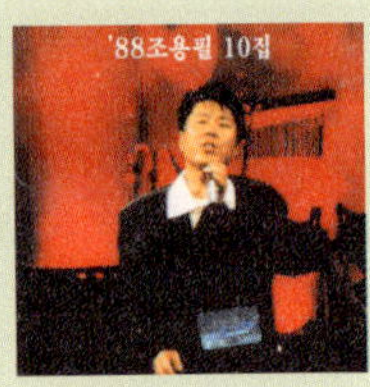
10집
['88 조용필 제10집 Part. I]
(1988/필레코드)

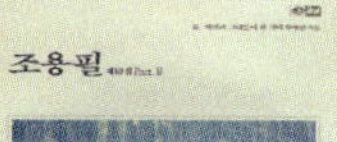
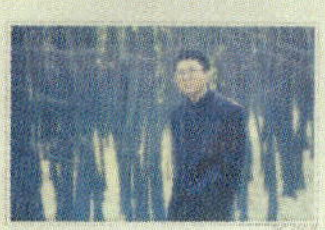

11집
[조용필 제10집 Part. II]
(1989/지구레코드))

[김희갑 조용필 앙상블]
(1989/지구레코드)

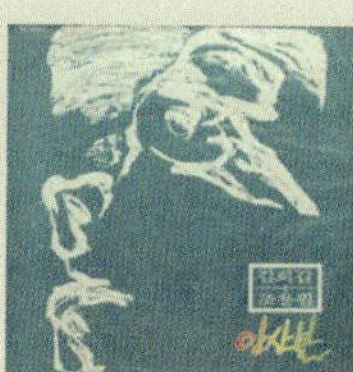

12집
['90-Vol.1Sailing Sound]
(1990/지구레코드)

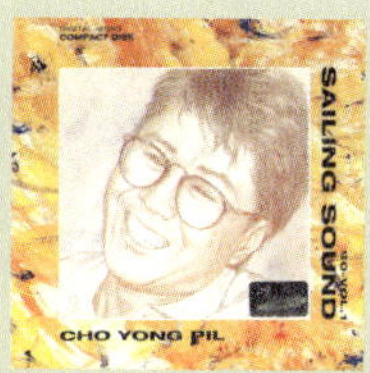

['90 Concert]
(1990/현대음향)

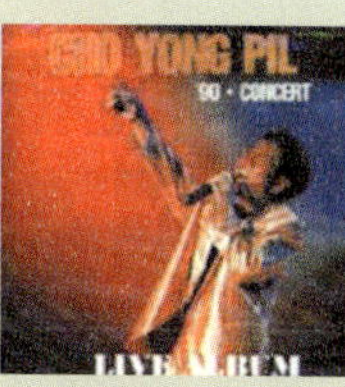

13집
[The Dreams]
(1991/서울음반)

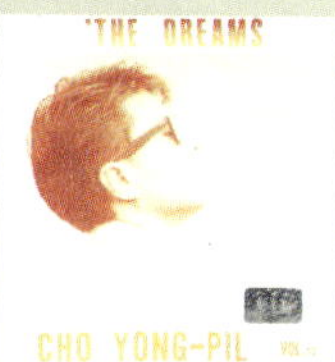

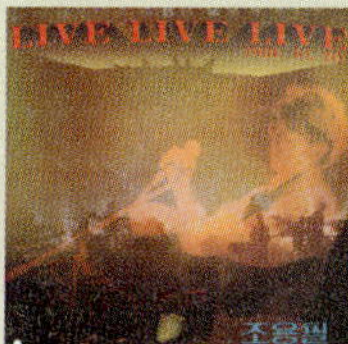

[Live Live Live 1991]
(1992/서울음반)

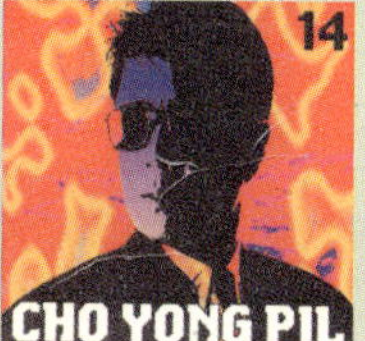

14집
(1992/서울음반)

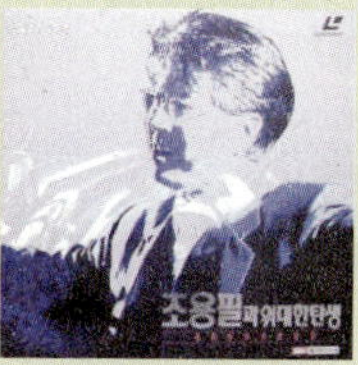

[조용필과 위대한 탄생
– 세종문화회관]
(1993/SKC)

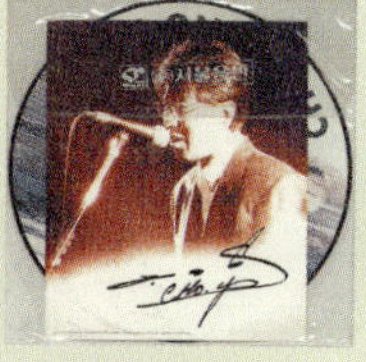

[해운대 콘서트]
(1993/서울음반)

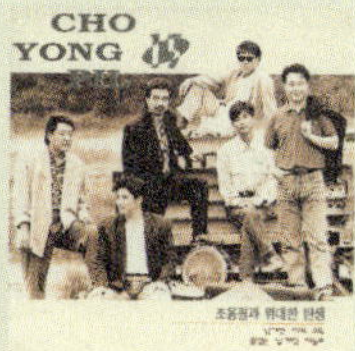

15집
(1994/대영에이브이)

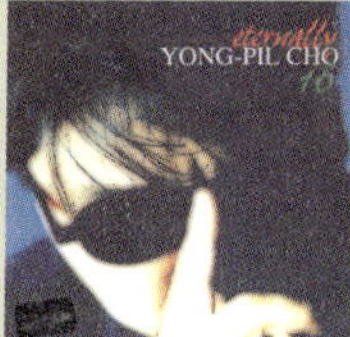

16집
[Eternally Cho Yong
Pil 16] (1997/웅진미디어)

[30th Anniversary
Greatest Hits Part 1]
(1998/필레코드)

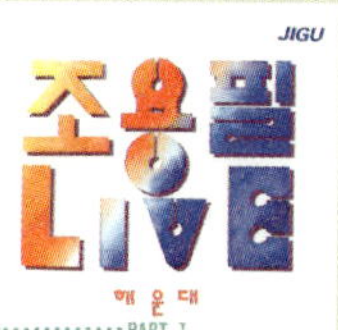

[해운대 라이브 Part II]
(1998/지구레코드)

17집
[Ambition]
(1998/YPC Records)

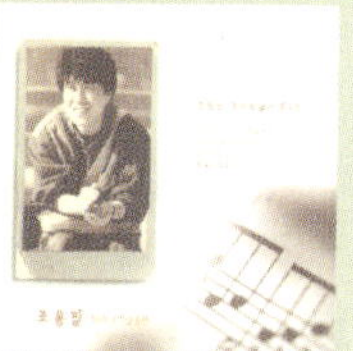

[30th Anniversary
Greatest Hits Part
2] (1999/필레코드)

기타 음반

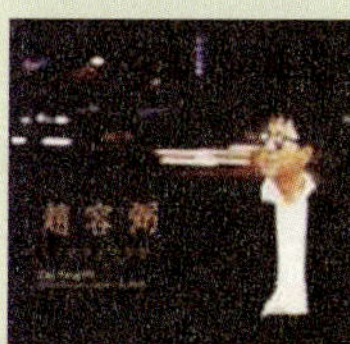

[30th Anniversary
Greatest Hits Part 3]
(2000/웅진미디어)

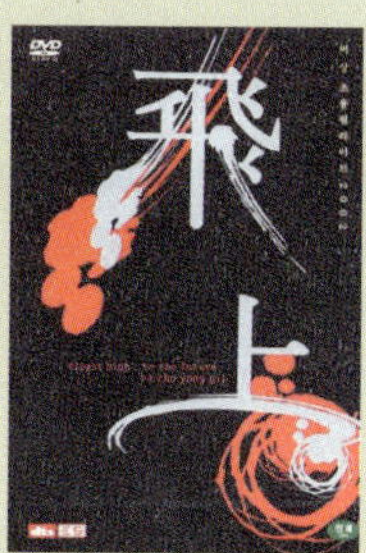

[2002 飛上 콘서트]
(2002/비트윈)

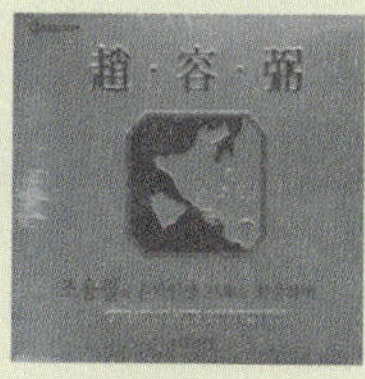

[Greatest Hits Collectio
– 조용필의 음악인생 35
年을 회상하며]
(2003/KBS미디어)

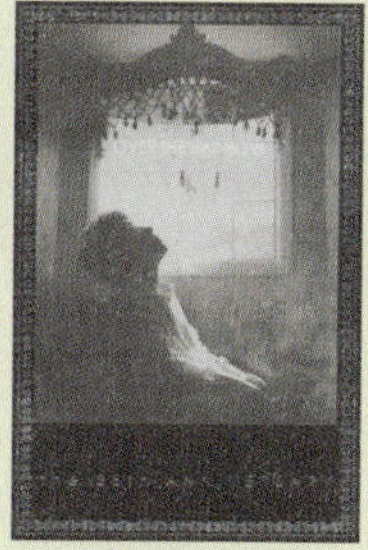

18집
[Over The Rainbow]
(2003/웅진미디어)

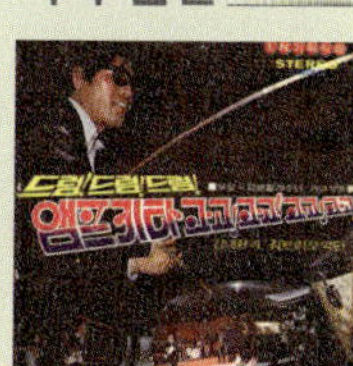

김대환과 김트리오 악단
[드럼! 드럼! 드럼! 앰프키
타 고고! 고고! 고고!]
(1972/아세아레코드)
김대환(d), 최이철(g, b)
조용필(g, b)

Chapter 2

한대수

"음악을 가지고
농담을 하고 싶지 않다"

한대수의 [상처]를 듣고…… ＊ 2004년 5월에 쓴 칼럼입니다.

미트볼을 넣은 토마토소스 스파게티. 요리를 즐기는 한대수 씨의 손님접대용 음식 메뉴 중 하나다. 이제 한국에 정착해서 살기로 결정한 그에게, 그리고 혼자 사는 그에게 요리는 하루하루를 살아가기 위한 필수불가결한 요소이겠지만 지인들에게 손수 요리를 해주는 데 자그마한 행복을 느끼는 것 같기도 하다. 작년인가 처음으로 그 음식을 대접받았는데, 그가 내게 자신의 집에 오면 음식을 대접하겠다는 얘기를 했을 때 스파게티를 좋아하는 나로서는 '(예의상이라도) 요리에 대한 호평'을 해줄 수 있을 것 같아서 내심 안도의 한숨을 내쉬었던 기억이 난다. 그리고 그의 집에서 제대로 된 스파게티 요리법을 처음으로 보았다(토마토소스와 미트볼을 넣고 1~2시간 약한 불에 끓여야 제맛이 난다는 것을 그때 처음 알았다). 또한 스파게티를 먹기까지 소스 끓이는 냄새만 맡으면서 2시간 가까이 기다려야 했기 때문에 맛이 없을 수가 없었겠지만 어쨌든 내가 여태까지 먹어본 최고의 스파게티였다는 것은 분명하다. 그래서 스파게티를 먹는 내내 '찬사'를 아끼지 않았고, 그 결과 그 다음 방문에도 같은 스파게티를 대접받았다. 한대수 씨는 나와 같이 있던 사람의 격찬에 고무되었는지 음악으로는 돈이 되지 않으니 '먹고살기 위해서' 스파게티집을 차려야겠다는 얘기도 했고, 나는 그 얘기를 듣고 웃었지만 속으로는 씁쓸했다(이는 그도 마찬가지였을 것이라 생각한다).

한대수 씨는 자신과 함께 음악을 작업한 뮤지션들에게 칭찬을 아끼지 않는 편인데(이번 [상처] 부클릿에도 "이 음반에 참여하신 세계적인 음악인들 모두 뜨거운 박수를 보냅니다"라는 문구가 있다), 다른 사람에게 나를 소개할 때도 '최고의 음악평론가'라는 식으로 얘기를 해 매우 겸연쩍게 만든다. 사실 내가 개인적으로 존경(아티스트로서의)을 표하는 그와 같은 뮤지션에게 그런 얘기를 듣는 것은 매우 기분 좋은 일이고, 처음에는 우쭐한 마음도 없지 않았다. 한데 자신의 지인들을 다른 사람에게 소개하는 방식이라는 것을 이제는 알기에(한대수팬클럽 제1대 회장을 소개할 때는 "천재 프로그래머입니다" 이런 식으로) 사람들을 기분 좋게 만드는 그의 독특한 표현법으로 여기고 있다. 그가 자신의 음악에 대해서 "이 음악이 여러분들의 위로가 되고 흥겨운 가락이 되길 빕니다. 음악이야말로 우리를 고뇌스런 삶에서 해방시켜줍니다. 물론 순간적으로. 하지만 모든 순간들이 이어지면 영원으로 갈 수 있습니다"라고 얘기했던 부분을 평소 말하는 방식에도 적용하고 있다고나 할까.

8집 [Eternal Sorrow](2000/크림)부터는 음반을 내는 것 자체가 '운이 좋아서'가 되어버린 '최고의 음악가'인 그는 지난 4월에 10집 [상처]를 내고 콘서트까지 마쳤다. 그리고 [Eternal

Sorrow]처럼 이번 [상처]도 '마지막 앨범' 일 것이라는 소개 문구가 돈다. 지난 8집은 타이틀도 심상찮게 '영원한 고독' 이면서 홍보 문구마저 '마지막 앨범' 이 될 것이라고 해 매우 착잡한 심정으로 그 앨범을 들었는데, 다행히도 이후 [고민 Source Of Trouble](2002/풍류)이 나오고 또 이번에 [상처]가 나오면서 앨범제작사의 '홍보문구' 일 뿐이라는 생각이 들었다.

한대수 씨에게 지난 8집에 이어 또 '마지막 앨범' 운운하면 어떻게 하냐고, '양치기소년' 이 되지 마시라고 얘기를 하니 "그래? 그렇게 나왔단 말이지"라고 대답하는 것으로 봐서는 짐작은 하고 있을지언정 정확하게는 몰랐던 것 같다. 여기서 그와 (인터뷰)질문자 사이의 커뮤니케이션 문제는 이런 게 아닐까. "앞으로 음반을 내기 힘들 것 같다. 내 음반을 내줄 제작자가 없다. 그리고 노래를 만들기가 너무 힘들다"라는 그의 말을 '창작 종료 선언' 으로 단정지어 받아들인 결과가 아닌가 싶다. 하지만 그의 말은 "창작도 예전처럼 잘 안 되지만, 음반을 내고 싶어도 '제작자본' 을 구하기 너무 어렵다"이고, 여기 숨어 있는 뜻은 "그러니 이런 나의 상황을 널리 알려서 제발 내 음반을 내줄 수 있는 제작자 좀 붙게 해달라. '한국 최고의 음악가' 가 이런 대접을 받고 있는 것이 말이 나 되는가?"일 것으로 짐작한다(여기서 '한국 최고의 음악가' 라는 말은 앞에서처럼 '답례' 도 아니고, 그에 대한 나의 평가이다. 제대로 된 창작자로서는 '최고령' 이고, 아직도 그 창작 태도나 밀도가 뛰어나니 '최고' 가 아니고 무엇이겠는가). 오랫동안 곁에서 지켜본 바에 의하면 그런 짐작을 충분히 가능케 한다.

나는 지금 돌려서 얘기하고 있지만, 기본적으로 마이너들이 갖는 분노를 글에 담으려는 나는 한대수의 이번 [상처] 음반을 대하면서 다시 안타까운 마음과 분노가 교차한다. 먼저 그에 대해 여전히 지난한 평가가 이루어지고 있다는 점, 그리고 그를 다루는 방식과 빈도에도 불만이 든다. 1970년대에 활동한 동년배 뮤지션들과 비교할 때 (거론하는 뮤지션들에게는 미안한 얘기이지만) 아직도 정규 앨범 단 한 장을 내놓은 김민기와 그를 동일선상에서 비교한다든지(김민기의 1집이 명반이라는 점을 부정하는 것은 아니다), 그와 김민기, 이주원, 하덕규가 제공한 노래들이 본인의 최고작이었던 양희은과 같이 거론하는 행위는 적절하지 않다. 거기다가 단지 비슷한 연배에 포크 음악을 했다는 것만으로 '청년(문화) 포크' 의 일원으로 윤형주, 송창식, 김세환 등과 동일선상에 놓는 것은 매우 적절치 않다. 한마디로 '정신' 이 다르고 '작품' 이 다른데 어떻게 같이 얘기할 거리가 있겠는가? 이는 1960~1970년대 한국 록을 '사료' 로 다룰 때는 신중현, 키보이스, 히식스 등 많은 뮤지션을 얘기할 수 있겠지만, 안타깝게도 '작품' 으로 평가할 때는 신중현과 산울림, 사랑과 평화 정도 외에는 얘기할 만한 뮤지션들이 별로 없는 것과 같은 이치다.

"예술가들은 기본적으로 시기심이 강하다. 나도 그렇다"라고 밝힌 적이 있는 한대수로서는 동년배 중에서 김민기, 이주원, 조동진 정도 외에는 이렇다 하게 '시기심' 을 느낄 대상이 없어 보인다. 그래서 그의 첫 질투 대상이었던(?) 김민기의 〈아침이슬〉을 이번에 리메이크하고, 이에 대해 "김민기가 나의 곡 '바람과 나'를 훌륭하게 부른 데 대한 보답이다"라고 말했는지도 모른다. 그런데 정작 명절 때라도 TV에 나오는 가수들은 엉뚱한 사람들이고, 한대수처럼 [멀고 먼 길]부터 시작해 지금까지 끊임없이 창작의 새로움을 보여주는 '살아 있는 화석'(살아 있는 '전설'이 아니다! 현재 그가 받고 있는 대접을 생각해보라)은 죽어야만 장례식장에 걸린 사진이나마 볼 수 있을 것 같다. 이 한국의 위대한 뮤지션은 지금 먹고살기 위해 '스파게티집' 차릴 궁리나 하고 자기 음반을 내줄 수 있는 제작자를 간절히 찾고 있는데 세상은 너무 무심하고 예의도 없다. 이게 내가 갖는 분노이고, 그도 가질 분노일 것이다. 그런데 정말 (사람들은) 그의 가치를 모르는 것일까? 아니면 단지 '상품성'이 떨어진다는 이유로 배제되고 있는 것일까?

앨범 부클릿에 쓰인 "이번 저의 10집 [상처]를 가능케 하신 이우창 씨에게 깊은 감사를 드립니다. 1989년 이우창 씨가 19살 때 뉴욕에서 만나 [천사들의 담화]를 만든 이후로 서울서 이루어진 두 번째 작업입니다"라는 글귀를 보면 알겠지만, 이번 앨범은 프로듀싱에서부터 유통에 이르기까지 이우창이 신경을 써주었다. [무한대](1989) 앨범에서 당시 무명 기타리스트였던 자신(손무현, 헤비메탈밴드 외인부대 출신)을 발굴해 세션에 참여시킨 것에 대한 감사의 표시로(이후 손무현은 김완선 5집 프로듀서와 세션을 기점으로 명성을 얻기 시작한다) 손무현이 한대수의 8집 [Eternal Sorrow]가 나올 수 있도록 물심양면 힘을 써준 것과 마찬가지로, 이우창의 경우도 감사와 존경을 동시에 보여준 것이라고 여겨진다.

그간 참 지워지지 않는 한대수의 이미지가 있는데, 바로 '기인'과 '(박정희)체제 반항적' 이미지다. 이는 한국 매체에서 아직도 그의 노래를 얘기할 때 〈물 좀 주소〉나 〈행복의 나라〉만을 거론하는 것과 비슷한, 무신경과 태만에 대한 징표이다. 한국의 인디 신을 '새로운 음악창작에 대한 보고 또는 가능성'으로 어렵게(!) 보기보다는 '저항, 아마추어리즘'으로 쉽게(!) 보는 경향과 다르지 않다.

그는 위에서도 얘기했듯이 "〈바람과 나〉, 〈행복의 나라〉와 같은 식으로 계속했다면 3집 정도 나온 뒤 팬들은 다 떠났을 겁니다. 음과 가사를 결혼시켜 어떻게 하면 새로운 자극을 줄 것인지를 늘 고민합니다"라고 말하는 한국 창작 뮤지션의 귀감이다. 즉, 한국의 후배 뮤지션들은 '창작자의 태도'라는 측면에서만큼은 그를 본받을 필요가 있다. 그리고 그가 발표한 10장의 정규 앨범이 보여준 장르의 다양함과 신선한 시도,[1] 그리고 그에 걸맞은 창작의 밀도는 한국에서는 전대미문의 성

---

[1] 최근작만 보더라도 [고민]에서의 〈호치민〉이나 [상처]에서의 〈면지〉와 같은 랩이 결합된 노래들. 김용옥 교수가 그 〈호치민〉을 듣고 "내가 2시간 강의할 것을 단 5분의 노래로 보여준다"라는 취지의 말을 했다고 한다.

과이다.

여태까지 발표한 음반들 중에서 떨어지는 것은 프로듀서를 잘못 만나 만든 7집 [이성의 시대 반역의 시대(Age of Reason Age of Treason)]밖에 없다. 나는 그의 〈행복의 나라〉와 함께 왜 〈One Day〉, 〈If You Want Me To〉, 〈Headless Man〉, 〈As Forever〉 같은 노래들이 거론되지 않는지 의문이다. 특히 15년 만에 활동을 재개하면서 만든 〈One Day〉나 지난 앨범에 담긴 후반기 걸작 〈As Forever〉는 그해의 한국대중음악 베스트싱글에 꼽힐 만한 노래들이었다. 이번 앨범 [상처]에서도 〈상처〉나 〈먼지〉 같은 신곡은 역시 뛰어나다. 〈먼지〉를 소개하면서 "이것이 '현재의 나'"라고 얘기하고, 〈상처〉를 소개하면서는 "부인이 알코올과 마약 중독에 빠져 있을 때 남편은 말할 수 없는 고생을 한다. '고칠 수 없는 상처' 다"라고 얘기했는데, 그만큼 그의 노래들은 아직도 (그는 노래를 통해) 자신에게 솔직하려 하고, 예술가로서의 한대수는 창작의 방법을 고민하는 모습을 보여준다.

거기다가 타고난 '멜로디메이커'인 그는 거칠게 하모니카와 기타 하나 뚱땅거리며 노래해도 듣는 사람의 가슴을 아프게 한다. "죽음이란 무서운 것"이라고 읊조리며 시작하는 〈먼지〉는 중간 중간 "결혼도 두 번 하고, 이혼도 두 번 하고, 애도 없고, 야구로 따지면 투아웃. …… 나는 정말 슬픈 할아버지가 되었구나"라는 식의 랩이 나온다. 그의 말에 의하면 최초로 '포크랩' 장르를 개척했다는데, 지난 앨범에서 〈호치민〉을 부를 때 메틀리프 위에 호치민에 대한 평을 읊은 것을 들을 때처럼 신선했다. 그렇지만 그의 노래가 남다르게 들리는 것은 그저 방법상의 신선함 때문만이 아니다. 내용은 세련되지 못했더라도 "바람은 미래 시간은 현재. 먼지는 바람 속에 (휘날리는) 나"라는 말을 하고 싶어 하는 '진심'을 알아차릴 수 있기 때문에 감동을 받는 것이다.

신곡 〈상처〉와 〈No Control〉을 시작으로 〈바람과 나〉, 〈행복의 나라〉까지 재즈 편곡이 앨범 앞머리를 장식하는데, 그가 뉴욕에서 만나 친분을 쌓아온 재즈 피아니스트 이우창의 5인조 밴드와 함께 작업한 것은 "부드러움으로 해방감마저 주는 재즈 선율이 '상처' 치유에 가장 적합하다는 생각 때문"이라고 한다. 〈상처〉의 완성도도 뛰어나지만, 그의 대표곡인 〈바람과 나〉와 〈행복의 나라〉가 재해석된 것도 흥미롭다.

앨범 중반부는 해외곡들이다. 아일랜드 민요인 〈Black Is The Color〉, 미국 민요인 〈Oh, Shenandoah〉, 영블러드(The Youngbloods)의 고전이자 히피들의 노래인 〈Get Together〉가 연속으로 이어진다. 현재 한국에서 활동하고 있는 아일랜드 뮤지션인 린다 컬린(Lynda Cullen)이 부른 〈Black Is The Color〉는 알려진 대로 '한국판 아리랑'인데, 이런 소개를 떠나 정말 아름다운 노래이다. 작년 연말에 한대수가 린다 컬린이 소속된 아일랜드 밴드와 함께 공연하는 모습을 본

적이 있는데, 이때도 이 노래를 불러 감탄했었다. 원래 아일랜드 노래는 정서적으로 통하는 데가 있는데 똑같이 주변 강대국의 침탈을 받았던 역사적인 굴레 때문이 아닌가 한다(아일랜드 사람들 대개가 영국을 싫어한다). 그리고 영블러드의 〈Get Together〉는 최근 한대수의 바람을 담고 있는 것 같은 노래인데, 영블러드의 노래라는 소개만 없으면 그의 노래라고 해도 무방할 정도로 '한대수 노래'에 가깝다.

이어서 〈If You Want Me To〉는 원래 3집 수록곡이고, 원곡은 손무현이 참여한 록세션으로 들을 수 있었는데 어쿠스틱 버전으로 바뀌었다. 그의 숨은 명곡이다. 〈먼지〉 다음으로 나오는 김민기의 〈아침이슬〉은 김민기가 자신의 곡을 부른 것에 대한 답례로 부른 것이자, 음악동료에 대한 애정 어린 헌사라고 여겨진다. 이 곡에는 "김민기가 어느 날 전화했다. '형님, 제 노래 부르시면 영광이지요' 나는, '민기 씨 명곡을 부르게 허락해주셔서 감사합니다. 술 한잔합시다'"라는 설명이 곁들여져 있다.

[상처]의 재킷 사진은 그의 다리 X-ray 사진이다. 작년 늦여름에 사고로 다리 골절을 당했고 수술을 받았다. 그래서 한 달간 병원에 입원해 있었고, 앨범 재킷 앞면에는 다리 X-ray 사진이, 뒷면에는 병실에 앉아 있는 모습과 여자 간호원들이 휠체어를 밀어주는 모습이 나온다. 이에 대해 그는 역시 한마디를 아끼지 않는데, 다음과 같다.

"끝으로 저의 고장난 몸을 고쳐주신 신규호 박사님과 세브란스 섹시 나이팅게일들에게 영원히 감사드립니다. 땅콩베리머치! 여러분 즐기슈! Peace……."(2004년 4월 한대수)

●●● 바이오그래피

1948년	3월 12일 부산 출생. 아버지 한창석(핵물리학자)과 어머니 박정자(피아니스트)의 외아들
1958년	New York City, PS 125 뉴욕 초등학교 입학
1962년	부산 경남 중등학교 입학
1964년	부산 경남 고등학교 입학
1965년	미국 롱아일랜드 A.G. Berner 고등학교로 전학
1966년	New Hampshire 대학에서 수의학 전공
1967년	New York Institute of Photography에서 사진 전공
1968년	한국에서 포크 싱어송라이터로 데뷔
1969년	이화여자대학교, 서울대학교, 서강대학교, 부산대학교, 드라마센터 공연
1970년	대한민국 국전 사진부문 수상
1970년	군복무(해병)
1974년	코리아 헤럴드 신문기자 겸 사진작가
1974년	제1회 한국가요제 10대 작곡가상 수상
1977년	뉴욕시 Color House Wheel, Chroma Copy의 사진작가 활동 및 록밴드 '징기스칸(Genghis Khan)'의 리더로 클럽 Trude Heller, CBGB 등에서 공연
1977년	National Library of Poetry, nominated as distinguished member of International Society of Poets, Wash. D.C. 작가 수상
1988년	L.A.로 이주. Color House, Burbank 사진관 매니저 활동
1991년	뉴욕으로 이주. Nathaniel Lieberman 스튜디오에서 활동
1992년	Oxana Alferova Hahn(모스크바 출생)과 결혼
1992년	사진집 『맨하탄 빛의 광장』 출판
1997년	Crossbeat Asia의 후원하에 일본의 록스타 카르멘 마키(Carmen Maki)와 일본 공연 및 서울 올림픽 경기장에서 유니텔 록콘서트 'Koreanism' 공연
1997년	시집 『대지의 새벽』 출판, 작가상 수상 사진집 『Human Openings(Black Book)』 출판

1998년	자서전『물 좀 주소 목 마르요』출판
1999년	사진집『Human Openings 2(Blue Book)』출판
2000년	[Masterpiece](신세계레코드) 발매
2001년	악보집『한대수 노래모음』출판
2003년	사진집『침묵』,『작은 평화』출판. [다큐멘터리 한대수 – Music & Life: DVD] (Cinewise Film) 발매
2005년	평론집『영원한 록의 신화 비틀즈, 살아 있는 포크의 전설 밥딜런』, 에세이집『올드보이 한대수』출판. 전작 박스셋 [The Box](서울음반) 발매
2007년	[Best Of Hahn Dae-Soo](서울음반) 발매

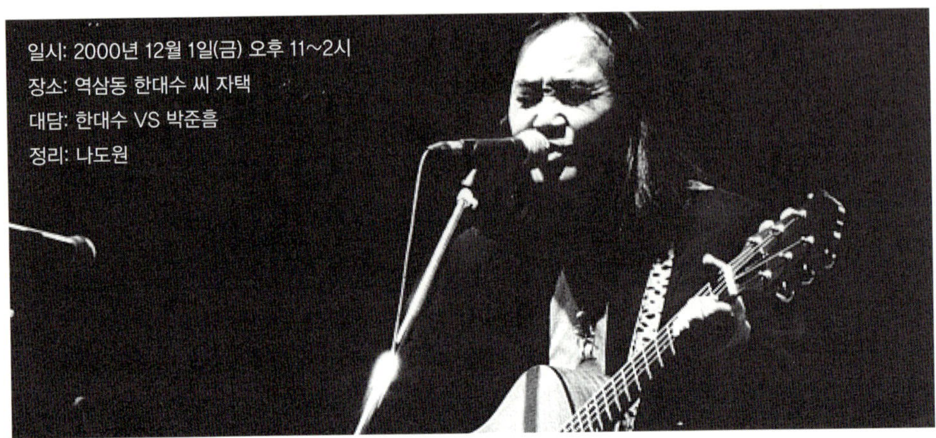

한대수는 음악평론가의 입장에서 본다면 '한국대중음악 평론'을 가능케 한 무척 소중한 인물이다. 왜냐하면 음악평론가에게도 평론 '대상'이 있어야 평론이 가능한데 그게 바로 앨범('작품'으로서의 음반)이고, 한대수는 신중현과 함께 '앨범 아티스트'로서 선구자적인 인물이기 때문이다. 이 인터뷰는 8집 [Eternal Sorrow] 발표 후 가졌는데, 그의 창작과 정신이 아직도 젊은 데 놀라게 된다.

> "목소리에서 나오는 애티튜드도 있는 것 같다. 아름다운 노래를 할 때는 부드럽게 노래하고, 분노가 있을 때엔 앵거(anger) 그 자체로 나타낸다."

박준흠: 선생은 데뷔앨범부터 이번 8집 [Eternal Sorrow]까지 항상 당대 가장 도전적인 음반들을 발표한 '진정한 뮤지션의 표본'이라고 할 수 있다. 스스로 생각하는 음악인생은 어떠했는지?

한대수: 먼저 그 답을 하기 전에, 박준흠 씨와 이렇게 대화를 하게 되어서 영광으로 생각하고 지금까지 32년 동안 음악생활을 하면서 우리나라에 그래도 박준흠 씨처럼 음악을 많이 이해하는 사람이 있다는 것이 참 기쁘다. 보통 장시간 인터뷰를 잘 하지 않는데, 이렇게 다시 만나 대화를 나눌 수 있게 되어 기분이 좋다.

나는 음악을 할 때 처음부터 지금까지 항상 이렇다. 음악(음반제작) 자체가 워낙 과정이 복잡하고 자본이 많이 들어간다. 또 많은 사람들이 참여하는데, 이번에도 뮤지션과 스태프 다 합쳐 스물다섯 명쯤 될 것 같고, 어떤 경우에는 오케스트라를 쓰면 백 명이 넘기도 한다. 나는 그런 복잡한 과정이 수행되는 음악을 가지고 '농담'을 하고 싶지 않다. 그 많은 사람들이 땀을 흘리고 노력했는데, 분명히 하고 싶은 말을 음악으로 말하고 싶다. 그래서 할 말이 없으면 음악을 하지 말아야 한다고 항상 생각한다. 모든 사람들이 작곡이 뭐냐고 묻는데, 작곡을 할 수 있는 가장 중요한 요소와 조건은 하고 싶은 말이 있어야 한다는 것이다. 하고 싶은 말이 없다면 무슨 작곡이 나오겠는가. 음(音)적으로 아름다운 것은 여태까지 너무 많았기 때문에 하고 싶은 말이 더 중요하다. 나는 항상 하고 싶은 말을 음적으로 표현했고 이번 8집 앨범도 그렇게 했다. 8집의 메인 포인트, 중점적 주제는 "급변하는 사회에서 소수는 혜택을 받고 있지만 대부분의 사람들은 희생당하고 소외되어 편집증적으로 가고 있다"는 얘기다.

8집의 프롤로그에 보면 더 이상 창작은 힘들다고 고백했고, 나이에 대한 이야기를 했다. 여기에는 두 가지 의미가 있을 수 있다. 여태까지 하고 싶었던 창작은 다했기 때문에 할 게 없다는 것인가, 아니면 예술적 영감이 소진되었기 때문에 할 수 없다는 것인가.

좋은 질문인데 둘 다 적용이 되는 것 같다. 싱어송라이터로서 보통의 경우 자기 독집 앨범 두어 개만 해도 삼십 곡이 되는 거니까 사실 많이 한 거다. 내가 8집까지 냈으니 70~80곡이 되는데 싱어송라이터로서는 많이 한 거다. 가수로서는 평균 정도밖에 되지 않지만 음악적으로는 많이 한 셈이다. 또 영감이 줄어든다는 것도 틀림없다. 나이가 드니까 즉흥적으로 느끼는 영감이 차츰 감소한다. 그래서 그 두 가지 이유 때문에 내 생각으로는 이번이 '음악적으로는' 마지막 앨범이 될 것 같았다. 물론 프랭크 시내트라처럼 목소리 하나로 죽을 때까지 할 수도 있겠지만 여태까지 나는 스스로를 '가수'라는 개념으로는 생각하지 않았고, 가수라기보다는 보고 느끼는 것을 음악적으로 표현하는 '싱어송라이터'로만 생각해왔다. 하지만 음악과 관계되는 일은 할 수 있을 것이다. 예를 들어 프로듀싱을 한다든지 어떤 뜻 있는 음악인을 만나 나의 도움이 필요할 경우에 합작을 할 수도 있을 것이고, 또 영화음악이나 뮤지컬에서 누가 합작을 제의한다면 같이 한다든지, 이런 것들은 같이 할 수도 있을 것이다. 그러나 나 혼자 독불장군으로, 싱어송라이터의 개념으로 작업하는 것은 이번이 마지막인 것 같다.

예술적인 영감은 어디에서 기인하고 어떻게 얻는가? 그리고 예술적 영감이 떨어진다는 것은 어떤 영감을 받을 대상 자체가 이제 사라진다는 말인지 묻고 싶다.

"나는 음악을 할 때 처음부터 지금까지 항상 이렇다. 음악(음반제작) 자체가 워낙
과정이 복잡하고 워낙 자본이 많이 들어가고 또 많은 사람들, 이번에도 뮤지션과
스태프 다 합쳐 스물다섯 명 될 것 같고, 어떤 경우에는 오케스트라 쓰면 백 명도
넘기도 한다. 그런 복잡한 과정의 일이 수행되는 음악을 가지고 '농담'을 하고 싶
지가 않다. 그 많은 사람들이 땀을 흘리고 노력했는데, 분명히 하고 싶은 말을 음악
적으로 말하고 싶다. 그래서 할 말이 없으면 음악을 안 해야 된다고 항상 생각한다.
(중략) 나는 항상 하고 싶은 말을 음적으로 표현했고 이번 8집 앨범도 그렇게 했다.
8집의 메인 포인트, 중점적 주제는 급변하는 사회에서 소수는 혜택을 받고 있지만
대부분의 사람들은 희생당하고 소외되어 편집증적으로 가고 있다는 얘기다."

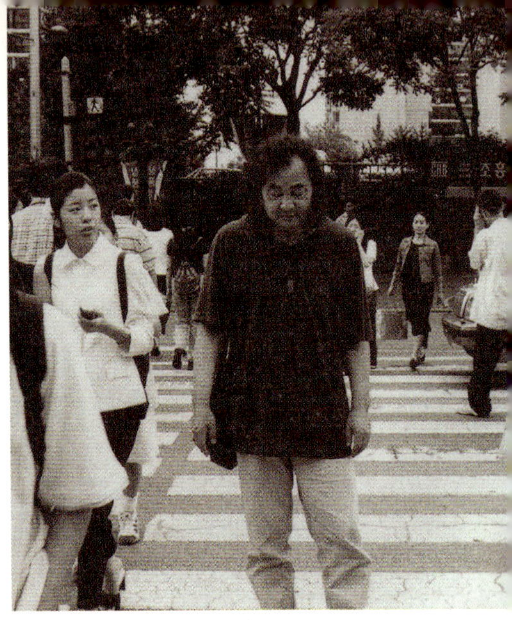

나의 영감은 항상 일상생활에서 나온다. 예를 들어 버스를 탔는데 여학생들이 남자 얘기를 하는
것이 들릴 때 그것이 음악이 되기도 하고, 또 커피숍에서 어떤 아줌마가 이번에 부도가 났는데 그
걸 막았다고 하는 말을 들으면 그런 분위기에서 나아가 노력해 부자 되자, 그런 영감도 오고…….
그렇게 일상생활에서 온다. 제일 큰 것은 나 자신과 주위 사람들과의 관계에서 비롯되며 그다음으
로 많은 영감을 얻는 것은 뉴스다. 뉴스를 볼 때 지금 우리가 사회적으로 어느 방향으로 가고 있는
지, 또 경제권이 우리의 모든 삶을 너무나 압도해 움직이는 것과 관련해 여러 느낌이 든다. 그러한
것들이 다 주제가 되는데 이번 앨범에서도 여러 가지 주제들을 많이 다룬 것 같다. 제일 관심사는
'제도' 라는 것, 즉 제도는 우리 인간이 만든 것이고 많은 인간이 혜택을 받기 위해 만든 것인데 결
국 이 제도에 대다수가 희생을 당하고 있다는 사실이다. 극소수만이 자본주의 제도의 혜택을 받고
대다수는 전 세계적으로 고민하고 고생을 하고 있다. 그래서 이 제도 자체가 문제가 있지 않느냐
하는 그런 느낌을 음악에 담았다.

지난 인터뷰를 보면 "음악의 사회적인 발언은 가사를 통해서가 아니라 '태도' 로 얘기해야 한다"
고 했는데, 그런 생각은 한대수의 음악에서 어떻게 나타나고 있으며 어떤 태도로 드러나는가?
음악은 일단 음악적인 요소를 갖춰야 한다. 그리고 어떤 사회적인 불만이라든지 사회적인 어긋남
이라든지, 인간관계의 어긋남을 음악적으로 말할 때 나는 (그것을) 꼭 꼬집지는 않는다. 너무 세밀
하게 들어가면 지루해지니까 전반적인 분위기만 던진다. 〈멸망의 밤〉에서 "이 아름다운 지구가
쓰레기로 변했다"라고 했는데 구태여 어느 부분이 공해라고 하지 않았다. 그 말만 던져도 다들 이
해하니까. 그리고 목소리에서 나오는 애티튜드도 있는 것 같다. 아름다운 노래를 할 때는 부드럽
게 노래하고, 분노가 있을 때엔 앵거(anger) 자체로 나타낸다. 나는 주로 그런 형식으로 얘기한다.

앞서 언급한 예술적인 영감에 대해 좀 더 얘기를 한다면, 선생은 아름다운 여자에 대한 이야기를 많이 했다. 괴테도 영감을 얻기 위해 어린 소녀와 사귀었다지만 예술가가 아닌 입장에서 봤을 땐 그런 부분을 잘 이해하기 힘들다. 예술가와 아름다운 여자, 또는 어린 소녀, 이런 부분에 대해 말해주겠는가?

그게 재미있는 부분이다. '로리타'2라는 영화가 있다. 러시아 작가 블라디미르 나보코프3의 작품이고 스탠리 큐브릭이 제일 먼저 만들었는데,4 그 로리타 신드롬이 누구에게나 있는 것 같다. 특히 나이가 들면 들수록 더 그런 게 있는 것 같다. 틀림없이 남자의 창작세계를 움직이는 부분이 사랑이고, 사랑 중에서도 자기 자신을 전부 잃어 자아가 없을 경우에 기막힌 창작품이 나오더라. 나도 거기에 상당히 동감한다. 젊은 여인과 남자의 관계는 역사적으로 항상 있어왔고 역사적으로 문제도 되었고, 또 상당한 창작을 이끌어냈던 것 같다. 나도 이해한다. 난 음적인 한계점을 이해하고 있다. 이번 앨범을 마지막 앨범이라고 한 것도 한계에 왔다는 것을 느껴서다. 우리가 서양의 위대한 작곡가로 생각하는 폴 매카트니, 폴 사이먼, 조니 미첼, 닐 영과 같은 사람들도 이젠 작품도 별로 없지만 한 번씩 나올 때는 거의 과거에 쓴 것들의 되풀이가 아닌가? 그분들 역시 어떤 딜레마에 빠졌고 한계점에 왔다는 걸 느낀다. 그리고 자기 독집 7, 8집까지 팝송을 썼다면 상당히 훌륭한 거다.

"그래서 나의 예민한 느낌을 전달하는 것이 진실이라고 본다."

선생은 "음악은 자기 생활의 솔직한 반영이다"라고 했고, 선생의 음악이 "그 부분에서만큼은 진실하다"라고 말했다. 그렇다면 한대수라는 뮤지션의 음악에 반영된 '진실'은 무엇인가?

나는 상당히 예민하다. 성장과정 때문인 것도 같은데 누가 무슨 말을 한다든지, 어떠한 사회적인 현상, 예를 들어 어제 있었던 남북이산가족상봉 같은 것도 마음을 울게 하더라. 이런 것들을 보고 느낀 그대로 전달한다. 대부분의 사람들, 평민들은 매일 생활을 해결하기 위해서 이런저런 것들을 생각할 여유가 없기 때문에 화가, 조각가, 음악가 같은 창작인들이 그것을 깨우쳐주는 역할을 늘 해왔다. 평민들은 보통 그날그날 생활에 쫓기다 보니 이 제도가 틀렸다든지 이 제도는 아니라는 생각을 안 한다. 그래서 나의 예민한 느낌을 전달하는 것이 진실이라고 본다. 내가 보는 느낌이

---

2 'Lolita', 1997. 애드리안 라인 감독.

3 Vladimir Nabokov, 1899~1977. 1955년에 소설 『로리타』 발표.

4 1961년에 영화로 발표.

어떤 때엔 사람들을 화나게 할 수도 있고 기쁨을 줄 수도 있을 텐데, 나는 보고 느낀 그대로 전달하는 것이 음악이라고 생각한다.

이번 8집 〈Paranoia〉의 가사에 "난 잠자기가 무서워 / 난 일어나기가 무서워 / 밖에 나가기도 무서워 / 난 집에 있는 것도 무서워"라는 부분이 있다. 이 부분을 어떻게 받아들여야 하나?

그것도 상징적인데……. 사실 지금은 무서운 시대이다. 먼저 나도 노후의 대문에 들어섰으니 개인적으로도 두려운 게 있다. 그리고 사회적인 게 있는데, 우리 사회는 지금 급변하고 있다. 아마 역사상 과거 10년만큼 급변한 시대는 없었을 것이다. 특히 디지털, 인터넷 시대로 들어오면서 그렇다. 몇 년 전에 활발했던 벤처, 인터넷 기업들의 80% 정도가 미국뿐 아니라 우리나라에서도 거품으로 거의 사라졌다. 5년 새에 그런 급변도 있었고 남녀 관계도 급변하고 있다. 어느 정도인가 하면 서양에서도 결혼을 거의 심각하게 생각하지 않고 결혼 자체를 재평가하는 때가 왔다. 또 스톡 마켓(stock market)이라는 개념이 최근 20년 만에 대두되어 대중들도 증권에 신경 쓰고 투자하고 있는데, 그전엔 그런 개념이 없었다. 전 세계의 돈을 누가 다 관리하는 것 같은데 그게 바로 뉴욕의 월스트리트이고, 전반적인 체계와 망을 갖추어 전 세계의 산업을 간단히 컨트롤하고 있다. 우리는 여기에 조작당하는 것 같아서 그에 대한 공포증, 편집증이 생긴다. 우리가 이만큼 많은 정보와 학식을 가진 국민이 되었지만, 팔레스타인과 이스라엘, 인도와 파키스탄, 우리도 50년 동안 부모형제, 부부가 헤어져 있는 것은 야만인 것 같다. 지금 시대가 상당히 두렵고 무서운 때이고 그래서 그 무서움을 상징적으로 표현했다. 밤도 무섭고, 낮도 무섭고, 밖에 나가면 다치니까 무섭고, 집에 있으면 고독해서 무섭고, 여자도 무섭고.

이런 자세한 이면의 얘기를 듣기 전까지 가사만 들어서는 아무리 팬이라고 해도 그런 부분을 추측하기가 쉽지 않을 것 같고, 선생의 작품들은 상징성과 은유성을 갖고 있는 것들이 많기 때문에 제대로 작자의 의도를 받아들이기가 쉽지 않을 것 같다. 예를 들어 〈Paranoia〉만 해도 선생을 잘 모르는 사람이 들었을 때는 개인적인 문제로만 보일 소지도 많고, 소심한 사람의 감정 표현으로 보일 수도 있다고 생각한다. 그런 부분에 있어서 작가로서 청자, 팬과의 대화방법으로서는 좀 힘들다는 생각을 하지 않았는가?

좋은 지적이다. 내가 무섭다고 했을 때 듣는 이는 "한대수 씨, 지금 굉장한 공포증에 빠져 있구나"라고 생각할 수도 있을 거다. 그것도 사실이다. 그런데 한 작가가 자신의 고통을 말함으로써 그 고통은 대중에게 알려지게 되고, 대중도 흡사한 감정을 느낄 것이다. 내가 알기론 전 세계적으로 지금 막 달려가고 있는 디지털 사회의 일부가 되어가는 사람들은 얼마 되지 않는다. 뉴욕만 하더라도 나이 사십 넘은 사람들은 고정관념으로 굳어 있기 때문에 무서워서 컴퓨터 근처에도 못 간다. 그런 사람들은 계속 소외된다. 무서움을 느낀 사람이 나 혼자만이 아니라고 본다. 내가 무섭다고 하는 것이 그들 자신의 공포와 연결될 것이다. 동조의식도 생길 것이다. 나 자신의 공포를 말함으로써 모든 것이 전반적으로 대중에 적용된다고 본다.

그런 부분도 있긴 한데, 음악을 너무 설명할 필요는 없을 것이다. 분위기를 던지는 것이지 나는 이러이러하니 당신들이 이해하기를 바란다는 설명이 있으면 재미가 없을 것 같다. 어떤 여자의 경우에 자기의 무서운 과거의 경험을 되살릴 수도 있을 테고, 그렇게 각 개인이 듣기에 따라 자기의 체험에 적용시킬 것이다. 그래서 난 곡에 설명을 붙이는 것을 그다지 좋아하지 않는다. 그냥 분위기를 던지고 그 분위기를 여러 가지로 해석할 수 있도록 한다. 예를 들어 〈행복의 나라〉를 가지고도, 어떤 이는 "불행하니까 행복하다는 건가"라고 할 수 있겠고 또 어떤 이는 "난 지금 행복해서 행복의 나라다"라고 받아들일 수도 있을 것이다. 여러 가지 해석이 가능할 텐데, 그것도 좋은 것 같다.

알다시피 어느 나라든, 특히 우리나라는 동란도 나고 했지만, 물이 항상 문제였다. 옛날에는 수도가 별로 없었고 마을마다 우물이 있었다. 또 우물 있는 집은 부자였다. 우리 집에도 우물이 있었는데 한 3m 정도로 그다지 깊지는 않았다. 물을 긷다가 거기에 빠졌는데 그다지 다치지는 않았다. 하지만 위는 보이는데 누가 날 구출해주지 못하면 난 어떻게 되는가 하는 생각이 자꾸 나고, 우리 목사 아저씨가 내려오고 있는데 만약 목사 아저씨도 다쳐서 빠져나가지 못하면 어쩌나 하는 생각이 공포가 되더라. 사람에게 절망 자체가 공포더라. 앞이 불투명하다, 미래가 없다는 것에 대해 공포를 느끼게 되었다. 그런데 그것이 계속 쇼크가 되더라. 사람이 무서우면 이렇게 무서울 수 있구나 하는……

"오히려 창작이 있고 위험성이 있고 더욱 자극을 주는 음악은 록이라고 본다."

"뮤지션을 평가할 때에는 작품이 좋은가 나쁜가를 보고 평가해야 하며, 그 부분만을 중시해야 한다"고 말했었다. 그렇다면 작품이 좋은지 나쁜지를 가름하는 자신만의 기준은 무엇인가?

첫째, 무엇보다 음악이 훌륭해야 한다. 음악 자체가 두 발로 설 수 있는 완벽한 사운드가 되어야 한다. 그런데 사운드가 좋으려면, 기본적으로 우리가 들어온 소리도 좋지만 그 소리에 새로운 무엇을 가미했느냐가 중요하다. 무엇을 들을 때 새로운 사운드가 좋으면 끌리게 된다. 항상 듣던 것이 또 되풀이되면 "이건 누구구나, 이건 누구 같구나, 오케이" 해버리고 안 듣게 된다. 그래서 음악 자체가 완벽해야 한다. 뮤지션도 좋아야 한다. 그러고 나서 하고 싶은 말이 있으면 더더욱 좋을 것이다. 사실 말이 없더라도 음악 하나로도 설 수 있다. "잠자기가 무서워" 대신 "당신 화장 예뻐, 나 당신 따라갈래, 당신 옷도 예뻐" 이렇게 해도 음악은 된다. 그렇지만 음악과 하고 싶은 말이 일치할 때 듣는 사람들에게 자극을 줄 수 있을 것이다.

지금 말한 "작품이 좋으냐 나쁘냐를 중시해야 한다"라는 얘기는 어떤 인터뷰에서 선생이 반론으로 제기하며 말했던 것이다. 그렇다면 한국에는 현재 대중음악 쪽에 '평론문화' 가 없다는 말을 하는 것인가?

거의 없다고 봐야 할 것이다. 평론을 제대로 하는 분도 거의 없고 음악을 공부한 사람도 몇 명 되지 않는 것 같다. 클래식 분야에는 좀 있는 것 같다. 그러나 나는 현재로선 클래식이 그다지 위대하다고 생각지 않는다. 왜냐하면 클래식은 물이 흐르지 않는 연못가이기 때문이다. 바흐, 베토벤, 모차르트의 선율, 똑같은 것을 여러 테크니션들이 나와서 계속 되풀이하는 거다. 물론 아름답다. 다 좋고 훌륭하다. 그러나 되풀이하고만 있다. 우리나라에서는 클래식을 상당히 높게 보는데, 그렇게 볼 필요가 없다. 나로서는 오히려 창작이 있고 위험성이 있고 더욱 자극을 주는 음악은 록이라고 본다. 록은 처음부터 무대에 설 때까지가 다 창작이다. 섹스 피스톨스의 시드 비셔스는 자기 애티튜드가 있었는데, 그는 항상 입을 (흉내 내며) 이렇게 한다. 그게 그의 스타일이고 펑크 애티튜드의 표현인 것이다. 그런 입술표정에서부터 옷을 입는 것, 무대에서 어떻게 움직이느냐, 목소리를 어떻게 딜레이하느냐, 작곡은 어떻게 하느냐, 기타는 어떤 소리를 내느냐에 이르기까지 모든 것이 창작이다. 그래서 어떤 면에서 록이 더욱 힘들고 창작이 있다고 본다. 록은 살아 있다.

그 얘기는 결국 (한 뮤지션의 작품이 좋은지 나쁜지를 판단하는 것을 포함해서) 평론가라는 사람들이 그런 부

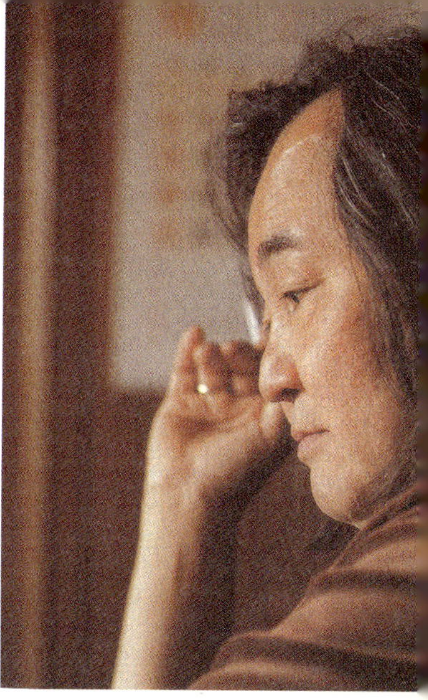

"모든 사람이 궁극적인 목적이 있듯이 '내가 음악을 하는 목적'에 대해서 말하고 싶다. 나의 궁극적인 목적은 내가 보는 변두리나 사회적인 분위기나 인간관계에 대한 나의 느낌을 말함으로써 좀 더 솔직한 사회가 되고, 어떠한 제도하에 있고 또 어떻게 하면 이 제도를 좀 더 개선해갈 수 있겠는가 하는 것이다."

분들을 제대로 캐치하지 못한다는 말인가?

우리나라에 제대로 평론하는 록 평론가가 몇 되지 않는다. 내가 알기론 한 두어 명 있을까 말까다. 왜냐면 다들 공부를 안 한 것 같다. 보통 록 평론을 하려면 자신이 아마추어 밴드라도 했다거나 아니면 매니지먼트를 했다거나 해서 몸을 약간이나마 담아봤고, 그래서 밖에서 보는 좋다 나쁘다 평가 이전에 실제로 경험해봐서 얼마나 힘들다는 것을 아는 분들이 평론을 잘하더라. 왜냐면 모든 사람에겐 이미테이션이 있으니까. "드럼 소리가 왜 저래?"보다도 "아, 저런 드럼을 저렇게 썼으니 소리가 저렇게밖에 나올 수가 없구나" 하는 이해력이 있다. 그런 음악평론과 많이 죽어 있는 록 음악이 동시에 일어나야 하는데 너무 잠재만 되어 있는 것 같다. 그리고 평론에서 다룰 만한 음악적인 행위나 활동도 별로 없는 것 같다.

그동안 인터뷰를 많이 하면서 꼭 하고 싶었던 말이었는데 인터뷰어가 묻지 않아서 아직까지도 말하지 못한 것이 있는가? 이 얘기는 꼭 해야 했는데 아무도 안 물어봐서 하지 못한 것 말이다.

모든 사람이 궁극적인 목적이 있듯이 '내가 음악을 하는 목적'에 대해서다. 나의 궁극적인 목적은 내가 보는 변두리나 사회적인 분위기나 인간관계에 대한 나의 느낌을 말함으로써 좀 더 솔직한 사회가 되고, 어떠한 제도 아래에 있고 또 어떻게 하면 이 제도를 좀 더 개선해갈 수 있겠는가 하는 것이다. 그냥 "잠자는 게 두렵다"가 아니고 '잠자기가 두려운 현실'이 문제인데, 두렵지 않은 현실로 바꾸기 위해서는 어떻게 할 수 있는가, 이런 것이 사실 나의 목적이다. 러시아 차르 때나, 레닌 때나, 미국 독립운동 때나, 프랑스 혁명 때나 역사적으로 대다수의 사람들은 그냥 모르고 살았다. 평민들이 무식하면 무식할수록 다스리기 쉬우니까 지배층이 평민들에게 정보를 주지 않았기 때문이다. 우리나라 왕족도 그랬고 역사상 항상 평민들은 무식한 상태에서 살았다. 지금 우리에겐 주어진 정보가 너무나 많지만 이해를 못 하면서도 답은 알고 있어야 한다. 컴퓨터 시대가 그렇다. 과정을 모르고 답을 아는 것이 컴퓨터 세대이다. 작가나 음악가 같은 사람들이 "우리가 가는 길이 이렇지 않은가"라고 제의하거나 논문을 발표하면 이것이 대중들에게는 하나의 '구멍'을 뚫어주는 것이 된다. 그래서 나도 나의 답답함을 음악에 담아 굶주려 있던 사람들에게 물을 주는 역할을 하는 것 같다. 그것이 내가 음악을 하는 목적이다.

제일 중요한 것은 '진실성'이다. 음악이나 문학이나 자기 마음에서 우러나온 진실성이 제일 중요한 것 같다. 지금 현대사회엔 진실성이 없다. 모든 것이 포장이고 디자인인데 아름다운 디자인 포장 안에 내용물은 별로 없는 시대이다. 그래서 제일 중요한 것이 진실성이다. 그다음 중요한 것은 음악가로서 음악이 훌륭해야 한다. 일단은 음악이다. 음악이 훌륭하려면 기타리스트이든 드러머이든 작곡가이든 자기 분야에서 뛰어나야 하고 과거의 사람들보다 좀 더 잘할 수 있어야 할 것이다. 드럼의 경우라면 진저 베이커나 테리 바지오와는 또 다른 것을 줄 수 있다든지, 기타리스트라면 에릭 클랩튼 이상의 것을 줄 수 있다든지 하는, 자기의 기술을 뛰어나게 연마해야 할 것이다.

"제도는 조금씩 개선해나갈 수 있지만 그러자면 제도를 개선해야 한다고 많은 사람들이 생각을 해야 한다. 생각 자체가 행동이다. 그 생각을 촉진시키는 것이 음악이고 문학이 아닌가 한다."

이 음반을 준비하는 과정에서 프로듀서 손무현 씨와 이렇게 말한 적이 있다. 이 음반은 국가를 따질 게 아니라 세계적인 분위기로 가자. 어느 세대, 어느 지역에서 들어도 부족함이 없게끔 나가자 하는 생각으로 음반작업에 임했다. 아무래도 마지막으로 내는 음반이니까 장르 없이 가자고 했다. 모든 음반은 장르가 있지 않은가. 내 음반들도 과거 [기억상실](1990/뮤직디자인)의 경우엔 재즈의 선율이 있었고 [천사들의 담화]는 미니멀리즘이었는데 이번엔 장르 없이 가자고 했다. 또 그런 음반이 별로 없고. 왜냐하면 모든 사람들이 여러 가지 성격이 있으니까. 특히 나는 이중적인 성격이 강하다. 생활 자체도 그랬는데 어릴 때 미국에서도 생활했고 여기에서도 살았고, 굉장히 록적인 폭발적인 부분이 있으면서 동시에 가냘픈 포크적인 요소도 가지고 있고. 이런 모든 것들이 나의 분위기다. 사실 댄스음악도 좋아한다. 이러한 모든 것들을 포함해 장르 없이 가자 하고 작업을 했다.

이것이 갖게 될 앞으로의 사회적인 의미는 잘 모르겠다. 그것은 내가 결정하는 것이 아니고 듣는 사람이 먼 훗날 이 음반에 이런 의미가 있었다고 평가할 부분이다. 예를 들어 30년 전에 [멀고 먼 길](1974/신세계)을 했을 때만 하더라도 사람들이 무엇인지 몰랐다. 포크음악인데 좀 이상하구나 했는데, 30년 후에 사람들이 상당히 좋은 평가를 하는 것처럼 시간을 두고 봐야 할 것이다. 우리는 그냥 '국제적인 사운드'를 내자 하고 제일 훌륭한 음악인들을 만나 작업에 임했다.

같이 작업한 뮤지션들도 다들 그러더라. "한 선생님, 오십 넘어 이런 역사가 없습니다." 하하. 〈멸망의 밤〉 할 때엔 "이 좆 같은 세상"이 나오니까 드럼 친 장혁 씨가 깜짝 놀라서 비트를 놓치더라. 같이 작업한 음악인들도 내 연배에 이렇게 한 사람이 없다고 한다. 영광스럽게 생각한다. 난 항상 애티튜드를 젊게 갖고 마음속으로는 틴에이저라고 생각하는데 역시 몸이 안 따라줘서……. 요즘은 할 수 없다.

'자유'다. 전 인류가 역사적으로 그리고 현재 원하고 있는 것이 자유다. 그런데 지금은 자유라는 단어가 '돈'으로 대체되었다. 화폐가 중요한 것이 아니고, 많은 화폐를 가짐으로써 마음대로 갈 수 있고 마음대로 가질 수 있으며 자식들을 마음대로 키울 수 있는데, 그것이 자유라는 얘기다. 자유를 원하기 때문에 돈을 많이 갖고 싶어 하는 것이다. 어떠한 제도로는 자유를 쉽게 얻을 수 있고 어떤 제도 때문에는 자유를 얻을 수 없다는 것, 그것이 내 주제다. 그래서 나는 항상 인간이 만들어낸 제도에 대해 생각한다. 군주제, 사회주의, 자본주의 같은 제도가 있었고 토머스 무어가 '유토피아'의 꿈에 대한 얘기를 한 적도 있었는데, 제도는 사람이 만들어가기에 달려 있으니 중심적인 사람들이 모여 모든 인간에게 혜택을 주는 제도를 만들자는 것이다. 하늘에게 받은 것은 부족

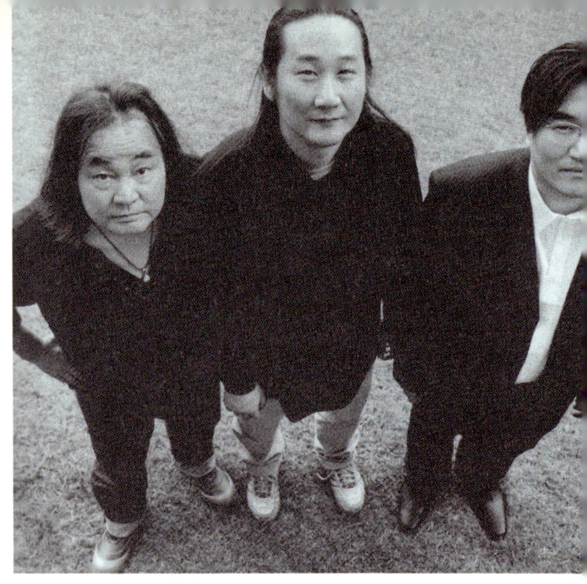

"지금 현대사회엔 진실성이 없다. 모든 것이 포장이고 디자인인데 아름
다운 디자인 포장 안에 내용물은 별로 없는 시대이다. 그래서 제일 중요
한 것이 '진실성'이다. 음악이나 문학이나 자기 마음에서 우러나온 진실
성이 제일 중요한 것 같다."

한 게 없는 지구에 사는데도 이 시대에 아프리카에 굶어죽는 어린이가 있다는 건 말이 안 된다. 이
것은 정치적인 것이나 제도에 의해 그렇게 된 것이다. 제도는 조금씩 개선해나갈 수 있지만 그러
자면 많은 사람들이 제도를 개선해야 한다고 생각할 필요가 있다. 생각 자체가 행동이다. 그 생각
을 촉진하는 것이 음악이고 문학이 아닌가 한다.

그것은 1960년대 영미권의 포크 가수들이 가졌던 생각 아닌가?
그렇다. 그런데 사실 많이 바뀌었다. 1960년대 같은 때가 없었다면 미국도 지금보다 더 이기적으
로 나갔을 거고 더 악하게 되었을 가능성이 높다. 다행히 히피문화가 있었기 때문에 그 후손들, 클
린턴이나 고어 같은 사람들이 과거 세대에 비해 좀 더 개방적인 생각을 가지게 된 것 같다.

**방금 말한 "공통된 주제를 음악에 반영하겠다"는 것은 음악하는 사람으로서 어떤 방향성을 설
정해놓은 것이라 할 수 있는데, 왜 그런 방향성이 한대수 개인에게 의미가 있는 것인가?**
나의 성격이다. 자기 자신을 안다는 것이 참 힘들지만 나도 나 자신을 잘 모르겠다. 살아온 배경인
것 같다. 신학자이셨던 조부님 밑에서 자라면서 어릴 때부터 선과 악, 인간의 꿈과 인간의 모자란
점, 죽음 이후의 삶과 죽음 이전의 삶, 하느님 같은 부분에 대해 논하게 되었다. 공부를 한 게 아니
라 집안 분위기가 그랬던 것이라 어릴 때부터 자연스럽게 그리 되었다. 대개 다른 사람들의 집안
분위기는 "나가서 성공하고 돈 많이 벌어라, 끝" 이렇지만 우리 집안은 그런 분위기가 아니었다.
할아버지께서 학계에 계셨으니 집을 비롯해 식모, 운전사까지 모든 것이 주어졌기 때문에 난 돈을
본 적도 없었고 돈에 대한 개념도 별로 없었다. 세속적인 성공을 요구하는 분위기가 없었고 학문
하고 연구하는 분위기가 강했다. 집에 큰 도서관이 있어서 모든 철학책들이 있었고 또 궁금한 것
은 인사이클로피디아(encyclopedia)를 보면서 얻을 수 있었다. 별것 아닌 것 같지만 지금 생각해보

면 내게 충격이었던 것 같다.

그리고 내가 원해서라기보다는 집안 환경 때문에 국민학교 때부터 동서양을 왔다갔다하면서 교육을 받았는데, 미국에 가니까 우리나라의 아픔, 모자란 점 같은 것이 정말 안타깝게 여겨졌다. 또 우리나라에 와서 미국을 보니 어긋나는 부분이 많더라. 남녀관계라든지, 흑인 아이들, 얼마 전 콜럼바인 총기사건 등 사랑 없이 자란 아이들이 그렇게 엉뚱한 짓을 하니까. 그건 아이들 탓이 아닌데, 미국의 제도에 정말 문제가 많다는 것을 느끼게 된다. 그래도 우리나라는 다행히 아직까지는 가족 중심 사회이고 선후배라는 것도 있다. 그리고 미국이 최강국이라 하지만 홈리스가 제일 많다. 홈리스가 제일 많으니 부유한 나라가 아니다. 문제가 많은 시스템이다. 우리나라는 그다지 부자도 아니지만 홈리스가 별로 없지 않은가? 여기선 가족관계가 있고 학교관계가 있으면 어지간해선 홈리스가 되지도 않는다. 만약 내가 돈이 한푼도 없어서 길거리에 나앉는다고 한다면 누가 내버려두겠는가? 레코드회사, 아니면 절친한 친구, 친척이 그러지 말라고 방을 구해주고 밥이 없다면 쌀을 가져올 것 아닌가? 우리나라의 이런 문화는 참 아름다운 것이다.

이렇게 왔다갔다하면서 여러 가지를 느끼게 되니까 제도에 대한 문제의식도 갖게 되었다. 제도는 인간이 만드는 것이고 개선할 수 있다는 것도 뼈저리게 느끼게 된다. 보통 사람들은 제도에 대해서 생각하지 않는다. 제도가 이러니까 난 할 수 없이 이렇게 해야 된다, 온순하게 말만 듣고 고개 숙이고 살아야 된다 생각하면서 그렇게 살지만 사실은 그게 아니다. 제도는 우리가 만드는 것이다. 그러니 그것을 좀 더 아름답게 바꿀 수 있다.

"즉흥 주제는 내가 오십이 되었다는 사실, 인생에 가을이 왔다는 것, 겨울의 문에 다가섰다는 것에 대해서 여러 가지 느낌이 있더라."

음반 타이틀이 'Eternal Sorrow'이다. 타이틀을 이렇게 한 이유는?

'영원한 슬픔'인데 나로선 sorrow를 '고독'으로 해석하고 싶다. 언어가 다른 언어로 옮겨질 때 그 뜻은 해석하기에 달려 있는데 나는 고독이라고 하고 싶다. 앨범 커버에서도 울고 있는데, 첫째 이유는 나 자신이 울고 싶었다. 팔이 마비되어 몸도 아프기 시작하고 개인적으로도 이제 삶의 허무를 느끼기 시작한다. 어느 정도 성취한 부분도 있지만 몸이 아프기 시작하고 창작이 마음만큼 되지 않는 것도 슬퍼서 울고 싶었다. 또 사회적으로 슬픔이 너무 많다. 많은 사람들이 과거보다 고통을 당하는 것 같다. 중산층이 없어지고 있다. 우리나라도 그렇지만 미국도 없어진다. 미국도 1950년대엔 중산층이 50% 정도여서 남자가 혼자 일하고 집이 있었고 부인은 집에서 애플파이를 만들고 2.5명의 자녀를 키우면서 사는 안락한 중산층이 있었지만 지금은 전 세계적으로 없다. 부유층은 한 10%? 그리고 나머지는 다 가난하다. 가난하다는 의미는 밥을 못 먹는다는 것보다도 집세를 어떻게 내나, 자동차 기름은 어떻게 넣나, 자녀교육은 어떻게 시키나 등 돈걱정을 항상 해야 하고 매일 고민해야 한다는 것이다. 지금 그렇게 되어버렸다. 부유층은 말할 수 없을 정도로 부유하지만 나머지는 다 가난하다. 현재 투-클래스가 된 것 같다. 이런 사회적인 현상 때문에 울고 싶었다. 또 아름다운 (앨범)커버들이 많지 않은가. 김현정이나 샵 같은 예쁜 여가수들도 많고 미남 가수들의 하이-패셔너블한 커버들이 많은데, 그 수많은 앨범커버에 도전해야 하니까 나로선 쇼킹한 게 있어야 할 것 같아서 미술 구도상 쇼크-밸류로 일부러 그렇게 한 측면도 있다.

많이 팔리면 좋을 거다. 그것은 많은 사람들이 듣는다는 것이니까. 러시아에 몇 번 가봤는데 그들은 슬픔을 더욱 큰 슬픔으로 달래더라. 슬플 때 웃으며 북돋아주지는 않고 왜 더 슬프게 만드느냐, 우느냐, 하는 비난도 받았다. 그런데 그게 아니더라. 러시아는 더 큰 울음으로 슬픔을 달랜다. 누가 전화를 하면서 "나는 목도 아프고 팔도 아프다"라고 하면 친구가 "나는 목도 아프고 팔도 아프고, 다리도 아프다. 다리가 저려서 밖에도 못 나간다"라고 말해준다. 그렇게 위로해주는 스타일이더라. 나도 그렇다. 우리가 슬픈 상태에 있을 때 슬프다는 것을 솔직하게 고백하고 실컷 한 번 울고 나서 다시 시작하자는 이런 느낌이고, 그게 더 좋은 것 같다.

그것도 두 가지 목적이 있다. 일단 사실이다. 병이 들었다는 것도 틀림없는 사실이다. 그다음, 내가 여러 앨범들을 들어보았는데 내레이션으로 시작하는 록 앨범은 없더라. 그래서 이것도 하나의 새로운 분위기를 줄 것 같았다. 사람들이 CD를 꽂으면 으레 어떤 음악이 나오나 기다리는데 갑자기 목소리가 나오는 것도 음악을 듣는 분위기를 조성하는 것이라 생각했다. 그래서 손무현 씨와 내가 연구해서 그렇게 하기로 한 거다. 우리가 연구를 많이 했다.

3집 [무한대](1989/신세계)에서는 첫 부인과의 이혼 뒤에 겪은 패닉이 〈One Day〉 같은 곡에 담겨서 아주 뛰어나게 승화되었고, 그 결과 한대수 중기 명곡으로 기록될 만하다. 이번 8집을 만들 당시엔 특별한 심경 같은 것이 있었는가?

[무한대] 때는 갓 이혼을 한 때라 정말 살고 싶지 않은 상태였고, ‘징기스칸’ 5이 해체되고 나서 뉴욕에서 이루지 못한 것을 이루려고 여러 뮤지션들과 정력을 쏟았기에 훌륭한 음악들이 나왔다. 이번에 내 정신상태에 큰 문제가 있는 것은 아닌데 주제는 이렇다. 세상이 너무 빨리 돌아가고 사람들이 이해를 하지 못하는 상태에서 자꾸 넘어가는 것 같다. 세상의 제도가 이상하게 뒤바뀌는 것 같고 사람들이 이해도 못 하면서 어느 쪽으로 가야 되는지 몰라 우왕좌왕하는 시대인 것 같다. 가장 큰 관심사는 미국이 이끄는 자본주의에 문제가 많다는 것인데, 왜 미국이 이렇게까지 올바르지 않은 길로 세상을 이끌게 되었는가에 대한 생각이다. 그리고 즉흥 주제는 내가 오십이 되었다는 사실, 인생에 가을이 왔다는 것, 겨울의 문에 다가섰다는 것에 대해서 여러 가지 느낌이 있더라. 또 우리가 지구를 다 파괴시켜 이 지구가 거의 쓰레기가 되었다. 수많은 핵발전소에서 나오는 핵폐기물, 플라스틱, 태워도 오염이고 가만 두어도 오염이고 땅에 숨길 수도 없는 공해물질로 전 지구가 거의 파멸상태에 이르고 있다는 것에 대해서도 느끼는 바가 있었다. 이러한 주제들이 이번 앨범의 큰 중심이 되었다.

그러면 음악적인 활동 외에 그린피스와 같은 실질적인 환경운동을 할 의향도 있는가?

현재로선 큰 활동은 못할 거다. 내 개인적으로 책 쓰는 것도 힘든 상태니까. 그런데 만약 그런 쪽에서 요청이 있고 내가 가담할 수 있는 부분이 있다면, 좋다. 세계적인 국가들 사이에서 의식 있는 나라가 독일이라고 생각하는데, 슈뢰더가 수상으로 당선되었고 얼마 전에 그가 발표하기를 2005년까지 독일에 있는 모든 핵발전소들을 없애버린다고 하더라. 그러면 독일의 산업은 어떻게 돌아가느냐, 2005년까지 시간을 두어 태양열이나 풍력발전을 자연스럽게 개발하게끔 지원하는 거다. 어떻게 이렇게까지 대담한 행동을 하느냐 싶었다. 일본도 그런 분위기다. 지난번에 기차를 타고 규슈 섬을 쭉 돌았는데 집들 대부분이 지붕 위에 태양열 집열판을 설치해놨더라. 그걸로 난방, 온수 다 해결하고 있다. 우리나라도 미국이 아니라 그 두 나라의 예를 좇아야 할 것이다.

혹시 “모피를 입지 말자”는 운동에도 찬성하는가?

아……. 나는 사실 모피를 좋아한다. 하하. 가죽 제품도 좋아하고 여자들이 밍크를 입는 것에 대해

---

5 Genghis Khan, 한대수가 1977년에 뉴욕에서 결성한 록밴드. 클럽 Trude Heller, CBGB 등에서 공연함.

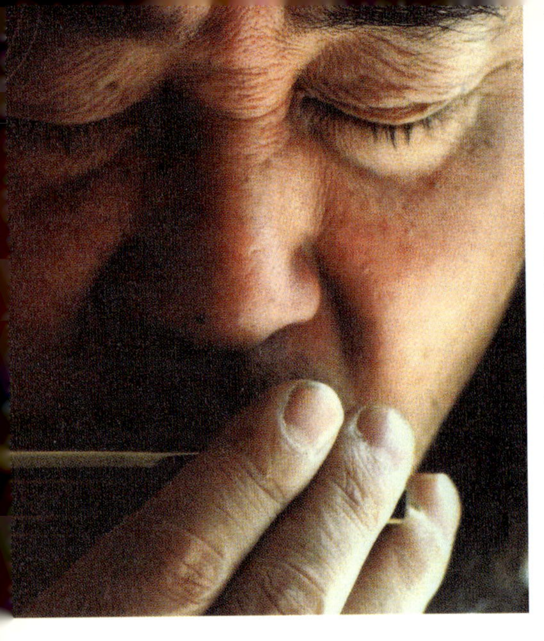

"우리가 이만큼 많은 정보와 학식을 가진 국민이 되었지만, 팔레스타인과 이스라엘, 인도와 파키스탄, 우리도 50년 동안 부모형제, 부부가 헤어져 있는 것은 야만인 것 같다. 지금 시대가 상당히 두렵고 무서운 때이고 그래서 그 무서움을 상징적으로 표현했다. 밤도 무섭고, 낮도 무섭고, 밖에 나가면 다치니까 무섭고, 집에 있으면 고독해서 무섭고, 여자도 무섭고."

크게 반대하는 건 없는데 그분들의 얘기, 쓸데없이 가죽을 위해 동물을 죽이는 것에 반대한다는 것도 이해하고 안타깝게 생각한다. 뉴욕에서도 여인이 밍크를 입고 가는데 테러리스트가 빨간 페인트를 던져버리는 사건들이 종종 일어난다. 물론 그 분들을 이해하는데, 어쩌겠는가. 원시인 때부터 모피나 동물 가죽을 입었으니……

왜 물어보았냐면 모피반대운동 하는 사람들이 나체시위 같은 것을 하지 않는가. 만약 선생이 나체시위를 한다면 획기적인 일이 될 것 같아서……. (웃음)
그 부분은 크게 생각해보지 않은 것 같다. 어차피 우리가 동물을 먹어야 하는 건 할 수 없는 일이고, 그 가죽도 항상 이용해왔으니까.

"너에게 줄 것은 없다. 오직 음악밖에 없다."

음반 이야기로 돌아와서 7집에 이어 8집에도 〈To Oxana〉란 노래가 실렸는데 옥사나(한대수 씨의 부인)는 어떤 여자인가?
내가 여자와 관련해 문제가 많았다. 여자에 약하고. 20년 동안 동행했던 첫 부인이 떠나고 나서 굉장히 헤맸다. 여성의 형태로 자신의 짝을 찾는다는 게 쉽지가 않다. 서울도 힘들지만 뉴욕은 더 힘들다. 신문을 보면 매일 "나는 27세의 아름다운 여자이며 결혼을 위해 데이트할 남자를 찾습니다"와 같은 광고가 대여섯 페이지는 된다. 그 정도로 남녀가 만나기 힘들 때다. 왜냐면 너무나도 세밀하게 따지는 시대이기 때문이다. 결국 따지고 따지다 보면 'No' 가 되어버린다. 모든 자격을 갖춘 남자가 어디에 있는가? 모든 자격을 갖춘 여자도 없다. 미국 오렌지카운티 선거문제도 결국 결과가 없지 않는가. 기계로 하느냐, 손으로 하느냐 따지다 보니 된 게 없다. 따지는 인생이 참 힘든 것 같다. 그래서 나도 이제 여자를 만나기 힘들겠구나 하고 있었다. 나이도 사십이 넘었었고, 직장은 있었지만 화폐가 그다지 많은 것도 아니었다. 특히 아름다운 여인에게는 화폐가 매력 포인트가 되는데, 인물도 좋아야겠지만 화폐가 많으면 인물도 자연스럽게 미남이 되지 않나. 그래서 난 혼자 살아야겠구나 하고 있었다.

그러다가 옥사나를 만났는데 보통의 여자와 다르더라. 러시아, 몽골의 피를 가지고 있었기 때문에 내 모든 걸 이해해주는 이해심이 넓고 어머니처럼 감싸준다. 그래서 옥사나를 부인으로 모시게 된 것이 나로선 대단한 행운이었고, 그 때문에 내 음악이 좀 더 활발해진 것 같다. 옥사나가 뒷바라지를 굉장히 많이 해줬다. 동경, 후쿠오카에 갈 때도 나보고 직장을 그만두라고 하더라. "미쳤니? 내가 지금 얼마를 벌고 아파트는 어떻게 하고……." 그랬는데 자기가 할 수 있다는 거다. 고생이 무엇인지 잘 알더라. 러시아에는 많은 사람들이 고생하면서 사니까 어떤 큰일을 하기 위해 희생은 있을 수 있다고 생각하는 거다. 상당한 힘이 되었다. 그래서 난 "너에게 줄 것은 없다. 오직 음악밖에 없다"라고 했고 그래서 그녀에게 음악을 바쳤다.

사랑이란 무엇이라고 생각하는가? 진정한 사랑이 현실적으로 가능하다고 생각하는가?

사랑이란 참 복잡한 단어다. 모든 철학가들이 수천 년 동안 말해왔고. 어떠한 감정인지 모르니까 사실 참 힘든 거다. 사랑에는 섹슈얼한 것도 있고, 부자간의 사랑도 있고, 부부간, 남녀 간의 사랑 등 여러 종류가 있지만, 결국 사랑은 '희생'이라고 본다. 자기를 희생할 수 있게끔 하는 것이 사랑이 아닌가 싶다. 사랑의 큰 목적을 위해 모든 것을 바칠 수 있는 것이 사랑이다. 그런 사랑이 사실 쉽지가 않다. 요즘은 조건적인 사랑뿐이지 않은가. 저 여자는 예쁘고 어떻고 하기 때문에 사랑한나, 또는 저 남자는 니를 이렇게 해줄 수 있는 사람이기 때문에 사랑한다, 같은 조건부 사랑이 대부분인 것 같다. 나는 완벽히 희생적인 사랑이 사랑이라고 본다. 그것이 있다고 보고, 있을 수 있다고 생각하고 싶다.

8집에 〈멸망의 밤〉이란 노래가 있는데, 이 곡은 특이하게 '19세 이상'만 들으라는 버전과 19세 이하만 들으라는 두 가지 버전이 있다. 선생에게는 무척 의미 있는 노래로 보이는데 소개를 해달라.

전반적으로 지구상에서 흐르는 분위기, 즉 종교전쟁이라든지 남녀 간의 갈등이라든지 돈에 대한 가치관이라든지 그런 것들을 말하려 했다. 물론 당장 멸망은 하지 않겠지만 멸망할 수 있는 가능성이 있음을 보여주고 싶었다. 멸망할 수 있다. 어떻게? 우리 인간이 행실이 나쁘고 계속 지구를 파괴한다면 말이다. 지구가 파괴된다는 것은 물과 공기가 없어진다는 것이다. 지금 물은 벌써 없어지는 상태 아닌가. 뉴욕만 해도 5년 전에는 수도꼭지의 물을 마셨지만 지금은 못 마신다. 꼭 돈을 주고 물을 산단 말이다. 그 자체가 문제가 있는 것이다. 서울에서도 돈을 주고 물을 산다. 물이야말로 하늘에서 비로 내려 토지에서 순화되어 나오는 공짜인데 물 자체가 문제가 되고 있지 않은가. 그리고 중동 전쟁이 물론 종교전쟁 성격도 있지만, 물 전쟁이라고도 한다. 중동에 물이 나오는 지역이 한정되어 있는데 이스라엘이 뺏고 내놓지 않는 부분이 물이 많은 지역이라고 한다. 앞으로의 세대를 위해 물이 필요하니까 물 전쟁이 생긴다는 말을 사람들이 하고 있다. 사람이 마실 수 있는 물은 캐나다, 동유럽, 스칸디나비아 정도지 마실 물이 거의 없어지고 있다.

그리고 서울, 방콕, 도쿄, 베이징, 자카르타 등지의 공기가 위험해지고 있다. 도쿄만 해도 돈을 넣고 산소를 마시는 부스가 있다. 너무 공기가 나쁘니까 돈 넣고 순수한 산소를 마시는 장치가 있는 거다. 앞으로 우리 행실이 계속 올바르지 않다면 지구는 멸망할 수 있다. 그리고 남녀관계가 계속 이상하게 되고 화합하지 못해 가족 개념이 없어진다면 후손이 안 나온다고 봐야 하지 않겠나? 지난번에 독일에서 리셉션을 했는데 남자의 정자 수가 자꾸 줄어든다고 한다. 이유인즉 음식을 커버하는 셀로판이 문제라 한다. 이렇게 점차적으로 진행되면 먼 미래엔 멸망할 수도 있겠다는 걸 느꼈다. 그리고 핵 보유국들이 얼마나 많은가. 인류가 파멸할 수 있는 가능성이 높아지는 것이다.

<멸망의 밤>의 가사를 보면 '창자가 터진 알라의 전사'란 대목이 나온다. 지금 이스라엘이 팔레스타인 난민을 학살하는 현실이 이슈화되고, 이는 현대 무기로 중무장한 이스라엘이 일방적으로 땅을 빼앗아 돌팔매질로 대항하는 팔레스타인 사람들을 학살하는 거나 마찬가지다. 그런데 개인적으로 의아한 것이, 20세기 초반에 일제 침략하에 고난의 세월을 보낸 역사를 갖고 있는 우리나라 사람들이 그런 것을 보면서도 별 반응이 없고, 일부에는 오히려 이스라엘의 행위를 정당하게 보는 시각까지 있다는 거다. 왜 그런 것 같나?

현재 어떤 일이 벌어지고 있냐 하면, 이스라엘이 팔레스타인 땅을 빼앗았을 뿐만 아니라 작전적으로 어린애들을 죽이는 것 같다. 다음 세대를 없애는 거다. 소년들을 죽이고 있다. 돌팔매질하는 사람들을 최첨단 무기로 말이다. 그런데 우리나라뿐만 아니라 선진국가들도 그 행위를 보면서 조용히 입 다물고 있단 말이다. 그것은 유대인의 파워가 전 세계에서 확실하게 자리 잡았다는 것을 의미한다. 미국도 1950년대에나 앵글로색슨의 나라였지 지금은 완전히 유대인의 나라가 되었다. 나는 어떠한 의미에선 예루살렘이 본부이고 미국은 하나의 스테이트(state)로 보고 있다. 모든 금융기관, TV, 라디오, 신문, 음악과 영화 등의 엔터테인먼트, 이런 것들을 모두 유대인들이 경영하고

있다. 그들이 매스컴을 조종하고 있는데 자신들의 행위를 어떻게 나쁘다고 말하겠는가. 모두 정당화한다. 한 소수민족이 전 세계의 금융산업과 매스컴을 조종한다는 것은 상당히 위험한 것이다. 그리고 IMF 체제에서 우리를 운영하는 기관, 골드만 삭스 등도 유태계다. 그래서 우리도 할 수 없이 조용히 입을 다물고 있을 수밖에 없는 거다.

※ 〈멸망의 밤〉 (for over 19)

이 좆 같은 세상 다 썩어가네 총알은 튀고 또 피바다 되어
비린내나는 이 끝없는 전쟁 공해와 질투 또 오해와 권투
돈 좇아가다 다 지쳐버렸네 어린애들은 다 미쳐버렸네

Tell me over and over and over again my friend
Ah you don't believe, we're on the eve of destruction
내 피는 끓네 터질 것만 같네 왜 달만 보면 왜 이리 눈물만 나나
이웃사랑 비웃기만 하네 서로 미워하자 여기는 사기의 천국
이 아름다운 지구는 다 쓰레기로 변해 공포에 자고 또 공포에 깨고

지옥이 따로 있나? 바로 여기 있지 쓰러진 사람 옆구리 차는
창자가 터진 알라의 전사 예루살렘은 아직 흐느끼고 있나?
우리 집사람 새벽기도 갔네 멸망의 밤은 이제 또 다가왔네

〈멸망의 밤〉에 대한 이야기를 좀 더 하면 그 노래는 선생이 어린 시절 즐겨 불렀다는 얘기를 한 것 같고,[6] 보통 음악이나 영화가 어떤 사람에게 감동으로 다가올 때 특정 지점(시점)의 기억과 연관되곤 하는데 혹시 그런 것이 있는가? 젊은 날의 특정 지점의 기억 같은 것이 담겨 있는 건가?
젊었을 때, 고등학교 다닐 때의 분위기는 히피문화기 힙쓸었고, 그야말로 지미 헨드릭스(Jimi Hendrix)의 〈Purple Haze〉를 처음 듣고 "기타가 이럴 수 있는가?" 하고 그냥 가버리기도 했다. 지금 돌이켜보면 상당히 즐거웠다고 생각되지만 당시엔 모든 것이 혼돈의 시기였다. 음악도 비틀스(Beatles), 짐 모리슨(Jim Morrison), 롤링 스톤스(Rolling Stones)가 차례로 강타하고 부모세대의 기준이 다 무너지던 때였다. 그리고 월남전이 있었다. 역사상 전쟁에서 패한 적이 없는 미국이 처음으로 참패를 당하는 분위기로 가고 있었다. 미국 내에서도 경찰이 학생을 죽인 일도 있었다. 나로서도 모든 것이 상당히 혼란스러웠던 시기였다. 개인적으론 아버님을 오랫동안 못 만나 관계가 이

---

6 작곡자는 배리 맥과이어임.

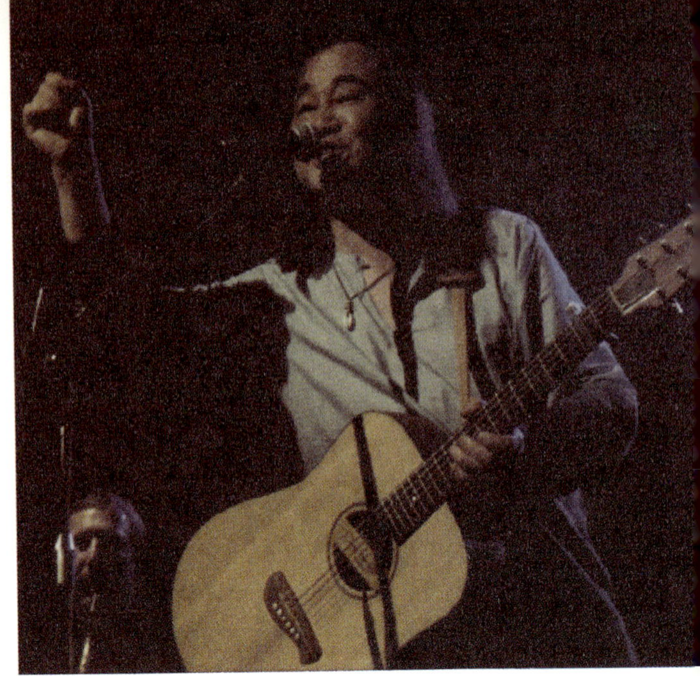

루어지지 않아 심한 디프레션(depression)에 빠져 있었다. 그리고 한국인으로서 미국에서 공부하
는 사람들이 몇 명 없었는데, 내가 설 수 있는 땅이 어디냐 하는 정체성 위기(Identity Crisis)가 있었
다. 거기에서 〈멸망의 밤〉의 분위기가 오더라. 그리고 1960년대에 핵실험을 제일 많이 했다. 미국,
프랑스, 중국이 도처에서 핵무기 실험을 하던 때라 정말 세상이 끝나는구나 하는 기분도 들었다.

**"음악을 할 때 훌륭한 사람들이 모이는 것이 중요한 게 아니고, 그 훌
륭한 사람들 간에 대화의 문이 열려 있는가, 또 음악적 철학의 방향이
같은가, 그것이 중요하다."**

8집은 손무현 씨가 프로듀싱을 했고 7집 [이성의 시대, 반역의 시대](1999/감미)는 뉴욕에서 존
롤로(John Rollo)가 작업을 했는데, 두 사람의 작업을 비교한다면?
존 롤로는 아무래도 영국적 팝 분위기로 가더라. 그분도 나름대로 훌륭했다. 개인적으로는 이번
손무현 씨의 프로듀싱에 더욱 만족한다. 왜냐하면 손무현 씨가 21살 때 나를 만났기 때문에 그는
내 성격을 알고 음악철학을 알고, 나 역시 손무현 씨가 어느 정도의 기타리스트라는 것을 알고 다
재다능하다는 것을 알기 때문에 서로의 키포인트를 알고 있는 상태에서 작업을 했다. 그렇기 때문
에 여러 가지 실험을 하는 데 성공할 수 있었다. 처음엔 없었지만 펑키 댄스 부분이 좀 가미된 게
있을 텐데 그것도 만족스럽게 생각한다. 음악을 할 때 훌륭한 사람들이 모이는 것이 중요한 게 아

니고, 그 훌륭한 사람들 간에 대화의 문이 열려 있는가, 또 음악적 철학의 방향이 같은가, 그것이 중요하다. 우리는 이미 방향이 같은 상태에서 일을 했기 때문에 상당히 편했다. 만약 손무현 씨가 아닌 다른 프로듀서였다면 앨범의 도입부에 "여러분! 제가 병이 들었습니다"를 넣으려고 했을 때 아마 "한대수 씨, 안 됩니다. 그런 걸 넣으면 안 됩니다. 판 안 팔립니다!" 그랬을 거다. 그러나 손무현 씨는 "아, 좋습니다!" 하면서 시작부터 일치가 되었다.

손무현 씨의 프로듀싱과 편곡이 아주 빛을 발한 곡이 〈멍든 마음 손에 들고〉이고, 관악기 세션도 일렉트릭 기타와 잘 매치되었다. 전체적으로 이런 스타일의 곡은 처음이지 않은가. 관악기 세션 같은 경우에는 앞서 말한 '지역적인 것'에 머무르지 않겠다는 방향에서 나온 작업이라고 할 수 있는가?

[고무신](1975/신세계)에 현악기를 썼는데, 그것은 그 당시의 사운드였고 지금 2000년도에 와서 관악기를 어떻게 쓸 수 있을까 하는 것이 숙제였다. 무디 블루스(Moody Blues)가 런던 오케스트라와 함께하기도 했지만 그건 그때였고, 지금 록에 그런 분위기가 별로 없는데 어떻게 매치될 것인지 상당히 궁금했고, 하고 싶기도 했다. 그런데 박인영 씨와 같이 작업을 해서 일렉트릭 사운드와 스트링이 잘 맞았던 것 같다. 그러면서 음에 날개를 달아준 것 같다.

그리고 8집의 장점을 말한다면 〈Headless Man〉이나 〈멍든 마음 손에 들고〉 같은 곡들은 로킹한 반면 〈To Oxana〉나 〈그리움〉은 아주 멜로디컬한 곡들인데, 서로 매치가 잘 되어 있고 프로듀싱도 전반적으로 일관성 있다. 그런데 중간에 갑자기 맥락을 깨는 〈남자/여자〉가 들어가 있다. 이 곡은 예전에 수록되었던 곡인데 다시 넣은 이유가 있는가?

우선 [천사들의 담화] 음반이 소수의 음악 마니아 외의 사람들에게 많이 전달이 안 되었다. 편곡이나 녹음 부분이 많이 부족하니까 전달이 제대로 안 되는 것 같다. 그리고 〈남자/여자〉의 주제 자체는 지금 이 시대에 더 맞는 것 같다. 우리 사회도 그렇고 어느 사회나 남자와 여자의 관계가 더욱 힘들어지고 있으니까. 그래서 사람들이 더 쉽게 그 곡을 들을 수 있게끔 풀(full) 밴드로 실험을 해봤다. 이것보다 지난번 버전이 더 좋다는 사람들도 많고 이번 버전이 더 잘 되었다는 사람들도 많은데, 주제상 잘 맞는 것 같아서 한 번 더 시도해봤다. 그리고 이번엔 임프로비제이션, 기타 브레이크를 손무현 씨가 와와로 칠 때 뒤에서 남녀가 싸우고 있는 대사를 가미했다.

〈옥의 슬픔〉과 〈여치의 죽음〉의 경우는 뭔지 모르지만 순간적으로 선생의 이야기가 들어 있을 것 같다는 느낌이 들었다.

〈여치의 죽음〉은 너무나도 오래전에 했는데, 녹음상태도 너무 안 좋았고 너무 오래전이라 내가 바라는 실험정신이 다 안 들어갔다. [고무신]의 프로듀서였던 염진 씨가 그 곡에 놀라더라. 자꾸 "이 곡 이상하다, 이상해" 이러면서 어느 정도 가야 되는 긴 곡은 시간을 다 자르더라. 그래서 [고무신]은 불만족스럽게 녹음되었다. 그리고 필요하다는 것은 알았지만 신시사이저라는 악기의 개념도 없어서 못 썼고 해서 이번에 좀 더 완벽하게 녹음하고 싶었다. 내가 처음 착상했던 그림을, 아무래도 이번이 마지막이고 하니까 완벽하게 내고 싶었다. 〈옥의 슬픔〉은 원래 슬픈 포크 발라드였는데, 나 개인적으로 믹스하고 매치시키는 걸 좋아하니까 이상하게 그것을 디스코로 가보고 싶더라. 그래서 시도해봤다. 가사와 멜로디는 슬픈데 거기에 비트를 넣으면 묘한 분위기가 나올 것 같았다.

"어차피 다들 죽는 몸이니 고인의 인생이 훌륭했든 아니든 일단 가는 길 박수로 흥겹게 보내는 것도 참 의미가 있더라."

〈옥의 슬픔〉의 '옥이'는 한대수 자신을 빗댄 것이라 하던데.
내 이야기인데 마지막으로 좀 비트 있게 보내고 싶었다. 뉴올리언스에 가보니 장례식을 상당히 흥겹게 한다. 우리처럼 엉엉 울며 고인을 보내는 것이 아니고 신나게 재즈를 연주하고 박수도 치면서 고인을 보내더라. 그것도 의미가 있는 것 같다. 어차피 다들 죽는 몸이니 고인의 인생이 훌륭했든 아니든 일단 가는 길 박수로 흥겹게 보내는 것도 참 의미가 있더라.

여기에 나오는 옥이는 자살한 건가?
옥이가 바닷가에서 자살한 거다. '눈물도 썰물도'. 눈물이 썰물이 되었으니 몸이 바다에 실린 거다.

※ 〈옥의 슬픔〉

저 넓은 정원 뒤를 잇는 장미 꽃밭
높고 긴 벽돌담의 저택을 두르고
앞문에는 대리석과 금빛 찬란도 하지만
거대함과 위대함을 자랑하는 그 집의
이층방 한구석엔 홀로 앉은 소녀

아ー아ー 슬픈 옥이여 / 아ー아ー 슬픈 옥이여

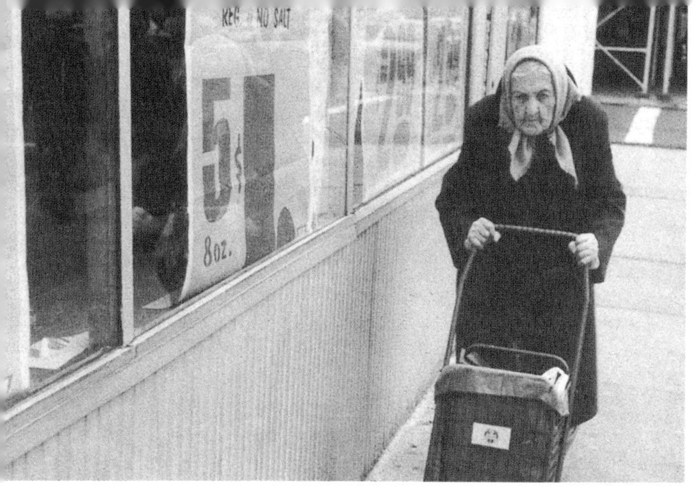

"사진은 현황을 한 컷으로 그대로 나타낸다. 나는 그런 작업을 하고 있다. 한 컷으로 현재 우리가 가고 있는 방향과 현실, 부유층이나 빈곤층의 분위기, 우리 대중들이 느끼는 버스 속의 고통이라든지 지하철 속의 고독과 같은 것들을 담고 있다." (한대수 사진 작품)

백색의 표정 없는 둥근 얼굴 위의
빛 잃은 눈동자는 하얀 벽을 보며
십칠 년의 지난 인생 추억 없이 넘긴 채
명예와 재산 위해 사는 부모님 아래
아무 말도 없이 아무 반항도 없이

아―아― 슬픈 옥이여 / 아―아― 슬픈 옥이여

햇빛에 타고 있는 팔월 오후에
권태에 못 이겨서 집을 떠났다
오랫동안 못 본 햇님 그대 참 그립군요
울려라 종소리여 나는 자유의 몸이요
난 살고 싶소 난 세상을 볼래요

아―아― 슬픈 옥이여 / 아―아― 슬픈 옥이여

복잡한 사회 속에 옥이는 들어서
수많은 사람들과 같이 어울려서
사랑과 미움 속에 끓는 청년을 보았소
길가에 허덕이는 병든 고아도 보았소
배반된 남편 꿈 깨어진 나그네

아―아― 슬픈 옥이여 / 아―아― 슬픈 옥이여

바람 찬 바닷가로 옥이는 나서서
밀려오는 파도에 넋을 잃은 채
인생의 실망 속에 자신 찾을 수 없이
꽃잎도 파도 위로 수평선을 따라서

저 초원도 가고요 저 눈물도 썰물도

아-아- 슬픈 옥이여 / 아-아- 슬픈 옥이여

자살 이야기가 나와 좀 더 얘기하자면, 인간은 냉혹한 운명에 내던져진 상태이기 때문에 자기가 살고 싶다고 해서 살 수 있는 것도 아니고 언제 어떻게 될지 모르는데, 그런 상황에서 자살이라는 게 어떤 의미라고 생각하는가?

딱 한 번 자살에 대해 생각해본 적이 있다. 이혼하고 나서 사는 게 전혀 의미가 없었고 돈 버는 것도 의미가 없었다. 내가 사랑도 없고 의미도 없는 이 인생에서 무엇 때문에 출퇴근하며 돈을 버나 싶었다. 그래서 그때 자살을 생각해보긴 했지만 대개 그런 방향으로 생각하지는 않는다. 하지만 역사적으로 많은 철학가나 예술가들이 그런 길을 택했다. 참 복잡한 얘기다. 이번에 네덜란드에서 안락사가 허용되었다고 하는데, 사후세계니 뭐니 많은 얘기가 있지만 나는 육체가 생기면서 영혼이 생긴 것으로 생각하기 때문에 몸이 가면 영혼도 가는 거라고 본다. 개인적으로 자살을 권장하지도 않고 나 역시 그에 대해 생각해본 적도 별로 없다. 하지만 거의 극도로까지 가는 사람들을 이해는 해야 한다. 어느 정도까지의 고통, 인생의 쓰라린 아픔을 맛보았기 때문에 그 길을 택했을 테니 이해할 수밖에 없는 거다. 말도 못하는 고통과 말도 못하는 허무를 느껴서 그 길을 택했을 것이다.

일본은 좀 다르다. 자기의 가문, 회사, 국가에 수치를 주었을 때 명예롭게 가야 하는 것이 임무고 사무라이 정신이니까. 또 이슬람에서 젊은이들이 폭탄을 차고 이스라엘의 버스로 들어가는 것도 하나의 명예를 위한 것이다. 가사에 나온 '창자가 터진 알라의 전사'는 자신도 죽으며 주위의 이스라엘인들을 죽이면 영원히 알라 옆에서 알라의 정원에서 영원한 삶을 가질 것이다, 해서 하는 것이니 그 사람들의 자살도 좀 다르다. 보통의 자살은 사는 것이 너무나 힘들고 고통스러워서 택하는 건데, 나도 동정은 간다. 그리고 자살은 인간만이 할 수 있는 행위 아닌가.

"무대에서 처음부터 집중을 한 번에 잡아내야 한다. 한번 관객들을 사로잡지 못하면 그걸 잃어버리게 된다."

자서전에 나온 초기 공연모습에 대한 부분을 읽으면, "무대에 향을 피우고 징과 시계소리로 극적인 긴장감을 조성한 다음에 음악에 몰입하는 광경"을 상상할 수 있었다. 이는 한국대중음악사에서도 '퍼포먼스 음악'으로는 시작점이라고 할 수 있는데, 음악 퍼포먼스에 대해서 어떻게 콘서트는 음반과 달라서 또 다른 세계다. 어떤 음악인들을 보면 콘서트는 훌륭하나 음반은 그저 그런 사람이 있고 음반은 훌륭하나 콘서트는 너무 못하는 사람도 있다. 그것이 다 일치되면 참 좋을 것이다. 콘서트는 숨 쉬는 관객 앞에서 보여주는 것이니까 퍼포먼스적인 게 없으면 안 될 것 같다. 내가 왜 그렇게 시작했냐 하면, 사람들은 으레 내가 나와서 〈행복의 나라〉로 시작할 줄 알았을 텐데 대신 상상치도 못한 무엇을 보여줌으로써 사람들을 긴장시키고 집중시킨 것이다. 나는 항상 그런 것을 이용한다. 그래서 지난번 '포크 페스티벌'(2000년 SBS 포크 페스티벌) 때도 그냥 침묵으로 시작했다. 포크 페스티벌이니까 〈바람과 나〉 같은 곡이 나올 줄 알았는데 침묵이 흐르니까, 이 자체로 음악이구나 하면서 그 큰 올림픽공원이 조용해지는 거다. 2분 50초 동안 참았다. 가수가 나와서 노래도 안하고 조용히 있으니 말이 안 되는 건데 관객들도 조용히 있더라. 그러다가 첫 코드가 나갈 때 '꽉' 하면서 집중이 되는 거다. 그런 부분을 항상 생각하고 중요하다고 본다. 그래서 콘서트를 성공적으로 이끄는 사람들, 핑크 플로이드 같은 사람들이 퍼포먼스를 굉장히 잘한다. 큰 돼지를 풍선으로 만들어 띄운다든지 하면서 시각적인 것들을 많이 이용한다. 콘서트는 그런 부분이 꼭 있어야 될 것 같다.

주위에서 나보고 다들 콘서트를 하라고 했고, 거기에는 많은 투자와 시간이 필요해서 조직체가 이루어지고 있다. 지난번 뉴욕에서 '김영순 댄스 컴퍼니'와 현대무용[7]을 같이 했는데 참 좋았고, 나도 이번에 현대무용과 접목한 곡을 한두 곡 선보이려고 한다.

무대에서 관객과는 어떤 관계를 갖고 싶은가?

내가 아플 때 관객도 아프고 내가 웃을 때 관객도 웃는, 마음과 마음이 완전히 통하는 관계가 되고 싶다. 그런데 그게 쉽지 않기 때문에 무대에서 처음부터 한번에 집중을 잡아내야 한다. 한번 관객을 사로잡지 못하면 그걸 잃어버리게 된다. 그러면 "그 가수 노래 잘하는구나"로 공연은 끝나버린다. 가수의 세계로 관객을 흡수시키기 위해서는 퍼포먼스 부분이 없어선 안 된다. 그런 것으로 사로잡아야 될 것 같다.

우리나라에서 퍼포먼스 밴드라고 하면 보통 이발쑈포르노씨, 황신혜밴드, 어어부 프로젝트, 허벅지밴드 등이 있다. 크게 세 가지 유형으로 이야기한다면 이발쑈포르노씨처럼 코믹한 행위들을 기획해서 자신들이 스스로 즐기는 유형이 있고, 황신혜밴드와 같이 설치미술과 같은 다양한

---

7 Exile – A world premiere, 1999.

그러한 형식으로 관중에게 새로운 분위기를 보여주는 것은 상당히 좋다고 본다. 황신혜밴드도 봤고 어어부 프로젝트도 봤고 다 봤는데 모두 훌륭하고 재미있었다. 그런데 내 경우는 과하게 퍼포먼스 중심이 아니라 시작 부분에 집중을 이끌어내기 위해 하는 면이 있고, 음악 중심의 공연에서 퍼포먼스는 사이드가 되는 것이다. 가미되는 양념이다.

퍼포먼스의 음악적인 요소를 보이면서 음반으로 수백 번 들어도 새롭고 만족스러운 기분을 주는 것은 쉽지 않다. 두 가지를 다 하는 게 음악인들의 고민이다. 그건 서양에서도 제대로 하는 사람이 별로 없다. 음반을 들어도 좋고 퍼포먼스나 공연도 재미있는 데이비드 보위(David Bowie)는 비교적 성공적으로 하고 있다. 반면 킹 크림슨(King Crimson) 같은 경우는 음반으로는 상당히 새로운 음악적인 문을 여는데, 라이브로 보면 정말 지루하더라. 로버트 프립(Robert Fripp)은 훌륭한 기타리스트인데 그 사람은 라이브 때 움직이지도 않는다. 그 자리에 가만히 있으면서 두 시간 동안 기타를 치니 지루할 수밖에 없다. 빌 브뤼포드(Bill Bruford) 같은 훌륭한 드러머가 막 때리고 있는데도 묘하게 킹 크림슨 라이브는 볼 게 없더라. 내가 알기론 그 두 가지를 제대로 연결할 수 있는 사람은 몇 되지 않는다. 우리에겐 상당한 고민이다.

'퍼포먼스 아트'는 '다다'에서 나온 것이고 1960년대에 '해프닝'이란 게 있었다. 그것이 로큰롤과 상당히 밀접한 것 같다. 로큰롤 자체가 어떤 의미에서 해프닝 아니겠는가. 지미 헨드릭스는 기타를 이빨로 뜯었고 앨리스 쿠퍼(Alice Cooper)는 큰 뱀을 가져와 휘감았으며 오스본(Ozzy Osbourne)은 박쥐 목을 물어버렸다고 하고, 요즘 최근에 일어나는 힙합이나 하드코어 퍼포먼스를 보면 관중들의 몸이 막 움직이고 하는데, 이런 것들도 하나의 퍼포먼스다. 로큰롤 자체가 옷 입고 움직이는 분위기에서부터 하나의 퍼포먼스 아트인 것 같다. 또 후(The Who)는 옛날에 기타를 부쉈지 않은가. 그런 것도 퍼포먼스 아트라고 할 수 있다. 어떤 의미에선 그 자체가 전위예술이다.

물론 음악이다. 음악이 중심이다. 곡과 가사. 그런데 퍼포먼스적인 요소는 그 밸런스를 잘 맞춰야 할 것이다. 믹스가 잘 되어야 한다. 이야기는 쉽지만 음악이 앞서면서 퍼포먼스가 부연 역할을 하도록 하는 게 어려운데, 그것이 우리의 숙제다. 나의 숙제이기도 하다. 그 밸런스를 잘 맞춰야 하는 것이 로커들이다.

안타깝게도 현실을 보면 퍼포먼스가 강조되는 뮤지션들이 사실 매체의 주목을 끌기 때문에 기사 전면에 나오게 된다. 매체에서 기사가 작성될 때 퍼포먼스가 강조된 밴드들이 기사의 첫머리에 나오는 경우가 많다는 얘기다. 그래서 매체에서 인디 신에 대한 기사를 쓸 때도 퍼포먼스가 강조된 밴드들이나 광기를 발산하는(음악적으로나 스타일적으로) 밴드들이 기사의 전면에 나오는 것은 매우 부당하다고 본다. 이때문에 노래로 승부하는 진짜 뮤지션들이 가려진다는 얘기다.
음악이 중심이 되어야 하고 퍼포먼스는 그것을 도와주는 것이 되어야지 너무 앞서는 것은 별로라고 생각한다. 이기 팝(Iggy Pop)이 옷을 벗고 몸에서 피가 나게 한다든지 하면서 상당히 색다른 콘서트를 하는데, 그가 훌륭한 게 무어냐면 항상 음악이 앞선다는 점이다. 항상 밴드가 완벽하고 보이스도 강하고 무대세팅도 완벽하다. 그런 상태에서 약간의 퍼포먼스를 보여주니까 이기 팝은 항상 공연에 성공한다. 밸런스를 잘 맞추니까. 나도 동감이다. 일단 음악이 있어야 하고 그러고 나서 퍼포먼스가 알맞게 맞아 들어가면 그것이 완벽한 콘서트일 것이다.

"자기 인생을 무엇에 바치느냐가 중요한데 나는 창작이 제일 좋다. 그래서 아직도 시도 쓰고 사진을 찍고 음악을 하는 행위가 다 창작이고, 그럴 때 제일 기쁘고 의미가 있는 것 같다."

올해(2000년) [반칙왕 OST]에 〈무더운 하루〉가 실렸고 [공동경비구역 JSA OST]에는 〈하룻밤〉과 〈하루아침〉이 실렸다. 앞서 영화 OST 작업을 하고 싶다고 말을 했는데, 그 얘긴 영화 OST 프로듀서를 하고 싶다는 의미인가?
물론 오퍼는 없지만 한다면 작곡가로서 하고 싶다. 내가 아무래도 시각적인 것, 사진을 많이 공부했고, 영화는 독립된 노래가 연결되는 것이 아니라 사운드 이펙트, 효과로 많이 가는 것이고 어떠한 주제도 있어야 하는데……. 그런 작업은 재미있을 것 같다. 완벽한 노래와 노래가 연결되는 앨범이 아니라 어떤 신에 알맞게 그 신을 소리로 도와주는 것이 영화음악이다. 재미있는 작업일 것 같다.
올해 아까웠던 행사 중 하나가 8월 예정이었다 취소된 '속초 록 페스티벌'이었다. 거기에서 최

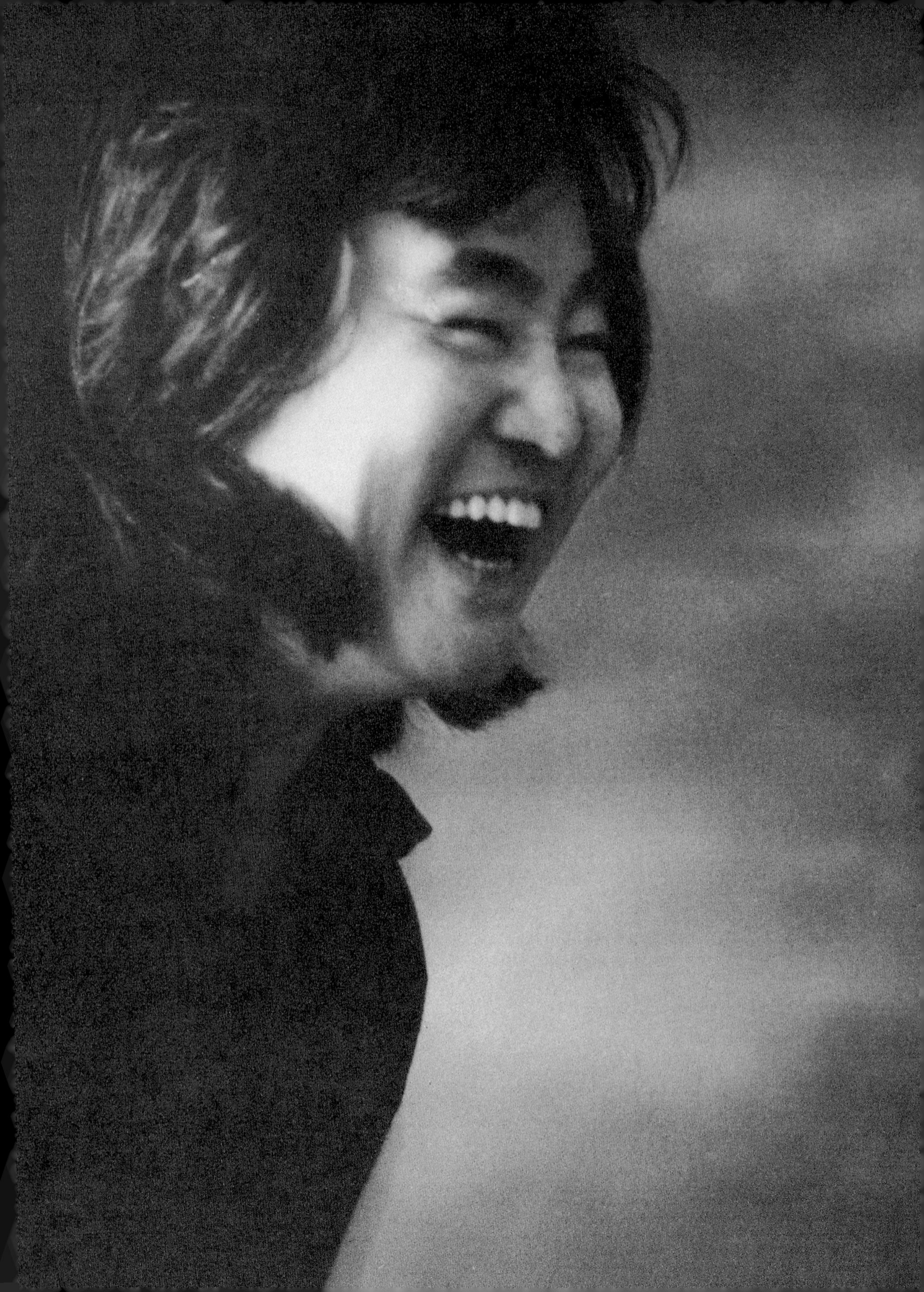

상당히 안타까웠고, 최건 씨에게 면목도 없게 되었다. 너무나 근시안적이었다. 신중현 씨도 그 나이에 무대에 서고 나도 설 예정이었는데, 나나 그분이나 앞으로 사실상 무대에 몇 번이나 서겠는가. 그때 모든것이 일치되어 큰일을 성공적으로 치렀다면 상당한 영상이 남고 라이브 시디가 남았을 거다. 그런데 그걸 하는 사람들이 바로 앞밖에 보지 못한 거다. 앞으로 30년, 40년을 생각한다면 분명히 화폐가 된다. 되고도 남는다. '우드스탁' 때 누가 돈 벌었는가? 수십만 명이 다들 담치기해서 공짜로 다 들어왔는데 프로모터들이 손들고 "아이고, 모르겠다. 그냥 실컷 즐겨라" 한 것이고, 장소를 제공해준 분도 그렇게 한 거다. 음악축제에서 젊은이들 마음껏 즐기라는 선의, 굿윌(Good Will), 아름다운 정신이 있었다. 그런데 속초 록 페스티벌은 그분들이 처음부터 돈을 벌 목적으로 시작한 거라고 본다. 그러니 문제가 생기는 거다. 어떻게 그 많은 돈이 드는 행사와 팔리는 표가 일치될 수 있겠는가. 물론 손해볼 수밖에 없다. 그러나 똑똑한 장사꾼이어서 미래를 봤다면 얘기가 달라진다. 그 그림이 앞으로 우리나라 음악 역사상 계속 되풀이되었을 것이다. 우드스탁은 전 세계적으로 각 방송마다 1년에 한두 번은 상영되고 있다. 마찬가지로 속초 록 페스티벌도 완벽하게 치렀을 경우에 틀림없이 각 방송에 매년 나왔을 거다. 장사꾼도 못되는 촌스러운 사람들이 큰 행사를 하려고 했던 거다.

지금 음반사 서너 군데에서 말은 많다. 그러나 아직 완벽한 프로그램으로 시작된 건 없다. 그런데 트리뷰드린 누기 시켜서 되는 것도 아니고 장사꾼이 돈 좀 벌려고 해서 제대로 나오는 것도 아니더라. 사람들의 마음에서 우러나오고 그것이 비즈니스와 매치되었을 때 자연스럽게 나오는 것 같다. 나는 거기에 큰 신경은 안 쓴다. 적당한 시기에, 그리고 말은 많지만, 오히려 말은 않고 행동으로 옮기는 사람에 의해 자연스럽게 나오지 않겠나 싶다. 그것이 이루어진다면 영광이고 여러 젊은 가수들과 나와 동행한 다른 가수들이 내 곡을 불러준다면 나로선 정말 좋겠다. 사실 내 노래를 다른 사람이 부르는 것을 굉장히 좋아한다. 〈바람과 나〉 같은 경우는 김민기 씨나 김광석 씨나 양희은 씨가 나보다 더 잘 불렀다더라. 하하. 남들이 내 음악을 해석하는 것을 무척 좋아하고 영광스럽게 생각한다. 그렇지만 언제 이루어질지는 모르지만 사람들의 마음에서 우러나와 자연스럽게 이루어졌으면 좋겠다.

스케줄을 보면 내년(2001년)에 가나화랑에서 사진 개인전을 갖는 것으로 되어 있다.**8** 일반적으로 "한대수 씨가 사진작가이기도 합니다"라고 하면 잘 모르는 것 같다. 사진작가로서의 활동과 사진작가로서의 한대수는 누구인가에 대해 말해달라.

사람은 누구나 이 짧은 인생에서 무엇을 할 때 가장 즐거운가를 자기 자신에게 물어봐야 한다. 어떤 사람은 돈 버는 것이 재미있어서 사업가를 할 것이고 또 어떤 사람은 여자만 좋아해서 카사노바가 되기도 했을 것이다. 자기 인생을 무엇에 바치느냐가 중요한데 나는 창작이 제일 좋다. 그래서 아직도 시를 쓰고 사진을 찍고 음악을 하는데 이런 행위가 다 창작이고, 이때 제일 기쁘고 의미가 있는 것 같다. 지금 8집까지 냈고 음악적으로 하고 싶은 말을 다 한 상태에서 내가 가장 소홀하게 다룬 부분이 사진이다. 음악은 공부를 하나도 안 했지만 사실 나는 사진공부를 했다. 사진은 그다지 에너지가 필요하지 않고 혼자 하는 작업이니까 앞으로 계속할 수 있다. 8집 만드는 데 25명과 같이했는데 나처럼 성격이 예민한 사람이 없어서 음반 만들고 나면 무척 피곤하다. 하지만 사진은 나 혼자 찍고 암실작업하고 전시하는 거니까 비교적 나이가 더 들더라도 할 수 있을 것 같다. 그런데 난 여태까지 먹고살기 위해 상업사진만 해왔다. 사진공장에 다닌 거다. 스튜디오 아니면 현상소에서 대량생산하는 사진들을 찍었다. 맥주광고면 맥주만 찍고 향수광고면 향수만 찍어대고, 이렇게 찍었다 저렇게 찍었다 라이트를 어떻게 대었다 하면서 공장처럼 찍어댄 거다. 이제 그것은 내게 하나도 의미가 없다.

사진이 줄 수 있는 의미는 현황을 한 컷으로 표현할 수 있다는 것이다. 그것은 미술도 할 수 없는 일이다. 미술을 따지자면 아무리 스튜디오에서 싱싱한 꽃을 두고 찍는다 하더라도 반 고흐 이상으로 꽃을 예쁘게 묘사할 수 없을 것 같다. 반 고흐의 터치로 그려진 꽃은 아픔과 슬픔과 기쁨이 있는 꽃이다. 하지만 테헤란로 벤처기업의 젊은이들이 넥타이를 메고 피곤한 모습으로 나오는 모습을 찍었을 때, 사진은 2000년 테헤란로 벤처기업의 지친 모습을 한 컷으로 표현하는 게 된다. 또 뉴욕 15번가에서 유부녀가 밍크코트를 입고 지나가는데 그 밑에는 병자가 땅바닥에서 아픈 표정으로 구걸하고 있는 한 컷, 그런 것은 그림이 어떻게 표현할 수 없다. 사진은 현황을 한 컷으로 그대로 나타낸다. 나는 그런 작업을 하고 있다. 한 컷으로 현재 우리가 가고 있는 방향과 현실, 부유층이나 빈곤층의 분위기, 우리 대중들이 느끼는 버스 속의 고통이라든지 지하철 속의 고독과 같은 것들을 담고 있다.

가나아트센터에서 개인전을 여는 것을 상당히 영광스럽게 생각한다. 원래 가나아트가 파인아트(Fine Art)만 하는 곳이라 사진전은 이번이 처음이라고 한다. 사진은 기계와 기술에 의해 만들어지

---

8 2003년 11월에 '작은 평화'라는 타이틀로 아티누스 갤러리에서 개인전을 열게 됨.

는 것이고 또 필름 하나 있으면 수백, 수천 번 재생할 수 있기 때문에 세계적으로 어느 화랑이나 파인아트로 취급을 하지 않는다. 그런데 가나아트의 사장님과 큐레이터가 내 작품을 보고 오케이 했으니 영광스럽다.

그러면 당분간은 사진 쪽에 주력하겠다는 말인가?

아무래도 내 에너지 레벨이나 나이도 그렇고, 사진도 내 창작에서 어느 정도 만족하니까 그럴 것 같다. 하지만 사실 음악 이상의 만족은 없다. 음악작업이 제일 힘들고 제일 만족스럽다. 피카소 작품을 보고 우는 경우는 별로 없지만 베토벤이나 바흐를 듣고 울어본 적은 나도 많다. 음악처럼 직설적으로 사람의 마음을 찌르는 것도 없다. 하지만 앞서 말했다시피 음악작업이 너무나 힘들어지고 영감이 없어지는 부분도 있으니까 사진 쪽을 계속 할 것 같다.

마지막 질문이다. '행복의 나라'에는 도대체 언제 도착하는 건가?

카~. 〈행복의 나라〉는 사춘기 때 작곡한 건데 무척 불행해서 만들었다. 너무 힘이 드니까 행복의 나라로 가고픈 마음에서 "다들 행복의 나라로 갑시다"라고 한 거다. 사실 돈 있는 사람은 돈 얘기를 하지 않고 없는 사람이 자꾸 돈 이야기를 하듯이 행복이 없었기 때문에 난 행복을 찾았다. 그런데 살다 보니까 행복이라는 것은 없는 것 같다. 하나의 단어로나 있는 것이다. 그러나 만약 있다면 우리 마음속에 있는 것 같다. 절대 물질적인 것으론 해결이 안 된다. 결국 인생의 만족은 사람에게서 오는 것 같다. 자기 주위사람과 이뤄지는 관계, 친구와 친척과의 관계에서 모든 희로애락이 있는 것 같다. 그래서 근본적인 행복의 나라는 없다고 봐야 한다. 우리 마음속으로 생각하는 관념이 행복인 것 같다. 그리고 마지막으로, 우리 대한민국의 많은 음악인들에게 큰 발전이 있고 기쁨이 있길 바란다.

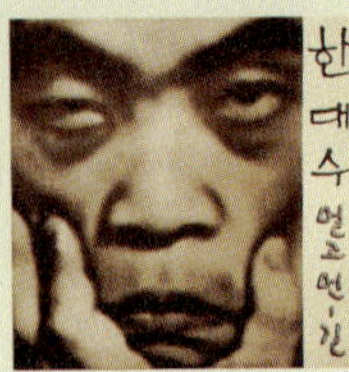

1집 [멀고먼-길]
(1974/신세계레코드)
한대수(v, g, kazoo, harmonica), 정성조(key, flute), 임용환(g), 조경수(b), 권용남(d), 최동휘(cello)

김민기가 한국 모던포크의 신화라면 한대수는 개척자였다. 1968년 귀국해 음악 활동을 시작한 이후 6년 만에 내놓은 이 음반에는 그의 초기 대표곡들이 실려 있다. 〈물 좀 주소!〉에서 "물 좀 주소/물은 사랑이요", 〈바람과 나〉에서 "아! 자유의 바람/저 언덕 위로 물결같이 춤추는 임", 〈행복의 나라〉에서 "창문을 열어라/춤추는 산들바람을 한 번 더 느껴보자"를 외쳤던 그는 자유와 이상을 꿈꾸는 몽상가였다. 미국에서 태어났다면 밥 딜런 정도의 위상을 얻었을지도 모르지만 이 땅에서 그는 날개 꺾인 한 마리 날짐승이었다. 무한한 음악적 재능을 가지고 있었던 그는 당시 단연 빛나는 존재였지만 활동의 제한을 받는 뮤지션이었고, 어처구니없게도 이 데뷔 음반은 금지 음반이 되었다. 정성조 쿼텟이 세션으로 참여해 〈바람과 나〉 같은 곡에서 당시 흔히 들을 수 없었던 새로운 느낌의 세션을 들려주었고, 나중에 해금되어 정식으로 재발매된 음반에는 〈하루아침〉의 오리지널 버전이 실려 있다.

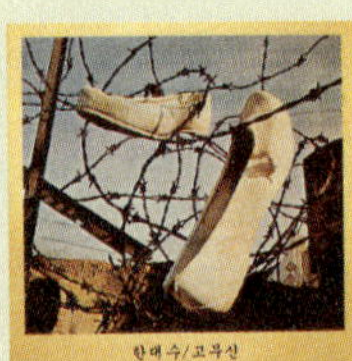

2집 [고무신]
(1975/신세계레코드)
한대수(v, g, harmonica, 톱), 이정선(g), 류복성(perc), 최동휘(cello), 무지개사운드

심의에 의해 데뷔 음반이 거덜난 후 다음 해에 다시 가능성을 타진한 음반. 데뷔 음반 커버는 위압적인 얼굴 클로즈업이더니 이 음반의 커버는 '철조망에 고무신이 걸려 있는' 그로테스크한 사진이었다. 〈오늘 오후〉, 〈나그네 길〉, 〈고무신〉, 〈여치의 죽음〉 등이 수록되었다.

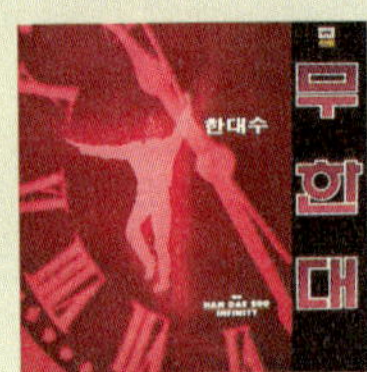

3집 [무한대]
(1989/신세계음향)
손무현(g), 이병우(g), 김영진(b), 송홍섭(b), 김민기(d), 배수연(d), 송태호(key), 김효국(key), 황수권(key), 류복성(perc)

한대수는 1989년에 다시 음악을 시작했다. 당시의 그는 이혼의 아픔으로 아이러니컬하게도 '창작 에너지'를 얻게 된 시기였고, 그래서 나온 결과물이 1975년 [고무신] 이후 14년 만의 작품인 [무한대]였다. 여기에는 10대 시절엔 만든 〈바람과 나〉 이후 불멸의 명곡이라고 할 수 있는 〈One Day〉와 같은 노래들이 담겨 있어 많은 놀라움을 안겨주었다. 포크 뮤지션으로 알려진 그가, 그것도 40살이 넘어서 깔끔한 아메리칸 록 스타일을 수용한 창작곡들과 예전의 〈하루 아침〉, 〈고무신〉과 같은 노래들을 리메이크해 담은 [무한대]는 한대수 음악의 새로운 이정표였다.

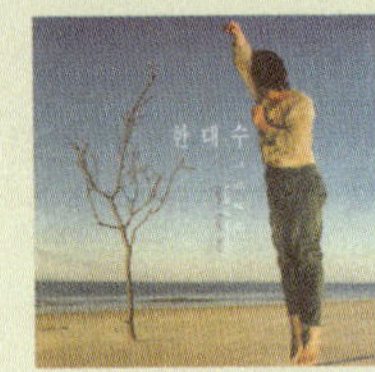

4집 [기억상실]
(1990/뮤직디자인)
한대수(v, 물, 종), 잭 리(g, key, prog, sax), 에드 머과이어(b, key, prog), 필 아놀드(trombone), 크리스 세버지(perc), 임용환(v), 양희은(v)

[무한대]에서부터 샘솟은 창작 에너지는 이후 4집과 5집으로 이어지는데, 이때 만난 뮤지션이 이우창이었다. 1989년 뉴욕에서였는데, 당시 한대수는 4집 [기억상실]을 준비하고 있었고, 잭 리(이우진), 이우창 형제가 이 앨범에 참여하기로 되어 있었다(결국 이우창은 개인적인 사정으로 이 앨범에는 참여하지 못하고 5집 [천사들의 담화]에 '2인자' 격으로 참여하게 되었다). 그의 말을 빌리면 4집은 "사람이 태어나서 살아간다는 것은 결국은 기억상실로 가는 과정"이라는 콘셉트로 만들어진 음반이었고, 인터뷰에서 이 음반에 대해 다음과 같이 술회했다.

"이혼 후 많은 고통, 고독, 자살 충동을 겪었고 모든 것을 잃고 싶은 심정이었다. 나에게 인생의 전부였던 여인을 잃었으니 기억상실로 가기를 바랐다. 그래서 앨범 커버도 홈리스(homeless) 분위기를 주었다. 나의 마음이 홈리스였기에, 양희은과 같이 〈아무리 봐도 안 보여〉를 부를 때에는 정말 나의 인생은 하나도 희망이 없다는 느낌이었다. 아픔이 많은 앨범이다. 〈Headless Man〉도 머리를 잃어버리고 싶은 심정에서 만들었고, 〈White Woman〉은 백인 여자와의 섹스를 묘사했고, 연주곡 〈기억상실〉은 클래식 포맷(알레그로–비바체–아다지오–프레스토)으로 편곡했다. 아픔은 영원하다. 오직 죽음이 이를 해방시킬 수 있다."

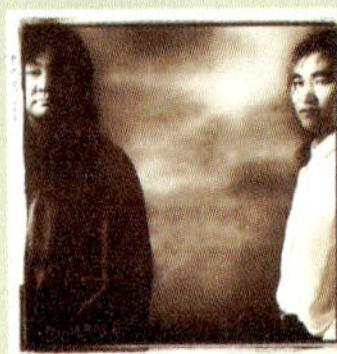

5집 [천사들의 담화]
(1991/삼화레코드)
한대수(v, g), 이우창(key), 잭 리(g), 도미닉 칸자(g), 앤드류 J. 메이어스(sax), 사무엘 J. 허스트(trumpet), 야스 타게다(b)

이우창(key)과의 작품. 재즈와 미니멀리즘으로 점철된 앨범이었고, 자신이 최고의 명곡으로 생각한다는 〈침묵〉이 수록되어 있기도 하다(9집 [고민]에는 당시 그의 거실에서 녹음된 〈천사들의 잡담 1, 2〉가 수록되어 있다. 여기서는 들국화의 멤버였던 조덕환의 기타 소리도 들린다). 〈천사들의 담화〉의 가사 "야! 이상하다. 그치! 저 밑에서 무엇을 하고 있는 거지?"와 〈공포〉의 독백 "5살에 나는 우물에 빠졌었다. 그 암흑과 공포는 아직도 남아 있다"만으로도 이 앨범을 짐작할 수 있을 것이다. 이 음반 이후 그는 음악 활동을 중단한다.

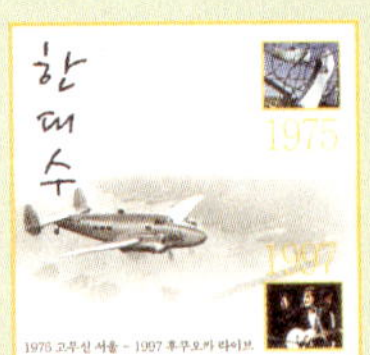

6집 [1975 고무신 서울~1997 후쿠오카 라이브] (1999/도레미레코드)
(후쿠오카 라이브): 한대수(v, g), 김도균(g), 카수가 하찌 히로후미(g), 이우창(key), 테라오카 노부요시(b), 치 션수케(d), 이상은(v)

영원히 음악 생활을 접으려는 마음을 품고 있었던 그가 다시 음악을 시작한 것은 정말 우연한 기회에 의해서였다. 그는 1997년 한 일본 쪽 공연기획자의 요청으로 후쿠오카에서 열린 공연에 참여하게 되었다. 이 공연 세션을 위해서 만난 뮤지션이 김도균이었고, 이 세션에 이우창도 참여하면서 9집의 '삼총사'가 결성되었다. 이래서 모던포크의 거장 한대수, 1980년대 한국 헤

비메탈계의 명기타리스트 김도균과 현재 가장 창작적인 마인드를 가진 재즈 피아니스트 이우창이 만나 하나의 콘셉트를 가지고 동시에 앨범을 발표하는 진풍경을 연출하는 단초가 되었다. 이 공연 이후 한대수가 한국에 와서 공연을 한 것이 그를 재조명하는 계기가 되기도 했다. 이 무렵 나온 음반이 바로 6집이다. 이 음반은 2장의 CD로 구성되어 있는데, 한 장은 2집 [고무신]을 복각한 CD이고, 다른 한 장은 후쿠오카 공연 현장을 녹음한 라이브브음반이다. 또한 부록으로 한대수의 사진집 〈Human Openings〉가 실렸다.

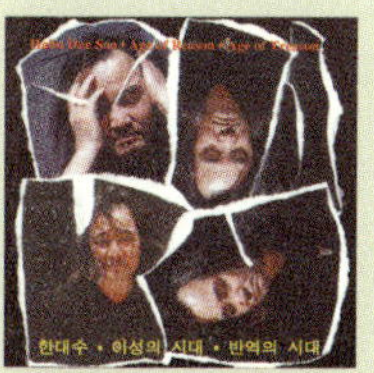

7집 [이성의 시대 반역의 시대(Age of Reason Age of Treason)] (1999)
세션: Darius(g), Dave Hamburg(b), Jake Thomas(key), John Digiulio(d)
Recorded at London Undergr ound Studio(NYC), 1999. 4. Produced & Mixed by John Rollo

이 음반은 1999년 9월 19일 미국 뉴욕에서 발매되었다. 초기에는 국내 유통이 되지 않아 미국반 CD를 통신판매했다.

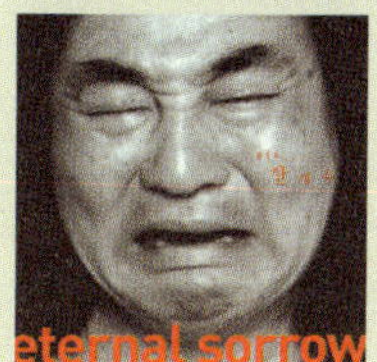

8집 [Eternal Sorrow]
(2000/epi music)
한대수(v, 톱, kazoo, g, 젓가락, 항아리, 망치), 장혁(d), 이태윤(b), 조현석(key), 손무현(g, prog), 함춘호(g), 박영용(perc), 이우창(piano 〈여치의 죽음〉)

급변하는 디지털사회에 대한 불안, 악화되는 남녀관계, 인간소외, 지구의 파괴 등 한대수의 다양한 관심사가 주제를 이루고 있다. '과거의 선율'을 되풀이하고 싶지 않다는 그의 소망대로 다양한 음악색채를 자아내는 여러 장르의 곡들로 풍성하게 짜여져 있다.

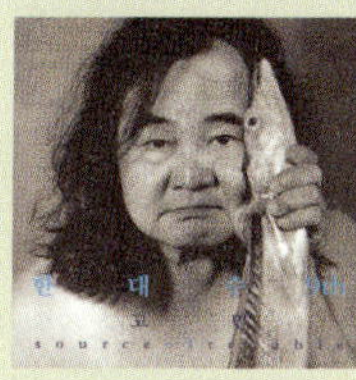

9집 [고민 – Source Of Trouble]
(2002/풍류)
한대수(v, g, harmonica, 내레이션, 줄), 김도균(g), 김인건(b), 이우창(piano, key), 배찬우(b), 박동식(d), 조아름(violin), 홍이순(violin), 양현진(viola), 유은경(cello)

이 음반에는 8집 이후 만든 노래들과 미발표 신곡들이 섞여 있다. 〈여름노래〉, 〈겨울노래〉, 〈오늘 가면〉은 1970년대 초반에 만든 노래들이고, 〈천사들의 잡담 1〉, 〈천사들의 잡담 2〉는 1991년에 녹음한 노래들이며, 〈Marijuana〉, 〈호치민〉, 〈As Forever〉, 〈질주〉, 〈상사병〉은 완전한 신곡들이다. 그런데 놀라운 것은, 한국에서는 더 이상 창작을 하지 못한다고 일반적으로 못박은 나이인 쉰 살이 넘은 그가 〈As Forever〉와 같은 너무나 아름다운 멜로디의 노래를 만들었다는 점이다. 이는 기록이자 역사가 되었다. 왜냐하면 창작은 결국 아티스트의 태도에 달렸다는 사실을 몸소 증명한 것이고, 쉽게 조로증에 빠지는 한국의 많은 후배 뮤지션들에게 일침을 가하는 것이었기 때문이다. 그리고 무엇보다 〈호치민〉을 들어보실 것! 나는 그런 노래를 부를 수 있는 한대수가 존경스럽다. 호치민 개인에 대한 경외감을 음악적으로 표현하는 것도 신선하지만 그것을 담아내는 형식이 놀랍도록 신선하다. 그가 또 한번 타고난 창작자라는 것을 보여주었다고 생각한다. 노래의 형식은 할아버지가 한 어린아이에게 "호치민이 이런 사람이다"라고 쉽고 재미있게 이야기하는 방식을 취했다. 그래서 노래를 부르는

것이 아니라 내레이션을 하고, 중간에 가끔씩 한 여자(박윤정, 레코딩 엔지니어. 녹음 당시 스튜디오에 있었던 유일한 여자라 택했다고 함)가 "아, 그래요"라고 추임새를 한다. 그리고 노래 마지막에는 호치민이 쫓기면서 썼던 '구엔아이쾩, 판추치린, 구엔싱쿵' 과 같은 가명을 호명한다(그런데 재미있는 것은 여기서 "당신은 청량리, 장개석, 정태춘, 주은래, 손문, 박정희, 팔대기, 신발대가 아니다"라고도 한다). 그리고 그 내레이션은 김인건의 강력한 기타 연주 위에서 아주 자연스럽게 행해지는데, 듣는 사람의 가슴을 조용히 끓게 하는 강력한 에너지가 담겨 있다. 나는 이런 에너지를 만들어낼 수 있는 당시 50대 중반의 한대수가 놀랍다는 것이다. 한 지인은 음반 발표 파티장(2002년 11월 18일에 한대수의 연희동 자택에서 있었음)에서 이 노래를 들으면서 "오사마 빈 라덴 노래도 불러야지"라고 농담식으로 말했는데, 그 나이대에 그런 노래를 부를 수 있는 유일한 뮤지션이 한대수라는 점이 그를 '동시대 뮤지션'으로 보게 하는 요소라고 느껴졌다. 한국의 대다수 노인네들과는 달리 그에게는 선명한 느낌이 든다는 것이다.

마지막으로 〈상사병〉에 대해서. 〈상사병〉을 신곡이라고 했는데, 그의 관념 속에서 창작된 노래일까? 아니다. 밝힐 수는 없지만(사실 나도 잘 모르지만) 1년 전에 만든 곡인데, 그때의 심경을 담은 곡이라고 한다. 그러니 실제 대상이 있다는 얘기다. 그 솔직함에 탄복하지만, 한편으로는 인간적인 내음에 웃음도 난다. 그 노래에 대해서 한마디 했는데 다음과 같다. "내 음악에는 장난이 없습니다." 역시 한대수답다.

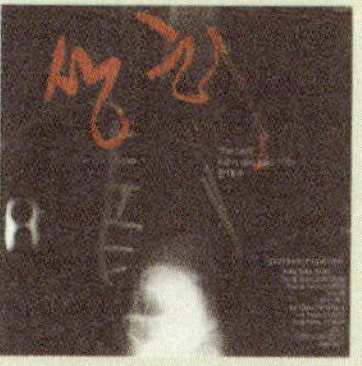

10집 [상처]
(2004/Hahndaesoo Corp)
한대수(v, g, harmonica, kazoo, 병, 발), 이우창(piano, key), 이정엽(g 〈If You Want Me To〉), 김도균(g 〈상처〉), 하찌(g 〈Get Together〉), 허진호(b), 오종대(d), 정광진(trumpet), 홍순달(sax), 조윤정(violin), 김현보(mandolin), Lynda Cullen(v, g 〈Black Is The Color〉)

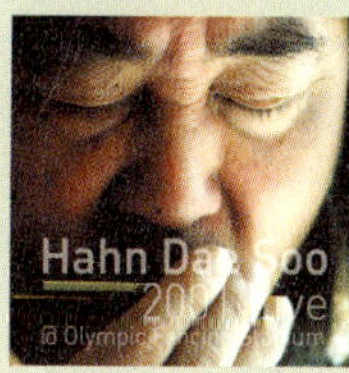

11집 [2001 Live Olympic Fencing Stadium]
(2005/풍류)
때: 2001.10.19.(金) PM 8:00~10:30
곳: 서울, 올림픽 공원 펜싱 경기장
Band: 한대수(v, g), 김도균(g), 하치(g), 이우창(key), 박정민(harmonica, chor), 배찬우(b), 박동식(d), 정희용(perc) String: 조아름(vn), 홍이순(vn), 양현진(va), 유은경(vc) Guest: 강산에, 이상은, 이정선, 전인권, 몽골 국립 민속예술단, 무세중 & 무나미

한국 포크의 전설 한대수. 그의 모든 것을 담은 마지막 솔로 콘서트. 우리나라 모던 포크의 산증인 한대수가 지난 2001년 가졌던 대규모 공연 실황을 담은 탁월한 라이브 앨범. 전인권, 강산에, 이상은, 이정선, 김도균, 이우창 등 국내 최고의 뮤지션들이 참여해 목소리와 연주를 들려주고 있으며, 몽골 국립예술단의 뮤지션들이 선사하는 몽골의 전통 사운드 역시 앨범을 빛내주는 요소이다. 〈물 좀 주소〉, 〈행복의 나라〉, 〈바람과 나〉 등 그의 대표곡들을 비롯해 한대수의 30년 음악 인생을 담은 뛰어난 곡들이 2장의 CD에 수록되었다. (풍류)

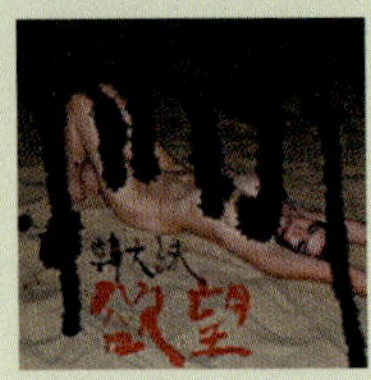

12집 [욕망 Urge]
(2006/서울음반)

한대수(v), 복숭아(장영규, 달파란, 방준석, 이병훈), 하찌(g 〈바닷가에〉, 〈갈망〉, 〈When I Was A Child〉), 발치노(perc), 백현진(v 〈먼 구름〉)

이번 앨범은 그동안 한대수를 존경하던 후배 뮤지션들이자 '타짜', '라디오스타', '달콤한 인생', '다세포소녀' 등의 수많은 영화음악 작업을 선보이며 한국 영화음악의 중심에 위치해 있는 장영규, 방준석, 강기영, 이병훈, 이 네 명의 영화음악감독 집단인 '복숭아프로젝트'가 한대수를 위해 공동작업을 자진해 만든 결과물이다. 이들은 한대수에게 새로운 피를 수혈해 지금까지 없던 '새로운 한대수'를 탄생시켰다. "태어나고 죽고, 죽고 태어나고~ 외로워"를 울부짖는 〈지렁이〉, 2006년 초 모스크바에서 만난 노점상 할머니의 처량함을 떠올리며 만들었다는 〈바부시카〉, 성애의 환희를 담은 〈바닷가에서〉, 비극적인 삶을 산 영문학 최고의 시인 에드가 앨런 포를 위해 부른 〈바다의 왕국〉 등이 수록되었다.

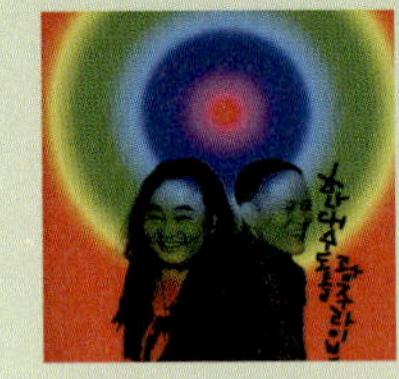

13집 [한대수 도올 광주라이브]
(2006/서울음반)

김도균(g), 김인건(g), 이우창(key), 배찬우(b), 이진수(d), 소울시스터스(송지영, 신설희, 김주영, 서지은 – chorus), 박노찬(aide-de-camp)

한대수와 김용옥(도올)이 함께 공연한다는 얘기에 그리 큰 관심을 갖지 않았고, 그 결과물로 라이브앨범이 발표된다는 얘기에는 우려를 했던 것도 사실이다. 하지만 이 앨범을 들으면서, 특히 〈청춘과 락〉, 〈도올(한대수 성장과정 이야기)〉, 〈도올과 한대수의 이바구〉, 〈No Religion〉의 소개 멘트를 들으면서 도올은 한국의 어떤 음악평론가도 하기 힘든 일을 한대수에게 해주었다는 생각이 들었다. 한대수가 평민에서 귀족으로 갑자기 격상된 느낌은 있지만, 한대수를 가장 쉬운 언어로 소개했다는 측면에서는 무척이나 고무적이다. 이 앨범이 2006년의 베스트 앨범은 아닐지라도, 2006년의 베스트 싱글 중 하나인 〈청춘과 락〉을 담고 있다는 점은 확실하다. 아타리 틴에이지 라이엇 〈Speed〉의 한국판 버전으로 들리는 이 노래를 두 할아버지들이 불렀다는 점이 아이러니하다. "젊음은 행복하지 않아/젊음은 아름답지 않아/젊음에 대한 추억이, 추억이 아름다울 뿐이야/젊음은 절망이야"라는 랩에 순간 짜릿했다. "도올과 한대수는 젊어/그래서 락을 사랑해." 여기에 100% 동감한다.

기타 음반

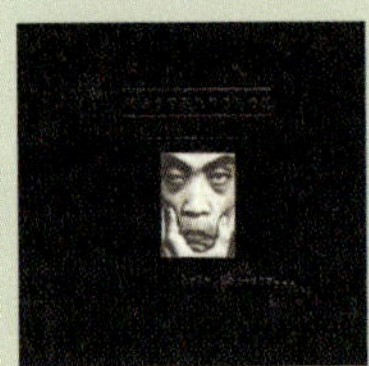

[Masterpiece]
(2000/신세계레코드)

본 앨범은 한대수의 최고작인(각각 1970년대와 1980년대를 대표하는 명반인) [멀고면 – 길]과 [무한대]가 합본체제로 만들어진 것이다. 그리고 정성스러운 리마스터링 과정을 거친 결과 [멀고먼 – 길]은 완전히 새로운 앨범이 되었다. 개인적으로는 베스트 앨범으로 꼽는 앨범이 온전한 상태로 다시 발표되었다는 점이 기쁘기도 하지만, 오랜 세월의 활동에 비해 제대로 된 대접을 받지 못한 한대수에게 대중음악계가 그의 작품을 복구하는 작업을 선사했다는 것이 늦었지만 다행이라고 생각한다.

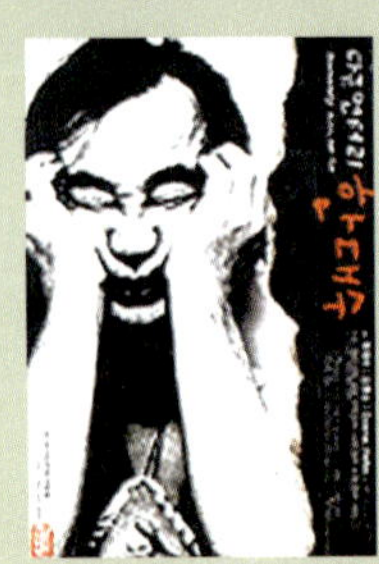

[다큐멘터리 한대수 – Music & Life: DVD]
(2003/Cinewise Film)

시간: 124분(본편 80분 + 부록 44분)
출시: 2003년 3월, 스타맥스

2001년 5월, '행복의 나라'로 합동공연을 위해 일시 귀국한 한대수의 여정을 담은 기록이다. 제6회 부산국제영화제 '와이드 앵글' 부문 초청작이며, 2002년 10월 극장개봉을 했다.

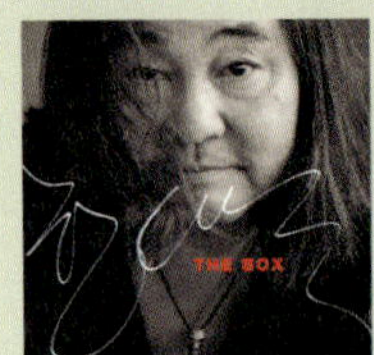

[The Box]
(2005/서울음반)

이 박스 세트는 한대수가 37년 동안 음악 활동을 해온 결과물의 집대성이라 해도 과언이 아니다. 파란만장한 삶을 살았던 위대한 뮤지션의 한 세대에 이르는 세월이 이 상자 안에 담겨 있다. 그는 이 세트를 위해 자신이 제공할 수 있는 모든 음원과 영상과 사진들을 내놓았다.

특히 184페이지 분량의 부클릿에 수록된 친숙하거나 생소하고 희귀한 여러 사진들은 그가 가지고 있던 1,000여 장에 이르는 방대한 사진들 중에서 엄선한 것들이다. 9장의 스튜디오 앨범과 2장의 라이브 앨범은 쉼 없는 그의 음악 활동의 흔적들이다. 〈행복의 나라〉의 한대수만을 기억하고 있는 이들에게 이 숫자는 놀라운 것일지도 모른다. 뉴욕에서 작업했던 구상음악이나 재즈와 아방가르드, 또는 거친 록 사운드에 고개를 절레절레 흔드는 이들도 있을 것이고 마지막 솔로 콘서트에 담긴 몽골 전통음악의 향연에 흠뻑 취하는 이들도 있을 것이다. [Et Cetera]라는 제목을 붙인, 정규 앨범에 수록되지 않은 작품들을 담은 CD에는 1970년대 후반 그가 뉴욕에서 결성했던 그룹 징기스칸(Genghis Khan)의 소중한 음악과 여러 곡들의 데모 버전, 그리고 사운드트랙과 옴니버스 앨범에 수록된 곡들이 포함되어 있다. 공식적으로는 최초로 공개되는 그의 뮤직비디오를 볼 수 있다는 점도 이 박스 세트를 통해 누릴 수 있는 즐거움이다.

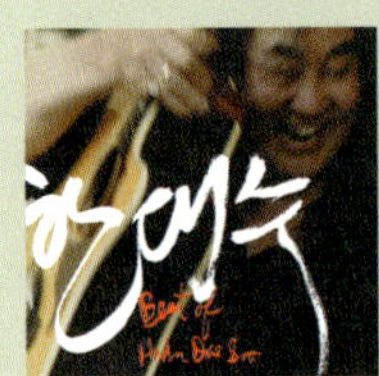

[Best Of Hahn Dae-Soo]
(2007/서울음반)

33년간 발표한 정규 앨범 13장 중 스튜디오 앨범 102곡에서 직접 오랜 고민을 통해 직접 36곡을 선택했고, '포크'와 '록'으로 구분해 2장의 CD로 담았다. '포크'에는 〈바람과 나〉, 〈행복의 나라〉, 〈고무신〉, 〈희망가〉 등의 곡들이, '락'에는 〈물 좀 주소!〉, 〈하루 아침〉, 〈호치민〉, 〈여치의 죽음〉 등이 실렸다. 그리고 3곡의 신곡도 함께 선보였다. 비틀스의 명곡을 리메이크한 〈Nowhere Man〉과 한대수의 오랜 동료 이우창이 새롭게 편곡한 재즈 연주곡 〈행복의 나라〉, 한대수 · 옥사나 부부에게 기쁨과 감동을 안겨준 아기의 탄생을 기다리며 만들었던 〈양호야, 양호야〉가 그것이다. 양호는 한대수가 즐겨 사용하는 '양호합니다!'에서 따온 아기의 이름인데, 아빠의 애정 어린 마음이 듬뿍 느껴지는 동시에 이제 아이의 탄생으로 뮤지션의 삶을 정리하는 한대수의 상황에 가슴 먹먹한 감동을 자아낸다.

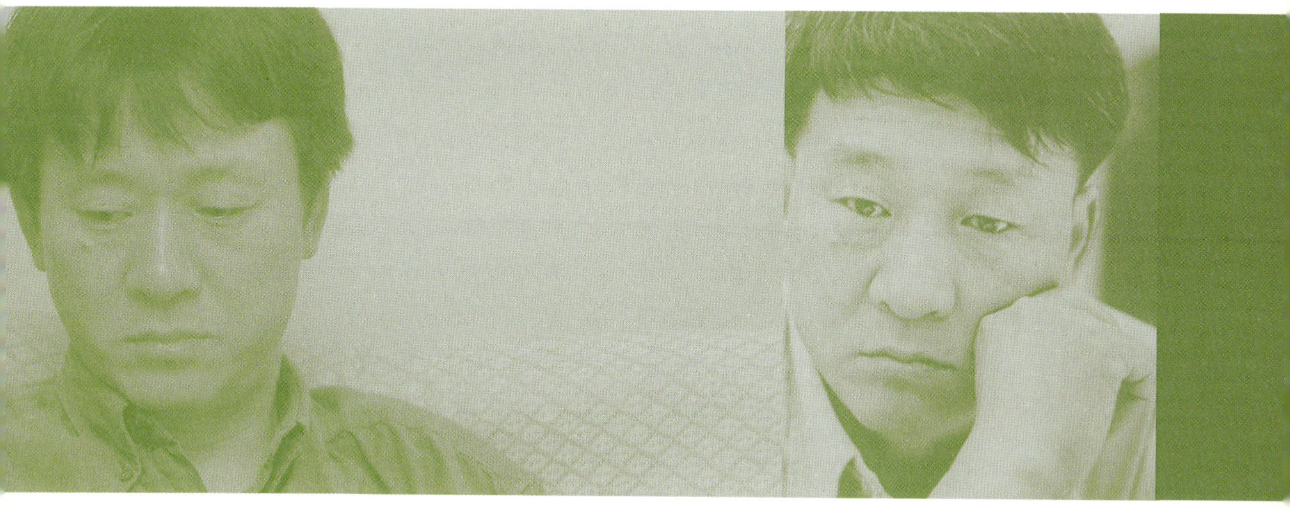

김민기

"모던포크의 여전한 신화"

1970년대의 젊은 거장이자 숨은 거장.
당시 우리들이 그렇게도 그 실체를 알고 싶어 했던 신화화된 뮤지션.
그의 무게감은 지금도 크게 달라지지 않았다.

김민기는 여전히 신화 자체이다. 다만 그 농도와 감도가 예전보다 조금 떨어졌을 뿐. 모두 숨죽이며 하루하루를 보내야 했던 유신시대에 그의 체제 전복적인 이미지[9]와 투명한 젊음, 꼿꼿한 자의식은 신화가 되었고, 우리 시대의 신화를 갖고 싶어 했던 사람들에게 그는 너무나도 적절한 대상이었다. 하지만 여기서의 맹점은 그를 거론할 때 그의 음악을 건너뛴다는 점이다. 뮤지션에게 가십 나열식의 자리 매김은 치명적일 수 있다. 이 점이 그를 숨게 만드는 이유가 될 수도 있고, 그를 지치게 만드는 요소가 되기도 한다. 1971년 그의 데뷔 음반에는 시대의 아픔을 되새기게 하는 암울하지만 아름다운 노래들이 실려 있고, 그는 여기서 새로운 가사 쓰기의 전범을 보여주었다. 그의 공식 앨범은 데뷔 앨범 단 한 장이지만 한국 포크음악사에 많은 영향을 끼쳤다. 1980년대에 들어서는 '노래를 찾는 사람들'과 같은 대중적인 민중음악그룹을 탄생시키는 산파역할을 했다.

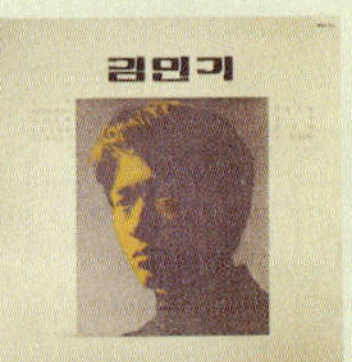

1집 [김민기] (1971/대도레코드)
김민기(v, g), 정성조 쿼텟
한국 모던포크사에 길이 빛날 기념비적인 데뷔 음반. 앨범은 출반 후 판금되었지만 입소문만으로도 온 국민이 알고 있었던 '국민음반'이다. 당시 앨범을 제대로 들을 기회를 가졌던 사람들은 극히 제한된 소수였지만, 들어보지 않았던 사람들조차도 '한국대중음악사 불멸의 명반'임을 인식해야만 했던 신비스러운 음반이다. 1980년대까지만 해도 길거리에서 파는 '금지 가요 모음집'에 첫 번째로 올랐던 그의 노래 〈친구〉, 〈아침 이슬〉은 1970년대 언더그라운드 신의 '베스트 오브 더 베스트'였다. 김민기가 한국대중음악사에 끼친 가장 큰 공적은 정형화된 가요 가사의 한계를 깨부수었다는 점과 새로운 포크 작법이다. "대중가요 가사가 이럴 수도 있구나"라는 인식을 사람들에게 심었다는 점은 표현의 확장일 뿐만 아니라 발상의 전환이었다. 그리고 강한 선동성을 시적 언어로 승화시켰다는 점도 평가해야 할 부분이다.

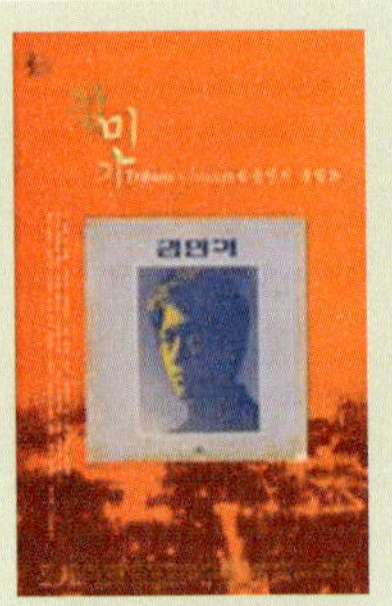

[노래굿 공장의 불빛] (1978)
노래굿 [공장의 불빛]은 1978년에 발표되었다. 이 음반은 한국 최초의 '민중음악음반'이라는 평가를 받았고, 그 당시 새로운 미디어였던 '카세트테이프'로 제작되었다. '음악보급'이라는 것에 방점을 찍었기 때문에 당시 급속도로 보급되기 시작한 카세트플레이어에 맞춘 음반기획이라고도 볼 수 있다. 앞면에는 반주가 곁들인 노래들이 실려 있고, 뒷면에는 현재의 MR 개념처럼 반주만 실려 있다. 그래서 누구나, 언제 어디서나 이 반주 테이프를 틀고 각자 알아서 노래를 부를 수가 있었다. 송창식이 운영하던 녹음실에서 행여나 밖에 알려질까봐 창문을 가리고 반주녹음을 했다고 하고, 노래녹음은 이화여대 방송국에서 따로 했다고 한다.

---

9 이는 물론 그가 의도하지 않은 것일 수도 있고, 주변 사람들이 그에게 과도하게 의미를 부여한 것일 수도 있다.

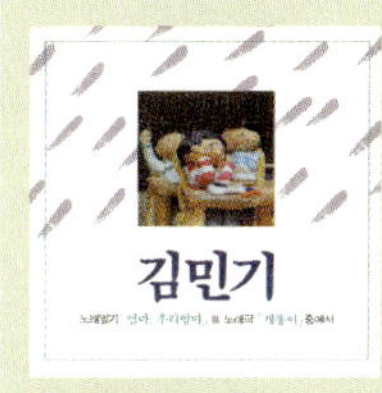

O.S.T. [노래일기 '엄마, 우리 엄마', 노래극 '개똥이' 중에서]
(1987/서울음반)
노래:김성민,조경옥, 오세인, 임정희,이미영, 박미선, 박미경, 조영남, 김광석, 신현중, 이종환, 윤정현, 신지원, 김민기
연주: 조원익, 안기승, 김광민, 이영재, 허성욱, 김광복, 장종민,박준호,방승환, 이정근, 김민기

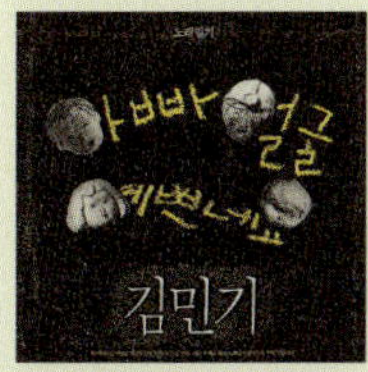

O.S.T. [아빠 얼굴 예쁘네요]
(1987/효성음향)
편곡, 연주: 조동진, 조원익, 이병우, 허성욱, 유영수, 김민기

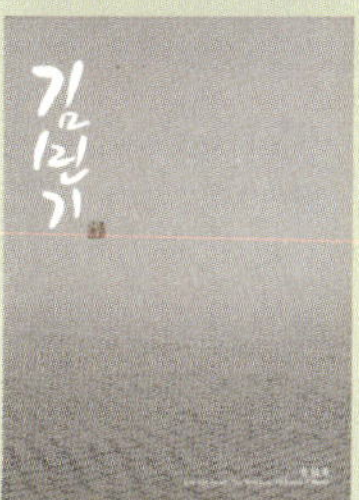

[With Symphony Orchestra Of Russia]
(2003/WEA)
All Music Directed & Arranged by 김동성

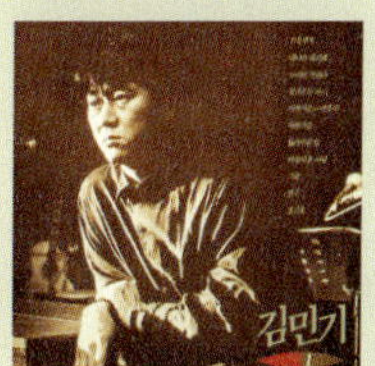

[김민기 1]
(1993/서울음반)
세션: 김민기(v, g), 이병우(g), 김광민(key), 김효국(key), 조원익(리코더)
〈가을편지〉, 〈내나라 내겨레〉, 〈꽃피우는 아이〉, 〈아침 이슬〉, 〈아름다운 사람〉, 〈친구〉

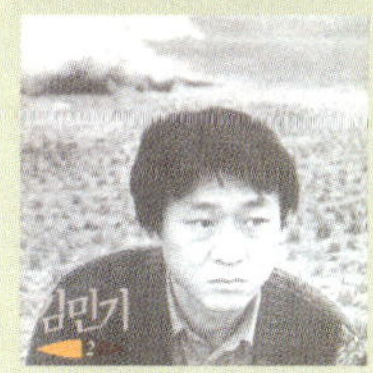

[김민기 2]
(1993/서울음반)
〈새벽길〉, 〈고향가는 길〉, 〈철낭 앞에서〉

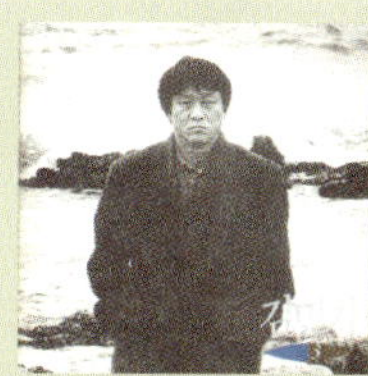

[김민기 3]
(1993/서울음반)
〈상록수〉, 〈기지촌〉, 〈식구 생각〉, 〈서울로 가는 길〉, 〈늙은 군인의 노래〉

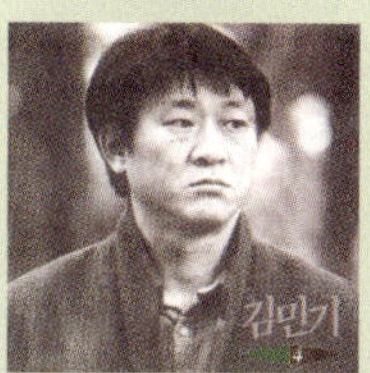

[김민기 4]
(1993/서울음반)
〈봉우리〉, 〈아하〉, 〈백구〉, 〈작은 연못〉

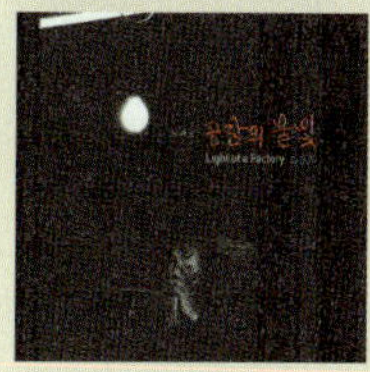

[노래굿 공장의 불빛] (2004/학전뮤직)
이번에 복원된 음반은 2장 세트 형태이다. 한 장은 DVD로 원래 음원을 리마스터링해서 사진자료들과 함께 영상집 형태로 만들었다. 나머지 한 장은 CD인데 정재일이 새롭게 편곡했고, 현재의 뮤지션인 이승열 등이 참여했다.

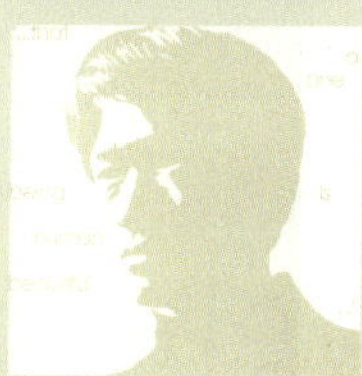

[Past Life Of 김민기]
(2004/학전뮤직)
김민기 1집, 김민기 1993+2004 1 · 2 · 3 · 4, 노래일기 [연이의 일기], 이렇게 6장으로 구성되었다. 김민기 음악의 총결산이고, 자료집이 곁들여 있다.

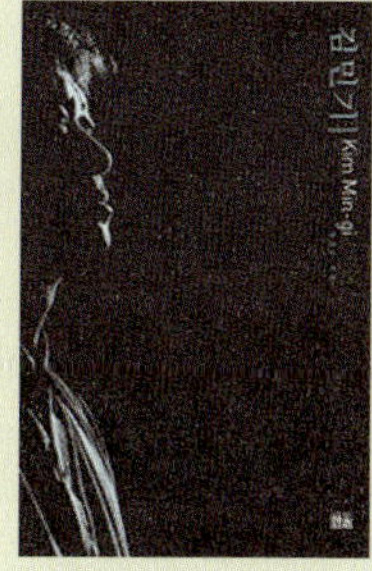

김민기 자료집 [김민기]
(2004/한울/김창남 엮음)
여는 글로 「개성화된 삶의 예술」(김지하), 「김민기, 그리고 새로운 청년문화의 구상」(김창남)이 있다. 록뮤지컬 '지하철 1호선', 노래일기 '연이의 일기', 노래굿 '공장의 불빛', 소리굿 '아구'의 대본과 악보가 실려 나. 김민기 디스코그래피와 음반리뷰, 각각의 노래들에 대한 악보와 일지가 실려 있다. 마지막으로 그와 관련된 비평문 모음, 인터뷰 2개(강헌, 주철환), 김민기 바이오그래피가 실려 있다. 총 600페이지의 양장본 형태이다.

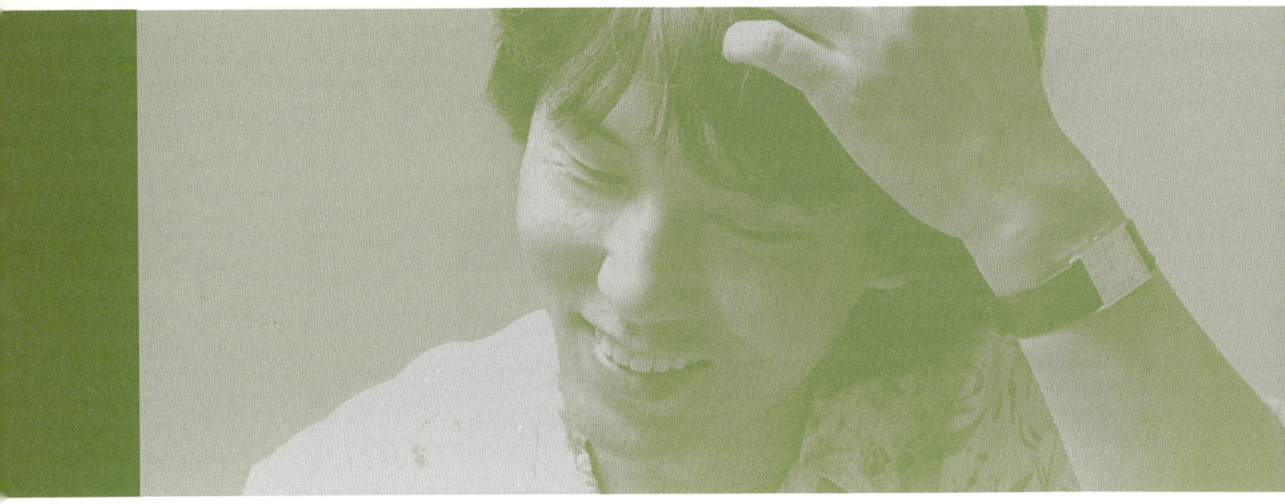

조동진

"은자로 남은 언더그라운드 포크의 대부"

"조동진이라는 음악인이 한국대중음악사에서 차지하는 위치와 비중은 독보적이다. 그것은 신중현이나 산울림이 걸어간 길과도 다르고 같은 장르 안에서도 김민기나 한대수가 나아가고자 한 음악적 지향점과도 분명히 구별되는 것이다. 그들이 주류의 궤도 바깥에서 끊임없이 제도권 안의 모순과 부조리에 저항해 싸웠다면, 기이하게도 조동진은 그들이 공격하려고 했던 제도 안에서 오히려 자신만의 성채를 굳건하게 쌓고 외부의 세계와 일정한 거리를 유지해나갔다. 단지 음악을 한 시대와 그 사회에 교감하고 소통하는 동시대성과 당대성의 측면에서 본다면 조동진은 그 음악이 소유하고 있는 역사적 의미보다는 예술적 본질에 더 집착한 것이라 볼 수도 있다." (최창근, Pilgrimage For Art '꿈과 잠, 꽃과 숨의 시학: 조동진, 순간에서 영원을 가로지르는 영혼의 음유시인')

김민기가 외부적인 요인 때문에 자신의 정규 앨범 작업을 더 이상 하지 못하고 있었다면, **조동진**은 대중음악계와 일정한 거리를 두고 자신의 성향에 충실한 음악을 해왔다. 1970년대 일군의 모던포크 뮤지션들이 노래에 삶·현실의 리얼리티를 담아내려는 노력을 했다면 조동진은 노랫말에 아름다운 서정성을 표현하려 했다(가사를 자세히 들여다보면 이는 역설적인 서정성일 수 있지만). 무엇보다도 그를 높이 평가할 수 있는 것은 한국 모던포크를 일군 사람의 하나로서 지금까지 전업 뮤지션의 위치를 고수하는 진짜 뮤지션이라는 점이다. 1970년대 당시 음악을 했던 뮤지션 중에서 아직도 이 땅에서 일관되게 자신의 음악적인 삶을 사는 사람이 몇이나 남아 있는지 둘러보았으면 한다. 그리고 데뷔 이후 뜻을 같이하는 후배 음악인들과 꾸준히 작업을 해왔고, 그 후배들이 조동익, 장필순, 낯선 사람들, 박용준, 한동준 등이라면 그는 1980~1990년대 대중음악계에 분명히 큰일을 한 가수이다. 1980년대에는 전문 음반기획사로서 동아기획이 있었다면, 1990년대 이후로는 그가 이끄는 '하나뮤직'이 유일하다 할 것이다. 그가 발표한 모든 작품들은 들을 가치가 있고, 중요한 위상을 갖는다. 그는 한대수처럼 할아버지가 되어서도 계속 자신의 노래를 하리라 생각되고, 그랬으면 하는 바람을 갖게 하는 진정한 뮤지션 중의 하나이다. 하지만 아쉽게도 2000년대에 들어 새로운 작품을 발표하지 않고 있다.

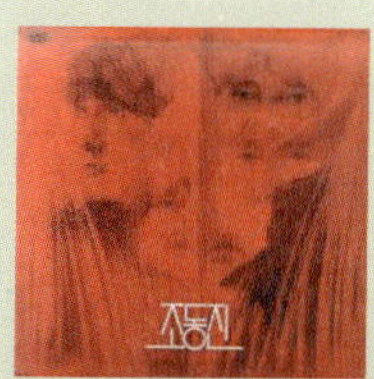

1집 [조동진] (1979/대도레코드)
세션: 조동진(v, g), 강근식(g), 조원익(b), 배수연(d), 이호준(key)
세션(86년 재녹음 시): 조동진(v, g, prog), 이병우(g), 김광민(key), 조원익(b, flute, prog)
〈행복한 사람〉, 〈겨울비〉, 〈작은 배〉, 〈내가 좋아하는 너는 언제나〉 등이 수록된 마음의 평화. "하나님, 저희에게 일용할 양식을 주셔서 감사합니다"라고 되뇔 때 배경음악으로 깔릴 만한 노래들이 수록된 음반이다. 그의 노래들은 사람들의 마음을 편안하게 만든다.

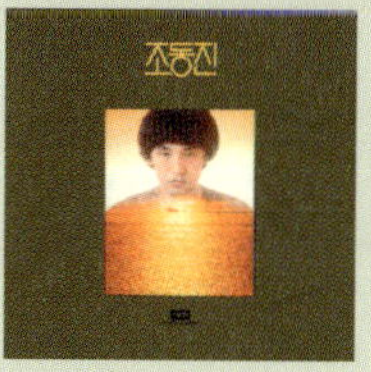

2집 [조동진2] (1980/한국음반)
세션: 조동진(v, g), 강근식(g), 김영재(g), 조원익(b), 이호준(key), 변성룡(key), 배수연(d)
세션(86년 재녹음 시): 조동진(v, g, prog), 이병우(g), 김광민(key), 조원익(b, flute, prog)
〈나뭇잎 사이로〉, 〈진눈깨비〉 등 두고두고 불리는 노래들이 실렸고, 조동익 작곡의 〈어떤 날〉은 훗날 '어떤 날'을 예고했다. 그리고 〈어둠 속에서〉는 숨겨진 보석이다.

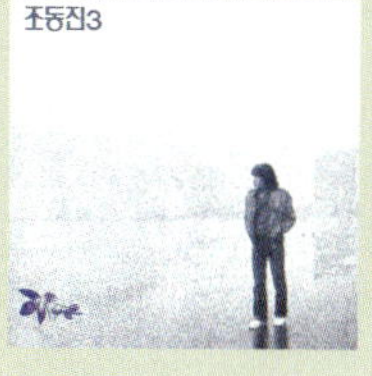

3집 [조동진3] (1985/킹레코드)
세션: 조동진(v, g), 이호준(key), 김광민(key), 허성욱(key), 조원익(b, flute), 안기승(d), 이원재(clarinet)
〈슬픔이 너의 가슴에〉, 〈제비꽃〉 등이 수록된 1980년대 중반 한국 포크의 수작이다. 이때부터 거의 5년 주기로 음악을 발표한다.

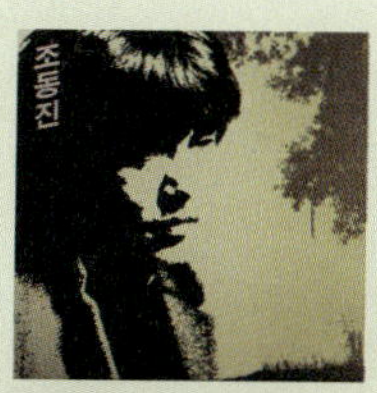

4집 [음악은 흐르고] (1990/서울음반)
세션: 조동진(v, g), 김영석(d, prog), 조동익(b), 이병우(g), 김현철(key), 한송연(key), 임정희(oboe), 조원익(리코더)
〈일요일 아침〉, 〈저문 길을 걸으며〉, 〈그대 창가엔〉 등이 수록되었다.

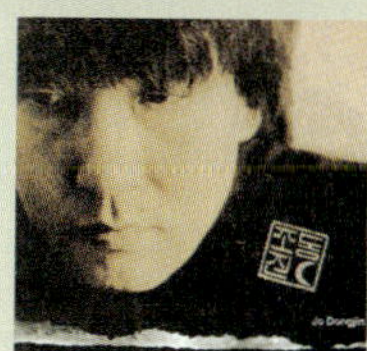

5집 [조동진5] (1996/킹레코드)
세션: 조동진(v, g), 조동익(b), 함춘호(g), 이병우(g), 김효국(key), 박용준(key), 박영용(perc), 김영석(d)
〈새벽안개〉, 〈넌 어디서 와〉, 〈바람 부는 날이면〉 등 감동적인 노래들이 수록되었다. 4집 [음악은 흐르고]를 기점으로 조동진의 음악은 변화를 보여주는데, 초기 음악이 아름다운 노랫말에 서정적인 연주로 대변된다면 최근작 5집은 자신의 음악 여정을 돌이켜보는 진지한 가사와 실험적인 연주의 시도로 볼 수 있다. 한국에서 마흔 살을 넘긴 가수가 이렇게 진보적인 모습을 보여주는 경우는 극히 이례적인 일이라고 할 수 있다. 감히 조동진의 최고작이라고 할 만하다.

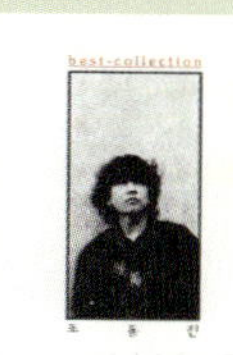

[Best-Collection 1+2+3+4+5 = year 2000]
(2000/신나라뮤직)

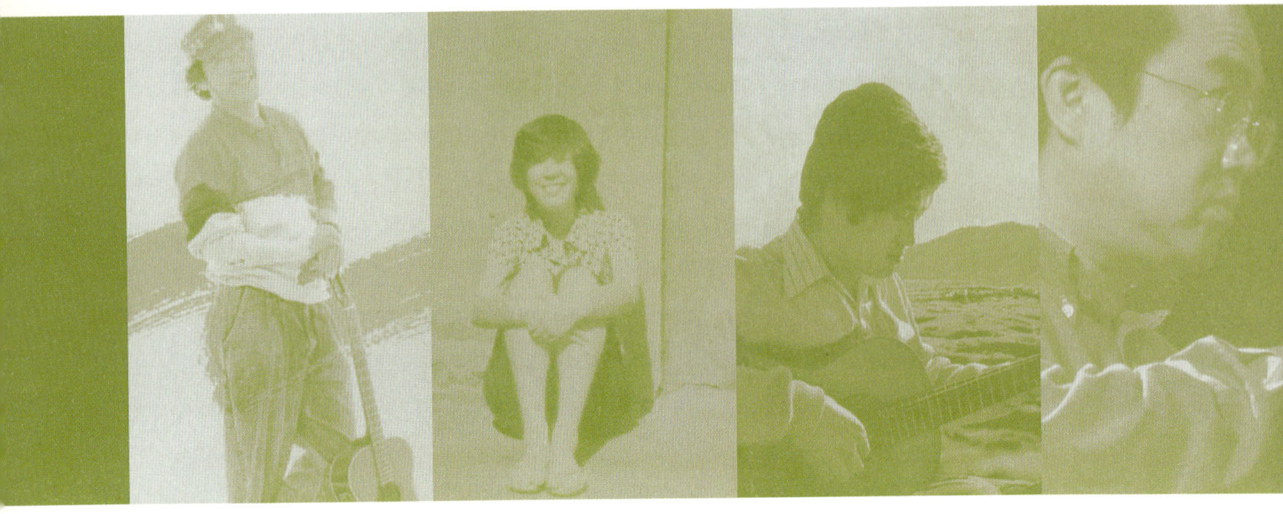

양병집, 양희은, 서유석, 김의철

"1970년대 포크의 넋두리 혹은 불행아"

1970년대 초반의 주목할 만한 포크 뮤지션들로는 양병집, 양희은, 서유석, 김의철, 현경과 영애, 방의경, 오세은 등을 거론할 수 있을 것이다. 이 중에서 비교적 튼실한 작품들을 발표한 4명을 조명하고자 한다.

양병집은 김민기, 한대수와 함께 1970년대 우리나라 3대 저항가수 중 하나로 일컬어진다. 그는 1974년에 1970년대 한국포크의 명반 중 하나인 1집 [넋두리]를 발표했다. 이 앨범에는 우디 거스리(Woody Guthrie), 피트 시거(Pete Seeger), 밥 딜런(Bob Dylan), 피터 폴 앤 매리(Peter Paul & Mary)의 영향 아래 '삶을 직시하는 노래, 현실을 꿰뚫는 노랫말'이 담겼다. 한마디로 저항가요의 성격이 강하다고 할 수 있다. 하지만 그도 1975~1979년 사이에는 활발한 활동을 할 수 없었고, 1980년대에 들어 4장의 앨범을 발표했지만 위력은 예전만 못했다. 6집 이후 12년 만에 발표한 최근작 [Debut & Fade Away]는 주목할 만한 음반이다. 최근에는 음반기획사(BJ Entertainment)를 운영하면서 손지연의 데뷔 앨범 [실화 – My Life's Story](2003)를 제작했다.

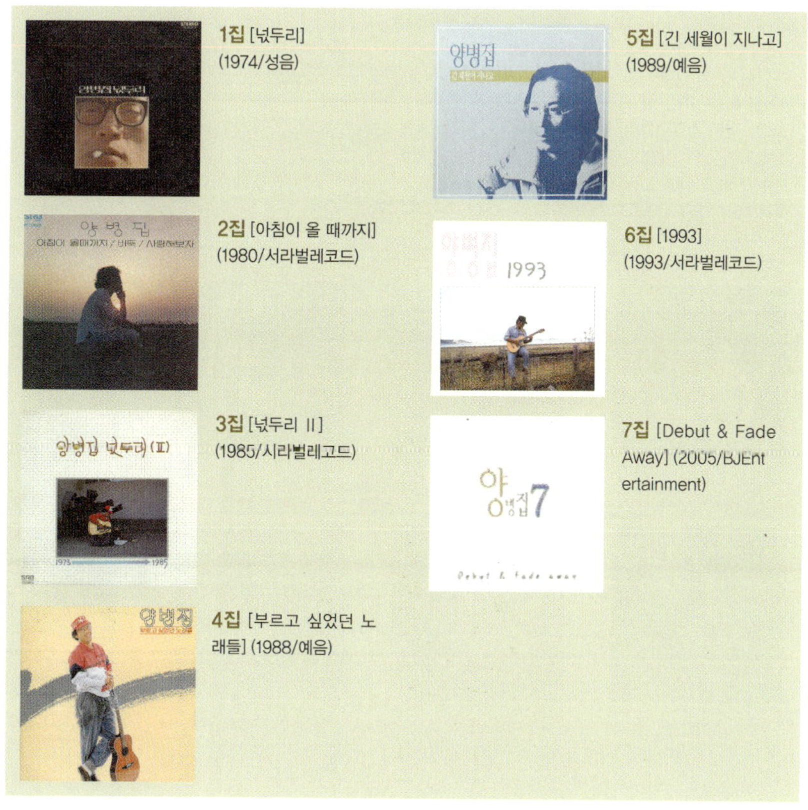

양희은은 1970년대 초반 청년문화의 상징 중 한 명이었고, 김민기의 〈아침 이슬〉, 이주원의 〈내 님의 사랑은〉, 〈네 꿈을 펼쳐라〉, 한대수의 〈행복의 나라〉 등을 불러서 원작자보다 더 유명해진 뮤지션이다. 젊은 시절 그녀 특유의 카리스마가 담긴 보컬은 1970년대 어떤 여자 가수도 감히 흉내낼 수 없었다. 이후 양희은은 1980년~1990년대에도 꾸준한 활동을 펼치면서 많은 히트곡들을 발표했고, 하덕규, 이병우, 조동익, 김의철과 같은 대가들과도 함께 작업했다. 2000년대에 들어서는 [30 Live](2002)와 [35주년 앨범](2006)을 발표했다.

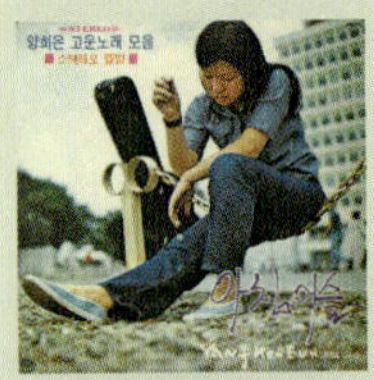

1집 [양희은 고운노래 모음] (1971/유니버셜) 〈아침 이슬〉, 〈세노야 세노야〉 등이 수록되었다. 나머지 〈Puff〉, 〈일곱 송이 수선화(Seven Daffodils)〉 등은 모두 60년대 미국 포크송의 번안곡이었다.

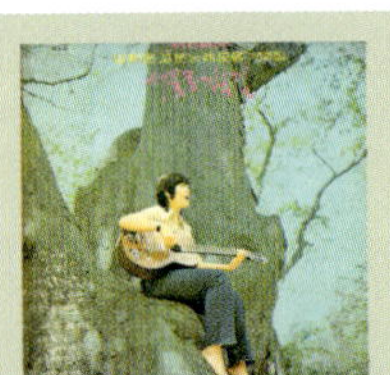

2집 [양희은 고운노래 모음 2집] (1972/유니버셜) 〈서울로 가는 길〉 등이 수록되었다. 재판에서는 〈아름다운 것들〉, 〈새벽길〉이 추가되었다.

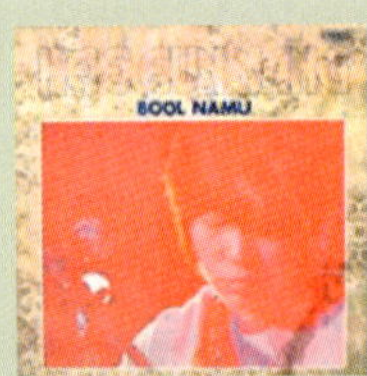

[Bool Namu] (1972/성음)

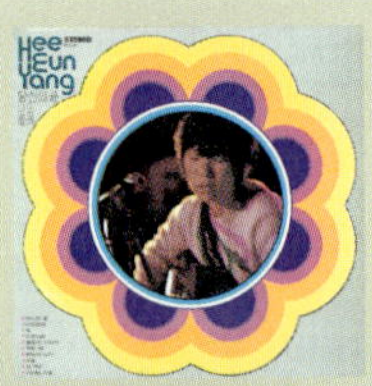

[신중현 작편곡집: 당신의 꿈] (1973/유니버셜)

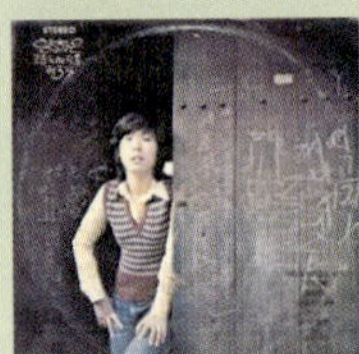

[양희은 고운노래모음 제3집] (1973/유니버셜)

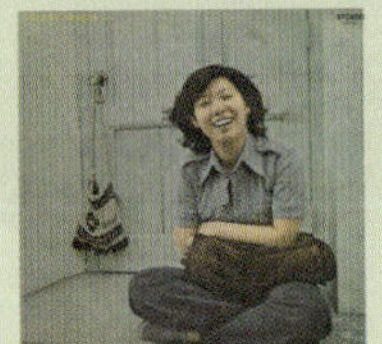

[내 님의 사랑은] (1974/유니버셜)

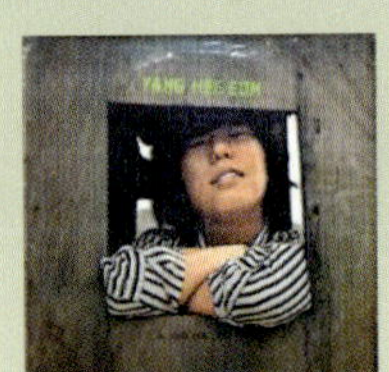

[보고 싶은 마음/밤은 가고] (1974/유니버셜)

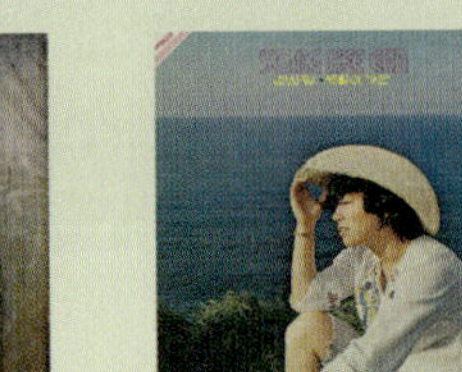

[한사람/세월이 가면] (1975/유니버셜)

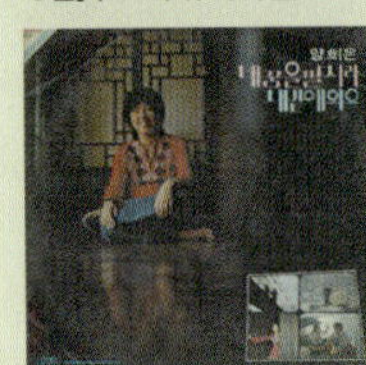

[양희은 노래모음: 네 꿈을 펼쳐라] (1976/서라벌레코드)

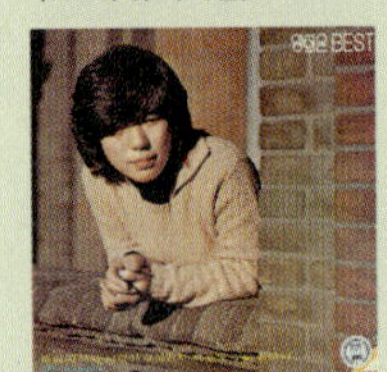

[양희은 Best: 들길 따라서] (1976/서라벌레코드)

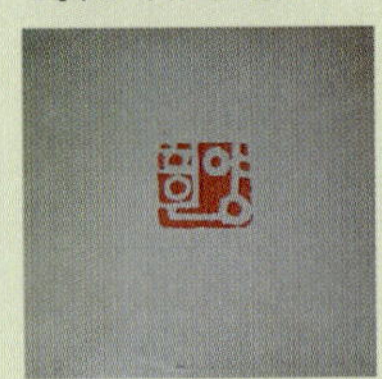

[거치른 들판에 푸르른 솔잎처럼/천릿길] (1978/서라벌레코드)

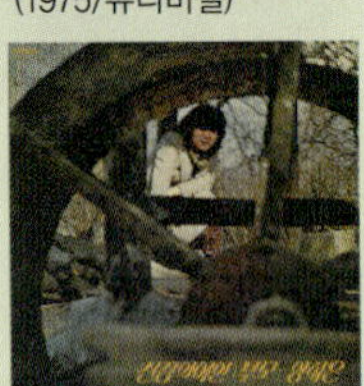

[산장의 여인/부모] (1978/서라벌레코드)

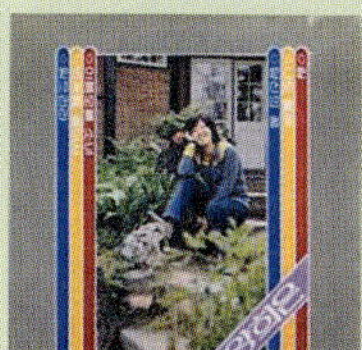

[이름모를 소녀/길]
(1980/서라벌레코드)

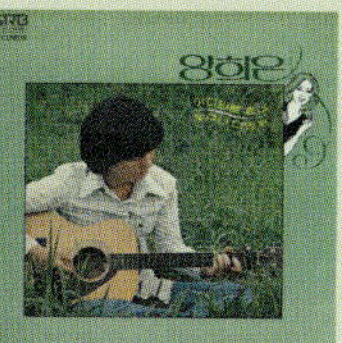

[양희은 새 노래: 어디만
큼 왔니]
(1981/서라벌레코드)

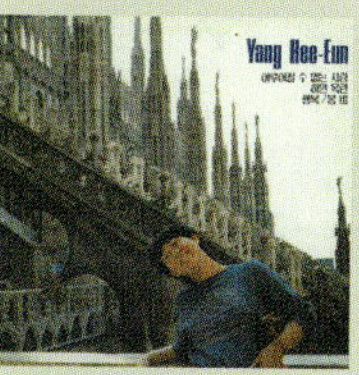

[양희은 신곡집: 이루어질
수 없는 사랑] (1983/서
라벌레코드)

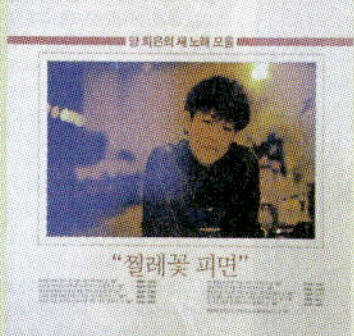

[양희은의 새 노래 모음:
찔레꽃 피면]
(1985/서라벌레코드)
하덕규의 〈한계령〉, 〈찔
레꽃 피면〉 등이 수록되
었다.

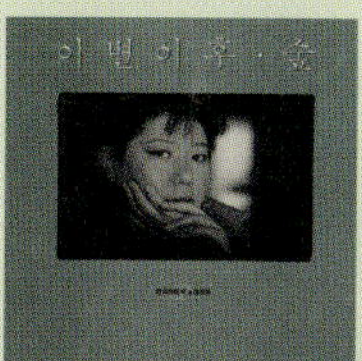

[양희은의 새 노래 모음:
이별 이후] (1988/서라벌
레코드)

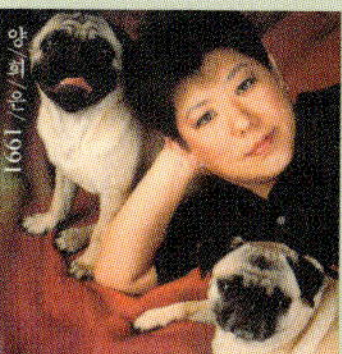

[양희은 1991] (1991/킹
레코드)
세션: 이병우(g)
〈아침 이슬〉의 김민기,
〈내 님의 사랑은〉의 이주
원, 〈한계령〉, 〈찔레꽃 피
면〉의 하덕규 이후 새롭
게 파트너로 맞은 이가
이병우이다. 〈그해 겨울〉,
〈가을아침〉 등이 수록되
었다.

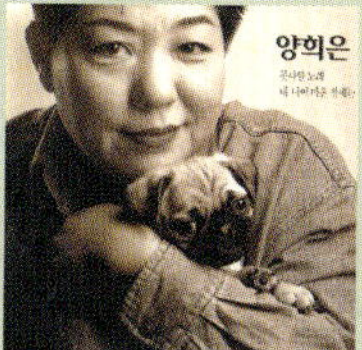

[양희 1995]
(1995/LGM)
세션: 박용준
(key, piano), 김영석(d),
조동익(b), 함춘호(g)
〈못 다한 노래〉, 〈내 나
이 마흔 살에는〉, 〈물망
초〉

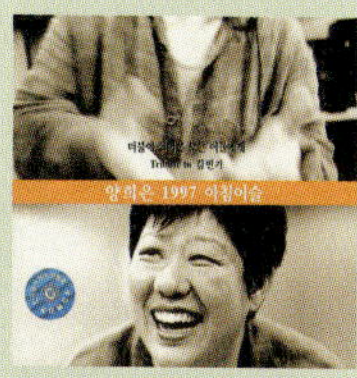

[양희은 1997] (1997/킹
레코드)
세션: 김의철(g), 김의옥
(flute), 장경아(key), 심
혜련(key), 김영석(d), 가
톨릭 남성 폴리포니 앙상
블(chorus)

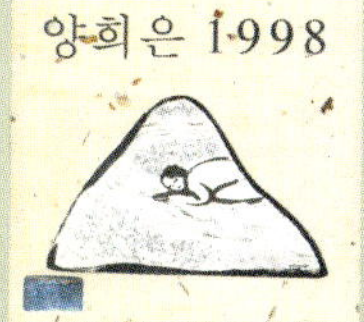

[양희은 1998]
(1998/신나라 레코드)
세션: 김의철(g), 김범수
(g), 장경아(key), 문지환
(clarinet, recorder), 박
호진(bassoon), 김현지
(flute), 이상효(oboe), 조
성관(trumpet), 김영석
(d), chorus: 김의철, 문
지환, 김범수, 가톨릭 남
성 폴리포니 앙상블, 서
강대학교 에밀레
〈저 하늘의 구름 따라〉,
〈연인들〉, 〈나 그대를 사
랑하기에〉

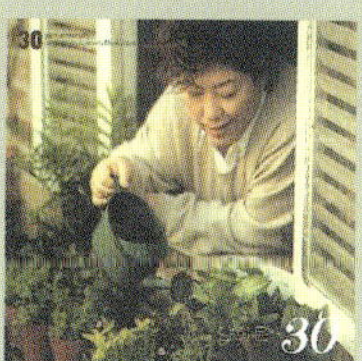

[30Years
Anniversary]
(2001/Enter One)

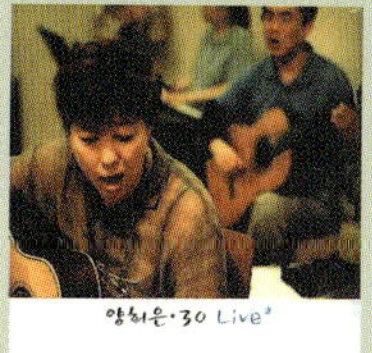

[30 Live]
(2002/Enter One)

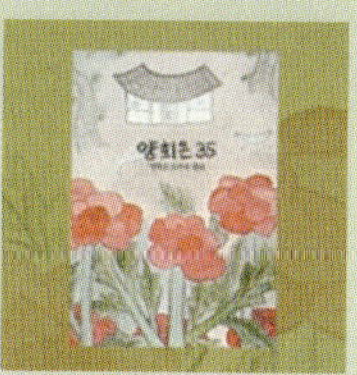

[35주년 앨범]
(2006/CJ Music)

서유석은 1971년에 〈아름다운 사람〉, 〈비야 비야〉가 담긴 데뷔 앨범을 발표했다. 그가 뮤지션으로 주목받은 것은 1972년에 발표한 3집 [I Want To See My Mother] 때이다. '봉투 앨범'이라고 불리는 이 음반에는 국내의 구전 민요를 채보해 녹음한 〈타박네〉, 〈진주 낭군〉을 비롯해서 한대수의 〈행복의 나라로〉, 방의경의 〈친구야〉, 자신의 〈하늘〉 등이 담겼다. 그리고 당시 세태를 질타한 〈파란 많은 세상〉을 듣고 있으면 한국의 천민자본주의가 이미 진행되고 있었다는 점에 쓴웃음이 나온다. 이 음반으로 서유석은 '포크 싱어'로 자리 매김하지만 이런 시기는 오래 지속되지 않았다. 그는 1977년에 발표한 〈가는 세월〉 이후 초기 정체성과는 다른 모습을 보여주었다.

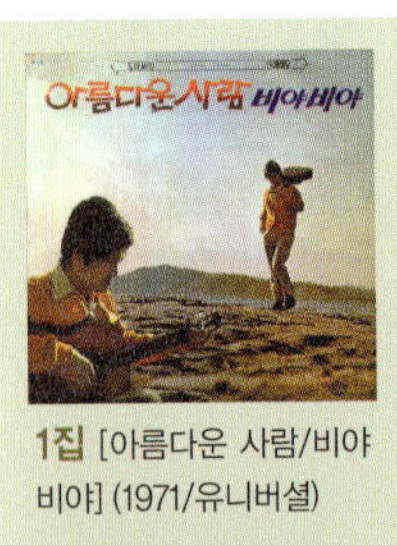

1집 [아름다운 사람/비야 비야] (1971/유니버셜)

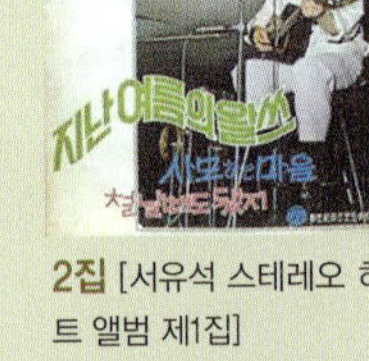

2집 [서유석 스테레오 히트 앨범 제1집] (1971/신세기레코드)

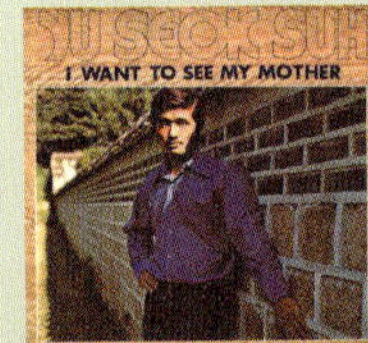

3집 [I Want To See My Mother] (1972/성음)

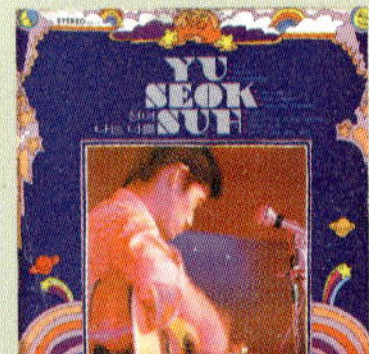

[신중현 작편곡집: 선녀/나는 너를] (1973/유니버셜)

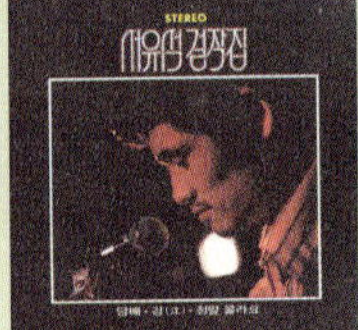

[서유석 걸작선집: 담배/강] (1973/유니버셜)

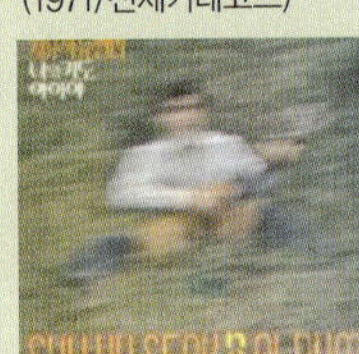

[Su Yu Seok New Album: 아이야/나의 기도] (1973/유니버셜)

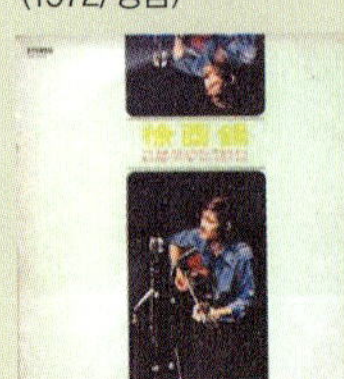

[가는 세월/아름다운 사람] (1977/서라벌레코드)

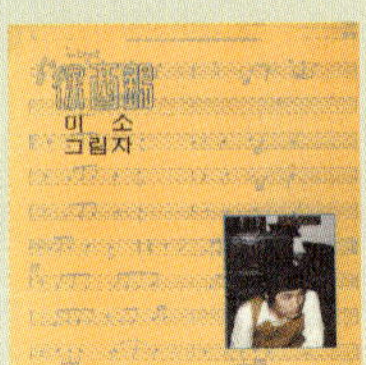

[미소/그림자] (1978/유니버셜)

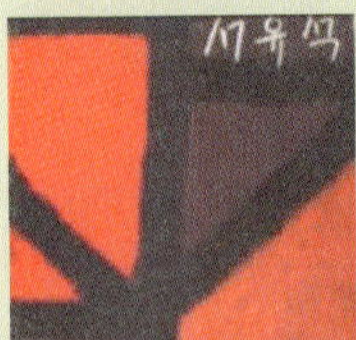

[사랑의 나그네/어허라 둥게 사랑을 주소] (1983/태양음향)

[홀로 아리랑/아버지의 노래] (1990/제일레코드)

김의철은 1974년에 〈마지막 교정〉, 〈섬아이〉, 〈저 하늘의 구름따라(불행아)〉를 발표해 주목받았던 싱어송라이터였다. 하지만 김민기처럼 데뷔 앨범이 공식적으로 발표한 유일한 정규 앨범이 되었고, 그의 음악적인 재능을 생각한다면 그가 만든 노래처럼 '불행아'였다. 그가 음악활동을 중단한 계기는 데뷔 앨범 제작과 관련 있는데, 오리엔트(당시 음반사는 성음)의 나현구 사장이 곡 제목과 가사를 상의도 없이 수정해 발매했다고 한다. 이런 저런 이유로 김의철은 이 음반이 마음에 들지 않아서 지인들에게 나누어주었던 음반을 회수해 스스로 폐기했다고 한다. 1979년에 유학을 떠난 그는 독일과 미국 등지에서 클래식기타를 공부했고, 2집 [그 산하](1993), 3집 [김의철 II 戀歌集](1993)을 제작했지만 정식 배급하지는 않았다. 3집은 자신의 자작곡들을 성악가 양경숙이 부르는 방식으로 녹음했는데, 〈촛불을 밝혀요〉와 같은 대단히 아름다운 노래들이 김의철의 숨막힐 듯 정제된 기타 연주로 불린다. 귀국 후 김의철은 1997년부터 양희은의 음악감독을 맡아 공연과 음반([양희은 1997], [양희은 1998])을 도와주었고, 음악평론가 최규성과 함께 '청개구리 콘서트'를 진행했다. 이 콘서트를 통해서 그의 음반뿐만 아니라 이성원, 김두수 등의 라이브 음반도 나왔다. 2003년에는 역시 유통되지 않았지만 박스셋 형태의 [김의철 작품집]이 나왔고, 여기에는 1집이 각기 CD와 LP로, 3집이 LP로 [김의철 양경숙 戀歌集]이라는 타이틀로 담겼다.

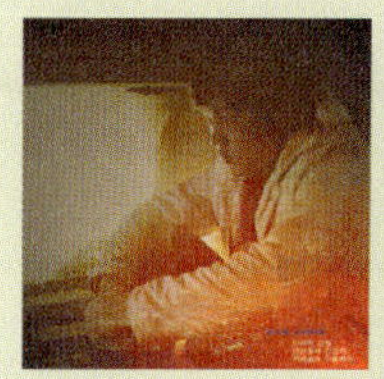

1집 [김의철 노래모음] (1974/성음)

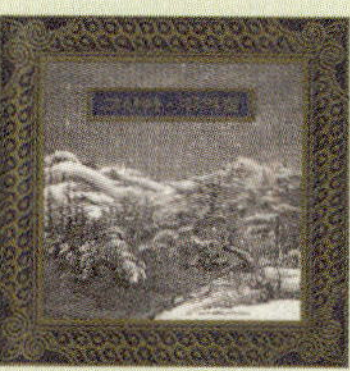

2집 [그 산하] (1993/킹레코드)

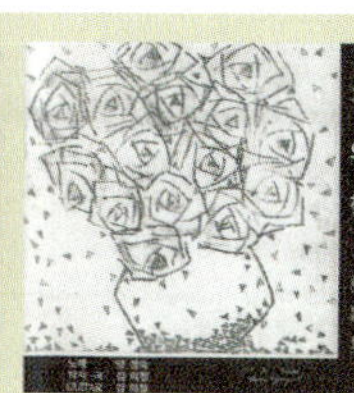

3집 [김의철 II 戀歌集] (1993/킹레코드)

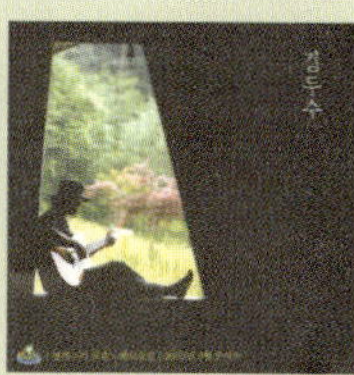

[청개구리 고운노래모음집 2003년 9월 콘서트] (2003/솟대)

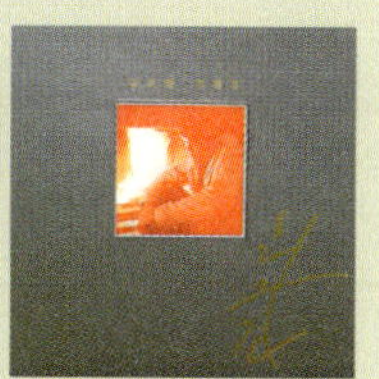

[김의철 작품집] (2003/솟대)

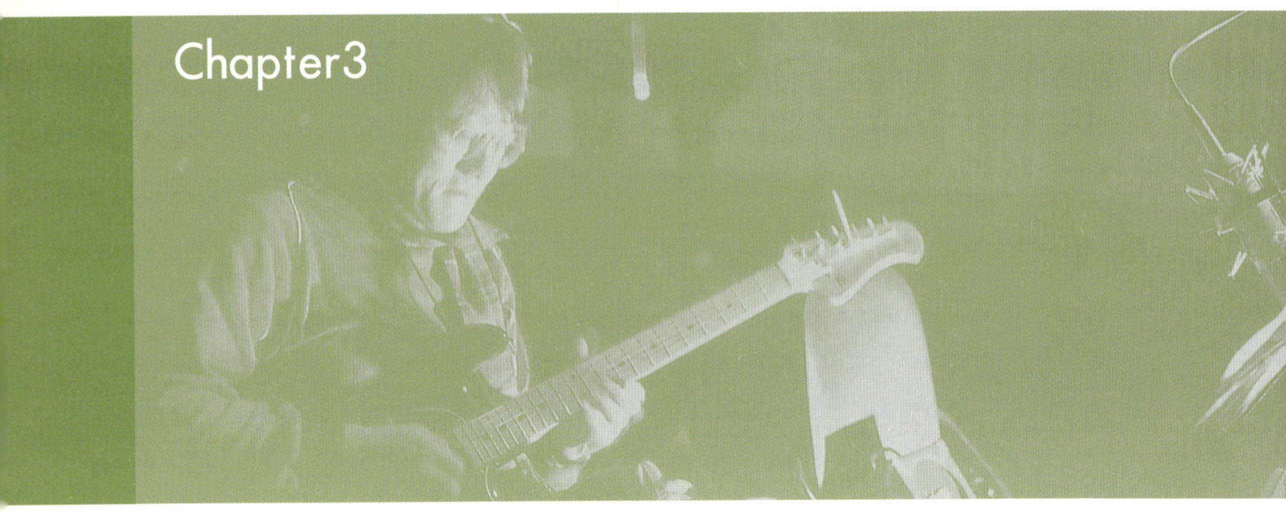

이정선

"나는 그중에서도 아웃사이더였다"

● 이정선은

  이정선은 〈섬소년〉으로 유명한 포크 뮤지션이지만, 만약 1985년에 나온 [30대]를 들어보았다
면 포크 뮤지션으로만 그를 소개하기에는 부적절하다는 것을 알게 될 것이다. 1970년대에 〈산사
람〉, 〈오늘 같은 밤〉, 〈구름 들꽃 돌 여인〉, 〈섬소년〉 같은 포크 송으로 인기를 얻었던 그는 [30대]
발매 당시 신촌블루스 활동을 병행하면서 본격적으로 국내에서 처음으로 일렉트릭 블루스를 했
다. 그의 음악에서 블루스적인 색채가 드러나기 시작한 것은 1979년의 4집부터였고, 이때는 이광
조, 엄인호와 '풍선'을 결성한 때였다. 이후 유지연과 함께 1980년대 어쿠스틱 기타 연주의 일인
자로 평가받았던 그는 유지연이 '예쁘게' 치기를 선호한 데 반해, 격렬하게 치기를 좋아했다. 이
러한 점은 그가 최고의 뮤지션으로 닐 영(Neil Young)을 지목한 데서도 짐작할 수 있다. 1970년대
초반에 데뷔해 10여 년의 음악 여정 끝에 다시 돌아간 그의 블루스록 음악은 당시 우리 대중음악
계를 풍요롭게 만드는 요소로도 작용했다. 동시대의 들국화가 록의 원초적인 모습을 보여주었다
면 그는 록의 근원을 보여준 셈이다.

●● 바이오그래피

1950년	9월 20일 출생
1968년	서울대 미대 조소과 입학
1973년	육군군악대 제대 후 음악 생활 시작
1974년	그룹 '해바라기' 결성
1979년	트리오 '이정선과 풍선' 결성
1986년	그룹 '신촌 Blues' 결성
1989년	서울예술대 강사
1991년	이정선음악사 대표
1994년	어쿠스틱 밴드 'Ever Green' 결성
1994년	미도파 문화센터 기타 강사
1997년	숭실대 사회교육원 강사
1998년	동아방송대 영상음악과 강사
2003년	동덕여대 공연예술대 실용음악과 조교수
2003년	데뷔 30주년 헌정앨범 발매
2004년	제1회 한국대중음악 공로상

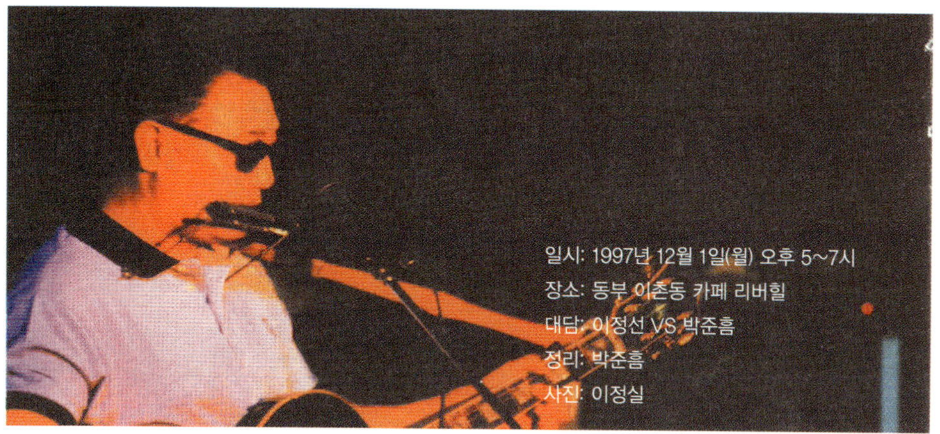

이정선은 1973년쯤 공식적으로 노래하기 시작했다. 포크 뮤지션으로 데뷔하기 전에는 리듬 위주의 록을 했다고 한다. 그가 어쿠스틱 기타 연주에 매력을 느낀 것은 서울대 미대 1년 후배인 김민기의 노래를 듣고 나서였다. 이정선을 서정적인 노래를 하던 뮤지션으로 알고 있는 일반인들의 생각과는 달리 그의 1집은 〈깃발〉이라는 금지곡을 담고 있다. 그 후 음악적인 방향을 바꾸어 1985년 7집 [30대]를 발표하기 전까지 포크 뮤지션으로 일상적인 얘기를 다루는 노래를 불렀다. 이때부터 1988년 신촌블루스 1집과 1989년 신촌블루스 2집을 내면서 열정적으로 블루스에 몰입했다. 하지만 1988년 8집 [Ballads]를 거쳐 1990년 9집 [우(雨)]를 발표하면서 강렬함을 포기했다. 그리고 1994년 10집 [Unplugged]에 이르러서는 트로트까지 수용하기에 이른다. 또한 그는 이주호(1집 참여), 이광조(2, 3집 참여), 한영애, 김영미와 같이한 해바라기 1집(1977), 2집(1979), 3집(1986)에도 참여했다.

"닐 영을 좋아했다. 그의 리듬과 적당히 음정도 안 맞는 게 마음에 들었다. 또 적당히 반항적이고."

박준흠: 데뷔 음반이 나온 시기는?

이정선: 공식적인 활동은 1973년경부터 시작했다. 데뷔 음반은 1974년에 나왔다.

포크 뮤지션으로 음악을 시작하게 된 계기는?

먼저 포크 록 스타일로 시작했다. 1974년도 이전에 낸 음반이 있었다.

데뷔 음반 전에 또 다른 음반이 있었다는 말인가?

그렇다. 삭막한 가사들로 이루어진 음반이 있었다. 심의에서 수록곡들이 많이 걸렸다. 여러 가지 사정으로 찍다 말았다.

선생의 1집은 수록곡 〈깃발〉 때문에 금지 음반이었던 것으로 알고 있는데.

수록곡을 몇 번 바꾸었다. 앨범 재킷도 장발이라고 바꾸었다.

선생도 당시에는 김민기, 한대수와 같은 부류로 인식되었나? 초기의 가사들은 그 다음의 가사들과도 달랐던 것으로 알고 있는데.

나는 초기에도 서정적이라고 생각했는데 다른 사람들은 반항적이라고 보았다. 또 그럴 만한 나이이기도 했다.

김민기의 데뷔 음반은 다시 나왔는데 선생의 1집도 원래대로 다시 내고 싶지 않은가?

들어보니까 재미없었다. 그건 어렸을 때의 생각인 것 같았다. 지금 생각은 바뀌었다. 그 음반을 다시 녹음해서 낼 에너지가 있다면 차라리 새로운 음반을 내는 게 낫다고 생각한다. 그게 더 진취적이지 않을까?

김민기는 서울대 미대 1년 후배인데 학교 다닐 때 그와 음악적 교류가 있었나?

나는 그 당시 리듬 위주의 록 음악을 하고 있었는데 어느 날 김민기가 통기타 치는 것을 보고 "아, 통기타가 저런 매력이 있구나"라고 느꼈다.

밥 딜런(Bob Dylan)의 영향을 받았나?

밥 딜런은 별로 좋아하지 않는다. 닐 영(Neil Young)을 좋아했다. 그의 리듬과 적당히 음정도 안 맞는 게 마음에 들었다. 또 적당히 반항적이고.

그러면 닐 영의 〈Cowgirl In The Sand〉 같은 노래를 좋아했나?

물론이다. 그 곡은 내가 유일하게 부를 줄 아는 팝송이다.

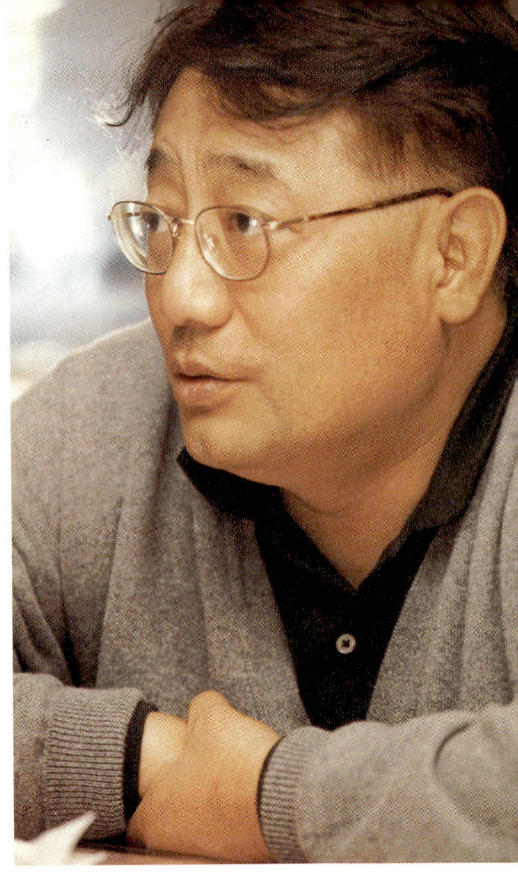

"나는 그 당시 리듬 위주의 록 음악을 하고 있었는데 어느 날 김민기가 통기타 치는 것을 보고 '아, 통기타가 저런 매력이 있구나'라고 느꼈다."

어떤 계기가 있어서 록을 수용하게 된 줄 알았는데 원래 시작이 록이었다는 것을 알았다. 그러면 〈섬 소년〉과 같은 포크 곡으로 공식적인 음악활동을 시작한 이유는?

미국에 있는 친지한테 어쿠스틱 기타를 보내달라고 했는데 클래식 기타를 보내왔다. 나중에 알아보니까 클래식 기타도 어쿠스틱 기타였다. 그게 내가 처음으로 가진 비싼 악기였다. 그래서 1년 동안 클래식 기타 연습을 했고 이것이 〈섬 소년〉 등이 클래식 풍으로 간 이유다.

결국은 악기에 자신의 스타일을 맞춘 경우 같다. 만돌린 같은 악기가 안 온 게 다행이다. (웃음)

"1960년대 히피들이 갖고 있었던 '음악은 세상을 바꿀 수 있다' 라는 소박한 소망에 대한 견해는?"

1969년 우드스탁 페스티벌이 열렸을 때 그 행사에 관심이 있었나?

그렇다. 그때 해적판을 사서 밤새도록 들었다.

우드스탁은 지금도 신화화된 행사인데 간접적이나마 몸소 체험했던 사람으로 어떤 느낌이었나?

약올랐다. "왜 우리는 저렇게 안 될까?" 싶었다.

우드스탁은 국내에 어떤 영향을 미쳤나?

1971년경부터 국내에 그런 류의 음악 감상실이 생겨났다. 레오너드 코엔(Leonard Cohen), 엘튼 존(Elton John), 우드스탁(Woodstock Festival) 같은 음반을 들었다. 또 1971년쯤 청평에서 우드스탁과 비슷한 행사를 했었다.1 록, 포크 계열의 음악인들이 모였고 그때 타이틀 곡이 신중현의 〈아름다운 강산〉이었다.

흔히 말하는 1960년대 말 구미 대중음악의 상징인 3J, 짐 모리슨(Jim Morrison)과 재니스 조플린(Janis Joplin)과 지미 헨드릭스(Jimi Hendrix)의 음악을 당시에 들었나?

지미 헨드릭스는 안 좋아했지만 짐 모리슨의 도어스(Doors)는 환상이었다. 블루스가 파워 있게 발전한 게 록이라면 도어스는 퓨전 쪽으로 간 경우다. 계속 같은 패턴이 반복되면서 코드는 메이저인데 멜로디는 블루스 스케일로 나갔다.

히피즘은 당시에 어떻게 인식되었나? 특히 1960년대 히피들이 갖고 있었던 "음악은 세상을 바꿀 수 있다"라는 소박한 소망에 대한 견해는? 혹시 젊은 시절 그런 생각을 해본 적이 있나?

---

1 1971년 8월 17일부터 6일간 개최된 '청평 페스티벌'. 이 페스티벌의 '주제곡'은 신중현과 더 멘이 연주한 〈아름다운 강산〉이었다.

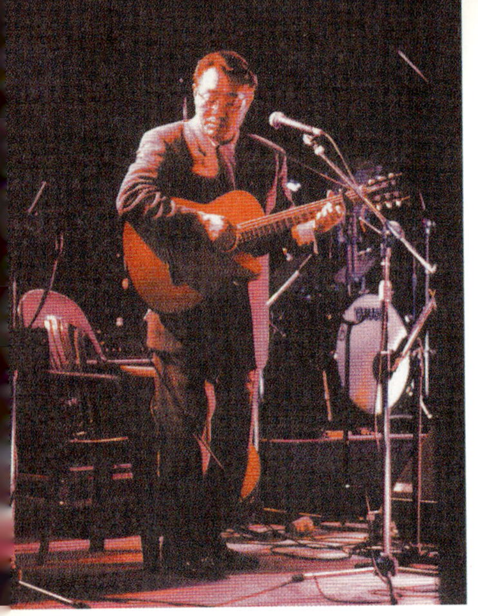

해본 적이 있다. 첫 음반에서 시도했는데 잘 안 됐다. 그다음부터는 하지 말라는 것은 안 하고 더 넓게 다른 세상을 봤다. 해바라기 시절 음악을 할 때는 자연 쪽으로 시선을 돌렸다. 그래서 몇 년 동안은 서정적인 노래들을 만들었다.

해바라기와 풍선은 언제 결성되었나?

해바라기 활동은 1974년부터 시작했고 음반은 1977년에 나왔다. 해바라기 활동을 그만둘 때 엄인호는 부산에서 DJ를 하고 있었다. 그래서 그를 살살 꼬드겨 서울로 올라오게 만들었다. 끌고 올라왔으니까 책임을 져야 했고 이광조와 둘이서 듀엣을 만들어줬다. 녹음 과정에서 내가 끼어들어 트리오(풍선)가 되었다.

"음악을 하다가 어느 정도 유명해지려고 하면 내가 도망간다."

1970년대 초반에 같이 활동했던 한대수, 김민기, 양희은 등에 대한 평가는 어떻게 내릴 수 있나? 이들을 과연 당시 청년 대중문화에 대한 표상으로 여길 수 있을까?

그들은 선구자들이다.

선생도 포함되나?

나는 아니다. 항상 아웃사이더였다.

그중에서도 아웃사이더였나?

성격 탓이다. 내 경우는 음악을 하다가 어느 정도 유명해지려고 하면 내가 도망간다. 어느 정도까지 선을 그어놓는다. 누가 모여서 음악을 하면 지켜보면서 "음, 재밌군!" 할 뿐이지 끼어들 생각은 하지 않는다. 그래서 거의 혼자 음악을 했다.

1977년 산울림과 섹스 피스톨즈(Sex Pistols)의 데뷔 음반에 주목했는지.

그전부터 막연히 생각하고 있었는데 틀에서 벗어나고 싶었다. 〈아니 벌써〉는 틀에서 벗어난 것이었다. 물론 의도적이든, 아니면 악평하는 사람들 말대로 실력이 모자라서 그렇게 되었든 간에. 일단 벗어나서 음악을 자신 있게 했다는 것이 좋았고 어떤 면에서는 "선수를 놓쳤구나"라는 생각도 했었다.

준비는 했었는데 시도는 하지 못했다. 성격적인 결함 때문에.

당시 섹스 피스톨즈의 음악을 들었나?

3~4년 뒤에 들었는데 엄청난 에너지를 느꼈다. 음악을 떠나서 힘 자체를 느꼈다.

1980년대에 한동안 TV 만화영화 주제가들도 만든 것으로 아는데.

TV 만화영화 주제가들을 보면 다 동요만 하지 않나? 그래서 애들한테 팝적인 노래를 들려주면 자라나서 지금 세대보다 더 음악을 잘하지 않을까 해서 했다.

"나는 그렇게 길게 생각 못 한다."

블루스는 뭐라고 정의 내릴 수 있나?

우리 창하고 통한다고 본다. 블루스 자체는 음정이 안 맞아도 되니까. 음정이 안 맞는다는 것은 음치라고 할 수도 있지만 나는 음정에 묶일 필요는 없다고 생각한다. 우리가 듣는 음정은 서양 음정인데 블루스하는 사람은 서양의 정확한 평균율에서 벗어나 있다. 우리 정서도 그렇다.

1~6집은 포크 음악으로 분류되고, 6과1/2집을 기점으로 1985년 7집부터 1989년 신촌블루스 2집까지를 일렉트릭 블루스의 시기라고 말할 수 있는데, 왜 갑자기 블루스로 음악적 색깔이 경도되었나?

원점으로 돌아간 거다. 하지만 그 전에도 블루스적인 성향의 곡들이 있었다.

일렉트릭 블루스는 7집에서 본격적으로 시작하지 않았나?

5집 때인가 일렉트릭 기타를 하나 샀다.

그러면 클래식 기타를 샀을 때처럼 악기에 자신의 음악을 맞춘 경우인가?

그렇다. 일렉트릭 기타를 사니까 그 소리가 좋아졌다.

그러면 어떤 사람이 신생에게 가야금을 사주면 국악도 할 수 있나?

국악은 한 3년 동안 했다. MBC '샘이 깊은 물' 에서였다.

김수철이 [황천길], [불림 소리]를 낸 것처럼 국악 음반을 내고 싶지는 않았나?

김수철이 잘하고 있으니까 별로 그런 마음은 없다. 나는 하면 다르게 할 것이다.

어떤 식으로 할 것인가?

나는 양악기로 국악 냄새 나게 하고 싶다. 서양의 색깔이 아닌 동양의 색깔로.

왜 6과1/2집이었나?

6집을 내고 외국에 나갈 일이 있었는데 돈이 필요하기도 했지만 뭔가 나가기 전에 정리를 하고 싶었다. 그래서 이전의 곡에서 반 정도를 녹음하고 신곡을 반 넣었다. 7집으로 타이틀을 하기에는 미안해서 '6집 반'으로 했다.

나는 그렇게 길게 생각 못한다.

블루스는 먼저 듣긴 했지만 군악대에 있을 때 스윙을 했다. 거꾸로 가기 시작했다. 1950년대 스윙, 더 이전으로 가면 딕시랜드, 결국엔 블루스가 된다. 비비 킹을 좋아하긴 하지만 차라리 로버트 존슨(Robert Johnson)을 더 좋아한다. 옛날 블루스를 듣고 있으면 "아, 이게 음악의 알맹이구나" 하는 생각이 든다. 지금 블루스는 소리가 너무 다듬어져 있다. 닐 영하고 맥이 통할지 모른다. 닐 영의 음악도 음정이 맞지 않고 어떤 때는 반주도 튜닝이 안 되어 있다. 악기들끼리 조금씩 박자도 안 맞고. 그래도 그게 좋다.

"갈수록 더 거칠게 칠 거다."

어떤 정리는 되었을 것이다. 그때쯤 기타 실력이 조금 늘기도 했다. 7집부터는 음에서 벗어나고 싶어 일부러 음정을 조금씩 안 맞게 부르곤 했다.

그 사람은 나보다 기타를 잘 친다. 여러 가지 기타를 다 치니까. 나는 테크닉적으로 잘 한다고 생각하지는 않는다. 그저 내 음악을 한다고 생각하고 다른 사람하고 다르게 치려고 한다. 최이철처럼 빨리 치지는 못 한다. 적게 치려고 한다.

유지연은 예쁘게 치고 나는 좀 거칠게 친다. 갈수록 더 거칠게 칠 거다.

나는 거칠게 쳤다고 생각했는데 녹음하고 들어보니까 달랐다. 더 거칠게 쳐야 했다. 악기가 낼 수

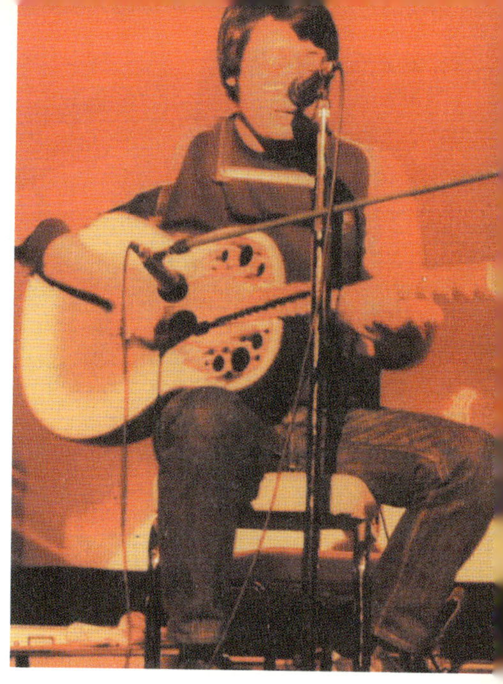

"내 경우는 음악을 하다가 어느 정도 유명해지려고 하면 내가 도망
간다. 어느 정도까지 선을 그어놓는다. 누가 모여서 음악을 하면 지
켜보면서 '음, 재밌군!' 할 뿐이지 끼어들 생각은 하지 않는다. 그래
서 거의 혼자 음악을 했다."

있는 최대한의 소리를 내도록 해야 한다. 여태까지 마틴 통기타를 썼는데 깁슨 계열로 바꿔야겠
다. 마틴 통기타는 어떻게 쳐도 예쁘게 들리니까.

좋아하는 기타 연주인은?

고등학교 때부터 신중현을 좋아했다. 에드 휘 곡을 카피했었다. 에릭 클랩튼(Eric Clapton)은 듣고
있으면 말랑말랑하고 옛날 블루스 기타리스트는 다 좋아한다. 그리고 쳇 앳킨스(Chet Atkins)를
좋아한다. 심심해서 한두 곡 따보았는데 그런 톤이 안 나온다. 말할 때 어떤 대목은 슬프게 하고
어떤 대목은 신나게 하듯이 그는 통기타만 가지고 톤에 변화를 주었다. "나도 저렇게 될 때까지 연
습을 더 해야겠구나"라고 생각했다.

박청귀, 이병우, 이근형, 그리고 최근의 김세황에 대한 평가는?

그들 중에 박청귀 씨를 가장 좋아한다. 그 사람은 록의 본류를 안다. 테크닉이 발전할수록 알맹이
는 흐려지는 게 아닌가 한다. 그런데 박청귀는 알맹이가 있다.

"김현식 주위에 사람들이 많아서 끼어들고 싶지 않았다. 난 아웃사이
더이지 않나."

신촌블루스 활동은 언제부터였나?

해바라기 때부터라고 할 수 있다. 해바라기 음반 내기 전에 3년 동안 매주 토요일 명동에서 30원
을 받고 공연했다. 그때부터 조금씩 알려져서 각자 독립을 하기도 했는데, 10년쯤 지나니까 뭔가

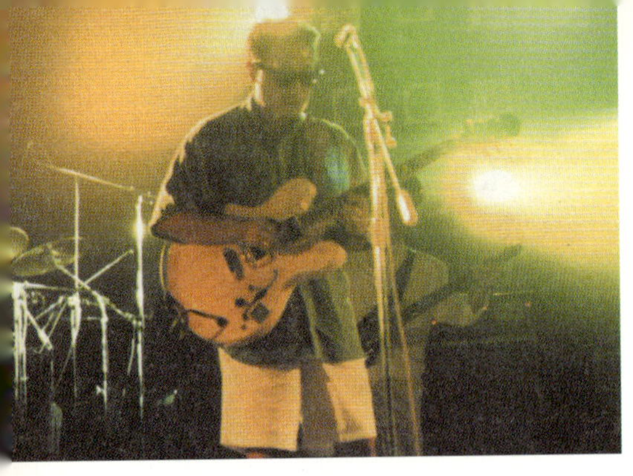

"블루스는 우리 창하고 통한다고 본다. 블루스 자체는 음정이 안 맞아도 되니까. 음정이 안 맞는다는 것은 음치라고 할 수도 있지만 나는 음정에 묶이지 않는다고 생각한다. 우리가 듣는 음정은 서양 음정인데 블루스하는 사람들은 서양의 정확한 평균율에서 벗어나 있다. 우리의 정서도 그렇다."

허전한 게 있었다. 프로가 되어도 안 채워지는 그 무언가. 옛날 같은 열정이 없는 것이다. 어느 땐가 모여서 다시 한 번 하자고 했다. 그래서 신촌의 '레드 제플린' 이라는 곳에서 아무 이름도 없이 일주일에 한 번씩 블루스 콘서트를 했다. 그러다가 1986년에 동숭동에서 라이브를 할 기회가 있었고 그때 부랴부랴 '신촌블루스' 라고 이름을 정했다.

나도 당시 그 공연을 본 기억이 난다. 김현식과 백 밴드였던 봄여름가을겨울도 같이 나왔었다. 그러면 신촌블루스의 음악적 색깔은 어떻게 정했나?

근 10년 만에 다시 모이니까 각기 음악적 색채가 달라져 있었다. 그래서 음악적인 색깔을 통일하고자 블루스만 하기로 했다.

신촌블루스는 국내에 블루스란 장르를 처음으로 대중화시킨 그룹이었는데, 일각에서는 "신촌블루스 음악은 블루스가 아니다"라고 하는 사람들도 있었다.

흑인이라면 흑인 블루스가 있다. 우리는 한국 사람들이니까 한국적인 블루스를 해야 한다. 블루스는 뽕짝하고도 통한다고 생각한다.

신촌블루스 2집에서 엄인호와의 연주 경합은 크로스비, 스틸스, 내시 앤 영(Crosby, Stills, Nash & Young) 시절의 스티븐 스틸스와 닐 영 간의 연주 경합이 떠오른다. [4 Way Street] 같은 라이브 음반을 녹음할 당시 서로 자기 앰프 볼륨을 키우려고 싸웠다는데, 혹시 엄인호와도 그랬나?

우리는 서로 빈자리 채워주는 역할을 했다. 그때까지는 호흡이 맞았다.

이 음반에는 후기 김현식의 열정적인 보컬이 담겨 있는데 김현식과는 개인적으로 작업하고 싶은 생각이 없었나?

김현식 주위에 사람들이 많아서 끼어들고 싶지 않았다. 난 아웃사이더이지 않나.

"뭔가 탈피하고 싶은 거다."

기타리스트로서 엄인호에 대한 평가는? 엄인호 자신의 밴드로 만든 신촌블루스 3집을 들어보면 곡을 잘 만드는 분 같은데.

신중현 씨도 그렇지만 한국적인 록을 하는 기타리스트라고 생각한다. 다른 사람들은 엉터리라고 하는데 다른 사람한테는 그것마저도 안 나온다. 듣고 있으면 신나지 않나.

1집에 참여한 한영애에 대한 평가는?

한영애는 가수다. 아티스트라고 생각하지는 않는다. 아티스트는 자기 음악을 하는 사람이다. 한영애 4집 [불어오라 바람아] 같은 음반은 자기 노래도 많이 들어 있고 성과도 좋았는데. 아직 자기 것이라고 말할 단계는 아닌 것 같다. 가수로서의 색깔은 가지고 있다.

1989년 신촌블루스 2집 전에 나온 8집[Ballads]는 그 당시의 음악 경향과 다른데.

그 당시 하도 발라드 열풍이 불어서 "발라드는 이런 것이다"라는 것을 보여주기 위해 만들었다.

결과에는 만족하나?

자기만족이다.

신촌 블루스 2집을 끝으로 연주 경향이 바뀌어서 1990년 9집 [우(雨)]는 어덜트 컨템퍼러리 성향으로 간 것 같다. 〈항구의 밤〉 같은 곡은 트로트적인 마인드가 아닌가?

트로트인데 사람들이 트로트가 아니라고 한다. 가사도 트로트고 색소폰도 썼다.

왜 그런 곡을 만들었나?

속초 청학동에 가니까 트로트가 생각났다. 나이 탓이다. 나이 먹으니까 이상하게 트로트가 좋아진다.

1994년에 나온 10집 [Unplugged]의 타이틀은 부적절한 것 같은데.

시류에 영합한 면이 있었다. 이것도 나이 탓이다.

1994년 10집 이후 작업이 중단된 상태인데 신보는 언제 작업에 들어가나?

준비는 끝났고 언제 녹음하느냐는 문제가 남아 있다.

9~10집은 어덜트 컨템퍼러리 성향인데 신보의 작품 경향을 이들의 연장선상으로 봐도 되나?

글쎄. 우선 기타가 주가 될 것이다. 노래에는 객원 싱어를 쓸 생각이다.

그러면 선생의 음악이 아닐 것 같은 느낌이 들 텐데.

뭔가 탈피하고 싶은 거다.

7집과 같은 블루스를 다시 시도할 의향은 없는지?

블루스만 따로 할 계획이 있다. 아까 말한 박청귀와 엄인호, 김목경이 참여한다. 넷이서 프로젝트 음반을 기획하고 있다. 우리는 이것을 '뽕 블루스'라고 부른다. 봄 전에 녹음하려고 한다.

스타일이 다른 박청귀와의 트윈 기타 연주가 흥미로울 것 같다. 그러면 앞으로의 작품을 기대해보겠다.

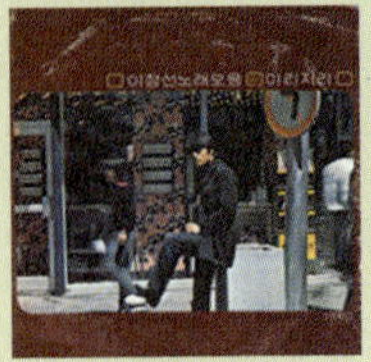

0집 [이정선 노래모음]
(1974/서라벌레코드)
세션: 이정선(v, g), 김영배(g), 이영림(d), 최영택(b), 김영준(key), 오세은(g)
"말을 하는 사람은 많아도/말을 듣는 사람은 없으니/아무도 듣지 않는 말들만이 거리를 덮었네"라는 가사의 〈거리〉가 수록되었고, 이내 금지곡이 되었다. 처음에는 〈거리〉뿐만 아니라 9곡이 심의 불가를 통고받았고, 우여곡절 끝에 소량이 발매되기는 했지만 방송을 전혀 탈 수 없어 결국은 시장에서 사라져버리고 말았다.

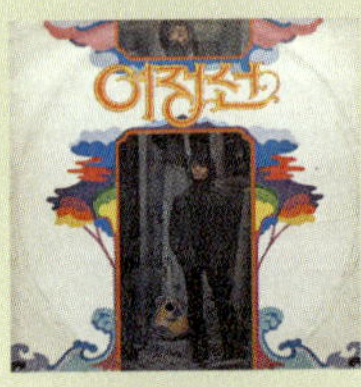

1집 (1974/지구레코드)
세션: 이정선(v, g, harmonica), 오세은(g), 김의철(g), 노원규(b), 조배성(g), 심성락(key, organ), 권익남(d), 이용세(congas), 배진호(fagot)
〈섬소년〉, 〈행복하여라〉, 〈깃발〉, 〈오직 사랑뿐〉, 〈거리〉

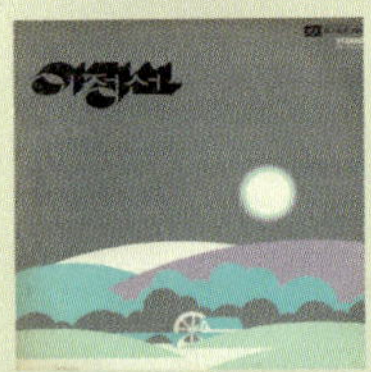

2집 (1976/지구레코드)
〈구름, 들꽃, 돌, 여인〉, 〈섬소년〉

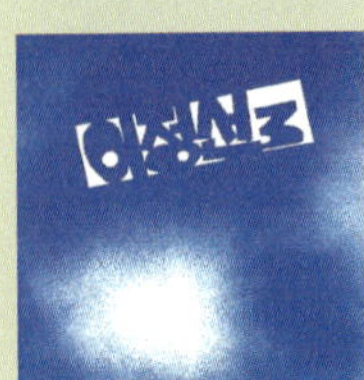

3집 (1977/지구레코드)
〈곡마단의 하루〉, 〈나들이〉

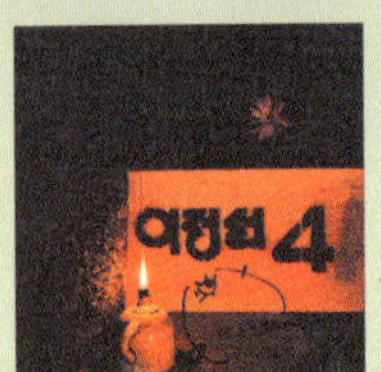

4집 (1979/대한음반)
〈봄〉, 〈여름〉, 〈가을〉, 〈겨울〉, 〈산사람〉, 〈건널 수 없는 강〉

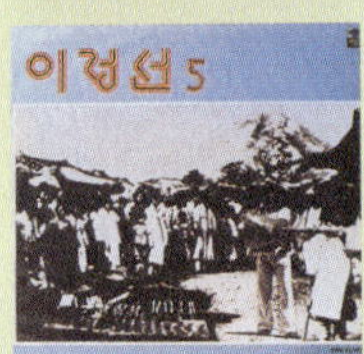

5집 (1980/지구레코드)
〈슬픈 얼굴〉, 〈지붕위의 한낮〉

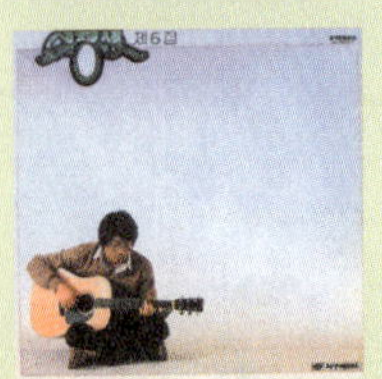

6집 (1981/지구레코드)
〈사랑의 흔적〉, 〈한밤중에〉

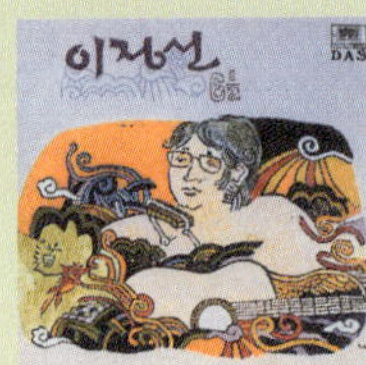

6과1/2집 (1981/대성음반)
세션: 이정선(v, g), 변성룡(piano), 김명곤(moog), 서정필(b), 박성기(d)
〈그대 마음은〉, 〈한밤중에〉, 〈세월 속에는〉, 〈슬픈 얼굴〉, 〈지붕위의 한낮〉 등이 수록되었고 이정선 음악의 변화점이다. 7집과 함께 중기 대표작이다.

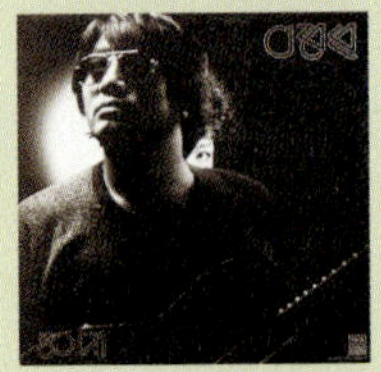

7집 [30대] (1985/한국음반)
세션: 이정선(g, b, harmonica, v), 변성룡(key), 최경식(key), 서정필(b), 유영수(d)
전작부터 예견되기 시작한 그의 변화는 이 앨범에 와서야 비로소 그 모습이 갖추어졌다. 이 음반에는 1980년대 기타 명연주가 담긴 〈울지 않는 소녀〉가 실렸고, '순간적으로 필이 갔을 때' 만들었다는 이 노래의 중반부·후반부 솔로는 정말로 뛰어나다. 또 하나의 일렉트릭 블루스 〈바닷가에 선들〉은 신촌블루스 1집에도 실렸다. 〈우연히〉는 간주에서 하모니카 연주까지 쓰인 전형적으로 그의 스타일이 드러나는 곡이었는데, 왜 그가 어쿠스틱 기타의 일인자라는 평을 받았는지 알 수 있게 한다. 〈우울한 여인〉은 그의 일렉트릭 기타 연주가 저린 느낌으로 간주에 등장하는 곡이고, 〈건널 수 없는 강〉은 한영애가 그녀의 1986년 정규 솔로 데뷔 음반에서 폭발적으로 불러 주위를 놀라게 한 곡이었다. 1998년 재발매 음반에는 홍대 근처 녹음실 카바레에서 다시 녹음된 〈건널 수 없는 강〉, 〈우연히〉가 보너스 트랙으로 실려 있는데, 이는 이정선이 한 대의 기타로 연주하면서 동시에 노래한 것이라고 한다.

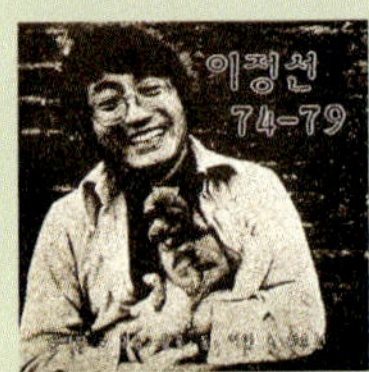

[이정선 74-79] (1986/예음사)
세션: 이정선(v, g, harmonica), 엄인호(g), 이광조(v), 한영애(v), 선우혜경(v), 백영애(v)
초기 음반 베스트 모음집이다. 1974년부터 발표한 〈산사람〉, 〈오늘 같은 밤〉, 〈구름 들꽃 돌 여인〉, 〈섬소년〉과 같은 대표곡들이 담겨 있다. 한영애가 그녀의 1집에서 리메이크해서 유명해진 〈건널 수 없는 강〉과 이광조의 애청곡인 〈나들이〉의 원곡이 실려 있고, 이정선이 '피가 뜨거웠을 때' 만든 문제작 〈깃발〉도 수록되었다.

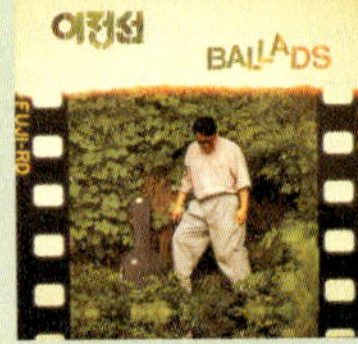

8집 [Ballads] (1988/서라벌 레코드)
세션: 이정선(v, g, b), 김동성(key), 신현권(b), 강윤기(d), 박영용(perc), 김종진(v)
신촌블루스에서 활동하는 중에 만들어진, 신촌 블루스와의 결별을 예고하는 작품이다. 그의 말로는 '발라드의 진수'를 대중들에게 확인시키기 위해 만들었다고는 하지만 그를 '발라드의 황제'로 기억하는 이가 별로 없는 것으로 봐서 이 역시 자기만족인 듯하다. 하지만 〈외로운 사람들〉과 같은 흡인력 있는 곡들이 수록되어 괜찮은 작품으로 여겨진다.

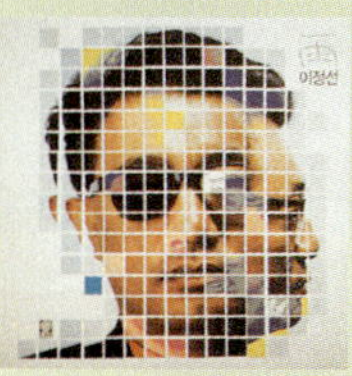

9집 [우(雨)] (1990/서라벌 레코드)

세션: 이정선(v, g), 장기호(b), 이건태(d, perc), 최경식(key), 박성식(key), 이종욱(key), 김동성(key), 우성창(sax)

나이에 걸맞는 편안한 음악을 하고 싶었던 이정선이 연주곡 위주로 만든 음반. 〈떠나는 새벽〉, 〈며칠째 비는 내리고〉, 〈갈증〉 등이 수록되었다.

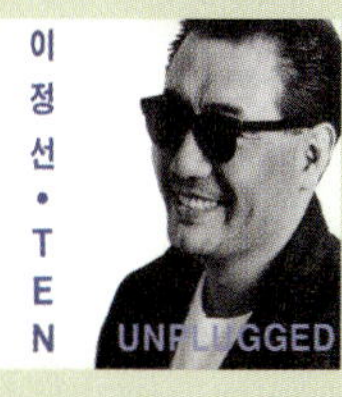

10집 [Unplugged] (1994/동아기획)

세션: 이정선(v, g, harmonica), 한충완(key), 박성식(key), 임태호(key), 이수영(b), 신현권(b), 장기호(b), 배수연(d), 강윤기(d), 임민수(d), 김영용(perc)

9집부터 바뀐 그의 음악적 취향이 노련하게 살아 있는 음반이지만 타이틀 제목은

어울리지 않는다. 〈너를 생각하며〉와 박선주가 만든 〈시간 속에서〉는 40대로 접어든 이정선의 완숙미를 느낄 수 있게 한다. 전체적으로 어덜트 컨템퍼러리 스타일이고, 이것이 향후 작업을 예측케 하는 음반이 되지 않을까 한다.

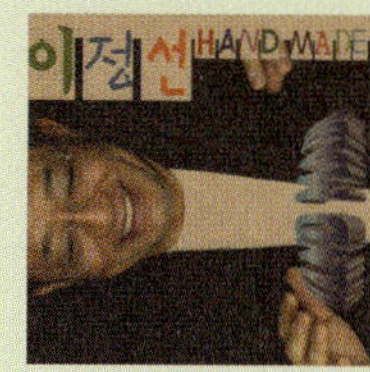

11집 [Hand Made] (2003/서울음반)

세션: 이정선(v, g), 장재환(g), 김광민(organ, piano), 한충완(piano, organ), 이경남(b), 전성식(b), 배수연(d), 오종대(d), Chris Varga(d), 신지아(accordion)

〈살다보면 언젠가는〉, 〈상실〉, 〈항구의 밤〉, 〈너의 이름〉

기타 음반

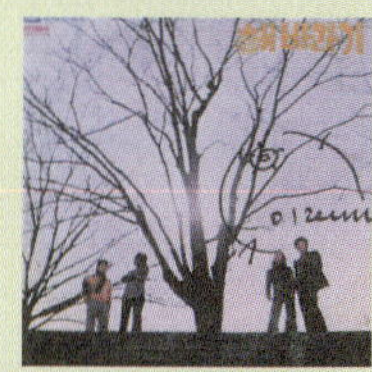

해바라기 1집 (1977/지구레코드)

이정선(v, g), 한영애(v), 이주호(v, g), 김영미(v)

1976년 명동 카톨릭 여학생회관 해바라기 홀에서 시작된 해바라기 음악생활의 결실을 보게 되는 음반.

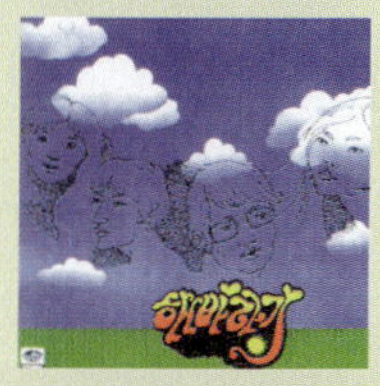

해바라기 2집 (1978/지구레코드)

이정선(v, g), 한영애(v), 이광조(v), 김영미(v)

이주호에서 이광조로 멤버가 바뀌어 발표된 음반.

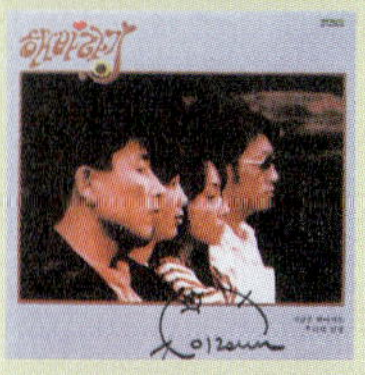

해바라기 3집 (1986/성음)

이정선(v, g), 한영애(v), 이광조(v), 김영미(v)

한시적으로 다시 모여 만든 추억의 해바라기 음반. 〈지금은 헤어져도〉, 〈우리네 인생〉 등이 수록되었다.

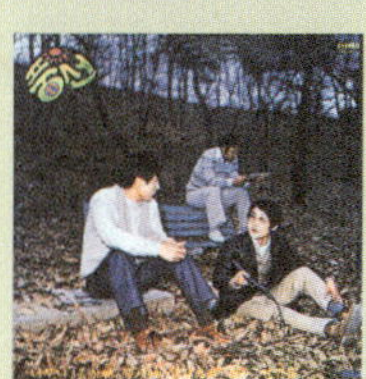

풍선 1집 (1979/대한음반)

이정선(v, g), 엄인호(g, v), 이광조(v)

엄인호의 공식 데뷔 음반이다. 해바라기 1, 2집을 만든 이정선의 주도하에 만들어진 포크 음반이다.

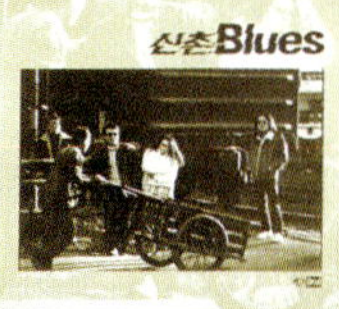

신촌블루스 1집 (1988/지구레코드)

이정선(g, v, har), 엄인호(g, v), 윤명운(g, har), 정태국(d), BeBot(d), 김영진(b), 김동성(key), 강승용(sax), 박인수(v), 한영애(v), 정서용(v)

흑인 블루스의 느낌은 아니고 지극히 한국적인 블루스 음악이다. 한영애의 〈그대 없는 거리〉로 시작해 또한 한영애의 〈바람인가〉로 끝나는 이 음반에서 그녀는 히로인이다. 엄인호가 주목받게 되는 〈아쉬움〉은 히트 트랙이고, 여기서 정서용의 존재돈 알려졌다. 그러나 아직까지 밴드의 주도권은 이정선이 갖고 있었고, 그의 곡 〈한밤중에〉와 〈바닷가에 선들〉이 수록되었다.

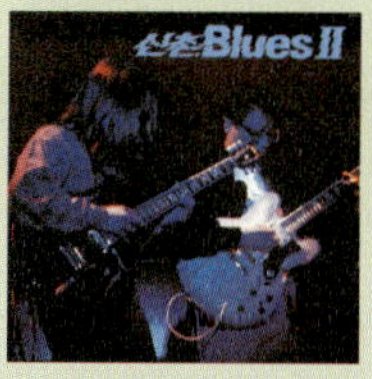

신촌블루스 2집 (1989/서라벌 레코드사)

이정선(g, v), 엄인호(g, v), 김현식(v), 정서용(v) 밴드: 정태국(d), 이원재(b), 김명수(key) 게스트: 김종진(g, v), 전태관(d), 김효국(key)

이정선이 마지막으로 참여한 작품이다. 이후 신촌블루스는 엄인호의 그룹으로 성향이 바뀌었고, 4집까지 발표했다. 이 음반은 1집보다 더욱 파워풀하면서 일렉트릭한 사운드로 바뀌었고, 김현식이 참가해 〈골목길〉, 〈환상〉을 멋들어지게 불렀다. 산울림 9집에 담긴 〈환상〉을 정서용이 끈적끈적하게 다시 불렀고, 봄여름가을겨울의 김종진은 〈또 하나의 내가 있다면〉이라는 그들 최고 트랙이 될 수도 있는 곡을 기꺼이 헌사했다. 이정선은 〈산 위에 올라〉에서 명연주를 보여주었다.

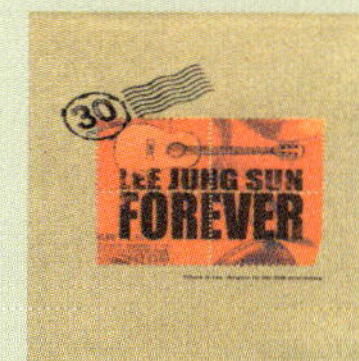

V.A. [Forever – Tribute To Lee Jungsun For His 30th Anniversary] (2003/서울음반)

이정선 트리뷰트 앨범. 조규찬, 김현철, 동물원, 봄여름가을겨울, 박학기, 한동준 등이 참여했다.

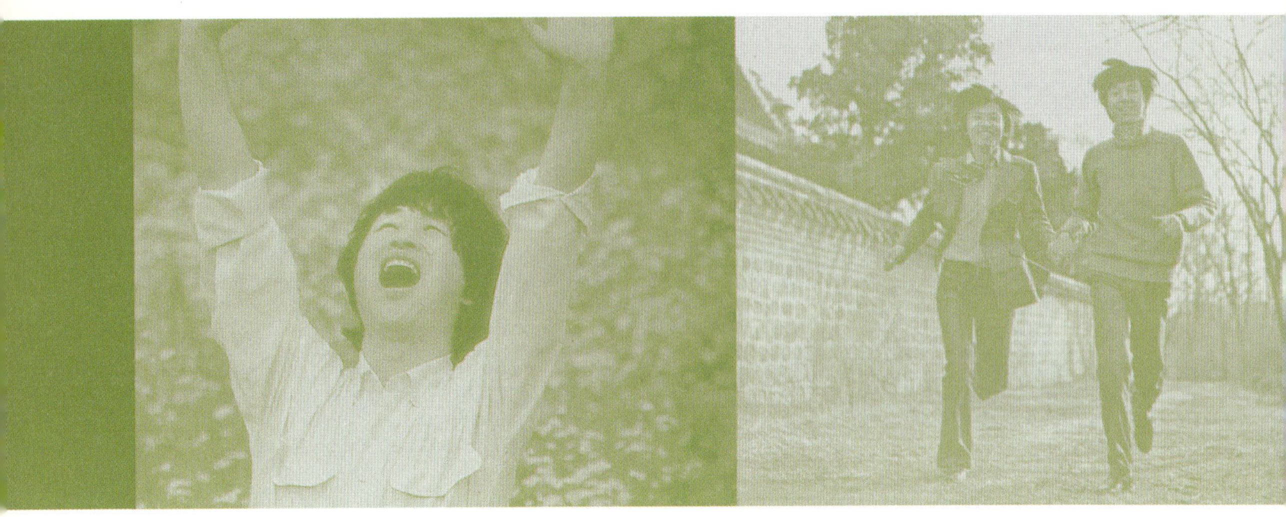

송창식 & 백순진(4월과 5월)

"젊은 영혼을 사로잡았던 1970년대 포크계의 선구자"

1960년대 말 트윈폴리오를 기점으로 1970년대는 번안곡 위주의 포크 가수 전성시대였는데, 이들은 창작곡으로 승부를 건 소수의 뮤지션군에 속한다. 이들은 비록 이 책에서 주로 다루는 '앨범 아티스트' 부류는 아니지만, 뛰어난 송라이팅으로 주옥 같은 노래들을 발표해 현재까지 회자되고 있어 주목할 만하다.

송창식은 1968년에 윤형주와 트윈폴리오를 결성했고, 〈하얀 손수건〉 등의 번안곡들을 발표하며 인기를 얻었다. 2년 남짓 활동한 트윈폴리오는 윤형주의 학업문제로 1969년 12월에 종지부를 찍었다. 이후 송창식은 1970년 3월 MBC '목요살롱'에 〈비야 내려라〉를 부르며 솔로 가수로 새출발했고, 이때 불렀던 노래들은 비틀스의 〈Let It Be〉를 번안한 〈내버려두오〉 등 주로 팝송이었다. 당시 MBC라디오 '별이 빛나는 밤에'의 DJ였던 이종환은 자신이 제작ㆍ기획한 '별밤에 부치는 노래시리즈'의 첫 주인공으로 주요 게스트였던 송창식을 선택했는데, 그렇게 해서 그의 솔로 데뷔음반 [송창식 애창곡 모음](1971)이 나오게 되었다. 여기에는 자작곡인 〈창밖에는 비오고요〉 등이 수록되었다. [송창식 애창곡 모음 2집](1972)에는 〈비와 나〉, 〈내나라 내겨레〉 등이 실렸는데, 김민기가 작사한 〈내나라 내겨레〉는 그의 초기 창작 히트곡이다. 이후 [Young Festival], [Golden Folk Album]과 같은 샘플러음반 성격의 컴필레이션 앨범을 통해서 〈비의 나그네〉, 〈딩동댕 지난여름〉, 〈피리부는 사나이〉 등의 히트곡들을 쏟아냈다. 1975년에는 〈고래사냥〉, 〈왜 불러〉 등을 발표해 그의 가수인생 중 가장 각광받았던 해를 만들었고, 제10회 MBC 10대가수가요제에서 가수왕으로 등극했다. 1978년에는 〈사랑이야〉, 〈토함산〉으로 공전의 히트를 기록했고, 1980년에는 〈가나다라〉, 1983년에는 〈우리는〉, 〈푸르른 날〉로 인기를 얻었다. 1986년에는 가장 완성도 높은 앨범으로 평가할 수 있는 [참새의 하루]를 발표해 이채로움을 주었는데, 이 음반은 트로트, 가곡, 국악, 록을 '헤쳐 모여' 시킨 작품이었다. 타이틀곡 〈참새의 하루〉는 20마디에 불과한 선율과 리듬으로 트로트적인 질서에서 벗어나지 않으면서 장음계의 4번째와 7번째 음을 없앤 5음계의 곡을 만들었다. 그리고 〈담배 가게 아가씨〉는 최이철의 기타 세션이 빛을 발하는 록 음악인데, 그로서는 시험적으로 시도한 곡이지만 결과는 한국적인 록 음악으로 호평받았다. 그는 독특하게도 1975년 말 대마초 파동으로 상당수의 뮤지션들이 활동 정지를 당했을 때 살아남은 주류 뮤지션 중에서 거의 유일하게 '아티스트'로 대접을 받았다. 당시 지식인 사회에서 사랑받았던 진보적인 월간지 ≪뿌리 깊은 나무≫에서도 인터뷰를 할 만큼 전 계층이 좋아했던 가수였다.

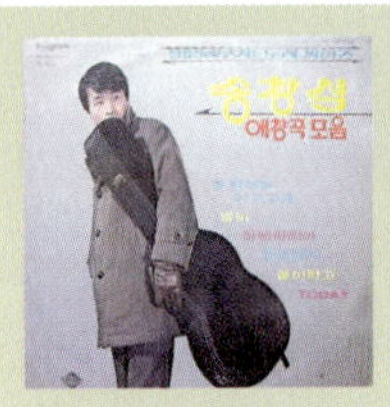

1집 [별밤에 부치는 노래 시리즈 Vol.1 – 송창식 애창곡 모음] (1971/유니버설)

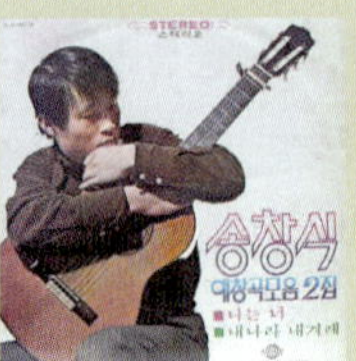

2집 [송창식 애창곡 모음 2집] (1972/유니버셜)

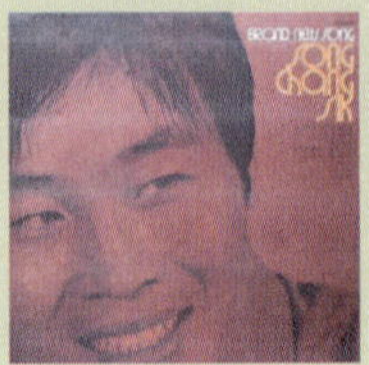

[Brand New Song] (1973/유니버셜)

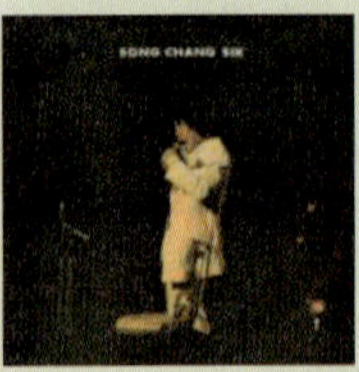

[맨처음 고백/손을 잡고 걸어요] (1976/신세계)

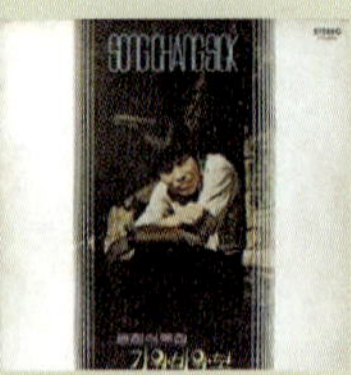

[가위 바위 보/새벽길] (1978/신세계)

[사랑이야 / 토함산] (1978/서라벌레코드)
세션: 송창식(v, g), 강옥지(piano), Savatore Cantone(piano, b), 이호준(piano), Franco Romano(string, Key), 김석규(g), Paolo(g), 조원익(b), 배수현(d)

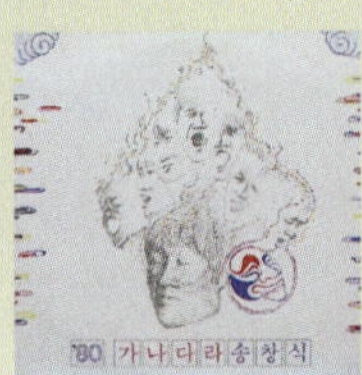

['80 가나다라 송창식] (1980/한국음반)

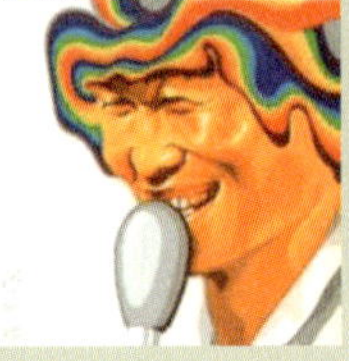

['82 송창식] (1982/한국음반)

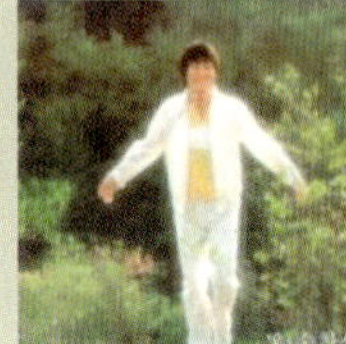

['83 송창식] (1983/한국음반)

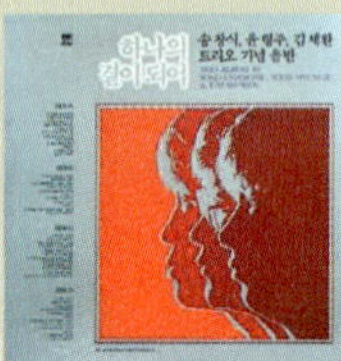

송창식, 윤형주, 김세환 [하나의 결이 되어] (1984/한국음반)

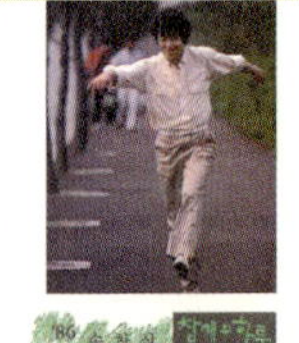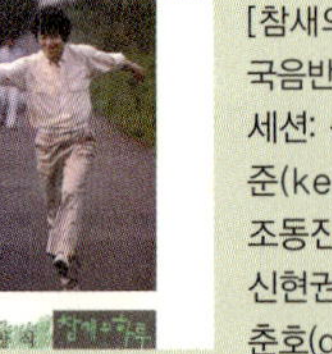

[참새의 하루] (1986/한국음반)
세션: 송창식(v, g), 이호준(key), 변성용(key), 조동진(key), 조원익(b), 신현권(b), 최이철(g), 최춘호(g), 유영수(d), 김희연(d) 승수(b), 홍현민(key), 정재욱(d)

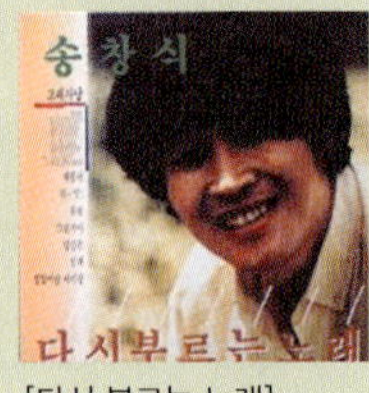

[다시 부르는 노래] (1987/한국음반)

$4월과 5월$은 서정적인 멜로디를 만들어내는 데 탁월한 재능을 가졌던 중앙대 작곡과 출신의 싱어송라이터 백순진에서 시작된다. 그는 1971년 시민회관에서 열린 대학 그룹사운드 경연대회에서 2위를 했던 항공대 런어웨이의 기타 연주를 지도했는데, 입상 기념파티 후 베이스기타 이수영의 소개로 성전다방에서 노래 아르바이트를 했던 그의 동생 이수만을 만났다. 그리고 이내 이수만과 듀오를 결성했는데, 성대가 약했던 백순진은 노래 잘하는 파트너가 필요했기 때문이었다. 팀명은 '4월과 5월'로 정했고 이는 최초의 순수 우리말 포크 듀오의 탄생을 의미했다. 이후 청개구리 콘서트에서 김

민기, 서유석, 김세환, 송창식, 윤형주 등 포크 뮤지션들과 교류했고, 여기서 만난 임문일의 주선으로 CBS의 '밤과 음악사이'에 출연했다. 첫 방송 출연 후 1971년 청평페스티벌, KBS TV '젊은 세대' 등으로 인지도를 넓혀나갔다. 하지만 이수만이 늑막염에 걸려 도중하차해 김태풍을 영입했다. 그래서 DJ 이종환이 주선한 데뷔 음반의 녹음은 이수만과 했지만 재킷은 김태풍과 촬영한 사진으로 발매되었다. 이 음반이 1972년 4월에 발표된 [오아시스 포크 페스티벌 1집]이다. 여기서 4월과 5월은 〈내가 싫어하는 여자〉, 〈화〉 등 7곡을 불렀고, 쉐그린, 홍민, Charms, 이수미, 최병걸과 안혜경이 나머지 5곡을 불렀다. 1973년 12월에는 김태풍이 탈퇴하고 김정호가 새로운 멤버가 되었다. 당시 음악적 재능이 뛰어났던 김정호는 가정 형편이 어려워 기타 하나를 메고 비원 옆 꽃밭에서 노숙자 생활을 하던 처지였다고 한다. 하지만 레코드사 전속 문제로 김정호가 탈퇴하고 김태풍이 재합류하면서 백순진은 음악적인 변화를 꾀했다. 듀오 활동을 유지하면서 포크 록 그룹 '들개들'을 결성했는데, 백순진이 리드 기타, 김태풍은 세컨드 기타, 이수만이 리드 보컬을 맡았다. 4월과 5월은 이 체제로 1974년 3집까지 발표했다. 이들은 〈화〉를 비롯해 〈사랑의 의지〉, 〈옛사랑〉, 〈님의 노래〉, 〈영화를 만나〉, 〈바다의 여인〉, 〈등불〉과 같은 주옥 같은 노래들을 만든 1970년대 히트메이커였다.

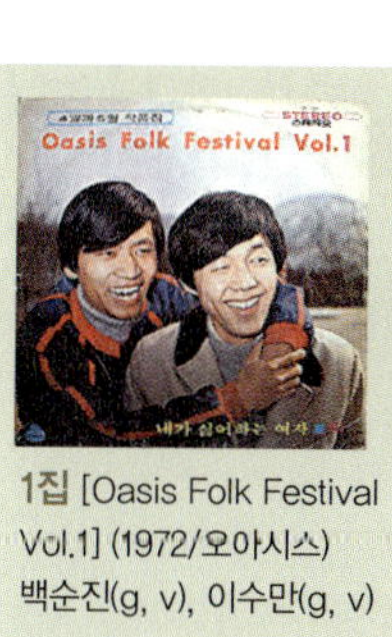
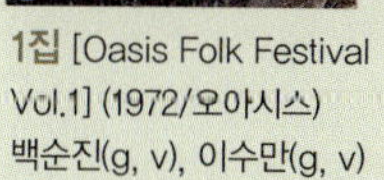

1집 [Oasis Folk Festival Vol.1] (1972/오아시스)
백순진(g, v), 이수만(g, v)

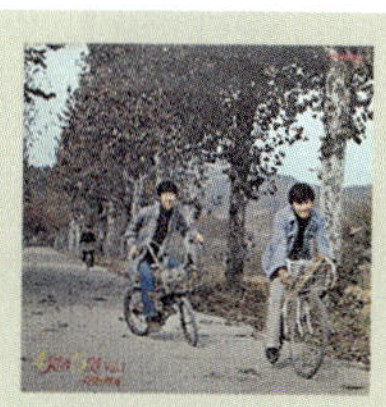

2집 [4월과 5월 Vol. 2] (1973/유니버셜)
백순진(g, v), 김태풍(g, v)

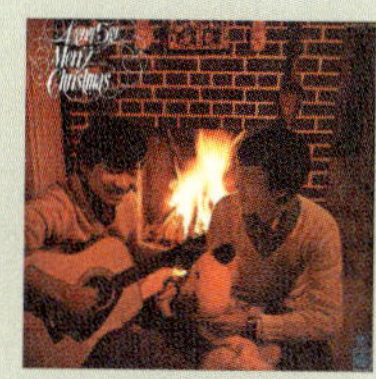

[4월과 5월 CAROL/백순신 작편곡집] (1974/유니버셜)
백순진(g, v), 김태풍 (g, v)

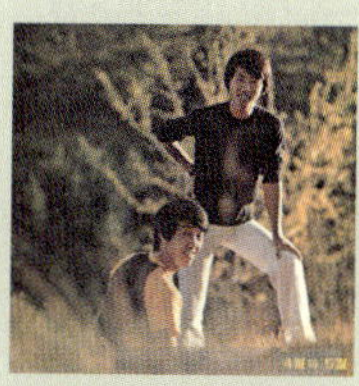

3집 [구름들의 보금자리/등불] (1974/대도레코드)
백순진(g, v), 김태풍(g, v)

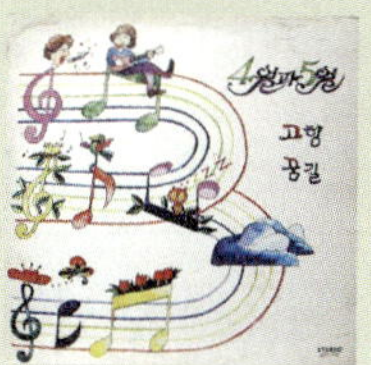

[고향/꿈길] (1979/서울음반)

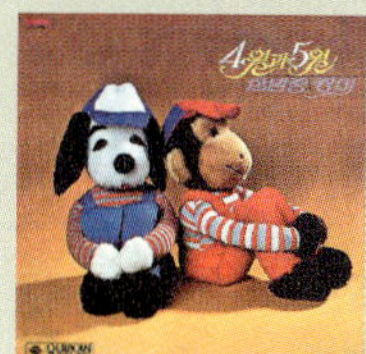

[장미/한밤중] (1979/유니버셜)

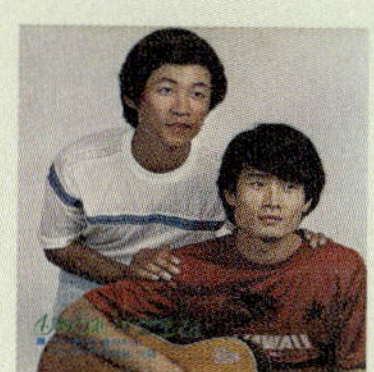

[4월과 5월의 옛 노래] (1979/히트레코드)

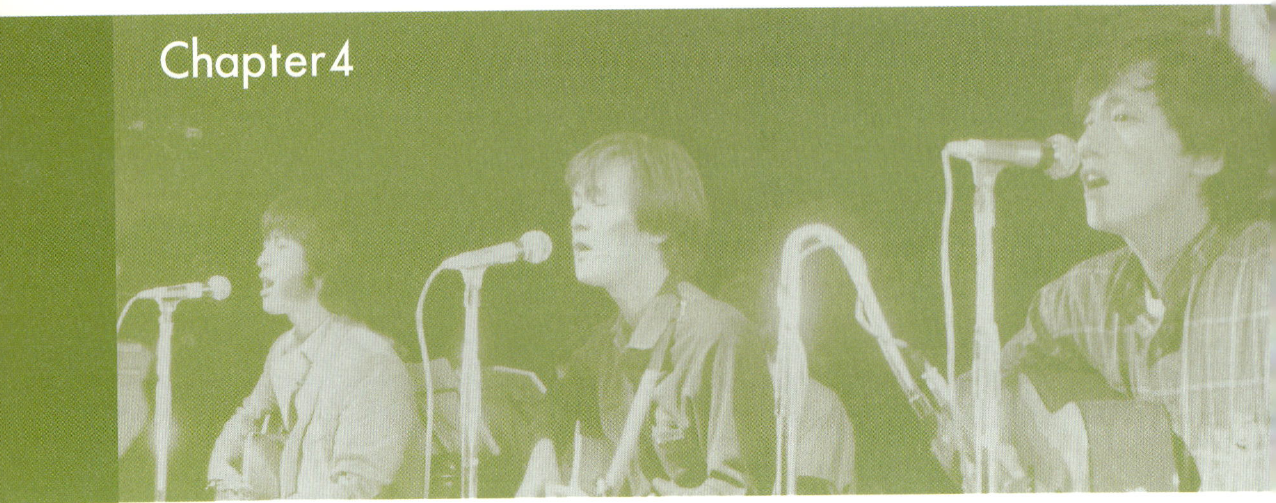

Chapter 4

이주원(따로 또 같이)

"나의 노래는 삶의 한가운데 있다"

● 따로 또 같이는

　　양희은의 〈내 님의 사랑은〉, 〈들길 따라서〉, 〈네 꿈을 펼쳐라〉 같은 1970년대 한국 대중음악의 정수가 담긴 노래들을 작사·작곡한 이주원이 나동민, 강인원, 전인권과 함께 만든 그룹이 '따로 또 같이' 다. 이들은 1979년 데뷔 음반을 통해서 우리 대중음악의 한 시대를 마감하는 끝자락에 서 있었고, 1984년 초에 나온 2집은 한국 대중음악의 새 시대를 여는 밑거름이 되었다. 2집은 당시의 국내 대중음악과는 성향이 많이 다른 음반이었다. 기본적으로 당시까지 간과되었던 '앨범의 전체적인 완성도' 를 지향하는 자세를 보여주려 했다. 곡과 연주의 세련됨은 1985년 들국화의 데뷔 음반이 나오기 전까지 독보적이었고, 당시 국내 다른 음반들과 차별화된 세션, 녹음 등을 보여주었다. 그리고 1985년에 나온 3집은 따로 또 같이의 대표작일 뿐만 아니라 그해 들국화의 데뷔 음반과 함께 1980년대 말 '한국 대중음악 르네상스' 의 시작을 알리는 작품이 되었다. 이런 점들이 따로 또 같이를 한국 대중음악사에서 마땅히 거론해야 할 대상으로 만드는 이유이다.

●● 바이오그래피

1951년	출생
1967년	블랙 스톤(Black Stones)이라는 밴드를 결성해 미8군에서 활동 시작
1970년	서울대 체육교육학과 입학
1976년	솔로 1집 [외로움은] 발표
1979년	따로 또 같이 1집 발표(with 강인원, 나동민, 전인권)
1984년	따로 또 같이 2집 발표(with 강인원, 나동민)
1985년	따로 또 같이 3집 발표(with 나동민)

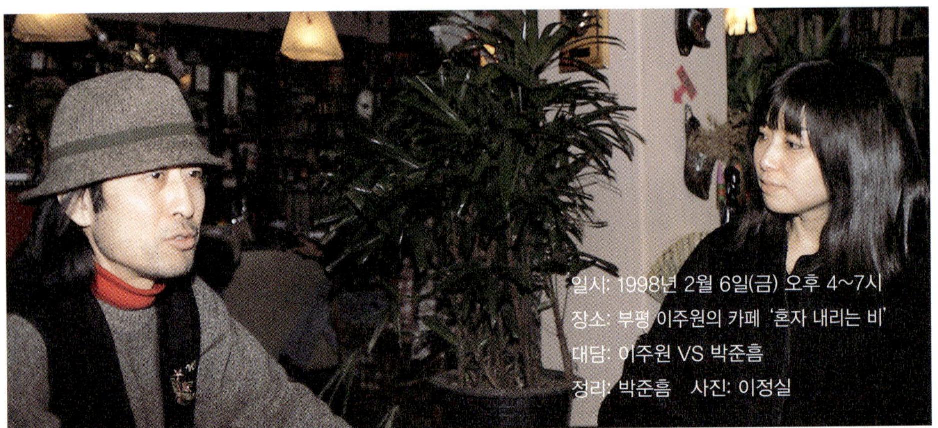

한국대중음악사에서 따로 또 같이의 가장 큰 공로는 스튜디오 세션의 전문화를 이끌어냈다는 점이다. 1980년대 초반부터 젊은 뮤지션들 사이에서 음반제작의 녹음, 세션, 편곡의 중요성이 부각되었는데, 실제로 이것이 제대로 반영된 최초의 앨범이 바로 이들의 2집 (1984)이라고 해도 무방할 것이다. 이 음반의 크레딧에 등장하는 이름들이 바로 1980년대 중요한 음반들에서 볼 수 있는 이름들이다. 레코딩 스튜디오였던 서울스튜디오와 그곳 소속 엔지니어 최병철, 세션맨으로 이 음반에 참여한 이영재(기타), 김광민(피아노), 안기승(드럼) 등은 1980년대 주목할 만한 연주인이 되었다. 또한 들국화 창단 멤버인 최성원(기타)과 허성욱(피아노), 이장희의 동생 이승희(기타)도 연주에 참여했다. 하지만 이 그룹의 리더인 이주원은 그리 널리 알려지지 않았다. 오늘 1980년대 '한국대중음악의 르네상스' 시기, 그 입구에 서 있었던 그를 만난다.

"따로따로이지만 같이 어우러져 있을 때가 좋아 보인다."

박준흠: 음악활동은 언제부터 했나?

이주원: 고등학교 졸업 후 1967년 말부터 친구들과 블랙 스톤(Black Stones)이라는 밴드를 결성해 미8군에서 활동했는데 그때는 베이스 치면서 노래했다. 대학(서울대 체육교육학과)은 3년 정도

늦게 들어갔고, 그 당시부터 통기타 치면서 노래했다. 그러다가 YMCA 청개구리에서 양희은을 만났고, 나도 노래는 꽤 잘했지만 내 노래인 〈한 사람〉, 〈내 님의 사랑은〉, 〈들길 따라서〉, 〈네 꿈을 펼쳐라〉를 그녀가 불러 가수보다는 작곡가로 인식되었다. 양희은이 한창 내 노래를 부를 때는 그녀의 전속 작곡자이냐는 우스갯소리도 들었다. 하지만 나로서도 훌륭한 가수를 만나 그 가수가 내 노래를 부르게 된 것은 큰 행운이었다.

1971년에 YMCA 청개구리에 갔었는데 거기서 김민기, 양희은, 서유석, 투 코리언스, 이용복 등을 만났고, 그 이후 백순진, 이수만, 홍민 등을 만났다. 윤형주, 송창식은 재수할 때 쎄시봉이라는 음악감상실에서 보았다.

내 성격 탓도 있을 것이다. 음악이라는 것은 상당히 독자적인 작업이라고 생각한다. 그래서 독자적인 것이 만들어지지 않으면 작품으로서의 독자성도 갖기 어렵다고 생각한다. 뜻은 같이하지 않더라도 가까이 지내는 음악인은 많다. 그래서 그런지 따로 또 같이의 음악은 장르를 구분하기 힘들다는 이야기도 듣는다. 나는 산행을 즐기는데 산 중에서도 지리산을 좋아한다. '지리' 라는 말은 '아는 것이 다르다' 는 뜻이다. 아는 것이 다를 때 정말로 반갑고 감동적이고 살맛이 난다. 다 같으면 재미없지 않나? 서로의 모양도 다르고, 색깔도 다르고, 향기도 다른 상태에서 따로따로이지만 같이 어우러져 있을 때가 좋아 보이고, 그게 인생이라고 생각한다.

그렇다. 항간에는 따로 활동하기도 하고 같이 활동하기도 한다고 해서 따로 또 같이로 알고 있지만, "따로일 수밖에 없지만 인생은 같이 살아야 하지 않느냐"라는 의미로 지은 이름이다.

"그의 노래는 삶의 한가운데에 가 있는 것 같다."

내가 경험한 내 얘기를 할 뿐이다. 내 삶의 굴곡, 궤적, 행로 등을 노래하는 것이다. 옛날에는 지나친 자긍심도 가졌다. 이를테면 "대중음악에는 이런 노래가 반드시 필요하다. 여러분은 이런 시각으로 자연을 노래하는 것도 들으셔야 하고, 많은 좋은 노래들도 찾아 들으셔야 한다. 저희가 콘서트할 때 여러분은 와주셔야 하는데, 왜냐하면 여기에는 자양분이 있기 때문이다" 등과 같은 생각이 있었다. 이제 그런 생각은 없어졌다. 내 목소리를 통해서 내 삶의 굽이에서 겪었던 마음의 흐름을 내 마음대로 노래로 만들어서 부른다. 그것이 다른 사람들에게 반가움이나 감동으로 건너간다면 그것은 그분들의 몫이지 내 몫은 아니다. 그런 분들을 볼 때 오히려 내가 감동을 받는다. 산에 가면 바람을 본다고 한다. 사실 바람은 보이지 않지만 나무가 흔들리는 것을 보면서 바람을 보는 것이다. 내가 어떤 노래를 만들어서 부르고, 다른 사람이 그 노래에 다소나마 감흥을 갖는 것을 보았을 때 비로소 내 노래에 대한 감흥을 되받는 것이다.

그런데 왜 지금은 작업을 하지 않는가?

작업은 늘 하고 있다. 작년 같은 경우는 "나이 오십에 재데뷔를 하는 것도 괜찮겠다"라는 생각도 했었다. 그래서 늘 건강에 조심하고 언제라도 노래 부를 준비를 하고 있다. 이곳에서 한 달에 한 번씩 작은 공연을 하는데, 공연 준비할 때는 조금 겸연쩍음을 느끼기도 한다. "이제 무슨 할 얘기가 더 있다고 노래 연습을 하고 곡을 쓰는가?"라는 생각도 하지만 노래를 부르는 중간이나 노래를 부르고 나면 "노래하기를 잘했구나"라는 느낌을 갖는다. 내 목청으로 노래한다는 것은 내 복중에 아주 큰 복이라고 생각한다.[1] 젊었을 때는 비교 검토 같은 것을 많이 했었다. 하지만 그것은 참으로 부담스러운 일이다. 산에 가서 이것을 깨달았다. 지리산은 한 20번 종주를 했는데 그때마다 산의 모양이 달랐고 거기에 깃들어 있는 것도 달랐다. 물론 그 나무가 그 자리에 서 있다 하더라도 내게 보여주는 모습이 달랐다. 서로가 다른 것이 기본이라면 크고 작음, 높고 낮음을 논할 것이 아니다. 우리 건축 양식 중에서 아래 위가 모두 트여 있는 문이 있다. 이는 어떤 바람이든 들어왔다가 나가라는 의미인 것 같다. 어떤 장르의 음악이든 모두 훌륭하다. 요새 회자되는 젊은이들의 댄스뮤직도 훌륭하다.

---

[1] 이때 카페의 한쪽에서 얼마 뒤에 있을 공연에서 부를 노래를 연습하던 이주원의 부인 전마리가 잠시 자리를 함께했다. 그녀는 불문학을 전공했고 샹송 가수로 2장의 음반을 발표했다. 이주원 노래의 가사를 어떻게 평가하느냐는 질문에 그녀는 "그는 가사를 매우 중요시한다. 코드를 잡아서 멜로디를 만들고 거기에 가사를 붙이는 사람들도 있고 멜로디만 만들거나 멜로디와 동시에 가사를 생각하는 사람들도 있는데, 그는 가사가 먼저 정리가 되지 않으면 작업을 못 한다. 그의 노래는 삶의 한가운데에 가 있는 것 같다. 노랫말을 쓸 때 삶을 관조하면서 쓰는 사람들도 있고, 그것을 뭉뚱그려서 철학적인 사고로 승화시켜 쓰는 사람들도 있는데 그의 노랫말만 본다면 그의 삶 자체인 것 같다. 자기 노래의 메시지를 전하겠다는 메신저의 역할이 아니라 그냥 자기 자신을 보여주는 것이다. 어떤 때는 그 모습이 조금은 추할 수도 있고 안타까울 수도 있지만 그 자체를 보여주는 솔직함이 있다. 물론 나이도 들었는데 삶에 대해서 벗어나지 못한다는 이야기도 들을 수 있다"라고 하자 옆에 있던 이주원은 "아직 철이 덜 들었다는 이야기겠죠"라고 한다. 또한 그녀의 말에 의하면 이주원은 앞으로 자신의 희망을 노래하고 싶다고 한다.

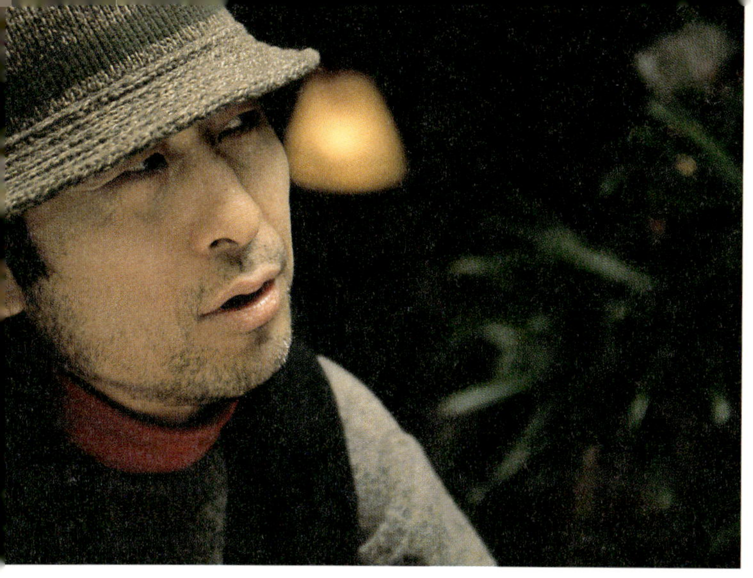

"그는 가사를 매우 중요시한다. 코드를 잡아서 멜로디 만들고 거기에 가사를 붙이는 사람들도 있고, 멜로디만 만들거나 멜로디와 동시에 가사를 생각하는 사람들도 있는데 그는 가사가 먼저 정리가 되지 않으면 작업을 못한다. 그의 노래는 삶의 한가운데에 가 있는 것 같다. 노랫말을 쓸 때 삶을 관조하면서 쓰는 사람들도 있고, 그것을 뭉뚱그려서 철학적인 사고로 승화시켜서 쓰는 사람들도 있는데 그의 노랫말만 본다면 그의 삶 자체인 것 같다." (전마리)

"인생은 오직 사랑으로만 존재하고 영위해나갈 것이다."

기본적으로 마음이 열려 있는 듯하다. 〈내 님의 사랑은〉, 〈네 꿈을 펼쳐라〉 같은 곡을 양희은에게 준 계기는?

누구에게 주려고 곡을 만든 적은 없다. 곡이 필요한 사람이 있으면 만든 곡을 들려준다.

이 곡들은 1970년대 국내 대중음악계가 만들어낸 대표곡들로 생각되는데, 음악의 멜로디 라인도 비범하지만, 특히 시적인 언어를 노래에 담아내는 재능은 선생의 강점인 것 같다. 어렸을 때 시인이 되려는 욕구가 있었나?

중학교에서 고등학교 올라가기 전에 책을 많이 보았다. 그때부터 일기를 쓰기 시작했고, 당시 누이가 보던 시집이 꽤 많았는데 시집을 읽으면서 글에 대한 호기심이 생겼고 표현력에서도 남다른 시각을 가져보자는 생각을 했다. 그때가 나의 '1차 문화혁명'이었다면 2차는 전마리를 만나면서였다. 그녀를 통해서 문학적인 면을 많이 흡수했다. 시 공부도 나름대로 많이 했다.

1970년내 양희은을 통해서 발표한 곡들과 따로 또 같이 2집의 〈별조차 잠든 하늘엔〉, 〈너와 내가 함께〉 같은 곡들은 서로 차별성을 갖는데, 1980년대에 와서 음악적인 성향이 바뀐 것인가?

나는 원래 록을 좋아한다. 그래서 따로 또 같이 2집부터는 록풍의 노래를 시도하려 했다. 〈별조차 잠든 하늘엔〉 같은 곡은 대표적인 록이고 비교적 잘 만들어졌다. 그리고 그 곡은 전마리와 연애할 때의 쓰라린 추억의 한 굽이가 담겨 있다. 또 한 가지는 콘셉트적인 분위기를 좋아한다. 2집부터 이를 해보려 했는데 3집부터 하게 됐고 〈해는 기울어 어느 가슴으로 가나/가네〉가 시발점이었다. 4집의 〈가을의 노래: 여름은 가고/그대를 위한 가을의 노래/바람은 강물을 만났을까〉는 본격적인 작품이자 개인적으로 좋아하는 곡이다. 〈가을의 노래〉는 내가 쓴 글의 토씨 하나 바꿔

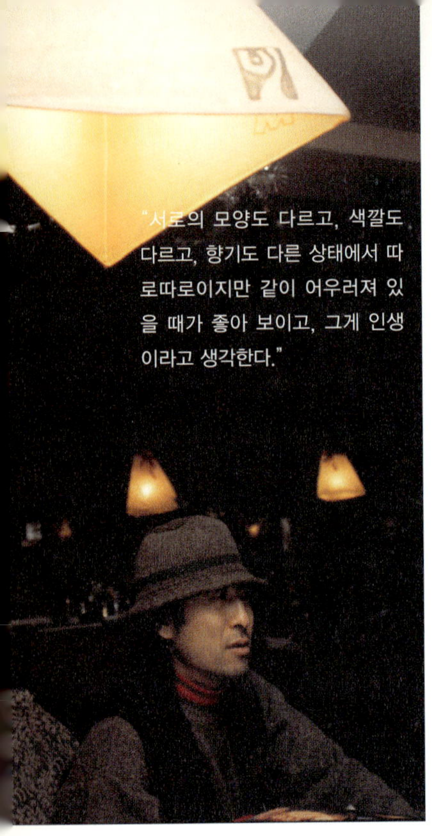

지 않고 가사로 되었고 공연에서 늘 부르는 곡이다.

〈내 님의 사랑은〉의 가사처럼 "사랑이 깊으면 외로움도 깊어진다"라고 생각하는지?

그 곡은 1968년에 만든 곡인데, 내가 늘 품고 살았던 말 중 하나는 "인생은 오직 사랑으로만 존재하고 영위해나갈 것이다"였다. 그래서 늘 무언가를 사랑하고자 했다. 그것이 이웃집 강아지이든 문 밖을 나서면 늘 바람에 흔들리는 포플러나무이든 간에 사랑하고자 했다. 심지어는 누이가 쓰다가 나에게 준 파커 만년필을 너무 사랑했고, 그것이 내 사랑의 객체였던 기억도 있다. 그 만년필로 일기를 다 쓰고 나서도 손에서 놓게 되지 않아 계속 쥐고 있기도 했다. 어쨌든 약간 병적인 구석도 있지만. 그 노래를 쓸 당시 꼭 사랑의 아픔을 느꼈다기보다도 교회 다닐 때 만났던 여학생들, 그동안에 짝사랑을 일으켰던 대상들에게서 내게로 오는 외로움이 있었다. 그런 얘기였다.

"그룹 활동의 방향성을 라이브 콘서트로 잡았다."

따로 또 같이를 만들게 된 계기는?

독자적으로 활동하다가 1977년경에 강인원을 만났다. 귀공자 같은 녀석이었는데 내가 가지고 있지 않은 것들을 가지고 있어서 너무 좋았다. 똑같은 사물을 보고 똑같이 감정에 부딪히더라도 표현이 달랐다. 그게 너무 신기하고 좋았다. 그래서 그가 기타치고 노래하는 모습이 마음에 들었고 친동생같이 대했다. 그러다가 그가 전인권을 데려왔는데 보는 순간 신기함을 느꼈다. 그 당시 전인권은 기타도 못 치고 그저 노래하고 싶은 욕심만 있었다. 그 다음에 나동민을 만났다. 셋은 나와는 나이 차이가 있었지만 그들끼리는 비슷한 연배였는데, 그들이 노는 모양을 보니까 정말 재미있고 신기했다. 그들과 어울리면서 내가 갖고 있던 대부분을 그들에게 나누어주었다. 그렇게 지내다 같이 노래하게 되면서 전인권의 집에서 근 1년 6개월을 연습했다. 그러나 불행히도 1집 발표 후 전인권이 탈퇴했다. 아마 눈앞에 보이는 유혹이 있었던 것 같다. 이후 2집을 발표했던 1984년까지 따로 또 같이는 해체된 상태였다. 당시 나는 너무 허탈했고, 그래서 애들 전부 나에게 두들겨맞곤 했다. 1980년대 초에는 음악을 떠나 우성영화사와 한국농아복지회에서 일을 했다. 그러다가 강인원과 나동민이 음악하자고 다시 나타났다. 당시 생활은 안정적이었지만 음악에 대한 미련 때문인지 글 한 줄 쓰지 못했다. 늘 한쪽이 막혀 있는 듯한 느낌이었는데 그때 그들이 다시 나타난 것이었다. 새롭게 음악을 시작하면서 그룹 활동의 방향성을 라이브 콘서트로 잡았다. 지금 생각해도 고집스러웠지만 라이브 콘서트가 보편화된 지금을 보면 흐뭇하다. 당시에는 뼈빠지게 고생했다.

따로 또 같이가 국내 대중음악계에서 갖는 의의 중 하나를 1980년대 '라이브 문화의 시발점'이라고 생각하는가?

그렇다. 이는 매스컴의 의존도를 낮추려는 시도이기도 했다.

3집 발표 때 강인원이 나간 이유는?

솔로 활동을 하기 위해서였다.

또 두들겨맞지는 않았나?(웃음)

전인권이 나간 것은 급작스러운 상황이었지만, 강인원은 2집 활동 중에도 솔로 활동 계획을 이야기했었다. 3집부터는 나동민과 둘이서 했는데 비로소 음악적인 표현의 청사진이 떠올랐다. 색다른 시도를 하고자 했다.

따로 또 같이가 활동을 멈추었던 1980년대 초반은 국내 대중음악계의 공백기였다. 당시 나온 음반을 꼽아보려 해도 김현식 데뷔 음반(1980)과 작은 거인 2집(1981) 외에는 별로 두드러지는 음반이 없었다. 이것이 군사정권으로 말미암은 암울한 시대와 관련 있다고 생각하는가?

당시는 1980년 광주의 핏빛이 지배하는 암울한 시기였다. 대외적으로 목소리를 내서 자기를 표현하기보다는 고요와 암흑 속에서 때를 기다리는 상황이었다. 모든 게 다 수축되고 긴장하던 시기였다.

"우리의 음악적인 견해를 충분히 이해하고 공감하는 동료들이 연주를 했다."

1984년 초에 나온 따로 또 같이의 2집은 당시의 국내 대중음악 음반과는 성향이 많이 달랐다. 곡과 연주의 세련됨은 1985년 들국화 데뷔 음반이 나오기 전까지 독보적이었고, 이는 당시 국내 다른 음반들과 차별화된 세션, 녹음 등을 보여주는 대표작이라고 생각한다. 2집이 성향·완성도 면에서 데뷔 음반과 차별성을 가질 수 있었던 것은 무엇 때문이었나?

데뷔 음반은 기존 세션맨들이 연주했기 때문에 독자성을 갖기에 부족했다. 반면 2집부터는 우리가 편곡과 연주를 직접 했다. 다소 연주 역량이 모자라더라도 우리의 음악적인 견해를 충분히 이

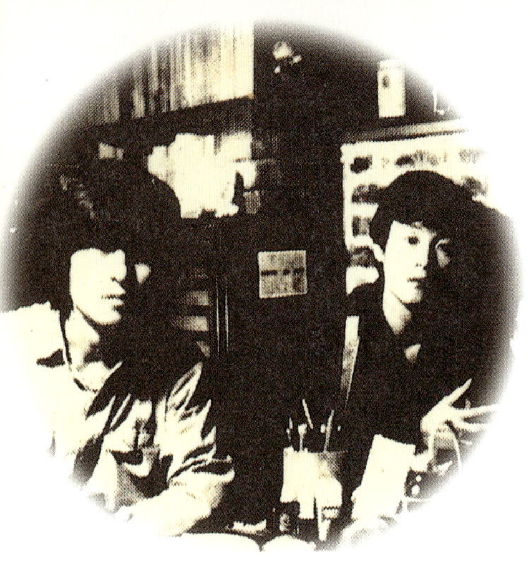

해하고 공감하는 동료들이 연주를 했다. 그래서 독자성을 가질 수 있었고 훨씬 더 섬세함을 보여
주었다.

따로 또 같이의 시도로 만들어진 이런 자양분(음반 전체의 완성도 지향, 음악적인 세련됨)이 1980년대
중반 이후 우리 대중음악계에 흡수된 것 같다. 이런 점이 1980년대 중요 아티스트로 따로 또
같이를 꼽을 수 있는 이유다.

1980년도 이전만 해도 국내 대중음악 음반을 녹음할 때 기존 세션맨들에게 연주를 위탁하는 상
황이었다. 그러다가 1982년부터 젊은 음악인들 사이에서 "우리의 독자성은 우리가 만들어가자"
라는 생각이 번져나갔다. 이에 연주와 편곡을 직접 하려는 시도들이 있었다. 그리고 연주인들의
저변이 확대되어 실제로 이것이 가능했다. 2집에 참여했던 이영재(기타), 김광민(키보드) 같은 이
들의 도움이 주효했다.

2집에는 후에 들국화 멤버가 되는 허성욱, 최성원과 이장희의 동생 이승희도 세션으로 참여했
는데.

이영재, 이승희, 최성원은 1980년에 〈그대 떠난 뒤에는〉이라는 곡이 실린 음반2 을 발표했지만,
2집 음반 세션부터 음악적인 명성을 얻어나갔다. 당시 라이브에서는 지금 세션 기타리스트로 인
정받는 손진태도 베이스를 쳤다. 그리고 조동익도 라이브에서 처음으로 세션을 했다. 4집에서
조동익이 스튜디오 세션에 참여했는데,3 당시 느낌은 "애가 싹수가 있구나"였다. 그는 참으로 사
람이 좋고 바람이 부나 비가 오나 흔들리지 않을 사람이다.

개인적으로도 조동익 밴드는 국내에서 가장 뛰어난 세션 밴드라고 생각하고 있다. 들국화는 따

---

2 이영재/이승희/최성원 1집 [이영재 이승희 최성원 : 노래의 날개/그대 떠난 뒤에는/매일 그대
와](1980/서라벌레코드).

3 조동익의 첫 스튜디오 세션은 1984년 우리 노래 전시회 1집에서였다. 당시 그는 기타를 연주했다.

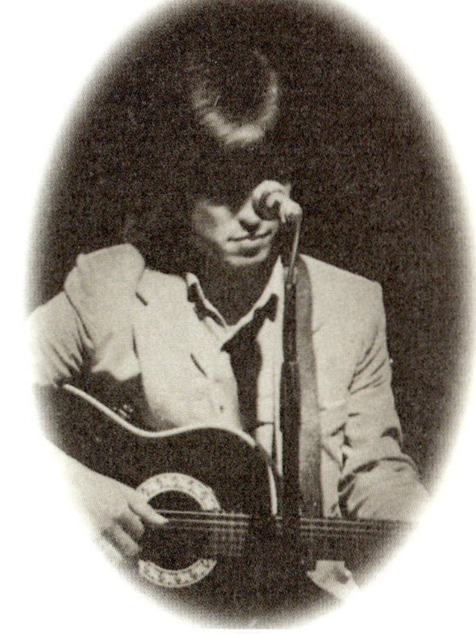

"이웃집 강아지이든 문 밖을 나서면 늘 바람에 흔들리는 포플러나무이든 간에 무언가를 사랑하고자 했다. 심지어는 누이가 쓰다가 나에게 준 파커 만년필을 너무 사랑했고, 그것이 내 사랑의 객체였던 기억도 있다. 그 만년필로 일기를 다 쓰고 나서도 손에서 놓게 되지 않아 계속 쥐고 있기도 했다."

로 또 같이에 어느 정도 영향을 받았다고 생각하는가?

영향을 안 받았다고 할 수는 없지만, 받았다고 말할 근거도 없다. 개인적으로 들국화 4명을 굉장히 좋아했다. 그들에게서 빛을 보는 듯했다. 4명 모두 음악적으로 최고의 성정을 갖고 있었다. 그들이 들국화라는 이름으로 4집까지만 냈더라도 우리 대중음악에서 록의 가요화는 더욱 단단히 되었을 것이다.

조덕환이 들국화 데뷔 음반 직후 나간 이유는?

그의 음악적인 성정은 굉장히 뛰어났다. 그런데 테크닉이 약간 모자랐다. 그들을 둘러싼 여러 사람의 보이지 않는 압력으로 나갔다. 그 뒤 테크닉이 뛰어난 연주자가 들어왔지만 본래 가졌던 빛남은 깨어졌다.

1985년 초에 소수의 팬들과 투어 콘서트를 하지 않았는가? 성과는 무엇이었나?

1985년 1월에 '투어 콘서트 1'을 했고, 1987년까지 세 차례에 걸쳐 팬들과 투어 콘서트를 했다. 목적은 자연과 접해보자는 시도였다. 오픈된 공간에서 음악의 즐거움을 맛보자는 것이었다. 신문에 동참 모집 공고를 낸 후 모인 사람들과 전세 버스를 타고 한계령을 넘어 동해로 갔다. 같이 먹고 자는 시간이 늘어가면서 유대감이 깊어갔다. 오전에는 관광을 하고 밤에는 콘서트를 했다. 이종환과 심신성이 같이 가서 강연을 한 적도 있다.

"마리아를 좋아한다."

1985년에 나온 3집은 따로 또 같이의 대표작일뿐더러 그해 들국화의 데뷔 음반과 함께 1980년대 말의 '한국대중음악 르네상스'의 시발을 알리는 작품이다. 여기 실린 〈해는 기울어 어느 가슴으로 가나/가네〉는 원래 다른 두 곡인가?

<가나>는 강인원을 만난 1977년에 만든 곡이고, <가네>는 1979년 <별 조차 잠든 하늘엔>을 만들 당시 같이 만든 곡이다. 록적인 프레이즈가 담겼다.

이 곡에서와 같이 자신에게 멜로디를 만드는 비범한 능력이 있다고 생각하는지?

내가 무엇을 만들 거란 생각은 해본 적이 없다. 내가 만들어냈다기보다도 나로 인해 만들어지는 느낌이다.

이 곡에서 이영재의 일렉트릭 기타 솔로는 당시 나온 국내 음반들의 기타 세션들 중에서도 압권이었다. 1980년대 초ㆍ중반을 대표하는 기타리스트 이영재의 현재 근황은?

본인도 굉장히 신나했었다. 그래서 그냥 원하는 대로 내버려두었다. 그리고 김광민도 평소에는 가볍고 조심스럽게 연주했지만 그 노래에서만큼은 그냥 부숴댔다. 그들에게는 '부술' 수 있는 마음과 기술이 있었다. 이영재는 지금 광고 음악을 한다.

1987년 4집이 공식적인 마지막 작품이 되었고, 5집은 준비 단계에서 실행되지 못했는데 무산된 이유는?

녹음은 한 50% 했다. 그런데 한 사람이 그만둔다고 해서 5집 출반을 포기했다.

선생과 나동민 두 명이서 준비한 것이 아니었나?

전인권, 강인원을 포함해 4명이 다시 했다.

5집은 어떤 성향의 작품이었나?

완전히 콘셉트 음반으로 만들려고 했다. <절두산 마리아>라는 곡이 있었다.

천주교 신자인가?

마리아를 좋아한다. 대학에 입학한 후 명동의 오비스 캐빈이라는 곳에서 통기타 가수 생활을 했었는데, 하루 두 번 노래했다. 초년생이어서 첫 번째 스테이지와 마지막 스테이지를 맡았다. 그게 7시와 10시 30분이었다. 중간 시간에 있을 데가 없어서 명동성당에 가곤 했는데, 거기 불빛 아래서 책을 보았고 그때부터 마리아와 친해졌다. 연애할 때는 마리아 앞에서 "그녀가 내 마음을 몰라주는데 어떻게 좀 해줘요"라는 등 속마음을 얘기하곤 했다. 집이 절두산 성당 근처였는데 전 마리와 결혼한 후에는 늘 거기서 시간을 보냈다. 결혼하려고 할 때는 돈이 한푼도 없어서 마리아에게 기도했다. "결혼하려면 돈 얼마가 필요하다는데 제발 만들어주세요"라고 하자 얼마 후 누가 내게 영화음악을 맡겨서 돈이 생겼고 그 돈으로 결혼했다. 거기서 늘 일 년에 한 번씩 12월 31일에 통곡을 한다. 지난 일 년 동안에 잘 못한 것들, 후배들 가슴에 못박은 것들, 따뜻하게 대해줘도 되는데 뭐 잘났다고 싸늘하게 잔인한 칼질을 했는지, 그런 일들이 떠올라서 통곡을 한다. 그래서 만든 곡이 <절두산 마리아>다.

하덕규 같은 경우는 기독교에 귀의하면서 자신의 음악적인 색채가 변한 경우다. 물론 종교적인

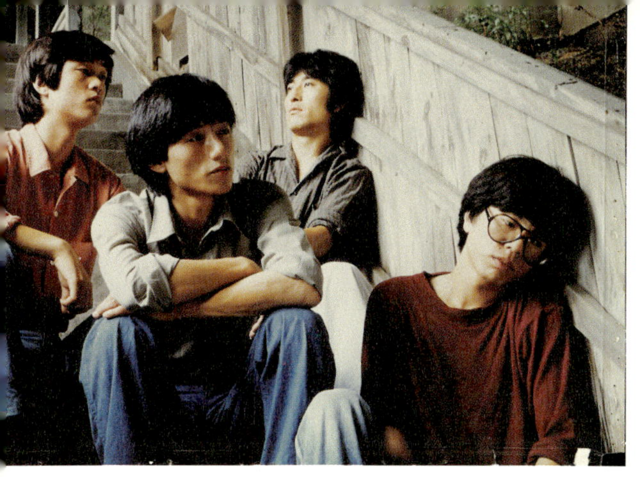

"개인적으로 들국화 4명을 굉장히 좋아했다. 그들에게서 빛을 보는 듯했다. 4명 모두 음악적으로 최고의 성정을 갖고 있었다. 그들이 들국화라는 이름으로 4집까지만 냈더라도 우리 대중음악에서 록의 가요화는 단단히 되었을 것이다."

성향의 음악을 하는 것은 개인의 자유지만 대중을 상대로 자신의 음악을 발표하는 음반에 자신의 종교적인 성향을 강요하듯이 넣는 것에 대해서는 어떻게 생각하나?

그 또한 자유다. 예전에 하덕규 콘서트에 갔었다. 거기서 그는 〈자유〉라는 노래를 부르면서 그 많은 사람 앞에서 "나는 자유롭다"라고 하는 것을 본 적이 있다. 누가 자기에게 자유를 주냐 하면 그가 준다고 하면서 양팔을 벌리며 노래했다. 그것을 보면서 은근히 화가 났다. 왜냐하면 우리 모두는 자유라는 명제를 놓고 상당히 고민하는 때가 있지 않나? 나도 그때 무엇이 나를 자유롭게 할지 고민했다. 사랑이, 돈이, 명예가, 아니면 과연 노래가 나를 자유롭게 할 것인지 생각했다. 그 콘서트장에서 천장을 보면서 "제발, 내게도 자유를 줘봐요!"라고 했었다. 그가 부러웠다. 종교적인 노래를 부르기 전에도 그가 굉장히 자유로운 사고를 한다는 것을 느꼈다. 그의 가사를 보면 알 수 있다. 가사를 엮어가는 과정이 다른 사람에 비해 자유롭다. 〈고양이〉 같은 곡이 대표적이다.

"우리가 생각하는 것이 서로 다르고 비껴가는 것은 아닐까."

이곳 '혼자 내리는 비'는 자신을 비유적으로 말하는가?

1988년에 인천대 잎에 '혼사 내리는 비, 여럿이서 내리는 비'라는 카페를 만든 적이 있다. 강인원, 신형원, 조규찬, 박선주, 신윤철, 박영미, 고찬용 등이 거기 와서 노래했다. 그 이름은 집사람과 연애할 때 생각한 것인데, 한날은 여름에 두 사람이 흠뻑 비를 맞은 적이 있다. 집에 오면서 "비는 저렇게 쏟아지고 우리는 비에 흠뻑 젖었는데, 우리가 생각하는 것은 서로 다르고 비껴가는 것은 아닐까"라고 생각했다. 그렇게 생각하다 보니 나를 적신, 그녀를 적신 그 비도 "사실은 혼자서 떨어지는 비였고 또한 여럿이서 떨어지는 비가 아니었나"라고 생각했다. 내력이 있는 이름이다.

앞으로 하고 싶은 음악은?

록적인 방향성을 가지면서 담백한 노래를 하고 싶다.

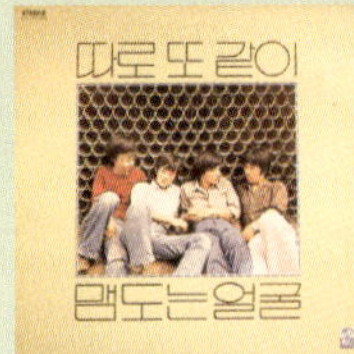

1집 (1979/지구레코드)
이주원(v, g), 나동민(v, g), 강인원(v, g),
전인권(v, g)
이주원, 나동민, 강인원, 전인권이 참여한
음반이다. 시기적으로도 1970년대 끝자락
에 위치하지만 곡 성향, 세션, 녹음 상태도
기존 스타일의 마지막에 위치한다. 그야말
로 한 시대를 접는 역할을 하고 있다. 사실 데뷔 음반만 놓고 보았을
때는 그들을 평가해야 할 하등의 이유가 없다. '양희은 노래들의 작
사·작곡자로 유명한 이주원과 들국화의 전인권이 처음 녹음한 음반'
정도의 의미 부여는 할 수 있더라도 그 이상은 아니다. 전인권이 가장
좋아한다는 〈맴도는 얼굴〉과 이주원의 〈외기러기〉, 〈긴 밤〉, 〈뜨거운 노
래〉 등이 실린, 별로 특별한 점 없이 평범한 그냥 1970년대 한국 대중
가요 음반이다.

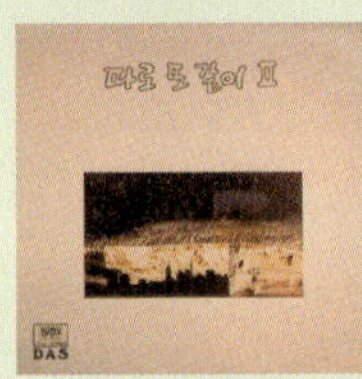

2집 (1984/대성음반)
이주원(v, g), 나동민(v, g), 강인원(v, g)
세션: 최성원(g), 이영재(g, perc), 이승희
(g), 조원익(b), 안기승(d), 허성욱(key),
김광민(key), 우순실(v)
한국 대중음악(음반)의 새로운 시작을 예
고하는 음반. 데뷔 음반 이후 전인권은 탈
퇴했고 따로 또 같이는 해체되었다. 이후 한동안 그들은 음악을 떠나
각자의 길을 걷는데 그 시기는 한국 대중음악계의 공백기이기도 했다.
그 후 발매된 이 앨범은 분명 한국 대중음악의 음반제작 수준을 한 단
계 높였다. 1980년대 초반부터 부각되어온 레코딩(스튜디오), 세션,
편곡의 중요성이 실제로 반영된 최초의 음반이라고 해도 무방할 것이
다.4 음반작업 시 앨범의 완성도를 논하기 시작했던 것이 불과 24년
전이었다는 사실이 놀랍지 않은가? 이후 서울스튜디오와 그곳 소속
엔지니어였던 최병철 등이 1980년대 후반을 장악했고, 세션맨으로 참
여했던 이영재(기타), 김광민(피아노), 안기승(드럼) 등이 1980년대에
잘나가는 연주인이 되었다. 특히 이영재5는 함춘호가 시인과 촌장의
음반으로 1986년에 음반 세션을 하기 전까지 가장 각광받던 기타리스
트였다. 또한 들국화 창단 멤버인 최성원(기타)과 허성욱(피아노,
1997년 교통사고로 타계)의 참가도 눈에 띈다. 그리고 이장희의 동생
이승희(기타)도 연주를 했는데 그는 재능에 비해서 빛을 보지 못한 대
표적인 아티스트 중 하나이다. 우순실이 객원 보컬로 참여해 노래한
〈커텐을 젖히면〉은 이 음반의 베스트 트랙이고, 이주원이 결혼하고 나
서 처음 만든 곡이라 감상적이라는 〈너와 내가 함께〉, 따로 또 같이의

음악적인 성향이 바뀌었음을 드러내는 록 프레이즈가 실린 〈별조차
잠든 하늘엔〉도 마음에 드는 곡들이다.

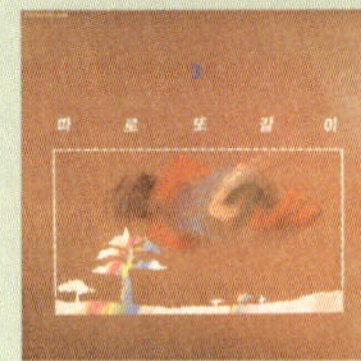

3집 (1985/서라벌레코드)
이주원(v, g), 나동민(v, g)
세션: 이영재(g), 이원재(b), 안기승(d), 김
광민(key), 한충완(key)
그들의 최고작이자 들국화 데뷔 음반과 함
께 1980년대 중·후반 국내 대중음악 르
네상스기를 있게 한 시금석. 강인원마저
나가고 이주원, 나동민 듀오 체제로 만든 음반이지만 이주원의 말을
빌리자면 비로소 그들 음악의 청사진을 완성한 음반이다. 하지만 청사
진을 마련한 시점이 그들의 정점이 되어 이후 음악적인 표현에서는 어
느 정도 한계에 부딪히지 않았나 한다. 물론 이주원이 콘셉트 지향의
음악으로 방향 전환을 한 후 그 시도가 제대로 평가받기도 전에 그룹
이 해체되는 비운을 맞았지만 말이다. A면은 이주원의 도움하에 나동
민이, B면은 이주원이 주도해 곡을 만들고 불렀다. 특히 B면에서는 이
주원의 완성된 음악을 들을 수 있고 〈해는 기울어 어느 가슴으로 가나
/가네〉, 〈내 님의 사랑은〉, 〈황량한 목소리〉는 의문의 여지 없이 1980
년대가 내놓은 명곡들이다. 〈해는 기울어 어느 가슴으로 가나/가네〉에
서 보여주는 시인으로서 이주원의 역량이 7분여에 이르는 격정적인
연주에 실려 생애 최고의 걸작품 하나를 만들어냈고, 곡의 후반부에서
진행되는 이영재의 일렉트릭 기타 솔로는 필(feel) 면에서 압도적인 느
낌을 자아낸다. A면의 〈풀잎〉도 필청곡이다.

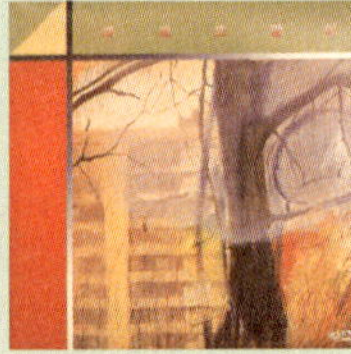

4집 (1987/지구레코드)
이주원(v, g, key), 나동민(v, g)
세션: 함춘호(g), 조동익(b), 이원재(key),
한송연(key), 신미영(key), 진형주(key),
김영석(d), 장성근(harmonica)
이주원이 향후 음악적인 방향으로 잡았던
'콘셉트 음반'의 모습으로 태어난 앨범.
〈가을의 노래: 여름은 가고/그대를 위한 가을의 노래/바람은 강물을
만났을까〉는 그 시도였다. 하지만 3집에서 보여준 역동성은 거세된 상
태였고, 1984년부터 강행군을 했던 라이브의 기운도 어느 정도 쇠잔
한 모습을 보여주었다. 이후 5집 작업 중 따로 또 같이는 영원히 깨진
다. 그들 이름대로라면 만남과 헤어짐이 반복될 수도 있을 것 같지만.

---

4 물론 이전에도 녹음 면에서 발군이었던 작은 거인의 2
집 음반이 있었다. 하지만 작품이 무척 훌륭했는데도 파
급 효과가 없었다. 이 음반의 믹싱은 지다가와 마사토라
는 일본인이 맡았다.

5 불행히도 그는 1987년에 손가락을 다치는 사고를 겪어
서 이후 음반 세션을 많이 하지 않았다. 그의 최근 세션
명작으로는 이성원 3집 [동쪽산에] (2002/풍류)를 꼽을
수 있다.

이주원

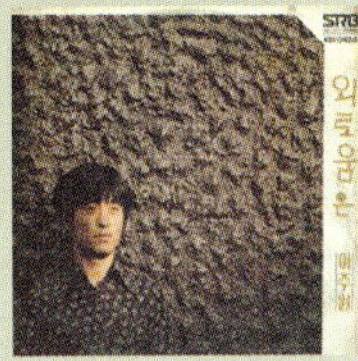

이주원 1집 [외로움은: 외로움은]
(1976/서라벌레코드)
〈외로움은〉, 〈한사람〉, 〈내 님의 사랑은〉

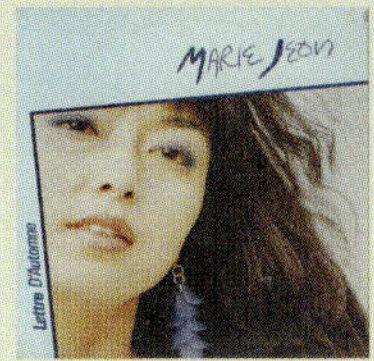

전마리 2집 [Lettre D' Automne]
(1991/희지레코드)
〈나뭇잎 사이로〉, 〈내 노래에 날개가 있다면〉

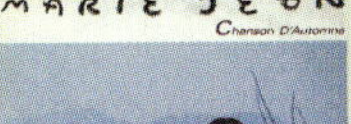

전마리 1집 [Chanson D' Automne]
(1990/킹레코드)
〈한사람〉, 〈그대를 위한 가을의 노래는〉

나동민

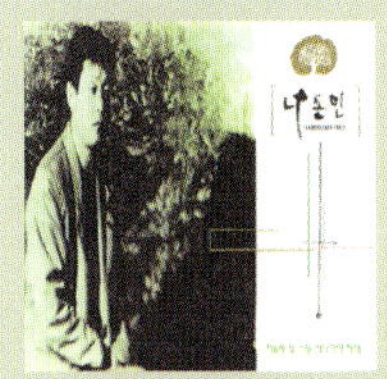

나동민 1집 [나동민 1993]
(1993/SMRC)
〈나는 이 노래 하리오〉, 〈조용히 들어요〉

강인원

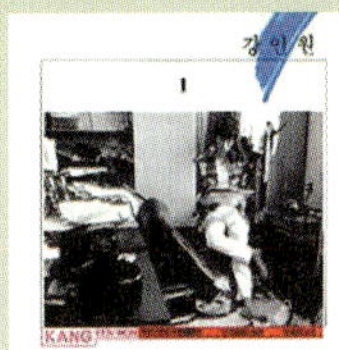

강인원 1집 (1985/대성음반)
〈제가 먼저 사랑할래요〉, 〈난 아침이 싫어〉

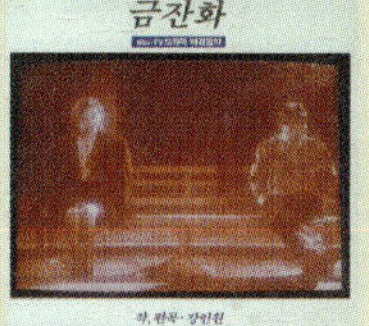

O.S.T. [금잔화]
(1992/코리아뮤직)

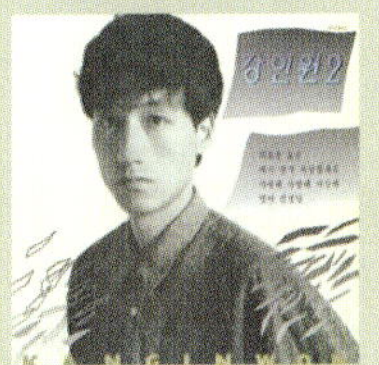

강인원 2집 (1986/서울음반)
〈외로운 여자〉

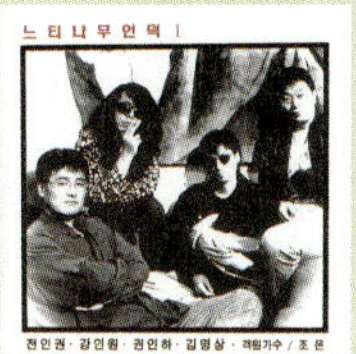

느티나무언덕 1집 (1994/서울음반)
전인권(v), 강인원(v), 권인하(v), 김명상(v), 조은(객원 보컬)
세션: 박정원(b), 조동익(b), 유태준(g), 함춘호(g), 손진태(g), 김도균(g), 한송연(key), 최태완(key), 김효국(key), 김영석(d)

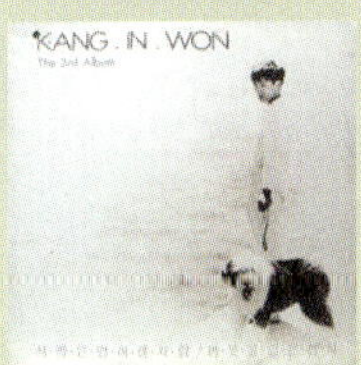

강인원 3집 (1988/서울음반)
〈사랑은 먼 여행처럼〉, 〈비옷을 입은 천사〉

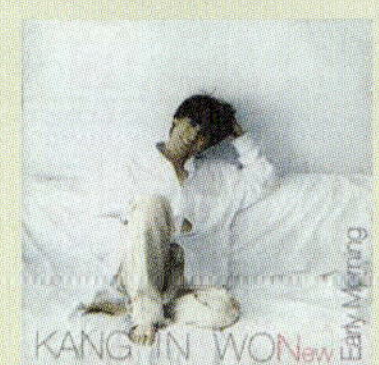

강인원 4집 [New/Early Morning]
(1997/EMI)
〈용서해줘〉, 〈니가 없는 아침이 싫어〉

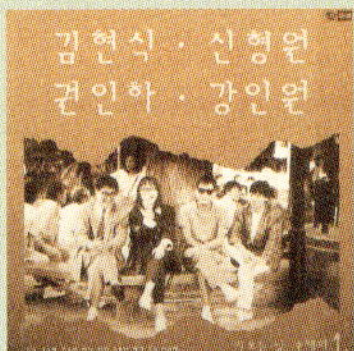

O.S.T. [비오는 날 수채화]
(1989/지구레코드)
세션: 동포(d), 함춘호(g), 홍금보(b), 이시우(key, perc), 강승혁(key), 강인원(harmonica)

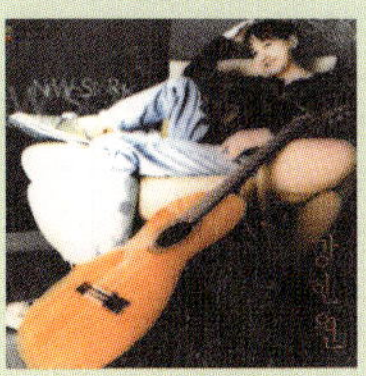

강인원 5집 [New Story]
(2001/예전미디어)
〈매일 그대와〉, 〈니가 없는 아침이 싫어〉

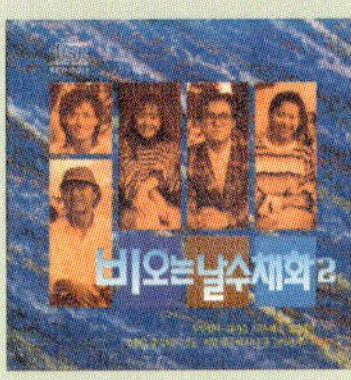

O.S.T. [비오는 날 수채화 2]
(1990/서라벌레코드)
세션: 김효국(key, piano), 최태완(key, piano), 조동익(b), 김영석(d), 함춘호(g), 손진태(g)

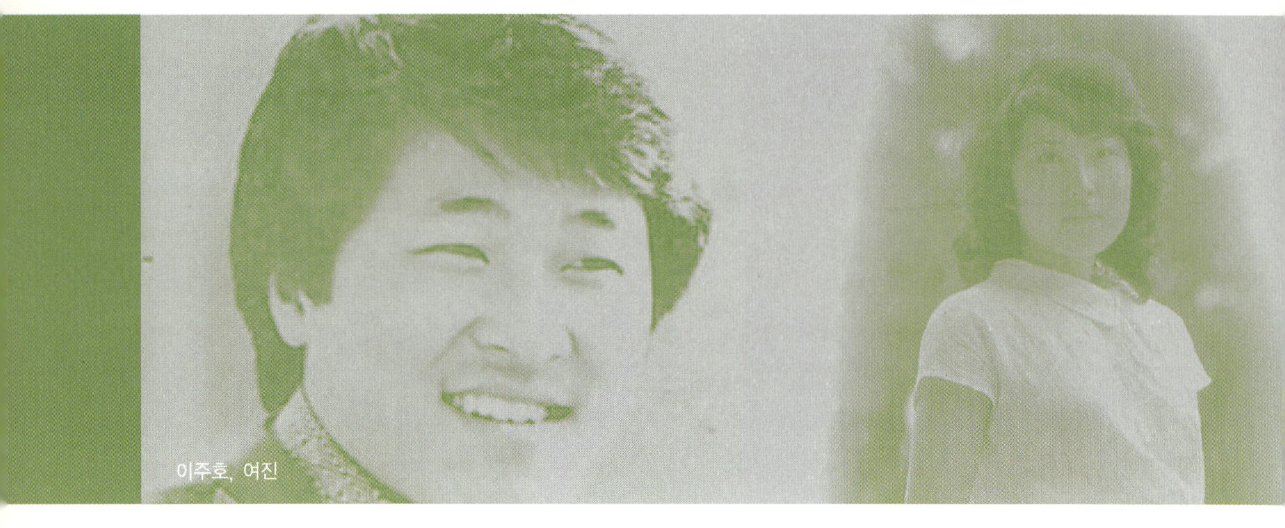

이주호(해바라기), 이승희 & 여진

"잊혀간 그들이 남긴 것은 그리움뿐"

잊혀간 1980년대 초반의 뮤지션들을 떠올렸을 때 생각나는 이들이 해바라기, 이승희, 여진이다. 한국 대중음악의 공백기였던 그때 인기를 얻었던 가수들 중에서 남다른 음악성을 갖고 있었던 그들은 이 자리에서 재평가 대상이 되어야 마땅하다고 생각한다.

해바라기는 이주호와 유익종이 만든 포크 듀오이고, 1983년에 데뷔 음반을 발표했다. 이주호의 뛰어난 작사 · 작곡 능력과 어쿠스틱 기타 연주가 돋보이는 이 데뷔 앨범은 〈행복을 주는 사람〉, 〈사랑의 시〉, 〈오며 가며〉, 〈갈 수 없는 나라(연극 '갈 수 없는 나라' 중에서)〉, 〈모두가 사랑이예요〉 등 주옥같은 노래들로 이루어진 음반이었지만 당시에는 의외로 크게 주목을 받지 못했다. 유익종이 이광준으로 대체되면서 1985년에 발표한 2집 [그날 이후...]는 〈이젠 사랑할 수 있어요〉와 1집에도 수록되었던 〈모두가 사랑이예요〉가 공전의 히트를 기록하면서 해바라기를 당시의 대표적인 포크 듀오로 만들었다. 이외에 〈시들은 꽃(기다림 속에서 3)〉, 〈어서 말을 해〉, 그리고 재수록된 〈사랑의 시〉, 〈행복을 주는 사람〉, 〈갈 수 없는 나라〉 등 앨범의 거의 모든 곡들이 사랑받았다. 2집은 부담 없이 듣기 좋은 어덜트 컨템퍼러리 팝 음반으로서도 출중했지만 김희현(드럼), 이영재(기타), 이호준(키보드) 등 뛰어난 세션맨들을 참여시켜 본격적으로 자신들의 음악을 한 완성도 있는 앨범이었다. 이후 이광준에서 유익종으로 다시 한 번 멤버가 교체되어 1986년에 발표한 3집 [오랜 침묵은 깨어지고 사랑은 언제나 그 자리에]에서는 〈너〉, 〈내 마음의 보석상자〉가 히트했지만 마지막으로 빛을 발한 작품이 되고 말았다. 이주호는 해바라기 3집이 나온 그해에 자신의 독집 음반을 발표했다.

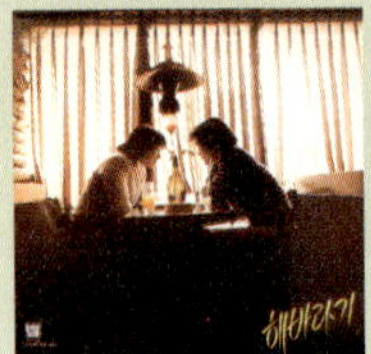

1집 [해바라기]
(1983/예음)
이주호(g, v), 유익종(g, v)

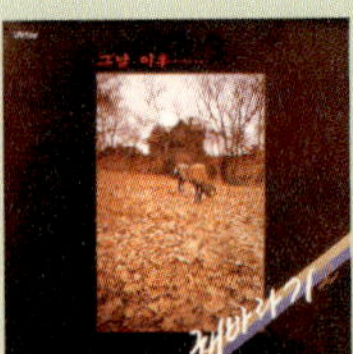

2집 [그날 이후…]
(1985/한국음반)
이주호(g, v), 이광준(g,
v) 세션: 김희연(d), 박광
호(b), 이태열(b), 이영재
(g), 이호준(key)

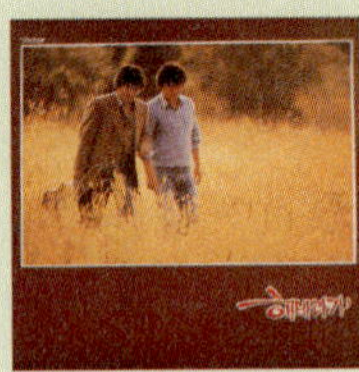

**3집 [오랜 침묵은 깨어지고
사랑은 언제나 그 자리에]**
(1986/한국음반)
이주호(g, v), 유익종(g,
v) 세션: 변성룡(key), 유
영수(d), 이영재(g), 조원
익(b)

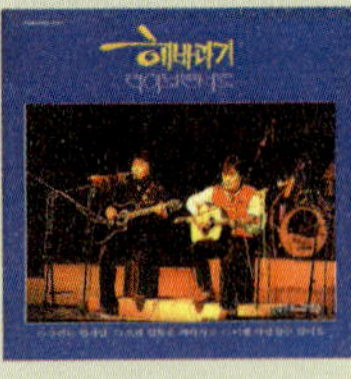

[라이브 콘서트]
(1988/서라벌레코드)
이주호(g, v), 유익종(g, v)
〈우리는 한사람〉, 〈오랜
침묵은 깨어지고〉

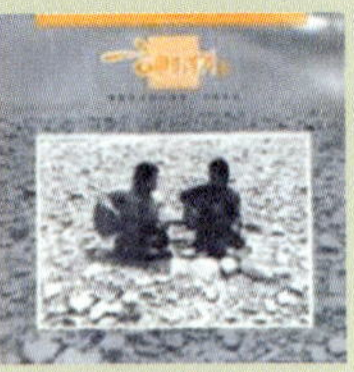

4집 [해바라기4]
(1988/서라벌레코드)
이주호(g, v), 이광준(g, v)
〈슬픔만은 아니겠죠〉,
〈사랑 노래〉

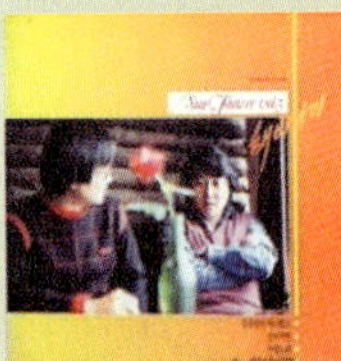

5집 [Sun Flower vol.5]
(1988/서라벌레코드)
이주호(g, v), 이광준(g, v)
〈슬픔만은 아니겠죠〉

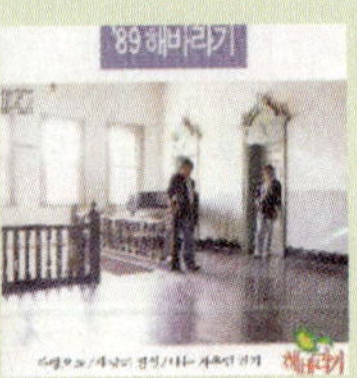

6집 [89 해바라기]
(1989/한국음반)
이주호(g, v), 이광준(g, v)
〈사랑으로〉, 〈슬픔만은
아니겠죠〉

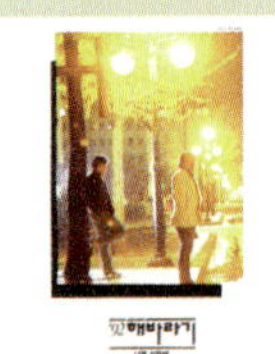

7집 [92 해바라기]
(1992/한국음반)
이주호(g, v), 심명기(g, v)
〈너를 사랑해〉, 〈나는 아
직까지 그댈 기억하고 있
어요〉

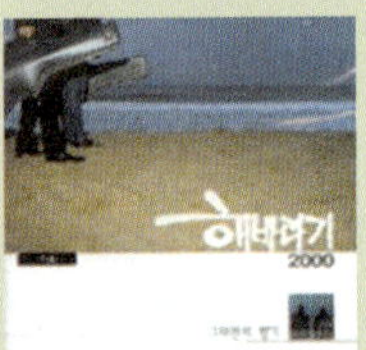

8집 [해바라기 2000]
(2000/신나라뮤직)
이주호(g, v), 강성운(g, v)
〈그대만의 향기〉, 〈이렇
게 좋은 날〉

9집 [For The Peace]
(2001/스펙트럼DVD)
이주호(g, v), 강성운(g, v)
〈사랑으로〉, 〈그날 이후〉

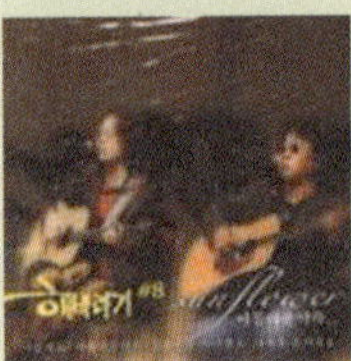

**10집 [아름다운 약속/나
없어도]** (2005/아시아미
디어)
이주호(g, v), 강성운(g, v)

이주호

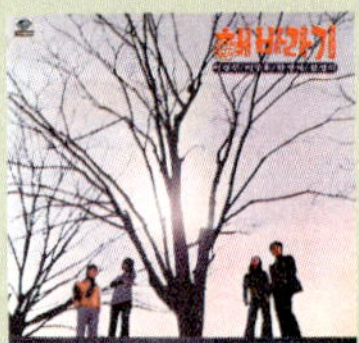

해바라기 1집 (1977/
지구레코드)
이정선(v, g), 한영애(v),
이주호(v, g), 김영미

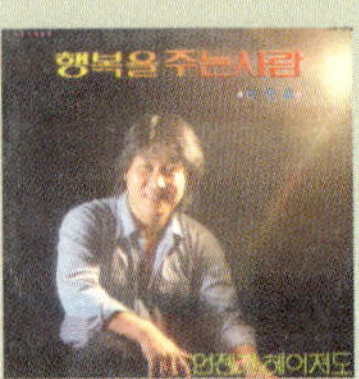

**이주호 [행복을 주는 사
람]** (1981/대한음반제작소)
이주호의 비공식 1집

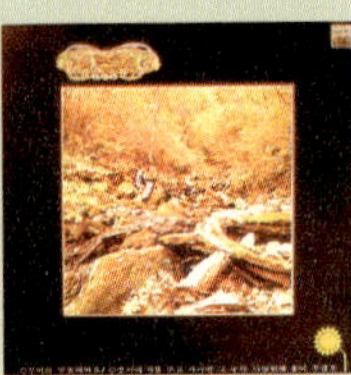

이주호 1집 [이주호]
(1986/한국음반)
세션: 이주호(g, v), 이영재
(g), 유영수(d), 조원익(b),
이호준(key), 변성룡(key)
〈무어라 말 좀 해봐요〉,
〈벗이여 저를 두고 가시
면 그 누가 사랑 위해 울
어주겠오〉

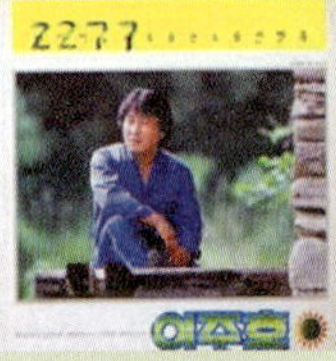

**이주호 2집 [해바라기
이주호]** (1987/한국음반)
〈외로움은 소중한 행복〉,
〈벗이여〉

이승희는 이장희의 동생으로 알려졌지만 이장희와는 다른 독특한 음악성을 가진 뮤지션이었다. 1979년 데뷔 음반에서는 〈전화〉가 방송을 조금 탔지만 그 이상은 알려지지 않은 채 사장되었고, 1980년에 이영재, 최성원과 함께 만든 [이영재 이승희 최성원]도 그리 큰 반향이 없었다. 이후 그는 방송음악 작곡을 하는 등 진로를 바꾸었다. 데뷔 음반은 완성도 면에서 뛰어나다고는 생각되지 않는다. 하지만 〈주여〉 같은 곡에서 나타나듯이 그의 강점은 동시대 다른 가수들이 보여주지 못했던 자신만의 독자적인 감성이었다. 〈주여〉는 지금까지 국내에 나온 '주 찬양' 노래 중에서도 최고의 예술성을 가진 곡으로 후반부에 '주'를 절규하면서 노래할 때의 피아노 라인은 정말로 아름답다. 배수연(드럼), 윤승태(기타), 변성룡(키보드), 이호준(피아노), 조원익(베이스)이 참여한 세션은 참신했고 이들은 이후 1980년대에 막강한 세션 집단을 형성한다. 이승희는 재능에 비해서 알려지지 않은 대표적인 아티스트였다.

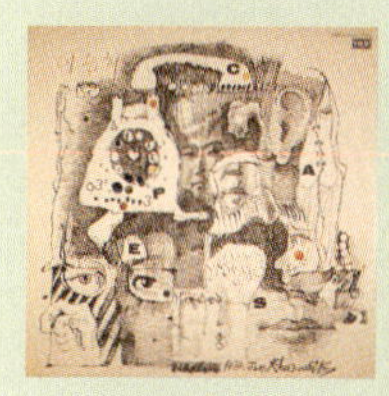

이승희 1집 (1979/한국음반)
세션: 이승희(v, g), 배수연(d),
윤승태(g), 변성룡(key), 이호준
(key), 조원익(b), 김정민(flute)
〈전화〉, 〈주여〉, 〈은행잎〉

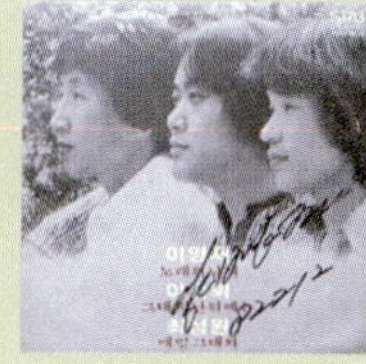

이영재/이승희/최성원
[이영재 이승희 최성원]
(1980/서라벌레코드)
이영재의 〈노래의 날개〉, 이승희
의 〈그대 떠난 뒤에는〉, 최성원의
〈매일 그대와〉 등이 수록된 스플
릿 앨범

여진은 현직 교사로 재직 중이던 1983년에 데뷔 음반을 낸 독특한 경우의 아티스트였다. 별 다른 방송 활동 없이 음반만으로 알려진 그녀는 데뷔 앨범에서 〈꿈을 꾼 후에〉, 〈그리움만 쌓이네〉 등과 같이 격조 높은 가사와 애상적인 멜로디 라인의 곡들이 알려지면서 주목받았다. 데뷔 음반에서 싱어송라이터로서의 자질을 보여주었지만 그녀 자신이 더 이상 연예계 활동을 하지 않으려 하면서 추가 음반 작업은 한동안 없었다. 그러다가 1995년에 2집을 발표했는데, 오랜 휴식 기간 때문인지 그녀가 예전에 보여주었던 예리한 곡 쓰기는 더 이상 확인할 수 없었다.

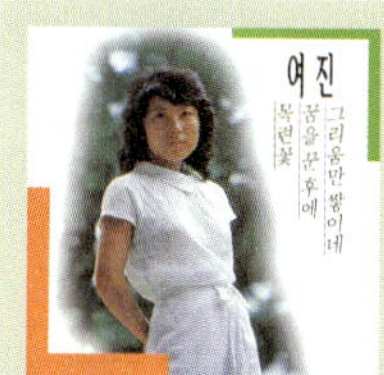

1집 (1983/우주기획)
〈꿈을 꾼 후에〉, 〈이별〉

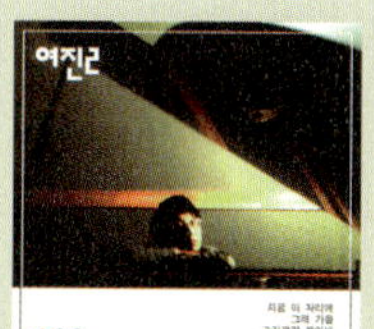

2집 (1995/도레미레코드)
〈지금 이 자리에〉, 〈그해
가을〉

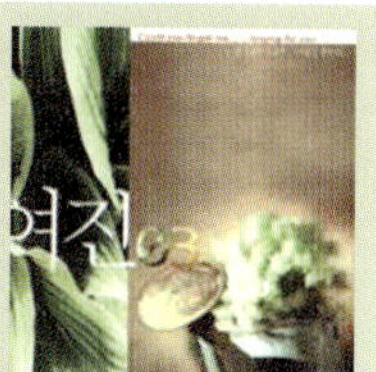

3집 [여진 03]
(2000/도레미레코드)
〈널 떠나보내고〉, 〈이별
할 수 없는 이유〉

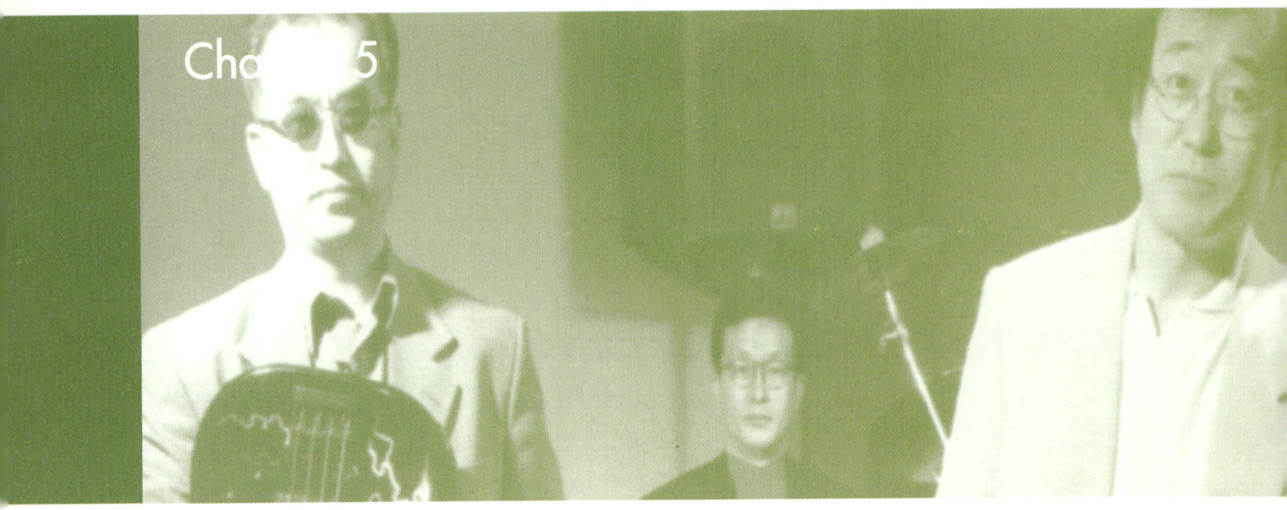

Chapter 5

김창완(산울림)

"산울림의 탄생은 당시 시대적
잠재의식의 표출 결과였다"

● 산울림은

    1977년 록밴드의 음악으로 창작과 연주 면에서 인식의 전환을 가져다준 산울림은 가히 '한국 록의 시작'으로 불릴 만하다. 그리고 이는 신중현이 '한국 록의 대부'라기보다는 '한국음악창작자의 역사에서 시작'으로 불리는 것이 타당함을 생각한다면, 또한 실질적으로 산울림의 록음악부터 음악 마니아들의 현재적인 감성에서 벗어나지 않음을 상기한다면 산울림을 진정한 '한국 록의 시작'으로 불러도 그리 틀린 말은 아닐 것이다.

    산울림이 데뷔 음반을 발표한 1977년은 유신 말기의 암울한 시대였고, 억압된 사회구조에서 예술가들이 제대로 활동할 수 있는 여지란 없었다. 당시의 한국 대중음악계를 보더라도 1970년대 초와는 분위기가 달랐는데, 신중현이 중심에 있었던 록과 한대수와 김민기가 일궈놓은 모던포크는 더 이상 들을 수 없었다. 그 대신 이미자, 송대관 등의 트로트 가수들이 그 자리를 차지하면서 대중음악의 주류를 형성했다.

    당시 우리 대중음악의 지형도를 생각했을 때 산울림의 데뷔는 '파격'이었고, 한마디로 난데없이 '쏙' 나타난 존재였다. 그들 이전에는 전혀 그 예를 찾아볼 수 없는 현재적인 감성의 폭발적인 록 사운드로 일단 사람들의 시선을 끌었다. 또한 김창완(기타, 보컬), 김창훈(베이스, 보컬) 형제의 뛰어난 창작곡은 보통 사람들부터 음악 마니아층까지 모두를 그들의 음악 세계로 끌어들일 만한 역동적인 힘을 갖고 있었다.

    이처럼 한국대중음악사에서 산울림의 데뷔는 파격적인데,[1] 이는 전대 뮤지션들과의 음악적인 연결고리가 없을 뿐만 아니라 영미권 대중음악의 영향을 받은 흔적도 없어 보였기 때문이다. 한마디로 '독창적'이라고 평가할 수 있고, 특히 1~3집에서 보여준 퍼지톤 기타와 오르간의 독특한 어울림과 그 안에서 형성되어 나오는 그루브는 이전에도 없었지만 이후에도 찾기 어렵다.

어느 날의 일이었다. 가벼운 노크소리와 함께 한 젊은이가 들어섰다.
"사장님이시죠?"
"예!"
"이것 좀 들어봐주세요."

---

[1] 산울림은 처음 나왔을 때 파격적이라는 평가를 들었다. 이는 이전까지 듣지 못했던 사운드를 주목하는 얘기일 수도 있지만, 김창완 · 김창훈 형제가 보여준 새로운 '가사 쓰기'에 대한 평가라는 부분도 있을 것이다.

젊은이가 바로 金昌完君. 그러니까 '산울림'의 리드 싱어였던 것이다.

나는 흔히 하듯 녹음기에 카세트를 꽂고 귀를 기울였다. 그리고는 놀랐다.

마치 AFKN의 한 뮤직프로에서나 나올 듯한 다이내믹한 사운드, 그리고 생동감 넘치는 리듬터치, 그리고 또 너무도 개성적인 멜로디의 진행과 창법. 한마디로 말해서 나는 그만 매혹당하고 말았던 것이다. 또 그들의 음악에 넘치는 젊은 활력, 밝은 익살기. 그것은 다른 사람들의 음악에서는 볼 수 없는 풍요한 생명력의 조각들이라고 느껴졌으며, 마치 회색 하늘을 가르고 내보이는 한 조각 푸른 하늘. 한 줄기 햇살과도 같은 신선한 매력이라고 느껴졌다.

물론 젊은 것만큼 노련하지 못한 것은 사실이며, 또 신선한 것만큼 완숙하지 못한 것은 당연하다. 그러나 젊음과 신선. 그것은 바로 창작의 원천이며, 음악에 있어서는 흘러주는 생명의 약동이 되는 것이다. 나는 그들 음악의 젊음과 신선한 감각, 그리고 약동하는 생명력의 리듬에 매혹되어 그들의 음악활동을 밀어주기로 작정했고, 여기서 이 음반은 시작되었다. 이제 남은 것은 그들의 음악이 청중의 심판을 받아야 한다는 것뿐이다. 결코 노련하지도, 완숙하지도 못 하면서 던져주는 커다란 매력. 이 매력의 근원이 무엇인지 함께 살펴보고 싶을 뿐이다. (성음사 사장)

김창완(기타, 보컬), 김창훈(베이스, 보컬), 김창익(드럼) 삼형제로 구성된 산울림은 〈아니 벌써〉, 〈아마 늦은 여름이었을 거야〉, 〈불꽃놀이〉, 〈문 좀 열어줘〉 등이 수록된 '한국 록 역사에서 기념비적인' 데뷔 앨범(1977)을 발표했다. 이후 불과 5개월 뒤 〈어느 날 피었네〉, 〈이 기쁨〉, 〈내 마음에 주단을 깔고〉, 〈안개 속에 핀 꽃〉 등 창작적으로 가장 훌륭했던 2집(1978)을 발표하는 기염을 토한다. 역시 같은 해 〈내 마음(내 마음은 황무지)〉이 담긴 3집을 발표하며 초기 산울림의 대미를 장식한다. 김창훈과 김창익의 군입대로 4~6집은 김창완 솔로 체제로 활동했고, 이 시기의 대표곡으로는 〈오솔길〉, 〈창문 너머 어렴풋이 옛 생각이 나겠지요〉, 〈빨간 풍선〉 등이 있다.

1981년에는 김창훈과 김창익이 복귀해 7집을 발표했다. 고풍스러운 오르간과 퍼지톤 기타가 빠지는 등 사운드의 기조가 초기와 완전히 달라지면서 느낌은 깔끔해졌지만 초기의 거칠면서 원초적인 에너지는 더 이상 기대하기 힘들어졌다. 〈가지 마오〉, 〈독백〉, 〈청춘〉 등이 히트했고, 〈먼 나라 이야기〉라는 명곡이 실렸다. 이후 〈새야 날아〉, 〈내게 사랑은 너무 써〉, 〈회상〉이 수록된 8집(1982), 〈웃는 모습으로 간직하고 싶어〉, 〈멀어져간 여자〉, 〈더, 더, 더〉가 수록된 김창완이 가장 좋아한다는 9집(1983), 〈숨길 수 없네〉, 〈너의 의미〉가 수록된 10집(1984)까지는 같은 선상의 작품들이다. 그리고 10집이 사실상 산울림의 마지막이었고, 이들의 공식적인 활동은 중단되었다.

이후 김창완 혼자 참여한 11집(1986), 12집(1991)이 발표되었고 1997년에는 삼형제가 잠시 모여 13집 [무지개]를 발표했다. 1999년에는 시나위, 자우림, 윤도현 밴드, 블랙 신드롬, 델리 스파이스, 문차일드 등이 참여한 트리뷰트 앨범 [산울림 Tribute Album 77 99 22]가 발매되었다.

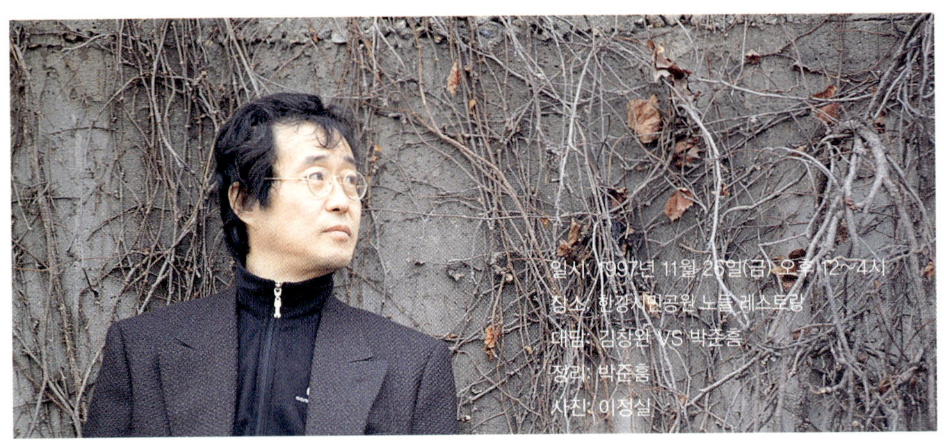

1977년에 산울림은 〈아니 벌써〉와 같이 스트레이트한 리듬으로 중무장한 노래들로 대중음악계에 출사표를 던졌다. 그리고 이 음반으로 그들이 의도했든 아니든 향후 한국 대중음악의 지각 변동을 일으켰다. 당시 국내 대중음악의 문제점이었던, 삶에서 전혀 체화되지 않은 가사들의 '나열'과 급조된 사운드에 불만을 느낀 대중들에게 산울림은 신선한 경험을 가져다주었다. 자신들의 감정을 도식적인 언어로 표현하는 것을 지양했던 그들은 '전통가요'라고까지 불리는 트로트 시장의 정서를 비아냥거리는 듯했다. 1970년대 초반 김창완이 대학생 시절에 만들어놓은 곡들로 구성해 만든 그들의 '혁명'적인 데뷔 음반은 한국 대중음악사에서 '파격'이었고, 그 느낌은 아직까지도 유효하다.

"인생 자체가 계획이 없는 거다."

박준흠: 방송 활동, 특히 연기 활동도 꾸준히 하고 있는데, 연기 활동은 원래 계획에 없지 않았나?
김창완: 인생 자체가 계획이 없다고 생각한다.
그러면 앞으로도 달라질 수 있다는 말인가? 일례로 요리사가 된다든지 카레이서가 된다든지.
그건 모르겠다.
"미국에 루 리드(Lou Reed)가 있었다면 한국에는 김창완이 있다"라고 인터뷰 제목을 붙일 수도 있을 것 같다.

나는 그 사람의 곡 〈Walk On The Wild Side〉를 좋아한다. 요새는 〈Perfect Day〉, 〈Pale Blue Eyes〉 같은 곡들이 히트곡이 되었다.

〈Walk On The Wild Side〉라면 1972년 [Transformer]에 실린 작품이다. 그 당시엔 대학생이었을 텐데(김창완은 서울대 농대 잠사학과 71학번이다) 그때부터 루 리드를 좋아했나?

그 당시는 C. C .R., 닐 영(Neil Young)의 〈Heart Of Gold〉 같은 곡을 좋아했다.

루 리드를 선생과 비교하면서 거론한 이유는, 루 리드는 1960년대 말부터 미국 내에서도 주류 음악권에 있지 않으면서 시대 조류에 휩쓸리지 않고 자신만의 음악을 했고 지금까지도 변함없는 사람이라는 점 때문이다. 그러나 철저히 변방에 머물러 있으면서도 시대를 이끌어가는 사람 중 하나였다. 그는 1960년대 말 벨벳 언더그라운드(Velvet Underground) 활동으로 뉴욕 펑크의 시조가 되었고, 이후의 런던 펑크, 그런지, 얼터너티브 록을 개화시킨 당사자가 되었다. 산울림도 마찬가지로 한국 대중음악사에서 그런 역할을 했던 것이 아닌가 한다. 물론 앞 세대에 신중현 씨도 있었고 키보이스, 히식스 같은 밴드도 있었지만 록 음악의 대중화는 산울림이 시발점이었던 것 같다. 또한 앞 세대 록 밴드들과도 음악적으로 달랐다. 일례로 1집 수록곡 〈아마 늦은 여름이었을 거야〉의 피아노 라인과 기타 솔로, 그리고 전체적인 그루브감은 그 당시 국내 대중음악 환경에서 도저히 나올 수 없는 차별적인 사운드라고 생각한다. 이런 점들을 고려할 때 한국 대중음악사에서 산울림이 갖는 의미는 무엇이라고 생각하나?

산울림이 처음 나왔을 때 파격적이라는 평가가 있었다. 외부의 영향에서 자유로울 수 있다는 것, 새로운 가치가 만들어질 수 있다는 것 등이 중요하다고 본다. 산울림 음악 자체의 질을 떠나서 새로운 사고가 가능하다는 것이 중요하다. 작곡할 때도 생각했던 것이 "사랑이 떠나가서 슬픈 사람이라면 눈물이 먼저 나오지 어떻게 '내 사랑 떠나갔네' 하고 노래를 부를까?"라는 점이다. 그래서 우리나라 노래는 진한 감정이 배어 있는 노래가 별로 없다. 산울림 노래들은 상당히 객관적이면서 대상에서 떨어져 있는 것을 견지했다. '사랑'이라는 단어 자체가 직접적으로 사용되기까지는 8집까지 기다려야 한다. 그 당시에 감정적으로 처리하기 힘든 무거운 주제 같은 것들은 피해갔다. 그리고 그것은 우리가 다루어야 할 것들이 아니라고 생각했다. 그런 것들을 노래하려면 노래 이전에 다른 행위들이 먼저 있어야 할 것 같았다. 그러니까 다른 사람들은 산울림의 노래를 듣고 "아무것도 아닌 얘기를 어떻게 저렇게 할까"라고 봤을 것이다. "비닐 장판 위에 딱정벌레가 가는데 그걸 어떻게 노래할까?" 하는 것처럼. 반대로 우리는 "사랑이 떠나가는데 어떻게 저렇게 노래할까?"라고 생각했다.

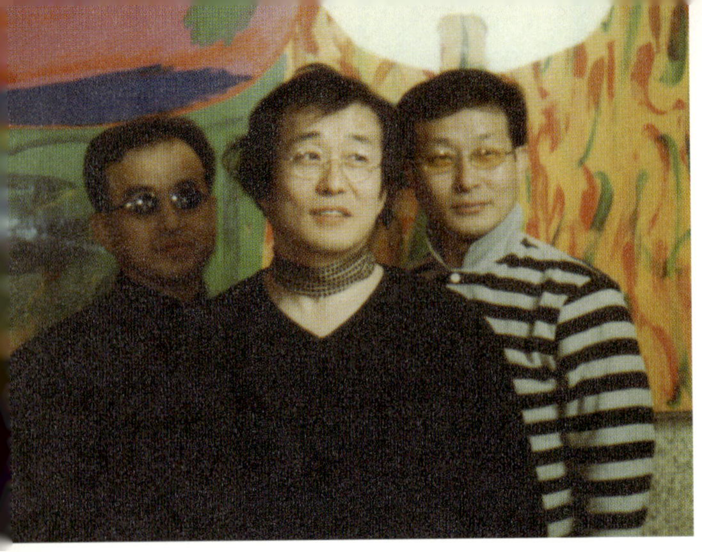

"산울림 음악 자체의 질을 떠나서 새로운 사고가 가능하다는 것이 중요한 것 같다. 작곡할 때도 생각했었던 것은, 사랑이 떠나가서 슬픈 사람이라면 눈물이 먼저 나오지 어떻게 '내 사랑 떠나갔네' 하고 노래를 부를까 하는 점이다."

"산울림 초기라는 것, 그 자체가 상당히 복합적이면서도 추상적이다."

거의 모든 산울림 노래 가사가 두 번 이상 반복되는데, 특별히 가사를 대중에게 전달하고 싶은 욕심이 있었나?

당연지사로 생각했지 반복이라고 생각하지 않았다. 노래가 두 번 반복된다고는 생각하지 않았다. 반복적인 리듬이나 리프를 좋아한다. 요새 사람들이 싫어할 것 같지만 그래도 앞으로 하려고 한다. 나는 같은 리듬이 나오면 안정감을 느끼는데 사람들 중에는 상당히 불안하게 듣는 사람도 있는 것 같다. 변화가 없는 것에 대한 두려움이다.

혹시 1960년대 사이키델릭 록 음악에 관심이 있었나? 그 장르의 특징 중 하나가 반복적인 것과 장시간의 곡 구성인데, 약물 문화의 영향 탓인지 20분씩 되는 곡들도 있다.

아이언 버터플라이(Iron Butterfly Evolution)의 〈In-A-Gadda-Da-Vida〉 같은 곡을 말하나?

산울림 리프도 그런 쪽에서 영향을 받았나?

영향이야 받긴 받았다. 그러나 특별히 좋아했던 건 아니다.

앞으로 나올 음반은 산울림 초기 사운드로 돌아갈 수도 있을 것 같나?

돌아가기 어렵다. 나도 못 돌아갈 뿐만 아니라 청취자들도 돌아갈 수 없기 때문이다.

그러면 자신의 음악을 한다는 것과 대중을 생각해야 한다는 것에 대한 경계선은 어디쯤이라고 생각하나?

자신의 음악을 하는 것은 어려운 일이 아니다.

방금 전에 산울림 초기 사운드로 돌아가는 것은 어려운 일이라고 했는데, 이는 대중이 받아주지 않을 것이라는 판단에서 자신이 내부적으로 경계를 정한 것 아닌가?

산울림 초기라는 것, 그 자체가 상당히 복합적이면서도 추상적이다. 산울림 초기라는 것은 워크

맨 초창기에 나온 워크맨과 같을 거다. 초창기 워크맨은 만들 수 있지만 누구도 사지 않을 것이다. 밥 딜런의 새 앨범을 들어보면 우리 같은 사람들에게 회한을 불러일으키는 것 같았고, 앞으로 나의 행위도 그럴 수 있다.

"그렇게 어색한 합주는 이 세상에서 아직도 들어본 적이 없다."

초기 음반 이야기로 돌아가서, 1~3집에서 보여준 사운드 메이킹의 독특함, 일례로 선생의 퍼지 톤 기타 사운드와 오르간 연주 등은 어떻게 구상한 건가? 산울림 1~3집 사운드의 가장 독특한 점은 오르간이 기타와 아주 잘 어울린다는 것이었는데.

사촌동생 김난숙이 오르간 연주를 했다. 그런데 걔는 악보 없으면 못 친다. 단 한 음도. 필(feel)이 없다. 악보를 그려주면 그대로 치는 거였다.

그러면 오르간 사운드의 아이템도 선생이 제시한 건가?

그렇다. 요새같이 연주자가 알아서 치는 것도 아니었다.

그녀에게 필이 없다고 했는데, 그래도 1~3집의 결정적인 사운드 요소는 오르간이었던 것 같다.

하도 괴상하게 치니까. 그런 소리를 내는 오르간 연주자가 어디 있나? 그렇게 어색한 합주는 이 세상에서 아직도 들어본 적이 없다. 하여간 이상하게 쳤다.

그럼 1집에서 끝나야지 왜 2, 3집까지 계속 같이했나?[2]

3집을 들어보면 알겠지만 오르간이 없으면 허전하지 않나?

그러면 허전한 정도가 아니라 초기 산울림 사운드가 아니다. 정 어색했다면 사운드를 바꾸라고 하든지 다른 연주자를 구할 생각을 하지 않았나?

글쎄.

산울림의 초기 사운드 같은 경우는 국내외를 막론하고 특별히 어디서 영향받은 것 같지 않다.

산울림 사운드의 오리지널리티는 일본 사람들도 인정한다. 하지만 어디서 기원하는지는 나도 잘 모르겠다. 원래 남의 말을 잘 안 들어서 그런 건지.

산울림의 경우 데뷔 20일 만에 스타가 되었는데, 원래 스타를 꿈꾸지는 않았나? 그리고 하루아침에 스타가 된 기분은 어땠나?

사람들이 왜 그러나 했다.

---

2 김난숙은 2집까지 참여했다고 한다.

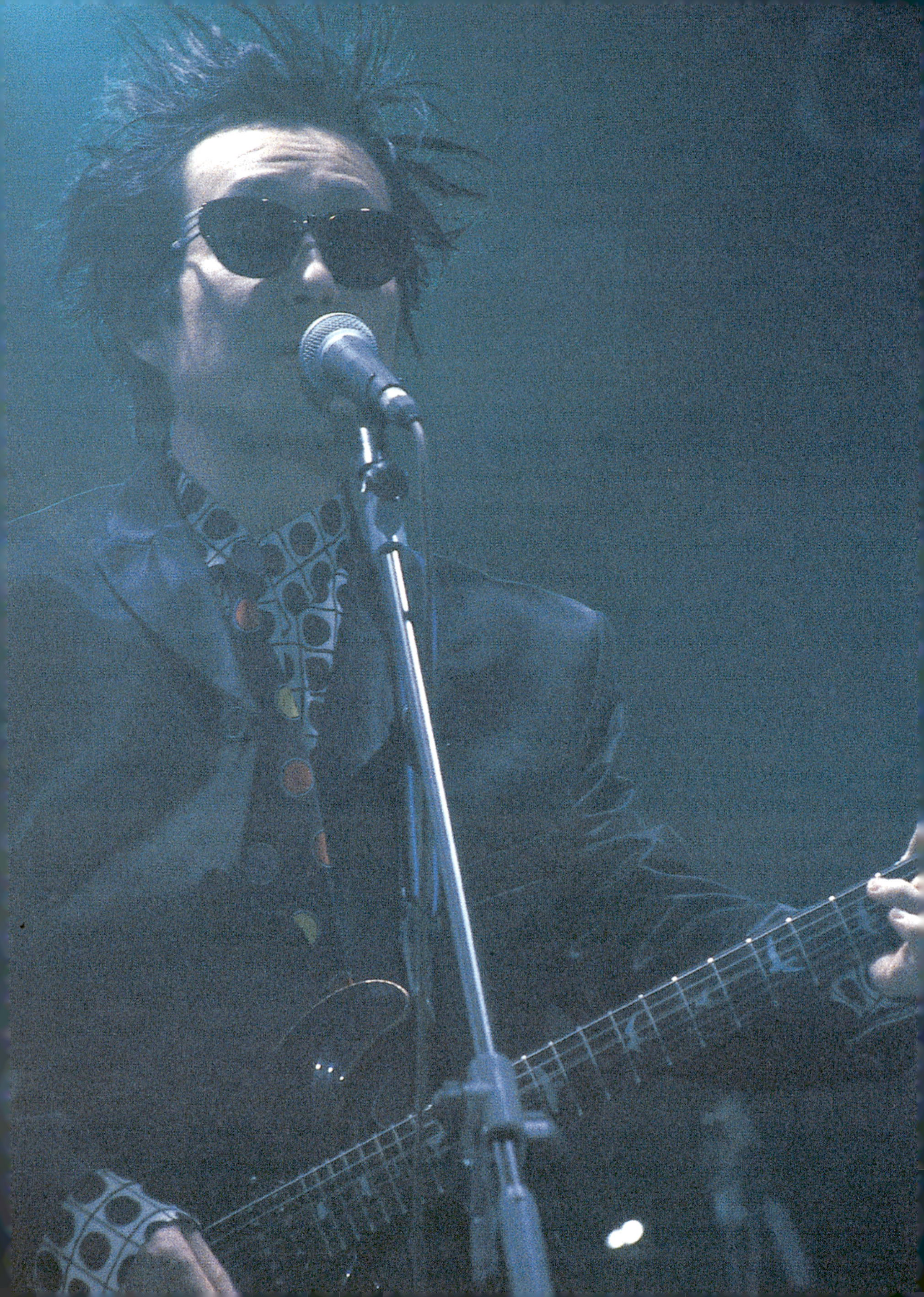

꼭 맞는 비교 대상은 아니지만 너바나(Nirvana)의 커트 코베인(Kurt Cobain) 같은 경우 원치 않는 성공에 고민하다가 자신의 음악을 더 이상 할 수 없음에 자살을 했는데, 선생은 갑작스런 성공에 어떤 느낌을 받았나?

조금씩, 조금씩 적응해나갔다. 그래도 10년쯤 지나니까 나도 연예인인가 보다라는 생각이 들었다.

1970년대 대학가요제 출신 그룹들의 사운드 기조는 산울림의 것을 계승한 측면이 있는 것 같다.

산울림보다는 대상을 받은 샌드 페블스(Sand Pebbles)의 영향이 컸다. 악기 편성도 그렇고.

일부 음악평론가들은 대학가요제를 공권력에 의해 기획된 행사로 보기도 한다. 마치 1980년 '국풍 80'처럼. 유신 말기 정권에 대한 사람들의 증폭된 불만을 다른 데로 돌리기 위한 것이 대마초 파동으로 허전해진 대중음악계의 빈자리를 채우려는 방송사의 전략과 맞아 떨어졌다는 것이다. 그럼에도 불구하고 활주로, 샤프, 작은 거인, 마그마라는 주목할 만한 밴드들이 탄생했고, 산울림과 함께 이들이 록 음악의 대중화를 이루는 역할을 수행했다는 것은 간과할 수 없다. 1970년대 말 가요계 상황은 트로트 가수들이 세를 형성하던 때였고, 분명히 산울림과 대학가요제 그룹들은 전자와 달랐다. 이들이 없었다면 이후의 대중음악 판도도 달라졌을 것 같다.

록 음악 자체가 대마초 사건 때문에 궤멸되고, 청년문화가 특별한 대안을 찾지 못하고 있을 때 대학가요제가 생겼다는 것 때문에 상당히 정치적인 해석을 하는 사람들도 있는데 이는 옳지 못하다고 본다. 그때 수많은 대학교에서, 단과대학에서도 자기네들끼리 학교 가요제를 열지 않았나?

"세 살 때 보았던 세상이나 지금 볼 수 있는 세상이나 그때 몰랐던 것은 지금도 모르겠고, 그때 알았던 것은 지금도 안다."

초기 산울림 사운드의 정수라고 생각되는 2집 수록곡 〈이 기쁨〉의 폭발적인 사운드와 정석적이지만 유려한 기타 솔로를 듣고 있으면 철저하게 음악을 준비한 것으로 여겨지는데, 나름대로의 수련 과정은 어떠했나?

1971년부터 음악을 했으니까 2집 낼 때까지 7년의 기간이 있었다.

혹시 타고난 음악적 감각이 있다고 생각하나? 자신을 천재라고 생각하는지?

글쎄, 천재라고 하니까 말하기가 거북한데, 사실 나는 원래 천재성이 있었다. 어렸을 때부터의 훈련이기도 하지만 사물을 보는 관점이 다른 이들과 차이가 있었다. 음악적인 내용뿐만 아니라 음악을 대하는 방법, 음악을 만들어가는 과정도 다른 사람과 다른 점이 천재성이라면 천재성일 수 있다. 그건 오래된 습성이다. 획득된 것은 아닌 것 같다. 기억나기 전부터 그렇게 보였던 것 같다. 세

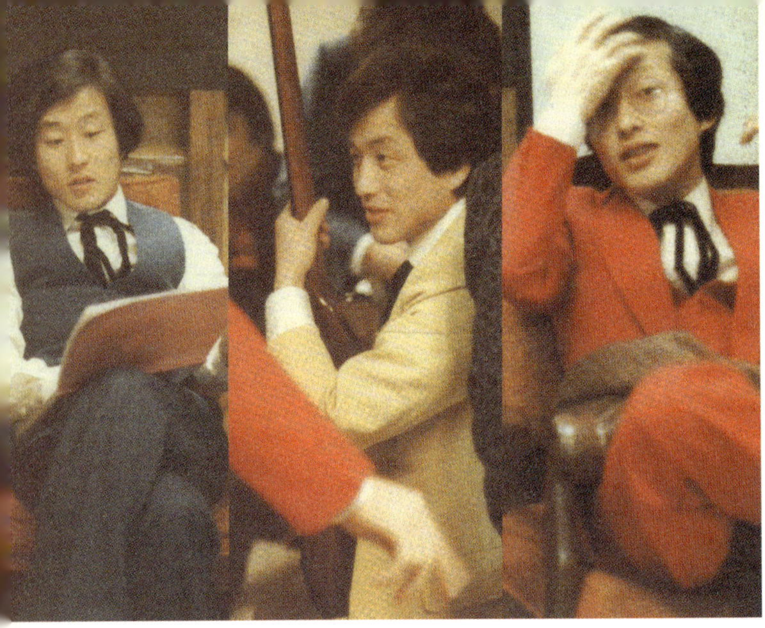

살 때 보았던 세상이나 지금 볼 수 있는 세상이나, 그때 몰랐던 것은 지금도 모르겠고 그때 알았던 것은 지금도 안다. 그러니 그 당시 천재라고 그러지 않았겠나.

혹시 음악적인 절정기가 언제라고 생각하나?

최근 13집이라고 생각한다.

13집에서 〈FAX 잘 받았습니다〉라는 곡을 보면 가사에 "인터뷰 내용을 미리 알려주시면 시간이 절약될 겁니다"라고 쓰여 있는데, 기자들이 인터뷰 준비를 제대로 해오지 않아서 괴로운 적이 있었나 보다.

아니, 그건 오해다. 전에 일본인이 인터뷰해왔을 때의 상황이었다.

예전에 다른 인터뷰에서 8집을 안 좋게 생각한다고 했는데, 8집은 〈새야 날아〉 같은 깔끔한 곡들이 실린 음반이 아니었나?

물론 그 음반에는 좋은 곡들이 실렸다. 안 좋으면 그 음반이 많이 팔렸겠나? 7집은 재기작이었고, 8집은 산울림의 롱런을 약속하는 음반이었지만 여기 배어 있는 철저한 상업성 등을 질색하는 것이다. 지금 13집도 이만한 정도의 소구점을 파악하고 기획을 탄탄히 하고, 흐름을 이 정도로 만들어냈다면 더 큰 성공작이 되었을 것이다.

개인적으로 가장 마음에 드는 작품은 어떤 것인가?

[개구장이] 앨범을 포함해 동요집 세 장이다.

그 음반들이 산울림 정규 음반보다도 마음에 든다는 말인가?

그렇다. 산울림 정규 음반 중에는 9집이 마음에 든다. 내용이나 진실성이나 간절함이나.

'간절함'이라니?

간절함은 내부적인 것일 수도 있고, 여건일 수도 있다. 그것은 작업한 사람의 비밀일지도 모른다. 9집 때는 거리낌이 없었다. 8집의 성공으로 편안한 마음이었을 수도 있다.

"영원한 펑크가 있다. 펑크는 그 당시 섹스 피스톨스가 나와서 생겨난 일이 아니다."

1970년대 음악을 이야기할 때 한대수, 김민기, 이주원, 양희은, 송창식, 정태춘, 조동진을 거론하면서 청년문화와 연관시키는 시각도 있다. 김창완 씨는 약간 뒤지기는 하지만 동시대에 음악을 했던 사람으로서 당시의 포크 음악계와는 일정한 거리를 둔 것 같은데 이유가 있었나?

그 당시 그 사람들을 잘 몰랐다. 사람들이 그들이 유명하다고 해서 그런가보다 했지 난 그 사람들이 유명하다고 생각해본 적이 없다. 그쪽 음악은 전혀 안 들었다. 그 사람들이 지금 어떻게 평가받는지 관심도 없다. 그리고 김민기 씨는 그 부분(1970년대 비판적 음악인의 상징으로 얘기되는 것)에 대해서 확실히 거부 의사를 밝혔는데 왜 사람들이 물고 늘어지는지 모르겠다.

그 당시 국내 음악인 중 좋아했던 사람은 있었나?

신중현, 김추자, 펄 시스터즈를 좋아했다.

산울림이 활동했던 초반기는 유신 말기의 암울했던 시기였고 문화계 전반을 포함한 사회 전반이 억눌리고 탄압받았던 시기였는데, 왜 산울림은 시대 상황과 무관한 음악을 했고 현실 사회 발언에는 무관심했는지 거론하는 사람들이 있다. 이에 대해 어떻게 생각하나?

나는 그 당시에도 탄압받지 않았다. 누가 탄압받았다는 건가? 그 시대 전체를 탄압받은, 마치 자신이 탄압의 목표물이 되었던 것처럼 설정하고 행동하는 것은 가당치 않다고 본다. 남의 아픔이 진정한 내 아픔이라면 그들이 과연 노래했을까라고 생각한다. 나는 그렇기 때문에 쓸데없는 탁상공론이라고 생각한다.

만약 남의 아픔이 진정한 내 아픔이라고 생각한다면 노래를 하기 이전에 현실 참여를 해야 한다는 말인가?

순서가 어찌 됐건 다만 그들 같지는 않았을 거다. 누군지는 모르지만.

그들이라는 대상이 누구를 지칭하는지 궁금하다.

그리고 시대 구분을 그렇게 무 자르듯이 할 수는 없다. 1970년대는 어땠고, 1980년대는 어땠고 그렇게 가를 수는 없다. 마치 그 당시에 무슨 시대정신이 있는 양 말하는데, 그 시대에는 온갖 것들이 뒤섞여 있었다. 그 당시에 활동하던 가수들은 이런 사람들이어야 되고, 이런 활동을 했던 사람들은 그 당시에 적합한 인물이었다는 것 등등 말이다. 이런 것은 말이 안 된다.

예전에 이야기했던 '통념'에 대한 거부를 말하는 것 같다. 산울림 데뷔 음반이 나온 1977년은 영국에서 섹스 피스톨스(Sex Pistols) 데뷔 음반이 나온 것을 기점으로 '런던 펑크'가 폭발한 시점인데 동시대에 음악을 했던 사람으로서 펑크 뮤직을 보는 시각은 어떤가?

같은 시기에 섹스 피스톨스 데뷔 음반이 나왔다는 사실을 알고 놀랐는데, 그것은 일본원숭이 예를 들 수밖에 없다. 일본 원숭이는 패러다임에 많이 인용된다. 한쪽 지역에서 고구마를 바닷물에 씻어 먹는 원숭이들이 생겨났는데, 어느 순간 갑자기 다른 섬에 있는 원숭이들도 고구마를 바닷물에 씻어 먹기 시작했다는 것이다. 그 당시 섹스 피스톨스와 펑크는 보지도 듣지도 못했다. 문화적으로 역사적으로 안정된 나라의 젊은이들과 정치적으로 상당히 불안한 나라의 젊은이들이 어떤 연유로 동시에 비슷한 행위를 하게 되었는지 모르겠다. 어쩌면 음악에 끼치는 외부 환경의 미약함을 반증하는 것이 아닐까 하고 생각한다.

섹스 피스톨스는 영미권 대중음악계에 큰 파장을 일으킨 당사자이고 1990년대의 얼터너티브 록, 팝 펑크를 이야기할 때 반드시 거쳐가는, 그래서 식상할 정도로 많이 얘기되는 사람들이다.

몇몇 사람들이 그랬을 것이다.

'펑크 컬처'는 1990년대에 우리나라에서도 재생산되었는데, 일례로 패션이라든지, 클럽가라든지.

아주 종합적이고 도발적인 문화를 한마디로 말하자니까 부담스럽고 언어가 적합하지 않음을 느낀다. 그 단어를 인플레이션시키는데, 정말 개인적으로는 거지를 동경한다. 사회가 정교하게 짜이면서 근본적인 욕구가 짓눌리는 것 같다. 그래서 이 욕구들이 삐져나간다. 1970년대 우리 사회는 삐져나온 싹이 보이면 싹둑 잘라버렸는데, 그것도 매일 아침 '면도'했다. 지금은 조금 삐죽 나와도 그럴 수 있다고 하지만. 그런데 인간적인 잠재욕구를 누가 잠재울 수 있겠나? 영원한 펑크가 있다. 펑크는 그 당시 섹스 피스톨스가 나와서 생겨난 일도 아니다. 세상이 그 사람들을 계속 거세하는데도 그들이 상당한 인구증가를 기록해서 사회적인 문제가 되면 집시 죽이듯이 죽일 것이다. 아니면 그들의 학력을 제한해서 돈을 못 벌게 한다든지 하면 도태될 것이다. 그러나 그 욕구가 없어지겠나? 지금 나도 있는데.

그러면 산울림 같은 경우도 1970년대 상황에서 '잠재욕구의 표출'로 탄생한 것이라고 봐도 되나?

우리가 받아들여진 이유는 잠재적인 욕구가 해소되는 듯한 착각이나 적어도 그러한 것들을 대중들에게 불러일으켰기 때문이었을 거다.

당시 산울림이 대중적으로 받아들여진 것에 대한 답 같다. 또한 1970년대 말이면 마이너적인 펑크가 있었던 데 반해 전 세계적으로는 디스코라는 장르가 휩쓸고 있었다. 이 장르를 산울림 음악에 흡수하는 것을 염두에 두지는 않았나?

산울림이 할 수 있는 노래는 춤곡이 아니라고 생각했다. 디스코는 춤곡이다. 산울림은 다분히 문학적이며 철학적인 음악을 하고 있다고 사람들이 생각하니까 우리도 그런가 보다 했다.

"솔직히 나는 산울림의 음악과도 상관없다."

어떤 스타일의 영화를 좋아하나?

장르 구분 없다. 아마 '제5원소' 는 보다가 잤을 것이다. 정말 깨는 영화다.

유럽 영화 스타일을 좋아하나?

좋아한다. 제라르 드 파르디유가 나오는 '세상의 모든 아침' 을 좋게 보았다. 제목은 기억나지 않는데 얼굴 샷만 5분 정도 나오는 어떤 영화도 재미있게 본 적이 있다. 표정이 계속 바뀌면서 눈을 깜빡거리니까 화면에서 눈을 뗄 수 없었다. '내 친구의 집은 어디인가', '올리브 나무 사이로', '현 위의 인생' 같은 영화도 좋아한다. 진짜 예술가들을 좋아한다.

스스로를 예술가라고 생각하나?

그렇다. 왜냐하면 다른 사람들이 나를 그렇게 부르든 안 부르든 앞으로도 행위를 할 것이기 때문이다. 돈을 주어도 하고, 주지 않아도 하고.

예술가의 정의는 무엇이라고 생각하나?

하고 싶어서 하는 사람. 심지어 못해도 하는 사람. 프로는 아무리 못해도 꾸준히 하는 사람이다.

자신에게 신선한 음악은 어떤 것인가?

서양 음악은 기본적으로 신선하지 않다. 뭔가 내게 자극을 주지 못한다. 아마 새롭고 묘한 분위기에서 시타 연주를 듣는다든지, 아라비아의 어느 거리에서 환상 속의 묘령의

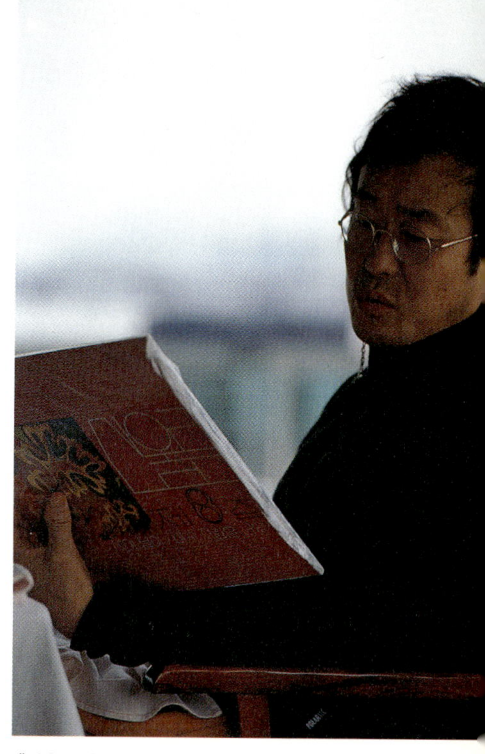

"산울림 음악은 다음과 같이 들으면 된다. 듣기 싫으면 끈다. 영원히 안 들으려면 판을 깬다. 억지로 갖고 있을 필요는 없다. 다만 그게 음악이 아니라 다른 추억거리라면 간직할 수도 있다. 음악만 있는 것은 아니니까."

아가씨가 지나갈 때 코브라를 춤추게 하는 피리 소리에 뻑 갈 수는 있다. 앞으로 음악적인 경험을 어떻게 할지는 모르겠다.

없다.

요새 펑크 밴드들의 음반은 다 좋아한다. 언니네 이발관, 성기완, 크라잉넛, 황신혜밴드, 어어부밴드를 좋아한다.

안 들었다.

솔직히 나는 산울림의 음악과도 상관없다.

내 음악하고 나하고 어떻게 상관이 있는지 모르겠다. 인세를 나한테 준다고 해서 상관이 있는 건가?

그렇지는 않다. 속지 말길. 내 마음과 반대로 했을 수도 있고, 내 마음을 되도록이면 안 들키려고 썼을 수도 있다. 물론 어떤 것은 정말 내 마음이 북받쳐서 썼을 수도 있다. 그러나 글을 쓰는 순간 나로부터 상당히 일탈한다는 느낌이다. 원래 내 감정이 이거라고 해서 감정을 농축해 들어가지만, 내 감정이 아니라 사람들의 객관적인 감정을 이렇게 쓰면 비슷할 것이라 짐작하고 작업에 들어간다. 그러면 이미 작품은 나와 결별하기 시작한 거다. 그게 나와 작품과의 관계다.

그렇다고 생각한다. 예술에 관해, 감정에 관해, 이상에 관해, 철학에 관해 많은 사람들이 내 얘기에 찬성할 것이다.

작품을 만들 때 창작자 입장이면서도 수용자의 태도가 반영된다. 그래서 작품 자체가 나와 괴리된다. 내가 작품 자체가 될 수는 없다. 작품은 작가의 투영 정도다.

"다만 그게 음악이 아니라 다른 추억거리라면 간직할 수도 있다."

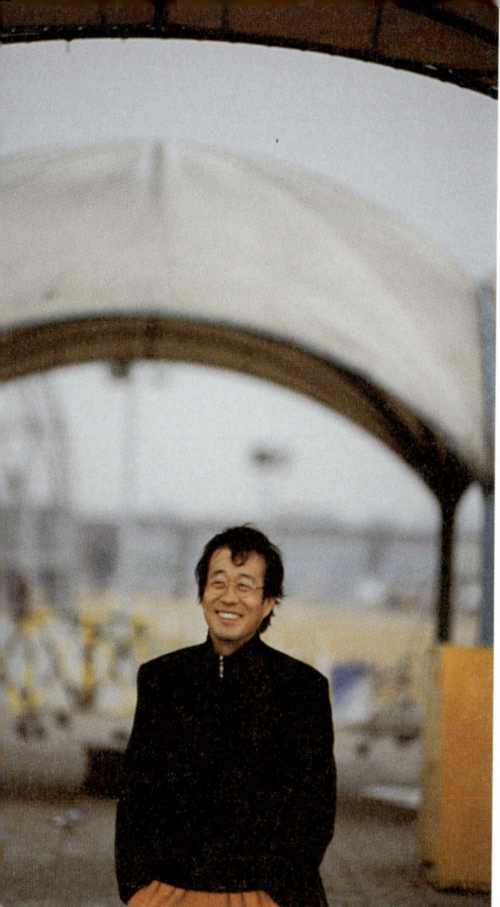

"서양 음악은 기본적으로 신선하지 않다. 뭔가 내게 자극을 주지 못한다. 아마 새롭고 묘한 분위기에서 시타 연주를 듣는다든지, 아라비아의 어느 거리에서 환상 속의 묘령의 아가씨가 지나갈 때 코브라를 춤추게 하는 피리 소리에 뻑 갈 수는 있다. 음악적인 경험을 앞으로 어떻게 할지 모르겠다."

나름대로 목적이 있는 상태에서 만든 것인가?

목적이야 돈을 번다든지 시간을 번다든지 나름대로 있었다. 1~3집의 곡들은 1971년부터 미리 써놓은 상태에서 출발했는데 무슨 특별한 목적이 있었겠는가? 녹음하는 데 의미가 있었다.

그러면 20대 초반에 쓴 곡들이 1~3집에 실린 것인가?

아니다. 5살 때 초등학교에 입학했기 때문에 17살에 대학교 1학년이었고, 그러니까 10대 후반에 쓴 곡들이었다. 창훈이는 15살 때부터 곡을 쓰기 시작했다.

그러면 음악적 재능은 타고난 것 같다. 앨범 커버의 그림들은 아이들 그림을 직접 선택한 것인가?

아니다. 아이들이 어떻게 그런 식으로 그리나? 음반 작업이 끝난 후 앨범 콘셉트에 맞게 직접 그렸다.

음악 감상 태도는 이래야 한다는 생각은 해보았나? 산울림 음악은 이렇게 들어야 한다라든지.

있다. 듣기 싫으면 끈다. 영원히 안 들으려면 판을 깬다. 억지로 갖고 있을 필요는 없다. 다만 그게 음악이 아니라 다른 추억거리라면 간직할 수도 있다. 음악만 있는 것은 아니니까.

현재 앞으로 나올 음반 작업을 하고 있나?

작업 중이다.

지금 곡을 쓰고 있나?

머리 속으로만 구상 중이다.

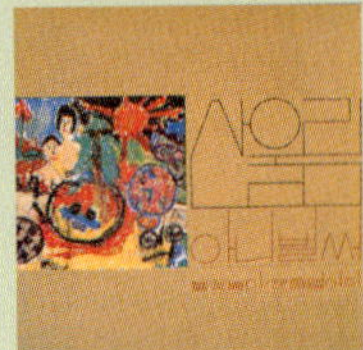

1집 (1977/서라벌레코드)
김창완(g, v), 김창훈(b, v), 김창익(d)
세션: 김난숙(key)
수록곡은 〈아니 벌써〉, 〈아마 늦은 여름이었을 꺼야〉, 〈불꽃놀이〉, 〈문 좀 열어줘〉 등이고, 굳이 곡 해설을 할 필요가 없는 한국 록 역사에서 기념비적인 음반이다. 〈아마 늦은 여름이었을 꺼야〉의 그루브감은 지금 들어도 놀랍다.

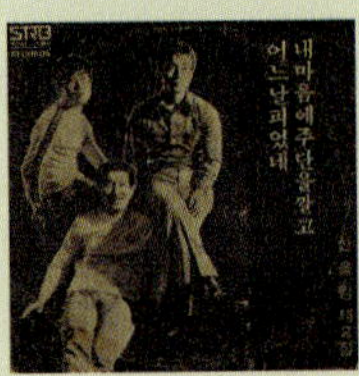

[Single – 산울림 제2집]
(1978/서라벌레코드)
김창완(g, v), 김창훈(b, v), 김창익(d)
〈내 마음에 주단을 깔고〉, 〈어느날 피었네〉

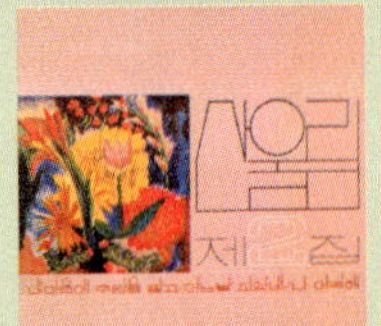

2집 (1978/서라벌레코드)
김창완(g, v), 김창훈(b, v), 김창익(d)
세션: 김난숙(key)
1집 음반이 나온 지 불과 5개월 후에 발매되었다. 산울림 음악의 정점이자 1970년대 한국 록의 최고작이다. 전 해에 〈아니 벌써〉가 담긴 폭발적인 데뷔 음반으로 사람들을 놀라게 하더니 〈이 기쁨〉, 〈어느날 피었네〉, 〈안개 속에 핀 꽃〉이라는 완성도 높은 명곡들로 록음악 마니아들을 흥분시켰다. 김창완의 퍼지톤 기타와 그의 사촌동생 김난숙의 고풍스러운 오르간 사운드가 특징인 산울림 초기(1~3집)는 그 사운드의 독자성으로 먼저 평가받아야 마땅하다. 하지만 이 음반의 가치는 10여 년이 지난 뒤에나 인정 받았다. 당시 산울림은 아이돌 그룹(?)이었고, 이 음반은 〈내 마음에 주단을 깔고〉, 〈노래 불러요〉, 〈나 어떡해〉의 엄청난 히트로 그저 잘 팔리는 음반이었을 뿐이다. 1970년대 록 밴드를 이야기할 때 가장 먼저 거론해야 할 뮤지션은 산울림이고, 그 결과물은 당연히 그들의 본작이다.

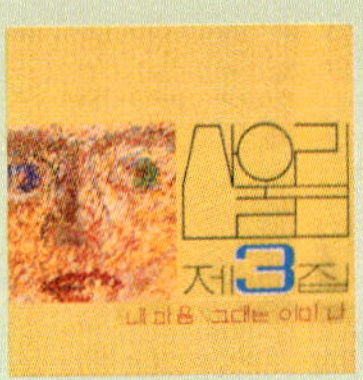

3집 (1978/서라벌레코드)
김창완(g, v), 김창훈(b, v), 김창익(d)
김창훈의 위악적인 보컬이 독특한 〈내 마음(내 마음은 황무지)〉이 담긴 초기 산울림의 마지막 작품이다. 〈그대는 이미 나〉는 20여 분의 러닝 타임으로 당시 화제가 되었던 노래이고, 산울림은 이 작품까지 그들의 실험적인 성향을 드러낸다.

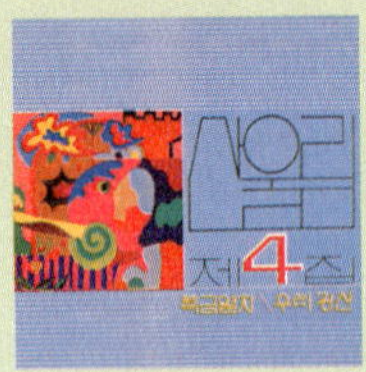

4집 (1979/서라벌레코드)
김창완(g, v)
초기에 보여주었던 에너지가 상실된 음반. 이전과는 달리 그간 이들이 발표했던 연극, 영화, 드라마 등의 주제 음악을 묶어서 만든 편집앨범 스타일이다. 대중적으로 큰 반응을 얻지 못했다.

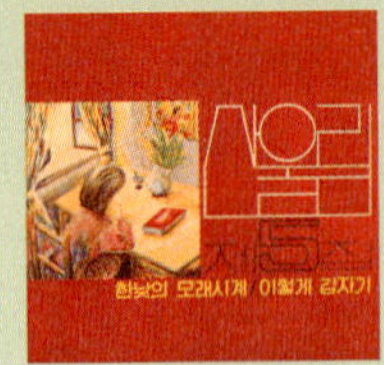

5집 (1979/서라벌레코드)
김창완(g, v)
김창훈과 김창익이 입대하기 전에 기획해 놓았다가 이들이 휴가를 나온 기간에 마무리지은 앨범이다. 〈오솔길〉 이외는 특별한 느낌을 주지 않는다.

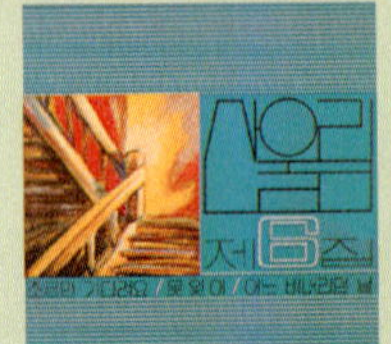

6집 (1980/서라벌레코드)
김창완(g, v)
실제적으로 김창완의 솔로 앨범이다. 4~6집 시기 중에서는 그래도 주목할 만한 음반이다. 〈창문 너머 어렴풋이 옛 생각이 나겠지요〉가 공전의 히트를 기록한 작품이다. 그 외 〈한밤에〉, 〈찻잔〉이 수록되어 있다.

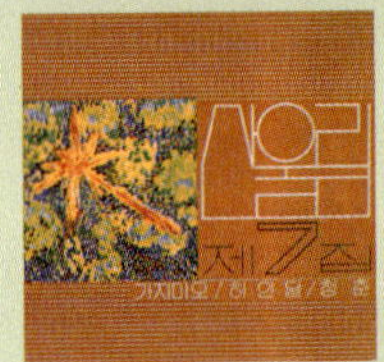

7집 (1981/대성음반)
김창완(g, v), 김창훈(b, v), 김창익(d)
김창완의 두 동생이 군에서 제대 후 만든 재기작이다. 사운드의 기조가 초기에서 완전히 탈바꿈된 작품이며, 고풍스러운 오르간이나 퍼지톤 기타 사운드도 없어졌다. 느낌은 깔끔해졌지만 초기의 거칠면서 원초적인 에너지를 기대하기는 힘들다. 〈가지 마오〉, 〈독백〉, 〈청춘〉 등이 히트하지만, 이 작품의 핵심은 〈먼 나라 이야기〉가 아닐지. 이 곡에서의 세련된 기타 워크가 일품이었다.

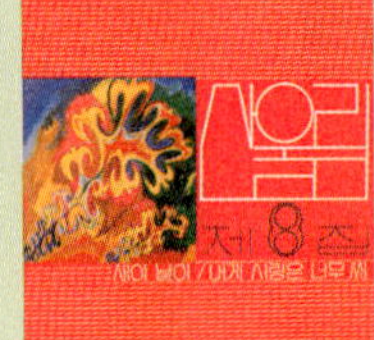

8집 (1982/대성음반)
김창완(g, v), 김창훈(b, v), 김창익(d)
김창완이 개인적으로 싫어하는 작품이지만 7집에서 바뀐 사운드가 안정적으로 정착된 작품이다. 〈새야 날아〉의 청명한 연주는 〈내게 사랑은 너무 써〉, 〈회상〉과 함께 기억되는 트랙이다. 상업적인 성공도 함께 거둬 후기 산울림의 대표작으로 여겨진다.

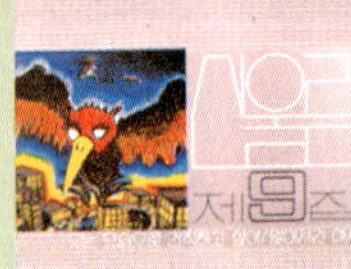

9집 (1983/대성음반)
김창완(g, v), 김창훈(b, v), 김창익(d)
김창완이 가장 좋아하는 산울림 작품이다. 사운드가 전반적으로 무거워지면서 다양한 경향의 작품이 수록되었다. 〈웃는 모습으로 간직하고 싶어〉, 〈멀어져간 여자〉는 달라진 사운드를 대표한다. 〈더, 더, 더〉와 같은 멜랑콜리한 곡도 있지만 〈TV도 끝났어요〉와 같이 드라이브감이 느껴지는 기타 연주가 실린 곡도 있다. 〈황혼〉은 후에 신촌블루스가 2집에서 리메이크했다.

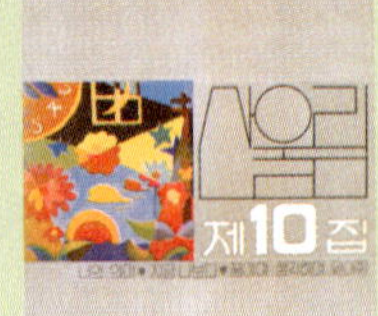

10집 (1984/대성음반)
김창완(g, v), 김창훈(b, v), 김창익(d)
산울림의 종언. 사실상 산울림의 공식적인 활동이 중단되었다. 이후 〈숨길 수 없네〉, 〈너의 의미〉 같은 멋진 곡을 더 이상 들을 수 없게 되었다.

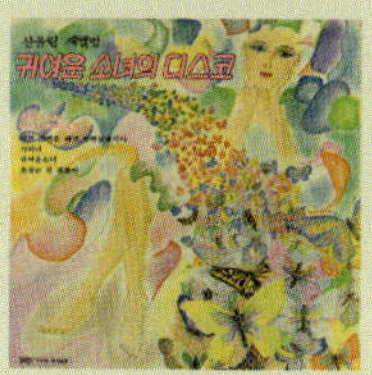

[Single – 귀여운 소녀의 디스코]
(1986/대성음반)
김창완(g, v), 김창훈(b, v), 김창익(d)
〈내가 고백을 하면 깜짝 놀랄 거야〉,
〈귀여운 소녀〉

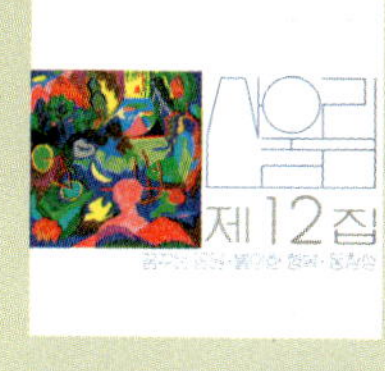

12집 (1991/서울음반)
김창완(g, v)
그들의 12집이고 오랜만에 활동을 재개한
작품이지만 그 이상의 의미를 부여하기는
곤란하다. 〈Adagio〉 등 수록.

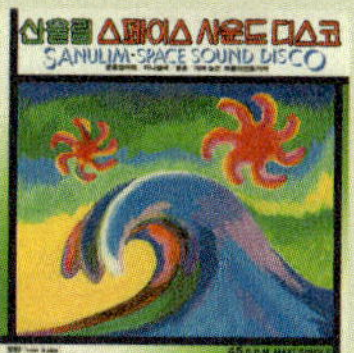

[Single – 산울림 스페이스 사운드 디스
코] (1986/대성음반)
김창완(g, v), 김창훈(b, v), 김창익(d)
〈문 좀 열어줘〉, 〈황혼〉

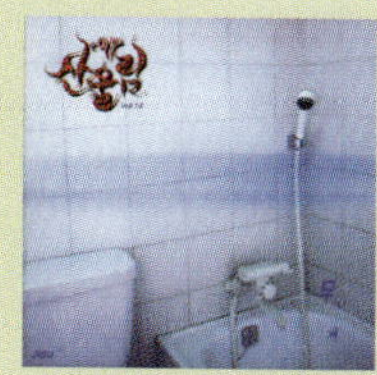

13집 [무지개] (1997/지구레코드)
김창완(g, v), 김창훈(b, v), 김창익(d)
삼형제가 다시 모인 작품이고, 예전의 산
울림으로 돌아가려고 고심한 앨범이다.

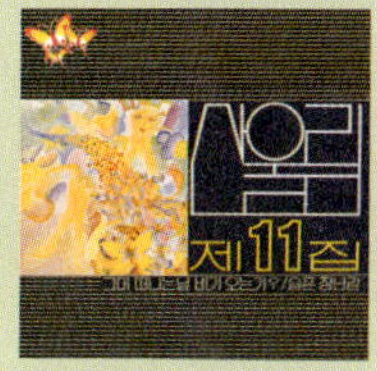

11집 (1986/대성음반)
김창완(g, v)
달라진 산울림의 모습은 앨범 뒷커버에서
도 드러난다. 혼자 앉아 있는 김창완의 모
습은 당시 산울림의 상태를 보여준다.

기타 음반

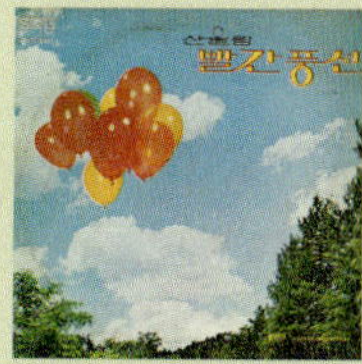

[산울림 빨간 풍선]
(1978/서라벌레코드)
산울림의 〈빨간 풍선〉, 〈바다의 교향시〉가
수록된 컴필레이션 음반이다.

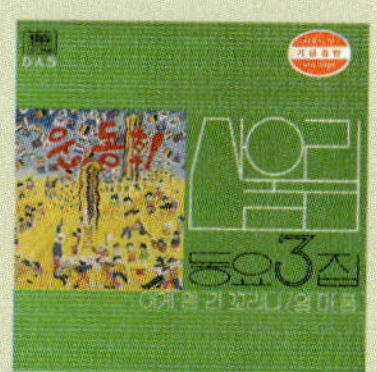

[어린이에게 보내는 산울림의 동요선물 제
3집] (1982/대성음반)
김창완(g, v), 김창훈(b, v), 김창익(d)
〈이게 웬 긴 꼬리냐〉, 〈엄마품〉

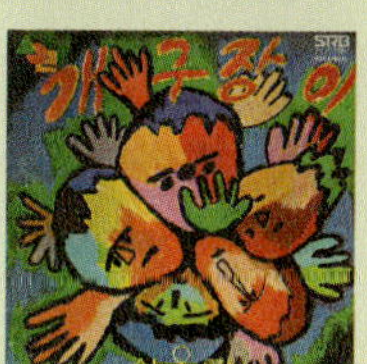

[어린이에게 보내는 산울림의 동요선물 제
1집] (1979/서라벌레코드)
김창완(g, v), 김창훈(b, v), 김창익(d)
〈개구장이〉, 〈밤길〉

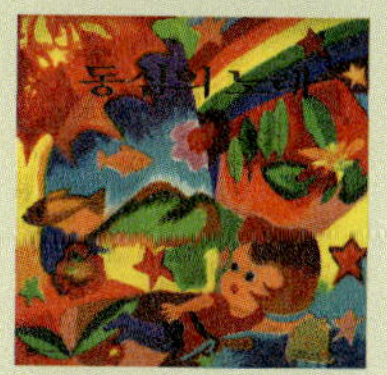

[동심의 노래] (1984/대성음반)
김창완(g, v), 김창훈(b, v), 김창익(d)
〈꼬마인형에 날개를 달자〉, 〈귀여운 나의
태양〉, 〈귀염둥이〉

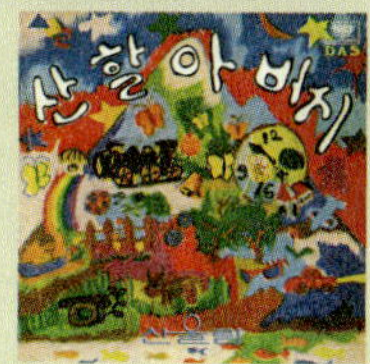

[어린이에게 보내는 산울림의 동요선물 제
2집] (1981/대성음반)
김창완(g, v), 김창훈(b, v), 김창익(d)
〈산 할아버지〉, 〈봄, 여름, 가을, 겨울〉

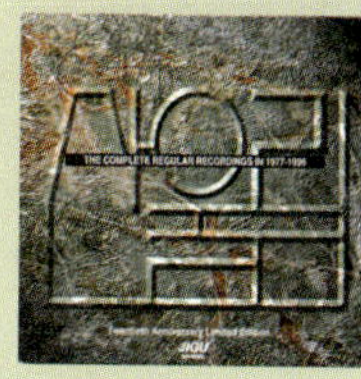

[The Complete Regular   Recordings
In 1977~1996] (1997/지구레코드)
8장의 CD에 1집에서 12집까지 모든 곡을
수록하고, 각 CD의 마지막 부분에 미발매
라이브 곡과 데모 곡들을 수록한 '산울림
의 역사'이다.

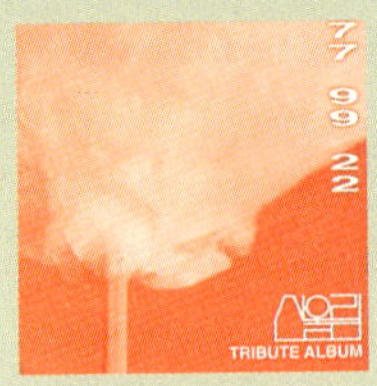

V.A. [산울림 Tribute Album 77 99 22] (1999/도레미레코드)

록 트랙: 김종서, 김장훈, 시나위, 자우림, 윤도현 밴드, 블랙 신드롬, 델리 스파이스, 문차일드, 최재훈, 황신혜 밴드, 곱창전골, 디아블로

포크 트랙: 한동준, 변진섭, 여행스케치, 임지훈, 김목경, 김광진, 유리상자, 자화상, 일기예보, 동물원

한국 록음악(특히 밴드로서)을 얘기할 때 반드시 거론해야 할 뮤지션으로 산울림을 상정하는 것은 이제 상식적인 얘기가 되었지만, 아직까지도 그들의 방대한 작업물에 음악적인 평가를 한 적은 거의 없었다. 그런 점에서 이 음반은 산울림 '바로 보기' 작업의 일환으로 가치 있다. 'Rock Track'과 'Folk Track'으로 만들어진 이 음반은 참여 뮤지션들과 스태프들의 애정 어린 시선이 엿보이는 따뜻한 작품이다. 자우림의 〈아마 늦은 여름이었을 거야〉는 문차일드[3]가 부른 〈내 마음에 주단을 깔고〉와 함께 가장 창의력이 돋보인 편곡을 보여주었다. 델리 스파이스의 〈회상〉[4]은 산울림의 느낌에 가장 근접한 연주를 보여준 곡이다. 그리고 곱창전골의 〈문 좀 열어줘〉는 산울림이 갖는 펑크적인 특성을 보여주었다. 아이러니컬한 점으로 곱창전골은 이 음반에서 가장 훌륭한 연주를 보여주었는데, 그들이 일본인들로 구성되어 신중현과 산울림 등 1970년대 한국 록을 커버하는 밴드라는 점이다.

김창완

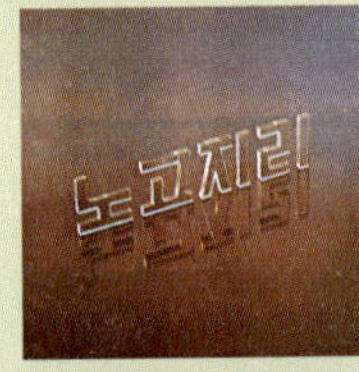

노고지리 2집 (1979/서라벌레코드)
김창완(프로듀서)
김창완이 앨범 전체를 기획, 연출, 작사, 작곡한 사실상 산울림의 다른 버전이다. 산울림 6집에 수록된 〈해바라기가 있는 정물〉, 〈찻잔〉이 있고 〈찻잔〉은 대단한 히트를 기록했다.

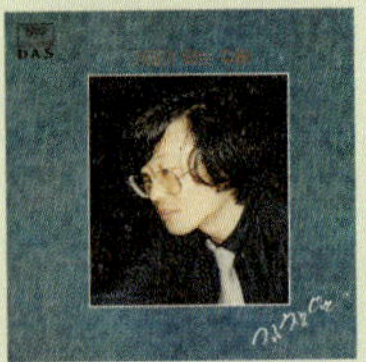

김창완 1집 [기타가 있는 수필] (1983/대성음반)
솔로 1집. 〈그래 걷자〉, 〈초야〉, 〈어머니와 고등어〉, 〈비닐장판 위의 딱정벌레〉 등 수록.

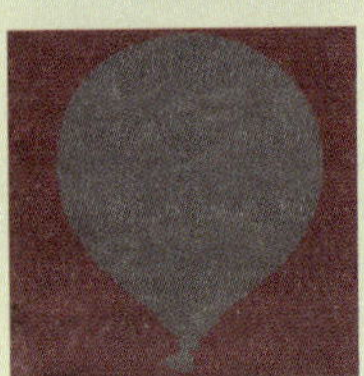

김창완 2집 [PO.S.T.script] (1995/서울음반)
세션: 김창완(g, v), 정준교(b), 김성태(d), 황수권(key), 서웅석(key), 정현철(g), 신윤철(g)
〈연락 좀 해줘〉, 〈땅강아지〉, 〈가이아〉 등이 수록되었다.

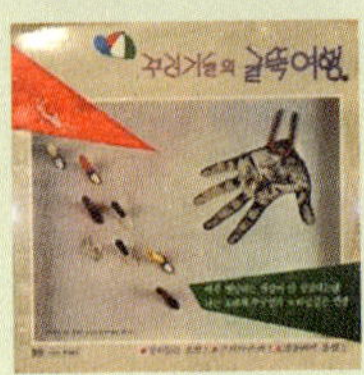

꾸러기들 1집 [꾸러기들의 굴뚝여행] (1985/대성음반)
보컬과 기타: 김창완, 임지훈, 최성수, 신정숙, 권진경, 이호찬
〈아주 옛날에는 사람이 안 살았다는데〉, 〈나는 도대체 누구인가〉

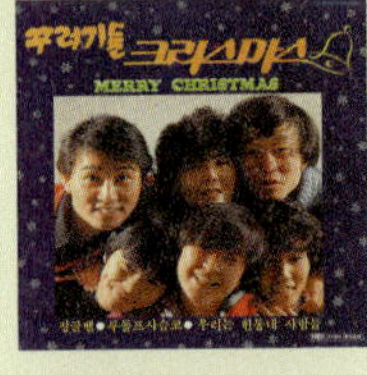

꾸러기들 [캐롤 – 꾸러기들 크리스마스] (1985/대성음반)
보컬과 기타: 김창완, 신정숙, 임지훈, 현희, 최성수, 윤설하
〈징글벨〉, 〈우리는 한동네 사람들〉

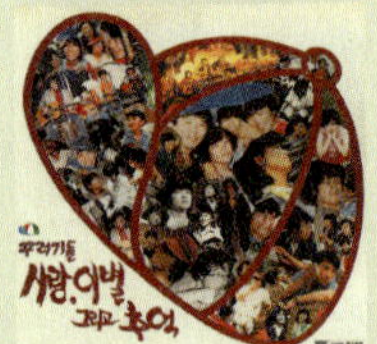

꾸러기들 2집 [사랑, 이별 그리고 추억] (1986/대성음반)
보컬과 기타: 김창완, 신정숙, 임지훈, 현희, 최성수, 윤설하
〈그댈 잊었나〉, 〈이별의 노래〉

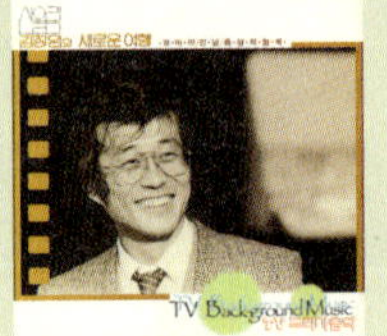

김창완 [산울림 김창완의 새로운 여행 TV 드라마 음악] (1987/서울음반)
〈꼬마야〉, 〈안녕〉

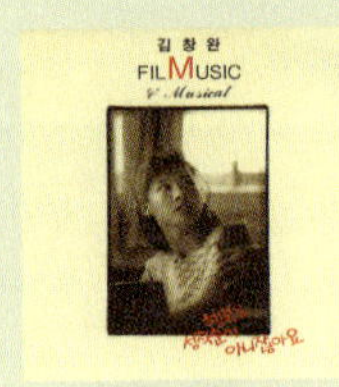

O.S.T [행복은 성적순이 아니잖아요] (1989/서울음반)
〈어젯밤 꿈속에〉, 〈피리부는 사나이〉

---

3 이현우의 사이드 프로젝트 밴드이다. 이현우(v), 신윤철(g), 김영진(b), 김민기(d)로 구성되었고, 한대수의 〈행복의 나라로〉 등이 담긴 데뷔 앨범을 1995년에 발표했다.

4 델리 스파이스의 2집에도 이 곡이 실렸는데, 거기에는 윤병주의 기타 연주와 함께 후반부에 주석의 랩이 추가되었다.

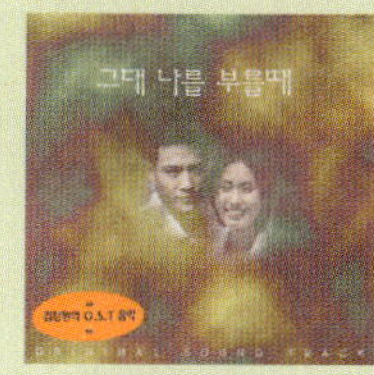

O.S.T. [KBS 드라마 그대 나를 부를 때]
(1997/금강기획)
〈그대 나를 부를 때〉, 〈손짓으로 부르는 노래〉

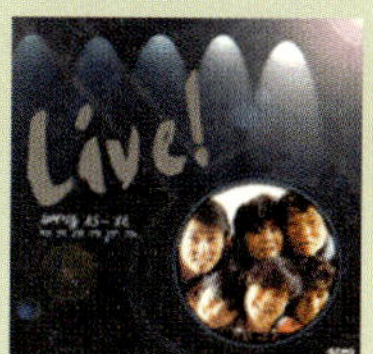

꾸러기들 [꾸러기들의 100일 공연 라이브] (2001/대성음반)
〈먼지가 되어〉, 〈참새와 허수아비〉

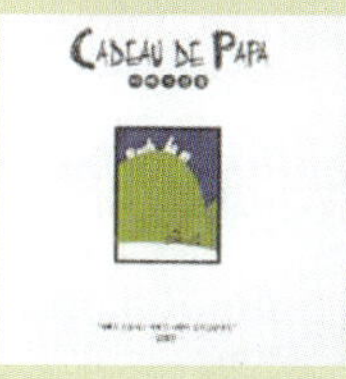

김창완 [아빠의 선물]
(2001/포니캐년)
〈꼬마 인형에 날개를 달자〉, 〈앞집에 이사 온 아이〉

김창훈

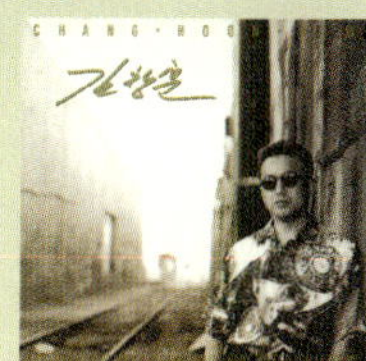

김창훈 1집 [착각] (1992/서울음반)
〈요즘 여자는〉, 〈무관심〉, 〈착각〉, 〈취중 연가〉

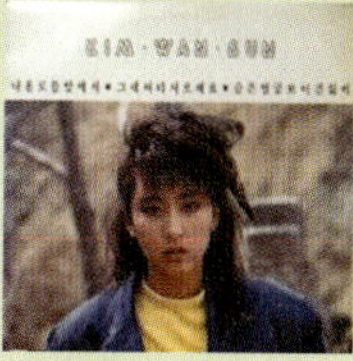

김완선 2집 [Kim Wan Sun]
(1987/지구레코드)
김창훈(작사/작곡)
〈나 홀로 뜰 앞에서〉, 〈슬픈 얼굴 보이긴 싫어〉

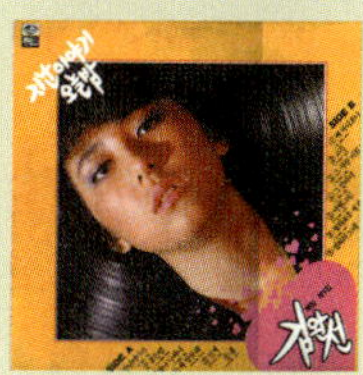

김완선 1집 [김완선 1집]
(1986/지구레코드)
김창훈(작사/작곡)
〈오늘 밤〉, 〈왜 아니 오나〉

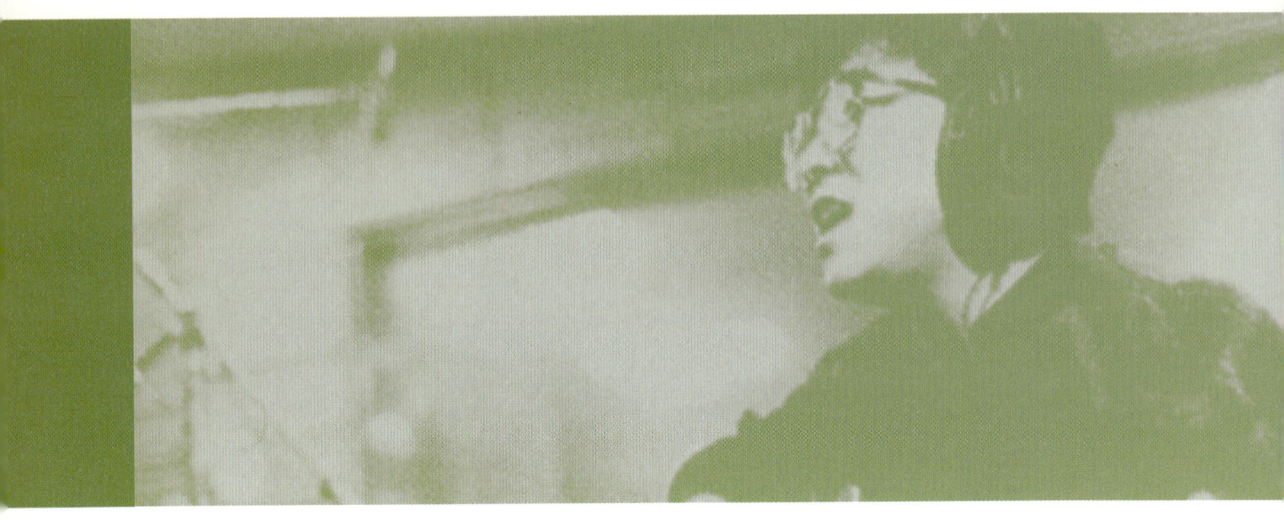

김수철(작은 거인)

"1980년대 초반의
독보적인 하드록 녹음"

하드록에서 크로스오버 국악까지, 그리고 영화음악에서도 독보적인 행보를 보여준 김수철을
살펴본다. 또한 그의 음악적인 감수성이 가장 빛났던 시기에 만들었던 1980년대 초반의 작은
거인을 살펴보겠다. 산울림 2, 3집에서 보여준 하드록 사운드의 기조는 이후 작은 거인을 비롯
한 1980년대 초반의 하드록 뮤지션들에게 영향을 주었다.

김수철(기타, 보컬)은 1979년에 김근성(키보드), 정운모(베이스), 최수일(드럼)과
〈일곱 색깔 무지개〉, 〈내일〉, 〈세월〉이 담긴 작은 거인 1집을 발표한다. 초기 대학(해변)
가요제 스타이기도 했던 그는 '젊음의 행진' 같은 TV 프로에 나와서 보여준 지미 헨드
릭스(Jimi Hendrix) 흉내5와 그의 트레이드마크가 된 '기타치면서 무릎 붙이고 깡총 뛰
기' 등에서 알 수 있듯이 연주뿐만 아니라 쇼맨십에도 관심을 보였던 연주자였다. 이렇
게 가볍게 보일 소지가 있는 행동이 그의 음악적 재능과 음악 결과물을 바라보는 시각에
부정적인 영향을 주었을지도 모르지만, 데뷔부터 지금까지 근 30년에 달하는 음악적인
행보와 작업 결과물을 본다면 그런 것들은 얘깃거리조차도 되지 못할 것이다.

국내 뮤지션 중에 그만큼 치열하게 자신만의 길을 걸은 음악인도 사실 찾아보기 힘들
다. 그는 자신이 하려 했고 실제로 시도했던 음악 작업들을 통해 일면 선구자의 길을 걸
었다. 그의 왜소한 체구에서 나온 거대한 작업물들을 보면 왜 그에게 '작은 거인'이라는
별명이 붙었고,6 이를 당당하게 그룹명으로 썼는지 이해할 수 있다.

그러나 그가 시작부터 훌륭한 뮤지션이었다는 것은 아니다. 1979년의 데뷔 음반은 아
마추어 티가 나는 스쿨 밴드 수준의 연주가 담긴 음반이었다. 단지 나중에 그가 아티스
트로 성장했을 때의 시점에서 이 음반을 평가할 때 '가능성을 담보한', '초기부터 끼가
보인' 작품이라고 평할 수 있지 않을까 한다. 〈내일〉, 〈세월〉은 물론 멜로디가 좋은 가
요이다. 하지만 그가 계속해서 음악생활을 하지 않았더라면, 그것도 작은 거인 2집
(1981)과 같은 1980년대 불멸의 하드록 음반을 내놓지 않았더라면 이런 평가는 애초부
터 부질없는 짓이었을 것이다.

정말 작은 거인 2집은 빈약했던 1979년의 데뷔 음반 이후 2년만에 나온 결과물이라
고는 믿기지 않을 정도로 당시까지의 한국 록 역사를 뒤집어엎는 음반이었을 뿐만 아니
라 서구 하드록과 한국 하드록을 관통하는 합일점의 경지를 만들어낸 명반이었다. 그 당
시 록 레코딩의 조악함을 개선하기 위해서 외국인 엔지니어(일본인인 지다가와 마사토)를
쓰는 실제적인 방법론을 구사한 사람이 그 말고 또 누가 있었나? 음악계의 내부 문제를
건드릴 사람은 그 내부에 있는 사람들(뮤지션들)이고, 다른 누구도 실질적인 개혁을 이루
어내지 못한다는 사실을 그는 알고 있었던 것 같다.

작은 거인 1집의 재킷 사진을 보면 김수철은 분수대 앞에서 다른 멤버들과 장난을 치

---

5 기타 연주 중에 이빨로 기타줄을 물어뜯고 컵으로 기타 지판을 훑는 등의 행위.
6 작은 거인은 그의 선배 중 한 명이 그에게 붙여준 별명이라고 한다.

며 파안대소하고 있다. 이때까지만 해도 음악 비즈니스의 고루함과 음악을 일생의 업으로 삼고 살기 위해서 실제적인 문제에 부딪쳤을 때 감당해야 할 현실적인 어려움을 뼈저리게 느끼지는 못했을 것이다. 우리나라에서 음악을 하면서 살아가야 한다는 것, 특히 로커로서 살아가야 한다는 것은 천형에 가깝다. 록 음악을 하려 했을 때 주위를 둘러보면, 느껴지는 것은 썰렁한 주위의 시선과 음악산업을 배회하는 하이에나 무리들, 수준을 얘기할 수도 없는 음악 인프라만이 보인다. 그리고 연예 엔터테인먼트에만 관심 갖는 상당수의 수용자들과 일회성의 선정적인 가십 이외에는 별로 관심도 없는 매체들에 자신의 음악적인 정체성을 인정해달라고 요구하기란 쉽지 않다.**7**

이런 점들이 그가 1981년 작은 거인 2집과 같은 음반을 만들어내고도 좌절해야만 했던 간접적인 이유이다. 좌절한 청년 로커가 당시 가요계에서 선택할 수 있었던 범위는 매우 한정적이었고, 그 결과 만들어낸 것이 〈못다 핀 꽃 한 송이〉, 〈세월〉, 〈정녕 그대를〉, 〈내일〉과 같은 팝 발라드가 담긴 김수철 1집(1983)이었다. 그러나 아이러니하게도 당시 대중들은 이 곡들에 큰 호응을 보였고, 이 음반은 김수철의 대표작이 되었다. 이제 로커에서 달콤한 노래를 부르는 가수로 전락한(?) 그는 다음해 〈왜 모르시나〉, 〈나도야 간다〉 같은 곡으로 다시 한 번 팝적인 감수성을 과시하고 〈젊은 그대〉를 운동장 응원가요로 만드는 재능도 보여준다.

1985년 3집을 기점으로 아티스트로서의 본 모습으로 돌아가려 시도했던 그는 다시 록을 하지 않고 이전부터 그의 '숙원 사업'이었던 국악과 양악의 접목을 시도한다. 이른바 '크로스오버 국악' 작업을 시도하는데 그 첫 작품이 1987년에 나온 〈비애〉, 〈인생〉, 〈삶과 죽음〉이 담긴 [김수철]이었다.**8** 자기 이름을 앨범 타이틀로 택하면서 다시 음악생활의 원점으로 돌아가려는 바람을 담은 이 음반은 피리, 아쟁, 대금 등 국악기를 팝적인 선율로 제대로 '크로스오버' 시킨 최초의 음반이 되었다.

그리고 1989년의 [황천길]은 이런 일련의 작업이 드디어 완벽한 결실을 본 작품인데,

---

7 대상을 보는 시각은 그 대상에 대한 애정 여부에 좌우되기 마련이다. 결국 자국 내 음악·문화에 관심이 없으면 '문화 사대주의'로 귀결되고, 이는 대중음악을 국내·국외로 카테고리화시켜서 한쪽만 섭취하려는 경향으로 나타난다. 사실 1990년대까지만 해도 대중음악을 즐겨듣는 '마니아'라고 자처하는 사람들 중에 이 '문화 사대주의자'들이 상당히 많았던 것 같다.

8 시도는 1986년 [영화음악 '하나']에서 했지만 이때는 본격적이라는 느낌은 아니었다.

태평소가 주선율인 〈황천길〉, 아쟁을 주선율로 한 〈한〉 등 국악기의 맛을 새롭게 사람들에게 인식시킨 '퓨전 국악'의 이정표였다. 그외에 〈나그네(대금)〉, 〈슬픈 소리(창)〉,[9] 〈외길(피리)〉 등도 완벽한 하나의 흐름을 이루었고, 특히 김수철(기타) 이외에 신현권(베이스), 배수연(드럼), 전태관(퍼커션) 등이 참여한 〈풍물 1989〉는 록적인 필이 절묘하게 국악의 선율로 녹아든 명곡이다. 이 음반의 엔지니어는 세계에서 국악 녹음을 가장 잘한다고 스스로 공언한 바 있는 임창덕이 맡았다. 그리고 1992년에는 국악 3부작의 마지막 격인 [불림소리]를 만들었다.

그가 만들어낸 국악 음반의 의의는 국악에 팝적인 선율을 접목해 국악을 부담 없는 음악으로 받아들이게끔 했다는 데 있다. 만약 1970년대 크로스오버 재즈가 없었더라면 정통 재즈가 1980년대에 와서도 제대로 명맥을 이어갈 수 있었을까 하는 의구심이 드는데,[10] 마찬가지로 우리 국악을 대중화시키려면 사물놀이패와 팝 오케스트라가 협연하는 구태의연한 방식이 아니라 김수철이 시도한 것과 같이 국악의 '맛'을 살리는 좀더 실제적이고 구체적인 방법론이 필요하다. 하드록의 시조로서 또한 크로스오버 국악의 시조로서 1980년대 그의 작업물들은 시간이 흘러도 최소한 사료로 남을 것임을 확신한다.

---

[9] 1980년대 코미디언 김미화의 프로그램이었던 '순악질 부부'의 신영희가 참여한다.

[10] 1980년대 윈튼 마살리스(Wynton Marsalis)의 음악이 당시 젊은 세대들에게도 받아들여졌던 것은 1970년대 크로스오버 재즈의 역할이 컸기 때문이다.

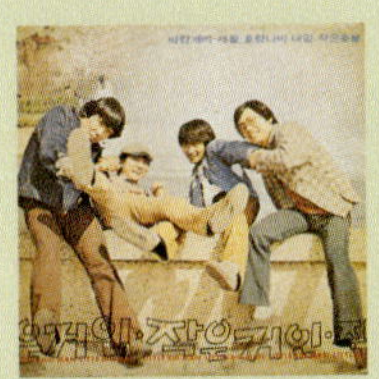

작은 거인 1집 (1979/한국음반)
김수철(g, v), 김근성(key), 정운모(b), 최수일(d)
김수철의 시작점. 〈내일〉, 〈세월〉, 〈일곱 색깔 무지개〉 등이 수록되었다.

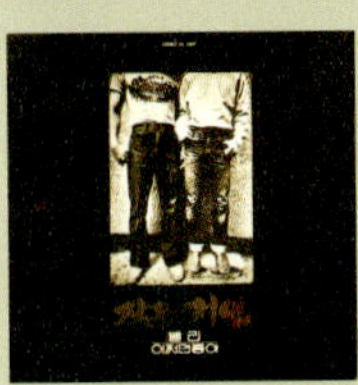

작은 거인 2집 (1981/오아시스)
김수철(g, v), 최수일(d)
하드록 최고의 명반 중 하나. 하드록 사운드의 계보를 보면 1970년대 말에는 산울림이 2집에서 〈내 마음의 주단을 깔고〉, 〈이 기쁨〉 같은 곡에서 이를 보여주었고, 1980년대 초반에는 마그마 데뷔 음반(1981)의 〈아름다운 곳〉, 〈잊혀진 사랑〉 같은 곡에서 느낄 수 있었다. 그리고 당시 나온 음반이라고는 믿겨지지 않는 작은 거인의 이 음반은 서구의 하드록과 한국적인 하드록의 사운드 합일을 이룬 시대의 명반이었다. 이때만 해도 국내에서는 음반을 만드는 데 핵심적인 스태프들인 레코딩 엔지니어, 세션맨이라는 개념이 명확하지 않았다. 이것은 1984년 따로 또 같이의 2집 즈음에 가서야 인식되기 시작한 문제였다. 그러니 당시 아티스트의 '작품'을 기대하기란 사실 어려웠다. 엔지니어 이름조차 명기되지 않은 음반이 태반이었고, 세션맨의 이름이 앨범 재킷에 표시되는 것은 지면 낭비로 여겨졌다. 창조적이어야 할 스튜디오 작업도 일반 회사의 그것과 똑같이 권위적이었고,[11] '뮤지션=가수'였다. 아티스트가 자신의 작업을 하기에는 무척 어려웠던 이런 악조건과, 일반인들이 뮤지션에게 갖는 몰이해, 정립되지도 않은 '헤비 사운드'. 이런 상황에서 김수철은 제대로 된 하드록을 테크니컬한 전문 세션과 녹음으로 시도했다. 마치 모래땅 위에 고층 빌딩을 지으려는 것 같았던 그의 시도는 주위에서 보기에는 웃음거리였을 수도 있겠지만, 결과적으로 그의 '고층 빌딩'은 그 사막 위에 무사히 세워졌고, 그 창조적인 작업 결과물만을 놓고 본다면 이보다 높은 빌딩은 아직도 보이지 않고 있다. 1980년대에는 정말로 그 혼자 우뚝 서 있었다고 할 수 있다. 오아시스레코드 역사상 가장 훌륭한 녹음임에 틀림없는 이 음반은 일본인 지다카와 마사토가 레코딩 엔지니어로 참여해 당시로서는 획기적인 음질을 선보였다. 이 음반에는 1집 수록곡을 리메이크한 〈일곱 색깔 무지개〉라는 청년 김수철의 천재성이 번뜩이는 곡이 담겨 있다. 1979년 데뷔 음반에 수록된 아마추어 느낌의 그 곡과는 정말로 판이한 이 한 곡만 듣더라도 김수철의 당시 지향점이 무엇이었는지 알 수 있다. 여러 대의 기타 연주 더빙을 펼친 연주 중심의 편곡을 통해서 그가 보여준 플레이는 연주력을 평가하기에 앞서 가히 독보적이었다. 그가 이 음반을 마지막으로 이런 성향의 연주에서 손 떼고 팝 발라드로 전향(?)했다고 해서 그의 업적과 이 작품의 가치를 평가절하해서는 안 될 것이다.

김수철

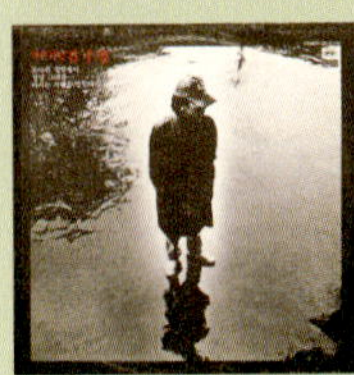

1집 (1983/신세계음향)
작은 거인 해체 이후 발표된 김수철의 첫 독집 앨범으로 그가 '가수생활 고별기념' 음반으로 발표한 앨범이었다. 그러나 이 음반의 엄청난 성공으로 다시 음악생활을 재개했다. 그가 발라드 팝의 귀재임을 증명한 음반이고, 〈내일〉의 연주는 뛰어나다.

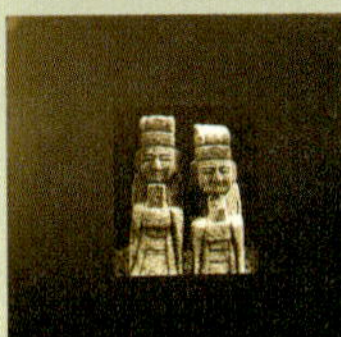

2집 (1984/신세계음향)
세션: 김수철 (all inst.)
블루 오이스터 컬트(Blue Oyster Cult)의 〈Black Blade〉를 연상시키는 〈그대여〉는 연주 면에서 압권인 작품이다.

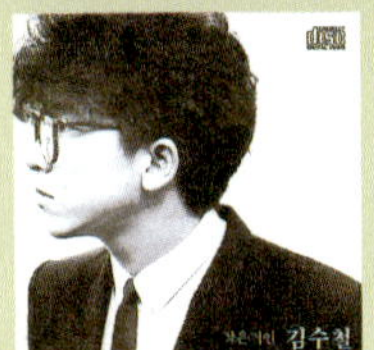

3집 (1985/신세계음향)
김수철이 음악 외적인 방황으로 고뇌하던 시기에 제작된 앨범으로 〈생각나는 사람〉, 〈하루〉, 〈전화〉 등이 실렸다.

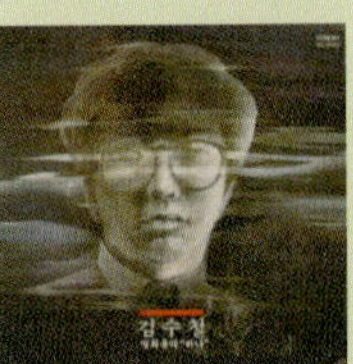

[영화음악 '하나'] (1986/신세계음향)
국악가요를 시작한 앨범. 그는 이 작품에서 국악의 대중화를 시도했다. 〈잊어버려요〉를 다섯 가지로 편곡했고, 〈세월은 가네〉를 네 가지로 편곡한 이채로운 음반.

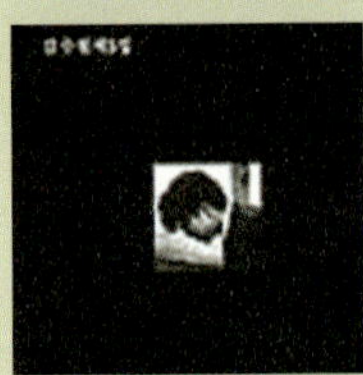

4집 (1986/신세계음향)
김수철이 바라보는 세상 사람들의 평범한 생활을 노래하고 있다. 〈안타까워〉, 〈우리 이제는〉 등 수록.

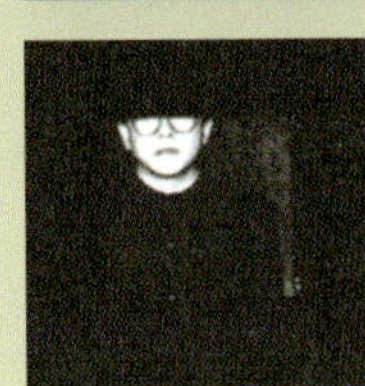

5집 (1987/서울음반)
타계하신 아버님을 회상하며 만들었다고 한다. 〈못 잊을 사람〉, 〈목소리〉 등 수록

---

[11] 이때는 9시 정시에 녹음 시작해서 퇴근 시간이면 칼같이 녹음을 마치는 경우도 허다했다고 한다.

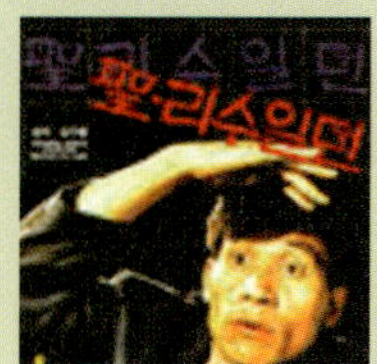

O.S.T. [성 리수일 뎐] (1987/서울음반)
〈옛사랑〉, 〈죽음의 찬가〉

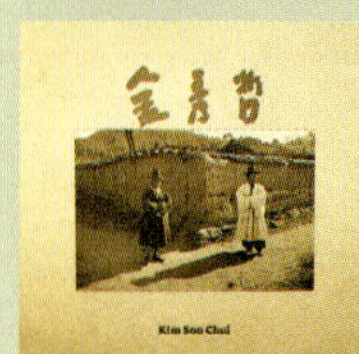

[김수철] (1987/서울음반)
국악 1집. 아무도 안 했던 크로스오버 국악의 시작. 〈비애〉, 〈인생〉, 〈삶과 죽음〉 등이 실렸다. '영의 세계'라는 제목의 무용음악으로 사용된 음악들을 앨범으로 출반한 것이고, 피리와 아쟁, 대금 등 국악기를 사용했다. 본격적인 국악앨범으로의 탐구를 시작했다는 평가를 받는 앨범이다.

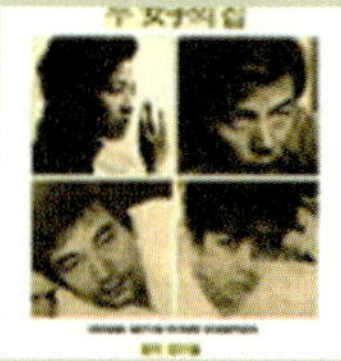

O.S.T. [두 여자의 집] (1987/서울음반)
클래식, 포크 등을 아우르는 곡이 수록되어 있다. 주제가 〈차라리〉를 제외하고는 모두 연주음악으로 구성되어 있다.

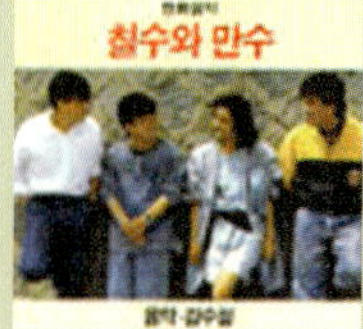

O.S.T. [칠수와 만수] (1988/서울음반)
동명의 연극을 영화화한 박광수 감독의 영화 '칠수와 만수'의 사운드 트랙 앨범. 국내에서는 최초로 랩뮤직을 시도한 〈무엇이 변했나〉 등이 수록되었다.

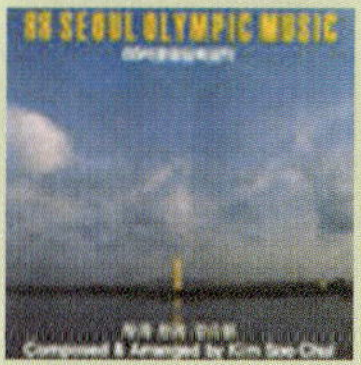

[88 Seoul Olympic Music] (1988/서울음반)
국악 2집. 88 서울올림픽에 쓰였던 음악 중 김수철의 작품만 모아 구성한 앨범. 작·편곡 기법이나 악기 사용 면에서 동서양 음악의 만남을 시도했다. 대금, 피리, 아쟁, 태평소, 가야금, 철가야금, 오고, 사물놀이 등의 국악과, 드럼, 베이스, 기타, 건반 등의 그룹음악과 신시사이저를 중심으로 한 컴퓨터 음악을 조화시켜 우리 소리와 서양의 소리가 어우러지는 음악을 작곡했다. 〈도약〉, 〈서울〉 등 수록.

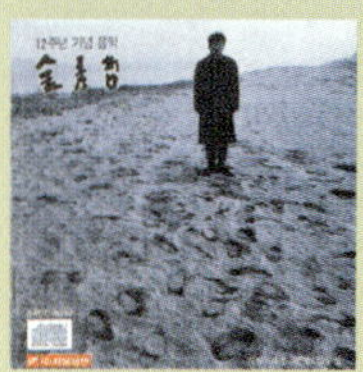

6집 [12주년 기념 음반] (1988/서울음반)
전체적으로 원맨 밴드의 성격이 짙다. 다분히 실험적인 앨범으로 국악기와 양악기를 총동원해 국악가요, 재즈가요, 포크 록 등이 다양하게 수록되어 있다. 가수 데뷔 12주년을 기념해 내놓은 앨범이다.

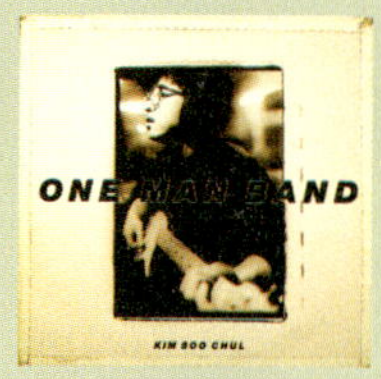

7집 [One Man Band] (1989/서울음반)
김수철(v, all inst.)
작사, 작곡, 편곡, 연주, 노래를 혼자서 직접 다 해내어 국내에서는 최초로 원맨 밴드 앨범을 완성했다. 〈정신차려〉가 그의 독특한 율동과 함께 인기를 모으기도 했다. 1980년대 초반 작은 거인 당시 공윤 심의 반려곡이었던 〈아우롱 어우롱〉 수록.

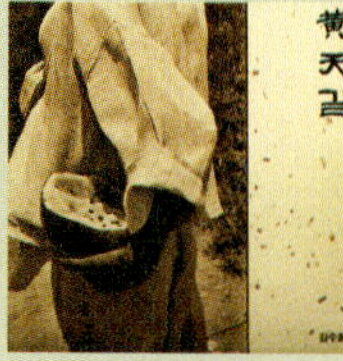

[황천길] (1989/서울음반)
세션: 김수철(g, key), 신현권(b), 배수연(d), 박영용(perc), 전태관(perc), 변성룡(key), 송태호(key), 김동성(key), 김성운(태평소, 피리), 최성원(아쟁), 박용호(대금), 신영희(창), 곽태규(피리)
국악 3집. 크로스오버 국악의 마스터피스. 태평소가 주선율로 이용되는 〈황천길〉, 아쟁이 주선율인 〈한〉 등 국악기의 맛이 이럴 수도 있음을 새롭게 사람들에게 인식시킨 '퓨전 국악'의 이정표였다.

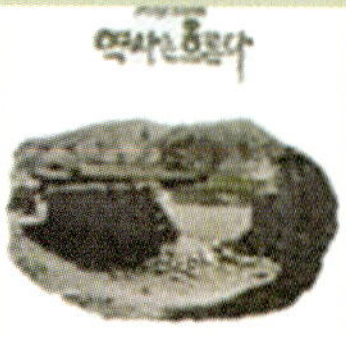

O.S.T. [역사는 흐른다] (1990/서울음반)
KBS TV 대하드라마 '역사는 흐른다'와 '노다지'의 주제곡과 배경음악을 수록했다.

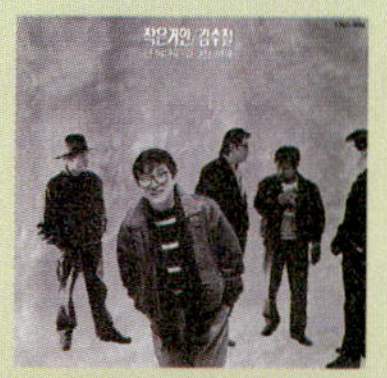

8집 [작은 거인/김수철] (1991/서울음반)
자신은 작은 거인 3집으로 여기고 있다고 한다. 안 만들어도 좋았을 음반.

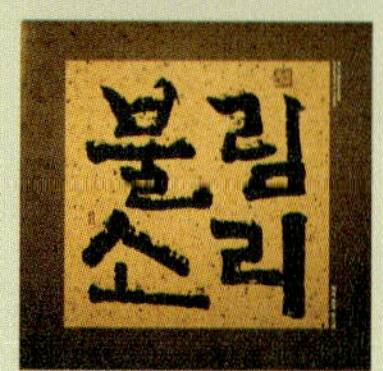

[불림소리] (1992/서울음반)
세션: 김수철(징, 바라, key, SQD-1), 박용호(대금), 백인영(아쟁, 철가야금), 김성운(피리), 배수연(d), 박영봉(perc), 이수영(b), 변성룡(key), 최경식(key), 송태호(key), 최태완(key)
국악 4집. 한 인간이 신을 부르는 과정의 고뇌를 그린 내용. 전체 5부작으로 되어 있다.

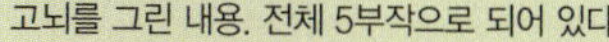

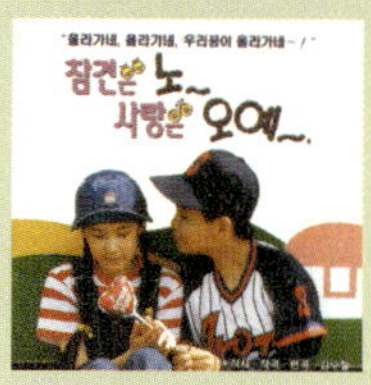

O.S.T. [참견은 노 사랑은 오예] (1993/서울음반)
어린이용 영화의 음반

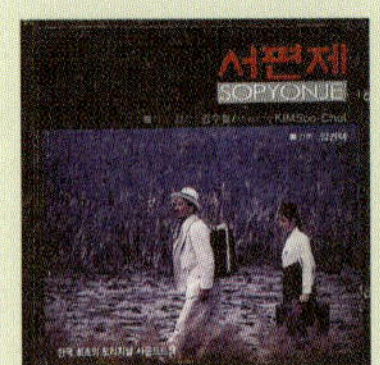

O.S.T. [서편제] (1993/서울음반)
궁중악 대금곡 〈천년학〉, 소금곡 〈소리길〉
등의 연주곡을 비롯해 〈심청가〉, 〈춘향가〉
등의 판소리, 대사와 음악을 11개의 토막
으로 나누어 수록.

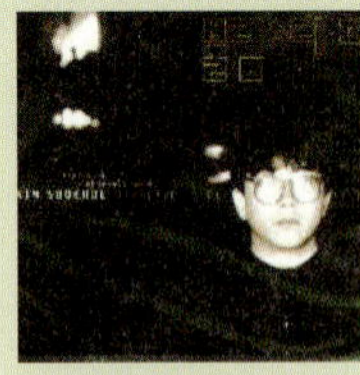

[불림소리 2 – The Sound Of
Invocation 2] (1999/삼성뮤직)
〈야상(惹想)〉, 〈회상(回想)〉, 〈회한(悔恨)〉

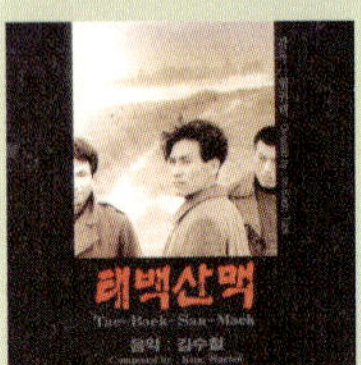

O.S.T. [태백산맥] (1994/나이세스)
김수철의 영화음악은 1993년 '서편제'를
거쳐 1994년 '태백산맥'으로 음악적인 완
성을 보았다고 한다. 〈산맥(대금)〉, 〈어긋
난 세월(피리, 대금)〉, 〈깊은 물(대금)〉 등
수록.

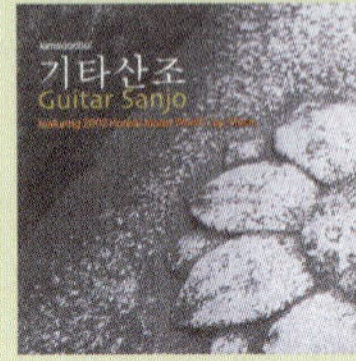

[기타산조] (2002/LSP)
〈장고와 기타산조〉, 〈대금과 기타산조〉

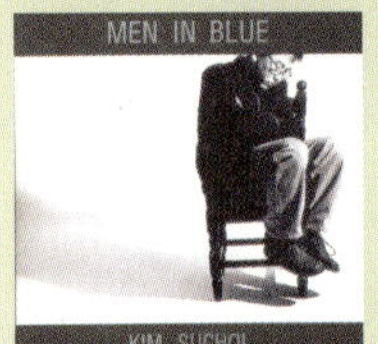

9집 [Men In Blue] (1994/나이세스)
세션: 김수철(v, g, b, perc), 이병우(g),
김광석(g), 최희선(g), 신현권(b), 한충완
(piano, key), 송태호(key), 최태완(key),
김효국(organ), 박영용(perc), 이철호
(perc), 배수연(d), 김승용(clarinet), 유지
연(harmonica), 이승수(prog)
〈지친 어깨〉, 〈저산〉

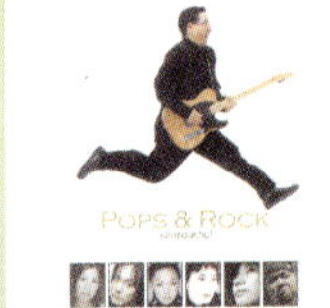

10집 [Pops & Rock] (2002/LSP)
〈나도야 간다〉, 〈저기를 봐〉

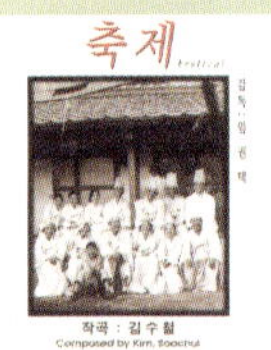

O.S.T [축제] (1995/삼성뮤직)
〈축제1〉, 〈꽃의 동화2〉

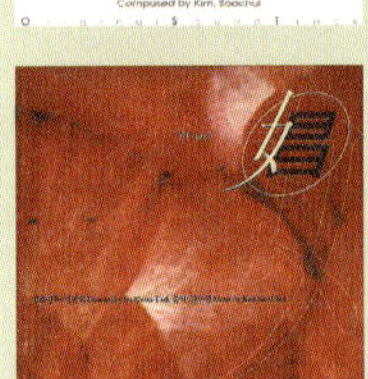

O.S.T. [창] (1997/삼성뮤직)
〈창〉, 〈슬픔〉

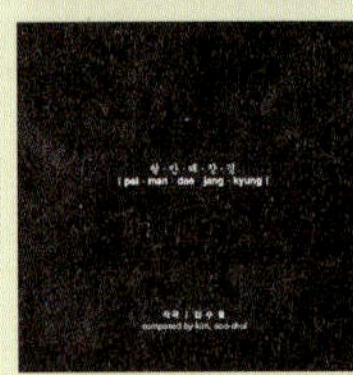

[팔만대장경] (1998/삼성뮤직)
전체적으로 신서사이저를 이용한 서양의
소리와 교회음악을 연주 때 사용되는 하프
시코드, 중국 악기 '얼', 그리고 피리, 아
쟁, 태평소, 대금 같은 우리 전통 악기 소
리를 조화시켰다. 〈서곡 (序曲)-다가오는
검은 구름〉, 〈전장(戰場)에서…〉, 〈구천
(九天)으로 가는 길〉, 〈천상(天上)의 문(門)
에서…〉로 구성.

기타 음반

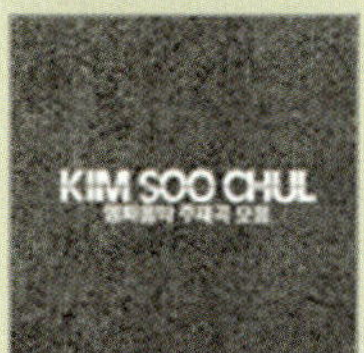

[영화음악 주제곡 모음] (1988/서울음반)
〈외로운 침묵〉, 〈세월은 가네〉

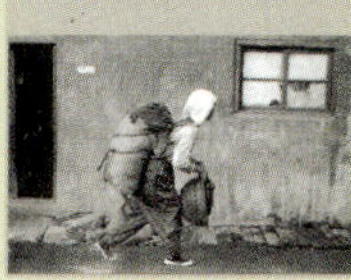

[Best Music For Films – 01]
(1997/삼성뮤직)
〈축제(피리, 대금)〉, 〈소리길(소금)〉, 〈꽃이
동화(소금)〉

[TV 드라마음악] (1992/서울음반)
1986년부터 1992년까지 작곡했던 TV 드
라마 음악 중에서 선별해 베스트 TV 드라
마 음악 앨범으로 만들었다. 〈형〉, 〈사랑이
뭐길래〉 등 수록.

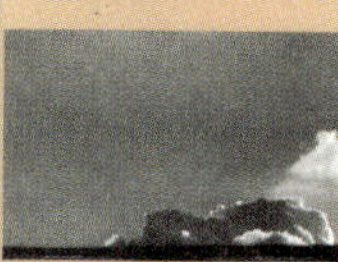

[Best Music For Films – 02]
(1997/삼성뮤직)
〈베를린 리포트〉, 〈경마장 가는 길〉, 〈 아
름다운 사랑〉

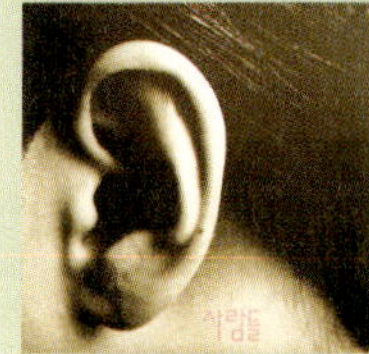

사람들 1집 (1993/서울음반)
김수철(프로듀서)
대쉬 출신의 전병기(v), 공기수(g)와 뮤즈
에로스, 시나위, 자유 출신의 오경환(d)이
만든 그룹.

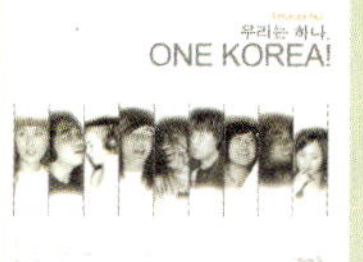

[Single – 우리는 하나] (2000/LSP)
〈우리는 하나〉 수록

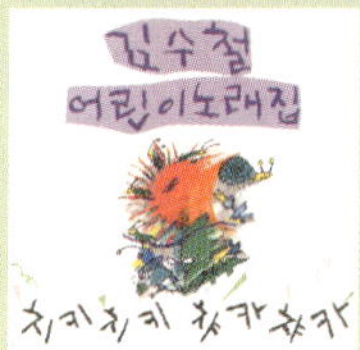

[어린이 노래집] (1995/삼성뮤직)
1988년 MBC TV 어린이드라마 '꼴찌수
색대', 1990년 KBS TV 만화영화 '날아라
수퍼보드', 1992년 MBC TV 어린이드라
마 '천사들의 노래', 1993년 어린이 영화
'참견은 노우 사랑은 오예'의 주제곡 수록.

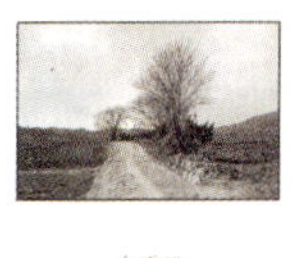

[김수철 (0의 세계 + 올림픽 음악)]
(2000/서울음반)
〈도약〉, 〈비애〉

[작은 거인 2집](1981/오아시스)과 록 레코딩 ※ 2002년 6월에 쓴 칼럼입니다.

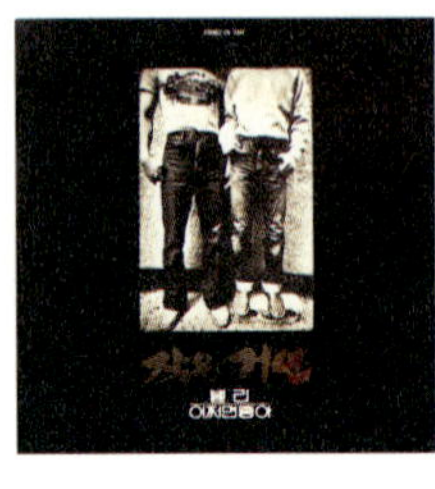

Side A
1. 별리
2. 새야
3. 행복
4. 어둠의 세계 (연주곡)

Side B
1. 어쩌면 좋아
2. 외로움
3. 알면서도
4. 일곱 색깔 무지개 (New Version)

내가 글 쓰기 이전에 간절히 하고 싶었던 것은 음향 엔지니어(Sound Engineer, Recording Engineer)였고, 이 직업에 대한 개념과 꿈을 심어준 뮤지션이 있다면 작은 거인, 보스톤(Boston), 알란 파슨스 프로젝트(Alan Parsons Project)였다. 그중에서도 작은 거인은 내게 '음향 엔지니어의 개념'을 실체적으로 알게 해준 뮤지션이었는데, 작은 거인의 이 음반이 바로 그것이었다.

내가 중학교 1학년 때였던 1979년에 〈내일〉, 〈일곱 색깔 무지개〉, 〈세월〉 등이 실린 데뷔 앨범을 발표한 그들(당시 4인조 밴드)은 전형적으로 대학가요제를 통해서 활동을 시작한 밴드였고, 당시 입선곡인 〈일곱 색깔 무지개〉는 라디오에서도 심심치 않게 들을 수 있었다. 그리고 당시 KBS의 '젊음의 행진'이나 MBC의 '영 일레븐' 같은 젊은 층 대상의 가요프로그램에서 종종 그의 모습을 볼 수 있었는데, 당시 그가 KBS의 젊음의 행진에서 연주한 〈새야〉라는 곡을 잊지 못했다. 왜냐하면 그가 보여준 연주나 스테이지 매너는 당시 한국의 일반적인 록밴드들과는 많이 달랐고, 좀 더 전문적인 영역이었기 때문이었다.

1970년대 말에서 1980년대 초반의 대학가요제 밴드들의 음악을 들어보면 알겠지만, 기량적으로는 대부분 아마추어 수준을 벗어나지 못했고 스타일도 샤프나 마그마 등 일부를 제외하고는 거의 대동소이했다. 그리고 록밴드의 음반에서 치명적인 것은 당시 레코딩 수준이 너무 뒤떨어졌다는 것이다. 그때도 서울스튜디오와 같은 좋은 시설의 레코딩 스튜디오는 있었지만 문제는 역량 있는 엔지니어가 없었다는 점이다. 그래서 나처럼 영미권의 록음악(특히 헤미메탈)에 익숙한 사람들은 당시 한국 록밴드의 노래가 좋고 나쁨을 떠나서 '레코딩 사운드 상태' 때문에 한국 록음악 듣기를 꺼렸다. 물론 연주 기량도 몇몇 밴드를 제외하고는 '국내용' 수준이었다.[12]

그럴 당시, 1981년 작은 거인 2집(거의 원맨 밴드 형식으로 녹음함)을 발표하고 나서 젊음의 행진에서 보여준 정상급 연주와 파격적인 스테이지 액션은 경이롭게 보였다. 그래서 사게 된 작은 거인 2집 테이프는 한국 록을 새롭게 보는 계기가 되었다. 그리고 컴포넌트 오디오를 사면서 본격적으로 음반을 모으게 되었을 때, 가장 사고 싶었던 앨범들 중 하나가 작은 거인 2집이었고, 그 음반을 사와서 들을 때는 정말 좋았다. LP 녹음 상태가 당시로서는 워낙 좋았기 때문이기도 하다. 앞에서도 얘기했지만 당시 한국 레코딩의 문제는 역량 있는 엔지니어가 없었다는 점이었고, 특히 록에서는 전무했다. 어덜트 컨템포러리 록 음반 녹음이 한국에서 제대로 진행된 것은 따로 또 같이 2집(1984)이 처음이라 생각되고, 1986년 시나위 1집을 들어보면 알겠지만 헤비메탈로 가면 보컬 사운드의 밸런스조차 잡지 못할 정도로 열악했다.

김수철도 그것을 인식했는지 그는 일본인 엔지니어 지다가와 마사토에게 녹음을 의뢰했다. 결과는 무척 훌륭해서 녹음 상태만 놓고 본다면 1980년대 한국의 록 음반들 중에서 가장 뛰어난 질감의 록 연주를 들려주는 앨범을 만들어냈다. 이것이 내게는 '레코딩 엔지니어링'에 의해 음반의 상태가 좌우될 수 있음을 실질적으로 알게 해준 직접적인 사례가 되었고, 한국의 뮤지션들이 폄하되는 이유 중 하나가 결국 레코딩 엔지니어링 문제임을 알게 해주었다. 그리고 나서 보스턴의 기타리스트 톰 숄츠(Tom Scholz)는 직접 음반 레코딩까지 하고, 그 덕분에 보스턴의 깊은 울림을 갖는 다층적인 질감의 기타 사운드가 나올 수 있음을 알게 되면서 레코딩 엔지니어를 막연히 미래의 직업으로 생각하는 계기가 되었다.

김수철은 이후 팝으로 전향하면서, 그리고 1987년 [김수철]이라는 국악음반을 만들면서 더 이상 록뮤지션의 영역에 머물지 않고 있다. 그리고 그쪽에서도 상당한 평가를 받고 있다. 하지만 그가 팝음악 가수로 전향한 것이 다분히 시대 상황에 의한 것임을 생각한다면, 그로 인해 한국 록이 1980년대에 좀 더 다양한 방향으로 발전할 수 있었는데도 그렇게 되지 못한 것이 안타깝다. 그리고 [작은 거인 2집]이 아직도 제대로 평가받지 못하는 음반에 속하고, 들어본 사람도 별로 없음을 생각하며 통탄할 일이다. [13]

---

[12] 내가 생각하기에 당시에 연주기량이 뛰어났던 밴드는 작은 거인, 무당, 김태화 밴드, 이수만과 365일 정도였다. 물론 산울림처럼 훌륭한 록밴드가 있었지만, 그들의 강점은 워낙 노래 자체가 뛰어나고 스타일 면에서 독보적이었다는 점 때문이지 결코 기능적으로 연주를 잘하는 뮤지션이 아니라는 것은 다들 알 것이다.

[13] [작은 거인 2집]은 1998년 오아시스에서 CD로 복각되어 재발매되었지만, 이를 [작은 거인 2집]의 실체라고 절대로 생각하지 말 것. 열악한 수준의 CD 마스터링으로 차라리 나오지 않는 것만 못한 음반이다. LP에서 들을 수 있는 다이내믹한 연주는 심심한 수준으로 바뀌었다.

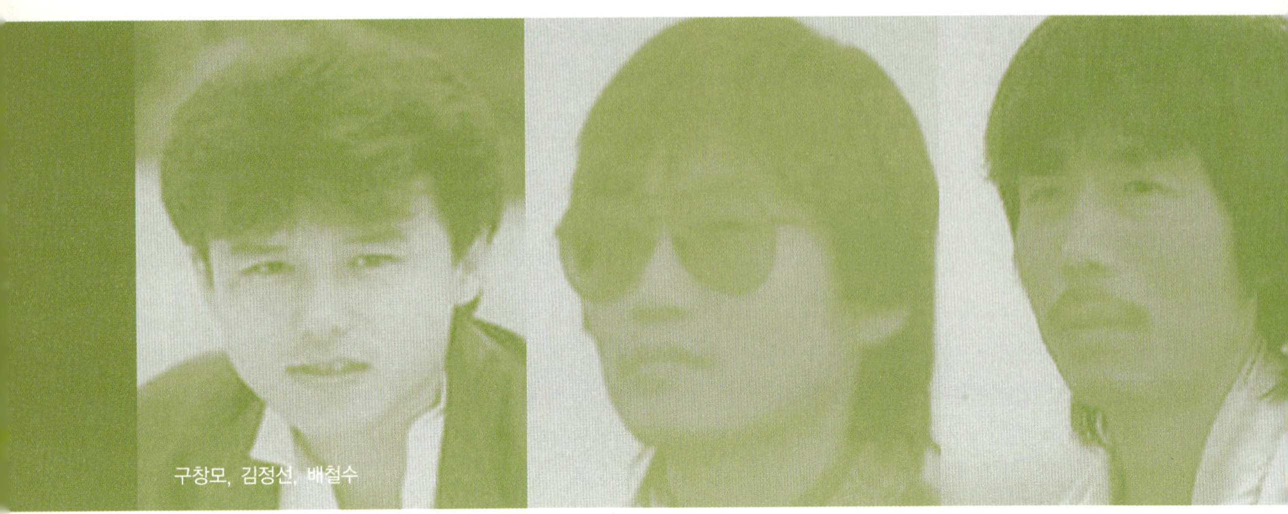

송골매

"대학가요제 최고의 결과물"

이응수·지덕엽, 이응수·라원주라는 주목할 만한 송라이팅 체제가 만든 〈산꼭대기 올라가〉,
〈세상만사〉, 〈세상 모르고 살았노라〉, 〈친구를 생각하며〉와 같은 노래들은 대학가요제 최고의
결과물에 속한다. '독창적인 사운드'는 연주가 아니라 바로 송라이팅에서 기인한다는 것을 보
여준다.

송골매는 1970년대 말 대학가요제 역사상 샤프, 작은 거인, 마그마 등과 함께 가장 훌륭했던 그룹으로 기억되는 '활주로' 출신의 배철수(보컬, 드럼), 지덕엽(기타)이 중심이 되어 1979년대 말 결성되었다. 지금으로서는 믿기지 않지만 이들은 1980년대 초에 조용필, 이선희와 함께 아이돌 스타의 위치에 있었다. 대중매체 스타와 그 스타를 향유하는 대상층의 연령이 비슷하게 되어버린 지금으로서는 있을 수 없는 일이다. 당시 송골매 사운드의 기조는 활주로의 연장선에 있었고 매우 독창적인 사운드를 만들어 냈는데, 이는 이응수 · 지덕엽, 이응수 · 라원주라는 주목할 만한 송라이팅 체제에 기인한 바가 큰 것으로 생각된다. 그리고 2집부터 참여하는 세련된 연주의 김정선(기타)과 대비되는 지덕엽은 작은 거인의 김수철, 마그마의 김광현과 함께 좋은 멜로디 라인을 만들어내는 기타리스트로서 다시 살펴볼 필요가 있다. 1집 출반 후 이응수와 지덕엽이 탈퇴하고, 전 블랙 테트라 출신의 구창모(보컬)와 블랙 테트라, 4막5장 출신의 김정선(기타)이 참여해 1980년대 초반의 빅 히트 앨범인 2집을 내놓는다. 여기서는 〈어쩌다 마주친 그대〉, 〈세상만사〉, 〈모두 다 사랑하리〉, 〈내 마음의 꽃/그리 길지 않은 시간이었네〉 등 앨범 전곡이 고르게 사랑받았고, 여기서 〈모두 다 사랑하리〉는 김수철의 작품인데 이 곡은 향후 그가 록 · 팝 발라드의 귀재로 등극하리라는 것을 예측케 한다. KBS의 '젊음의 행진'과 MBC의 '영 일레븐'이라는 프로를 한때 독식하리만큼 인기 절정의 시기를 갖기도 했던 그들은 여세를 몰아서 영화에도 출연했다. 3집까지 계속된 그들의 인기는 4집에서 내부 분열로 파국을 맞고 구창모 탈퇴 후 9집까지 양산한다.

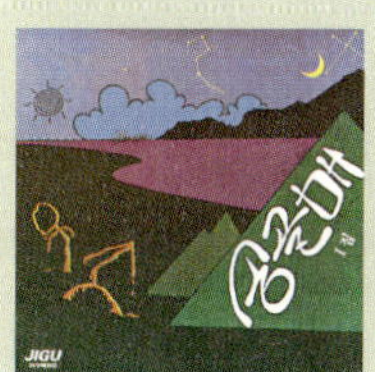

1집 (1979/지구레코드)
배철수(v, d), 이봉환(key),
이응수(b), 지덕엽(g)

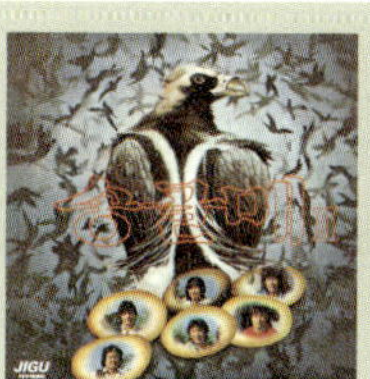

2집 (1982/지구레코드)
배철수(v, g), 김정선(g),
구창모(v, key), 김상복(b),
이봉환(key), 오승동(d)

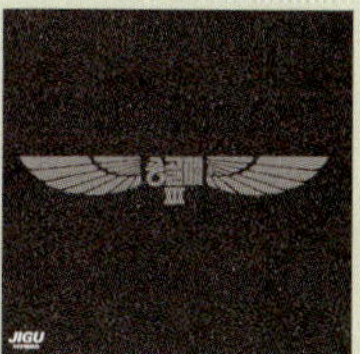

3집 (1983/지구레코드)
배철수(v, g), 김정선(g),
구창모(v, key), 김상복(b),
이봉환(key), 오승동(d)

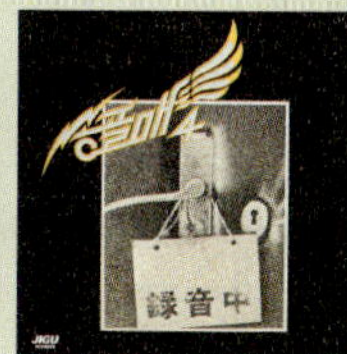

4집 (1984/지구레코드)
배철수(v, g), 김정선(g),
구창모(v, key), 김상복(b),
이봉환(key), 오승동(d)

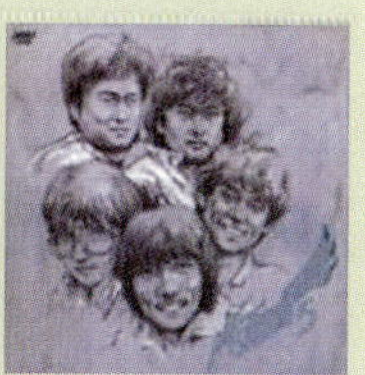

5집 (1985/지구레코드)
배철수(v, g), 김정선(g),
김상복(b), 이봉환(key),
오승동(d)
〈하늘나라 우리님〉,
〈찬란한 순간〉

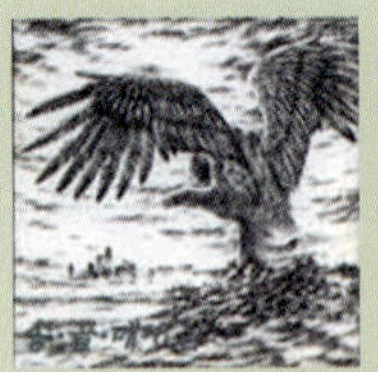

6집 (1986/지구레코드)
배철수(v, g), 김정선(g),
김상복(b), 이봉환(key),
오승동(d)
〈오해〉, 〈마음의 등불〉

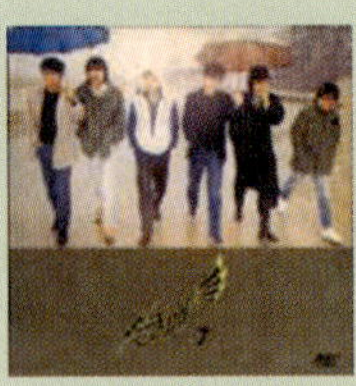

7집 (1987/지구레코드)
배철수(v, g), 김정선(g),
이태윤(b), 이봉환(key),
이종욱(key), 이건태(d)
〈인생이란 이름의 열차〉,
〈새가 되어 날으리〉

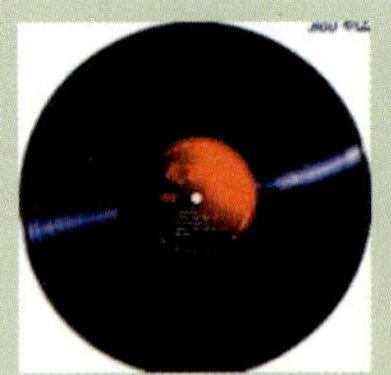

8집 (1988/지구레코드)
배철수(v, g), 김정선(g),
이태윤(b), 이봉환(key),
이종욱(key), 이건태(d)
〈어이하나 그대여〉, 〈외
로운 들꽃〉

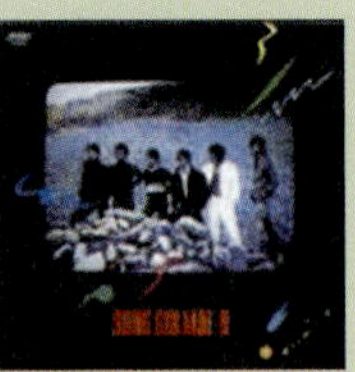

9집 (1990/지구레코드)
배철수(v, g), 김정선(g),
이태윤(b), 이봉환(key),
이종욱(key), 이건태(d)
〈모여라〉, 〈사랑하는 이
여 내 죽으면〉

기타 음반

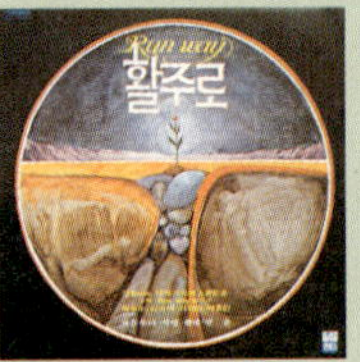

활주로 1집
(1979/지구레코드)
배철수(v, d), 김종태
(key), 박홍인(b), 지덕엽
(g)

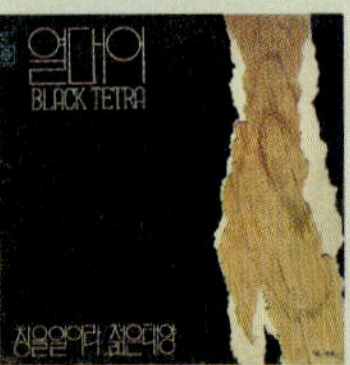

블랙 테트라 1집
(Black Tetra) [열대어]
(1979/유니버설)
박현우(g), 김정선(g), 오승
동(d), 이계형(organ), 김
국현(b), 구창모(v)
〈창을 열어라〉, 〈젊은 태
양〉

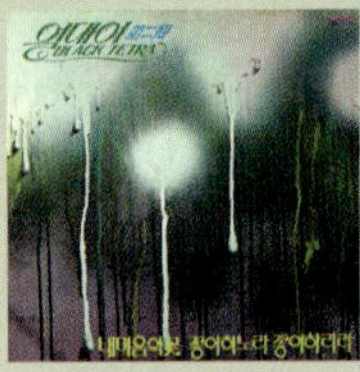

블랙 테트라 2집
(Black Tetra) [열대어
第2集] (1979/오아시스)
김정선(g), 오승동(d), 권
오승(organ), 김국현(b),
구창모(v)
〈내 마음의 꽃〉, 〈좋아하
노라 좋아하리라〉

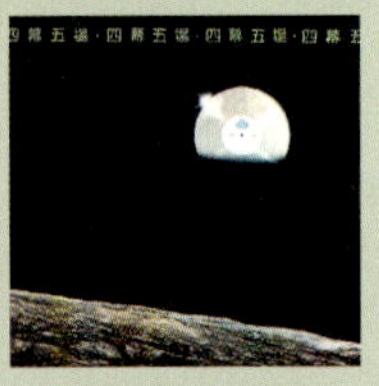

4막5장 1집 [四幕五
場] (1980/오아시스)
김정선(g), 오승동(d), 권
오승(v, organ), 김국현
(b)
〈고추잠자리〉, 〈마음 때
문에〉 수록

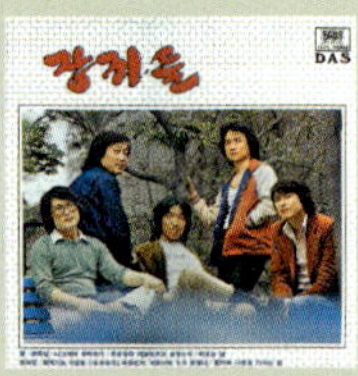

장끼들 1집 [낙엽지는
풍경/태평성대]
(1982/대성음반)
엄인호(g), 이응수(b), 나
원주(key), 박동률(v, g),
장수연(d)

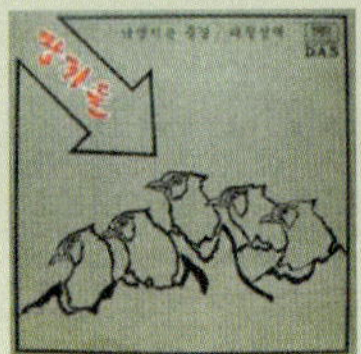

장끼들
(1982/대성음반)
엄인호(g), 이응수(b), 나
원주(key), 박동률(v, g),
장수연(d)

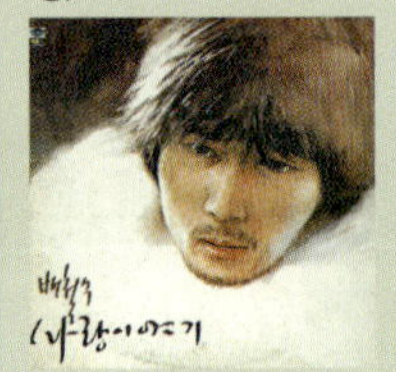

배철수 1집 [사랑이야
기] (1985/지구레코드)
〈사랑 그 아름답고 소중
한 얘기들〉, 〈사랑의 회
상〉

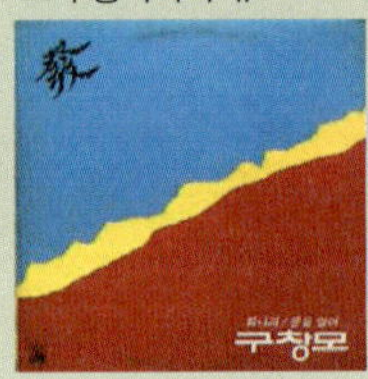

구창모 1집 [發]
(1985/지구레코드)
〈희나리〉, 〈문을 열어〉

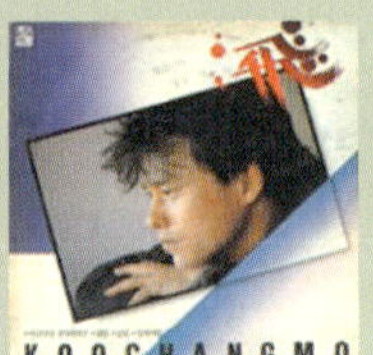

구창모 2집 [飛]
(1986/지구레코드)
〈아픈 만큼 성숙해지
고〉, 〈잎새처럼〉

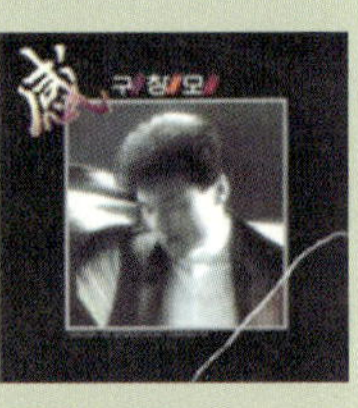

구창모 3집 [感]
(1987/서울음반)
〈외로워 외로워〉, 〈변명〉

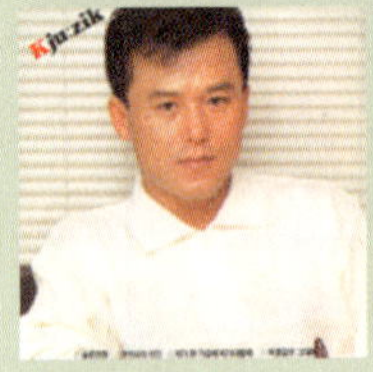

구창모 [Kju:zik]
(1989/서라벌레코드)
〈내 인생에 있어 그대
는〉, 〈슬픈 연정〉

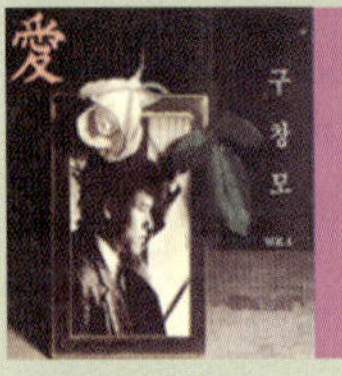

구창모 4집 [愛]
(1989/서라벌레코드)
〈그때는 진정 그대를〉,
〈우리는 사랑했어요〉

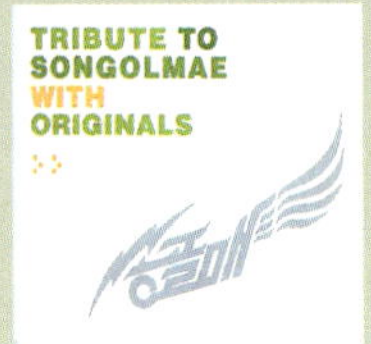

V.A.
[To Songolmae With
Originals 송골매]
(2002/한 솔엔터테인
먼트)
〈처음 본 순간〉, 〈한줄
기 빛〉

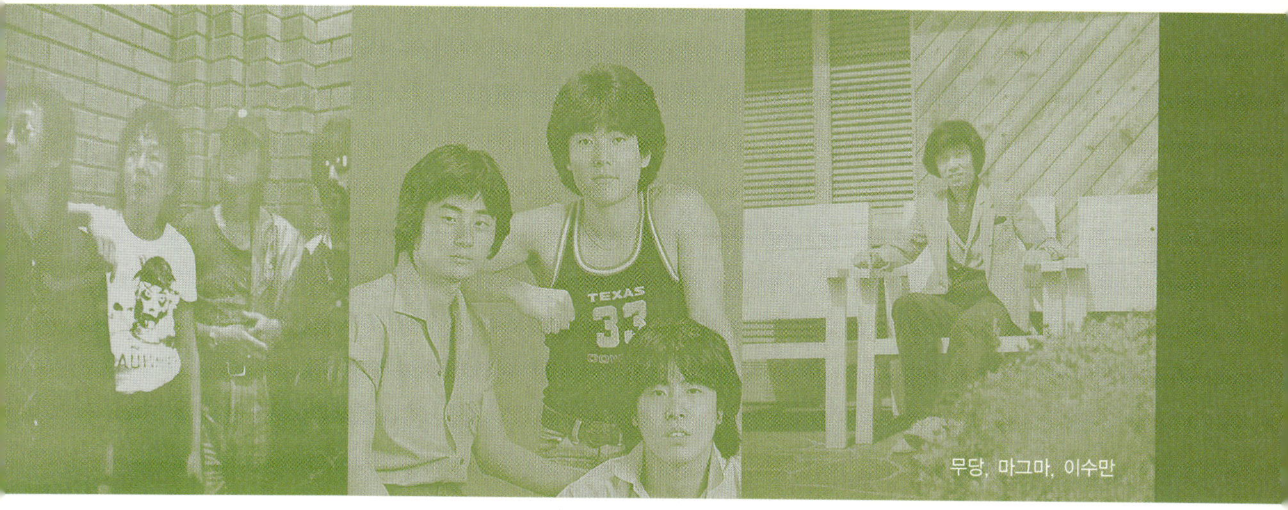

무당, 마그마, 김태화
& 이수만과 365일

"헤비메탈의 토대를 만들어간 뮤지션들"

이들은 1980년대 초반에 하드록을 했던 뮤지션들이고,
특히 무당은 최초의 헤비메탈 그룹으로 평가된다.

무당은 1980년 레이프 가렛(Leif Garrett)의 내한 공연 시 오프닝 밴드로 연주를
했고, L.A.에서도 활동하던 그룹이었다. 이 그룹의 리더였던 최우섭(기타, 보컬)은 1970
년대에 미8군 클럽에서도 연주했던 뮤지션이었고, 또 한 명의 기타리스트인 이중산[14]
은 1980년대 언더그라운드 헤비메탈계에서 영향력을 갖고 있던 사람이었다. 〈무지개〉,
〈무당〉이 담긴 1집(1980)은 당시는 평범한(그러나 곡들은 좋은) 록 그룹의 음반이었다. 하
지만 1983년 최우섭을 중심으로 지해롱(보컬), 김일태(베이스), 한봉(드럼)을 멤버로 재편
된 2집은 〈그 길을 따라〉에서와 같이 정통 헤비메탈 리프가 담긴 국내 최초의 헤비메탈
음반이라고 할 수 있다. 〈멈추지 말아요〉, 〈그대 생각〉 같은 헤비록 발라드도 담긴 이
음반을 출시한 뒤 무당은 1980년대 중반까지 활동하다가 자취를 감춘다.[15]

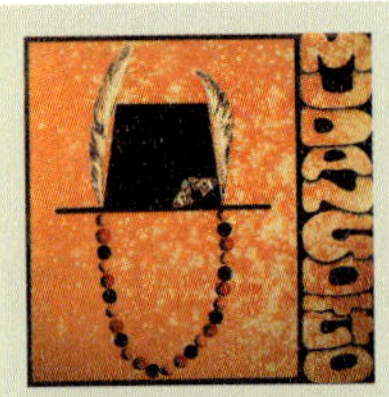

무당 1집 (1980/오아시스)
최우섭(g, v), 이중산(g), 정진
(g), 박찬용(b), 차종면/황종수
(d), 장화영(key)

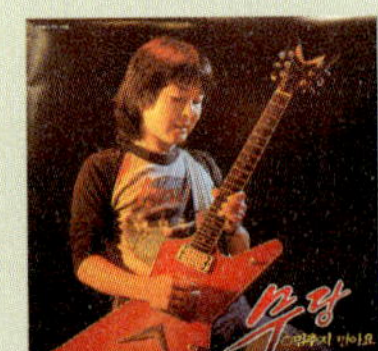

무당 2집 (1983/오아시스)
최우섭(g, v), 지해롱(v), 김일
태(b), 한봉(d)

지해롱

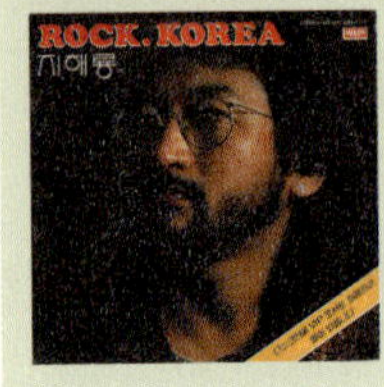

록코리아(Rock.Korea)
[ROCK.KOREA 지해롱]
(1986/대도레코드)
지해롱(v), 조준형(g), 이건태
(d), 김일태(b), 이희영(key)
〈두란 난난나〉, 〈세월〉

---

14 음반 녹음을 할 때에는 연주하지 않았다고 하고, 후에 '빛과 그림자'를 조직하며 1989년 [록
인 코리아]에 참가한다.

15 보컬리스트 지해롱은 무당의 후신이라고 할 수 있는 '록코리아'를 결성해서 1986년에 유일한
1집을 발표했다.

마그마는 조하문(베이스, 보컬), 김광현(기타), 문영식(드럼)으로 구성된 하드록 그룹이었고 박두진의 시를 개사한 〈해야〉로 1980년 MBC 대학가요제에 참여해 은상을 받았다. 당시 대학가요제에 나온 록 그룹들 중에서 마그마와 같이 헤비한 음악을 했던 그룹은 없었고, 이후에도 거의 없었다. 〈아름다운 곳〉, 〈잊혀진 사랑〉 같은 헤비한 기타 연주가 담긴 곡들은 1980년대 초반에는 작은 거인 2집 이외에서는 들을 수 없었다. 심야 라디오의 리퀘스트 곡이기도 했던 〈잊혀진 사랑〉의 원제는 〈4차원의 세계〉였는데 심의에 걸려 〈잊혀진 사람〉으로 개작되었고, 앨범 프린트에서의 실수로 〈잊혀진 사랑〉이 되었다고 한다. 뛰어난 록 보컬리스트로도 평가받았던 조하문은 이후 솔로로 전향해 록발라드를 지향하는 가수가 되었다.

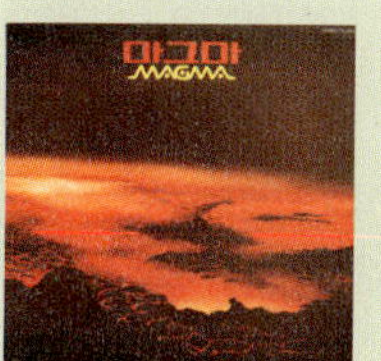

마그마 1집
(1981/히트레코드)
조하문(b, v), 김광현(g), 문영식(d)

조하문

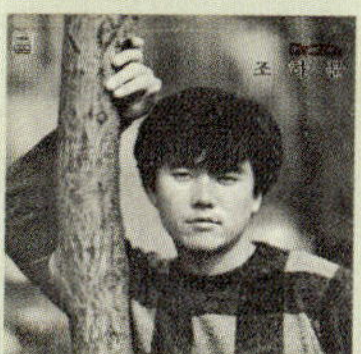

조하문 1집 [마그마 조하문] (1987/한국음반)
〈이 밤을 다시 한 번〉, 〈눈 오는 밤〉

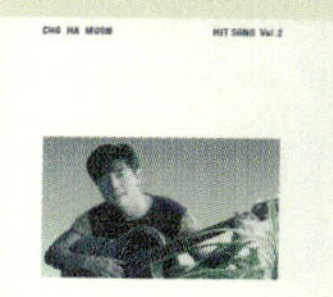

조하문 2집 [조하문 Vol.2] (1989/한국음반)
〈내 아픔 아시는 당신께〉, 〈입영〉

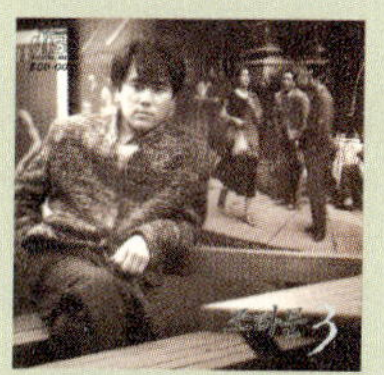

조하문 3집 [조하문 3] (1991/서라벌레코드)
세션: 조하문(v, g, b), 김희연(d), 함춘호(g), 조동익(b), 김효국 (piano, key), 박용준(key)
〈자, 이제 웃어봐〉, 〈사랑했던 순간들〉

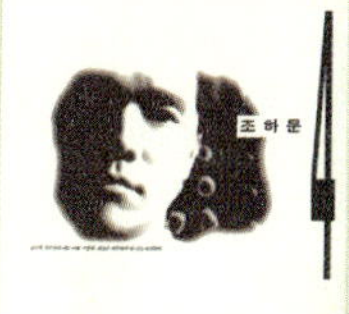

조하문 4집 [조하문 4] (1993/덕윤산업)
세션: 조하문(v, g), 강윤기(d), 신현권(b), 이근형(g), 이흥래(key), 허성욱(piano)
〈사랑해, 지금 떠나도〉, 〈당신은 바람이니까〉

김광현

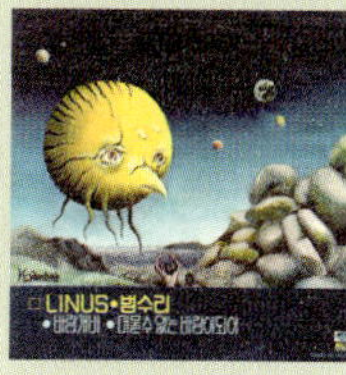

라이너스 1집(Linus)
[Linus 범수리] (1980/지구레코드)
최광수(v, g), 김광민(v, key), 이규왕(d), 문영삼(d), 김광현(g)
〈바람개비〉, 〈머물 수 없는 바람이 되어〉

김태화는 김현식과 함께 1980년대 초반 당대 최고의 록 보컬리스트로 평가받았던 뮤지션이다. 록 필이 살아나는 샤우트 창법이 어울리는 그는 자신의 1982년 2집과 라이브 음반에서 아메리칸 하드록 성향(일부 곡들에서)의 노래들을 했다. 이 음반에는 김양일(기타), 김효국(키보드), 김명곤(키보드)의 연주가 뛰어난 〈뛰어〉,16 〈얘기할 수 없어요〉, 〈꿈속의 작은 천사〉 등이 실려 있고, 〈안녕〉은 1980년대 후반 히트한 발라드 곡이다. 그는 정훈희와 결혼 후 유현상처럼 록에서 트로트로 음악 성향을 바꾸었다.

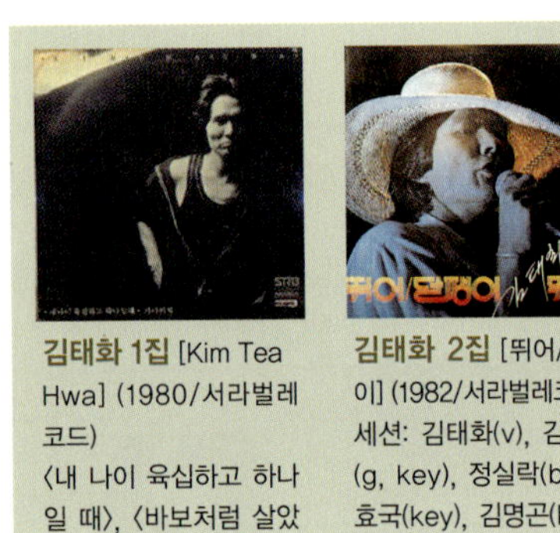

김태화 1집 [Kim Tea Hwa] (1980/서라벌레코드)
〈내 나이 육십하고 하나일 때〉, 〈바보처럼 살았군요〉

김태화 2집 [뛰어/달팽이] (1982/서라벌레코드)
세션: 김태화(v), 김양일(g, key), 정실락(b), 김효국(key), 김명곤(key), 황종수(d), 배수연(d)

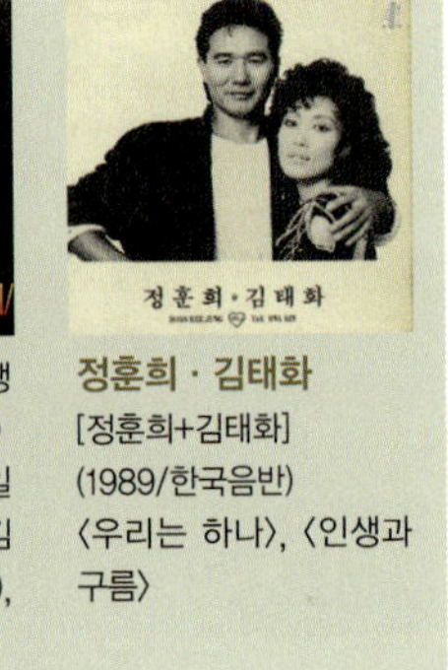

정훈희 · 김태화 [정훈희+김태화] (1989/한국음반)
〈우리는 하나〉, 〈인생과 구름〉

---

16 유현상의 곡으로 후에 백두산 데뷔 음반에도 실렸다.

이수만과 365일은 이수만의 주도로 1980년에 활동했던, 노준명(기타)의 연주가 주목받았던 밴드였다. 한때 이수만이 〈난 알고 있었지〉, 〈물결(연주곡)〉과 같은 헤비록 성향의 곡을 노래했다는 것은 잘 알려지지 않은 사실이었고, 우리가 흔히 들었던 팝 발라드 〈모든 것 끝난 뒤〉도 헤비록 버전이 있었다는 것이 좀 믿기지 않을 것이다. 앨범 단 한 장으로 끝난 이 밴드도 국내 하드록 역사에서 언급되어야 할 그룹임에는 분명하다.

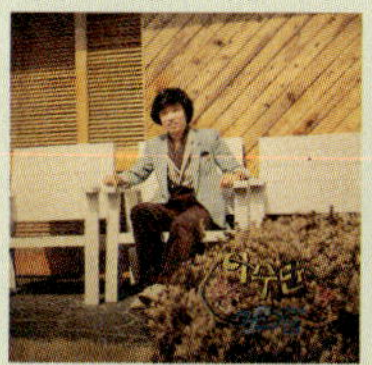 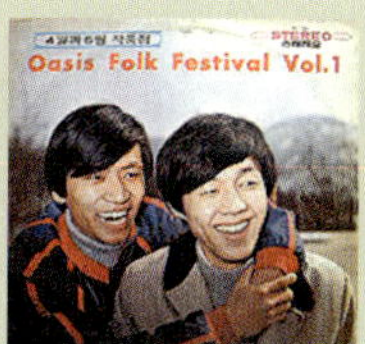 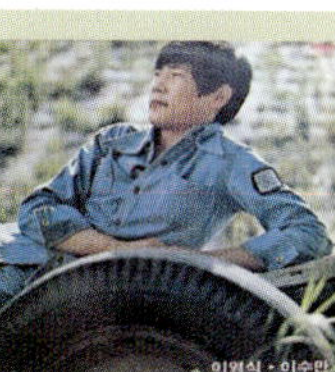 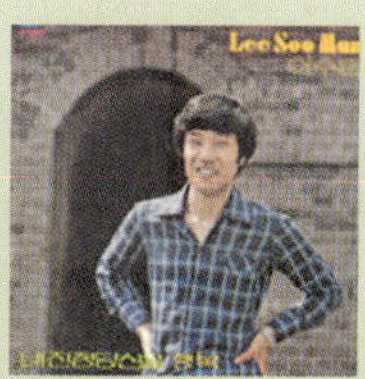 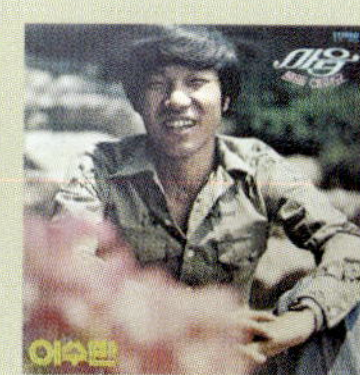

이수만과 365일 1집 (1980/유니버셜레코드) 이수만(v), 노준명(g), 김세원(g), 황두진(b), 김호식(d)

4월과 5월 1집 [Oasis Folk Festival Vol.1] (1972/오아시스) 백순진(g, v), 이수만(g, v)

이영식/이수만 [이영식/이수만] (1976/신세계) 〈다시 만날 때까지〉

이수만 [내 진정 당신을/행복] (1977/지구레코드)

이수만 [마음/말 좀 해줘요] (1978/신세계)

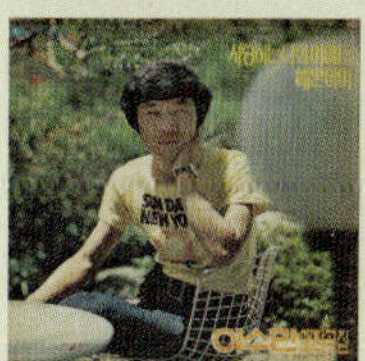 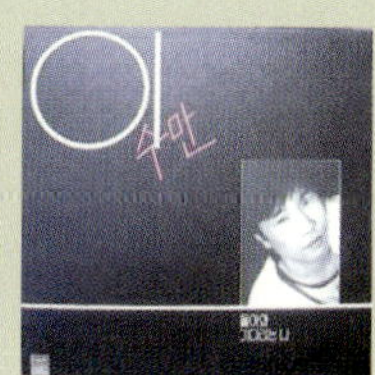 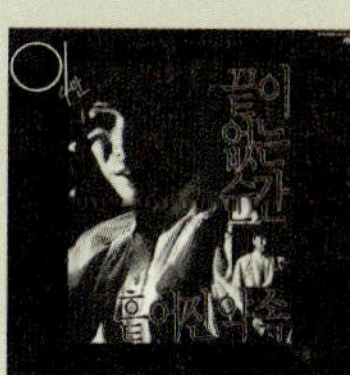 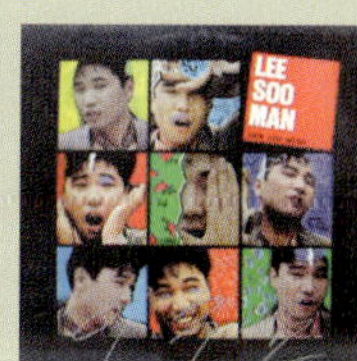 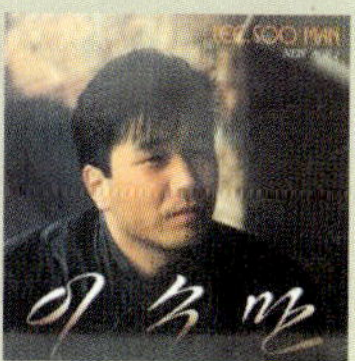

이수만 [사랑하는 나의 어머니/예쁜 아이] (1978/지구레코드)

이수만 [돌아와/기다리는 나] (1985/한국음반)

이수만 [끝이 없는 순간] (1986/아세아레코드) 〈끝이 없는 순간〉, 〈흩어진 약속〉

이수만 [뉴 에이지] (1989/아세아레코드) 〈사랑하고 만 거야〉, 〈하얀 얼굴로〉

이수만 [New Age 2] (1989/한국음반) 세션: 이수만(v, prog), 조원익(b), 장기호(b), 김종진(g), 홍종화(piano, key, prog) 〈장미꽃 향기는 바람에 날리고〉, 〈우울한 고백〉

한영애

"창밖에 서 있는 당신은 누구?"

한영애는

    한영애는 한국 대중음악사에서 양희은 이후 가장 중요한 여성 뮤지션이고, 1990년대에는 장필순, 이상은과 함께 여성 트로이카로 평가된다. 1977년 이정선, 이주호, 김영미와 함께한 포크 그룹 해바라기 1집으로 대중에게 알려지기 시작했지만 가수로 인정을 받은 것은 이정선의 곡을 다시 리메이크한 〈건널 수 없는 강〉이 담긴 1986년 1집부터였다.[1] 그리고 이 인정은 '폭발적인 지지' 수준이었다. 거친 음색의 끈적거리면서도 파워풀한 보컬은 이전에 어느 누구도 보여준 적이 없는 놀라운 것이었고, '이렇게도 노래하는구나' 라는 생각을 갖게 했다. 굳이 재니스 조플린(Janis Joplin)을 거론하지 않더라도 그녀는 가수들에게 '노래 부르기의 본질' 이 무엇인지 생각하게끔 했다. "여자 가수란 이러이러해야 한다"는 이전까지의 고정관념을 통렬하게 날려버린 그녀는 그래서 매우 독특한 존재이다. 이후 그녀는 한국 스튜디오 세션을 한 단계 끌어올린 2집 [바라본다](1988)를 발표했고, 자신의 정체성을 고민한 3집 [한영애 1992](1992)에 이어 1995년에는 1990년대 손꼽히는 명작인(숨겨진 걸작이기도 한) 4집 [불어오라 바람아]를 발표했다. 이 음반은 일면 무겁게 들릴 수 있는 노래들로 대중에게는 별다른 호응을 얻지 못했지만, 그 무거움이란 절실한 삶의 경험을 통해 형상화된 진지함으로 적어도 한 번은 심각하게 대해볼 필요가 있다.

---

[1] 한영애는 1986년 공식 1집 전에 알려지지 않은 2장의 솔로 앨범을 발표했다. 1977년에 첫 앨범 [어젯밤 꿈]을 발표했지만 상업성이 없다는 이유로 정식 발매는 되지 않았다. 그리고 1978년에 [작은동산]이 나왔으나 역시 정식 유통되지는 않았다.

1955년	7월 출생
1976년	1월 4중창단 '해바라기' 창단, 음악활동 시작
1977년	2월 앨범 [해바라기 1집] 발표
1977년	12월 연극 '덧치맨' 공연. 연극배우로 데뷔(창고극장)
1978년	5월 앨범 [해바라기 2집] 발표
1978년	8월 극단 자유극장 입단
1978년	11월 일본 쓰루바극단 초청순회공연(동경, 오사카, 나고야)
1981년	10월 유럽순회공연(프랑스, 스페인, 네덜란드, 이탈리아)
1985년	12월 한영애 1집 [한영애] 발표
1986년	프로젝트 팀 '신촌 BLUES' 결성
1986년	6월 신촌 BLUES 콘서트 시작(샘터 파랑새 극장)
1988년	1월 [신촌 BLUES I] 앨범 발표
1988년	10월 한영애 2집 [바라본다] 발표
1988년	12월 한영애 개인 콘서트(대구 동아문화센터)
1992년	4월 한영애 3집 [한영애 1992] 발표
1993년	1월 한영애 我.友.聲. 개인 콘서트(63빌딩)
1993년	3월 '햄릿' 공연(자유극장), 전국 순회공연
1993년	4월 프랑스에서 '햄릿' 공연(Paris Rond Point 극장)
1993년	햄릿 독일 공연(Schauspieler 극장)
1993년	5월 한영애 [我.友.聲. 콘서트 실황 앨범] 발표
1995년	7월 한영애 4집 [불어오라, 바람아] 발표
1999년	7월 5집 [난.다] 발표
2003년	6집 [Behind] 발표

●●● 인터뷰

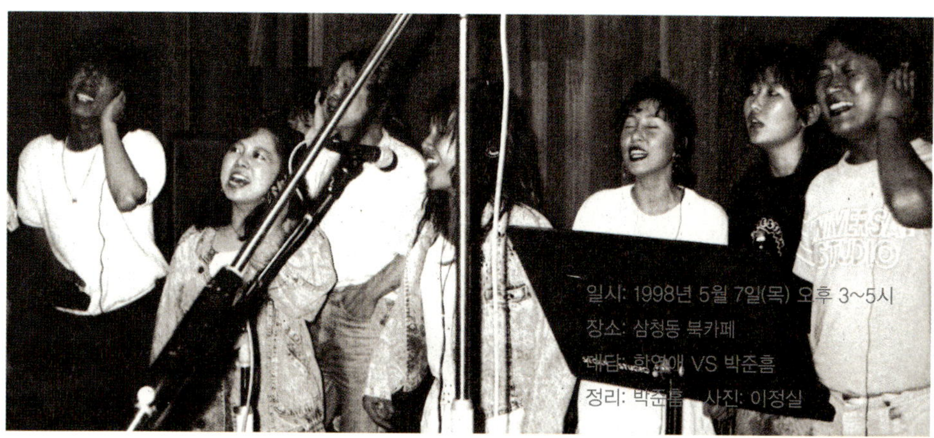

1970년대에 거의 유일하게 거론되었던 여성 뮤지션이 있다면 바로 김민기와 이주원의 노래를 불렀던 양희은이다. 깨질 듯한 아름다움을 머금고 〈아침 이슬〉, 〈내 님의 사랑은〉, 〈네 꿈을 펼쳐라〉를 부른 양희은만이 사람들의 입에 올랐던 그때, 명동 카톨릭 여학생회관 해바라기 홀 한귀퉁이에서 자신의 폭발적인 감성을 숨긴 채 조용하게 노래 부르던 여자 가수가 있었다. 그녀는 1980년대 중반 우리 대중음악계에 새로운 '여자 가수상(像)'을 제시하고, 그 자신이 새로운 출발 지점이 되었던 한영애였다. 한영애는 1970년대를 거쳐서 지금까지도 창작활동을 하고 있고, 여성 뮤지션으로서는 거의 유일하게 마력적인 아우라를 갖고 있다. 그리고 1995년 4집 [불어오라 바람아]를 내면서 아티스트로 다시 태어났다. 이를 인지하는 사람은 많지 않겠지만.

"가수로서 또는 무대인으로서 살다 죽어야겠다고 생각한다."

박준흠: 요즘 근황은?

한영애: 작년 [신중현 트리뷰트] 음반 발매 기념 콘서트 연출을 맡은 이후에는 별다른 활동이 없었다. 지금은 5집 음반 작업을 조금씩 하고 있다. 9월부터 콘서트를 할 예정이고 그 준비 작업도 하

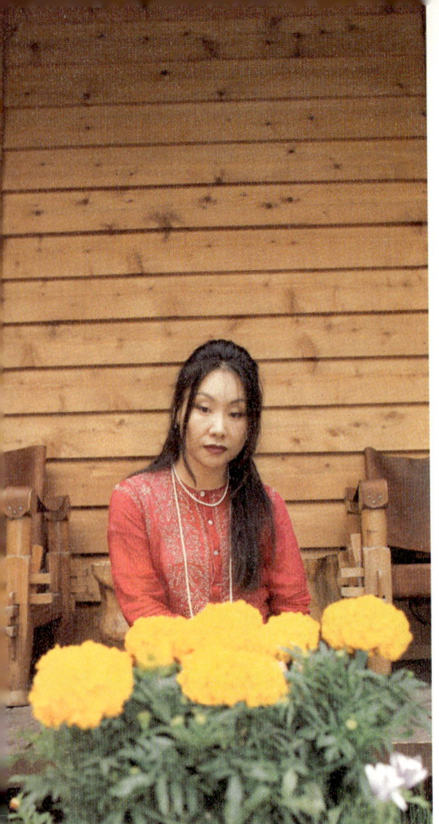

"30대 초반에 이르러서야 구체적으로 무엇을 해야겠다고 결정했다. 그게 1985년 다시 노래 부르기 시작한 시점이었다. 가수로서 또는 무대인으로서 살다 죽어야겠다고 처음으로 생각했다."

고 있다.

예전 인터뷰를 보면 무대 연출의 중요성을 얘기했었는데.

사실 국내에서 열리는 개인 콘서트는 특별한 무대 연출자가 없어서 본인들이 직접 하는 형편이다. 그렇지만 자신이 출연하면서 연출까지 하기에는 버거운 점이 많다. 내 콘서트는 직접 연출해왔지만 다른 사람의 공연을 연출한 것은 신중현이 처음이었다. 그리고 굳이 그 콘서트 연출을 맡은 이유는 국내 대중음악의 뿌리를 찾기 위해서였다.

연출 시 주안점을 두었던 것은?

쇼마다 다르다. 신중현의 경우는 그가 사회에 미친 영향이라든지, 그가 걸어온 길을 훑어야 했기 때문에 삶 자체에 조명을 맞추었다. 영상 작업도 많이 했다.

선생의 경우는 라이브를 할 때 퍼포먼스에도 주안점을 두었던 것 같은데.

비슷하다.

어려서 관심 있는 것은 무엇이었나? 문학, 미술을 좋아했을 것으로 생각되는데.

어려서는 막연히 의사가 되어야겠다고 생각했지만, 청년기까지도 구체적으로 무엇을 해야겠다고 생각하지는 않았다. 그냥 세상을 바라보면서 "어떻게 세상이 이리 아름다울 수 있을까?" 또는 가끔은 "왜 이리 세상은 지루한가? 좀 까무러칠 일은 없는가?"라고 생각하는 식이었다. 30대 초반에 이르러서야 구체적으로 무엇을 해야겠다고 결정했다. 그게 1985년 다시 노래를 부르기 시작한 시점이었다. 가수로서 또는 무대인으로서 살다 죽어야겠다고 처음으로 생각했다.

그러면 뜻대로 된 건가?

지금에 만족한다.

노래를 부를 때 진정으로 기쁨을 느낀다고 했는데, 삶에서 그것 이외에 기쁨을 느낄 때는 언제인가?

순간순간 다 있다. 다른 것보다 노래에 관심이 더 가고, 우선적으로 기쁨을 느낄 수 있는 게 노래하는 것이란 말이지 기쁨을 느끼는 것은 그 외에도 많다. 나는 노래 없이도 살 수 있다. 하지만 노래할 때는 노래하는 것이 전부여야 한다.

어떻게 생각하면 별것 아니지 않은가? 너무너무 배가 고플 때 밥을 먹으면 무지 기쁘지 않은가? 또는 좋아하는 연인을 만나러 갈 때라든지, 거리를 지나가다 길가에 핀 예쁜 들꽃을 볼 때도 마음의 주름살이 확 펴지는 느낌이다.

"나의 오리지널리티를 찾으려고 몸부림을 친 것은 사실이었다."

선생은 우리 대중음악계에서 처음으로 독자적인 아우라를 가진 여성 아티스트라고 생각한다.

개인적으로 생각할 때 국내에서 장기적이면서 돌출적으로 활동하는 여성 뮤지션이 드물다. 그렇기 때문에 나를 찾게 된 것이 아닌가 생각한다.

한창 왕성한 활동을 했던 1980년대 말에서 1990년대 초반에 선생의 라이브에 사람들이 몰렸던 이유는 선생이 카리스마를 가졌기 때문이라고 생각하는데.

고맙게 생각한다. 뭔가 새로운 것을 만들려고 한 것은 아니었지만 나의 오리지널리티를 찾으려고 몸부림을 친 것은 사실이었다. 그리고 콘서트에 열정을 쏟았기 때문에 사람들이 오래 기억하는 것 같다. 다른 가수들도 콘서트에 열정을 보이지만 나 같은 경우는 연극을 했던 버릇 때문인지 유달리 애정을 쏟았다. 노래 이외에 목소리만으로 이미지를 표출하는 실험을 한다든지, 내가 하고자 하는 노래가 제스처나 무브먼트 등을 통해서 관중에게 어떤 감흥을 전달할 수 있는지에 관심이 많았다. 그런 것을 시각화하고 소품을 사용하는 것도 시도했다. 그러면서도 음악이 그런 이미지 때문에 뒷전에 밀리는 것은 아닐까라는 의심도 가끔은 했다.

1990년대 말의 시점에서 보면 1980년대에 활동했던 여자 가수들 중에서 살아남은 뮤지션은 한영애, 장필순, 이상은 정도밖에 없는 것 같다.

가장 중요한 것은 본인의 의지 여부지만, 좋은 프로듀서, 디렉터가 없었던 것도 한 이유다. 자신을 들여다보고 자신의 프로젝트를 스스로 짜낼 수 있는 기간이 어느 정도는 있지만, 그 이상이 되면 자기를 객관화하고 자신의 이미지를 형상화하는 데 한계를 겪는다. 그럴 때 좋은 디렉터가 필요하다. 내부에 있는 것을 좀 더 끄집어내고 더욱 자신을 발전시킬 수 있는데도 주변 여건이 갖춰지지 않았기 때문에 함몰되고 마는 경우가 너무 많은 것 같다. 이는 특히 여성 뮤지션에게 필요한 부분이다.

선생에게 2~4집 프로듀서였던 송홍섭이 중요한 역할을 했다는 말인가?

내 주위에는 의논할 친구들이 많았다.

양희은을 어떻게 생각하는가?

세월을 많이 살았다고 좋은 음악을 하는 뮤지션이라고 말할 수는 없지만 자기 의지로 오랜 동안 애정을 갖고 자기 일을 계속해나가는 사람들에게는 좋다 이전에 고마워한다. 그들이 선배라면 나도 등 비빌 데가 있기 때문이다.

"30살이 되기 전까지는 나를 계속 살폈다고 생각한다."

음악활동은 언제부터 시작했는가?

1976년경부터다. 그때 명동 카톨릭 여학생회관 해바라기 홀에서 노래하기 시작했다. 2년 동안 매주 토요일마다 발표회를 가졌다. 그때는 통기타 가수들이 서리를 맞던 시기라서 주로 대학생들의 새로운 노래 발표회 형식의 모임을 가졌다. 1974년 김의철, 이광조, 서강대 팀이 처음 발표회를 가진 게 해바라기의 시초다. 그 후 이정선을 초빙했고 그가 중심으로 등장했다. 기억하는 사람들도 많은데 그들은 그 장소를 '해바라기 살롱'이라고 불렀다. 1978년 해바라기 2집 이후에는 자유극단에서 연극에 전념하느라 1985년 솔로 1집을 준비하기 전까지 음악에서 떠나 있었다.

자신을 음악으로 이끈 동인은?

나는 노래를 해야 하는 사람이라고 생각한다. 다시 노래하게 된 데는 연극에 어느 정도 한계를 느낀 것도 있다. 30살이 되기 전까지는 나를 계속 살폈다고 생각한다. 무엇을 좋아하고, 무엇에 갈증을 느끼고 무엇을 그리워하는지 말이다. 어떤 것에 내가 가장 즐거워할 수 있고 나를 쏟아부을 수 있는지 생각했다. 그리고 이정선 등을 만나 앞으로 내가 무엇을 해야 할지 상의했을 때, 모든 사람들이 내게 노래를 하라고 했다. 나도 몸에 계속 무언가가 쌓이는 것을 느꼈고, 그것의 정체가 무엇인지 궁금했다. 그러다 보니까 내 속에 음악 이전에 어떤 소리가 차오는 것을 알았고 그래서 다시 노래를 하게 되었다. 하도 오랜만에 노래를 하게 돼서 〈건널 수 없는 강〉을 녹음하러 스튜디오 문을 열고 들어갈 때 기획자에게 "노래 어떻게 하는 거야?"라고 물었던 기억이 있다. 지금은 흔들림도 변함도 없고 단지 어떻게 하면 살아남을 수 있는 좋은 노래를 할 것인지 생각한다.

연극과 음악을 병행한 이유는?

병행하지는 않았다. 한 번에 한 가지씩만 했다. 그런데 앞으로는 음악과 병행해서 할 수도 있지 않을까라고 생각한다.

영향받은 뮤지션은?

1970년대 외국의 로커들에게 거의 영향을 받았다. 우리나라 통기타 가수들에게는 가사가 갖는 정서에서 영향을 받았다.

여자로서 음악활동에 한계를 느낀 점은 있는가?

그렇게 많은 제약을 느끼지 않았다. 남자들하고 작업을 많이 했는데 깡패처럼 대했다. 결혼 때문에 생기는 제약은 내가 아직 하지 않았기 때문에 느끼지 못했다. 혹시 내가 모르는 부분에서 있을 수는 있을 것이다.

결혼에 대해서 얘기한다면.

내가 70살에 결혼할지, 내일 당장 할지 모른다. 인연은 왔다 가고, 갔다 오는 거지, 같이 머무르는 것은 아니다. 언제나 가능성이 있다고 생각한다.

결혼을 하면 외부적으로 받는 제약보다 내부적으로 규정짓는 제약이 더 많다고 생각하는가?

그럴 것이다. 그것은 해보고 나서 말해주겠다.

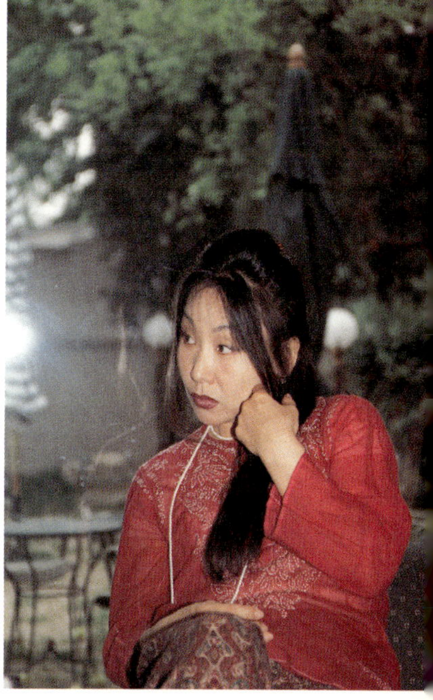

"다른 가수들도 콘서트에 열정을 보이지만 나 같은 경우는 연극을 했던 버릇 때문인지 유달리 애정을 쏟았다. 노래 이외에 목소리만으로 이미지를 표출하는 실험을 한다든지, 내가 하고자 하는 노래가 제스처, 무브먼트 등을 통해서 관중에게 어떤 감흥을 전달할 수 있는지에 관심이 많았다. 그런 것을 시각화시키고 소품을 사용하는 것도 시도했다."

"해바라기를 통기타 그룹이라고 부른다면 우리가 막차일 것이다."

해바라기는 1970년대 초반 한대수, 김민기 등에 의해 국내에서 형성되었던 모던포크의 부활인가?

그 당시에는 너무 어렸기 때문에 우리 음악이 모던포크의 부활이라는 생각은 하지 못했다. 하지만 이정선의 경우는 나이가 많았고 리더의 위치에 있었기 때문에 거기에 대한 강한 의지 같은 것이 있었을 것이다. 그러나 지나고 나서 생각해봐도 포크의 부활이라고까지는 말할 수 없는 것 같다. 당시 방송 매체에서는 통기타 음악이 나오지 않았다. 공연에서도 그 당시 최고의 인기를 얻었던 송대관이 〈해뜰 날〉을 부르고 난 뒤에 해바라기가 나가서 노래를 했던 적이 있다. 해바라기를 통기타 그룹이라고 부른다면

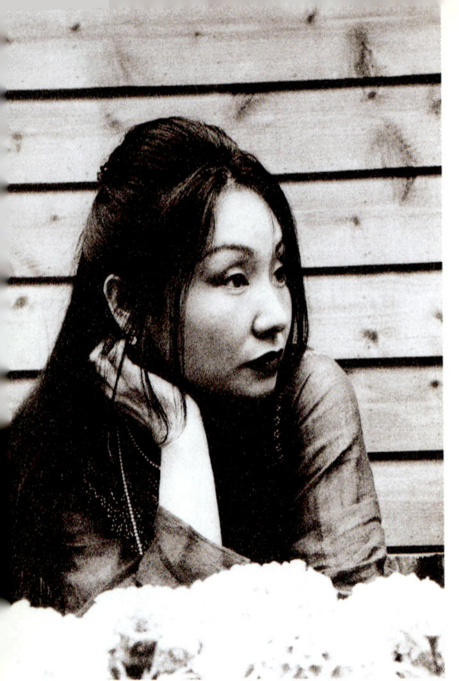

"세월을 많이 살았다고 좋은 음악을
하는 뮤지션이라고 말할 수는 없지만
자기 의지로 오랜 동안 애정을 갖고
자기 일을 계속해나가는 사람들에게
는 좋다 이전에 고마워한다."

우리가 막차일 것이다. 하나 아쉬운 것은 당시 우리가 해바라
기 홀에서 2년 동안 노래를 발표했던 것처럼, 그런 마음과 의
지를 가진 노래가 이후 사라졌다는 사실이다. 누군가 한번쯤
은 해바라기의 화음을 이어서 노래해주기를 기대했다. 1980
년대에는 남성 듀오 해바라기가 있었지만 통기타 그룹의 부류
에 넣기에는 너무나도 동떨어진 느낌이다.

1977년 해바라기 1집에는 한영애, 이정선, 김영미와 이주호
가 있었다. 1978년 해바라기 2집에서 이주호가 이광조로 교
체된 이유는?

이주호는 1집 발표 후 군대에 갔다.

해바라기 시절에는 지금과 목소리가 다르지 않았나?

통기타 음악 시절이었기 때문에 창법을 그 음악에 맞췄다. 스
트레이트하면서도 감성을 죽이는 스타일이었다. 더군다나 해
바라기는 그룹이었기 때문에 내가 갖고 있는 감성, 정서, 소리
같은 것을 내 것의 사분의 일밖에 내지 못했다. 그래서 그때는
훨씬 단순하고 현재 가지고 있는 목소리보다 키(key)가 조금
높았다. 솔로로 나오면서부터 뱃소리를 많이 쓰게 되었다.

이정선과는 오랜 세월 음악을 같이했다. 뮤지션으로서 그를
보는 시각은?

그는 일단 믿을 만한 사람이다. 뮤지션으로서 섬광같이 돌출
되는 사람은 아니지만 늘 공부하고 늘 연습하는 사람이다. 그
리고 그는 한국 사람으로서 우리의 정서를 어떻게 표현할 수
있을까를 항상 고민한다.

"재니스 조플린같이 될 수만 있다면 좋겠다."

1986년 솔로 1집에는 〈여울목〉, 〈완행열차〉와 같이 짐작할 만한 스타일의 곡들과 새롭게 한영
애를 알린 〈건널 수 없는 강〉, 〈도시의 밤〉과 같은 이전과는 다른 노래들이 있었다. 이 곡들은
자신뿐만 아니라 우리 대중음악계에도 새로운 출발 지점을 제시하는 곡들이었다. 자신에게서

새로운 '여자 가수상(像)'이 제시되었다는 것에 어떤 느낌을 갖는가?

〈건널 수 없는 강〉은 내가 가장 잘 표현할 수 있는 정서를 가진 곡이었다. 그래서 앨범에 한 곡쯤은 그런 노래를 넣자고 했다. 그런데 사람들이 그렇게 좋아할 줄은 몰랐다. 그 노래는 울부짖는 노래이고, 소리를 끄집어내는 노래인데 사람들이 거기에 공감하리라고는 생각하지 못했다. 그래서 사람들에게는 다양하게 제시해주고 그들에게 선택하게끔 해야 한다고 느꼈다.

〈건널 수 없는 강〉은 이정선의 4집(1979/대한음반)과 7집 [30대](1985/한국음반)에도 수록된 곡이었다. 원래 어쿠스틱 기타로만 연주되었던 이 소박한 블루스 곡을 폭발적으로 리메이크하려는 영감은 어떻게 떠올랐는가?

그 노래 가사를 참 좋아했다. 대화의 단절이랄지. 가사에 의미를 많이 두는 편이다.

그 곡이 발표되었을 때 일부에서는 재니스 조플린을 떠올렸는데, 그녀와 비교한다면?

재니스 조플린의 정서와 닮았다는 것은 인정하지만 그녀와는 많이 다르다. 통기타로 부를 때는 멜라니 사프카(Melanie Safka)와 닮았다는 얘기도 들었다. 제니스 조플린같이 될 수만 있다면 좋겠다.

1988년 신촌블루스 1집에는 솔로 1집에 실렸던 엄인호의 곡 〈도시의 밤〉이 〈그대 없는 거리〉로 제목이 바뀌어 첫 번째 곡으로 실렸다. 그리고 엄인호의 곡인 〈바람인가〉가 그 앨범의 마지막 곡으로 대미를 장식한다.

엄인호가 〈그대 없는 거리〉를 만들 때 온몸에 소름이 돋을 정도로 좋았다고 했다. 그런데 1986년 내 1집에 실렸을 때 다른 곡에 비해 묻힌 듯한 느낌이었다. 그런 아쉬움이 있어서 신촌블루스 1집에 제목을 바꾸어 재수록한 것 같다. 이번 그의 솔로 음반에 또 들어가 있다. 〈바람인가〉는 좀 더 노래를 잘했으면 하는 아쉬움이 남아 있다. 1996년 가을에 가진 1회 'Blues Party' 공연에서 그 노래를 다시 불렀다.

신촌블루스 1집 이후 신촌블루스 음반에 참여하지 않은 이유는?

신촌블루스는 사실 블루스를 좋아하는 사람들이 모여서 자신의 노래를 한 모임이었다. 이름대로 좀 더 블루지한 곡이 연주되어야 하지 않을까하는 갈증이 있었다.

신촌블루스 1집과 같은 해 나온 솔로 2집 [바라본다]는 지금도 여러 가지 면에서 당시 독보적이었다는 평가를 받을 수 있는 음반이다. 윤명운의 〈누구 없소?〉, 〈달〉, 이승희의 〈코뿔소〉와 같은 젊은 뮤지션들의 곡을 전격적으로 수용한 이유는?

그 음반은 내가 처음으로 직접 기획한 것이다. 김수철의 도움도 받았다. 윤명운은 상당히 매력적인 뮤지션이었다. 가사도 저항적이지 않은 것 같으면서 저항적이었다. 해바라기를 할 때의 불만은 록 음악을 수용하지 않았다는 것이다. 해바라기에서 활동할 당시는 일렉트릭 기타에도 흥미가 있었을 때였고, 사실 연극으로 전환한 것도 그때 한 연극(세미 뮤지컬)의 록세션 때문이었다. 주인

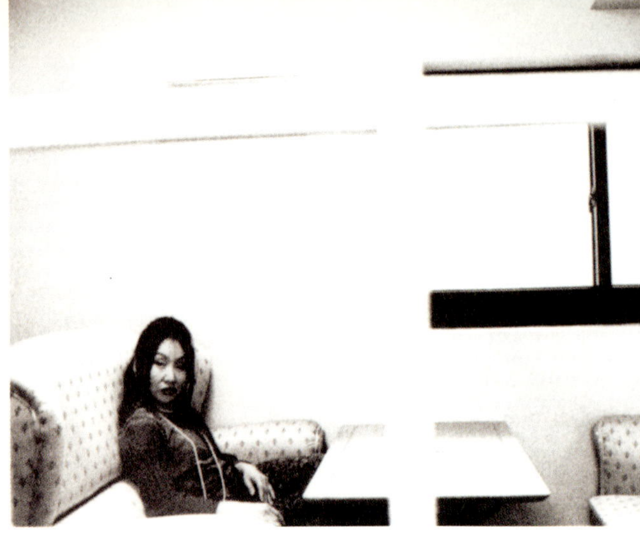

공을 맡았는데 맨발로 출연해 소리도 내 마음대로 지를 수 있었고, 반주도 록밴드가 맡았다. 1986
년 1집은 〈건널 수 없는 강〉을 제외하고는 기획자가 선곡한 대로 따랐다. 그런데 내부에서 뭔가 소
리가 남아도는 느낌이었다. 그래서 고심하다가 록 성향의 노래를 해야겠다고 생각했다.

세션 연주자들을 직접 골랐나?

프로듀서인 송홍섭이 골랐다. 그 사람은 나를 너무나 열심히 보살펴주었다. 그는 〈건널 수 없는
강〉을 듣더니 "그 여자는 취미로 노래를 하는군"이란 평을 한 적이 있다고도 하는데, 그 정도로 음
악에 엄격하기도 하다.

이 음반에는 기타리스트 박청귀가 세션으로 참여해 국내 세션 기타의 새로운 경지를 보여주면
서 그 자신의 이름을 드높이는 계기를 만들었는데.

송홍섭이 일본에서 그를 데려왔다. 국내에서 본격적인 밴드 형식으로 세션을 한 것은 그 음반이
처음이 아니었냐고 김현철, 윤상 등이 평을 한 것을 예전에 방송에서 들었다.

〈호호호〉, 〈루씰〉, 〈바라본다〉에서는 작사에 참여하는데.

아직까지도 노래하는 것을 가장 좋아하고 분업화된 것을 좋아한다. 노래를 직접 만들었을 때 좋은
점은 당시 내 감정 상태를 아무도 써주지 않아도 내가 적절하게 표현할 수 있다는 것이다. 반면 다
른 사람의 곡을 부를 때는 나 자신의 상상력이 동원될 여지가 있고, 그래서 소리의 다양성을 이끌
어낼 수 있다. 하지만 내가 만든 곡은 어떻게 만들어졌는지 알기 때문에 다른 상상력의 여지가 없
다. 노래하면서 가끔씩 재미가 없었던 적도 있다.

〈누구 없소?〉에서 '누구'는 정확히 무엇을 지칭하는 거였나?

듣는 사람 마음이다. 윤명운은 '누구'를 '실존'이라고 했다.

〈루씰〉이란 노래를 불렀다. B. B. 킹(B. B. King)을 좋아하는가?

음악하는 사람들에게 따로 교과서가 없었기 때문에 음악하는 사람들이 좋아하는 뮤지션은 비슷하다.

〈바라본다〉는 전인권, 박주연, 윤명운, 김현식 등이 후반부 코러스에 참여했고, 음반 속지에 그들이 노래하는 모습이 실렸다.

그들에게 감사한다. 사실 사진을 못 찍을 뻔했다. 김현식의 집이 바로 옆이었는데, 그가 "5분만 기다려봐!"라고 외치더니 집에 가서 카메라를 가져왔다. 그래서 사진이 남았다.

동료들과 음악하는 것을 기념하려는 의도가 있었나?

그렇지는 않다. 그 노래에서 남자의 하이 부분과 굵은 목소리가 필요했다. 전인권은 굵은 목소리로 매우 높게까지 올라갔다. 그래서 그에게 요청했고, 박주연과 윤명운 등은 부르지 않는데 녹음이 궁금해서 온 경우이고 그래서 코러스에 참여했다. 재미있었지만 유재하가 없었던 게 마음에 걸린다.

"어차피 삶이 고통이라고 하더라도 희망 때문에 덜 고통스러울 수 있다."

3집에는 작곡을 처음으로 시도한 〈말도 안돼〉라는 곡이 있다. 애초에 작곡 할 생각이 없었다고 한 적이 있는데.

먼저 가사를 쓰고 난 뒤에 작곡가를 물색했는데, 모두 '말도 안 되는' 가사라고 했다. 그래서 모노코드로 직접 노래를 만들었다.

자신의 음악적인 흐름에서 다소 이탈한 3집을 다소 의아하게 생각하는 사람들이 있다. 자신은 이 음반을 어떻게 생각하는가?

모두 그렇게 말했다. 나는 서서히 변했지만 너무 띄엄띄엄 음반을 내니까 사람들이 내 변화에 감당이 안 되는 것이었다. 흐름이 중요할 때도 있지만 반복 주입의 매너리즘에 빠질 때도 있다. 대중들이 간직하는 한영애의 모습이 있기 때문에 실망하는 부분도 있었겠지만 반대로 팬이 되는 사람들도 있었다. 마음을 열고 들어주었으면 한다. 반역이라고 느끼는 분들에게는 죄송하다.

〈말도 안돼〉에서 "희망은 너와 내가 손잡은 사람들에게 걸 수밖에"라고 했다. 여기서 '희망'은 구체적으로 무엇을 말하는지?

모든 종류의 희망을 말한다. 마지막으로 희망을 걸 수 있는 것은 그래도 사람이라고 생각한다. 인간이 선하고 바르다고 생각하는 것에 대한 희망이다. 어차피 삶이 고통이라고 하더라도 희망 때문에 덜 고통스러울 수 있다.

희망 자체를 부정하는 사람도 있는데.

노래에 나오는 노랫말을 전체로 보는 것은 조금 위험한 일이다. 희망 자체를 부정할 수도 있다. 어

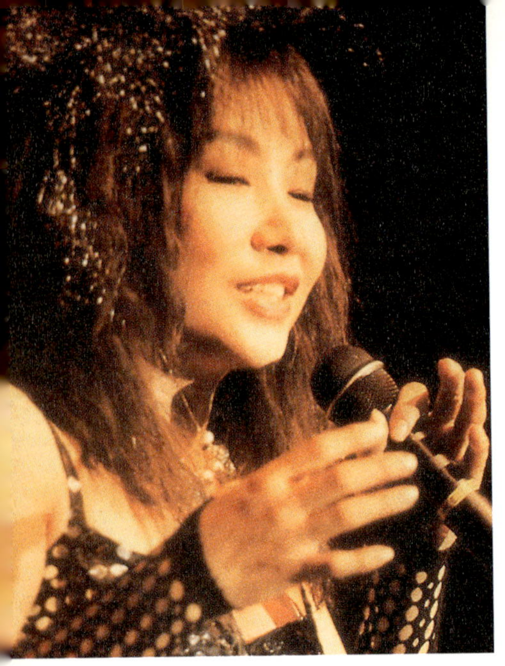

"다른 사람들이 만들어준 노래를 그 시점에
서 잘 표현할 수 있을 것이라고 판단하면 그
노래를 부를 것이고, 내가 원하는 노래를 아
무도 안 만들어주면 음악적인 실력이 부족하
더라도 그때는 스스로 만들 것이다."

떤 때는 노래에 노랫말이 왜 필요한지를 묻기도 한다.
소리만으로도 노래할 수도 있다고 생각한다.
1993년 더블 라이브 음반 [아·우·성]의 앨범 속 재
킷을 보면 독특하게 이 제목의 의미를 부여했다. 이는
자신의 '자의식'과 사람들과의 '관계' 그리고 자신의
'음악 퍼포먼스'를 설명하는데.
지금 같으면 안 썼을 것이다. 내가 잘난 척하는 줄을 몰
랐다. 부끄럽다. 그런데 그것도 한영애의 역사인데 어찌
하겠는가?
자신의 음반에 이정선, 김광석, 엄인호, 박청귀, 이영
재, 신대철, 신윤철, 이병우 등 당대의 기타리스트들이
거의 등장했음을 인식하는지?
그네들이 얼마만큼 해낼 수 있는지를 알고 있었다. 음악
생활을 하는 데 송홍섭, 이정선이 도와준 부분이 많다.
요즘은 신윤철과 많은 이야기를 한다. 앞으로 나올 5집
을 신윤철이 상당 부분 도와주고 있다. 그는 굉장히 자
유로운 사람이다. 어떠한 틀에도 얽매이지 않고 금방 백
지상태로도 갈 수 있는 사람이다. 그 점은 사실 음악하
는 사람들에게는 굉장히 힘든 부분이다.

"4집 [불어오라 바람아]는 세 번째 음악 인생을 알리는 음반."

1995년 4집 [불어오라 바람아]는 선생에게는 세 번째 음악 인생을 알리는 음반이다. 첫 번째가
1970년대 해바라기 시절이었고, 두 번째가 1986년 솔로 데뷔 음반을 내면서 자신의 독자적인
아우라를 형성한 시기라면, 1995년 4집은 진정한 아티스트로서의 탄생을 의미하는것 같다.
다시 새로운 시작이라기보다 정서적인 면에서 색다르게 시도해보고 싶었다. 그 음반에 대해서는
많은 사람들이 지루해하는데 간혹 좋아하는 사람들도 있는 것 같다. 좋아하는 사람들은 지독하게
좋아해서 가사 하나하나를 씹어 먹을 정도이다. 개인적으로는 굉장히 애정이 가는 앨범이다. 사
운드 면에서는 처음 해보는 점들이 있어서 제대로 못한 아쉬움이 많다.

역시 아쉬운 것은 이병우의 기타 리듬에 보이스를 제대로 끼워넣지 못했다는 것이다. 밤마다 그를 만났는데 당시 매우 재미있었다. 그는 내 집에 와서 "아니, 이 사람이 아직도 가사를 안 쓰고 뭐 하는 거야?"라고 하곤 했다. 언제 한번 사운드 조정 등을 거쳐서 다시 녹음했으면 한다.

4집은 세상과 사람을 바라보는 관점이 상당히 여과되고 정제된 느낌이다. 경험에서 비롯된 진솔한 가사들이 마음의 울림을 준다.

그 당시 세상을 보는 시선이 굉장히 좋았다. 시선도 달라지고 감성도 달라지고 이웃을 대하는 태도 등 모든 것에 감성이 풍부하고 아름다웠던 때였다. 그런 것이 사람들에게 전달되기를 바랐는데 잘 되지는 않은 것 같다. 그 시절은 매우 좋은 전환점이었다.

예전의 인터뷰에서 "싱어송라이터라는 말이 나오면서 가수는 모든 것을 다 해야만 한다는 강박관념에 싸인다"라는 말을 했지만 사실 이 음반을 통해 싱어송라이터로 새롭게 태어난 것이 아닌가?

나에게 아직 싱어송라이터라고 말해주는 사람도 없고 그런 말을 듣고 싶지도 않다. 그저 다른 사람들이 만들어준 노래를 그 시점에서 잘 표현할 수 있을 것이라고 판단하면 그 노래를 부를 것이고, 내가 원하는 노래를 아무도 안 만들어주면 음악적인 실력이 부족하더라도 그때는 스스로 만들 것이다. 그런 얘기를 했던 이유는 몇 년 전 유행처럼 "가수는 싱어송라이터여야 한다"라는 말이 돌던 적이 있었기 때문이었다. 그래서 후배들에게 그럴 필요가 꼭 있느냐고 말한 것이다.

〈창밖에 서 있는 너는 누구〉, 〈돌아오지 못한 사람〉은 3집부터 시도한 작곡 면에서도 성과를 이룬 곡들인데.

훌륭한 곡이라고 생각해본 적은 없다. 다행인지 불행인지 그 음반에서 빅 히트가 나온 곡도 없었다. 그리고 내가 작사, 작곡을 안 했다고 해서 어떤 대열에 넣지 않은 적은 한 번도 없다.

"주어진 대로 살 것이지만 조금은 노력할 것이다."

녹음실에서 최고를 지향하고 완벽을 추구한다고 했는데.

누구나 그럴 것이다.

향후 어떤 음악을 지향하는가?

어떤 스타일이라고는 하지 못하겠지만 튀어나오지 않는 형태로 우리나라 악기를 많이 썼으면 한다. 그래도 록이나 블루스가 바탕이 될 것이다. 형상화되어야만 이거다라고 말할 수 있을 것이다.

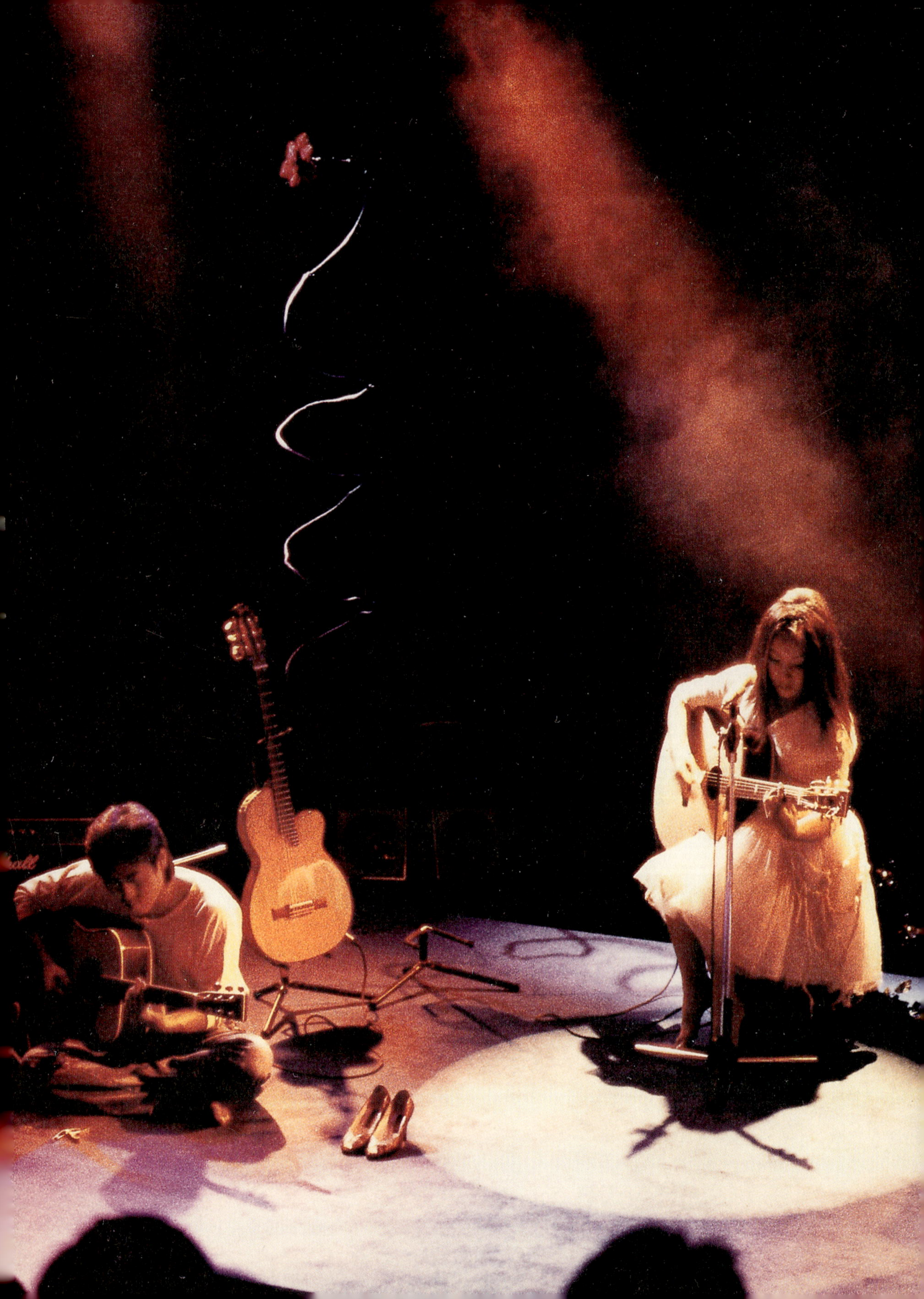

지금 작업하는 5집은 어떤 음반이 될지?

항상 나는 개인의 오리지널리티가 무엇인지를 의심하는 편이다. 통기타 음악부터 시작했기 때문에 다시 한 번 짚어가는 것은 어떨까 생각도 해보았다. 그러면 머리 속으로 구상하고 있는 음악들이 4~5년 후에는 구체적으로 형상화되지 않을까라고 생각한다. 그래서 다른 것은 몰라도 5집 음반에는 통기타 음악이 실릴 것이다.

참여 뮤지션은?

이번에는 밴드를 구성하고 싶다. 녹음 후 그 밴드로 1년 정도 콘서트도 하고 싶다.

삶에서 가장 중시하는 것은?

정직함이다. 정직한 것이란 더도 덜도 아니고 가진 것만큼에 대한 것이다. 넘치지 않는 것이다.

정직함이란 착함과 다른 것인가?

그렇다.

착한 사람은 있다고 생각하는가?

있다. 바로 한영애다. (웃음) 착하다 못해 욕망까지 접으려는 사람도 있다.

앞으로 어떤 삶을 예정하는가?

주어진 삶 속에서 성실할 것이다. 오는 대로. 그렇지만 미리 견제하고 막아낼 수 있는 정도의 노력은 할 것이다. 하지만 병이 오면 아플 것이고, 고통이 오면 쓰라릴 것이고, 기쁨이 오면 기뻐할 것이다. 주어진 대로 살 것이지만 조금은 노력할 것이다.

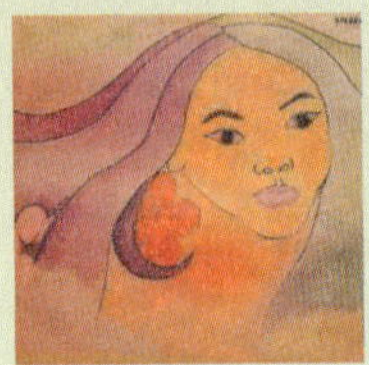

[어젯밤 꿈] (1977/지구레코드)
한영애에게는 1986년 공식 1집 전에 알려지지 않은 2장의 솔로 앨범이 존재했다. 1977년에 첫 앨범을 발표했지만 상업성이 없다는 이유로 정식 발매는 되지 않았고, 안타깝게 묻혀버리고 만 것이다. 〈어젯밤 꿈〉, 〈사랑의 바람〉 등 수록.

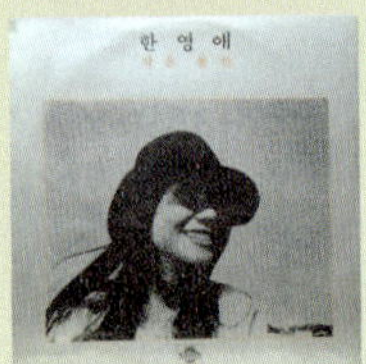

[작은동산] (1978/유니버설)
역시 비공식 음반. 〈작은 동산〉, 〈갑돌이와 갑순이〉 등 수록.

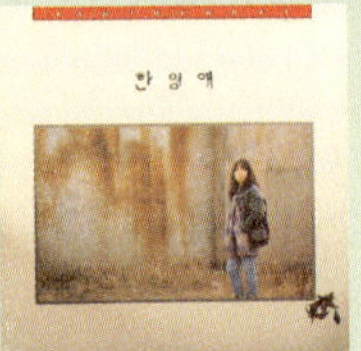

1집 [한영애] (1986/서라벌레코드)
세션: 오세은(g), 윤승태(g), 이정선(g), 김광석(g), 김명곤(key), 김광민(key), 이수영(b), 배수연(d), 홍원표(sax), 이정선(harmonica)
정규 1집이다. 30살 즈음까지 자신이 가장 즐거워하고 자신을 쏟아부을 수 있는 일이 무엇인지를 살폈다는 한영애는 이 무렵 드디어 다시 노래하기로 결심한다. 그러나 열정만 있었지 정확히 어떻게 해야 할지를 몰랐던 그녀는 오세은의 기획하에 역사적인 솔로 데뷔 음반을 발표한다. 이 '역사적'이란 의미는 그녀가 이 음반의 〈건널 수 없는 강〉 같은 거칠면서 폭발적인 곡으로 새로운 여성 뮤지션의 상을 제시한 것을 말한다. 당시까지 통념적으로 알고 있었던 여자 가수의 창법은 '예쁘고 사근사근한' 스타일이었다. 감정의 진솔한 표현이 전제되기보다는 정형화된 이미지에 충실하기를 강요하는 대중음악계에 작은 반란을 불러일으킨 이 음반은 이후 후배 여자 가수들에게 좀 더 자유롭게 활동할 수 있는 여지를 제공했다. 하지만 자신의 기획 의도가 정확히 반영된 음반이 아니라서 완전한 한영애의 음반이라고 말하기에는 부족한 점들이 많다. 엄인호의 〈도시의 밤〉은 향후 그녀가 신촌블루스 활동을 포함해 블루스에 근간을 둔 노래를 할 것이라는 예측을 하게 한다.

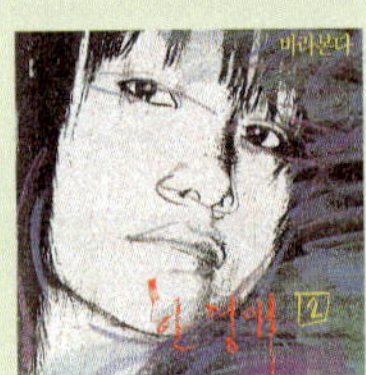

2집 [바라본다] (1988/서라벌레코드)
세션: 박청귀(g), 엄인호(g), 이영재(g), 최진영(g), 황수권(key), 김효국(key), 송홍섭(b), 김희현(d)
자신의 스타일을 완벽하게 찾고, 이를 형상화한 음반이다. 그녀가 1집 음반을 만들고 느꼈던 것은 자신의 내부에 '뭔가 소리가 남아도는 느낌'이었다고 한다. 그래서 록 성향의 노래를 하기로 결심했고, 송홍섭의 프로듀싱으로 국내 최고의 세션 집단과 녹음을 했다. 이 음반은 녹음(최병철)뿐만 아니라 세션에서도 새로운 전기를 마련한 음반이었다. 특히 기타리스트 박청귀의 발굴은 기타 세션의 수준을 한 단계 끌어올리는 계기가 되었다. 1984년 따로 또 같이 2집부터 구체적으로 전문 세션이 인식되기 시작한 이래 드디어 결실을 본 작품이라고 할 수 있다. 한영애는 이 음반에서 〈누구 없소?〉, 〈달〉의 작곡자인 윤명운을 발굴하는 혜안을 보였고, 새로운 스타일의 곡을 완벽하게 자신의 것으로 만들었다. 이영재의 〈호호호〉, 유재

하의 〈비애〉, 이정선의 〈여인 #3〉, 이승희의 〈코뿔소〉, 한돌의 〈갈증〉, 엄인호의 〈루씰〉, 김수철의 〈바라본다〉가 실린 이 음반은 타인의 노래만으로도 통일감을 갖는 하나의 작품을 만들 수 있음을 보여주었고, 여기에는 프로듀서 송홍섭의 역할도 지대했다.

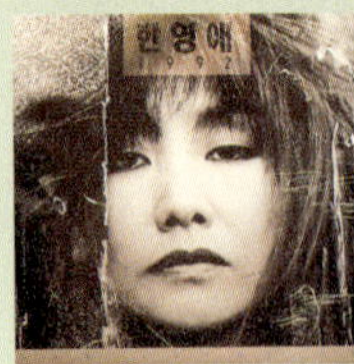

3집 [한영애 1992] (1992/서울음반)
세션: 박청귀(g), 신윤철(g, harmonica), 고영환(g), 정원영(key), 황수권(key), 김효국(key), 송홍섭(b), 이훈석(b), 배수연(d), 김민기(d), 김원용(horn)
4년 만에 나온 이 음반은 이전에 그녀를 알던 사람들에게 생경함을 주었다. 그리고 사실 달라진 방향성을 그녀가 정확하게 조율해내지 못했다. 작곡을 처음 시도한 〈말도 안돼〉가 실려 있는데, 그녀는 이 곡에서 "마지막으로 희망을 걸 수 있는 것은 그래도 사람이라고 생각한다"고 했다.

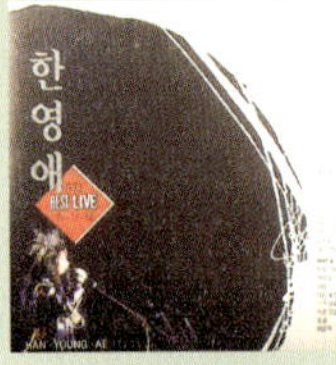

[라이브 아·우·성] (1993/서울음반)
세션: 신대철(g), 신윤철(g), 김효국(key), 황수권(key), 송홍섭(b), 배수연(d)
"아(我)는 나에게 열린 사랑의 의미를 담고 있었다. 한 사람으로서 한 가수로서 나는 모든 가능성을 담아낼 수 있는 빈 그릇으로 있고 싶었으며, 삶을 있는 그대로 바라보고 싶었다. 우(友)는 나에게 좀 더 많은 만남과 관계의 통로로 다가왔다. 내 노래를 사랑하는 사람들과 이 세상을 이루는 모든 것 속으로 용해되기를 원했으며, 그것을 통해 사람과 사람과의 관계, 사람과 사회와의 관계, 사람과 자연과의 관계, 이 세계와 저 세계의 관계에 대해서 함께 얘기하며 혹 무관심했던 것, 가려진 것들에 대해서도 함께 나누어보고자 했었다. 성(聲)은 내게 연기가 가능한 이미지였다. 나와 또 다른 모든 것들과 만날 수 있는 수단 중의 하나는 소리이며, 이 소리는 그것들을 부르기만 하는 노래가 아니라 복합적이고도 종합적인 색채가 필요한 소리 연극일 것이다. 연극배우가 연기를 하듯 날것 그대로의 소리 그 자체로서 음을 연기해보려고 했다."(한영애)

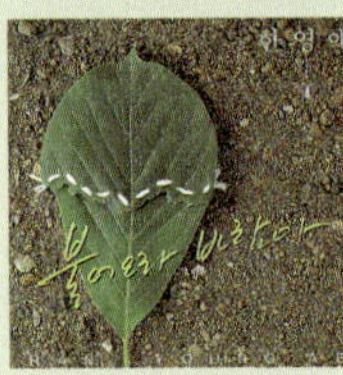

4집 [불어오라 바람아] (1995/디지탈미디어)
세션: 이병우(g), 박청귀(g), 신윤철(g), 손진태(g), 김광민(key), 정원영(key), 이태윤(b), 강기영(b), 배수연(d), 김민기(d)
그녀의 새로운 음악 인생의 시작을 알리는 작품이었고, 그녀의 디스코그래피에서 가장 중요한 음반이다. 당시 그녀는 "세상을 보는 시선도 달라지고, 감성도 달라지고, 이웃을 대하는 태도 등 모든 것에 감성이 풍부하고 아름다웠다"고 한다. 그래서 이 음반에 실린 노래 가사에서 여과되고 정제된 느낌을 받는다. "절망에서 무조건 달아나기엔 우리의 하루는 짧다는 것. 외로움에 한없이 부딪친다면 우리의 삶은 너무 길어지는 것"이라는 〈불어오라 바람아〉, "일상 속에서 군중 속에 혼자 남겨져 외로울 때 날 위로하는 것은 너의 이름을 간직하고 있다는 것"이라는 〈너의 이름〉은 이 음반의 백미다. 1990년대 중요한 아티스트의 탄생을 볼 수 있는 음반이다.

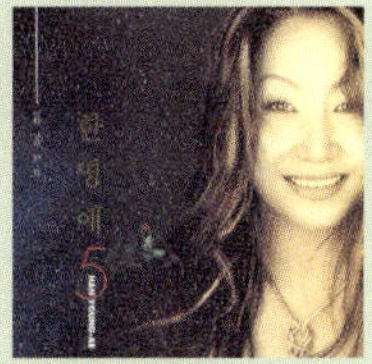

5집 [난다 난다 난 · 다] (1999/신촌뮤직)
세션: 신윤철(g), 한상원(g), 정재일(b), 신현권(b), 전영준(b), 박현준(b), 강호정(시퀀싱), 송홍섭(시퀀싱), 최진영(key, 시퀀싱), 강수호(d), 이상민(d), 손경호(d), 김동하(trumpet), 장효석(sax)

현재의 음악적인 트렌드를 생각하며 적절한 시기에 새로운 음악적인 시도를 했지만 결과는 그리 만족스러운 편이 아니다. 하지만 그녀의 뮤지션십은 높이 평가할 만하며, 그래서 차기작을 기대하게 만든다. 〈난 · 다〉, 〈섬아이〉, 〈따라가면 좋겠네〉 등 수록.

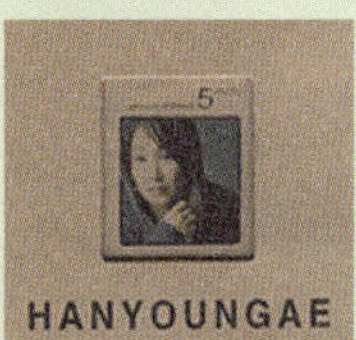

[Special Collection 5 Plus] (2001/신촌뮤직)
세션: 한상원(g), 샘리(g), 신윤철(g), 신현권(b), 전영준(b), 박현준(b, guitar effect), 강윤기(d), 강수호(d), 손경호(brushsnare), 이상민(d), 김효국(organ), 최진영(piano, seq), 김동하(trumpet), 장효석(sax), 이한진(trombone), 박영용(perc), 박성일(seq), 송홍섭(seq), 강호정(seq)

〈푸른 칵테일의 사랑〉, 〈여울목〉 등 수록

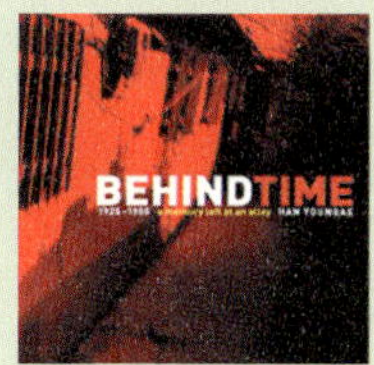

6집 [Behind Time 1925~1955 A Memory Left At An Alley] (2003/Music Well)
세션: 달파란(g, prophet5, perc), 방준석(g, perc), 장영규(b, prog), 이철희(d, perc), 이병훈(key, clarinet, prog, melodeon), 김동하(slide trumpet), 이한진(trombone), 이석준(horn), 이병호(tuba), 고지연(가야금), 정덕근(string, violin), 김지희(cello), 박승원(perc, 피리, 태평소)

〈목포의 눈물〉, 〈선창〉 등 수록

기타 음반

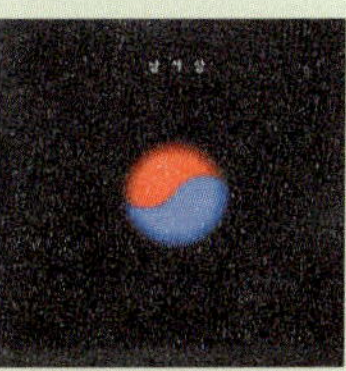

남사당 [남사당] (1988/동아기획)
오세은(v, g), 한영애(v), 이보임(v), 배수연(d), 김광석(g), 김명곤(key), 강성용(sax), 이수용(b)

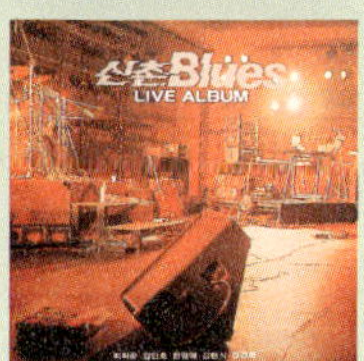

신촌블루스 라이브 1집 (1989/서라벌레코드)
한영애 〈누구 없소〉, 〈건널 수 없는 강〉
1989년에 가진 신촌블루스의 투어 'Love At First Sting Tour'에서 녹음된 음반. 열악한 녹음 상태를 보여주지만 당시 흔치 않았던 라이브 음반 발매를 통해서 그들이 얼마나 라이브의 강자였는지 알 수 있다.

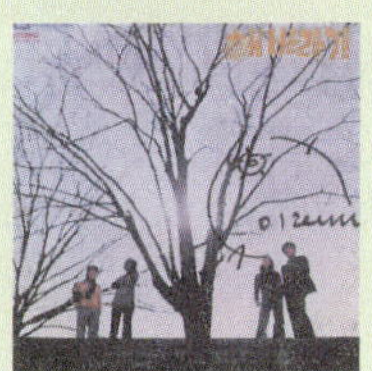

해바라기 1집 (1977/지구레코드)
한영애(v), 이정선, 이주호, 김영미
1976년 명동 카톨릭 여학생회관 해바라기홀에서 시작된 해바라기 음악생활의 결실을 보게 되는 음반.

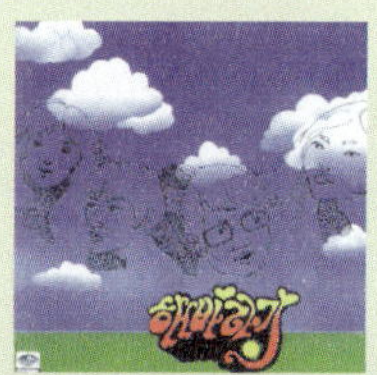

해바라기 2집 (1978/지구레코드)
한영애(v), 이정선, 이광조, 김영미
이주호에서 이광조로 멤버가 바뀌어 발표된 음반.

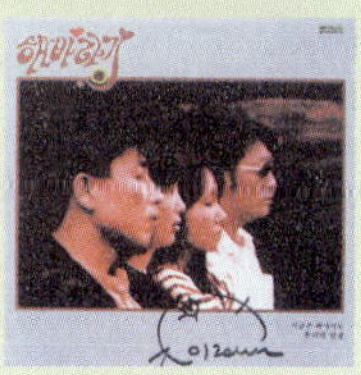

해바라기 3집 (1986/성음)
한영애(v), 이정선, 이광조, 김영미
한시적으로 다시 모여 만든 추억의 해바라기 음반. 〈지금은 헤어져도〉, 〈우리네 인색〉 등 수록.

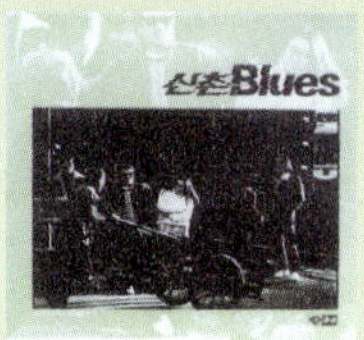

신촌블루스 1집 (1988/지구레코드)
한영애 〈그대 없는 거리〉, 〈바람인가〉
1986년 결성된 신촌블루스는 한영애의 말대로 블루스를 좋아하는 가수들이 모여 자신들의 노래를 했던 모임이었다. 대중에게 블루스를 인식시키고, 국내 대중음악에 블루스라는 장르를 침투시킨 점은 그들의 공로였다. 한영애는 이 음반을 통해서도 역시 압도적으로 노래를 잘하는 가수라는 것을 보여준다.

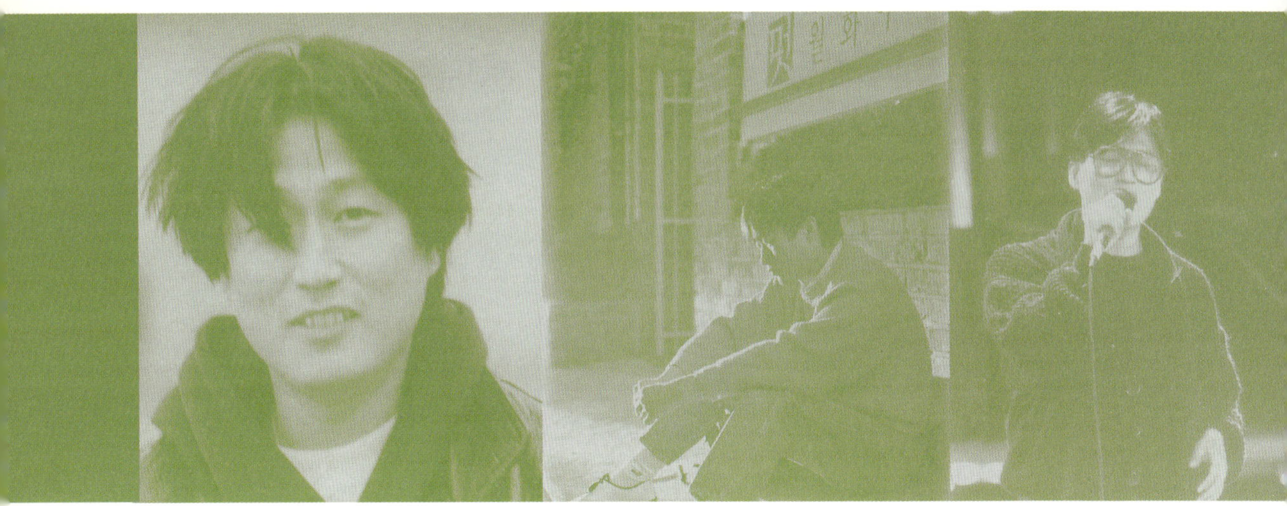

김현식

"당신의 거울이 되어" 고(故) 김현식(1958~1990)

"1990년 11월 1일 **김현식**은 지병인 간경화로 세상을 뜬다. 자신의 분신으로 애정을 쏟던 아들 완제도, 그의 외쳐대는 목소리에 마음을 빼앗긴 팬들도, 6집을 위해 급박하게 준비하던 노랫가락들도 모두 남겨둔 채. 통기타를 메고 음악 카페에서 노래를 불렀던, 밤무대에서 춤을 추는 이를 위해 어줍잖은 팝을 불렀던, 자신의 앨범을 녹음하고 몸을 내던지며 공연장에서 자신의 노래를 불렀던 모습 모두가 김현식이다. 제대로 악기 하나 다루지 못한 그는 소형 카세트에 목소리를 녹음하며 곡을 만들었고, 사랑 타령이라고 하기에는 너무 내면 깊은 것을 내보였다. 그는 1980년대 TV를 타지 않고 노래할 수 있는 법을 보여주었고, 그의 죽음과 함께 그 신의 전성기는 막을 내렸다. 물론 그를 고급한 '팝 발라드' 가수라고 여기든, 진정성을 가지려 했던 뮤지션으로 가늠하든 그것은 전적으로 듣는 이의 맘에 달려 있다. 하지만 섣불리 판단하지 마라. 그는 드라마틱한 인생살이가 다른 이에게는 좋은 구경거리가 될 수도 있는 험악한(?) 음악산업 속에서 자신의 울타리를 가지려 하는 무모한 짓을 감행하며 현명하지 못한 자의 방법론을 가지고 이렇게 자신의 몸을 자학하며 노래를 불렀다."(김민규)

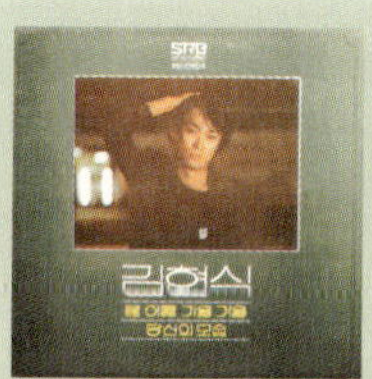

1집 [김현식 새노래]
(1980/서라벌레코드)
1970년대 프로 세션맨들의 집단인 사랑과 평화의 최이철(g)과 김명곤(key)이 참여했다. 하지만 음악적 정체성을 확립한 상태는 아니었다. 〈몸여름가을겨울〉, 〈당신의 모습〉 등의 좋은 곡들이 있고 대부분의 곡을 자작곡으로 채웠지만, 사랑과 평화의 〈운명〉, 〈아베마리아〉와 같은 엉뚱한 연주곡도 같이 실려 있다. 그리고 나이트클럽 성향의 〈어화둥둥 내 사랑〉, 〈주저하지 말아요〉도 수록되어 있다.

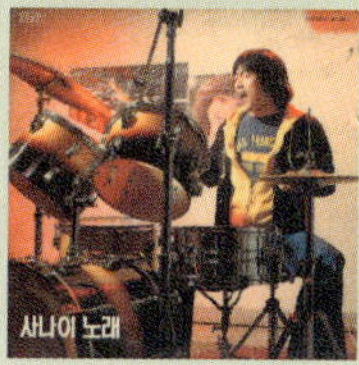

[Single – 사나이 노래]
(1984/태광음반)

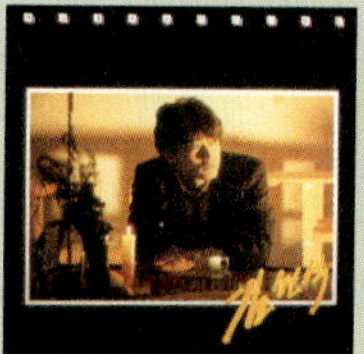

2집 [김현식 2]
(1984/서라벌레코드)
데뷔 앨범의 실패 이후 4년 만의 재기작이다. 〈사랑했어요〉의 애상적인 가사와 멜로디는 TV에 자주 출연하는 깃도 이닌 그를 여대생이 기장 선호하는 가수로 뽑히게 했고, 그의 이름을 사람들에게 각인시키는 데 공헌했다. 이 앨범에는 그야말로 '울부짖는' 〈어둠 그 별빛〉과 최이철의 기타가 빛을 발하는 블루스 록 〈아무 말도 하지 말아요〉가 수록되었다. 이때부터 그는 김태화와 함께 1980년대 양대 록 보컬리스트로 평가받는다.

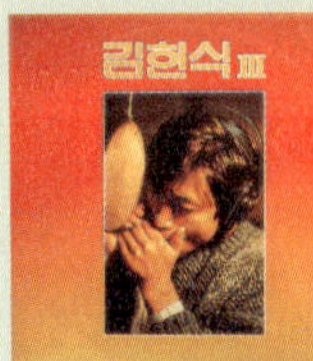

3집 [김현식 3] (1986/동아기획)
세션: 김현식(v, g, harmonica), 김종진(g), 박성식(key), 장기호(b), 전태관(d), 윤승태(g)
이 앨범 이전 김현식의 세션 밴드는 조원익이 이끌던 '동방의 빛', 정성조의 '메신저스'였다.

자신만의 세션 밴드를 원했던 그는 김종진(g), 전태관(d), 박성식(key), 장기호(b), 유재하(key, 앨범에는 참여하지 않음)로 밴드 '봄여름가을겨울'을 만들어 녹음과 공연을 병행했다. 이 음반에는 자신의 〈비오는 어느 저녁〉, 〈떠나가 버렸네〉, 〈눈 내리는 겨울밤〉과 함께 유재하의 〈가리워진 길〉, 박성식의 〈비처럼 음악처럼〉, 김종진의 〈쓸쓸한 오후〉도 실렸고, 이는 앨범의 완성도뿐만 아니라 김현식의 음악 자체를 퓨전 재즈와 블루스로 경도시키는 작용을 했다. 또한 그의 목소리는 이전과 달리 거친 중저음으로 내려가서 그의 팬들을 놀라게 했다. 김현식 전성기의 시작이고, 5집과 함께 그의 최고작이다.

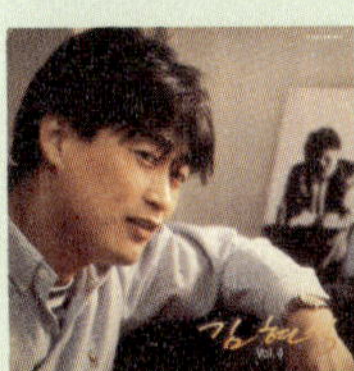

4집 [김현식 Vol.4] (1989/동아기획)
김현식의 백밴드 봄여름가을겨울은 김종진·전태관의 '봄여름가을겨울'과 장기호·박성식의 '빛과 소금'2 으로 나뉘어 활동을 시작했다. 이 시기 김현식은 신촌블루스 2집(1989)과 라이브(1989)에도 참여했다. 신촌블루스와 함께 활동하던 시기여서인지 전체적으로 블루스적인 색채가 강해지고, 송홍섭의 편곡과 이병우의 프로듀싱이 빛을 발한 앨범이다. 김현식의 〈이제는〉, 〈한국사람〉, 〈우리 처음 만난 날〉과 함께 이정선의 〈한밤중에〉, 유재하의 〈그대 내 품에〉, 장기호의 〈사랑할 수 없어〉 등이 수록되었다. 이 음반부터 참여한 박청귀(기타)는 앨범의 완성도를 한층 높여주었다.

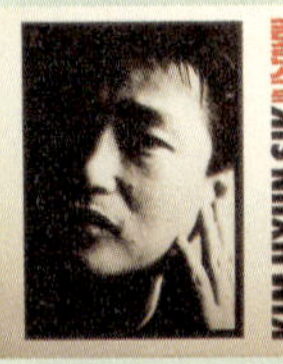

5집 [김현식 5] (1990/동아기획)
세션: 송홍섭(b), 배수연(d), 박청귀(g), 함춘호(g), 황수권(key), 최태완(key)
당시 김현식의 고통스러운 내면이 담긴 '어두운' 곡들로 점철된 이 앨범은 그의 음악 여정에서 완성작이다. 1980년 〈봄여름가을겨울〉이 담긴 데뷔 음반을 발표한 이래 이전 4집까지는 각기 새로운 스타일의 음악을 추구했다. 1집의 펑키한 〈봄여름가을겨울〉과 포크적인 〈당신의 모습〉, 2집의 일렉트릭 블루스 록 〈아무 말도 하지 말아요〉와 슬로록 〈어둠 그 별빛〉, 3집의 퓨전재즈 성향의 〈쓸쓸한 오후〉와 봄여름가을겨울 세션의 진수를 보여주는 〈비오는 어느 저녁〉, 4집의 애상적인 〈언제나 그대 내 곁에〉와 〈기다리겠소〉는 점진적으로 발전하는 그의 음악 세계의 단면을 보여주었다. 하지만 이 음반에서는 '새로운 스타일'이니 '음악적인 발전'이니 하는 잣대가 어울리지 않고, 또한 그런 얘기를 거론할 수 있는 성질의 음반도 아니다. 〈향기 없는 꽃〉, 〈넋두리〉 단 두 곡만 들어도 당시 김현식을 '느낄' 수 있다. 그가 짊어진 삶의 무게는 무섭도록 고통스러울 것이라 여겨지고, 이는 단지 노래를 만들기(꾸미기) 위해 만든 가사가 아니라는 것을 알 수 있게 한다. 그외 〈그 거리 그 벤치〉, 〈거울이 되어〉 등 최상의 트랙들이 실려 있다. 박청귀의 경우에도 그의 세션작들 중 1988년 한영애의 [바라본다]와 함께 가장 빛나는 작품이다.

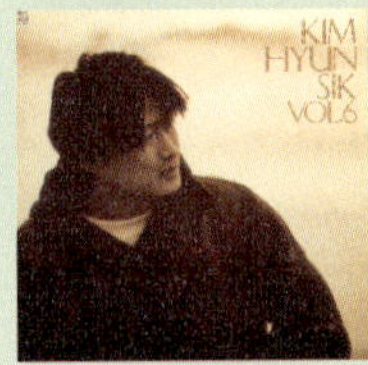

6집 [김현식 Vol.6] (1991/동아기획)
그의 미완성 유작이다. 그는 병원에서 탈출해 노래를 하고 녹음을 했다고 한다. 1990년 11월 1일의 충격적인 부음 후에 발매된 이 앨범은 백만 장이 넘는 판매고를 기록하고, 오태호가 만든 〈내 사랑 내 곁에〉를 국민가요로 남겼다. 그의 하모니카 연주곡 〈한국사람〉, 〈우리 이제〉가 더욱 처연하게 들렸고, 신촌블루스 3집(1990)에도 실린 손석우의 〈이별의 종착역〉은 그의 마지막 역작으로 남았다. 이 앨범을 끝으로 1980년대의 '언더그라운드'는 종지부를 찍었고, 한국 대중음악의 르네상스도 서서히 빛을 잃어간다.

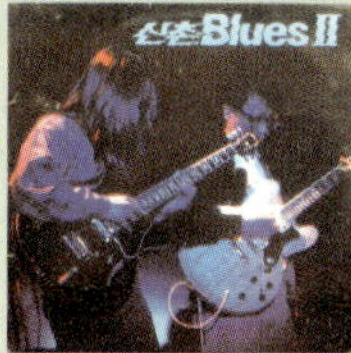

신촌블루스 2집 (1989/동아기획)
김현식 〈환상〉, 〈골목길〉
엄인호 · 김현식 〈바람인가, 빗속에서〉

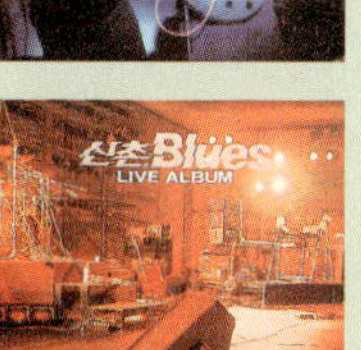

신촌블루스 [신촌블루스 라이브 Vol. 1] (1989/동아기획)
김현식 〈아무 말도 하지 말아요〉, 〈떠나가 버렸네〉
김현식 · 한영애 · 정서용 〈우리네 인생〉

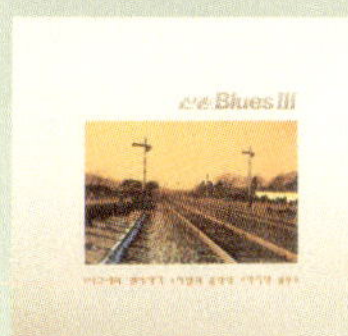

신촌블루스 3집 (1990/동아기획)
김현식 〈이별의 종착역〉

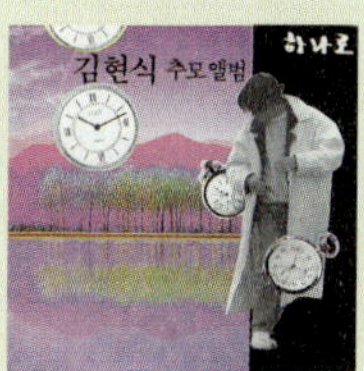

V.A. [김현식 추모앨범 하나로] (1991/뉴서울레코드)
김현식 추모 공연에 참여한 이들이 녹음한 추모 앨범. 최이철, 권인하, 김동환, 한영애, 엄인호, 김수철, 이문세 등이 참여했다. 이 음반에서 한영애가 부른 〈사랑할 수 없어〉와 김수철이 부른 〈넋두리〉 등은 그를 위한 송가로 충분하다.

[김현식 In Live] (1991/뉴서울레코드)
〈골목길〉, 〈아무 말도 하지 말아요〉
기타 음반

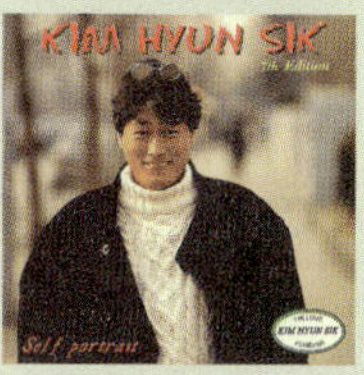

[Self Portrait] (1996/동아기획)
세션: 한상원(g), 송홍섭(b), 김희연(d), 배수연(d), 이호준(key), 정원영(key), 장경아(key), 김효국(key)
그가 남기고 간 데모 테이프의 목소리를 '음원'으로 예전 동료들이 거기에 연주를 입혀 제작한 앨범. 〈다시 처음이라오〉, 〈사랑의 불씨〉, 〈이 바람 속에서〉 등의 미발표곡들이 한상원, 송홍섭, 배수연, 김효국 등의 연주로 실려 있고, 그가 즐겨 부르던 〈First Of May〉, 〈Rain〉 등의 커버 곡이 실려 있다.

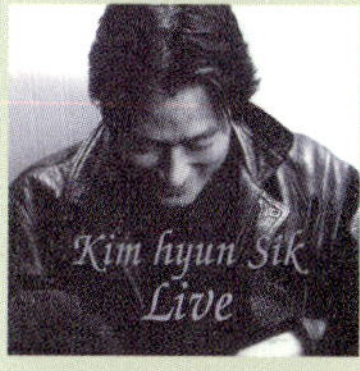

[김현식 라이브] (1997/동아기획)
열성팬에 의해 녹음된 1986년 숭의음악당 공연과 1988년 63빌딩 재기 공연 실황이 담긴 라이브 앨범. 조악한 음질은 소형 카세트로 녹음된 것임에 분명하며, 김현식의 목소리는 저 멀리에서 들리는 반면에 관객의 박수소리와 환호, 심지어 잡담까지 생생하게 들린다. 〈어둠 그 별빛〉, 〈그대와 단둘이서〉 등 수록.

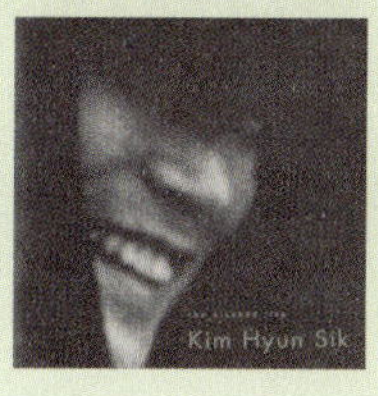

[Sick And Bed] (2002/도레미레코드)
세션: 김현식(g), 이성열(g), 최태완(key), 강화성(key)

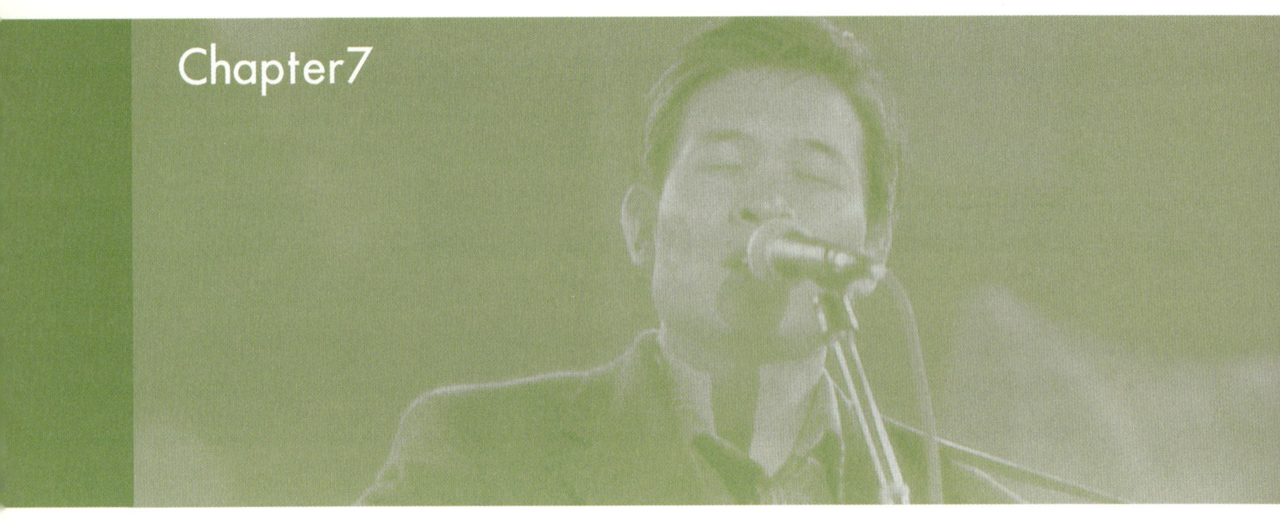

정태춘

"내가 내심 바랐던 것은 혁명이었다"

● 정태춘은

"텅 빈 대합실 유리창 너머 무지개를 봤지 / 끝도 없이 밀려오는 파도, 그 바다 위 / 소나기 지나
간 정동진 / 철로 위로 화물열차도 지나가고 / 파란 하늘에 일곱 빛깔로 워…… / 아련한 얼굴
가슴 저미는 손짓으로 / 물보라 너머 꿈결처럼 무지개를 봤지 / 조각배 하나 넘실대는 먼 바다
위" – 〈정동진〉

정태춘은 정치적으로 올곧을 뿐만 아니라 이를 가사쓰기로 완벽하게 승화시켰고, 또한 뛰어
난 멜로디 감각으로 치장했다는 점에서 한국에서 비교 대상이 없는 뮤지션이다. 서정성으로 대
중들에게 사랑받은 1집 [시인의 마을](1978)부터 1980년대 중반의 [북한강에서/바람](1985), [무
진 새 노래](1988), 심의를 거부하면서 투쟁을 시작한 작품인 [아! 대한민국](1990)과 [92년 장마,
종로에서](1993)에 이르기까지 어느 한 작품도 예술성과 시대성을 배제하지 않는다. 그리고 놀라
운 것은 혁명가의 삶을 음악에 반영했던 1980년대 말~1990년대 초반을 지나서 발표한 9집 [정
동진/건너간다](1998)가 그토록 아름다운 시어와 멜로디로 충만하다는 사실이다. 한국에서 진정
으로 존경할 만한 뮤지션을 꼽는다면 한대수와 함께 정태춘을 앞에 놓고 싶다.

●● 바이오그래피

1954년	3월 출생
1978년	1집 앨범 [시이의 마을] 발표
1979년	MBC 신인가수상
1979년	TBC 가요대상 작가상
1987년	문예운동진영 활동
1990년	음반에 관한 악법저지 대책위원회 결성
1990년	[아! 대한민국] 발표
1996년	제6회 민족예술상
2002년	10집 [다시, 첫차를 기다리며] 발표
2004년	4월 『노독일처』 발표(실천문학사)

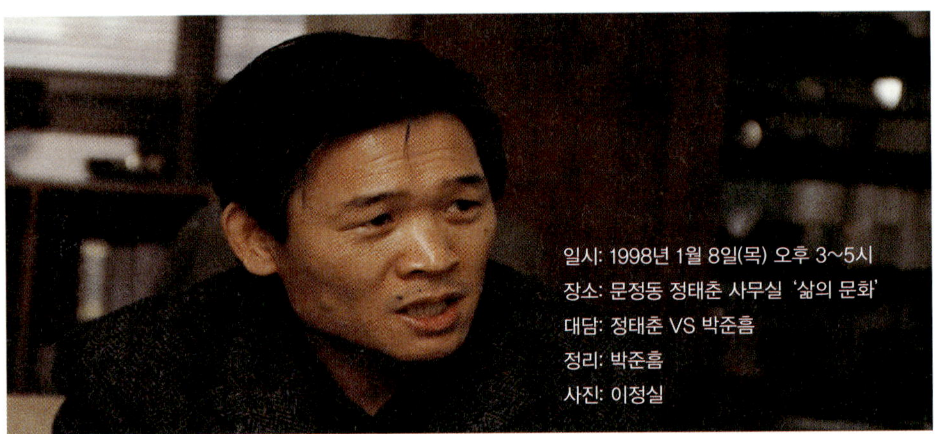

정태춘은 한국 대중음악사에서 독특한 존재이다. 1990년대 초반에는 마치 일제 시대의 독립군처럼 '가요 사전심의 철폐'를 위해 (고)독하게 게릴라전을 펴왔다. 그리고 1996년 6월 7일, 드디어 그뿐만 아니라 모두가 바라던 '가요 사전심의 철폐'라는 소기의 성과를 얻어냈다. 그처럼 현실의 불합리와 모순을 구체적인 방법으로 타파하고 개혁을 이루어내는 사람은 존경받아 마땅하다. 그가 거둬낸 결실의 수혜자는 그동안 '뒷짐 지고 수수방관하던 자들'을 포함한 우리 모두이기 때문이다. 우리 현대사의 비극은 정작 할 일을 해낸 사람들과 '뒷짐 지고 또는 딴지 걸던' 사람들 간의 분류 작업이 소홀했다는 점이다. 투사로서의 이미지가 눈에 거슬린다고 말하기 이전에 그가 투사로 변신할 수밖에 없었던, 아름답지 못했던 세상을 먼저 이야기했으면 한다.

"다르긴 했지만 이질적이지는 않았다."

박준흠: 박은옥과의 음반 작업은 언제부터 했나?

정태춘: 1983년 지구레코드에 전속이 되면서부터 같이했고, 1990년 5집 [아, 대한민국]만 혼자 했다. 4월 발매 예정인 9집도 같이 작업하고 있다.

그러면 1993년 8집 [92년 장마, 종로]에서 이후 근 5년 만의 신보이다. 박은옥과의 공동 음반 작업 여부는 어떻게 결정하는가?

음악적인 지향점이 같다고 판단되면 같이한다. 여태까지는 대개 내 노래였고 음악적인 색깔이 비슷했다. 이번 음반에는 박은옥의 노래 두 곡이 실린다.

박은옥과 처음 만난 것은 1978년 [시인의 마을] 음반이 나온 이후 레코드회사 스튜디오에서였고, 그녀가 기타를 치면서 재니스 이언(Janis Ian)의 〈Jesse〉를 부르는 것을 보고 감동받아서 연애를 시작한 것으로 알고 있다. 박은옥의 음악적 성향이 감상적인 포크 스타일에서 정태춘 씨를 만난 후 변해간 것인가?

박은옥은 재니스 이언에서 레드 제플린(Led Zeppelin)까지 정해진 스타일이 있었던 데 반해 나는 무형의 음악을 했다. 단지 내 음악을 할 뿐이었다. 다르긴 했지만 이질적이지는 않았다. 하지만 박은옥이 내 노래만 부르다 보니까 사람들에게 그녀의 다른 부분이 알려질 기회가 없었다.

선생이 감내할 수 있는 이질감의 한계는?

상투적인 것이 아니라면 이질감을 느끼지 않는다. 설사 상투적이라 하더라도 그 사람이 하고자 하는 것이라면 상관없다.

"예술을 한다는 이유로 면책받을 순 없다."

정서가 급변한 시기가 있었나?

1980년대 말 우리 사회에서 변화를 위한 몸부림이 소용돌이치던 시기, 기존의 지배체제에 대해 전 민중 · 시민 진영에서 변화와 투쟁을 요구하던 시기에 나도 거기에 동참하게 되었다. 변화의 열정에 주응하고 몰입하면서 만들어진 것이 급격한 변화를 보인 노래들이다. 투쟁적인 내용 일변도였고 기존의 가요계에서 접근하기를 꺼리는 솔직한 리얼리티를 담고 있었다. 1980년대 초반부터 내면은 꾸준히 변화하고 있었고 1987년 6 · 29 이후부터 1992년까지 치열했던 싸움이 내가 체험했던 가장 값진 경험이었다.

대외적으로 사회 현실참여를 실행한 것은 언제부터인가?

1986년 겨울 청계 피복노조 주최의 작은 모임에 참여하면서부터다. 그때만 해도 노동자들이 노동운동을 거의 이야기하지 못할 때였다. 집회조차 허용이 안 되니까 대개 다방 같은 데서 일일 찻집을 많이 했다. 이는 노동자 조직을 강화하기 위한 프로그램이었고, 그때부터 생산직 노동자들과 대면하기 시작했다. 내면에만 빠져 노래하지 않고 주위 상황에 직면하고자 했는데, 이는 나에

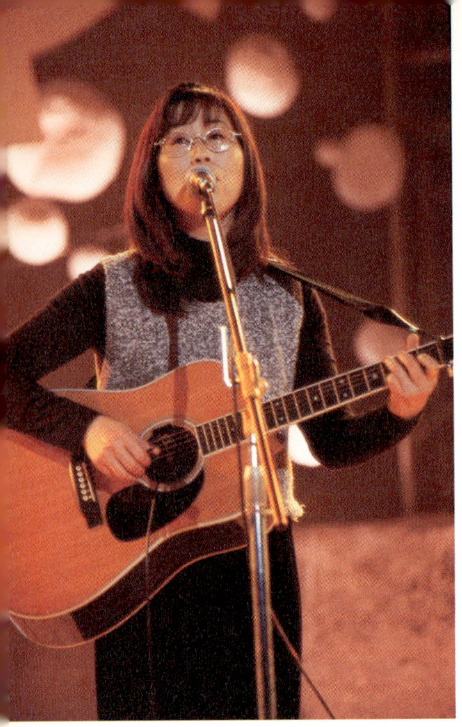

"사회 변혁의 욕구와 노동자들의 자각과 투쟁을 담아낸 운동권 가요는 이후 10년간 활성화되고 하나의 의미 있는 문화 지형에 합류했다. 미국식 포크를 생각하는 사람들에게는 의아스러운 음악이 되어버렸지만 이것은 자기 나름대로의 논리를 갖고 발전해 온 것이다. 끊임없는 토론과 심각한 비판으로 문화적인 건강성을 점검하면서 하나의 대항문화가 되었다."

게는 합당한 고민이었다고 생각한다. 그 고민을 만났고, 이를 피하지 않았고, 그 고민의 결과를 바탕으로 활동을 했다.

구성원으로서의 사명감이었나?

동시대를 살아가는 사람으로서 내가 어떤 일을 하더라도 가져야 할 시대적인 책무라고 본다. 예술을 한다는 이유로 여기서 면책받을 순 없다. 대중을 대상으로 행위를 하는 사람들은 아무리 자유롭고자 하더라도 그것은 공적인 부분이다. 개인적으로는 시대 모순에 대해서 울분을 느꼈다. 그리고 새로운 사회에 대한 희망이 그 일에 참여할 수 있게 만들었다.

"때려부숴, 부숴, 부숴"

가사의 주안점을 리얼리티에 두는 모던포크를 생각할 때 우디 거스리(Woody Guthrie)나 밥 딜런(Bob Dylan)의 노래는 자연스럽게 수용하면서 한대수, 정태춘 씨 같은 가수의 노래는 생경하다는 점을 들어 거부감을 드러내는 이유를 무엇이라고 생각하나?

우리나라 사람에게 미국의 밥 딜런 같은 가수는 리얼리티가 없다. 왜냐하면 이해를 못 하니까. 대다수 대중들에게 그네들의 원어는 하나의 기호이자 이미지에 불과하다.

선생의 가사 수위는 우리 사회의 가장 민감한 부분까지 다루었지만 '혁명'을 얘기하는 정도는 아니었는데.

혁명까지 얘기한 것이나 마찬가지다. 많은 사람들이 혁명을 바랐다. 사회주의적인 혁명을 바라는 사람들도 있었고, 한편으로는 민주주의가 완성되는 의미로서의 혁명을 바라는 소박한 마음을 가진 사람들도 있었다. 혁명을 바라는 내용상의 편차는 있었지만 1980년대 말에 많은 사람들이 가장 바랐던 것은 전면적인 개편이었다. 이는 지금도 바라고 있다.

"더러운 놈의 세상, 미친놈의 세상, 성질나서 뒈지겠네. 때

려부숴, 부숴, 부숴" 하는 노래도 음반에 실렸으니까 구체적
으로 혁명이라는 단어는 쓰지 않았지만 내가 바랐던 것은 혁명
이었다.

"가요 사전심의 폐지는 문화사적으로 중요
한 사건"

가요 사전심의가 1996년 6월 7일 폐지된 이후 1년 반이
지났는데 구체적인 성과가 있었는지?

모르겠다. 사전심의 폐지는 문화사적으로 중요한 사건인데
사람들이 별로 주목을 하지 않았다. 기존의 제도문화, 주류
문화 속에서 사전심의는 별로 불편하지 않았다. 왜냐하면 제
도문화는 정부에서 제재를 받은 적이 없었고, 제도문화권 가
수는 단지 정부의 사전심의 기구에 곡당 3,000원씩만 내면
됐다. 주류문화에서 검열은 문제가 아니었다. 주류권이 가지
는 관심은 비주류권과 같지 않았고 검열은 비주류권의 문제
였다. 사전심의 폐지가 미친 파장은 비주류권이 활성화되는
계기를 마련해준 거다. 상투적인 것에 대한 배격, 자유로운
발상 등으로 다른 유형의 가수들이 나올 수 있게 되었다.

문화정책의 바람직한 방향은?

스스로 커나갈 수 있는 토양을 만들어주는 것이 중요하다.
최소한 간섭만 하지 않아도 된다고 본다.

비주류(인디) 문화의 존재 방식은 어떠해야 하나?

어느 사회든지 특별한 취향과 개성을 가진 다양한 인간들이
끊임없이 나오는데, 전근대적인 사회에서는 이들을 하나로
획일화시키고 울타리 속으로 집어넣어 통제를 해나간다.
건강한 사회라면 주류문화가 전체를 장악하고 지배해나가
는 체제 내에서도 비주류문화가 삐져나와서 견고하게 자기
성을 쌓게끔 허용해야 한다.

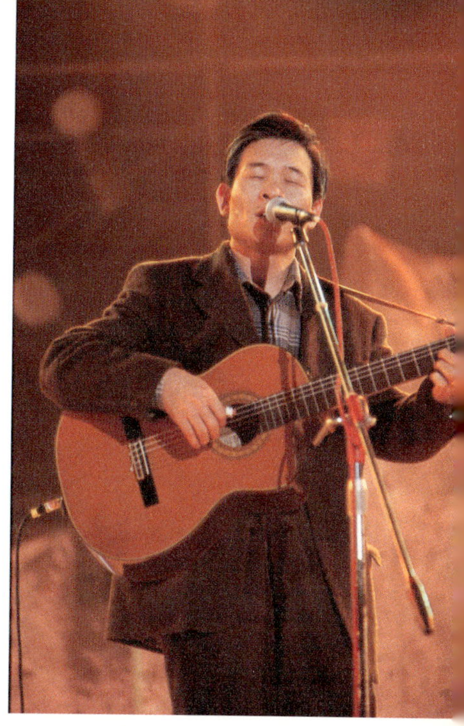

"80년대 말 우리 사회 상황에서 변화
를 위한 몸부림이 소용돌이치던 시기,
기존의 지배체제에 대해서 전 민중/시
민 진영에서 변화와 투쟁을 요구하던
시기에 나도 여기에 동참하게 되었다.
변화의 열정에 조응하고 몰입하면서
만들어진 노래들이 급격한 변화를 보
인 노래들이다."

"주류가 비주류를 허용하는 것은 비주류 쪽의 상업적인 아이템들을 뽑아 먹기 위해서"라는 일부의 견해도 있는데.

허용하고 안 하고의 문제는 아니다. 주류와 비주류는 늘 있는 것인데, 그게 사회적으로 어떻게 관리되느냐의 차이이다. 과거에는 비주류를 전적으로 도태시키는 방식이었지만 지금은 그런 게 통하지 않는다. 비주류는 주류가 그들에게 관심이 있든 없든 그들의 문화를 만들어 나갈 것이다. 어느 사회에나 이질적인 사람들, 새로운 관점과 엉뚱한 발상을 가진 사람들은 있게 마련이고 그들을 존중해주어야 한다.

신촌 지역의 현상(클럽문화 등)을 예로 들면서 현재의 인디 문화는 자생적인 것이 아니라 표피만 외국에서 들여온 것에 불과하다는 비판적인 시각이 있는데.

언더그라운드는 굉장히 큰 폭을 가지고 있다. 압구정동 문화도 인디문화라고 할 수 있다. 그런데 인디 · 언더 문화를 하고자 하는 사람들이 왜 하필이면 그중에서도 신촌에만 국한되느냐? 그리고 신촌에서도 왜 대학문화인가하는 것은 비판받을 소지가 있고 충분히 얘기할 거리가 된다고 생각한다. 대학문화에서 기존의 것에 대한 대항적이고 대안적인 문화에 관심을 가지고 그것을 인디문화라고 부르면서 활성화시켜 작업하지는 않는다는 점이 문제다. 대학 바깥에서 어슬렁거리는 룸펜 또는 허위의식에 빠져 있는 사람들을 대상으로 한 소비문화가 번성하고 있지 않은가.

"하고 싶은 구호가 있고, 선동이 있다."

1980년대 말 사회 현실참여를 실행한 이후 〈아, 대한민국〉 이전의 노래는 더 이상 부르지 않겠다고 했다가 1990년대에 와서 다시 부르게 된 이유는?

그 당시 콘서트에서 〈촛불〉, 〈시인의 마을〉을 신청하면 판을 사서 들으라고 했다. 왜냐하면 누구든지 바라는 바가 많이 있고, 하고 싶은 구호가 있고, 선동이 있다. 나도 내 나름대로 원하는 바가 있었고 내게 주어진 시간을 활용해서 내가 하고 싶었던 음악과 이야기를 한 것이다. 일부 사람들이 원한다고 해서 내 사춘기 때 감상을 그런 진지한 자리에서, 적어도 시대적인 문제의식을 공유한 집회 같은 자리에서 어렸을 때의 감상이 담긴 노래를 하고 싶지 않았다. 다시 부르게 된 이유는 싸움에서 패배를 했기 때문이었고, 그 패배가 기정사실화되었기 때문이다. 그러면서 우리가 이념적으로 어떤 지향을 선택해야 하는지의 문제에 부딪혔고, 전망부재의 시대였기 때문에 나도 한때 흔들렸고 방황했다. 또 다른 이유는 내가 사춘기적인 감상을 가진다 하더라도 물론 쑥스럽고 부끄럽기는 하지만 그것은 내 전체 중의 일부라고 생각했고, 그런 번복에 대해서 크게 부담을 갖지 않았다.

선생의 패배란 '무엇에 대한 패배'를 말하나?

근본적인 사회 변혁을 요구했던 세력들과 기존의 기득권을 갖
고 이를 유지하려던 자들 간의 전면적인 싸움에서 전자의 입장
에 서 있던 세력의 패배를 말한다.

"그들은 순응적이고 상투적인 음악에 반기를 든 표상"

1970년대 초반 모던포크 4인방으로 불린 한대수, 김민기, 서유석, 양병집에 대해 평가한다면?

그들은 기존에 우리 가요가 가졌던 순응적이고 상투적인 음악
에 반기를 든 표상이었다. 네 분 모두 첫 번째 음반은 대단히 의
미심장했지만 결국은 모두 정부에게 철퇴를 맞았다. 이후 어떤
사람은 포기했고 어떤 사람은 변화했다. 이렇게 되면서 그들이
표방했던, 또는 그들 속에 담겨 있던 음악적인 지향이 증발되
었다. 안타까운 일이다. 그들의 데뷔 음반은 포크의 본령이었
다고 생각한다. 그렇게 진지하고 심오하지는 않았지만 그 발상
과 저항적인 욕구는 대단히 의미심장했는데 당시 사회 상황 속
에서는 받아들여지지 않았고, 그 힘이 미약해 합법적인 문화권
을 형성하지 못했다. 그리고 그 음악은 대학으로 숨어들어 갔
고, 사회·정치적으로 도피한 자들과 결합했다. 결국 운동권
과 결합해서 운동권 노래들을 만들어냈다. 사회 변혁의 욕구와
노동자들의 자각과 투쟁을 담아낸 운동권 가요는 이후 10년간
활성화되었고, 하나의 의미 있는 문화 지형에 합류했다. 미국
식 포크를 생각하는 사람들에게는 의아한 음악이 되어버렸지
만 이것은 나름대로의 논리를 갖고 발전해온 것이다. 끊임없는
토론과 심각한 비판으로 문화적인 건강성을 점검하면서 하나
의 대항문화가 되었다. 하지만 이후 조직이 느슨해지고 와해되

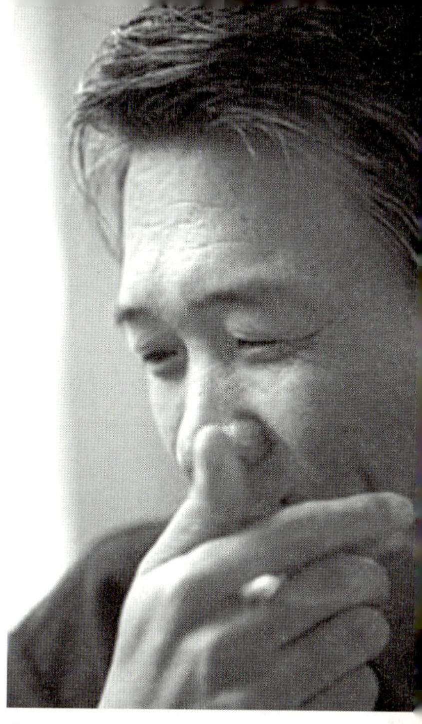

"많은 사람들이 혁명을 바랐다. 사
회주의적인 혁명을 바라는 사람들
도 있었고 한편으로는 민주주의가
완성되는 의미로서의 혁명을 바라
는 소박한 마음을 가진 사람들도 있
었다. 혁명을 바라는 내용상의 편차
는 있었지만 1980년대 말에 많은
사람들이 가장 바랐던 것은 전면적
인 개편이었다. 이는 지금도 바라고
있다."

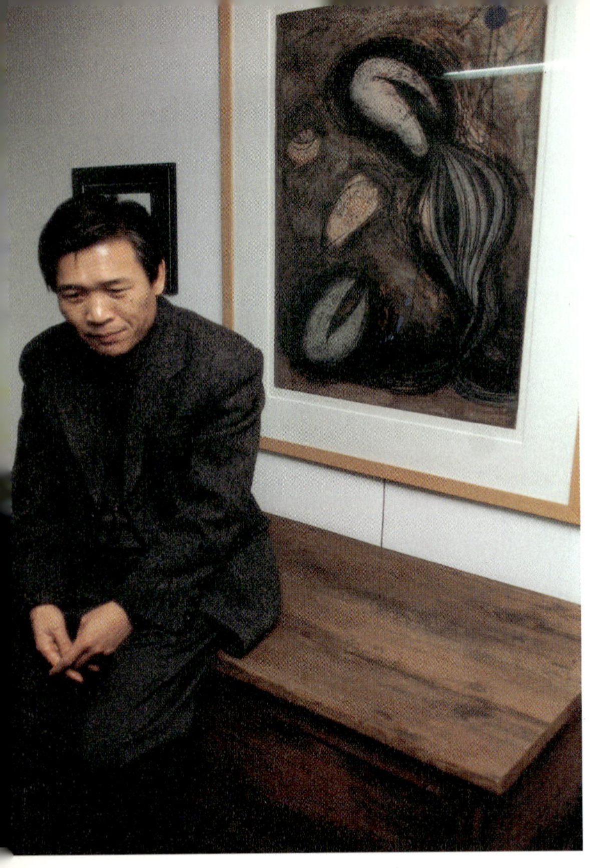

면서 수용자들이 흩어지게 되어 약화되었다. 그런가 하면 상업적으로 변형된 포크 집단이 있었다. 초기의 내 노래들도 그 흐름의 한 부분이었고 제도권에서 존립할 수 있었던 포크의 한 흐름이었다. 그 흐름 중에는 아주 아름다운 서정성을 담고 있는 조동진류의 음악이 있었고 다른 한편으로는 일반 가요와 다르지 않은, 양식만 조금 다른 포크도 있었다.

앞서 말한 네 사람의 음악적인 계승자로 정태춘 씨를 거론할 수 있고, 1990년대에는 김광석과 안치환을 말할 수 있는데.

안치환을 얘기한다면, 그가 애초에 가졌던 매력을 다시 가지기 위해서는 상황을 읽고 표현하는 방식이 좀 더 치열해야 하지 않을까 생각한다.

선생이 궁극적으로 노래하는 대상은?

세상을 진지하게 살아가고자 하는 사람들이다.

노랫말만 좋다면 선율은 부차적인 문제일 수도 있다고 생각하는가?

노랫말과 선율은 잘 매치되어야 한다. 그렇지 않으면 시를 읽는 게 낫다.

데뷔 음반의 정서나 분위기는 앞으로 기대하기 힘든 부분인가?

지금 와서 사춘기 때의 정서를 음악으로 옮길 수는 없지 않은가.

지금 작업 중인 9집을 기대해보겠다.

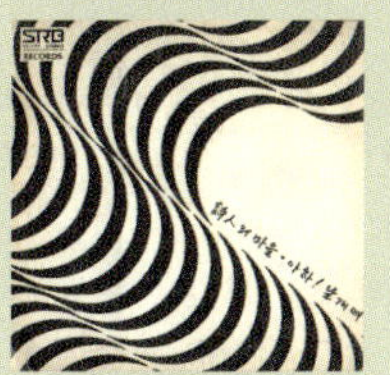

정태춘 [Single – 정태춘]
(1978/서라벌레코드)
〈시인의 마을〉, 〈아하 날개여〉 수록

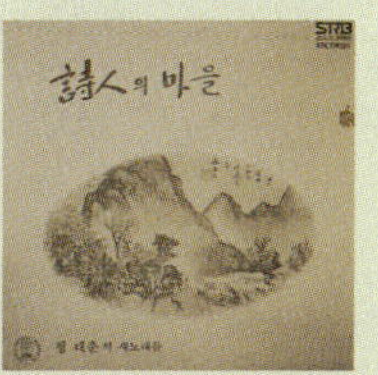

정태춘 1집 [시인의 마을]
(1978/서라벌레코드)
세션: 정태춘(v, g), 유지연(g)
그 자신은 '상업적으로 변형된 포크'이자 '사춘기적인 감상'이 담긴 앨범이라고 하지만 명백히 1970년대 초반의 모던포크를 계승한 기념비적인 음반이다. 아름다운 서정성으로 회자된 〈시인의 마을〉이 사실은 심의에서 난도질당한 곡이었다는 믿기지 않는 사실이 숨어 있고, 1980년대에 이정선과 자웅을 겨루던 어쿠스틱 기타리스트 유지연이 처음으로 편곡·세션에 입문한 음반이다.

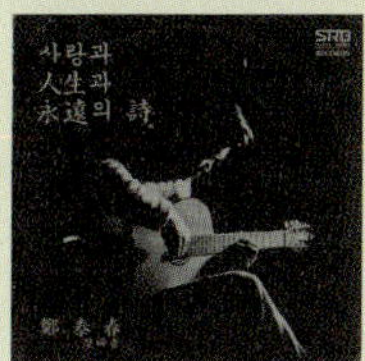

정태춘 2집 [사랑과 人生과 永遠의 시]
(1980/서라벌레코드)
〈이런 밤〉, 〈山寺의 아침〉 등 수록

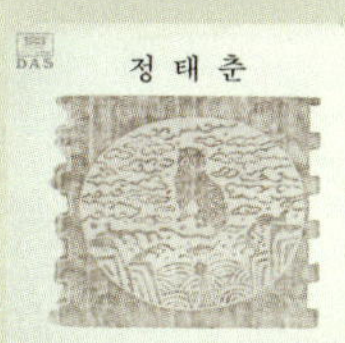

정태춘 3집 [우네] (1982/대성음반)
국악기를 본격적으로 도입했다.
〈새벽길〉, 〈얘기〉 등 수록

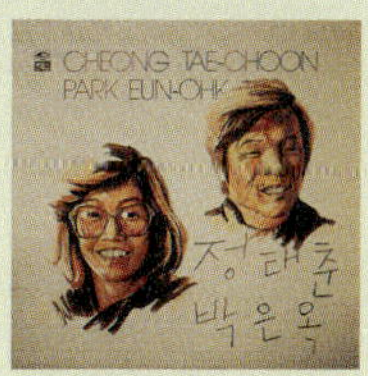

정태춘 · 박은옥 4집 [떠나가는 배/우리는] (1984/지구레코드)
우리 대중음악계에서 불의와 싸우면서 당대를 치열하게 사는 녹립군 부부. 그리고 서로 우열을 가릴 수 없을 정도로 아름다운 선율의 곡들을 만들 수 있는 역량을 가진 부부. 이들이 함께한 첫 번째 음반이다. 〈시인의 마을〉이 원래 가사로 다시 불렸다. 그외 〈떠나가는 배(이어도)〉, 〈사랑하고 싶소〉, 〈탁발승의 새벽노래〉, 〈우리는〉 등 가장 대중적인 선곡으로 이루어져 있다.

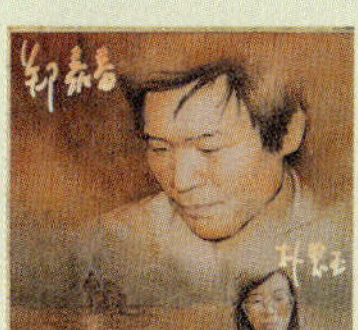

정태춘 · 박은옥 5집 [북한강에서/바람] (1985/지구레코드)
세션: 정태춘(v, g), 박은옥(v), 유지연(g)
"저 산꼭대기 아버지 무덤"(〈사망부가〉), "간다간다/나는 간다/선말 고개/넘어간다"(〈얘고, 도솔천아〉), "님의 가슴/내가 안고/육자배기나/할까요"(〈장서방네 노을〉)

등이 수록되었다. 박은옥의 목소리는 〈바람〉과 〈봉숭아〉에서 들을 수 있고, 1집부터 함께했던 유지연이 편곡을 담당해 일렉트릭 기타 속에서 한국적인 가락을 조율하는 데 일조했다.

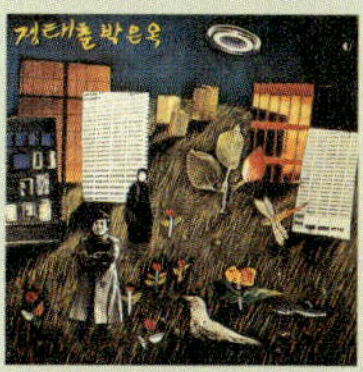

정태춘 · 박은옥 6집 [戊辰 새 노래]
(1988/삶의 문화)
세션: 정태춘(v, g), 박은옥(v), 유지연(g), 권재은(v), 이무하(v)
정태춘의 '삶의 문화'에서 처음으로 제작한 음반. 그는 1980년대 초에 '사회적인 인간'으로 다시 태어났다고 하는데, 그때부터 숱한 고민을 하기 시작했다고 한다. 그것은 "노래는 무엇인가?", "나의 노래는 그대에게 무슨 의미가 있는가?" 등이었다. 중기 역작 〈그의 노래는〉은 이때의 고민이 담긴 노래이지만 심의 때문에 가사가 많이 변형되었다. 그리고 〈실향가〉, 〈우리가 추억이라 말하는〉, 〈사랑하는 이에게 2〉 등이 수록되었다.

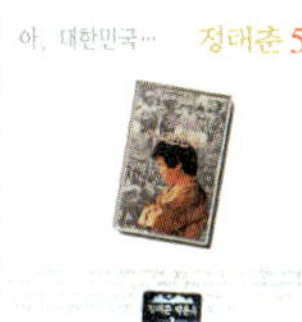

정태춘 7집 [아! 대한민국]
(1990/삶의 문화)
세션: 정태춘과 노래꾼들
1996년 6월 가요 사전심의 철폐로 '불법 음반' 딱지를 떼게 된 음반. 이 역사적인 사건을 계기로 다시 제작되었다. 1980년대 말 현실 참여 음악인이 되면서 현장에서 부르던(부를 만한) 노래들을 수록했다. 그에게 투사의 이미지를 가져다준 음반이고, 부조리하고 모순된 사회 현실을 무섭게 고발한 앨범이다. 〈아, 대한민국…〉, 〈우리들의 죽음〉, 〈일어나라, 열사여〉 등이 수록되었다.

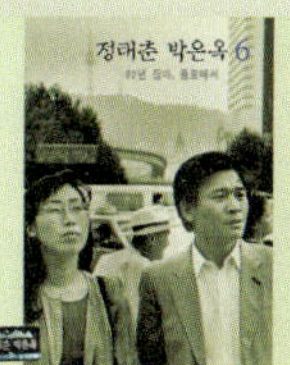

정태춘 · 박은옥 8집 [92년 장마, 종로에서] (1993/삶의 문화)
세션: 정태춘(v, g, har), 함춘호(g), 김형석(key), 배수연(d), 김현규(b), 신지아(아코디언), 우종양(해금), 이명국(구음창), 김상철(장고)
역시 가요 사전심의 철폐로 '불법 음반' 딱지를 떼게 된 음반. 독립군 부부의 오래간만의 공동작업이다. 이 음반은 작사·작곡에서 정태춘 최고의 완성도를 보여준 앨범으로 생각된다. "'07'의 종로 거리를 회상하면서 저기 우산 속으로 사라져가는 '우리들의 한 시대'를 아쉬운 마음으로 흘려보낸다"는 가사의 〈92년 장마, 종로에서〉는 들을 때마다 가슴을 뜨겁게 만드는 힘을 가지고 있다. 발표된 지 한참 뒤에야 듣게 되었지만 '시민', '광장'과 같은 일상적인 단어에서조차 생경함을 느끼면서 그동안 한국의 대중음악이 가사에서 얼마나 자기검열을 해왔는지 생각하게 한다. 〈사람들〉은 정태춘을 탁월한 이야기꾼으로 생각하게 만드는 노래이다. 거기다가 웬만해서는 노래로 만들 수 없을 것 같은 가사를 가지고도 우격다짐식의 멜로디메이킹을 하지 않는 탁월한 창작 능력을 보여주었다. 그래서 당시 그의 노래들에서 받았던 느낌은 낯설지만 끌리는 데가 있었고, 현실 참여적인 의도를 가지고 만든 노래들에서조차도 상투적인 느낌이 없었다. 그리고 박은옥이 부르는 〈저 들에 불을 놓아〉는 정말로 강렬하면서도 눈부시도록 아름답다. 한마디로 경이로운 작품이다.

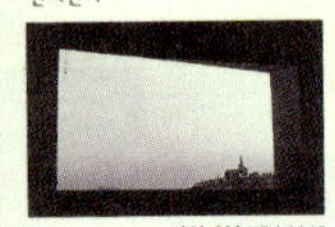

정태춘 · 박은옥 9집 [정동진/건너간다] (1998/삶의 문화)

세션: 최성규(g, b, clarinet, sax, 향피리), 임원균(key), 이기선(d), 조동익(b), 박용준(key), 함춘호(g), 김영석(d)

이 음반은 1996년에 이룩한 자신들의 성과물인 '가요 사전심의 철폐'를 바라본 후 만든 앨범이다. 최성규와 조동익이 참여해 1990년대 음악 감각이 세션에 도입되었고, [아! 대한민국]의 경직된 느낌에서 자유로워진 음반이다. 〈정동진〉, 〈소리 없이 흰 눈은 내리고〉는 이별과 회한의 아픔을 노래하지만 놀랍도록 아름다운 멜로디를 품고 있다. 최성규 편곡의 〈정동진(1)〉과 조동익 편곡의 〈정동진(2)〉를 비교해서 들을 수 있는 것도 이 음반이 가진 묘미다.

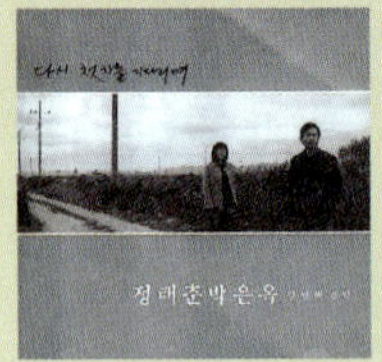

정태춘 · 박은옥 10집 [다시, 첫차를 기다리며] (2002/삶의문화)

편곡/연주: 정태춘 · 박은옥 밴드

정태춘이 작사 · 작곡한 10곡이 수록되어 있다. 〈아치의 노래〉, 〈동방 명주 배를 타고〉, 〈리철진 동무에게〉, 〈선운사 동백꽃이 하 좋다길래〉, 〈오토바이 김씨〉, 〈정동진 3〉은 정태춘이, 〈빈 산〉, 〈봄 밤〉은 박은옥이 솔로로 부른다. 〈압구정은 어디〉와 〈다시, 첫 차를 기다리며〉는 정태춘 · 박은옥이 부분적으로 나누어 부르며, 듀엣으로 화음을 구사하는 노래는 없다.

기타 음반

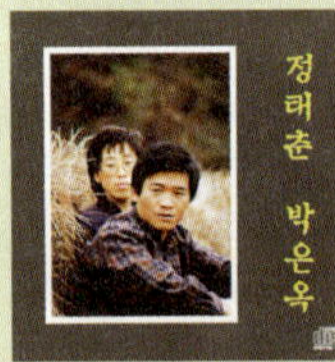

정태춘 · 박은옥 [발췌곡집1]
(1987/한국음반)
〈회상〉, 〈시인의 마을〉, 〈봉숭아〉, 〈윙윙윙〉 등 수록

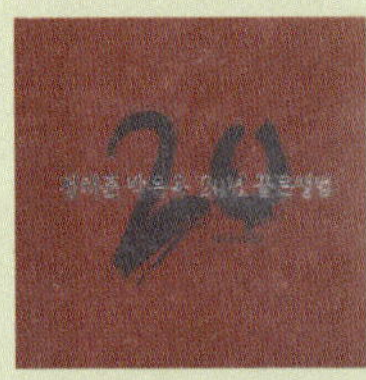

정태춘 · 박은옥 [20주년 골든 앨범]
(2002/삶의 문화)
〈시인의 마을〉, 〈회상〉 등 수록

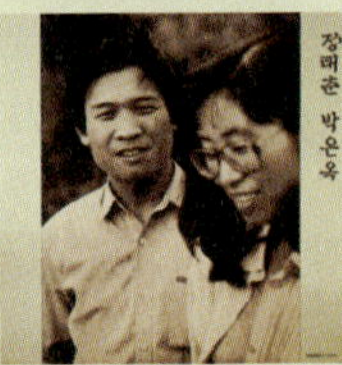

정태춘 · 박은옥 [발췌곡집2]
(1991/한국음반)
〈한 여름 밤〉, 〈사망부가〉, 〈서울의 달〉, 〈애고, 도솔천아〉 등 수록

박은옥

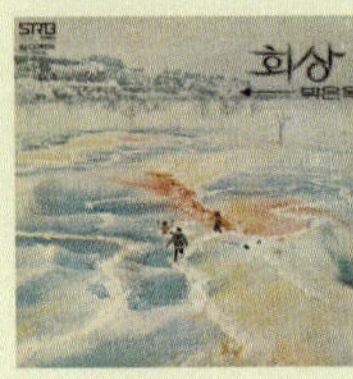

박은옥 1집 [회상]
(1978/서라벌레코드)
〈회상〉, 〈윙윙윙〉 등 수록

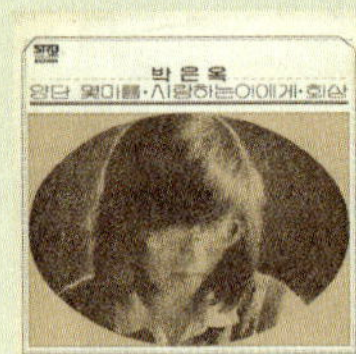

박은옥 2집 (1980/서라벌레코드)
〈양단 몇 마름〉, 〈회상〉 등 수록

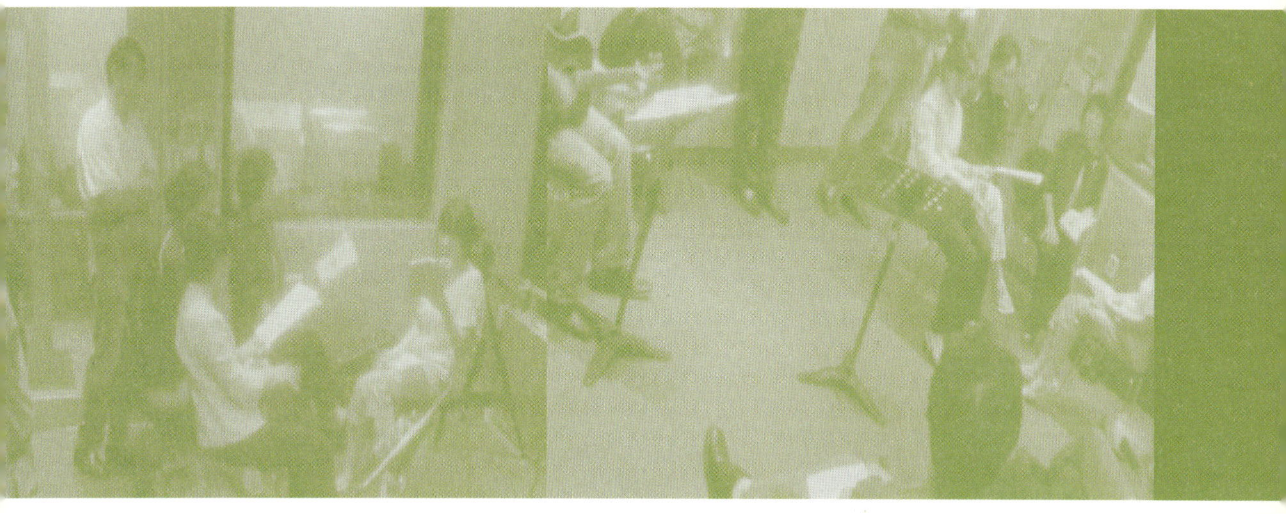

메아리

"창작 민중음악의 시작"

"1979년 여름, **메아리**의 골수들은 우리의 노래들을 테이프에 담아 보급해보자는 계획을 세우고 방법을 찾기 시작했다. 김민기 선배의 [공장의 불빛]이 이른바 불법 테이프의 놀라운 가능성을 일깨워준 지 불과 몇 달이 지난 시점이었다. 당시로서는 여러모로 위험천만한 작업이기도 했고 무엇보다도 가진 것이라곤 맨몸뚱아리와 젊은 열정, 그리고 기타 몇 대가 전부이던 우리에게 그것은 매우 무모한 시도였음에 틀림없었다. 노래와 반주야 늘 하던 식으로 몸으로 때운다 하더라도 우선 녹음할 장소가 마땅치 않았다. 명색이 상업적(?) 보급을 위한 첫 출발인데 서클룸에서 카세트 리코더로 녹음할 수는 없는 노릇이었다.

그때 내가 봉천동의 한 카페를 추천했다. 그보다 얼마 전 우연히 '라이브 가수 구함, 대학생 우대' 라는 광고가 붙은 것을 보고 아르바이트나 해볼까 싶어 김현민과 함께 오디션을 받은 적이 있는 곳이었다. 물론 오디션에는 합격했지만 노동 조건이 너무 형편없어서 아르바이트는 포기했었다. 지금 생각해보면 어처구니없을 정도로 열악한 녹음실이었지만 당시 우리는 그저 릴 녹음기에다 에코 효과를 빵빵 넣어가며 녹음할 수 있다는 사실만으로도 충분히 감격했었다. 이 카페의 정기휴일을 빌려 녹음을 했다. 16곡의 레퍼토리를 녹음하는 데 아침부터 저녁까지 꼭 한나절이 걸렸다. 우리가 가진 악기라고는 기타와 하모니카가 전부였고 모자라는 부분은 코러스로 메웠다. 기타 반주는 김현민, 문승현, 이영웅이, 하모니카는 양현수 동문이 맡았다. 글쎄, 내 생각으로는 메아리 역사상 최고의 라인업이 아니었나 싶다.

메아리 1집은 당시 대학가에서 알음알음으로 잘 팔려나갔고 불법복제(?)도 난무했다. 물론 당시 우리의 입장은 '불법무단 복제를 환영합니다' 였다. 메아리 1집에 실린 레퍼토리들은 다소 소박한 차원에서나마 이제 막 현실의 깊이와 무게에 눈떠가던 우리들 젊은 날의 고뇌와 인식을 보여준다. 이후 오랜 세월이 흘렀고 이 노래들 가운데 상당수가 나중에 합법 음반의 형식으로 리메이크되었지만 아직도 나는 우리들 젊은 열정을 고스란히 담고 있는 이 테이프의 감동적 울림을 잊지 못한다."

('메아리 1집 복각판에 부쳐' – 김창남, 78학번, 문화평론가)

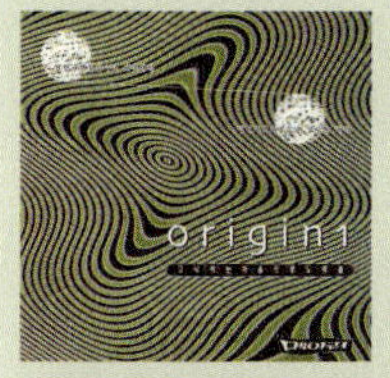

메아리 [Original 1 – 고뇌하는 마음으로 노래를] (1979/1997/메아리 20주년 기념사업단)
1979년 여름 원본제작(1997년 4월 복각)
녹음장소: 봉천동의 어느 카페
연주: 기타(김현민, 이영웅, 문승현), 하모니카(양현수)

메아리 1집(원래 카세트테이프로 제작)이 녹음된 1979년 여름은 유신정권의 조종이 울리기 몇 달 전이었고, 숨막힐 것 같은 사회의 압제적인 분위기가 사람들을 무기력하게 만들었던 시기였다. 칙칙한 회색의 계절만이 끝도 없이 이어지던 시기라고나 할까. 그때 봉천동의 한 카페에서 녹음된 이 조악한 노래들은 사실 놀라운 면이 있다. 김창남이 부르는 김민기의 〈금관의 예수〉를 잘 듣고 있으면 카페(녹음실) 밖에서 아이들이 뛰어노는 소리가 들려서 웃음이 나는데, 이 한가로운 상황이 알고 보면 숨어서 숨죽이며 노래하던 상황이라는 점이 기가 막힌다. 난 1970년대 현경과 영애의 〈아름다운 사람〉과 같은 노래를 들을 때마다 아름답다기보다는 '체념'이나 '허무'의 정서가 강하게 느껴져서 당혹스러운데, 김창남이 부르는 〈금관의 예수〉나 〈기지촌〉을 듣고 있으면 그런 면에서 절정이다. 갓 스무 살 지난 나이의 청년들이 부르는 노래들은 답답한 시대의 '절규'로 들린다. 그래서 이 음반을 듣고 있으면 섬뜩할 때가 있다. 한동헌이 부르는 〈노래〉는 김광석이 부른 것과는 다른 매력이 있다. 노래야 김광석이 더 잘하지만 개인적으로는 원래 버전이 더 마음에 든다.

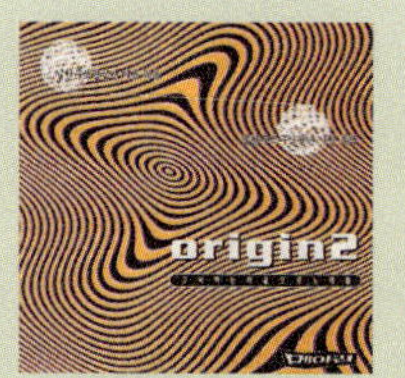

메아리 [Original 2 – 고뇌하는 마음으로 노래를] (1979/1997/메아리 20주년 기념사업단)
1980년 여름 원본제작 (1997년 4월 복각)
Producer & Director: 김민기, 문승현
녹음장소: LAB STUDIO
연주: 기타(문승현, 김창남, 이영웅, 김보성, 노승종, 박윤우, 장성도)
〈신개발지구에서〉, 〈강변에서〉 등 수록

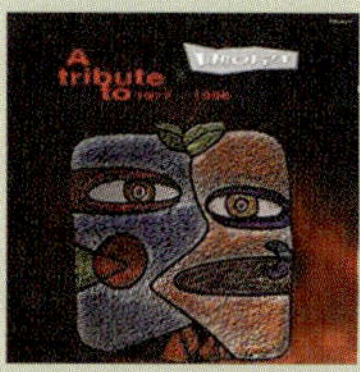

메아리 [A Tribute To 1977–1996] (1999/KM Music)
노래 및 코러스: 메아리 79학번 – 98학번 동문들
〈대결〉, 〈내일로 트인 길 위에서〉 등 수록

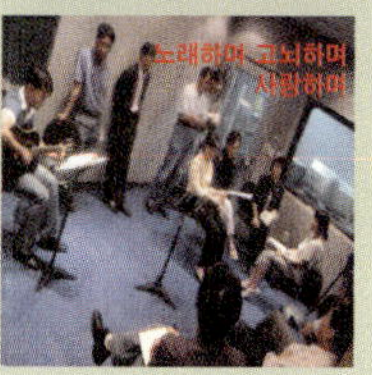

메아리 [노래하며 고뇌하며 사랑하며 – 서울대 메아리 30주년 기념음반] (2007/메아리)
〈가을편지〉, 〈녹두꽃〉, 〈타는 목마름으로〉, 〈바람씽씽〉 등 수록

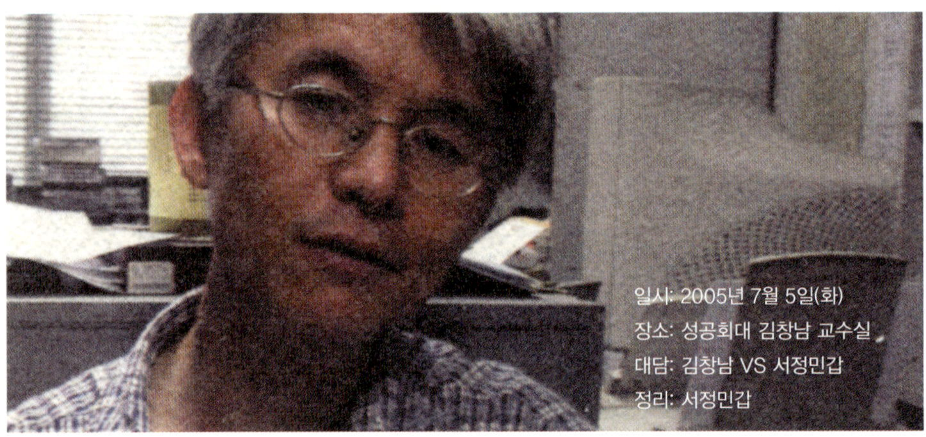

"5공의 이 암울한 시절이 언제까지 갈지 모르는 시점에서 어쨌든 뭔가를 해야 된다는 생각에서 1983년부터 계속 만났다."

서정민갑: 메아리의 음반은 어떻게 만들게 된 것인가?

김창남: 그냥 만들자고 우리끼리 얘기했다. [공장의 불빛]이 테이프로 퍼지는 걸 보고 우리도 해볼 수 있지 않겠나 생각했던 것 같다.

당시 메아리 음반에 담긴 노래들은 순수함이 느껴지면서도 고뇌하는 듯 무거워서 패기는 없었던 것 같다.

전반적으로 분위기가 그랬다. 좀 우울하고 암울하고 데카당스하고 그런 느낌이랄까. 대개 당시 노래운동과 우리 곡들이 학생운동 주류 그룹들처럼 전투적이지도 못하고 성향상 의식은 있으면서도 자기 내부의 갈등 같은 게 있어 개인적인 성향이 드러난 게 아닐까 싶다.

노찾사 결성 이전에 노래모임 '새벽'이 먼저 결성되었다고 하는데, '새벽'의 결성 배경에 대해 듣고 싶다.

1983년 10월 무렵, 우리끼리 만나면서 뭔가 도모해야 한다는 의식이 있었다. 5공의 이 암울한 시절이 언제까지 갈지 모르는 시점에서 어쨌든 뭔가 해야 한다는 생각에서 1983년부터 계속 만났다. 우리끼리 스터디도 하고 탈춤 대본 갖다놓고 연습도 해보고 그랬다.

노래를 찾는 사람들 1집은 어떻게 내게 된 건가?

김민기 형이 1984년 봄에 다시 올라와서 혜화동에 사무실을 내고, 김석만 선배하고 뮤지컬 작업을 시작했다. 우리는 그 사무실을 자주 이용했는데, 지금 문화상품권하는 김준묵 선배가 한울 출판사에 있으면서 악보집과 테이프를 같이 내자고 했다. 처음엔 시리즈로 계속 내자고 했는데, 내 생각에는 검열을 통과할 수 있는 게 열 몇 개밖에 안 될 거라 그랬더니 열 몇 곡이라도 채워서 음반을 내보면 어떻겠냐고 그러더라. 그건 가능하겠다 싶어서 김민기 형을 찾아갔고, 김민기 형이 한번 해보자, 대신 자기도 어차피 뮤지컬 작업하려면 도와줄 사람들이 필요하니까 같이하자고 해서 김민기 형 뮤지컬 음반과 우리 음반을 같이 진행한 거다.

김민기 씨가 노찾사 1집에서 담당했던 역할은 어떤 것이었나?

프로듀서였다. 편곡도 김민기 형이 하고 전반적으로 전체적인 콘셉트 잡는 것부터 다 한 거다. 우리는 경험도 없고 그쪽 메커니즘은 전혀 몰랐으니까. 우리는 그때 우리 음반 세션했던 분들이 있는지도 잘 몰랐다.

당시 새벽이 결성된 후였나?

새벽이란 이름이 존재하기 전이다. 음반 연습하다가 나는 잠깐 군대에 갔다. 그 사이에 음반이 나온 거고 김민기 형 프로젝트는 잘 안 되었다. 그 다음에 우리 모임이 새벽이라는 이름을 걸고 공연을 한 거다. 당시 민중문화협의회(민문협) 소속단체로 '또다시 들을 빼앗겨' 라는 일종의 노래극 공연을 하고, 그게 민문협의 테이프로 제작되면서 '새벽' 이라는 이름이 생긴 거다. 그때 노찾사라는 음반을 낸 주체가 새벽이라는 이름으로 공연을 한 거다.

새벽에서 합법적으로 활동하기 위해 노찾사를 만들었다고 되어 있는데 아닌가?

그건 나중 얘기고, 처음에 노찾사는 팀 이름이 아니고 음반 이름이었다.

당시에 새벽 팀에서 세미나도 했나?

팀에서 같이 사회주의 문예이론 공부를 많이 했다. 지금 생각해보면 참 황당한 것도 많이 읽었다. 루카치, 헤겔, 마르크스 이런 걸 다 복사해서. (웃음)

"관객들이나 가수들 모두 눈물을 흘리면서 노래를 불렀다."

새벽은 어떤 활동을 했나?

망원동에 21세기 음악 연구회 같은 식으로 간판을 걸고 사무실을 하나 얻었다. 그리곤 불법 테이프를 계속 냈다. 그게 그 시절 단체들을 먹여 살렸다. 그 후에 꽤 번듯한 지하 스튜디오도 생겼는데, 1987년에 물난리가 나 다 잠겨버렸다. 그 물 다 퍼내고 한 달 후에 새로 오프닝하면서 우리 공연하자고 이야기가 된 거다.

첫 공연 준비는 어떻게 했나?

첫 공연을 노찾사로 할 것이냐 새벽으로 할 것이냐로 논쟁을 했다. 만약 공연 이름을 새벽으로 했으면 노찾사는 없어지고, 음반도 새벽이라는 이름으로 냈을지도 모른다. 당시만 해도 운동권에서 새벽이라는 이름은 유명했지만 노찾사라는 이름은 전혀 유명하지 않았으니까. 새벽은 비합법 활동을 해왔던 노래 운동집단으로서의 정체성이 있으니까 그걸 유지하고, 이번에 하는 공연은 합법적인 영역에서 하는 거니까 명백하게 분리해야 한다는 생각에서 노찾사로 한 거다.

첫 공연이 엄청나게 성공했지 않나?

천 석쯤 되는 공연장에서 이틀 동안 했는데 미어터졌다. 줄을 종로 5가까지 섰으니까. 그 공연이 잘 안 됐으면 노찾사가 없었을지도 모른다. 그냥 새벽으로 갔었을지도 모른다. (웃음) 공연은 감동 이상이었다. 관객들이나 가수들 모두 눈물을 흘리면서 노래를 불렀다.

그 이후에 본격적으로 노찾사 활동을 시작한 것인가?

공연을 한 다음 이걸 하나의 팀으로 굴려야 되겠다고 생각해서 새벽에 있던 김광석 씨와 안치환 씨 등을 배치하고 권진원 씨나 다른 친구들도 결합했다.

"시대 자체는 여전히 군사정권이라서 운동의 정당성은 보장되는 시점인데 검열은 굉장히 완화되고, 그래서 노찾사 같은 집단이 활동하기 가장 좋은 시점이었다."

노찾사 1집의 이미지는 누가 작업한 건가?

연극하는 이상우 형이 했다. 그냥 시골 국민학교 졸업사진에서 몇 명을 지운 거다. 의도는 이 사람들이 특별한 사람들이 아니듯 '노래를 찾는 사람들'이라는 집단이 그야말로 평범한 사람이다라는 건데, 그걸 보고 많은 사람이 여러 가지 의미로 해석했으니 굉장히 잘 만든 디자인이다. 노래를 찾는 사람들 이름 글꼴도 이상우 형이 디자인하면서 만든 거다.

노찾사 1집은 전혀 알려지지 않았는데 왜 그렇게 되었나?

음반회사에서 내놓지 않았다. 조사 들어가고 그러니까 겁나서.

2집 음악감독이 나동민인 게 좀 의외다.

문승현 씨는 새벽의 활동을 해야 해서 할 수 없었고, 뭔가 음악 쪽을 책임질 사람이 필요해서 메아리 때부터 함께해왔던 나동민 씨를 음악감독으로 월급 주면서 고용한 거다. 나동민 선배의 역할은 일종의 매니저 역할이었고 내부적으로는 음악감독 역할이었는데, 음반 회사와의 매니저 역할이 더 컸다.

2집이 폭발적으로 인기를 끌었는데 원인이 무엇이라고 생각하나?

시대가 요구했던 거다. 1980년대 내내 그런 욕구가 억압되어 있다가 분출될 수 있었던 시점에 노찾사가 있었다. 2집 노래들이 전부 1980년대를 상징하는 것이었는데 합법적인 음반으로 방송을 탄다는 자체가 굉장히 사람들에게 어필했던 것 같다. 시대 자체는 여전히 군사정권이라서 운동의 정당성은 보장되는 시점인데 검열은 굉장히 완화되고, 그래서 노찾사 같은 집단이 활동하기 가장 좋은 시점이었다. 그래도 그렇게 음반이 많이 팔릴 줄은 몰랐다. (웃음)

문승현 씨의 음악은 서정적이면서 유장한 호흡이 돋보인다.

그게 문승현 음악의 특징이다. 문승현 씨가 어려서부터 피아노를 쳐서 그쪽에 감수성을 갖고 있었다. 문승현 씨는 음악적인 로맨티시즘과 이념적인 진보성이 결합한 혁명적 낭만주의자였다고 할 수 있다.

노찾사 2집의 판매수익에 대해서 아직도 설왕설래하는 말이 많다.

정확한 판매수익과 분량은 아무도 모른다. 하지만 노찾사가 1988년부터 10년간 활동을 했는데 공연 때마다 터지고 음반이 잘 팔리던 시기는 한 2, 3년뿐이었다. 그걸로 10년을 유지한 거다. 사람들이 10년 내내 돈 벌어 가지고 뭐하냐 이런 오해를 하는데 우리는 팀원들 월급 다 주면서 유지했다. 당시 직장인 개념으로 기본급을 주고 공연 때마다 성과급을 줬다.

당시 노찾사의 운영은 어떻게 이루어졌나?

선배들이 운영위원으로 있고 또 실무진이 있고 그다음에 연주 그룹들이 있었다. 그래서 기본적인 정책 방향 같은 것은 운영위원들의 결정이었다. 그것이 결국 조직적인 창의력을 갉아먹은 잘못된 조직운영이었다는 이야기도 있지만, 우리는 노찾사를 독립된 음악 색깔을 가진 밴드 개념이 아니라 운동단체 개념으로 생각해서 기본적으로 운영과 연행을 분리하는 방식을 채택했다. 당시 우리의 사고가 편협한 면도 있어서 공연하거나 음반을 낼 때도 개인을 부각시키지 않는 것을 원칙으로 했고, 그래서 각각의 곡을 누가 불렀는지 빠져 있다. 기본적으로 우리는 기획에서 제작, 연행, 관리까지 한 팀이 다 해결해야 하는 시스템이었다. 왜냐하면 우리는 운동집단으로서의 정체성을 잃어서는 안 된다는 생각이 있었고, 그건 나쁘게 말하면 경직된 사고지만 좋게 말하면 자본주의 대중문화의 관행에 따르지 않겠다는 것이었다. 그것이 결정적인 문제가 되었다고는 생각하지 않는다.

"우리는 기본적으로 프로여야 한다고 생각했고 우리의 경쟁상대는 조용필이라고 생각했다."

노찾사의 음악은 상당한 음악적 깊이가 있었다.

노찾사는 노래운동과 대중문화권을 연결하는 전술단위 개념으로 생겨났기 때문에 독자적인 레퍼토리를 가질 필요가 없다는 생각이 있었다. 그래서 노래운동권 전체에서 가장 좋은 작품들을 골라서 대중들에게 알리는 연결고리 역할을 하는 게 제일 중요했고, 그러다 보니 노래운동 전반에서 상대적으로 가장 높은 평가를 받은 작품들이 수록된 거다.

음악적 치열성도 많이 느낄 수 있다.

그래서 우리는 기능주의라는 비판을 많이 들었다. 왜냐하면 우리는 기본적으로 프로여야 한다고 생각했고 우리의 경쟁상대는 조용필이라고 생각했었으니까. 이를테면 조용필을 불러야 될 자리에 노찾사를 부르는 게 맞다고 생각했던 거다.

그럼에도 노찾사의 음악은 장르적으로 새로운 면은 별로 없다. 이것은 정치적인 진보와 문화적인 보수의 결합이라고 볼 수 있는 것은 아닐까?

노찾사가 10년 정도 활동을 했다고 볼 때 음악적 성향이나 경향이 거의 변화가 없었다. 그 이유는 개인의 음악적인 성향이나 역량에 의해서 바뀌는 조직구조 형태가 아니었기 때문이다. 그걸 정치적인 진보와 문화적인 보수의 결합이라고 얘기할 수도 있지만 노찾사는 1980년대의 유산이라고 생각하고, 상황이 변하더라도 1980년대의 유산으로서 시대정신과 정체성을 유지하는 게 중요하다고 생각했다.

2집 이후의 곡들이 대중적 인기를 끌지 못한 이유가 어디에 있다고 보나?

시대가 변한 거다. 우리는 1980년대를 유지했는데 시대는 빠르게 1990년대와 21세기로 간 거다. 음악적인 차이는 아니라고 본다.

그렇다면 노찾사의 활동이 중단된 내외적인 원인은 무엇이었다고 생각하나?

노찾사는 애초에 우리가 생각했던 틀을 유지하는 한, 더 끌고 가기 어려웠던 거다. 노찾사를 유지하기 위해서는 우리가 처음에 상정했던 틀을 버려야 하는데, 나는 1980년대성을 유지하면서 장렬하게 전사하는 게 훨씬 더 노찾사에 맞다는 생각이 들었다. 왜 꼭 노찾사여야 하느냐는 의문을 지금도 가지고 있다. 노찾사가 사라지면 또 다른 방식으로 하는 거지 왜 꼭 노찾사라는 이름을 살리기 위해서 이렇게 변신을 해야 되는가에 대해선 부정적이었다. 민중음악 진영에서 나온 어떤 노래가 많은 사람들에게 감동을 주고 회자되는 시기는 1990년대 초반에서 끝났다. 난 더 이상 안 올 거라고 생각한다. 민중가요의 상징이라는 것이 존재할 수 있는 시기도 1990년대 초반에 끝났다. 1990년대 후반은 노찾사로 상징되던 진보적인 음악의 씨들이 퍼져나가면서 다양한 방식으로 존재한 거다. 그 다양성을 끌어안으면서 상대성과 대표성을 동시에 유지할 수 있는 존재는 더 이상 나올 수 없다고 생각한다. 노찾사가 무슨 변신을 했더라도 그 결과는 달라지지 않았을 것이다. 노찾사가 음악적인 변신을 위해 나름대로 노력했지만 노찾사가 처음에 너무 과한 성공을 했었기 때문에 기대치가 높아질 수밖에 없었던 건데 거기에 맞추기에는 이미 불가능한 시대였다. 어떤 새로운 노래로도 그 기준에 도달할 수 없는 시대에, 노찾사가 어떤 변신을 했어도 달라질 것은 아무것도 없었을 것이라고 본다.

"모든 언더그라운드, 모든 아방가르드, 모든 인디펜던트가 그렇듯이 민중가요는 영원한 비주류일 수밖에 없다."

노찾사가 이룬 성과에는 어떤 것이 있다고 보나?
1990년대 민중가요 노래패들이 많이 있었는데 여러 가지 공연방식이나 스타일에서 노찾사의 영향이 굉장히 컸다. 난 노찾사가 하나의 실험이었다고 본다. 단 절반의 성공을 거둔 실험이었다.
현재 민중가요 진영이 당시 노찾사의 대중적 인기를 뛰어넘지는 못하고 있는 것이 사실이다.
민중가요라는 건 어차피 마이너리티일 수밖에 없다. 앨범이 팔리고 메인스트림의 일각까지 노찾사가 진출할 수 있었던 건 시대가 그랬기 때문이다. 그런 시대는 다시 오지 않을 거라고 생각한다. 모든 언더그라운드, 모든 아방가르드, 모든 인디펜던트가 그렇듯이 민중가요는 영원한 비주류일 수밖에 없다. 그래서 노찾사를 노래운동 전체의 공유된 재산으로 할 수 있었다면 훨씬 좋았을 거라고 본다.

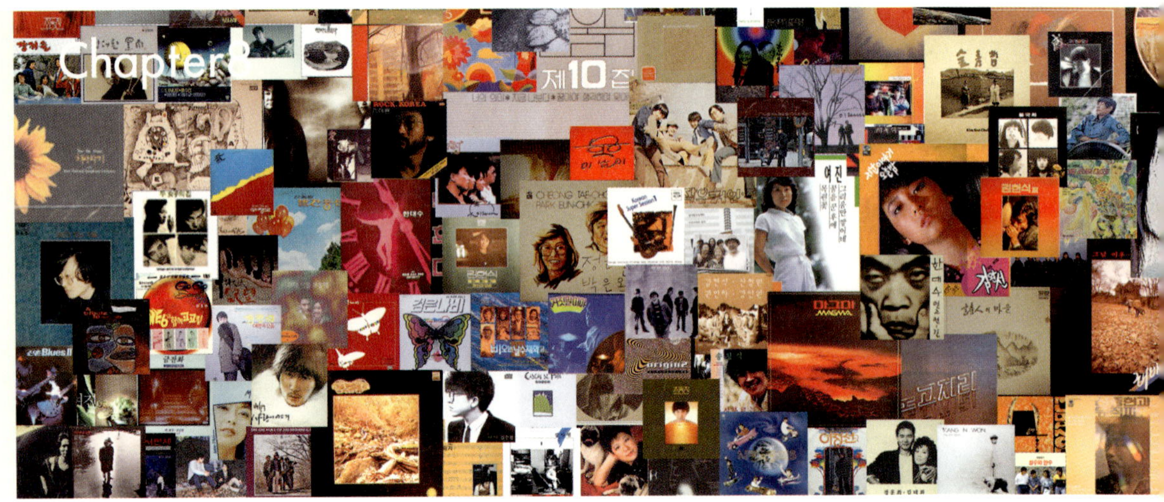

1970년대 Various Artists

1970년대 발표된 중요한 컴필레이션 앨범들을 살펴본다. 당시에 시리즈로 발표된 [별밤에 부치는 노래 시리즈], [Oasis Folk Festival], [Golden Folk Album]과 같은 음반들은 신곡 샘플러 음반[1]의 기능을 일부 갖고 있었고, 뮤지션의 데뷔 앨범인 경우도 있다.[2] 그리고 1970년대 후반 봇물처럼 쏟아져나온 대학가요제 관련 음반들도 주목할 만하다.

---

[1] 음반홍보를 위해서 정규 앨범에서 싱글들을 발췌한 형식의 음반.

[2] [별밤에 부치는 노래 시리즈 Vol.1](1971)은 송창식의 1집이고, [Oasis Folk Festival Vol.1](1972)은 4월과 5월의 1집이다.

1. 1970년대 대표적인 O.S.T.

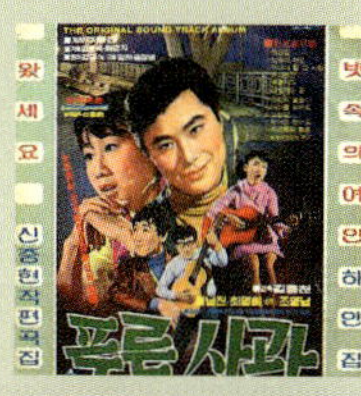

O.S.T. [푸른사과] (1968)
〈빗속의 여인〉

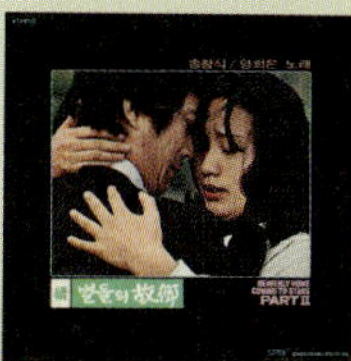

O.S.T. [精 별들의 故鄕] (1978)
〈아홉 동그라미〉, 〈알캉달캉〉

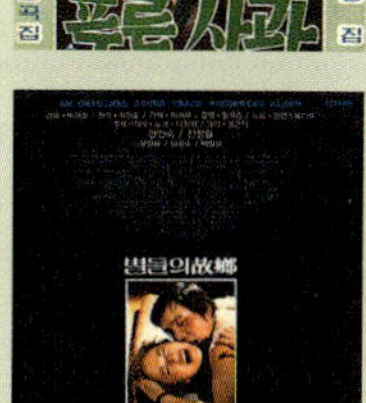

O.S.T. [별들의 고향] (1974)
〈한잔의 추억〉

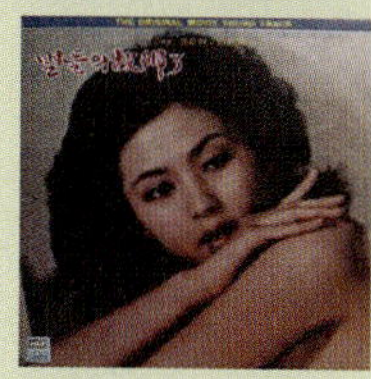

O.S.T. [별들의 故鄕 3] (1981)
〈별들의 고향〉, 〈아주 먼 옛날〉

2. 별밤에 부치는 노래 시리즈

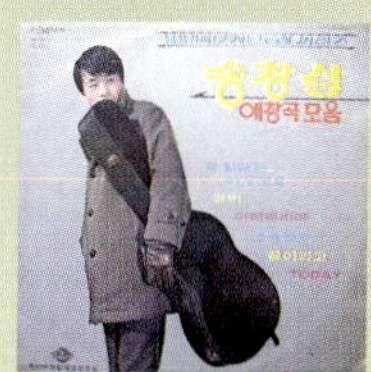

별밤에 부치는 노래 시리즈 Vol.1
(1971)
송창식 애창곡 모음.
〈창밖에는 비오고요〉, 〈밤비〉

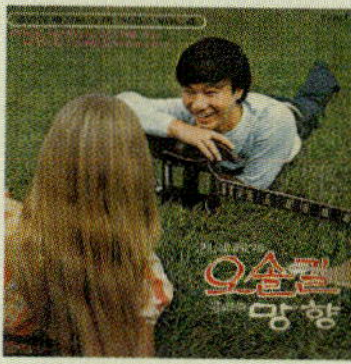

별밤에 부치는 노래 시리즈 Vol.4
(1971)
〈오솔길〉, 〈망향〉

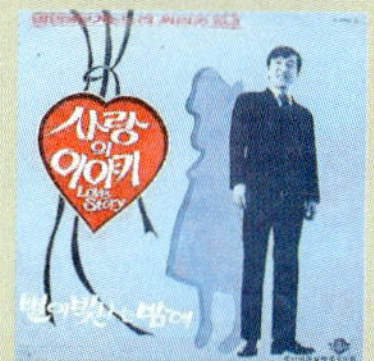

별밤에 부치는 노래 시리즈 Vol.2
(1971)
〈사랑의 이야기〉, 〈정주고 내가 우네〉

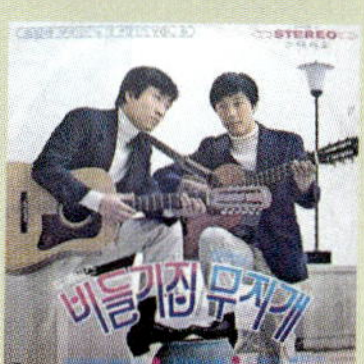

별밤에 부치는 노래 시리즈 Vol.5
(1971)
〈비둘기집〉, 〈무지개〉

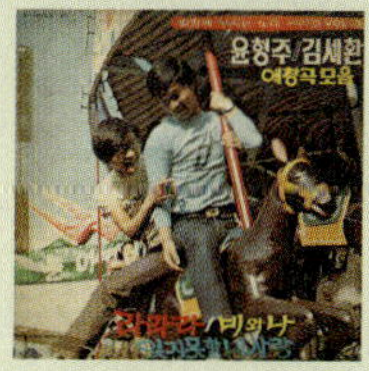

별밤에 부치는 노래 시리즈 Vol.3
(1971)
윤형주 · 김세환 애창곡 모음.
〈라라라〉, 〈비와 나〉

3. Oasis Folk Festival / Oasis Pop Festival

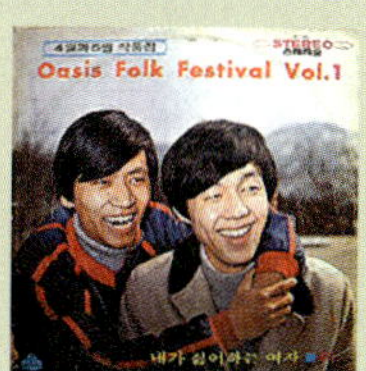

Oasis Folk Festival Vol.1
(1972)
4월과 5월 1집.
〈내가 싫어하는 여자〉, 〈화〉

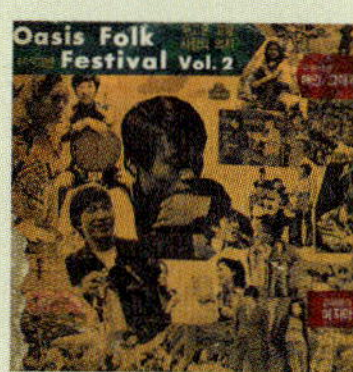

Oasis Folk Festival Vol.2
(1973)
〈고별〉, 〈애인〉

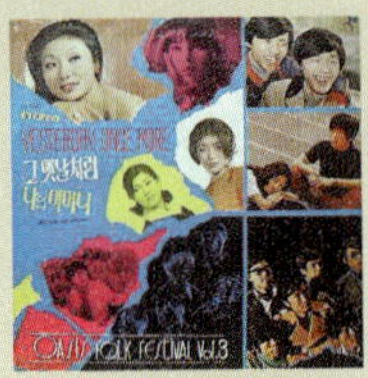

Oasis Folk Festival Vol.3
(1973)
〈그 옛날처럼〉, 〈나의 어머니〉
〈가시리〉, 〈우연〉

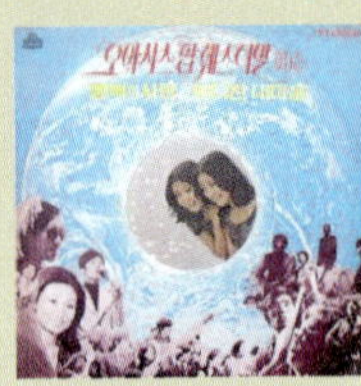

Oasis Pop Festival Vol.5
(1973)
〈행복한 사랑〉, 〈차디찬 내 마음〉

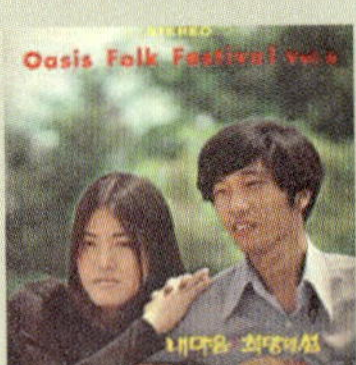

Oasis Folk Festival Vol.6
(1972)
〈내 마음〉, 〈희망의 섬〉

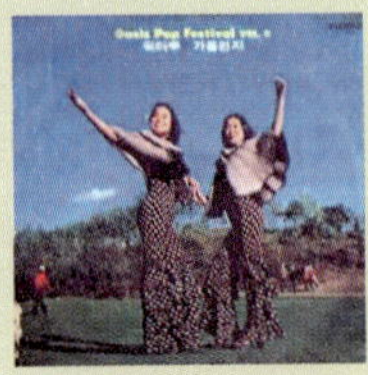

Oasis Pop Festival Vol.8
(1974)
〈워터루〉, 〈가을편지〉

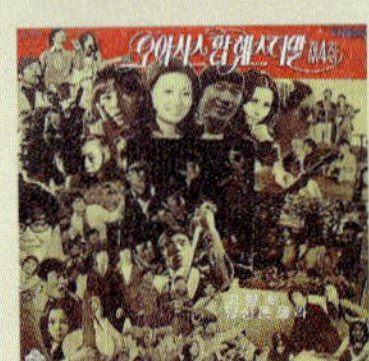

Oasis Pop Festival Vol. 4
(1973)
〈당신은 몰라〉, 〈고향초〉

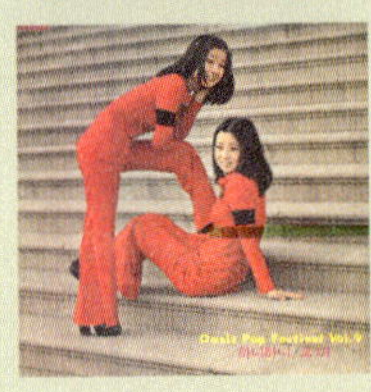

Oasis Pop Festival Vol.9
(1975)
〈하니 하니〉, 〈소녀〉

4. 맷돌 – 밝은 노래 모음 (1972/유니버셜 레코드)

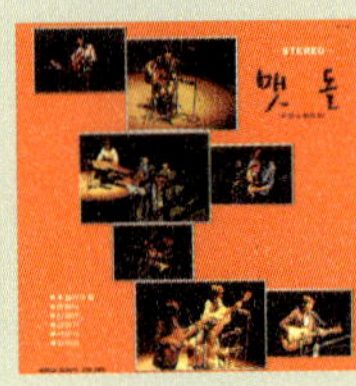

Side A
1. 대학시절 – 4월과 5월
2. 딩동댕 – 4월과 5월
3. 비와 나 – 송창식
4. 딩동댕 – 송창식
5. 돌맹이 – 신창균
6. 새벽길 – 김민기

Side B
1. 타박네 – 서유석
2. 진주낭군 – 서유석
3. 서울로 가는길 – 양희은
4. 빈 자리 – 양희은
5. 아침 이슬 – 양희은 외

5. 비의 나그네 (1972/신세계)

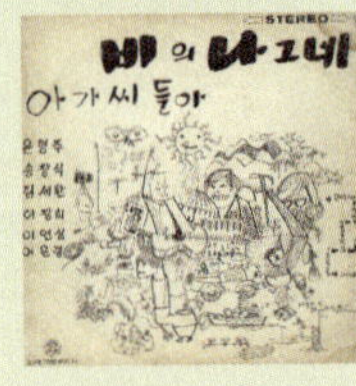

Side A
1. 비의 나그네(작사: 향남 작곡: 이장희)
   – 윤형주
2. 목장길따라(작사: 未詳 편곡: 이장희)
   – 김세환
3. 아름다운 아가씨야 with 어은경(작사: 김
   병우 편곡: 윤형주) – 윤형주
4. 석별의 정(작사: 송창식 편곡: 송창식) – 송창식
5. 그이 지금 어디에(작사: 김병우 편곡: 강근식) – 이연실
6. 그여인 그표정(작사: 이장희 작곡: 이장희) – 이장희

Side B
1. 아가씨들아 with 송창식(작사: 김병우 편곡: 송창식) – 윤형주
2. 그애와 나랑은(작사: 이장희 작곡: 이장희) – 이장희
3. 찔레꽃(작사: 이연실 작곡: 박태준 편곡: 이연실) – 이연실
4. 구혼자의 소청 with 윤형주(작사: 미상 편곡: 송창식) – 송창식
5. 산골짝의 등불(작사: 미상 편곡: 송창식) – 송창식
6. 옛추억(작사: 向南 편곡: 이장희) – 어은경

"한국 포크 1세대들의 데뷔 곡들을 한 장의 음반에 모아 1972년에 제작된 기념비적인 음반으로 당시 차세대 스타로 젊은이들 사이에 떠오르던 송창식, 윤형주, 김세환 등의 젊은 시절의 목소리를 들을 수 있다. 윤형주, 김세환과 같은 미성의 소유자가 부르는 서정적인 노래들과 그와는 대조적으로 툭툭 내뱉는 창법의 어두운 목소리를 지닌 이장희의 음침한 분위기, 그리고 감미로움과 허스키한 보이스를 동시에 지닌 이연실 등 포크라는 장르에서 여러 분위기를 감상할 수 있다는 점과 실질적인 이들의 데뷔작들이라 할 수 있는 최초 녹음 버전이라는 점에서 세월이 지난 현재 희귀성이 높아져 소장가치가 있는 앨범이라고 사료된다."(뮤직리서치)

6. Golden Folk Album

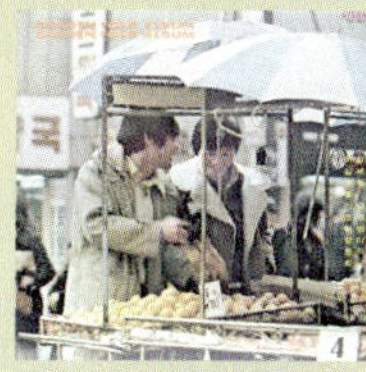

Golden Folk Album Vol.1
(1974)
〈그건 너〉, 〈사랑을 느낄 때〉

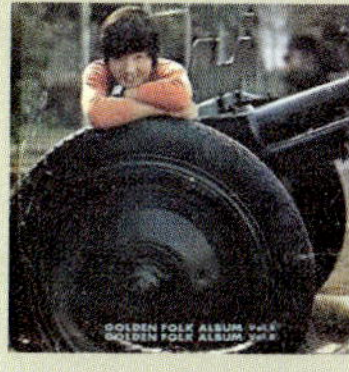

Golden Folk Album Vol.8
(1975)
〈믿어도 되나요〉, 〈멀리 보내줘요〉

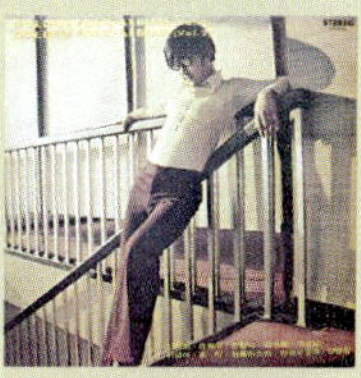

Golden Folk Album Vol.2
(1974)
〈불꺼진 창〉, 〈잠발라야〉

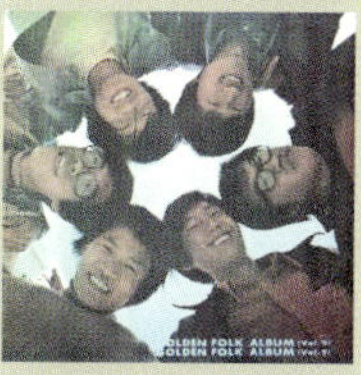

Golden Folk Album Vol.9
(1975)
〈모든 것 끝난 뒤〉, 〈피리부는 사나이〉

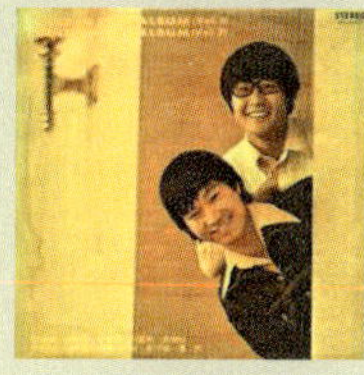

Golden Folk Album Vol.3
(1974)
〈비〉, 〈미운 사람〉

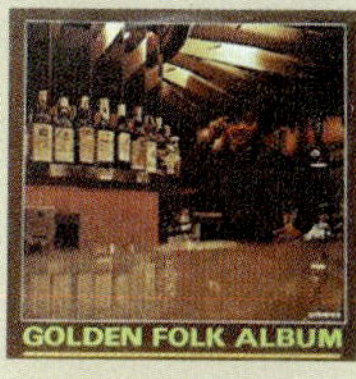

Golden Folk Album Vol.10
(1975)
〈나야 나〉, 〈그 이름 부르며〉

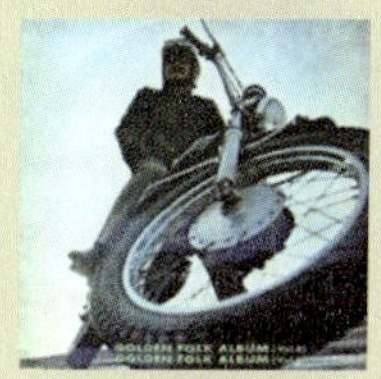

Golden Folk Album Vol.4
(1974)
〈사랑하는 마음〉, 〈한잔의 추억〉

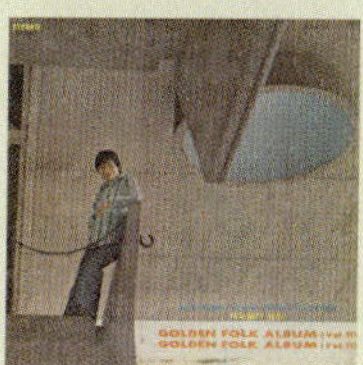

Golden Folk Album Vol.11
(1975)
O.S.T. 바보들의 행진

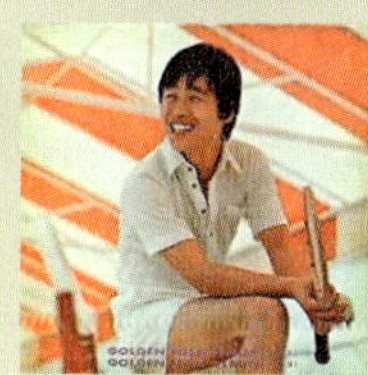

Golden Folk Album Vol.5
(1974)
〈골목에서〉, 〈나 그대에게 모두 드리리〉

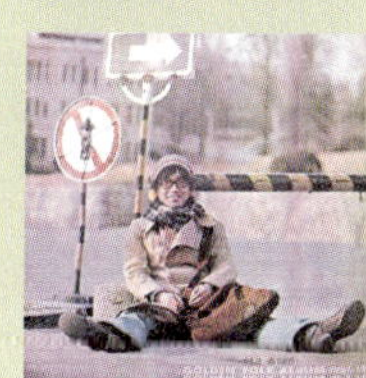

Golden Folk Album Vol.12
(1975)
〈여고졸업반〉, 〈불꽃〉

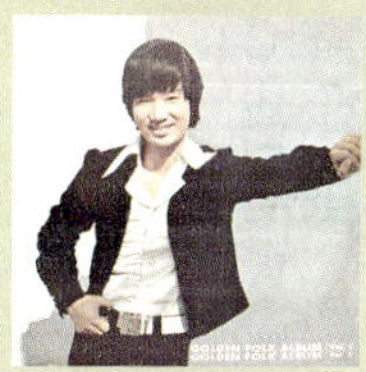

Golden Folk Album Vol.6
(1974)
〈사랑을 노래해요〉, 〈한걸음만〉

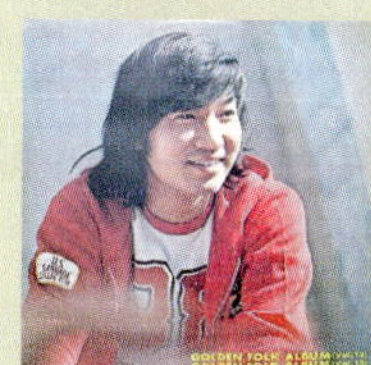

Golden Folk Album Vol.13
(1975)
〈잊어질까〉, 〈바닷가 언덕〉

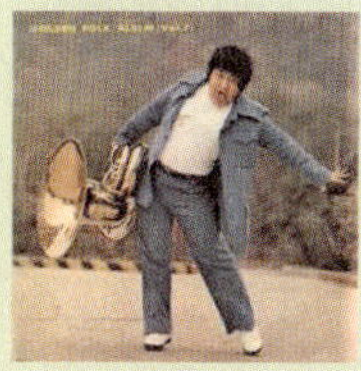

Golden Folk Album Vol.7
(1974)
〈휘파람을 부세요〉, 〈당신을 처음 본 순간〉

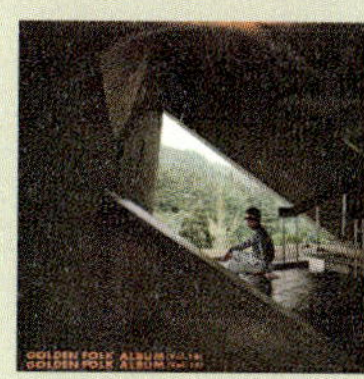

Golden Folk Album Vol.14
(1975)
〈줄리아〉, 〈편지〉

7. Merry Christmas (1974/데도레코드)

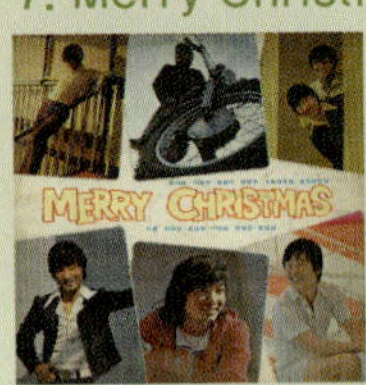

Side A
1. 기쁘다구주오셨네(경음악) – 동방의 빛
2. 빨간코의 꽃사슴 – 4월과 5월
3. 우울한 크리스마스 – 송창식
4. 종소리 – 현경과 영애
5. I Understand – 유준
6. 북치는 소년(경음악) – 동방의 빛
7. 참사랑 – 이연실
8. 잘가오 – 김세환
9. 화이트 크리스마스(경음악) – 동방의 빛

Side B
1. 징글벨(경음악) – 동방의 빛
2. 고요한 밤 – 김도향
3. 싼타할아버지 오시네 – 이장희
4. 성탄의 아침 – 윤형주
5. 주기도문(경음악) – 동방의 빛
6. 눈송이 – 조영남
7. 씰버벨 – 하수영
8. 설날 – 양병집
9. 송년가(경음악) – 동방의 빛

8. Four Seasons Young Family

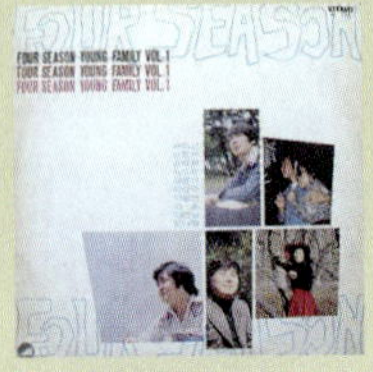

Four Seasons Young Family
Vol.1 (1975)
〈저 멀리 어딘가에〉, 〈그림자 같은 벗〉

Four Seasons Young Family
Vol.5 (1976)
〈가시리〉, 〈무엇을 그릴까〉

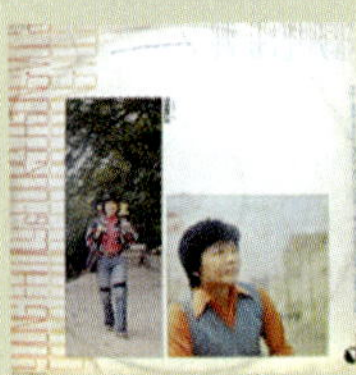

Four Seasons Young Family
Vol.2 (1975)
〈마음은 항상〉, 〈그럴거야〉

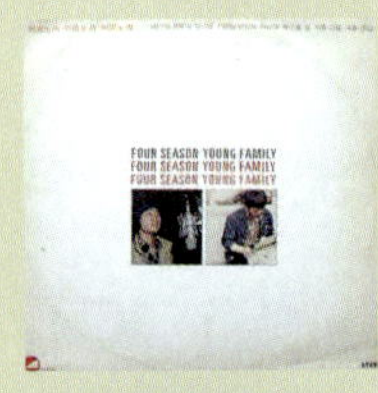

Four Seasons Young Family
Vol.7 (1976)
〈여름노래〉

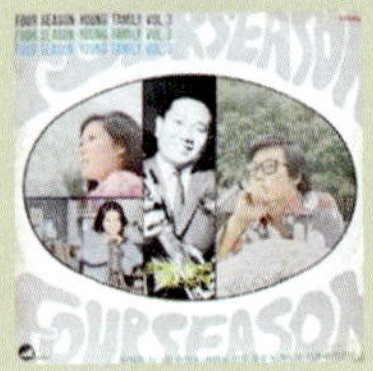

Four Seasons Young Family
Vol.3 (1975)
〈저 멀리 어딘가에〉, 〈너 잘있니 나 잘있어〉

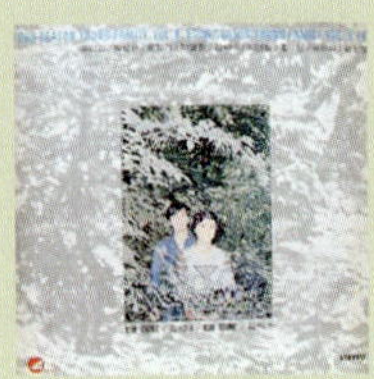

Four Seasons Young Family
Vol.8 (1976)
〈올여름엔〉, 〈사랑의 이야기〉

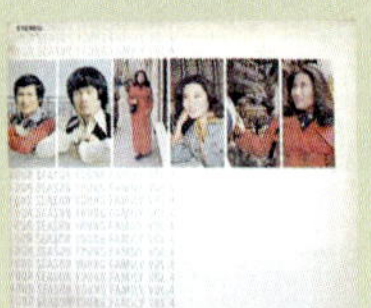

Four Seasons Young Family
Vol.4 (1976)
〈서울의 하늘밑〉, 〈오면 오고〉

9. MBC 대학가요제

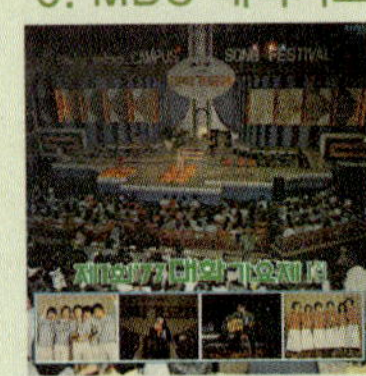

제1회 '77 MBC 대학가요제 1집
(1978)
〈나 어떡해〉, 〈하늘〉

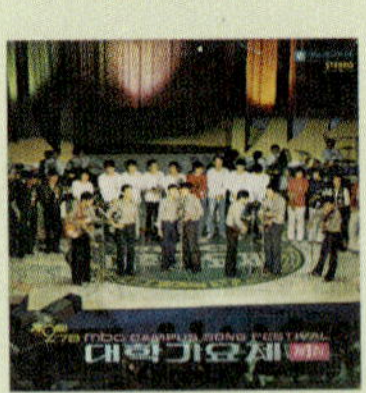

제2회 '78 MBC 대학가요제 1집
(1978)
〈밀려오는 파도소리에〉, 〈백팔번뇌〉

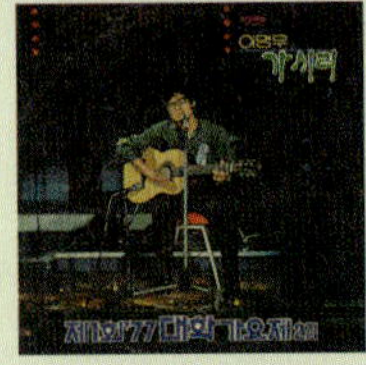

제1회 '77 MBC 대학가요제 2집
(1978)
〈가시리〉, 〈우연〉

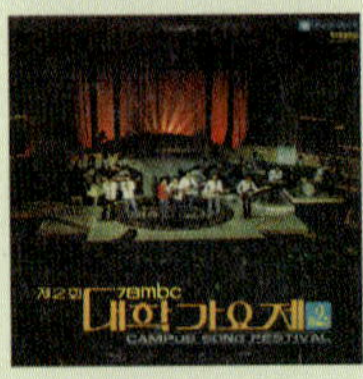

제2회 '78 MBC 대학가요제 2집
(1978)
〈돌고 돌아 가는 길〉, 〈탈춤〉

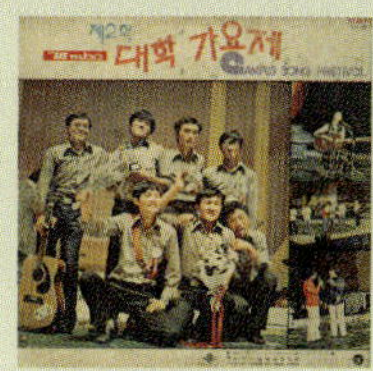

제2회 '78 MBC 대학가요제 (1978)
〈밀려오는 파도 소리에〉, 〈돌고 돌아 가는 길〉

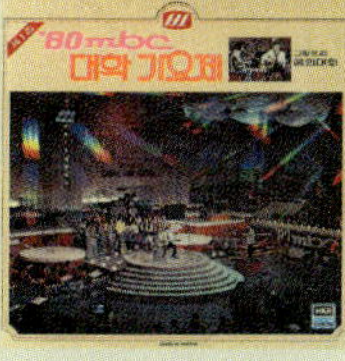

제4회 '80 MBC 대학가요제 1집 (1980)
〈꿈의 대화〉, 〈연극이 끝난 후〉

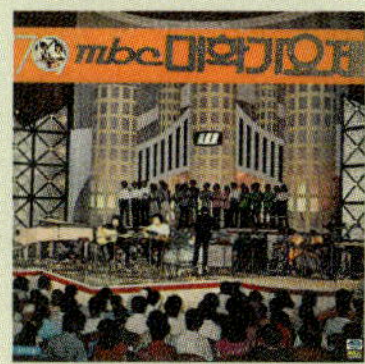

제3회 '79 MBC 대학가요제 (1979)
〈내가〉, 〈대왕암〉

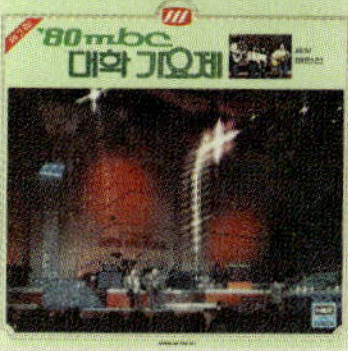

제4회 '80 MBC 대학가요제 2집 (1980)
〈해야〉, 〈해안선〉

10. 제1회 해변가요제 (1978/유니버셜)

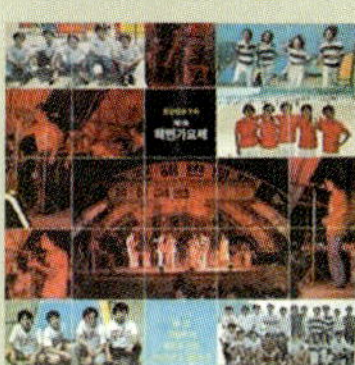

Side A
1. 여름(최우수상) – 징검다리
2. 바람과 구름 – 장남들
3. 나 단 하나의 소원(장려상)
   – Blue Dragons
4. 그대로 그렇게(인기상) – Fevers
5. 그 바닷가(인기상) – 벗님들
6. 속삭여 주세요 – 주병진, 주선숙

Side B
1. 구름과 나(우수상) – Black Tetra
2. 세상 모르고 살았노라(인기상) – 활주로
3. 요즈음 – 조인숙
4. 사랑의 즐거움 – 도래미
5. 꿈속에서 – 우리들
6. 정말로 사랑하니까(장려상) – 조성재

11. TBC 젊은이의 가요제

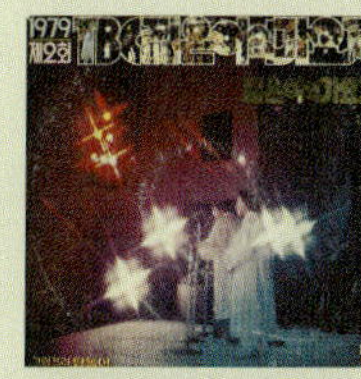

제2회 TBC 젊은이의 가요제 (1979)

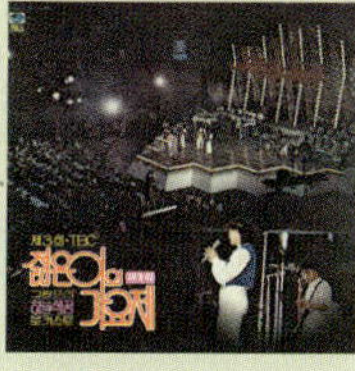

제3회 TBC 젊은이의 가요제 (1980)

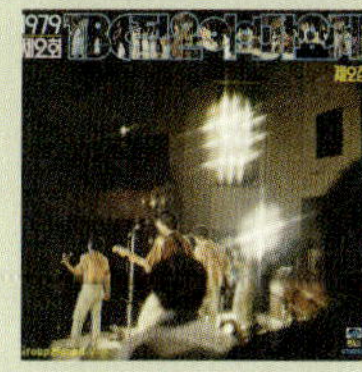

제2회 TBC 젊은이의 가요제 제2집 (1979)
〈연〉, 〈심메마니〉

12. 第1回 全國大學歌謠競演大會 (1979/오아시스)

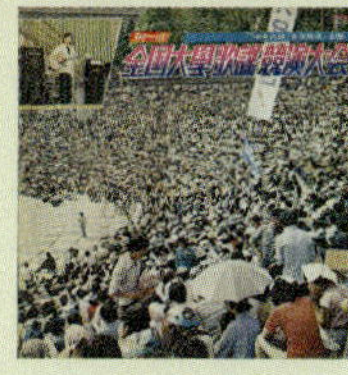

Side A
1. 그대 생각 – 이정희
2. 바람부는 아침
3. 오늘도 또 다시
4. 빈연못
5. 먼훗날

Side B
1. 일곱 색깔 무지개 – 작은 거인
2. 황진이(에게 부치는 편지)
3. 등대
4. 이 한밤을
5. 태양은 빛나는데

13. 참새를 태운 잠수함 (1979/서라벌레코드)

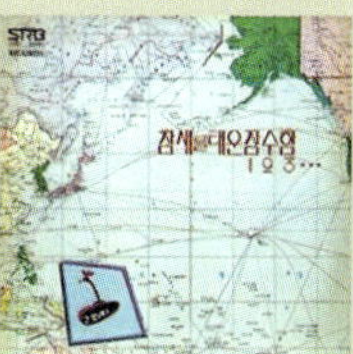

1. 새벽(작사: 김대항 작곡: 이정선) – 유한그루
2. 어루만져 주시는 이(작사: 김대항 작곡: 김대항) – 성현
3. 아름다운 것 (전래동요)(작곡: 김대항) – 김정은
4. 쌍바윗골(작사: 최성호 작곡: 최성호) – 엄기명
5. 만남을 그리며(작사: 곽성삼 작곡: 곽성삼) – 성현
6. 나그네(작사: 곽성삼 작곡: 곽성삼) – 성현
7. 추억(작사: 안혜경 작곡: 안혜경) – 혜현
8. 얼라리야 강강수월래(작사: 곽성삼 작곡: 곽성삼) – 성현
9. 넝쿨타령(작사: 소월) – 유한그루

II. 1980년대

들국화 1집, 1980년대 한국대중음악 르네상스의 시작

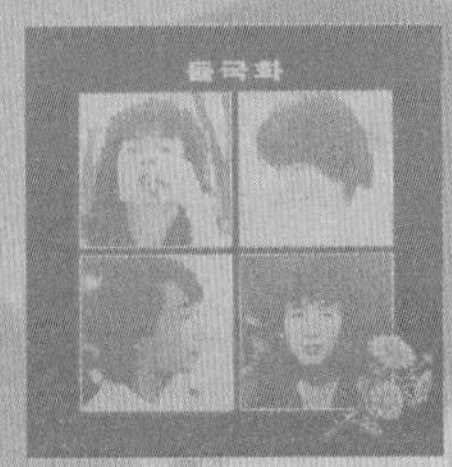

들국화 [들국화]
(1985/서라벌레코드)
전인권(g, v), 최성원(g, b, key, v), 조덕환(g, v), 허성욱(key)

　　1980년 5월 광주학살로 정권을 공고히 한 전두환 정권은 1982년부터 문화적인 유화책을 쓰기 시작하는데 컬러TV 방송, 프로야구 출범, 두발 · 교복 자율화와 같은 방식으로 진행되었다. 이후 86아시안게임과 88올림픽의 성공을 위해서 진행된 정치적인 유화책은 1985년 2월 총선에서 대통령 직선제 개헌을 공약으로 내세운 신민당이 일대 돌풍을 일으키는 계기가 되었다. '1980년 광주' 이후 숨죽이며 살던 사람들은 2월 총선 과정에서 새로운 세상에 대한 공통된 염원을 확인했고, 자신들의 힘으로 여소야대를 이뤄낸 자그마한 성공으로 '새로운 세상'에 대한 바람이 단지 꿈으로 끝나지 않을 수도 있다는 기대를 갖게 되었다. 산울림의 데뷔 앨범(1977)과 함께 "한국 대중음악의 지평을 새롭게 열었다"는 평가를 받는 들국화의 데뷔 앨범은 그런 시대 상황하에서 발매되었고, 그래서 수록곡 〈아침이 밝아올 때까지〉는 심상치 않게 여겨졌다.

앨범('작품'으로서의 음반) 중심으로 한국대중음악사를 살펴보면 1960년대 말 신중현의 덩키스 활동 이래 주목할 만한 앨범들이 나오다가 1975년 대마초파동으로 신중현을 비롯한 많은 뮤지션들이 활동 규제를 받으면서부터는 작가주의적인 앨범들이 사라졌다. 1977년에 한국 록의 독보적인 밴드 산울림이 등장했지만 오히려 그건 예외적인 사건이었다. 또한 이정선, 정태춘, 조동진과 대학가요제 출신의 작은 거인, 송골매 등이 간간이 좋은 앨범들을 발표하긴 했지만 1985년 들국화가 앨범을 발표하기까지 10년간은 '한국대중음악의 암흑기'라고 부를 수 있을 만큼 뮤지션들이 멸종된 시기였다. 정확히 말하면 뮤지션들이 그들의 작품을 발표하지 않았던 시기였고, 어찌 보면 자연스럽게 '세대교체'가 이뤄진 시기였다. 그래서 들국화가 앨범을 발표한 이후로는 마치 '어디서 숨어 있다가 한꺼번에 등장한 것'처럼 현재 거장이라고 거론되는 뮤지션들이 나타났고, 그들이 다양하면서도 완성도 있는 앨범들을 발표하면서 1980년대 중·후반을 '한국대중음악의 르네상스기'로 만들었다. 엄밀히 말해서 들국화의 데뷔 앨범 전에 이주원이 이끄는 '따로 또 같이'의 2집(1984)이 창작, 세션, 녹음 면에서 한국대중음악의 진정한 새출발이었고 들국화의 예고편이었지만, 음악적인 파급력에서 본다면 들국화를 1980년대 새로운 음악의 시작으로 봐도 무방할 것이다.

또한 들국화의 데뷔 앨범에 담긴 노래의 감성은 현재 음악 마니아들의 감성과도 동떨어지지 않는데, 이는 1970년대 말 산울림의 노래들을 제외한다면 거의 처음이라고 할 만하다. 이는 1960~1970년대에 비틀스, 홀리스, 배드 핑거, CCR, 스틱스, 레너드 스키너드 등을 듣고 자란 뮤지션들이 역시 그 음악을 듣고 자란 음악수용자들에게 들려준 '창작' 음악이었기 때문이다. 그리고 앞서 언급한 뮤지션들이 영미권 록 음악의 현재적인 기원이고, 대중음악의 동시대성을 생각한다면 들국화는 음악적인 트렌드를 벗어나지 않은 '세련된' 한국대중음악의 시작으로 볼 수도 있다. 〈그것만이 내 세상〉, 〈매일 그대와〉, 〈오후만 있던 일요일〉, 〈아침이 밝아올 때까지〉와 같이 당대 청년들과 공유할 수 있는 새로운 감성의 자작곡들은 대중음악 창작의 새로움을 제시했고, 직접 한 세션을 이뤄 자신들의 느낌을 제대로 전달할 수 있었다. 특히 최구희(기타)와 허성욱(키보드)의 감각적인 연주는 전인권의 카리스마 넘치는 보컬을 상승시키는 기본 바탕이 되었다. 만약 〈그것만이 내 세상〉, 〈아침이 밝아올 때까지〉에서 전인권이 절규할 때 옆에서 같이 울어대는 최구희의 기타 솔로가 없었다면, 〈오후만 있던 일요일〉에서 허성욱의 무심한 회색빛 피아노 프레이즈가 없었다면, 그 노래들이 지금처럼 기억되기는 어려웠을 것이다.

그런데 염두에 두어야 할 점은 전인권 개인의 디스코그래피로만 볼 때 들국화의 이 앨범이 최고작은 아니라는 점이다. 전인권의 최고작은 단연 [머리에 꽃을(1979~1987 추억 들국화)](1987)이다. 음악사적인 평가와 음악비평은 다를 수 있다.

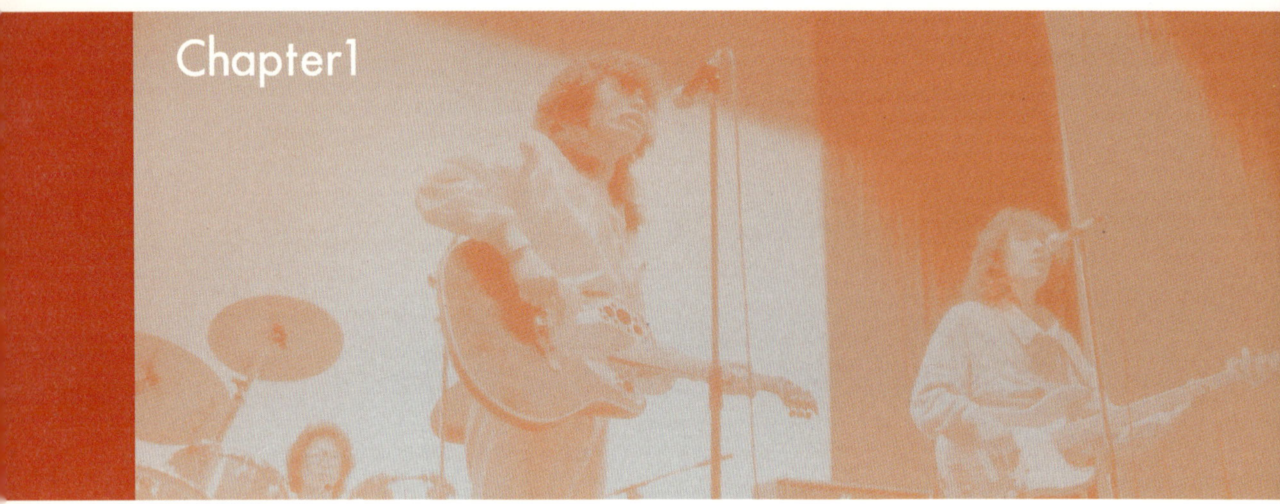

전인권(들국화)

"1980년대를 대표하는 싱어송라이터"

전인권, 우리는 그를 제대로 알고 있었나?

[Destiny – 다시 이제부터](2003) 발표를 즈음해서 다시 살펴보는 전인권의 음악세계

* 2003년 2월에 쓴 칼럼입니다.

전인권. 들국화의 보컬리스트. 산울림에 이어 '새로운 한국 록'을 탄생시켰다는 세간의 평가를 받는 들국화의 주역이자, 이제는 그냥 '들국화'로 대치되어 기억되는 뮤지션. 하지만 솔로 2집[1] [지금까지 또 이제부터](1989) 이후로는 별다르게 평가받는 작품 없이 기억 속에서 사라져가는 뮤지션. 그러다가 가끔 "마리화나(연성마약)를 허용해야 한다"는 돌출성 발언으로 가십성 기사에서 다루어져 그 존재를 확인시키고, 검정 양복과 함께 1970년대 디스코 시대에나 볼 수 있었던 흑인 뮤지션들의 거대하게 부풀린 퍼머 스타일과 비슷한 머리 형태(본인은 '사자머리'라고 한다)로 스타일 변신을 꾀한 다음 알 듯 모를 듯한 얘기와 때로는 거침없는 발언으로 '기인'이라는 소리까지 듣는 뮤지션. 그래서 최근 한 인터뷰에서 "어떤 인생을 살고 싶은가?"라는 질문에 "프로 갬블러다. 한국을 기점으로 전 세계를 돌아다니며 도박을 하고 싶다. 230억 정도를 버는 게 목표다"라는 예측불허의 답변을 하는 것을 보고도 그러려니 하게끔 만드는 뮤지션.

그러나 이런 그를 대하면서 그의 팬들조차도 간과했던 너무나도 중요한 '사실'이 있다. 그는 불세출의 보컬리스트이기 이전에 한국 대중음악사에서 1980년대를 통틀어 가장 훌륭한 '싱어송라이터' 중 한 명이었다는 점이다. 들국화 1집은 그가 1987년에 발표한 [전인권·허성욱 1979-1987 추억 들국화 "머리에 꽃을"]이나 1988년에 발표한 정규 솔로 1집 [전인권]에 비한다면, 그의 니스코그래피 내에시는 상대적으로 떨어지는 작품이다. 그런데 왜 우리는 그를 단지 폭발적으로 노래 부르는 '보컬리스트'로만 보아왔을까?

> "삼청공원에서 음악 좋아하는 친구들과 어울려 지내던 어느 날 나는 우연히 명동의 통기타업소 '쉘부루'에 놀러가 다운타운에서 활동하는 가수들의 모습을 보게 되었다. 마침 쉘부루에는 일주일마다 아마추어 가수 콘테스트를 하고 있었고 나는 즉석에서 참가신청을 했다. 평소 삼청공원에서 즐겨 부르던 〈Oh, My Love〉와 〈고향초〉를 거침없이 불러댔고 나는 당장에 쉘부루 고정 출연가수로 뽑혔다." (전인권)

---

[1] 1988년 정규 솔로 1집 이전에 1979년, 1980년에 발표된 2장의 비공식 앨범이 있었다.

전인권이 음반에 모습을 드러낸 것은 쉘부루에서 노래를 하기 시작한 지 한참 뒤이다. 1977년
경에 이주원, 나동민, 강인원과 만나서 '따로 또 같이'를 결성했고, 데뷔 앨범은 1979년에 나왔
다. 그리고 그해에 청계천 '백판(불법 복제음반) 제작소'에서 '메아리'라는 음반제작자가 나서서
만들어준 비공식음반이 있었고,**2** 1980년에는 〈맴도는 얼굴〉, 〈꽃분이〉 등이 수록된 또 하나의
비공식음반이 발표되었다. 그러다가 1982년에 최성원과 허성욱을 만나면서 들국화가 시작되었
고, 예전의 '조·이'(조덕환, 이영재)와 '이조시대'(이영재, 조덕환, 한영애) 때부터 알고 지내던 조덕
환이 1984년에 합류하면서 비로소 들국화의 본모습이 갖춰지게 되었다.

들국화가 대중 앞에 모습을 나타낸 것은 1985년 1월 동숭동 샘터파랑새극장에서 열린 콘서트
에서였다.**3** 음반으로 보자면 최성원이 들국화 1집 발표 이전에 기획해서 만든 [우리 노래전시회]
에 전인권의 〈그것만이 내세상〉과 최성원의 〈제발〉이 실리면서였다. 그리고 그해 들국화 데뷔
앨범을 발표해 가히 폭발적인 반응을 얻는다. 80만 장의 음반 판매와 연일 매진되는 소극장 콘서
트의 행진이 이어졌다. 1992년 서태지 데뷔와 맞먹는 사회적인 충격파였다.

하지만 그 훌륭했던 들국화로만 전인권을 설명하기에는 적절하지 않다. 왜냐하면 들국화에서
전인권은 단지 카리스마를 가진 '보컬리스트' 역할에 머물렀기 때문이다. "들국화에서는 노래만
하려 했다. 그런데 데뷔 음반에 빠른 곡이 없어서 〈행진〉이 즉석에서 나왔다. 옆에 있던 조동진과
김민기가 듣더니만 '바로 이 곡이야'라고 해서 음반에 넣게 되었다"라는 전인권의 말대로 들국
화 1집은 얼떨결에 만든 〈행진〉을 빼고는 거의 최성원과 조덕환의 작품들로 채워져 있다. 그리고
들국화 2집은 최성원과 전인권의 작품으로 양분되었지만 최성원의 〈제발〉과 〈내가 찾는 아이〉
를 A/B면 첫 곡으로 배치한 것으로 보아도 최성원 성향의 앨범이 되었다. 1집에서 조덕환이 만든
〈아침이 밝아올 때까지〉와 같은 에너지 넘치는 노래는 없었던 그냥 예쁜 앨범이었고, 후일 '짙은
록을 하기 위해서' 들국화를 그만둔 전인권과는 어울릴 수 없는 앨범이었다. 결국 심하게 얘기하
면, 들국화는 한국대중음악사에서는 의미 있는 밴드였을지 모르지만, 전인권 자신에게는 그냥
'보컬로 참여했던' 밴드였을 수도 있다. 뮤지션 전인권의 역량이 정확하게 발휘된 밴드가 아니라

---

2 전인권은 이 앨범이 너무 마음에 들지 않아서 마스터테이프를 없애려고 밤에 몰래 녹음실에 가
서 불 지를 생각까지 했다고 한다. 그래서 그의 정규 앨범에 넣지 않고 있다.

3 당시 샘터파랑새극장 콘서트를 직접 보았는데, 앨범도 발표하지 않은 무명의 밴드를 어떻게 알
고 공연을 보았냐면 그때 내가 다니던 고등학교 근처에 들국화 멤버들이 생계수단으로 운영하던
'들국화 기타학원'이 있었다. 친구가 그 학원 선생님들이 뮤지션들이고 공연도 한다고 해서 보게
되었는데, 이들이 향후 한국 록을 새롭게 쓴 당사자들이 되었다.

는 것이다. 들국화는 밴드의 브레인인 최성원의 것으로 보는 것이 타당하다.

한마디로 전인권을 '뮤지션'으로 얘기할 때, [머리에 꽃을]에 수록된 〈북소리〉, 〈머리에 꽃을〉, 〈이유〉, 〈어떤…(가을)〉과 [전인권]에 수록된 〈가을비〉, 〈아직도–〉를 빼고 얘기하는 것은 부적절하다. 이 곡들은 들국화에서 보여주던 사운드와는 근본적으로 달랐고, 가사에서도 내밀한 감정이 제대로 드러난 곡들이었다. 싱글로만 평가해도 1980년대에 발표된 따로 또 같이의 〈해는 기울어 어느 가슴으로 가나/가네〉나 어떤 날의 〈그날〉, 시인과 촌장의 〈매〉, 김현식의 〈비오는 어느 저녁〉, 한대수의 〈One Day〉 같은 노래들과 함께 영원히 기억될 노래들이다. 그런 훌륭한 노래들을 만든 전인권을 단지 '폭발적으로 노래를 부르는 보컬리스트'로 평가하는 것이 주를 이루는 현실은 한국에 음악평론문화가 없음을 반증하는 것이다. 즉, 여태까지 뮤지션을 평가할 때 얼마나 '기능적'으로 평가했었는지가 전인권의 사례에서 극명하게 드러난다.

한국에서 어떤 가수를 훌륭하다고 말할 때, "가창력이 뛰어나다"라는 표현을 주로 쓰는 것을 쉽게 떠올릴 수 있다. 그래서 전인권에게 보내는 최대 찬사는 "지르는 록의 경우, 윤도현처럼 목청이 튼튼한 가수도 연속해서 노래를 부를 때 일주일을 버티기가 힘든데, 전인권은 끄떡없더라"이다.

아니 음악은 스포츠가 아닌데, 어찌해서 어처구니없게도 '철인3종 경기'를 행하는 운동선수에게나 적용할 평가 방법을 도입한다는 말인가? 많은 사람들이 잊고 있는데, 가장 훌륭한 가수는 노래를 '기능적으로' 잘 부르는 가수가 아니라 '좋은 노래'를 만들어서 부르거나 아니면 받아서 부르는 사람이라는 사실(!)이다. 델리 스파이스의 김민규는 (라이브에서) 음도 불안하고 2옥타브 이내에서 노래를 부르더라도 7옥타브를 소화한다는 가수들과는 비교할 수 없이 훌륭하고, 이미 9장의 정규 음반을 발표하면서 수많은 명곡을 부른 언더그라운드의 가난한 한대수는 이제는 뭔 노래를 불렀는지 기억도 안 나는 '노래 참 잘한다는 명절용 특급가수' 부류와는 도저히 비교할 수 없을 만큼 훌륭하다. 그래서 이런 한국적인 풍토에서 전인권은 역으로 최대의 '피해자' 중 한 명이다. 그의 송라이팅 능력은 가창력에 가려졌으니 말이다.

"〈행진〉이나 〈사랑한 후에〉 같은 노래보다 더 좋은 노래를 부를 자신이 없어서 감히 새 노래를 만

들 엄두를 내지 못했다." (전인권)

　전인권이 [지금까지 또 이제부터] 이후 14년 만에 솔로 앨범을 발표한다. 그리고 2월 22일에 음반 발매를 겸해서 콘서트를 가질 예정이다. 사실 1990년대에는 [자유(O.S.T.)](1991), [전인권 라이브](1993), 느티나무언덕 1집(1994), 들국화 3집(1995), 전인권 · 한상원 1집(1998)이 발표되었지만 그의 정규 앨범으로 볼 수 있는 것은 들국화 3집과 전인권 · 한상원 1집뿐이었다. 그나마 들국화 3집은 너무나도 실망스러운 작품이라서 이번에 발표될 솔로 앨범은 정확하게 확신이 가지 않는 측면이 있다.

　하지만 1980년대의 빛나는 송라이터였던 그가 "'이 정도면 됐다!' 하는 생각이 들었다. 미국과 발리, 인도네시아, 알래스카 등을 여행하면서 많은 깨달음이 있었다. 특히 너무나 자유롭고 희망적인 미국의 음악을 접하면서 내가 지겹도록 이야기했던 '꿈'과 '자유'를 다시 노래하고 싶었다. 그리고 난 아직도 자신이 있다. 내 음악을 듣고 내 음반을 사는 사람들이 손해본 것 같은 느낌을 갖지 않도록 할 자신 말이다"라고 얘기한 점에서 일말의 기대감을 가져본다. 그리고 강산에와 함께 작업했던 하치가 프로듀서를 맡았다는 점도 기대감을 갖게 하는 요소다. 한대수의 2집 [고무신](1975)에 실렸던, 그의 애청곡인 〈자유의 길〉(발표 당시는 〈나그네 길〉로 표기됨)을 다시 부르는 것도 흥미로운 대목이다. 부디 만족스러운 앨범이 되기를 바란다.

●●● 바이오그래피

　들국화는 1982년 8월 이촌동 '까스등'에서 전인권과 허성욱이 함께 공연한 것에서 시작한다. 당시 전인권은 이주원이 이끄는 따로 또 같이 1집(1979)에 참여한 이후 솔로 독립을 한 상태였고, 1979년과 1980년에 비공식 앨범 두 장을 각각 발표했다. '까스등' 공연 전에도 전인권은 '조·이'라는 듀엣으로 활동하던 조덕환, 특별한 음악경력이 없었던 허성욱과 함께 강릉에 있는 나이트클럽 등에서 노래하곤 했다. 그러다가 이영재, 이승희와 함께 트리오로 앨범(1980)을 발표한 최성원을 1982년 말에 만났고, 이듬해 4월의 이태원 '뮤직라보' 공연부터는 최성원이 참여해 3인조 체제가 되었다. 최성원이 팀명 후보로 '코스모스', '들장미', '들국화' 등의 이름을 제시한 것 중에 '들국화'를 선택해 오늘날의 들국화가 있게 되었는데, 현재의 팀명으로 공연을 한 것은 1983년 11월 종로 3가 피카디리 옆 '에스엠' 공연부터였다. 그리고 마지막으로 조덕환이 참여함으로써 완벽한 라인업이 형성되었고, 1985년 9월에 '역사적인' 데뷔 앨범을 발표했다.

　들국화의 데뷔 앨범은 한국대중음악사에서 말 그대로 '역사적'인데, 왜냐하면 들국화 이전과 이후를 나눠서 얘기해도 좋을 만큼 '1980년대 새로운 대중음악의 시작'으로 평가받기 때문이다. 뮤지션 세대교체, 창작, 세션, 녹음 모든 부문에서 분기점이었던 이 앨범은 당시 언더그라운드에서 조용하게 창작에 몰두하던 신진 뮤지션들 중에서 먼저 치고 올라온 경우였고, 그 결과물은 이후 몇 년간 유지된 '한국대중음악의 르네상스기'에서 전범 역할을 했다. 마치 1990년대 얼터너티브록을 폭발시킨 촉매제 역할을 했던 너바나의 [Nevermind](1991) 같은 앨범이 들국화의 데뷔 앨범이었다.

　이후 들국화는 서울스튜디오에 그들의 팬 수백 명을 데려다놓고 만든 [라이브 콘서트](1986), 조덕환이 빠지고 최구희, 손진태, 주찬권이 가입한 [들국화 2집](1986)을 발표하고 나서 잠정적으로 활동을 중단한다. 멤버들은 각기 활동을 했고, 들국화 재건에 몰두했던 전인권이 태백산맥 출신의 민재현, 송골매 출신의 이건태와 함께 [들국화 3집](1995)을 발표한 것이 마지막이었다. 2000년에는 윤도현밴드, 크라잉 넛, 델리 스파이스, 동물원, 언니네 이발관, 강산에 등이 참여한 트리뷰트 앨범 [A Tribute To 들국화]가 나왔다.

●●● 인터뷰

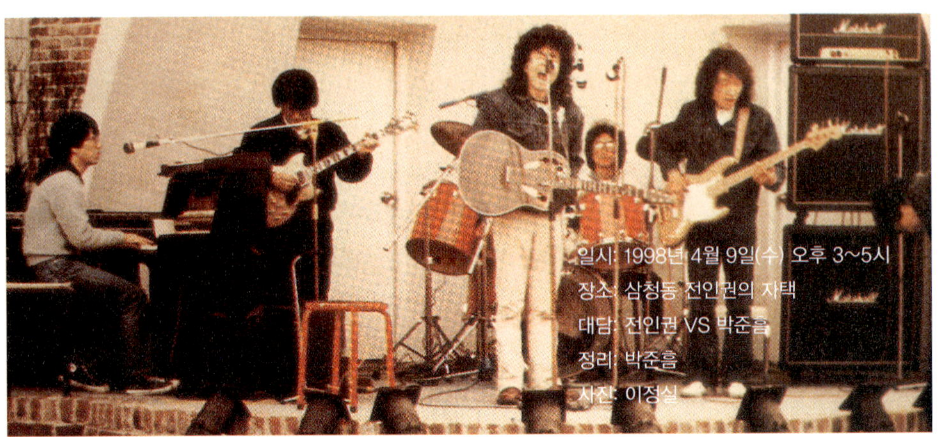

　　1985년 들국화 데뷔 음반은 1980년대 말 한국 대중음악의 르네상스기를 연 기념비적인 음반이었고, 들국화는 당시 모든 사람들이 나와주기를 꿈꿨던 그룹이었다. 이 음반은 1980년대 초반부터 일부 젊은 뮤지션들이 음악적 정체성을 확보하기 위해서 행했던 '독자적으로 음악하기'의 저변이 확보되었음을 알리는 상징물이었다. 이주원(따로 또 같이)은 들국화에 대해 "초기 들국화 4명은 음악적으로 최고의 성정을 갖고 있었고, 그 4명이 들국화라는 이름으로 4집까지만 냈어도 우리 대중음악에서 록의 가요화는 단단히 되었을 것"이라고 말했다. 들국화는 1980년대 중반 소극장 라이브 600회라는 기록을 세웠을 정도로 국내에 라이브를 정착시킨 장본인인데, 그들은 일단 무대에 올라가면 그대로 음악이 되는 정말 대단한 그룹이다. 하지만 아쉽게도 데뷔 음반에서 보여주었던 '완전성과 고결성'이 이후 더 이상 보이지 않았다. 게다가 지금은 한국 대중음악계에서 그들이 존재했었는지 의심스러울 정도로 음악적인 단절감이 느껴지는데, 이는 우리에게 심히 불행스러운 일이다.

"내가 사는 것에는 의미가 있어도 내가 하는 행동의 의미는 모르겠다."

박준흠: 요즘의 근황은?

전인권: 요새 음악이 재미있어졌다. 지금은 또한 음악을 알아가는 과정이다. 앞으로 음악을 더 잘할 것이다. 막연히 듣고 좋아했었는데, 이제는 "아, 이렇게 하는구나"라는 것을 알게 되었다.

예전 1980년대 들국화 당시에는 이런 느낌이 없었다는 말인가?

당시에는 단지 노래만 했다. 지금은 연주의 맛도 안다

1987년에 나온 [전인권 · 허성욱 1979-1987 추억 들국화]와 1988년 솔로 데뷔 음반 시절이 음악적으로 가장 만개한 시점으로 알고 있다.

그때는 감각은 좋았다. 그러나 만족은 없었다.

자신의 연주에는 만족하나?

리듬 기타는 좋아하지만 나는 연주인은 아니다.

어떻게 음악을 접하게 되었나?

어렸을 때 그냥 재미있어 보여서 시작했다. 멋있어 보였다.

음악이 하고 싶어서 명지고등학교를 중퇴하고 가출해 노래를 할 수 있는 곳은 어디나 찾아다녔다고 하는데.

그거 거짓말이다. 내가 그런 말을 언제 했나? 그림을 그리고 싶어서 고등학교를 그만둔 것이다.

그러면 자신의 인생 항로를 과감하게 결정할 수 있을 정도로 그림은 자신에게 의미가 있었나?

되게 어렵게 말하고 있다. 내가 좋아서 한 것인데 의미가 어디 있나? 내가 사는 것에는 의미가 있어도 내가 하는 행동의 의미는 모르겠다.

음악으로 진로를 변경한 때는?

기타는 18살에 배웠고, 20대 초반에 (음악을 하기로) 결정했다. 나는 워낙 소리를 좋아했다. 난 아티스트도 아니고 그냥 대중가수다.

영향받은 뮤지션은?

C. C. R.의 〈Suzie Q〉, 버디 마일스(Buddy Miles)의 〈Them Changes〉를 좋아했고, 특히 레너드 스킨너드(Lynyrd Skynyrd)의 〈Free Bird〉를 좋아했다.

영향을 준 뮤지션은?

라디오에서 들어보니 강산에, 김종서가 나를 좋아한다고 했다.

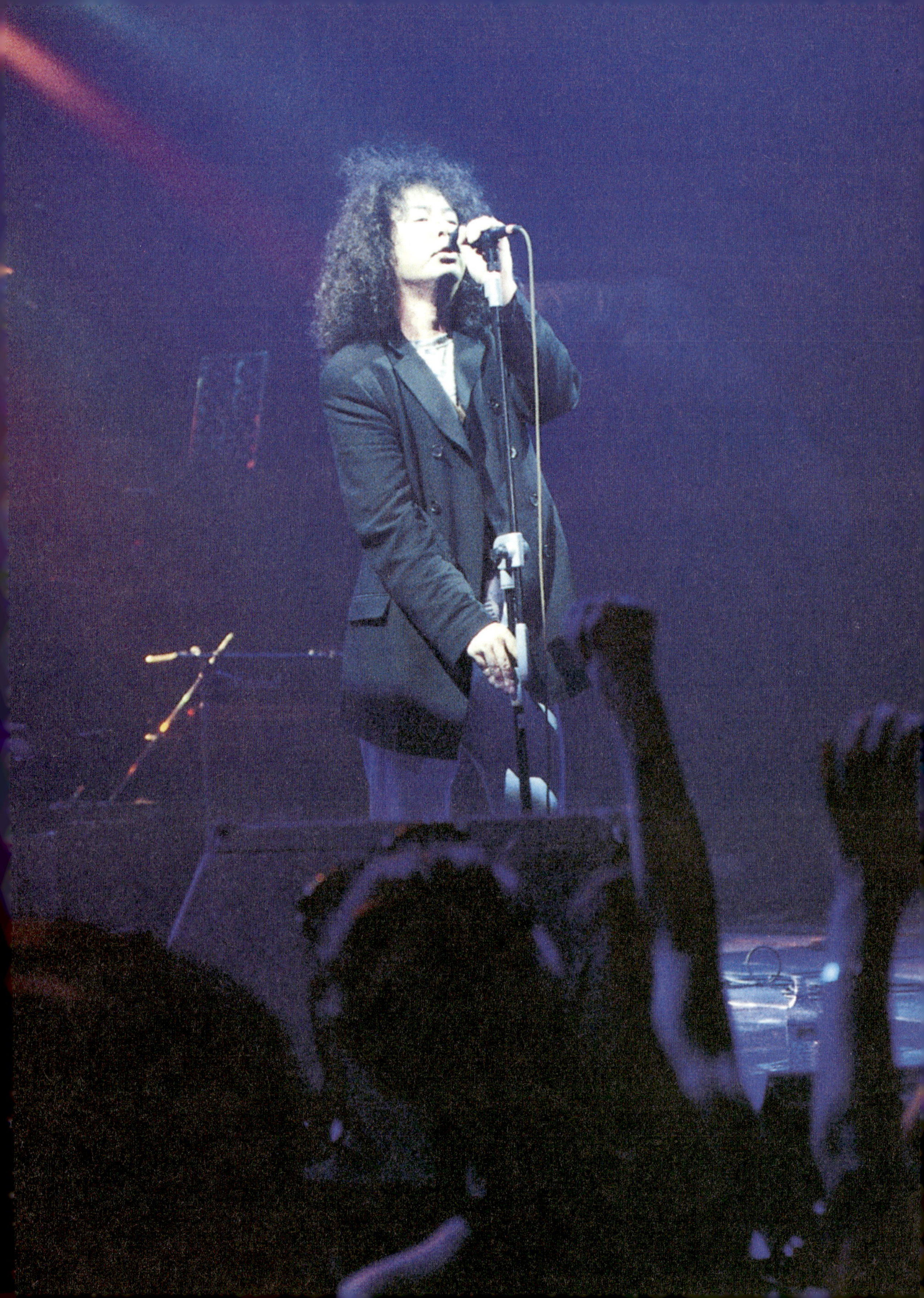

"스타를 만들어주겠다고 해서 겁이 나 도망 나왔다."

공식적으로 첫 번째 음악활동은 1970년대 말 '따로 또 같이'에서였는데, 이주원, 강인원, 나동민은 어떻게 만났나?

어느 날 강인원이 우리 집에 나동민을 데려왔다. 셋이서 '화음'을 만들자고 했다. 셋이서 한참 진행하고 있을 때 이주원이 지구레코드에 우리를 데려갔고, 그래서 따로 또 같이 1집이 나오게 되었다. 그런데 지구레코드 사장이 앨범 제작 후 갑자기 스타를 만들어주겠다고 해서 겁이 나 도망 나왔다. 그는 나에게 삑 가서 스타로 만들려고 했다. 그때 스타들은 '명랑 운동회' 같은 데에 나가야 했고 쇼에도 출연해야 했기 때문에 싫었다.

이주원은 어떤 음악인이었나?

그가 만든 양희은의 〈내 님의 사랑은〉이 좋았다. 하지만 그가 하는 얘기들이 무슨 얘기인지 잘 몰랐다. 너무 심오하고 재미가 없었다.

선생의 따로 또 같이 탈퇴 후 사실상 그 그룹은 해체가 되었다. 그는 전인권 씨의 탈퇴 이후 심한 허탈감을 느껴서 한동안 음악판에서 물러나 있었다고 하는데.

좀 거짓말 같다. 정말 그렇게 생각했는지 몰라도 그는 나를 별로 좋아하지 않았다. 내 노래를 별로 좋아하지 않았다.

강인원과 나동민은?

강인원은 나랑 동갑이라고 했고 나동민은 나보다 한 살 위라고 했는데, 알고 보니 나이를 두 살씩 속였다.

따로 또 같이 초기 멤버로 1980년대 말에 5집을 준비했고 녹음도 약 50% 진행된 상태였다고 하는데, 이 음반이 무산된 이유는?

나는 음반 녹음에 참여하지는 않았다. 이주원이 곡을 만들어 왔는데, 내가 듣기로는 내가 할 만한 부분이 없었다. 그의 곡들로 만들어졌는데 〈절두산 마리아〉 등 약간 뮤지컬성 노래들이었고, 동요 같았다. 나는 크게 지르는 것을 좋아하는데 그렇지 않았다.

"우리는 1980년대 우리 사회를 비웃으면서도 심각하게 생각했다."

따로 또 같이 탈퇴 후, 1982년 허성욱, 최성원을 만나 서로의 음악적인 공감을 확인하고 라이브 무대로 자신들의 존재를 각인시키겠다는 계획을 세웠다고 하는데, 이때 들국화가 탄생한 것인가?

그렇다. 그 전부터 그룹이 하고 싶었다. 그래서 조덕환, 허성욱 등과 강릉에 가서 나이트클럽에서 노래하곤 했다.

조덕환은 언제 만났나?

허성욱, 최성원보다 그를 먼저 만났다. 따로 또 같이를 그만둘 때 비원 앞의 한 카페에서 '조·이' (조덕환, 이영재)라는 듀엣으로 활동하던 그를 만났다. 그 당시 둘이서 정말 대단했다. 조지 해리슨(George Harrison)의 〈My Sweet Road〉 등 분위기 내기 어려운 곡들을 정말 잘 소화했다. 내가 그를 굉장히 좋아했다. 나중에 한영애 등이 그들의 자작곡을 불렀다.

선생은 조덕환이 만든 〈아침이 밝아올 때까지〉에 반해서 그와 음악을 같이하게 되었다고 했는데.

맞다. 그 노래는 조·이 당시 들었던 곡이다. 그 당시는 그와 만나서 거의 밤새서 먹고 마시고 놀곤 했다.

왜 '들국화'인가?

최성원이 '코스모스', '들장미', '들국화' 등의 이름을 제시했다. 그중에서 '들국화'를 골랐다.

허성욱과 최성원에 대한 평가는?

대단한 친구들이다. 셋이서 가만히 있어도 그냥 음악 같고, 다른 분위기에 와 있는 것 같았다.

그 당시 라이브에서 조덕환은 일렉트릭 기타 연주자였고, 최구희와 손진태는 세션 기타리스트였다. 분명히 곡 만들기에 재능이 있었고 뛰어난 보컬리스트였던 조덕환이 탈퇴한 이유는 어떤 문제가 있어서였나?

개인적으로 그를 매우 좋아하지만 당시 여건이 허용하지 않았다. 그리고 조금은 불안했다. 왼손잡이인데 기타 치는 것을 오른손으로 바꾸면서부터 튜닝 감각도 사라졌다. 또한 생각하는 게 이국적이었다.

들국화 데뷔 음반에는 선생의 작품으로 〈행진〉 한 곡밖에 없다. 당시에도 만들어놓은 곡이 많지 않나?

들국화에서 노래만 하려 했다. 그런데 데뷔 음반에 빠른 곡이 없어서 〈행진〉이 즉석에서 나왔다. 옆에 있던 조동진과 김민기가 듣더니만 "바로 이 곡이야" 해서 음반에 넣게 되었다.

그 음반의 재킷은 비틀스(Beatles)의 [Let It Be]를 카피한 것이란 이야기도 있는데.

그러나 그 사진의 인물들은 들국화가 훨씬 낫다. 표정이나 눈빛 등이 우연히 잘 만들어졌다. 음반으로서 좋은 음반이란 생각은 들지 않는다.

그럼 음반으로서 가장 마음에 드는 것은?

전인권 1집(1988)이다.

1집으로만 사실상 들국화의 역사가 끝난 이유는?

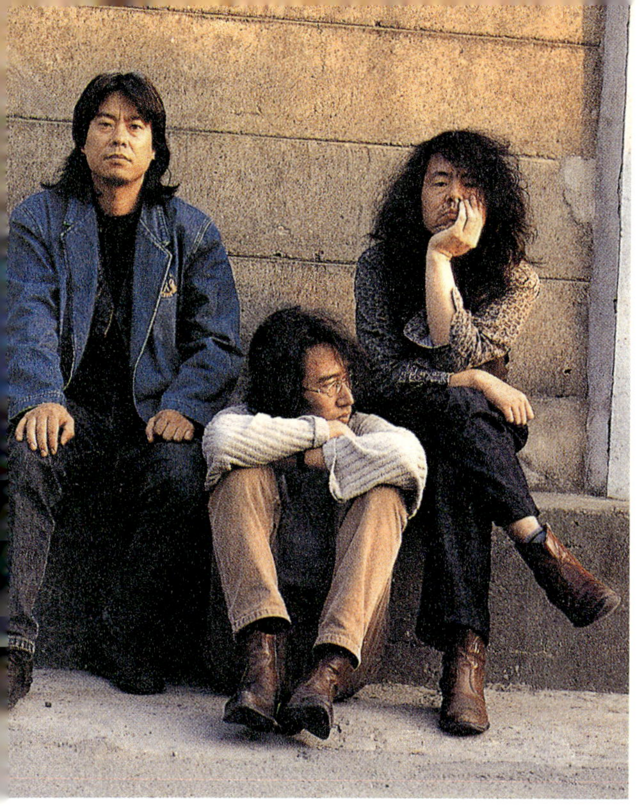

"들국화 데뷔 음반의 재킷을 비틀스의 [Let It Be] 재 킷과 비교할 때 사진의 인물들은 들국화가 훨씬 낫다. 표정이나 눈빛 등이 우연히 잘 만들어졌다. 그러나 음 반으로서는 좋은 음반이란 생각은 들지 않는다."

곡이 나오지 않았다. 내가 부를 곡이 없었다. 우리 나라 상황이 곡을 많이 쓰게 하지도 않았고, 들국화 가 어떤 저항성을 가졌던 것도 아니었다.

데뷔 음반은 상업적으로도 엄청난 성공을 거두었 는데, 그렇다면 2집에서도 계속 하고 싶은 음악을 만들 여건이 주어지지 않았었나?

그 당시는 전혀 보장을 해주지 않았다. 앨범 판매 수익과 공연 수익의 분배도 거의 없었다.

들국화가 1980년대 우리 사회를 바라보는 관점 은?

사실 우습게 보았다. 비웃으면서도 심각했다. 그래 서 〈그것만이 내 세상〉, 〈제발〉 등이 나왔다.

사회 현실에 대한 직접적인 발언을 할 생각은 하 지 않았나?

우리는 노동자, 지식층 모두에게 환호를 받았다. 굳이 그렇게 하려는 생각은 없었다. 이미 김민기가 다 해놓은 일이었다.

"그때 우리 주관대로 할 수 있었던 것은 공연밖에 없었다."

1986년 [들국화 라이브 콘서트]는 일부 상식을 벗어나는 작업 결과물을 보여준 음반이었다. 예 를 들어 틀린 곡 진행을 그대로 음반에 담았다든지, 과도하게 큰 박수 소리를 음반에 담았다든 지 하는 믹싱 밸런스의 문제점 등이 있는데.

그때 우리 주관대로 할 수 있었던 것은 공연밖에 없었다. 엔지니어는 우리가 건드릴 수 없는 부분 이었다.

1집에서는 멤버 4명이 수평적인 관계였다. 2집은 어느 정도 최성원이 주도한 느낌이다. 2집은 최 성원의 〈제발〉, 〈내가 찾는 아이〉가 타이틀곡으로 된 음반이었는데, 이 음반은 선생의 성향과 는 다른 방향으로 제작된 음반이 아닌지.

글쎄, 그것은 보는 사람 마음이다.

손진태는 정상급 세션 기타리스트로 성장했는데 뛰어난 록 필을 갖고 있었던 최구희의 활동이 뜸한 이유는?

그는 기인이다. 그가 내게 "단군 할아버지, 예수, 삼신할머니가 도와주고 있다"라고 한 적이 있다. 동양적인 사상을 자신의 음악에 넣으려고 한다. 그와는 계속 작업할 것이다.

사실 1987년에 나온 [전인권 · 허성욱 1979-1987 추억 들국화]가 선생이 들국화에서 하려던 음악이 아니었나?

그것은 허성욱과 어울린, 그에 맞춘 음반이다.

이 음반은 전인권 씨의 입장에서는 솔로 데뷔 음반과 함께 선생의 디스코그래피에서 가장 높게 평가받아야 할 음반이라고 생각된다. 선생의 역량이 가장 제대로, 잘 표출된 음반이 아닐는지.

맞다.

이 음반에서 〈머리에 꽃을〉, 〈이유〉, 〈어떤…(가을)〉은 들국화에서 보여주던 사운드와는 근본적으로 달랐다. 가사에서도 내밀한 자신의 감정이 제대로 드러난 곡들이었는데. 당시 곡 만들기에 자신이 있었나?

아니다. 닥치면 한다는 생각이었다.

솔로 1집에도 〈가을비〉, 〈아직도-〉라는 멋진 곡이 담겨 있고, 이 곡들은 그 이전의 작법과는 달랐다.

〈가을비〉는 미완성 노래다.

〈헛사랑(맴도는 얼굴)〉은 지금도 가장 좋아하는 곡인가?

그렇다.

1989년 솔로 2집은 화려한 세션을 자랑하는 음반이었다. 여기에 참가한 이중산(기타)은 어떻게 알고 있었나?

그는 내가 존경하는 기타리스트다. 그처럼 가슴 저리게 기타 치는 연주인은 보지 못했다.

그 음반에 대한 평은?

사운드가 좋지 않다. 아이디어는 좋았지만 정리가 되지 않았다.

1994년 강인원이 주도한 '느티나무' 1집은 선생의 개성이 드러나지 않은 음반이었는데.

그건 그룹이라고 할 수 없다. 그런 게 사기다. 강인원이 영화음악('비오는 날의 수채화' 2탄)을 하는데 노래를 불러달라고 했다. 그래서 노래했다. 그랬더니 바로 그룹으로 해야 한다고 우기길래 이를 거절했다. 내가 음악적으로 강인원, 권인하와 맞겠나?

1995년 한상원(기타)과 공동 앨범을 기획했는데 음반 작업으로 이어지지 않은 이유는?

제작자가 곡들을 마음에 들어 하지 않았다. 내 역량이 예전 같지 않다고 했다. 한상원은 개성도

있고 아주 터프하다.**4**

"청계천 백판 제작소에서 나온 비공식 앨범인 '전인권'이 있다."

'가야', '도라지'는 어떤 밴드였나?

가야는 박청귀와 1988년경에 만든 듀엣이었다. 도라지는 김해영(v)과 결성을 잠시 생각했던 듀엣이었다.

청계천 백판 제작소(당시 불법 복제음반들을 만들던 장소)**에서 나온 비공식 앨범인 [전인권]이 있었다고 하는데.**

따로 또 같이에서 탈퇴했을 때 친구가 청계천에 '메아리'라는 불투명한 음반 제작자가 있다고 소개를 해주었다. 마장동에 있는 녹음실에서 노래 한 프로(3시간 반), 연주 한 프로로 녹음을 했다가 하도 말이 안 돼서 나중에 노래 한 프로를 더 썼다. 거기에는 〈짝사랑〉이란 곡도 있다. 그때 내 아내도 노래했다. 그 앨범이 너무 마음에 들지 않아서 마스터테이프를 없애려고 밤에 녹음실에 가서 불 지를 생각까지 했다.

들국화 4집은 나올 것인가? 한다면 누구와?

예전의 들국화 멤버들과 같이한다. 조덕환도 참가한다. 그가 곡을 보내오고 있다.

1998년 자유 공연 출연자로 내정된 것 같은데, 자유 공연의 의의는?

'자유'는 꼭 해야 하는 공연이다. 기획자의 용감성을 대단히 높게 평가한다.

앞으로 어떤 음악을 하려고 하는가?

앞으로도 록을 하고 싶다.

---

4 1998년 말에 이 음반은 [전인권 · 한상원 #1]으로 출시되었다.

디스코그래피

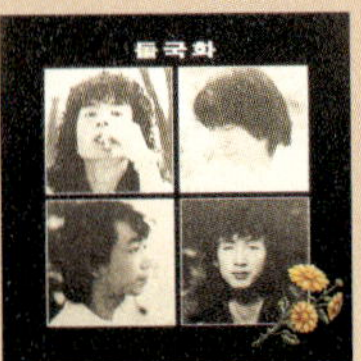

1집 [들국화] (1985/서라벌레코드)
전인권(g, v), 최성원(g, b, key, v), 조덕환(g, v), 허성욱(key)
세션: 최구희(g), 주찬권(d), 이원재(clarinet)
최고의 음악적인 성정을 갖고 있었던 그들 네 명이 만들어낸 한국 록의 영원한 금자탑. 특히 전인권의 내지르는 보컬이 압권인 〈행진〉, 〈그것만이 내 세상〉, 〈아침이 밝아올 때까지〉는 당시 국내 가요의 한계를 무너뜨리는 작품이었다. 대중과 공유할 수 있는 자신들의 이야기로 만든 노래는 대중가요 만들기의 새로움을 제시했다. 그리고 직접 한 세션을 구성해 본인들의 느낌을 제대로 전달하는 것이 가능했다.

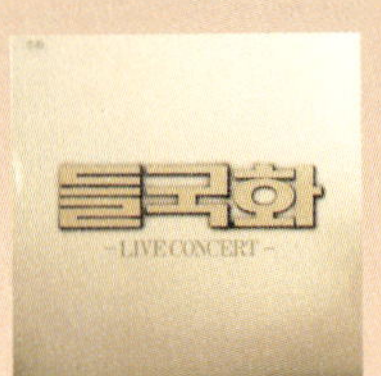

[라이브 콘서트] (1986/서라벌레코드)
전인권(g, v), 최성원(b, v), 허성욱(key), 손진태(g), 주찬권(d)
서울스튜디오에 그들의 팬 300~400명(추정)을 데려다놓고 만든 이색 라이브 음반. 사실 라이브라고도 할 수 없는 조잡한 기획으로 들국화의 상품성을 울궈먹은 음반이다. 홀리스(Hollies)의 〈He Ain't Heavy, He's My Brother〉, 스틱스(Styx)의 〈The Best Of Time〉 등 카피곡과 그들의 라이브 레퍼토리가 실렸다.

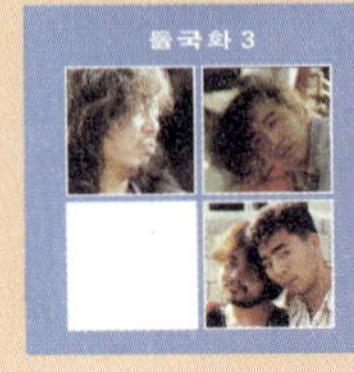

2집 [들국화2] (1986/서라벌레코드)
전인권(g, v), 최성원(g, b, v), 허성욱(key), 최구희(g), 손진태(g), 주찬권(d)
조덕환이 빠지고 최구희, 손진태, 주찬권이 정식으로 가입한 음반. 이전부터 이들은 라이브 세션 연주자들이었다. 하지만 이미 들국화의 강렬한 기운은 사라진, 그저 최성원이 만든 음반이라는 느낌이다.

3집 [들국화3] (1995/킹레코드)
전인권(g, v), 민재현(b, v), 이건태(d)
세션: 정태국(d), 유태구(d), 한충완(key), 김광석(g)
태백산맥 출신의 민재현과 위대한 탄생, 윤수일 밴드, 송골매 출신의 이건태가 새롭게 들어와서 만든 음반.

기타 음반

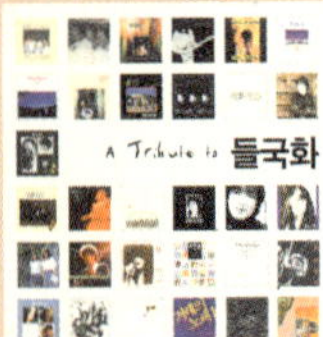

V.A. [들국화 트리뷰트 앨범]
(2001/유니버설)
윤도현밴드 〈행진〉, 강산에 〈그것만이 내 세상〉 등 수록. 언니네 이발관이 부른 〈솔직할 수 있도록〉은 뛰어나다.

전인권

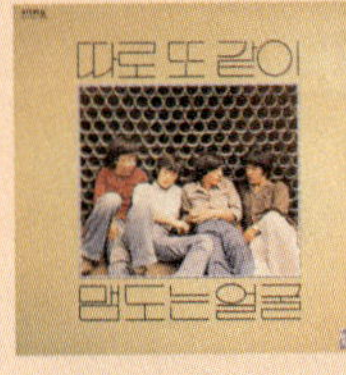

따로 또 같이 1집 (1979/지구레코드)
전인권(v), 이주원, 나동민, 강인원
양희은 노래의 작사·작곡자로 유명한 이주원과 들국화의 전인권이 처음 녹음한 음반이라는 의미를 부여할 수는 있다. 전인권이 가장 좋아한다는 〈맴도는 얼굴〉과 이주원의 〈외기러기〉, 〈긴 밤〉, 〈뜨거운 노래〉 등이 실림.

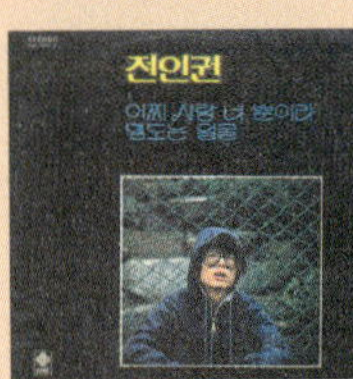

전인권 [어찌 사랑 너뿐이랴/맴도는 얼굴]
(1979/히트레코드)
비공식 음반.

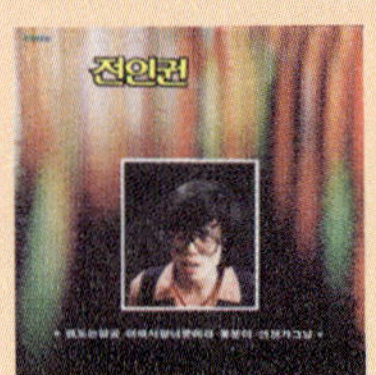

전인권 [맴도는 얼굴/어찌 사랑 너뿐이랴]
(1980/히트레코드)
비공식 음반.

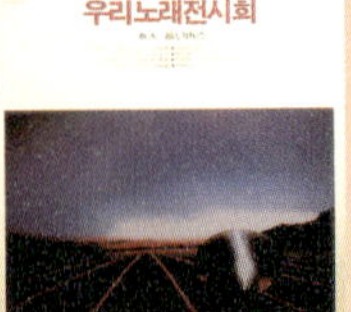

V.A. [우리 노래 전시회 1집]
(1984/서라벌레코드)
세션: 조동익(g), 하덕규(g), 조원익(b), 안기승(d), 허성욱(key), 김광민(key)
들국화 데뷔 앨범 발표 전에 전인권은 〈그것만이 내 세상〉을 불렀다.

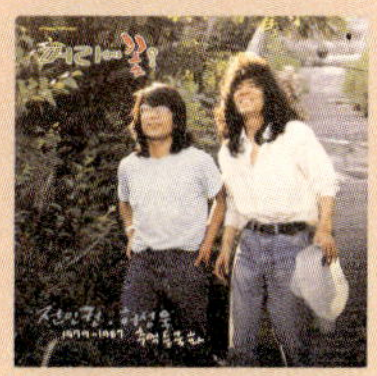

전인권 · 허성욱 [1979~1987 추억 들국화 "머리에 꽃을"] (1987/서라벌레코드)

전인권(g, v), 허성욱(key, v)

세션: 최구희(g), 함춘호(g), 최성원(b), 주찬(d)

전인권의 대표작은 들국화 1집이 아니다. 들국화 1집에서의 그는 〈행진〉 등을 부른 단지 뛰어난 보컬리스트였을 뿐이다. 들국화 1집에서 주목해야 할 인물은 오히려 〈아침이 밝아올 때까지〉를 만든 조덕환이나 뛰어난 세션을 보여준 최구희(기타)와 허성욱(키보드, 피아노)이었다. 이후 전인권은 1986년 어정쩡한 들국화 2집에 참여한 이후 1987년에 사실 전혀 예측하지 못했던 이 음반을 발표한다. 그리고 허성욱과 같이한 뛰어난 곡 작업으로 그가 이전에 "단지 들국화의 보컬리스트였을 뿐"이라는 인식을 불식시켰다. 이 음반을 통해서 보여준 그의 작곡 능력은 1980년대 뮤지션들 중에서 최고라고 해도 과언이 아니고, 이는 다음해에 발표한 솔로 1집에서도 여실히 증명된다. 1970년대 말부터 축적한 노래 부르기의 열망이 비로소 제대로 분출된 음반이었고, 〈북소리〉, 〈사랑한 후에〉, 〈머리에 꽃을〉, 〈어떤…(가을)〉은 그의 여린 감수성을 느낄 수 있는 베스트 트랙들이다. 이 음반에 참여한 최구희와 함춘호의 연주 또한 '당대의 세션'이었다.

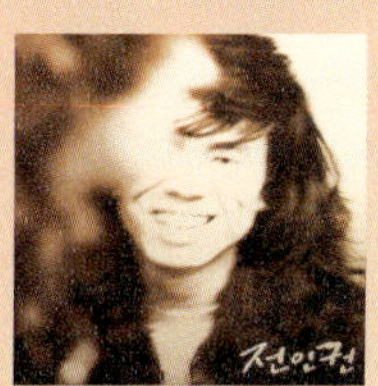

전인권 1집 [전인권]

(1988/서라벌레코드)

파랑새: 전인권(g, v), 김효국(key), 오승은(b), 박기형(d)

세션: 허성욱(key), 최구희(g)

전작과 더불어 이 음반에서 보여준 전인권의 날카로운 감성은 사실 들국화 당시로서는 예측할 수 없었던 점이었다. "가을비 소리 없이 내리네/거리마다 은행잎이 노랗게/약속은 자꾸만 맴돌고/비에 젖어 자연스레 진해진/걱정 없는 저 자주빛이 부러워"(〈가을비〉)와 같은 노래에서 보여준 곡 만들기 역량은 당대를 대표하는 뮤지션의 반열에 충분히 오를 정도였다. 자신의 밴드인 파랑새와 같이한 이 음반에는 〈가을비〉, 〈아직도-〉라는 명곡이 있고, 게스트 기타리스트 최구희의 명연도 빛난다. 그리고 전인권 자신이 가장 좋아한다는 〈헛사랑(맴도는 얼굴)〉도 다시 실렸다.

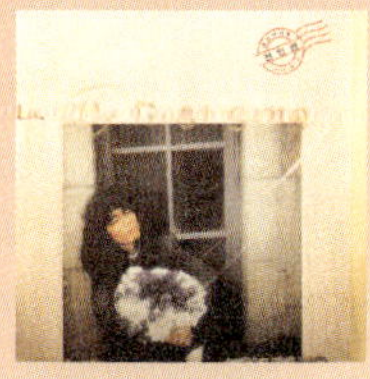

전인권 2집 [지금까지 또 이제부터]

(1989/서울음반)

세션: 전인권(g, v), 이중산(g), 박정규(v), 민재현(b), 허성욱(key), 하광훈(key), 서영진(key), 황수권(key), 김희연(d), 송경호(d)

화려한 스튜디오 세션맨들을 기용해 만든 작품이지만 결과는 밋밋했다.

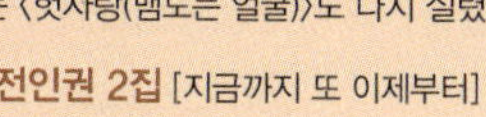

O.S.T. [자유] (1991/EMI)

전인권(v), 강인원(v), 11월(v), 이종석(v)

세션: 김희연(d), 배수연(d), 김형국(b), 조동익(b), 김광석(g), 이중산(g), 함춘호(g), 최태완(key), 김태일(key)

'돈아 돈아 돈아' 사운드 트랙. 전인권은 〈자유〉, 〈나는 왜〉를 부른다.

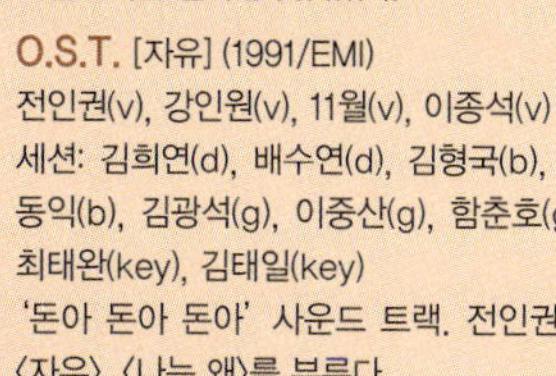

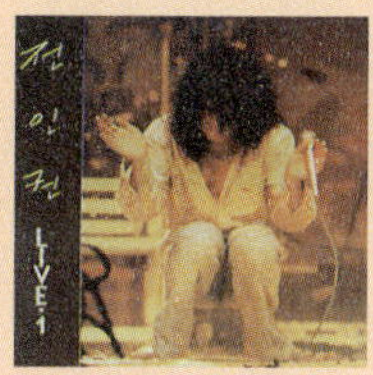

[전인권 라이브 1·2·3]

(1993/아세아레코드)

세션: 전인권(g, v), 김광석(g), 동영욱(key), 민재현(b), 이건태(d), 배수연(d)

그의 노래들을 결산하는 의미를 지닌 작품이다. 나중에 2장의 CD로 발매되었다.

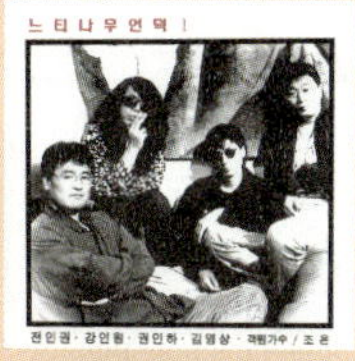

느티나무언덕 1집 (1994/서울음반)

전인권(v), 강인원(v), 권인하(v), 김명상(v), 조은(객원 보컬)

세션: 박정원(b), 조동익(b), 유태준(g), 함춘호(g), 손진태(g), 김도균(g), 한송연(key), 최태완(key), 김효국(key), 김영석(d)

전인권도 싫어하고 팬들도 싫어하는 음반.

전인권 · 한상원 [전인권 · 한상원 #1]

(1998/디지탈미디어)

전인권(v), 한상원(g)

1997년 [Funky Station]을 발표한 당대의 기타리스트인 한상원과 함께한 이 프로젝트 음반은 1998년 음악계의 성과다. 〈그것만이 내 세상〉, 〈날개〉에서 한상원의 연주는 테크닉을 얘기할 수 없는 연주자의 순수 필 그 자체다. 이들은 오히려 '다듬어진 매끄러움'을 피하는 듯한 느낌이고, 자신들의 필이 충만한 〈떠나기 전에〉, 〈날개〉 등을 노래한다. 원래 몇 년 전에 만들어진 작품이지만 사정상 늦게 나왔다.

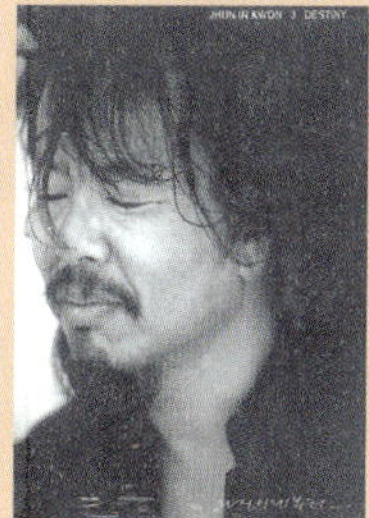

전인권 3집 [Destiny – 다시 이제부터]

(2003/성웅뮤직)

세션: 전인권(v), 황수권(key, piano, string), 안정현(key), 고경천(key), 주찬권(d), 김대용(d), 하치(d, g), 정현철(g), 최이철(g), 김정욱(b), 김영옥(cello), 한충은(소금, 대금), 정선영(violin)

14년 만에 발표한 이 솔로 음반은 일본인 아티스트 하치와 김정욱이 프로듀서를 맡았다. 재킷과 사진집 겸 CD케이스는 사진작가 김중만의 작품이다. 사막에서 촬영한 김중만의 사진과 전인권의 음악인생 30년이 녹아 있는 15곡이 수록되었다. 이번 앨범에는 신중현의 〈뭉치자〉, 김민기의 〈봉우리〉를 리메이크했고, 〈다시 이제부터〉, 〈코스모스〉 등이 수록되었다.

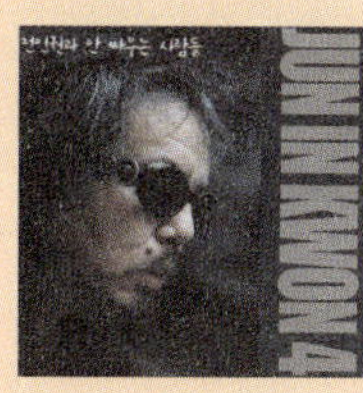

전인권 4집 [전인권과 안 싸우는 사람들]

(2004/Bluesky Entertainment)

전인권(v), 장재환(g), 윤종부(g), 정현철(g), 임해권(piano, key), 김대용(d)

〈사랑하세요 그대〉, 〈걱정말아요 그대〉, 〈모두 다 사랑하리〉 등이 수록되었다.

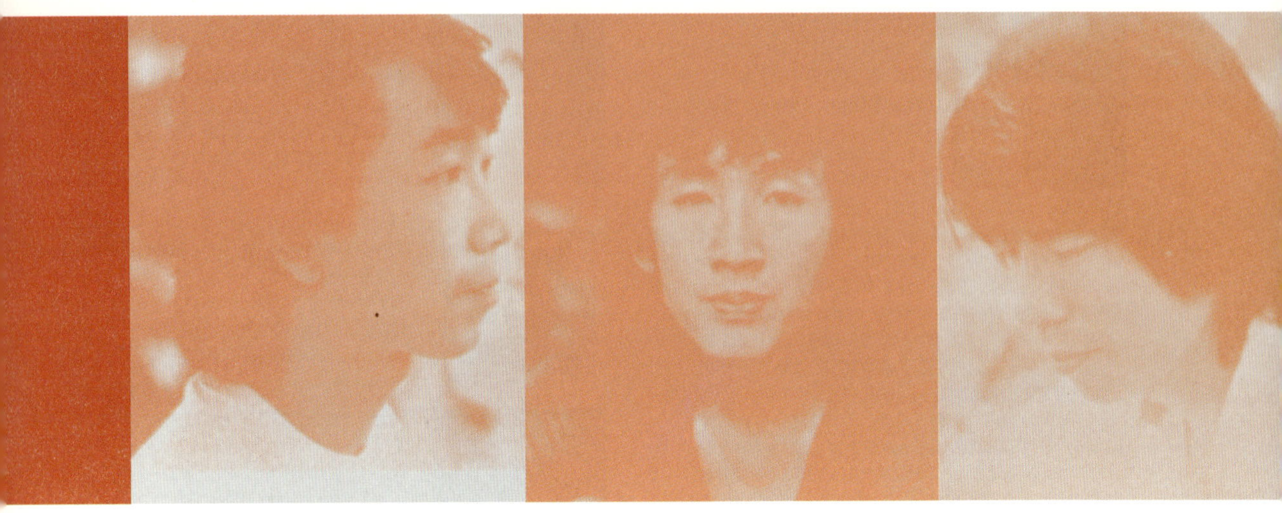

1st 들국화 패밀리

"허성욱, 조덕환, 최성원"

들국화 1집 멤버들이었던 이들이 있어 들국화의 '완결성' 은 가능했다.

허성욱이 들국화와 전인권의 음반에서 보여주었던 차분하면서도 때로는 가슴 저미게 만드는 예민한 피아노 연주는 분명히 최구희와 함께 들국화 사운드의 핵이었다. 들국화의 〈그것만이 내 세상〉, 전인권의 〈머리에 꽃을〉에서 허성욱의 피아노 라인 전개는 매우 감성적이어서 차분히 생각할 여지를 주는 연주였다. 그가 음반에서 처음 세션을 한 것은 1984년 따로 또 같이 2집에서였고, 1987년에 나온 [전인권 · 허성욱 1979-1987 추억 들국화]는 그의 대표작이라고 할 만하다. 이후 전인권 1집(1988), 2집(1989) 세션에 참여한 것 이외에는 특별한 활동을 볼 수가 없었다.

별로 말없이 음악활동을 했던 인물이라 약간은 베일에 가린 느낌이고, 그는 1997년 11월 음악 선교활동을 위해 갔던 캐나다에서 교통사고로 사망했다. 그의 존재감이 사라졌기 때문에 들국화가 그를 제외한 예전 멤버들로 재결성된다고 하더라도 별 의미가 없을 듯하다.

조덕환은 전인권의 평가대로 '노래를 잘한다기보다는 매력적으로 부르는 보컬리스트'였다. 1980년대 초반 이영재와 '조 · 이'라는 듀엣으로 활동하기도 했던 그는 들국화의 기타리스트로 테크닉에는 문제가 있었지만 노래를 만들고 부르던 감성은 최상이었다. 들국화 라이브에서 그가 배드핑거(Badfinger)의 〈Carry On Till Tomorrow〉를 부른 것을 들어본 사람이라면 그의 매력적인 보이스컬러에 반하지 않을 수 없을 것이다. 들국화 데뷔 음반에서 전인권의 보컬이 주목받았던 것은 〈행진〉이었지만, 정말로 그 음반과 전인권을 빛나게 한 노래는 그가 만든 〈아침이 밝아올 때까지〉였다. 1980년대 중반의 우리 가요계를 일갈했던 폭발적인 그 노래는 '흥분과 전율'을 만들어낸 당대의 노래였다. 최구희의 기타 솔로, 전인권의 포효로 시작되는 〈아침이 밝아올 때까지〉에서 나오는, "기나긴 하루 지나고, 대지 위엔 어둠이 / 오늘을 끝남을 말해주는데"라고 시작되는 가사에서 살아 있는 음악이 감지된다. 이후 조덕환은 외부의 압력으로 탈퇴를 하고, '완전성과 고결함'으로 상징되던 들국화의 명징한 사운드는 빛을 잃었다.

최성원은 이영재, 이승희와 1980년에 〈그대 떠난 뒤에는〉 등이 실린 음반을 내기도 했다. 그는 들국화 내에서는 가장 여린 노래들을 만들고 불렀던 보컬리스트이자 베이시스트였다. 전인권과는 다른 음악적인 성향이 들국화를 오래 유지시키지 못하게 한 원인이었을 수도 있다. 전인권과 양대 축으로 들국화를 운영했던 그는 들국화 2집부터는 자신이 거의 리더의 위치로 나선다. 하지만 2집의 〈제발〉, 〈내가 찾는 아이〉 등은 최성원의 입장에서는 완결성을 갖는 노래들이었을지라도 1집에 수록된 〈그것만이 내 세상〉, 〈사랑일 뿐이야〉와 같은 노래들이 갖고 있는 '고요 속의 폭발'은 보여주지 못했다. 결국 이런 곡들이 2집의 대표곡으로 선정되어야 했던 당시 그들 내부의 분위기가 들국화를 맥빠지게 만들었을 것이란 추측을 하게 한다. 1988년 최성원 1집에는 〈제주도의 푸른 밤〉, 〈이별이란 없는 거야〉 등이 실렸고, 이런 여성 취향(?)의 가냘픈 노래들은 이후 우리 대중가요의 분명한 한 축이 되었다.

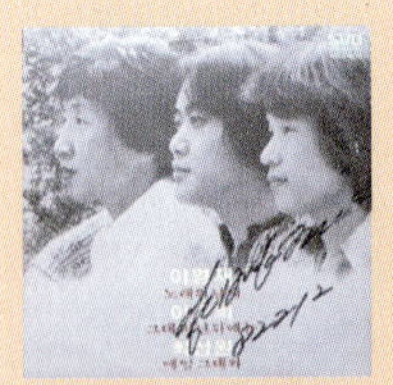

이영재/이승희/최성원
[이영재 이승희 최성원]
(1980/서라벌레코드)
이영재의 〈노래의 날개〉, 이승희의 〈그대 떠난 뒤에는〉, 최성원의 〈매일 그대와〉 등이 수록된 스플릿 앨범.

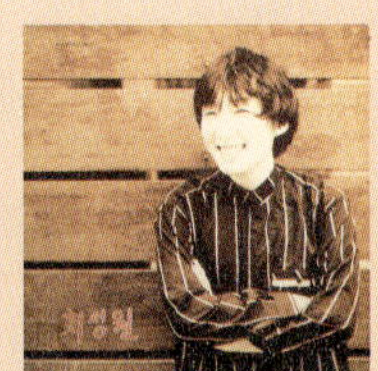

최성원 1집
(1988/서라벌레코드)
세션: 최성원(g, v), 이병우(g), 조동익(b), 한송연(key), 김영석(d)
〈제주도의 푸른 밤〉, 〈오늘은〉

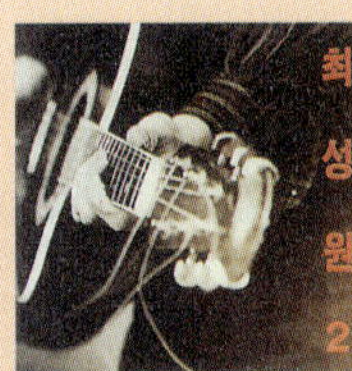

최성원 2집
(1990/서라벌레코드)
세션: 최성원(g, v), 함춘호(g), 손진태(g), 조동익(b), 김현철(key), 배수연(d), 김희연(d)
〈어린 왕자〉, 〈옛날처럼〉

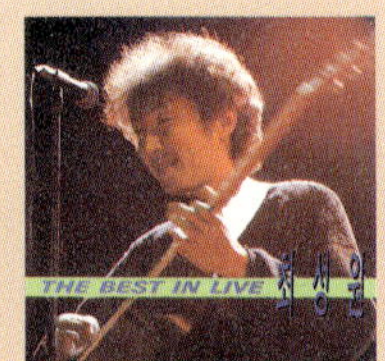

최성원
[The Best In Live]
(1994/서울음반)
세션: 최성원(g, v), 허성욱(key), 최구희(g), 강상영(b), 주찬권(d), 김용덕(g), 김용수(g)
〈어린 왕자〉, 〈더 이상 내게〉

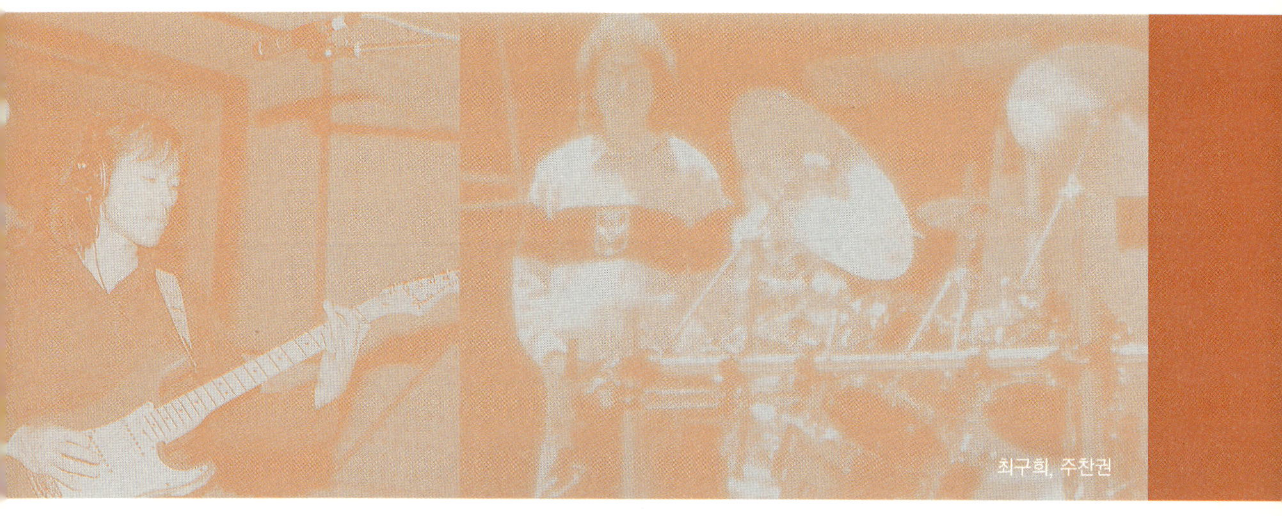

2nd 들국화 패밀리

"최구희, 주찬권, 손진태"

이들은 들국화의 1집과 라이브의 세션 연주자였다. 이후 조덕환이 빠진 2기 들국화에 가입한다. 이들의 개인적인 역량은 뛰어나지만 들국화의 멤버로서는 적절하지 않았다.

최구희는 1980년대 가장 뛰어난 록 필을 가졌던 기타리스트 중 하나였다. 그는 들국화 1집에서 놀랄 만한 감성으로 일렉트릭 기타를 연주했다. 비록 전인권, 허성욱, 최성원, 조덕환이 들국화의 1집 노래들을 만들었지만 그가 아니었으면 그들의 사운드는 상당 부분 약화되었을 것이다. 당시 들국화의 노래를 제대로 된 록 필로 연주할 수 있었던 사람이 바로 그였다. 들국화 데뷔 음반의 〈그것만이 내 세상〉, 〈아침이 밝아올 때까지〉, 전인권·허성욱[1979–1987 추억 들국화](1987)에서의 〈어떤(가을)〉, 〈머리에 꽃을〉, 전인권 1집(1988)의 〈아직도-〉에서 보여주는 그의 기타 솔로는 당대 최고에 속한다. 하지만 괴짜들 1집(1986), 2집(1987), 최구희 1집(1989)에서 들려주려던 사운드는 사실 무엇을 하려고 했는지 잘 모르겠다. 이후 1990년대에는 그의 활동을 거의 볼 수 없었다.

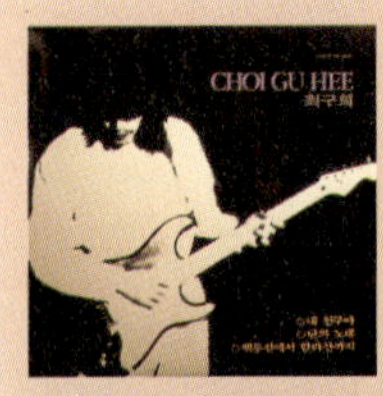

최구희 1집
(1989/서라벌레코드)
세션: 최구희(g, v), 한송연(key), 오상훈(b), 이중재(d), 김벌레(이펙트)
〈내 친구야〉, 〈단의 노래〉, 〈백두산에서 한라산까지〉

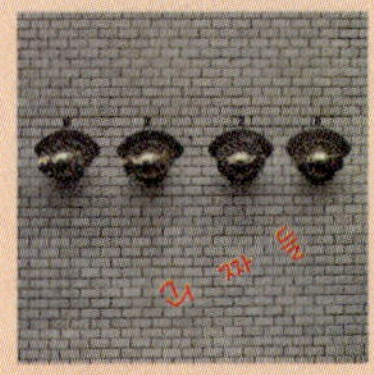

괴짜들 1집 [괴짜들]
(1986/서라벌레코드)
최구희(g, v), 조순용(key, v), 양운박(b, v), 안윤재(d, v)
〈사랑의 빛〉, 〈너랑 나랑〉

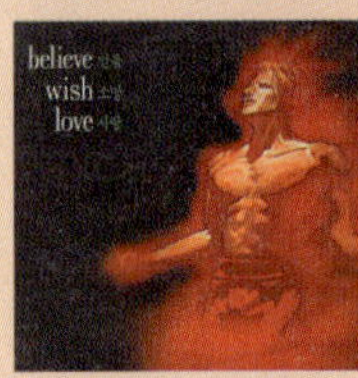

믿음·소망·사랑 1집
[믿음 소망 사랑 신곡집]
(1982/서라벌레코드)
주찬권(d), 최구희(g), 이환규(b)
〈화랑〉, 〈개척자〉

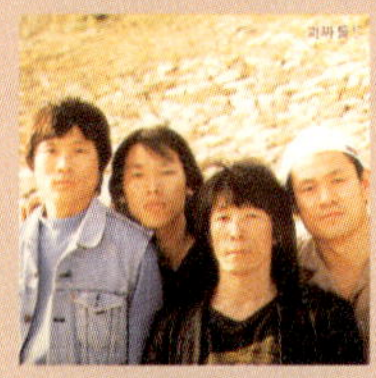

괴짜들 2집 [괴짜들]
(1987/서라벌레코드)
최구희(g, v), 조순용(key, v), 양운박(b, v), 안윤재(d, v)
뮤직디렉터: 최성원, 주찬권
〈마음과 눈빛으로〉, 〈아리랑〉

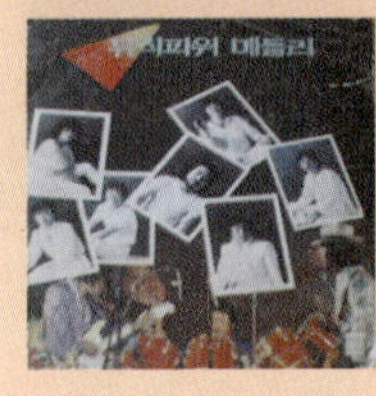

신중현과 뮤직파워(Music Power)
[뮤직파워 메들리] (1984/한국음반)
신중현(g), 이수용(b), 이남이(b), 최구희(g), 김광석(g), 김형권(key), 김용년(key), 원치욱(d), 배수연(d)
〈히트곡 메들리〉, 〈흘러간 노래 메들리〉

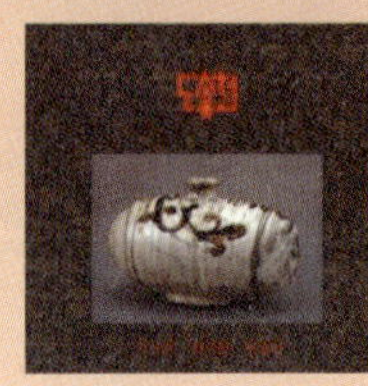

도솔천 1집 [도솔천]
(1990/덕윤산업)
최구희(g), 주찬권(d), 강상영(b)
〈하늘나라 하늘길〉, 〈무궁화나무 앞에서〉

주찬권은 들국화 내에서 전인권과 음악적인 방향성이 가장 비슷했던 드러머였다. 뛰어난 작곡력을 가지고 있었을 뿐만 아니라 드럼, 기타, 보컬 등에도 능한 멀티플레이어였던 그는 들국화에서는 다른 멤버들에 가려서 제대로 조명되지 못했다. 그러나 나중에 '11월'에 참여하는 조준형(기타)과 1987년에 같이한 믿음·소망·사랑과 자신의 1집(1988), 2집(1990)에서는 뛰어난 역량을 보여주어서 들국화 내에서 가장 과소평가되었다는 것을 알 수 있었다. 특히 솔로 1집에서 멀티플레이어로서 보여준 자질과 〈웬일로〉, 〈나를 보며〉라는 멋진 곡들은 앨범 재킷에 한 평론가가 썼던 '한국판 에릭 클랩튼'

이란 찬사가 단순히 사탕발림 칭찬만은 아니었다고 느끼게 해준다. 1990년 더욱 안정된 2집을 발표하지만 그의 음악만큼 지명도가 없어 실패하고 만다.

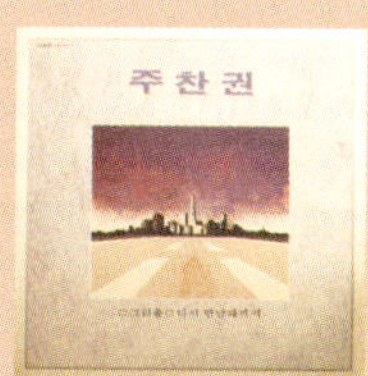

주찬권 1집
(1988/서라벌레코드)
세션: 주찬권(g, d, v),허성욱(key), 한송연(key), 강상영(b)

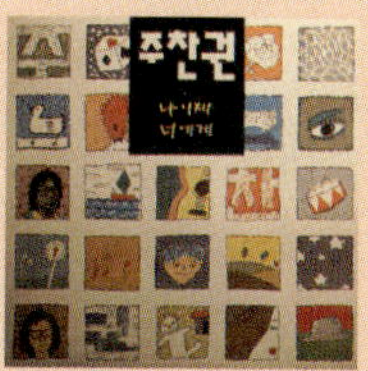

주찬권 2집
(1990/아세아레코드)
세션: 주찬권(g, d, v), 최구희(g), 손진태(g), 신윤철(g), 조준형(g), 김의석(g), 김효국(key), 한송연(key), 김현철(key), 배수연(d)

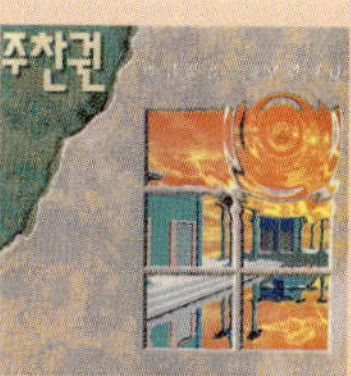

주찬권 3집
[멋진 꿈을/그댄 언제나]
(1991/아세아레코드)
〈아침동산 오솔길〉,
〈그댄 언제나〉

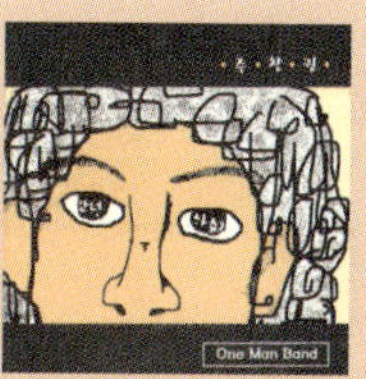

주찬권 4집
[One Man Band]
(1999/도레미레코드)
〈언제나〉, 〈시작해〉

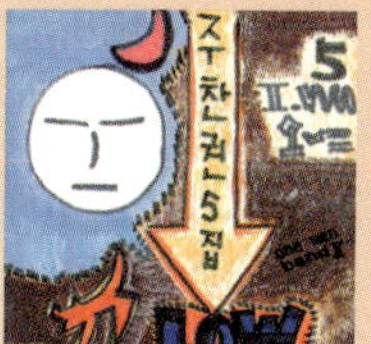

주찬권 5집 [Low]
(2005/TEntertainment)
〈Low〉

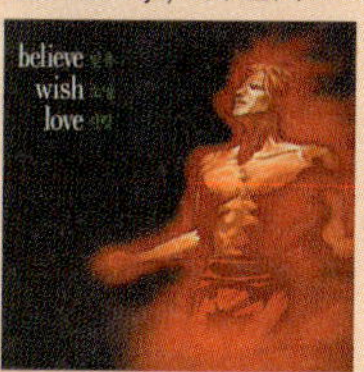

믿음 · 소망 · 사랑 1 집
[믿음 소망 사랑 신곡집]
(1982/서라벌레코드)
주찬권(d), 최구희(g), 이환규(b)

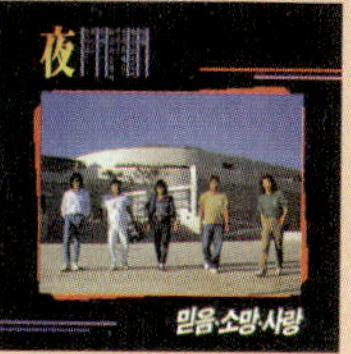

믿음 · 소망 · 사랑 2집
[夜](1987/서라벌레코드)
주찬권(d), 조준형(g), 최효남(g), 이환규(b), 장정철(v), 이석렬(g)

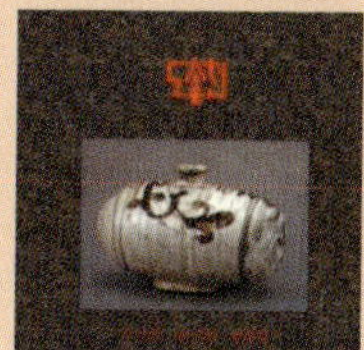

도솔천 1집 [도솔천]
(1990/덕윤산업)
최구희(g), 주찬권(d), 강상영(b)

손진태는 사실 들국화 당시에는 가능성만 가진 기타리스트였다. 이는 최구희라는 비교 상대가 안 되는 연주자가 있었기 때문이었을 것이다. 하지만 꾸준한 노력으로 훗날 정상급 세션 연주자로 발돋움했다. 최구희는 지금 그 이름만 남아 안타까움을 주지만, 손진태는 초기 김현철, 장필순 음반 세션으로 그쪽 부류의 음반에서는 가장 각광받는 연주자가 되었다. 최구희와 같은 뜨거운 록 필은 없지만 섬세한 감성으로 김현철 1집(1989), 2집(1992), 3집(1993)과 장필순 1집(1989), 2집(1991)에서 고단한 마음을 달래주는 연주를 했다. 그 후 1992년 퓨전 재즈 연주 그룹 '야샤'에서 조동익, 함춘호, 김현철과의 작업으로 이미 그가 세션계에서는 이들과 같은 반열에 올랐음을 증명했다.

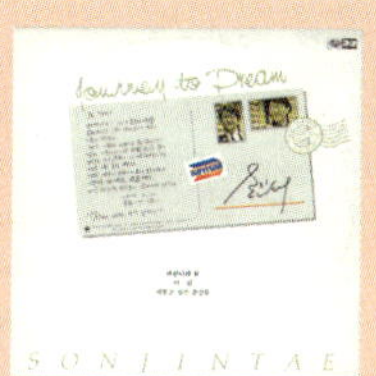

손진태 1집
[Journey to Dream]
(1989/지구레코드)
〈미련〉, 〈머물고 싶은 순간들〉

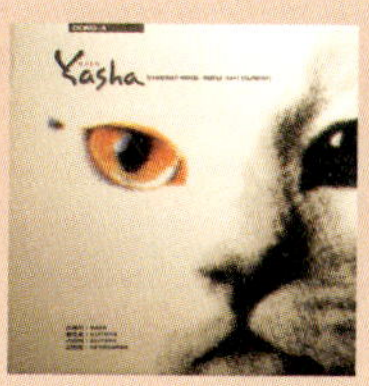

야샤 1집
(1992/서라벌레코드)
손진태(g), 조동익(b), 함춘호(g), 김현철(key)

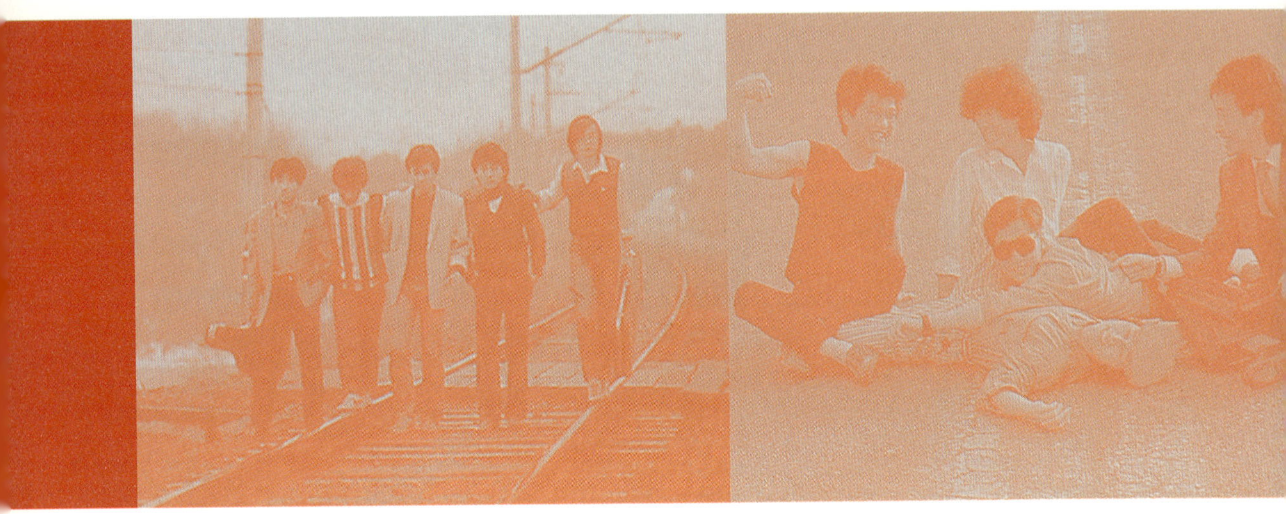

다섯손가락 & 벌거숭이

"주류 같은 비주류 그룹들"

이들은 들국화와 같은 해에 데뷔했다. 들국화가 언더그라운드에서 활동하던 일군의 중견 뮤지션들을 대표했다면, 이들은 발군의 음악성으로 아마추어군에서 부각된 존재였다.

다섯손가락은 대학생 그룹으로서는 가장 완성도 높은 음악을 했던 밴드였다. 1980년대에 헤비메탈 밴드를 제외한 주류 취향의 대학생 밴드가 대개 대학가요제를 통해서 활동했던 것과는 달리, 먼저 정식 음반으로 데뷔해 대중에게 선을 보였다. 이들은 〈새벽 기차〉, 〈수요일엔 빨간 장미를〉을 만든 이두헌(기타, 보컬)의 카리스마가 지배했던 그룹이었다. 1집에 참여한 멤버들은 특히 동세대의 뮤지션들에 비해 역량 면에서 발군이었는데, 이두헌 이외에도 임형순(보컬), 최태완(키보드)이 그랬다. 이두헌·임형순이 불렀던 젊은 감성의 곡들은 비슷한 연배의 많은 그룹의 곡들처럼 유치하지도 않았고 곡 만들기에서도 독자성을 보여주었다. 이 당시부터 최태완의 연주는 주목거리였다. 이두헌의 기타 연주가 절정인 이 앨범에서 가장 빛났던 곡 〈사라진 가을〉에서 최태완의 연주는 투명한 멜로디라인 전개가 돋보였고, 이로써 1990년대 각광받는 스튜디오 세션맨의 위치를 예약해놓았다. 1986년에 발매된 2집은 이두헌과 임형순만 남은 채로 박문일(베이스), 강태원(키보드), 이상희(드럼)가 새로 들어와서 녹음한 음반인데, 〈사랑할 순 없는지〉와 같은 대표곡이 있지만 데뷔 음반에서 보여준 가슴 섬뜩한 아름다움은 이미 사라진 채였다. 1987년의 3집부터는 이두헌 혼자서 만들게 되는데 여기에는 〈이층에서 본 거리〉가 담겨 있고, 1989년 박청귀, 이병우 등 일급 스튜디오 세션맨들이 참여한 4집은 〈전자오락실에서〉가 담긴 완성도 있는 명작이었다. 다섯손가락 이후 봄여름가을겨울 초기 멤버이기도 했던 최태완은 1991년에 [최태완 featuring 봄여름가을겨울]을 발표한다.

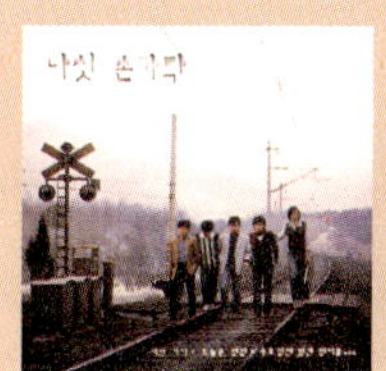

다섯손가락 1집
(1985/서울음반)
이두헌(g, v), 임형순(v),
최태완(key), 이우빈(b),
박강영(d)

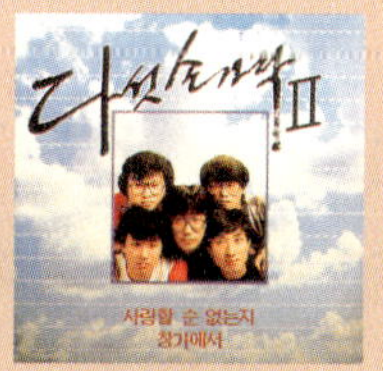

다섯손가락 2집
(1986/서울음반)
이두헌(g, v), 임형순(v),
강태원(key), 박문일(b),
이상희(d)

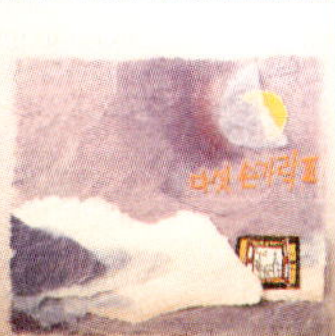

다섯손가락 3집
(1987/신세계음향)
이두헌(g, v)

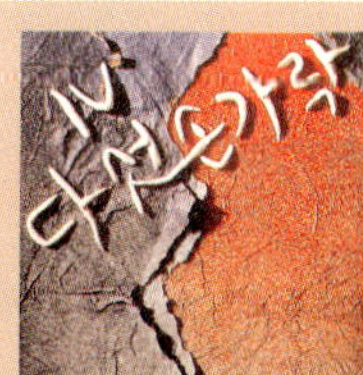

다섯손가락 4집
(1989/아세아레코드)
세션: 이두헌(g, v), 김희
현(d), 송홍섭(b), 김효국
(key), 황수권(key), 박
청귀(g), 이병우(g), 이정
식(flute)

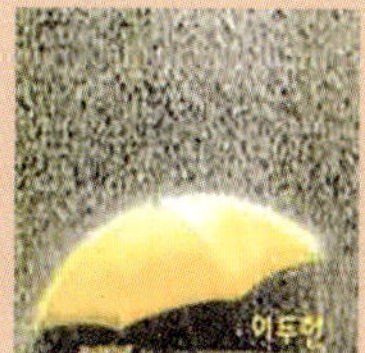

이두헌 1집
[Imagine]
(2001/록레코드)
〈10년 동안〉, 〈비 오던
날〉

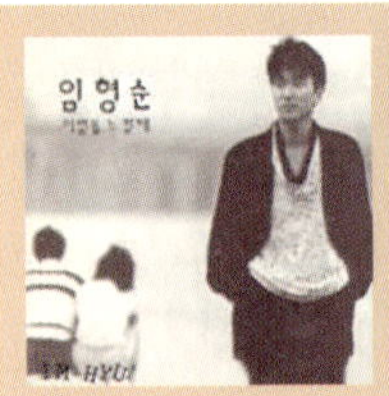

임형순 1집
[이별을 느낄 때]
(1987/서울음반)
〈이별을 느낄 때〉, 〈방황의 계절〉

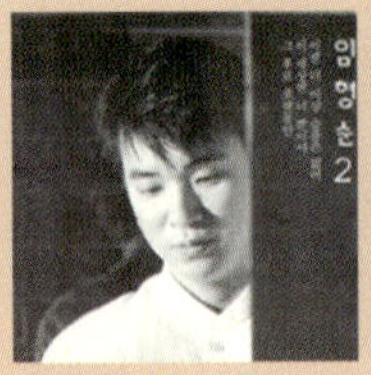

임형순 2집
[임형순2]
(1989/서울음반)
〈이젠 더 이상 슬픔은 없어〉, 〈이 도시 어디선가〉

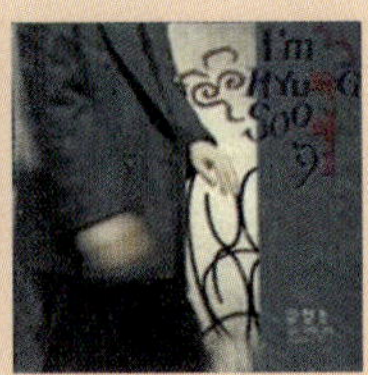

임형순 3집
[I'm HYUNG SOON '91]
(1991/예당)

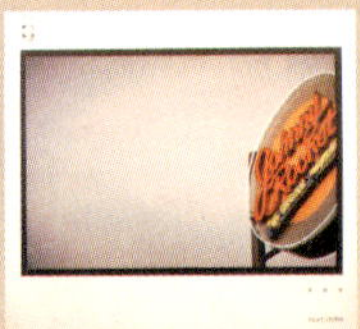

최태완 1집
[최태완 featuring 봄여름가을겨울]
(1991/서라벌레코드)
최태완(key), 김종진(g, 프로듀서), 전태관(d)

벌거숭이는 1970년대 중반 활동하던 '작은별'의 강인봉(기타, 보컬)이 어느새 성장해 만든 그룹이다. 한국판 '잭슨 패밀리'였던 그들은 변성기 전의 막내 강인봉을 리드 보컬로 내세워 한동안 인기를 얻었던 가족 그룹이었다. 그 이후 소식이 뜸하다가 1985년 강인봉은 형 강인구와 벌거숭이를 결성해 단 한 장의 앨범을 발표하고, 별반 활동 없이 밴드를 해산했다. 하지만 이 음반은 훗날까지 두고두고 주목받는 음반이 되었다. 강인봉, 강인구 형제 외에 이영웅, 곽윤종, 안영훈 모두가 뛰어난 작곡력을 보유했던 그들은 넘치는 창작력으로 오래 유지할 수도 있었던 밴드였지만 음반 판매량 저조와 내부 사정으로 단명하고 만다. 이 음반에는 리프가 좋은 〈벌거숭이〉 외에 유연한 곡 전개가 돋보이는 〈오늘이야〉, 〈시월의 꿈〉, 강인봉의 역작 〈삶에 관하여〉, 앨범에서 가장 다른 성향의 곡인 강인구의 〈도시는 밤이 화려하다〉 등이 수록되었고, 앨범 전 곡이 나름대로의 완성도를 갖추었다. 이후 강인구는 방송음악 작곡가로 활동했고, 강인봉은 세발자전거, 자전거 탄 풍경, 나무자전거를 결성했다.

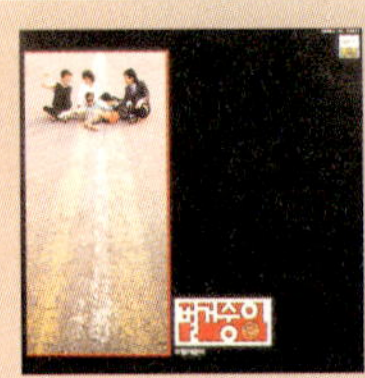

벌거숭이 1집
(1985/한국음반)
강인봉(g, v), 강인구(d), 이영웅(g), 곽윤종(key), 안영훈(b)

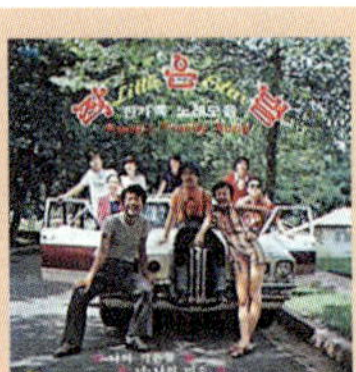

작은별 1집
[작은별 가족 노래모음]
(1977)
강문수(아빠, v, g), 주영숙(엄마, v), 강인호(v), 강인혁(v), 강인엽(v), 강인경(v), 강인구(v), 강애리자(v), 강인봉(v)
〈나의 작은 꿈〉, 〈너, 나의 미소〉

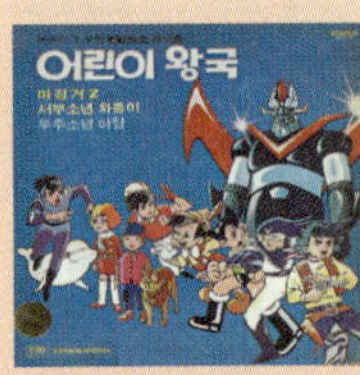

작은별
[O.S.T. 어린이 왕국 1]
(1976)
〈마징거 Z〉, 〈서부소년 차돌이〉

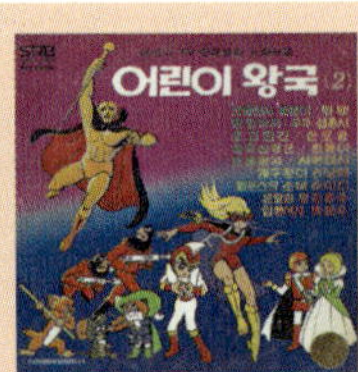

작은별
[O.S.T 어린이 왕국 2]
(1976)
〈요술전사 꽃분이〉, 〈깐돌이〉

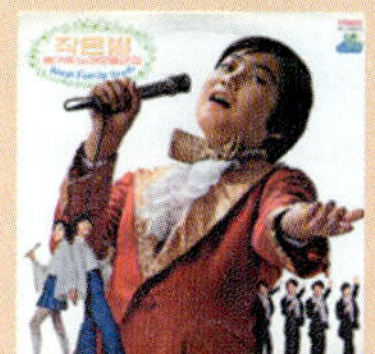

작은별 2집

[작은별 한 가족 노래 모음] (1978)

〈가야만 하는 길〉, 〈솜눈〉

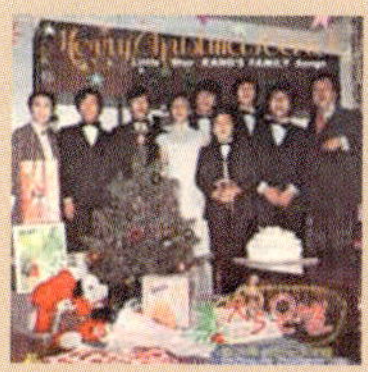

작은별

[성탄노래모음] (1978)

〈에멘〉, 〈북치는 소년〉

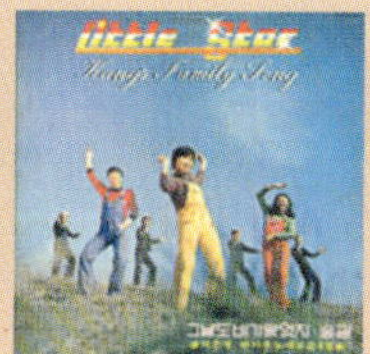

작은별

[그날도 비가 왔었지] (1979)

〈그날도 비가 왔었지〉, 〈숲길〉

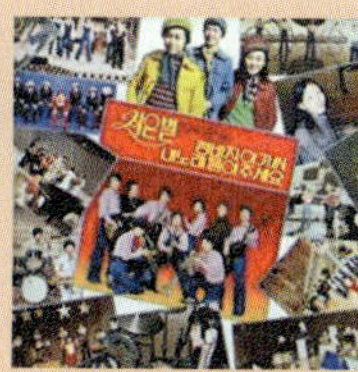

작은별

[작은별 한가족 노래 모음] (1980)

〈청바지 아가씨〉, 〈내 노래 들어 주세요〉 등 수록

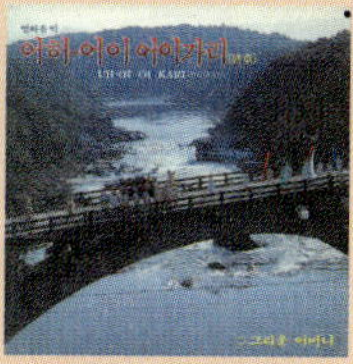

작은별

[O.S.T. 어허-어이 어이 가리] (1991)

〈어허-어이 어이가리〉, 〈그리운 어머니〉

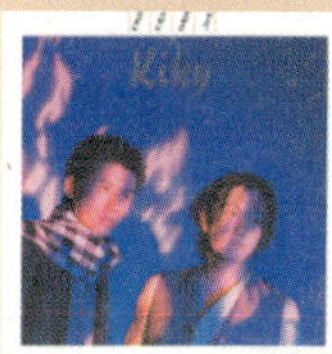

키키 1집

[판단중지] (1994/한국음반)

강인봉(v), 곽윤종(v)

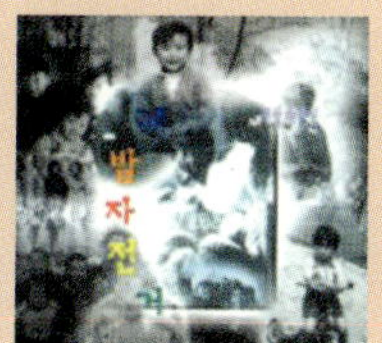

세발자전거 1집

[세발자전거] (1999)

강인봉(v, g, piano), 박진성(v, piano), 김형섭 (v, g)

〈Egeria〉, 〈세발자전거〉

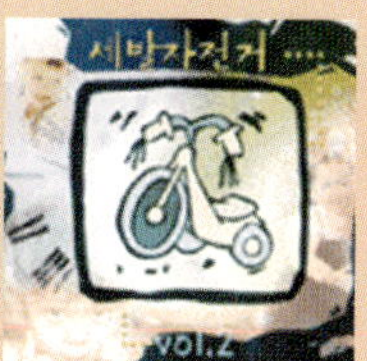

세발자전거 2집

[Vol.2 세발자전거] (2000/팔레트뮤직)

강인봉(v, g, piano), 박진성(v, piano), 김형섭 (v, g)

〈고슴도치〉, 〈세상살이〉

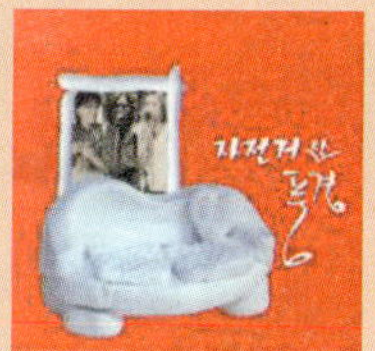

자전거 탄 풍경 1집

[자전거 탄 풍경] (2001/스타맥스)

강인봉(v, g, sax, key), 송봉주(v, g, harmonica), 김형섭(g, v)

〈너에게 난, 나에게 넌〉, 〈안녕〉

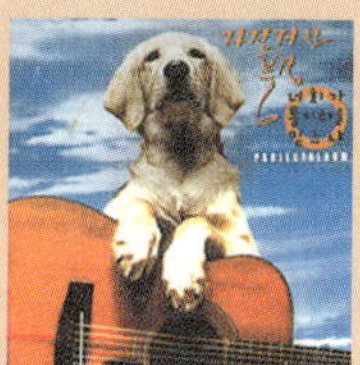

자전거 탄 풍경

[너희가 통기타를 믿느냐] (2001/스타맥스)

강인봉(v, g, sax, key), 송봉주(v, g, harmonica), 김형섭(g, v)

〈영원한 사랑〉, 〈폼생 폼사〉

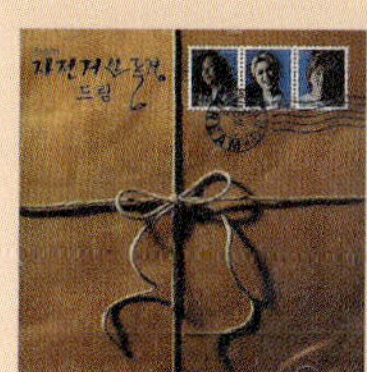

자전거 탄 풍경 2집

[드림] (2002/스타맥스)

강인봉(v, g, sax, key), 송봉주(v, g, harmonica), 김형섭(g, v)

〈둔치〉, 〈또 다른 사랑이 찾아와도〉

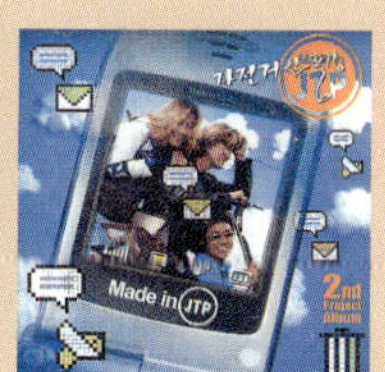

자전거 탄 풍경

[In JTP 2nd Project Album] (2003/스타맥스)

강인봉(v, g, sax, key), 송봉주(v, g, harmonica), 김형섭(g, v)

〈가시리〉, 〈길 잃은 친구에게〉

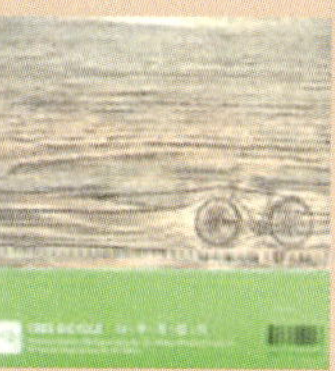

나무자전거 1집

[나무자전거] (2005/서울음반)

강인봉(v, g), 김형섭(g, v)

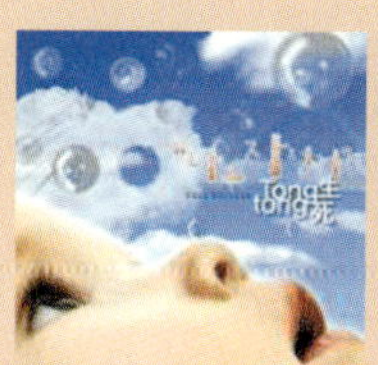

나무자전거

[remake – 통생통死] (2005/서울음반)

강인봉(v, g), 김형섭(g, v)

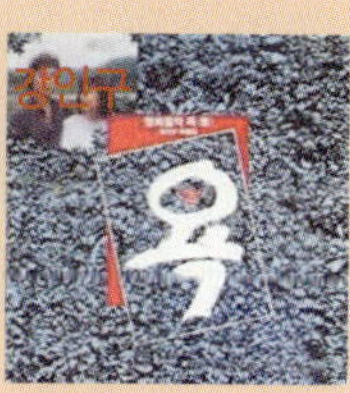

O.S.T.

[옥] (1987/서울음반)

강인구(작사, 작곡)

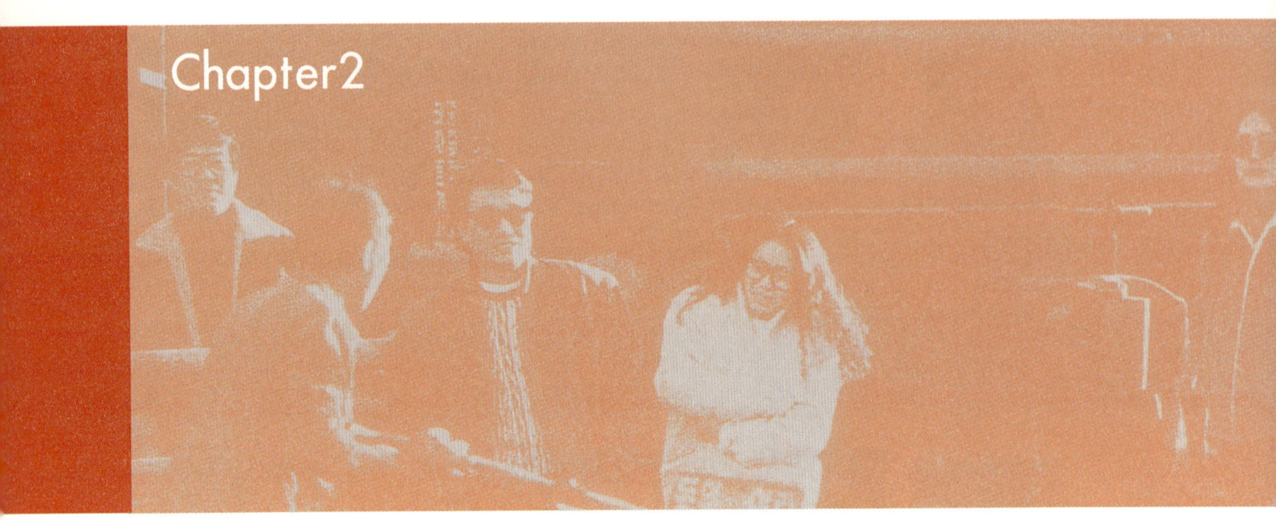

Chapter 2

엄인호(신촌블루스)

"나는 엉터리 기타의 거성"

엄인호는

    신촌블루스 2집(1989)을 마지막으로 이정선이 탈퇴한 뒤 엄인호는 실질적으로 밴드의 리더가 되었고, 자신의 색채로 신촌블루스를 변화시켰다. 평소부터 '가요화된 블루스'를 하고 싶었던 그는 3집(1990)에 담긴 〈향수〉 같은 곡으로 이를 완성시켰다. 엄인호 특유의 기타 연주와 분위기가 돋보이는 3집은 신촌블루스의 최고작이라고 여겨진다. "가요와 블루스의 접목이라는 대전제 아래 여성 보컬이라는 소전제를 훌륭하게 배치한 신촌블루스 3집은 이정선이라는 한국적 블루스 기타의 모범이 떠났음에도 불구하고 '엄인호의 신촌블루스'의 걸작으로 손꼽히고 있다"라는 평가와 함께 "엄인호의 기타는 그것이 독학에 의한 것이기 때문에 가질 수 있는 고유의 색깔이 있다. 이러한 면 때문에 신촌블루스의 '가요 블루스'는 곧 엄인호의 기타와 동격인 의미를 지니게 된다"라는 평가도 있다.

    엄인호의 노래들은 결코 상큼하지 않지만, 참 묘하면서도 사람의 마음을 끄는 매력이 있다. 이정선은 그를 가리켜 "전혀 정석적이지 않은 기타리스트"라고 말했고, 엄인호 스스로도 "나는 후로쿠 기타의 거장이다"라고 말한 적이 있다. 그는 확실히 가장 묘한 느낌의 블루스 기타리스트 중 한 명이고, '한국적인 블루스 기타리스트'임에 분명한 것 같다.

바이오그래피

1952년	11월 26일 출생
	단국대학교 무역학과
1978년	풍선 with 이성선, 이광조
1982년	장끼들 with 라원주, 박동률, 이응수, 장수연
1987년	신촌블루스 with 이정선, 정서용, 한영애, 박인수
1989년	신촌블루스 with 이정선, 김현식, 정서용
1990년	신촌블루스 with 정경화
1991년	신촌블루스 with 김동환, 김형철
1992년	Super Stage with 김목경, 정경화, 조준형
2000년	엄인호/박보 with 박보

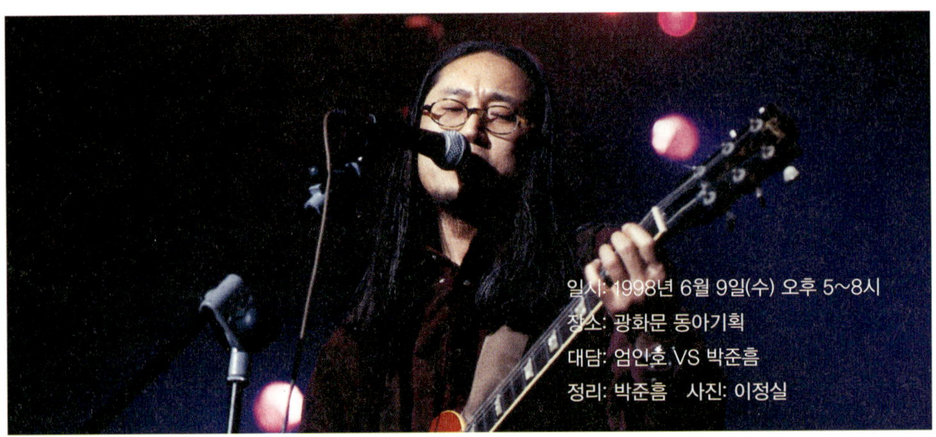

미국 뉴욕의 그리니치가 전방위 젊은 예술가들의 상징적인 장소라면, 한국 서울의 신촌도 1970~1980년대에 같은 위상이었다고 할 수 있다. 근처에 자유로운 학풍의 대학들이 밀집한 탓에 인근 지역을 중심으로 형성된 만남의 장소에서는 가난한 예술가들이 득실댔고, 이들 사이에서 뭔가 새로운 기운이 용틀임할 조짐이 보였다. 엄인호의 기억대로 '싸구려 막걸리 집들과, 음악을 들을 수 있는 카페들, 음악 연습하기 좋은 장소가 많았던' 신촌은 그래서 이정선, 엄인호, 김현식, 한영애 등 일군의 블루스에 심취한 재능 있는 젊은 뮤지션들의 터전이 되었다. 또한 그들이 보여준 열정적이면서 독창적인 감수성은 1980년대 우리 대중음악계에 발전적인 모티브를 제공했다. 신촌블루스의 창단 멤버로서, 밴드의 초기 사운드 메이커로서 이정선과 함께 양대 축을 이루었던, 그리고 끝까지 밴드에 남아서 대장 역할을 했던 엄인호를 만나 그가 원했고 또한 이룩해낸 '가요에 블루스를 접목하는' 과정을 잠시 듣기로 한다.

"나는 가요에 블루스를 접목하고 싶었다."

엄인호: 나는 후로꾸 기타의 거성이다. 혼자 기타를 배웠고, 그래서 내 마음대로 기타를 친다. 어떤 기자가 "엄인호 씨의 기타는 상당히 정리가 안 된 것 같다"라고 한 적도 있다.

그렇다. 물론 스케일은 같겠지만 나는 정석으로 기타를 배우지 않아서 여러 면에서 다를 수밖에 없다. 나는 외국 곡을 들으면서 플레이를 카피한 적이 없다.

음악을 하고 싶었는데, 위의 형님 두 분이 음악을 하고 있어서 집에서 반대가 심했다. 그래서 음악을 하려고 가출을 했다. 음악하기 위해서 공부를 포기했다. 굉장히 반항적이었다.

아니다. 그때는 록을 즐겨 들었다. 롤링 스톤스(Rolling Stones), 비틀스(Beatles) 등을 좋아했다. 1970년대 초에는 소울이 유행하던 시기라 그 음악을 즐겨 들었다. 김추자, 박인수 등이 활발한 활동을 했었다. 그 음악에 매력을 느낀 것은 사실이지만 역시 나의 근본은 록인 것 같다.

그렇다. 이정선은 정석적인 블루스를 하고 싶어 했고, 나는 블루스에 록을 접목하고 싶어 했다.

그렇다. 신중현을 존경한다. 그에게 영향을 많이 받았다. 박인수가 부른 〈봄비〉 등을 좋아했고, 그의 침체기에 그의 맥을 잇고 싶었다. 가요에 블루스를 접목하고 싶었다. 엄인호가 하는 블루스는 정통 블루스가 아니라는 말은 맞다. 나는 사실 특별한 경우가 아니면, 그리고 누구와 세션을 하지 않으면 정통 블루스를 연주하는 경우가 별로 없다. 단지 신촌블루스라는 이름을 지은 것은 1980년대에 블루스를 좋아하는 사람들이 모여서 그 음악을 하고 싶어서 지은 것이다. 앨범에서 정통 블루스를 많이 하지 않은 이유는 제작자의 입장을 많이 생각했기 때문이다.

단점이라면 일반적인 합주가 잘 되지 않는 것 등이다. 장점이라면 기타 톤 등 내 나름대로의 색깔을 많이 갖고 있다는 점이다. 누가 들어도 내 기타 소리는 안다고 한다.

견해차에 의한 결별이라고는 할 수 없다. 밴드는 중심적으로 운영할 누군가가 필요하다. 이정선은 솔로 활동을 하곤 했기 때문에 자연스럽게 내가 운영을 맡게 되었다. 이정선에게 많은 영향과 도움을 받았다. 나를 DJ에서 끌어내 가요계에 진출시킨 것도 그다.

이정선이 탈퇴한 신촌블루스 3집은 이전과는 많이 다른 음악을 보여주었다. 이정선에게 영향을 받았다기보다는 처음 출발선에서부터 이정선과는 많이 다르지 않았나?

이정선은 포크와 재즈, 블루스 성향이 강했다. 나는 록 성향이 강하다. 음악 듣는 스타일도 달랐고, 아무래도 내 음악 스타일은 거칠다. 연주 성격을 보더라도 그는 녹음 전에 편곡 등을 완벽하게 끝낸 상태에서 녹음하는 스타일이고, 나는 그때그때 즉흥적으로 나가는 스타일이다. 내 녹음을 할 때 갑자기 생각나는 대로 요구해서 그가 불편해하기도 했다.

"음악하는 목적은 많은 사람에게 들려주기 위해서다."

요즘의 근황은?

일본에서 온 박보 밴드와 얼마 전에 공연을 했다. 그들과 음반을 내려고 한다. 1990년부터 생각해온 계획이었다. 일본으로 진출하고 싶고, 박보 밴드를 교두보로 삼고 싶은 생각이 있다. 좀 더 활동 영역을 넓히고 싶고, 일본에서는 그것이 가능하다는 생각이 들었다. 예전에 신촌블루스가 일본에서 공연을 한 적이 있었는데, 그때 그런 느낌을 받았다. 한국과 일본의 문화 교류가 재개되면 바로 음반을 낼 것이다. 박보 밴드가 이미 몇 곡을 녹음하고 갔다. 타이틀은 '엄인호 · 박보 밴드'가 될 것 같고 나머지는 8월에 잼 형식으로 녹음할 예정이다. 한국과 일본에서 동시에 발매할 예정이어서 레퍼토리도 양쪽이 조금씩 다를 것이다.[1]

일본으로 진출하겠다는 의미는?

한국은 음악 시장이 너무 좁다. 좀 더 넓은 곳에서 활동하겠다는 뜻이다. 음악은 어디서나 같지 않나? 어차피 음악하는 목적은 많은 사람에게 들려주기 위해서가 아닌가?

일본이 음악하기에 좀 더 자유롭게 느껴지는가?

아무래도 일본은 우리보다 공연문화가 발전된 것이 사실이다.

그들에게 거부감은 없으리라고 보는가?

내 음악은 동양적인 멜로디에다 블루스를 접목시킨 것이라서 거부감은 없으리라고 본다. 일본의 블루스는 앨버트 킹(Albert King), B. B. 킹(B. B. King) 등 미국적인 블루스 음악에 가깝다. 그런데

---

[1] 엄인호&박보 [Rainbow Bridge] (2000/massmusic).

나를 포함해 이정선 씨 등은 가요에 블루스를 접목시킨 스타일이라 독특하다는 평을 들었다. 일본의 블루스 뮤지션들이 모방성이 강한 데 비해 오히려 우리는 독창적이다. 지금 섭외된 뮤지션은 나와 이정선, 김목경, 박청귀이다.

"신중현과 같은 스타가 되고 싶었다."

어려서 무엇을 하려 했나?

어려서부터 체육만 제외하고는 여러 가지에 소질이 있었다. 미술도 좋아했고, 공부도 잘했다. 하지만 음악을 알고부터는 신중현과 같은 스타가 되고 싶었다. 신중현의 공연을 보면서 "나도 저렇게 되어야겠다"라는 생각을 했다. 음악을 하겠다고 작정한 것은 고등학교 2학년 때다.

그러면 외국 음반을 듣고 음악에 마음을 두었다기보다는 신중현과 같은 국내 뮤지션의 공연을 본 것이 음악하는 데 결정적인 영향을 주었다는 말인가?

신중현의 연주는 소름이 끼칠 정도로 감명을 주었기 때문에 그 당시 그는 나의 우상이었다.

기타 연습은 어떻게 했나?

처음에는 기타 학원에 다녔다. 집에서 영어, 수학 쪽에 학원비를 주면 그중 한 과목을 빼먹고 그 돈으로 기타 학원을 다녔다. 그런데 거기서 가르쳐주는 것이 내가 생각한 것과 너무 동떨어져 있었다. 〈울 밑에선 봉선화야〉 같은 것을 연습시켰다. 물론 이런 것이 기초가 될 수는 있지만 나는 그럴 시간이 없다고 생각했다. 그래서 학원 다니는 것을 포기하고 나 혼자 뚱땅거리며 기타를 치기 시작했다. 하다 보니 뭔가 되는 것 같았고, 친구들과 그룹을 만들어서 C. C. R. 등을 카피하기 시작했다. 주위에서 어린 나이치고는 잘한다는 소리도 들었다. 체계적인 연습 과정이 없어서 후회하기도 했지만, 내가 내 음악을 하는데 '체계적인' 것이 필요한가라는 생각도 든다. 엉터리 기타를 친다는 소리도 들었지만 어쨌든 '후로꾸 기타의 달인'이 된 것은 사실이다. 이정선도 "너는 순엉터리 기타인데도 그런 대로 체계가 잡힌 것 같다"라고 한 적이 있다.

신중현 전성기 때의 연주는 어떠했는가?

신중현은 당시 소울과 사이키델릭 록을 연주했다. 아이언 버터플라이(Iron Butterfly), 바닐라 퍼지(Vanilla Fudge) 등의 곡을 연주하기도 했다. 환상적이고 쇼킹했다. 신중현에게 가장 큰 영향을 받았다.

1970년대 초·중반에는 음악다방 DJ도 했다고 들었다. 당시는 어떻게 음악생활을 했나?

서울에서 가출한 뒤 부산으로 갔다. 당시 서울에서 가출하는 애들은 막연히 부산으로 갔다. 부산에서 음악다방 DJ를 하면서 잠시 연주생활을 했다. A급 밴드가 아니어서 꾸준히 팀을 유지할 수

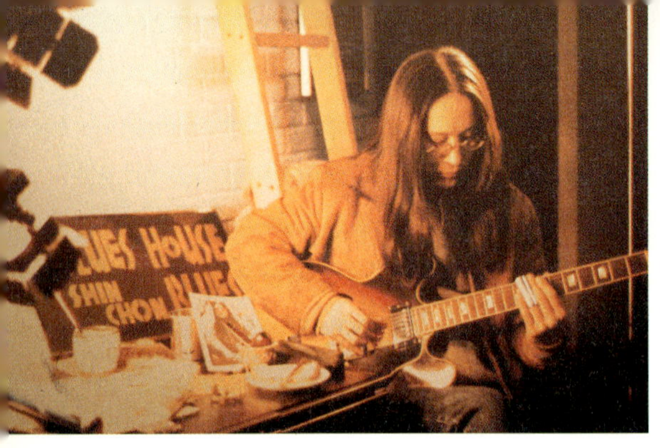

"〈향수〉는 올드 블루스 스타일의 곡이다. 블루스 멜로디 자체가 한국적인 멜로디와 같다는 것을 그 곡으로 보여주고 싶었다. 그 곡으로 가요화된 블루스가 완성되었다고 생각한다."

없었다. 그때 부산에서 DJ를 하는데 주위에서 내게 음악을 굉장히 강하게 튼다는 얘기를 했다. 당시 부산의 음악다방에서 나오는 음악은 C. C. R. 정도였다. 음악 마니아가 아닌 이상 레드 제플린(Led Zeppelin)도 알지 못했다. 부산에 내려갈 때 음반들을 가지고 내려갔는데, 내가 가지고 간 음반들을 들려주었을 때 쇼킹하다는 반응을 얻었다. 자신 있게 말하는데 당시 부산 음악다방의 음악은 내가 선도했다.

1970년대 당시 밴드의 음악 환경은?

부산 같은 데는 조그만 클럽들이 많았다. 개런티 등의 환경은 오히려 지금보다 좋았다.

"자유스럽지만 조금은 힘든 생활을 하고 고통의 연속인 것이 블루스 자체다."

곡은 언제부터 쓰기 시작했나?

1970년대 말 한 여자를 알게 되면서였다. 그때까지는 하루하루 술이나 마시면서 살았다. 나는 히피적으로 살았다고 생각했는데, 다른 사람이 보기에는 한심했을 것이다. 그 여자가 어느 날 내게 일침을 가했는데, 내가 너무 무의미하게 산다는 것이었다. 가만히 생각해보니 그런 것 같았다. 나는 음악을 하고 싶었기 때문에 곡을 써야 한다고 생각했다. 그때가 1978년경이고 〈아쉬움〉, 〈골목길〉, 〈바람인가〉 등을 막 쓰기 시작했다.

블루스를 좋아하고, 블루스에 천착하게 된 계기가 있는가?

에릭 클랩튼(Eric Clapton), 롤링 스톤스 등을 듣다 보니까 그들 음악의 기저에 깔린 블루스에 관심을 갖게 되었다. 그래서 B. B. 킹 등을 들으면서 본격적으로 블루스에 빠졌다. 그리고 주위의 이정선, 김현식 등과 블루스 음반을 바꿔가며 들었다.

김현식은 어떻게 알게 되었나?

전유성이 신촌의 막걸리집으로 그를 데려왔다. 전유성은 신촌을 왔다갔다하면서 방송출연 등으로 돈이 생기면 술을 사주는 선배였는데, 어느 날 노래를 잘하는 친구라고 김현식을 소개해주었다.

음악에 블루스를 도입한 것은 언제쯤인가?

1979년 풍선들 음반을 만들 때도 블루스를 하려고 했다. 하지만 제작자의 이해 부족으로 실현하지는 못했다. 1982년 장끼들이라는 그룹을 할 때 처음으로 블루스를 했다. 그 팀이 깨졌을 때는 너무 힘들어서 연주를 하지 않으려 했다. 잠시 성음에서 가요음반 기획을 했는데, 권인하가 참여한 '우리'라는 그룹의 음반을 제작했다. 하지만 연주를 하다가 음반을 기획하는 일을 하자니 너무나도 갑갑했다. 그러다가 우연한 기회에 전유성의 친구가 운영했던 신촌의 '레드 제플린'이라는 카페를 인수하게 되었다. 이때 이정선, 한영애 등과 블루스를 연주하자고 얘기했고, 1986년 4월에 처음으로 그곳에서 블루스 공연을 하기 시작했다. 이때는 신촌블루스라는 이름도 없었다. 그런데 블루스 공연을 할 때에는 자리가 없을 정도로 사람이 몰려들었다. 이를 본 어떤 사람이 내게 차라리 소극장 공연을 하라고 제의했다. 이때는 들국화도 소극장 공연을 활발하게 하던 때였다. 그래서 6월에 동숭동에 있는 샘터 파랑새 극장에서 첫 공연을 했다.

블루스는 무엇인가?

자유로운 음악이다. 편곡에서도 완벽을 기할 필요가 없다. 가사에도 어떤 사상이 담길 필요가 없다. 삶의 시시콜콜한 이야기를 담을 수 있는 음악이다. 작사, 작곡도 즉흥적으로 한다.

엄인호 씨의 삶 자체도 자유로웠던 것 같은데.

경제적인 문제에 봉착해서 그렇지 자유롭게 살았다.

왜 '신촌블루스'인가?

1980년대의 신촌은 상당히 자유로운 느낌이었다. 싸구려 막걸리집, 음악을 들을 수 있는 카페, 연세대 뒷산, 서강대 잔디밭 등 연습하기 좋은 장소가 많았다. 그런 이유로 '신촌'이라는 단어를 선택했고, 모두가 블루스를 좋아하고, 하고 싶어 했기 때문에 '블루스'를 붙였다. 또한 블루스라는 단어의 느낌도 좋지 않은가?

신촌블루스가 활동을 시작할 당시까지도 '블루스'는 디스코테크에서 한번 쉬어가는 용도로 쓰이는 슬로록 음악과 혼동되어 불리거나, 카바레에서 나오는 〈대전 블루스〉 같은 색소폰 소리가 애절하게 나오는 춤곡으로 인식되고 있었다. 사실상 신촌블루스에 의해 블루스 음악에 대한 인식이 달라졌다고 생각한다. 1980년대 대중음악계에서 신촌블루스의 역할은?

공연문화에 일조한 것은 사실이다. 그리고 우리 가요에 블루스를 접목시키는 작업을 했다. 앞으로는 우리 가요의 발전을 위해서 신인을 발굴해 음반 제작을 하고 싶다.

자신의 블루스적인 감수성을 어떻게 평가하는가?

내 자신의 생활 자체가 블루스인 것 같다. 자유스럽지만 조금은 힘든 생활을 하고, 고통의 연속인 것이 블루스 그 자체다.

"1, 2집은 정리가 잘되고, 음악적인 완성도는 있을지라도 정말 내가 생각한 사운드는 아니었다."

1979년 이정선, 이광조와 같이한 '풍선'이 공식적인 음악생활의 시작인가?
그렇다.

풍선은 어떤 음악을 했나?
포크를 기본으로 마이클 프랭크스(Michael Franks)와 같은 보사노바, 록을 혼합했다.

당시 이정선은 한영애, 이광조, 김영미와 포크 그룹 해바라기를 조직하고 이미 음반도 2장이 나온 상태였다. 선생은 포크 음악과 감성이 잘 맞지 않을 것으로 생각되는데.
사실 1970년대에 국내에서 행해진 포크는 대부분 이지리스닝 계열의 팝이었다. DJ 생활을 할 때 록, 블루스, 재즈를 많이 들었지만 미국의 정통 포크에도 심취했었다. 밥 딜런(Bob Dylan), 우디 거스리(Woody Guthrie) 등의 음악을 좋아했다.

1981년 컨트리 뮤지션 이정명의 데뷔 음반에 이필원 등과 기타 세션에 참여했는데.
컨트리는 블루스를 하기 위해서 필수적으로 들어야 하는 장르다. 컨트리도 블루스의 스케일을 많이 쓴다. 서든 록은 컨트리, 로커빌리, 블루스가 합쳐져서 만들어진 음악이다. '우드스탁' 음반을 들어보면 포크, 컨트리, 블루스, 록 모두가 들어 있다. 1970년대 미국의 대중음악은 모든 장르가 혼재된 크로스오버적인 요소가 강하다.

1988년 신촌블루스 1집은 국내 대중음악계에서 중견 뮤지션 중 언더그라운드 성향을 가진 음악인들이 모인 연합체 성격이었다. 이미 대중들에게 잘 알려진 이정선, 한영애라는 걸출한 뮤지션들 이외에 묻혀 있던 박인수가 신중현의 〈봄비〉로 재등장했고, 정서용이라는 신인이 발굴되었다. 그리고 향후 신촌블루스를 끝까지 이끌어가는 엄인호 씨가 돋보였다.
언더그라운드는 우리가 붙인 명칭이 아니다. 아직도 나는 언더그라운드 뮤지션이라고 생각해본 적이 없다. TV에서는 우리의 음악이 수용될 환경이 조성되어 있지 않았다. 일례로 방송국에는 역량 있는 음향 엔지니어가 없었다. 그래서 방송에 출연해 연주하면 왠지 찜찜했다. 그러니 안 불러주기도 했지만 나가기도 싫었다.

신촌블루스가 공식적인 활동을 시작한 1986년에는 1984년 김현식 2집의 〈아무 말도 하지 말아요〉, 1985년 이정선 7집의 〈건널 수 없는 강〉, 〈바닷가에 선들〉 정도 외에는 우리 대중음악계에서 특별히 블루스가 시도되지 않았다. 이런 척박한 환경에도 불구하고 블루스 음악이 움틀 수 있었던 요인은 무엇이었다고 생각하는가?
이전의 음악 스타일에 식상함을 느꼈던 사람들에게 당시 블루스 음악이 신선하게 들렸을 거라고 생각한다. 세션도 그전까지는 틀에 박힌 연주였다. 그리고 신촌블루스 참여 보컬리스트들은 당시 국내 최고였다.

1, 2집은 사운드 면에서 이정선과 절충적인 면을 모색하고 있었다. 1, 2집의 사운드에는 만족하는가?

지금 생각하면 이정선에게 양보를 많이 한 것 같다. 1, 2집은 정리가 잘 되고, 음악적인 완성도는 있을지라도 정말 내가 생각한 사운드는 아니었다.

자신과 이정선의 기타 연주를 비교한다면?

이정선의 스타일은 인내를 필요로 하는 연주다. 그는 연주와 편곡에서 정확한 것을 원한다. 나는 답답해서 그렇게 못 한다. 세션 당시 연주자들의 기량으로 즉흥적으로 맞춘다. 그런데 사람들 말에 의하면 둘이 절묘하게 융화된다고 한다. 이정선은 굉장히 조심스럽고 교과서적인 연주를 하고, 나는 들어가서 흔들어놓고 나온다. 나는 신경질적으로 기타를 치는 편이다.

〈그대 없는 거리〉는 한영애의 데뷔 음반에 〈도시의 밤〉으로 실렸다가 신촌블루스 1집에 제목이 바뀌어서 재수록되었다. 그리고 선생의 최근작 [10년의 고독]에도 또 수록되었다. 그 곡을 만들 당시 전율을 느꼈다고 들었는데, 그 곡을 자신의 최고작이라고 생각하는가?

그렇게 생각한다. 그 곡의 가사 내용 자체가 내 생활이었다. 힘들어서 누군가에게 기대고 싶을 때 만든 곡이고, 나를 가장 적나라하게 드러내는 곡이다.

신촌블루스 1집을 생각하면 〈그대 없는 거리〉, 〈바람인가〉, 〈아쉬움〉이 떠오를 정도로 처음에 주도적인 역할을 했을 것으로 생각되는 이정선 씨보다 엄인호 씨가 오히려 부각되었다. 신촌블루스는 자신의 그룹이라고 생각하는가?

대표곡을 정하는 것은 제작자의 몫이었다. 그런데 이정선의 곡보다 내 곡들이 호응을 얻었다. 그래서 자신감을 갖는 계기도 되었다.

자신의 노래인 〈그대 없는 거리〉, 〈바람인가〉를 부른 한영애에 대한 평가는? 이 곡들은 1집에서 압권이었다.

그렇게 가창력 있는 가수가 주위에 있었다는 것은 행운이었다. 우리는 한 번은 폼나게 활동했다. 그런데 한영애는 아직도 음악적으로 방황하는 것 같다.

드러머에 베봇(BeBot)이라는 외국인도 있었는데.

그는 필리핀 사람인데 한국 여자와 결혼해서 한국에서 정착하고, 호텔 나이트클럽에서 연주를 하고 있었다. 당시 국내에 와 있는 외국인 연주자들의 계약 조건이 너무 열악했기 때문에 그에게 생활비라도 마련해주고 싶어서 세션에 참여시켰다.

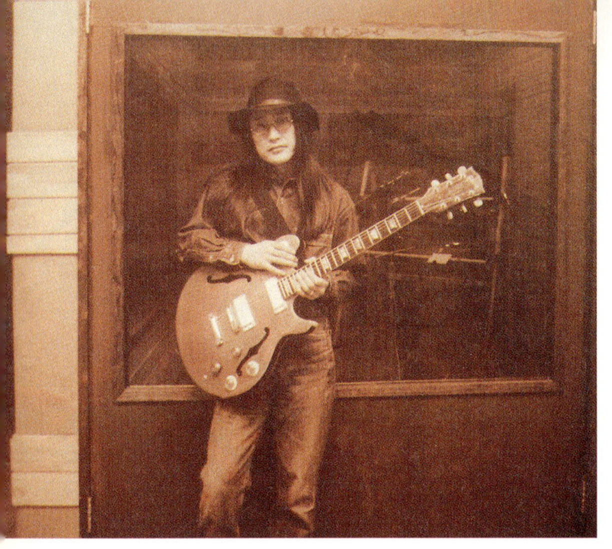

"잔뜩 찌푸린 날 한 잔의 커피와 B. B. 킹의 음악이 아쉽다."

1989년 2집에는 김현식이 참여했다. 김현식에 대한 느낌은?

그는 2집에서 〈골목길〉을, 3집에서 〈이별의 종착역〉을 불렀다. 사실 정경화와 함께 3집의 주도
적인 역할을 그에게 맡기고 싶었다. 하지만 그는 건강이 극도로 나빠졌기 때문에 한 곡밖에 참여
하지 못했다.

자신의 음악에 가장 잘 맞는 보컬리스트를 꼽자면?

역시 죽은 김현식이다. 잘한다는 가수는 많이 보았지만 그 이외에 정말 노래를 노래답게 하는 '노
래꾼'은 보지 못했다.

1집이 어느 정도 가라앉은 느낌이라면, 2집은 브라스 섹션도 들어가면서 좀 더 강하고 화려해
진 느낌인데.

1집은 파워 면에서 떨어지는 음반이었다. 또한 1집은 이정선과 내가 각기 자신의 곡을 연주한다
는 느낌이었는데, 2집에서는 곡은 내가 쓰더라도 편곡 등 기본적인 틀은 이정선에게 의뢰했고,
음악적인 완성도를 얻으려고 욕심을 많이 부렸다. 2집은 이정선과 타협해서 만든 음반이었다. 그
음반은 우리 대중음악계에서 명반 중의 하나로 꼽힌다고 들었다.

1집의 베이시스트 김영진2은 얼마 전에 독집 음반을 발표했다. 그리고 2집부터는 베이시스트로
이원재가 참여한다.

김영진은 음악은 잘하지만 성격에 문제가 있었다. 무대에서 너무 남을 의식하지 않아서 밴드 내
에서 융화가 되지 않았다. 녹음은 가능해도 콘서트에서는 문제가 있었다. 반면 이원재는 내가 요
구하는 대로 연주했기 때문에 편했다. 2집부터는 내가 생각하는 밴드를 만들고 싶었기 때문에 문

---

2 시나위, 카리스마, 아시아나에 참여한 김영진과 동명이인임.

제가 있는 사람은 방출해야 했다.

B. B. 킹을 무척 좋아하는 것 같다.

그는 블루스의 교과서적인 사람이기 때문에 모두가 좋아했다. 그러나 지금은 그와 같이 연주하지 못한다. 지금 내가 너무 달라졌기 때문에 〈루씰〉도 예전같이 치지 못한다.

2집 앨범 커버에 "잔뜩 찌푸린 날 한 잔의 커피와 B. B. 킹의 음악이 아쉽다, 너무 변해버린 이 거리에서 가끔 내 머리 속엔 블루스가 그려지고 잊혀진다"라고 쓴 이야기를 보았다. 지금도 신촌에 대한, 그리고 블루스에 대한 향수가 있는가?

지금은 신촌에 거의 나가지 않는다. 신촌은 너무 변했다. 신촌은 지금 환락가가 되었고, '소돔과 고모라'가 되었다. 술 마실 기분도 나지 않는다.

지금은 어디서 술을 마시는가?

나는 사람 많은 곳을 싫어한다. 장사 더럽게 안 되는 술집을 찾아간다.

2집 음반을 끝으로 신촌블루스의 양대 축이던 이정선이 나간다. 그리고 이후 그의 음악적인 성향이 변하는데, 그가 신촌블루스를 그만두고 블루스까지 중단한 이유는?

잘 모르겠다. 지금 기타 치는 스타일은 재즈 쪽으로 많이 치우쳤다. 그리고 어떨 때는 황당하게 연주하는 적도 있다. 같이 무대에서 잼 세션을 할 때 애드립을 받는 것을 보면 혼자서 분석하면서 치는 등 이상하게 칠 때가 있다. 상당히 소심하게 기타를 치기도 하는데 그것이 매력적일 때도 있다. 다른 사람들은 몰아치듯이 기타를 치는데 혼자서 바보같이 기타를 치니까 독특하기도 하다.

1989년 신촌블루스 라이브 1집에서는 오태호(기타)가 잠시 밴드에 있었는데.

성음의 최권순 씨가 소개를 해주었다. 재능도 있었고, 착하고 순진했다. 그런데 그렇게 유명한 작곡가가 되리라고는 상상하지 못했다.

최희준이 〈진고개 신사〉로 신촌블루스 라이브에 등장한 계기는?

그는 후배들을 잘 챙겨주는 사람이다. 한번은 '재즈 & 블루스'라는 공연을 한 적이 있었는데, 그가 1부 재즈 타임과 2부 블루스 타임의 중간 역할을 했다. 그리고 그때 그 곡을 녹음했다.

"블루스 멜로디 자체가 한국적인 멜로디와 같다는 것을 〈향수〉로 보여주고 싶었다."

1990년 신촌블루스 3집은 엄인호 씨가 리더가 되어 만든 음반이고, 비로소 이때부터 신촌블루스의 음악적인 방향은 엄인호 씨의 독자적인 성향으로 나아간다. 〈향수〉가 그 대표적인 경우였

고, 그 곡은 이전과는 다른 성향이었다. 또한 이 곡에서는 엄인호 씨의 멋진 기타 솔로도 들을 수 있는데.

〈향수〉는 올드 블루스 스타일의 곡이다. 블루스 멜로디 자체가 한국적인 멜로디와 같다는 것을 그 곡으로 보여주고 싶었다. 그 곡으로 가요화된 블루스가 완성되었다고 생각한다.

정서용에 이어 이 음반에서는 정경화, 김미옥, 이은미가 발굴되는데, 이들에 대한 평가는?

이은미는 자진해서 들어온 경우다. 나중을 위해 여자 가수 몇 명은 필요하다고 생각했다.

'신중현과 뮤직파워' 포맷을 생각하고 있었나?

그런 것도 있다. 내게는 항상 여자 가수가 2명 정도가 필요하다고 생각한다. 그게 공연할 때도 편하다. 정경화가 가장 성공한 경우다.

개인적으로 신촌블루스의 최고작은 3집이라고 생각되는데, 자신은 어떤 음반이 마음에 드는가?

가장 마음에 드는 음반은 솔로 1집이다. 노래를 못 하기는 해도 레퍼토리가 가장 마음에 든다. 더 잘 만들 수 있었는데, 내가 좀 방심했다. 술 마시고 노래한 적도 있다.

〈신촌, 그 추억의 거리〉에서 '거리'는 어디를 지칭하는가?

신촌 로터리부터 연대 방향의 거리를 지칭한다. 예전에는 운치가 있었다.

〈향수〉, 〈나그네의 옛이야기〉에서는 본격적으로 자신의 보컬을 등장시킨다. 자신의 보컬에 대한 자평은? 블루스라는 장르에는 맞는 목소리인가?

내 보컬은 기교가 없다. 내 노래는 내가 가장 잘 부르는 것 같다.

예전 인터뷰를 보면 처음에는 미성이었는데, 어떤 사고로 목소리 톤이 바뀌었다는 이야기를 한 적이 있다.

교통사고를 당해서 목을 수술했다. 예전에는 굉장히 미성이었다고 생각한다. 합창단에도 있었다. 말할 때는 괜찮은데, 노래할 때 어느 정도 음역 이상으로 올라가면 목소리가 갈라진다. 이후 노래는 포기했기 때문에 마음대로 술 마시고 담배 핀다.

"대중들이 공감하는 원숙한 가요를 만들고 싶다."

신촌블루스 4집 이전에 1990년 가을에 솔로 음반을 발표한다. 그리고 이 솔로 음반의 취향이 이후 자신의 음악 성향으로 나타나는 것 같은데.

내 스타일 자체는 변하지 않는 것이다.

〈달빛 아래 춤을〉은 CF 음악으로도 쓰였고, 본인도 그 광고에 직접 출연했는데.

그 곡은 팝적으로 잘 만든 곡이다.

여태까지 여자 보컬리스트를 발굴한 데 이어 1992년 4집에서는 김형철, 정희남이라는 남자 보컬리스트를 등장시킨다. 특별한 이유가 있는지?

남자 가수가 필요한 시점이라고 생각했다. 김형철은 블루스를 배우고 싶다고 지방에서 올라와 몇 달 동안 내 집에 같이 있었다.

기타 연주 파트너로 이정선과 같이한 이후 조준형, 최구희, 한상원, 김목경, 장재환이 신촌블루스 4집과 솔로 1, 2, 3집에 참여했는데.

내 기타만을 고집하지 않고 후배들과 같이하고 싶었다. 그런데 아직까지는 제대로 하지 못했다. 거의 나 혼자서 치고 있다는 느낌이다.

1994년 솔로 2집에는 김한길의 '여자의 남자'에 곡을 붙인 〈여자의 남자〉가 있다.

원래 드라마 주제가로 의뢰가 들어왔던 곡인데, 방송국 PD와 소통이 원활하지 못해서 만들고도 쓰지 못했다.

1997년 솔로 3집 [10년의 고독]이 나온다. 왜 '10년의 고독'인가?

10년 동안 신촌블루스를 해왔는데 어느 순간 생각해보니까 다 떠나가고 혼자 남은 느낌이었다. 김현식은 죽었고 나름대로 솔로 활동하느라 만나기도 힘들다. 고독한 것은 사실이다.

이 음반은 여태까지 발표한 곡들을 '다시 부르기' 형식으로 자체 리메이크한 음반이다. 이 음반을 기획한 의도는?

베스트 음반을 통기타로 다시 해보고 싶었다. 새롭게 슬라이드 주법도 썼다.

앞으로 어떤 음악을 하고 싶나?

대중들이 공감하는 원숙한 가요를 만들고 싶다.

새로운 신촌블루스는 가능한가?

앞으로 일본에서 활동한다면 뭔가 달라질 것이다.

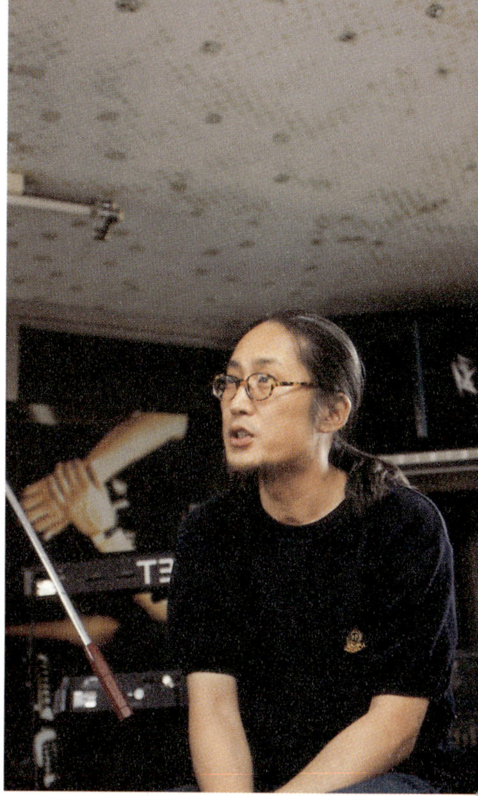

"블루스는 자유로운 음악이다. 편곡에서도 완벽을 기할 필요가 없다. 가사에도 어떤 사상이 담길 필요는 없다. 삶의 시시콜콜한 이야기가 담길 수 있는 음악이다. 작사, 작곡도 즉흥적으로 한다."

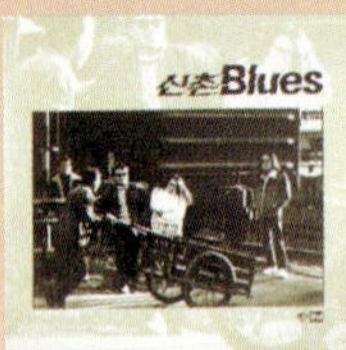

1집 [신촌 Blues]
(1988/지구레코드)
엄인호(g, v), 이정선(g, v, harmonica), 윤명운(g, harmonica), 정태국(d), BeBot(d), 김영진(b), 김동성(key), 강승용(sax), 박인수(v), 한영애(v), 정서용(v)

밴드라는 개념보다는 일군의 블루스를 좋아했던 뮤지션들의 연합체, 동호회 성격으로 시작했던 신촌블루스는 1986년 활동을 시작한 이래 대중들에게 호의적인 반응을 얻어내고 드디어 이 데뷔 음반을 발표한다. 한영애의 카리스마가 빛나는 〈그대 없는 거리〉로 시작해 역시 그녀의 〈바람인가〉로 끝나는 이 앨범이 이정선과 엄인호가 사운드의 양대 축을 형성한 절충적인 성격의 음반이었다. 그러나 그들이 라이브에서 보여준 강렬한 맛은 없고, 너무 정제된 연주의 음반이라는 느낌을 갖게 한다. 정통 블루스를 하려 했던 이정선의 〈Overnight Blues〉, 〈바닷가에 선들〉과 가요에 블루스를 접목하려 했던 엄인호의 〈그대 없는 거리〉, 〈아쉬움〉을 비교해서 듣는 재미도 있다. 박인수가 다시 부른 신중현의 〈봄비〉도 멋있는 곡이다.

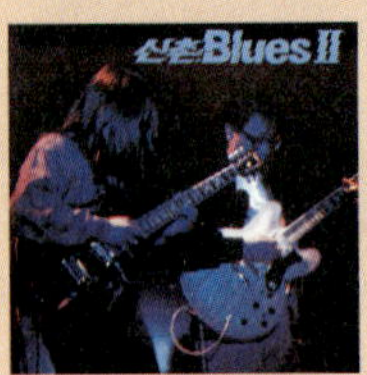

2집 [신촌 Blues 2]
(1989/서라벌레코드)
엄인호(g, v), 이정선(g, v), 김현식(v), 정서용(v) 밴드: 정태국(d), 이원재(b), 김명수(key)
게스트: 김종진(g, v), 전태관(d), 김효국(key)

1집의 핵심적인 보컬리스트가 한영애였다면, 2집에서는 〈골목길〉, 〈환상〉을 부른 김현식이 그 역할을 했다. 이때까지 해도 그의 건강이 그리 나빠지지 않은 상태라 폭발적으로 노래하는 김현식을 만날 수 있다. 2집에서 달라진 점은 이정선과 엄인호의 융화 부분이다. 엄인호는 완성도 있는 음반을 만들고 싶어 했기 때문에 편곡 등에서 이정선의 의견을 많이 따랐다고 한다. 1집에서 약하게 느껴졌던 세션을 강화하기 위해서 브라스 섹션을 도입했고, 〈환상〉 같은 곡에서 그 효과를 보았다. 정서용이 부른 산울림의 〈황혼〉이 첫 번째 곡이고, 이정선의 〈산 위에 올라〉, 엄인호의 〈루씰〉 외에도 게스트로 참여한 봄여름가을겨울의 〈또 하나의 내가 있다면〉이란 멋진 곡이 실려 있다.

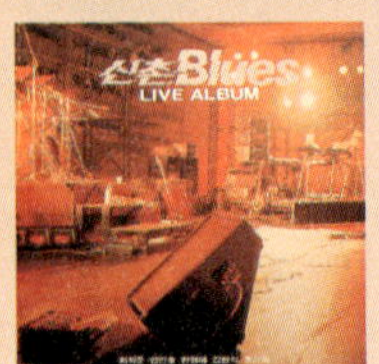

[신촌 Blues Live Album]
(1989/서라벌레코드)
엄인호(g, v), 오태호(g), 이원재(b), 정태국(d), 김명수(key), 이창수(key), 엄인환(sax)
게스트: 최희준(v), 김현식(v), 한영애(v)

라이브에서 진가를 드러냈던 그들의 첫 번째 라이브 음반이다. 최희준의 〈진고개 신사〉도 실렸다.

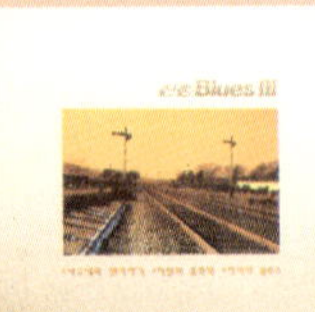

3집 [신촌 Blues 3]
(1990/서라벌레코드)
엄인호(g, v), 김영배(g), 김명수(key), 안동열(key), 이창수(key), 이원재(b), 전종원(d), 이정식(sax), 정경화(v), 김미옥(v), 김현식(v), 이은미(v)

이정선이 탈퇴한 뒤 엄인호는 실질적으로 밴드의 리더가 되었고, 그는 자신의 색채로 신촌블루스를 변화시킨다. 평소부터 가요화된 블루스를 하고 싶었던 그는 〈향수〉 같은 곡으로 이를 완성시켰다. 엄인호 특유의 기타 연주와 분위기가 돋보이는 이 음반은 신촌블루스의 최고작이라고 생각된다. 김현식의 〈이별의 종착역〉과 정경화의 〈비오는 어느 저녁〉도 주목할 만하다.

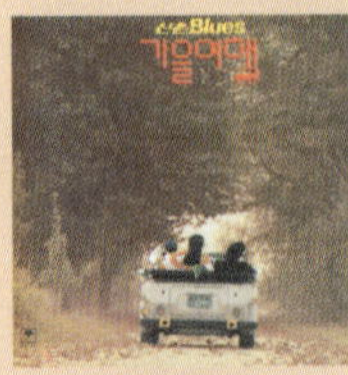

O.S.T [신촌블루스 가을여행]
(1991/뉴서울레코드)
〈아쉬움〉, 〈추억의 거리〉 등 수록

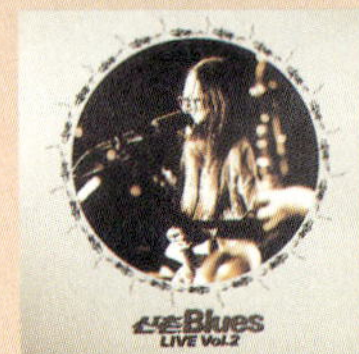

[신촌 Blues Live Vol.2]
(1991/서라벌레코드)
엄인호(g, v), 이원재(b), 정태국(d), 동영욱(key), 신현규(perc), 김동환(v), 김형철(v)
게스트: 김명수(key), 엄인환(sax)

엄인호는 3집 때까지 꾸준히 여자 가수들을 발굴했고, 그 결과 정서용, 정경화, 이은미, 김미옥이 신촌블루스를 통해 데뷔했다. 이 음반에서는 김형철과 김동환이라는 남자 가수들이 보컬에 참여했다.

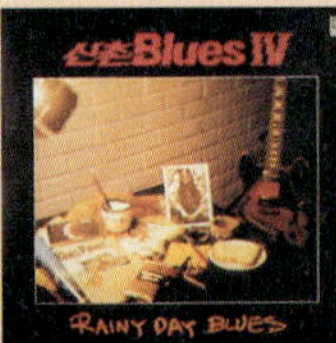

4집 [신촌 Blues 4]
(1992/서라벌레코드)
엄인호(g, v), 김형철(v), 정희남(v), 조성욱(b), 정태국(d), 안동열(key), 동영욱(key), 강상영(b), 조준형(g), 엄인환(sax)

신촌블루스라는 밴드의 음반이 아니라 엄인호의 솔로 음반 같은 느낌이 강하게 드러난다. 이로써 신촌블루스는 사실상 활동 정지에 들어간다.

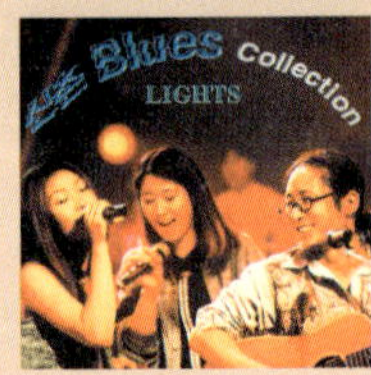

5집 [신촌 Blues Collection Lights]
(1997/소리마당)
세션: 엄인호(g), 조준형(g), 정태국(d), 배수연(d), 김선중(d), 안완식(b), 민재현(b), 안동열(piano), 강승혁(piano), 박성식(piano), 김효국(piano, organ), 강미희(v), 김은주(v)
〈골목길〉, 〈밤마다〉

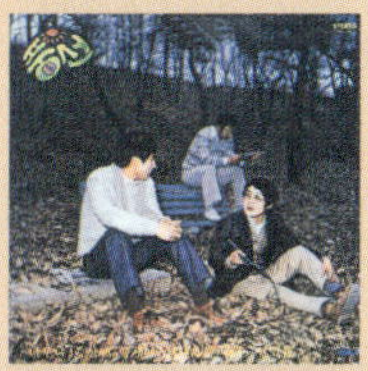

풍선 1집
(1979/대한음반제작소)
엄인호(g, v), 이정선(g, v), 이광조(v)
엄인호의 공식적인 데뷔 음반이다. 해바라기 1, 2집을 만든 이정선의 주도 하에 만들어진 포크 음반이다.

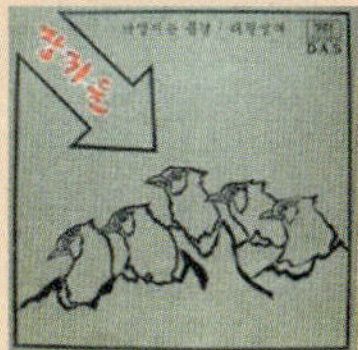

장끼들 1집 [낙엽지는 풍경/태평성대]
(1982/대성음반)
엄인호(g), 이응수(b), 나원주(key), 박동률(v, g), 장수연(d)
엄인호가 처음으로 블루스를 시도한 음반이다.

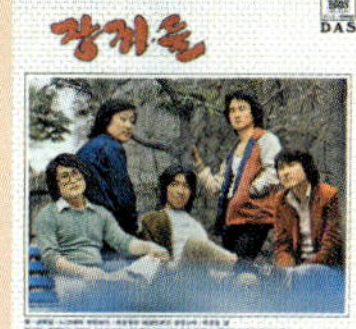

장끼들 [장끼들]
(1982/대성음반)
엄인호(g), 이응수(b), 나원주(key), 박동률(v, g), 장수연(d)
앨범 재킷과 수록곡 순서가 변동되어 다시 나왔다.

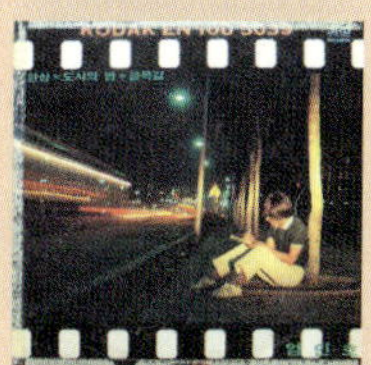

엄인호 [엄인호]
(1985/서라벌레코드)
비공식 1집. 〈환상〉, 〈골목길〉 등 수록.

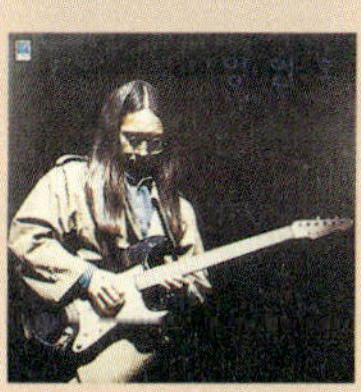

엄인호 1집 [Sing The Blues]
(1990/서라벌레코드)
세션: 엄인호(g, v), 이원재(b), 양영수(d), 안동열(key), 동영욱(key), 육태행(key), 김영진(b), 김일태(b), 최구희(g), 정태국(d), 엄인환(sax)
엄인호 자신이 가장 좋아한다는 이 음반은 향후 그가 만드는 음반의 음악적 색채를 예시한다. 〈달빛 아래 춤을〉이라는 명곡이 담겨 있다.

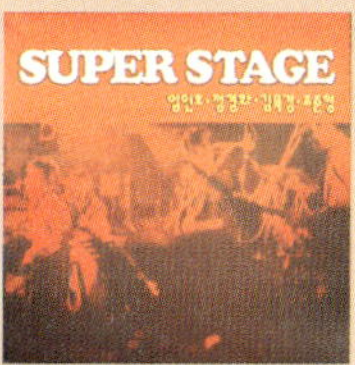

V.A. [Super Stage]
(1993/현대음향)
엄인호(g, v), 정경화(v), 김목경(g, v), 조준형(g, v)
세션: 강상영(b), 정태국(d), 이후승(key)

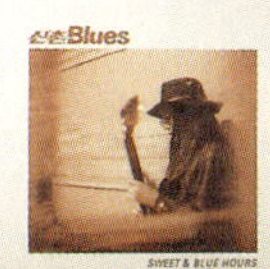

엄인호 2집 [Sweet & Blue Hours]
(1994/서라벌레코드)
세션: 엄인호(g, v), 강상영(b), 이승수(b), 김동성(key), 이후승(key), 이정선(g), 한상원(g), 조준형(g), 김지명(g), 김목경(g), 배수연(d), 손용우(d), 엄인환(sax), 정경화(v), 이수희(v), 장필순(v), 오윤주(v)
어느덧 그의 솔로 음반에는 '신촌블루스'라는 이름이 붙어서 신촌블루스 음반과 엄인호 솔로 음반과의 경계를 모호하게 한다. 내 맘속에 내리는 비는〉, 〈잠 못 이루는 밤〉 등이 실렸다.

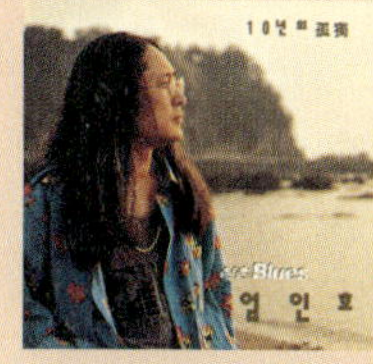

엄인호 3집 [10년의 고독]
(1997/동아기획)
세션: 엄인호(g, v), 안완식(b), 장재환(g), 조준형(g), 안동열(key), 강승혁(key), 정태국(d), 엄기현(d), 김정균(perc), 엄인환(sax)
'다시 부르기 형식'을 한 베스트 성격의 음반. 〈그대 없는 거리〉, 〈거리에 서서〉 등이 실렸다.

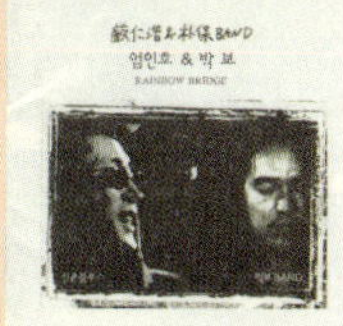

엄인호&박보 [Rainbow Bridge]
(2000/massmusic)
엄인호(g, v), 박보(g, v, harmonica)
세션: 박청귀(g), 박실(g), 문준호(g), 한상원(g), 민재현(b), 윤종부(b), 강상영(b), Kuma(b), 김민기(g), 엄주문(d), 손용우(d), 배숭연(d), Koki(d), 황수권(key), 강승혁(key, piano, synth brass), 김동성(piano, string), Sassy Tomo(piano, key), 엄인환(sax), 권진원(v), 김도향(v), 이정섭(v)
현재 듣기 쉽지 않은 장인들의 연주가 담긴 음반. 〈거리에 서서〉, 〈골목길〉, 〈Tears Of My Love〉 등이 수록되었다.

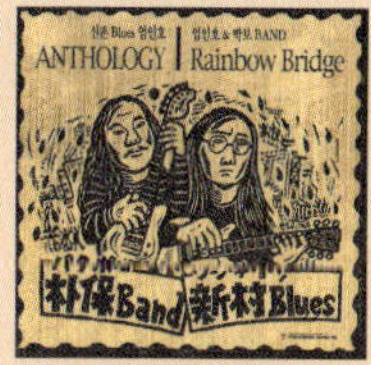

엄인호 [신촌Blues 엄인호 Anthology/ 엄인호&박보 Rainbow Bridge]
(2002/pony canyon)
[Anthology] 세션: 엄인호(v, g, dovro), 조응수(g), 정준교(b), 김성태(d), 한석호(moog), 김명수(piano), 천상봉(piano), 김효국(key), 이후승(harmond organ, key), 김태영(harmonica), 김현아(chorus)
신촌블루스 3집에서 〈향수〉라는 곡을 듣고 감탄한 지 12년이 지났지만 그의 음악은 한결같다. 이번에 만든 베스트앨범 성격의 [Anthology]는 그런 점에서 반갑고, 엄인호만이 들려줄 수 있는 따뜻한 노래들, 일례로 〈Tears Of My Love〉, 〈달빛 아래 춤을〉 등이 담겨 있어 흥겹다. 또한 새롭게 다시 녹음한 베스트 앨범이라서 그 가치가 더욱 높다. 신촌블루스 1집에서 한영애가 멋지게 부른 〈〈네 마음은〉 바람인가〉부터 레인보우 브리지 1집에 수록된 〈Tears Of My Love〉, 〈비 오는 날의 해후〉까지 수록되었다. 그리고 세션에 참여한 기타리스트 조응수가 〈달빛 아래 춤을〉에서 엄인호와 짧게 벌이는 기타 배틀이 돋보인다.

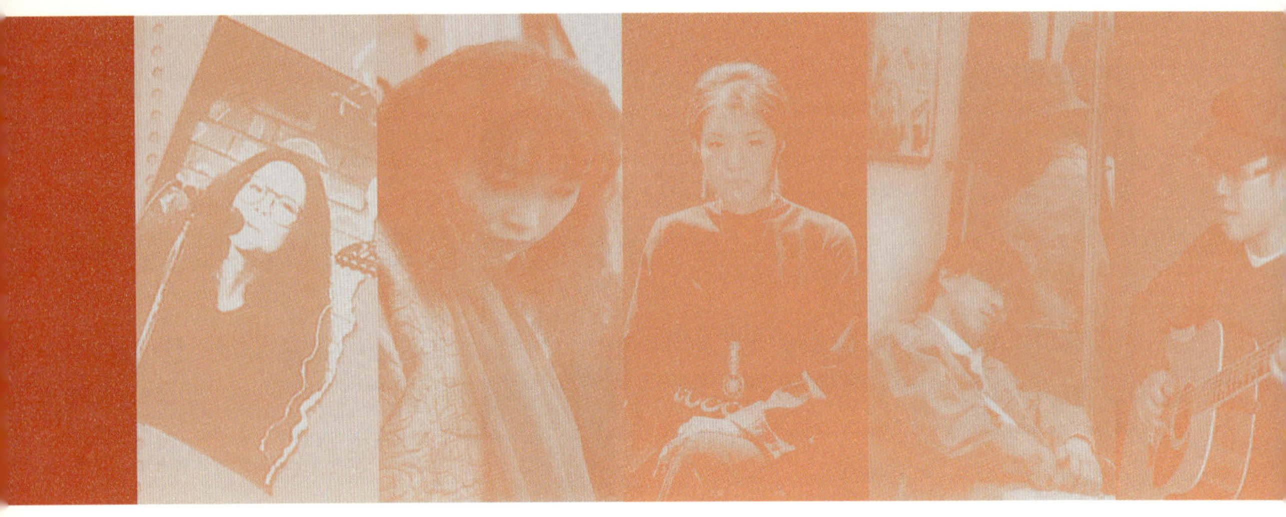

신촌블루스 참여 보컬리스트

"정서용, 정경화, 이은미, 김형철, 김동환"

신촌블루스를 통해 데뷔하고 솔로 음반을 발표한 보컬리스트로는 정서용, 정경화, 이은미, 김
형철, 정희남 등이 있다. 신촌블루스는 역량 있는 보컬리스트들의 산실로 자리 잡았고, 이는
1970년대 신중현의 작업 방식과 일면 흡사함을 보여주었다. 이 또한 신중현의 공백기에 그 자
리를 메우고 싶었다는 엄인호의 바람이기도 했다(한영애와 김현식은 앞 장에서 다루었으므로 생략).

정서용은 신촌블루스 1집에서 엄인호와 〈아쉬움〉을 같이 부르면서 알려졌다. 엄인호는 신중현처럼 자신이 노래할 때 여자 백코러스를 두길 원했고, 첫 번째로 그와 같이한 보컬리스트가 정서용이었다. 이후 그녀는 신촌블루스 2집에서 〈황혼〉, 〈빗속에 서 있는 여자〉를 불렀고, 1990년에는 김현철, 손진태, 이정선, 조동익의 도움으로 솔로 음반을 발표했다.

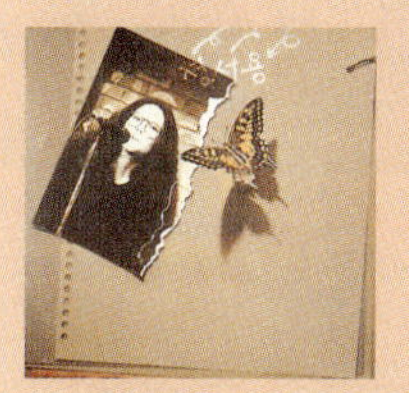

1집 (1990/서라벌레코드)
세션: 김희현(d), 조동익(b), 함춘호(g), 손진태(g), 한송연(key), 김현철(key), 윤명운(harmonica)

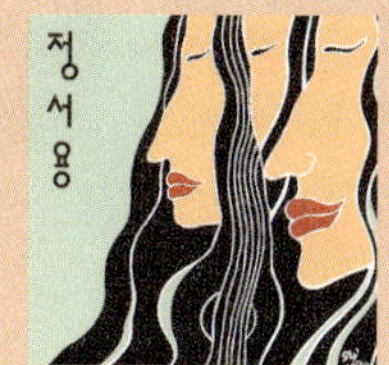

2집 (1994/아세아레코드)
세션: 김현규(b), 김효국(key), 함춘호(g), 배수연(d), 박영용(perc)

정경화는 1989년 신촌블루스 라이브 1집부터 참여하기 시작했다. 정서용의 뒤를 이어 신촌블루스 3집에서 주도적인 보컬리스트의 역할을 했고, 여기에서 〈비오는 어느 저녁〉, 〈마지막 블루스〉를 불렀다. 엄인호와 가장 호흡이 잘 맞는 여자 보컬리스트였고, 1993년에는 송홍섭, 신윤철 등의 참여로 솔로 데뷔 음반을 발표했다. 그리고 같은 해에 엄인호, 김목경, 조준형과 [Super Stage]를 발표했다. 1994년에는 엄인호 2집 [Sweet & Blue Hours]에서 〈여자의 남자〉를 불렀다.

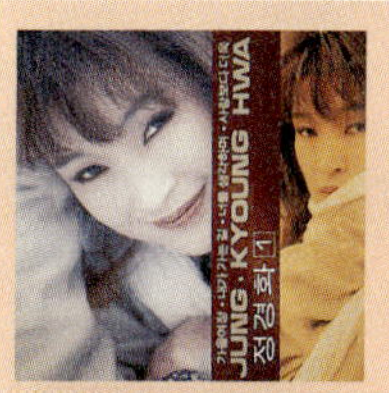

1집 (1993/한국음반)
세션: 배수연(d), 송홍섭(b), 함춘호(g), 신윤철(g, b), 김효국(key), 정원영(key), 김형석(key), 장경아(key)

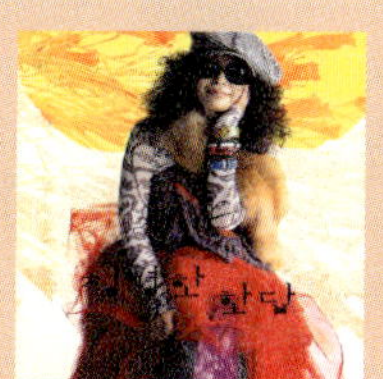

4집 [화답]
(2005/도레미레코드)

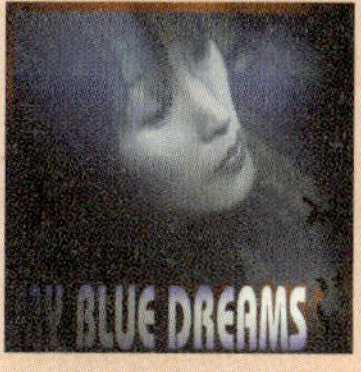

2집 [My Blue Dreams]
(1996/Warner)
〈슬픈 사랑의 노래〉, 〈나의 곁에서〉, 〈나에게로의 초대〉

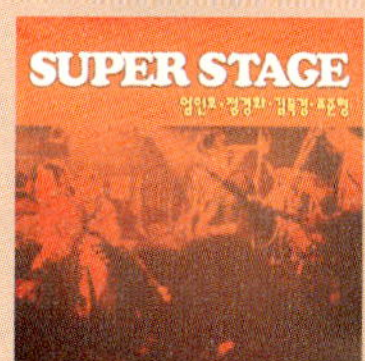

V.A. [Super Stage]
(1993/현대음향)
엄인호(g, v), 정경화(v), 김목경(g, v), 조준형(g, v)
세션: 강상영(b), 정태국(d), 이후승(key)

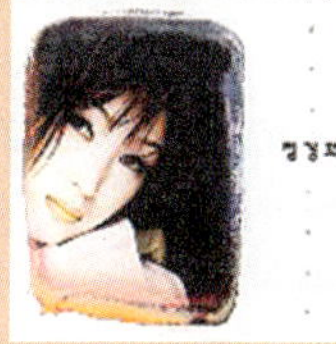

3집 [Present]
(1999/Warner)
〈지상에서 영원으로〉, 〈서글픈 습관〉

이은미는 신촌블루스 3집에서 〈그댄 바람에 안개로 날리고〉를 불렀고, 1993
년에 캐나다 토론토에서 녹음한 솔로 음반을 발표했다. 1997년에는 샘리, 손진태, 조준
형, 박청귀, 신윤철 등 화려한 세션 진용을 참여시킨 가운데 [자유인]을 발표했다.

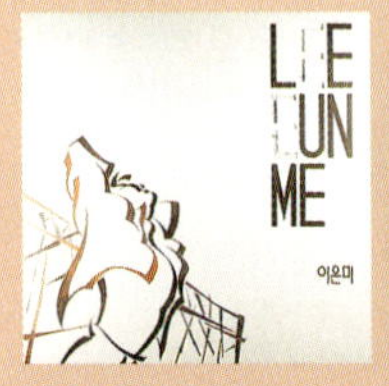

1집 (1993/문화레코드)
세션: 데이브 버트(g),
릭 프랜시스(g), 존 도어
(b), 에드 와이즈(b), 마
이크 켄들(key), 스티브
맥데이드(trumpet), 알
렉스 딘(sax), 마이크 대
스티(perc)

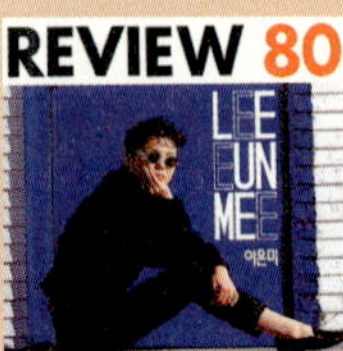

[Review 80]
(1993/서울음반)
〈Love Is Our
Strength〉, 〈I'll Be
Over You〉

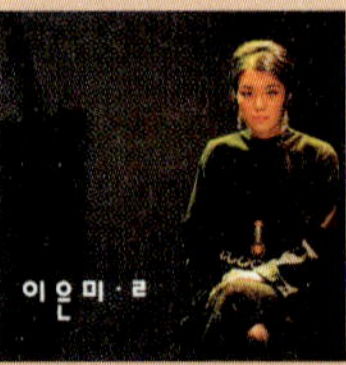

2집 [어떤 그리움]
(1994/서울음반)
〈어떤 그리움〉, 〈그리움
에 대 하 여〉, 〈Blue
Filter〉

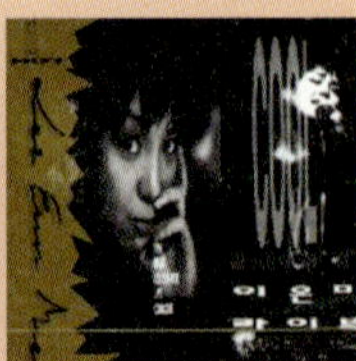

[1995 First Lee Eun
Mee Live Concert]
(1995/킹레코드)
〈Come Rain Or
Come Shine〉, 〈Over
The Rainbow〉, 〈이별
이 슬프지 않을 때까지〉

3집 [자유인]
(1997/삼성뮤직)
세션: 샘리(g), 손진태(g),
조준형(g), 박청귀(g), 신
윤철(g), 신현권(b), 이태
윤(b), 강수호(d), 김대용
(d), 정원영(key), 한충완
(key), 박성식(key)
〈참을 만큼 참았어〉, 〈자
유인〉

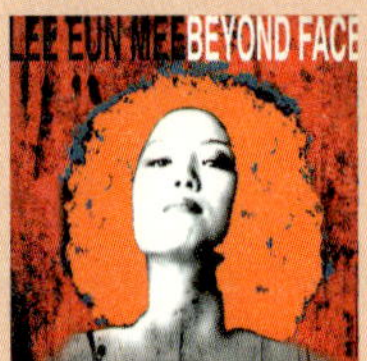

4집 [Beyond Face]
(1998/크림레코드)
〈니가 알던 세상은〉, 〈비
밀은없어〉, 〈DejaVu(잃어
버린 꿈을 만나다)〉

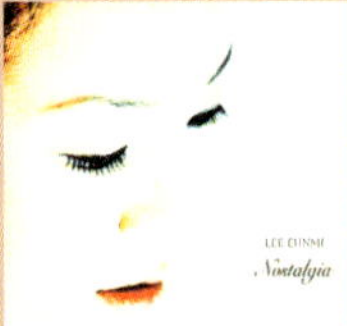

[N.O.S.T.algia] (2000/
리스뮤직)
리메이크 음반. 〈이별노
래〉, 〈사랑은 유리 같은
것〉 등 수록.

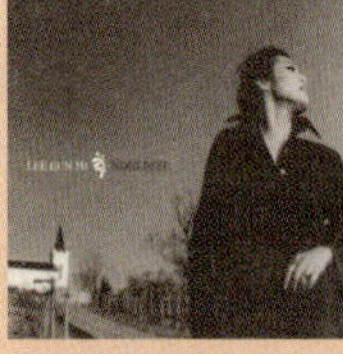

5집 [Noblesse]
(2001/Universal)
〈사랑의 향기〉,
〈Sunflower〉

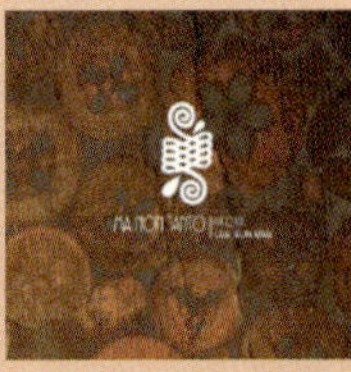

6집 [MA NON TANTO]
(2005/SONY-BMG)
〈아카시아〉, 〈세월이 가면〉

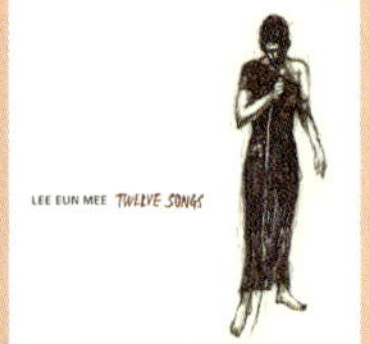

[Twelve Songs]
(2007/SONY-BMG)
리메이크 음반.

김형철은 1988년 신화창조 1집에 참여했고, 1991년에 신촌블루스 라이브 2집
에서 〈첫사랑〉, 〈골목길〉, 〈밤마다〉를 불렀다. 1992년 신촌블루스 4집에서는 〈내 맘속
에 내리는 비는〉, 〈밤마다〉, 〈기적 소리〉를 불렀고, 1993년에는 솔로 음반을 발표한다.
그리고 김현식 추모 영화 '비처럼 음악처럼' 에서 고(故) 김현식 역을 맡기도 했다. 1997
년에는 정태국, 민재현, 김도균과 밴드 형식으로 2집 [Whisky Trouble]을 발표했다.
이 음반은 록 보컬리스트로서, 송라이터로서 그의 발전된 모습을 보여주고 있다. 음반
이 전체적으로 잘 다듬어졌다는 느낌은 아니지만 〈Psych Havana〉, 〈Nino에서〉, 〈찢
어진 청바지〉, 〈주어진 생활 속에〉 같은 곡은 진부한 연주 패턴에서 탈피하려고 노력한

곡들이다. 특별한 오버더빙 없이 라이브 잼 세션의 느낌을 선택함으로써 심플하지만 오히려 록 세션의 맛이 살아 있는 결과를 기대한 것 같다. 그가 록 보컬리스트로서의 자질을 갖고 있다는 것은 근래에 듣기 힘든 파워풀한 목소리가 담긴 〈주어진 생활 속에〉 같은 수록곡을 통해서 확인할 수 있다. 그리고 주목할 만한 점은 1980년대 국내 헤비메탈 기타리스트를 거론할 때 반드시 거명되던 김도균이 세션 기타리스트로 참가했다는 사실이다. 김형철의 이 음반을 처음 들을 때 주목한 것은 〈까짓 것 괜찮아〉의 기타 리프 진행이었다. 김도균만의 개성적인 터치라 단박에 집중하게 되었고 부클릿에서 그의 이름을 확인할 수 있었다. 또한 엄인호가 게스트로 참여해 〈찢어진 청바지〉에서 크라이 베이비 기타 연주를 들려준다.

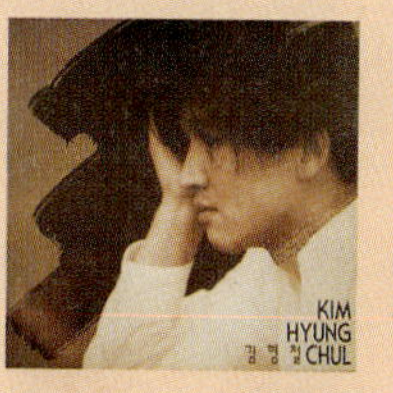

김형철 1집
(1993/서라벌레코드)
세션: 배수연(d), 박영용(perc), 장기호(b), 조준형(g), 정현철(g), 장재환(g), 박성식(key), 양준호(key), 김효국(key)

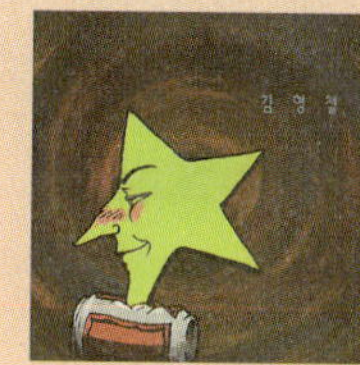

김형철 2집
[Whisky Trouble]
(1997/웅진뮤직)
세션: 정태국(d), 민재현(b), 김도균(g), 엄인호(g)

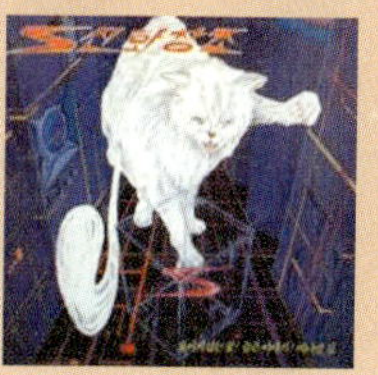

신화창조 1집
[보이지 않는 꿈]
(1988/킹레코드)
김형철(v), 김산호(g), 황민상(b, key), 장성욱(d)

김동환은 1988년 〈묻어버린 아픔〉이 담긴 솔로 음반을 발표해 활동하고 있었다. 엄인호가 김현식 이후에 찾아 헤매던 남자 보컬리스트에 가장 가깝다고 생각해 신촌블루스 라이브 2집에 김형철과 같이 참여시킨 보컬리스트였다. 그는 여기서 〈서로 다른 이유 때문에〉, 〈환상〉을 불렀다.

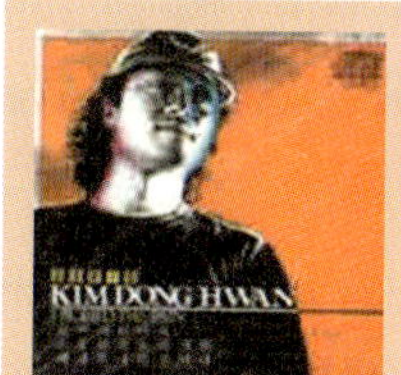

1집 [묻어버린 아픔]
(1988/동아기획)
〈묻어버린 아픔〉, 〈세상은 나의 것이야〉

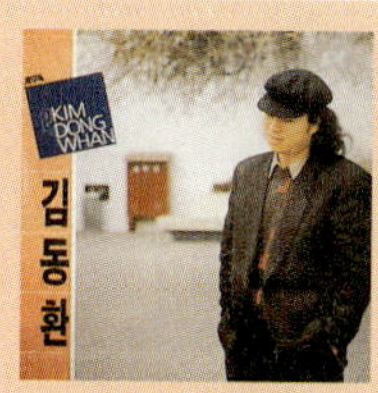

2집 [김동환]
(1989/아세아레코드)
〈슬픈 안녕〉, 〈밤에〉

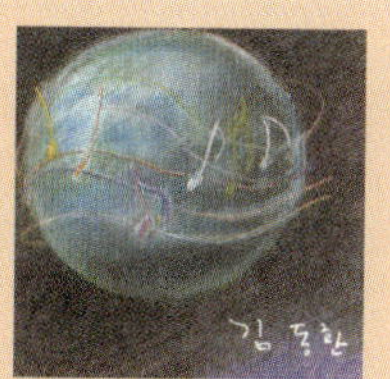

3집 [음악에...]
(1991/아세아레코드)
〈음악에〉, 〈지난날〉

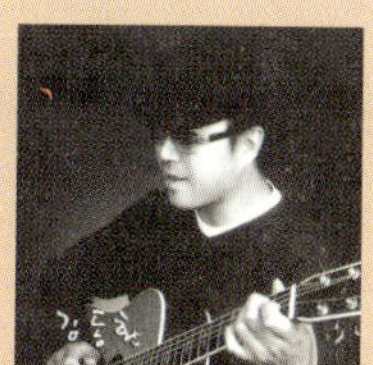

4집 [김동환 4]
(2004/C&C Media)
〈내 마음속에 음악이 흐르면〉, 〈바람〉

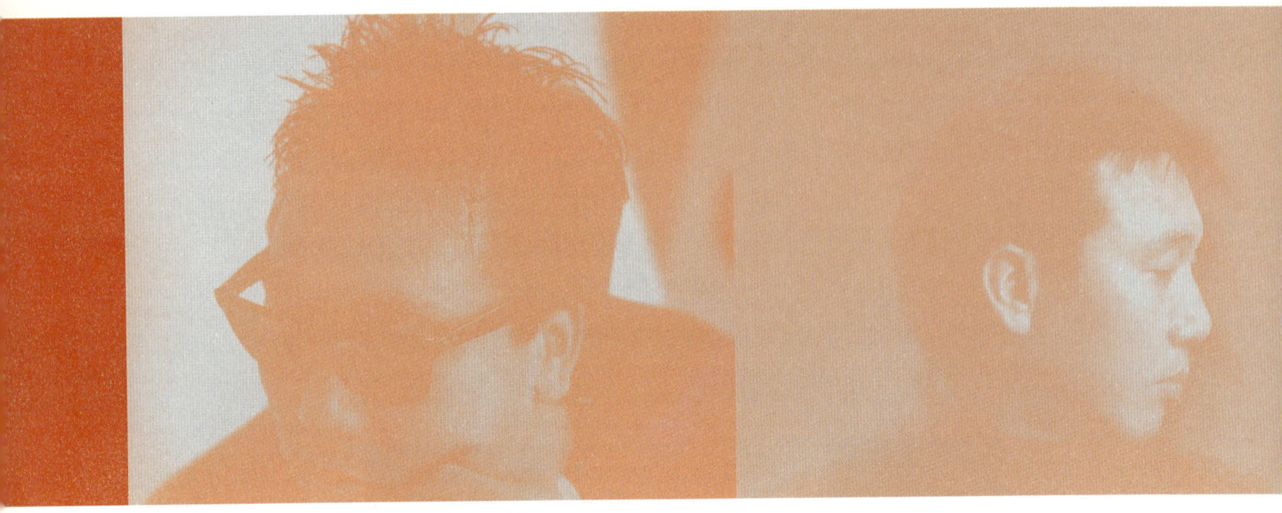

이문세와 이영훈

"1980년대 주류음악 신 최상의 작품 생산 콤비"

1980년대 주류음악 신은 지금과 결정적으로 다른 점이 있다. 바로 창작적으로 뛰어난 음반들이 일정 부분 있었고, 그게 대중적으로도 인기를 얻었다는 점이다. 이는 음악 대신 엔터테인먼트만 존재하는 현재 주류음악 신의 환경에서는 상상도 하지 못할 일이다. 1980년대 당시 예술성에서 정점에 있었던 음반들을 발표한 이문세와 그의 전속 작사 · 작곡가인 이영훈에 대해 살펴보겠다.

이문세와 **이영훈**은 1980년대의 빛나는 가수–작곡가 체제였다. 1978년 대학생일 때 라디오 DJ로 방송에 데뷔한 이문세는 1983년 〈나는 행복한 사람〉이 담긴 데뷔 음반과 1984년 2집을 발표할 때까지는 평범한 가수에 머물렀지만 1985년 3집에서 이영훈을 만나면서 단박에 당대를 대표하는 가수로 발돋움했다. 3집에 실린 이영훈의 곡 〈휘파람〉, 〈소녀〉, 〈난 아직 모르잖아요〉가 큰 호응을 얻으면서 가수로서 재조명을 받은 그는 1987년 4집에서 〈사랑이 지나가면〉, 〈그녀의 웃음소리뿐〉이 대단한 히트를 기록했고, 1988년에는 드디어 그들 듀오 최상의 작품인 5집을 발표한다. 이 5집은 1980년대 발라드 팝의 정점이라고 말할 수 있을 정도로 매우 훌륭한 앨범인데 〈시를 위한 시〉, 〈안개꽃 추억 속으로〉, 〈가로수 그늘 아래 서면〉, 〈붉은 노을〉 등의 감상적인 노래들로 채워진 음반이었다. 일부 평자들은 "이영훈이 없었다면 이문세도 별로였을 것"이란 평을 하는데, 이는 사실 반은 맞지만 반은 틀린 얘기다. 이영훈의 곡을 이문세가 불렀을 때 가장 빛났기 때문이다. 이영훈은 1987년 이문세 4집에 참여한 후 이광조의 [세월가면](1987)에 참여해 또 다른 정갈한 사운드를 들려주었지만 이문세와 작업했을 때와 같은 울림은 없었다. 하지만 1990년대로 넘어오면서 달라지기 시작한 대중음악계의 조류에서 이문세와 이영훈의 작품이 멀어지면서 그들의 화려했던 관계도 끝나버렸다.

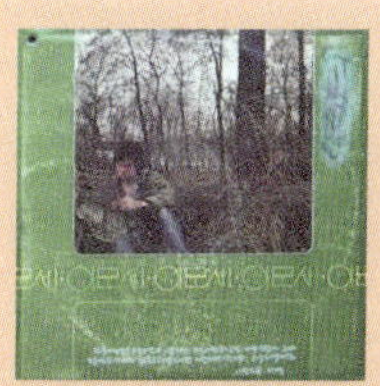

이문세 [이문세]
(1982/오아시스)
비정규 1집. 〈떠돌이 인생도 하늘은 있다〉 등 수록.

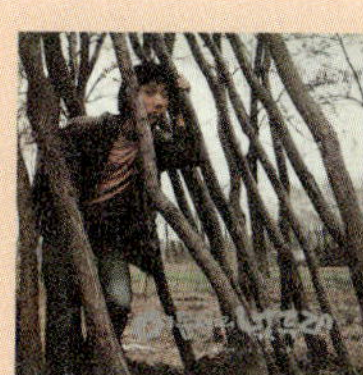

이문세 [이문세의 넋두리 – 봄 여름 가을 그리고 겨울]
(1986/오아시스)
〈가는 사람 갈지라도〉

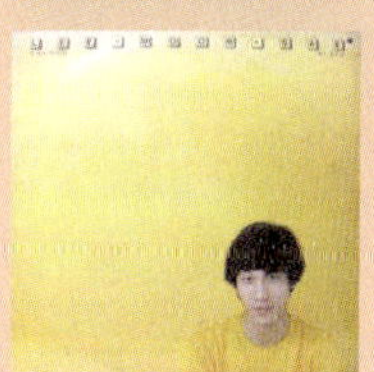

이문세 1집 [이문세]
(1983/서라벌레코드)
〈나는 행복한 사람〉, 〈그대〉

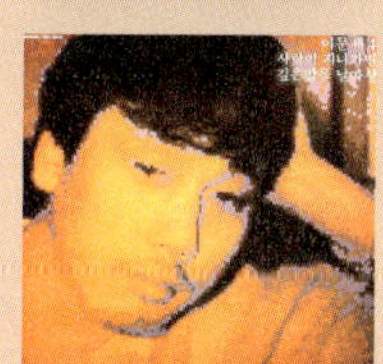

이문세 4집
(1987/서라벌레코드)
이문세(v), 이영훈(작사, 작곡)
세션: 김명곤(key), 김용년(key), 김광석(g), 함춘호(g), 이유신(g), 이수용(b), 배수연(d), 박영용(perc)

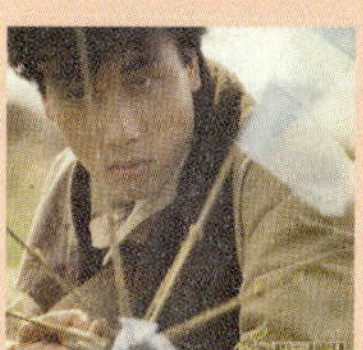

이문세 2집 [The Best]
(1984/서라벌레코드)
〈그때 그랬어야〉, 〈신비한 세계〉

이문세 [LEE MOON SEA]
(1988/지구레코드)
〈새벽별〉

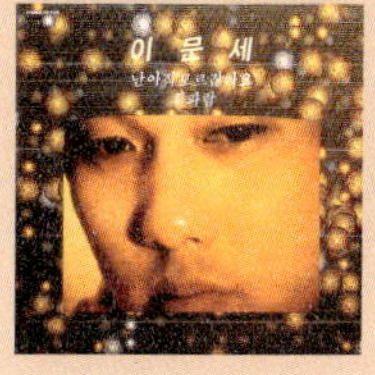

이문세 3집 (1985/서라벌레코드)
이문세(v), 이영훈(작사, 작곡)
세션: 김명곤(key), 변성룡(key), 김용년(key), 최경식(key), 김광석(g), 윤승태(g), 최춘호(g), 이정선(g), 이수용(b), 서정필(b), 배수연(d), 유영수(d), 홍원표(sax), 박영용(perc), 정정배(perc)

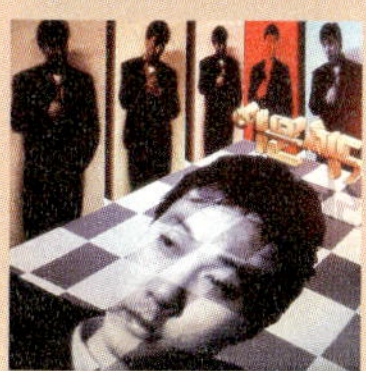

이문세 5집
(1988/킹레코드)
이문세(v), 이영훈(작사, 작곡)
세션: 김명곤(key), 김용년(key), 김광석(g), 이수용(b), 배수연(d), 박영용(perc)

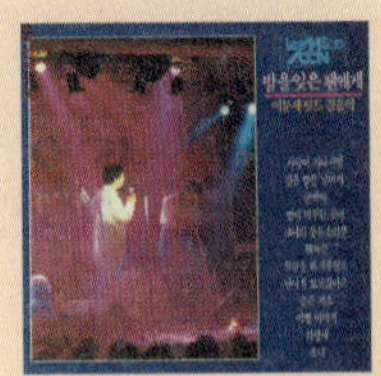

이문세 [히트 경음악 – 밤을 잊은 팬에게]
(1989/킹레코드)

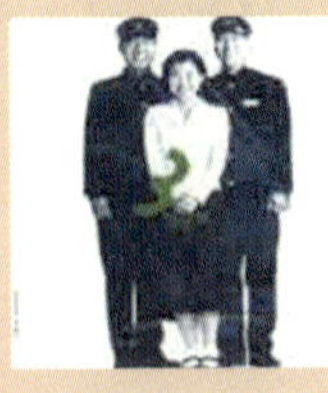

이문세, 박상원, 노영심
[삼각관계]
(1995/킹레코드)
〈야! 나도 지하철을 타고 싶다〉,
〈잊혀지기 전에〉

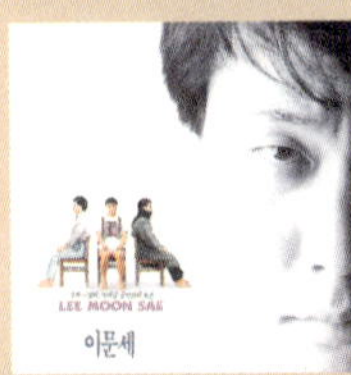

이문세 6집
(1989/킹레코드)
세션: 김명곤(piano, key), 송태호
(key), 김광석(g), 김유신(g), 이수용
(b), 배수연(d), 김광석 오케스트라
(stringed instrument), 박영용
(perc), 이정선(harmonica)

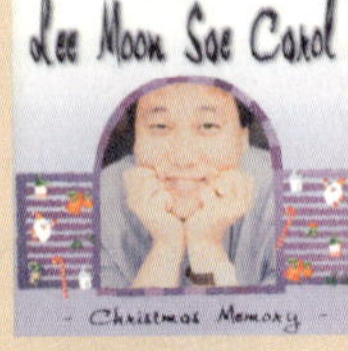

이문세 [이문세 캐롤 – Christmas
Memory]
(1996/music mountain)

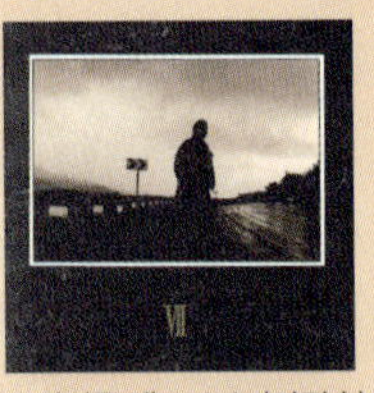

이문세 7집
(1991/한국음반)
piano & synthesizer(김명곤, 김동
성, 이시우), drum(배수연, 김희연,
강윤기), bass(이수용, 신현권, 이태
윤), guitar(유영선, 윤영인, 함춘호,
김광석), arcodion(심성락), vio-
lin(김동석), viola(이정순), cello(권수미), oboe(박원경), scatt
vocal(신윤미, 장혜진)

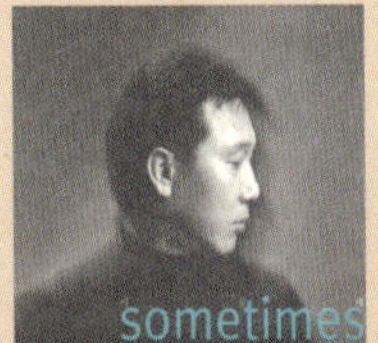

이문세 10집 [花舞]
(1996/삼성뮤직)
〈조조할인(With 이적)〉, 〈난 괜찮아〉,
〈화장(花葬)〉

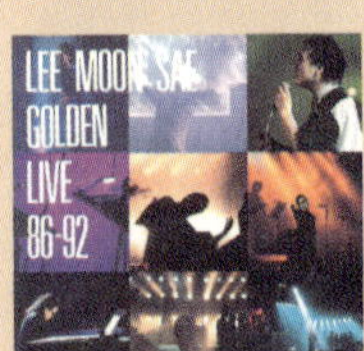

이문세 [Golden Live 86–92]
(1992/아세아레코드)
〈광화문 연가〉

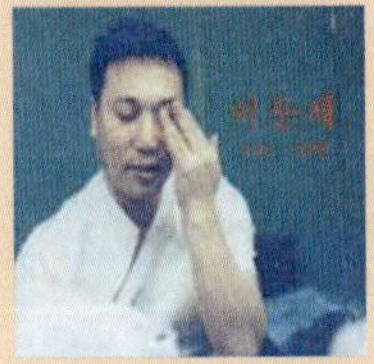

이문세 11집 [Sometimes]
(1998/킹레코드)
〈내 마음속의 너를〉, 〈이별에 관한 작
은 독백〉

이문세 [Christmas &
Remembrance]
(1992/한국음반)
〈그 맑고 환한 밤중에〉, 〈고요한 밤 거
룩한 밤〉

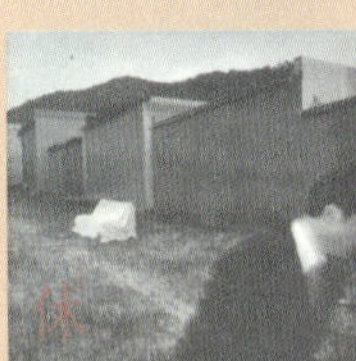

이문세 [독창회1981–1999]
(1999/록레코드)
〈O Sole Mio〉, 〈그대〉

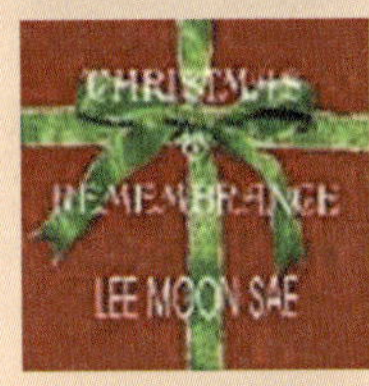

이문세 8집
(1993/오렌지)
〈오래된 사진처럼〉, 〈한 번쯤 아니 두
번쯤〉 수록

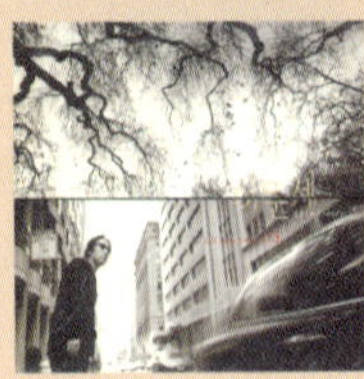

이문세 12집
[休=사람과 나무 그리고 쉼]
(1999/디지털미디어)
〈슬픈 사랑의 노래〉, 〈애수〉

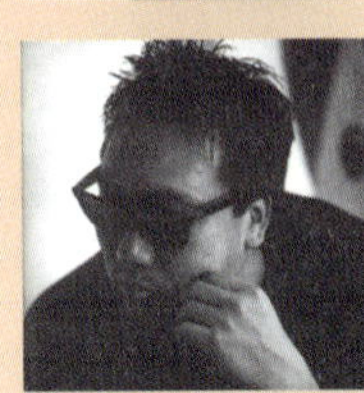

이문세 9집 [95 Stage With
Composer LeeYounghun]
(1995/nices)
〈후회〉, 〈나의 사랑이란 것은〉

이문세 13집 [Chapter 13]
(2001/wad people)
〈내가 멀리 있는 건〉, 〈원치 않는 기
억〉

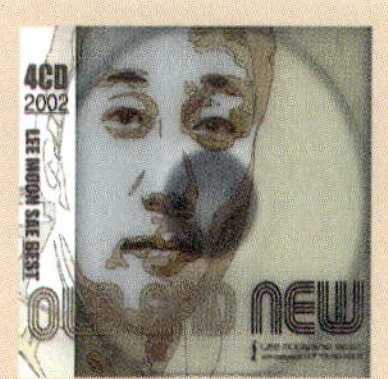

이문세 [Old And New]
(2002/enter one)
〈난 아직 모르잖아요〉, 〈기억이
란 사랑보다〉

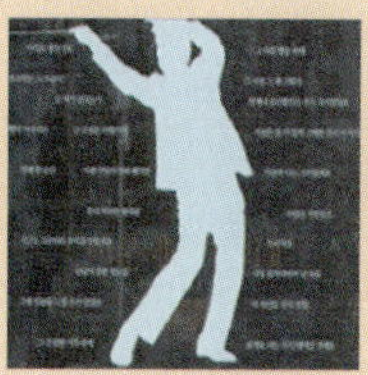

이문세 [독창회 II 1981~2002]
(2003/BMG)

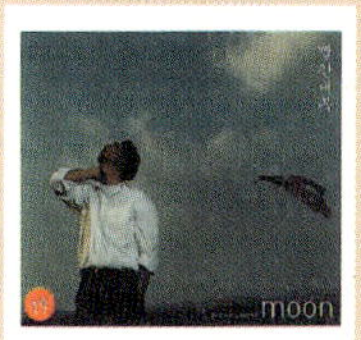

이문세 14집 [빨간내복]
(2002/BMG)
〈빨간 내복〉, 〈Song From The
Snow〉

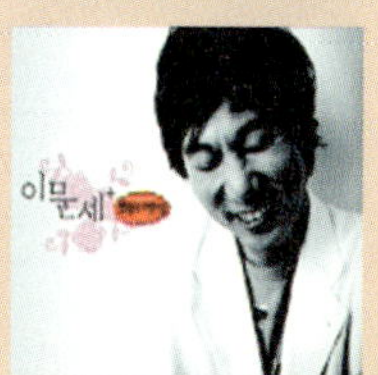

이문세 [O.S.T. 발칙한 여자들]
(2006/서울음반)

이영훈

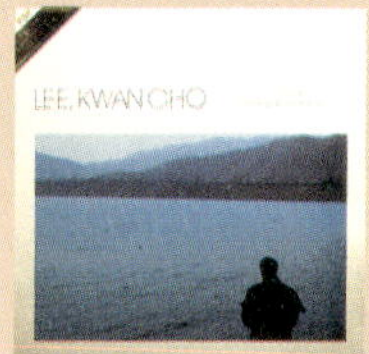

이광조 [세월가면] (1987/성음)
이영훈(작사, 작곡)
세션: 보통사람들 – 양영수(드럼),
김영균(베이스), 함춘호(기타), 이관
형(키보드), 안동렬(키보드)
이광조는 1970년대 말 이정선, 한영
애, 김영미와 함께한 포크 그룹 해바
라기에서 음악생활을 시작한 이후 주류 가요 정서를 갖는 뮤지션
으로 변모했다. 하지만 그의 음반 중 이영훈과 같이한 이 음반에

서는 '보통사람들'의 세션으로 〈세월가면〉과 같은 아름다운 슬
로록 곡을 만들어냈다. 당시 이문세 전속 작사·작곡가였던 이
영훈은 이문세의 4집 작업 이후 잠시 이광조와 이 음반을 만들
었는데, 덕분에 이광조는 자신의 디스코그래피에서 가장 훌륭
한 음반을 만들어내는 행운을 맞았다. 함춘호, 이관형, 안동렬
의 세션은 빛났고, 〈세월가면〉 외에도 〈많은 시간이 지나가고〉
등이 명곡이다. 이 음반 이후에 그는 〈가까이 하기엔 너무 먼 당
신〉으로 큰 성공을 했다.

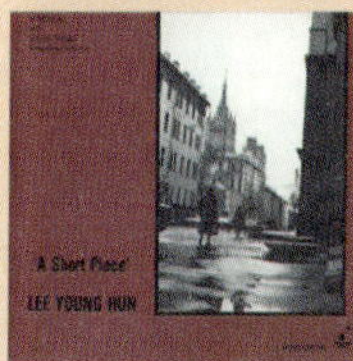

이영훈 1집 [소품집]
(1993/오렌지)
〈그대와의 대화〉, 〈슬픈 사랑의 노래〉

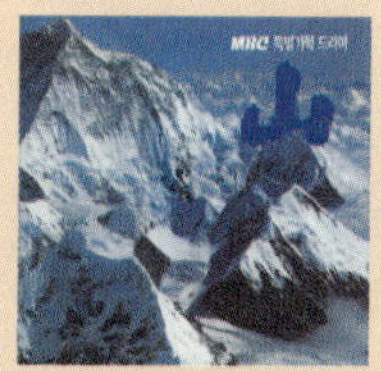

O.S.T [산(山)] (1995)
이영훈(작곡)

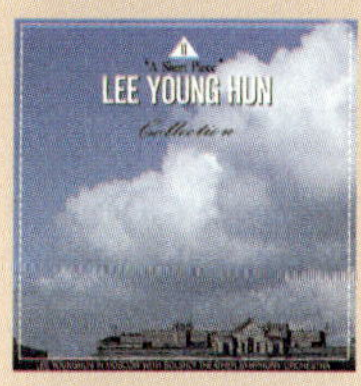

이영훈 2집 [소품집]
(1994/오렌지)
세션: Bolshoi Theater
Symphony Orchestra
〈사랑이 지나가면〉, 〈소녀〉

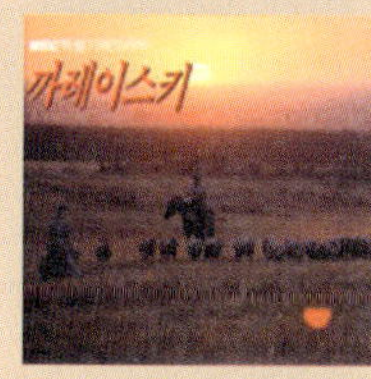

O.S.T [까레이스키] (1995)
이영훈(작곡)

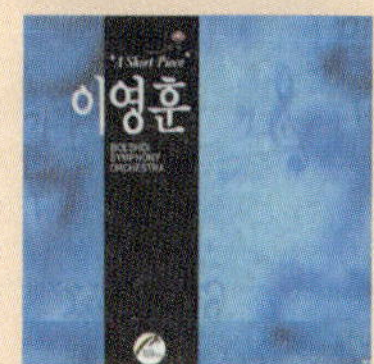

이영훈 3집 [소품집]
(1994/오렌지)
〈마음으로 흐르는 눈물〉, 〈꿈속의 너〉

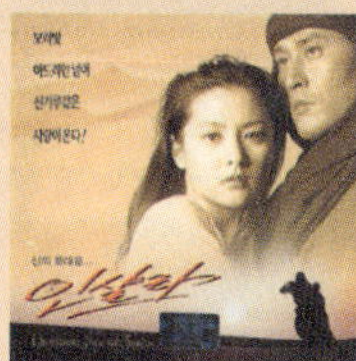

O.S.T [인샬라] (1997)
이영훈(작곡)

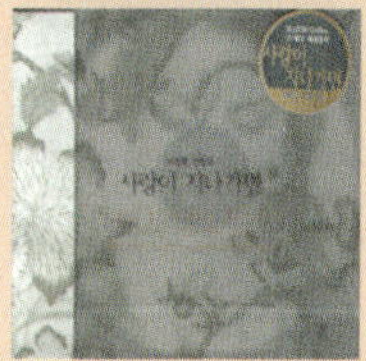

이영훈 [소품집 – 사랑이 지나
가면(1993~2003)]
(2003/BMG)
〈사랑이 지나가면〉

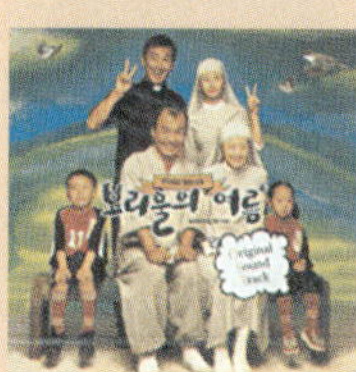

O.S.T [보리울의 여름]
(2003)
이영훈(작곡)

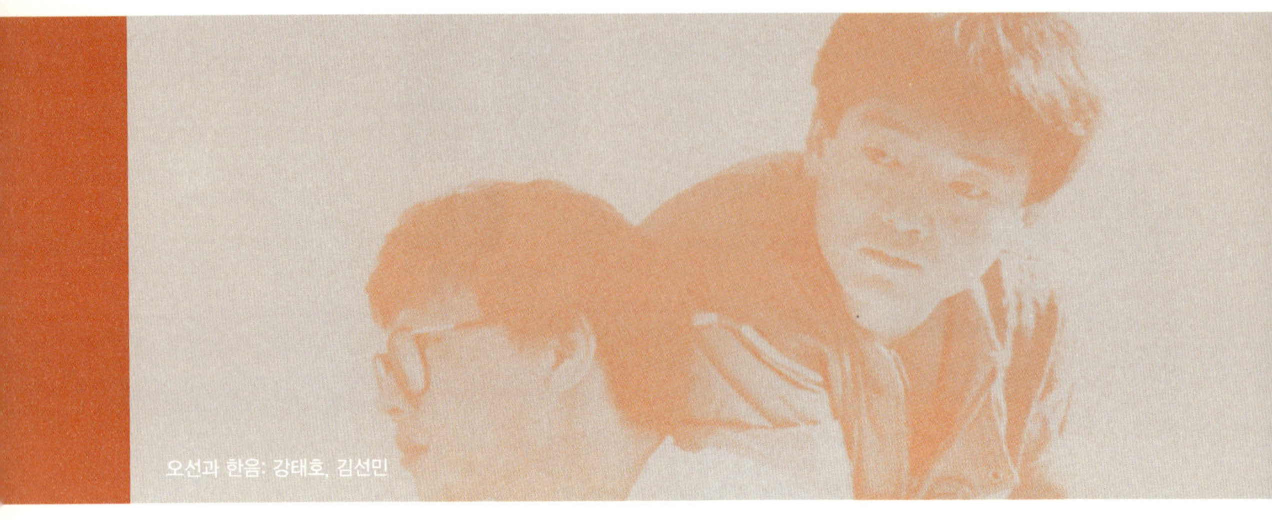

오선과 한음 & 유지연

"소곤거리는 노래들"

여린 감수성으로 아름다운 소품들을 만들어 불렀던 이들을 살펴본다. 이들은 '1980년대적인 상황'에서만 볼 수 있는 존재일까?

오선과 한음은 김선민(기타, 보컬)과 강태호(기타, 보컬)가 1984년에 결성한 듀오이다. 1985년 〈나그네〉, 〈공허한 마음〉, 〈빛 바랜 사랑〉, 〈시찌프스 신화〉와 같은 아름다운 포크와 발라드 팝이 실린 데뷔 음반을 내놓은 그들은 역량에 비해 오래 지속되지 못한 불운한 듀엣이었다. 데뷔 음반은 세션이 진부한 방식으로 진행된 게 문제였지만 김선민의 시적 감성과 멜로디컬한 노래들이 담겼다는 점에 주목할 만하고, 당시 해바라기와는 또 다른 형태의 감수성을 갖고 있었다. 2집 이후 그는 뮤지션과 기획자로서의 활동을 병행했다. 1989년 '마로니에'의 프로듀서를 맡아서 발표한 〈동숭로에서〉가 담긴 데뷔 음반 [비를 기다리는 사람들]이 좋은 반응을 얻었다. 1991년에는 10명의 시인들의 시에 곡을 붙인 모음집 [시인의 노래]를 발표했고, 황치훈, 신윤미 등이 참여한 [마로니에2]도 제작했다. 그리고 기획자로서는 1988년 길은정의 데뷔 음반을 프로듀싱, 작사, 작곡하는데, 그녀의 매력적인 보컬이 실리면서 1980년대의 명작을 만들어냈다. 특히 "우체국에 가면 잃어버린 사랑을 찾을 수 있을까"라고 시작하는 이수익의 시에 곡을 붙인 〈우울한 샹송〉은 길은정, 김선민에게는 길이 남을 그들의 대표곡이 되었다. 1990년 길은정의 2집에 또 한번 참여해 다시 한 번 우울한 노래들을 들려주었다.

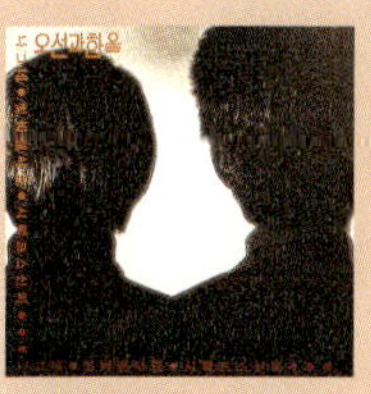

오선과 한음 1집
(1985 / 서라벌레코드)
김선민(g, v), 강태호(g, v)

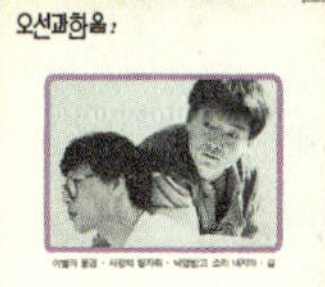

오선과 한음 2집
[오선과 한음 2]
(1987 / 성음)
김선민(g, v), 강태호(g, v)

김선민

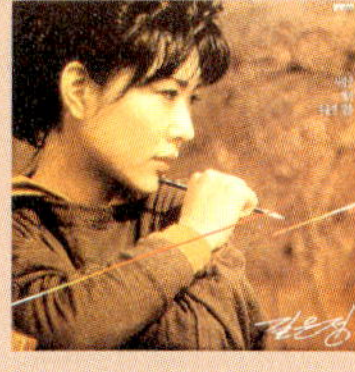

길은정 1집
(1988 / 성음레코드)
김선민(프로듀서, 작사, 작곡)

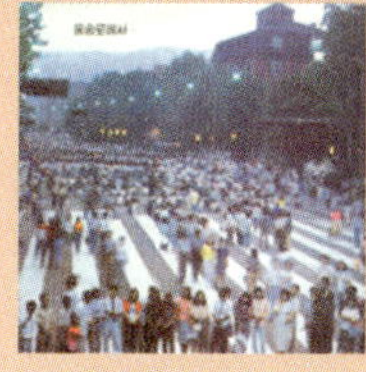

V.A. [비를 기다리는 사람들]
(1989 / 성음)
김선민(프로듀서, 작사, 작곡)
마로니에 1집. 〈동숭로에서…〉,
〈애써 떠나는 그녀 모습은〉 등
수록.

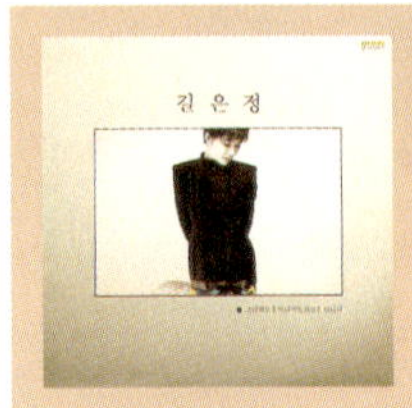

길은정 2집
(1990/성음레코드)
김선민(프로듀서, 작사, 작곡)

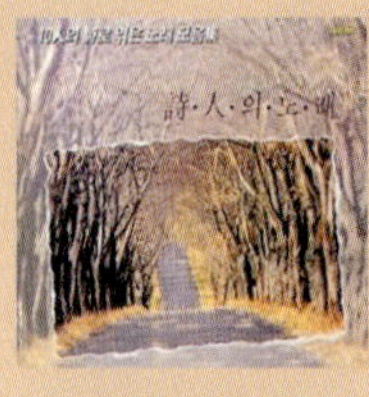

V.A. [시인의 노래 − 10인의 시로 엮은 노래모음집]
(1991/성음)
김선민(프로듀서, 작곡)
조병화의 〈하루만의 위안〉, 김소엽의 〈우리의 사랑은〉, 이창대의 〈애가〉, 이승하의 〈사랑굿 118〉 등 수록.

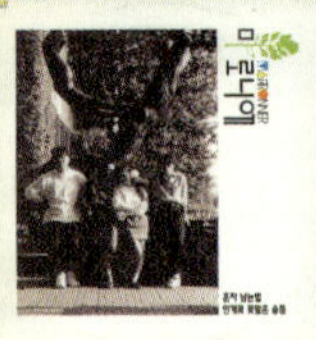

마로니에 2집 [마로니에 II]
(1991/성음)
김선민(프로듀서, 작사, 작곡)
신윤미(v), 유주희(v), 이윤선(v), 황치훈(v)
〈안개꽃 꽃말은 슬픔〉, 〈혼자 남는 법〉

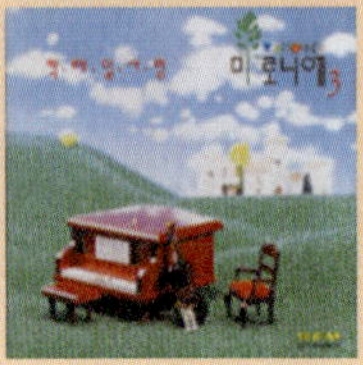

마로니에 3집 [마로니에 3]
(1996/성음)
김선민(디렉터, 작사, 작곡)
김정은(v), 김지영(v), 신유상(v), 신윤미(v)
〈칵테일 사랑〉

유지연은 1980년대 이정선과 함께 최고의 어쿠스틱 기타 연주자로 불렸던 뮤지션이다. 다른 연주자들과는 달리 굉장히 늦게 기타를 배운 그는3 선천적으로 타고난 감각으로 당시 가장 각광받는 연주자이자 편곡자로 명성을 얻었다. 1978년 정태춘의 데뷔음반 [시인의 마을]에서 처음으로 스튜디오 세션, 편곡을 시작한 그는 거의 알려지지 않았지만 1980년 서라벌레코드에서 첫 앨범을 냈고, 대중에게 그의 데뷔 음반 격으로 알려진 3집을 1985년에 발표한다. 이 음반에는 〈잃어버린 사랑〉, 〈사랑과 평화〉와 같은 인기 포크 곡들이 실려 있으며, 〈창가에 앉아서〉는 그의 슬라이드 기타 연주가 멋있게 진행되는 노래다. 1986년에는 어쿠스틱 기타 연주자로서의 명성에 걸맞게 닐 영(Neil Young)의 〈Heart Of Gold〉, 블랙 사바스(Black Sabbath)의 〈She's Gone〉 등이 담긴 [어쿠스틱 기타의 초대]를 발표했고, 1987년에는 〈어디로 갈까〉가 담겨 있는 [스물세살때]를 발표했다. 이후 유니세프 헌정 음반인 [Acoustic Guitar On Love](1991)가 발매되었다.

---

3 대학교 1학년 때 교통사고로 한동안 운신을 못하고 있었는데, 그때 처음으로 동생에게 기타를 배웠다. 밥 딜런(Bob Dylan)의 〈Blowing In The Wind〉, 사이먼 & 가펑클(Simon & Garfunkel)의 〈The Boxer〉 같은 곡들을 열심히 연습했다고 한다.

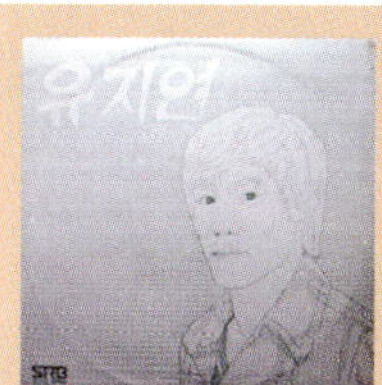

유지연 1집
[유지연]
(1980/서라벌레코드)
〈사모하는 마음〉, 〈아버지〉

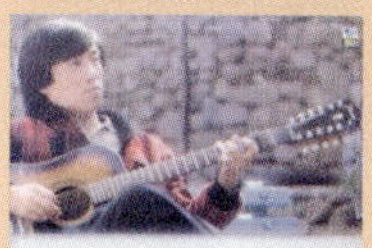

유지연 2집
(1982/지구레코드)
〈그녀와 나〉, 〈아버지〉

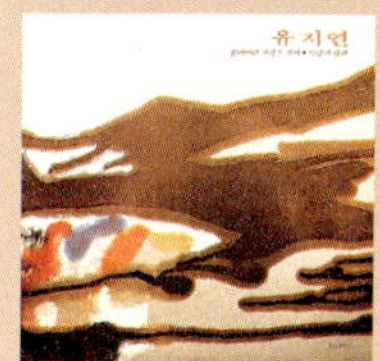

유지연 3집
[유지연] (1985/예음)
세션: 유지연(g, v), 변성룡
(key), 최춘호(g), 서정필(b),
유영수(d), 이재성(플룻)

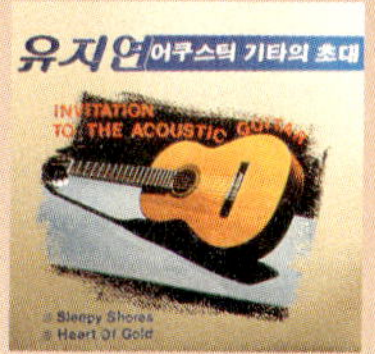

유지연 4집
[어쿠스틱 기타의 초대]
(1986/대성음반)
세션: 유지연(g), 변성룡(key),
서정필(b), 최춘호(g)

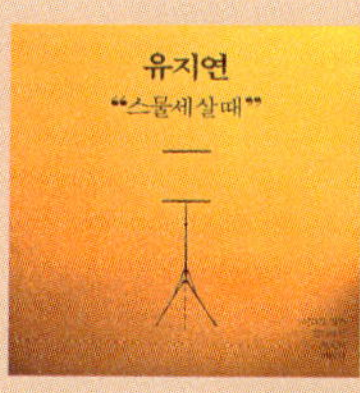

유지연 5집
[스물세살때]
(1987/서울음반)
세션: 유지연(g, v), 변성룡
(key), 최경식(key), 신형곤(b),
강윤기(d)

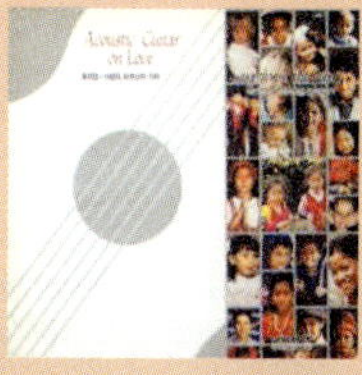

유지연 6집
[Acoustic Guitar On Love]
(1991/WEA)
〈푸른 하늘〉, 〈나뭇잎 사이로〉,
〈Beautiful Girl〉

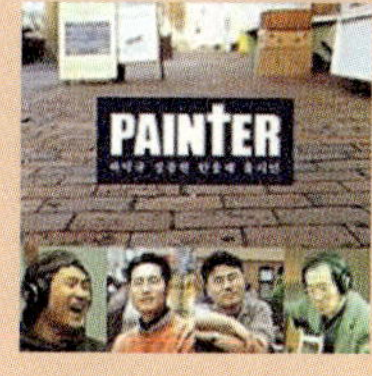

페인터 1집
[Painter] (2001/EMI)
하덕규(v), 유지연(v), 꿈이 있
는 자유(v)
〈빌립보서 1:6〉, 〈다리〉

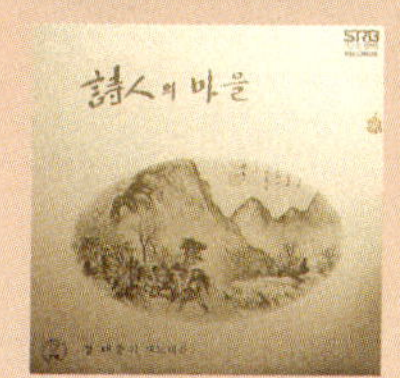

정태춘
[시인의 마을]
(1978/서라벌레코드)
유지연(g, 편곡)

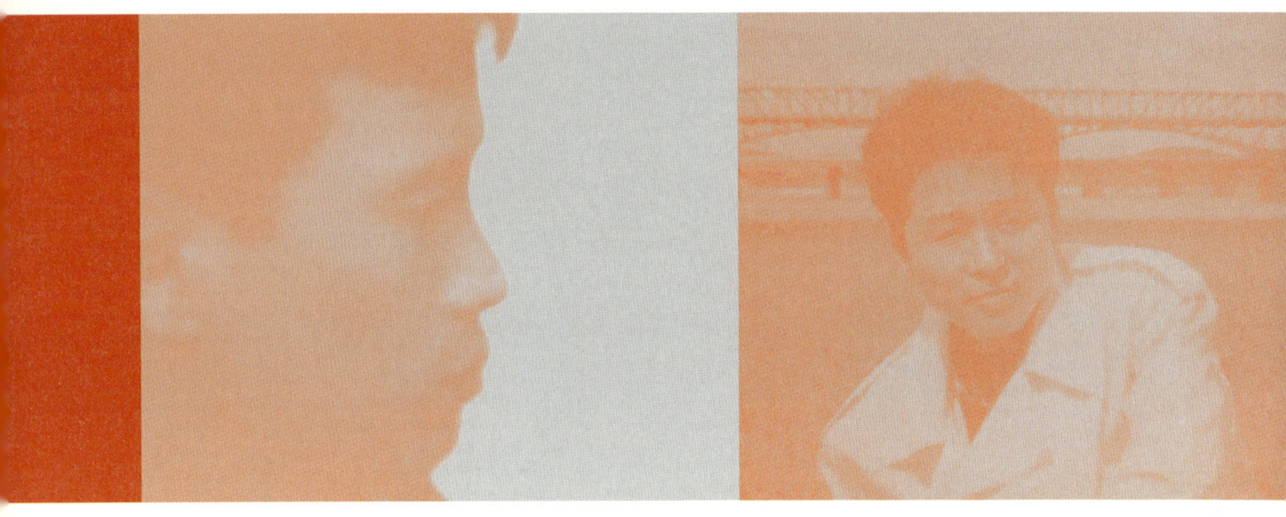

이종만 & 박춘삼

"1988년을 빛낸 탐미적인 보이스컬러"

거장이라고 할 수는 없지만 자신의 디스코그래피에서 유달리 돋보이는 단 한 장의 음반으로 높
게 평가할 수 있는 이들은 독특한 존재이다.

 이종만은 1988년 〈음악이 생의 전부는 아니겠지만〉을 타이틀곡으로 한 데뷔 음반을 발표했다. 그리고 이 음반으로 두 명의 걸출한 뮤지션이 세상에 나왔는데, 한 사람은 이 음반 발표 전에 죽은 작사가 최종욱이고, 또 한사람은 기타, 편곡, 작곡을 담당한 정유천이었다.

> "한가운데 태양이 눈부시게 비추고 / 누구도 똑바로 쳐다볼 수 없었네 / 아무도 모르게 밀려오는 어둠과 / 모두 다 알 수 없는 신비로운 햇살 아래 / 바람불어 스러진 한 포기 풀잎처럼 / 흩어져 사라진 흔적 없는 시간이여"
>
> – 〈이야기〉 (최종욱/정유천)

> "그렇게 바라다보지 말아요 / 공연히 자꾸만 수줍어요 / 해를 닮아 빨간 뜨거운 사과래요 / (중략) / 오늘은 이렇게 노란 레몬과 나란히 기대고 서 있어요"
>
> – 〈빨간 사과〉 (최종욱/정유천)

하루를 새벽, 정오, 밤으로 나누어서 노래하는 〈이야기〉와, 빨간 사과가 자신의 향수를 토해낸다는 〈빨간 사과〉에서 볼 수 있듯이 최종욱은 자신의 독특한 시각으로 삶을 노래하고 싶어 했다. 또한 기타리스트 정유천은 이 곡들과 〈잡을 수 없네〉, 〈지난날의 우리는〉에서 예의 날카로운 감성으로 기타를 연주했는데, 알려지지는 않았지만 대단히 높게 평가할 만한 연주자였다. 그리고 최종욱의 작사에 자신의 곡을 입혀서 이종만에게 그해의 명반을 안겨주었다. 그러나 그는 이 음반 이후로 자취를 감추었고 이종만의 음악 세계도 3집으로 끝났다.4 데뷔 음반은 죽은 최종욱의 작품(작사)인 〈음악이 생의 전부는 아니겠지만〉, 〈빨간 사과〉, 〈이야기〉, 〈장돌뱅이〉, 〈단 하나의 사랑〉, 〈어디든지 난 떠나리〉 등을 추모하는 형식으로 제작된 음반이었고, 록 취향의 A면 'Young Music'과 느린 곡들로 채워진 B면 'Melancholy Music'으로 구성되었다.

---

4 이후 정유천은 이종만의 디렉팅으로 1991년, 1992년 솔로 앨범을 발표했다. 한때 정유천은 인천에서 록 클럽 '록 캠프'를 운영했고, 자신의 3인조 그룹 내추럴 푸드를 이끌고 그곳에서 음악활동도 했다.

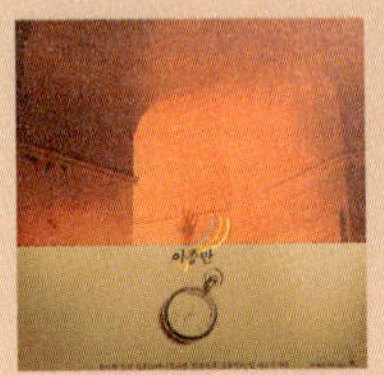

이종만 1집
(1988/현대음향)
세션: 정유천(g), 최경식(key),
송낙현(d), 이수용(b)

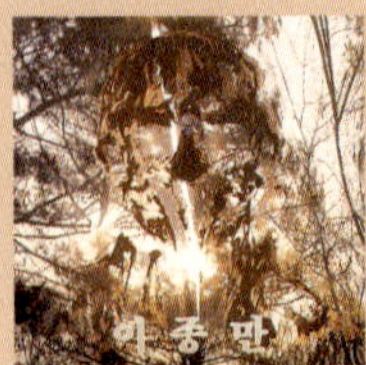

이종만 2집
(1989/오아시스레코드)
세션: 윤영인(g), 연석원(g), 김
백수(g), 김동성(key), 최경식
(key), 강윤기(d), 신현권(b),
김두수(harmonica)

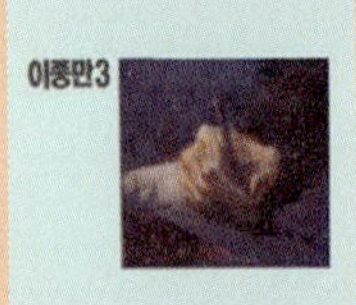

이종만 3집
(1992/현대음향)
⟨새벽으로 가는 도시⟩,
⟨외로울 때 노래하나 더⟩

정유천

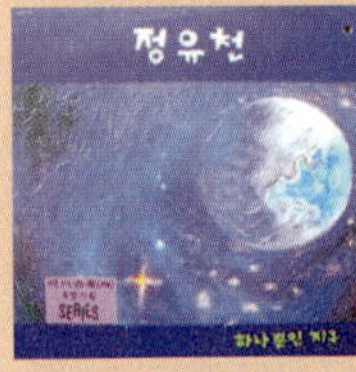

정유천 1집 [하나뿐인 지구]
(1991/현대음향)
⟨하나뿐인 지구⟩, ⟨오랜 시간이
흘러갔네⟩

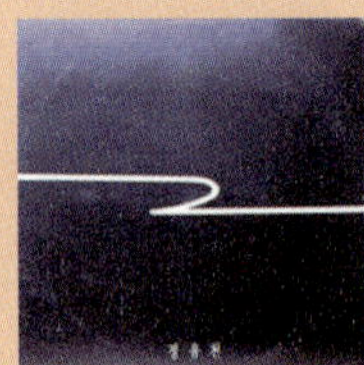

정유천 2집 [정유천]
(1992/현대음향)
⟨네 모습은 슬픈 노래되어⟩, ⟨사
랑의 두려움⟩

박춘삼은 1988년 2집의 〈회색 탁자〉로 사람들에게 알려진 뮤지션이다. 이종만과 그는 비슷한 점이 있는데, 같은 해(1988년)에 자신들의 최고작을 발표했고, 둘 다 약간은 '퇴폐적'인 느낌의 보이스컬러를 갖고 있으며, 이종만에게는 최종욱·정유천이라는 곡 작업자들이, 그리고 박춘삼에게는 이영재라는 당대의 세션 기타리스트이자 곡 작업자가 있었다. 이영재는 최성원, 이승희와는 트리오로 1980년에 앨범을 발표하기도 했고, 들국화의 조덕환과 조·이라는 듀엣을 결성해 음반을 발매하지는 않았지만 호평을 받았다. 따로 또 같이 2, 3집에서는 세션 기타리스트로 이름을 얻었으며[5] 함춘호 이전에 가장 각광받았던 연주자였다. 그런 그가 자신의 작품으로 앨범 수록곡의 대부분을 채웠던 음반이 박춘삼의 2집이었고, 여기서 〈당신의 두 눈엔 눈물이〉라는 매우 아름다우면서도 격정적인 노래를 만들어냈다. 이 곡은 특히 김광석의 기타 솔로가 압권인 곡이고, 그 명징한 멜로디가 길이 남을 박춘삼 자신의 최고작이 되었다. 1990년 발표된 3집에서도 역시 이영재의 〈내 지난 시간이 너무 짧아요〉와 〈떠나지마〉가 좋았지만, 그 외의 작품에서 이렇다할 내용을 보여주지 못해 범작이 되고 말았다.

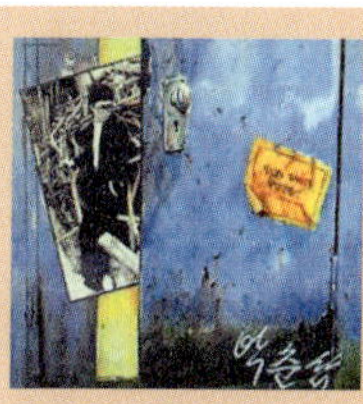

1집 (1987/서라벌레코드)
〈잊으라는〉, 〈도시의 고독〉, 〈나와 밤 열시〉

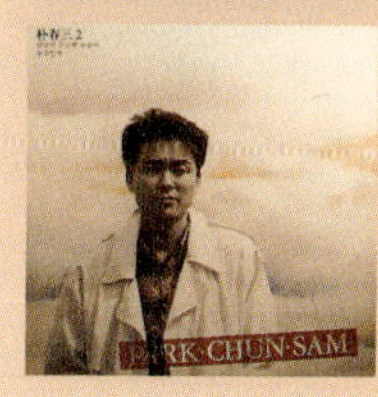

2집 (1988/킹레코드)
세션: 김광석(g), 함춘호(g), 송대호(g), 김명곤(koy), 배수연(d), 이수용(b), 박영용(perc)

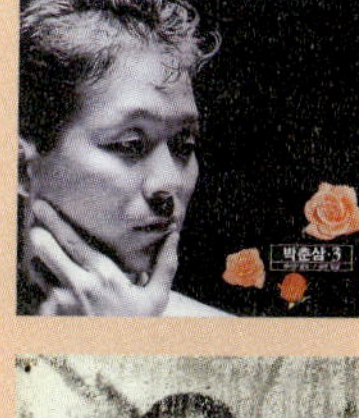

3집 (1990/킹레코드)
세션: 김광석(g), 함춘호(g), 김명곤(key), 김영균(key), 배수연(d), 이수용(b), 박영용(perc)

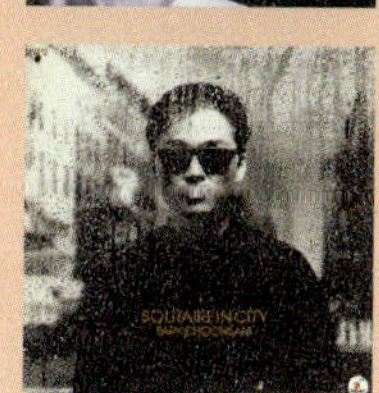

4집 [Solitaire In City] (1992/오렌지)
〈비오는 날〉, 〈짙은 안개 속으로〉

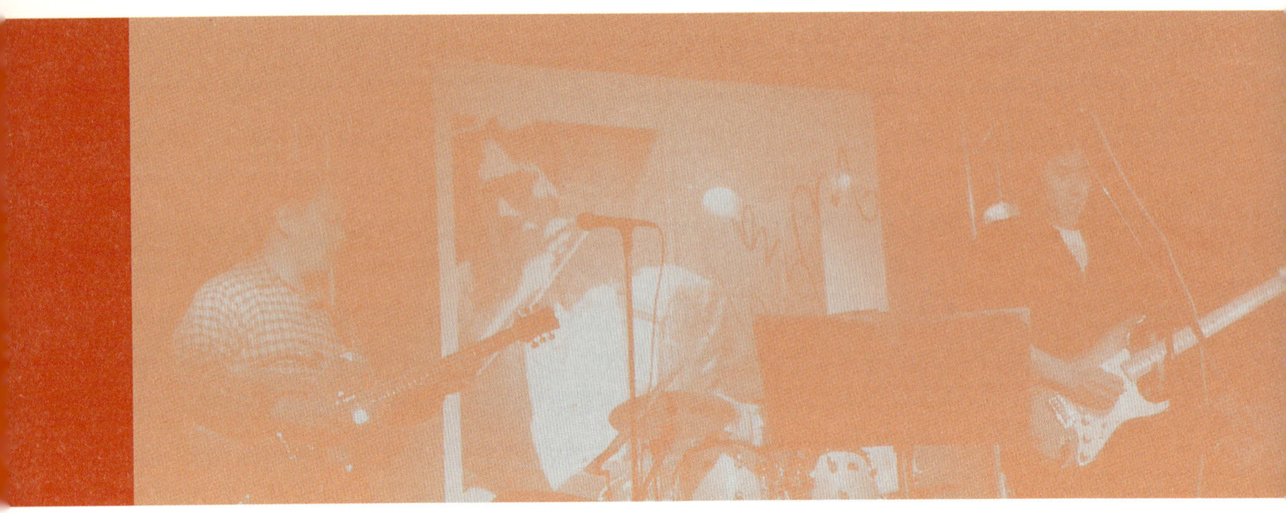

김목경, 이경우 & 윤명운

"블루스 맨, 고독한 남자?"

신촌블루스의 성공으로 1980년대 말~1990년대 초에는 여기저기서 블루스 음반을 제작하려는 움직임이 있었다. 하지만 대부분 실패로 끝났고, 이로써 우리나라에 블루스의 붐이 왔다기보다는 신촌블루스의 성공은 거기에 참여한 김현식, 한영애 등의 스타성에 기인한 것으로 추측된다. 그래도 대중음악 수용자들의 입장에서는 한때나마 다양한 음악을 맛볼 수 있는 기회를 가졌다는 데 의미가 있다. 이때 음반을 제작한 뮤지션으로는 김목경, 이경우, 윤명운 등이 있었다.

김목경은 계명대 일어과를 졸업하고 포크 가수로 출발했다. 1984년에 영국으로 건너간 그는 거기서 6년 동안 선술집과 클럽을 전전하며 블루스 밴드 활동을 했다. 이때의 경험이 그의 음악적인 토대가 되었다. 1990년에는 영국 현지에서 레이 하이우드(기타, 키보드), 제임스 가프리(베이스), 제임스 다톤(드럼)과 같이 데뷔 음반 [Old Fashioned Man]을 녹음했고, 귀국 후 발표했다. 여기에는 〈내가 본 마지막 그녀〉, 〈Mr. Clapton〉 등이 실려 있다. 1993년에는 엄인호, 정경화, 조준형과 [Super Stage]를 녹음했고, 1996년에는 〈처음 그리고 그 다음에〉 등이 실린 컨트리 블루스풍의 2집을 발표했다. 1997년에는 신중현 헌정 음반 [A Tribute To 신중현]에서 〈빗속의 여인〉을 불렀고, 3집 [Living With The Blues]를 발표했다. 블루노트,6 펜타토닉7의 진행 위에서 펼쳐지는 그의 블루스에는 당시 연 200일 이상을 블루스 콘서트에 선다는 그답게 연주의 관록이 보인다. 그는 이 음반에서 "정통 블루스를 고수하면서도 대중성을 염두에 두었다"고 하며, 블루스 특유의 끈적거림을 강조하기 위해 보틀넷 슬라이드 주법을 본격적으로 사용했다. 이에 대해 그는 "기교 부리지 않고 능력만큼만 표현하려고" 슬라이드에 집중했다고 한다. 그가 이토록 블루스에 매달리는 이유는 '음악의 뿌리'를 알고 싶다는 욕망 때문이라고 하는데, "우리 인간 삶의 모습을 그대로 보여주는 블루스. 가장 인간적이면서도 서민적인 이 음악을 나는 참 사랑한다. 이 땅에서, 그러나 아직까지는 내가 하고 있는 이 음악적 장르가 많은 대중으로부터 다소 거리가 있고 조금은 고립되어 있는 듯하다. 그래서 내 자신이 외로운 방랑자 같다는 자조에 빠지곤 한다"라는 그의 변에서도 진심으로 블루스를 대하는 그의 마음을 읽을 수 있다. 그는 1990년대 당시 한국의 에릭 클랩튼이라는 별명을 가지고 있었고, 엄인호, 윤명운과 함께 손꼽히는 블루스 기타리스트로 평가받았다.

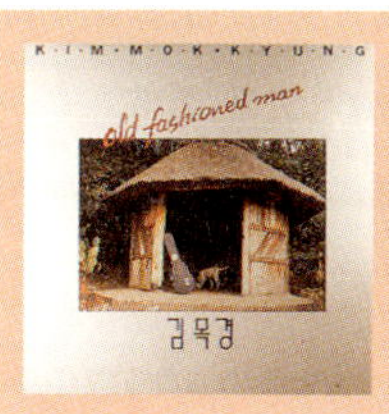

1집
[Old Fashioned Man]
(1990/서라벌레코드)
세션: 김목경(g, v), 레이 하이우드(g, key), 제임스 가프리(b), 제임스 다톤(d)

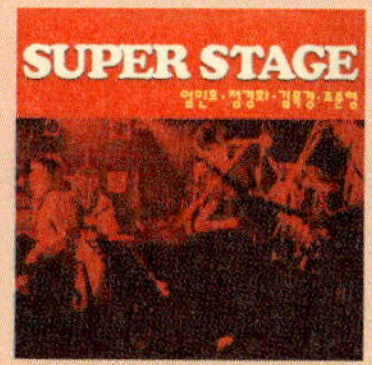

V.A.
[Super Stage]
(1993/현대음향)
엄인호(g, v), 정경화(v), 김목경(g, v), 조준형(g, v)
세션: 강상영(b), 정태국(d), 이후승(key)

---

6 7음계에서 '미'와 '시'를 반음 내림으로써 장조이면서도 단조처럼 들림.

7 도, 레, 미, 솔, 라의 5음만 연주함.

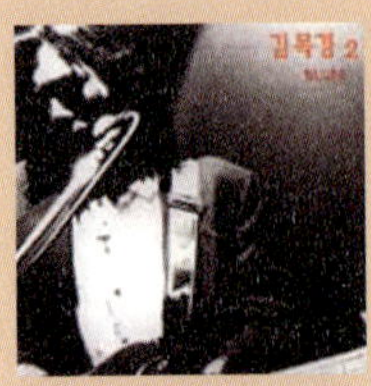

2집 [김목경 2 BLUES]
(1996/글로벌미디어)
〈처음 그리고 그 다음에〉, 〈이
대로 가면〉

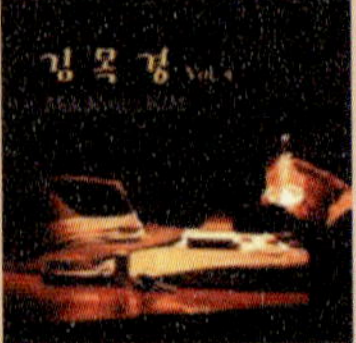

4집 [김목경 Vol.4]
(2000/blues power)
〈Play The Blues〉, 〈부르지마〉

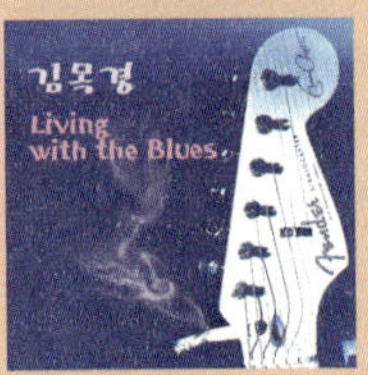

3집 [Living With The Blues]
(1998/삼성뮤직)
세션: 김목경(g, v), 이민영
(key), 유병선(b), 은성태(d),
유종훈(d)
〈Fix Your Love On Me〉, 〈외
로운 방랑자〉는 그의 블루스
필이 뛰어나게 녹아 있는 곡들로 감상용 블루스의 진면모가
드러났다. 특히 〈외로운 방랑자〉는 그의 멜로디 감각 또한
출중함을 보여주었다. 그리고 도브로 기타를 사용해 포크적
인 운율을 보여준 〈내일 속의 어제〉, 마이너 블루스 곡인〈신
촌 블루스의 엄인호의 연주가 생각나는〉 〈언덕 위의 여자〉,
그리고 1집의 타이틀곡이었던 〈내가 본 마지막 그녀〉는 부
담 없이 들을 수 있는 한국형 블루스이다.

[Live In Concert]
(2002/pony canyon)
〈여의도 우먼〉, 〈Got My Mojo
Working〉

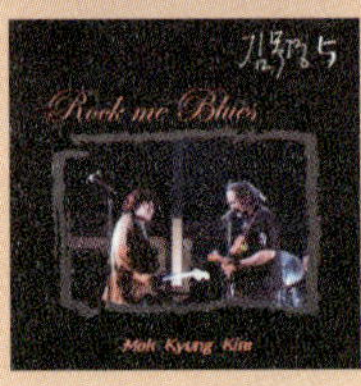

5집 [Rock Me Blues]
(2004/kim mokkyung)
〈거봐 기타 치지 말랬잖아〉

이경우는 1970년대에 '하사와 병장' 이라는 듀엣으로 활동하다가 1980년대에
는 음악계에서 떠나 있은 후 1989년 [블루스 맨]이라는 음반을 발표하면서 다시 활동하
기 시작한 뮤지션이다. 이 음반의 〈블루스 맨〉이라는 곡이 방송을 타면서 주목받기 시
작했고, 끈적거리는 독특한 음색으로 개성 있는 음악을 했다. 하지만 이 음반 이후 별다
른 활동 없이 다시 음악계를 떠나 행적을 궁금하게 했다.

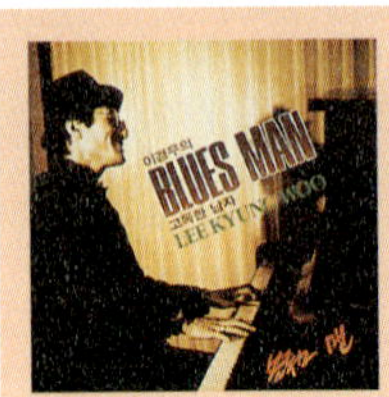

1집 [블루스 맨]
(1989/한국음반)

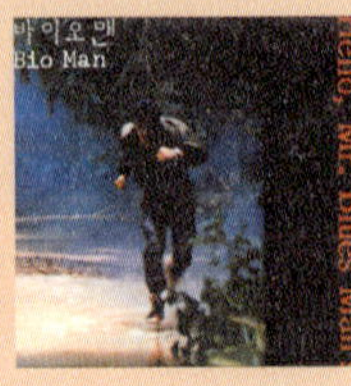

O.S.T [바이오 맨]
(1988/효성음향)
이경우(작곡, 노래)

윤**명운**은 한영애 2집(1988)에 수록된 〈누구 없소?〉와 〈달〉의 작곡자로 알려지기 시작했고, 특유의 슬라이드 기타 연주로도 유명했다. 1988년 신촌블루스 1집에도 기타와 하모니카 연주로 참여했고, 1989년에는 〈명운이의 Blues〉, 〈내 모습 본 적 있오?〉, 〈할머니 Blues〉, 〈김치 Rag〉 등이 담긴 2집 [명운이의 Blues]를 발표했다. 그러나 쉽게 접할 수 있는 친근한 백인 취향의 일렉트릭 블루스가 아니라, 생경한 정통 흑인 블루스에 근접한 음악을 시도해 별다른 호응을 얻지 못했다. 1991년 발표한 3집은 시장에서 제대로 유통조차 되지 못한 채 끝났고, 1995년에는 주로 예전에 발표한 곡들을 리메이크한 4집을 발표했다. 〈태양 아씨〉, 〈어떤 하루〉 등이 실린 이 음반은 초기작과는 달리 좀 더 세련된 편곡으로 사람들이 그의 음악에 접근하기 쉽게 만든 완성도 있는 음반이다.

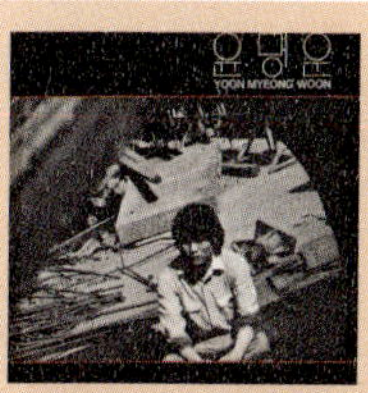

1집 [윤명운]
(1983/오아시스)
〈아침 기다리며〉, 〈할머니 블루스〉

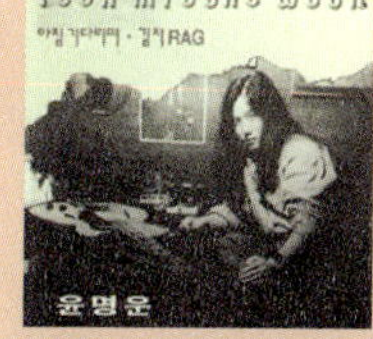

3집
(1991/대성음반)
〈아침 기다리며〉, 〈김치 RAG〉

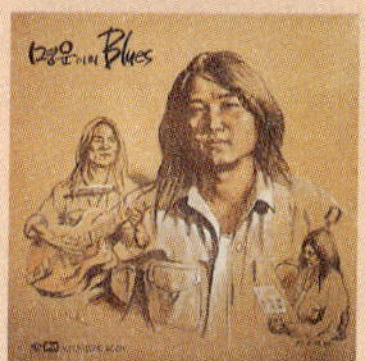

2집 [명운이의 Blues]
(1989/지구레코드)
세션: 윤명운(g, v, b, har-monica), 배수연(d), 김영진(b), 임인건, 김효국(key)

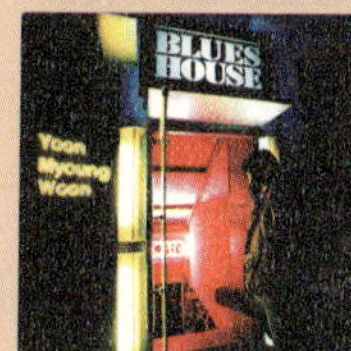

4집
(1995/킹레코드)
세션: 윤명운(g, v, harmonica), 배수연(d), 함춘호(g), 조준형(g), 김현규(b), 박영용(perc), 김효국(key), 김원용(sax), 김구이(trombone), 황용기(trumpet), 케이트 윤(sax)

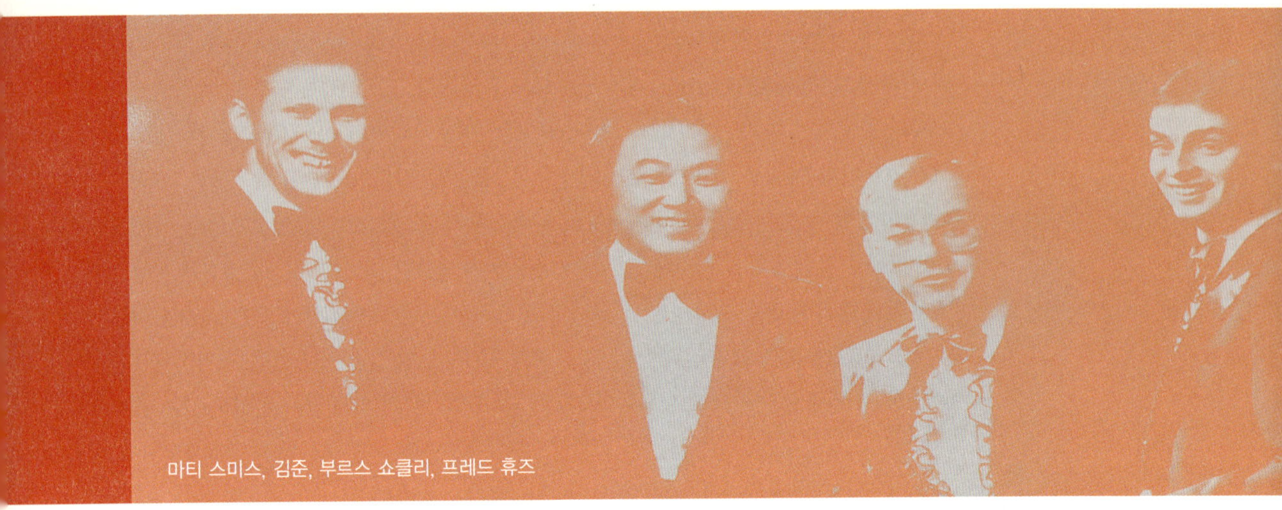

신광웅, 야누스 & 저스트 프렌드

"재즈 맨, 역시 고독한 남자?"

1980년대까지만 해도 재즈는 한국에서 철저하게 소외받은 장르였다. 그러다가 1990년대에 들어 재즈가 갖는 일면 고급스러운 느낌 때문에 드라마나 CF의 배경음악으로 쓰이기 시작하면서 잠시 재즈 열풍이 불었다. 하지만 이 때문에 재즈는 다시 그 본질이 왜곡되어 사람들에게 인식되었다. 2000년대 들어와서 급성장한 장르가 재즈이지만 그 이전의 재즈를 살펴보면 국내 뮤지션들이 발표한 재즈 음반은 양적으로도 미미할 뿐만 아니라, 질적인 면에서도 이렇다 할 작품이 나오지 않았다. 이런 척박한 국내 환경에서 1980년대에 재즈 연주 활동을 하고, 음반을 발표한 뮤지션을 살펴보고자 한다.

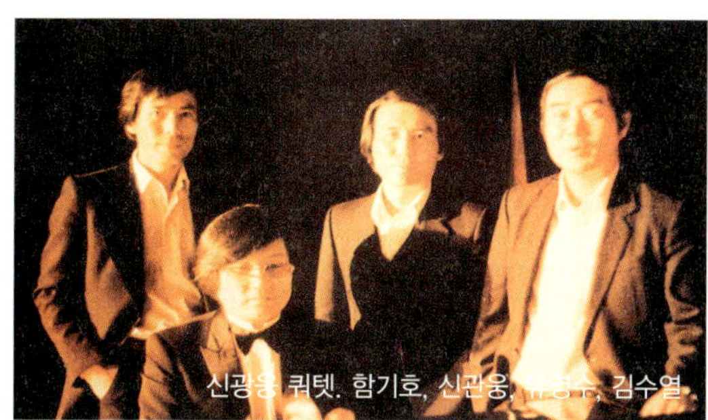

신관웅은 후에 재즈 그룹 '야누스'의 일원이 된 재즈 피아니스트이다. 국내 재즈 피아니스트로는 드물게 여러 장의 음반을 발표했는데, 주로 기존의 대중가요를 듣기 편한 스타일로 편곡해 연주했다. 1987년에 발표한 그의 2집 [나라의 테마]에서도 이장희의 〈나 그대에게 모두 드리리〉와 양희은의 〈한 사람〉이 대표곡으로 실렸다.

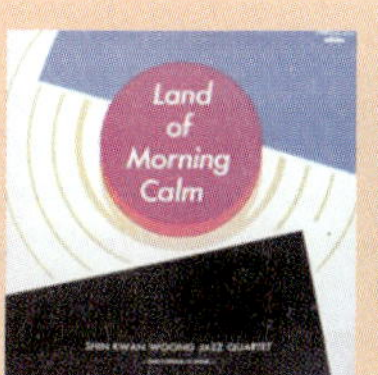

신관웅 재즈 쿼텟 1집 [Land of Morning Calm] (오아시스) 신관웅(key), 유영수(d), 함기호(b), 김수열(sax)

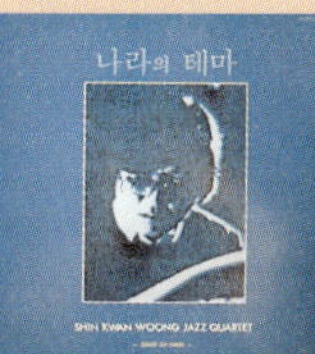

신관웅 재즈 쿼텟 2집 [나라의 테마] (1987/오아시스) 신관웅(key), 유영수(d), 함기호(b), 김수열(sax)

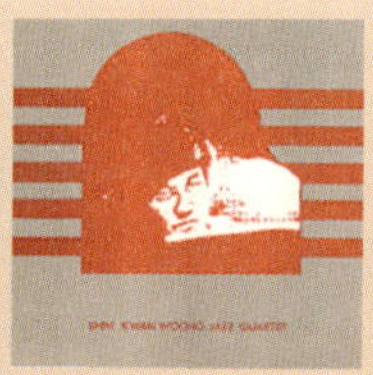

신관웅 재즈 쿼텟 3집 [Seoul Concerto] (1987/오아시스) 신관웅(key), 유영수(d), 함기호(b), 김수열(sax)

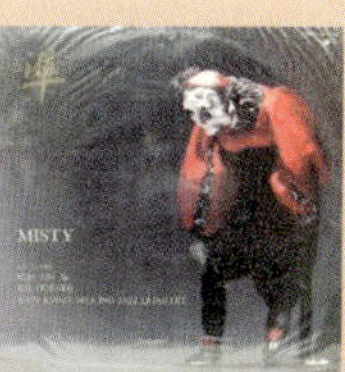

김준&신관웅 재즈 쿼텟 [Misty] (1987/오아시스)

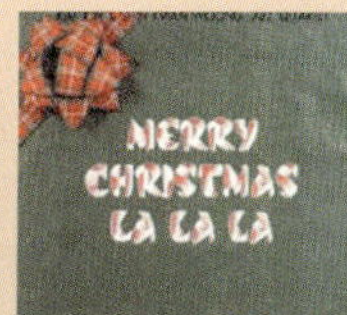

김준&신관웅 재즈 쿼텟 [Merry Christmas Lalala] (1987/오아시스)

신관웅 [Shin Kwan Woong And His Friends In JazzStyle] (1989/오아시스) 〈첫사랑의 언덕〉, 〈서울〉

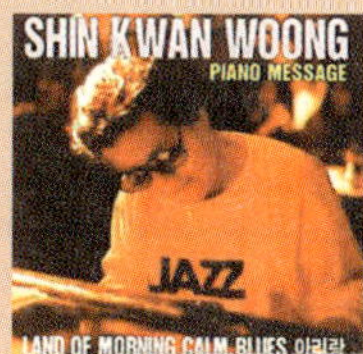

신관웅 [Shin Kwan Woong Piano Message] (1991/오아시스) 〈나 그대에게 모두 드리리〉, 〈서울 콘첼토〉

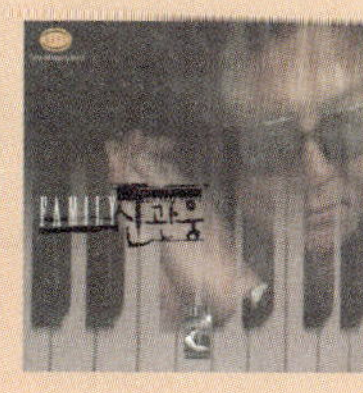

신관웅 [Family] (2002/팔레트뮤직) 〈Nara's Theme〉, 〈Dr. Khill〉

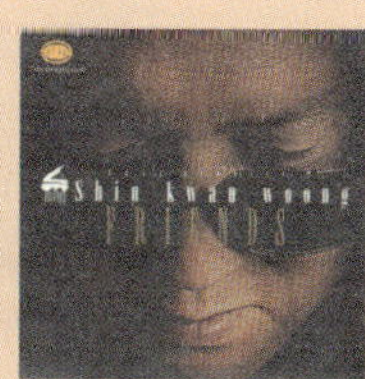

신관웅 [Friends] (2002/팔레트뮤직) 〈Black Prpheus〉, 〈Caravan〉

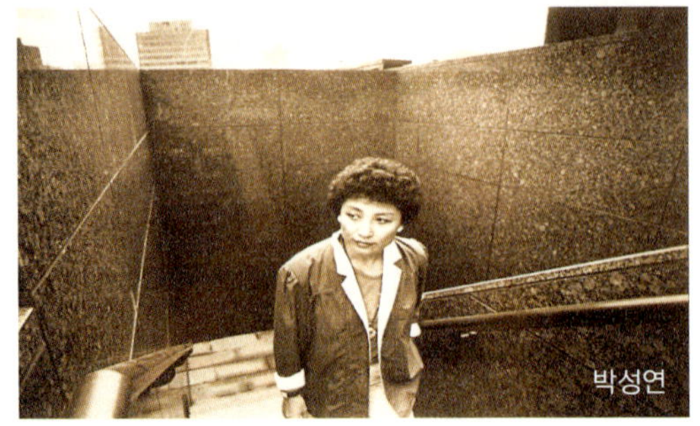

야누스(Janus)는 신촌 블루스와 함께 1980년대 중반부터 '야누스'라는 카페에서 매월 정기 공연을 하던 재즈 동호회 성격의 그룹이었다. 이 정기 공연이 사람들에게 알려지기 시작하면서 지명도를 획득한 그들은 1989년에 정식 데뷔 음반을 발표했다. 〈Antonio's Song〉, 〈물안개〉, 〈I'm A Fool To Want You〉 등이 수록된 데뷔 음반은 박성연의 허스키한 음색이 발휘된 보컬과 국내 일급 재즈 연주자들의 세션이 담긴 완성도 높은 음반이었다. 1998년에는 박성연의 2집이자 그들의 2집을 발표했다.

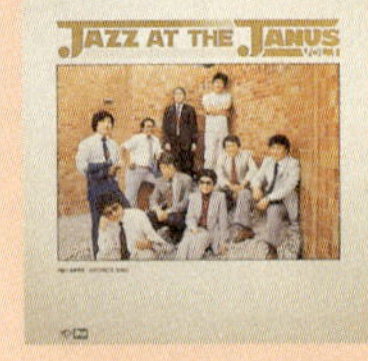

박성연과 Jazz At The Janus 1집
(1989/지구레코드)
세션: 박성연(v), 조상국(d), 이판근(b), 강대관(trumpet), 김수열(sax), 신관웅(key), 조정수(g), 정성조(flute), 신동진(sax, flute)

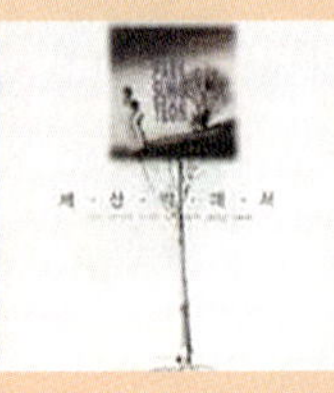

박성연 2집
[세상 밖에서] (1998/삼성뮤직)
〈Imagine〉, 〈세상 밖에서〉

저스트 프렌드 (Just Friends)는 보컬리스트 김준과 국내에 정착한 세 명의 외국인 연주자들로 구성된 그룹이다. 1984년에 데뷔 앨범을 발표했다. A면에서는 〈Ramona〉, 〈Swan Lake〉, 〈Too Young〉, 〈I Left My Heart In San Francisco〉 등의 외국 곡에 김준이 가사를 붙여 노래했고, B면에서는 〈돌아와요 부산항에〉, 〈꿈꾸는 백마강〉 등을 재즈 스타일로 편곡해 노래했다. 주로 감미로운 스타일의 연주를 지향했고, 앨범 뒷면에 쓰인 김준의 얘기대로 '재즈의 보급'에 신경을 쓴 음반으로 그 가치를 말할 수 있다.

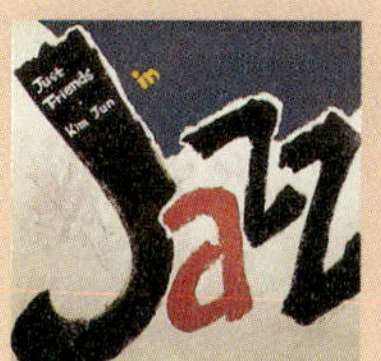

저스트 프렌드 1집
[Just Friends Kim Jun In Jazz] (1984/오아시스레코드) 김준(v), 마티 스미스(d), 부르스 쇼클리(b, g, v), 프레드 휴즈(key)

김준

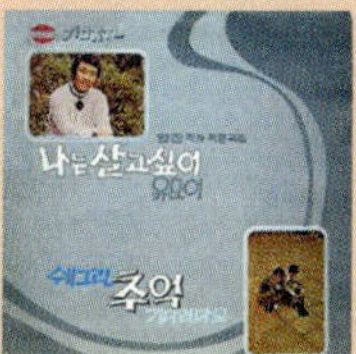

김준 / 쉐그린
[엄진 작편곡집] (1970)
〈나는 살고 싶어〉,
〈추억〉

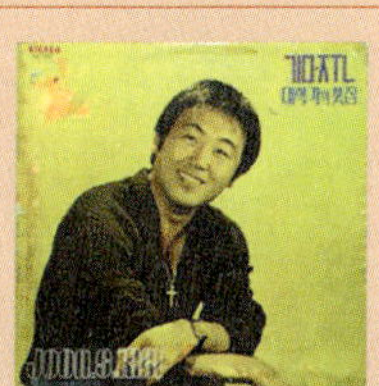

김준 [김준] (1973)
〈대학가의 찻집〉, 〈나를 위한 것이 아니다〉

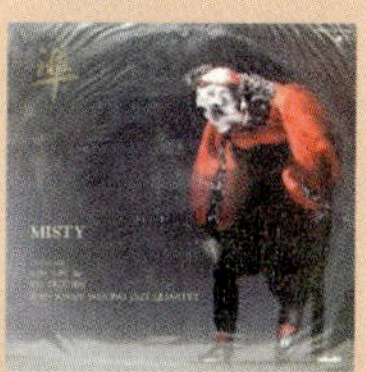

김준 & 신관웅 재즈 쿼텟 [Misty] (1987)

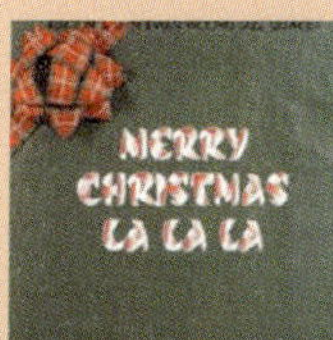

김준 & 신관웅 재즈 쿼텟 [Merry Christmas Lalala] (1987)

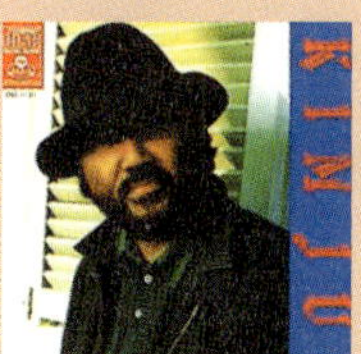

김준 [Oldies But Goodies] (1990)
〈What A Wonderful World〉, 〈True Love〉

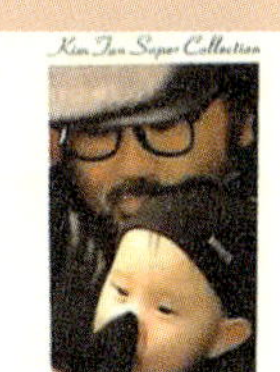

김준 [Supe Collection] (1991)
〈사랑하니까〉, 〈그래도 설마하고〉

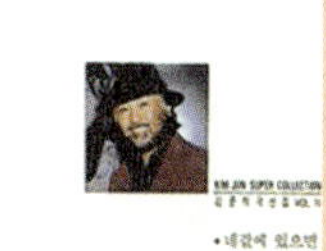

김준 [Supe Collection Vol.2] (1993)
〈네 곁에 있으면〉, 〈그대로 좋아요〉

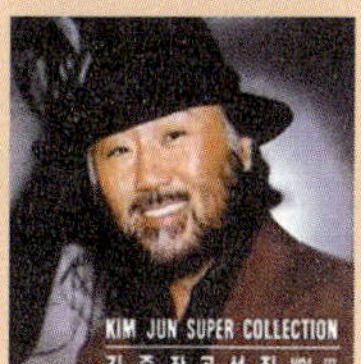

김준 [Supe Collection Vol.3] (1994)
〈행복이 가득한 집〉, 〈그대가 돌아올 것 같아〉

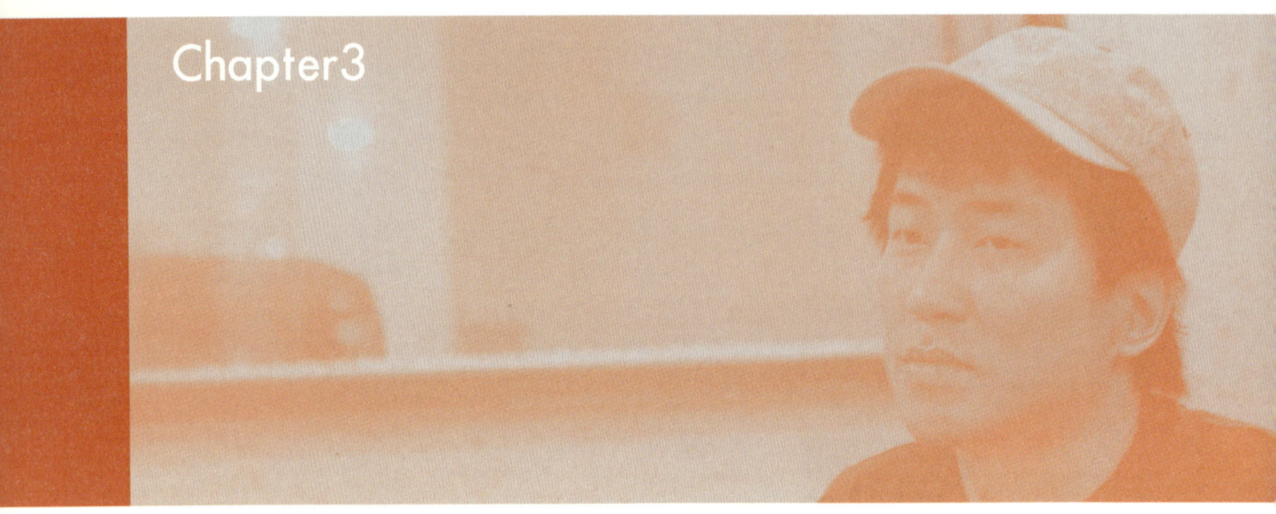

조동익(어떤 날)

"지금도 건재한 신화이자 역사"

조동익, 우리 시대의 음악창작자이자 음악감독

* 2003년 6월에 쓴 칼럼입니다.

　1980년, 형 조동진의 2집에 자신이 작곡한(허영자 작사) 〈어떤 날〉을 주면서 모습을 드러낸 조동익은 어떤 날 1집(1986)과 2집(1989)에서 이병우와 함께 한국 대중음악사에서 다시는 나오기 힘든 불멸의 작업을 한 감수성 풍부한 창작자이다.

　어떤 날은 한국 대중음악사에서 전대미문의 듀오였다. 소박한 감수성으로 록과 포크, 퓨전 재즈를 지향했던 그들은 자신들의 번뜩이는 천재적인 재능을 과시하지 않으면서 조용하게 데뷔 음반을 완성했다. 조동익의 음악적 출발점이라고 말할 수 있는 그의 형이자 1970년대 모던 포크의 독자적인 한 지류인 조동진과, 1980년대 전문 세션을 개척한 포크 록 그룹 '따로 또 같이'의 영향이 느껴지기도 하지만(2집에서는 자신들이 좋아하는 팻 메시니의 영향이 드러난다), 그는 같은 해에 실질적인 데뷔 음반을 발표한 시인과 촌장처럼 완벽한 자신들의 스타일을 형성한 뮤지션이다. 데뷔 전 해인 1985년에 진정한 의미의 신인 발굴 컴필레이션 음반 [우리 노래 전시회]에 조동익의 〈너무 아쉬워하지마〉를, 들국화 데뷔 음반에 이병우의 〈오후만 있던 일요일〉을 수록함으로써 대중에게 존재를 알렸던 이들은 1980년대 중반 한국 대중음악의 르네상스기를 연 일군의 뮤지션들(따로 또 같이, 들국화, 시인과 촌장 등) 중에서 막내 격이었다. 비록 1980년대에 노래했던 그들이지만, 통시적인 감성으로 어느 시대의 젊은 가슴이든 울릴 수 있는 강력한 힘을 지녔던 그들의 노래는 부드러우면서도 전율적이다. 대표곡들이 바로 〈하늘〉, 〈그날〉 등이다.

　그리고 조동익은 1990년대 최고의 편곡자이자 베이스 연주자이다. 물론 아이돌 스타의 작품에는 손을 대지 않았기 때문에 그의 작업 중에서 가장 대중적인 인기를 모은 것은 김광석의 [다시부르기 1](1993), [김광석4](1994), [다시부르기 2](1995), 안치환의 [안치환4](1995) 정도이지만, 이 앨범들이 1990년대 한국 대중음악사에서 베스트 컬렉션이라는 점을 생각한다면 그가 '1990년대 최고의 편곡자'였다는 사실에 이의를 붙일 여지는 별로 없어 보인다. 그리고 [안치환4]에 수록된 〈수풀을 헤치며〉, 〈평행선〉, 〈너를 사랑한 이유B〉와 같은 노래에서 조동익 밴드가 만들어낸 '단출한 구성의 넘치는 에너지'는 하나의 신기원을 이룩했다. 이는 이유 없이 다층적인 편곡을 지향하는 뮤지션들이 결코 보여주지 못하는 방법론이고, '노래 자체가 갖는 힘'을 드러내는 데 주력하는 본질적인 편곡에서 비롯된 결과라고 할 수 있다. 물론 이는 당시 창작 에너지가 넘쳐났던 안치환의 노래들이 있었기에 효과적인 방법론이 되었지만, "우리가 왜 노래를 들어야 하는가?"에 대한 근원적인 질문에도 불구하고 또한 제대로 좀 하라는 '창작'에는 신경을 별로 쓰지 않고 부가적인 편곡 작업에만 매달리는 현재의 여러 뮤지션들에게 경종의 메시지를 주고 있다고 생각한다. 그런 작업을 통해서 안치환은 새로운 '한국 록의 어법'을 만들어냈으니 조동익은 현재의 안치환이 있기까지 일등공신임에 틀림없다.

당시 김광석에게는 그가 만들어낸 진지한 창작물에 어울리는 새로운 '포크 록의 틀거리'를 제공했다는 점에서도 높이 평가해야 한다. 조동익이 없었다면 [다시부르기 2]를 통해서 한국 모던 포크의 계보를 정리하겠다는 김광석의 야심찬 계획은 빛을 발하지 못했을 것이다. 그외 조동익은 자신의 독집인 [동경](1994), [Movie](1998)와 장필순의 [이 도시는 언제나 외로워…](1992), [그대가 울고 웃고 사랑하는 사이](1993), [장필순4](1995), [나의 외로움이 널 부를 때](1997), [Soony6](2002), 김창기의 [하강의 미학](2000), 오소영의 [기억상실](2001)에서 뛰어난 작업을 보여주었고, 영화 사운드트랙으로는 [장미빛 인생](1994, 김홍준 감독), [내 마음의 풍금](1999, 이영재 감독)이 있다.

조동익은 특별히 정규 음악 교육을 받지 않았다. 하지만 한상원, 정원영, 김광민 등이 1980년대 중·후반 미국 버클리대학에서 음악 수업을 받는 동안 오히려 스튜디오 세션으로 실전에서 역량을 쌓아나간 경우였고, 수많은 음반 작업을 통해서 그는 이 분야의 마스터가 되었다. 그리고 1990년대에 그가 거느린 조동익 밴드(박용준key, 김영석d, 윤영배g, 함춘호g)는 록 성향의 음반 세션에서는 자타가 공인하는 국내 1인자 집단이 되었다.

●● 바이오그래피

1960년	3월 6일 출생
1980년	둘째형 조동진의 2집에 〈어떤 날〉이라는 곡을 주면서 본격적인 음악활동 시작
1984년	최진영의 소개로 이병우를 처음 만남
1985년	옴니버스 앨범 [우리 노래 전시회]에 '어떤 날'의 이름으로 〈너무 아쉬워하지마〉 발표
1986년	어떤 날 1집 [1960 · 1965] 발표. 이 음반에는 〈하늘〉, 〈그날〉, 〈오래된 친구〉 등 1980년대 가장 명징한 사운드가 담김. 시인과 촌장 2집에 베이스로 참여하면서 정식으로 스튜디오 세션을 시작함
1987년	옴니버스 앨범 [우리 노래 전시회 2]에 〈그런 날에는〉 발표
1989년	어떤 날 2집 발표
1992년	함춘호, 손진태, 김현철과 프로젝트 그룹 '야샤'를 만들어 앨범 발표
1994년	첫 독집 앨범 [동경(憧憬)] 발표. 김홍준 감독의 영화 '장미빛 인생'의 사운드트랙 앨범 발표
1997년	송능한 감독의 영화 'No. 3'의 사운드트랙 담당. 하나음악의 옴니버스 앨범 [겨울노래]에 〈첫 발자욱〉 수록
1998년	영화 음악 모음집 앨범 [Movie] 발표
1999년	이영재 감독의 영화 '내 마음의 풍금' 사운드트랙 앨범 발표
2002년	장필순의 6집 [Soony6] 음악 담당

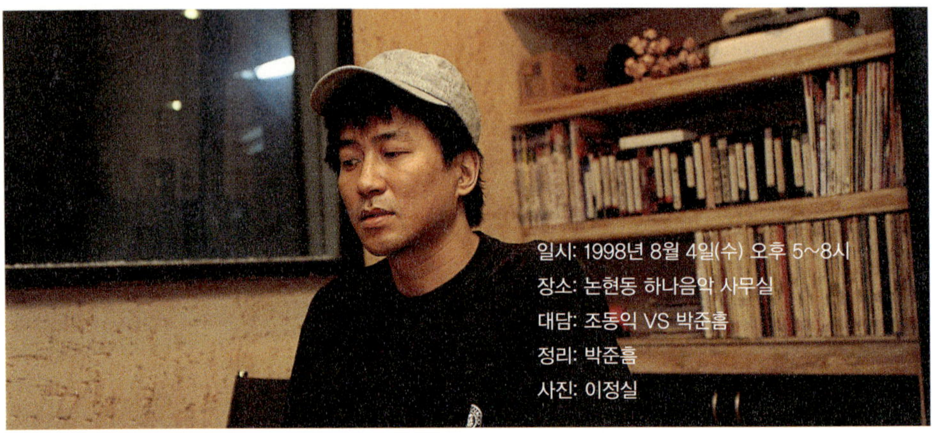

1985년 진정한 '신인 발굴'의 의미를 지닌 [우리 노래 전시회]에 조동익의 〈너무 아쉬워하지마〉가 실리고, 들국화 데뷔 음반(1985)에 이병우의 〈오후만 있던 일요일〉이 실리면서 어떤 날은 대중에게 알려지기 시작했다. 이들은 1986년에 발표한 데뷔 음반 [1960·1965]로 한국 대중음악사에서 따로 또 같이, 들국화와 함께 전환점을 마련했고, 살아 있는 신화이자 역사가 되었다. 삶의 주변부에서 볼 수 있는 자잘한 일들을 여린 감성으로 아름답게 노래하던 그들은 새로운 작법, 세션, 녹음으로 1980년대 중반 우리 대중음악의 르네상스기를 열어갔다. 그들의 노래에 담긴 감성은 시간이 흘러도 진부하게 느껴지지 않는 '통시성'이 있기 때문에 지금의 젊은이들에게도 받아들여질 수 있다. 어떤 날의 멤버이면서, 또한 1980년대 중반 이후로 양산된 중요한 앨범들의 세션과 편곡을 담당한 음악감독으로서, 조동익은 당대의 아티스트로 반드시 거론해야 할 뮤지션이다. 그의 소탈한 인터뷰를 들어보는 것은 얼마 되지 않는 당대 뮤지션에 대한 예의가 아닐까.

"어떤 날로 활동할 시절에 사람들은 내 모습을 '키 작고 얼굴 하얀' 사람으로 상상했다."

조동익: 하나음악 사무실 내의 녹음실 보수 작업을 했다. 벽돌도 쌓고 페인트칠도 했다. 목수 일을 했다. '장미빛 인생'과 'No. 3' 사운드 트랙을 손질해서 최근에 [Movie]를 냈다.

이번에 발표한 음반 [Movie]는 1994년 김홍준 감독의 '장미빛 인생'에 쓰인 곡들과 1997년 송능한 감독의 'No. 3'에 쓰인 곡들(미발표곡들을 포함한)을 묶은 음반이다. 이 두 영화는 1990년대 한국 영화를 대표하는 작품들이었다. 자신은 영화에 대한 안목이 있는가?

그런 것은 아니다.

안치환, 더 클래식 음반에는 사진 작품도 실렸다. 계속 사진 작업도 하고 있는데.

사진은 아마추어 수준이고, 영화도 그냥 좋아하는 정도다. 하지만 그 영화들은 둘 다 마음에 들었다.

사진 작업이 음악하는 데 도움을 주는가?

사람들은 내 사진을 보면 내 음악과 똑같다고 얘기한다. 밍밍하고 심심하다고 한다.

어떤 날의 노래들이나 다른 뮤지션에게 준 곡들을 보더라도 선생은 뛰어난 곡 만들기 재능이 있다. 그런데 음반 발표를 자주 하지 않는 이유는?

나는 매사에 속도가 느리고 게으른 편이다. 다작을 하거나 빠른 시간에 일을 하지 못한다. 그 대신 오래가지 않을까?

형인 조동진의 어깨너머로 음악을 배웠다고는 하지만 원래부터 풍부한 자질을 갖고 있었던 것 같다. 자신의 역량에 비한다면 너무 늦게 음악을 시작한 것이 아닌지?

내가 늦은 건가? 성격 때문에도 그런 것 같다. 데뷔하게 된 것은 형과 최성원의 영향이 있었다. 그들이 한번 해보라고 했다.

그들이 아니었으면 더 늦게 데뷔할 수도 있었다는 말인가?

그렇다. 남들이 봐주었으면 하고 음악을 만들었지만 그것을 다른 사람에게 보여주기가 쉽지 않았다. 지금이야 늘 하는 일이니까 듣기 싫다고 해도 들려준다.

1989년 어떤 날 2집의 속지 사진을 보면 대단히 강건하다는 느낌이다. 지금은 유해졌다는 느낌인데.

그럴 것이다. 그때는 날아다닐 때였다. 정신적으로 육체적으로 힘이 넘칠 때였다. 모르는 사람은 내게 "무슨 운동 하냐?"라고 물을 정도로 건강했다. 보통 사람들이 내 노래와 나를 매치시키지 못했다. 1집 노래를 들었던 사람들은 내가 '키 작고 얼굴 하얀' 사람일 것으로 상상했다고 한다. 그것 때문에도 홍보할 때 힘들었다.

우리나라에서는 특히 뮤지션이 조로하는 현상이 있다. 20대 젊은 날 뛰어난 감수성을 보여준 뮤지션들이 30살이 지나면서 대부분 그 감수성이 급격히 사라지고 만다. 1960년생이면 곧 마흔이 된다. 음악 하는 사람으로 두렵지는 않은가?

없다고는 할 수 없다. 하지만 인기 정상에 있어본 적이 없어서 크게 개의치 않는다. 나이가 들어 연주할 근력이 없어져서 연주를 못 하지만 않는다면 계속 할 생각이다.

"이병우와 같이 보낸 시간은 평생에 한 번 있을까 말까 할 정도로 소중했다."

10대 시절에는 무엇을 했는가?

노란 대문이 있는 집에서 살았고 그냥 놀았다. 가재를 잡기도 했다. 음악은 하고 싶었다. 형이 듣던 음반을 듣고 기타도 배우려고 했다. FM 라디오를 들으면서 카세트로 음악을 녹음하곤 했다.

1994년 솔로 데뷔 음반 [동경]은 유년기의 기억을 복원한 음반이라고 했다. 그리고 "뭔가 얘기하고 싶은 것이 남아 있어서 노래했을 뿐"이라고 했는데, 유년기였던 1970년대는 자신의 음악에서 어떤 위치를 차지하고 있는가?

유년기의 기억을 묵혀두었다가 이때다 싶어 끄집어낸 것은 아니다. 그 이전까지는 사실 돌이켜볼 여유가 없었다. 그 당시 어머니, 할머니와 어렸을 때 살던 동네가 많이 생각났다.

1980년대 대표적인 듀오인 어떤 날과 봄여름가을겨울은 정서상으로 많이 다른 것 같다. 자라온 환경 탓인가?

그럴 것이다.

어렸을 때에는 어떤 음악을 듣고 자랐는가?

주로 록, 포크였다. 핑크 플로이드(Pink Floyd), 킹 크림슨(King Crimson)을 좋아했다. 내 음악에 많은 영향을 주었다.

하지만 어떤 날의 음악은 특별히 누구에게 영향을 받았다는 느낌이 없다.

후배 소개로 이병우를 우연히 만났는데, 그 당시 그와 같이 보낸 시간은 평생에 한 번 있을까 말까 할 정도로 소중했다. 어떤 날 음반을 준비하면서 이병우와 늘 같이 있었다. 너무 행복했던 시간이었다. 이런 시간이 그런 음악을 만들어냈다. 이제는 일부러 하려 해도 그렇게는 못할 것이다.

이병우와의 만남은 어떻게 이루어졌는가?

1984년 겨울 후배이자 이병우의 친구인 최진영을 통해서 알았다. 그런데 짧은 시간에 금방 친해

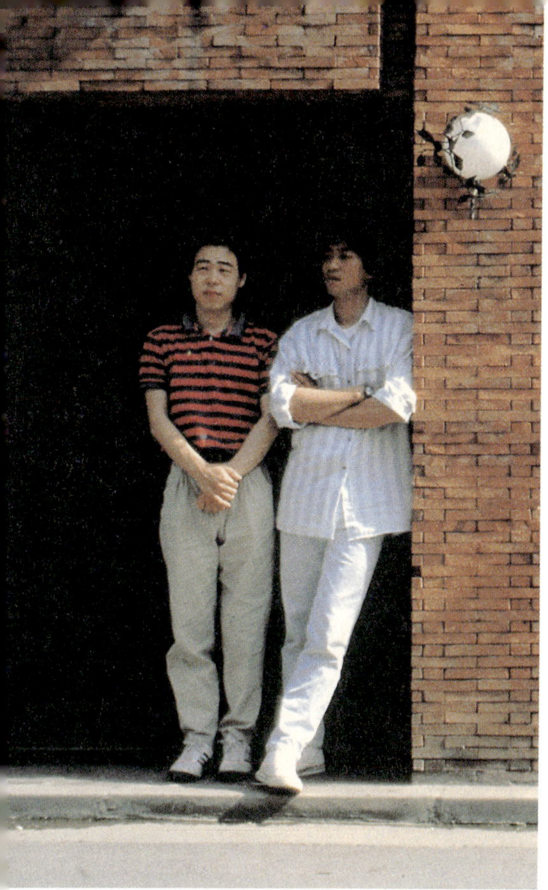

졌다. 만난 지 얼마 되지 않아 어떤 날을 결성했다.

이병우의 어떤 점이 함께 음악을 하게 하는 동인이 되었는가?
이병우는 매력 만점의 사나이였다. 음악적으로도 서로 굉장히 통했다. 그래서 생각할 겨를도 없이 어떤 날을 결성했다. 그 당시 이병우가 자신이 만든 곡들을 들려주었는데 내가 그 음악에 굉장히 반했다.

그 노래들이 〈오후만 있던 일요일〉이었나?
〈오후만 있던 일요일〉은 당시 없었고, 어떤 날 1집에 수록된 〈하늘〉의 앞부분이 만들어져 있었다. 그 곡에 굉장히 욕심을 내서 내가 그 곡의 가사를 썼다.

조동익, 이병우 둘 다 세계관이 독특한 것으로 생각된다. 그리고 개인적인 관심사만을 노래로 만든다.
가사를 쓸 때 뻔한 느낌이 들지 않도록 신경 써서 만든다.

"사실 내가 해보고 싶었던 것들을 형이 먼저 했다."

형 조동진은 자신에게 어떤 존재이고, 어떤 영향을 끼쳤는가?
초등학교 때 주위에서 레코드판으로 음악을 듣고 기타를 치는 경우는 거의 없었다. 하지만 나는 집에 수백 장의 음반이 있었고, 악기도 많았고, 기타도 만져볼 수 있었다. 그리고 촛불 켜놓고 밤새도록 노래를 만드는 형을 잠결에도 보곤 했다. 그래서 어렸을 때부터 막연하게 음악을 하겠다는 꿈을 꾸었다. 나는 성격도 급하고 조바심내는 타입이었는데, 형에게서 느긋하게 기다리라는 얘기를 많이 들었다. 지금 음악하는 데 많은 도움을 받았다.

조동진의 음악을 뮤지션의 입장에서 평한다면? 그의 음악을 좋아하는가?
형의 음악을 좋아한다. 나의 음악은 형에게 많은 영향을 받았

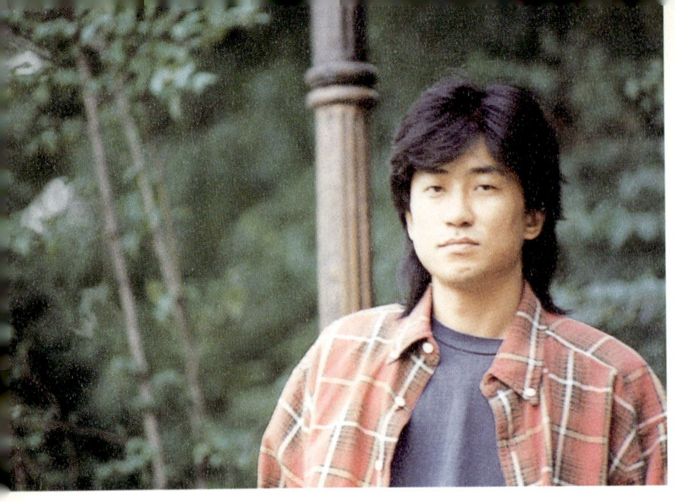

다. 사실 내가 해보고 싶었던 것들을 형이 먼저 했다. 가사라든지 곡이라든지.

자신의 음악은 형보다 일단은 폭이 더 넓지 않은가? 형은 록을 하지 않았다.

아니다. 형의 음악도 록적인 요소는 갖고 있다. 나는 형보다 표현 방법이 넓기는 하다. 내가 좀 산만한 것 같다. 여러 장르를 하고 싶은 생각은 있다.

조동진 씨 주위로 뮤지션들이 모이면서 '조동진 사단'이란 말이 생겼다. 또한 지금 선생도 자신의 곡들을 여러 뮤지션들에게 주고 있고, 많은 뮤지션들의 음반 편곡을 하고 있다. 그리고 함춘호(기타), 윤영배(기타), 박용준(키보드), 김영석(드럼)과 '조동익 밴드'를 만들어 활발하게 세션을 하고 있다. 이제 선생의 역량을 생각한다면 '조동익 사단'이라는 말을 들어야 할 시점이 아닌지.

별로 그런 욕심은 없다. 이 상황에서 더 나빠지지만 않았으면 한다.

"[우리 노래 전시회 1]과 같은 '발굴'의 의미를 지닌 음반을 제작하고 싶다."

어떤 날은 1985년 초에 나온 컴필레이션 음반 [우리 노래 전시회]에 실린 〈너무 아쉬워하지마〉로 공식 데뷔를 했다. 26살(1985년)이 되기 전에는 어디서 무엇을 했는가?

방에서 끙끙대며 노래를 만들려고 했다. 집에 조그만 4트랙 녹음기가 있었다. 그 당시에는 그 물건이 아주 귀해서 형과 전인권만이 개인적으로 갖고 있었다. 방에서 매일 녹음해서 더빙(핑퐁)해보고, 노래도 부르고, 에코도 넣어보고 하면서 놀았다. 그때 〈어떤 날〉이란 곡을 만들었는데, 형이 듣더니 다음 음반에 써도 되냐고 하기에 "어휴, 감사합니다"라고 했다. 최성원도 자주 놀러왔는데, 〈너무 아쉬워하지마〉를 듣더니 자신이 기획하고 있던 [우리 노래 전시회]에서 직접 불러보지 않겠냐고 했다. 너무 좋았다.

그리고 그 음반에서 기타를 연주하면서 선생의 음반 세션도 시작되었다.

그렇다. 그리고 녹음실에 간 것도 그때가 처음이었다.

당시에는 베이스를 전혀 치지 못했다. 기타도 내 노래를 엉성하게 반주하는 정도였다.

1986년 시인과 촌장의 2집 [푸른 돛]에서 베이스 세션을 했다. 1년 동안 베이스를 연습해서 음반 세션을 했다는 말인가?

이병우를 만난 후 베이스를 샀다. 그때는 감히 남의 것은 세션을 하지 못했다. 하덕규와는 앞, 뒷집에서 같이 살 정도로 친했기 때문에 가능했다. 그 세션은 열정은 끓어 넘치지만 연주는 보통이었다.

1987년 따로 또 같이 4집에서 세션을 했다. 당시 녹음을 지켜본 이주원의 말에 의하면 그때부터 "쟤는 싹수가 있는 놈이야"라고 생각했다고 한다.

이주원은 어렸을 때부터 작사 · 작곡자로 좋아했다. 그의 노래 〈내 님의 사랑은〉은 기타 배울 때 많이 연주했다. 대단하다고 생각하고 있었다. 따로 또 같이 4집에서 세션을 할 때는 황홀했다.

조동진, 이주원 등 전 세대의 뛰어난 뮤지션들에게 경외감을 느끼는가?

그렇다.

선생이 조동진, 이주원 등에게 느끼는 감정을 후배 뮤지션들도 선생에게 느끼는 것 같은데.

그렇다면 또 한 번 황홀하다.

[우리 노래 전시회]는 당시 새로운 음악 지향점을 가진 뮤지션들의 노래가 담긴 명실상부한 '신인 발굴'의 의미를 지닌 음반이었다. 들국화 데뷔 전 전인권이 〈그것만이 내 세상〉을, 시인과 촌장은 〈비둘기에게〉를, 이광조는 〈오 그대는 아름다운 여인〉을, 강인원은 〈매일 그대와〉를, 최성원은 〈제발〉을 불렀다. 세션도 아주 새로웠던 그 음반에 참가한 뮤지션들은 결국 1980년대 중 · 후반 우리 대중음악을 대표하는 아티스트로 성장했다. 선생도 이런 '발굴'의 의미를 가진 음반을 프로듀싱하고 싶은 생각은 없는가?

그것이 앞으로 하고 싶은 일이다. 지금 [New Face]라는 음반을 만들고 있다.1 그리고 그것은 내 체질에 맞기두 하다. 라이브 세션보다는 스튜디오 작업이 맞는다.

그 음반은 어떤 음반이 될 것 같나?

지금 70% 정도 진행이 되었다. 굉장히 다양하다. 록부터 퓨전까지 있다. 장르나 곡 색깔로 엮었다기보다 오랜 동안 우리와 같이했던 후배 뮤지션들의 음악을 담았다. 한 사람이 2곡씩 불렀다. 나도 [우리 노래 전시회]에 참여하면서 굉장한 힘을 얻었고, 그것 때문에 지금까지 음악을 하고

---

1 이 음반은 하나음악에서 가능성 있는 신인들의 곡을 녹음해서 묶은 음반이고, 그의 기획이다. 1999년에 [New Face](하나음악)로 나왔고, 여기에는 김경식, 김석준, 양영숙, 김용수, 조동희, 명순호, 김세운, 이경이 참여했다.

있다고도 할 수 있다. 그들에게 그런 도움을 주고 싶다.

[우리 노래 전시회]는 1980년대 중반 우리 대중음악계에 큰 파장을 일으킨 음반이다. [New Face]도 그런 역할을 하리라고 보는가?

그랬으면 한다. [우리 노래 전시회]는 왠지 모르게 순풍에 돛 단 듯이 진행되었다. 그러나 지금은 사람들이 우리 동네 사람들의 음악을 그렇게 많이 좋아하지 않는 것 같다. 하지만 노래들이 마음에 들어서 잘될 것 같다.

1987년 [우리 노래 전시회 2]에는 어떤 날의 〈그런 날에는〉이, 1991년 [우리 노래 전시회 4]에는 선생의 〈함께 떠날까요〉가 실렸다. [우리 노래 전시회] 이후에는 참여 자체가 큰 의미가 없었을 텐데.

최성원의 요청으로 했다.

"어떤 날의 데뷔 음반은 우리나라 대중음악의 새로운 출발을 알리는 음반이다."

어떤 날의 1986년 데뷔 음반은 1984년 따로 또 같이 2집, 1985년 들국화 데뷔 음반과 함께 우리나라 대중음악의 새로운 출발을 알리는 새로운 사운드와 가사 쓰기, 진보된 세션과 녹음이 담긴 음반이다. 1980년대 초반, 젊은 뮤지션들끼리 새로운 것에 대한 갈망을 논의하기도 했는가?

뮤지션들이 특별히 모여서 회의를 한다거나 "이렇게 한번 해보세!"라고 얘기한 적은 없다. 그 당시 나는 따로 또 같이와 들국화 형들을 무조건 따라다녔다. 그들을 너무 좋아했고 "나도 한번 저렇게 되어야지"라고 생각했다.

하지만 그때부터 나온 음반들은 이전과는 달라졌다. 1980년대 중 · 후반은 우리 대중음악의 르네상스 시기라는 얘기도 듣는데.

이전까지의 스튜디오 상황은 무지 딱딱했다. 녹음도 정시에 시작해서 정시에 딱 끝냈다. 아침 9시면 모두 모여서 9시 반이면 녹음 들어갔다. 그리고 한 프로(3시간 30분) 안에 많은 곡을 넣어야 했다. 그러다 보니 기량 면에서 뛰어난 세션맨들은 있었다. 그 당시는 녹음 기사에게 무엇을 주문한다는 것은 상상도 못했다. 레코딩 콘솔을 건드리지도 못했다. 그러나 그런 분위기가 우리하고는 너무 안 맞는다고 생각했다. 이런 문제들을 깨뜨려보려고 했다. 그렇지 않으면 집에서 하는 것이 낫다고 생각했다. 노래와 연주도 직접 하고 싶었다. 어떤 날 녹음을 할 때에도 스튜디오와 레코딩 엔지니어 문제를 무척 고민했다. 우리 음악의 엔지니어는 우리가 무엇을 요구하든 간에 다 들어주어야 한다고 얘기했다. 들국화도 마찬가지였다. 어떤 날 1집 엔지니어는 예전에 동진 형 음반을 담당했던 사람이라서 이미 알고 있었고, 그래서 편했다. 지금 생각하면 무리한 요구도 했었다. 이런 것들이 음반으로 들었을 때 차이를 만들어낸 요소다.

무리한 요구란?

피아노에 '코러스'를 걸어달라든지,**2** 베이스의 줄이 지판에 닿는 소리('쩍쩍거리는')를 살려달라든지. 〈하늘〉 같은 곡을 들어보면 알 수 있다.

예전에도 기량 면에서 뛰어난 세션맨들이 있었다는 것은 잘 알려지지 않은 사실인데.

이장희, 송창식 음반의 세션을 한 '동방의 빛' 멤버였던 강근식, 조원익, 배수연, 유영수 등이다.

어떤 날 1집은 사실 당시에는 큰 주목의 대상이 아니었다. 당시 소수의 마니아에 의해서 추앙을 받았을 뿐 대중음악계에서 큰 평가를 받지는 못했다. 하지만 어떤 날의 음악을 듣고 자라난 차세대에 의해서 재평가받고 있다. 델리 스파이스는 얼마 전에 나온 우리 대중음악의 명곡들을 리메이크한 모음집 [Rewind]에서 어떤 날의 〈오후만 있던 일요일〉을 불렀다.

사실 사람들이 지금처럼 어떤 날을 좋아할 줄은 몰랐다.

델리 스파이스의 김민규는 언젠가 선생의 프로듀싱으로 음반을 만들고 싶다고 했는데.

반짝반짝 튀는 뮤지션의 음악을 맡아서 내가 잘할 수 있을지 모르겠지만 말만 들어도 기분이 좋다.

"안치환과 김광석에게는 새로운 록적인 세션이 잘 맞을 것 같았다."

어떤 날은 방송에서 본 적이 없는 것 같다.

그 이전에는 음반을 내놓고 일어날 일에 대해서 너무 몰랐다. 그냥 음악이 좋아서 음반을 만들었을 뿐이었다. 그런데 엄청나게 힘든 일들이 기다리고 있었다. 방송을 몇 번 해보았는데 너무 힘들었다. 두렵기까지 했다. 방송 안 하고는 음악 못한다고 하면 음악을 관두려고 할 정도였다. 심지어는 음반 제작을 맡았던 사람과 "왜 이런 프로에 나가야 되냐?"고 싸우기까지 했다. 한 번은 라디오 프로에 나가게 되었는데, 대기실에 가보니 먼저 와 있던 뮤지션들이 각자 노래 연습을 하고 있었다. 우린 아무 악기 준비 없이 갔고, 방송에서 노래를 부르는 끔찍한 일이 생길 줄 몰랐다. 그래서 바로 돌아서 나왔다. 아마 매니저가 굉장히 혼났을 것이다. 또 한번은 방송을 하려고 갔는데 하도 긴장하니까 PD가 술 한잔하고 방송하자고 해서 그 앞 포장마차에서 소주를 마시다가 결국 방송을 못한 적도 있다. 이런 과정을 통해서 가수가 음반을 내면 어떤 것들을 해야 하는지 알게 되

---

2 보통 피아노에는 믹싱 시 이펙터를 걸지 않는다.

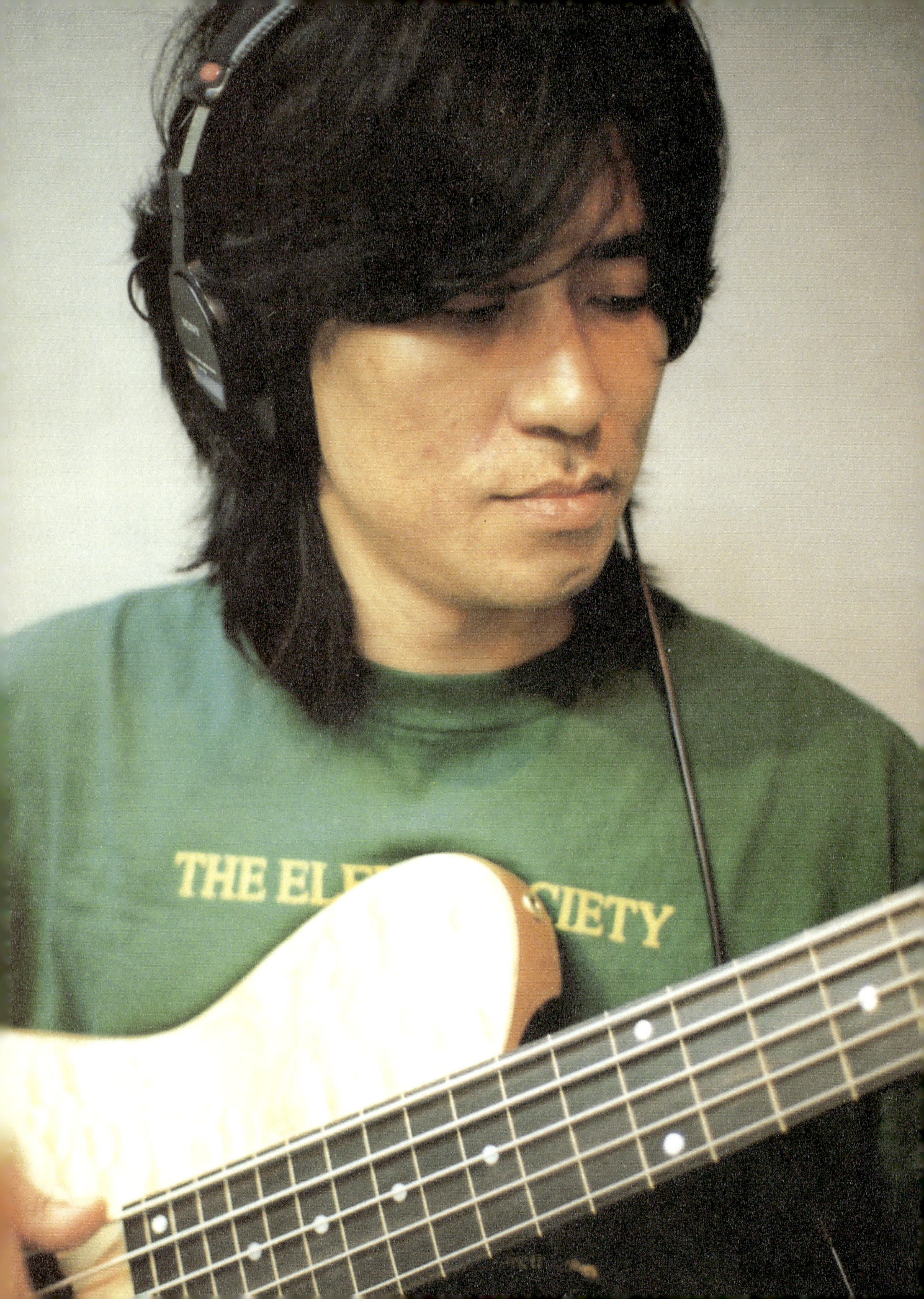
THE ELE   CIETY

었고, 내 체질은 스튜디오에서 음악 작업을 하는 것이 더 맞는다는 것도 알았다. 그래서 지금은 스튜디오에서 편곡을 많이 하게 된 것이다. 그렇지 않았다면 요즘 TV에도 나오고 그랬을 것이다.

편곡은 굉장히 귀찮은 작업이 아닌가?

그렇다. 그래도 내가 해본 일 중에서는 가장 맞는다. 나는 원래 꾹 참고 오래 버티는 일은 잘한다. 밤새워 악기 구상하고 배치하는 일이 처음에는 너무 재미있었다. 하지만 이것이 일이 되다 보니까 나중에는 울고 싶었다. 5년 전쯤에는 일이 많아서 거의 하루도 안 빼먹고 녹음을 했다.

안치환 3집과 김광석의 2집 이후 그들의 모든 음반에서 편곡, 세션을 하지 않았나?

그들과 작업할 때는 편했다. 편곡의 힘든 점은 해당 뮤지션과의 소통 문제다. 그들은 음악적으로 100% 다 맡겼다. 그래서 마음껏 했고, 그들의 음악은 내게도 맞았다.

자신의 편곡, 세션 작품들 중 안치환 4집(1995), 김광석 4집(1994), 김광석 [다시 부르기 2](1995), 장필순 5집(1997) 등은 1990년대의 록 명반들이다. 물론 뮤지션들도 뛰어났지만 음악감독으로서 선생의 역량이 투영되지 않았으면 불가능했을 것 같은데. 음반만으로 1990년대의 로커를 꼽으라면 안치환, 김광석을 말할 수 있을 것이다.

사실은 굉장히 계획적으로 했다. 편곡으로 알게 모르게 변화를 주고 싶었다. 그때까지 해왔던 일에 질리기도 했었다. 그 당시에 외국에서는 록이 부흥하고 있었고, 그런 상황이 개인적으로 굉장히 반가웠다. 안치환과 김광석에게는 새로운 록적인 세션이 잘 맞을 것 같았다. 믹싱을 끝내고 보니까 좋다는 평가가 나왔다.

1995년 김광석 [다시 부르기 2]는 아주 단순하고 소박한 세션이 주는 매력이 상당했다.

그렇게 들었다면 작전 성공이다.

"요즘은 비와도 잘 잔다. 끄떡없다."

스틸리 댄(Steely Dan)과 같이 멀티 플레이어인 선생과 이병우를 생각하면 어떤 날은 한국판 스틸리 댄이란 느낌인데.

비교적 음악적인 욕심이 많았다.

둘 다 팻 메시니(Pat Metheny)를 좋아하는 것 같다.

그렇다. 이병우와 처음 만난 날 음악 얘기를 했다. 처음에 핑크 플로이드를 좋아하냐고 물었더니 좋아한다고 해서 반가웠고, 팻 메시니는 모를 줄 알았는데 좋아한다고 해서 금방 친해졌다.

그래서 [동경]은 1970년대 유년기 기억을 팻 메시니 스타일의 음악에 담았나?

그렇다. 팻 메시니에게 영향을 많이 받았다. 병적으로 좋아했었는데 벗어나고 싶어서 [동경]을 발표하고는 "팻 메시니, 안녕"이라고 했다.

어떤 날의 음악에 선생의 보컬이 비교적 잘 어울린다. 자신의 보컬에 대한 평은?

누가 그랬는데, "우리도 노래를 할 수 있다"라는 것을 보여준 본보기라고 한다. 그 당시는 객원 가수를 생각조차 못했고, 또 노래를 하고 싶기도 했다.

〈하늘〉에는 "창 밖의 빗소리에도 잠을 못 이룬 너 / 그렇게 여린 가슴"이란 가사가 있다. 자신을 얘기하는 것인가?

그런 것 같다. 가사 전체적으로 '너'라고 만들어놓고 얘기를 진행하는데 결국 나를 지칭하는 경우가 많다. 요즘은 비와도 잘 잔다. 끄떡없다.

〈그날〉에는 이병우 연주 경력상 가장 헤비한 기타 연주가 실렸다. 그리고 개인적으로 이 곡에서 이병우의 연주는 1980년대 베스트 기타 연주 중 하나라고 여겨진다. 〈그날〉이나 1989년 박학기 1집에 실린 〈북강변〉에서 보여준 이병우의 필로 보았을 때 그는 헤비한 록 연주도 잘할 것으로 여겨진다. 그런 그가 1990년대에 와서 철저하게 자기 필을 억누르는 연주를 하는 이유는?

그가 지금 무슨 생각을 하는지 잘 모르겠다. 나도 가끔 그런 얘기를 이병우에게 물어보면 자기는 그렇지 않다고 한다. 예전에 미국에 갔을 때 일렉트릭 기타를 치고 싶어서 죽는 줄 알았다고 했다. 그는 자신의 목표가 있는 것 같다.

이 음반으로 조동익 씨는 당시 '젊은 거장'이란 평가를 받을 만했다. 이는 우리 대중음악사에서 이현도, 서태지, 김현철 정도의 뮤지션에게만 붙여줄 수 있는 영예로운 칭호인데.

부담스럽다.

김현철과는 다른 것 같다. 그는 음악 이외에 여러 가지를 하는데.

나도 시도는 해보았는데 매번 실패로 끝났다. 안하느니만 못한 것 같다.

디렉팅 능력으로는 김현철과 쌍벽을 이루는 것 같다. 김현철을 어떻게 평가하는가?

그가 좀 더 예전 같았으면 한다. 그는 똑똑하기 때문에 자기 계산대로 자기 방식대로 갈 것이다. 김현철을 처음 만난 것은 그가 재수학원 다닐 때였다. 언젠가(1980년대 말) 현대예술극장에서 공연이 있은 후 식당으로 갈 때 '솜털까지 보송보송한' 어떤 애가 쫓아왔다. 그러고는 내게 말을 걸어왔다. 그가 김현철이었다. 나중에 집으로 전화를 걸어왔고, 데모 테이프도 보내왔다. 그런데 그 데모가 좋았다. 그러던 중 박학기 데뷔 음반에 곡을 주었고 그래서 계속 만나게 되었다. 어느 날 강남 스튜디오에 놀러왔는데, 그에게 "키보드 한번 쳐볼래?"라고 했다. 그게 그의 첫 번째 음반 세션이었다.

"1집은 그야말로 부들부들 떨면서 녹음했고, 2집 때는 마음의 여유가 있었다."

1989년 어떤 날 2집은 데뷔 음반에 비해서 정제된 음반이다. 연주 면에서는 세련된 느낌이지만 데뷔 음반이 갖고 있던 고요한 전율은 없어졌다. 2집은 어떻게 평가하는가?

1집은 그야말로 부들부들 떨면서 녹음했고, 2집은 녹음 일이 많아지기 시작할 때 해서 한편으론 "빨리 끝내야겠다"라는 여유도 있었다. 그렇게 생각하는 게 당연하다.

어떤 날의 해체는 이때 결정된 것인가?

해체라고 말할 만큼 특별히 한 일이 없었다. 둘은 당분간 쉬고 싶었다.

다시 3집이 나올 수도 있다는 의미인가?

그렇지는 않을 것이다. 하지만 해체는 아니다.

〈출발〉, 〈초생달〉은 어떤 날을 알린 계기가 된 곡이고, 〈하루〉에는 컴퓨터 프로그래밍이 연주에 차용되었다. 이때부터 여기에 관심을 가진 것 같은데.

〈하루〉는 드럼머신 정도를 사용한 것이다. 한때 컴퓨터 프로그래밍에 굉장히 빠졌는데 어느 순간부터 싫어졌다. 요즘은 다시 하고 싶은 생각이 있다.

1992년 김현철, 함춘호, 손진태와 같이한 야샤는 김현철 성향의 퓨전 재즈를 했던 프로젝트 음반이었다. 하지만 이들과 조동익 씨는 잘 어울린다고 생각되지 않는데.

당시 그 넷이 음반 세션을 같이하는 경우가 많았다. 그래서 같이 음반을 내자고 해 시작하게 되었지만 다들 바빠서 제대로 진행되지 않았다. 사실 그 음반에 불만이 있다.

어떤 날과 솔로 음반인 1994년의 [동경], 이번 [Movie]는 스타일이 전부 다르다. 자신이 정말로 하고 싶은 음악이 궁금하다.

사실 나도 궁금하다. 음악하는 과정이라고 보았으면 한다.

정통 재즈와 블루스도 하려고 하는가?

'정통' 자가 붙으면 무섭다. 블루스는 많이 듣지 않았고 그리 좋아하지도 않는다. 재즈는 너무 어렵다. 나는 통기타 음악이 가장 좋다.

이번 [Movie]의 수록곡인 〈프롤로그〉, 〈현기증〉, 〈이탈〉은 자신만의 방식으로 만든 독특한 테크노다. 선생은 자신만의 명확한 스타일이 있어서 어떤 장르의 음악을 하더라도 '조동익의 음악'이 될 것으로 생각되는데.

나는 그냥 내 음악을 하는 것이다.

미발표곡인 〈그림자 춤〉과 〈무더운 여름과 자전거 타기〉도 좋았는데.

영화에는 쓰지 못했지만 아까웠다.

이 곡들에서 박용준(신시사이저, 프로그래밍, 기타)의 연주는 놀랍다. 특히 1997년에 나온 컴필레이션 음반 [겨울노래]에서 보여준 뛰어난 컴퓨터 프로그래밍은 대단히 완성도 높은 것이었는데, 자신과 동급의 기량을 가진 차세대 연주인으로 박용준을 꼽는가?

하나음악에 있는 사람들은 컴퓨터 프로그래밍과 별로 친하지 않다. 그래서 그가 거의 다 한다. 박용준이 없으면 일을 할 수 없을 정도로 나를 여러 가지로 도와준다. 머리도 좋고 술도 잘 사준다.

"조동익 밴드는 록 성향의 음반 세션에서 국내 최고다."

윤영배(기타), 박용준(키보드), 김영석(드럼), 함춘호(기타)와 같이하는 조동익 밴드는 록 성향의 음반 세션에서 국내 최고라고 생각되는데.

김광석, 안치환 음반 세션을 시작하면서 결성했다. 내 의도를 다들 잘 받아주었다.

윤영배는 지명도에 비해서 곡도 잘 만들고, 연주도 잘하는 역량 있는 뮤지션이다.

그는 유재하 가요제 출신이다. 대구에 살았는데 그때 연주곡이 담긴 테이프를 보내왔지만 심사에서 떨어졌다. 그 후 다시 그 연주곡에 노래를 넣어서 보내왔고 유재하 가요제 본선에 나가서 입상을 했다. 같이 얘기를 해보니 인간성도 좋고, 음악성도 있었다. 장필순 4집에 처음으로 자기 곡을 넣었는데 반응이 좋았다. 장필순 5집에는 〈스파이더 맨〉, 〈빨간 자전거 타는 우체부〉라는 좋은 곡을 넣었다. 지금 그는 [New Face]의 진행을 맡고 있다. 내가 개인적으로도 굉장히 좋아하는 후배다.

장필순 5집의 〈TV, 돼지, 벌레〉를 보더라도 선생의 가사 쓰기가 달라졌다. 도시 생활의 답답함과 무료함을 다룬다.

이제는 어떤 날 가사같이 예쁜 노래들을 못 만들겠다.

이 음반의 특이한 점은 조동익, 윤영배, 장필순이 공동으로 곡을 만들었고, 전부 완성도가 있다는 것이다. 장필순의 경우는 〈그래!〉, 〈넌 항상〉, 〈사랑해 봐도〉와 같은 뛰어난 곡을 만들었고, 싱어송라이터로 다시 태어났는데.

장필순에게 할 수 있으면 어설프더라도 직접 곡을 만들어보라고 했다. 당시에는 기대하지 않았다. 그런데 생각했던 것 이상으로 잘 만들었다.

1986년 시인과 촌장의 [푸른 돛]부터 본격적으로 시작한 음반 세션 작들은 '거의' 우리 대중음악사 자체다. 여기에 함춘호 세션작까지 포함하면 '거의' 자를 빼도 될 정도다. 함춘호가 뮤지션을 가리지 않고 음반 세션을 한 데 반해, 조동익 씨는 음반의 완성도를 생각하고 참여한 것 같은데.

거절을 잘 못하는 성격이라 초반에는 나와 전혀 맞지 않는 음반도 했다. 그런데 너무 힘들었고, 그 뒤로는 가리게 되었다.

"같이 술 먹을 사람들이 줄 서 있다."

자신의 편곡에 대한 스스로의 평은?
예전보다는 많이 정리가 되었다. 시간도 많이 가지려고 한다.

가끔 기타 연주도 하는데.
극히 일부다. 내가 기타를 쳐도 뭐라고 하는 사람이 없을 때 친다. 그리고 간단한 작업일 때 내가 친다. 가끔은 기타를 치고 싶기도 하다.

술을 좋아하는 것 같다. 밤새 마시는 타입인가?
보통 밝아질 때까지 마신다. 어쩔 수 없는 것이 작업이 보통 새벽 3∼4시가 되어야 끝나기 때문이다. 그러니까 남들이 보기에는 무섭게 마시는 것으로 보일 것이다.

같이 술 먹을 사람들이 줄 서 있다고 했는데. 그 '줄'에 서 있는 사람들은 누구인가?
옆에 있는 최순식(매니저)과 한동준, 박용준 등 술 좋아하는 후배들이다. 사실은 내가 줄 서 있는 것이다.

평소에는 뭐 하는가?
컴퓨터 통신, 인터넷을 하고 가끔 사진도 찍는다.

기대되는 후배 뮤지션을 꼽는다면?
윤영배 등이다.

앞으로 할 얘기는?
옛날 얘기는 더 이상 못하겠다. 아직까지는 막연히 구상 중이다.

다음 음반은 2000년이 넘어야 들을 수 있나?
아니다. 이제는 좀 더 자주 낼 것이다. [Movie]는 나의 독집 음반이라고 말할 수 없기 때문에 다음 음반은 2000년을 넘기지 않을 것이다.

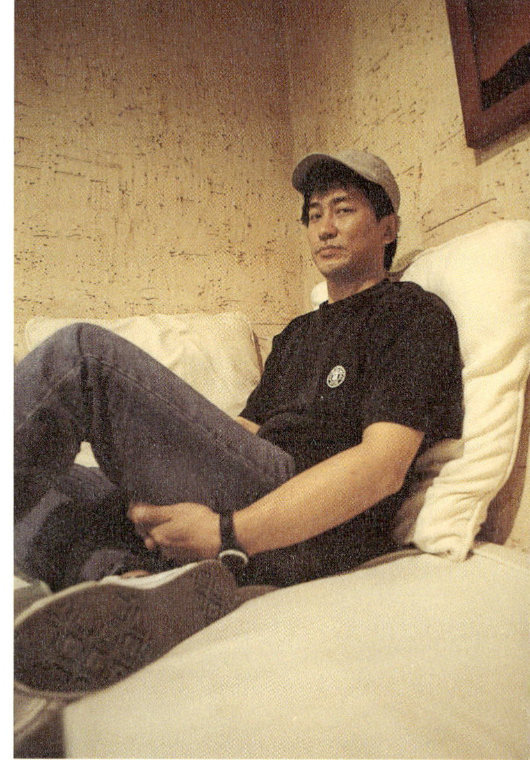

"편곡은 내가 해본 일 중에서는 가장 내게 맞는다. 나는 원래 꾹 참고 오랜 동안 버티는 일은 잘한다. 밤새서 악기 구상하고 배치하는 일이 처음에는 너무 재미있었다. 하지만 이것이 일이 되다 보니까 나중에는 울고 싶었다. 5년 전쯤에는 일이 많아서 거의 하루도 안 빼먹고 녹음을 했다."

디스코그래피

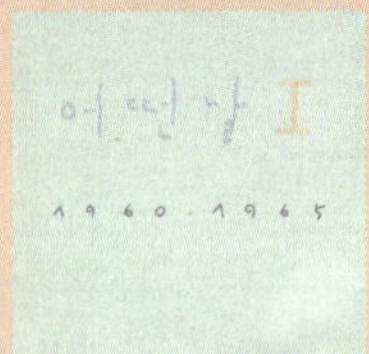

1집 [1960 · 1965] (1986/서울음반)
조동익(b, key, perc, v), 이병우(g, perc, v)
세션: 오세숙(flute), 이관형(key), 안기승(d), 조동진(prog)
통시적으로 갖고 있는 감성을 너무도 적절하게 1980년대 사운드3에 담아서 노래하는 이들의 데뷔 음반은 '시대를 초월하는' 음반이라고 말할 수 있다. 당시 국내 대중음악에 관심을 가졌던 사람이라면 당연히 열렬히 좋아했을 음반이고, 이 음반으로 그들의 열광적인 팬이 된 사람들도 꽤 있는 것으로 알고 있다. 이병우가 삐뚤빼뚤하게 '그린' 그들의 앨범 재킷에는 '어떤 날 1 1960 · 1965'만이 명기되어 있는데, 이는 뮤지션으로서 음악적인 출생신고를 하는 것 같다. 조동익은 예전에 만들어놓은 곡들을 모아놓은 것에 불과하다고 했지만, 이미 이 곡들은 아마추어가 만든 것이라고 하기에는 '장난 아닌' 완성도를 갖고 있었다. 동 세대의 젊은 뮤지션들이 만든 음반들 중에서도 압권이었고, '젊은 거장들'이라는 평가를 받기에 충분한 앨범이었다. 〈하늘〉, 〈그날〉 이외에도 〈오래된 친구〉, 그들 최초의 녹음 곡 〈너무 아쉬워하지마〉와 들국화 1집에 수록된 〈오후만 있던 일요일〉 등이 실렸다. 또한 주목할 만한 점은 조동익의 보컬이 듣는 사람에 따라 매우 매력적으로 들릴 소지를 갖고 있다는 점이다.

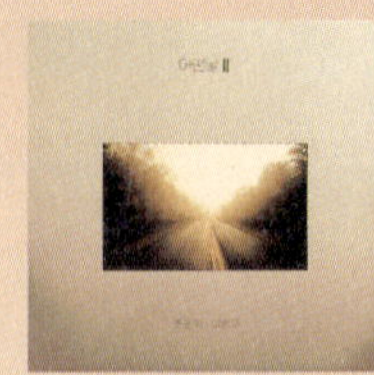

2집 [어떤 날2] (1989/서울음반)
조동익(b, key, perc, v), 이병우(g, key, v)
세션: 김효국(key), 김현철(key), 임인건(key), 진형주(key), 배수연(d), 김종현(d), 유영수(d), 김영석(prog), 임정희(oboe)
1집보다는 다양한 뮤지션들이 참여한 음반을 만들어냈다. 음악적인 성향도 바뀌어서 데뷔 음반에서 느껴지던 소곤거리는 감성과 고요 속에서도 타올랐던 필은 더 이상 연주에 남아 있지 않았다. 소박한 느낌의 연주는 정리 정돈된 프로 연주인의 그것으로 바뀌었고, 이러한 점 때문에 1집을 좋아했던 사람들은 일면 거리감을 느꼈을지도 모른다. 하지만 조동익과 이병우는 프로 뮤지션의 삶을 택한 사람들이고, 그렇다면 그들의 1집은 프로 뮤지션이 되기 이전에 갖고 있었던 어린 시절의 기억과 사변을 정리하는 의미였을지도 모른다. 그래서 어떤 날이 부른 〈너무 아쉬워하지마〉는 그들이 팬들에게 이를 고하는 이야기일 수 있다. 〈출발〉, 〈초생달〉 이외에도 〈하루〉, 〈취중독백〉 등이 실렸다.

기타 음반

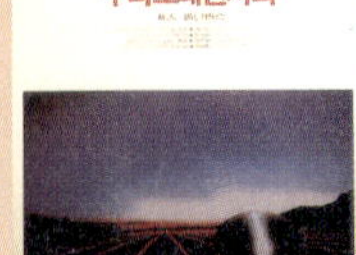

V.A. [우리 노래 전시회]
(1984/서라벌레코드)
세션: 조동익(g), 하덕규(g), 조원익(b), 안기승(d), 허성욱(key), 김광민(key)
어떤 날 〈너무 아쉬워하지마〉

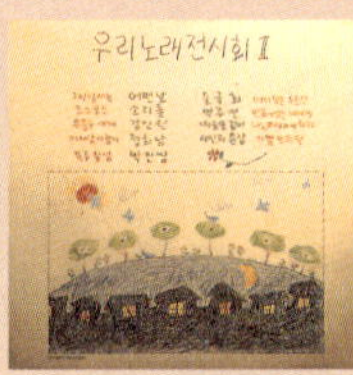

V.A. [우리 노래 전시회 2]
(1987/서라벌레코드)
어떤 날 〈그런 날에는〉

조동익

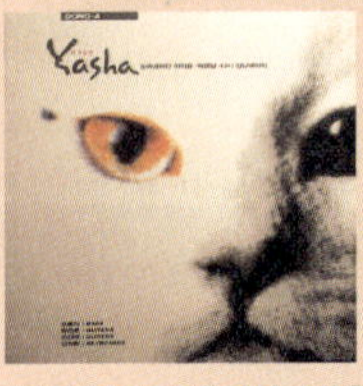

야샤 1집 (1992/서라벌레코드)
조동익(b), 손진태(g), 함춘호(g), 김현철(key)
조동익의 음악 성향이 사실은 어떤 날과는 다를 수도 있다는 것을 보여준 음반이다. 사실상 연주에서 제한을 받는 스튜디오 세션에 어느 정도 불만과 아쉬움을 가졌던 정상급 뮤지션 4명은 연주만으로 꾸며진 이 음반을 만든다. 하지만 세션 동료로서가 아니라 같은 밴드 내에서 곡 작업을 하는 멤버로 보았을 때 조동익이 다른 참여 뮤지션들과 잘 어울린다는 느낌은 없다. 조동익의 곡 〈영동선〉, 〈다시 만날 때까지〉가 수록되었다.

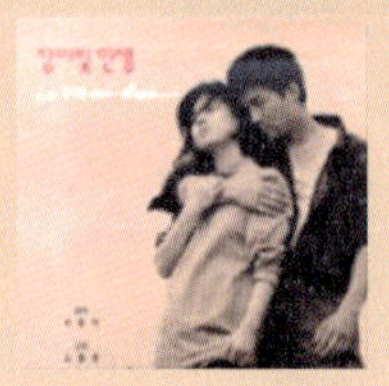

O.S.T [장미빛 인생] (1994/킹레코드)

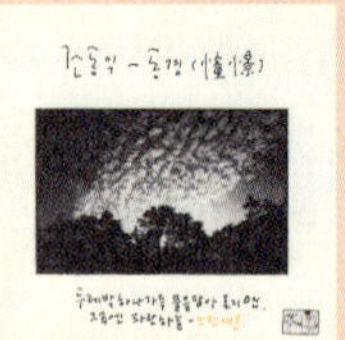

조동익 1집 [동경] (1994/킹레코드)
세션: 조동익(b, g, perc, v), 이병우(g), 김광민(key), 박용준(key), 김영석(d), 장필순(v)
어떤 날과도, 야샤와도 달랐던 이 솔로 음반은 "뭔가 얘기하고 싶은 것이 남아 있어서 노래를 했을 뿐"이라는 그의 말대로 유

---

3 결국 자신들이 1980년대 사운드라고 규정지을 수 있는 사운드를 만들어내는 데 일조했다.

년기인 1970년대를 돌아보고 싶어서 만든 음반이라고 한다. '두레박 하나가득 물을 담아 올리면 그 속엔 파란 하늘 – 노란 대문' 이란 앨범 재킷에 씌어 있는 얘기는 역시 어떤 날의 조동익다웠고, 이 곡 〈노란 대문(정릉 배밭골 '70)〉은 "맑은 개울을 거슬러 오르다 조그만 다리를 건너 동산을 오를 때면 저만치 소를 앞세우고 땀 흘려 밭을 일구시는 칠성이네 엄마/(중략)/그 문을 두드리면 제일 먼저 날 반기던 강아지/마당엔 커다란 버찌 나무/그 아랜 하얀 안개꽃"이란 어린 시절의 향수를 갖고 있는 노래이다. 이는 그의 노래가 왜 항상 따스함을 유지하는지 알수 있게 한다. 연주곡 〈경윤이를 위한 노래〉는 자신의 딸 경윤이를 위해 만든 곡이고, 타이틀 곡 〈동경〉은 이병우와 듀오를 할 때 시도하지 못했던 기타 연주를 들려준 연주곡이며, 이병우가 만들어낸 기타 톤과는 다른 조동익의 것이 들어 있었다. 김광민, 김영석, 박용준의 연주는 무척 뛰어났지만 곡 작업의 모델을 1980년대 중반의 팻 메시니 음악으로 잡지 않았나 하는 아쉬움이 있다.

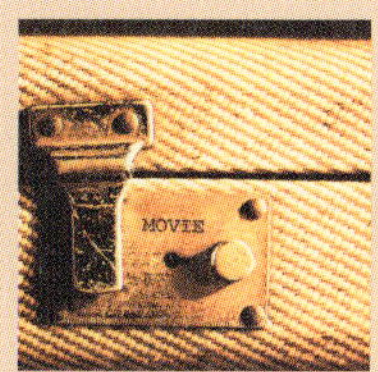

조동익 2집 [Movie] (1998/하나음악)
세션: 조동익(b, g), 박용준(key, prog, g), 김광민(key), 윤영배(g), 김영석(d), 김원용(sax), 고찬용(v), 허은영(v), 김용수(v), 이한철(v), 김장훈(v)
그는 1994년 첫 독집 음반 [동경]을 발표할 무렵 김홍준 감독의 걸작 영화 '장미빛 인생'의 음악감독을 맡으면서 O.S.T.를 발표했고, 1997년에는 송능한 감독의 영화 'No. 3'의 음악감독으로 작업을 했다. 이 음반은 그가 참여한 앞의 두 영화에 수록된 음악과 영화를 위해 만들었으나 사용되지 않았던 음악들을 리메이크 또는 재구성해 만든 앨범이다. 그는 이 음반에서 영화라는 매체를 빌려 장르에 구애받지 않고 그가 표현하고 시도하고 싶었던 모든 작곡 및 연주 테크닉과 정서를 자유롭게 담아냈다고 한다. 이 음반에서는 그가 갖고 있는 기본적인 포크 록의 정서와 더불어 테크노사운드가 시도되고 있다. 독특한 점은 영화 'No. 3'에 사용하려다가 쓰지 못했던 김용수가 부른 포크 록 〈무더운 여름과 자전거 타기〉와, 낯선 사람들의 허은영이 부른 얼터너티브 록풍의 〈그림자 춤〉이 매우 완성도 있다는 것이다. 그리고 'No. 3'에 사용된 테크노사운드인 〈프롤로그〉, 〈현기증〉, 〈이탈〉은 조동익의 새로운 모습을 보여주는 곡들로, 그가 만드는 곡들은 테크노조차도 확연히 자신의 것으로 만들어내는 놀라움을 보여준다. 이미 그는 음악의 명인이라서 어떤 장르든지 자신의 역량을 투영시킬 수 있는 힘을 가지고 있는 것 같다. 당대를 대표하는 조용한 거장의 차분한, 그러면서도 역동적인 음반이다.

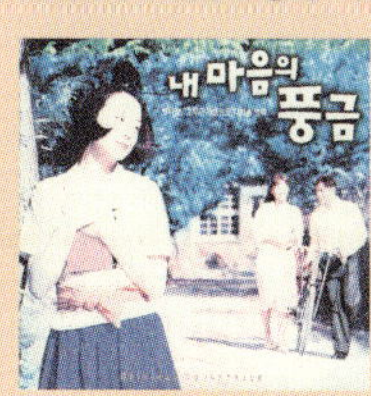

O.S.T [내 마음의 풍금] (1999/Mercury)

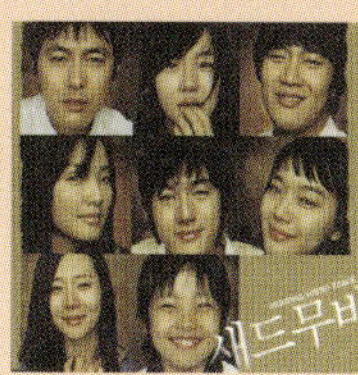

O.S.T. [새드무비]
(2005 / T-Entertainment)

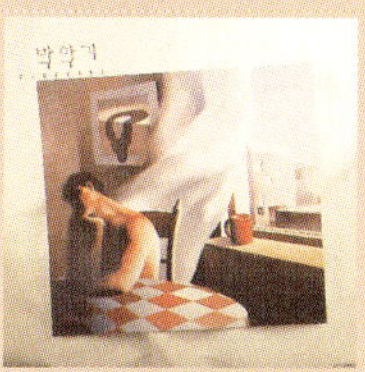

박학기 1집 (1989/서라벌레코드)
조동익(b, 편곡), 이병우(g)
조동익의 〈향기로운 추억〉, 〈아름다운 비밀〉이 실렸고, 김현철 작인 〈북강변〉에서는 이병우의 호쾌한 일렉트릭 기타 연주를 들을 수 있다.

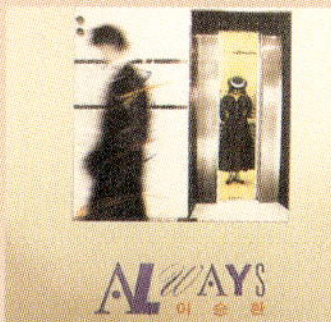

이승환 2집 (1991/서라벌레코드)
조동익(b, 편곡)
오태호 작사·작곡, 조동익 편곡의 〈나는 나일뿐〉, 〈세상에 뿌려진 사랑만큼〉이란 명곡이 실려 있다.

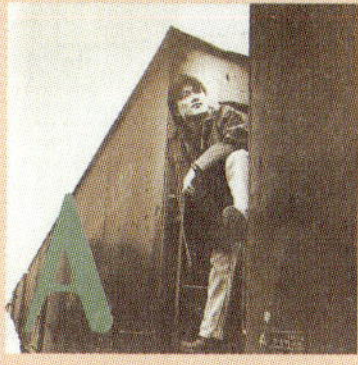

안치환 4집 (1995/킹레코드)
조동익(b, 편곡)
1990년대 중요한 (포크) 로커로 안치환을 탈바꿈시킨 것은 음악감독 조동익의 공로가 상당 부분을 차지한다. 안치환의 노래에 록의 감각을 불어넣은 그는 안치환의 과도기인 3집을 거쳐 4집에서는 급기야 그를 폭발시킨다. 〈수풀을 헤치며〉, 〈당당하게〉, 〈평행선〉, 〈너를 사랑한 이유 B〉는 1990년대 위력적인 한국 록으로 꼭 들어봐야 할 노래들이다.

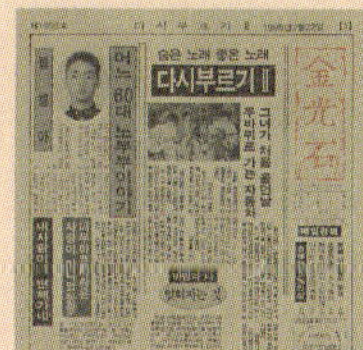

김광석 [다시 부르기 2] (1995/킹레코드)
조동익(b, 편곡)
2집부터 부분적으로 편곡에 참여하기 시작한 조동익은 3집부터는 완전하게 음악감독이 되어 김광석을 안치환과 함께 1990년대의 가장 중요한 포크 록 가수로 만드는 데 일조한다. 김광석의 4집은 1990년대 포크 록을 기리는 명징한 음반이고, 김광석의 [다시 부르기 1], [다시 부르기 2]는 '리메이크'의 진정한 의미를 알려준 음반이다. 그의 편곡으로 다시 '만들어진' 〈바람과 나〉, 〈불행아〉, 〈변해가네〉, 〈새장속의 친구〉, 그리고 너무나 아름답고 파워풀한 〈너무 아픈 사랑은 사랑이 아니었음을〉을 들어보길. 편곡이 얼마나 곡의 느낌을 좌지우지하는지 느끼게 한다. 이 음반은 조동익 편곡의 승리이다.

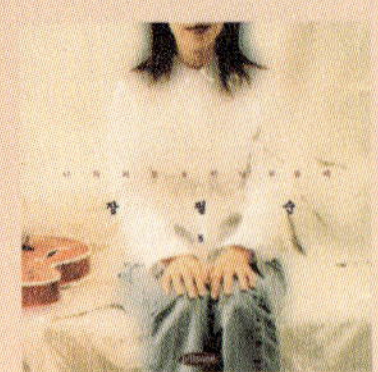

장필순 5집 [나의 외로움이 널 부를 때]
(1997/하나뮤직)
조동익(프로듀서, b, g, 트라이앵글)
이 음반은 장필순의 쾌거이기도 하지만 김광석의 [다시부르기 2] 이후 조동익 밴드(조동익b, 함춘호g, 윤영배g, 박용준key, 김영석d)의 절정기 작품이기도 하다. 한국의 여자 포크 뮤지션이 보여줄 수 있는 전부를 보여주었다고 해도 과언이 아닐 정도의 완성도를 만들어냈다. 조동익 밴드의 세션은 조동익, 윤영배, 장필순이 공동으로 작업한 곡에 너무도 역동적으로 매치되고 한다.

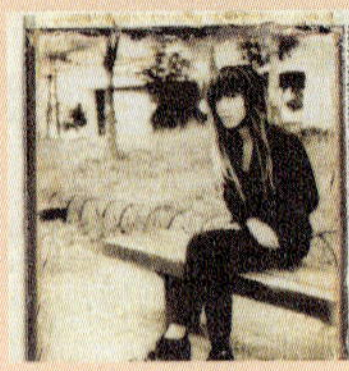

장필순 6집 [Soony6]
(2002/하나뮤직)
조동익(편곡, all inst.)
2000년대 발표된 가장 주목할 만한 여성 뮤지션의 작품.

이병우

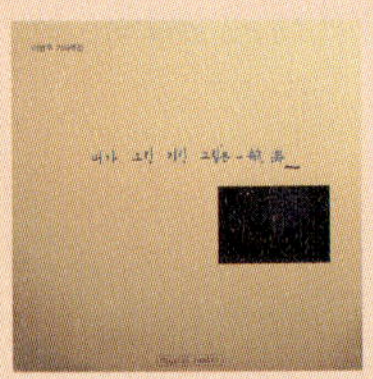

이병우 1집 [내가 그린 기린 그림은 – 항해]
(1989/서울음반)
이병우(g, guitar synthesizer, recording)
연주에만 집중하고 싶었던 이병우는 마침내 어떤 날을 접고 솔로 연주 음반을 발표한다. 이 앨범은 어쿠스틱, 클래식, 일렉트릭 기타와 기타 신시사이저만으로 녹음했고, 그가 좋아했던 팻 메시니의 영향이 배어 있는 음반이다. 〈새〉, 〈내가 그린 기린 그림은 – 항해〉, 그리고 후반부 녹음 중에 '일렉트릭 기타가 감기에 걸려서 기계적인 잡음이 들어갔다'는 〈머플리와 나는 하루 종일 바닷가에서〉가 실려 있다.

이병우 2집 [혼자 갖는 차시간을 위하여]
(1990/서울음반)
세션: 이병우(g), 임정희(oboe)
이병우는 솔로 1집을 발표한 뒤 오스트리아의 빈 국립 음대로 유학을 가는데, 유학 생활 중에 만든 음반이 2집, 3집이다. 〈혼자 갖는 차시간을 위하여〉, 〈텅빈 학교 운동장엔 태극기만 펄럭이고 1, 2〉 등이 실려 있고, 〈잔디에 누워〉에는 "언제부터인지 잔디에 누워 있는 것을 좋아하게 되었다. 그곳에 누워 하늘을 보며 가족들, 친구들, 음악들… 다시는 과식을 하지 않겠다는 등등을 생각한다"라는 이야기가 담겨 있다.

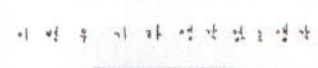
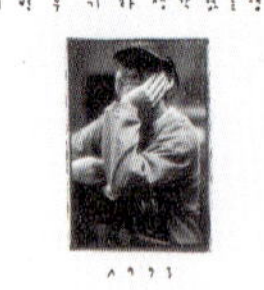

이병우 3집 [기타 생각 없는 생각]
(1993/하나뮤직)
세션: 이병우(g, guitar synthesizer, 멜로디카, v), 조동익(b), 김영석(d), 남수지(violin)
유학생활 막바지에 만든 이 음반은 다시 밴드 형식의 녹음으로 돌아간다. 어찌 보면 그는 조동익과 떨어져 있어도 닮은꼴로 변해간다는 느낌이었고, 조동익 솔로 데뷔 음반의 전초 격인 느낌도 든다. 그리고 예전보다는 다양한 플레이를 했고, 〈쥬브(tube) 수영〉에서는 그의 1, 2집에서는 들을 수 없는 그루비하면서 펑키한 연주를 들려준다.

이병우 4집 [야간비행]
(1995/LG미디어)
세션: 이병우(g, guitar synthesizer, 멜로디카), 전성식(b), W. Boy(d), 김광민(key), 조남준(key), 신이경(key)
비행기로 오스트리아를 오갈 때의 느낌을 적은 〈야간비행〉을 타이틀곡으로 했고, 〈꼬마버섯의 꿈〉 등이 실렸다. 앞으로는 클래식 기타 연주에 치중하려는 듯한 이병우의 완숙한 기타 연주를 들을 수 있다.

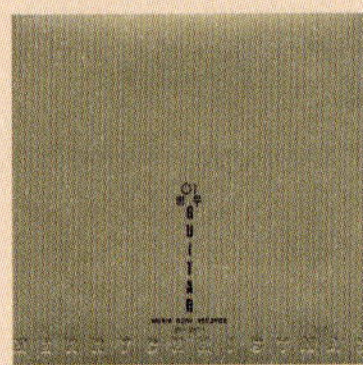

이병우 [Merry Christmas]
(1995/LG미디어)
세션: 이병우(g), 신이경(key), 조남준(key, prog), 박정호(key, prog), 김성민(prog)

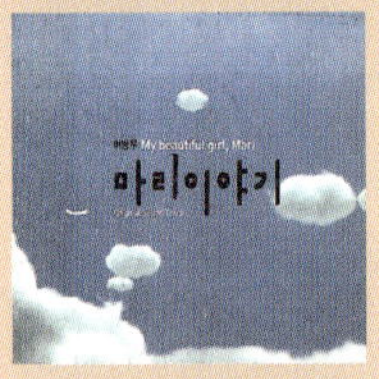

O.S.T. [마리이야기]
(2002/polimedia)
세션: 이병우(g, b), 성시경(v), 유희열(v), 신이경(piano, synth, organ), 이주한(trumpet), 안명주(flute), 임정희(oboe), 박윤(perc), 강경한(prog), 박현(humming voice)

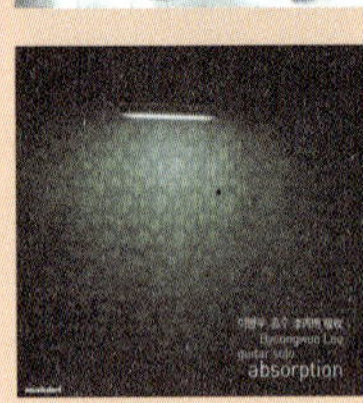

이병우 5집 [흡수]
(2003/musikdorf)
이병우(all inst.)

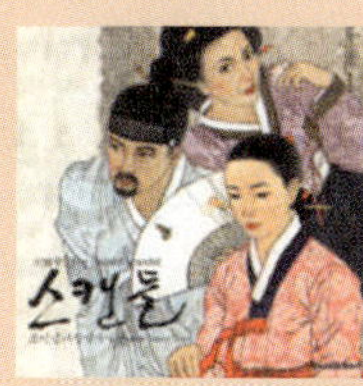

O.S.T. [스캔들]
(2003/musikdorf)

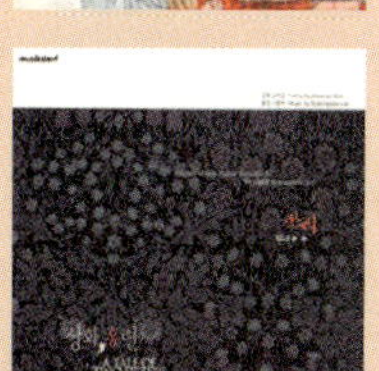

O.S.T. [장화, 홍련]
(2004/musikdorf)

O.S.T. [연애의 목적]
(2005/musikdorf)

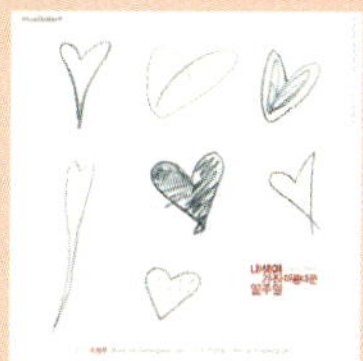

O.S.T. [내 생애 가장 아름다운 일주일]
(2005/ales music)

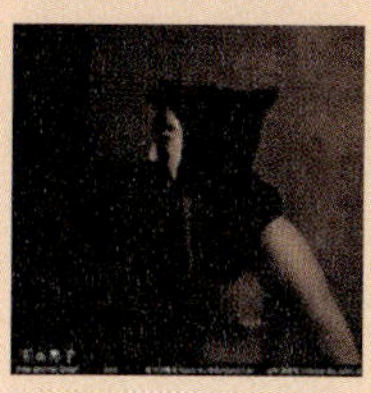

O.S.T. [왕의 남자]
(2006/ales music)

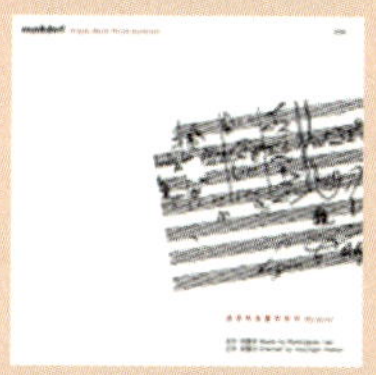

O.S.T. [호로비츠를 위하여]
(2006/musikdorf)

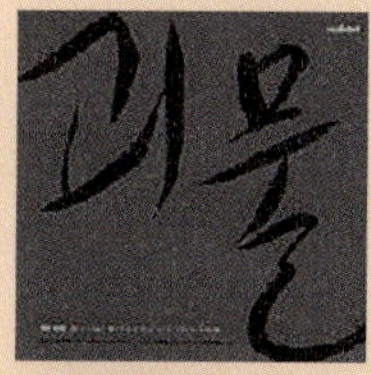

O.S.T. [괴물]
(2006/musikdorf)

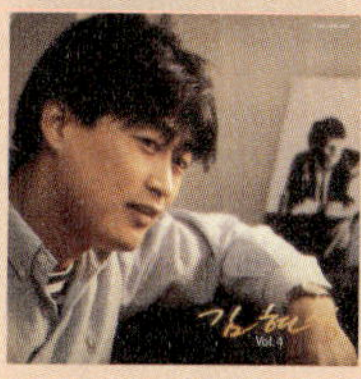

김현식 4집 (1989/서라벌레코드)
이병우(프로듀서, g)
송홍섭이 편곡을, 이병우가 프로듀서를 맡
아 새로운 내음의 김현식 음반을 만들었다.

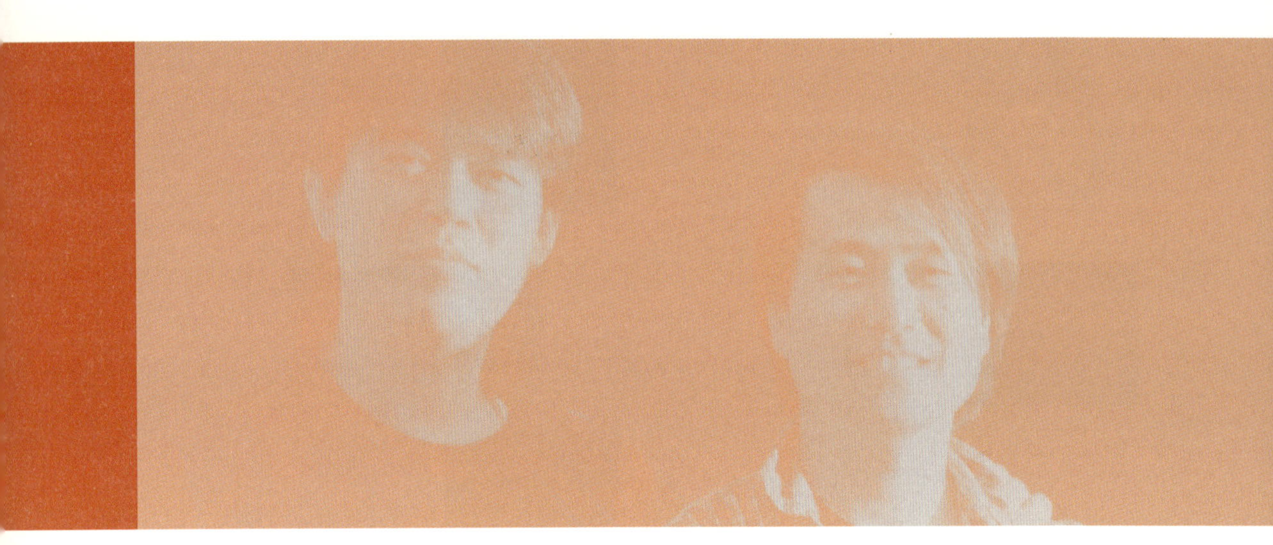

하덕규(시인과 촌장)

"숲에서 올린 푸른 돛"

"함춘호의 슬라이드 기타와 여리게 떨리는 하덕규의 목소리가 어울리며 '우리 너무 숨차게 살아왔어 / (중략) / 아무래도 친구 푸른 돛을 올려야 할까 봐' 라고 나지막이 이야기하며 등장한 시인과 촌장은 들국화, 김현식만큼의 강도는 아니었지만 1980년대 자신의 여린 감성을 진지하게 풀어내려 했던 이의 목소리로서 충분히 상징적인 존재이다. 하덕규, 함춘호 듀엣으로 발표된 1986년 시인과 촌장의 2집 [푸른 돛]은 가사, 사운드 모든 면에서 두 명의 목소리의 하모니를 강조하던 이전 포크 듀오의 전형에서 벗어나 있다. 특히 하덕규가 전담한 곡 쓰기는 '비둘기', '진달래', '고양이', '매' 등의 매개체를 통해 자신의 내면을 이야기한 '단순감상'의 수위를 넘어선 것이었다. 시인과 촌장이 알려지기 시작한 것은 1985년 [우리 노래 전시회]에 수록된 〈비둘기에게〉를 통해서였지만 하덕규는 이미 그 이전 1982년 [독도는 우리땅] 옴니버스 앨범에서 종이비행기가 부른 〈안녕〉, 〈안녕이라 하지 말아요〉, 1985년 이정선 7집 [30대]의 〈외로운 밤에 노래를〉, 같은 해 양희은 앨범의 〈찔레꽃 피면〉, 〈한계령〉 등의 곡을 제공하며 참여한 바 있다. 그리고 그는 시인과 촌장 2집 이전에 〈한계령〉, 〈우리에게〉 등이 실린 자신의 이름을 타이틀로 내세운 앨범을 발표했다.**4**

실제로 시인과 촌장이라는 이름은 하덕규와 동일한 의미로 볼 수 있지만 그들의 2집이 제 모습을 갖추게 된 것에는 분명 함춘호의 역할이 있었다. 이 둘의 (목소리와 기타로 이루어 낸) 화음이 절묘하게 매치된 2집은 세상에 냉소적인 젊음이 세상의 따스함을 찾으려는 모습이 잘 드러나 있다. 물론 사람들에 대해 따스한 시선으로 노래하는 〈사랑일기〉가 라디오 히트를 기록하며 이 앨범의 성공을 북돋아준 면도 없지 않지만, 이 앨범이 갖는 미덕은 절대 한두 곡에 집중되어 있지 않으며 앨범 전체적으로 일관된 톤으로 노래하는 치열함에 있다.**5** 이들의 이러한 태도는 세상살이에 대해 노래하는 〈푸른 돛〉, 〈사랑일기〉, 〈풍경〉 등과 1980년대를 살아가는 젊은이의 내적 고민의 흔적이 드러나는 〈비둘기에게〉, 〈진달래〉, 〈떠나가지마 비둘기〉, 〈비둘기 안녕〉, 〈매〉, 동화적인 감수성으로 노래하는 얼음 무지개〉, 〈고양이〉 등의 곡으로 표현된다. 특히 〈푸른 돛〉에서 보여주는 세상에 대한 관조와 〈떠나가지마 비둘기〉, 〈매〉에서의 날카로운 시선은 소리가 크지 않지만 사람의 마음을 공명시키는 충분한 힘을 가졌다.

---

4 이 앨범에 실린 곡의 일부는 [시인과 촌장 1981 – 1991]에 일부 수록되어 있다.

5 당시 '전영혁의 FM 25시' 연말 결산에서는 수많은 외국곡들 사이에서 〈고양이〉나 〈진달래〉 같은 곡이 언급되곤 했다.

이후 소극장 공연조차 드물게 하던 시인과 촌장은 1988년 3집 [숲]을 발표한다. 이제 혼자 '시인'이자 '촌장'이 된 하덕규는 3집 [숲] 발표 기념 공연에서 '이제 나는 자유를 얻었다'라고 이야기하며 예전보다 훨씬 따스해진 목소리로 〈가시나무〉를 부른다. 그가 종교로서 안식처를 얻었다는 것은 당연히 음악 색채를 변화시켰고, 2집에서 보이던 날 카로움이 많이 줄어드는 결과를 낳았다. 물론 함춘호가 빠지고 어떤 날, 들국화 멤버들이 세션으로 참가한 것이 영향을 준 것도 있지만 그것이 핵심적인 이유는 아니었다. 여전히 자신이 손수 크레파스로 그린 그림으로 앨범 재킷을 꾸민 이 앨범은 여전히 동화적인 구성의 이야기(〈새봄나라에서 살던 시원한 바람〉, 〈새털구름〉)와 세상에 대한 자신의 시각(〈때〉, 〈새 날〉, 〈푸른 애벌레의 꿈〉)들로 채워져 있다. 앨범 구성상으로는 지난 앨범과 큰 차이가 없지만 앨범의 전체적인 색채는 더욱 부드러워졌고, 낙관적인 분위기가 지배적이다. 그리고 곡의 분위기와 가사가 일치하는 하덕규만의 느낌은 여전하지만 예전만큼의 울림은 아니다. 이러한 변화에 대해 사람들은 찬반의 극단을 보이는 반응을 했고, 그는 이후 더욱더 종교적인 색채가 강한 음악을 선보인다. 조하문, 빛과 소금 등과 함께 가스펠을 부르며 종교활동에 몰입해가던 하덕규는 이제 시인과 촌장이라는 이름을 떼고 자신의 이름으로 1990년 솔로 2집 [쉼]을 발표한다. 그는 이제 '상처 입어 아파하던 양'이 아닌 '구원자에 의해 참사랑을 찾은 자'가 되었고, 미국으로 건너가 녹음한 이 앨범은 가스펠 모음곡집이라 불러도 어색하지 않은 앨범이 되었다. 전체적으로 종교적인 색채가 강해졌다는 것과 무관하게 이 앨범은 그의 음악적인 폭의 한계가 드러나는 아쉬움을 남겨준다. 이 앨범에서는 〈자유〉가 자주 라디오에서 방송되었지만 그 외에 딱히 두드러지는 곡이 있지는 않다."(김민규)

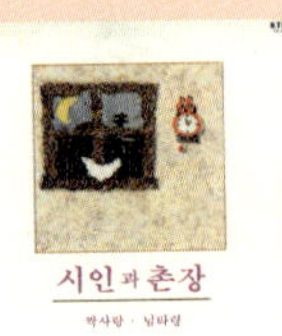

1집 [시인과 촌장] (1981/유니버설)
하덕규(g, v), 오종수(g, v)
한 곡을 제외하고 모두 하덕규가 작사·작곡 했지만 잘못된 가치관에서 출발한 음반이라고 해, 스스로 부끄러워하는 음반이다. 이 앨범을 발표한 이후 하덕규는 신앙에 심취하기 시작했고 조동진, 김민기, 전인권, 김창완 등과 교류를 갖게 되면서 삶에 대한 가치관과 음악에 대한 관점에 상당한 변화를 가져오게 되었다.

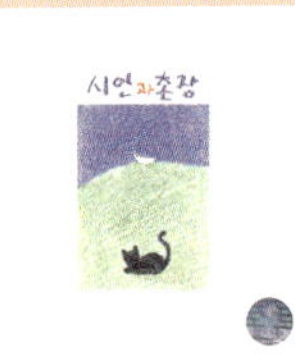

2집 [푸른 돛] (1986/서라벌레코드)
하덕규(g, v, harmonica), 함춘호(g)
세션: 이병우(g), 조동익(b), 한송연(key), 김영석(d), 이원재(clarinet)
어떤 날의 데뷔 음반과 비교할 만한 작고 예쁜 소품집이다. 이들도 [우리 노래 전시회](1984)에 〈비둘기에게〉를 실으면서 대중에게 알려지기 시작했다. 이 음반에서 하덕규의 가사 쓰기 역량과 함께 주목할 만한 것은 1980년대 중반 이후 우리나라 세션 기타리스트의 대표 격이 된 함춘호가 자신의 명연을 보여준 첫 번째 음반이라는 점이다. 〈얼음 무지개〉, 〈매〉의 열정적인 일렉트릭 기타 솔로는 음반 발매 시부터 주목받았다.

3집 [숲] (1988/동아기획)
하덕규(g, v, harmonica)
'진정한 자유'를 찾았다는 그의 말과는 다르게 갑작스런 변화로 듣는 이를 어리둥절하게 했던 앨범. 함춘호와 결별하고 제작된 이 앨범에는 하덕규의 동화적 감수성이 잘 드러난 〈새봄나라에서 살던 시원한 바람〉, 〈새털구름〉, 자연을 통해 세상을 꿰뚫어보는 〈새 날〉, 〈푸른 애벌레의 꿈〉, 〈숲〉 등이 수록되었다.

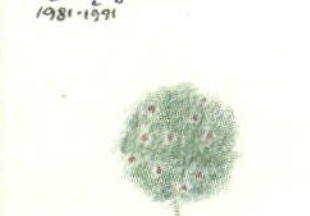

[시인과 촌장 1981-1991]
(1991/서라벌레코드)
베스트 앨범. 〈내 고향 동해바다〉, 〈한계령〉, 〈얼음 무지개〉

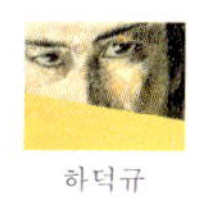

4집 [The Bridge] (2000/웅진뮤직)
하덕규(g, v), 함춘호(g)
〈다리 #1〉, 〈뿌리〉

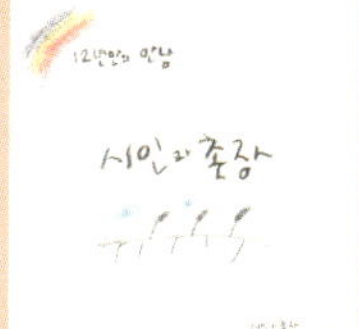

[시인과 촌장 Live] (2001/신촌뮤직)
하덕규(g, v), 함춘호(g)
〈새봄나라에서 살던 시원한 바람〉, 〈가시나무〉

하덕규

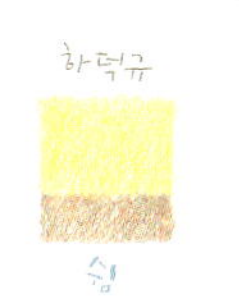

하덕규 1집 [하덕규] (1984/대성음반)
〈꽃을 주고 간 사랑〉, 〈진달래〉, 〈슬픈 재회〉

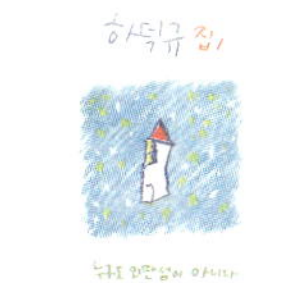

하덕규 4집 [집1] (1997/서울음반)
'누구도 외딴 섬이 아니다'라는 부제가 붙어 있으며, 그는 이 앨범을 '이 땅의 기성세대에 바친다'고 한다. 〈이날에〉, 〈거기에선〉

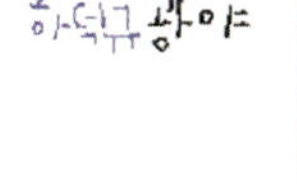

하덕규 2집 [쉼] (1990/서울음반)
이 앨범에서 그는 여전히 길에 대해 묻고 정신적인 안식처를 찾고 있지만 '그렇게 목마르게 찾아 헤매던' 것을 '당신'에게서 찾았다고 이야기하는 타이틀 동명곡 〈쉼〉에서 자신의 방향성을 분명히 하고 있다.

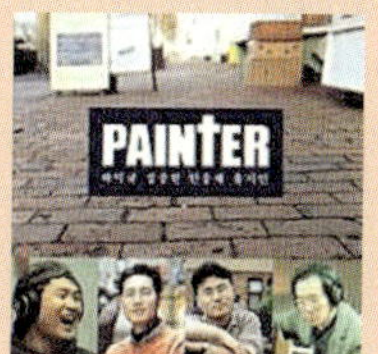

페인터 1집 [Painter] (2001/EMI)
하덕규(v), 유지연(v), 꿈이 있는 자유(v)
〈빌립보서 1:6〉, 〈다리〉

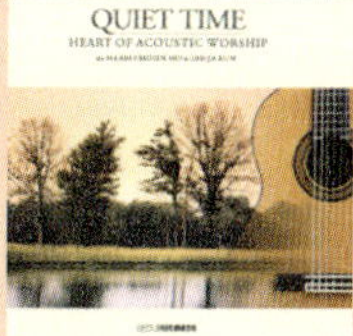

하덕규 3집 [광야] (1992/가락)
〈지난날에게〉, 〈광야의 바람〉, 〈광야〉

함춘호

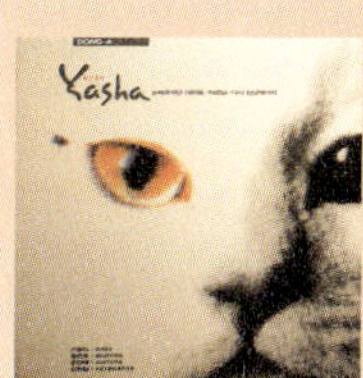

함춘호
[Quiet Time] (2007)

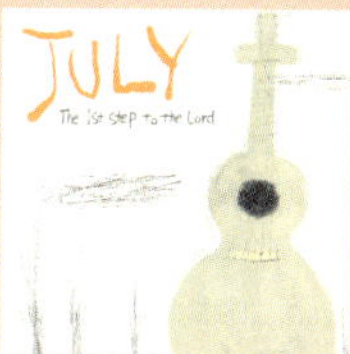

줄라이(July) 1집
[The 1St Step To The Lord] (2007)
함춘호(g), 이세준(v)

야샤 1집 (1992/서라벌레코드)
조동익(b), 손진태(g), 함춘호(g), 김현철(key)

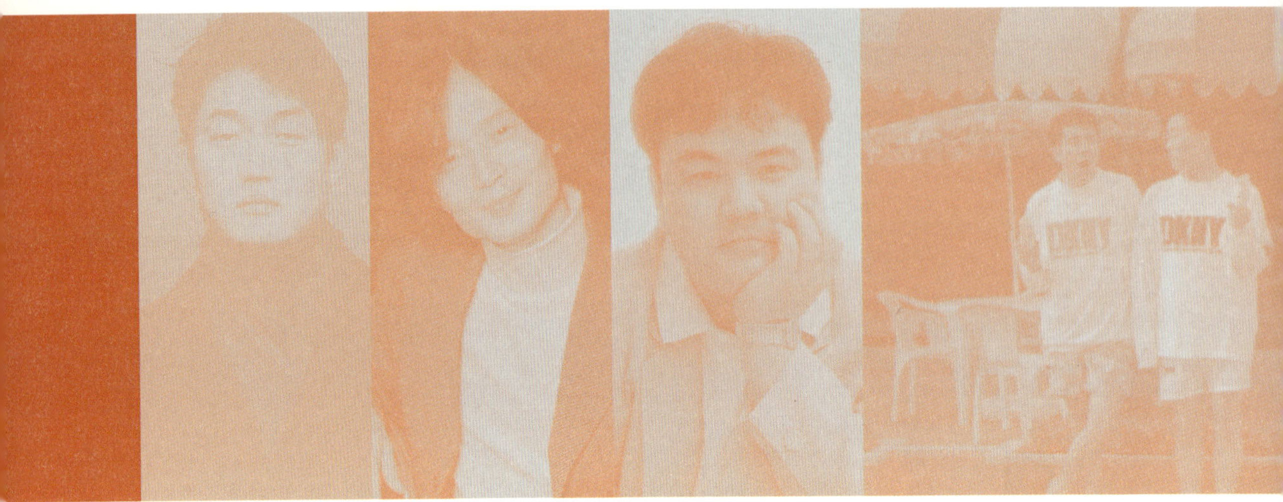

김현철, 박학기, 오석준
& 푸른하늘

"동아기획의 마지막 주자들"

"1980년대 국내 대중음악을 이야기할 때 빠지지 않는 이름이 동아기획이지만 1980년대 말에
이르러서는 그 빛이 바래어져 갔다. 이 시기 동아기획에서 배출한(정확히 이야기하면 모두 [우리 노래
전시회 3집]으로 데뷔한) 마지막 주자들이 바로 이들이다." (김민규)

김현철은 1989년 〈오랜만에〉, 〈춘천 가는 기차〉, 〈동네〉 등이 수록된 데뷔 앨범을 발표했다. 이미 약관의 나이에 박학기 데뷔 앨범을 프로듀싱했던 그는 특출한 작곡, 연주력 외에도 디렉터로서의 상당한 실력을 겸비하고 있었고, 이는 이후 자신이 프로듀서를 담당한 장필순, 장혜진, 이소라 등의 앨범을 모두 히트시킴으로써 흥행력과 음악적 감수성을 겸비했다는 평을 받게 된다. 동아기획 선배들의 앨범에서 세션을 담당하던[6] 그는 [우리 노래 전시회 3집]에서 박학기에게 곡을 주었고, 그의 데뷔 앨범과 장필순 데뷔 앨범의 프로듀서를 담당했다. 도회적 감성을 세련된 감각으로 풀어낸 김현철의 데뷔 앨범은 〈오랜만에〉, 〈춘천 가는 기차〉 등이 라디오 방송을 타며 마이너 히트를 기록했고, 1992년 그는 조규찬을 파트너로 맞이해 자신의 스타일을 고집스럽게 밀고 나간 2집 [32℃ 여름]을 발표했다. 툭툭 끊어지는 노랫말과 낯선 감성의 곡으로 채워진 2집은 1집만큼의 반응을 얻지는 못했지만, 자신만의 스타일을 구축하는 데 큰 역할을 했다. 2집의 세션이었던 조동익, 손진태, 함춘호 등과 함께한 프로젝트 밴드 '야샤'는 한 장의 연주 앨범을 발표했고, 그 멤버들이 훗날 조동익 밴드로 이어졌다. 1993년 영화 '그대 안의 블루' 사운드트랙을 담당한 김현철은 이소라와 함께한 주제곡 〈그대 안의 블루〉에 이어 3집 [횡계에서 돌아오는 저녁](1993)에 수록된 〈달의 몰락〉이 히트를 기록하며 성공적으로 공중파에 안착했다. 이후 김현철은 이소라 데뷔 앨범과 장혜진 3집, 낯선 사람들 1집에 참여하는 등 '음악감독'으로서의 역량도 한껏 발휘한다. (김민규)

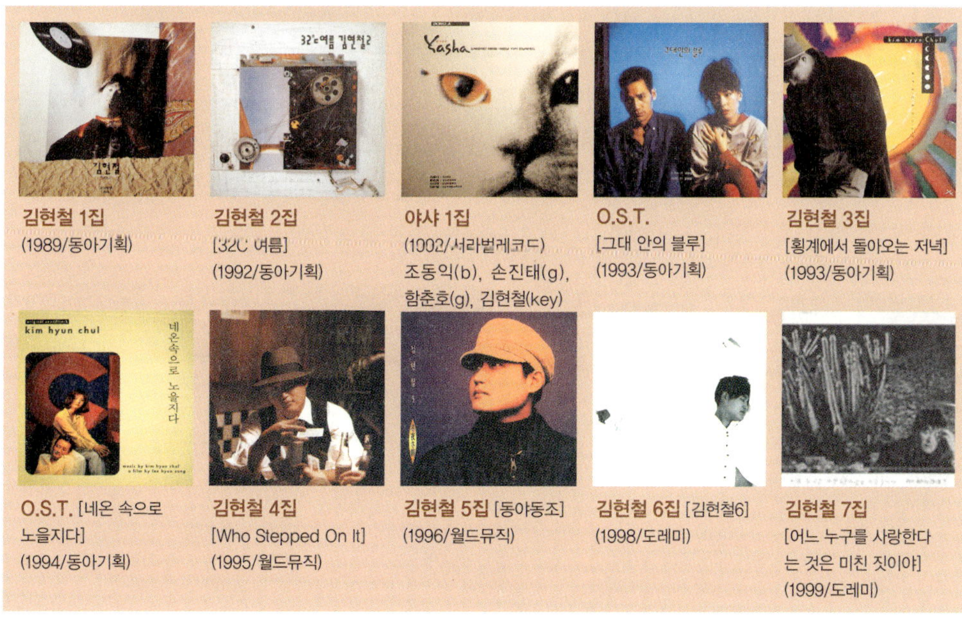

김현철 1집
(1989/동아기획)

김현철 2집
[32℃ 여름]
(1992/동아기획)

야샤 1집
(1002/서라벌레코드)
조동익(b), 손진태(g),
함춘호(g), 김현철(key)

O.S.T.
[그대 안의 블루]
(1993/동아기획)

김현철 3집
[횡계에서 돌아오는 저녁]
(1993/동아기획)

O.S.T. [네온 속으로
노을지다]
(1994/동아기획)

김현철 4집
[Who Stepped On It]
(1995/월드뮤직)

김현철 5집 [동야동조]
(1996/월드뮤직)

김현철 6집 [김현철6]
(1998/도레미)

김현철 7집
[어느 누구를 사랑한다
는 것은 미친 짓이야]
(1999/도레미)

---

6 김현철은 공연에서 악기를 나르며 동아기획과의 인연을 시작했다. 한국의 존 본 조비가 아닐까?

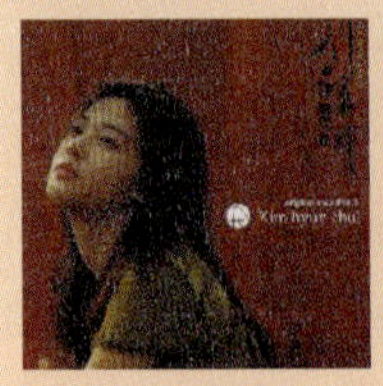

O.S.T. [시월애]
(2000/좋은콘서트)

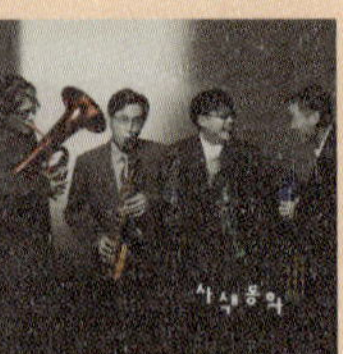

V.A. [사색동화]
(2000/idream media)
김현철, 이현우, 윤종신,
윤상

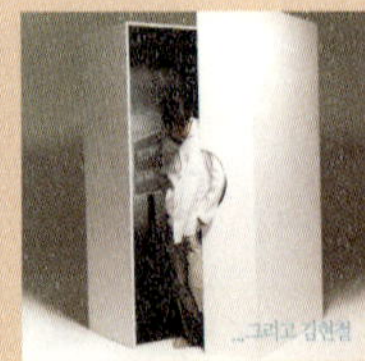

김현철 8집
[…그리고 김현철]
(2002/동아뮤직)

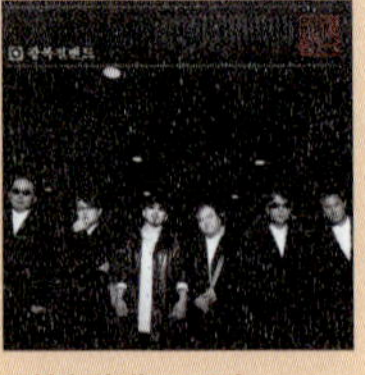

광복절밴드 1집
[광복절 밴드]
(2002/가람미디어)
김상진(perc), 박상민(v),
김현철(key), 오석준(d),
손무현(g), 강성진(b)

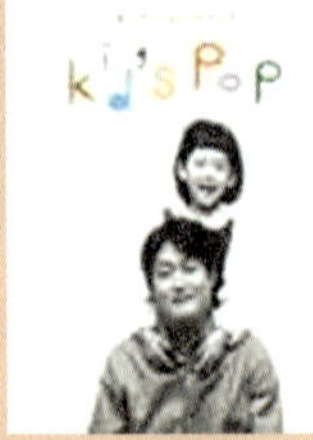

김현철
[Kid's Pop 1집]
(2004/T – Entertainment)

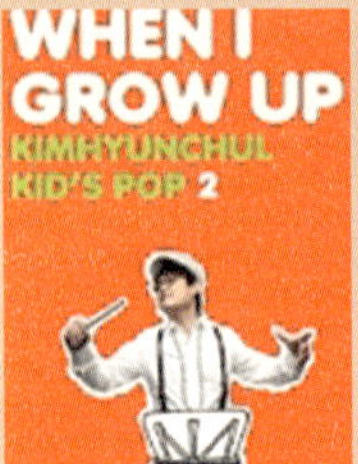

김현철
[Kid's Pop 2집]
(2006/거성)

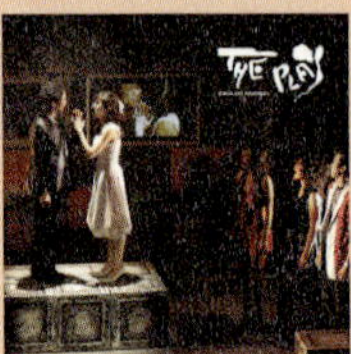

O.S.T. [The Play]
(2006)

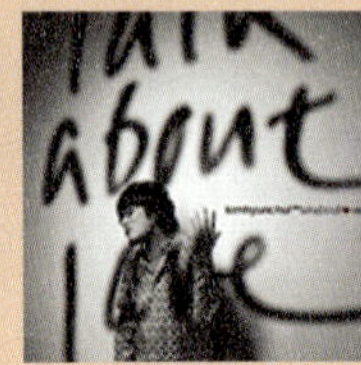

김현철 9집
[Talk About Love]
(2006/Lojit
Entertainment)

박학기는 1988년 당시 신인들의 등용문 역할을 하던 [우리 노래 전시회 3집]에 정서용, 푸른하늘 등과 함께 〈계절은 이렇게 내리네〉로 참여해 모습을 드러냈다. 이듬해인 1989년 김현철, 조동익 등의 도움을 받아 제작한 데뷔 앨범에서 조동익의 〈이미 그댄〉, 〈향기로운 추억〉, 김현철의 〈계절은 이렇게 내리네〉 등이 좋은 반응을 얻었고, 소극장 공연 위주로 활동했다. 역시 김현철, 조동익, 장기호 등의 곡이 실린 1990년의 2집에서도 김현철의 〈자꾸 서성이게 돼〉가 히트했고, 폭발적이지는 않지만 잔잔하게 반응하는 팬 층을 형성했다.

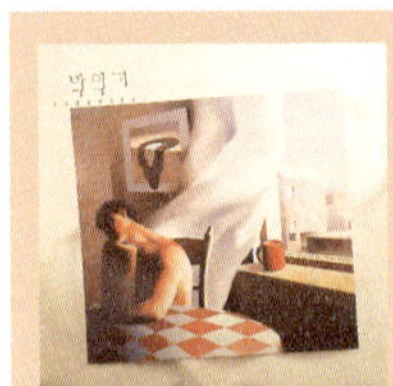

1집
[박학기]
(1989/동아기획)
〈이미 그댄〉, 〈향기로운 추억〉, 〈내 소중한 사람에게〉

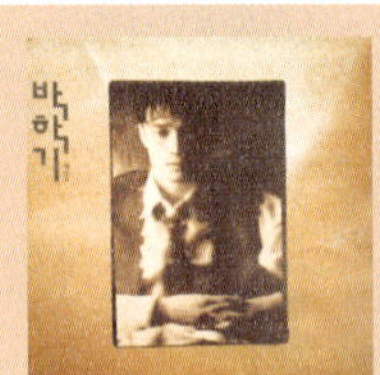

2집
[박학기 Vol II]
(1990/동아기획)
〈그댄 알고 있나요〉,
〈자꾸 서성이게 돼〉

3집
[박학기 3]
(1992/서울음반)
〈유난히〉, 〈미지에게〉

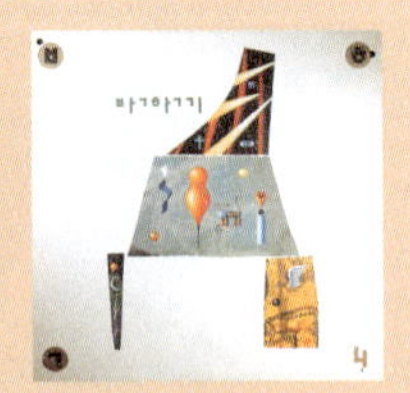

4집
[박학기 4]
(1993/동아기획)
〈그대 창가로 눈부신 아침이〉, 〈여름밤 속삭임〉

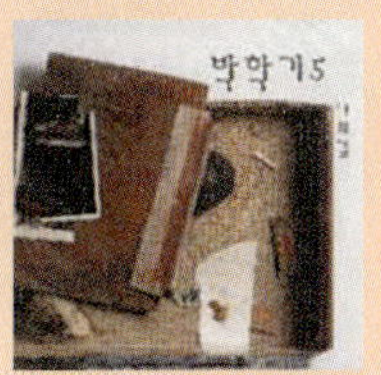

5집
[박학기 5]
(1995/킹레코드)
〈나의 길〉, 〈가만히 내게〉

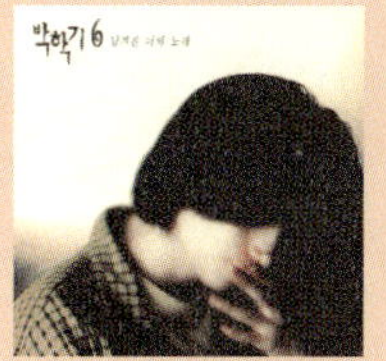

6집
[남겨진 너의 노래]
(1998/신나라뮤직)
〈자전거〉, 〈제발 나를〉

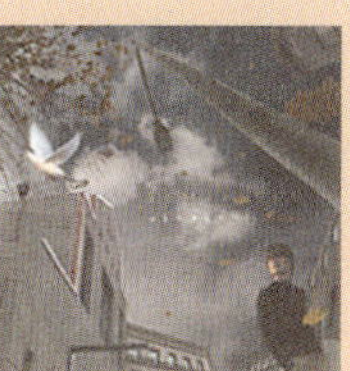

[Reminisce – Old & New] (2002/도레미)
〈Yellow Fish〉, 〈마지막 편지〉

오석준은 1988년 [Dream & Love]라는 타이틀로 데뷔 앨범을 발표했다. 소극장 공연보다는 라디오방송의 힘을 입으며 자신의 음악을 알려나갔다. 데뷔 앨범에서 김성호와 파트너를 이루어 〈우리들이 함께 있는 밤〉, 〈돌아오는 계절에는〉 등의 곡을 히트시켰다. 송홍섭 편곡, 이병우(기타), 김종진(기타), 박청귀(기타), 김효국(키보드), 김희현(드럼) 등의 세션 체제는 신선했다. 1집 이후 박정운, 장필순 등과 함께 오·장·박 트리오를 이루어 이상은이 주연한 영화 '굿모닝 대통령'의 주제가인 〈내일이 찾아오면〉을 부르기도 한 그는 지금까지 6장의 정규 앨범을 발표했다. 시각정보디자인 전공으로 일본 유학을 갔던 그는 1995년 5집 [Stay]를 발표하고, 박정운과 듀엣으로 싱글 앨범을 발표했다.

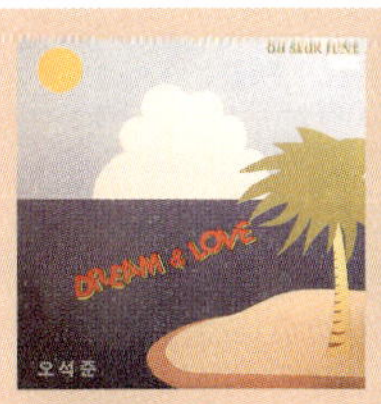

오석준 1집
[Dream & Love]
(1988/뮤직디자인)
〈꿈을 찾아서〉, 〈헤어지고 난 후〉

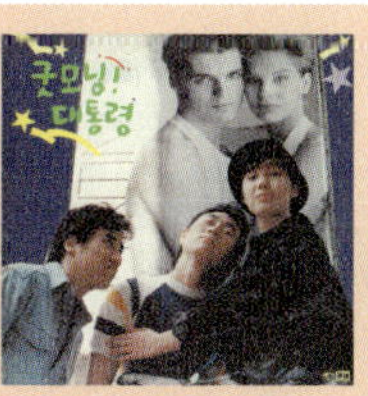

O.S.T.
[굿모닝 대통령]
(1989/뮤직디자인)
〈내일이 찾아오면〉, 〈방랑자〉

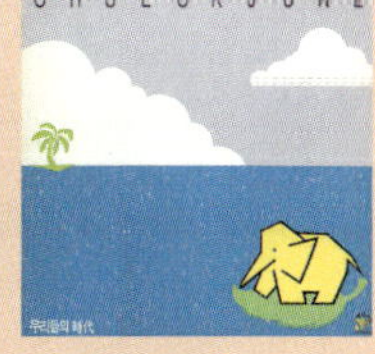

오석준 2집
[우리들의 時代]
(1990/뮤직디자인)
〈내일일기〉, 〈여름날의 추억〉

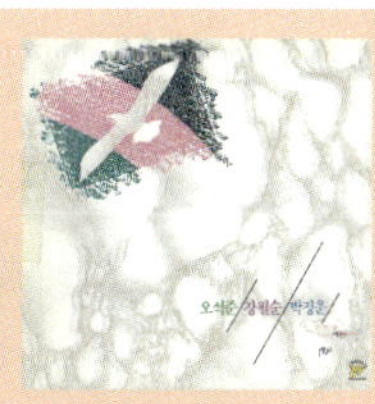

오석준, 장필순, 박정운
[오석준/장필순/박정운]
(1990/뮤직디자인)
〈내 가슴에 아직도 비가 오는데〉, 〈또 하루를 돌아보며〉

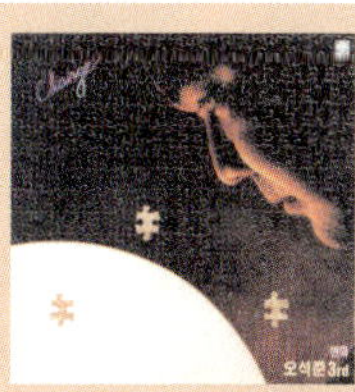

오석준 3집
[변화] (1991/동아기획)
〈이런 밤이면 나는〉, 〈변화〉

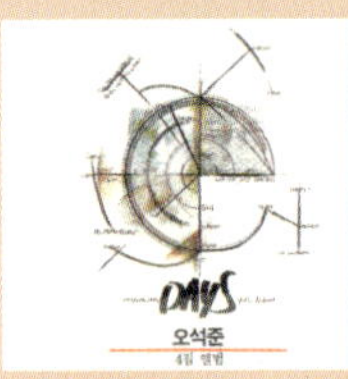

오석준 4집
[Days]
(1993/동아기획)
〈어떤 때라도〉, 〈겨울바람〉

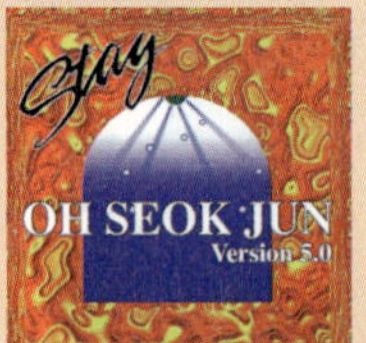

오석준 5집
[Stay]
(1995/universal)
〈태양을 잡으려〉, 〈너와
함께 있던 아침〉

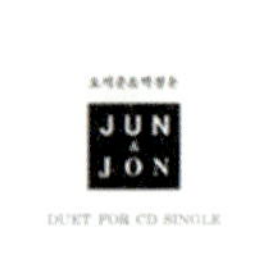

오석준 & 박정운
[Jun & Jon]
(1995/universal)
EP. 〈우리는 하나〉

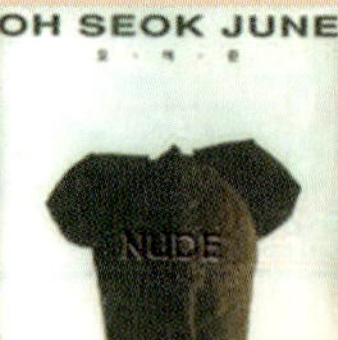

오석준 6집
[Nude] (1996/LGM)
〈기억속의 너에게〉, 〈내
마음은 항상 그대 곁에〉

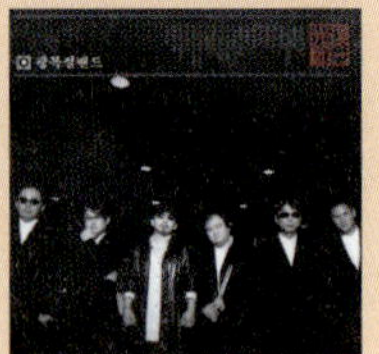

광복절밴드 1집
[광복절 밴드]
(2002/가람미디어)
김상진(perc), 박상민(v),
김현철(key), 오석준(d),
손무현(g), 강성진(b)

푸른하늘은 유영석(보컬, 키보드)과 송경호(드럼, 보컬)로 구성된 밴드이고, [우
리 노래 전시회 3집]에 〈겨울바다〉를 실었다. 밴드라기보다는 유영석이 주도하는 프로
젝트의 느낌이 강했던 푸른하늘은 1988년 데뷔 앨범을 발표했고, 이후 〈눈물나는 날에
는〉이 실린 2집(1989), 장필순, 박학기 등과 함께한 〈우리 모두 여기에〉가 실린 3집(1990),
〈꿈에서 본 거리〉가 실린 4집(1991), 〈자아도취〉가 실린 5집(1992)까지 매년 앨범을 발표
하는 활발한 활동을 했다. 이때까지 모든 앨범들이 좋은 반응을 얻으면서 '언더브로드캐
스트의 대표 발라드 뮤지션'으로 자리를 확고히 했다. 하지만 1993년 해체 소문과 함께
지금까지와는 다른 스타일의 〈오렌지 나라의 앨리스〉가 실린 6집을 발표하고 나서 유영
석은 화이트(W.H.I.T.E.)로, 송경호는 뉴 푸른하늘(New Blue Sky)로 각자의 길을 간다.

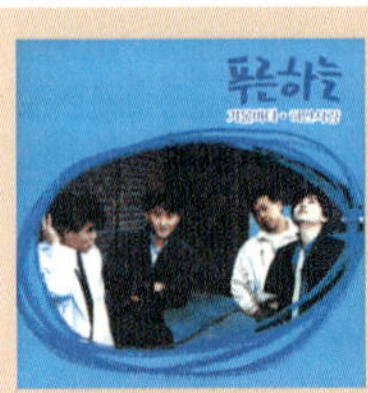

1집 [푸른하늘]
(1988/동아기획)
유영석(v, synth, piano),
이종석(v, synth), 박준섭
(b, perc), 전영준(g)
〈겨울바다〉, 〈하얀 사랑〉

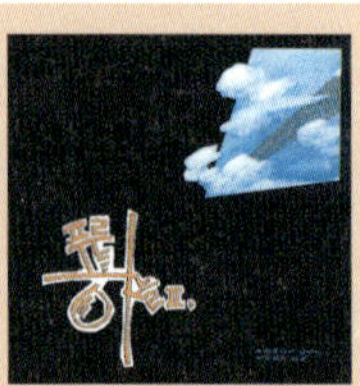

2집 [푸른하늘 II]
(1989/동아기획)
유영석(v, synth, piano),
박준섭(b, perc), 송경호(d)
〈눈물나는 날에는〉,
〈슬픔은 안녕〉

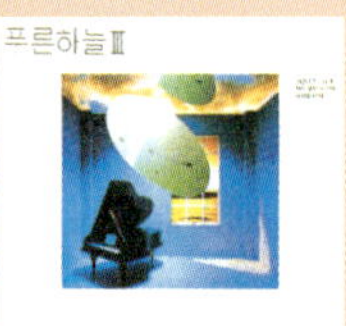

3집 [푸른하늘 III]
(1990/동아기획)
유영석(v, synth, piano),
송경호(d)
〈이밤이 지나도록〉,
〈사랑을 네게〉

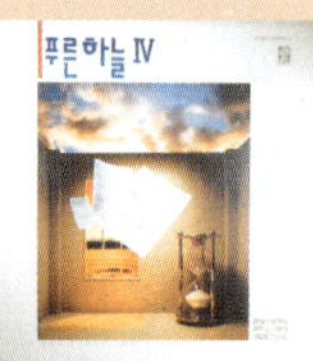

4집 [푸른하늘 IV]
(1991/동아기획)
유영석(v, synth, piano),
송경호(d)
〈꿈에서 본 거리〉, 〈다시
만날 날까지〉

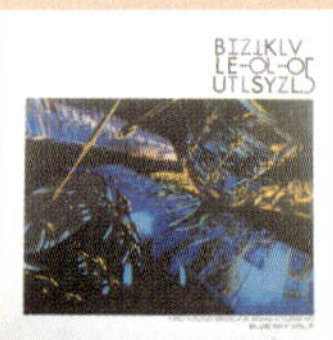

5집 [Blue Sky Vol. 5]
(1992/동아기획)
유영석(v, synth, piano),
송경호(d)
〈자아도취〉, 〈넌 기억하니,
그대 그 크리스마스 노래를〉

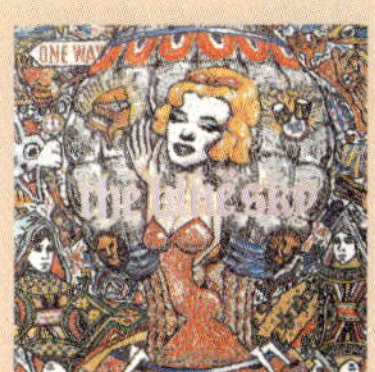

6집 [The Blue Sky 'FinalSound']
(1993/동아기획)
유영석(v, synth, piano), 송경호(d)
〈오렌지 나라의 엘리스〉, 〈괜찮아〉

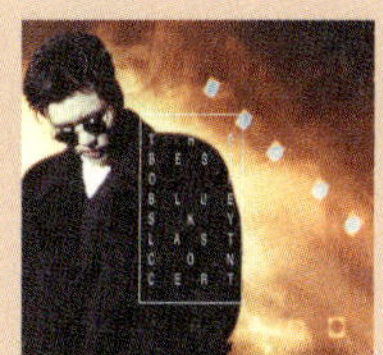

[Blue Sky Live Best Vol.1-2]
(1994/동아기획)
유영석(v, synth, piano), 송경호(d)
〈오렌지 나라 앨리스〉, 〈내일로 가는 길〉

유영석

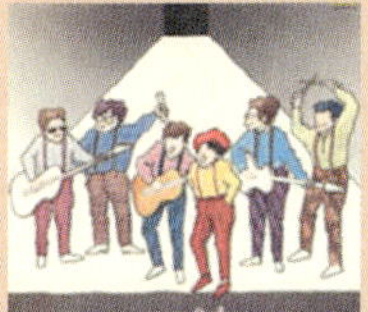

비상탈출 1집
[사랑을 알고 싶어요]
(1987/성음)
김재원(v), 박영애(v),
김 인 태 (g), 유 태 현
(key), 유영석(piano),
김우필(b), 박수복(d)

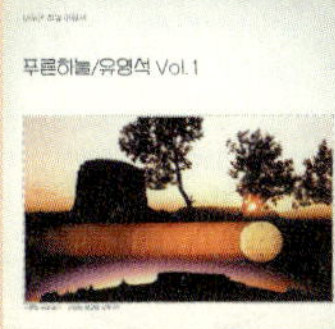

유영석 1집
[푸른하늘/유영석 Vol.1]
(1990/동아기획)
〈어두운 하늘 아래서〉,
〈내게 그대는〉

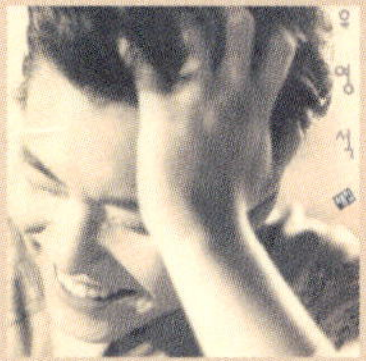

유영석
[유영석 소품집]
(1992/동아기획)
〈비개인 오후에 커텐을
열면〉, 〈희망과 기다림
이 있는 방〉

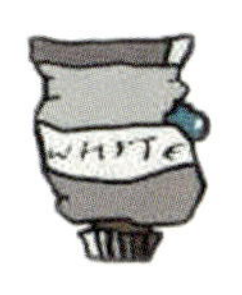

화이트 1집
[W.H.I.T.E.]
(1994/삼성뮤직)
유영석(v, synth, piano),
김기형(v, synth)
〈W.H.I.T.E〉, 〈말할걸 그랬지〉

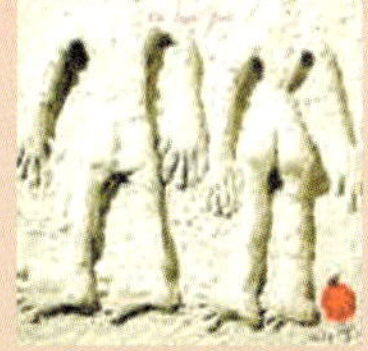

화이트 2집
[The Logic Feel]
(1995/Km Music)
유영석(v, synth, piano),
김기형(v, synth)
〈그대도 나 같음을〉,
〈7년간의 사랑〉

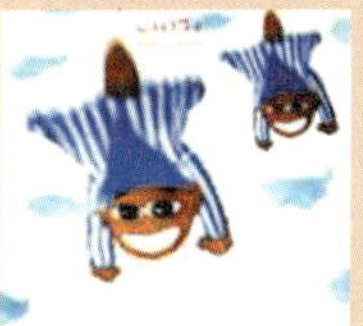

화이트 3집
[Dream Come True]
(1996/킹레코드)
유영석(v, synth, piano),
김기형(v, synth)
〈네모의 꿈〉, 〈모두의
미래를 위해〉

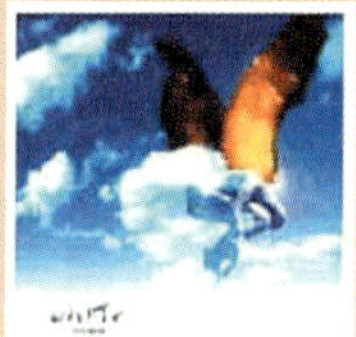

화이트 4집
[Fly High]
(1998/서울음반)
유영석(v, synth, piano),
김기형(v, synth)
〈힘든 고백〉, 〈다시 시작해〉

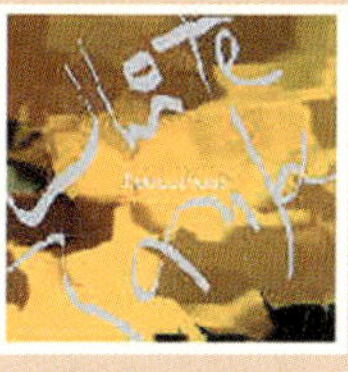

화이트 뱅크 1집
[Rendezvous]
(1999/Universal)
유영석(v, synth), 정시로(key, v)
〈I Have To Say Goodbye〉,
〈나는 신기루를 보았다〉

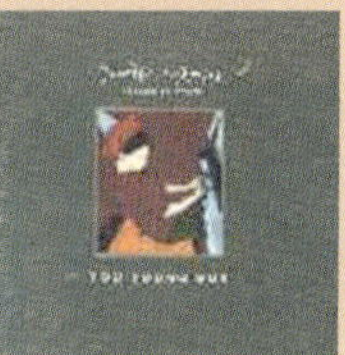

유영석
[그때부터 지금까지]
(1999/Universal)
〈약속〉, 〈사랑 그대로의
사랑〉

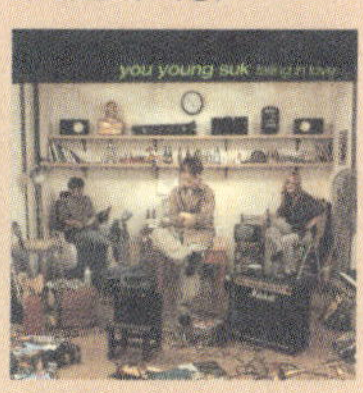

유영석 2집
[You Young Suk Fall
In Love]
(2001/동아기획)
〈Falling In Love〉,
〈날 위해서라면〉

송경호

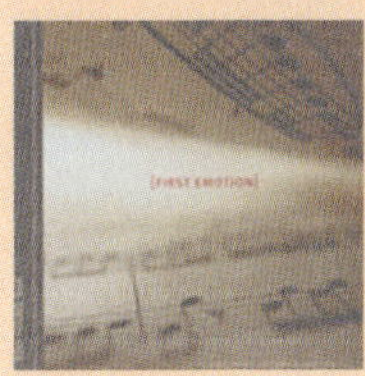

유영석
[First Emotion]
(2006/예당)
〈First Emotion〉

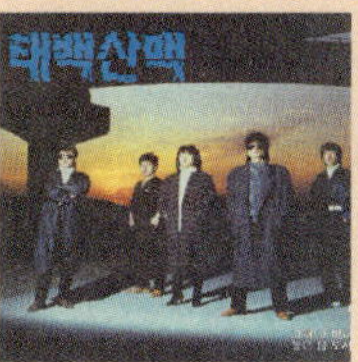

태백산맥 1집
[태백산맥]
(1988/서울음반)
송경호(d), 민재현(b),
채경훈(g), 이은주(v),
김태한(key)
〈높은 음 도시〉, 〈그해
그 바다〉

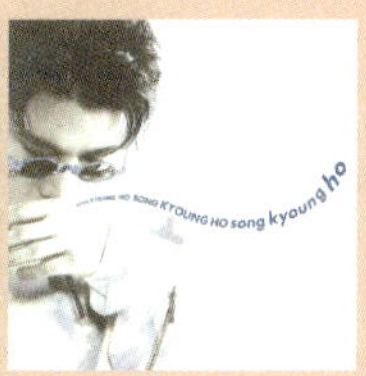

송경호 1집
[Song Kyoung Ho]
(1994/동아기획)
〈착각〉, 〈늦은 추억〉

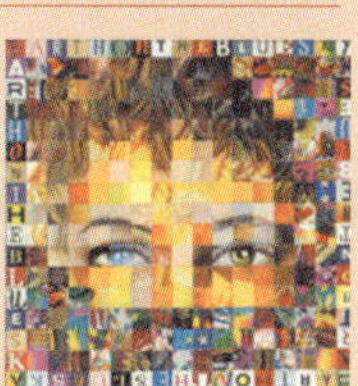

뉴 푸른하늘 1집
[Earth On The New
Blue Sky]
(1995/월드뮤직)
이재학(b), 유원형(v),
송경호(d)

Chapter 4

신대철(시나위)

"음악을 함으로써 나는 존재한다"

시나위와 한국 헤비메탈

* 시나위 1집 재발매 앨범(1999/시완레코드) 속지입니다.

1. 신대철과 시나위 바이오그래피

신대철(기타)은 신중현의 장남이고 동생으로 신윤철(기타), 신석철(드럼)을 두었다. 그는 초등학교에 다닐 때 지미 헨드릭스(Jimi Hendrix)의 〈Little Wing〉을 듣고 눈물을 흘렸을 정도로 어려서부터 감수성이 남달랐다고 한다. 신대철이 참여한 첫 번째 그룹은 서울고 재학 당시 스쿨밴드였던 '센세이션'[1]이었고, 역시 재학 시절인 1983년에 시나위를 결성했다.[2] 그리고 시나위의 리더로서 오늘날까지 밴드를 굳건하게 지키고 있다.

시나위 초기 멤버로는 시나위 2, 4집에 참여한 김종서(보컬)도 있었고, 몇 번의 멤버교체 끝에 임재범(보컬),[3] 박영배(베이스), 강종수(드럼), 김형준(키보드)을 멤버로 1986년 역사적인 데뷔 음반을 발표했다. 그리고 이 앨범은 국내 최초의 '전작 헤비메탈 음반'으로 평가받는다. 이후 시나위는 1987년에 김종서(보컬), 강기영(베이스),[4] 김민기(드럼)를 멤버로 2집 [Down And Up]을, 1988년에는 김성헌(보컬), 김영진(베이스), 김민기(드럼)를 멤버로 3집 [Free-Man]을, 1990년에는 김종서(보컬), 서태지(베이스), 오경환(드럼)을 멤버로 4집을 발표했고, 1991년 잠정적인 해산을 했다.

신대철은 개인적으로 1990년에 독집 [Corona]를 발표했고, 시나위 해산 후 1991년에 블루스 헤비록 그룹 '자유'(신대철g/v, 김영진b/v, 오경환d)를 결성해 〈멀어져간 사람아〉가 실린 데뷔 음반

[1] 이후 여기서 쥬스의 신석철(드럼), 자우림의 이선규(기타) 등을 배출함.

[2] 참고로 1980년대 중반 이름을 떨친 또 하나의 서울고 밴드로는 '리자드'가 있었다. 여기에는 신윤철(기타), 오태호(기타), 박현준(베이스), 손경호(드럼)가 참여했고, 이들 중 신윤철, 박현준, 손경호는 이후 삐삐 롱스타킹, 99 출신의 고구마와 원더버드를 결성했다. 그리고 오태호는 1989년 [Rock In Korea] 기타 세션으로 맹위를 떨친 후 1990년대 초반에는 이승환의 작곡·세션 파트너로 인정을 받았으며, 박현준은 1993년 H_2O 3집 [오늘 나는]의 기타 연주로 한상원, 신윤철과 함께 1990년대 가장 주목해야 할 기타리스트가 되었다.

[3] 후에 외인부대, 아시아나에 참여함.

[4] 박현준과 함께 H_2O 2, 3집에 참여했고, 삐삐밴드를 결성했다. 현재는 '달파란'이라고 불리는 테크노 뮤지션.

을 발표했다.

하지만 시나위에 대한 미련을 버릴 수 없었던 신대철은 1994년 12월에 손성훈(보컬), 정한종(베이스),[5] 신동현(드럼)을 멤버로 밴드를 재결성했고, 1995년에는 시나위의 최고작인 5집을 발표했다. 전작들과는 달리 그런지 기타 톤으로 스타일을 바꾼 이 음반은 "1990년대 초반부터 얼터너티브 록의 분위기였기 때문에 당시로서는 선택의 여지가 없었다. 록 신에서 살아남으려면 이를 수용해야 했다"라는 신대철의 고백이 있기는 했지만, 데뷔 음반에서 키보드 연주가 신대철의 연주를 상승시켰듯이 '그런지 기타 톤'은 그의 연주 스타일과 가장 잘 어울리는 조합이었다.

이후 1997년에는 〈은퇴선언〉으로 파문을 일으키기도 한 6집(김바다v,[6] 정한종b, 신동현d)을, 1998년에는 사이키델릭 록이 앨범의 화두라는 7집 [Psychedelos](김바다v, 김경원b,[7] 신동현d)를 발표했다.

신대철을 중심으로 활동한 시나위는 보컬, 베이스, 드럼 파트에서 당대의 역량 있는 연주자들을 배출시키거나 참여시켜 국내 헤비메탈계의 '인재 양성소' 구실을 했고, 이로써 한국 록음악의 산실이라고 말할 수 있다.[8] 영국에 에릭 클랩튼(Eric Clapton), 피터 그린(Peter Green), 믹 테일러(Mick Taylor) 등 수많은 블루스 록 연주자들을 배출한 블루스 브레이커스(John Mayall's Blues Breakers)가 있었다면 장르는 다르지만 한국에는 시나위가 있었다고 말할 수 있겠다.

2. 1980년대 초반, 한국의 하드록 신

1980년대 초반에는 작은 거인, 무당, 마그마, 김태화 등의 뮤지션들에 의해서 강도는 세지 않았지만 자그마하게 하드록 신이 형성되었다. 무당은 1980년에 발표한 데뷔 음반에서 최우섭(보컬, 기타)의 주도로 멜로디컬한 하드록 성향의 노래들을 선보였고, 1980년 MBC 대학가요제에서 〈해야〉로 은상을 받은 마그마는 1981년 데뷔 음반에서 〈아름다운 곳〉, 〈잊혀진 사랑〉과 같은 헤

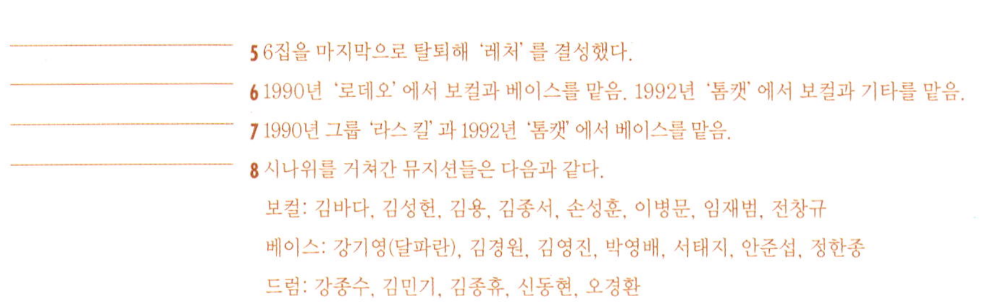

[5] 6집을 마지막으로 탈퇴해 '레쳐'를 결성했다.

[6] 1990년 '로데오'에서 보컬과 베이스를 맡음. 1992년 '톰캣'에서 보컬과 기타를 맡음.

[7] 1990년 그룹 '라스 킬'과 1992년 '톰캣'에서 베이스를 맡음.

[8] 시나위를 거쳐간 뮤지션들은 다음과 같다.

보컬: 김바다, 김성헌, 김용, 김종서, 손성훈, 이병문, 임재범, 전창규

베이스: 강기영(달파란), 김경원, 김영진, 박영배, 서태지, 안준섭, 정한종

드럼: 강종수, 김민기, 김종휴, 신동현, 오경환

키보드: 김형준

비한 기타 연주가 담긴 곡들로 주목을 받았다. 그리고 김현식과 함께 1980년대 최고의 록 보컬리스트로 꼽히는 김태화는 자신의 밴드(여기에는 한상원g도 참여)를 이끌고 한동안 하드록 성향의 음악을 했다.

또한 김수철의 작은 거인은 1981년에 발표한 2집에서 2년 전의 데뷔 음반과는 전혀 다른 연주와 질감으로 완성도 높은 하드록을 선보였다. 김수철은 〈새야〉, 〈일곱 색깔 무지개〉의 정열적인 기타 연주로 독자성을 확립했고, 녹음 작업에서도 당시 록 레코딩의 조악함을 개선하기 위해 외국인 엔지니어(일본인 지다가와 마사토)를 쓰는 실제적인 방법론을 대안으로 제시했다. 그렇게 만들어진 작은 거인 2집은 한국 록 역사를 새롭게 쓰는 음반이었고, 한국의 하드록을 완성시킨 명반이기도 했다.

3. 1980년대 중반, 헤비메탈 밴드들의 활동 공간

1985년에 태동해 1980년대 말까지, 언더그라운드 헤비메탈 신의 중추 세력이었던 '메틀 프로젝트'[9]의 주요 활동 무대였던 종로 3가 파고다 연극관[10]은 최초의 자생적인 헤비메탈 공연장이었다. 여기서는 메틀 프로젝트(뮤즈에로스, 다크 에이지, 대쉬 등)뿐만 아니라 천지, 두메 한짝, 혼, 메시아, 이데아, 태백산맥, 무명, 사자후, 하이톤, 아발란시 등이 활동했다.

또한 1985년에는 신중현이 이태원에 '록월드'[11]를 열어 시나위 등이 공연을 했다. 이 두 곳은 헤비메탈을 공연할 장소가 전무한 상황에서 한국 헤비메탈 전문 공연장 구실을 했고, 당시 이 두 장소를 거치지 않은 밴드는 거의 없었다. 이들 공연장의 명맥은 이후 1990년대 초 송설(서울), 안양 라이브(안양),[12] 메틀 라이브(부산) 등으로 이어진다.

9 뮤즈에로스의 심상욱이 만든 헤비메탈 그룹들의 조직체로 정기 공연을 기획하고 실행했다. 심상욱은 "한국 록의 기점을 만들고 록이라는 장르를 한국에서 개척하기 위해서" 메틀 프로젝트를 설립했다고 밝혔다. 여기에는 신대철, 오태호, 박영철, 정중배, 이승환, 송현호, 홍성민, 손무현 등이 참여했고, "지금 어렵게 고생하는 이유는 우리 모두를 위한 것"이라는 투철한 신념도 있었다. 이들과 성격이 다른 연합체로 이근형이 만든 '메틀 컴퍼니'도 있었다.

10 1984년 무렵부터 헤비메탈 공연을 시작함.

11 1986년 봄까지 운영함.

12 아마추어 시절 크래시가 주로 활동함.

4. '헤비메탈의 시조' 시나위의 데뷔

"시나위 데뷔 음반은 센세이셔널한 반응을 불러일으켰다. 당시 국내 음악 환경에서 헤비메탈과
같이 특수한 장르의 음반이 나온다는 것은 거의 불가능했는데, 시나위 데뷔 음반이 나옴으로써
앞으로 어떤 장르든지 시도하면 될 수 있다는 희망을 주었다. 우리도 운이 좋았고 이 음반은
1980년대의 기념비적인 앨범이라고 생각한다."(신대철)

1980년대 초·중반 무당, 시나위, 부활, 메틀 프로젝트 등의 언더그라운드 활동으로 어느 정도
국내 헤비메탈 그룹들의 인지도가 높아진 상태에서 발매된 시나위 데뷔 음반(1986)은 국내 헤비
메탈 마니아 인구의 확산에 기여했다. 시나위 데뷔 음반이 국내 대중음악계에서 갖는 의미는 당
시 가장 마이너였던 헤비메탈을 공식적인 음악 범주에 올려놓아 유통되기 어려운 음악 장르의 활
로를 열어놓았다는 점이다. 그리고 당시 수많은 카피 밴드들이 혼재한 상태에서 창작 헤비메탈
을 하는 그룹들 중 첫 번째 음반을 냈다는 것이고, 한국어로 된 헤비메탈 음반이 어색하지 않게
들릴 수 있음을 알렸다.

우리나라 남도 무악의 일종으로 국악에서 사용하는 즉흥연주를 뜻하는 '시나위'를 그룹명으
로 채택한 신대철은 영향받은 뮤지션으로 신중현, 지미 헨드릭스, 에릭 클랩튼, 지미 페이지 등을
꼽는 데서 알 수 있듯이 블루스 필의 클래식 록을 선호하는 뮤지션이다. 데뷔 음반에 실린 〈그대
앞에 난 촛불이어라〉, 〈잃어버린 환상〉, 〈1월(연주곡)〉을 들어보면 그가 동시대의 다른 기타리
스트와 구분되는 감각으로 기타 솔로를 구성하는 것을 대할 수 있고, 전율적이지는 않지만 가슴을
울리는 힘을 느낄 수 있다. 그리고 그의 가능성을 점칠 수 있었던 〈젊음의 로큰롤〉은 군더더기 없
는 구성으로 에너지를 발산했다.

이 음반에서 주목해야 할 점은 두 가지다. 하나는 열악한 녹음 상태에서도 매력적인 보컬을 들
려주는 임재범13이다. 그는 이 음반 이후 1990년 아시아나 음반까지 헤비메탈계에 머물렀지만
자신의 역량에 비해 운이 별로 따라주지 않았던 보컬리스트였다. 상당히 매력적인 음색과 파워
를 가졌는데도 제대로 녹음된 앨범이 없다는 것이 아쉽다.

다른 하나는 시나위에서 키보드 연주가 들어간 앨범은 데뷔 음반뿐인데, 키보드 연주가 신대
철의 연주를 상승시키는 작용을 한다는 점이다. 물론 1집 이후에는 연주 스타일이 달라져서 1집

---

13 그는 신대철과 고교 동창이다. 1985년 겨울 어느 날 록월드 대기실에서 신대철이 레인보
(Rainbow)의 〈Rainbow Eyes〉를 연주하고 있을 때 그가 신대철의 기타 반주에 맞추어 노래를
따라 불렀고, 이에 반한 신대철이 시나위 가입 요청을 했다고 한다.

과 같은 키보드 연주가 그의 기타 라인과 어울리지 않을 수도 있겠지만, 1991년 블루스 헤비록 그룹 '자유'에서의 연주 스타일이 신대철을 가장 잘 나타내는 방식일 수 있음을 생각하면 이는 앞으로도 그가 고려해야 할 사항이다. 신중현이 1980년에 만든 뮤직파워 1집에서 '브라스 록'으로 자신의 최고 연주를 들려준 것처럼 신대철도 오히려 올드 록(Old Rock) 스타일에서 새로운 가능성을 발견할 수 있지 않을까 하는 생각도 든다.

5. 참고

한국에서 누가 처음으로 헤비메탈 녹음을 했는지 살펴보면 1986년 시나위 데뷔 음반 전에도 1983년 무당 2집이 있었다. 여기에는 〈그 길을 따라〉와 같은 정통 헤비메탈 리프가 담긴 노래가 실려 있다. 하지만 '가요 녹음 방식'이었기 때문에 헤비메탈의 맛을 제대로 느낄 수 없었고, 앨범 대부분의 곡들은 기존의 록 스타일이었다. 그리고 백두산의 보컬리스트였던 유현상이 솔로 시절 오버그라운드에 진입하기 위해 '트로트 반, 헤비메탈 반'이라는 절묘한 구성으로 만든 데뷔 음반에는 김도균(기타)이 연주한 〈뛰어〉 등이 실려 있다. 그래서 '전작 헤비메탈 음반'을 처음으로 발표한 시나위를 '한국 헤비메탈의 시조'라고 부른다.

또한 시나위 1집에 관해 잘 알려지지 않은 사실이 하나있는데, 이는 시나위 초판과 재판의 녹음 상태가 서로 다르다는 점이다. 초판은 임재범의 목소리가 너무 작게 믹스되어 팬들의 원성을 샀다. 그래서 재판을 만들 때는 임재범의 목소리만 다시 키워서 믹싱 후 발매했다. 시나위 앨범의 레코딩 엔지니어로는 최병철(1집), 정도원(2집), 김만규(3, 4집), 김국현(5집), 성동흔(6, 7집)이 참여했다.

1967년   2월 16일 출생

1986년   시나위 1집 앨범 [Heavy Metal Sinawe] 발표

1987년   시나위 2집 [Down And Up] 발표

1988년   시나위 3집 [Free-Man] 발표

1990년   시나위 4집 [시나위 4] 발표, 신대철 1집 [Corona] 발표

1991년   자유 1집 [Old Passion] 발표(신대철g, 김영진b, 오경환d)

1995년   시나위 5집 [시나위 5] 발표

1996년   시나위 미니앨범 [Circus] 발표

1997년   시나위 6집 [Sinawe] 발표

1998년   시나위 7집 [Psychedelos] 발표

2000년   시나위 미니앨범 [금지된 노래] 발표

2001년   시나위 8집 [Sinawe 8] 발표

2003년   신대철, 김도균, 김태원 D.O.A. Guitar Project Band 1집 [Dead Or Alive] 발표

2006년   2006년 시나위 9집 [Reason Of Dead Bugs] 발표

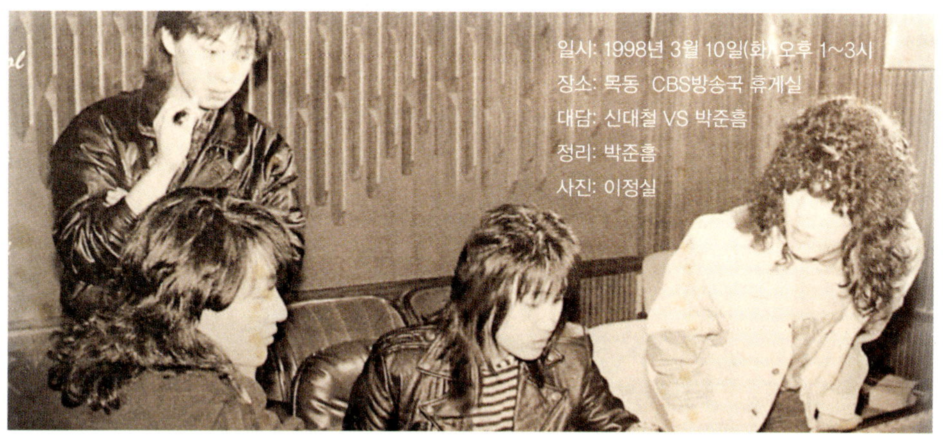

"가장 중요한 것은 자신의 내면을 표현하는 것이다."

박준흠: 음악활동은 언제부터 했나?

신대철: 고등학교(서울고) 시절에 학교 안에서 '센세이션'이라는 밴드를 만든 게 처음이었다. 고등학교 3학년 때 시나위를 결성했고, 당시 이태원에 있는 클럽에서 활동했다.

어려서부터 헤비메탈 뮤지션을 꿈꾸었는가?

헤비메탈을 지향했던 것이 아니라 단순히 록을 한다고 생각했다. 광범위한 음악을 하려 했다.

어려서부터 감수성이 남다르다고 들었다. 초등학교에 다닐 때 지미 헨드릭스(Jimi Hendrix)의 〈Little Wing〉을 듣고 눈물을 흘렸다고 하던데.

음악에 관심이 있었고 감수성도 예민하긴 했다. 슬픈 영화를 보면 눈물을 흘리지 않는가?

헤비메탈은 무엇인가?

록 음악으로 표현할 수 있는 가장 강력한 장르이고, 비주얼한 이미지가 결합되어 돋보이는 음악이다. 1980년대를 대표하는 장르 중 하나다.

아버지를 포함해 영향을 받은 뮤지션이라면?

지미 헨드릭스, 에릭 클랩튼, 지미 페이지(Jimmy Page) 등 너무 많다.

어떠한 연주를 지향하는가?

가장 중요한 것은 자신의 내면을 표현하는 것이다. 다른 사람에게 음악으로 감동을 주려면 어쩔 수 없이 자신의 내면을 파고들게 된다. 이것은 모든 음악하는 사람들의 궁극적인 목표라고 생각하고, 이를 이루어낸 사람은 대가라고 말할 수 있다.

음악적인 아이템을 얻기 위해 평소에 어떤 것에 관심을 갖는가?

최근에 핵 문제에 관심을 갖고 있다.

"당시는 우리들조차도 그런 음반이 나오리라고 상상하지 못했다."

임재범과의 만남은 어떻게 이루어졌나?

그와는 고등학교 동창이다. 학교 다닐 때는 몰랐다. 졸업 후 이태원의 '록월드' **14**에서 그를 처음 만나서 얘기를 했는데, 얘기를 하도 재미있게 해서 의아하게 생각하고 있을 때 그가 "대철아, 너 나 모르냐?"라고 해서 그가 학교 동창인 줄 알게 되었다.

시나위 1집이 갖는 의미는 당시 수많은 카피 밴드들이 혼재된 상황에서 '창작 헤비메탈'을 하는 그룹들 중 첫 번째 음반이었다는 것이고, '한국어로 된 헤비메탈 음반'이 어색하지 않게 들릴 수 있음을 알린 것이었다. 선생이 생각하는 시나위 1집이 국내 헤비메탈계에서 갖는 의미는?

시나위 데뷔 음반은 센세이셔널한 반응을 불러일으켰다. 당시에는 우리들조차 그런 음반이 나오리라고 상상하지 못했다. 당시 국내 음악 환경에서 헤비메탈과 같이 특수한 장르의 음반이 나온다는 것은 거의 불가능했는데, 시나위 데뷔 음반이 나와 앞으로 어떤 장르든 시도하면 될 수 있다는 희망을 주었다. 우리도 운이 좋았고 이 음반은 1980년대의 기념비적인 앨범이라고 생각한다. 단지 녹음이 아쉽다.

녹음 문제만 해결되었다면 〈크게 라디오를 켜고〉, 〈젊음의 로큰롤〉과 같은 곡들은 더욱 빛났을 것 같다. 이 곡들에서 작곡 파트너였던 임재범과의 작업은 어떠했나?

나름대로 잘 만든 것 같다. 밴드 개념으로 작곡했고, 그 후 다른 밴드들도 이런 방식을 도입했다.

카리스마에서 이근형과 김종서가 호흡이 잘 맞았던 것처럼 선생은 임재범과의 작업 결과물이 좋았다. 여태까지 작사·작곡 파트너로서 최상의 호흡을 보여준 사람은?

1집 작업할 때의 추억 때문인지 임재범과의 작업이 즐거웠다. 당시 여건만 좀 더 좋았더라면 그와 계속할 수 있었다고 생각한다.

---

14 1985년 겨울부터 1986년 봄까지 신중현이 이태원에서 운영했던 록 전문 공연장.

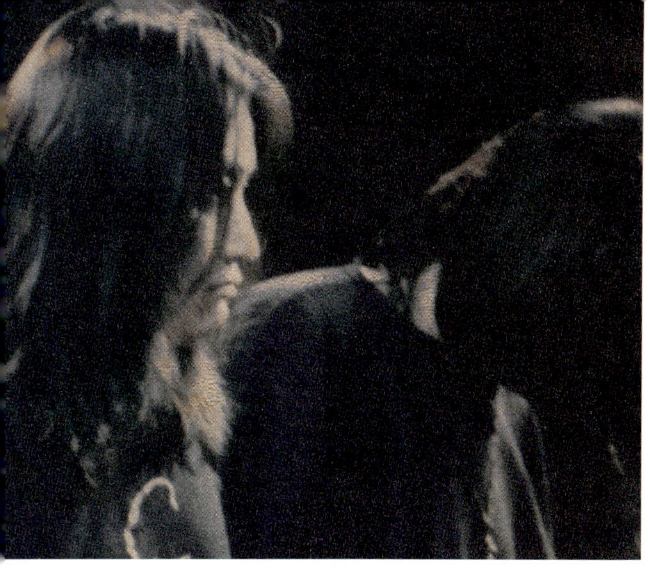

"당시 국내 음악 환경에서 헤비메탈과 같이 특수한 장르의 음반이 나온다는 것은 거의 불가능했었는데, 시나위 데뷔 음반이 나옴으로써 앞으로 어떤 장르든지 시도하면 될 수 있다는 희망을 주었다. 우리도 운이 좋았었고 이 음반은 1980년대의 기념비적인 앨범이라고 생각한다."

동시대에 같이 활동하던 기타리스트로 이근형, 김도균, 김태원 등이 있었다. 드러내고 말하지는 않았지만 서로 자신을 최고의 기타리스트로 생각했다고 하는데.

(웃음) 그랬었다. 경쟁이 대단했다. 누가 더 어려운 테크닉을 구사하느냐에 따라서 "쟤가 기타를 더 잘 쳐"라고 말들을 했다.

이근형, 김도균, 김태원을 평한다면?

이근형은 어릴 때부터 친구였다. 누구도 라이벌이라고 생각해본 적은 없고 서로 자극을 주는 관계였다.

"록 신에서 살아남으려면 얼터너티브 록을 수용해야 했다."

1987년에는 시나위, 부활, 작은하늘을 거친 김종서, 바퀴자국을 거친 김민기, 작은하늘을 거친 강기영과 시나위 2집을 제작했다. 그들과의 만남은 어떻게 이루어졌나?

그들과는 이전부터 알았다. 다들 친구, 형, 동생 관계였고 어디서 나타난 엉뚱한 사람과 음악을 하지는 않았다. 희한하게 대부분 한동네에 살았다. 김민기는 녹음 당시 고등학교 3학년이었다.

2집은 일부 사람들이 말하는 대로 시나위의 대표작인가?

2집은 상당히 신경을 많이 썼다. 1집은 3일 만에 녹음이 끝났다. 당시에는 다들 그렇게 했다. 그래서 보컬리스트가 감기에 들었는데도 노래를 해야 했고, 다시 녹음해야 할 부분도 그냥 넘어갔다. 황당한 일이었다. 2집은 기획 단계부터 외국의 유명 밴드처럼 회의도 했고 제작비도 많이 들었다. 하지만 대표작을 꼽으라면 지금도 계속 음악을 하기 때문에 말할 수 없다.

콜로세움 출신의 김영진(베이스)과 작은하늘 출신의 김성헌(보컬)이 참여한 3집은 시나위 음반 중 그때 좀 분위기가 어수선했다. 나도 혼돈스러웠고 음악에 대한 갈등이 있었다. 멤버 간의 불화도 심했다.

어느 날 이중산 씨가 음악 작업을 하기 위해서 베이스와 드럼 연주자들을 데려왔다. 연습하는 것을 보았는데 베이스 연주자가 눈에 띄었다. 그가 서태지였고 얘기하다 보니 시나위의 모든 곡들을 알고 있었다. 잘됐다고 생각하고 같이 음악 작업을 하자고 했다. 당시만 해도 그는 헤비메탈을 추구하고 있었다.

4집은 1980년대 헤비메탈을 마무리하는 음반이다. 사실 그 음반은 별로 마음에 들지 않는다. 왜 그런 음반을 만들었는지 모르겠다.

준비는 오래전부터 했다. 유일한 연주 음반이었는데 기타만 실제 연주고 반주는 미디 음악을 시도했다. 당시 미디는 생소했다.

계획은 없지만 하더라도 그런 식으로 하지는 않을 것이다.

활동을 중지한 상태였다. 자유는 김영진이 주도한 밴드였다.

블루스는 원래 좋아했었고 언젠가는 꼭 한 번 해보고 싶었다. 재미있게 하려고 했고 옛날 크림(Cream)처럼 블루지하게 하려 했다.

시나위에서 못 이룬 게 있었기 때문에 미련과 아쉬움이 많았다.

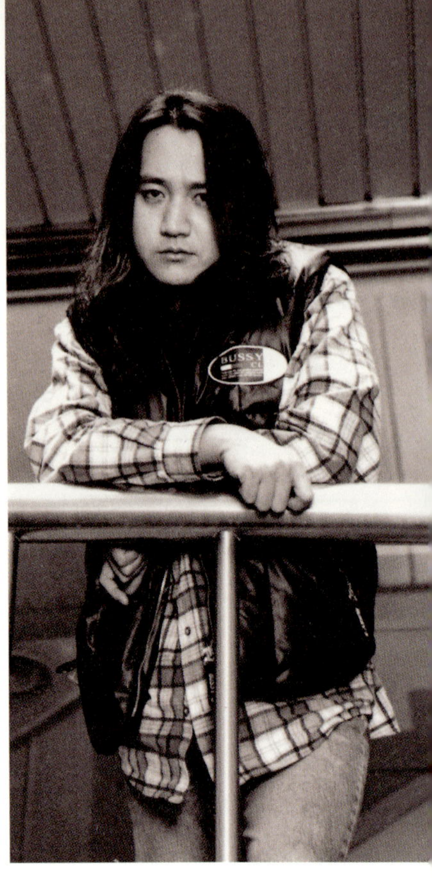

"당시 언더그라운드 록 음악계에 영향을 준 선배들은 거의 없었다. 그리고 음악적인 모범을 보여준 사람도 별로 없었다. 본격적인 록 음악의 시작은 우리들 세대의 뮤지션들이 했다."

록 음악 전반에서 4집 때와는 많이 변했다. 1990년대 초반부터 얼터너티브 록의 분위기였기 때문에 당시로서는 선택의 여지가 없었다. 록 신에서 살아남으려면 이를 수용해야 했다. 물론 시나위 음악이 변했다는 소리를 듣는 등 위험 요소를 내포하긴 했다.

얼터너티브 록이 1990년대 대중음악의 대세였던 것은 사실이지만 시나위와 같은 메탈 밴드들은 일반적으로 이를 별로 탐탁지 않게 생각하지 않았나?

그렇게 생각했다. 하지만 별다른 대안이 없었고 다시 1980년대 스타일의 음악을 할 수는 없었다. 필요에 의해서 한 것이고 그것을 시나위가 해야 했다.

시나위 6집에 대한 평은?

비로소 음악적인 자리를 잡았다. 하지만 안주하고 싶은 생각은 없고 새로운 음악을 하고 싶다.

"1980년대 헤비메탈 3대 보컬리스트 임재범, 김종서, 김성헌이 재적하다."

김종서는 1980년대에 헤비메탈을 했던 뮤지션 중에서 서태지와 함께 가장 성공한 경우다. 1990년대 그의 행보를 평가한다면?

별로 감흥을 주지 못했기 때문에 관심이 없다.

시나위에는 1980년대 헤비메탈 3대 보컬리스트인 임재범, 김종서, 김성헌이 재적해 있었다. 이들을 평한다면?

다들 개성이 강하다.

앨범 작업마다 멤버 변동이 심했다. 특히 보컬리스트의 경우 연속해서 2장에 참여한 사람이 없는데.

음악적인 견해차보다 현실적인 이유가 많았다.

레코딩 엔지니어로는 최병철(1집), 정도원(2집), 김만규(3, 4집), 김국현(5집), 성동훈(6집)과 같이 작업했다. 이들 중 마음에 들었던 사람은?

다들 당대 최고의 엔지니어들이다. 7집과 라이브 음반을 성동훈과 다시 같이 작업하고 있다.

1989년 [록 인 코리아] 음반은 당시 국내 일급 헤비메탈 뮤지션들이 참여했는데 여기에 참여하지 않은 이유는?

꼭 참여해야 했는가? 아마 소속 레코드사 문제 때문이었던 것 같다.

1994년에 손성훈 음반을 프로듀싱한 적이 있는데 궁극적으로는 프로듀서를 지향하는가?

아니다, 뮤지션을 지향한다.

음반 레코딩 엔지니어도 한 적이 있는 것 같은데.

내 녹음실에서 [Our Nation] 1집을 녹음했다.

"본격적인 록 음악의 시작은 우리 세대의 뮤지션들이 했다."

1980년대 초반 국내 헤비메탈의 환경과 움직임은 어떠했는가?

활동했던 사람들이 거의 없었다. '혼'이란 그룹이 직접 공연을 기획하고 장소도 대관해 라이브를 했는데 최초로 성공한 케이스였다.

1980년대 초반 언더그라운드 록계에서 영향력을 보였던 뮤지션은?

이중산 같은 사람 이외에는 거의 없다고 본다. 최근에 와서 산울림이 다시 각광을 받지만 당시에는 우리 세대에 별로 영향을 주지 못했다. 그때 우리가 추구했던 음악은 프로페셔널한 음악이었기 때문에 아마추어적인 음악은 별로 좋아하지 않았다. 당시 언더그라운드 록 음악계에 영향을 준 선배들은 거의 없었다. 그리고 음악적인 모범을 보여준 사람도 별로 없었다. 본격적인 록 음악의 시작은 우리 세대의 뮤지션들이 했다.

파고다 극장에서의 헤비메탈 공연의 시작은?

1984년경부터다. 시나위와 부활이 초반기에 공연했던 장소도 파고다 극장이었다.

당시 다른 공연장도 있었나?

이태원에 클럽들이 있었는데 노는 물이 달랐다. 1970년대까지만 해도 많았는데 당시는 클럽들이 없어지는 추세였다. 헤비메탈 밴드들이 공연할 무대가 없어서 스스로 무대를 만들어야 했고, 그래서 파고다에서 공연하기 시작했다.

당시 파고다에서는 뮤즈에로스의 심상욱이 주도했던 '메틀 프로젝트(Metal Project)'의 정기 공연도 있었는데.

뜻을 같이하는 밴드들이 모여서 공연을 했었다.

1985년 말부터 1986년 초에는 신중현이 운영하던 록월드라는 공연장이 이태원에 있었는데, 파고다 극장과 마찬가지로 그곳은 당시 대부분의 헤비메탈 밴드들의 활동 거점이었다. 그곳에서 활동하던 밴드들끼리의 유대 관계는 어떠했는가?

다들 끼리끼리였기 때문에 유대 관계는 좋았다.

당시 지방에서의 활동 공간은?

없었다. 음악하고 싶어 하는 사람들이 서울까지 와서 공연을 보고 가곤 했다. 우리가 공연문화를

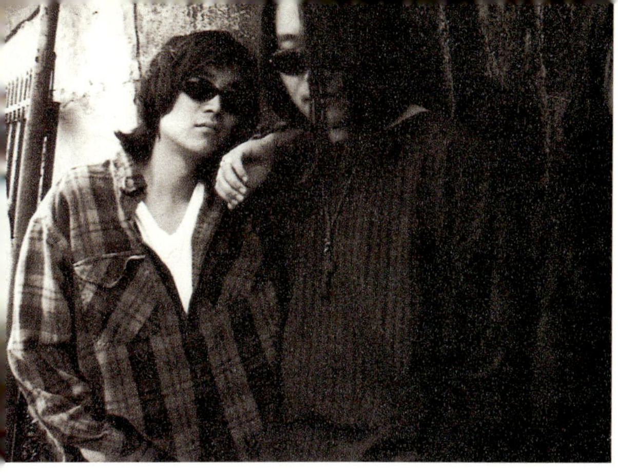

만들었다.

1880년대 메탈 밴드들은 어떤 지향점과 생각으로 음악을 했는지?

1980년대는 문화적인 고갈의 시기였기 때문에 당시 젊은이들이 무엇인가를 표현하려고 했을 때 가장 강력하고 격렬하게 할 수 있는 게 록 음악이었다. 그리고 록 음악으로 대표된 것이 헤비메탈이었다. 생각보다는 행동이 앞섰고, 하고 싶어서 하는 거였다. 무엇을 지향한다기보다는 음악을 함으로써 내가 존재한다고 생각했다. 지금보다는 더 본능적이었다.

1980년대 국내 헤비메탈을 전반적으로 평한다면?

새로운 시도가 있었고 당시 천편일률적이었던 국내 대중음악 발전에 공헌했다. 록 음악 자체가 국내에 정착하도록 기여했다.

1990년대 국내 헤비메탈은 어떻게 진행되고 있는가?

다들 정신이 없다. 어디로 가야 하는지 모른다.

후배들과의 유대 관계는?

많이 있다. 그런데 그들은 자신들이 무엇을 하고 있는지, 무엇을 해야 할지 잘 모르고 있는 것 같다. 먼저 자신들을 알아야 한다. 내면에 대한 고찰이 부족한 것 같다.

여태까지의 국내 헤비메탈 음반 중 최고작을 꼽는다면?

시나위 6집이 아닌가 한다. (웃음)

시나위 7집을 포함해 앞으로는 어떤 음악을 하려 하는가?

시나위만의 독특한 음악을 하려 한다.

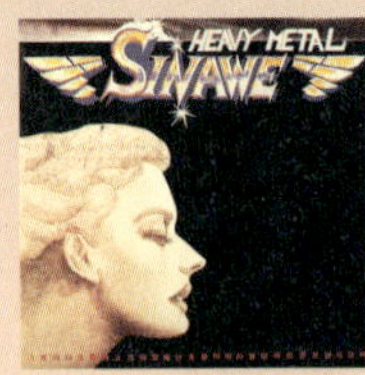

1집 [Heavy Metal Sinawe]
(1986/서라벌레코드)
신대철(g), 임재범(v), 박영배(b), 강종수(d), 김형준(key)
〈크게 라디오를 켜고〉로 시작되는 시나위의 역사적인 데뷔 음반. 임재범의 멋진 보컬이 들어 있는 메탈 발라드 〈그대 앞에 난 촛불이어라〉, 질주하는 느낌의 연주가 담긴 〈젊음의 로큰롤〉, 서정적인 신대철의 연주곡 〈1월〉 등이 실려 있어 우리나라 메탈 뮤지션의 창작력과 연주력의 가능성을 알린 작품이다. 하지만 녹음 상태는 문제가 많다. 조금만 연주 소리가 커지면 보컬이 곡에 묻혀버리는 문제 등은 당시 헤비메탈 녹음이 국내에 전무했던(1983년 무당 2집은 사실 헤비메탈 녹음이라고 볼 수 없으므로) 상황이었기 때문임을 감안하고 들을 수밖에 없다. 이 음반의 레코딩 엔지니어가 당시 국내 최고로 인정받던 최병철임을 생각한다면 다른 누가 녹음했더라도 결과는 크게 달라지지 않았을 것이다.

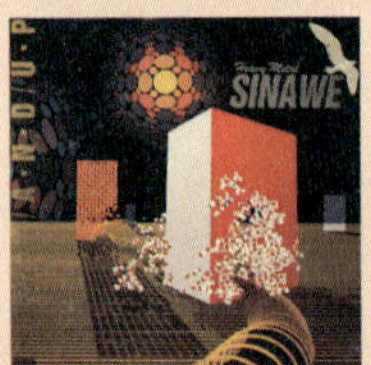

2집 [Down And Up]
(1987/오아시스레코드)
신대철(g), 김종서(v), 강기영(b), 김민기(d)
1집의 녹음 실수를 뼈저리게 생각하고 기획 단계부터 철저히 준비하고 만들었다는 '준비된 헤비메탈 음반'. 〈새가되어 가리〉, 〈해 저문 길에서〉, 〈마음의 춤〉, 〈빈 하늘〉 등이 실려 있고, 작사·작곡 파트너로 강기영, 김종서가 가세한 작품. 일부 시나위 팬들에게 시나위 최고작으로 평가받기도 한다.

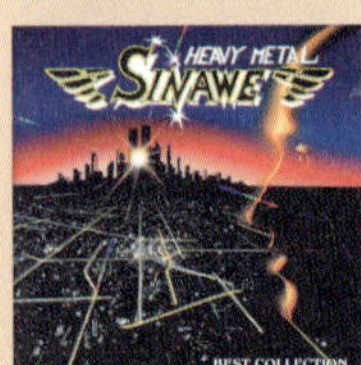

[Best Collection]
(1988/서라벌레코드)
신대철(g), 김종서(v), 김영진(b), 김민기(d, perc)
〈그대 앞에 난 촛불이어라〉와 같은 1집 수록 곡들과 새로 녹음한 신중현의 곡 〈두 그림자〉, 〈내가 쓴 위성〉 등이 실렸다.

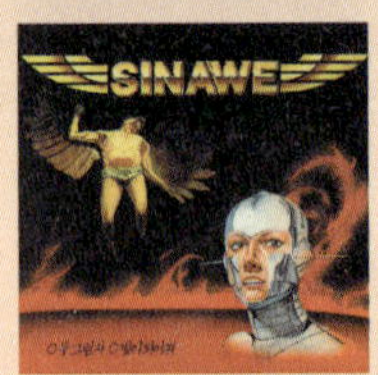

[Sinawe] (1988/예전미디어)
신대철(g), 김종서(v), 김영진(b), 김민기(d, perc)
신중현 리메이크 음반. 〈두 그림자〉, 〈들려줘요 부르스〉, 〈잊혀지지 않는 여인아〉, 〈내가 쓴 위성〉 등 신중현의 작품 수록.

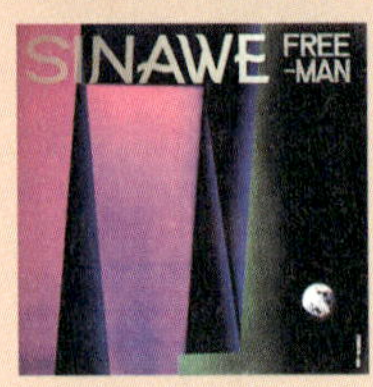

3집 [Free-Man] (1988/오아시스레코드)
신대철(g), 김성헌(v), 김영진(b), 김민기(d)
신대철이 음악적인 갈등기에서 만든 작품이라 다른 시나위 음반과 달리 개성이 보이지 않는다. 화려한 진용에 어울리지 않는 평범한 작품이 나오고 말았다.

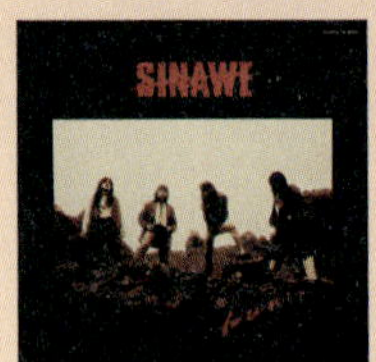

4집 [시나위 4] (1990/오아시스레코드)
신대철(g), 김종서(v), 서태지(b), 오경환(d)
1980년대 헤비메탈을 마감하는 성격의 음반이지만 1988년 카리스마에서 보여준 김종서의 작곡력은 〈Farewell To Love〉 같은 곡에서 다시 한 번 빛을 발한다. 당시 메탈 키드였던 서태지의 베이스 연주를 들을 수 있다.

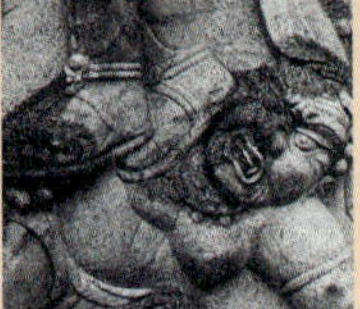

5집 [시나위 5] (1995/워너뮤직)
신대철(g), 손성훈(v), 정한종(b), 신동현(d)
시나위에 대한 미련을 버릴 수 없었던 신대철이 5년 만에 다시 재개한 시나위 컴백 작품. 그의 달라진 기타 톤(그런지 기타 톤) 등 전반적으로 1990년대의 록 음악 조류를 흡수했다. 신대철의 말에 의하면 "록 신에서 살아남기 위해서 택한 어쩔 수 없는 변신이었다"고 하지만 5년간의 휴지기가 음악적인 준비 기간이었다고 평가할 수 있을 만큼 정제된 록 음반이다. 〈매 맞는 아이〉, 〈지켜봐야 해〉, 〈너에게 주고 싶어〉, 〈혼돈의 끝〉, 〈상심의 계단〉 등이 좋은 작품이고 음악에 사회적인 메시지를 넣으려고 고심한 앨범이다. 오히려 시나위의 대표작이 될 수 있고, 김국현의 레코딩도 뛰어나다.

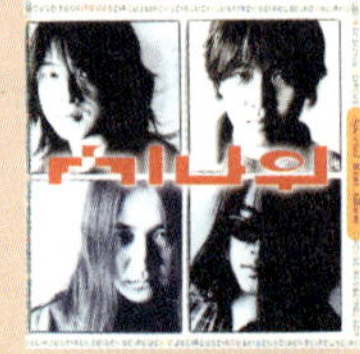

[Circus] (1996/WEA)
신대철(g), 김바다(v), 정한종(b), 신동현(d)
미니앨범. 〈크게 라디오를 켜고〉, 〈죽은 나무〉, 〈써커스〉, 〈고기 덩어리〉, 〈매맞는 아이 (live)〉 수록.

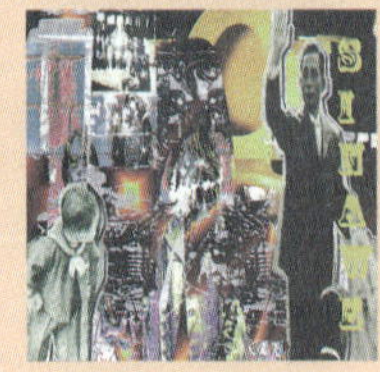

6집 [Sinawe] (1997/도레미레코드)
신대철(g), 김바다(v), 정한종(b), 신동현(d)
음악적으로 달라진 5집의 연장선에 있는 작품이다. 신대철은 이 음반에 와서야 비로소 음악적으로 자리를 잡았다고 하지만 실제로 나타난 결과는 그리 만족스럽지 못하다. 〈Circus〉, 〈죽은 나무〉, 〈꽃잎〉, 〈은퇴선언〉 등 수록.

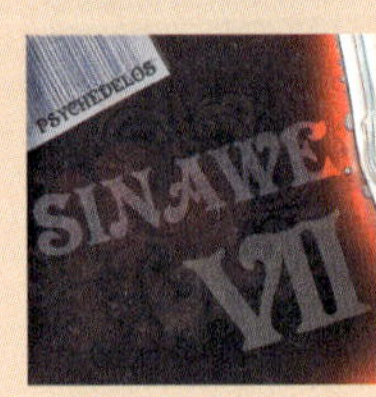

7집 [Psychedelos] (1998/도레미레코드)
신대철(g), 김바다(v), 김경원(b), 신동현(d)
사이키델릭 록이 이 음반의 화두이고, 〈희망가〉, 〈유서〉, 〈미친 계절〉 등이 수록되었다.

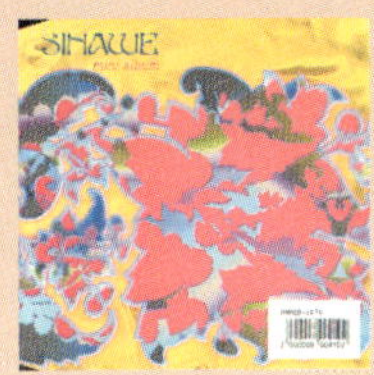
[금지된 노래] (2000/도레미레코드)
신대철(g, sitar, v), 김용(v), 신동현(d), 김경원(b) 세션: 임경민(cello)
미니앨범. 〈파란 밤〉, 〈금지된 노래〉 등 수록.

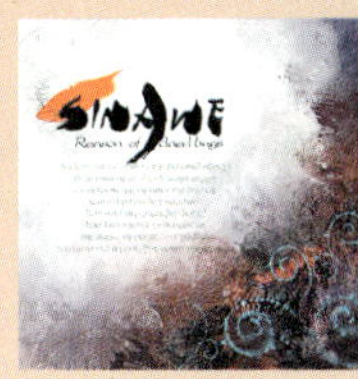
9집 [Reason Of Dead Bugs]
(2006/도레미레코드)
신대철(g), 강한(v), 이경한(b), 이동엽(d)
〈날 잊지 말아줘〉, 〈작은 날개〉 등 수록.

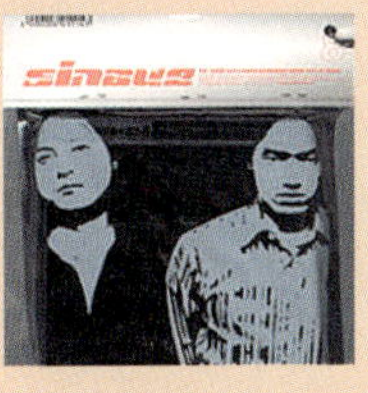
8집 [Sinawe 8] (2001/예다인)
신대철(g, sitar, v), 김용(v), 신동현(d), 김경원(b)
세션: Mr. OK(key), 최원석(cello)
〈정신의 좌착〉, 〈나는 웃지〉, 〈금지된 노래〉 등을 수록한 후기 명작. 'English Album' 이 같이 발매되었다.

신대철

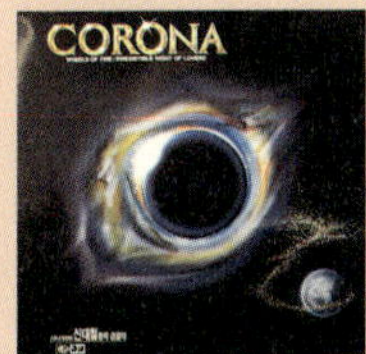
신대철 1집
[Corona] (1990/지구레코드)
신대철(g, 미디)
신대철이 혼자서 작업한 연주 음반. 당시 생소한 작업 방식이었던 미디를 이용해 기타를 제외한 다른 모든 악기를 미디로 녹음했다. 〈Wheels Of Fire〉, 〈The Corona〉, 〈Utopia In Inner Thoughts, part 1, 2〉 등 제목만으로도 큰 스케일의 음악을 하려고 했던 그의 욕심이 느껴진다.

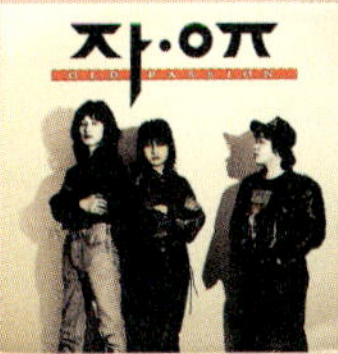
자유 1집
[Old Passion] (1991/신세계음향)
신대철(g), 김영진(b), 오경환(d)
시나위 4집 이후 잠정적으로 휴지기에 들어간 만든 블루스 헤비록 그룹. 시나위, 카리스마, 아시아나 등 대형 록 그룹에 참여했던 김영진의 주도로 크림(Cream) 스타일의 음악을 하려 했다고 한다. 후에 박상민의 히트곡이 된 〈멀어져간 사람아〉에서 신대철의 보컬을 들을 수 있다. 블루스 헤비록 그룹으로서는 여태까지 국내 최고였다고 생각된다.

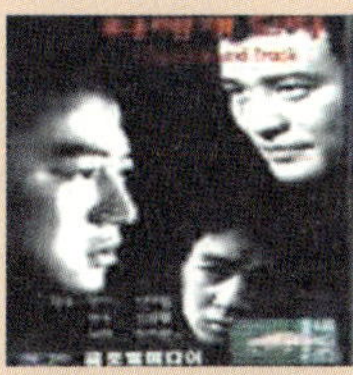
O.S.T. [나에게 오라]
(1996/킹레코드)
〈나에게 오라〉, 〈이별〉

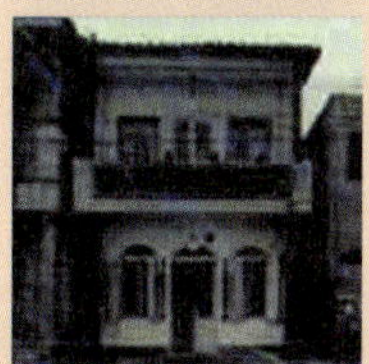
O.S.T. [북경반점]
(1999/디지털미디어)
〈북경반점〉, 〈새벽, 쟈스민〉

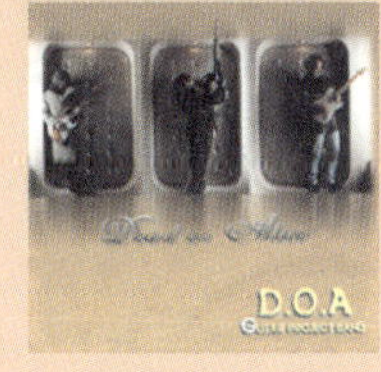
D.O.A. Guitar Project Band 1집
[Dead Or Alive] (2003/universal)
신대철(g), 김도균(g), 김태원(g)
〈어둠 속에서〉, 〈January〉

김성헌

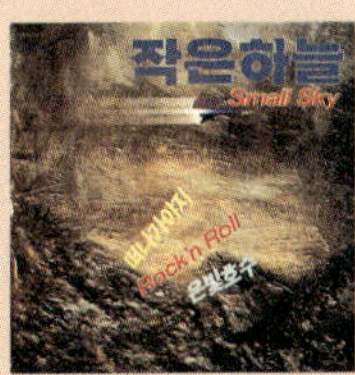
작은하늘 1집
[Small Sky] (1987/서라벌레코드)
이근형(g), 김성헌(v), 박문수(b), 김도연(d)

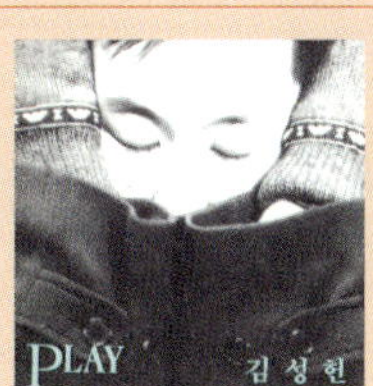
김성헌 1집 [Play] (1995/mijieum)
〈트라이앵글〉, 〈그리운 너에게〉

손성훈

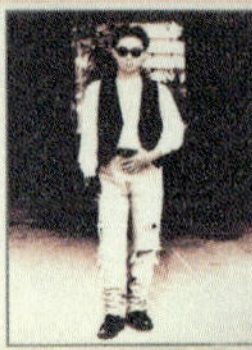

손성훈 1집
[Son Seung Hun Volume One]
(1992/유성음반)
〈차가운 내 입술〉, 〈너에게 묻고 싶어〉

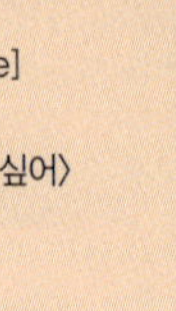

엑스 1집
[엑스] (1995/월드뮤직)
손성훈(v)

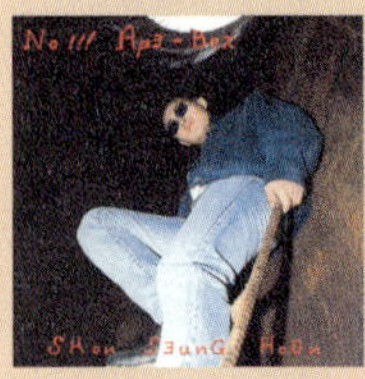

손성훈 2집
[No!! Ape-Box] (1994/유성음반)
신대철(프로듀서, g)
〈저 태양아래〉, 〈내가 꿈꾸던 그날〉

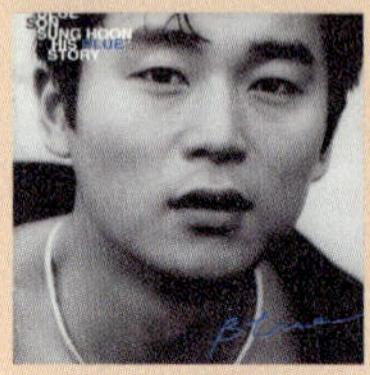

손성훈 3집
[Blue] (1996/월드뮤직)
〈고백〉, 〈천년의 사랑〉

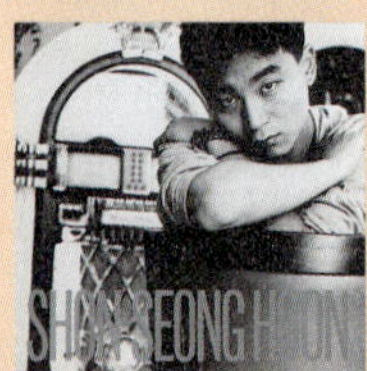

손성훈 2집
[No!!! Ape-Box] (1994/월드뮤직)

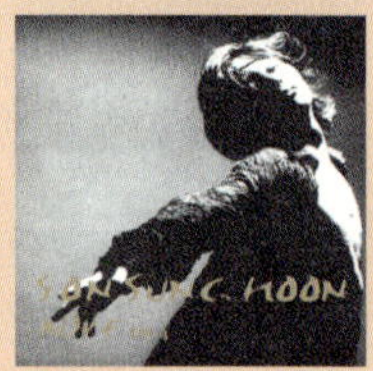

손성훈 4집
[Alive] (1999/월드뮤직)
〈Sweet Memory〉, 〈널 사랑하기에〉

김바다

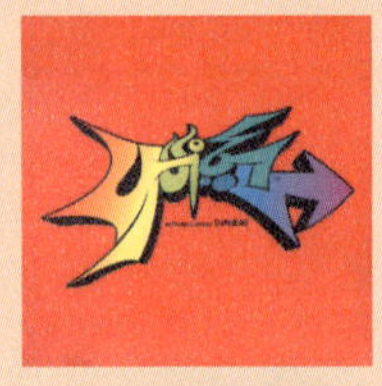

나비효과
[나비효과 Remix] (2003/대영AV)
김바다(v), 정한종(b), 신인(d)

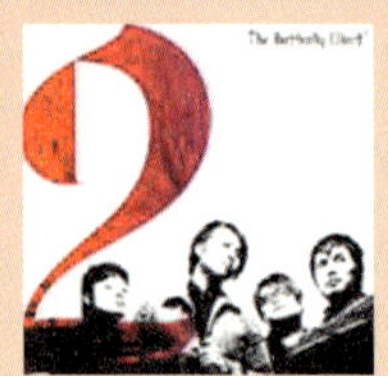

나비효과 2집
[The Butterfly Effect 2]
(2005/Play Music)
김바다(v), 정한종(b), 최기호(g), 이호영
(d)

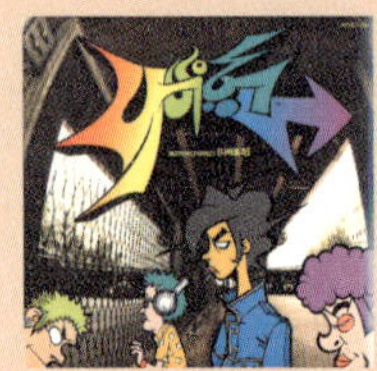

나비효과 1집
[나비효과] (2003/대영AV)
김바다(v), 정한종(b), 서상은(g), 신인(d)

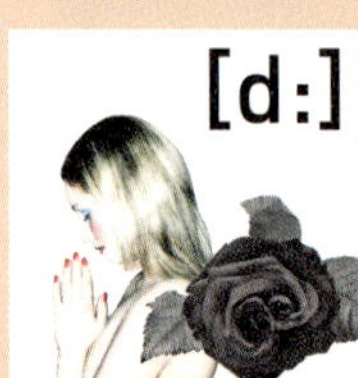

[d:] 싱글 (2006/CJ Music)
김바다(v), 서상은(g)

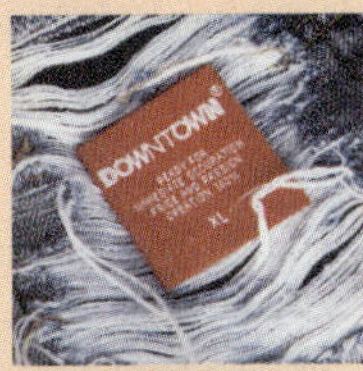

다운타운 1집
[다운타운] (1993/BMG)
정해연(v), 김세황(g), 정한종(b), 이창현
(d)

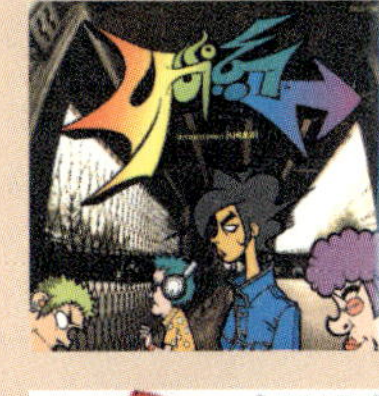

나비효과 1집
[나비효과] (2003/I Star)
김바다(v), 정한종(b), 서상은(g), 신인(d)

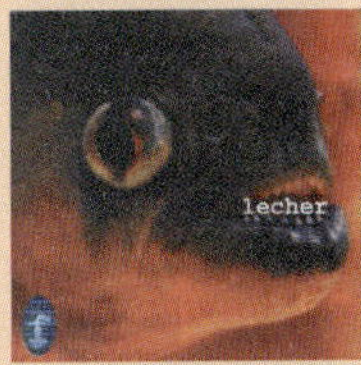

레쳐(Lecher) 1집
[Lecher] (1998/Revolution No.9)
정한종(b), 방성아(g), 이창현(d), 투미(v)

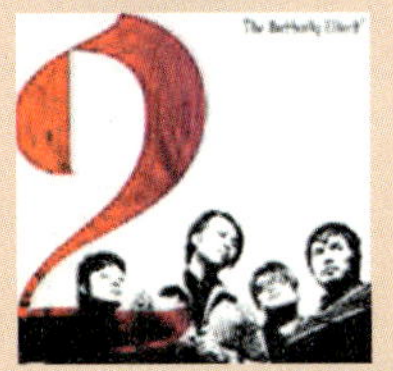

나비효과 2집
[The Butterfly Effect 2]
(2005/Trifecta Entertainment)
김바다(v), 정한종(b), 최기호(g), 이호영
(d)

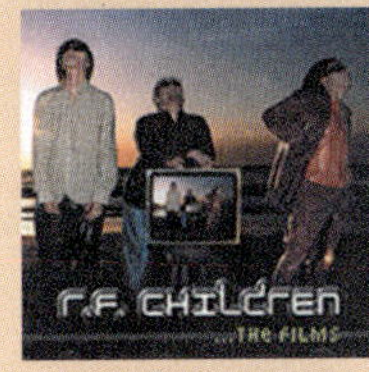

R.F. Children 1집
[The Films] (2001/예전미디어)
정한종(b), 김종명(v), 서상은(g)

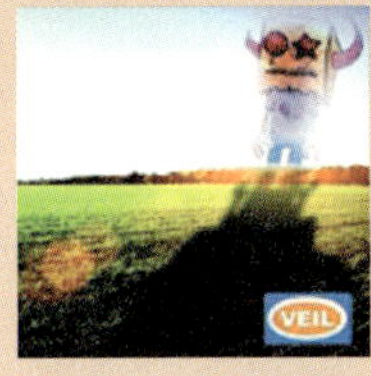

V.E.I.L 1집
[V.E.I.L] (2006/subnoise)
Dearro(v), Evil Monkee(rap),
Moda(정한종, b), ND(d), Sun(g)

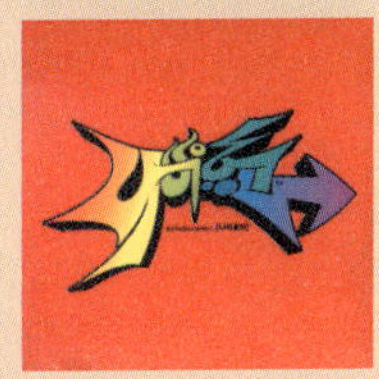

나비효과
[나비효과 Remix] (2003/대영AV)
김바다(v), 정한종(b), 신인(d)

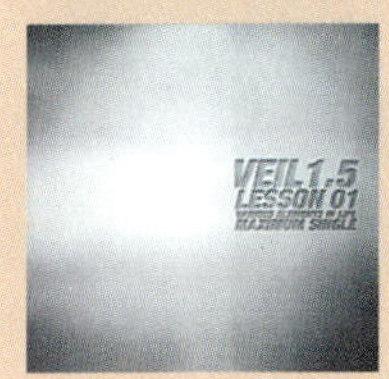

V.E.I.L 1.5집
[Lesson 01]
(2007/company one ntertainment)
Dearro(v), Evil Monkee(rap),
Moda(정한종, b), ND(d), Sun(g)

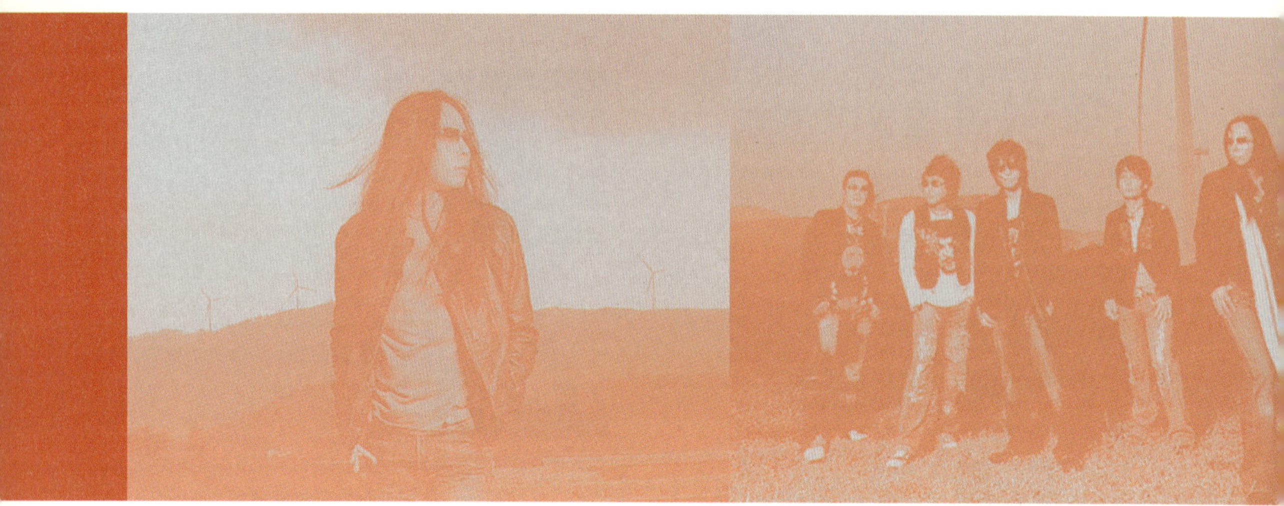

부활

"Rock Will Never Die!"

이들은 시나위와 함께 우리 헤비메탈계를 일궈낸 뮤지션이다. 하지만 시나위가 아직까지도 음악적으로 변질되지 않고 자존심을 지켜 '한국 헤비메탈의 장자' 라는 평을 듣는 데 반해 이들은 그간 너무나도 굴절된 모습을 보여주었다.

부활은 김태원이 스물한 살에 결성한 그룹이다. 그는 부활 이전에 디 엔드(The End)라는 그룹에 있었고 여기에 참가했던 김종서와 부활을 결성한다. 그러나 부활 데뷔 음반은 1986년 이승철과 녹음했다. 부활은 데뷔 음반에 〈희야〉라는 히트곡이 있어서 당시 다른 메탈 그룹들보다는 대중성을 갖고 있었고 〈비와 당신의 이야기〉, 〈너뿐이야〉, 〈인형의 부활〉, 〈슬픈 환상〉 등 시나위나 백두산과는 또 다른 성향의 음악을 했다. 그리고 김태원에게는 음악의 테크닉적인 측면에 치중하려는 욕심이 내심 있었던 것 같고, 이는 〈인형의 부활〉같이 스케일이 크면서 변박을 시도한 곡에서 잘 드러난다. 이 음반에는 후에 외인부대에 참여하는 이지웅(기타)이 참여했다. 1987년 부활 2집은 대폭적인 멤버 교체를 단행하고 내놓은 것으로, 〈회상 1, 2, 3〉과 〈천국에서〉와 같이 대작을 추구하는 김태원의 성향을 여실히 보여주었으며 〈슬픈 사슴〉, 〈Jill' s Theme〉 같은 좋은 연주곡이 실려 있다. 이후 부활은 1993년 3집이 나오기까지 장기간의 휴식기를 갖는다. 김태원은 부활 이외에 게임과 라디오를 결성했다.

김태원과 함께 부활의 양대 축이었던 이승철은 임재범, 김종서, 김성헌, 유현상과 함께 1980년대 헤비메탈 보컬리스트로 거론되지만, 그는 자신이 갖고 있던 스타성으로 부활 2집 이후 솔로로 독립했다. 처음에는 아이돌 스타로 이미지를 만들고, 소녀 취향의 노래를 불렀지만 1992년 3집 [이승철]부터는 뮤지션으로서 다시 태어나려는 노력을 했다. 이 음반에는 〈방황〉, 〈검은 고양이〉, 〈나의 하루〉라는 자신의 작품이 담겼는데, 이로써 그는 프로듀싱과 함께 곡 만들기에도 재능이 있음을 보여주었다. 1994년에 발표한 [The Secret Of Color]는 당시 가요 음반에서 가장 녹음이 잘됐다는 평을 받은 앨범이었다. 마크 코브린15이 레코딩을 담당하고, 닐 도프스만이 믹싱을 한 이 앨범은 오마 하킴(드럼), 척 로브(기타) 등 호화 세션 진영이 참여해 세션 또한 알찼다. 국내의 많은 레코딩 엔지니어들이 권하는 음반으로 그 가치를 인정받았다.

---

15 그는 1993년에 H2O의 3집 [오늘 나는]도 녹음했다. 그리고 이 음반은 1990년대 록 레코딩의 모범을 보여주었다.

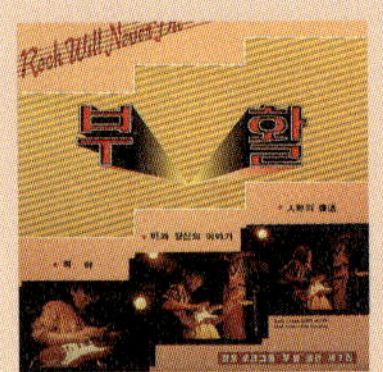

1집 [Rock Will Never Die]
(1986/서울음반)
김태원(g), 이지웅(g), 이승철(v), 김병찬
(b), 황태순(d)

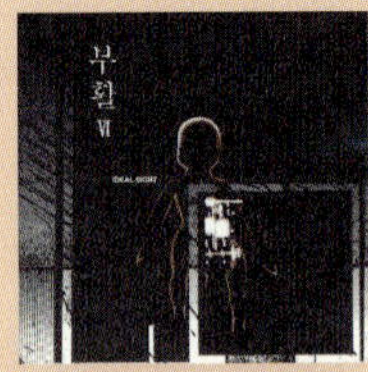

6집 [理想 시선]
(1999/크림)
김기연(v), 김태원(g), 정준교(b), 채제민
(d), 최승찬(key)

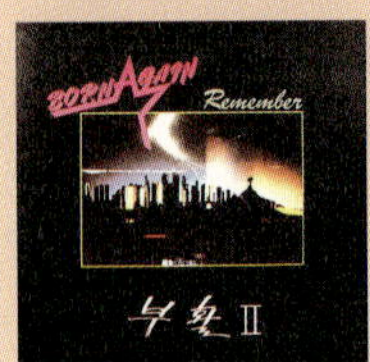

2집 [Remember]
(1987/서울음반)
김태원(g), 이승철(v), 정준교(b), 김성태
(d), 서영진(key)

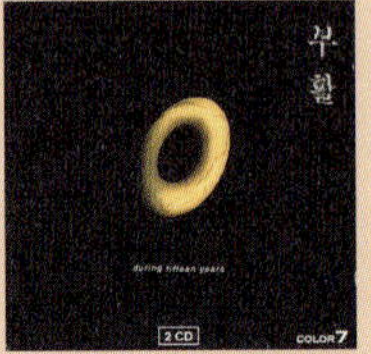

7집 [Color] (2000/크림)
이성욱(v), 김태원(g), 서재혁(b), 김관
진(d), 엄수한(key)

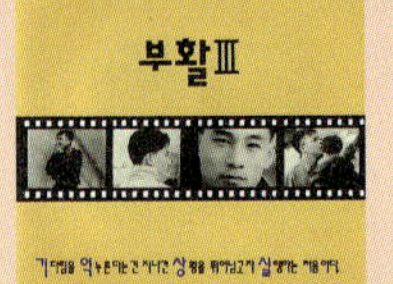

3집 [기억상실]
(1993/도레미레코드)
김태원(g), 김재기(v)

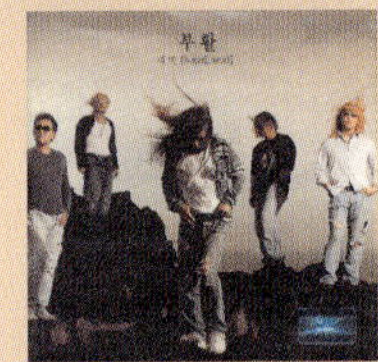

8집 [새벽]
(2002/sm entertainment)
이승철(v), 김태원(g), 서재혁(b), 김관진
(d), 엄수한(key)

4집 [잡념에 관하여…]
(1995/서울음반)
김재희(v), 김태원(g), 김성태(d), 정준교
(b)

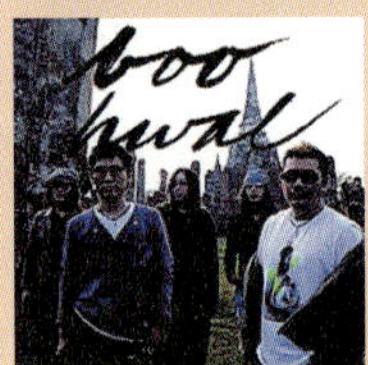

9집 [Over The Rainbow]
(2003/t entertainment)
정단(v), 김태원(g), 서재혁(b), 채제민
(d), 엄수한(key)

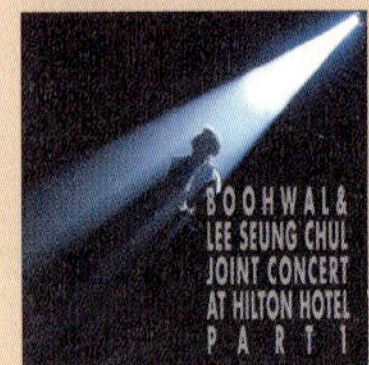

부활, 이승철 [Joint Concert Part I]
(1995/도레미레코드)
세션: 이승철(v), 황수권(key), 최승찬
(key), 정현철(g), 부활(김태원g, 김재희
v, 김성태d, 정준교b)

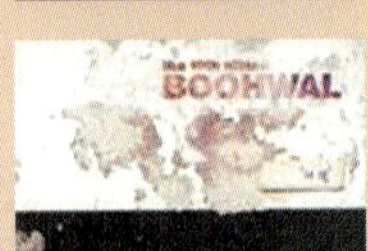

10집 [서정]
(2005/cj music)
정동하(v), 김태원(g), 서재혁(b), 채제민
(d), 엄수한(key)

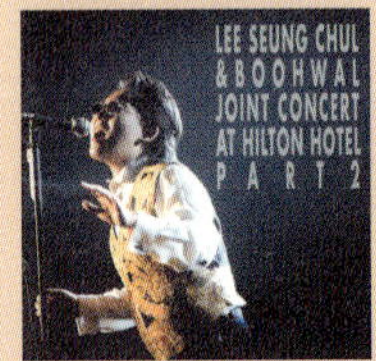

부활, 이승철 [Joint Concert Part II]
(1995/도레미레코드)
세션: 이승철(v), 황수권(key), 최승찬
(key), 정현철(g), 부활(김태원g, 김재희
v, 김성태d, 정준교b)

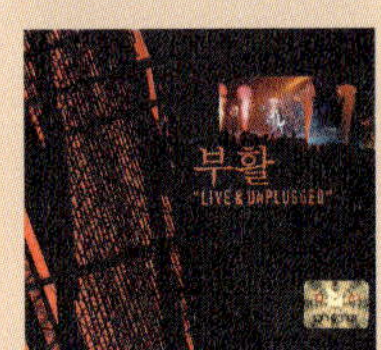

[Live & Unplugged]
(2006/cj music)
정동하(v), 김태원(g), 서재혁(b), 채제민
(d), 엄수한(key)

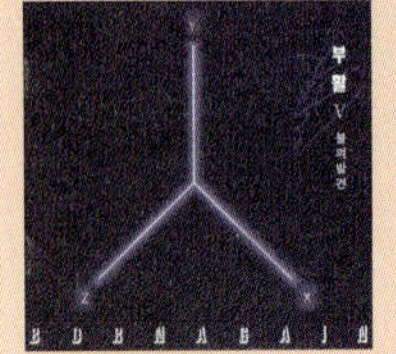

5집 [불의 발견]
(1997/웅진미디어)
박완규(v), 김태원(g), 정준교(b), 정동철
(d)

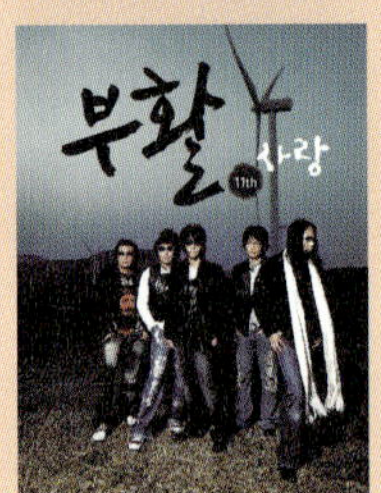

11집 [사랑]
(2006/도레미미디어)
정동하(v), 김태원(g), 서재혁(b), 채제민
(d), 엄수한(key)

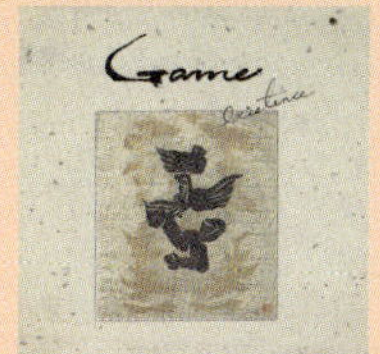

게임(Game) 1집
[Existence] (1990/서울음반)
홍성식(v), 김태원(v, g), 황길상(b), 이재일(b), 이현주(key), 황태순(d)

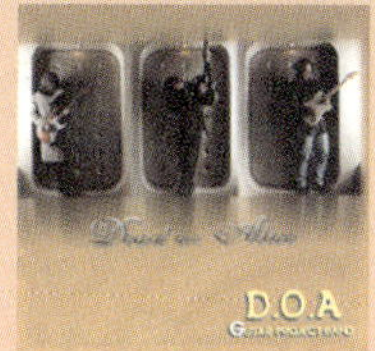

D.O.A. Guitar Project Band 1집
[Dead Or Alive] (2003/universal)
신대철(g), 김도균(g), 김태원(g)

이승철

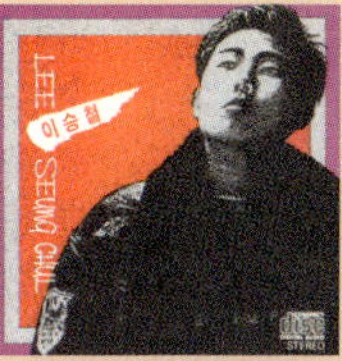

이승철 1집
[이승철 Part 1] (1988/아세아레코드)
〈안녕이라고 말하지마〉, 〈잠도 오지 않는 밤에〉

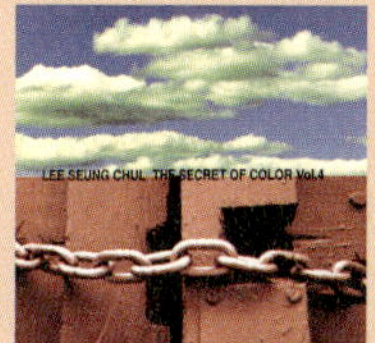

이승철 4집
[The Secret Of Color]
(1994/지구레코드)
세션: 오마 하킴(d), 척 로브(g, key), 데이비드 찰스(perc), 토니 캐들렉(horn), 진 푸(horn), 앤디 스나이처(sax)

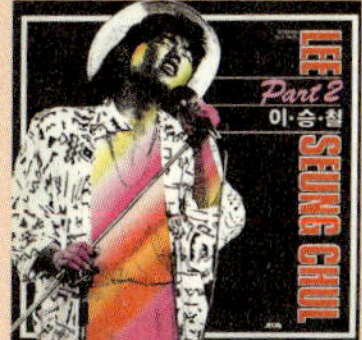

이승철 1집
[이승철 Part 2] (1989/아세아레코드)
〈마지막 콘서트〉, 〈비와 당신의 이야기〉

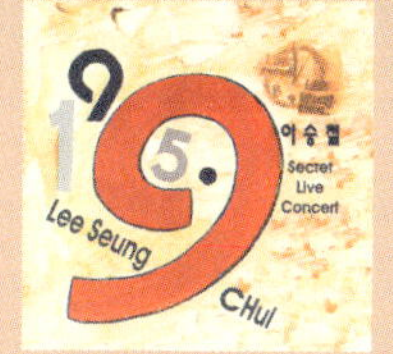

이승철
[95 Secret Live 이승철] (1995/WEA)
〈이 순간을 언제까지나〉, 〈가까이 와봐〉

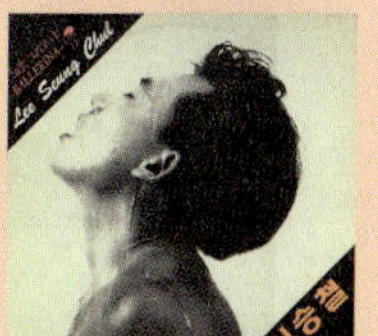

이승철 2집
[이승철 2] (1990/아세아레코드)
〈노을 그리고 나〉, 〈Ballerina Girl〉

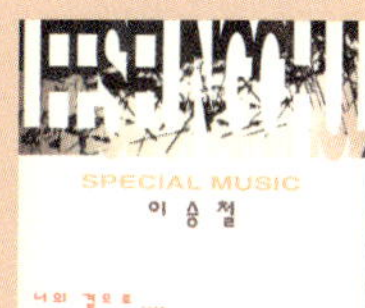

O.S.T.
[Special Music] (1995/예당)
〈너의 곁으로〉, 〈애련〉

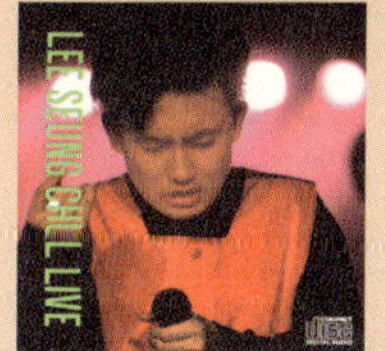

이승철
[이승철 Live] (1991/아세아레코드)
〈소녀시대〉, 〈떠나야 할 땐〉

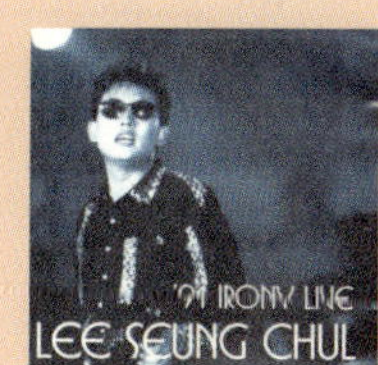

이승철
[91 Irony Live] (1992/오아시스)
〈아이러니〉, 〈그대가 나에게〉

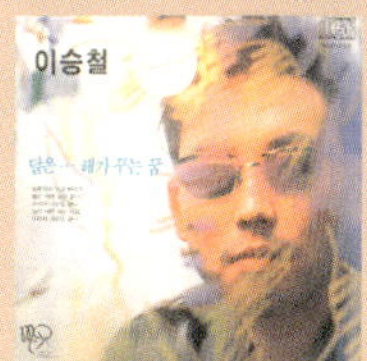

O.S.T.
[달은 해가 꾸는 꿈]
(1992/아세아레코드)
〈슬픔이 지난 후〉, 〈그대가 나에게〉

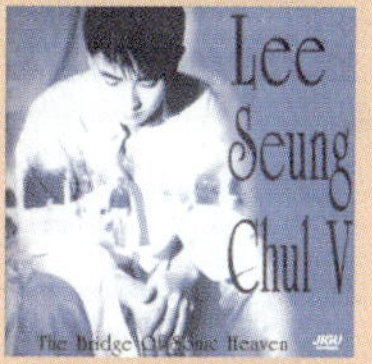

이승철 5집
[The Bridge Of Sonic Heaven]
(1996/지구레코드)
〈오늘도 난〉, 〈널 닮은 하늘에게〉

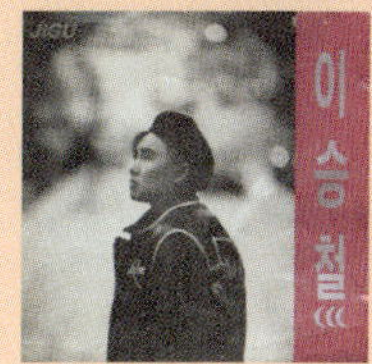

이승철 3집
[이승철] (1992/지구레코드)
〈방황〉, 〈넌 또 다른 나〉

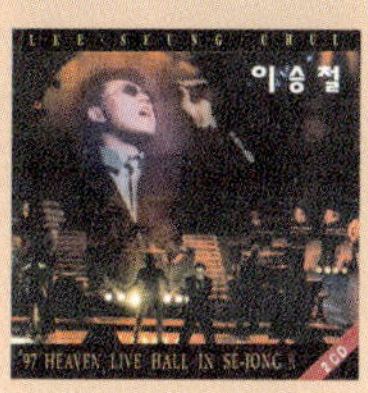

이승철
[97 Heaven Live Hall In Se- Jong 4]
(1997/오아시스)
〈방황〉, 〈희야〉

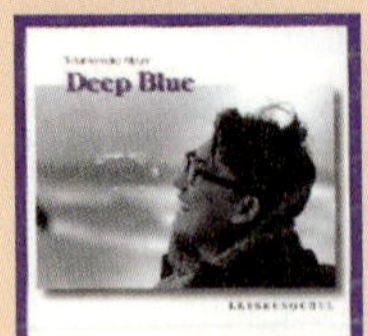

이승철 5.5집
[Deep Blue]
(1998/크림)
〈검은 고양이〉, 〈비애〉

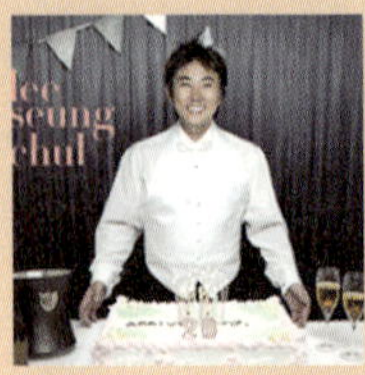

이승철
[20th Anniversary Live In 2005]
(2005/Rui Entertainment)

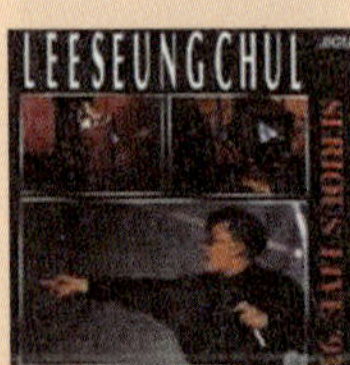

이승철
[Serious Live 93]
(1999/지구레코드)

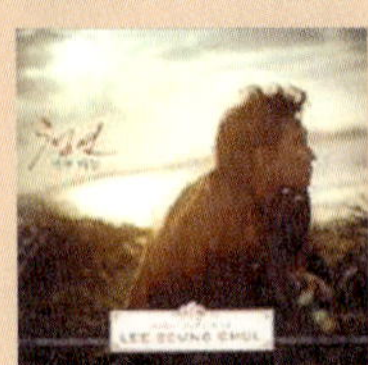

O.S.T.
[청연] (2005/T-Entertainment)
〈서쪽하늘〉

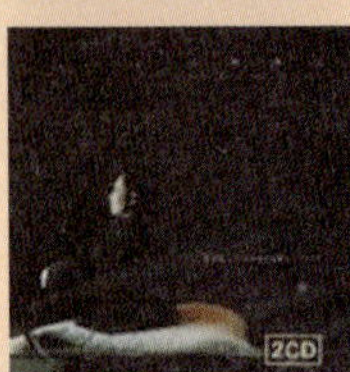

이승철 6집
[1999 & Live Best]
(1999/크림)
〈오직 너뿐인 나를〉, 〈이름모를 소녀〉

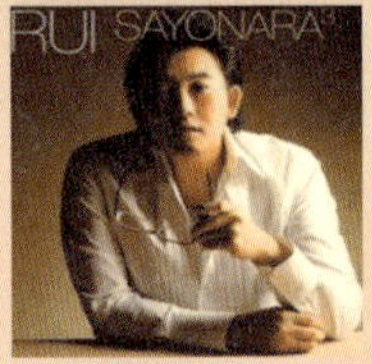

이승철(Rui)
[Sayonara] (2006)
일본 발매 싱글

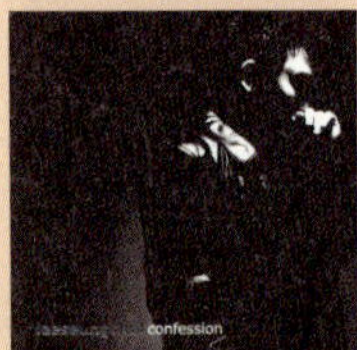

이승철 6.5집
[Confession] (2001/크림)
〈고백〉, 〈안녕〉

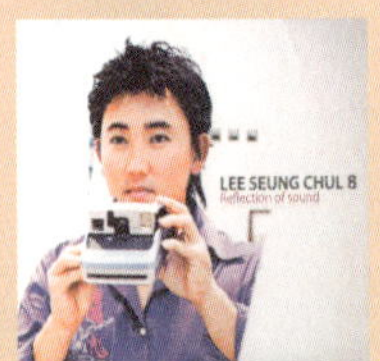

이승철 8집
[Reflection Of Sound]
(2006/Rui Entertainment)

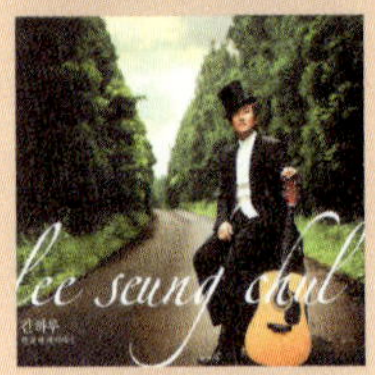

이승철 7집
[The Livelong Day]
(2004/Rui Entertainment)
〈긴 하루〉, 〈무정〉

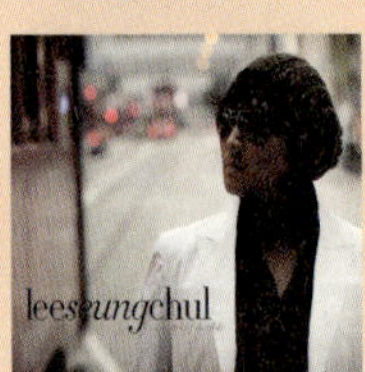

이승철
[Sound Of Double + Live]
(2007/Rui Entertainment)

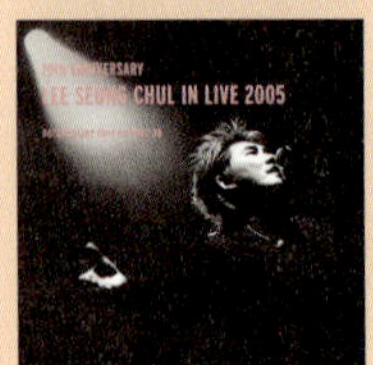

이승철
[20th Anniversary: A Walk To
Remember]
(2005/Rui Entertainment)
〈기억 때문에〉

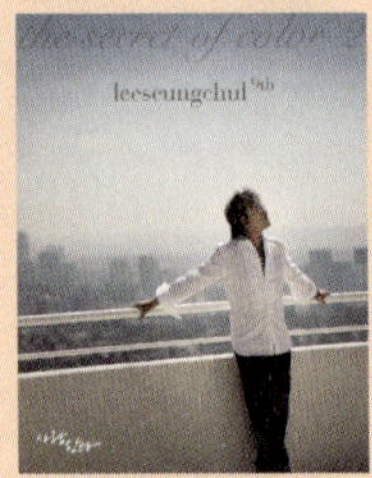

이승철 9집
[The Secret Of Color 2]
(2007/Rui Entertainment)

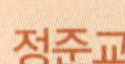 정준교

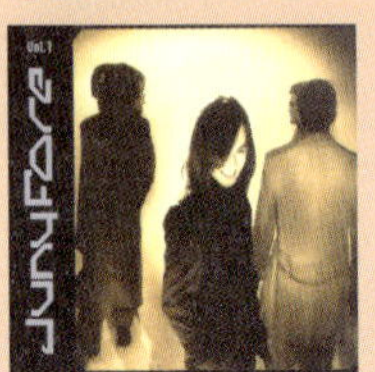

주니퍼(Juniper) 1집
[Vol.1 Junyfore] (2001/서울음반)
박준영(v), 최승찬(v, key), 반상균(g),
채제민(d, perc), 정준교(b)

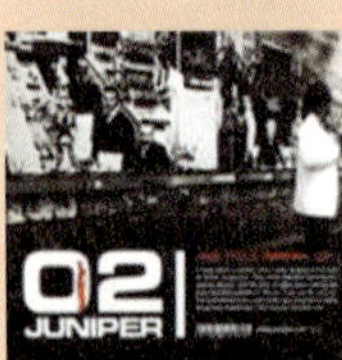

주니퍼 2집
[Break Up] (2004/EMI)
박준영(v), 최승찬(v, key), 반상균(g),
채제민(d, perc), 정준교(b)

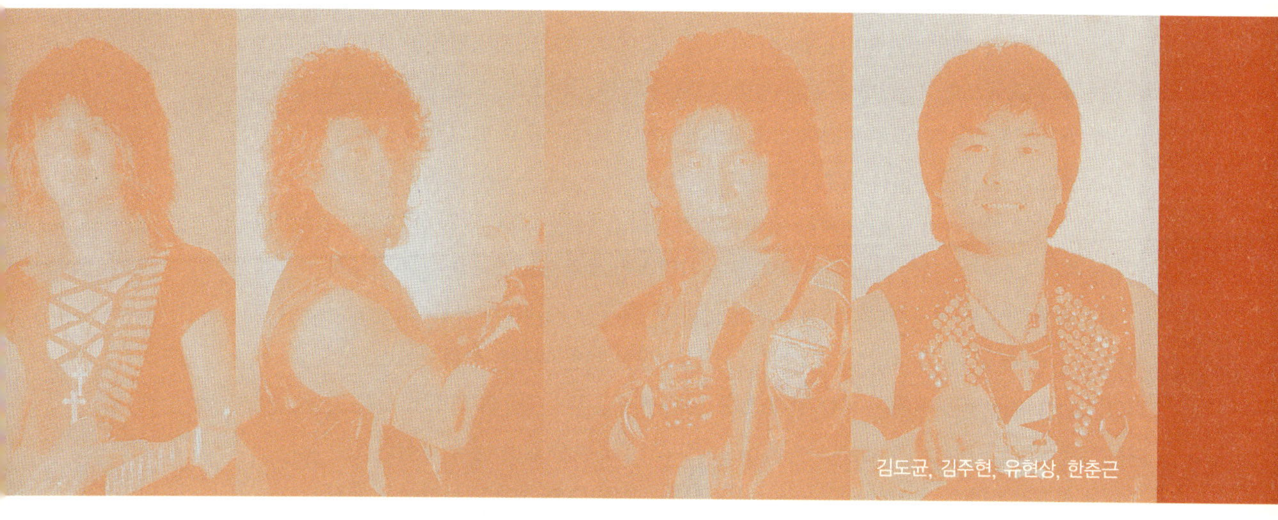

백두산

"시나위, 부활과 함께
1980년대 헤비메탈 트로이카"

유현상과 김도균이 중심이 되어 결성한 백두산은 동시대의 시나위, 부활 등
과는 다른 멤버 구성을 하고 있었다. 시나위와 부활이 신세대 뮤지션들이었
다면 백두산의 멤버들은 음악적인 변신에 성공한 경우였다.

　　백두산의 리더 유현상은 1976년 '사계절' 1집에 참여했고 1981년에는 솔로 데
뷔 앨범을 발표했으며, 1982년 사랑과 평화의 [넋나래]에 참여했다. 그는 음악적으로
독특한 행보를 보였는데, 이후 발표한 솔로 2집에서는 트로트 가수로 변신했다.[16] 이 앨
범은 트로트와 록이 공존하는 매우 희귀한 음반 중의 하나인데,[17] 원래 로커였던 유현
상이 메이저로 진출하기 위해 선택한 것이 트로트였다고 한다. 그러다가 시나위 데뷔
무렵부터 조성되기 시작한 국내 헤비메탈 붐을 시대적인 상황으로 간파한 그는 절묘하
게 헤비메탈 가수로 변모했다. 그 결과물이 1986년 백두산 1집이다. 백두산 1집에는
〈말할걸〉, 〈어둠 속에서〉, 〈뛰어〉 같은 곡들이 실려 있었는데, 아직은 유현상이 트로트
적인 창법을 완전히 버리지는 못한 상태였다. 1987년 2집은 김도균의 연주가 빛을 발
하는 앨범이었고 〈Main Character〉, 〈And I Can't Forget〉 같은 명곡이 실려 있는
그들의 최고작이었다. 하지만 이후 더 이상의 활동을 보여주지 못하고 유현상은 제작
자 겸 트로트 가수로 돌아가고, 김도균은 아시아나와 솔로 활동을 거친 후 1992년 백두
산 3집을 만든다. 또한 김도균은 1990년대 말부터 한대수와 지속적인 교류를 하면서
한대수의 음반·공연 세션을 맡고 있고, 자신의 밴드를 만들어 국악과 록의 접목 작업
을 꾸준히 해오고 있다.

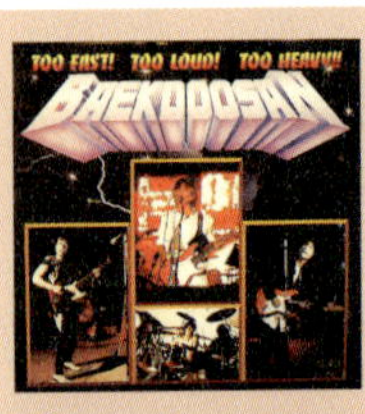

1집
[Too Fast! Too Loud! Too Heavy!!]
(1986/서라벌레코드)
유현상(v), 김도균(g), 김창식(b), 한춘
근(d)

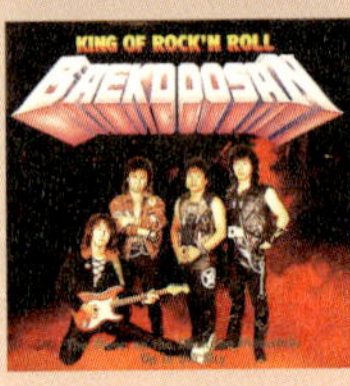

2집
[King Of Rock'N Roll]
(1987/서라벌레코드)
유현상(v), 김도균(g), 김주현(b), 한춘
근(d)

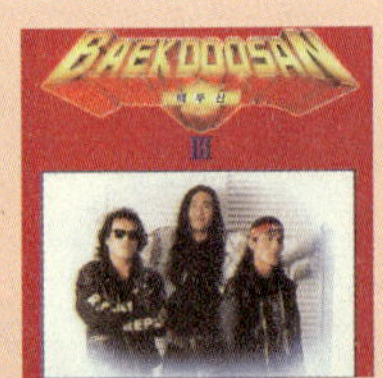

3집
[백두산3] (1992/희지레코드)
김도균(g), 김창식(b), 최경섭(d)

4집
[Savage Of Violence]
(2006/주신)
이건태(d), 김창식(b), 안승배(v), 문한규
(g)
팀명을 '파워 백두산'으로 바꿈.

---

16 이 음반에는 기타 세션에 '솔로몬' 출신의 김도균이 참여했고, 유현상은 그와 함께 백두산을
　결성했다.

17 이 음반에 수록된 〈뛰어〉는 백두산 1집에도 있는 곡이고, 트로트 음반에서 양손 해머링 기타 연
　주를 들을 수 있는 세계적으로도 희귀한 경우다.

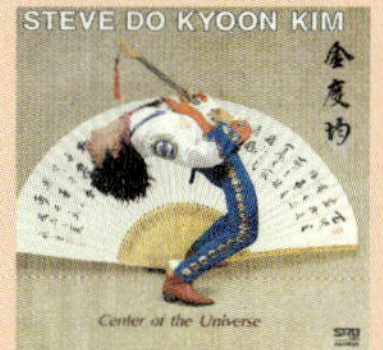

김도균 1집
[Center of the Universe]
(1988/서라벌레코드)
김도균(all inst.)
〈쾌지나 칭칭나네〉, 〈Rock Me Jesus〉

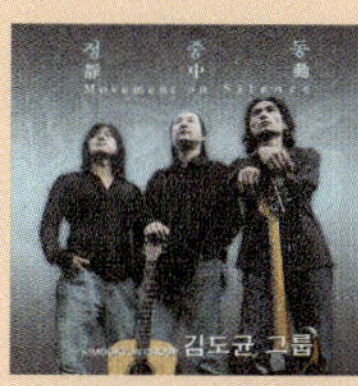

김도균그룹 1집
[靜中動] (2002/풍류)
김도균(g), 배찬우(b), 박동식(d)
〈김죽파류 가야금 산조〉, 〈쑥대머리〉

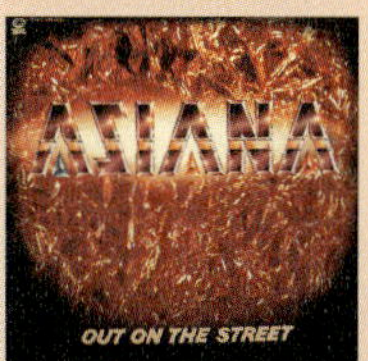

아시아나 1집
[Out On The Street]
(1990/서라벌레코드)
임재범(v), 김도균(g), 김영진(b), 유상원
(d)

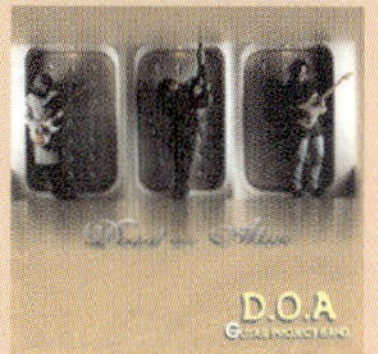

D.O.A. Guitar Project Band 1집
[Dead Or Alive]
(2003/universal)
신대철(g), 김도균(g), 김태원(g)

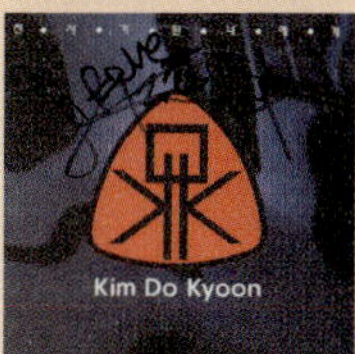

김도균 2집
[천사가 된 너에게]
(1994/For M)
〈천사가 된 너에게〉, 〈내버려둬〉

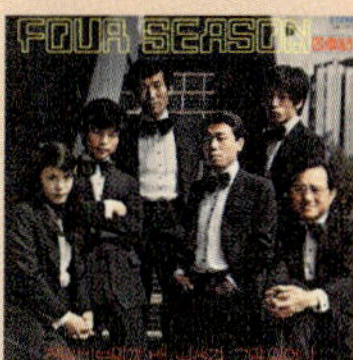

사계절 1집
[사계절]
(1976/서라벌레코드)
신병하(b), 유현상(g), 서정훈(v), 윤시내
(v), 김한국(trumpet), 하재승(sax), 이
정웅(key), 박훈(d)

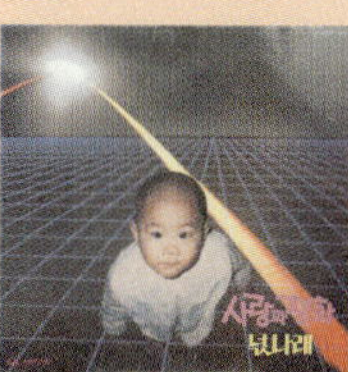

사랑과 평화
[널나래] (1982/태양음향)
최이철(g, v), 유현상(v), 이근수(key),
김태흥(d), 송홍섭(b)

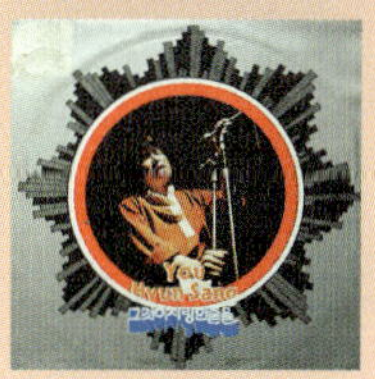

유현상 1집
[그것이 사랑인줄을]
(1981/대한음반제작소)
세션: 유현상(v), 이중산(g), 최이권(g), 김
양일(g), 이승희(g), 송홍섭(b), 이수영(b)
〈말할걸〉, 〈황혼의 바닷가〉

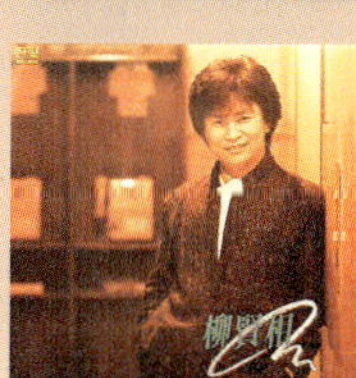

유현상 2집
(1985/서라벌레코드)
세션: 유현상(v), 김도균(q), 김괌석(q),
최이철(g), 김성균(b), 김희연(d), 송태호
(piano, moog bass, ply.string), 정동
구(piano), 김성수(ply.string)

아시아나

"우리가 1980년대 헤비메탈의 종지부를 찍으마!"

이들은 '카리스마' 와 함께 최강의 라인업을 자랑하는 1980년대 마지막 수퍼세션 밴드였다. 이로써 1980년대 헤비메탈의 영광은 종말을 고한다.

1990년 3월에 나온 **아시아나**(Asiana) 1집은 사실상 1980년대 헤비메탈을 마감하는 음반이다. 중성자 · 백두산 출신의 김도균(기타), 시나위 · 외인부대 출신의 임재범(보컬), 솔로몬 · 시나위 · 카리스마를 거친 김영진(베이스), 솔로몬 출신의 유상원(드럼)이 밴드 멤버였다. 국내 헤비메탈 음반 녹음에 문제가 있음을 절실하게 느낀 김도균과 임재범이 영국의 매트릭스(Matrix) 스튜디오에서 케니 존스(Kenny Jones)의 프로듀싱과 레코딩으로 음반을 만들었다. 지금은 외국에 나가서 녹음하는 것이 어려운 일이 아니지만 당시로서는, 특히 헤비메탈과 같이 상업성이 떨어지는 장르를 외국에서 녹음한다는 것은 그것만으로도 관심을 불러일으킬 만한 획기적인 일이었다.

1989년 [Rock In Korea] 음반에 참여했던 김도균과 임재범은 이 음반 이후 영국에 음악을 공부하러 갔었는데, 그때 영국 헤비메탈 뮤지션들과 레코딩 엔지니어들을 사귀게 되었다고 한다. 제대로 된 헤비메탈 음반을 만들어보겠다는 일념에 불타던 그들은 김영진을 영입해 영어 가사로 된 이 음반을 작업했다. 이는 당시 그들이 해외 진출을 염두에 두고 있었음을 반증하는 것인데, 그만큼 자신들의 역량에 확신이 있어서 그랬을 것이다.

그런데 녹음은 그렇게 만족스러운 편이 아니다. 임재범의 보컬은 수준급으로 녹음되었으나, 김도균의 기타 연주는 가장 기초적인 사운드 레벨에서조차도 문제가 있었다. 김도균의 솔로 연주가 다이내믹함이 결여되어 들리는 것은 믹싱 밸런스 문제 때문이었다. 그런데도 전반적인 연주 느낌에서는 대가다운 완숙미를 충분히 느끼게 해주었다. 〈Breaking Out〉, 〈Paradom〉, 〈Out On The Street〉의 연주에는 분명 당시 국내 헤비메탈 그룹들에서는 들을 수 없는 호쾌함이 있었다.

하지만 안타깝게도 이 음반은 별다른 주목을 받지 못했고, 이후 그들은 뿔뿔이 흩어지게 되었다. 김도균은 유현상이 빠진 상태에서 새로운 멤버로 백두산 3집을 만들었고, 임재범은 김종서처럼 솔로 음반을 제작한다. 그리고 김영진은 신대철과 '자유'를 결성했다. 결론적으로 이 음반은 1980년대 명멸했던 헤비메탈을 마감하는 음반이 되었다.

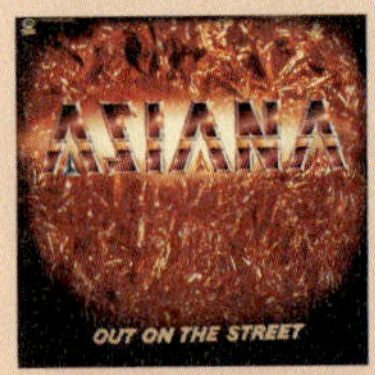

1집 [Out On The Street]
(1990/서라벌레코드)
임재범(v), 김도균(g), 김영진(b), 유상원(d)
당시 국내 헤비메탈 음반 제작에 열의를 보였던 서라벌레코드가 의욕적으로

영국에 가서까지 녹음한 1980년대 헤비메탈 마스터피스 중 하나. 하지만 결과는 참담하게 나왔고, 아시아나는 해체된다.

임재범

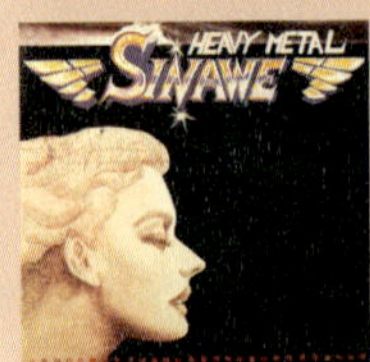

시나위 1집
[Heavy Metal Sinawe]
(1986서라벌레코드)
신대철(g), 임재범(v), 박영배(b), 강종수(d), 김형준(key)

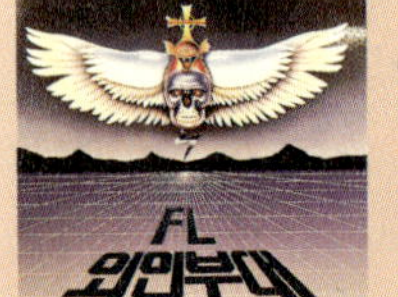

외인부대 1집
(1988/서울음반)
임재범(v), 손무현(g), 이지웅(g), 박문일(b), 손경호(d)

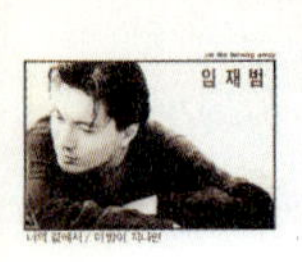

임재범 1집
[On The Turning Away]
(1991/신세계)
〈너의 곁에서〉, 〈이 밤이 지나면〉

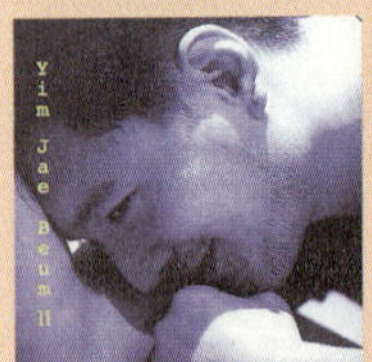

임재범 2집
[임재범 2] (1997/디지탈미디어)
데이비드 커버데일의 〈Fool For Your Loving〉을 멋지게 부를 정도로 1980년대 헤비메탈 보컬리스트 중에서 가장 남성적인 멋의 보이스 컬러를 갖고 있었던 임재범은 상당히 운이 없는 보

컬리스트이다. 김종서와 달리 알려지지도 상업적인 성공도 맛본 적이 없다. 이 음반에서도 〈그대는 어디에〉가 조그마한 반응을 얻었을 뿐이다.

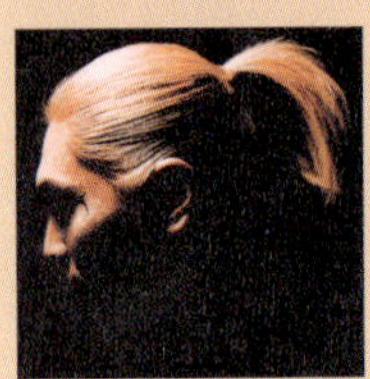

임재범 3집
[임재범 3] (1998/디지탈미디어)
신화를 주제로 한 콘셉트 앨범이고, 〈고해〉가 수록되었다.

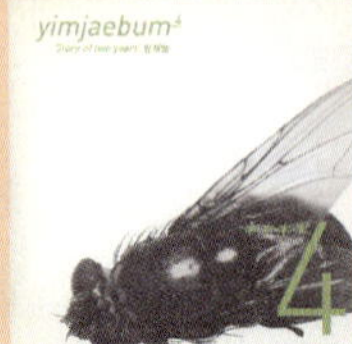

임재범 4집
[Story Of Two Years]
(2000/WEA)
〈너를 위해〉, 〈다시 시작해〉

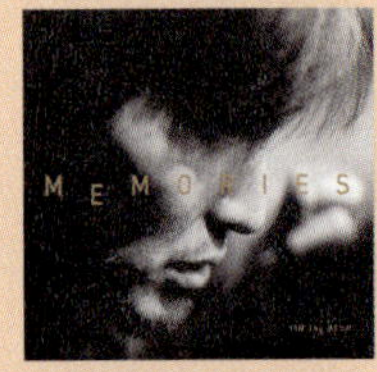

임재범
[Memories] (2000/WEA)
〈다시 사랑할 수 있는데〉, 〈사진 속에 담긴 추억〉

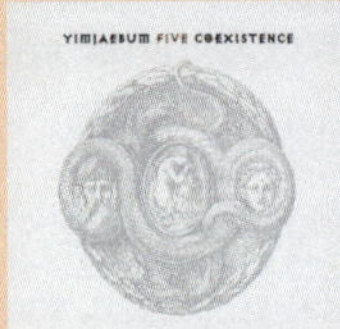

임재범 5집
[Coexistence] (2004/EMI)
〈새장을 열다〉

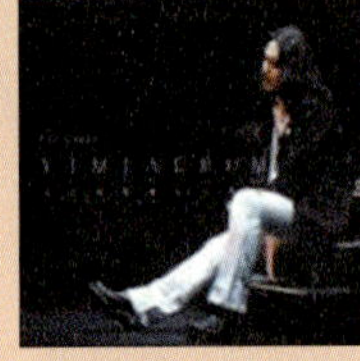

임재범
[Lve & Life]
(2005/T-Entertainment)
〈비상〉

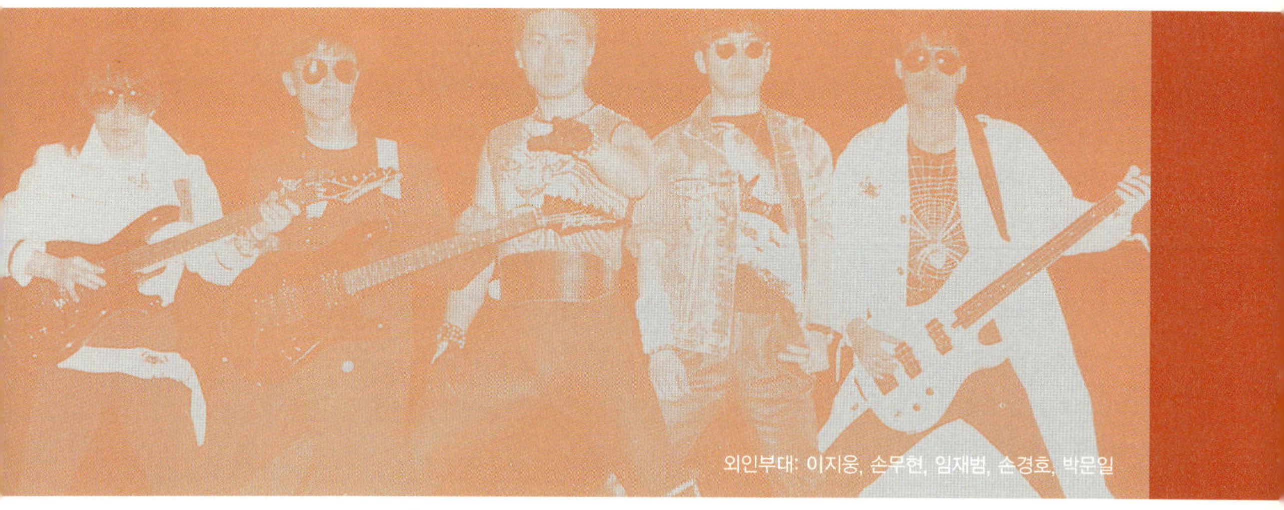

외인부대, 천둥번개, 바퀴자국 & 뮤즈에로스

"변경의 밴드들, 그러나 무시할 수 없는 그들"

큰 주목은 받지 못했지만 손경호, 이지웅, 손무현, 임재범, 오경환 등이 활동했던 밴드들로 1980년대 말의 헤비메탈을 다룰 때 결코 건너뛸 수 없는 존재들이다.

외인부대는 부활 출신의 이지웅(기타), 셀프서비스 출신의 손무현(기타), 시나위의 임재범(보컬), 바퀴자국의 손경호(드럼), 다섯손가락 출신의 박문일(베이스)이 모여 결성한 그룹이다. 그룹 이름대로 임재범을 제외한 다른 멤버들은 그때까지 큰 빛을 보지 못했던 뮤지션들이었다. 외인부대는 이지웅과 손무현의 트윈 리드 기타 체제였는데, 결과적으로는 다른 그룹들과의 큰 차별성을 보여주지 못했다. 〈줄리〉, 〈Jump On The Top〉을 제외하고는 특별히 뛰어난 곡이 없고 헤비메탈의 에너지도 부족하게 느껴진다. 이후 손무현은 1989년 한대수의 명반 [무한대]에 참여한 이후 본격적으로 스튜디오 세션과 프로듀서의 길을 걷는다. 외인부대 2집은 같은 해에 발매되었는데 이지웅을 중심으로 작은하늘 출신의 박문수(보컬), 시나위 1집에도 참여한 박영배(베이스) 등이 가세해 또 한번의 '외인부대'를 만든다.

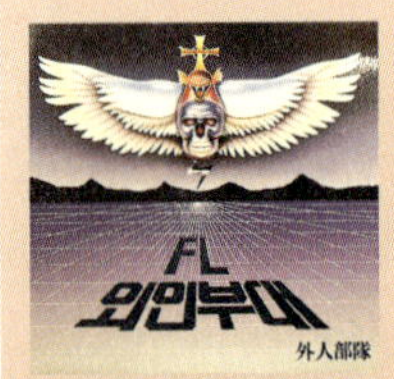

1집
(1988/서울음반)
임재범(v), 손무현(g), 이지웅(g), 박문일(b), 손경호(d)

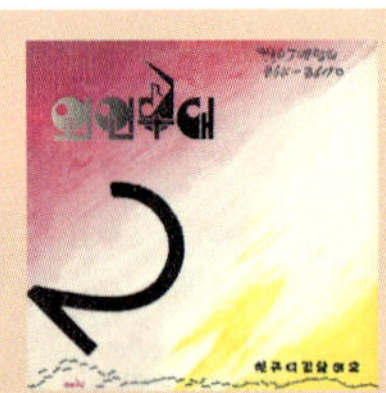

2집
[친구이긴 싫어요]
(1988/서울음반)
이지웅(g), 박문수(v, b), 박영배(g, b), 장형석(d), 김병훈(key)

손무현

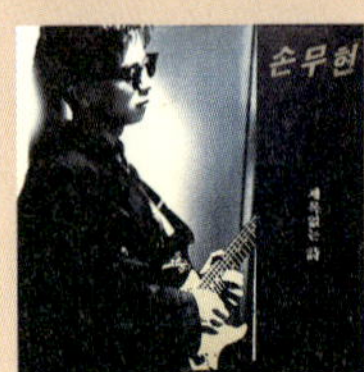

손무현 1집
[제목 없는 시]
(1991/아세아레코드)
〈제목 없는 시〉, 〈시행착오〉

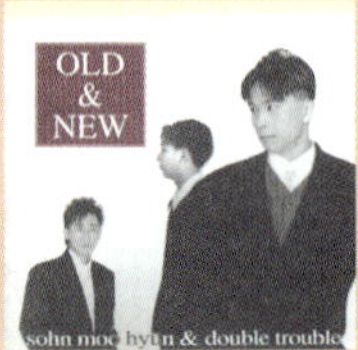

손무현 & 더블 트러블(DoubleTrouble)
[Old & New]
(1995/킹레코드)
손무현(v, g), 김우디(b, g), 황세준(v,key), 장혁(d, perc)

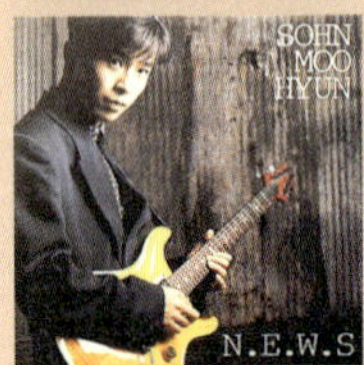

손무현 2집
[N.E.W.S.]
(1993/아세아레코드)
〈바다로 간 너는〉, 〈잠들어버린 기억〉

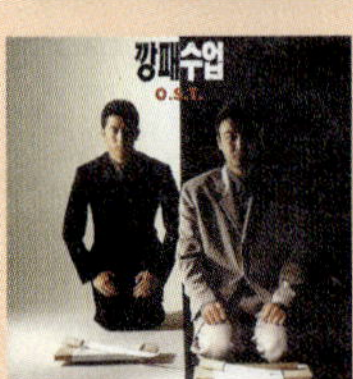

O.S.T.
[깡패수업] (1997)

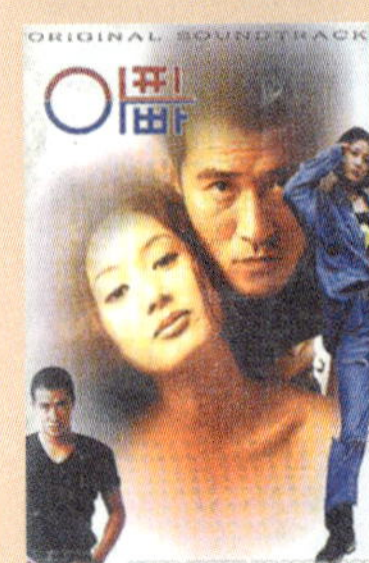

O.S.T.
[아찌아빠] (1995)

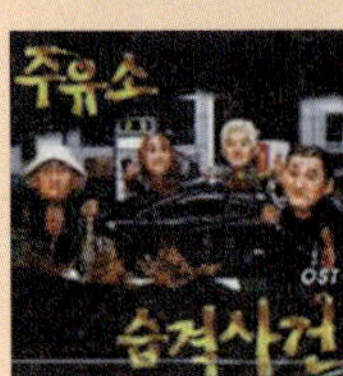

O.S.T.
[주유소 습격사건] (1999)

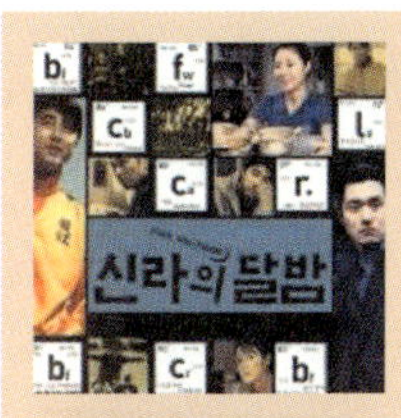

O.S.T.
[신라의 달밤] (2001)

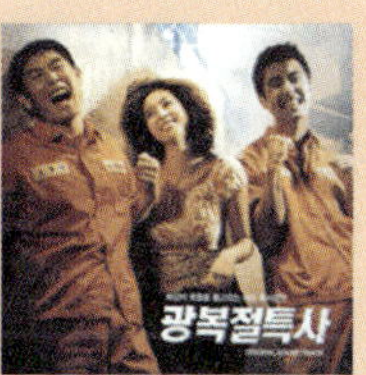

O.S.T.
[광복절특사] (2003)

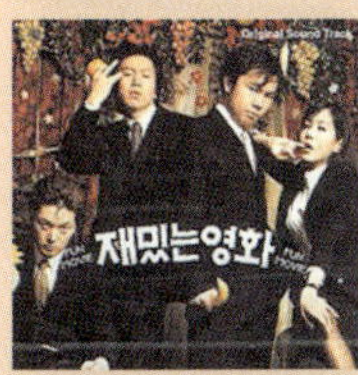

O.S.T.
[재밌는 영화] (2002)

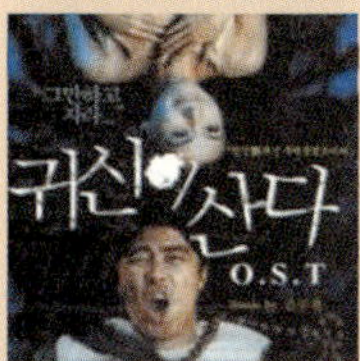

O.S.T.
[귀신이 산다] (2004)

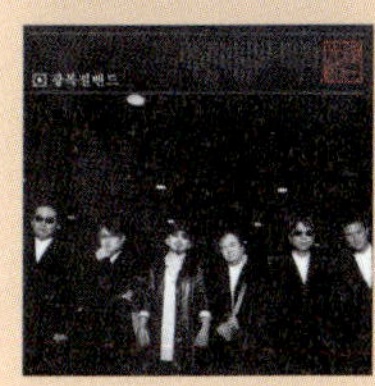

광복절밴드 1집
[광복절 밴드]
(2002/가람미디어)
김상진(perc), 박상민(v), 김현철(key),
오석준(d), 손무현(g), 강성진(b)

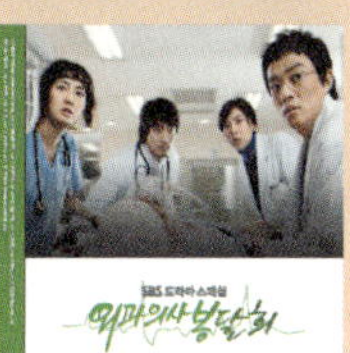

O.S.T.
[외과의사 봉달희] (2007)

천둥번개는 1989년 양재호(기타), 양재돈(보컬) 형제를 중심으로 결성된 그룹이다. 1991년에 낸 데뷔 음반에서는 스래시 메탈, 속주 지향의 바로크 메탈, 발라드 록을 골고루 수용했다. 그들은 스래시 메탈에 지향점을 둔다고는 하지만 엄밀히 말해 스래시 메탈의 계보에는 넣을 수 없는 그룹이다. 오히려 속주 플레이를 선호하는 양재호의 연주 스타일로 보았을 때 하이테크 메탈에 가깝다고 할 수 있다. 하지만 아발란시가 1989년에 크라티아와 조인트 음반을 낸 이래로, 일부 곡에서라도 스래시 스타일의 연주가 담긴 정규 앨범은 이들의 음반이 처음 아닌가 한다. 스피드 메탈곡 〈우울한 오후〉, 발라드 록 〈생〉 등이 실렸다. 양재호는 리치 블랙모어에게 영향을 받아서 기타리스트가 되었고, 대학 졸업 후 백파이어, 히스트, 금빛 등의 밴드에서 활동했다. 이항표와 김덕암은 고교 시절 자막이라는 팀을 결성했고, 로즈에도 속해 있었으며 시나위, 카리스마, 외인부대 등과 '메틀 컴퍼니' 일원이었다. 1집 발표 후 드러머는 김종빈에서 임현수로 교체되었다.

1집
(1991/예성음향)
양재돈(v), 양재호(g), 김덕암(key), 이
항표(b), 김종빈(d)

바퀴자국은 김병호(기타, 보컬)를 중심으로 결성된 그룹이었고 김병일(베이스)과 후에 외인부대에 참여하는 손경호(드럼) 체제로 1987년 데뷔 음반을 냈다. 당시 대개의 그룹들이 4인조 구성인 데 반해 이들은 3인조 진영으로 깔끔한 스타일의 음악을 했다. 이들은 후에 A10의 모체가 된다.

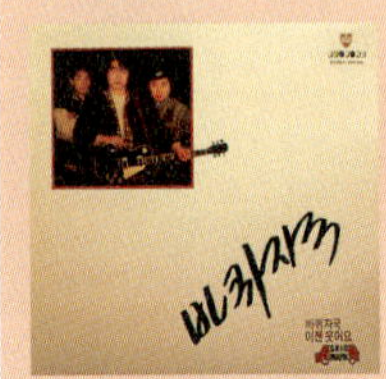

바퀴자국 1집
(1987/두봉 엔터프라이즈)
김병호(g, v), 김병일(b), 손경호(d)

김병호

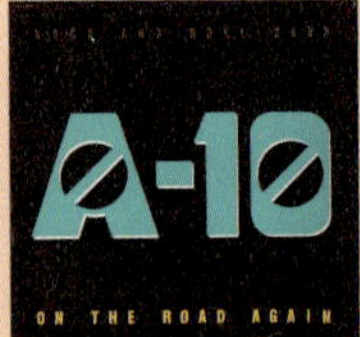

A-10 1집
[On The Road Again]
(1988/오아시스)
김병호(v, g), 김병일(b), 김태일(d), 한상욱(key)

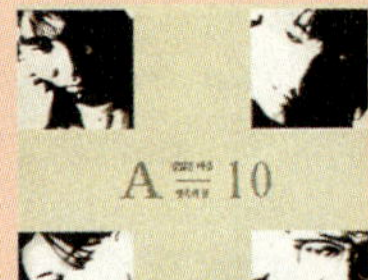

A-10 2집
[길 잃은 마음] (1989/킹레코드)
김병호(v, g), 박현준(b), 조유영(d), 이장욱(key)

손경호

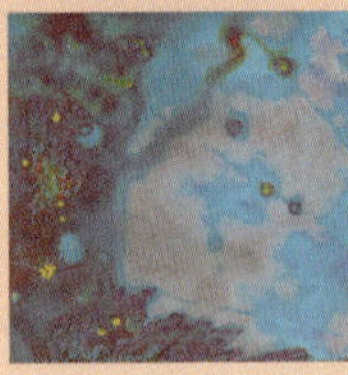

99/옐로우 키친
[99/Yellow Kitchen]
(1997/강아지문화예술)
99: 성기완(g, v), 권병준(g), 빅현준(b), 손경호(d)

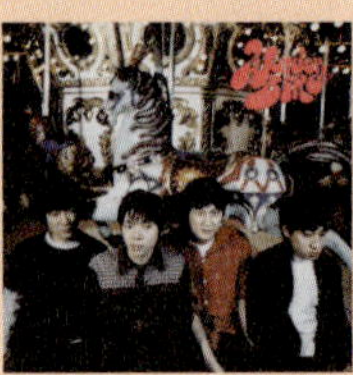

원더버드(Wonder Bird) 1집
[The Story Of A Lazy Bird]
(1999/대영AV)
고구마(v), 신윤철(g), 박현준(b), 손경호(d)

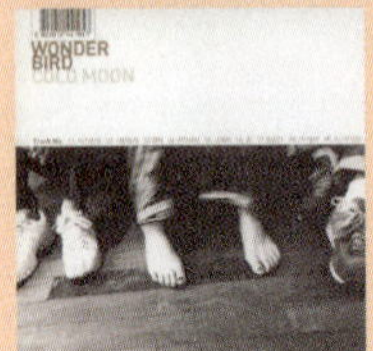

원더버드 2집
[Cold Moon] (2002/대영AV)
조동희(v, g), 신윤철(v, g, b, key), 손경호(d)

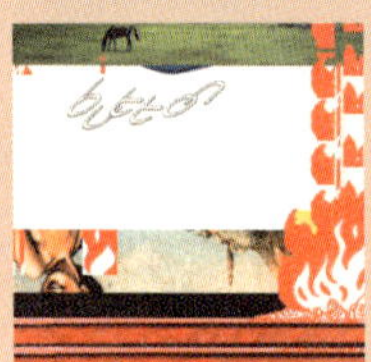

버튼(Button)
[Demo-Button] (2004)
병준(v, g), 손경호(d), 최창우(b), 계수정(piano)

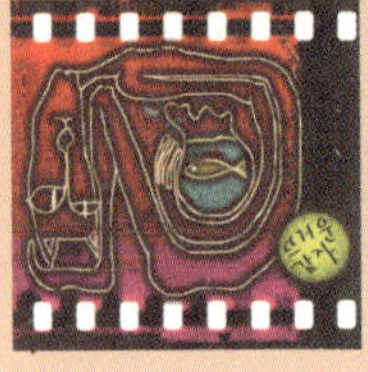

뜨거운 감자 3집
(2006/다음)
김C(v, g), 고범준(b), 하세가와 요오헤이(g), 손경호(d)

뮤즈에로스(Museros)는 메틀 프로젝트(Metal Project) 기획자로 유명한 심상욱(기타, 보컬)이 1984년에 만든 파워 메탈 그룹이다.[18] 심상욱은 1985년에 메탈 프로젝트라는 헤비메탈 그룹의 조직체를 결성해 파고다 극장에서 정기 공연을 기획하고 실행했다. 그는 "한국 록의 기점을 만들고, 록이라는 장르를 한국에서 개척하기 위해서" 메틀 프로젝트를 설립했다고 밝혔다. 여기에는 신대철, 오태호, 박영철, 정중배, 이승환, 송현호, 홍성민, 손무현 등이 참여했고, "지금 어렵게 고생하는 이유는 우리 모두를 위한 것"이라는 투철한 신념도 있었다. 1988년에는 이우정(베이스), 후에 시나위와 자유에 참여하는 오경환(드럼)과 뮤즈에로스 데뷔 음반을 발표했다. 한민족의 민족성(한과 끈기)을 표현한 곡이라는 〈한민족의 숨소리〉 같은 곡을 부르던 그들은 당시 다른 메탈 그룹들과는 가사 면에서 차별성을 가지려고 했다. 연주력은 당시에도 인정받았지만 특별한 감흥이 없는 다소 지루한 곡들을 들으면 정말 어떠한 음악을 하려 했는지 궁금하다.

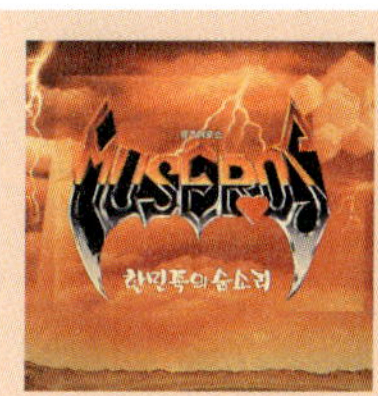

1집
[한민족의 숨소리]
(1988/서울음반)
심상욱(g, v), 이우정(b, key), 오경환
(d)

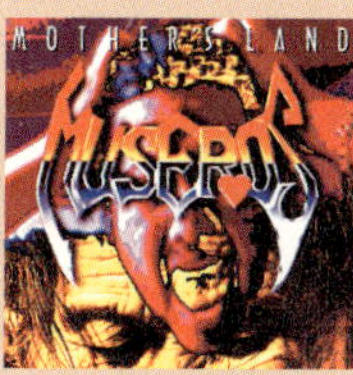

뮤즈에로스 2집
[어머니의 땅]
심상욱(g, v), 이우정(b, key), 오경환
(d), 김용훈(g)

18 심상욱은 1984년 코스모폴리탄 재적 시 MBC 강변가요제 예선에 〈알 수 없어요〉로 참가했다.

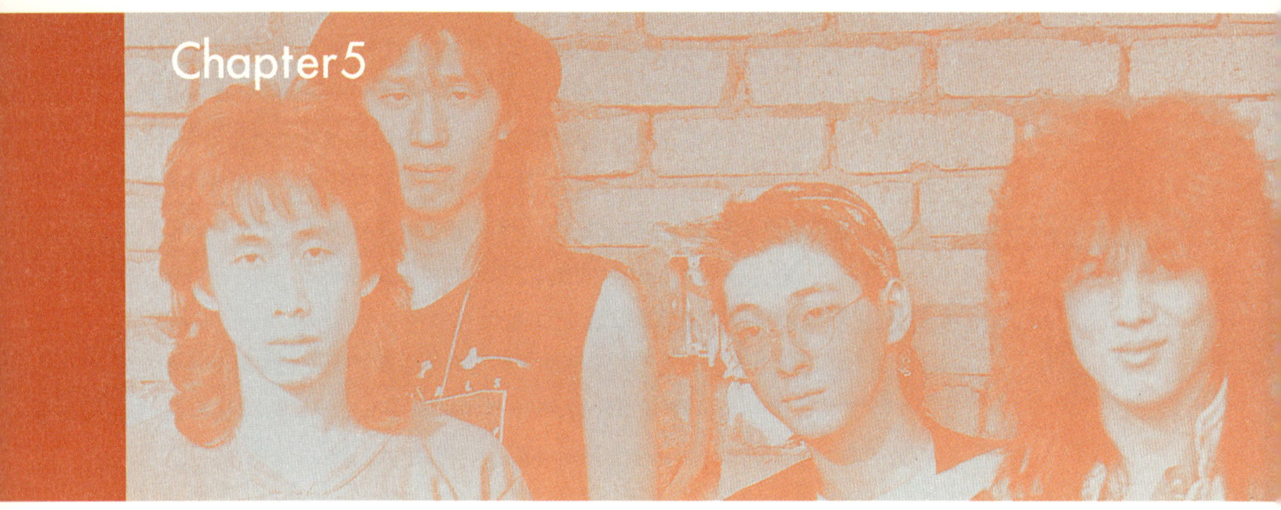

Chapter 5

이근형(카리스마)

"기념비적인 헤비메탈 음반을 만들고 싶었다"

작은하늘 그리고 카리스마

* 작은하늘 1집 재발매 앨범(1999/시완레코드) 속지입니다.

1.

"지금은 당시 라디오(1987년, 김광한이 진행하던 라디오 음악 프로그램)에 출연한 것을 무지 창피하게 생각한다. 하지만 그때는 내가 기타를 제일 잘 치는 줄 알았다. 내가 여러기타 리스트들의 테크닉을 가장 많이 알고 있어서 가장 잘 치는 것으로 착각하고 있었다. 이런 자부심은 카리스마(1988년)까지 이어진다. 나뿐만 아니라 신대철 등도 마찬가지였을 것이다. 다 속으로는 '내가 최고야, 절대 양보 없어!' 라는 생각을 갖고 있었을 것이다." (이근형)

이근형은 고등학교 3학년 때(1984년) '작은하늘'을 결성했다. 어릴 때부터 친구였던 신대철도 비슷한 시기(1983년)에 시나위를 결성했으니 이들은 서로가 서로에게 자극을 주면서 성장했던 셈이고, 또한 각자 1980년대 중·후반에 한국 헤비메탈의 역사를 새롭게 쓴 주역이 되었다. 하지만 신대철에 비해서, 그리고 같은 시기의 김태원, 김도균에 비해서 이근형의 대중적인 인지도와 매체에서의 평가는 부적절한 편이다. 작은하늘의 공식 앨범 데뷔(1987년)보다 1년 앞서 앨범을 발표한 시나위, 백두산, 부활은 우리나라 헤비메탈의 시조로서, 이 그룹에 참여한 신대철, 김태원, 김도균은 당대의 '기타 영웅'으로서 언더그라운드에서 열렬한 지지를 받았다. 또한 이들은 매체에서도 활발하게 다루어진 편이었지만 후발 연주자인 이근형은 그의 역량을 알아보는 메탈 키드와 작은하늘, 카리스마의 음반에 각별한 애정을 가지는 음악 마니아들에게서만 환대를 받았다.

하지만 1980년대 국내 헤비메탈 기타리스트를 지목한다면 먼저 이근형을 얘기해야 한다. 더욱이 당시 양산된 헤비메탈 음반들 중에서 '주목해야 할 음반'을 꼽으라면 바로 이근형이 참여한 작은하늘 1집과 카리스마 1집(1988년)을 첫 번째 자리에 놓아야 한다. 이것은 일반적인 인식과 차이를 보이는 평가이겠지만, 이 또한 국내 대중음악계에 제대로 된 평론이 사실상 없었다는 것을 반증하는 예가 될 것이다.

현재 국내 최고의 헤비메탈 그룹으로 평가받는('한국 록의 장자'로까지 얘기되는) 시나위는 매우 훌륭한 그룹이다. 그러나 이 '훌륭함'은 시나위의 앨범 작업물에서 도출되는 평가가 아니다. 시나위의 역작은 사실 1986년 1집도, 더욱이 강기영(베이스), 김민기(드럼)라는 당대의 테크니션들이 참여한 1987년 2집도 아니다. 1991년 시나위 1차 해산 전에 발표한 음반 중 명작은 오히려

1990년 4집**2**이고, 그들 디스코그래피의 최고작은 재결성작인 1995년 5집**3**이다. 바로 1990년대 초반 서구에서 얼터너티브 록이 몰아치자 '록 신에서 살아남기 위해' 신대철이 그런지 기타 톤으로 재무장한 바로 그 앨범이었다. 1980년대 시나위가 발표한 음반들은 상업적인 성공과는 상관없이 앨범만 놓고 본다면 범작 이상의 평가를 크게 상회하지 않는다. 하지만 시나위 1집에는 음반의 내용과 상관없이(녹음이 매우 불량해 시나위의 음악을 결정적으로 깎아먹는 요인이 되었지만) 최초의 '전작 헤비메탈 음반'이라는 영예가 주어졌고, 신대철이 이끄는 시나위는 초기 헤비메탈군에서 아직까지도 꿋꿋하게 음악을 계속하는 '유이'한**4** 존재이자 흔들리지 않는 음악적 자세를 보여주는 존경할 만한 밴드이다. 하지만 그렇다고 음악적인 평가가 '역사적인 평가'에 귀속될 수는 없다는 얘기다.

부활과 백두산의 음반을 본다면 부활은 김태원과 이승철의 신선함이 돋보였던 1, 2집으로 사실상 그 생명이 다했고,**5** 백두산은 1987년 2집 [King Of Rock' N Roll]에서 〈Main Character〉, 〈And I Can' t Forget〉 같은 명곡들을 수록했지만 그게 마지막이었다.**6** 그러나 역시 이들의 최고작도 작은하늘, 카리스마의 앨범에 비할 바는 아니다.

그리고 당시의 대표적인 기타리스트 신대철, 김태원, 김도균과 이근형의 연주를 비교한다면 이들 사이에 근본적인 차이점이 있음을 알 수 있다. 이근형의 기타 연주가 처음으로 주목받게 된 것은 작은하늘 데뷔 음반에 실린 〈은빛 호수〉에서였다. 우선 눈에 띄는 것은 그가 기타리스트로서 멜로디컬한 프레이즈를 만들어내는 능력이 뛰어나다는 점이다. 또한 그가 작곡한 〈잃어버린 시간〉이나 〈은빛 호수〉의 클래식컬한 구성은 유치한 '흉내' 수준이 아니라 나름의 완성도를 가지고 있고, 여기에 얹히는 정통 펜타토닉 스케일의 연주는 정석적이라는 느낌이 들기도 하지만 멜로디컬하면서 안정된 솔로 진행 능력으로 다른 기타리스트들과의 변별점을 보여주었다. 이는 〈은빛 호수〉뿐만 아니라 〈깨어진 약속〉, 〈Rock' n Roll〉을 들어보면 알 수 있으며, 특히 〈깨어진 약속〉에서 중반부와 후반부에 그가 보여준 필은 압권이다. 이러한 그의 자질은 테크니션임을 스

---

1 H₂O, 삐삐밴드 참여 이후 '달파란'으로 개명 후 테크노 작업을 했다. 지금은 장영규, 방준석, 이병훈과 함께 복숭아프로젝트 멤버로서 영화음악에 주력하고 있다.

2 신대철(기타), 김종서(보컬), 서태지(베이스), 오경환(드럼) 참여. 하지만 신대철 본인은 싫어하는 음반이다.

3 신대철(기타), 손성훈(보컬), 정한종(베이스), 신동현(드럼) 참여.

4 1985년에 결성된 블랙홀도 현재 계속적인 음반, 공연 활동을 하고 있다.

5 이후 〈가능성〉, 〈너에게로〉, 〈거리〉 등이 수록된 6집 [理想 시선](1999)과 같은 앨범들을 발표했지만 예전과는 다른 모습을 보여주고 있다.

6 이후 김도균(기타), 김창식(베이스), 최경섭(드럼)을 멤버로 1992년에 3집을 발표했다.

스로 자부하는 김태원과 김도균에게서는 발견할 수 없는 것이고, 물론 신대철의 연주는 동일한 기준으로 비교할 만한 것은 아니지만 신대철의 1980년대 연주에서 아쉬운 그 무엇이 바로 이러한 점이다.

2.

"카리스마 멤버들은 같이 음악할 사람으로는 최고들이라고 생각했고, 그 친구들과 연주하는게 좋았다. 당시로서 나올 수 있는 최고의 헤비메탈 음반을 만들 의도도 갖고 있었다. 그때는 헤비메탈로 '가요 톱 텐'을 쓸어야 겠다는 지나칠 정도의 생각도 했다." (이근형)

이근형의 작은하늘은 단 한 장의 앨범으로 끝난다. 이후 작은하늘은 이근형의 동생인 이근상[7]이 물려받아 1집의 김성헌(보컬) 대신 들어온 김재기와 새로운 활동을 시작했고,[8] 이들은 1988년에 최후의 앨범을 발표했다. 그리고 이근형은 1988년에 자신이 생각하는 각 파트 최고의 연주자였던 김종서(보컬), 김민기(드럼), 박현준(베이스, 후에 김영진으로 교체됨)과 1980년대 국내 헤비메탈계가 낳은 수퍼 밴드 '카리스마'를 결성했다. 이는 국내 헤비메탈 역사에서 기념비적인 음반을 만들고 싶었던 이근형의 욕심이 일군 결과였다.

이근형·김종서라는 뛰어난 작사·작곡 체제에 시나위 2, 3집에 참여한 김민기, 시나위 3집과 후에 아시아나와 자유에 참여하는 김영진으로 구성된 카리스마는 1980년대 한국 헤비메탈 뮤지션들이 보여줄 수 있는 최대한의 역량을 보여준 명반을 만들어냈다. 저역대에서 둔탁한 음감을 만들어낸 서상환[9]의 믹싱이 아쉬움으로 남지만, 〈Run Away〉, 〈저 산 너머〉에서 보여준 이들의 인터플레이는 매우 역동적이었다. 그리고 역시 이근형의 연주는 필 면에서 당대 최고임을 유감없이 보여주었다. 하지만 이근형의 헤비메탈 시기는 이것으로 막을 내리고, 이후 그는 스튜디오 세션에 전념해 1990년대 함춘호와 함께 가장 '잘나가는' 세션맨이 되었다. 한국 헤비메탈의 영욕은 그가 함께한 셈이다.

카리스마 이후 수퍼 세션 밴드의 전통은 1990년 아시아나(김도균g, 임재범v, 김영진b, 유상원d)와 1993년 미스터리(이시영v, 안회태g, 김동규key, 서안상b, 박철우d), 1994년 멍키헤드(김욱v, 정형섭g, 장민g, 김동규key, 서안상b, 김태수d) 등으로 이어지지만 아시아나를 제외하고는 구성원의 재능이 좋

---

7 초기 신성우 음반의 기타리스트이자 디렉터.

8 그룹명도 'New Little Sky'로 바꾸었다.

9 현재 마스터링 전문 업체인 소닉 코리아 대표.

은 음반 작업물로 이어지지는 못했다.[10]

3.

1980년대에 헤비메탈을 했던 것이 내 음악적인 기반이 되어서 지금 많은 도움을 준다. 록 음악을 해석하는 데 다른 스튜디오 뮤지션보다 훨씬 빠르다. 당시는 헤비메탈을 뛰어넘어서 더 어려운 음악을 하려고 러시(Rush) 등의 음악을 찾아서 들었고 일부러 곡도 어렵게 쓰곤 했다. 앞으로는 폴리스(Police)와 같은 음악을 하고 싶다. 간결한 록을 하고 싶다." (이근형)

1980년대 헤비메탈 기타리스트 중에서 가장 완성도 높은 연주와 작품을 보여주었던 이근형은 지금 별다른 창작을 보여주지는 않고 있다. 예전 그의 파괴력 있는 연주를 기억하는 팬의 입장에 서는 실망스럽고, 역량 있는 한 명의 로커를 잃어버렸다는 점에서는 안타깝다. 그러나 1990년대 그의 행보를 보면 활발한 세션 이외에도 편곡, 작곡, 엔지니어링, 프로듀싱에 관심을 보이고 있 다. 궁극적으로 프로듀서를 지향한다는 그의 목표에 도달하기 위한 방법론을 착실히 수행하고 있는 것으로 생각된다. 하지만 그가 공언한 대로 '자신의 음악' 을 하려 한다면 이제는 무차별적 인 음반 세션으로 자신을 소모시키는 것은 그만두어야 할 때라고 생각한다. 만약 그가 '자신의 음 악을 하겠다는 것' 이 자신의 현재를 합리화하려는 '멘트성 공약' 이 아니라면 이제 중량감이 느 껴지는 음악을 기대하고 싶다.

---

[10] 참고로 위 뮤지션들의 당시 캐리어를 보면 다음과 같다. 이시영(프라즈마, 디오니서스, 스트레 인저, 이후 모비 딕), 안희태(파트 포), 김동규(스트레인저), 서안상(파트 포), 박철우(아마게돈), 김욱(이후 게임 오버, 스푼), 정형섭(나티), 장민(디젤), 김태수(나티).

●●● 바이오그래피

    1966년 8월 9일 대구 출생. 3남 중 차남으로 태어난 그는 일찍부터 어머니에 의해 바이올린 연주를 시작하며 음악을 처음 접하게 된다. 그러다 13세 되는 해, 지금까지도 그에게 절대적인 영향을 준 레드 제플린(Led Zeppelin)의 음악을 듣게 되고, 그것은 그를 자연스럽게 록 음악으로 인도했다. 이후 15세에 기타를 구입해서 기초적인 연습을 하기 시작했고, 소규모 공연을 하며 지미 헨드릭스(Jimi Hendrix)의 음악을 보컬까지 하면서 연주하기도 했다.

    16세에 깁슨 레스폴(Gibson Lespaul) 기타를 어머니에게 선물받고 본격적으로 뮤지션의 꿈을 확신한 그는 그 후 '작은하늘', '카리스마' 라는 1980년대 최고의 헤비메탈 밴드를 만들었다. 그리고 이들 밴드에서의 활동을 통해 메탈 기타리스트로서 신대철, 김도균, 김태원의 트로이카 체제를 깨고 함께 정상에 서게 되었다.

    그러나 그가 대중들에게 알려진 것은 신성우의 1992년 1집 수록곡 〈내일을 향해〉의 작곡과 연주에서였다. 이후 1993년부터는 본격적인 스튜디오 세션맨의 길로 돌아서게 되고, 현재 상당수 대중가요에서 기타 연주자로 참여하고 있다. 그는 블루스에 기본을 두고 여기에서 파생된 여러 가지 음악 형태를 골고루 소화해내, 1990년대에는 함춘호(기타)와 함께 최고의 주가를 올리는 연주인이 되었다.

연습 과정   이근형은 비트 강한 블루스 록 이외에 빨리 치기를 익히기 위해 게리 무어 (Gary Moore)의 곡을 연주하는 등의 방법으로 연습했다고 한다. 보통 하루 8시간 이상 다운 · 업 반복 피킹을 통해 피킹 밸런스를 익혀갔고, 핑거링하기 힘든 곡을 계속 카피해서 손 힘을 길렀다. 그의 말에 따르면 연습 시 항상 신경 써야 할 것은 강약 조절과 왼손, 오른손의 밸런스라고 한다.

주요 사용 악기

Gibson Lespaul Standard GoldTop

Fender Stratcaster Y.B, Stratcaster Blacky

Takamine Classic Type Acoustic Nylon Strings Guitar

Yamaha Steel Bigbody Acoustic Guitar

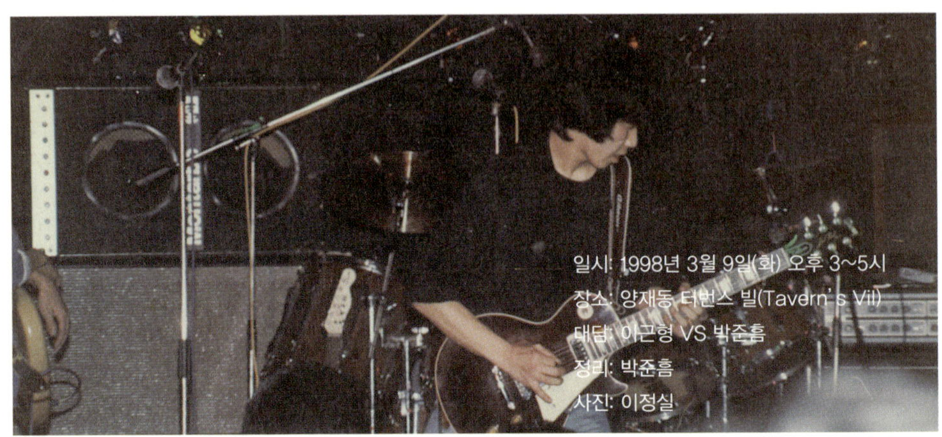

"내가 최고야, 절대 양보 없어!"

박준흠: 음악활동은 언제부터 시작했는가?

이근형: 중학교 3학년 때부터 친구들과 모여서 조그만 공간에서 손님도 없이 콘서트를 하곤 했다.

왜 헤비메탈을 했는가?

당시 음악하려고 했던 애들의 전반적인 분위기였다. 그리고 레드 제플린(Led Zeppelin)과 같이 강한 음악을 좋아했다. 지미 페이지(Jimmy Page)도 굉장히 좋아했다.

작은하늘은 프로 뮤지션으로 활동한 첫 번째 그룹이었는데.

고등학교 3학년 때부터 시작했다.

1987년 작은하늘 데뷔 음반이 나온 이후 선생은 당시 가장 촉망받던 기타리스트였다. 그때 김광한 씨가 진행하던 라디오 음악프로그램에도 출연해서 기타 테크닉 강좌를 했던 것으로 알고 있다. 당시 자타가 공인할 정도의 테크니션이었다고 생각하는가?

지금은 라디오에 출연한 것을 무지하게 창피하게 생각한다. 하지만 그때는 내가 기타를 제일 잘 치는 줄 알았다. 내가 여러 기타리스트들의 테크닉을 가장 많이 알고 있어서 가장 잘 치는 것으로 착각하고 있었다. 이런 자부심은 카리스마까지 이어진다. 나뿐만 아니라 김종서, 신대철 등도 마찬가지였을 것이다. 다 속으로는 "내가 최고야, 절대 양보 없어!"라는 생각을 갖고 있었을 것이다.

그때 백두산의 유현상은 노래하면서 매니저도 겸하고 있었는데 김성헌이 유현상을 찾아갔고, 유현상이 나에게 그를 소개해주었다. 노래를 시켜보니까 잘했다. 그리고 유현상이 작은하늘 데뷔 음반을 제작해주었다. 당시에는 그 형이 제작해준 것을 좀 김새게 생각했었다. 나이도 많고 생각하는 것도 너무 다르고 해서 백두산을 별로 좋아하지 않았다. 속으로는 조금 창피했다.

1989년 [Rock In Korea] 이후로 김성헌의 작업을 거의 볼 수 없었지만[11] 그는 1980년대가 내놓은 대표적인 헤비메탈 보컬리스트였는데, 그의 근황은?

지금은 미국에서 자동차 딜러를 한다고 들었다.

"믹싱할 때도 서로 자기 소리를 키우려는 암투가 있었다."

다음해인 1988년에는 김종서(보컬), 김민기(드럼), 김영진(베이스, 초기 멤버는 박현준)과 수퍼세션 밴드인 '카리스마'를 조직해서, 1980년대 헤비메탈 최고 명반인 [Charisma]를 출반했다. 이 음반을 어떻게 평가하나?

하고 싶은 음악의 폭이 제한되어 있었던 것이 불만이었다. 그리고 녹음이 마음에 들지 않는다. 기타, 드럼 등 소리가 제대로 잡히지 않았다.

저음역대가 깨끗하지 않기는 하지만 그 당시 녹음 기술로는 잘된 편이 아닌가?

작은하늘 음반과 비교하면 전체적인 조화는 카리스마 음반이 훨씬 좋았지만 부분부분 소프트웨어적인 것은 작은하늘이 나았다.

작은하늘은 최병철이 녹음했는데(카리스마는 서상환이 녹음) 그는 악기 하나하나의 소리를 명확하게 잡는 장점이 있어서 그런 느낌을 갖는 게 아닌지?

그는 당시 다른 엔지니어보다 진보적이었고, 경험이 많았다.

김종서, 김민기, 김영진과의 녹음 작업은 어땠나?

서로 자기 소리에 대한 욕심이 컸다. 믹싱할 때도 서로 자기 소리를 키우려는 암투가 있었다. 화장실 갔다 오는 사이에 베이스 소리가 커진 적도 있었다. 그러면 그 친구 화장실 간 사이에 다시 베이스 소리를 내렸다. 그리고 음반에서 실제로 베이스를 쳤던 연주자는 후에 H$_2$O에 참가한 박

---

[11] 김성헌은 1995년에 1집 [Play]를 발표했다.

현준이었다. 그는 베이스와 기타를 다 잘 치는데 김종서와의 다툼 후 나갔다.

그들은 어떻게 만났나?

다들 카리스마 이전에 알고 있었다. 음악하는 사람이 많지도 않은 상황에서 끼리끼리 우월 의식을 갖고 있었다. 자기네랑 파벌이 다른 사람들은 "쟤들은 엉터리야!" 하면서 무시했다. 부활 멤버들은 잘 몰랐기 때문에 "쟤들은 엉터리야. 우리가 진짜야"라고 하곤 했다.

그러면 시나위와 카리스마 멤버들이 한 무리고 부활은 다른 무리였는데, 백두산은 어떻게 얘기했나?

백두산은 우리 쪽도 부활 쪽도 다 무시했다. 배를 쫙 내놓고 라이브 하는 것을 보고 뒤에서 "정말 엉터리야"라면서 수군거렸다. 유현상 형도 지금은 알고 있다.

유현상12은 트로트 음반도 발표했다가 백두산에서 헤비메탈을 하고 최윤희와 결혼 후 다시 트로트로 회귀한 아주 독특한 가수인데.

그는 시대에 따라 변신하는 비즈니스맨의 성향을 갖고 있다. 그런데 자기 얘기로는 원래 록을 했다고 한다. 그전에도 만날 기타 치면서 지미 헨드릭스 노래를 부르던 것으로 봐서는 그런 것 같다. 메이저급으로 올라가기 위해서 트로트를 했다가 헤비메탈 붐이 일어나니까 자기 돈 들여서 헤비메탈 음반 제작하고 작곡도 한 것이다. 내가 볼 때는 좀 웃기기도 하지만 어떻게 보면 대단한 사람이다.

"헤비메탈로 '가요 톱 텐'을 쓸어버리겠다."

자신이 당시 최고의 기타리스트라고 생각했기 때문에 수퍼 세션 밴드에 대한 나름대로의 욕심이 있었던 것 같다. 그래서 김종서, 김민기, 김영진 등 각 파트에서 최고 역량을 지녔다고 생각하는 뮤지션들을 멤버로 가입시킨 것 같은데.

일단 같이 음악할 사람으로는 최고라고 생각했고, 그 친구들과 연주하는 게 좋았다. 지금은 김종서 밴드에 김민기와 김영진이 재적해 있는데 나만 들어가면 다시 카리스마가 된다.

당시로서 나올 수 있는 최고의 헤비메탈 음반을 만들 의도를 갖고 있었나?

---

12 유현상은 백두산 이전에 사계절 1집 [사계절](1976/서라벌레코드), 유현상 1집 [그것이 사랑인 줄을](1981/대한음반제작소), 사랑과 평화 [널나래](1982/태양음향), 유현상 2집(1985/서라벌레코드)에 참여했다.

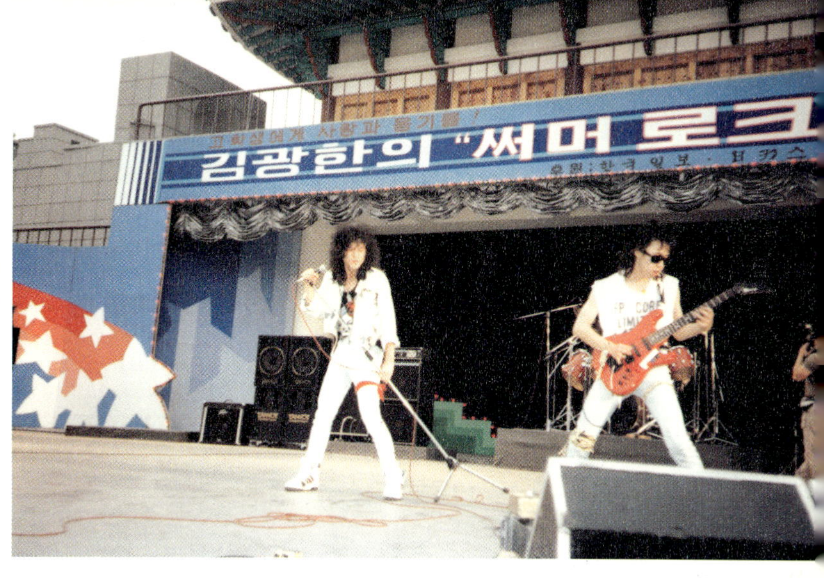

그렇다. 그때는 헤비메탈로 '가요 톱 텐'을 쓸어야겠다는 지나칠 정도의 생각도 했다. 그리고 반응도 좋았다.

선생의 기타 연주가 처음으로 주목받게 된 것은 작은하늘 데뷔 음반에 실린 〈은빛 호수〉였고, 개인적으로는 〈깨어진 약속〉의 솔로 연주에 관심을 가졌다. 멜로디컬한 프레이즈를 만들어내는 능력이 있는 것으로 평을 받았나?

그런 것 같다. 그 점이 나중에 신성우 음반을 만들 때도 도움을 준 것 같다.

김민기가 카리스마 음반에서만 유독 작사를 하게 된 이유가 있는가?

자기가 하겠다고 해서 내버려두었다. 가사가 웃긴다고 많이 놀렸다. 김민기 자신은 애착을 많이 갖고 있다.

작사 · 작곡 파트너로서 김종서와는 최상의 호흡을 보여주었는데.

그때는 그를 믿었다. 내가 이러이러한 리프를 만들고 구성을 하면 김종서가 더 멋있는 멜로디를 붙이고 가다듬곤 했다.

작사 · 작곡 파트너로 김종서 이후에 마음에 드는 사람은?

신성우와 작업했을 때 내가 곡을 쓰면 그가 작사를 했는데, 신성우가 쓴 가사가 내 성격과 조금은 맞는다.

"폴리스와 같은 음악을 하고 싶다."

1989년 [Rock In Korea]에는 참여하지 않았었는데, 1993년 [Rock In Korea Remix] 음반에 〈멈추지 않는 강〉, 〈허상〉, 〈파라다이스〉에 이근형 씨의 기타 연주가 들어 있다. 이는 추가로

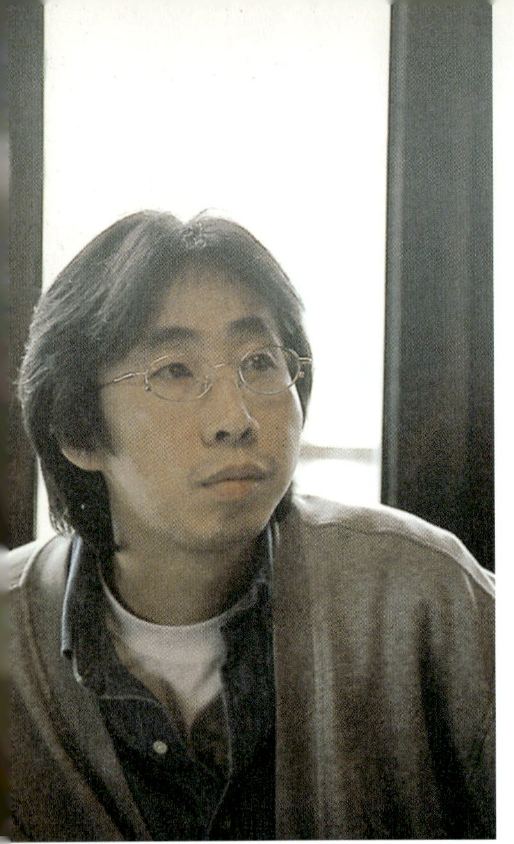

"그때는 내가 기타를 제일 잘 치는 줄 알았다. 내가 여러 기타리스트들의 테크닉을 가장 많이 알고 있어서 가장 잘 치는 것으로 착각하고 있었다. 이런 자부심은 카리스마까지 이어진다. 나뿐만 아니라 김종서, 신대철 등도 마찬가지였을 것이다." (이근형)

녹음한 것인가?

기타 트랙을 지우고 다시 녹음했다. 노래 빼고는 대부분 다시 녹음했다.

세션, 편곡, 작곡, 엔지니어링, 프로듀싱에 전부 관심이 있는 것 같다. 궁극적으로 프로듀서를 지향하는가?

그렇다. 그런 작업을 통해서 내가 무엇을 잘하고 내게 무엇이 맞는지 알아간다.

신대철을 평한다면?

요전에 스튜디오 세션하는 것을 본 적이 있다. 거칠게 연주하더라도 뭔가 정적인 게 있다. 보기 좋았고 자신만의 것을 계속 가지고 있었다. 반면 나는 엄청나게 많이 변했다. 우리나라 음반 녹음에 상당 부분 참여하기도 했다.

1980년대 국내 헤비메탈 그룹들의 활동상을 보면 멤버 교체와 이동이 심했는데.

개개인의 욕심이 너무 많아서 그랬다. 당시 나와 신대철만 같은 그룹에 있지 않았지 다들 빙빙 돌았다. 그리고 다들 자존심이 강했다. 김종서만 해도 자신이 주축이 되어서 이야기하는 것은 좋아해도 다른 사람에게 얘기 듣는 것은 싫어했다. 지금 생각하면 애들 장난 같기도 했다. 예를 들어 한 그룹에서 드러머가 밴 헤일런(Van Halen) 음악을 좋아해서 밴 헤일런 음악 같은 스타일의 연주를 하자고 했는데 다른 멤버들이 싫어하면 드러머를 따돌리는 식이었다. 그러다 보면 그 드러머가 나갔다. 하지만 그만큼 진지하게 음악했다는 얘기도 된다.

1980년대 말 헤비메탈을 할 때의 국내 음악 환경은?

그 무렵이 밴드들에게 가장 대우가 좋았던 때인 것 같다. 콘서트의 수익을 지불하거나, 앨범 제작에 대한 대가를 지불하는 것과 같은 문제에서 지금보다 오히려 나았다. 헤비메탈을 하는 뮤지션들은 국내 가요를 무시했다. 상업적인 가요를 하지 않는 것만으로도 자부심을 가졌다.

헤비메탈 뮤지션 중에서 지금은 사람들이 가장 많이 찾는 스튜디오 세션 기타리스트가 되었는데.

당시 헤비메탈 음악을 했던 것이 음악적인 기반이 되어서 지금 많은 도움을 준다. 록 음악을 해석하는 데 다른 스튜디오 뮤지션보다 훨씬 빠르다.

1980년대 중반 파고다 극장에서 정기 공연을 했던 '메틀 프로젝트'에 참여했나?

나는 '메틀 컴퍼니(Metal Company)'라고 따로 만들었다. 좀 잘난 척하느라고 그랬다. 엉터리였다. 헤비메탈을 뛰어넘어서 더 어려운 음악을 하려고 러시(Rush) 등의 음악을 찾아서 들었다. 그때 일부러 곡도 어렵게 쓰곤 했다.

1980년대 헤비메탈 밴드들은 어떤 지향점과 생각으로 음악을 했는지?

나는 무엇을 해야 될지 방황하던 시기라 잘 모르겠다.

앞으로는 어떤 음악을 하려 하는가?

폴리스(Police)와 같은 음악을 하고 싶다. 간결한 록을 하고 싶다.

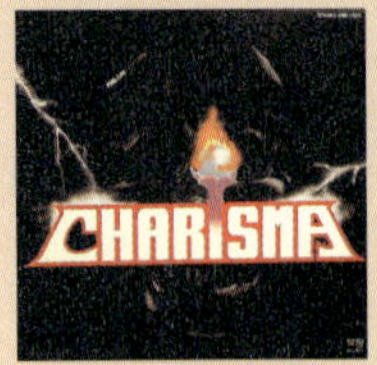

카리스마 1집
[Charisma] (1988/서라벌레코드)
이근형(g), 김성서(v), 김영진(b), 김민기
(d) / 박현준(b, 음반 녹음)
1983년 무당은 2집에 담긴 〈그 길을 따라〉
에서 헤비메탈의 모양새를 갖춘 연주를 했
다. 그리고 1986년 시나위는 〈크게 라디오
를 켜고〉가 담긴 전작 헤비메탈 음반을 만들었다. 카리스마의 이 앨범
은 시나위 데뷔부터 붐이 불기 시작한 국내 헤비메탈계의 움직임을 고
려할 때 시기적으로 마땅히 나왔어야 할 만한 완성도 있는 메탈 음반

이다. 여기서는 당시 절정에 달했던 이근형의 연주를 들을 수 있고, 김
민기, 박현준의 연주도 뛰어나다. 1990년대 소프트 로커로 변신한 김
종서도 이근형과 공동 작사 · 작곡 작업을 한 이 음반에서 자신의 음악
경력 중 최고의 역량을 드러냈다.
〈Run Away〉, 〈저 산 너머〉에서 이근형의 기타 연주는 필 면에서 당
대 최고임을 보여준다. 이들은 1980년대 헤비메탈 역사의 수퍼 세션
밴드이고, 명성만큼의 완성도를 음반에 담아냈다. 한국 헤비메탈 역사
의 영인본으로 지목해야 할 음반이다. 이후 솔로 데뷔한 김종서의 인
기에 힘입어 1992년에 [김종서 In 카리스마]로 재발매되었다.

이근형

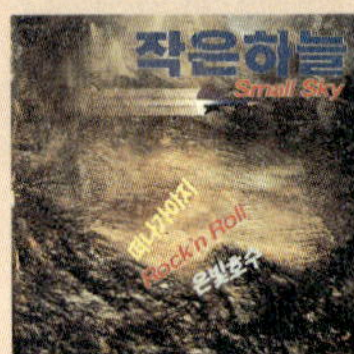

작은하늘 1집
[Small Sky] (1987/서라벌레코드)
이근형(g), 김성헌(v), 박문수(b), 김도연
(d)
1984년에 결성된 작은하늘의 데뷔 음반.
시나위, 부활, 백두산이 1986년에 데뷔 음
반을 발표하고 신대철, 김태원, 김도균이
각각 기타리스트로 주목을 받고 있던 시점에 이근형은 이 음반으로 단
박에 당시 가장 촉망받는 기타리스트로 떠오른다. 특히 〈은빛 호수〉,
〈깨어진 약속〉의 기타 솔로는 동시대의 다른 메탈 기타리스트와 구분
되는 그만의 역량을 보여준다. 또한 이 음반에서 주목해야 할 인물은
1980년대가 내놓은 대표적인 헤비메탈 보컬리스트인 김성헌이다. 임
재범처럼 남성적인 보이스컬러를 가지고 있으면서도 김종서처럼 하이
톤의 가창이 가능했던 그는 남다른 역량을 가지고 있었다. 하지만 역
량에 비해서 별다른 주목을 받지는 못했다. 이 음반의 엔지니어는 시

나위 1집을 맡았던 최병철이었는데, 역시 기대 이하의 믹싱을 보여주
었다. 하지만 그는 1980년대 가장 각광받았던 레코딩 엔지니어였고,
서울 스튜디오에 재적해 있으면서 1980년대에 나온 록 음반의 상당
부분을 녹음했다. 그러니 당시에는 헤비메탈을 녹음할 수 있었던 엔지
니어가 전무했다고 보아도 좋을 것이다. 그는 이후 청음 스튜디오를
만들었다.

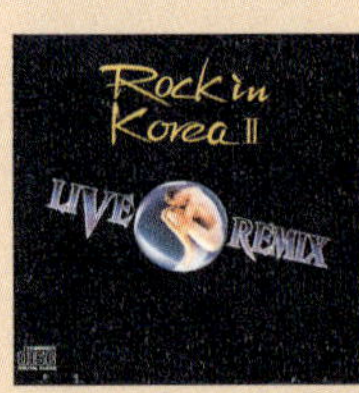

V.A.
[Rock in Korea II - Live Remix]
(1993/아세아레코드)
이근형(g)

김종서

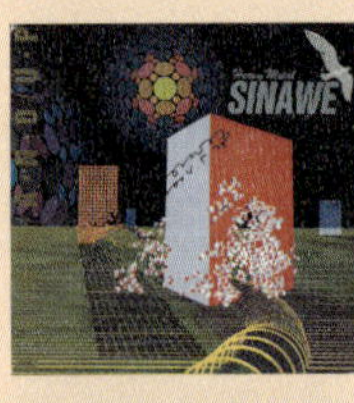

시나위 2집
[Down And Up] (1987/오아시스레코드)
신대철(g), 김종서(v), 강기영(b), 김민기
(d)

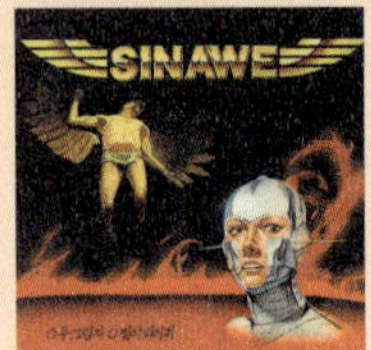

시나위 [Sinawe] (1988/예전미디어)
신대철(g), 김종서(v), 김영진(b), 김민기
(d, perc)

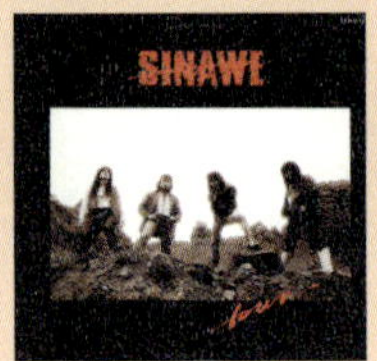

시나위 4집
[시나위 4] (1990/오아시스레코드)
신대철(g), 김종서(v), 서태지(b), 오경환
(d)

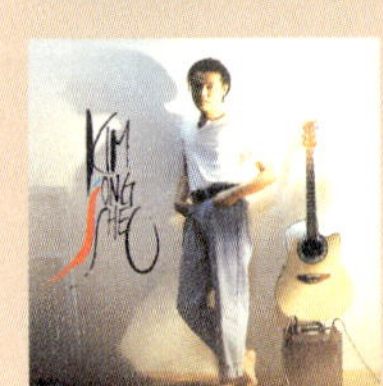

김종서 1집
[Rethona] (1992/지구레코드)
김종서의 변신을 보여준 솔로 데뷔 음반.
1980년대 헤비메탈 뮤지션들은 시대와 환
경이 변하고 나이를 먹어가면서 하나둘씩
진로 변경을 고민하게 된다. 이근형은 이
미 1990년대 촉망받는 세션 기타리스트로
성장했고, 김종서도 1980년대 헤비메탈 보컬리스트 중에서는 유일하
게 성공한 케이스가 되었다. 하지만 대중적으로 인기 있도록 만든 곡
들과 자신만의 음악을 하려는 욕구를 버리지 못한 곡들이 범벅이 된
평범한 음반이다. 〈대답 없는 너〉 수록.

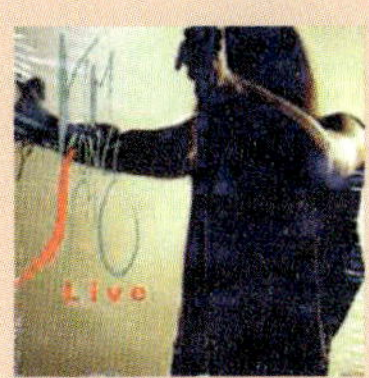

김종서
[김종서 Live] (1993/지구레코드)
〈요즘 사람들〉, 〈새가 되어가리〉, 〈혼자 가는 여행〉

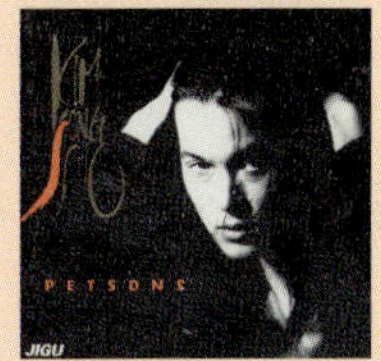

김종서 2집
[Petsdns] (1993/지구레코드)
〈겨울비〉, 〈그래도 이제는〉, 〈그 약속 기억해봐〉

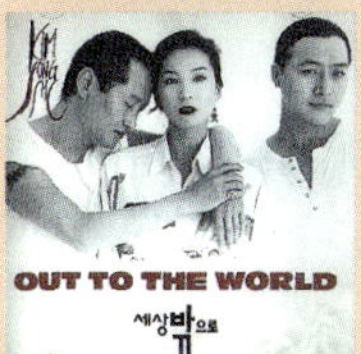

O.S.T.
[세상 밖으로] (1994/킹레코드)
〈세상 밖으로〉, 〈그건 너〉

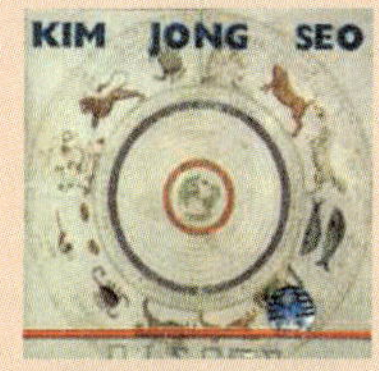

김종서 3집
(1994/대영AV)
〈악몽〉, 〈세상의 눈물 마를때까지〉, 〈남겨진 독백〉

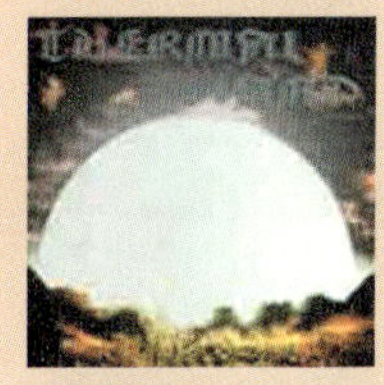

김종서 4집
[Thermal Island] (1995/킹레코드)
〈프라스틱 신드롬〉, 〈아직 늦지 않았어〉

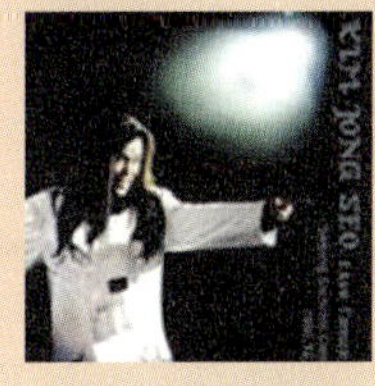

김종서
[세종문화회관 라이브] (1995/삼성뮤직)
〈내가 만든 세상〉, 〈다시 난 사는 거야〉

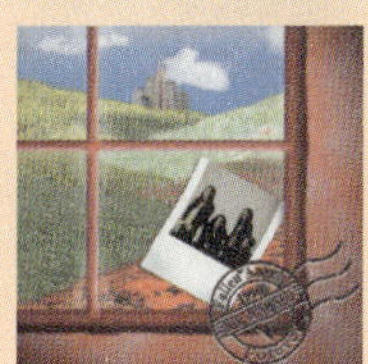

김종서 5집
[1996 Kim Jong Seo V] (1996/서울음반)
김종서(v), 김영진(b), 김민기(d), 토미 킴(g)
김종서 밴드를 조직해 카리스마 시절의 김민기, 김영진과 기타리스트 토미 킴을 영입했다. 〈타락천사(墮落天使)〉, 〈아름다운 구속〉, 〈Free Style 2〉 등 수록.

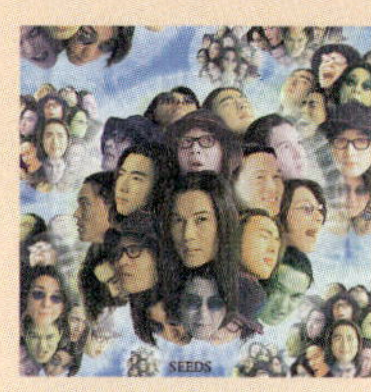

김종서 6집
[Seeds] (1998/서울음반)
김종서(v), 김영진(b), 김민기(d), 토미 킴(g)
〈희망가〉, 〈다시 시작해〉

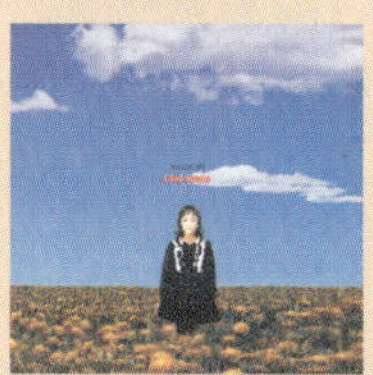

김종서
[Love Songs] (1998/서울음반)
〈Love Songs〉, 〈에필로그〉

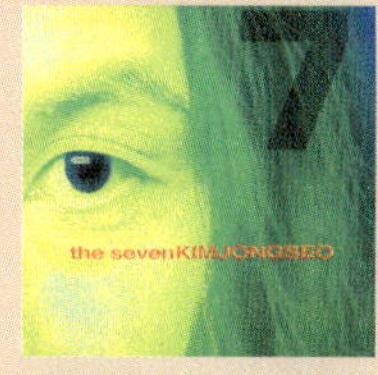

김종서 7집
[The Seven] (1999/디지털미디어)
〈실연〉, 〈하나〉

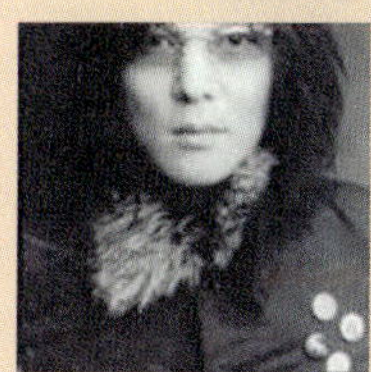

김종서 8집
[Odyssey] (2001/도레미)
〈Starry Night〉, 〈절대사랑〉

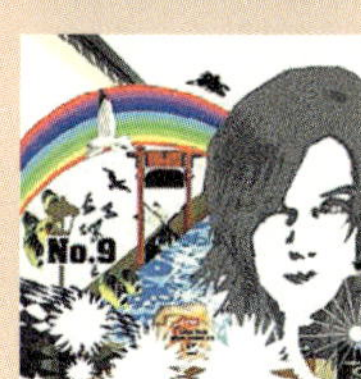

김종서 9집
[No. 9] (2005/JS Entertainment)
〈Tube〉

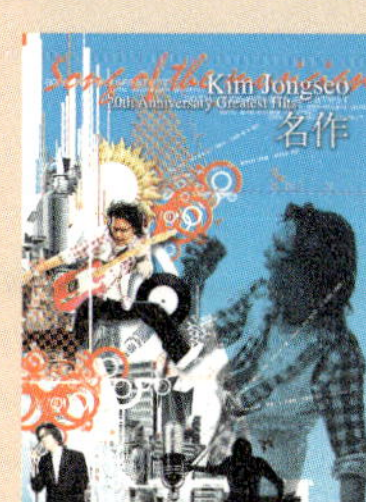

김종서
[명작: 데뷔 20주년 기념앨범]
(2007/EMI)

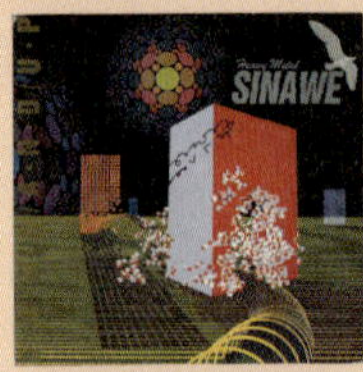

시나위 2집
[Down And Up] (1987/오아시스레코드)
신대철(g), 김종서(v), 강기영(b), 김민기
(d)

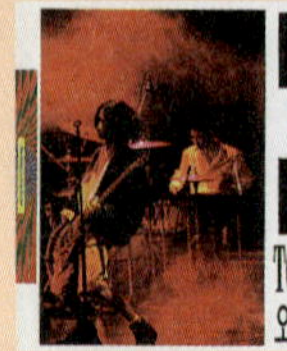

H2O 3집
[오늘 나는] (1993/로얄레코드)
김준원(v), 박현준(g), 강기영(b), 김민기
(d)

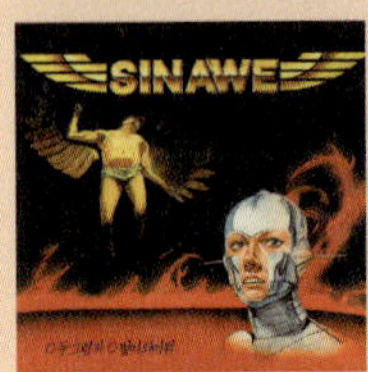

시나위
[Sinawe] (1988/예전미디어)
신대철(g), 김종서(v), 김영진(b), 김민기
(d, perc)

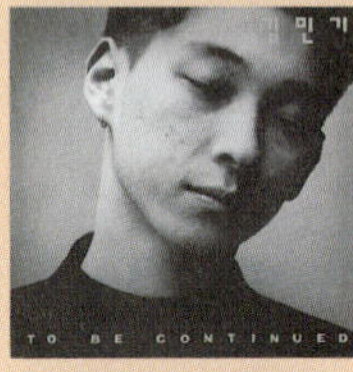

김민기 1집
[To Be Continued…] (1993/삼포니)
〈야생화〉, 〈친구에게〉

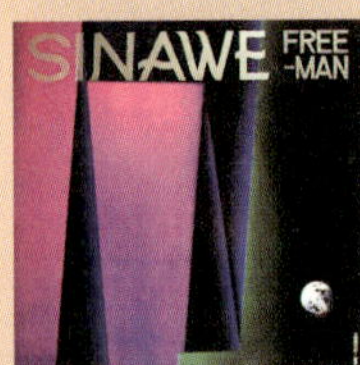

시나위 3집
[Free-Man] (1988/오아시스레코드)
신대철(g), 김성현(v), 김영진(b), 김민기
(d)

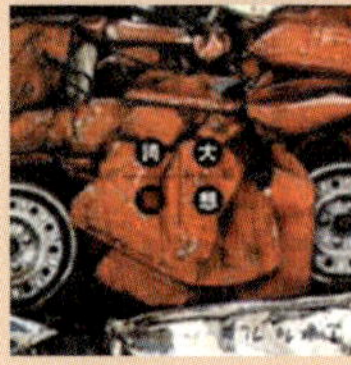

김민기 2집
[과대망상] (1995/삼포니)
〈널 사랑한 이유〉, 〈다시 시작해야 했어요〉

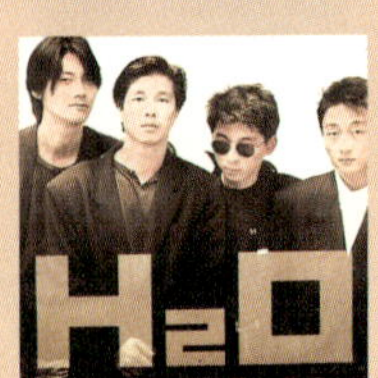

H2O 2집
[H2O] (1992/아세아레코드)
김준원(v), 박현준(g, key), 강기영(b,
key), 김민기(d)

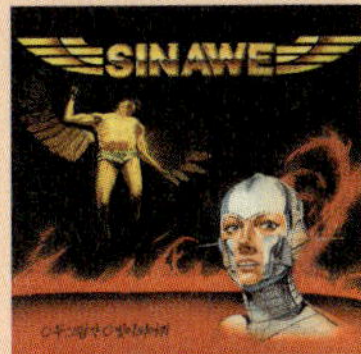

시나위
[Sinawe] (1988/예전미디어)
신대철(g), 김종서(v), 김영진(b), 김민기
(d, perc)

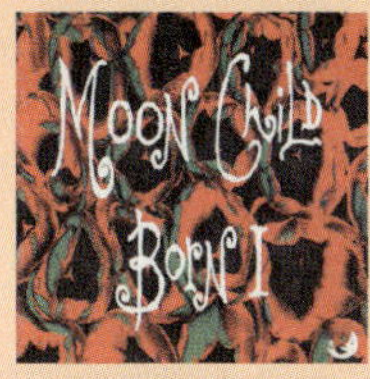

문차일드 1집
[Born I] (1995/신세계)
이현우(v), 김영진(g, b)
세션: 김민기(d), 신윤철(g), 김도균(g), 김
효국(key)

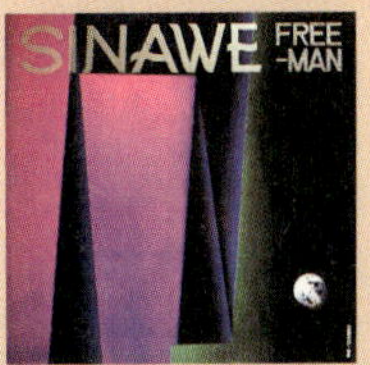

시나위 3집
[Free-Man] (1988/오아시스레코드)
신대철(g), 김성헌(v), 김영진(b), 김민기(d)

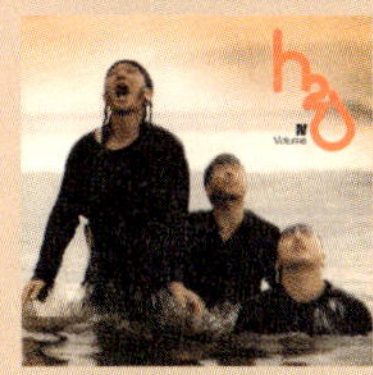

H2O 4집
[Boiling Point] (2004/Nega Network)
김준원(v), Tommy Kim(g), 김영진(b,
prog)

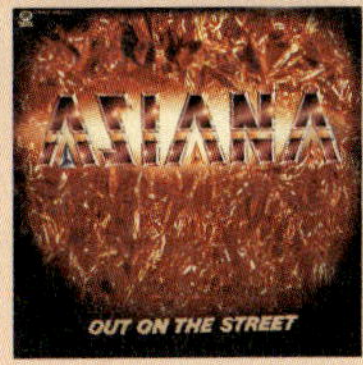

아시아나 1집
[Out On The Street]
(1990/서라벌레코드)
임재범(v), 김도균(g), 김영진(b), 유상원(d)

기타 음반

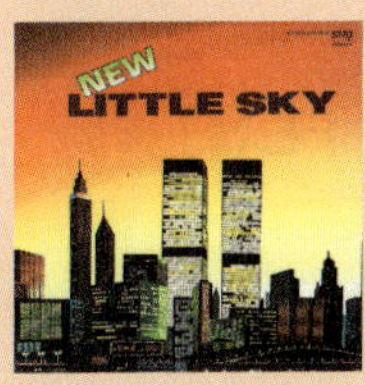

작은하늘 2집
[New Little Sky] (1988/서라벌레코드)
이근상(g), 김재기(v), 장세윤(b), 장혁(d)

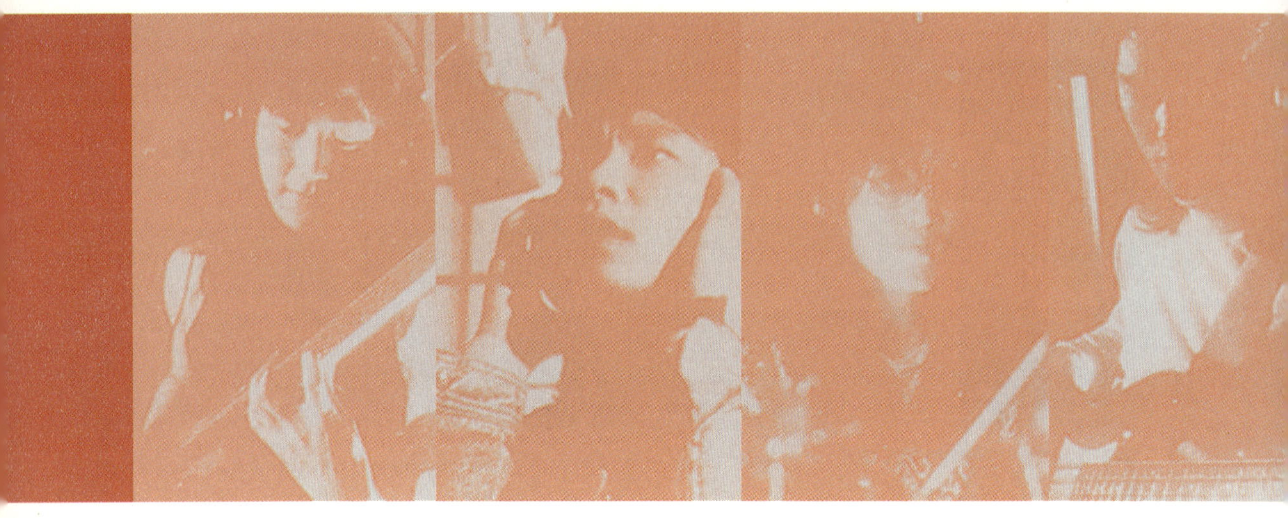

디오니서스

"새로운 음악의 모색: 탈피, 1980년대!"

이 밴드에는 배재범이라는 발군의 기타리스트가 있었고, 그는 한국에서 본격 바로크 메탈을 시도했다. 이때부터 우리나라에서도 헤비메탈의 하위 장르들이 시작되었다고 할 수 있다.

디오니서스(Dionysus)는 바로크 메탈을 한 밴드로서는 처음으로 음반을 냈다. 잉베이 맘스틴(Yngwie Malmsteen)의 라이징 포스(Rising Force)는 1980년대 후반 한국 헤비메탈계에도 영향을 주었는데, 실제로 그런 스타일이 음반으로 작업되기까지는 수년의 세월이 필요했다. 당시 1세대 메탈 그룹들은 근본적으로 블루스에서 진화한 헤비메탈을 하는 밴드들이었다. 블루스의 산물인 블루 노트, 펜타토닉 스케일을 몸에 익혀 연주하던 이근형, 신대철 등과는 달리 디오니서스의 배재범은 클래식적인 하모닉 마이너, 디미니시드 스케일을 연주의 기본 바탕으로 하는 기타리스트였다. 그는 1989년 이승철(보컬, 후에 이시영으로 개명), 유원석(베이스), 박오식(드럼)과 디오니서스 1집을 출반해 국내 헤비메탈계에 충격을 주었다. 이는 국내 헤비메탈계에도 새로운 시대가 열렸음을 말해주는 것이었다. 디오니서스는 다음해 한 장의 음반을 더 만들고 활동을 중지한다. 이후 배재범은 음악 스타일을 퓨전 재즈로 바꾸어 솔로 음반을 내놓았다. 그리고 이승철은 1990년에 임덕규(기타)와 스트레인저 1집을, 1993년에 안회태(기타)와 미스터리 1집을, 같은 해에 솔로 1집을, 1997년에는 차상연(베이스)과 모비딕 1집을 발표했다.

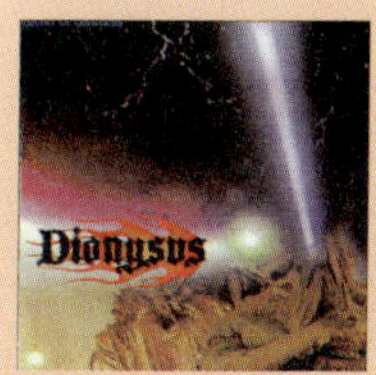

1집
(1989/서라벌레코드)
배재범(g), 이승철(v),
유원석(b), 박오식(d)

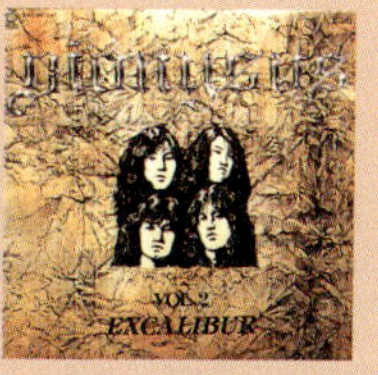

2집
[Excalibur]
(1990/서라벌레코드)
배재범(g), 이승철(v),
유원석(b), 박오식(d)

배재범

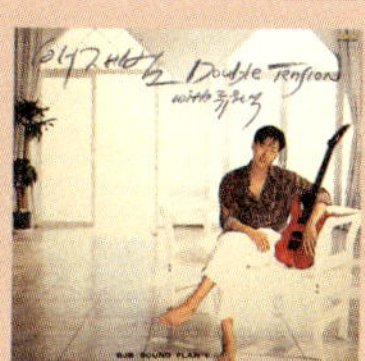

배재범 1집
[Double Tension]
(1992/성음)
배재범(g), 유원석(b)

이승철(이시영)

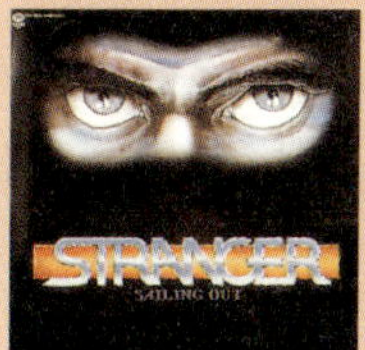

스트레인저 1집
[Sailing Out]
(1990/서라벌레코드)
이승철(v), 임덕규(g,
prog), 김동규(key,
prog), 박인호(b), 박석
민(d)

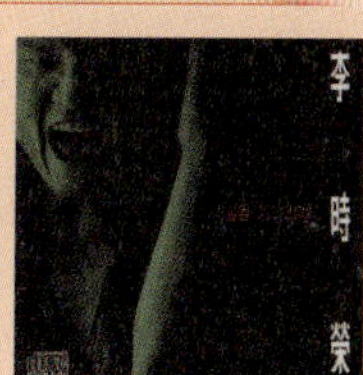

이시영 1집
[내일을 기다리며]
(1993/아세아레코드)
〈자신 있게 하늘을 향하
여〉, 〈내일을 기다리며〉

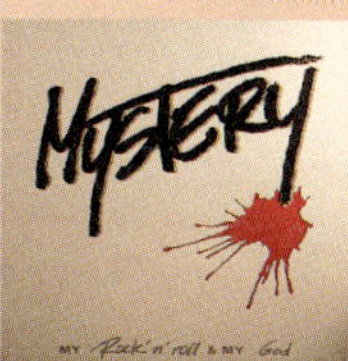

미스테리 1집
[My Rock' n' roll &
My God]
(1993/아세아레코드)
이시영(v), 안회태(g),
김동규(key), 서안상(b),
박철우(d)

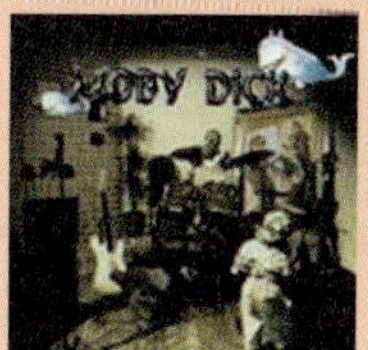

모비딕 1집
[Moby Dick]
(1997/세음미디어)
이시영(v), 유현선(g),
차상연(b), 전조(d)

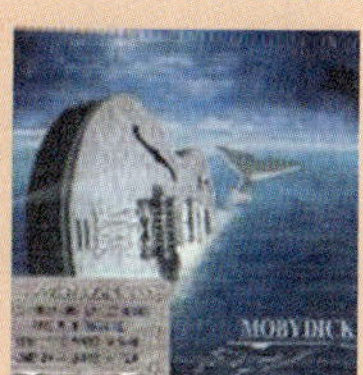

모비딕
[Moby Dick 2]
(1998/원뮤직)
이시영(v, g), 차상연(b,
key)

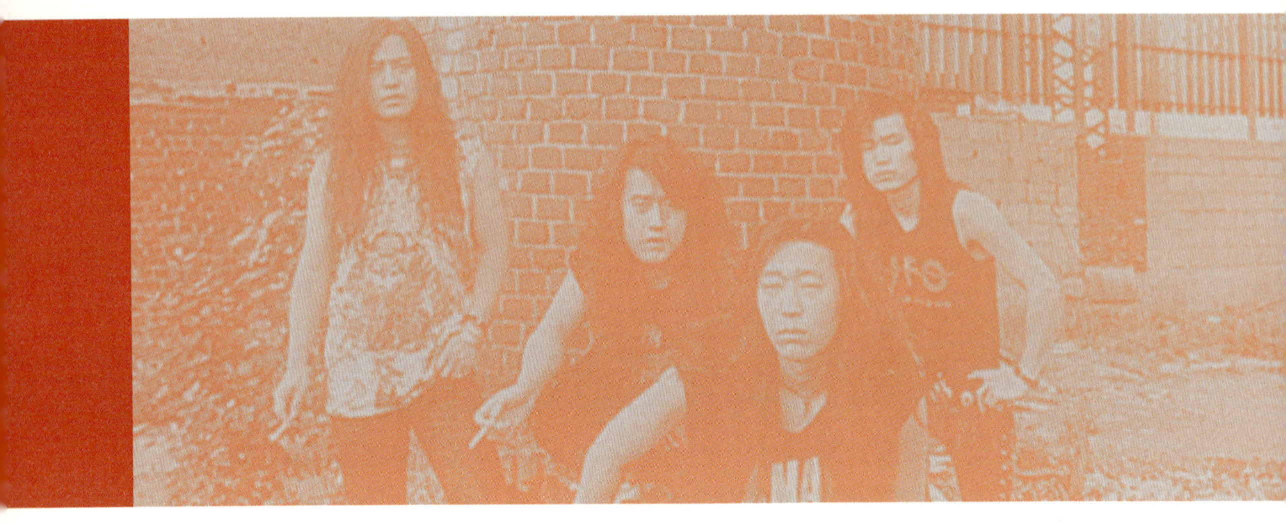

블랙 신드롬 & 블랙홀

"아직까지도 건재한 검은 전사들"

이들은 시나위와 함께 살아남은 몇 안 되는 1980년대 헤비메탈 그룹이란 점만으로도 평가할 만한 가치가 있다. 그리고 현재까지도 변하지 않는 모습을 보여주는 밴드이다. 헤비메탈 자체가 삶이 되어버린 그들.

블랙 신드롬(Black Syndrome)은 [Friday Afternoon] 시리즈가 배출한 가장 성공한 밴드이고, 1980년대 당시 헤비메탈을 했던 밴드들 중 살아남은 얼마 안 되는 밴드에 속한다. 고교 시절 레지스탕스라는 그룹에, 대학 때는 아이언 크로스라는 스쿨 밴드에 속해 있던 김재만(기타)은 1988년 박영철(보컬)과 함께 블랙 신드롬을 결성했다. 그해 발표한 1집 [Fatal Attraction]으로 별다른 주목을 받지는 못했지만 AC/DC의 [Highway To Hell]풍의 메탈을 선호했던 그들은 1989년 2집부터 자신들의 사운드를 정립해나간다. 1991년 3집 [On The Blue Street]라는 블루스 필링이 가득한 대표작을 만들었는데, 이 음반에서 결손 가정, 가출, 젊은이들의 외로움을 주로 다루었다. 1992년 라이브 음반이자 4집인 [Personal Lonely]를 발표하는데, 이는 3집에 있는 〈개인적인 외로움〉을 타이틀로 가져온 음반이었다. 1993년에 발표한 5집 [고교백서]에서는 시나위와 같이 시대의 새로운 조류를 간파해 얼터너티브, 랩 메탈 등을 시도했고 이 음반 이후 박영철은 탈퇴한다(그는 최근에 다시 복귀했다). 이들은 현재 9집까지 발표했다.

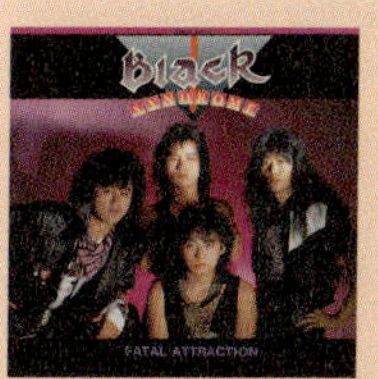

1집
[Fatal Attraction]
(1988/아세아레코드)
김재만(g), 박영철(v), 방승현(b), 곽상근(d)

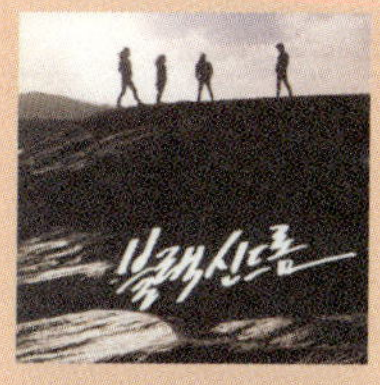

5집
[사랑한다면]
(1993/서일음향)
김재만(g), 박영철(v), 방승현(b), 홍진규(d)

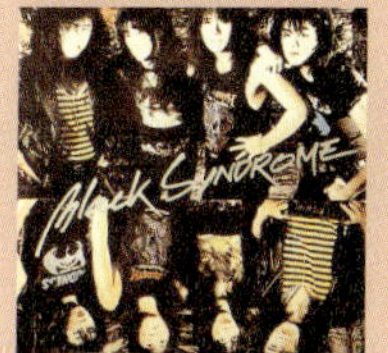

2집
[Black Syndrome]
(1989/아세아레코드)
김재만(g), 박영철(v), 방승현(b), 홍진규(d)

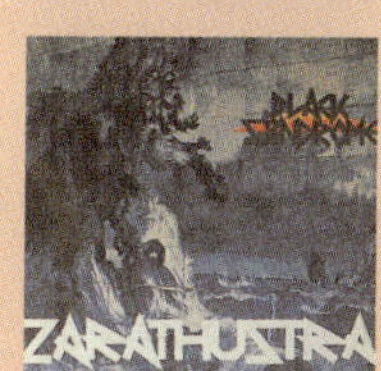

6집
[Zarathustra]
(1996/킹레코드)
김재만(g), 양원찬(v), 한영진(g) 남경우(b), 전유현(d)

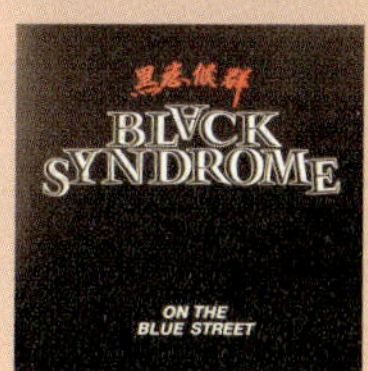

3집
[On The Blue Street]
(1991/대도레코드)
김재만(g), 박영철(v), 방승현(b), 최용석(d)

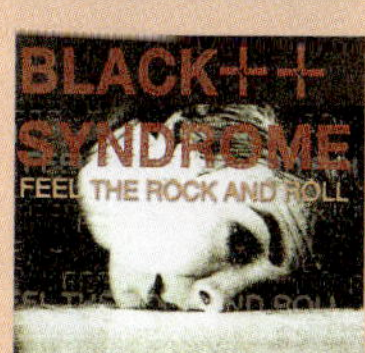

7집
[Feel The Rock And Roll]
(1997/원뮤직)
김재만(g), 신대성(v), 이인호(g), 권태순(b), 박인환(d)

4집
[Personal Lonely – Live]
(1992/삼화레코드)
김재만(g), 박영철(v), 방승현(b), 최용석(d)

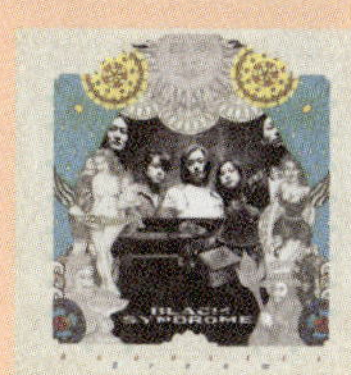

8집
[Acoustic Dream]
(1999/가람미디어)
김재만(g), 조성빈(v), 이인호(g), 남경우(b), 이동엽(d)

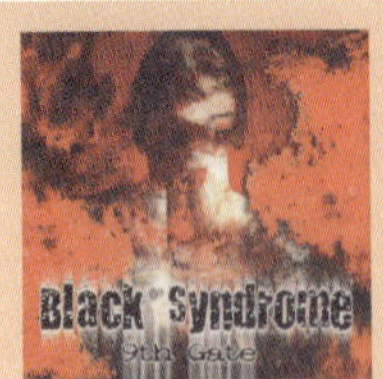

9집
[9th Gate]
(2001/Dream On)
김재만(g), 박영철(v), 남경우(b), 이동엽
(d)

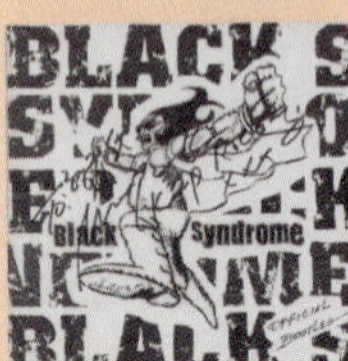

[Official Bootleg]
(2003/Dope Entertainment)
김재만(g), 박영철(v), 최영길(b), 히데키
모리우치(d)

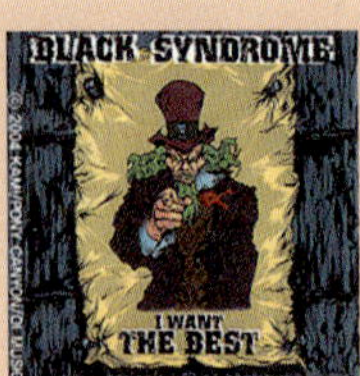

[I Want The Best]
(2004/Pony Canyon)
자신의 녹음스튜디오를 만들고, 스스로
엔지니어가 되어 자립 체제를 구축한 김
재만은 정규 앨범이라고 해도 전혀 손색
이 없는 베스트 앨범을 만들어냈다. 그
간 발표한 9장의 정규 앨범들뿐만 아니
라 [Friday Afternoon](1988/대도), [Power Together]
(1994/Oricom)에 실렸던 노래까지 망라해 선곡을 한 후 재녹음했다.
이 앨범에서 가장 높게 평가할 점은 믹싱, 마스터링 엔지니어로서의
김재만의 능력이다. 그래서 블랙 신드롬의 이번 음반은 바세린
[Blood Of Immortality](2004/GMC), 홀리마쉬 [Infliction Of
The Morbid Intention](2003/주신프로덕션), 힙포켓 [Identity –
EP](2003/ Platinum Media/Go Go Media) 등과 함께 메탈 계열
녹음 면에서 최고 수준이라고 할 만하다.

박영철

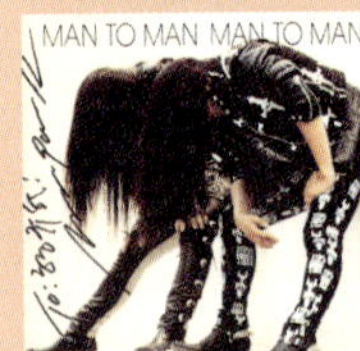

맨투맨 1집
[Man To Man] (1993/Metal Force)
박영철(v), 김병삼(v)

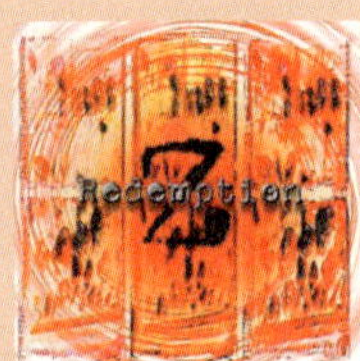

제트 1집
[Redemption] (1997/삼성뮤직)
박영철(v), 변기엽(g), 허준석(b), 임병섭
(d)

블랙홀(Black Hole)은 1985년 강남대 교내밴드에서 시작되었다. 주상균(기타, 보컬)을 중심으로 조명오(베이스), 김태일(키보드), 김우태(드럼)로 결성된 블랙홀은 당시에는 파격적인 레퍼토리인 UFO나 주다스 프리스트(Judas Priest)의 곡을 카피했다. 그리고 여타 밴드들과는 달리 서울뿐만 아니라 지방에서도 공연을 진행해 전국적인 팬층을 형성했다. 1988년의 '명동 페스티벌'에서 1위를 차지한 것을 계기로 음반 작업을 하게 된 그들은 1989년에 데뷔 음반 [Miracle]을 발표하고, 여기서 〈깊은 밤의 서정곡〉이 인기를 얻었다. 〈녹두 꽃이 필 때에〉, 〈바벨탑의 전설〉이 담긴 1991년 2집 [Survive]는 주상균을 제외한 멤버 전원이 교체된 상태로 녹음되었고, 이때의 라인업은 박원조(기타), 정병희(베이스), 대린 뮤어(드럼)였다. 1994년 3집 [Black Hole]은 드러머가 김응윤으로 교체되어 나온 음반이었는데, 블랙홀 음반 중에서는 다소 상업적인 면이 내포되어 있었다. 반면 사운드를 재정비해 내놓은 4집 [Made In Korea]와 5집 [City Life Story]야말로 블랙홀의 진면모를 보여주는 안정된 음반이다. 현재 8집 [Hero](2005)까지 발표했다.

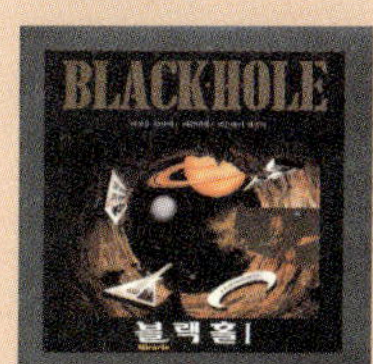

1집
[Miracle] (1989/현대음향)
주상균(v, g), 이재수(key, piano), 한국
현(b), 도유영(d)

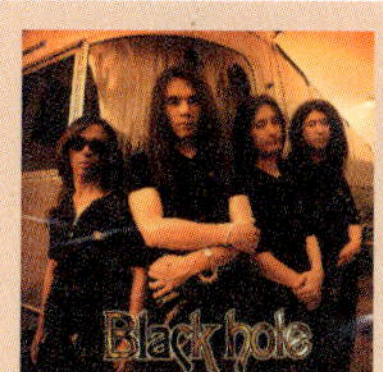

6집
[The Way] (1998/EMI)
주상균(v, g), 이원재(g), 정병희(b), 김응
윤(d)

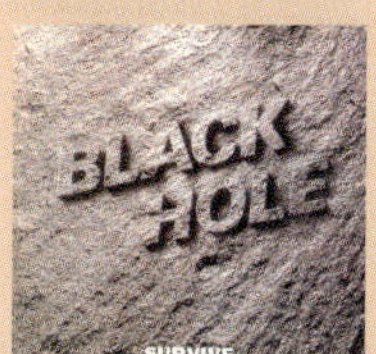

2집
[Survive] (1991/EMI)
주상균(v, g), 박원조(g), 정병희(b), 대
린 뮤어(d)

7집
[Seven Signs] (2000/EMI)
주상균(v, g), 이원재(g), 정병희(b), 김응
윤(d)

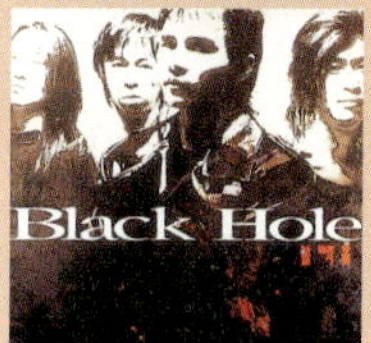

3집
[Black Hole] (1994/EMI)
주상균(v, g), 박원조(g), 정병희(b), 김
응윤(d)

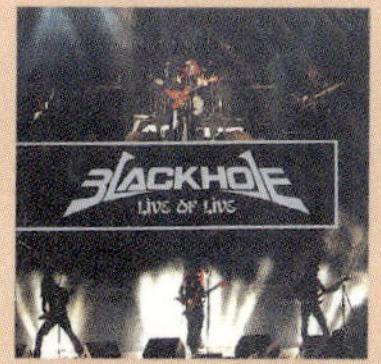

[Live Of Live]
(2002/광야 엔터테인먼트)
주상균(v, g), 이원재(g), 정병희(b), 김응
윤(d)

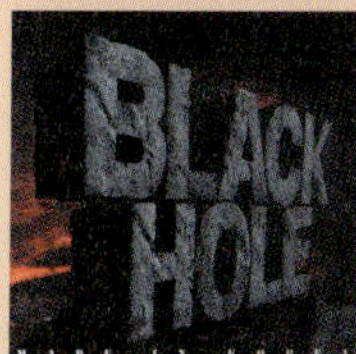

4집
[Made InKorea] (1995/EMI)
주상균(v, g), 정병희(b), 김응윤(d)

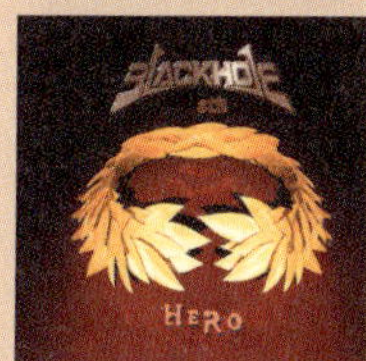

8집
[Hero] (2005/SONY-BMG)
주상균(v, g), 이원재(g), 정병희(b), 이
관욱(d)

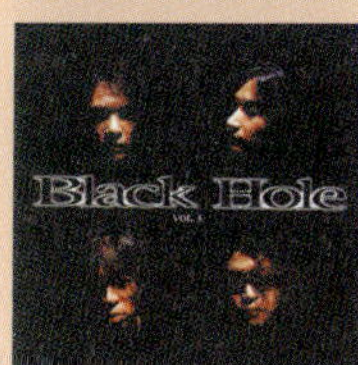

5집
[City Life Story] (1996/EMI)
주상균(v, g), 이원재(g), 정병희(b), 김
응윤(d)

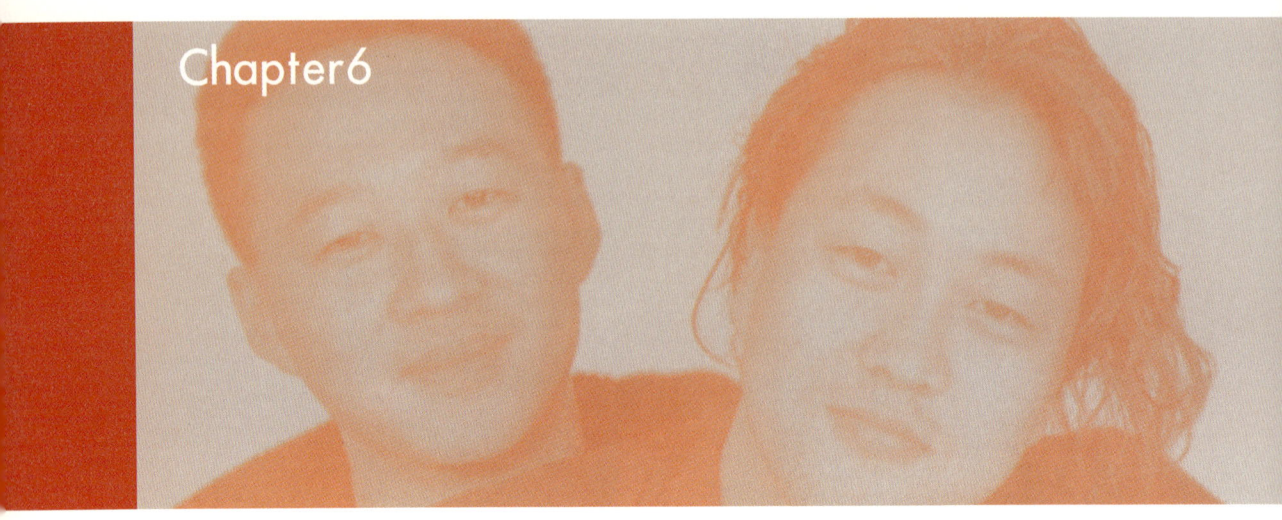

김종진(봄여름가을겨울)

"우리 음악은 일기라고 생각한다"

● 봄여름가을겨울은

    그룹 봄여름가을겨울은 김현식의 1980년 데뷔 음반에 실린 〈봄여름가을겨울〉에서 연유한 이름이다. 1986년 김현식은 3집을 녹음하기 위해 '김현식과 봄여름가을겨울' 이라는 자신의 백밴드를 구성했고, 이때 밴드의 구성원이 김종진(기타), 전태관(드럼), 장기호(베이스), 박성식(키보드)이었다.[1] 이는 김현식 자신이 생각하는 음악을 온전히 음반에 담기 위해 구성한 세션 밴드였다. 그는 형식적으로 고착화되고 일면 진부했던 스튜디오 세션 체제에 염증을 느껴 신선하면서 실력 있는 차세대 유망주들로 자신의 백밴드를 결성하려고 했다. 결과적으로 이들은 당시 대중음악 음반 세션에 새로운 방향성을 제시했다. 1980년대 가장 매력적이었던 록 보컬리스트 김현식과 빛나는 신성들의 만남은 단 한 번으로 끝났지만 그들 각자에게는 불꽃같이 타오르는 음악 여정의 출발점이 되었다. '김현식과 봄여름가을겨울' 은 이후 김종진, 전태관의 '봄여름가을겨울' 과 장기호, 박성식의 '빛과 소금' 으로 나뉘어졌다.

---

[1] 최초 결성은 김종진, 전태관, 유재하로 이루어졌다.

김종진은 1962년 12월 19일 태어났고, 고려대학교 사학과를 졸업했다. 그는 고등학교 때부터 친구들과 4인조 밴드 '수퍼세션'에서 베이시스트로 활동했고, 대학에 입학하면서 현재 '빛과 소금'의 베이시스트 장기호를 만나 본격적으로 기타를 잡게 되었다고 한다. 그 후 한상원, 정원영, 김광민, 전필립 등과 함께 잼 세션으로 활동했다. 또한 전태관은 중2 때부터 드럼에 빠졌다고 하고, 대학에 들어가서는 교내 밴드 '킨젝스'에서 활동하며 드러머로 있었다. 그러다가 1982년 정원영의 유학 송별파티에서 인연을 맺은 두 사람은 1986년 '김수철과 작은 거인'을 거쳐 같은 해 7월 '김현식과 봄여름가을겨울'에서 함께 활동했다. 이후 잠시 공백기를 가진 후 김종진과 전태관은 송홍섭의 소개로 '조용필과 위대한 탄생'의 세션에 참가했다.

1988년에는 김종진(보컬, 기타)과 전태관(드럼)만으로 밴드 '봄여름가을겨울'을 결성하고, 1집 [봄여름가을겨울]을 발표했다. 〈헤어지긴 정말로 싫어〉, 〈내가 걷는 길〉, 〈사람들은 모두 변하나 봐〉 등이 수록된 이 음반은 한국적인 퓨전 재즈를 한다는 평가를 받았다. 데뷔 음반과 마찬가지로 송홍섭이 디렉팅한 2집(1989)에는 〈어떤이의 꿈〉, 〈내품에 안기어〉, 〈하루가 가고 또 하루가 오면〉, 〈열일곱 그리고 스물넷〉, 〈사랑해(오직 그대만)〉, 〈못다한 내마음을…〉 등 앨범의 거의 모든 곡이 인기를 얻었고 그들의 대표작으로 이야기된다.

1991년에는 인기의 여세를 몰아 더블 라이브 음반이 제작되었고, 1992년에는 이후 한동안 관계를 맺게 되는 뉴욕의 애크미(ACME) 스튜디오에서 로리 영(Rory Young)의 엔지니어링으로 3집이 녹음되었다. 이 음반에서는 〈농담, 거짓말 그리고 진실〉, 〈10년 전의 일기를 꺼내어〉란 뛰어난 곡들이 수록되었고 4집(1993)과 〈Geko Funk〉, 〈Daddy Wes〉가 수록된 5집(1995)도 같은 체제로 진행되었다. 동그란 철제 케이스로 제작된 6집(1996)은 임창덕이 레코딩&믹싱 엔지니어로 참가해 오히려 로리 영보다 나은 사운드를 만들어냈다. 현재 이들은 7집 [Bravo, My Life!](2002)까지 발표했다.

그동안 세션으로는 송홍섭(베이스), 한충완(키보드), 황수권(키보드), 김효국(키보드), 최태완(키보드), 정원용(색소폰), 이정식(색소폰), 정효진(색소폰), 이태윤(베이스), 강기영(베이스), 김세황(기타) 등이 참여했다.

●●● 인터뷰

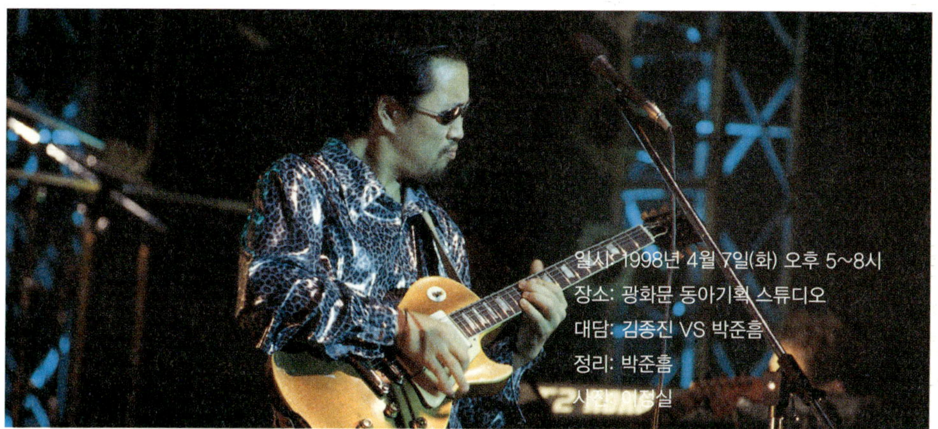

봄여름가을겨울은 조동익, 이병우의 '어떤 날' 과 함께 전문 세션 듀오로서는 국내에서 불세출의 존재이다. 스틸리 댄(Steely Dan)의 도널드 페이건(Donald Fagen, 보컬, 키보드)과 월터 베커(Walter Becker, 베이스)처럼 작사, 작곡, 편곡, 연주, 프로듀싱을 스스로 해내는 D.I.Y. 밴드의 전형이기도 한 그들은 '어떤 날' 이 5년이라는 짧은 활동 기간 동안 단지 2장의 음반밖에 발표하지 않았던 데 비해, 20년 동안 라이브 음반 3장을 포함해 10장의 정규 앨범을 선보였다. 1988년 데뷔 음반을 발표한 뒤로 최초의 '퓨전 재즈 밴드' 라는 명성을 얻었던 그들은 우리 음악계의 세션, 레코딩 발전과 함께해왔다.

"우리의 남은 역할은 청중과 음악가 간의 사랑을 확인시키는 것이다."

박준흠: 근황은?

김종진: 베스트 음반이 나온 지 3개월이 지났고 전국 순회공연을 준비 중이다. 공연 일정이 정해지는 대로 연습에 들어갈 것이다.

최근 나온 '연주', '노래' 두 장으로 만들어진 베스트 음반은 정선된 봄여름가을겨울의 모음집이다. 이 시점에서 베스트 음반을 기획한 이유는?

음악활동을 시작하면서 하고 싶은 것들을 적어놓았는데, 라이브 음반을 내겠다, 외국에서 녹음

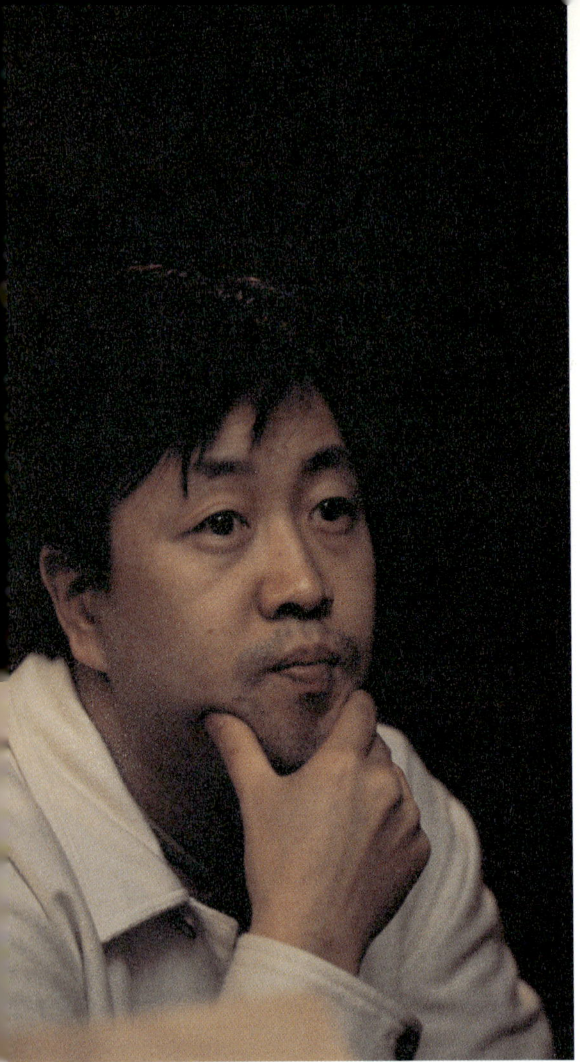

"내 안에 담긴 음악을 만들어 발표를 해 사람들에게 때로는 안식과 위로를 주고 동질감을 느끼게 한다는 데서 어느 정도 외로움을 해소할 뿐이다. 사랑을 할 때도 상대방에 대한 무조건적인 헌신을 하면서 자기는 사랑을 했다고 느끼고, 이로써 사랑에 대한 감정이 해소되고 외로움도 조금은 사라진다."

하겠다 등이 있었다. 거의 마지막 단계로 잡아 놓았던 게 베스트 음반이었다.

그러면 베스트 음반을 만들었다는 것은 봄여름가을겨울이 보여줄 것을 거의 다 보여주었다는 것인가?

그렇다. 특별히 신선한 충격이나 앞으로 '어떤 것'의 제시는 후배들 몫이라고 생각한다. 우리의 남은 역할은 청중과 음악가 간의 사랑을 확인시키는 것이다. 일반적으로 잊혀져간 사람은 대부분 기억에서 지워버리는데 우리는 연민 같은 것을 주고 싶다. 그래서 그런 게 한국음악에 대한 자부심으로 남게 하고 싶다. 음반 활동을 계속하게 되면 존재감을 알리는 거고, 평론가들에게는 평론거리를 제공한다. 어차피 우리는 무엇을 보여주려고 했다거나 특별히 목표를 갖고 음악을 했던 것은 아니었다. 어떻게 보면 조금은 이기적이었다. "한국 음악을 바꾸겠다"라는 꿈은 애초부터 있어도 크지 않았다.

지극히 개인적인 음악만을 했다는 건가?

의도적으로 개인적인 음악만을 했다는 것은 아니다. 내가 세상을 가슴에 담을 만한 인물이 되지 못했다는 것이다.

지금 이야기는 과거를 돌아보면서 나온 회한에서 한 말이 아닌가? 봄여름가을겨울의 정점이라고 할 수 있는 1989년 2집, 1992년 3집이 나올 당시에는 이런 생각을 하지 않았을 텐데.

그때는 이런 생각조차도 하지 않았다. 하고 싶은 것을 이루고 있구나, 잘되고 있구나 정도였다. 그리고 지금 얘기하는 것에는 패배주의적인 면도 있다. 사실 우리가 이루고 싶었던 것을 다 이루지는 못했다. 음악하는 사람으로서 건드리지 말아야 했을 것을 꿈으로 삼은 점도 있다. 홍보 및 매스미디어와 관련된 것은 이루지 못했다. 하지만 연주곡의 비중이 큰 음반을 내겠다, 우리 시대에 듣기 어려운 음반을 내겠다, 라이브 음반을 만들겠다, 미국에서 녹음하겠다, 베스트 음반을 내겠다 등 개인적으로 소망하던 것은 이루었다. 공연 관련 계획은 반쯤 이루었다고 생각한다.

하나는 좋은 엔지니어로 좋은 소리를 들려주겠다는 것이고, 다른 하나는 음반을 내면 100개 도시를 돌면서 콘서트를 하고 싶었다. 미국과 일본에서도 하고 싶었다. 후배들 중에서 누군가가 해주기를 바란다. 그때는 곁다리 붙어서라도 하고 싶다.

봄여름가을겨울을 위해서라면 물론이다. 당신은 외로움을 느끼지 않는가?

그렇지는 않다. 내 안에 담긴 음악을 만들어 발표해 사람들에게 때로는 안식과 위로를 주고 동질감을 느끼게 한다는 데서 어느 정도의 외로움을 해소할 뿐이다. 사랑을 할 때도 상대방에게 무조건적인 헌신을 하면서 자기는 사랑을 했다고 느끼고, 이로써 사랑에 대한 감정이 해소되고 외로움도 조금은 사라진다. 비록 상대방이 나를 한 번도 돌아보지 않았더라도 "나는 사랑을 했어, 외로움이 좀 해소된 거야. 오~예!"라고 하는 것과 조금은 비슷하다. 어떻게 보면 봄여름가을겨울 활동을 하는 것이 나에게는 색다른 외로움을 주기도 한다.

레드 제플린(Led Zeppelin), 그랜드 펑크 레일로드(Grand Funk Railroad), 로리 갤러거(Rory Gallagher), 비비 킹(B. B. King)의 곡들을 카피했다. 블루스가 있는 클래식 록이었다. 처음 일렉트릭 기타를 배운 것은 당시 임헌이라는 독일에서 온 친구를 통해서였다.

헤비메탈을 싫어하지는 않았지만 잘 몰랐다. 감각에도 안 맞았다. 내 것이 아니라고 생각했다. 하지만 록은 좋아했다. 그렇다고 퓨전 재즈를 잘 안 것도 아니었다. 우리 스스로가 우리를 퓨전 재즈 밴드라고 불러본 적은 없다.

봄여름가을겨울이라고 부르면 가장 좋겠다. 진짜 오만한 이야기지만 그게 목표였다. 우리를 퓨전 재즈 밴드라고 부르는 것은 그만큼 한국 음악계가 낙후되었다는 것을 말한다. 봄여름가을겨울 나부랭이가 한국을 대표하는 퓨전 재즈 밴드라는 것은 제대로 퓨전 재즈하는 뮤지션이 없다는 것과 같다. 우리는 퓨전 재즈 전문 밴드가 아니다. 우리 음반에 있는 서너 곡 정도만이 퓨전 재즈라고 부를 수 있다. 다른 평론가들이 우리를 퓨전 재즈 밴드라고 부른 것은 그것에 목말라 있던 상황에서 여러 가지 성향이 혼재된 음악을 하고 있어서였던 것 같다. 이런 것이 낯 뜨거워서 베스트 음반을 발매할 때 연주곡 CD를 따로 냈다. 마일스 데이비스(Miles Davis), 마하비시누 오케스트라(Mahavishnu Orchestra) 등으로부터 실험적으로 만들어진 퓨전 재즈는 밥 제임스(Bob James), 그로버 워싱턴 주니어(Grover Washington, Jr) 등으로 오면서 상업적인 재즈로 정착하는 전통이 있었지만, 우리에게는 그러한 실험이 없었다. 그들이 만들어놓은 것을 제대로 해보지 못했다.

"내가 거대하면 거대한 음악이 나올 것이고, 쫀쫀하면 쫀쫀한 음악이 나올 것이다."

1982년 겨울 정원영의 소개로 전태관을 만난 것으로 알고 있다. 전태관과의 만남은 자신의 인생에서 어떤 의미인가? 그는 자신에게 최적의 파트너로 생각되는가?
전태관과의 만남으로 봄여름가을겨울이 존재할 수 있었다고 생각한다. 그는 내 주변에서 만날 수 있는 최적의 파트너다. 하지만 내 이상 속에 있는 최적의 파트너는 다른 모습이다. 전태관과는 친구이면서 같이 일하는 관계이기 때문에 우정과 존중을 동시에 갖고 있다.
전태관 이외의 파트너를 생각해본 적이 있는가?
국내에는 없다.
자신의 노래를 어떻게 자평하는지?
굉장히 소박하고 너무 진실한 노래들이다. 부족한 면도 있고 나름대로 괜찮은 점도 있다. 작곡 시 과장되게 하지 않았다. 입으로 주절주절 나오는 것을 그때 바로 하지 않고 시간이 지난 뒤에 다시 정돈해서 만들었다.
작곡 시 시간차를 둔다는 것은 무엇을 의미하나?
조금은 제3자의 입장을 갖기 원하는 것이다. 연주 철학과도 관련이 있는데, 격렬한 연주에 몰입해 있을 때도 또 다른 내가 저 위에서 내려다보는 것을 상상한다. 연주하는 순간은 내가 침을 흘리는지, 입이 일그러졌는지, 다리가 꼬이는지를 모르고 연주한다. 이는 연주뿐만 아니라 세상을 살아가는 방식이다.

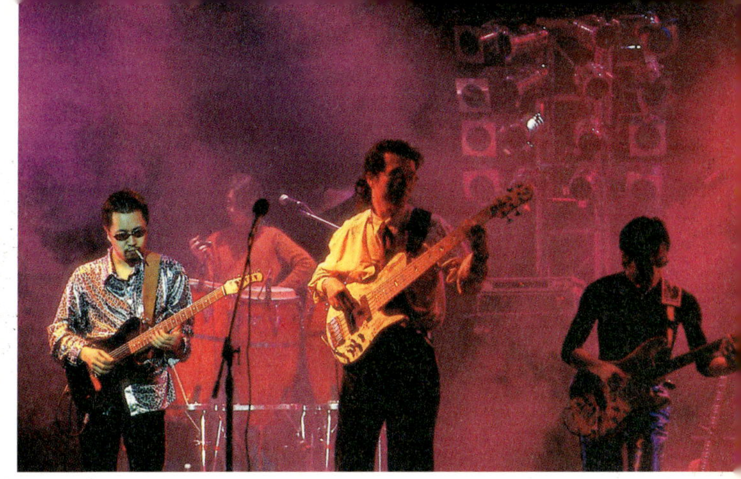

"우리는 퓨전 재즈 전문 밴드가 아니다. 우리 음반에 있는 서너 곡 정도만이 퓨전 재즈라고 부를 수 있다. 다른 평론가들이 우리를 퓨전 재즈 밴드라고 부른 것은 그것에 목말라 있던 상황에서 여러 가지 성향이 혼재된 음악을 하고 있어서였던 것 같다. 이런 것이 낯 뜨거워서 베스트 음반 발매 시 연주곡 CD를 따로 냈다."

감정의 오버를 하지 않으려 하는가?

감정은 최대한 충실히 표현하고 싶고, 경우에 따라서는 넘치도록 해야 한다. 감정의 즉흥적인 절제가 아니라 시간을 넓게 사는 마음이다. 이는 감정 처리에 대한 연마이다.

전태관의 말에 의하면 김종진 보컬의 강점은 "자신이 노래를 못하는 것을 알면서도 뻔뻔스럽게 계속하는 것"이라고 하는데, 이에 동의하는지?

그렇다. 나는 정말 노래를 못한다. 잘했으면 사람들의 마음을 더욱 울릴 수 있었을 것이다.

가사가 있는 노래와 연주곡을 만들 때의 차이점이 있다면? 연주곡을 만드는 것이 좀 더 편한가?

아니다. 연주곡은 가사가 없기 때문에 좀 더 충실해야 한다는 강박관념이 있다.

곡을 쓰기 시작할 때 연주곡이다 아니다를 결정하는가?

그렇지는 않고 가사가 안 나오면 연주곡이 된다.

노래에 어떤 내용을 담으려고 하는가? 주조는 사랑, 외로움, 희망 등인 것 같은데.

"있는 모양 그대로를 보여준다"가 모토다. 내가 있는 모양 그대로를 보여주기 때문에 내가 거대하면 거대한 음악이 나올 것이고, 쫀쫀하면 쫀쫀한 음악이 나올 것이라고 생각한다. 그래서 우리 음악은 일기라고 생각한다. 오늘 있었던 일을 기록하는 수단은 펜이 아니라 음악이다.

음악이 일기와 같다면 곡을 만들고도 숨겨놓은 곡이 있는가?

만든 곡은 다 발표하려 한다.

방송에서 음악 외적인 활동도 하는데, 방송에서 보여주는 모습과 평소의 모습은 많이 다른 것 같다.

한국의 방송은 똑같은 모양의 두부만 찍어내는 두부판 같다. 그리고 두부판을 구성하는 관계자들의 마음이 너무 한결같다. 그 방송의 포맷, 선곡 등이 미래지향적이라기보다는 있는 현실의 위기 모면 수준에 머무르기 때문에 별로 하고 싶지 않다. 그러나 지속적으로 출연해야 사람들에게 우리가 계속 활동하고 있고, 방송가에 영향력이 있는 것처럼 보인다. 대중에게 "그들은 아직 안 갔구나, 열심히 하고 있구나" 정도를 심어주고 있지만 그 외 여러 가지에서 실패했다고 생각한

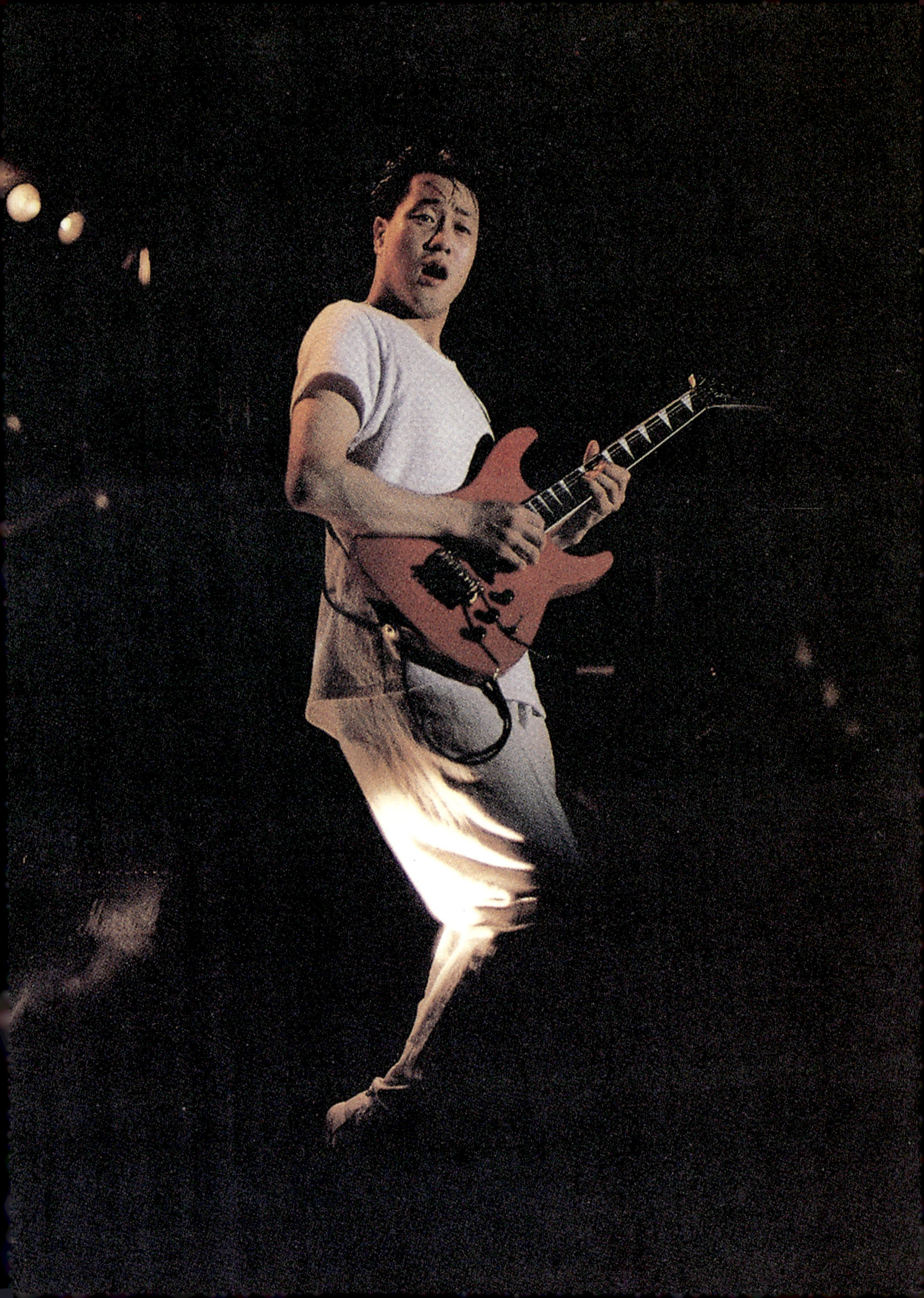

다. 굳이 말하자면 앞으로 가장 갖고 싶은 것은 음악전문 라디오방송국이다. 좋은 음악이 계속 나오고 사람들이 생각할 수 있는 얘기들을 전해주는 방송을 하고 싶다.

"케니 버렐, 웨스 몽고메리 스타일의 재즈를 하고 싶다."

그 당시는 4인조 록 밴드였다. 장기호도 있었다.
김수철은 어떤 아티스트인가?
지미 헨드릭스(Jimi Hendrix)와 알 디 메올라(Al Di Meola)는 둘 다 뛰어난 연주자이지만 지미 헨드릭스는 감정의 진솔함 등 감정 처리에 천재성을 갖고 있고, 알 디 메올라는 체계적인 운지법, 피킹 등의 마스터다. 김수철은 지미 헨드릭스에 가깝다. 일반 사람들에 비해서 감정이 다양하고 풍부하다. 음악가의 감성을 갖고 태어난 사람이다.
최태완(key), 유재하(key)는 '김현식의 봄여름가을겨울' 초기 멤버였나?
유재하가 첫 번째 멤버였는데 독집 음반을 내기 위해서 나갔고, 최태완은 박성식이 들어오기 전까지 유재하와 잠시 같이 있었다.
장기호, 박성식과 다시 작업하고 싶은 생각은?
있다. 장기호의 음악성을 매우 인정한다. 내가 만난 천재들 중 하나라고 생각한다. 음감, 리듬감, 작곡 다 뛰어나다. 그들과 1950년대, 1960년대 초 블루노트 쪽의 음악도 하고 싶다. 케니 버렐(Kenny Burrell), 웨스 몽고메리(Wes Montgomery) 스타일의 재즈를 하고 싶기도 하다.

"김현식은 당시 우리의 유일무이한 우상이었다."

김현식과의 만남은 어떻게 이루어졌는가?
1985년쯤 방배동의 한 카페에서 김현식을 만났다. 예쁜 여자 모델 8명을 옆에 두고 술 마시고 있었다. "와! 잘생긴 사람이 예쁜 여자들이랑 술 마시고 있구나"라고 생각했는데 그가 김현식이었다. 그의 1집을 너무너무 좋아했기 때문에 김현식은 당시 우리의 유일무이한 우상이었다. 카페 주인이 "현식아, 애도 기타 친대"라고 소개를 해주었다. 김현식이 뭐 하냐고 물어보길래

"저희는 재즈도 하고 싶고요, 록과 블루스를 좋아해요"라고 대답했다. 그러자 김현식 왈, "나중에 기회 되면 형이랑 한번 하자". 그게 다였다. 이후 1986년 다시 만났을 때는 "형이 밴드 출신이라 솔로로 도저히 못하겠다. 밴드 하려는데 애들 좀 모아봐라"라고 했고, 그래서 봄여름가을겨울이 만들어졌다.

우리는 당시 나름대로 한상원(기타), 김광민(키보드), 정원영(키보드) 등의 음악 천재들을 알고 있었다. 그들은 우리나라 음악계를 이끌어갈 연주자들이란 평가를 받고 있었고, 그들이 미국에 가기 전에 김현식에게 차세대 유망주라고 우리를 소개해주었다. 그리고 신중현이 운영하던 이태원의 '라이브'에서 그들과 잠시 연주했던 것이 소문이 나 있었다.

김현식 스스로 퓨전 재즈에 대한 동경이 있었다. 옐로재키츠(Yellowjackets), 스파이로 자이라(Spyro Gyra) 등의 음악을 계속 들었다. 김현식은 스튜디오 세션맨들이 참여한 2집의 연주를 별로 좋아하지 않았다. 그리고 우리에게 많이 맞추어주었다.

김현식은 대마초 사건으로 3집 발매 뒤 구속되었다. 그전에도 강원도, 부산을 간다면서 한 달씩 잠수를 탔다. 알고 보니 강원도에는 대마초 구하러 간 것이었고 부산에는 히로뽕 구하러 간 것이었다. 그런 게 계속되면서 한 달에 7만 원 벌고 35만 원씩 썼다. 전태관과 나는 막내인데, 장기호와 박성식은 장남이었고 집이 유복하지 못했다. 김현식이 잠수를 탈 때도 계속 불안해했고, 그가 구속되자 장기호와 박성식은 바로 사랑과 평화로 옮기면서 팀이 깨졌다. 김현식은 그해 겨울에 나왔는데, 우리에게 연락을 하지 않았다. 아마 우리들이 어렸고, 박성식을 제외한 3명이 전부 자기 잇속을 챙겼기 때문에 김현식도 별로 애정을 갖지 않았을 것이다.

있는 모습 그대로다. 일반적으로 알려진 모습과 똑같다. 잘생기고 노래 잘하고 음악적인 영혼이 충만했다. 그는 음악밖에 몰랐다. 마지막에는 음악과 술밖에 몰랐다.

김현식이 절망한 것은 한 번도 보지 못했다. 그가 절망한 것이 있다면 한국 음악계의 상황이었을 것이다. 그를 마약으로 이끈 것은 예전에 하얏트에서 '돌개바람' 보컬리스트로 활동했을 때 힘 있는(?) 여자들이 불러서 그와 같이 자려고 마약을 먹인 것이 시발점이 되었다고 한다. 그래서 그는 마약을 알게 되었고, Y라는 음악하는 선배가 있었는데 그가 김현식과 마약하는 동료였다. Y

는 음악은 '도'로 해야 한다면서 라즈니시 얘기를 했고, "라즈니시가 바륨(valium)으로 다운 (down)시키는 것은 다 이유가 있는 거야. 그러니까 우리는 히로뽕으로 업(up)시킨 후 대마초로 다 운시켜야 해"라는 얘기를 하곤 했다. 그러면서 라즈니시 호흡법을 실연하기도 했다. 김현식도 거 기에 빽 가 있었다. 마약이 절망에 대한 돌파구라는 것은 전부 거짓이다.

김현식은 궁극적으로 어떤 음악을 하려 했다고 생각하는가?
위대한 음악인들도 굳이 무엇을 하려고 음악을 하지는 않는다. 잘은 모르지만 자기 마음속에 있 는 것을 충실히 음악으로 표현하려고 한 것 같다. 그도 진실되게 음악하는 것을 좋아했고 '자기 화' 해서 음악하려고 했다. 그로버 워싱턴 주니어의 〈Just The Two Of Us〉를 연주한 적이 있는 데, 우리는 그 곡과 똑같이 반주를 해도 그는 절대 빌 위더스(Bill Withers)처럼 노래하지 않았다. 음이 올라갈 때 막 소리 지르다가 깨지게 부를 때도 있었다. 그러면 공연 끝난 뒤 "형, 왜 그렇게 불러요. 관객도 생각해야지"라고 하면, 그는 "그게 나야, X발. 그렇게 해야 사람들이 내 한계를 알 것 아니야. 니들도 배워"라고 대답했다. 우리는 정말 많이 배웠다.

김현식 3집 이후 '위대한 탄생'에 잠시 재적해 있었고, 여기서 송홍섭을 만난 것으로 알고 있는데.
송홍섭은 우리뿐만 아니라 김현식에게도 중요한 사람이다. 김현식이 송홍섭의 말은 잘 들었을 정도 로 그를 존경했다. 송홍섭은 최고의 베이스 연주자다. 내 생에 만난 베이스 연주자 중에서 최고다.

"음악과 미술을 같이 공유할 수 있는 사람들이 우리 음악을 이해해주 기를 바랐다."

1988년 봄여름가을겨울 데뷔 음반은 당시 대중들에게서 기대 이상의 호응을 받았는데, 음반이 나오기 전에는 대중음악계에서 어떤 반향이 있을 것이라고 예상했는가?
반향을 불러일으킬 것이란 생각은 전혀 하지 못했다. 제작비만 회수되기를 바랐다. 〈항상 기뻐하 는 사람들〉, 〈거리의 악사〉 같은 연주곡들이 호응받기를 원했는데 원치 않은 곡들이 뜨는 바람에 실망했다. 연주곡 음반을 내자는 제작자들이 있기를 바랐고, 우리는 연주자들로 남기를 원했다. 부담이 되었다.

1989년 2집 [나의 아름다운 노래가 당신의 마음을 깨끗하게 할 수 있다면]은 봄여름가을겨울 의 최고작으로 생각된다. 〈그대, 별이 지는 밤으로〉, 〈하루가 가고 또 하루가 오면〉, 〈사랑해〉, 〈못 다한 내 마음을〉 등이 실린 B면은 LP를 가지고 있는 사람들에게는 베스트 사이드로 생각되는데.

그동안 좀 부끄러웠다. 지금은 정리가 되어서 그때 가지고 있었던 것을 잘 표현했다는 생각이 든다. 당시 지금의 아내와 연애하고 있었고 〈그대, 별이 지는 밤으로〉가 그 부산물이다.

라이브의 의미는?

연주에 대한 갈증이 있다. 매일 라이브를 하고 싶다. 하지만 계속 같은 것을 보여주면 대중은 "발전이 없군"이라고 할 것이고, 그게 대중이라고 생각한다.

라이브에서 계속 나오는 세션맨으로는 김민기(퍼커션), 박대진(기타), 강기영(베이스, 이후 최원혁), 김원용(색소폰, 이후 정효진)이 있는데.

김민기는 좋아하는 드러머다. 그가 시나위 시절에 보여준 존 보냄(John Bonham) 같은 연주는 대단했다. 박대진은 처남이고, 강기영은 삐삐밴드를 결성해서 최원혁으로 교체되었다. 지금은 테크노 디제이(달파란)를 한다. 그리고 강기영은 내가 가장 좋아하는 연주자 중 하나다. 그는 천상 타고난 음악가이고, 고상함과 더러움이 공존하는 연주자이며 직설적인 음악을 하는 뮤지션이다.

강기영의 그 '더러운' 부분이 선생이 갖지 못한 부분인가?

나도 양쪽을 다 갖고 있다고 생각하지만, 그애는 나보다 더 고상하면서 더 더럽다. 자기의 더러운 똥도 마음대로 보여주는 뮤지션이다. 나는 틀을 잘 깨지 못한다.

콘서트에서 재미있는 쇼맨십을 보여주는데, 자신이 직접 기획하나?

전에는 "이런 것을 하자"라고 하면 잘 따라들 주었는데, 지금은 잘 안한다. 라이브 하는 재미가 많이 줄었다. 홍대 근처의 클럽에서 힙포켓의 라이브를 본 적이 있는데 정말 재미있게 보았다. 하는 것도 재미있어야 한다.

또한 독특한 어투로 "감사합니다!"라고 하는데, 이는 자신의 트레이드마크로 굳힌 것인가?

개성이다. 연주가 막 끝나고 오르가슴 비슷한 것을 느낄 때 "감사합니다! 으윽, 윽~"이라고 한다.

1991년 라이브 음반은 제대로 된 국내 최초의 라이브 음반이었는데, 당시 레코딩 여건으로 무리라고 생각하지는 않았는지?

주위에서 만류를 많이 했다. 하지만 하고 싶었고 해야 된다고 생각했다. 수준 높은 완성작을 보여준다기보다도 우리라도 하자는 생각이었다.

1992년 미국에서 녹음한 3집 [농담, 거짓말 그리고 진실]은 녹음, 세션 그리고 앨범의 미술(사진: 김중만)에까지 상당히 공을 들인 작품이었다. 예전 인터뷰에서 "음악과 미술(사진)을 같이 공유할 수 있는 사람들이 우리 음악을 이해해주기를 바랐다"라는 제작 의도를 얘기한 바 있다. 이후 이런 점들이 앨범 제작에 반영되었나?

4집에는 포스터가 있었고 별색 인쇄를 시도했다. 5집은 폰트그래프라고 글자 자체로 재미를 주

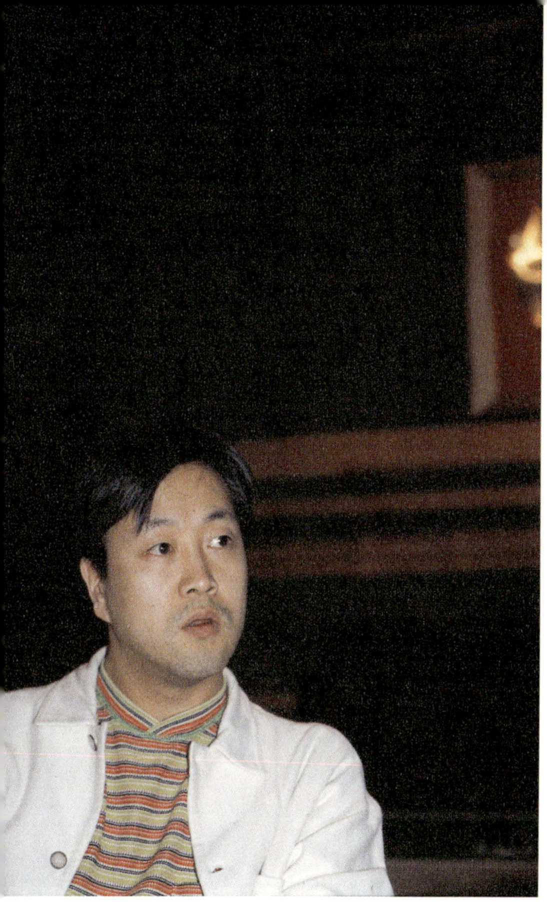

"격렬한 연주에 몰입해 있을 때도 또 다른 내가 저 위에서 내려다보는 것을 상상한다. 연주하는 순간은 내가 침을 흘리는지, 입이 일그러졌는지, 다리가 꼬이는지를 모르고 연주한다. 이는 연주뿐만 아니라 세상을 살아가는 방식이다."

는 것을 시도했다. 그리고 6집은 깡통 케이스였다.

1993년 4집 [I Photograph To Remember]도 3집과 같은 기조의 앨범인데.

4집은 가장 애착이 가는 음반이다. 그런데 4집은 가장 팔리지 않은 음반이 되었고, 그때부터 많이 흔들렸다. 당시 우리 것을 더욱 우리 것으로 만들고 약진해가던 중이었는데, 주위에서 어렵다는 이야기를 했다. 우리가 너무 냉정하고 자신들만을 위한 음악을 한다는 얘기를 들었다. 노래에 멋이 들어가고 매너리즘에 빠졌다는 얘기도 들었다. 그래서 5집 [Mystery]를 만들 때 이런 점이 영향을 주었고, 다시 초기의 따스함으로 거슬러 올라가게 되었다. 노련미와 완성도는 담겨 있지만 그 음반은 흔들린 음반이다.

그러면 6집 [Banana Shake]는?

6집은 빳빳한 음반이다. 애착은 별로 가지 않지만 가장 자랑스러운 음반이다. 10주년 기념 음반인 데다 연주도 좋았고, 노래에 담긴 내용도 마음속의 것 그대로다.

6집은 이전과 가사 쓰기가 달라졌는데.

사랑 얘기를 하지 않았을 뿐이지 없는 얘기를 한 것은 아니었다. 우리가 10년 동안 음악을 계속할 수 있도록 해준 사람들에게 던지는 메시지다.

3, 4, 5집 앨범의 엔지니어였던 로리 영(Rory Young)을 6집이 임창덕과 비교한다면? 임창덕은 1990년대 국내에서 가장 각광받은 엔지니어인데.

임창덕은 각광받는 엔지니어고, 로리 영은 뛰어난 엔지니어다. 우리나라 음악계에서 드러머보다 더욱 취약한 부분이 엔지니어다. 녹음 때문에 하고 싶은 것들을 많이 하지 못한다.

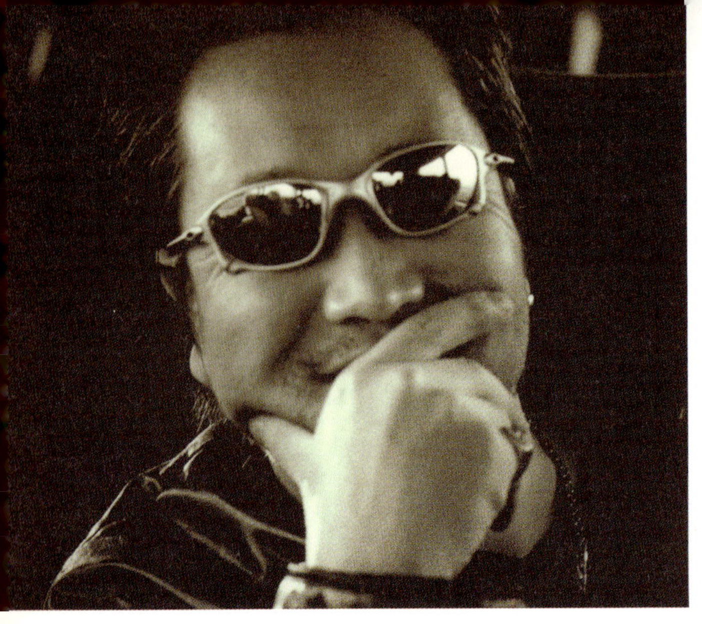

"김현식이 그로버 워싱턴 주니어의 〈Just The Two Of Us〉를 연주한 적이 있는데 우리는 그 곡과 똑같이 반주를 해도 김현식은 절대 빌 위더스처럼 노래하지 않았다. 음이 올라갈 때 막 소리지르다가 깨지게 부를 때도 있었다. 그러면 공연 끝난 뒤 '형, 왜 그렇게 불러요. 관객도 생각해야지'라고 하면, 그는 '그게 나야, X발. 그렇게 해야 사람들이 내 한계를 알 것 아니야. 니들도 배워'라고 대답했다. 우리는 정말 많이 배웠다."

"이를 악물고 땀을 뻘뻘 흘리면서 연주하는 것을 좋아한다."

1997년 [A Tribute To 신중현] 음반에는 〈미련〉이 실렸다. 신중현에게도 영향을 받았나?
'막 치는 거'에 대해서 영향을 받았다. 막 쳐서 뜨거움을 담게 하는 데는 신중현 이상 가는 연주자를 찾기가 힘들다. 그리고 가장 좋아하는 연주자는 한상원이다.
한상원, 김광민, 정원영은 유학 갔다 온 대표적인 뮤지션들이다. 연주자에게 유학이 필요한가?
그들이 유학을 갔던 이유는 "도저히 못 참겠다. 내 돈 들여서라도 제대로 된 것을 보고 배우자"였을 것이다. 그들은 정말로 살벌하게 음악 잘하고 무지막지한 공력의 소유자들이다. 그런데 후배들, 평론가들, 너무 모른다. 특히 한상원 같은 경우 그의 소리, 플레이 등을 제대로 알아주는 사람이 드물다. 그는 버클리에서도 스타였다. 그의 밑에서 놀던 연주자들이 지금은 미국을 이끌어가는 차세대 뮤지션들로 평가를 받는다. 사람들은 그가 만들어내는 소리의 질감, 연주에 담긴 표독스러움 등을 놓치고 지나간다.
1994~1995년에는 한상원, 정원영, 송홍섭, 한충완과 '수퍼밴드'를 만들어서 활동했는데,2 정식 음반 작업으로 이어지지 않은 이유는?

---

2 이 작업은 코리아 수퍼세션(Korea Supersession) 2집(1996/orange)으로 이어졌고, 참여자는 한충완(피아노), 한상원(기타), 김병찬(베이스), Kurt Walther(드럼)이다.

서로의 이기심 때문에 깨졌다. 우리는 존경하는 선배들과 작업한다는 데 만족했지만 그들은 서로 자신의 홍보에 이를 이용하려 했다.

동시대에 활동했던 어떤 날을 봄여름가을겨울과 비교한다면?

그들은 굉장히 서정적인 음악을 했다. 우리는 하드하게 연주하는 것을 좋아한다. 이를 악물고 땀을 뻘뻘 흘리면서 연주하는 것을 좋아하기 때문에 그들의 음악은 잘 안 듣게 된다.

1990년대의 대표적인 뮤지션인 김광석, 안치환을 말한다면.

잘 모른다.

요즘 국내 클럽 등에서 활동하는 뮤지션들과 인디 음반에 대한 관심은?

아주 많다. 그들이 빨리 대중들에게 제대로 모습을 보여주고, 사람들이 그들에게 열광했으면 한다.

지금은 예전과 같이 활동하지 않는데.

일단 전처럼 음악이 막 솟아나지 않는다. 음악이 샘물처럼 솟아나오지 않으면 더러운 흙탕물만 고인다. 그리고 많이 지쳤다.

음악인이 가져야 할 미덕은?

자기에 대한 책임이다. 자기 속에 우주가 있기 때문에 자기에 대해 책임을 지는 것은 우주에 대해 책임을 지는 것이다. 돈, 섹스, 인기를 초월해야 한다.

앞으로 어떤 음악을 하고 싶은가?

블루스를 하고 싶다.

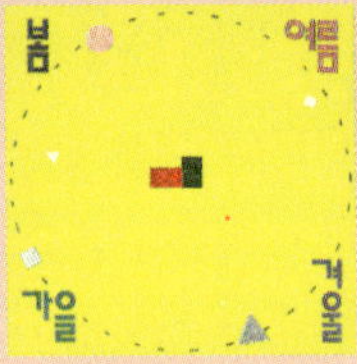

1집 [봄여름가을겨울] (1988/동아기획)
김종진(g, v), 전태관(d)
세션: 송홍섭(b), 한충완(key), 황수권
(key)
국내에 퓨전 재즈라는 장르를 일반화시킨
김종진, 전태관의 새로운 출발점. 아무도
예상하지 못했던 그들의 성공으로 사람들
이 좀 더 고급스러운 느낌의 가요를 원하고 있었다는 것이 증명된 셈
이고, 이는 김현철 같은 뮤지션의 성공을 예측케 했다. 〈내가 걷는 길〉,
〈사람들은 모두 변하나봐〉가 히트했지만 그들이 정말 주목받기 원했
던 곡들은 〈항상 기뻐하는 사람들〉, 〈거리의 악사〉, 〈12월 31일〉과 같
은 연주곡들이었다고 한다.

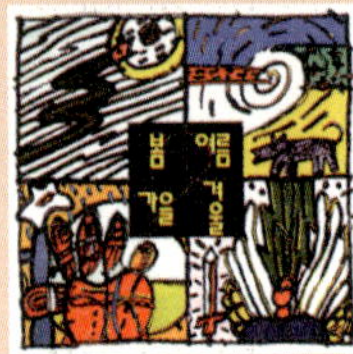

2집 [나의 아름다운 노래가 당신의 마음을
깨끗하게 할 수 있다면] (1989/동아기획)
김종진(g, v), 전태관(d)
세션: 송홍섭(b), 김효국(key), 최태완
(key), 김원용(sax)
그들 최고작이다. 당시는 김종진의 말대로
'음악이 샘물처럼 솟아나오고' 있었다. 김
종진의 연애 시절이라 음악은 더욱 감미로웠고, 〈어떤 이의 꿈〉, 〈열일
곱 그리고 스물넷〉이 인기를 얻었다. 그들 음반의 베스트 사이드(LP
의)로서 〈그대, 별이 지는 밤으로〉로 시작해 〈못다한 내마음을…〉로 끝
나는 B면이 훌륭하다.

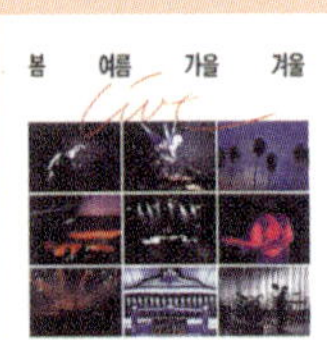

[Live] (1991/동아기획)
김종진(g, v), 전태관(d)
세션: 강기영(b), 송재준(key), 황수권
(key), 박청귀(g), 김민기(perc), 김원용
(sax)
국내에서 최초로 제대로 만들어진 라이브
음반. 초기 라이브 세션에 참여했던 강기
영과 김원용(지금은 최원혁과 정효진)의 연주를 들을 수 있다. 음질은
기대할 바 아니지만 이 더블 라이브 음반 출반을 가능케 한 그들의 인
기는 어쨌든 대중음악계에 긍정적인 역할을 했다.

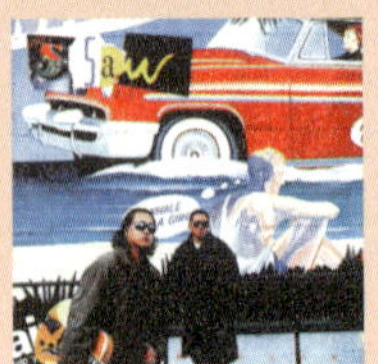

3집 [농담, 거짓말 그리고 진실]
(1992/동아기획)
김종진(g, v), 전태관(d)
세션: Paul D. Mariconda(key), Jeff
Ganz(b), Paul Adamy(b), Lenny
Pickett(sax), Andy Snitzer(sax), Joe
Bonadio(perc), Al Orlo(g)
국내 스튜디오 녹음 현실에 답답함을 느낀 그들은 뉴욕 애크미
(ACME) 스튜디오에서 로리 영의 엔지니어링으로 녹음을 감행했다(김
중만의 사진집도 귀중한 소장품 역할을 한다). 〈농담, 거짓말 그리고
진실〉, 〈10년 전의 일기를 꺼내어〉 등이 수록되었고, 인기를 얻을수록
더욱 뮤지션 본연의 자세에 치중하려 했던 진지함이 깃들어 있다.

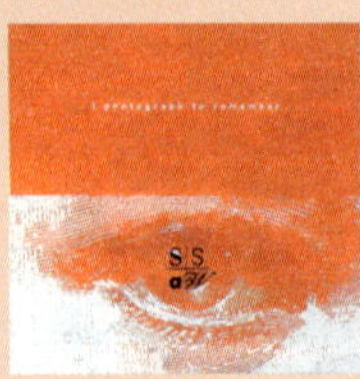

4집 [I Photograph To Remember]
(1993/동아기획)
김종진(g, v), 전태관(d)
세션: Robert Aries(key), Jeff Ganz(b),
Chris Parks(b), Andy Snitzer(sax),
Joe Bonadio(perc)
남미의 사진작가인 페드로 마이어(Pedro
Meyer)가 죽어가는 자기 어머니의 모습을 2개월 동안 촬영해 기록한
'I Photograph To Remember'라는 CD-ROM에서 영감을 얻어서
제작한 음반. '죽음이 곧 삶'이라는 인생의 허무함을 노래했다. 그들
이 가장 애착을 갖는 음반이고, "〈영원에 대하여〉가 우리와 대중의 공
통분모가 될 것이라고 생각한다"라고 밝혔다.

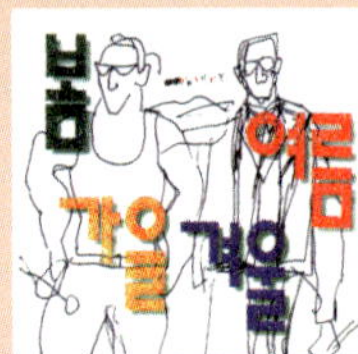

5집 [Mystery] (1995/동아기획)
김종진(g, v), 전태관(d)
세션: 송홍섭(b), 한충완(key), 황수권
(key), Jeff Ganz(b), Andy
Snitzer(sax), Joe Bonadio(perc)
다시 예전의 '따스함'으로 돌아가려고
한 음반. 사막을 혼자 돌아다니는 게코
(geko)라는 작은 도마뱀에게서 현대를 살아가는 젊은이들의 모습을
본 〈Geko Funk〉 등이 수록되었다. 전태관에게 바치는 〈외로움의
파도를 타고〉, 웨스 몽고메리에게 헌정하는 〈Daddy Wes〉도 좋은
연주곡이다. 기타는 하이럼 벌록(Hiram Bullock)에게서 산 1962년
형 스트라토캐스터를 사용했다.

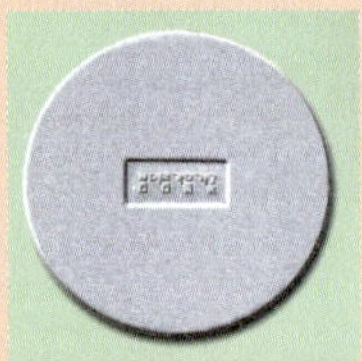

6집 [Banana Shake] (1996/동아기획)
김종진(g, v), 전태관(d)
세션: 이태윤(b), 강기영(b), 최태완(key),
이정식(sax), 정효진(sax), 김세황(g)
그들이 가장 자랑스러워하는 음반이고, 전
환점적인 음반. 〈바나나 쉐이크〉, 〈한밤에
치는 기타〉 등이 수록되었다.

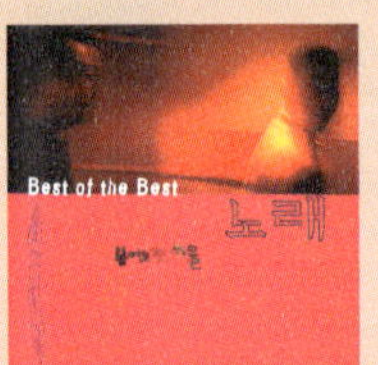
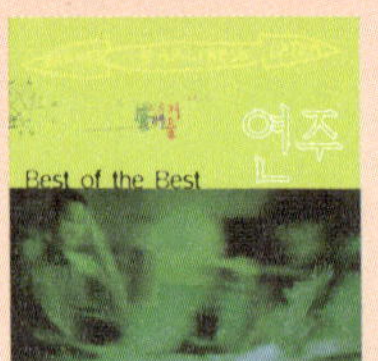

[Best Of The Best] (1997/동아기획)
김종진(g, v), 전태관(d)
재녹음 세션: 〈언제나 겨울〉-최원혁(b),
김광민(key), 〈봄여름가을겨울〉-최원혁
(b), 김광민(clavinet), 한상원(g), 제리 무
어(sax), 〈그대를 생각하며〉-최원혁(b), 〈항
상 기뻐하는 사람들〉-최원혁(b), 한충완
(key), 마이클 샤피로(sax)
베스트 음반이지만 새로운 음반으로 봐도
무방할 정도의 외양을 갖추었고, 조 개스
트워트(Joe Gastwirt)의 뛰어난 리마스터
링이 빛나는 그들 음악의 완결판이다. '노
래', '연주' 두 장의 CD로 만들어졌고, 일
부 곡은 다시 편곡되어 녹음되었다. 음원
이외에도 정성이 담긴 재킷과 포장은 소장 가치가 있고, 음질만 본다
면 그들 작품 중에서 가장 뛰어난 음반이다. 이러한 이유로 정규 음반
은 아니지만 감히 그들의 추천작으로 얘기할 수 있다.

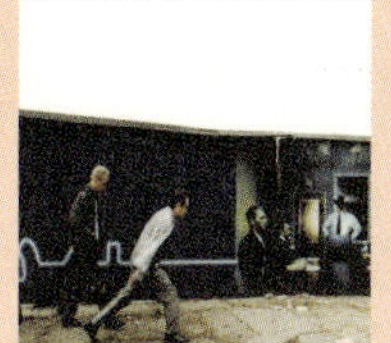

7집 [Bravo, My Life!]
(2001/동아뮤직)
김종진(g, v), 전태관(d)
세션: 송홍섭(b), 강호정(key), 조원선(v)
봄여름가을겨울이 오랜만에 발표한 7집
[Bravo, My Life!]는 다분히 회상의 정서
를 갖고 있고, 현재가 힘들지만 "지금껏 달
려온 너의 용기를 위해, 찬란한 우리의 미래를 위해" 버텨내자고 한다.
그리고 김종진이 연애하던 시절의 정서를 담고 있었던 2집에 수록되
었으면 어울릴 만한 〈화해연가〉 같은 곡들이 있다. 송홍섭(베이스)과
강호정(키보드)이 세션에 참여한 이번 음반은, 노래만 놓고 본다면 그
들이 절정의 기량을 보여주었던 [나의 아름다운 노래가 당신의 마음을
깨끗하게 할 수 있다면](1989), [농담, 거짓말 그리고 진실](1992), [I
Photograph To Remember](1993)에 이은 명작임에 분명하다. 리
메이크곡인 〈한 잔의 추억〉, 잔잔한 펑키 그루브가 돋보이는 〈In The
City〉, 조원선이 참여한 〈너는 지금쯤…〉 등은 명곡이다. 하지만 나이
로 보건대 아직도 청년의 에너지로 노래해야 할 그들이 인생의 막장에
서 있는 듯한 자세를 취하는 것은 납득할 수 없다.

[I'm Ssaw Dizzy Live 05]
(2005/봄여름가을겨울 엔터테인먼트)
김종진(v, g), 전태관(d)

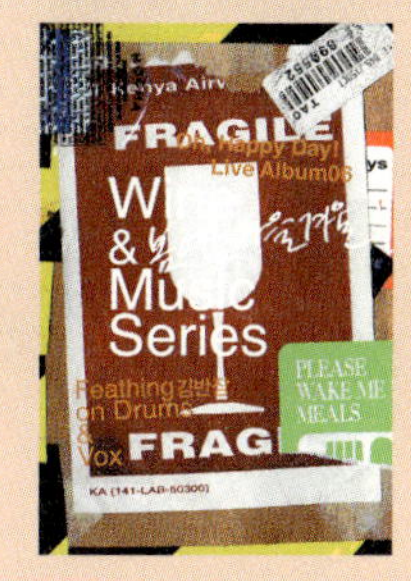

[Oh Happy Day!/Live Album]
(2006/봄여름가을겨울 엔터테인먼트)
김종진(v, g), 전태관(perc)
세션: 송홍섭(b), 임주연(key), DJ 선댄스
(turntables), 김반장(d, v)

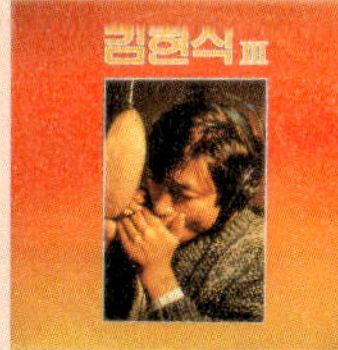

김현식 3집 (1986/동아기획)
김현식(v, g, har), 김종진(g), 전태관(d),
장기호(b), 박성식(key)
세션: 윤승태(g)
김현식의 3집으로 김종진, 전태관으로서
는 데뷔 음반이다. 박성식의 〈비처럼 음악
처럼〉, 유재하의 〈가리워진 길〉, 김종진의
〈쓸쓸한 오후〉 등은 김현식 곡 〈비오는 어느 저녁〉, 〈눈 내리던 겨울밤〉
등과 함께 앨범의 완성도를 높여주었다.

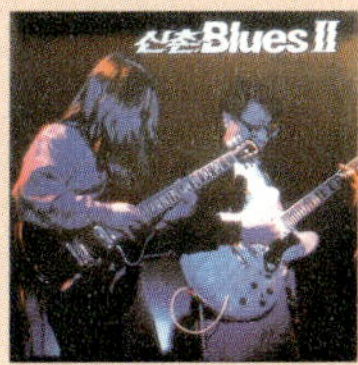

신촌블루스 2집
(1989/서라벌레코드)
봄여름가을겨울 〈또 하나의 내가 있다면〉
수록곡은 그들 최고작 중 하나이다.

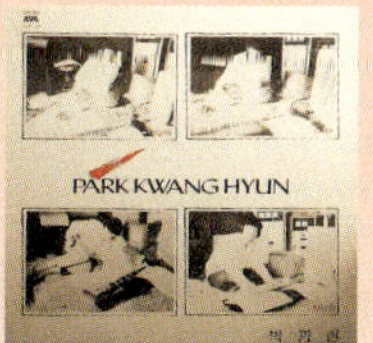

박광현 1집 (1989/아세아레코드)
김송신(g, 뻔쓱), 진태관(d)
박광현의 명작을 가능케 했던 세션이 빛난
다.

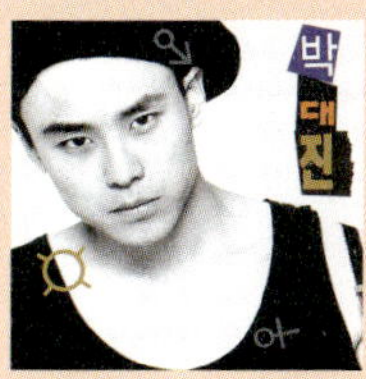

박대진 (1994/동아기획)
김종진(g, prog, 프로듀서)
사실상 김종진의 작품이라고 보아도 좋을
만큼 상당 부분 그가 관여한 음반이다.

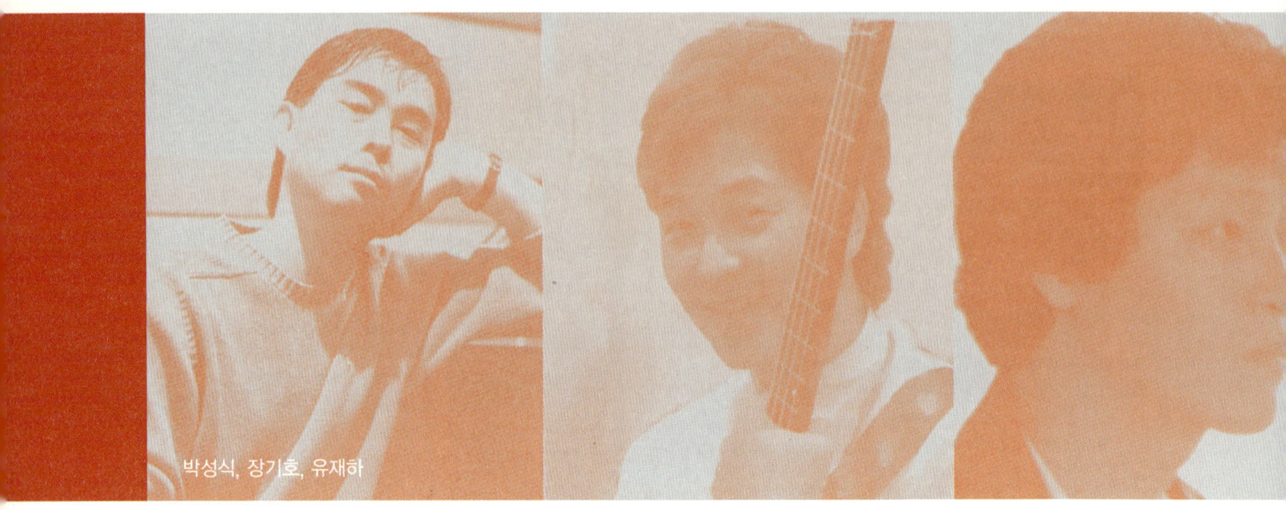

빛과 소금 & 유재하

"오래된 친구들의 노래"

김현식 3집의 백밴드였던 '김현식과 봄여름가을겨울'은 각기 김종진·전태관의 봄여름가을겨울과 장기호·박성식의 빛과 소금으로 나뉘어졌다. 이들은 퓨전 재즈 성향의 록을 선보인 대표 주자로 손꼽힌다. 그리고 유재하는 '김현식과 봄여름가을겨울'의 초기 멤버였다.

빛과 소금은 김현식 3집에 참여한 '김현식과 봄여름가을겨울'이 모태다. 봄여름가을겨울에는 김종진(기타), 전태관(드럼), 장기호(베이스), 박성식(키보드)이 참여했다.[3] 김현식과의 활동을 마감한 후 김종진과 전태관은 봄여름가을겨울이라는 이름으로 앨범을 발표하고, 장기호와 박성식은 이남이가 탈퇴한 사랑과 평화에 가입한다. 1989년 발표한 사랑과 평화 4집에는 퓨전 재즈 성향의 곡인 〈샴푸의 요정〉이 히트를 기록하기도 하지만, 장기호와 박성식은 기존 최이철 중심의 음악과 성공적인 융합을 이루어 내지 못했다. 결국 이들은 탈퇴하고, 한경훈(기타)을 가입시켜 독자적인 밴드를 결성했다. 팀명은 크리스천인 자신들의 성향을 드러내는 '빛과 소금'이라고 지었다.

빛과 소금은 1990년 〈샴푸의 요정〉이 재수록된 빛과 소금 1집을 발표한다. 봄여름가을겨울과 종종 비교대상이 되곤 하던 이들은 김종진의 기타가 이끄는 봄여름가을겨울과는 달리 박성식의 키보드가 주선율을 이끌고 장기호의 작곡에 의해 주도되는 서정적인 사운드를 선보인다. 1991년에 발표한 2집은 한경훈의 역할이 더욱 커진 앨범으로 〈모터사이클〉 같은 좋은 연주곡 등이 실려 있지만 그다지 좋은 반응을 얻지는 못한다. 이후 3집(1992)과 그동안 TV 프로그램 음악으로 사용되었던 곡들을 모은 [빛과 소금 드라마 음악](1993)을 발표한다. 이 앨범에는 TV에서 방영된 '여자의 방', '샴푸의 요정'에 삽입된 곡들이 실려 있다.

1994년 발표한 이들의 4집에는 한상원, 김광민 등이 세션으로 참가했고, 한상원이 보코더를 연주하고 펑키한 장기호의 베이스가 실린 〈오래된 친구〉 등이 수록되었다. 1997년에 발표한 5집은 외국 스튜디오에서 녹음하고 외국 뮤지션이 참여한 앨범이다. 바비 로저스(Bobby Rogers, 기타)의 솜씨가 돋보이는 연주곡 〈천국으로〉, 펑키한 리듬의 연주곡 〈날개짓〉 등이 수록되었다. 이후 1999년에 라이브 음반이 발매되었다.

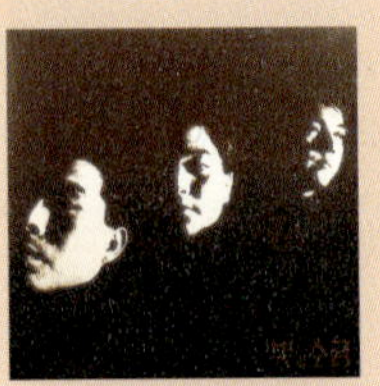

1집
[빛과 소금 Vol.1] (1990/동아기획)
장기호(v, b, key, prog), 박성식(v, key,
piano, prog), 한경훈(v, g, key, prog)

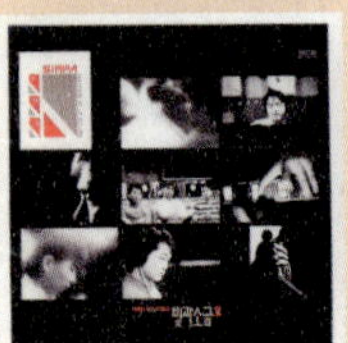

2집
[내 곁에서 떠나가지 말아요]
(1991/동아기획)
장기호(v, b, key), 박성식(v, key,
piano), 한경훈(v, g, key)
세션: 이건태(d, perc), 이정식(sax)

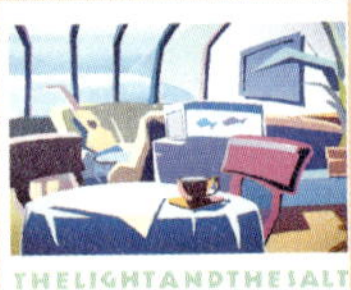

3집
[빛과 소금 3] (1992/nices)
장기호(v, g, b, key, perc), 박성식(v,
key, piano, perc)

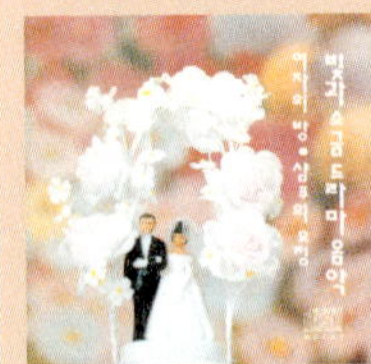

O.S.T.
[빛과 소금 드라마 음악]
(1993/금성레코드)
장기호(v, b, key), 박성식(v, key,
piano), 한경훈(v, g, key)

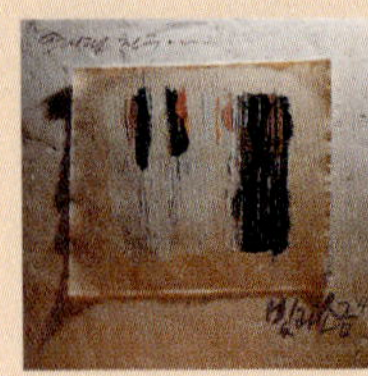

4집
[오래된 친구]
(1994/동아기획)
장기호(v, g, b, key, perc), 박성식(v,
key, piano, perc)
세션: 한상원(g), 김광민(key)

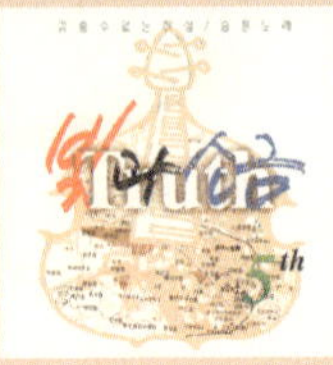

5집
[천국으로] (1997/LGM)
장기호(v, g, b, key, perc), 박성식(v,
key, piano, perc)

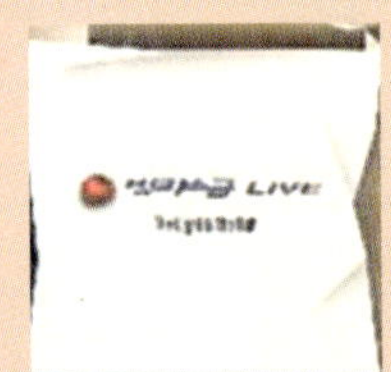

[빛과 소금 Live]
(1999/웅진미디어)
장기호(v, b, key), 박성식(v, key,
piano), 한경훈(v, g, key)

장기호

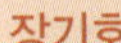

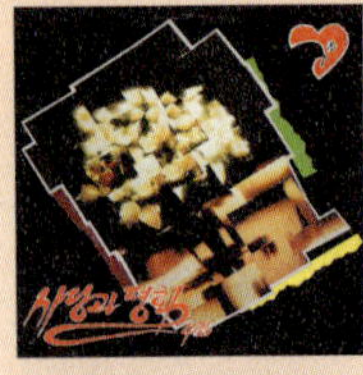

사랑과 평화 4집 (1989/오아시스)
최이철(g, v), 한정호(key), 박성식(key),
이병일(d), 장기호(b, v)

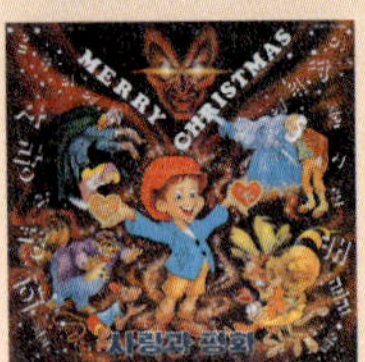

사랑과 평화 [Merry Christmas]
(1989/오아시스)
최이철(g, v), 한정호(key), 이병일(d), 장
기호(b), 이승수(b), 최진호(v)

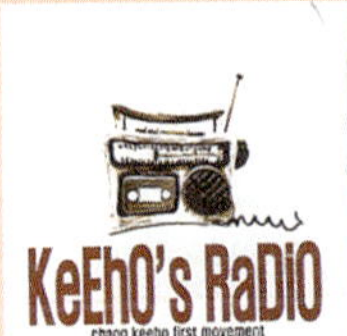

장기호 1집
[Keeho's Radio]
(2002/동아기획)
〈Ray's Crying〉, 〈내 친구 Radio〉

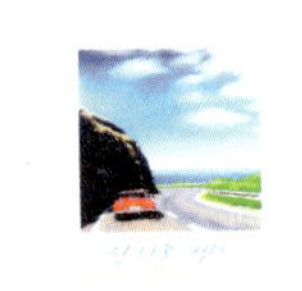

장기호밴드 1집
[When I Think Of You]
(2004/동아기획)
장기호(v, b), 박근혁(d), 이정철(g)

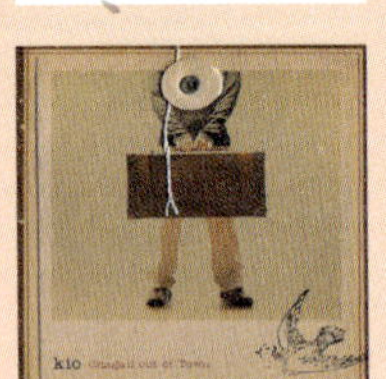

키오 [Chagall Out Of Town]
(2006/Triangle)
장기호는 항상 두 가지로 이야기되어왔
다. '빛과 소금'의 멤버라는 것, 그리고
뛰어난 베이스 연주자라는 것. 그 이상도
이하도 아니었다. 하지만 이는 스스로가
보여준 능력의 한계 때문이었지 별 다른
이유는 없었다. 이미 그의 솔로 앨범인 [Keeho's Radio]가 있었고,
장기호밴드로 발표한 [When I Think Of You]도 있었지만, 작품은 실
망스러웠다. 이제 장기호도 '교수님'의 반열에 오르면서 후배·제자
들과 같이한 앨범이 이번 앨범이다. 한데 다행스러운 것은 오히려 이
전보다 음악적으로 밀도도 있고, 긴장감도 생겼다는 점이다. 차라리
후기 빛과 소금보다도 낫다는 생각이다. 〈꿈속에서 봤던 그녀〉, 〈보석
같은 사랑〉과 같은 뛰어난 노래들이 수록되어 있다.

유재하는 1962년 서울에서 태어났다. 그는 한양대 작곡과 재학 시절인 1983년 '조용필과 위대한 탄생'의 키보디스트로 활동했고, 1986년에는 김현식의 백밴드 '김현식과 봄여름가을겨울'에 참가했다. 이러한 인연으로 그는 데뷔 앨범 이전에 조용필 7집(1985), 문관철 1집(1985), 김현식 3집(1986), 이문세 3집(1986) 등에 자신의 곡을 제공했다. 작곡은 물론 피아노, 기타, 바이올린, 첼로 등 많은 악기를 능숙하게 다루었던 그는 1986년 베이시스트로 활동하던 조원익의 도움으로 솔로 앨범을 준비했고, 1987년 자작곡 9곡이 실린 1집 [사랑하기 때문에]를 발표했다.

클래식과 퓨전 재즈에 기반해 개인적인 감수성을 서정적으로 풀어낸 이 앨범은 발표 당시에는 큰 반응을 얻지 못했지만 같은 해 11월 1일 그가 교통사고로 갑작스레 세상을 떠난 후 주목을 받았다. 작사, 작곡, 편곡뿐만 아니라 대부분의 악기 연주를 유재하 스스로 해낸 이 앨범에는 〈사랑하기 때문에〉, 〈지난 날〉 등의 히트곡뿐만 아니라 피아노 선율과 노랫말의 매치가 뛰어난 〈우울한 편지〉, 김현식이 3집에서 부른 〈가리워진 길〉 등 완성도 높은 노래들이 수록되어 주위를 놀라게 했다.

그의 사후 그의 재능을 기리는 '유재하 음악 장학회'가 만들어졌고, 장학회에서는 매년 '유재하 창작 가요제'를 개최해 이를 통해 조규찬, 고찬용 등이 데뷔했다. 1997년에는 그의 영향을 받았다고 자처하는 김현철, 유희열 등이 주도해 유재하 추모 앨범을 발표했다.

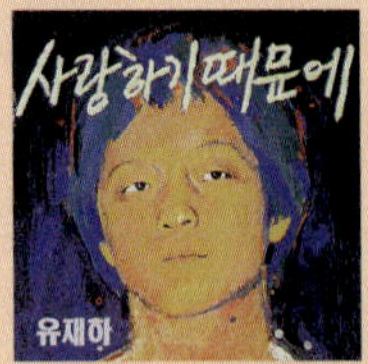

유재하 1집 [사랑하기 때문에]
(1987/서울음반)
〈우리들의 사랑〉, 〈가리워진 길〉

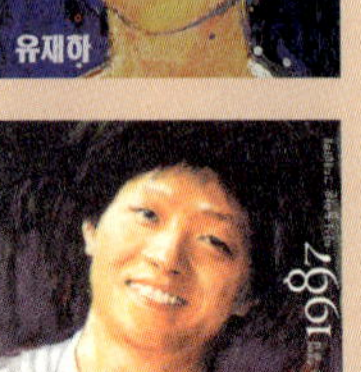

V.A. [1987. 다시 돌아온 그대위해]
(1997/서울음반)
추모앨범. 김현철, 유희열이 프로듀서를 담당
하고, 이적, 이소라, 나원주, 유영석, 한동준,
신해철, 일기예보, 김동률, 정재형, 김광진,
여행스케치, 고찬용, 조규찬 등이 참가했다.
〈다시 돌아온 그대 위해〉, 〈지난날〉 등 수록.

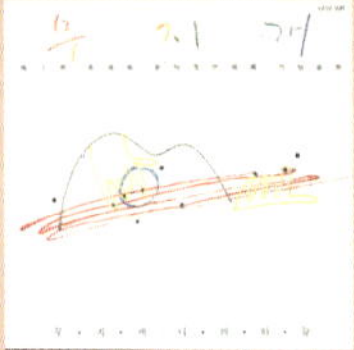

V.A. [제1회 유재하 음악경연대회]
(1989/서울음반)
〈무지개〉

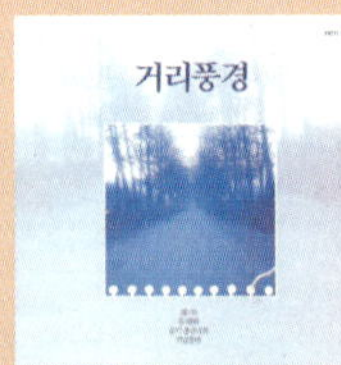

V.A. [제2회 유재하 음악경연대회]
(1990/서울음반)
〈거리풍경〉

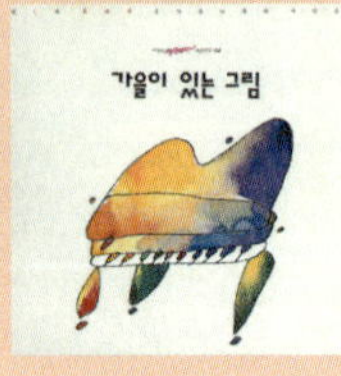

V.A. [제3회 유재하 음악경연대회]
(1991/서울음반)
〈가을이 있는 그림〉

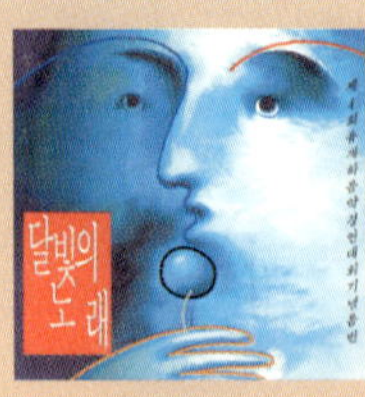

V.A. [제4회 유재하 음악경연대회]
(1993/하나뮤직)
〈달빛의 노래〉

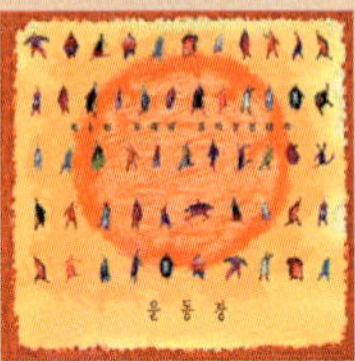

V.A. [제6회 유재하 음악경연대회]
(1994/하나뮤직)
〈운동장〉

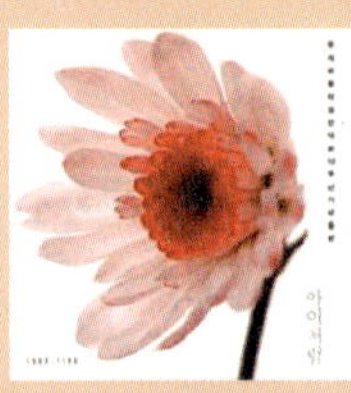

V.A. [유재하 음악경연대회 10주년 기념
음반 1989~1998]
(1998/서울음반)

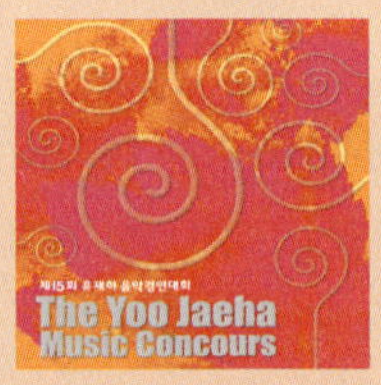

V.A. [제15회 유재하 음악경연대회]
(2004/서울음반)

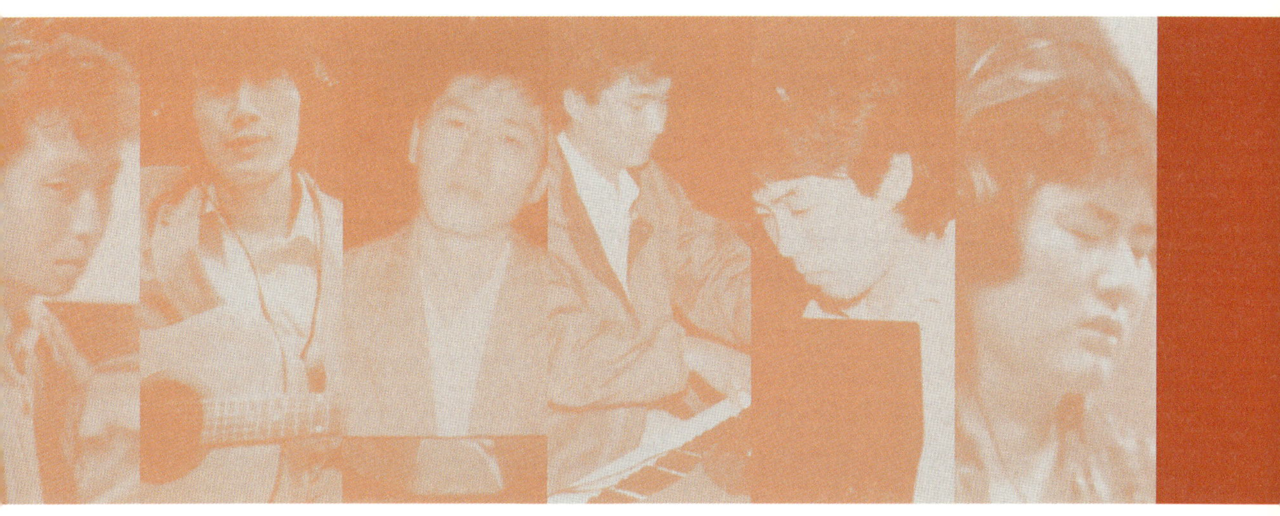

하늘바다, 우리 & 동서남북

"낮은 목소리의 낮선 시도들"

"1980년대 중반 들국화의 등장은 근근히 맥을 이어오던 언더그라운드 밴드들에게 활동할 수 있는 여지를 제공했고, 덕분에 많은 밴드들이 여러 가지 경로를 통해 등장했다. 이들 밴드들은 그다지 이름을 알리지도 '혁신'을 가져오지도 못했지만, 당시 이들의 시도들은 아무런 언급 없이 지나치기에는, 그리고 단발로 그치기에는 아쉬움이 남는 것들이다."(김민규)

하늘바다는 제대로 된 '프로그레시브 록에 대한 접근' 이라는 평을 받았다. 프로그레시브 록(또는 아트 록)에 대한 당시의 편향적 이해를 감안한다면, 이들은 록에 대한 진지한 접근을 시도했다고 평가하기에 충분한 능력을 보였다. 하몬드 오르간 세션맨이던 김효국의 지휘 아래 장재환(기타), 김영태(베이스)가 녹음한 이들의 데뷔 앨범에 실린 노래들은 개인적 감수성보다는 세상을 바라보는 시각을 은유적으로 풀어낸 곡이며, 〈마네킹의 하루〉, 〈거울 속의 얼굴〉, 〈하늘 바다〉 등 자아와 현대 산업사회 속의 개인에 대해 이야기한 곡이다. 이들은 1990년 믿음소망사랑 출신의 조준형(기타), 하늘바다 1집의 프로듀서인 김효국(키보드), 조용필과 위대한 탄생 출신의 박기형(드럼) 등과 함께 '11월' 을 결성하고 〈착각〉, 하늘바다 1집에 실렸던 〈거울 속의 얼굴〉, 〈머물고 싶은 순간〉 등이 다시 실린 1집을 발표한다. 대부분 세션맨 출신이던 이들은 탄탄한 연주력을 바탕으로 블루스와 클래식 록을 지향하며 기존에 시도되지 않던 구성의 사운드를 선보였다. 들국화 이후 록에 대해 진지한 접근을 시도하던 뮤지션이 드문 가운데 등장한 이들은 이전의 경력 때문에 많은 기대를 받았지만 그에 부응하는 결과물을 내놓지는 못했다. 이들은 1991년 2집과 동숭동 파랑새 극장의 라이브 실황을 녹음한 라이브 앨범**4**을 발표한 후 활동을 마감한다. (김민규)

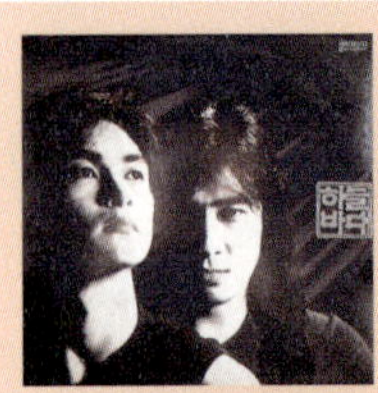

하늘바다 1집
[하늘바다] (1989/성음)
장재환(v, g), 김영태(v, b)
세션: 김효국(piano, key, organ, string), 배수연(d), 키리키리(신연희, 강명숙/chorus)

장재환

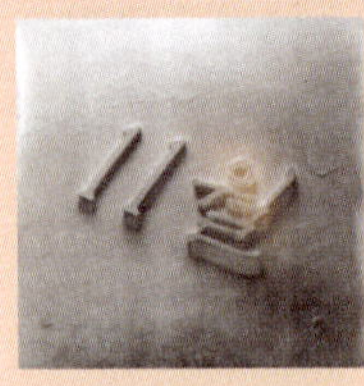

11월 1집 [11월] (1990/서울음반)
김효국(v, organ, key), 장재환(v, g), 조준형(v, g), 김영태(v, b), 박기형(v, d)

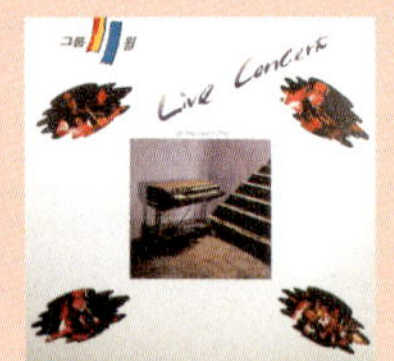

11월 [Live Concert]
(1991/희지레코드)
김효국(v, organ, key), 장재환(v, g), 조준형(v, g), 김영태(v, b), 박기형(v, d)

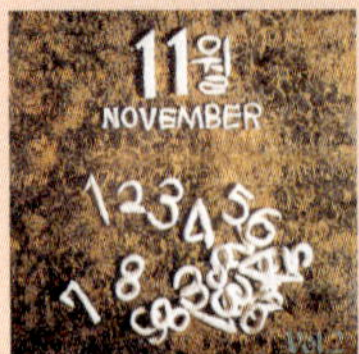

11월 2집 [November] (1991/웅산)
김효국(v, organ, key), 조준형(v, g), 김영태(v, b), 박기형(v, d)

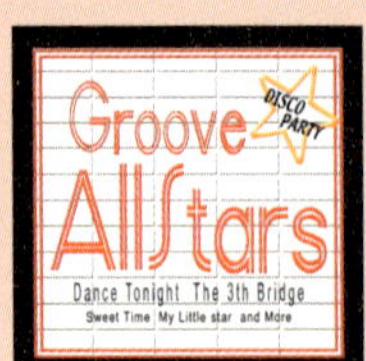

그루브 올스타스 1집
[Groove All Stars]
(2004/groove entertainment)
한국(v), 장재환(g), 김진영(g), 이경남(b), 김종익(key), 신석철(d), 이용(trumpet), 이인배(trombone), 엄창용(sax), 유재형(perc)

---

4 이 앨범에 실린 이글스의 〈Take It Easy〉, 에릭 클랩튼의 〈Wonderful Tonight〉 등의 커버는 이들의 지향점이 무엇이었는지 보여주는 트랙이다.

우리는 권인하(보컬), 정수연(기타), 윤중서(키보드), 홍종화(키보드), 김정욱(베이스), 안기정(드럼)을 멤버로 1986년 셀프타이틀 데뷔 앨범을 발표했다. 이들은 당시 활동하던 다른 밴드와는 차별되는 라인업을 갖추고 있었다. 당시에는 밴드 대부분이 키보드(신시사이저, 피아노)를 활용했지만 사운드의 중심은 기타에 있었고, 우리처럼 전면에 내세우지는 않았다. 그리고 키보드 연주자를 두 명이나 둔 것은 이들이 추구한 음악의 분위기와도 연관이 있었다. 정수연이 주로 담당한 이들 곡의 분위기는 권인하의 샤우팅 보컬에 걸맞지 않게 서정적이고 퓨전 재즈의 요소가 강했다. 이러한 점은 〈세상이 모두〉, 〈찬 비〉, 〈이슬〉 등의 차분하고 명징한 멜로디의 곡들에서 충분히 장점으로 작용했다. 특히 권인하의 보컬이 발군인 〈이슬〉은 김현식과 들국화의 중간 지점쯤에 이들을 위치시켰다. 하지만 김현식 1집에 수록되었던 〈그대 외로워지면〉, 강인원의 〈그대 떠난 하루〉를 제외하곤 멤버들의 곡으로 채워진 이 앨범은 그다지 균일하지 않았고, 싱글 히트 곡을 내지 못했다. 그래서인지 '우리'는 이 앨범 이후 해체했고, (목소리만으로는) 김현식의 후예로 평가받던 권인하는 솔로 앨범을 발표하며 보컬리스트로서 지금까지 활동하고 있다. (김민규)

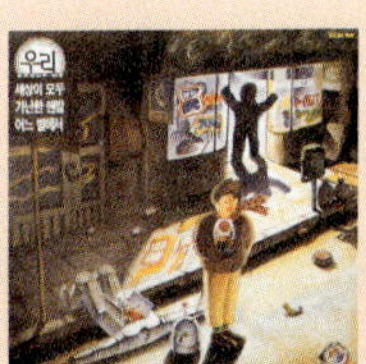

우리 1집 (1986/성음)
권인하(v), 정수연(g), 윤중서(key), 홍종화(key), 김정욱(b), 안기정(d)

권인하

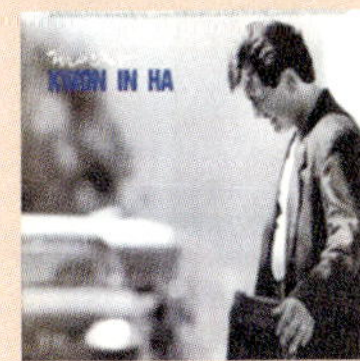

권인하 1집
[권인하] (1988)
〈내가 왜 이럴까〉, 〈그대 내 곁에〉

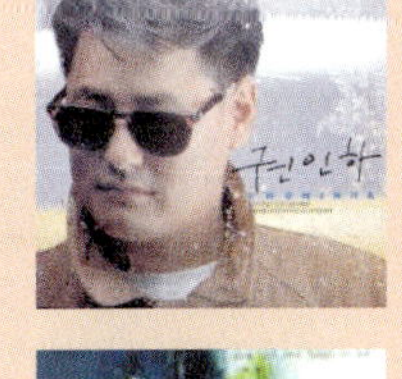

권인하 3집
[오늘까시] (1991)
〈오늘까지〉

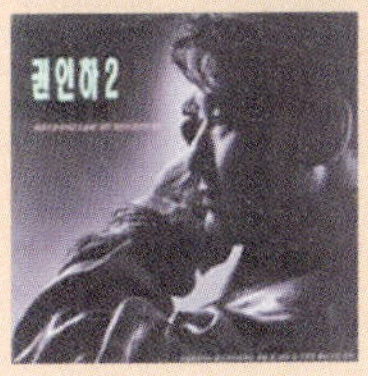

권인하 2집
[권인하 2] (1990)
〈계절이 음악처럼 흐를 때〉, 〈좁은 창문의 줄무늬 커튼〉

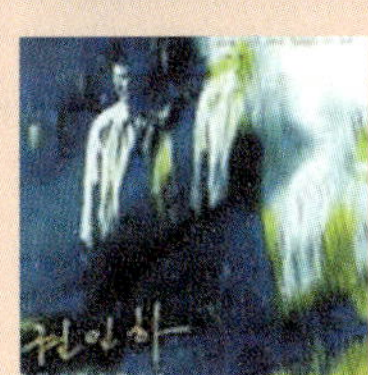

권인하 4집
[갈테면 가라지] (1994)
〈갈테면 가라지〉, 〈너 있는 곳으로〉

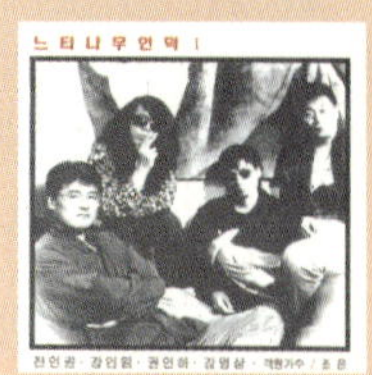

느티나무언덕 1집
[느티나무언덕] (1994)
강인원(v, g), 전인권(v), 권인하(v), 김
명상(v)

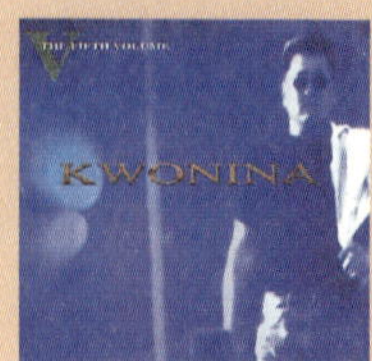

권인하 6집 (2000)
〈사랑이 사랑을〉, 〈너에게〉

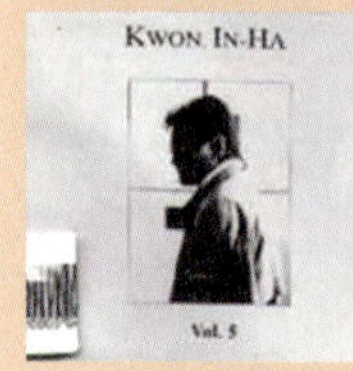

권인하 5집 (1995)
〈내 안의 너〉

동서남북은 1981년에 데뷔 앨범을 발표한 프로그레시브 록 밴드이다. 음악 마니아들 사이에서 신화로 자리 잡은 그들의 유일한 앨범에는 1980년대 심야 라디오 음악프로그램에서 마그마의 〈잊혀진 사랑〉과 함께 애청곡이었던 〈하나가 되어요〉가 실려 있다. 당시 이 음반의 멤버로는 거의 전 곡을 작사·작곡한 박호준(기타)과 함께 이태열(베이스), 김득권(드럼), 이동훈(오르간), 김광민(피아노), 김준응(보컬)이 있었고, 세션에는 엄인호의 형인 엄인환(알토 색소폰), 이관형(피아노), 김태라(백 보컬)가 참여했다. 특히 이 음반에서는 김광민과 이동훈의 신선한 피아노, 오르간의 터치를 느낄 수 있는데, 1980년대 초반 가요 세션과는 전혀 다른 형태의 라인 전개였다. 아울러 〈모래 위에 핀 꽃〉 등에서는 박호준의 기타 연주도 주목할 만하다.

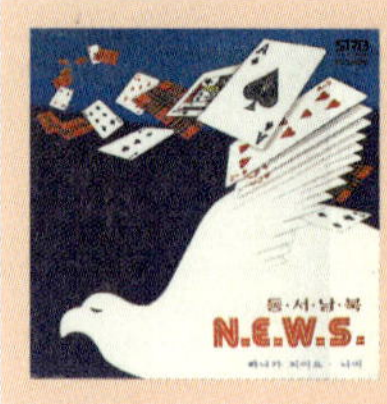

동서남북 1집
[N.E.W.S] (1981/서라벌레코드)
박호준(v), 이태열(b), 김득권(d), 이동
훈(organ), 김광민(piano), 김준응(v)

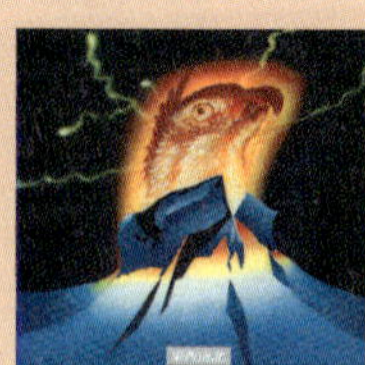

동서남북 1집 재발매
[아주 오랜 기억과의 조우]
(1988/예음)

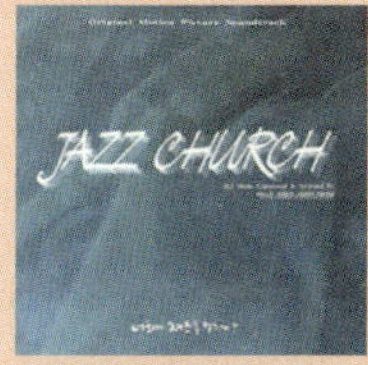

O.S.T. [너희가 재즈를 믿느냐]
(1996)

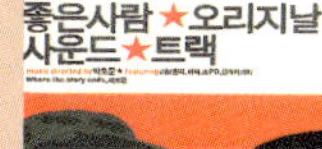

O.S.T. [좋은 사람]
(2003)

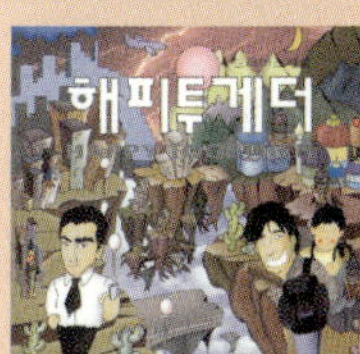

O.S.T. [Happy Together]
(1999)

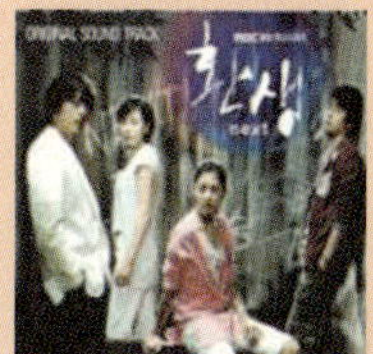

O.S.T. [환생 NEXT]
(2005)

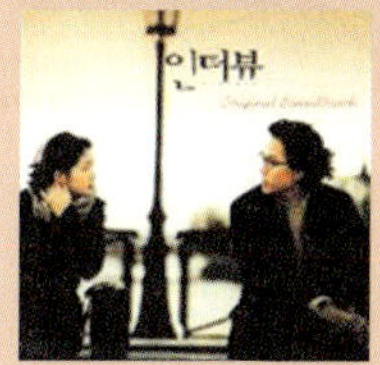

O.S.T. [인터뷰]
(2000)

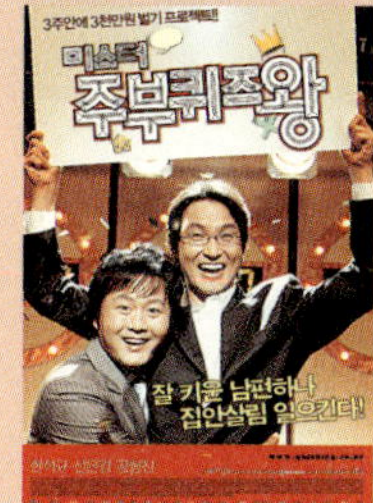

O.S.T. [미스터 주부퀴즈왕]
(2005)

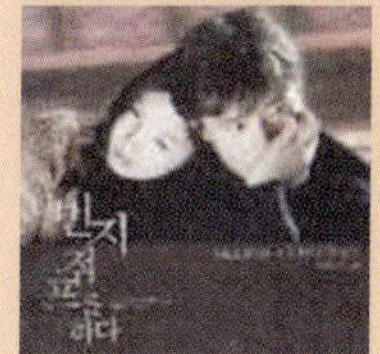

O.S.T. [번지 점프를 하다]
(2001)

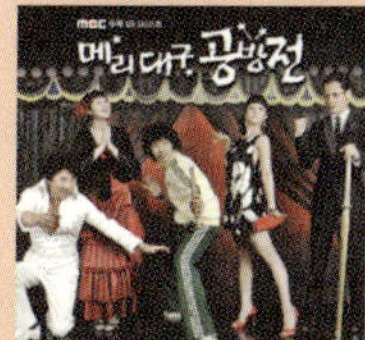

O.S.T. [메리대구 공방전]
(2007)

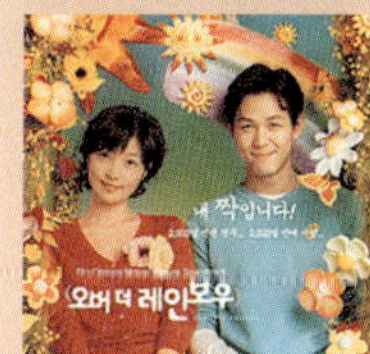

O.S.T. [Over The Rainbow]
(2002)

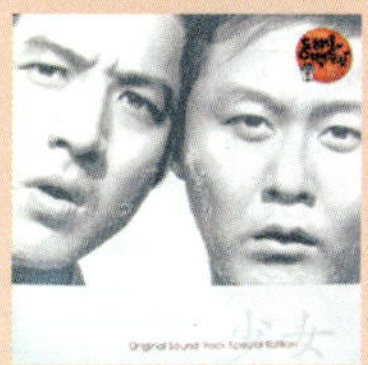

O.S.T. [동해물과 백두산이]
(2003)

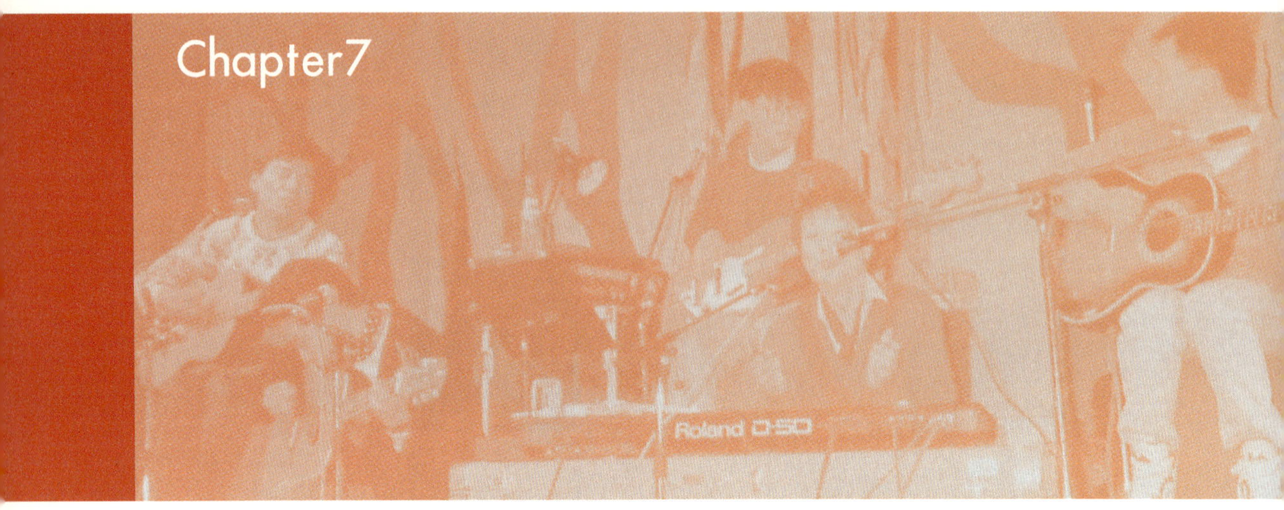

Chapter 7

김창기(동물원)

"우리는 여리고 착한
회색분자들의 대변자"

[창고](1997)와 [하강의 미학](2000) – 김창기 최고의 음악적 성취

* 2003년 7월에 쓴 칼럼입니다.

1.

> 박준흠: 동물원 당시에 만든 노래의 가사에서는 진실된 내면을 표현했다기보다 어느 정도 치장된
> 모습을 보여주었다는 말인가?
>
> 김창기: 그렇다. 창피해서 어떻게 진짜 속마음을 밝히겠는가? 그런 것들은 혼자서 부르는 곡들
> 중에 있다. 이범용과 같이한 [창고](1997)에 수록된 곡들이 대체로 그런 노래들이다. 하지
> 만 별로 반응이 없었다.

위의 김창기 인터뷰는 이범용[1]과 같이 만든 [창고](1997)와 동물원 7집(1997)이 발표된 이후 가졌다. 김창기의 음악세계는 [창고] 이전과 이후로 나뉘는데, 특히 [창고]는 동물원에서와는 달리 서른 살을 넘어선 자신의 모습을 진술하게 담은 음반이었다. 〈강릉으로 가는 차표 한 장을 살게〉와 같은 노래는 이전에 만든 그의 노래와는 '본질적으로 다른' 아주 솔직한 노래였고, 동물원에서 만든 노래들이 자신의 속내를 확실히 드러내지 않았던 것을 고려해볼 때(물론 노래 자체는 뛰어나다) 기존 동물원 팬들에게는 매우 이질적이었다.

〈거리에서〉, 〈흐린 가을 하늘에 편지를 써〉, 〈시청앞 지하철 역에서〉, 〈우리가 세상에 길들기 시작한 후부터〉, 〈널 사랑하겠어〉와 같이 대개 20대의 감성을 자극하는 '일기장' 노래들에 익숙한 심창기의 팬들이라면, "변함없는 나의 삶이 지겹다고 느껴질 때 / 자꾸 헛돌고만 있다고 느껴질 때 / 지난날 잡지 못했던 기회들이 나를 괴롭힐 때 / 강릉으로 가는 차표 한 장을 살게 / 나는 그곳으로 떠날 수 있는 용기조차 없어 / 그저 수첩 속에 그 차표들을 모을 뿐 / 어느 늦은 밤 허름한 술집에서 술잔을 기울이며 / 마음속에 숨은 바다를 찾아볼께"라고 거칠게 읊조리는 그의 새로운 노래 〈강릉으로 가는 차표 한 장을 살게〉는 듣기 부담스러웠을 것이다.

예전 노래들이 아직 때묻지 않은 꿈 많은 청년이 노트 한귀퉁이에 썼을 법한 쪼가리 글들을 가사로 만든 것이라면, [창고]에 실린 노래들은 더 이상 '쪼가리 글'이나 '일기장' 스타일의 가사들

---

[1] 1980년 제4회 MBC 대학가요제에서 〈꿈의 대화〉로 대상을 수상한 뮤지션.

이 아니었다. 이미 삶에 어느 정도 지쳐가기 시작한 30대 초반의 남자가 실제로 겪는 갑갑함과 이에 따른 일탈에의 욕구, 결국은 허망한 바람으로만 이어지는 '너무 뻔한 이야기들'을 슬프게 노래한다. 거기다가 예전 20대 때에 겪었을 실연에 대한 상처를 노래하는 방식도 아주 직접적이다. 그래서인지 그의 가사는 이제 일기장에 적어나가기에는 너무 버거운 것이 되어버렸다. 하지만 그게 우리들의 현실인 걸 어찌하겠는가.

2.

날 기억하는지? 가끔씩 그리워하는지?
내 이름을 부르면 때로는 눈물이 흐르곤 하는지?
(중략)
건강한지? 만족하며 살아가는지?
때론 힘겨워질 때면 신촌의 거리를 그리는지?
날 기억하는지? 가끔씩 그리워하는지?
내 노래를 들으면 때로는 미소가 번지는지?
(〈날 기억하는지?〉, [창고])

표정 없는 눈빛 창 밖을 바라보는 너
난 너를 나보다 더 잘 알고 있다 믿었어
하지만 그렇지 않아 난 너를 알 수 없는 걸
넌 이제 나를 떠나가려 한다 해
(중략)
넌 나를 좋아한다고 친구로 남아달라고
하지만 그건 새로 날을 갈은 비수 같은 걸
친구라 부르기로 해 그렇게 하고 싶다면
난 이미 추억이나 다름없는 걸
(〈추억이나 다름없는 걸〉, [창고])

부디 네가 원했었던 그 꿈들을 찾기를 바래
너의 슬픔은 나의 슬픔이니까
하지만 너도 언젠가는 깨달을 날이 올 거야
나의 사랑이 필요한 걸 알게 될 거야
멀지 않은 어느 날 혼자라고 느낄 때
그땐 알게 될 거야

위의 노래들이 처음 발표되었을 당시에는 잘 몰랐지만, 2000년에 발표된 그의 1집 [하강의 미학]을 들으면서 다시 듣게 된 [창고]에는 너무나도 절절한 감정이 담겨 있다는 것을 깨닫게 되었다. 이범용의 묘하게 떨리는 바이브레이션이 싫어서 그동안 [창고]를 멀리하고 있었는데, 나도 나이를 먹으면서 김창기의 노래들이 새롭게 들리는 지점에 와 있어서 그런지 놀랍도록 그의 노래들이 가슴에 다가서는 것을 느끼게 되었다. 특히 '실연'에 대한 그의 노래들은 내가 알고 있는 노래 중에서 가장 마음에 와닿는다. 그리고 김광석이 없는 시점에서, 김창기가 가장 '거칠게' 만들었다고 고백한 노래들을 부를 수 있는 가수로는 이범용이 차선이었다는 생각이다.

〈날 기억하는지?〉, 〈추억이나 다름없는 걸〉, 〈너도 알게 될 거야〉 같은 노래는 마치 내 얘기 같다는 생각이 들어서 흠칫 놀라기도 했고, 마음을 착잡하게 만들기도 했다. 그리고 〈너도 알게 될 거야〉에 숨겨진 '완곡한 저주'는 들을 때마다 슬프게 만들기도 하지만, 김창기가 가사를 썼을 당시를 생각하면 씨익 웃게 만든다.

3.

박준흠: 이제 노래를 만든다면 30대를 대상으로 만들어야 하고, 조금 더 있으면 중년층을 대상으로 만들어야 할 것 같은데.
김창기: 그래서 갈 데가 없는 것 같다. 나의 감성으로 만든 노래를 들을 30대는 없다. 수요가 없어진 것이다.

김창기는 동물원 데뷔 전에 임지훈 1집(1987)에 〈사랑의 썰물〉, 〈내 사랑〉, 〈영아의 이야기〉를 주었고, 그중에서 〈사랑의 썰물〉이 히트하면서 이름이 알려졌다. 그리고 김광석의 보컬로 유명한 〈거리에서〉와 〈흐린 가을 하늘에 편지를 써〉로 주가를 높인 송라이터로 평가되었다. 동물원 1~6집에서 항상 히트곡을 만든 창작자였고, 닐 영(Neil Young)처럼 '영혼을 달래는 목소리'를 가진 보컬리스트라고 생각한다. 적어도 6집(1995)에 수록된 〈널 사랑하겠어〉까지는 항상 인기 싱글을 만드는 능력이 있었으니, 그는 상업적으로도 검증된 송라이팅 능력을 가졌으면서도 예술성도 인정받은 흔치 않은 뮤지션이다.

그러다가 그는 동물원 6집을 기점으로 서서히 달라지기 시작했다. 5집(1993)까지는 일관된 느낌의 작업 방향성이 있었고, 〈우리가 세상에 길들기 시작한 후부터〉를 들어봐도 초기 동물원의 연장선에 있는 노래였다. 한데 〈널 사랑하겠어〉가 수록된 6집은 스스로가 "너무 속이 보이는 짓을 했다. 그래서 마음에 들지 않는다"고 말한 것처럼 이전 동물원과 단절된 모습을 보여주었다. 멤버들이 나이를 먹어서 '노땅티'가 난다기보다는 곡 작업 방향성을 주류 세션에 맞춘 모습이었다. 이건 세련되었다고 얘기할 수 있는 성질이 아니라 그들이 원래 갖고 있었던 '때타지 않은 그 무엇'을 내놓는 것이었다. 지금도 이해가 되지 않는 것은 "왜 그들은 쉽게 주류 가요의 형태를 받아들여서 이도저도 아닌 모습으로 망가졌는가? 왜 그동안 성실하게 만들어온 자신들의 아우라를 내버렸는가?"이다. 그래서 김창기는 더 이상 동물원에 있기 힘들었을 것이고, '따로 또 같이' 형태로 만들어진 7집(1997) 이후 그는 탈퇴했다.

6집에서 하나 재미있는 점은 그가 각각 다른 시기에 곡을 만들었을 것이라고 생각되는 노래들, 〈널 사랑하겠어〉와 〈나도 자유로웠으면 해〉가 함께 실렸다는 점이다. 앨범 앞부분에 수록된 〈널 사랑하겠어〉는 결혼 후에 만든 노래이고, 뒷부분에 수록된 〈나도 자유로웠으면 해〉는 이전에 실연의 아픔 속에서 만든 노래이다. 그런데 김창기의 노래를 들어왔던 사람들이라면 〈나도 자유로웠으면 해〉가 그전에는 부르지 않았던 유형의 노래라는 것을 알 수 있을 것이다. "널 사랑했던 그날들 난 이제 그만 벗어나려 해 / 미움밖에 남지 않은 부질없는 시간의 고릴 / 난 이제 그만 벗어나려 해 / (중략) / 내가 아파했었던 것만큼 너를 아프게 할 수는 없어 / 다만 너의 자유로움만큼 나도 자유로웠으면 해 / (중략) / 널 노래했던 나의 노래들이 날 아직까지 괴롭히곤 해 / 그 노래들을 듣고 자란 낯선 사람들이 / 너의 소식을 물어보곤 해"라는 가사의 〈나도 자유로웠으면 해〉는 [창고]의 '실연가'들로 이어지는 직접적인 노래다. 노래 후반부의 "널 노래했던 나의 노래들이 날 아직까지 괴롭히곤 해 / 그 노래들을 듣고 자란 낯선 사람들이 / 너의 소식을 물어보곤 해"는 김창기가 자신의 노래들을 '설명'하는 재미있는 소절이다.

이후 그는 "나의 감성으로 만든 노래를 들을 30대는 없다. 수요가 없어진 것이다"라고 토로한 [창고]를 발표했다.

4.

"이번 음반에서 상업적으로 성공할 수 있는 사랑 얘기를 안 썼냐고 하시는데, 수록곡 모두 사랑에 대한 얘기다. 대상이 연인에서 가족이나 나 자신에게로 옮겨간 것일 뿐이다."
(김창기, 2000년 [하강의 미학] 발표 후 가진 인터뷰에서)

김창기는 동물원 후기부터 정신과 의사로 일했고, 곡 작업은 밤에 혼자 틈틈이 했다고 한다. 그러니 "낮에는 다른 이의 마음속 상처를 치료하는 정신과 의사로서, 밤에는 자신의 마음속 얘기를 노래로 담아내는 음악인으로서" 이중생활을 한 것이다.

조동익이 프로듀서를 맡은 영향도 있겠지만, 이 앨범을 들으면 조동익의 [동경](1994)에서 느낄 수 있는 '조용하게 내면을 드러내는' 방식이 떠오른다. 물론 장르적인 특성에서는 조동익의 [동경]이 팻 메시니(Pat Metheny)의 영향권 내에서 만들어진 음반이기 때문에 다르지만, 〈형과 나〉, 〈하강의 미학〉 등 어릴 적 기억을 반추하는 노래들은 [동경]에 실린 〈엄마와 성당에〉, 〈노란대문〉을 떠올리게 하고, 앨범 재킷에도 있는 아들 '남현'을 모티브로 한 〈아이야 일어나〉는 역시 [동경]에 실린 〈경윤이를 위한 노래〉[2]를 떠올리게 한다. 김창기는 "어릴 적 다닌 성당에서 음악에 눈을 떴다"라고 했는데, 그래서 그런지 그가 1집을 준비할 때 가장 염두에 둔 것이 조동익의 [동경]이었을 것으로 생각되고, [동경]에 수록된 〈엄마와 성당에〉가 김창기 [하강의 미학]의 기초가 된 듯한 느낌이다. 또한 〈저문 길을 걸으며/내 자신을 속이고〉는 조동진 4집에 수록된 〈저문 길을 걸으며〉를 개사해 새롭게 곡을 붙인 것으로, 조동진에 대한 존경을 표한 것이 아닌가라고 여겨진다.

한대수, 정태춘, 조동진, 안치환, 김창기의 가사는 모두 훌륭하지만, "관념적인 부분이 거의 없다"는 측면에서 김창기의 가사는 아주 독특하다. 그가 더 많은 노래들을 발표하기를 바란다.

---

2 '경윤'은 조동익의 딸이다.

●● 바이오그래피

※ 몇 년 전에 김창기 씨가 직접 쓴 프로필입니다.

· 출생

　1963년 10월 12일 광주

· 학력

　유치원은 다니지 못했고…….

　서울에 있는 혜화국민학교를 졸업

　호주 캔버라에 있는 Telopia Park High School을 졸업

　고등학교는 영동고등학교를 졸업

　연세대학교 의과대학을 7년 만에 졸업

· 별명

　옛날에는 짝배, 뺑덕어멈, 호주에서는 crunchy

　대학 때는 창기 브라운, 후기 인상파

　그리고 동물원에서는 돼지 혹은 코알라

· 기타

　최초 자작곡 시기: 초등학교 5학년 때 어린이 작곡대회에 나가느라…….

　곡목: 기억이 나지 않음. 아마 〈수건〉인가?

　　　(가사는 다음과 같음: 아빠는 땀을 닦고, 엄마는 손을 닦고, 할머닌 그 수건으로 눈물을 닦았습니다.)

　친지들의 반응: 전혀 관심 없었음, 들려주지도 않았으니까

　아끼는 자작곡: 독집에 있는 〈아이야 일어나〉

　아쉬운 자작곡: 대부분 다

　좋아하는 국내 음악가: 송창식(빨리 다시 음반을 내셨으면 좋겠다), 하덕규, 조동익 등

　좋아하는 국외 음악가: Paul Simon, Beatles, Eagles 등

　좋아하는 색깔: 파란색

　받고 싶은 선물: 바라는 것이 별로 없는데, 외국으로 가는 비행기 표(?)

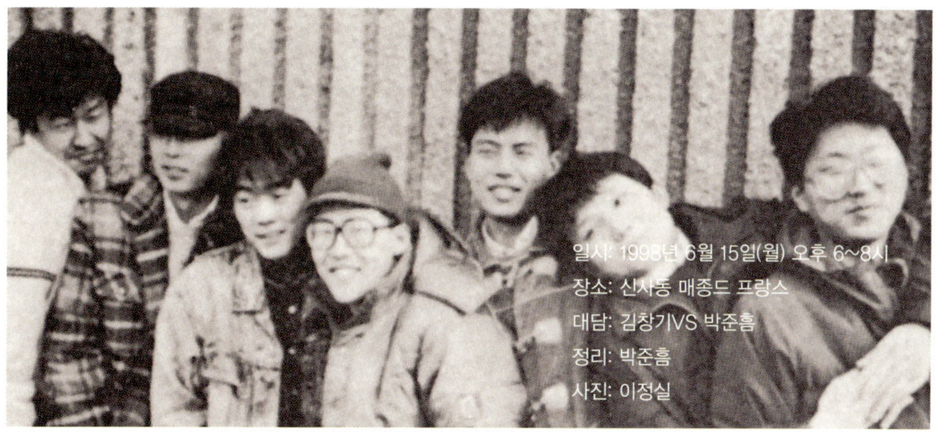

1988년 초, 흑백논리가 강하게 지배하던 우리 사회에서 스스로 '회색분자'임을 자처했던 일군의 착한(?) 대학생들이 어눌하지만 예리한 감성으로 삶의 과정에서 겪게 되는 사랑, 그리움, 아픔 등을 데뷔 음반에 담아 발표했다. 이들은 현실과 유리된 단어들로 노래하는 것이 아니라 소박하면서도 피부로 느낄 수 있는 이야기체를 택해 동시대의 젊은이들과 자연스럽게 공감대를 형성할 수 있었다. 사회에서는 체제 속에, 대학교에서는 이데올로기 속에 갇혀 있다고 생각한 그들은 그룹 이름을 '동물원'이라고 정하고, '동물원 우리 안에서 본 세상'을 이야기하기 시작했다. 그리고 자신들과 같이 약하고 착한 회색분자들의 대변자가 될 것임을 조용히 선언했다. 그들은 이미 데뷔 20년을 맞았고, 이제는 이야기를 속삭여야 할 대상도 40대로 넘어갔다. 그들 중 특히 섬세한 감성으로 일상의 작은 흐름까지도 놓치지 않고 잡아내 이를 뛰어난 멜로디의 노래에 담아온, 현재는 솔로로 활동하는 김창기를 만나본다.

"나무 그림을 보더라도 전체적인 그림을 보기보다는 나뭇잎 아래에 맺힌 이슬에 집중한다."

박준흠: 근황은?

김창기: 강북 삼성병원 소아정신과 전문의로 있다.**3**

정신과 전문의는 여태까지 선생의 음악생활을 생각하면 조금은 어울리지 않는 직업으로 생각된다.

별로 그렇게 생각해본 적은 없다. 여태까지 활동이라고 해봐야 음반 몇 장 내놓고 콘서트 한 것밖에 없다. 음악을 업으로 한 적은 없다. 단지 취미 활동 수준이었다.

1980년대 동물원 1, 2집 발표 당시에는 취미 이상이었지 않았나?

그때도 마찬가지였다. 음악에 목숨 걸고 싶은 생각도 없었고, 거기에 많은 시간을 뺏기고 싶지도 않았다. 재미없으면 안 하겠다는 생각이었다.

그러면 지금은 어떤 상태인가?

지금은 음악이 재미없어서 쉬려고 한다.

어려서부터 의사가 되려고 했나?

어려서는 건축가가 되려고 했다.

음악활동을 하면서 의사 생활을 하는데 힘들지 않았나?

의사가 보수 집단이다 보니 딴따라로 취급받아서 불이익을 받은 적은 있다. 그러나 업으로서는 의사가 나에게 맞는 것 같다.

문학, 미술 등을 하고 싶어 하지 않았나?

좋아하기는 했지만 심각하게 해본 적은 없다. 그것들은 호흡이 너무 길다. 내게는 3~4분짜리 대중음악이 어울린다.

매우 여린 감성을 갖고 있는 것으로 생각된다.

한때는 그랬다. 특히 실연을 당해서 우울증에 빠져 있었을 때는 매우 예민했다. 그 이후에는 가사를 쓸 때 일부러 그런 척했다. 사람들이 그런 가사를 좋아한다는 것을 알았기 때문이다. 내 장점 중의 하나는 사물이나 인간의 어떤 점을 집어내는 것이다. 나무 그림을 보더라도 전체적인 그림을 보기보다는 나뭇잎 아래에 맺힌 이슬에 집중하는 것이라든지.

---

3 현재 김창기는 김창기정신과병원의 원장으로 있다.

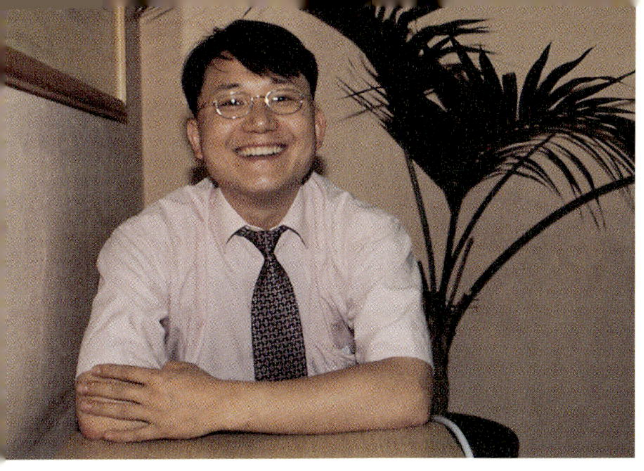

"한때는 매우 여린 감성을 갖고 있었다. 특히 실연을 당해서 우울증에 빠져 있었을 때는 매우 예민했다. 그 이후에는 가사를 쓸 때 일부러 그런 척했다. 왜냐하면 사람들이 그런 가사를 좋아한다는 것을 알았기 때문이다. 내 장점 중의 하나는 사물이나 인간의 어떤 점을 집어내는 것이다."

"진짜 속마음을 창피해서 어떻게 밝히겠는가?"

음악에 매이기 싫다고 했는데, 음악은 자신의 삶에서 어느 정도 위치를 차지하나?

굉장히 좋아하는 취미다. 곡을 만드는 것을 좋아한다. 잡문 정도를 써서 곡을 입힌다고 생각한다. 곡 만드는 것은 재미있는 표현과 정리되지 않은 생각을 정리하는 계기가 된다. 다른 사람이 알아주면 기분이 좋을 때도 있고, 많이 벌지는 못하지만 돈이 생겨서 술도 마실 수 있다.

곡 만드는 것은 선생에게 일기 쓰는 것과 비슷한가?

예전에는 그랬다. 청소년기를 지나니까 생각과 상상을 정리하는 것이 되었다. 상상이 더 많다.

자신의 가사를 잡문이라고 했는데, 잡문이라고 하기에는 비범한 면도 있고, 날카로운 감성이 내재되어 있지 않나?

의도적인 것이 많았다. 조금은 튀고 싶어서 얘기들을 찾았고, 다른 사람들이 안 쓰는 단어들을 생각해냈다. 말을 가지고 장난치는 것을 잘하는 것 같다.

언어의 유희를 즐기는 편인가?

그렇다.

그러면 언어를 압축적으로 표현한 시를 쓰고 싶다고 생각한 적은 있는가?

시는 어떻게 쓰는지 모르겠다. 국어 시간에 배웠지만 잘 모르겠다.

자신의 결과물을 어떻게 평하는가?

비교적 마음에 든다. 내가 할 수 있는 범주 내에서 무리 없이 했다고 생각한다. 할 수 있는 것을 잘 정제했다고 생각한다. 그러다 보니 비슷비슷해지고 재미가 없어졌다. 해병대 모자의 챙이 길어지듯이 기능이 없어지고, 의미도 없어졌다.

멜로디 만드는 능력이 뛰어나지 않았나?

아니다. 음악에 목을 맸으면 공부도 하고 했어야 발전이 있었을 텐데, 그렇지 않았다. 노래는 단순히 말을 전달하는 것이라고 생각했다. "기억에 남는 멜로디는 없을까?"라는 생각 정도만 했기 때문에 음으로 기억에 남는 뮤지션은 아니라고 생각한다. 〈거리에서〉 등 몇몇 곡은 떠보려고 만

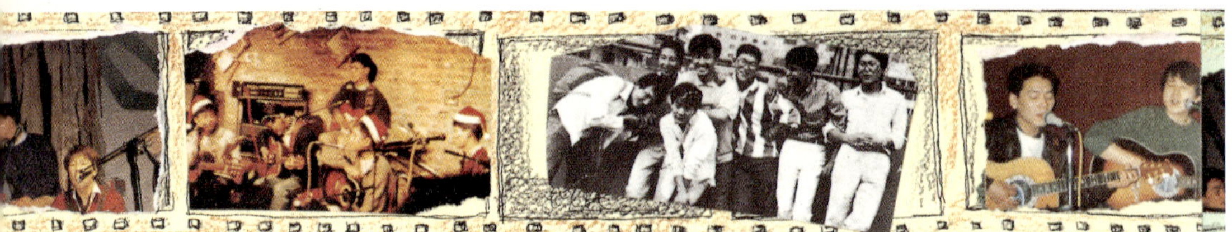

"음악은 굉장히 좋아하는 취미다. 곡을 만드는 것을 좋아한다. 잡문 정도를 써서 곡을 입힌다고 생각한다. 곡 만드는 것은 재미있는 표현과 정리되지 않은 생각을 정리하는 계기가 된다. 다른 사람이 알아주면 기분이 좋을 때도 있고, 많이 벌지는 못하지만 돈이 생겨서 술도 마실 수 있다."

든 곡이다.

스타가 되고 싶었다는 말인가?

예전에는 그랬다. 하지만 스타가 되어보니 어색했다. 내가 소화할 수 없어서 피해 다녔다. 인간 김창기가 아닌 다른 김창기로 아는 것이 싫었다.

가사 쓰기에서 진실된 내면을 표현했다기보다 어느 정도 치장된 모습을 보여주었다는 말인가?

그렇다. 진짜 속마음을 창피해서 어떻게 밝히겠는가? 그런 것은 혼자서 부르는 곡 중에 있다.

그러면 발표하지 않은 곡들 중 속마음을 드러낸 노래들이 있나?

코드 네 개로만 반복되는 노래들도 있는데, 그런 노래들은 대체로 재미가 없다.

언젠가는 그런 노래들을 발표할 생각이 있는가?

이범용과 같이한 [창고]에 수록된 곡들이 대체로 그런 곡들이다. 하지만 별로 반응이 없었다.

"해결되지 않은 문제에 갈증을 느낀다."

많은 사랑 노래를 만들었고, 불렀다. 그다지도 많은 사랑의 경험을 갖고 있나?

아니다. 경험은 별로 없다. 한 번은 상처를 받은 적이 있는데, 그게 소화가 잘 되지 않았다. 자신감이 없어지고 우울증에 빠진 적도 있다.

사랑은 어떻게 진행되었는가?

사랑은 비극적인 이야기다. 나는 대상을 상실하는 것에 취약했다. 어려서부터 "나는 사랑받을 만한 자격이 없는 사람이다"라는 생각도 했다. 가수가 되고 의사가 되어도 마음은 허전했다. 사랑받지 못하고 버림받았다는 느낌으로 지낸 적도 있었으나 결혼 후 사랑받고 사랑하고 있다는 느낌이 이를 불식시켰다. 지금은 "내가 왜 그런 것 때문에 고생했었지"라는 생각을 한다. 시각이 넓어지고 편해졌다.

혹시 지금 생각은 정신과 의사라는 직업을 가졌기 때문에 정리된 생각은 아닌가?

그런 면도 있다. 내 스스로 나를 치료한 면도 있다. 그 전에는 예민한 내 감성을 타고난 것으로 생각하고, 이를 장점으로 생각했지만 지금은 단점이라는 생각도 든다. 대부분 음악 하는 사람들이 나와 비슷한 점들이 있다. 해결되지 않은 문제에 갈증을 느끼고, 사실 그것들이 해결되면 히트곡을 못 내기 때문에 점점 더 자기파괴적으로 흐르기도 한다.

동물원뿐만 아니라 일부 가수들에게 곡을 주었다. 임지훈 1집에 있는 〈사랑의 썰물〉, 〈내 사랑〉, 〈영아의 이야기〉는 선생의 작품이고, 그중에서 〈사랑의 썰물〉은 임지훈의 대표곡이 되었는데.

곡을 준 것은 임지훈이 처음이었다. 그 이외에 신형원, 김종찬, 이윤수 등에게 곡을 주었으나 재미를 본 적은 없다.

최근에 [Rewind]라는 음반에 산울림의 〈더더더〉라는 곡이 선생의 리메이크로 실렸다.

음반 제작자 쪽에서 연락이 왔고, 별다른 관심은 없었지만 후배들 음반 취입비로 돈이 필요했기 때문에 노래를 했다. 윤도현 밴드의 〈불놀이야〉가 타이틀곡으로 실릴 예정이었지만 그들의 3집 음반이 같은 시기에 발매되었기 때문에 홍보 문제 때문에 내 곡이 타이틀곡으로 실렸다.

후배들이란 누구를 말하는가.

현재 동물원 세션을 해주는 밴드다. [창고] 음반 세션도 해주었다. 김창완도 10년 전에 우리 동물원 데뷔 음반을 내주었고, 나도 그런 일을 하고 싶었다.

"약하고 우리와 같이 회색분자들인 착한 대학생들이 공감할 수 있는 음악을 했다."

음악생활의 시작은?

공식 데뷔는 1988년 동물원 1집이다. 그전에는 친구들과 음악을 했고 다른 사람에게 곡을 주기도 했다.

동물원은 어떻게 구상되었나?

그들은 그냥 친구들이다. 대학교 1학년 때부터 같이 술 마시고 노래하던 친구들이었다. 유준열과 나는 고등학교 동창이고, 둘을 중심으로 모이기 시작했다. 나와 유준열, 김광석, 박경찬은 같은 학번(82학번)이다. 이성우는 같이 활동하던 이웃 밴드의 기타리스트였고, 박기영, 배영길은 '메아리'의 멤버였다.

어떻게 그런 정예 멤버들이 모일 수 있게 되었나? 다들 수준급 싱어송라이터들 아닌가?

서로가 서로에게 영향을 주었고, 서로 경쟁했다.

왜 '동물원' 인가?

음반을 레코딩하고 나서 마땅한 이름이 없었다. 김창완은 그룹명을 '이대생을 위한 발라드' 라고 짓자고 했고, 그러면 이대생들만 집중 공략해도 1,000장은 팔릴 것이라고 했다. 내 노래 중에 〈동물원〉이라는 노래가 있었고, 내가 '동물원' 이 어떠냐고 해 바로 '동물원' 으로 결정되었다. '동물원' 은 갇혀 있다는 느낌이다. 사회에서는 체제 속에 갇혀 있고, 대학에서는 이데올로기 속에 갇혀 있는 게 우리들이라고 생각했다. 우리는 회색분자들인데 오갈 데 없이 이리 치이고 저리 치인다고 느꼈다.

왜 '회색분자들' 이라고 생각했나?

이데올로기 싸움에서도 특별히 화가 나지 않았다. 사실 그때(1980년대) 운동권 진영에 있던 사람들은 독재에 항거한다고 했지만, 가만히 생각하면 꼭 그런 것만은 아니었다고 생각한다. 자기 문제가 해결되지 않아서 자기 문제를 까발리면서 이데올로기 싸움에 나선 사람들도 있다고 생각한다. 당시 사회 상황에 그렇게 화도 나지 않았고, '독재 타도 투쟁' 에도 당위성은 인정하지만 꼭 그렇게까지 해야만 했을까라고 느꼈다. 우리는 약하고 덜 발달된 청소년기적인 생각들을 가지고 있었다. 어른들 싸움에 애들이 끼어서는 안 된다고 생각했다.

동물원 데뷔 시의 지향점은?

특별한 지향점은 없었다. 음반은 한 번 내고 끝낼 생각이었다. 예상외로 음반이 잘 팔려서 2집으로까지 이어졌다.

혼란스러웠던 1980년대의 한귀퉁이에서 동물원의 노래가 갖는 의미는?

약하고 우리와 같이 회색분자들인 착한 대학생들이 공감할 수 있는 음악을 했다. 그 전에는 주로 아주 낭만적이거나 전투적인 음악만 있었다. 이것의 중간적인 음악을 하고 싶었다. 어리숙한 우리 같은 사람들을 대변하는 노래를 했다.

멤버들이 모두 착하다는 말인가?

모두 갈등을 싫어하고 자기주장도 잘 하지 못한다.

우리 사회에서 소속감을 느끼지 못했나?

전혀 느끼지 못했다. 약간 우울증에 빠지기도 했다.

배영길은 동물원 노래들이 '살아가는 데 크게 욕심 내지 않고 자신 주변 생활에 대한 이야기를 하는 것' 이라고 했다. 동물원은 각자 자신의 노래를 하는 멤버들이 모인 집단인가?

그렇다. 자기 노래는 자기가 만들어서 부른다.

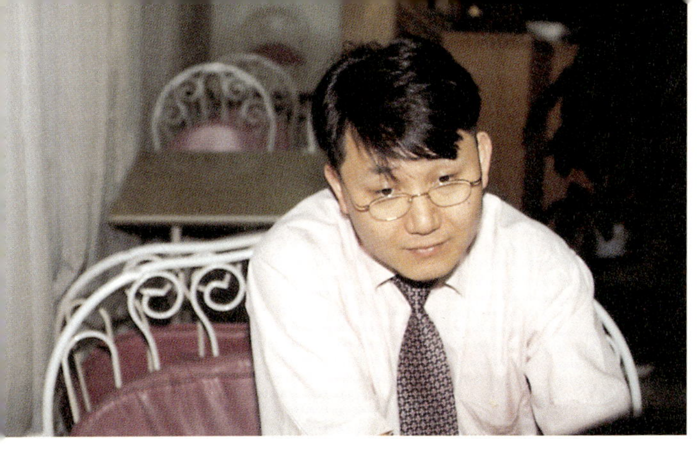

그러면 앨범에 곡을 수록할 때 결정은 어떻게 하는가?

투표로 한다. 아니면 곡을 할당한다.

그래서 7집에서는 각자 2곡씩 부른 것인가?

예전에는 나와 유준열이 주도했지만 평등해지기 위해서 나누었다.

동물원 멤버들의 요즘 근황은? 현재는 박기영, 배영길만 전업 뮤지션으로 남았는데.

지금 나와 박경찬은 동물원에서 탈퇴를 했다. 남은 셋이서 동물원을 이끌어갈 것이다. 쉬운 결정
은 아니었지만 불편해서 나오게 되었다.

동물원이 세상을 바라보는 시각은?

공통적인 시각은 없었다. 같은 점이 있다면 합리적인 사고로 행동하고 행복을 추구한다는 점 정도다.

동물원은 '현재 진행형'의 음악 집단인가?

그렇다. 잘 느끼지는 못하겠지만 변해가고 있다.

"재미있는 우리 장난감이기 때문에 우리만 갖고 놀겠다는 심사였다."

1988년 동물원 1집은 일군의 비직업 가수들이 모여서 만든 음반이라는 새로운 시도가 있었다.
동물원 1집에 대한 자평은?

어색하고 순수했지만 재미는 있었다. 앨범 제작자 김창완은 임지훈을 통해서 알게 되었고, 처음
에는 앨범을 만들려고 했던 게 아니라 우리가 노래를 못한다는 것을 아니까 우리 노래를 다른 가
수에게 팔려고 했었다.

김광석과 이성우는 1, 2집 멤버로 있었다. 그들은 이후 독자적인 활동을 할 만큼 독특한 개성을
가진 존재였다. 김광석은 동물원 탈퇴 후 안치환과 함께 1990년대 한국 포크 록을 대표하는 가
수가 되었고, 이성우는 원맨밴드로 만든 2장짜리 솔로 음반 [시간이 흐르고 나면…]을 발표해
일부 음악 마니아 층에서 '새로운 미학의 탄생, 한국적 프로그레시브 록'이라는 평가를 받았다.

김광석은 전업 가수가 되고 싶어 했기 때문에 서로 불편해서 탈퇴했다. 이성우는 동물원 초기 멤버인 우리들(김창기, 김광석, 유준열, 박경찬)보다 음악적으로 뛰어났지만 곡은 우리들이 계속 만들었다. 그도 음악을 잘했지만 우리가 터줏대감 노릇을 했다. '재미있는 우리 장난감'이기 때문에 우리만 갖고 놀겠다는 심사였다. 그는 곧 새로운 독집 음반을 발표할 예정이다. 박기영도 3집 발표 때 탈퇴했기 때문에 나와 유준열, 박경찬, 셋이서 3집을 발표했다.

그를 둘러싼 이야기들이 너무 많아서 그와 그의 가족들을 쉬게 하고 싶다.

김광석의 아이에게 "김광석은 정말 좋은 사람이었고, 많은 사람에게 사랑을 받았고, 우리에게 정말 중요한 존재였다"라는 것을 말해주는 음반을 만들고 싶다.

6집부터는 마음에 들지 않는다. 너무 속 보이는 짓을 했다. 7집은 서로 사이가 나빠진 상황에서 나온 음반이었다.

상관없다. 원래부터 음악적으로 인정받고 싶은 생각이 없었다.

"어떤 날 1집의 투박한 아름다움을 생각하고 동물원 4집을 조동익에게 일임했다."

2집은 반주자들이 생겼기 때문에 연습하고 나서 만든 음반이다. 애정이 가는 음반은 1집과 3집이다. 그 음반들은 재미있게 만들었다. 2집은 밴드와 연주자들 간에 사이가 좋지 않았다. 결국 음악 잘하는 연주자들에게 끌려갔다.

그의 작품을 좋아한다. 곡의 리듬이 뛰어나다. 예측 못할 멜로디를 만들고 코드도 재미있게 쓴다. 그러나 가사는 좀 더 잘 썼으면 한다.

그에 반해 선생을 자평한다면.

나는 이야기를 잘 만드는 타입이다.

다른 멤버들의 작품에 대한 생각은?

박기영의 노래는 참 곱고 예쁘고 소녀적이다. 박경찬의 노래는 긍정적이고 밝다. 배영길의 노래는 잘 모르겠다.

1990년 3집은 초기 동물원이 보여준 작품으로는 마지막 선상에 놓인 것 같다. 여기서도 선생의 〈시청앞 지하철역에서〉와 유준열의 〈유리로 만든 배〉라는 명곡이 있다. 그러나 1991년 4집은 동물원의 음악적인 흐름에서 좀 이탈한 느낌인데.

4집은 쉽게쉽게 만들려고 했다. 편곡도 조동익에게 일임했다.

3집부터 편곡에 참여한 조동익의 색깔이 동물원의 음악적인 색채를 바꾸는 데 작용을 했다는 말인가?

그의 색채가 많이 들어갔다. 4집은 세련되어진 작품이다. 하지만 어린애가 어색하게 양복을 입은 느낌이다.

조동익을 평가한다면?

음악에 깊이가 있고, 너무 서두르지 않는다.

그의 어떤 날 음반을 좋아하는가?

매우 좋아한다. 어떤 날 1집의 투박한 아름다움을 생각하고 동물원 4집을 그에게 일임했는데, 어떤 날 2집의 세련됨으로 우리 음반이 만들어졌다.

"낭만적인 기분을 가질 때 보이는 세상을 이야기한 것이지 인생을 얘기하거나 한 것은 아니었다."

3집은 굴곡의 1980년대를 지나온 뒤 내놓은 작품인데, 동물원이 보는 1980년대 우리 사회는?

우울증의 시기였다. 1980년대 초 · 중반은 개인이 어떻게 해보려 해도 할 수 없는 시기였다. 낭만과 개인적인 자유로움은 학교에도 사회에도 없었다.

1980년대 초반과 같은 억압적인 사회 분위기가 1990년대에도 계속되었다면 동물원의 활동이 계속될 수 있었겠나?

오히려 찾는 사람이 더욱 많았을 것이다. 천박하거나 용맹스러운 노래만이 있었을 것이므로 중간적인 우리들의 노래가 더욱 유효했을 것이다.

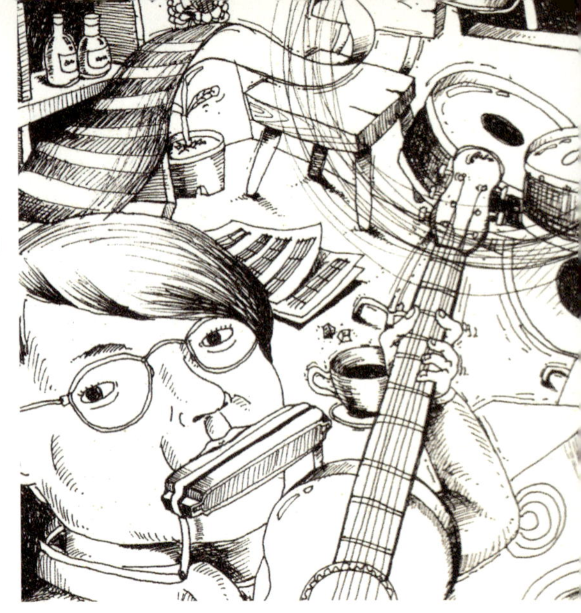

" '동물원'은 갇혀 있다는 느낌이다. 사회에서는 체제 속에 갇혀 있고, 대학에서는 이데올로기 속에 갇혀 있는 게 우리들이라고 생각했다. 우리는 회색분자들인데 오갈 데 없이 이리 치이고, 저리 치인다고 느꼈다."

동물원은 현실 사회 참여적인 작품을 내놓고 싶은 생각이 없었나?

있었지만 어떻게 해야 할지 몰랐다. 그런데 주위에 가면 휘둘림을 당하게 되는 것 같았다. 나도 1985년에 운동권 노래를 만들어서 연세대 가요제에서 상도 타고 그랬다.

3집은 1, 2집에서 보여준 파리한 청춘군상의 이미지에서 탈피한 게 사실이다. 정제된 음악 스타일로 변하기도 했고, 이후 작업 스타일의 과도기적인 모습을 보여주면서 '세상 안에서'에서 '세상 밖으로' 나아간 느낌도 일면 드는데.

1, 2집은 주로 20대 초반에 만든 곡들이었고, 3집은 20대 후반에 만든 곡들이었다. 낭만적인 기분을 가질 때 보이는 세상을 이야기한 것이지 인생을 얘기하거나 한 것은 아니었다.

지금은 인생을 얘기해도 될 나이가 되지 않았나?

그것을 노래로 할 필요가 있겠는가? 잘하지도 못할 것이다.

1993년 2장으로 나온 5집은 〈우리가 세상에 길들기 시작한 후부터〉라는 초기 스타일의 곡으로 다시 호응을 얻었다. 그런데 그 곡이 말하는 것처럼 동물원도 '세상에 길들여지기' 시작했는가?

조금은 그랬다. 나이를 먹은 결과다.

1995년 6집에는 〈널 사랑하겠어〉와 〈나도 자유로웠으면 해〉라는, 조금은 다른 지점에서 만들었을 것으로 생각되는 두 곡이 함께 실렸다.

〈널 사랑하겠어〉는 결혼 후에 만든 노래이고, 〈나도 자유로웠으면 해〉는 실연의 아픔 속에서 만든 노래다. 그 노래는 여자가 떠난 후에도 여자와의 관계에서 벗어나지 못하는 내 자신을 두고 만든 노래다.

6집에서 느껴지는 전체적인 기조는 어쩔 수 없는 '노티'다. 이것이 음반이 마음에 들지 않는 이유에 속하나?

그렇기도 하다.

그렇다. 그리고 가는 길에 너무 익숙해져 있는 탓이기도 하다. 당구에 비유한다면 당구수가 200이 될 때까지는 재미를 느끼지만 노력해서 500이 되지 않으면 흥미를 잃게 되는 것과 같다.

그래서 갈 데가 없는 것 같다. 나의 감성으로 만든 노래를 들을 30대는 없다. 수요가 없어진 것이다.

아마 해바라기식이 될 것이다.

"너무 예쁘지 않게 노래를 만들고 주절주절 노래하려 한다."

나는 거친 노래를 만들 수는 있지만 부를 줄은 모른다. 김광석이 있다면 그에게 내 노래를 부르게 했을 것이지만 지금 그가 없지 않나. 이범용은 거친 면이 있어서 같이했다.

비교적 그랬다.

너무 예쁘지 않게 노래를 만들고 주절주절 노래하려 한다. 치장하지 않으려 한다.

몇 가지를 생각하고 있다. 하나는 내 아이에게 하고픈 이야기인데, 아침에 일어나면 지쳐서 힘들어하는 아내를 쉬게 하고 아이에게 "나랑 같이 나가자. 지금 네가 신발을 신을 때 왼발, 오른발이 헷갈리듯이 나도 어릴 때 헷갈렸고, 요즘도 헷갈리는 일이 많단다"라고 얘기하거나, 애가 쓰러져 있으면 "쓰러져 있는 것보다 일어나는 것이 더 중요하단다"라고 얘기하고 싶다. 또 하나는 김광석에 관한 이야기인데, 그의 죽음에 대한 부검을 이야기하고 싶다. 그리고 달라진 사랑관도 이야기하고 싶은데, 예전에는 여름철의 뜨거움으로 생각했지만 지금은 인생의 긴 호흡으로 생각하고 있다.

디스코그래피

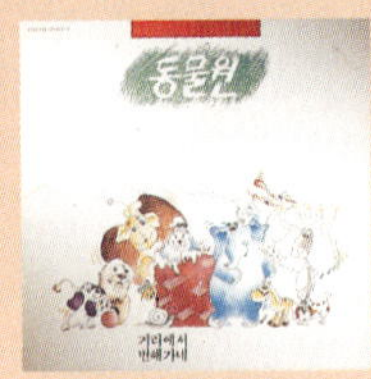

1집 [동물원] (1988/서울음반)
김창기(v), 김광석(g, v), 유준열(g, b, v),
박경찬(v), 박기영(key), 이성우(g)
세션: 최형규(d)

82학번으로 동갑내기이자 술친구였던 김창기, 김광석, 유준열, 박경찬은 1980년대 자신들이 발 딛고 있는 지점을 억압된 사회 체제와 이데올로기 속에 갇힌 대학으로 판단하고 어느 곳에도 소속감을 느끼지 못했다고 한다. 개인이 무엇을 해보려 해도 사실 할 것이 없었던 무력감과 상실감의 시대를 살았던 그들은 투사가 될 수 없었기에 더욱 더 개인적인 성향에 몰입할 수밖에 없었다. 하지만 친구 사이였던 그들의 공통점은 놀랍게도 모두 뛰어난 싱어송라이터였다는 점이었다. 이는 서로에게 엄청난 행운이었고, 김광석과 김창기는 우리 대중 음악역사의 한 페이지를 장식하는 뮤지션이 된다. 김광석은 안치환과 함께 1990년대 포크 록을 대표하는 중요한 뮤지션으로 성장하고, 김창기는 동물원 음반의 주요 작곡가로 〈거리에서〉, 〈변해가네〉, 〈흐린 가을 하늘에 편지를 써〉, 〈시청앞 지하철역에서〉와 같이 가사를 곱씹을 수 있는 아름다운 노래들을 만든다. 원래 단 한 장의 기념음반으로 기획되어 제작된 동물원의 데뷔 음반은 신선한 가사와 멜로디로 우리 대중음악계에 작은 충격을 던졌고, 이 잔잔한 음에 많은 사람들이 감동을 받았다. 그래서 동물원의 데뷔 음반은 1980년대 우리 대중음악계의 한귀퉁이를 예쁘게 장식하는 앨범이자 아직도 많은 사람들이 애청하는 추억의 음반이 되었다. 인위적으로 만들어진 것이 아니라 내부에서 자연스럽게 넘쳐 나오는 감정을 노래에 담을 때 진정한 생명력을 담지할 수 있음을, 이 아마추어 냄새가 역력하고 어설프게 녹음된 그들의 데뷔 음반이 증명하고 있다. 물론 이는 그들의 재능이 뒷받침되었기에 가능했지만.

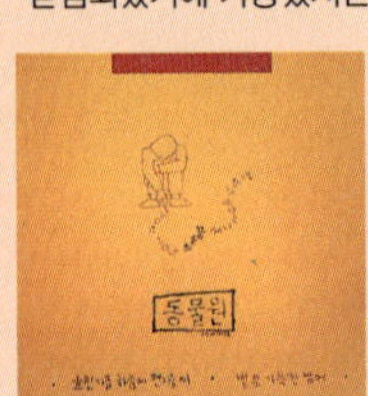

2집 (1988/서울음반)
김창기(g, v), 김광석(g, v), 유준열(b, v),
박경찬(key, v), 박기영(key, v), 이성우(g)
세션: 최형규(d), 심상원(key)

김창기는 2집 녹음 당시의 분위기가 마음에 들지 않았기 때문에 탐탁지 않은 음반이라고 하지만, 객관적으로 보았을 때 역시 그들의 대표작으로 꼽을 수 있는 음반이다. 1집에서 드러난 녹음과 세션의 문제점들이 보완되었고, 〈흐린 가을 하늘에 편지를 써〉, 〈새장 속의 친구〉, 〈동물원〉 등의 뛰어난 수록곡들이 수록된 1980년대 명반 중 하나다. 〈흐린 가을 하늘에 편지를 써〉에서 볼 수 있듯이 이야기를 풀어가고 감상적인 멜로디를 결합시키는 김창기의 능력은 분명 비범했다. 그리고 이 음반에서는 다작은 아니지만 〈새장 속의 친구〉와 같이 주목할 만한 곡을 만든 유준열도 관심의 대상으로 떠오른다. 김창기도 밝혔듯이 리듬을 잘 만드는 유준열이 이야기를 잘 만드는 김창기가 공동 작업을 제대로 시도했다면 지금까지의 동물원이 보여준 것보다 더욱 확장된 영역을 보여주었을지도 모른다.

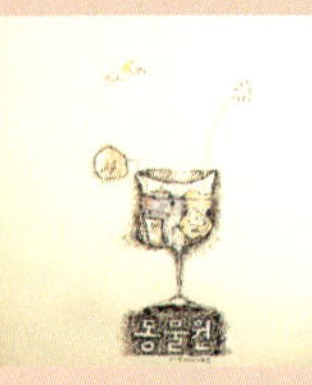

3집 (1990/예음)
김창기(g, v), 유준열(g, b, v), 박경찬(g, v)
세션: 김희현(d), 김광석(g), 강승원(g), 심재경(g), 함춘호(g), 우상우(g), 조동익(b), 김형석(key), 김현철(key), 박기영(key), 심상원(key)

그들 초기 스타일의 마지막 선상에 놓인 작품이다. 1, 2집의 수록곡들이 주로 그들이 20대 초반에 만든 것들이었다면, 3집에 있는 곡들은 1, 2집으로 성공한 이후인 20대 후반에 만든 곡들이라 느낌은 전작들과 다소 차이가 있다. 이미 김광석, 이성우, 박기영이 빠진 상태였고, 남은 김창기, 유준열, 박경찬은 그들 특유의 아기자기함을 밀도 있게 표출했다. 〈시청앞 지하철역에서〉의 가사에서 느낄 수 있듯이 이미 중심에서 밀려난 '꺾인 젊음'을 노래하는 변한 동물원의 모습을 볼 수 있다. 이 곡과 함께 유준열의 〈유리로 만든 배〉도 기억할 만하다.

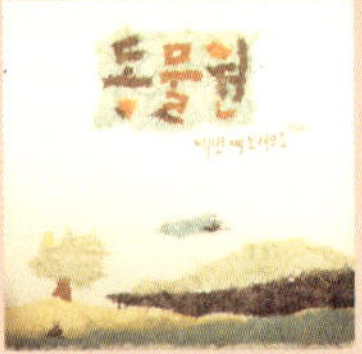

4집 (1991/예음)
김창기(v), 유준열(v), 박경찬(v), 박기영(key, v)
세션: 김희현(d), 이형복(d), 함춘호(g), 손진태(g), 배영길(g), 조동익(b), 조성오(b), 김효국(key), 김형석(key), 박용준(key)

탈퇴한 박기영이 다시 돌아왔고, 6집부터 정식 멤버가 되는 배영길(기타)이 세션에 참여하기 시작한다. 조동익이 전체적인 음악감독(편곡)의 역할을 맡아 이전 동물원과는 달리 세련됨을 맛볼 수 있다. 하지만 김창기의 표현대로 '어린아이가 어색하게 양복을 입은' 느낌은 지울 수 없다. 그들의 음반 중 가장 묻힌 음반이 되었다.

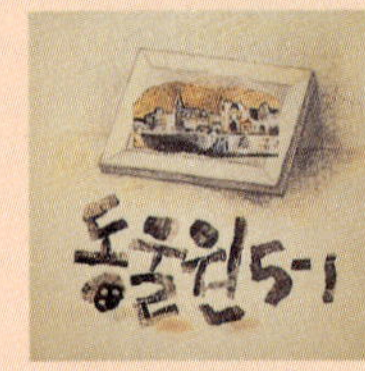

5집 [동물원 5-1] (1993/예음)

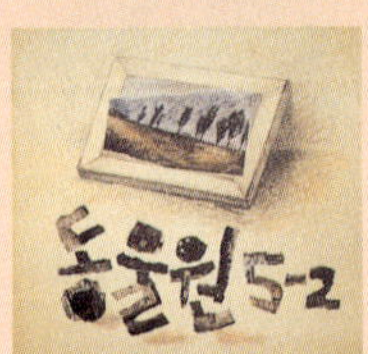

5집 [동물원 5-2] (1993/예음)
김창기(g, v), 유준열(g, v), 박경찬(g, v), 박기영(key, v)
세션: 강윤기(d), 신현권(b), 함춘호(g), 최태완(key), 박영용(perc), 김원용(sax)

전열을 다시 재정비해 새롭게 만든 곡들을 2장의 음반에 자신 있게 담았다. 김창기의 〈우리가 세상에 길들기 시작한 후부터〉라는 동물원 초기 스타일의 곡이 호응을 받았다.

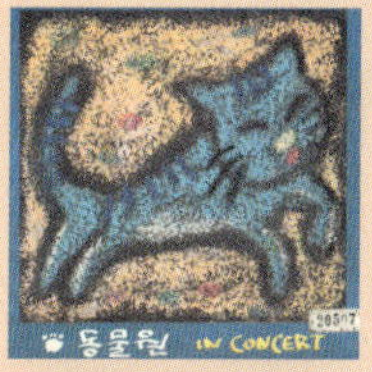

[동물원 In Concert] (1994/킹레코드)
김창기(g, v), 유준열(g, v), 박경찬(g, v),
박기영(key, v)
〈언제나 마음은〉, 〈우리가 세상에 길들기
시작한 후부터〉

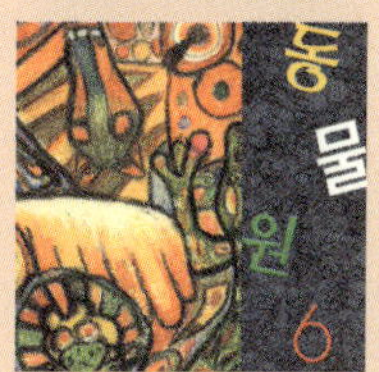

6집 (1995/킹레코드)
김창기(v), 유준열(b, v), 박경찬(v), 박기
영(key, v), 배영길(g, v)
세션: 김선중(d), 신현권(b), 함춘호(g),
최태완(key), 박영용(perc), 이주한(horn)
배영길이 정식 멤버로 들어와서 기타와
편곡을 전담하게 된다. 이전과 가장 달라
진 특징은 세월의 흐름으로 어쩔 수 없이 드러나는 '노티'였다. 김창
기의 〈나도 자유로웠으면 해〉라는 빛나는 트랙이 담겨 있다.

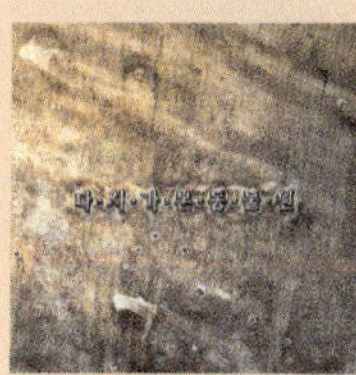

[다시 가 본 동물원] (1996/글로벌미디어)
김창기(v), 유준열(v), 박경찬(v), 박기영
(key, v), 배영길(g, v)
세션: 배수연(d), 이태윤(b), 함춘호(g),
최태완(key), 박영용(perc), 이정선(har),
이주한(horn)
리메이크 형식으로 제작된 동물원의 베스트
음반이다. 동물원 우리 안에서 세상을 보던 시각을 버림으로써 이미 동물
원 우리를 모두 벗어난 그들이 다시 가 본 동물원은 어떤 느낌이었을지.

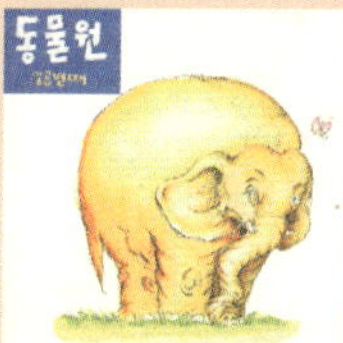

7집 (1997/금강기획)
김창기(v), 유준열(v), 박경찬(v), 박기영
(key, v), 배영길(g, v)
세션: 배수연(d), 김현규(b), 신현권(b),
함춘호(g), 최태완(key), 김효국(key), 박
영용(perc), 이범용(har)
김창기와 박경찬이 마지막으로 참여한 음
반이다. 5명의 멤버가 각자 2곡씩 만들어서 불렀다. 이미 동물원은 균
열의 조짐이 보인 상태였다. 〈그리운 우리 동네〉가 돋보이는 작품이다.

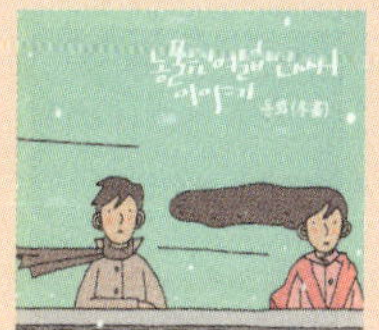

8집 [冬畵]
Music Company)
유준열(v), 박기영(key, v), 배영길(g, v)
〈기억 속으로〉, 〈다시 널 부르지 않도록〉

9집 (2003/쎌 인터내셔널)
유준열(v), 박기영(key, v), 배영길(g, v)
〈단순한 남자〉, 〈세상에 내가 태어나 제일
잘한일〉

김창기

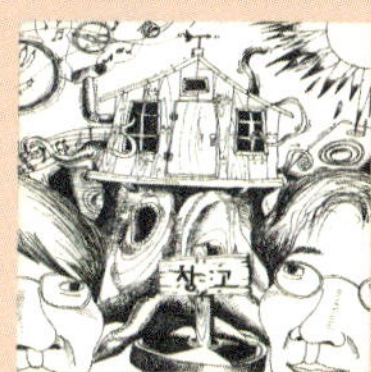

김창기 · 이범용
[창고] (1997/삼성뮤직)
김창기(v), 이범용(v, har)
세션: 함춘호(g), 천민찬(g), 이성균(g),
이태윤(b), 신현권(b), 최선규(b), 배수연
(d), 이기선(d), 최태완(key), 안용성(key)
동물원의 여섯 번째 앨범에는 TV 가요
순위 프로그램에 나와 노래를 했을 만큼 많은 사랑을 받았던 〈널 사랑
하겠어〉가 담겨 있었지만, 그와는 반대로 점차 동물원의 매력을 잃어
가던 '진행형'의 앨범이기도 했다. 동물원은 5집을 통해 다시 처음으
로 돌아가기 위한 노력을 하기도 했지만, 6집 앨범에선 '전문' 뮤지션
인 배영길을 정식 멤버로 받아들이며 동물원이라는 이름이 갖는 순수
성에 금이 가기 시작했고, 7집에 와서는 5명의 멤버가 각자 2곡씩 자
신들만의 노래를 불렀을 정도로 심하게 균열이 간 상태였다.

김창기는 그런 불편해진 상황에서 결국 팀을 나왔고, 비슷한 시기에
발표한 앨범이 바로 '창고'의 앨범이다. 동물원이란 이름을 가리켜
'언젠가 내가 두고 온 꿈들이 자라고 있는 곳'이라고 얘기하기도 했던
김창기는 창고를 통해 자신의 한쪽 구석에 담아뒀던 이야기를 하려고
했던 듯싶다. 인터뷰를 통해 자신의 진짜 속마음을 담은 앨범이라고
밝히기도 했던 이 앨범에서는 이범용이 함께하고 있는데, 이범용은 4
회 대학가요제 대상곡이었던 〈꿈의 대화〉를 부르기도 했고, 김창기의
정신과 의사 선배이기도 한 인물이었다. 김창기는 창고 앨범을 통해
자신의 기존 이미지보다 거친 노래를 만들어 발표하고 싶어 했고, 김
광석에게 그 노래들을 부르게 하려 했지만 김광석은 이미 세상을 떠
난 후였다. 그래서 차선의 선택으로 김광석과는 다른 방향의 거친 면
이 있는 이범용과 함께했다고 한다.

앨범에서 가장 먼저 귀에 들어오는 건 김창기가 만든 멜로디도 가사도
아닌 독특한 울림을 가진 이범용의 목소리다. 〈꿈의 대화〉를 부르던
때의, 예의 그 꺼칠꺼칠한 목소리에 익숙해질 때쯤 김창기의 멜로디와
가사가 들려온다. 〈날 기억하는지?〉와 〈강릉으로 가는 차표 한 장을 살
게〉 같은 노래에서 김창기의 모습은 그리 크게 변한 것 같지 않아 보인
다. 표현이 좀 더 직접적으로 변했을 뿐 앨범 안의 주인공 남자는 여전
히 옛사랑을 그리워하며 '날 아직도 기억하고 있는지'를 묻고, 일상의
무료함을 견디지 못하고 옛사랑과 함께 찾았던 바다를 그린다. 그러나
한편엔 이미 새로운 사랑을 만나 결혼을 하고 안정적인 생활인이 되어
가고 있는 또 다른 남자가 있다. 그는 '난 이제 예전의 내가 아니'라고
얘기하고, 태어날 아이에게 좋은 아빠가 뇌겠냐는 다짐을 한다. 이 앨
범 안에는 이렇게 과거의 김창기와 현재의 김창기가 혼재되어 있다.

이렇게 서로 다른 자아의 모습이 혼재된 앨범을 일관되게 끌어가는
것은 김창기의 송라이팅이다. 멜로디라는 부분에서는 어느 누구와 견
주어도 결코 뒤지지 않는 그의 작곡력은 이 앨범에서도 여전히 빛을
발하고, 이범용은 그렇게 만들어진 노래들을 절절하게 잘 소화했다.
그리고 무엇보다 김창기가 참여한 앨범을, 김창기가 만든 노래들을
기다리는 사람들이 가장 기대하고 있었을 김창기의 가사 역시 앨범
안에서 가장 먼저 얘기되어야 할 부분이다. 그의 가사가 훌륭한 점은
많은 이들이 그가 쓴 가사에 공감하고 자신의 얘기라 생각하며 가슴
아프게 느낀다는 것이고, 〈날 기억하는지?〉와 〈강릉으로 가는 차표 한
장을 살게〉, 〈너도 알게 될 거야〉와 같이 앨범 안에서 빛나는 노래들은
한 번쯤 사랑에 실패해본 경험이 있는 남자들을 상심의 세계에 빠뜨
린다. 김창기는 "난 이제 예전의 내가 아니"라고 노래하며 자신이 변
했음을 얘기하고, 훗날 자신의 독집 앨범을 통해서 그 사실을 증명했

지만, 중요한 건 그가 만들고 부른 노래들이 그가 변하기 전에도, 또 변한 후에도 여전히 사람들을 감동시키고 있다는 것이다. (김학선)

김창기 1집
[하강의 미학] (2000/하나뮤직)

그의 첫 앨범에는 자신의 아이에게 들려주는 〈아이야 일어나〉와 친구 김광석에 관해 얘기하는 〈나에게 남겨진 너의 의미〉라는 노래가 실려 있다. 이렇게 그는 여전히 자신의 주변에 대한 얘기, 소소한 일상에 대해 노래한다. 하지만 이제 그 대상은 많이 바뀌었다. 그는 이제 더 이상 옛사랑이나 지루한 일상에 대해 노래하지 않는다. 그는 이제 자신의 어린 아들, 먼저 세상을 떠난 친구, 자신의 가족에 대해 이야기하고, 더 밝아진 긍정의 시선으로 세상을 보려 한다. 물론 그는 이제 그가 노래한 대로 세상에 길들여질 수 있는 나이를 먹었고, 단란한 가정을 이루었고, 성공이라는 이름으로 불릴 수 있는 의사라는 지위도 획득했다. 그래서 어쩌면 그는 〈그 날들〉, 〈잊혀지는 것〉에서의 아련한 옛사랑의 아픔 같은 것을 잊고 싶은 건지도 모르겠고, 〈주말 보내기〉, 〈강릉으로 가는 차표 한 장을 살게〉의 숨 막힐 것 같던 지루한 일상을 잊었는지도 모르겠다. 물론 그의 이런 변화는 어느 정도 예정되어 있었고 차츰차츰 진행되고 있었다. 동물원 6집에서 그는 이미 〈나도 자유로웠으면 해〉를 통해 이제 너를 잊고 너의 그늘 밖에서 자유롭게 살아가고 싶다고 노래했고, 이범용과 함께했던 창고의 〈너도 알게 될 거야〉에선 나와 헤어진 걸 후회하게 될 거라며 평소 우리가 알고 있던 김창기스럽지 않은 모습을 보여주기도 했다. 이렇게 그의 변화는 조금씩 진행되어왔고, '창고' 앨범 이후 3년 만에 발표한 앨범을 통해 그는 자신이 예전의 김창기가 아니라는 걸 보여주었다.

하지만 그런 변화에도 불구하고 김창기는 여전히 김창기이다. 그가 노래하는 대상이 아무리 바뀌었다 해도, 그가 아무리 세상의 주류에 편입했다 해도, 그는 여전히 자신만의 시선으로 세상을 보려 하고 사람들의 관계에 대해 이야기한다. 누구나 생각은 하지만 아무나 쓸 수는 없는 그런 가사로 말이다. 이미 세상을 떠난 친구 김광석에 대해 노래한 〈나에게 남겨진 너의 의미〉에서 "난 단지 날 가끔 내가 원했던 대로 봐주던 널 잃었다는 것이 안타까울 뿐인 걸"이라 말하며 담담하게 노래하고, 〈저문 길을 걸으며/내 자신을 속이고〉, 〈상처〉에서는 서로에게 상처를 주는 사람들의 관계에 대해 노래한다. 그리고 〈이 순간처럼〉, 〈아이야 일어나〉, 〈하강의 미학〉에서는 한층 여유로워지고 밝아진 그의 달라진 시각을 볼 수 있고, [우리 노래 전시회 4]에 먼저 발표되었던 〈너의 자유로움으로 가〉는 예전 그의 모습을 그리워하는 사람들에게 조그만 위로가 되어준다. 김창기는 이런 소소한 이야기들을 다소 느리지만 어디선가 한번쯤 들어봤음직한 익숙한 멜로디로 만들어냈고, 조동익 밴드는 김창기의 가사에 더없이 어울리는 정갈한 연주를 들려주었다. 〈넌 아름다워〉, 〈너의 자유로움으로 가〉, 〈저문 길을 걸으며/내 자신을 속이고〉와 같이 그렇게 만들어진 노래들은 깊은 여운을 남기고, 괜스레 가슴 한편을 아련하게 만들기도 한다. 한번쯤 멈춰 서서 뒤돌아보게 만들어주는 노래들. 김창기는 여전히 김창기이다. (김학선)

박기영

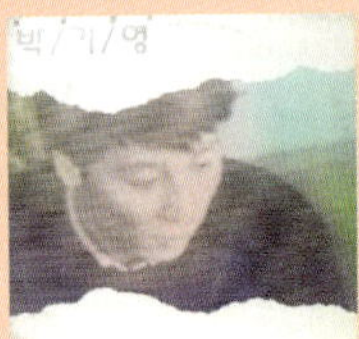

박기영 1집
[동물원의 박기영] (1990/동아기획)
〈너〉, 〈이별하던 날〉

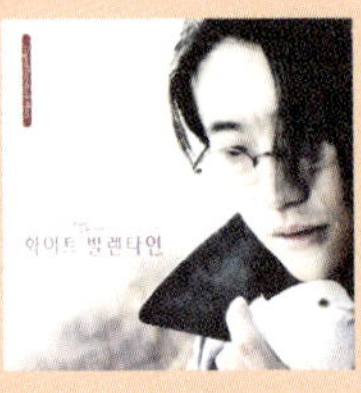

O.S.T.
[화이트 발렌타인] (1999/Sony Music)
〈별에게〉, 〈첫 번째 만남〉

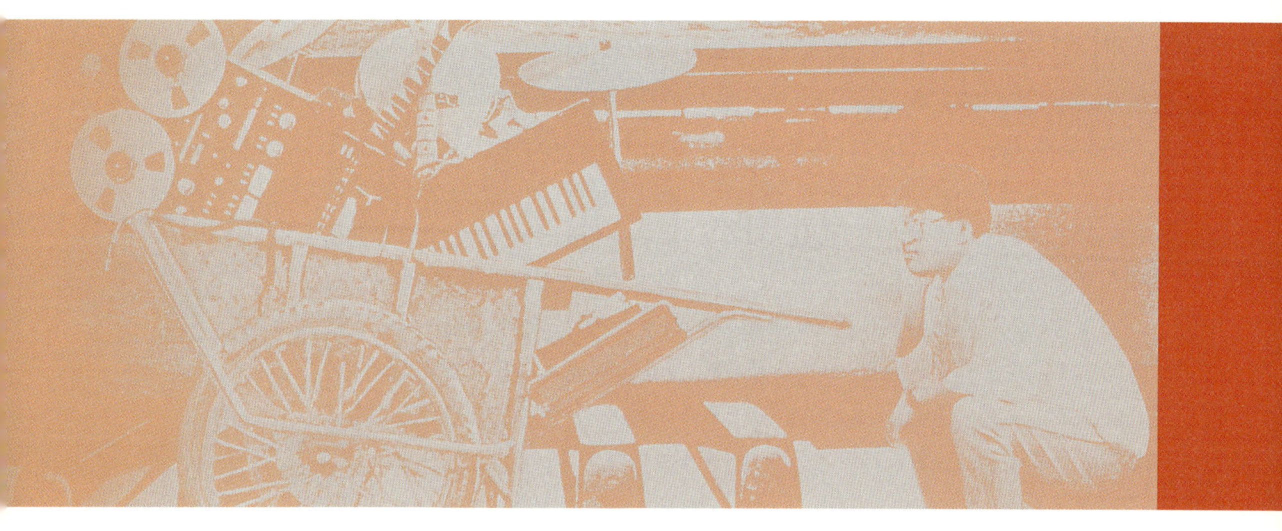

이성우 & 우리 동네 사람들

"동물원 주위에 머무른 뮤지션들"

동물원 출신의 이성우는 동물원 탈퇴 후 자신의 독자적인 영역을 확보한 뛰어난 뮤지션이었다.
그는 1990년에 발표한 솔로 데뷔 음반 [시간이 흐르고 나면…]으로 한국적 프로그레시브 록을
새롭게 개척했다는 평을 들었다.

이성우는 동물원 1, 2집의 멤버로 참여해 감각적인 일렉트릭 기타 연주를 보여준 뮤지션이었다. 다른 멤버들이 다소 아마추어 냄새나는 연주를 한 데 반해서 그는 박기영과 함께 전문 세션 연주자의 모습을 보여주었다. 하지만 동물원은 김창기의 말대로 김창기, 유준열, 김광석, 박경찬의 '장난감' 이었기 때문에 연주자로서 역량이 뛰어났던 그도 그룹을 떠날 수밖에 없었다. 그리고 그는 음악적인 관심사가 다양했기 때문에 음악적으로 폭이 제한된 동물원에서는 존립할 수 없었을 것이다. 1990년에 그는 원맨 밴드 형식으로 자신의 솔로 음반을 두 장의 음반에 담아 발표했다. 녹음까지 혼자서 해결한 그의 음반에는 이은미가 보컬로 참여한 〈미아리〉라는 대표곡이 있고, 그외 〈시간이 흐르고 나면〉, 〈Duan Allman의 기타 소리를 듣고…〉 등 주목할 만한 노래들이 실렸다. 이후 활동이 뜸했던 그는 1998년 2집을 발표했다.

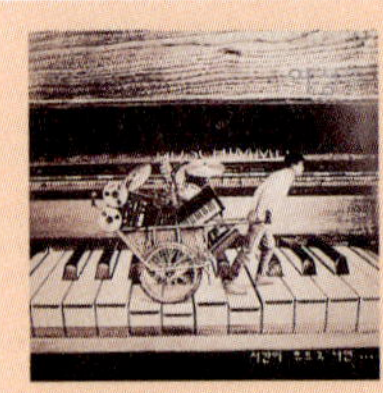

1집
[시간이 흐르고 나면…]
(1990/서울음반)
이성우(all inst.)

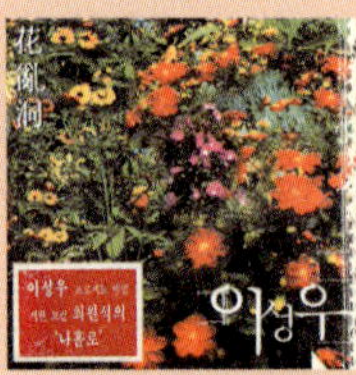

2집
[화란동(花亂洞)] (1998/록레코드)
세션: 이성우(v, g), 최원석(v),
도준석(v), 유준열(v), 강수호
(d), 신현권(b), 김광민(key),
이주한(trumpet), 김영국(g),
나승철(g)

우리 동네 사람들은 김광석이 불러서 유명해진 〈서른 즈음에〉를 만든 강승원이 중심이 되어 결성한 프로젝트 성격의 포크 그룹이었다. 여기에는 동물원의 유준열도 참여했고, 그의 곡 〈말하지 못한 내 사랑〉은 고은희, 김은조, 김혜연이 불러 이 음반의 백미가 되었다. 자신들만의 '노래 부르기의 기쁨' 을 추구하기 위해서 조용히 발표된 음반 같다는 생각이 든다.

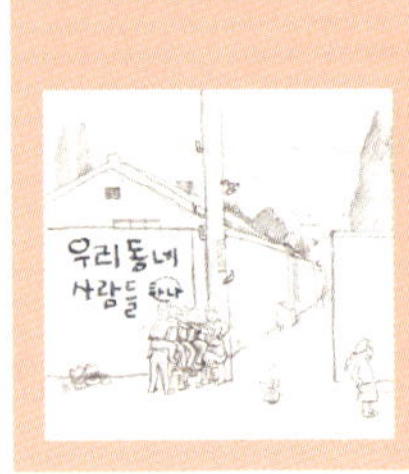

1집 (1994/LG미디어)
강승원, 유준열, 심재경, 김은
조, 고은희, 김혜연
세션: 강승원(g), 네빌 터너(d),
장응규(b), 저프 밀러(b), 신이
경(key), 탐 시 포이(key), 이
주한(horn)

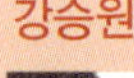

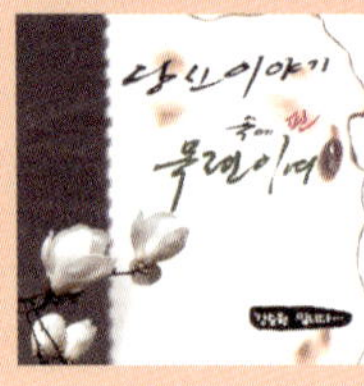

강승원 1집
[당신이야기 속에 핀 목련이여]
(2004)

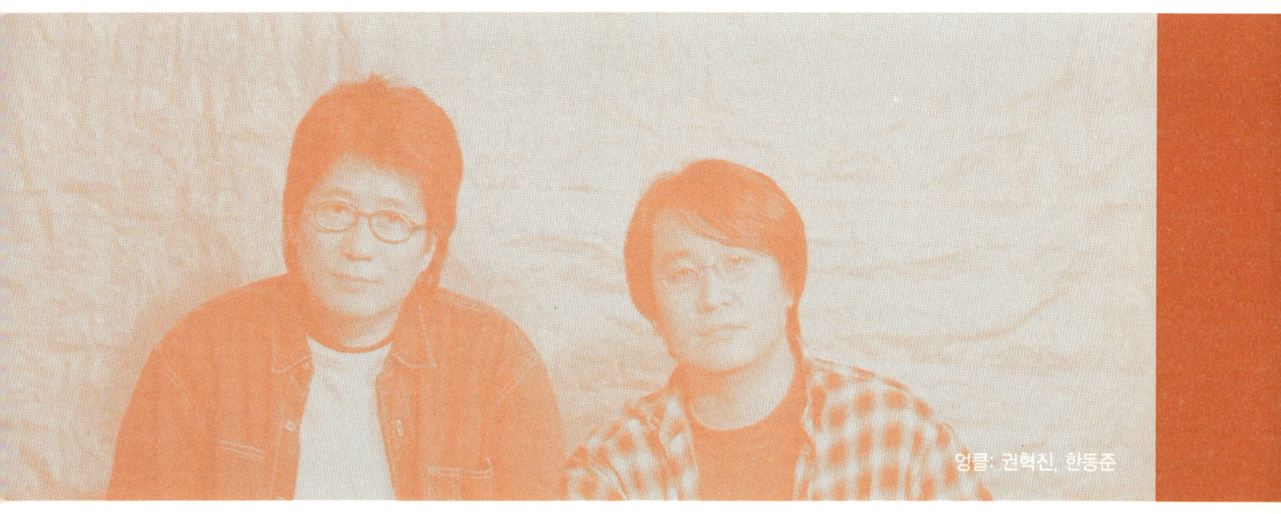

이원재, 임지훈, 김하용덕, 햇빛촌 & 한동준

"1990년대로 이어진 포크의 흐름"

1980년대에는 포크(록) 그룹들이 살아남을 수 있는 정서적인 공감대가 있었다. 그래서 따로 또 같이, 시인과 촌장, 동물원 등의 훌륭한 뮤지션들이 활동할 수 있었다. 하지만 1990년대로 넘어와서 안치환과 김광석만이 유독 눈에 띄는 것은 그 이외에 거론할 만한 활동을 보여준 뮤지션이 별로 없었다는 것을 반증하는 것이다. 크게 부각되지는 않았지만 나름대로의 활동을 보여준 포크(록) 뮤지션들을 살펴보려 한다.

이원재는 1980년대 중반부터 세션맨으로 활동하면서 베이스(따로 또 같이 3집, 신촌블루스 2, 3집, 엄인호 1집 등), 클라리넷(시인과 촌장 1집 등) 연주를 한 멀티플레이어이기도 하다. 그러면서도 자신의 음반 작업을 꾸준히 해왔으며, 1989년 발표한 2집 [혼자 내리는 비]는 대표작으로 기억될 만한 완성도 있는 음반이었다. 하지만 일부에게만 조용한 파장을 일으킨 안타까움이 있다. 〈해질 무렵〉, 〈혼자 내리는 비〉, 〈여럿이 내리는 비〉, 그리고 이주원의 〈너와 내가 함께〉 등이 수록된 이 음반은 성향상 이주원의 따로 또 같이와 연결점에 있다. 음반 타이틀은 1980년대 말부터 이주원이 인천에서 운영한 '혼자 내리는 비, 여럿이 내리는 비'라는 카페 이름에서 따왔다. 그는 1999년에 〈독백〉, 〈인생〉, 〈사노라면〉, 〈노처녀의 하루〉, 〈노총각의 한숨〉 등이 담긴 4집 [인생]을 발표했다.

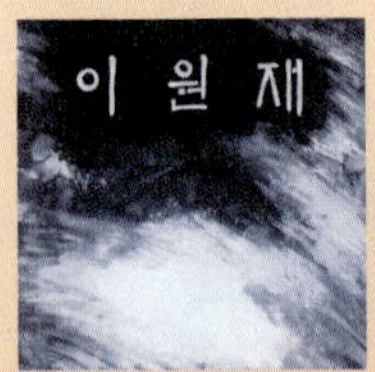

이원재 1집
[이원재]
(1987/동아기획)
세션: 이원재(v, perc),
함춘호(g), 조동익(b),
진형주(key), 꼬마자동
차(harmonica, piano)

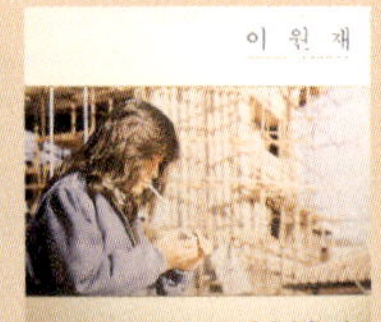

이원재 2집
[혼자 내리는 비]
(1989/동아기획)
세션: 이원재(v, g), 조동
익(b), 함춘호(g), 윤명
운(g, har), 김희현(d),
허성욱(key), 김현철
(key)

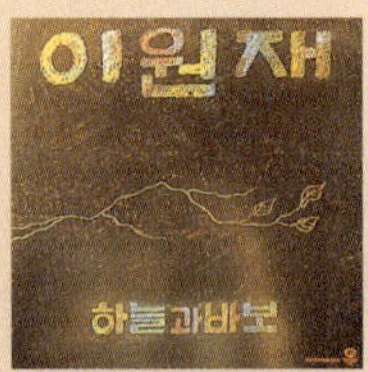

이원재 3집
[하늘과 바보]
(1991/동아기획)
세션: 이원재(v, g), 안재
현(b), 오남석(g), 윤명
운(har), 장형석(d), 김형
석(key)

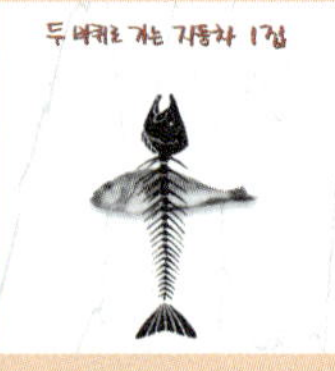

두 바퀴로 가는 자동
차 1집
[두 바퀴로 가는 자동차]
(1996/LGM)
이원재(v)

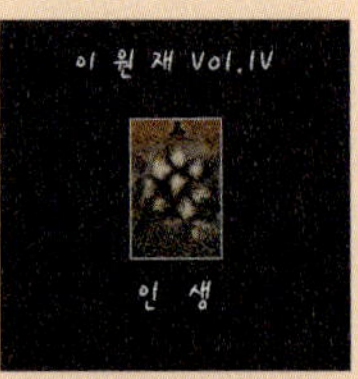

이원재 4집
[인생]
(1999/시완레코드)
세션: 이원재(v, all inst.)

임지훈은 데뷔 음반 발표 전에 김창완과 함께 '꾸러기들'의 멤버로 활동했고, 1987년에 김창기 곡인 〈사랑의 썰물〉, 〈내 사랑〉, 〈영아의 이야기〉를 담은 1집을 발표했다. 그 외에도 자작곡 〈내 그리운 나라〉, 김창완의 〈기다리면 대답해 주시겠어요〉, 유지연의 〈하루 종일 동네에 비가 내리면〉, 김창훈의 〈회상〉 등이 담긴 이 음반은 유지연의 유려한 편곡이 돋보이는 그의 최고작이자 1980년대 포크 록의 명반이다. 지금까지도 꾸준한 활동을 펼치고 있는 그는 이후 [Folk & Rock]이라는 좋은 음반을 발표하기도 했다.

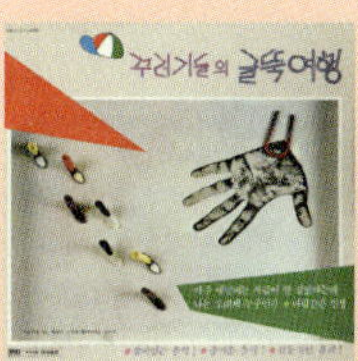

꾸러기들 1집
[꾸러기들의 굴뚝여행]
(1985/대성음반)
보컬과 기타: 김창완, 임지훈, 최성수, 신정숙, 권진경, 이호찬

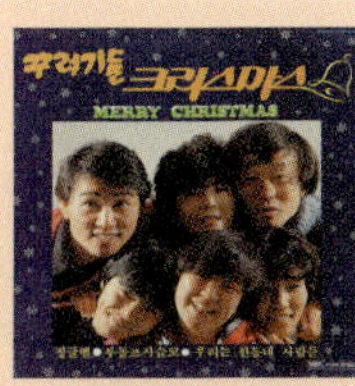

꾸러기들
[캐롤 – 꾸러기들 크리스마스] (1985/대성음반)
보컬과 기타: 김창완, 신정숙, 임지훈, 현희, 최성수, 윤설하

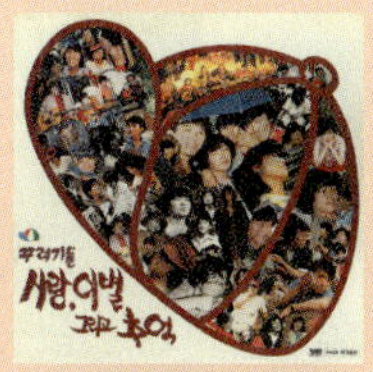

꾸러기들 2집
[사랑, 이별 그리고 추억]
(1986/대성음반)
보컬과 기타: 김창완, 신정숙, 임지훈, 현희, 최성수, 윤설하

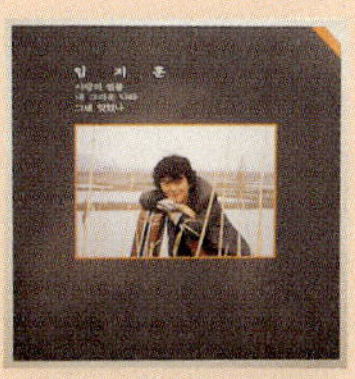

임지훈 1집 (1987/예음)
세션: 유지연(g, har), 강윤기(d), 신현권(b), 최춘호(g), 변성룡(key), 김동성(key), 심성락(key), 박영용(perc)

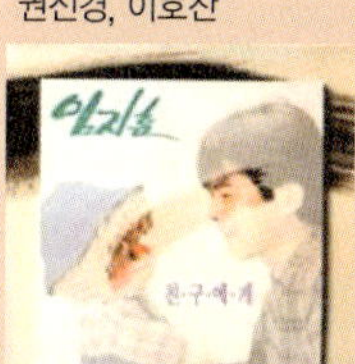

임지훈 2집
[친구에게] (1989/예음)
〈누나야〉, 〈친구에게〉

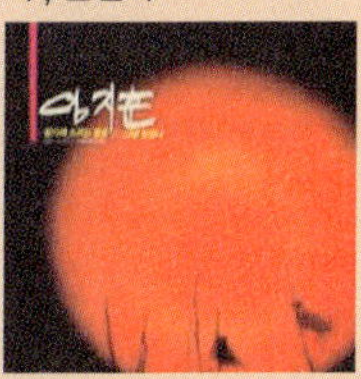

[임지훈]
(1989/대성음반)
〈창가에 스치는 얼굴〉, 〈그댈 잊었나〉

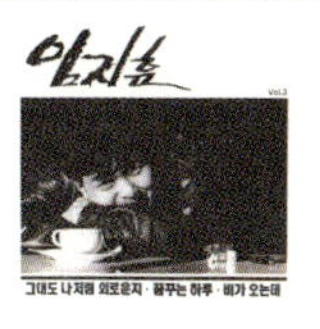

임지훈 3집 (1992/예음)
세션: 임지훈(v, g, har), 조준형(g), 박기형(d), 김형태(b), 김광석(g), 박성호(g), 김호국(key), 최태완(key), 박영용(perc)

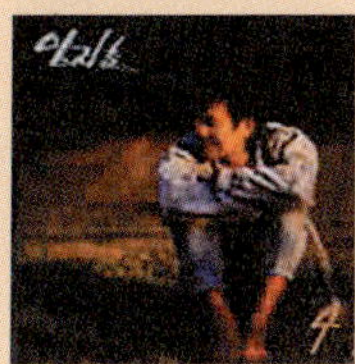

임지훈 4집
(1994/universal)
〈세월 속에 머문 사랑〉, 〈사랑은〉

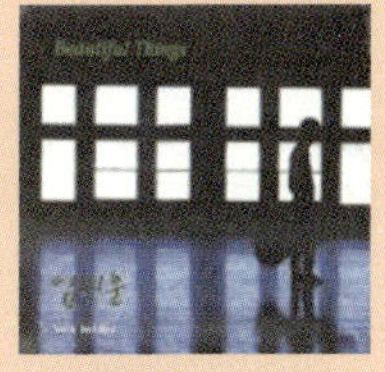

임지훈 5집
[Folk & Rock]
(1996/예음)
세션: 임지훈(v, g), 박달준(d), 장우영(b), 이진우(g), 신성철(g), 김학년(g), 이태윤(key)

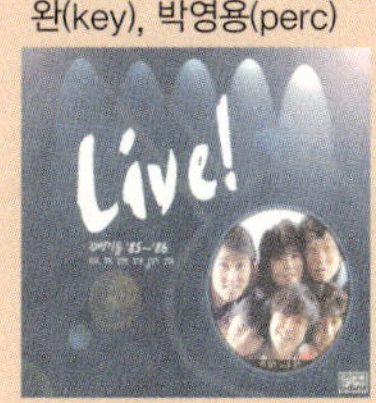

임지훈 6집
[Beautiful Things]
(2001/드림비트)
〈어느 날〉, 〈사랑의 썰물〉

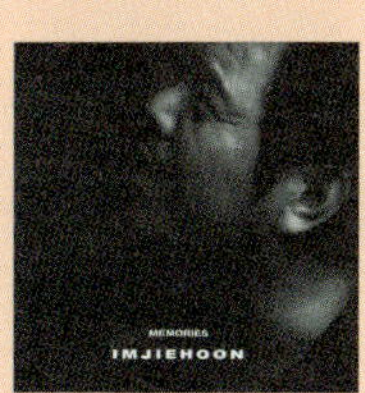

꾸러기들
[꾸러기들의 100일 공연 라이브]
(2001/대성음반)
〈먼지가 되어〉, 〈참새와 허수아비〉

임지훈
[Memories]
(2004/BMG)
리메이크 앨범

김하용덕(김용덕)은 1988년 [우리 노래 전시회 3]에 〈옛종이 울릴 때〉로 참여했다. 그는 솔로 1집(1989)을 발표한 후 동생 김용수와 함께 포크 듀엣 '16년 차이'를 만들었고, 1집(1990), 2집(1994)을 발표했다. 2002년에는·솔로 2집 [Somewhere We Dreamed]를 발표했는데, 2007년에 새롭게 녹음해 재발매했다. 양병집의 레이블 '비자트 뮤직'에서 양병집(프로듀서)과 두 번째 달의 김현보(편곡, 미디, 기타)가 참여해 만든 이 음반은 양병집이 꿈꾸는 '포스트 모던포크(록, 재즈, 월드뮤직이 함께 어우러지는 포크)'를 표현했다는 평가를 받는다. 이런 시도는 〈하얀 강물〉, 〈새처럼〉에서 잘 드러난다.

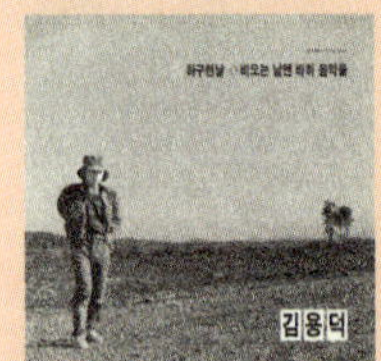

김용덕 1집
[김용덕] (1989/예음)
〈허구헌 날〉, 〈비오는 날
엔 바흐 음악을〉

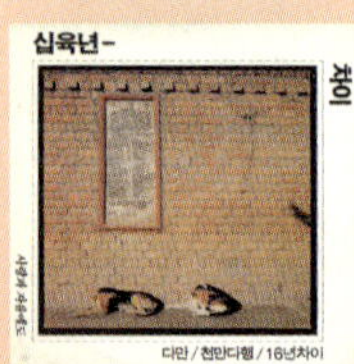

16년 차이 1집
(1990/서라벌레코드)
김하용덕(v, g), 김용수(v, g)

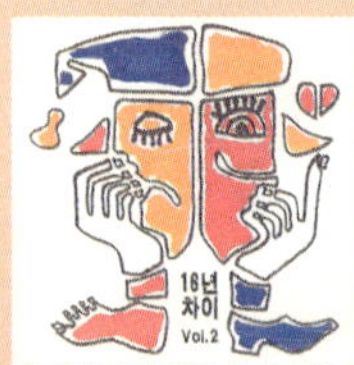

16년 차이 2집
(1994/영음미디어)
김하용덕(v, g), 김용수(v, g)

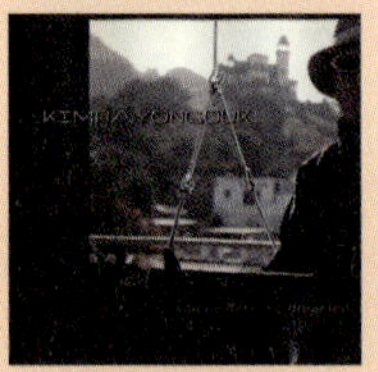

김하용덕 2집
[Somewhere We
Dreamed]
(2002/2007/BZM)
〈하얀 강물〉, 〈새처럼〉

햇빛촌은 1989년 〈유리창엔 비〉가 담긴 2집 음반으로 주목을 받았다. 1집 (1984)과 달리 이정한이 전 곡을 작사·작곡하고 고병희가 리드보컬 역할을 하는 듀엣 체제로 갔으며 고병희의 청명한 보컬이 압도적인 〈유리창엔 비〉가 인기를 얻었다. 이정선의 편곡으로 기품 있는 음반이 되었다. 〈가을 나들이〉, 〈외로움은 벗〉 등이 실렸다.

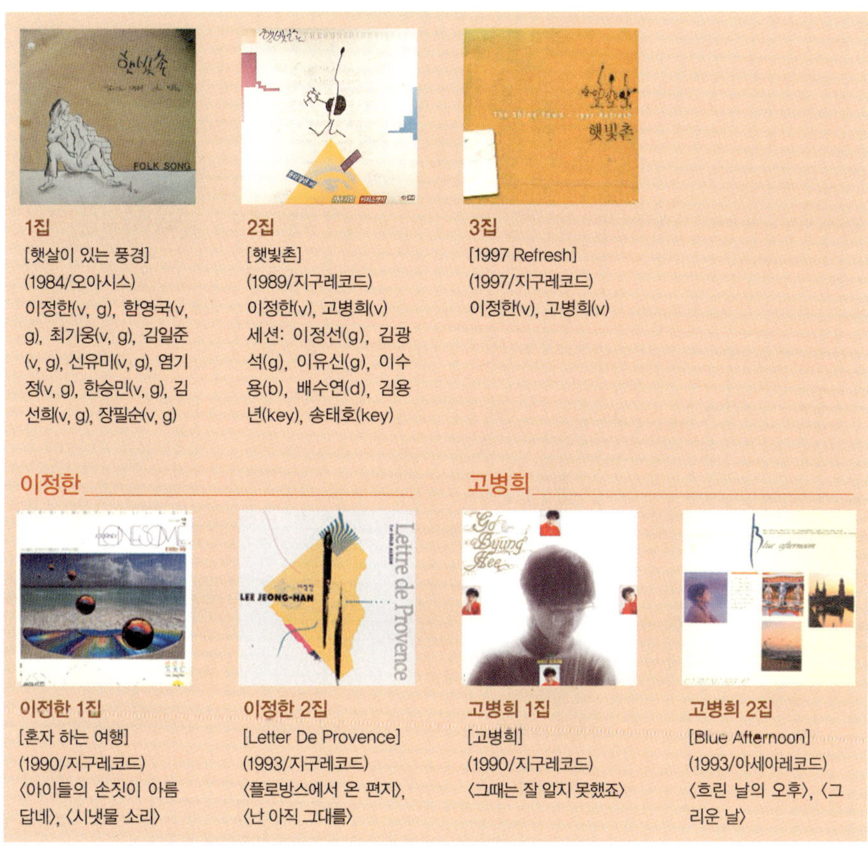

1집
[햇살이 있는 풍경]
(1984/오아시스)
이정한(v, g), 함영국(v, g), 최기웅(v, g), 김일준(v, g), 신유미(v, g), 염기정(v, g), 한승민(v, g), 김선희(v, g), 장필순(v, g)

2집
[햇빛촌]
(1989/지구레코드)
이정한(v), 고병희(v)
세션: 이정선(g), 김광석(g), 이유신(g), 이수용(b), 배수연(d), 김용년(key), 송태호(key)

3집
[1997 Refresh]
(1997/지구레코드)
이정한(v), 고병희(v)

이정한

고병희

이전한 1집
[혼자 하는 여행]
(1990/지구레코드)
〈아이들의 손짓이 아름답네〉, 〈시냇물 소리〉

이정한 2집
[Letter De Provence]
(1993/지구레코드)
〈플로방스에서 온 편지〉, 〈난 아직 그대를〉

고병희 1집
[고병희]
(1990/지구레코드)
〈그때는 잘 알지 못했죠〉

고병희 2집
[Blue Afternoon]
(1993/아세아레코드)
〈흐린 날의 오후〉, 〈그리운 날〉

한동준의 바이오그래피는 보통 '노래그림'이라는 팀에서 시작한다. 건축가 겸 반연예인으로 유명한 양진석, 〈새들처럼〉과 같이 변진섭의 초창기 히트곡을 작곡한 지근식, 김한년과 함께 '노래그림'이라는 팀을 조직해 라이브 무대를 중심으로 활동한 것이 그의 음악적 시작이었다. 팀의 와해 후 그는 솔로 활동을 준비하는데 당시 무명이나 다름없었던 김광진에게 〈그대가 이 세상에 있는 것만으로〉라는 곡을 받아 앨범의 첫 싱글로 발표했고, 그 곡은 라디오 등을 통해 폭발적이진 않았지만 은근하고 꾸준하게 사랑을 받았다. 그리고 조동익, 박용준 등이 편곡을 담당하며 몇 년 후 만들어질 하나음악의 탄생을 알리고 있었다.[4] 그는 〈그대가 이 세상에 있는 것만으로〉로 기대 이상의 인기를 얻었고, 그 후 발표한 2집 앨범에서도 〈너를 사랑해〉라는 히트 싱글이 나오면서 1집과는 비교할 수 없을 정도의 상업적 성공을 거두었다. 여기서 눈여겨볼 점은 〈너를 사랑해〉가 그의 자작곡이라는 사실인데, 그는 이미 고 김광석의 대표곡 〈사랑했지만〉을 만든 유망한 작곡가이기도 했다.[5] 그는 스스로 좋은 노래를 만들 수 있는 능력을 가지고 있었는데도 크게 욕심 부리지 않고 다른 작곡가의 좋은 노래가 있으면 기꺼이 자신의 앨범에 수록하는 여유로움을 보여주었다. 그러나 〈너를 사랑해〉가 많은 사랑을 받고 TV 가요차트의 순위에 오르기도 했지만 성대에 이상이 생겨 그는 곧 활동을 그만두게 된다. 한동안 휴지기를 가진 그는 다시 한 번 김광진의 도움을 받아 3집 앨범을 발표하고 (결혼식장에서 가장 많이 불리는 축가 가운데 하나인) 〈사랑의 서약〉으로 큰 인기를 얻게 되지만 성대결절이라는 불행이 또다시 그를 찾아온다. 당시 높았던 인기와 인지도로 활동을 포기하기 쉽지 않았지만 결국 그는 아쉬움을 뒤로 하고 미국으로 건너가 수술을 받고 오게 된다. 그는 이후 개인 솔로 활동보다는 하나음악 활동에 더 주력하며 하나 옴니버스 1, 2, 3 시리즈 앨범을 발표하고 [겨울노래]라는 훌륭한 모음집에 〈아름다운 별이 되어〉라는 노래로 참여한다. 또한 이 앨범에서는 기타리스트 권혁진이 참여해 조동진의 노래 〈겨울비〉를 다시 불렀는데, 그의 목소리는 고 김현식과 김장훈의 중간쯤에 위치할 정도의 매력적인 허스키 보이스였고, 편곡과 프로그래밍을 담당한 박용준은 권혁진의 그런 목소리를 훌륭하게 포장해주었다. 한동준은 이후 권혁진과 함께 '엉클'이란 듀오를 만들게 된다. 엉클의 앨범 커버에 쓰인 "그 어설픈 작은 위로가 나에게는 커다란 힘,

---

[4] 재미있는 사실은 한동준의 첫 앨범이 나온 곳이 지금 한동준의 성향과는 정반대편에 자리한 SM 기획이라는 사실이다.

[5] 이후에도 안치환의 〈그 사랑 잊을 순 없겠죠〉나 권혁진의 〈날 울게 한 그대〉 같은 좋은 노래들을 계속 만들어낸다.

함께 나눈 얘기들 나를 평화롭게 하지"라는 구절은 엉클의 음악적 방향이자 하나음악의 방향을 잘 나타내주는 말이었다. 엉클은 사람들의 마음을 따뜻하게 해줄 수 있는 노래를 부르고 싶어 했고 그러한 마음은 한동준, 권혁진, 조동익, 윤영배가 함께 만든 곡들에서, 조동익 밴드가 맡은 편곡과 연주에서 잘 드러났다. 한동준이 만든 〈그대와 함께라면〉은 라디오를 통해 작지만 꾸준한 사랑을 받기도 했다. 그리고 한동준은 무려 8년 만에 자신의 솔로 4집 앨범을 발표한다. 성대결절 수술과 그에 따른 가수 활동 중단 위기를 겪기도 했지만 그는 품이 넓은 어머니처럼 하나음악을 위해 일하는 틈틈이 자신의 독집 앨범을 준비했다. 그는 여전히 결이 고운 멜로디와 정제된 언어로 가사를 만들었고, 잔잔한 음악들로 앨범을 꾸몄다. 그렇게 그의 음악은 8년 만에 발표되었지만 그리 변한 것은 없어 보였다. 하지만 오히려 이런 '한결같음' 이야말로 그동안 한동준의 음악을 기다려온 팬들이 바라온 것일 것이다. 크게 드러나진 않지만 언제나 제 자리를 지켜주는 믿음직스러움. 이런 것이 그가 하나음악에서 없어선 안 될 이유이기도 하다. (김학선)

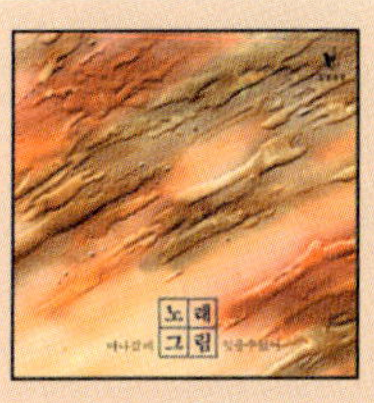

노래그림 1집
[노래그림]
(1988/효성음향)
한동준(v, g), 양진석(g, v), 지근식(g, v), 김한년(g, v)

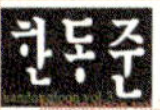

한동준 3집
(1995/킹레코드)
〈사랑의 마음 가득히〉, 〈사랑의 서약〉
(g, v)

한동준 1집
(1991/SM Entertainment)
〈그대가 이 세상에 있는 것만으로〉, 〈잊을 수 없어〉, 〈지하철역에서〉, 〈우리사랑 솔잎처럼〉

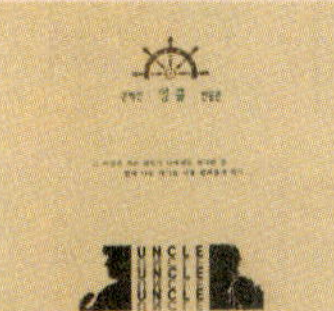

엉클 1집
[엉클] (1998/킹레코드)
권혁진(v, g), 한동준(v, g)
세션: 조동익(b, g), 함춘호(g), 윤영배(g), 박용준(key), 김영석(d), 이정식(flute), 김원용(sax), 박영용(perc)

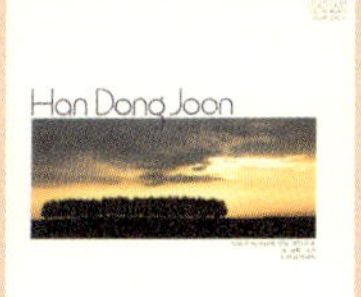

한동준 2집
[처음 받은 느낌으로]
(1993/하나뮤직)
세션: 한동준(v, g), 조동익(b, g, prog), 손진태(g), 박용준(key), 김영석(d), 이정식(flute)

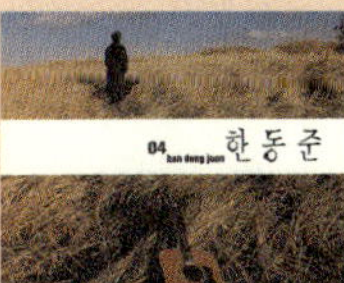

한동준 4집
(2003/신나라뮤직)
〈푸른 정원〉, 〈아 마음 이대로〉

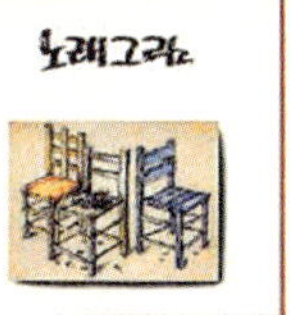

노래그림 3집
[노래그림]
(1994/킹레코드)
한동준(v, g), 지근식(g, v), 김한년(g, v)

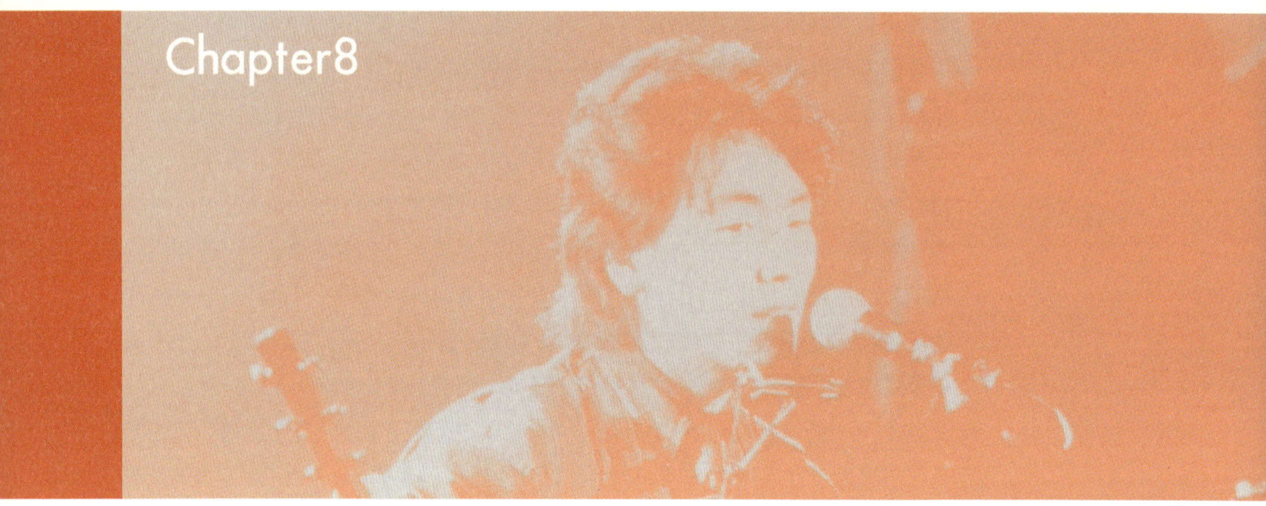

김광석

"1970년대의 모던포크를 계승한 싱어송라이터"

김광석은 1988년 동물원 1집에 실린 〈거리에서〉와 동물원 2집에 실린 〈흐린 가을 하늘에 편지를 써〉를 불러 열광적인 지지를 받았다. 하지만 동물원은 김창기와 유준열의 노래로 빛을 발하는 밴드였고, 여기서 김광석은 노래 잘하는 가수였을 뿐이다. 그리고 솔로 데뷔 뒤 발표한 〈너에게〉가 담긴 1집(1989)이나, 〈사랑했지만〉이 담긴 2집(1991)은 그리 평가할 만한 음반은 아니었다. 변화의 시작점은 〈나의 노래〉라는 자기 고백이 담긴 3집(1992)부터였고, 정태춘 · 박은옥만으로 근근히 명맥을 유지하던 모던포크의 의미를 부활시킨 [다시부르기 1](1993)을 발표하고 나서 그에 대한 평가는 완전히 바뀌었다고 말할 수 있다.

이후 '제 자리를 찾은 느낌인 만족스런 앨범'이라고 그 스스로가 말했을 만큼 훌륭한 음반인 4집(1994)은 전체적으로 포크 계열로의 변화를 보여주었고, 음반의 색채는 이전과는 달리 무거웠다. 그래서 대중적인 어필은 크게 하지 못했다. 하지만 그는 '자신의 나이에 맞는 삶의 무게를 가진, 그리고 진지하게 삶을 바라보는' 노래들을 부르는 데 성공했다. 이 음반에는 진정한 싱어송라이터의 모습을 보여주는 〈일어나〉 이외에도 〈바람이 불어오는 곳〉, 〈너무 아픈 사랑은 사랑이 아니었음을〉, 〈서른 즈음에〉, 〈자유롭게〉라는 명곡이 실렸고, 한영애나 장필순처럼 예술적인 자의식과 노력으로 데뷔한 지 한참 뒤에야 훌륭한 싱어송라이터로 거듭나는 흔치 않은 모습을 보여주었다. 또한 실질적인 유작인 [다시부르기 2](1995)에는 한대수를 잇는 모던포크의 계승자로서 자신의 곡을 포함한 한국 모던포크의 명곡들을 추려 다시 녹음했다. 한대수의 〈바람과 나〉, 양병집의 〈두 바퀴로 가는 자동차〉,[1] 김의철[2]의 〈불행아〉, 김광석 자신의 〈너무 아픈 사랑은 사랑이 아니었음을〉 등이 담긴 이 음반은 1990년대 포크 록의 명반이다.

---

[1] 원곡은 밥 딜런의 〈Don't Think Twice, It's Alright〉.

[2] 이정선이 참여하기 이전 초기 '해바라기' 멤버. 1974년에 〈마지막 교정〉, 〈섬아이〉, 〈저 하늘의 구름따라(불행아)〉가 담긴 데뷔 앨범을 발표해 주목받았던 싱어송라이터였다.

김광석의 음악인생

거리에 가로등불이 하나둘씩 켜지고 / 검붉은 노을 너머 또 하루가 저물 땐 / 왠지 모든 것이
꿈결 같아요 / 유리에 비친 내 모습은 무얼 찾고 있는지 / 무얼 말하려 해도 기억하려 하여도
/ 허한 눈길만이 되돌아와요 - 〈거리에서〉

〈거리에서〉는 대중들에게 그의 존재를 알린 노래다. 아무도 흉내낼 수 없는 그만의 외로운 목
소리가 곡 전반을 지배하는 이 노래는 1988년 동물원 데뷔 음반에 담겼다. 비록 동물원 데뷔 음
반이 성공에 대한 아무런 바람 없이 대학 초년생 시절부터 친구 사이로 지냈던 김창기, 유준열,
박경찬과 함께 만든 앨범이어서 아마추어적인 냄새가 물씬 풍기는 그들의 '기념음반' 형태였다
고 해도,3 김광석의 목소리는 다소 도드라지는 면이 있었다. 그의 목소리는 누가 들어도 가수로
서의 성공을 예측할 수 있을 만큼 매력적이었고, 마력적인 요소를 갖고 있었다. 그의 고독한 영혼
이 느껴지는 이 노래로 사람들은 동물원 내에서도 김광석을 따로 인지할 수 있었다. 그래서 '거
리에서'는 '김광석'을 가리키는 상징이 되었다. 하지만 노랫말처럼 될 것 같아서 본인은 정작 이
노래 부르기를 꺼렸다고 한다.

아무것도 가진 것 없는 이에게 시와 노래는 애달픈 양식 / 아무것도 뵈지 않는 암흑 속에서
조그만 읊조림은 커다란 빛 / 나의 노래는 나의 힘. 나의 노래는 나의 삶 / 그러나 그대 모두
귀 기울이면 노래는 멀리멀리 날아가 / (중략) / 수많은 진리와 양심의 금문자 찬란한 그 빛에
는 멀지 않으리 / 이웃과 벗들의 웃음 속에는 조그만 가락이 울려 나오면 / 나는 부르리 나의
노래를 나는 부르리 가난한 마음을 - 〈나의 노래〉

김광석은 중학교 때부터 꾸준히 음악적인 소양을 쌓아나갔고, 1982년 대학에 들어와서는 대
학 연합동아리 '연합메아리'에서 본격적으로 노래하기 시작했다. 이때 그는 그의 노래 인생을
지속해나가게 한 결정적인 동인을 만난다. 한 친구에게서 '젊은 예수'라는 운동권 노래집을 선

---

3 동물원은 자신들의 데뷔 음반이 많이 팔리지 않을 것으로 예측했다고 한다. 하지만 상업적인 성
공을 맞았고, 동물원은 데뷔 음반에 다 수록하지 못했던 노래들을 중심으로 그해에 후속작을 마저
내는 행운을 잡았다. 그 2집은 동물원의 최고작이었을 뿐만 아니라 1980년대 젊음을 상징하는 음
반이 되었다. 여기에는 〈흐린 가을 하늘에 편지를 써〉라는 명작이 담겼다.

물받게 되었던 것인데, 그 안에 있던 〈못생긴 얼굴〉을 부르다가 울기도 했다고 한다.[4] 1984년에는 김민기의 [개똥이] 음반에 참여했고, 이때 만난 몇몇 사람들과 함께 '노래를 찾는 사람들' 1집을 만들었는데, 이는 그의 노래의 근본에 〈광야에서〉와 같은 정서를 갖게 하는 요인이 되었다. 그리고 1988년 동물원의 커다란 상업적인 성공에도 불구하고 자신만의 음악을 하고 싶었던 그는 동물원에서 나와 1989년에 〈너에게〉, 〈내 마음의 문을 열어 줘〉, 〈기다려 줘〉 등이 담긴 솔로 데뷔 음반을 발표한다. 가로등에 기대어 찍은 흑백 재킷 사진이 인상 깊었던 이 음반은 노래에 대한 그의 신념에도 불구하고 아쉽게도 그만의 모습을 제대로 반영하지 못했다. 이때부터 소극장 공연을 하기 시작한 그는 후에 1,000회 공연을 기록할 정도로 '라이브 가수'의 대명사로 인식되었다. 1991년에는 한동준의 〈사랑했지만〉, 문대현의 〈꽃〉이 담긴 2집을 발표해 〈사랑했지만〉이 그의 초기 히트곡으로 자리 잡았다. 하지만 그의 음악적인 역량이 음반에서 본격적으로 보이기 시작한 것은 조동익이 전반적으로 음반에 관여한 1992년 3집부터였다. 이 음반에는 한동헌의 〈나의 노래〉, 김광석 자신의 〈잊어야 한다는 마음으로〉가 실렸고, 〈나의 노래〉는 바로 김광석의 현재를 설명하는 것이었다.

> 검은 밤의 가운데 서있어 한치 앞도 보이질 않아 / 어디로 가야 하나 어디에 있을까 둘러봐도 소용이 없어 / 인생이란 강물 위를 뜻 없이 부초처럼 떠다니다가 / 어느 고요한 호숫가에 닿으면 물과 함께 썩어가겠지 / (중략) / 가볍게 산다는 건 결국은 스스로를 얽어매고 / 세상이 외면해도 나는 어차피 살아 살아 왔는걸 / 아름다운 꽃일수록 빨리 시들어가고 / 햇살이 비치면 투명하던 이슬도 한순간에 말라버리지 – 〈일어나〉

1994년에 발표한 4집은 정규 음반으로서는 마지막이 되었고, 이 음반은 김광석을 1990년대의 대표적인 포크 로커로 만든 결정적인 음반이었다. 음반의 전체적인 색채는 이전과는 달리 무거웠고, 그래서 대중적으로 크게 인기를 끌지는 못했다. 하지만 아티스트로 거듭나고 싶었던 김광석은 나이에 맞는 삶의 무게를 가지고 진지하게 삶을 바라보는 노래들을 만들고 싶어 했다. 이 음반은 그의 바람이 정확하게 표현된 작품이었다. 물론 김광석을 〈거리에서〉를 부른 가수 정도로 생각하는 사람들이라면 4집은 이해할 수 없는 작품일 수도 있다. 아마 김광석도 모든 사람에게 자기 노래가 투영되리라고는 생각하지 않았을 것이다. 소수라도 자기 노래를 진정으로 받아주고 제대로 이해해줄 것을 기대하고 4집을 만들었을지도 모른다. 〈일어나〉 이외에도 〈바람이 불어오는

---

[4] 그는 제대 후 복학하면서 "앞으로 무엇을 하고 살까?"라는 고민을 한 적이 있었는데, 문득 〈못생긴 얼굴〉 같은 노래를 부르면서 사는 것도 괜찮다 싶어 삶의 방향을 노래 부르기로 택했다고 한다.

곳〉, 〈너무 아픈 사랑은 사랑이 아니었음을〉, 〈서른 즈음에〉, 〈자유롭게〉 등 제목만으로도 더욱
진지하게 변모한 그의 모습을 짐작할 수 있는 이 음반은 안치환의 4집과 함께 명실공히 1990년
대 포크 록을 대변하는 양대 앨범이 되었다.

　그는 〈일어나〉를 만들 당시의 심경을 이렇게 말하고 있다. "서른 즈음에 느끼는 스스로의 한계
나 답답함. 생활이나 삶이란 것은 애시당초 허무를 인정하며, 그럼에도 불구하고 생활 속의 자잘
한 재미나 가벼움이 소중하다고 느끼며 재미나고 즐겁게 열심히 살아가자는 뜻으로 만든 곡입니
다. 한 1년 전에 제 스스로 여러 가지 일이 한꺼번에 불규칙하게 터졌을 때, 이런 생각을 했죠. '인
생은 수영장과 같다. 이렇게 힘든 일이 자꾸만 날 가라앉게 만든다면 그래 가라앉아보자. 내려가
다보면 바닥은 나올 것이고, 바닥이 나오면 차고 올라 수면 위로 떠오를 것이다.' 하지만 가라앉
으면 앉을수록 그 끝은 더더욱 깊게만 느껴지지만 다시는 수면 위로 떠오르지 못할 것 같은 두려
움이 생겼죠. '그래, 포기하자. 이 선에서 만족해야 한다' 라고 생각하고 떠오르기로 했죠. 삶은
일정 부분 만족하고, 일정 부분 아쉬워하며 살아가는 것이라 생각합니다. 그런 저런 생각들을 노
래로 만든 것이 〈일어나〉이죠."

<blockquote>

어느 하루 비라도 추억처럼 흩날리는 거리에서 / 쓸쓸한 사람되어 고개 숙이면 그대 목소리 /
너무 아픈 사랑은 사랑이 아니었음을 / 어느 하루 바람 젖은 어깨 스치어 지나가고 / 내 지친
시간들이 창에 어리면 그대 미워져 / 너무 아픈 사랑은 사랑이 아니었음을 / 이제 우리 다시는
사람으로 세상에 오지 말기 / 그립단 말들도 묻어버리기 / 못다한 사랑, 너무 아픈 사랑은 사
랑이 아니었음을 - 〈너무 아픈 사랑은 사랑이 아니었음을〉

</blockquote>

　그는 정규 음반 이외에도 정규 음반에 버금가는 뛰어난 베스트 앨범을 갖고 있다. 그러나 그
베스트 음반은 기존에 발표한 곡들을 다시 모은 형태가 아니라 새로운 편곡과 세션으로 새롭게
창조한 진정한 리메이크 음반이었다. 1993년에 만든 [다시부르기 1]은 그때까지 그의 음악 여정
이 축약된 음반이었고, 이에 따라 노찾사 시절의 〈광야에서〉, 동물원 시절의 〈거리에서〉, 〈흐린
가을 하늘에 편지를 써〉, 3집에 실린 〈잊어야 한다는 마음으로〉, 〈나무〉, 〈나른한 오후〉, 유준열
의 〈말하지 못한 내 사랑〉, 그리고 자신의 애청곡인 김현성의 〈이등병의 편지〉가 실렸다. 그리고
어찌 보면 김광석의 최고작이 될 수도 있는 [다시부르기 2]를 1995년에 발표했다. 한대수의 뒤
를 잇는 모던포크의 계승자로서 자신의 곡을 포함한 한국 모던포크의 명곡들을 추려 다시 녹음
한 이 음반은 조동익 밴드의 멋진 세션으로 리메이크곡이 원곡을 전부 능가하는 흔치 않은 결과
를 낳았다. 한대수의 〈바람과 나〉, 이정선의 〈그녀가 처음 울던 날〉, 양병집의 〈두 바퀴로 가는
자동차〉, 김의철의 〈불행아〉, 김창기의 〈변해가네〉, 유준열의 〈새장 속의 친구〉, 한동헌의 〈나의

노래〉, 김광석 자신의 〈너무 아픈 사랑은 사랑이 아니었음을〉이 담긴 이 음반은 뛰어난 가사와 함께 담백한 연주로 언제 들어도 싫증 나지 않는 한국 포크 록의 명반이다.

> 또 하루 멀어져간다 / 내 뿜은 담배 연기처럼 작기만 한 내 기억 속에 / 무얼 채워 살고 있는
> 지 점점 더 멀어져간다 / 머물러 있는 청춘인 줄 알았는데 / 비어가는 내 가슴속엔 더 아무것
> 도 찾을 수 없네 / 계절은 다시 돌아오지만 떠나간 내 사랑은 어디에 / 내가 떠나보낸 것도 아
> 닌데 / 내가 떠나온 것도 아닌데 – 〈서른 즈음에〉

그는 서른셋의 나이로 세상을 떠났다. 음악적인 절정기를 맞고 있을 때라 더욱 안타깝게 느껴진다. 분명히 4집은 그가 생각하는 새로운 음악의 출발점이었다. 그런데 이 출발점이 종착점이 되어버렸다는 것은 한국 포크 록계의 손실임에 틀림없다. 그는 정점의 순간에서 추락하기 두려웠던 것일까? 이는 영원한 물음으로 남을 것이다.

●● 바이오그래피

1964년	1월 22일 출생
1976년	경의중학교 입학
1979년	대광고등학교 입학
1982년	명지대 경영학과 입학. '연합메아리' 에 가입
1984년	김민기의 '개똥이' 음반 참여 및 '노래를 찾는 사람들' 로 데뷔
1988년	동물원 1, 2집 참여
1989년	솔로 1집 발표
1990년	결혼
1993년	[다시부르기 1] 발표. 음악적으로 새로운 전환점을 모색함
1994년	4집 발표
1995년	[다시부르기 2] 발표
1996년	1월 6일 사망

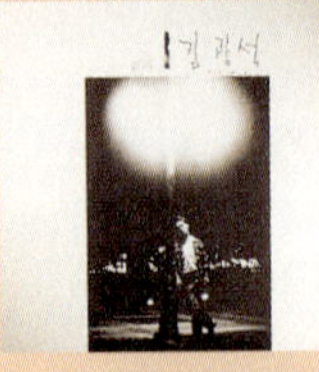

1집 (1989/서울음반)

세션: 김광석(v, g), 연석원(g, key), 윤영인(g), 배영길(g), 신현권(b), 조성오(b), 강윤기(d), 이형복(d), 박기영(key), 김형석(key), 최경식(key)

동물원 2집까지 참여한 김광석은 솔로 음반을 만든다. 대학 초년생 시절에 만나 서로가 서로에게 자극을 주면서 음악을 성숙시켰던 김광석, 김창기, 유준열, 박경찬은 김창기와 같이 취미로 음악하는 경우부터 김광석과 같이 직업으로 음악을 하려 했던 경우까지, 음악에 대한 자세가 달랐다. 어쩔 수 없이 동물원 멤버들과 결별하게 된 그는 홀로 음악을 시도했지만 당시의 결과물은 동물원과 크게 다르지는 않았다. 〈내 마음의 문을 열어 줘〉, 〈너에게〉가 실렸고, 최소한 싱어송라이터로서의 가능성은 보여주었다.

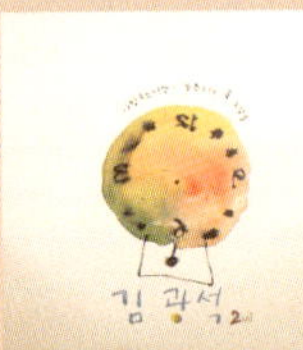

2집 (1991/문화레코드)

세션: 김광석(v, harmonica), 조동익(b), 함춘호(g), 손진태(d), 김종현(d), 김효국(key), 김형석(key)

데뷔 음반 발표 후 2년이라는 시간이 지났고, 무수한 라이브를 통해 '라이브 가수'라는 칭호도 얻었지만 2집은 아직 그의 초기작으로 분류해야 할 음반이다. 1집에 비해 크게 달라진 점은 없었지만 3집부터 그의 음악에 지대한 역할을 했던 조동익이 참여하기 시작했다. 〈사랑했지만〉이 크게 히트했고, 〈꽃〉, 〈사랑이라는 이유로〉 등이 실렸다. 1집과는 달리 거의 다른 사람의 곡들로 앨범이 구성되었다.

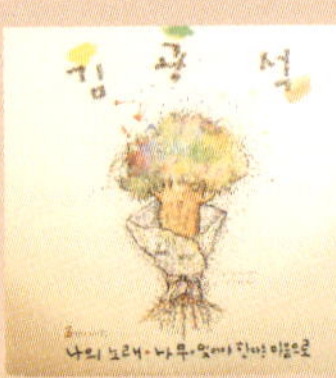

3집 (1992/서울음반)

세션: 김광석(v, g, harmonica), 조동익(b), 김의석(g), 손진태(g), 김영석(d), 박용준(key)

〈나의 노래〉라는 자기 고백이 담긴 3집은 그의 음악이 새롭게 바뀌기 시작하는 지점이고, 그의 후기 음악과의 교두보이다. 조동익 밴드의 세션으로 포크 록의 담백한 맛을 보여주었으며, 그의 〈잊어야 한다는 마음으로〉, 〈나른한 오후〉가 실렸다.

"아! 참 바람이 좋다 싶어 나선 길에. 아! 참 햇살이 좋다 싶어 나선 길에. 막상 나서보니 갈 곳은 마땅치 않았다. 친구들을 만나도, 많은 사람들을 만나도 괜히 뜬금없이 찾아오는 외로움과 고독감을 느꼈다." 〈나른한 오후〉, 김광석

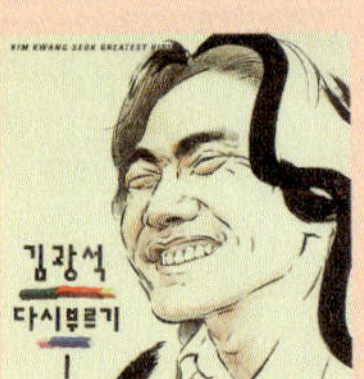

[다시 부르기 1] (1993/킹레코드)

세션: 김광석(v, harmonica), 조동익(b), 김현종(b), 손진태(g), 김광석(g), 조준형(g), 박용준(key), 이민영(key), 김영석(d), 이정식(sax)

이 음반은 베스트 앨범이지만 기존에 발표된 곡들을 그대로 모아서 발표하는 방식이 아니라 곡을 새롭게 해석해 녹음하는 방식을 택했다. '해석판'이 '원판'을 능가하는 드문 경우를 보여준 이 음반은 리메이크의 새로운 가능성을 열었다. 노찾사, 동물원 시절의 곡부터 3집의 곡까지 엄선된 모음집이다. 〈이등병의 편지〉는 그의 아픈 기억이 노래하게끔 하는 곡이고, 〈광야에서〉, 〈흐린 가을 하늘에 편지를 써〉, 〈거리에서〉, 〈잊어야 한다는 마음으로〉 등이 실렸다.

"〈이등병의 편지〉를 처음 들었던 것은 1990년 겨레의 노래 공연 준비할 때였다. 처음 이 곡을 부를 때는 어머님과 큰형님 생각이 났다. 국민학교 5학년 때 11살 차이가 나던 큰형님이 군대에 갔다. 일주일쯤 지난 후에 누런 봉투에 쌓여 형님이 입고 가셨던 옷가지들이 집으로 배달되었고, 어머니께서 빨래하면서 우시던 모습이 생각났고, 1980년 10월, 결혼식을 20일 남겨두고 돌아가신 큰형님이 생각이 났다. 〈이등병의 편지〉는 나의 훈련소 시절 생각보다는 어머님, 큰형님 생각에 노래 부르면서도 울먹거린 적이 여러 번 있었다. 형님이 돌아가신 후로 김치 맛이 변할 정도로 맘 상하신 어머님께선 그래도 요즘엔 잘 지내시는 편이다." 〈이등병의 편지〉, 김광석

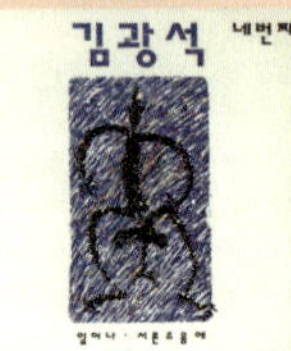

4집 (1994/킹레코드)

세션: 김광석(v, harmonica), 조동익(b), 함춘호(g), 박용준(key), 김영석(d), 이주한(horn)

[다시 부르기 1]부터 명확해진 그의 음악은 이 음반에서는 완성된 자신만의 음악을 만들어냈다. 이 음반이 발표되었을 때 그의 음악에 대한 작은 논란이 있었다. 4집은 이전에 그가 보여준 음악에서 상당히 벗어난 곡들로 꾸며져 있었기 때문이었다. 변화의 조짐은 3집부터 있었고, 이것이 가시화된 것은 [다시 부르기 1]이었지만 4집에 와서는 '혁신'이라고 할 수 있을 정도로 많은 차이점을 보여주고 있다. 4집을 계기로 그의 팬 층이 양분되었으리라고 생각하는데, 한쪽은 아직도 그를 〈거리에서〉의 녹록한 감성을 가진 뮤지션으로 보는(보고 싶은) 부류이고, 다른 한쪽은 당대의 가수이자 1970년대 한대수의 모던포크를 계승한 적자로 보는 부류일 것이다. 어쨌든 김광석이 진정으로 부르고 싶었던 노래는 이 음반에 실린 곡들이었다고 생각되고, 그의 인생과 노래에 대한 생각들이 진지하게 반영된 음반이라고 여겨진다. 〈일어나〉, 〈바람이 불어오는 곳〉, 〈너무 아픈 사랑은 사랑이 아니었음을〉, 〈서른 즈음에〉, 〈자유롭게〉라는 명곡이 실린 이 앨범은 당대의 가수가 삶의 고락을 통해서 얻은 진실을 노래하는 한국 포크 록의 영원한 금자탑이다.

"그가 생각했던 여행은 삶의 의미였다. 새로운 것들과 그 안에서의 새로운 나를 꿈꾸며 길을 떠나고, 갑자기 불쑥 무슨 일이 일어날지 몰라 불안해도 기대감으로 보이지도 않는 길 끝을 향해 걸어가는 것, 그렇게 살아가는 나날들을 노래했다. 마흔이 되면 할리데이비슨 같은 오토바이를 타고 세계 일주를 하는 것이 꿈이었던 그는, 때론 이 노래를 부르며 여행을 떠나고 싶다고 했다. 바람이 불어오는 그곳으로. 햇살이 눈부신 그곳으로." 〈바람이 불어오는 곳〉, 김광석

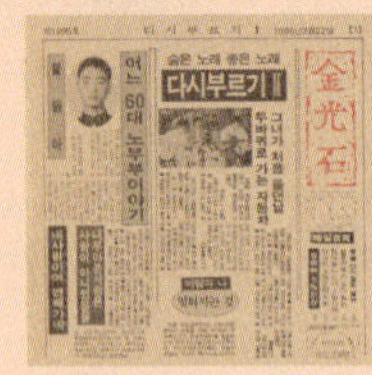

[다시 부르기 2] (1995/킹레코드)

세션: 김광석(v, harmonica), 조동익(b), 김현종(b), 함춘호(g), 하동진(g), 박용준(key), 강승혁(key), 김영석(d), 이철희(d)

이만큼 명쾌한 한국적인 어법의 포크 록 세션을 들어본 적이 있는가? 김광석은 자기성찰적인 고감도의 노래들을 4집에서 보여주었고, 여기에 1990년대 독보적인 음악감독인 조동익의 편곡과 그의 밴드가 펼친 소박한 세션이 보태지면서 감동적인 앨범 하나가 탄생했다. 1990년대 모던포크의 적자로서 '한국 모던포크 베스트 모음집'을 만들고 싶었던 그는 이 음반으로 그 결실을 완벽히 보았고, 여기에는 한대수의 〈바람과 나〉, 이정선의 〈그녀가 처음 울

던 날〉, 양병집의 〈두 바퀴로 가는 자동차〉, 김의철의 〈불행아〉 등이
실렸다. 특히 동물원의 〈새장 속의 친구〉와 자신의 4집에 수록된
〈너무 아픈 사랑은 사랑이 아니었음을〉은 편곡자의 역량에 따라서
얼마나 노래가 다르게 바뀔 수 있는지 보여준다. 두고두고 들어도
질리지 않을 이 음반은 이 땅에 사는 사람이라면 반드시 소장해야
할 가치를 갖고 있다.

기타 음반

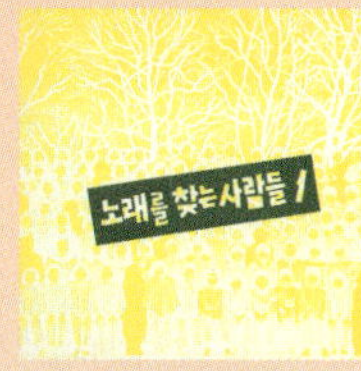

노래를 찾는 사람들 1집
[노래를 찾는 사람들 1]
(1984/서라벌레코드)
노래: 김광석, 김보성, 김삼연, 김병준, 노
승종, 문승현, 박미선, 설문원, 이창학, 임
정현, 장효정, 정재영, 조경옥

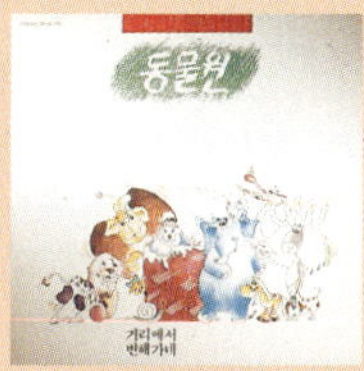

동물원 1집
[동물원] (1988/서울음반)
김창기(v), 김광석(g, v), 유준열(g, b, v),
박경찬(v), 박기영(key), 이성우(g)

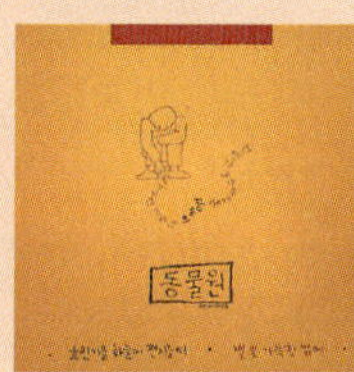

동물원 2집
(1988/서울음반)
김창기(g, v), 김광석(g, v), 유준열(b, v),
박경찬(key, v), 박기영(key, v), 이성우
(g)

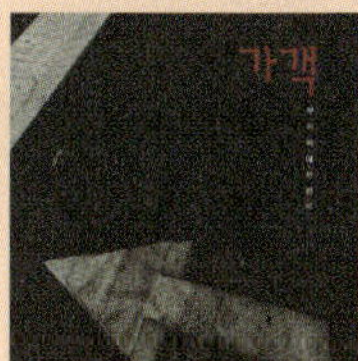

V.A. [가객 – 김광석이 남기고 간 노래]
(1996/문화뮤직)
김광석, 권진원, 송숙환, 안치환, 노래마
을, 류금신, 김영남, 박학기, 김현성, 이정
열, 윤도현
죽기 직전 김광석은 백창우와 시를 대중
가요로 민드는 [노래로 만나는 시]리는 앨
범을 기획했고, 그 중 첫 곡으로 정호승 시에 백창우가 곡을 붙인 〈부치
지 않은 편지〉를 녹음하고 있었다. 결과적으로 이 음반은 김광석의
추모 음반이 되었고, 그의 미발표곡인 〈부치지 않은 편지 #1, 2〉와
권진원의 〈내 사람이여〉, 안치환의 〈겨울새〉, 노래마을의 〈어머니〉, 류
금신의 〈바람꽃〉, 이정열의 〈그루터기〉, 윤도현의 〈광야에서〉, 백창
우의 〈오랜 날들이 지난 뒤에도〉 등이 실렸다.

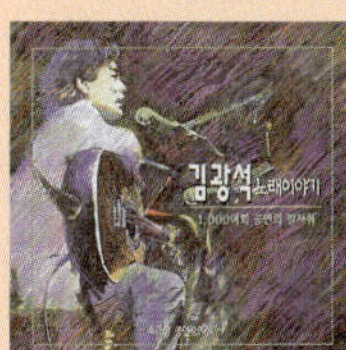

[노래 이야기] (1996/삼성뮤직)
세션: 김광석(v, g, harmonica), 조동익(b),
유영석(d), 배훈(g), 조준형(g), 김현종(b),
이민영(key), 강승혁(key), 권성욱(g)
그가 살아 있을 때의 학전 공연(1992~
1995년) 녹음을 중심으로 편집된 음반이
다. 김광석의 개인사가 담긴 부클릿은 그
의 자료로도 유익하다.

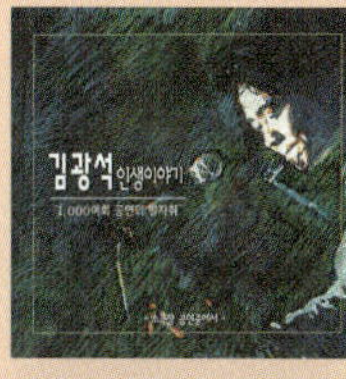

[인생 이야기] (1996/삼성뮤직)
세션: 김광석(v, g, harmonica), 김현종
(b), 권성욱(g)
그가 살아 있을 때의 학전 공연(1995년)
녹음을 중심으로 편집된 음반이다. 부클
릿에는 그의 노래에 대한 얘기들이 담겨
있다.

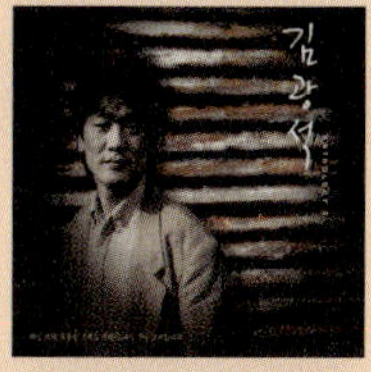

V.A. [김광석 Anthology]
(2000/서울음반)
〈흐린 가을 하늘에 편지를 써〉, 〈이등병의
편지〉

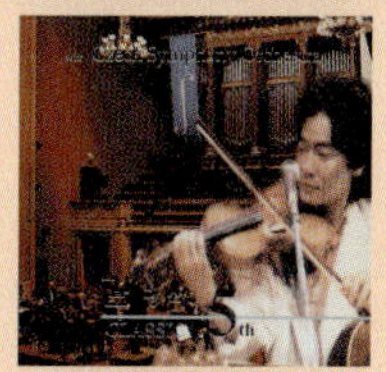

[Classic] (2001/서울음반)
〈사랑이라는 이유로〉, 〈틈〉

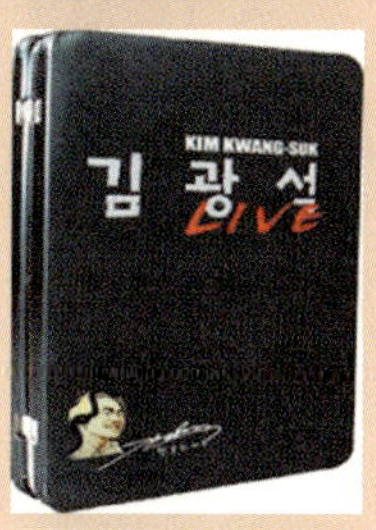

[김광석 Live] (2002/스타맥스)
〈바람이 불어오는 곳〉, 〈서른 즈음에〉

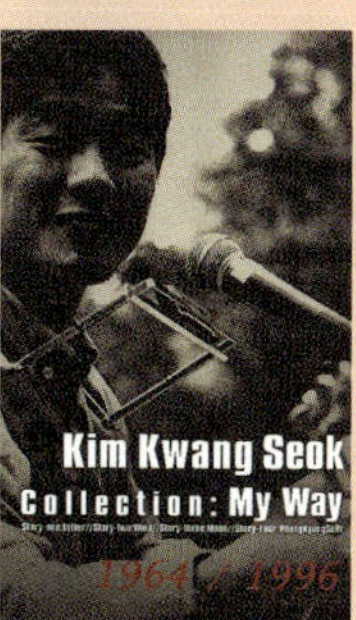

[Collection – My Way]
(2002/록레코드)
〈서른 즈음에〉, 〈사랑했지만〉

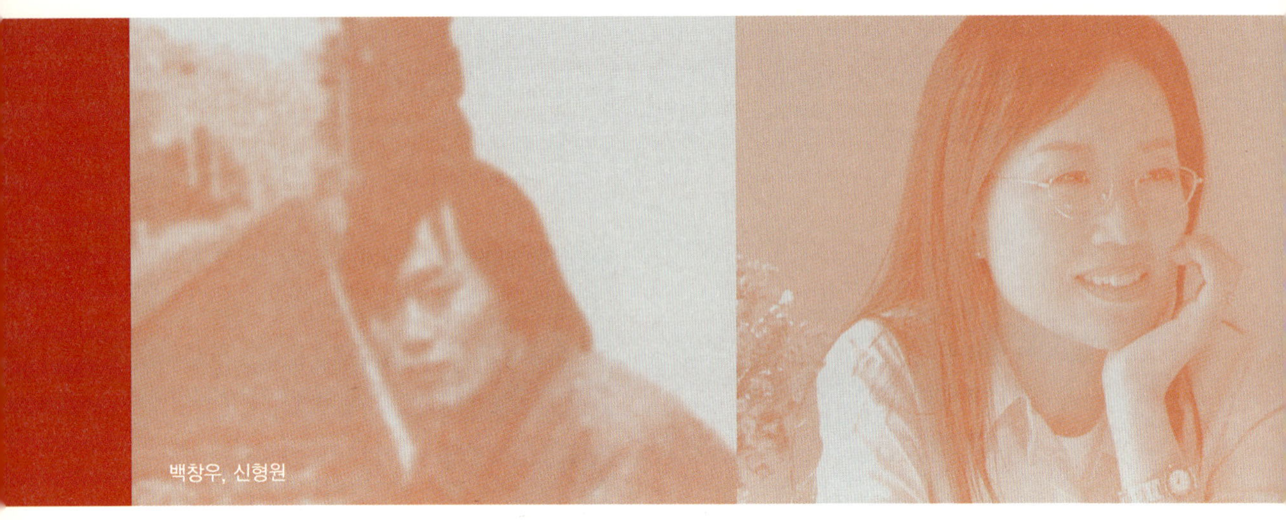

백창우, 한돌 & 신형원

"1980년대 언더그라운드 포크 뮤지션 1"

백창우는 포크그룹 '노래마을'을 만들고 이끌어가면서 3장의 음반을 내고, 독집음반 2장을 발표한 싱어송라이터이다. 그리고 어린이 노래 전문 음반사인 삽살개(100dog.co.kr)를 운영하고 있는 동요작곡가이면서 "창작동요들을 보면 아이들의 말과 마음이 생생하게 담겨 있지 않은 데다, 마치 무슨 공식이 있는 것처럼 가락과 노래 구조도 비슷비슷해 지루하다. 이런 노래들은 아무리 들려줘도 아이들이 노래가 주는 재미와 아름다움을 느끼기 힘들다"고 말하는 인물이기도 하다. 또한 이수진, 김현성, 홍순관, 유수훈과 공동으로 인디레이블 '노래나무'를 운영하고 있다. 노래나무에 대한 소개는 다음과 같다.

"노래나무는 한국적인 포크를 바탕으로 이런저런 음악실험을 해나가는 음반 레이블입니다. 그리 잘 팔릴 것 같지 않은 판들을 만들어왔고, 또 만들어갈 생각이지요. 그렇지만 노래나무 딱지가 붙은 판들은 꽤 들을 만하지요."(노래나무)

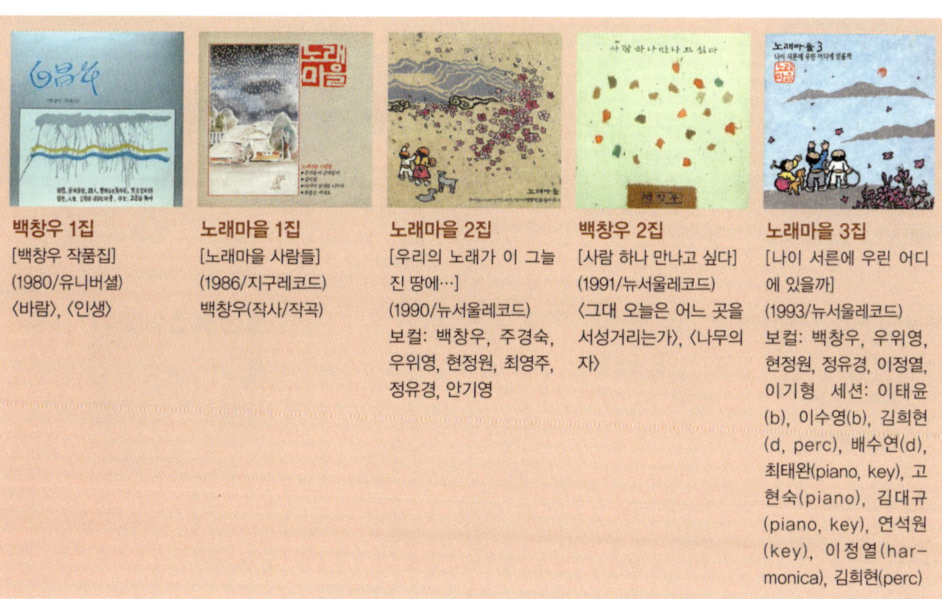

백창우 1집
[백창우 작품집]
(1980/유니버셜)
〈바람〉, 〈인생〉

노래마을 1집
[노래마을 사람들]
(1986/지구레코드)
백창우(작사/작곡)

노래마을 2집
[우리의 노래가 이 그늘 진 땅에…]
(1990/뉴서울레코드)
보컬: 백창우, 주경숙, 우위영, 현정원, 최영주, 정유경, 안기영

백창우 2집
[사람 하나 만나고 싶다]
(1991/뉴서울레코드)
〈그대 오늘은 어느 곳을 서성거리는가〉, 〈나무의자〉

노래마을 3집
[나이 서른에 우린 어디에 있을까]
(1993/뉴서울레코드)
보컬: 백창우, 우위영, 현정원, 정유경, 이정열, 이기형 세션: 이태윤(b), 이수영(b), 김희현(d, perc), 배수연(d), 최태완(piano, key), 고현숙(piano), 김대규(piano, key), 연석원(key), 이정열(har-monica), 김희현(perc)

한돌은 조동진과 함께 1980년대 언더그라운드 포크의 양대 산맥으로 불리기도
한다. 본명은 이흥건인데, 고교 졸업 후 여러 음악의 유혹에 흔들리지 않고 포크 음악에
만 전념하려는 의지로 본명을 버렸다고 한다.[5] 전국을 돌며 숨은 노래를 캐온 그는 〈유리
벽〉, 〈불씨〉, 〈못 생긴 얼굴〉, 〈터〉, 〈개똥 벌레〉, 〈홀로 아리랑〉 등과 같은 한국적 향내가
담긴 주옥같은 노래들을 만들었다. 그가 대중적으로 주목을 받게 된 것은 1982년 [웃기
는 노래와 웃기지 않는 노래] 컴필레이션 음반에서 신형원이 부른 〈불씨〉, 〈유리벽〉이 히
트하면서였다. 그 노래들은 음악다방은 물론 각 라디오 프로그램의 신청곡 1위로 등극할
만큼 뜨거운 반응을 몰고 왔다. 그는 1980년에 데뷔 앨범을 발표했으나 1980년대에는
주로 신형원의 음반을 통해서 그의 노래들이 알려졌다. 본인이 활동을 시작한 것은
1989년에 [한돌타래모음 1, 2]를 발표하면서였다.

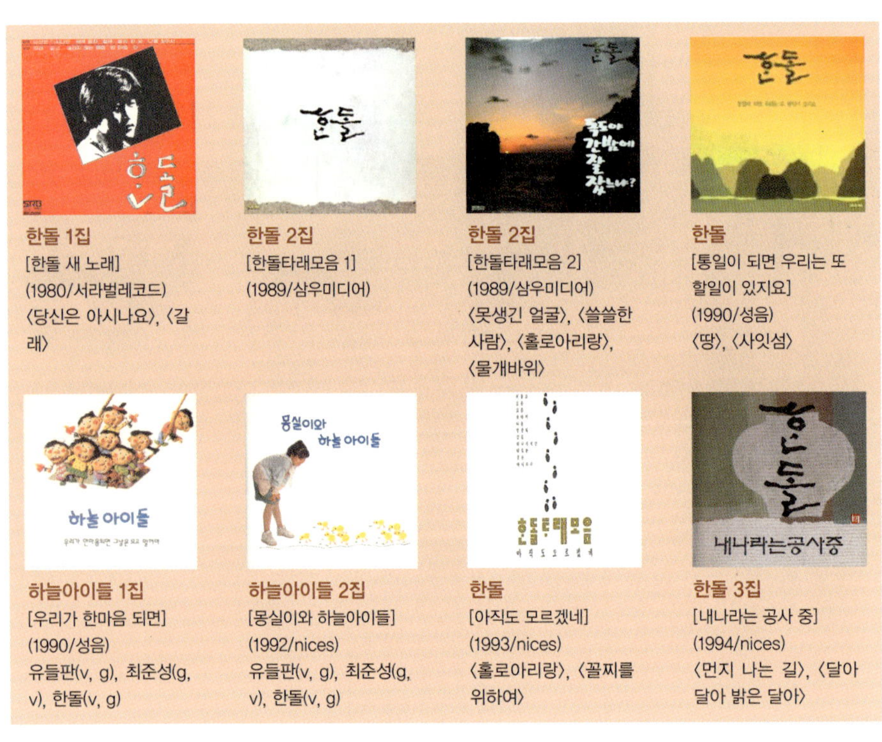

한돌 1집
[한돌 새 노래]
(1980/서라벌레코드)
〈당신은 아시나요〉, 〈갈
래〉

한돌 2집
[한돌타래모음 1]
(1989/삼우미디어)

한돌 2집
[한돌타래모음 2]
(1989/삼우미디어)
〈못생긴 얼굴〉, 〈쓸쓸한
사람〉, 〈홀로아리랑〉,
〈물개바위〉

한돌
[통일이 되면 우리는 또
할일이 있지요]
(1990/성음)
〈땅〉, 〈사잇섬〉

하늘아이들 1집
[우리가 한마음 되면]
(1990/성음)
유들판(v, g), 최준성(g,
v), 한돌(v, g)

하늘아이들 2집
[몽실이와 하늘아이들]
(1992/nices)
유들판(v, g), 최준성(g,
v), 한돌(v, g)

한돌
[아직도 모르겠네]
(1993/nices)
〈홀로아리랑〉, 〈꼴찌를
위하여〉

한돌 3집
[내나라는 공사 중]
(1994/nices)
〈먼지 나는 길〉, 〈달아
달아 밝은 달아〉

[5] 한돌은 '작은 돌의 역할이라도 하자'는 뜻을 지닌 순수 우리말 이름이다.

신형원은 1982년 [웃기는 노래와 웃기지 않는 노래][6] 컴필레이션 음반에서 〈불씨〉, 〈유리벽〉을 불러 유명해진 가수이다. 이 노래들이 대중적으로 널리 불리면서 그녀와 함께 이 곡들을 만든 한돌도 주목을 받았다. "그 누가 나를 사랑한다고 해도 / 이젠 사랑의 불꽃 태울 수 없네"로 시작되는 〈불씨〉와 "우정도 사랑도 유리벽 안에 놓여 있었네 / 유리벽, 유리벽 아무도 깨뜨리질 않네 / 모두가 모른척하네 보이지 않는 유리벽"이란 〈유리벽〉은 1980년대 초반 암담했던 시대 상황과 맞물려서 히트곡이 될 수 있었다.[7] 1989년에는 김현식, 권인하, 강인원과 O.S.T. [비오는 날의 수채화]에 참여해 〈커피향 가득한 거리〉, 〈오늘 하루〉라는 멋진 곡을 부른다. 1990년에는 달라진 노래 환경을 감안해 자신의 노래에 록을 수용한 [요즈음 신형원]을 발표했고, 여기에는 포크 록 〈작은 창〉이 수록되었다. 아울러 〈터〉, 〈개똥벌레〉 등이 수록된 [지난날 신형원]도 발표했다.

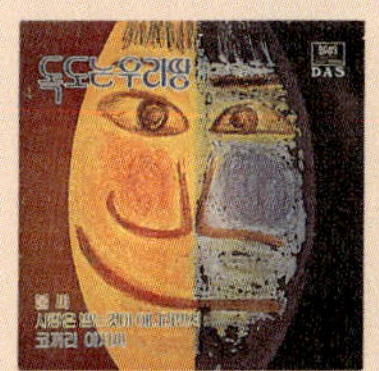

V.A. [웃기는 노래와 웃
기지 않는 노래]
(1982/대성음반)
신형원 〈불씨〉, 〈유리벽〉

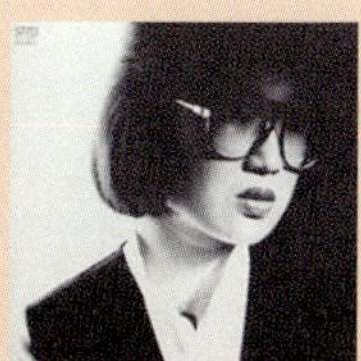

1집
(1984/서라벌레코드)
〈외사랑〉, 〈사람들〉

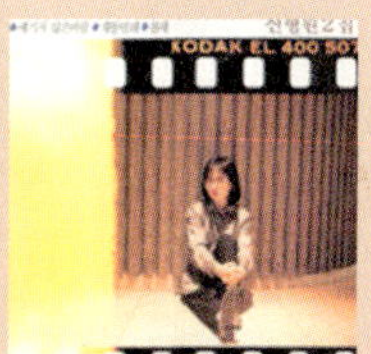

2집
(1987/뮤직디자인)
〈예기치 않은 바람〉,
〈개똥벌레〉

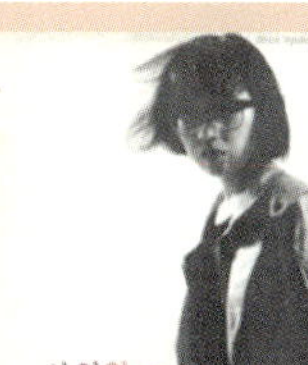

3집
(1988/뮤직디자인)
〈옷〉, 〈종이비행기〉

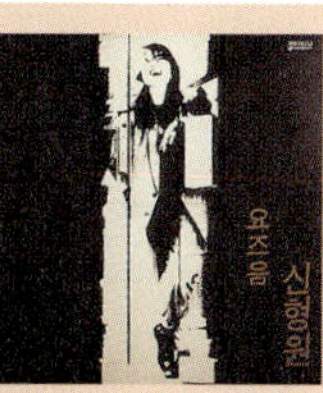

4집 [요즈음 신형원]
(1990/성음)
〈작은 창〉, 〈쓸쓸한 사람〉

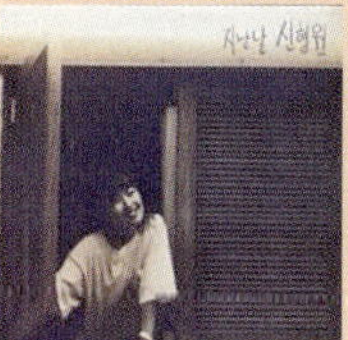

[지난날 신형원]
(1990/성음)
〈예기치 않은 바람〉,
〈떠도는 별〉

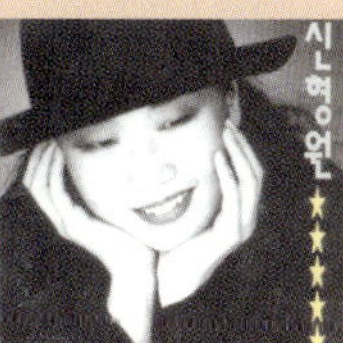

5집
(1992/동아기획)
〈우리를 슬프게 하는 것
들〉, 〈더 좋은날〉

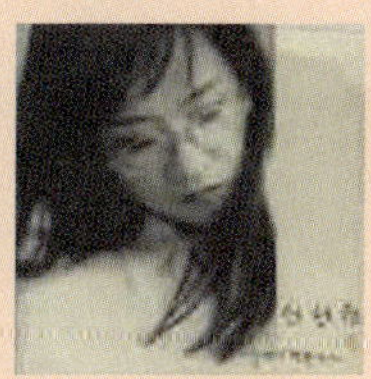

6집
(1995/애플레코드)
〈서울에서 평양까지〉,
〈푸르른 꿈을 꿀수 있도
록〉

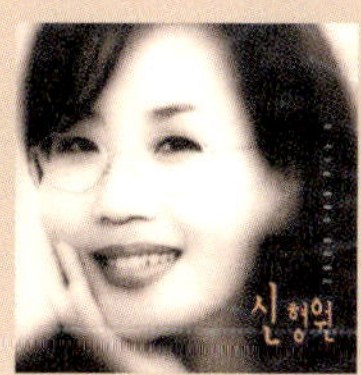
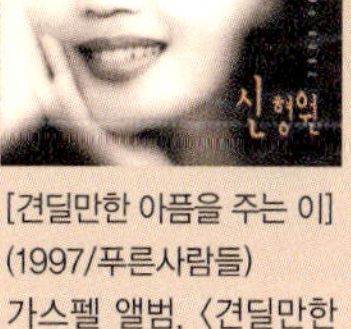

[견딜만한 아픔을 주는 이]
(1997/푸른사람들)
가스펠 앨범. 〈견딜만한
아픔을 주는 이〉, 〈갈릴
리로 가요〉

---

6 이 음반에는 정광태의 〈독도는 우리 땅〉 〈코끼리 아저씨〉, 해오라기의 〈사랑은 받는 것이 아니라면서〉 등의 히트곡이 실렸다.

7 이 음반은 20만 장이 넘게 팔렸지만 신형원은 TV에 얼굴조차 비치지 않아 '얼굴 없는 유령가수'로 신비감을 주었다.

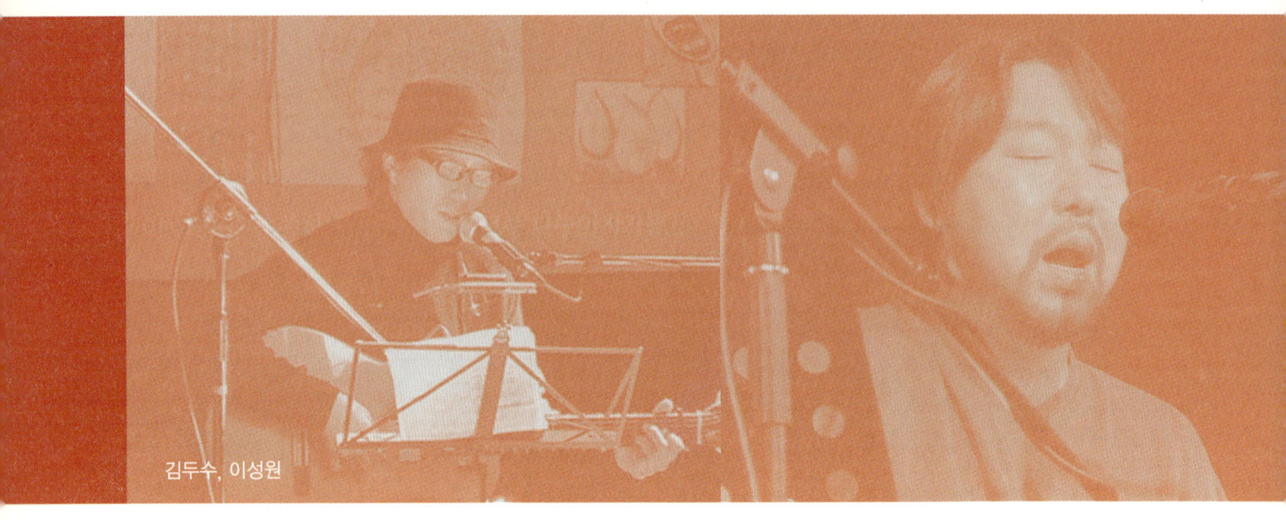

김두수, 곽성삼 & 이성원

"1980년대 언더그라운드 포크 뮤지션 2"

김두수는 1986년 〈귀촉도〉가 수록된 데뷔 음반을 발표한 포크 뮤지션이다. 이후 〈약속의 땅〉이 수록된 2집(1988), 〈보헤미안〉이 수록된 3집(1991), 4집 [자유혼](2002)을 발표하면서 독자적인 활동을 해왔다. 그래서 혹자는 김두수를 이성원, 곽성삼과 함께 언더그라운드(중의 언더그라운드) 포크 3인방이라고 칭하기도 한다. 김두수의 음악이 지향하는 것은 자유와 평화이다. 자유와 평화는 그가 보헤미안의 삶을 살면서 이 세상에 들려주고 싶은 희망의 원천이라고 한다.[8] 2002년에 발표한 4집은 〈시간은 흐르고〉, 〈들꽃〉 등이 수록된 명작이다.[9] 그와 같은 뮤지션들로 2000년대에도 한국의 언더그라운드 포크는 작품성이 유지되고, '미사리 포크'와 차별성을 갖는 것이다.

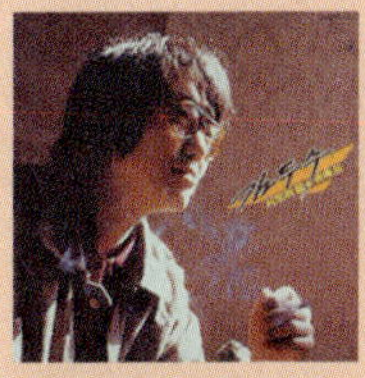

1집
[시오리길]
(1986/서라벌레코드)
세션: 김두수(v, g), 이영재(g), 이병우(g), 조원익(b), 이원재(b), 김영남 (key), 김용식(key), 안기승(d, 목탁), 배수연(d), 박종설(피리)

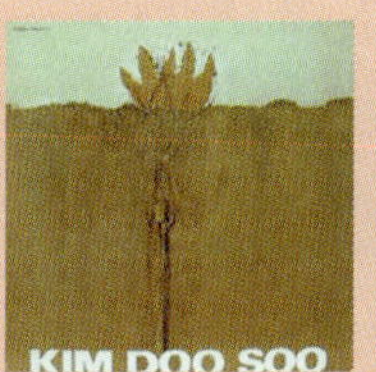

2집
[김두수]
(1988/서라벌레코드)
세션: 김두수(v, g, harmonica), 조원익(b), 이영재(g), 이경록(g), 이병우(g), 유영수(d, 목탁, 트라이앵글, 탬버린), 최태완(key, piano)

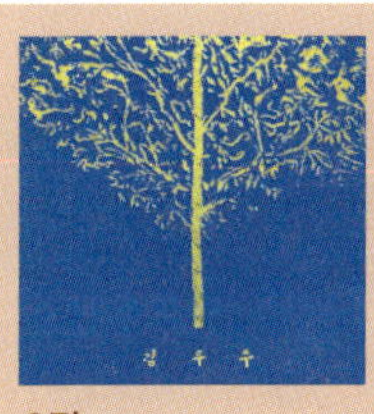

3집
[Kim Doo Soo]
(1991/현대음향)
〈보헤미안〉, 〈청보리밭의 비밀〉

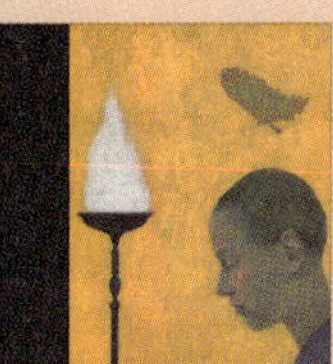

4집
[自由魂]
(2002/riverman)
세션: 김두수(v, g, key, harmonica), 곽수환(g), 이재구(g, key), 손진태(g), 정유천(g), 신성락(accordion), 마 샘(accordion), 박영용(perc), 안기승(d), 김효국(key), 권수미(cello), 이선우(cello), 김한아(horn), 박성윤(b)

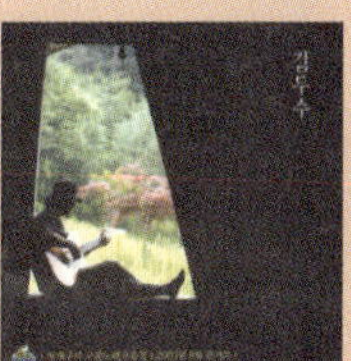

[청개구리 고운노래 모음집 2003년 9월 콘서트]
(2003/솟대)
〈꽃묘〉, 〈보헤미안〉

---

[8] 1990년 병상에서 제작된 세 번째 앨범의 힘겨운 목소리는 그런 자유와 평화에 대한 갈구가 녹아 있다.

[9] 이 앨범에서 〈들꽃〉의 녹음 방식은 주목할 만하다. 스튜디오가 아닌 강릉 외곽의 산속에 있는 방음이나 차음이 되지 않는 돔 형태의 구조물 안에서 더빙 없이 녹음되었다. 여기에는 믹서, 이펙터 등이 사용되지 않았다. 단지 소형 마이크 두 개와 휴대용 아날로그 릴테이프 녹음기만 사용했다. 악기도 어쿠스틱 기타 세 대와 신시사이저, 하모니카뿐이다.

곽성삼은 1970년대 중반 통기타 가수모임 '참새를 태운 잠수함'에서 '성현'
이란 이름으로 활동했다. 그는 당시 한국 여인의 한이 배어나오는 히트곡 〈물레〉 등으
로 유명세를 탔고, 〈귀향〉, 〈소생〉 등 국악가요적인 노래를 만들어 불렀다. 성현이라는
이름으로 음반을 낸 것은 1979년이고, 1981년에 데뷔 음반을 발표했다. 그리고 20년
만인 2001년에 2집을 발표했다.

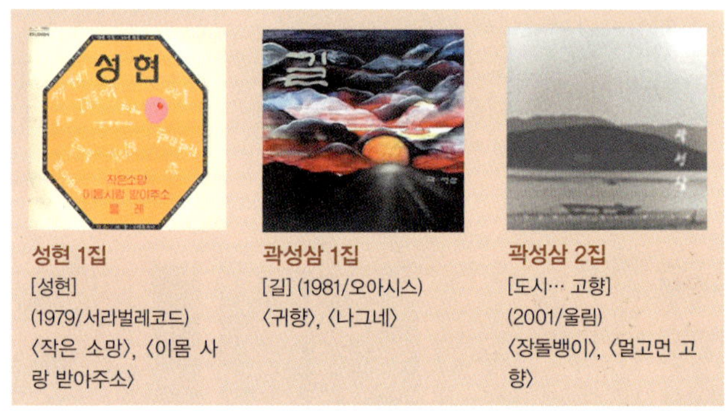

성현 1집
[성현]
(1979/서라벌레코드)
〈작은 소망〉, 〈이몸 사
랑 받아주소〉

곽성삼 1집
[길] (1981/오아시스)
〈귀향〉, 〈나그네〉

곽성삼 2집
[도시… 고향]
(2001/울림)
〈장돌뱅이〉, 〈멀고먼 고
향〉

이성원은 1986년 크리스탈 문화센터에서 정기적인 콘서트를 열며 음악성을 정립해나갔다. 1987년 1집을 발표했고, 1989년 첫 국악가요 발표회를 가졌다. 2집 [나무밭에서]는 그만의 음악 색깔을 고스란히 담아내 주목을 받았는데, 이정선이 편곡 작업을 도와주었고 김두수는 기타 세션에 참여했다. 이성원은 2집 발표 후 활기찬 활동으로 국악가요의 영역을 넓혀나가던 중 1993년 인도의 명상음악과 조우하며 음악적 전환점을 가졌다. 인도의 세계적 거장 라즈니시와 함께한 아시람 현지 공연에서 인도 라가풍의 명상음악과 우리 민요가락이 조우했는데, 황홀한 경험이었고 한다. 이때부터 이성원은 인도음악에 관심을 갖게 되었다. 2집 이후 [뒷문 밖에는 갈잎의 노래](1999), [올해도 과꽃이 피었습니다](2002)라는 두 장의 동요집을 발표했고, 2002년에는 〈동쪽 산에〉, 〈물동이 메고 이고〉 등이 수록된 3집 [동쪽 산에]를 발표했다. 매우 완성도 높은 노래들이 실렸고, 1980년대 스튜디오 세션에서 명연주를 보여준 기타리스트 이영재가 오랜만에 연주를 들려주었다.

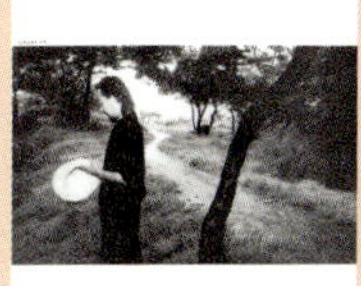

1집 [문을 열고 나서니]
(1987/아세아레코드)
세션: 이성원(v), 김희현(d), 송홍섭(b), 최경식(key), 김창남(piano), 유영선(g), 김영인(g)

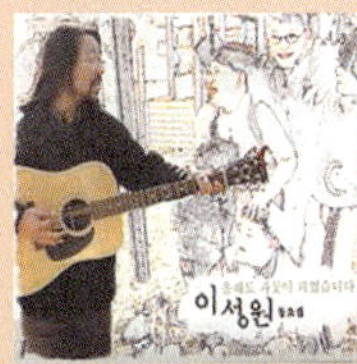

[올해도 과꽃이 피었습니다 – 동요집]
(2002/Universal)

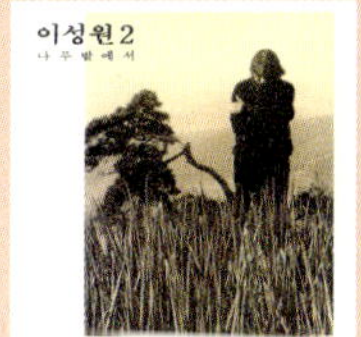

2집 [나무 밭에서]
(1992/서울음반)
세션: 이성원(v, g), 김두수(g), 이정선(g), 신현권(b), 최경식(key), 신상철(violin), 노수길(피리), 박영주(장고), 미선씨(양금), 이성익(flute)

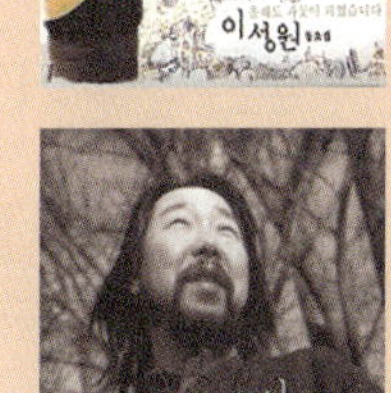

3집 [동쪽 산에] (2002/풍류)
〈동쪽 산에〉, 〈물동이 메고 이고〉

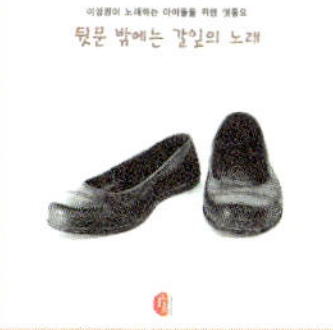

[뒷문 밖에는 갈잎의 노래 – 동요집]
(1999/굿인터내셔널사)

[청개구리 고운노래모음집 2003년 8월 콘서트]
(2003/솟대)
〈소쩍새 우는 밤〉, 〈저기 흰 구름〉

장필순

"기쁠 때와 슬플 때, 내가 힘들어 할
때가 이제는 다 같다는 생각이 든다"

'창작' 의 의미를 가벼이 여기는 이 시대에 장필순의 의미는?

* 2003년 1월에 쓴 칼럼입니다.

1. 조동진, 조동익 그리고 장필순

장필순은 '역사적인' 5집 [나의 외로움이 널 부를 때](1997)를 발표한 후 5년 만에 '올해의 음반' 인 6집 [soony6](2002)을 발표했다. 여기서 '역사적인' 이란 표현을 쓴 것은 대략 세 가지 의미를 내포하고 있다. 첫 번째는 한국 대중음악사에서 이상은의 5집 [이상은](1993), 한영애의 4집 [불어오라 바람아](1995)에 이어서 [나의 외로움이 널 부를 때]로 비로소 '여성 싱어송라이터' 의 시대를 연 당사자라는 점이다. 그런데 이상은이 [Asian Prescription](1999)을 마지막으로 현격하게 에너지가 떨어진 모습을 보여준 것이나 한영애가 [난다 난다 난 · 다](1999)에서 다소 실망스러운 모습을 보여준 것과 비교해보면 장필순의 최근작 [soony6]은 하나뮤직의 특징 중 하나인 '최근작이 최고작임' 을 유감없이 보여주어 그녀 스스로 우리 시대의 대가임을 증명했다.

두 번째는 그녀가 현재 하나뮤직의 음악적인 중심으로 성장했다는 점이다. 하나뮤직의 현재 지형도를 보면 수장 격인 조동진이 있고, 그는 하나뮤직에서 출시하는 대부분의 음반에서 프로듀서 역할을 하면서 지난 5집(1996)에 이어 또 하나의 명작을 만들 태세를 하고 있다. 그리고 조동진의 동생이자 한국 대중음악 역사상 가장 뛰어난 '음악감독' 인 조동익도 지난 앨범 [Movie](1998)에 이어서 칼을 갈고 있음이 분명하다. 그런데 시간이 흐르다 보니 하나뮤직 내에서는 [나의 외로움이 널 부를 때]를 기점으로 조동진, 조동익 형제에서 장필순으로 초점이 이동되는 모습을 보여주고 있다. 물론 창작자로서의 위상을 생각할 때 아직까지는 장필순이 조동진, 조동익의 무게를 넘어설 수는 없다. 조동진, 조동익은 그 이름 자체로 한국 대중음악사에서 한 획을 그은 사람들이고, 누구의 도움 없이도 혼자서 작업물을 만들어 발표해 조명받을 수 있는 경지에 오른 뮤지션들이다. 그에 비해서 장필순은 엄밀히 말하면 송라이팅 측면에서는 조동익–윤영배–장필순 체제의 한 축이고, 하나뮤직 구성원들의 절대적인 도움을 받는 뮤지션이다. 이번 [soony6]도 조동익이라는 인물이 없었다면 절대 현재의 완성도를 가질 수 없었을 것이다. 하지만 현재 하나뮤직이 갖고 있는 총체적인 역량이 장필순을 통해서 가장 잘 구현되고 있는 것도 사실이다. 그런 의미에서 장필순은 하나뮤직의 '음악적인 구심점' 역할을 하고 있는 것이다. 이번 '동창' 공연1에 참여한 스태프들**2**은 하나뮤직의 주축에 속하는데, 장필순이 이들이 가진 에너지를 가장 '창작적인 형태'로 발현시키는 힘을 가지고 있다는 것이 놀라운 점이고, 그게 바로 장필순만이 갖고 있는 힘이다. 그래서 장필순이 하나뮤직의 중심으로 올라섰다고 얘기할 수 있는 것이다.

그리고 세 번째는 장필순 자신이 4집(1995)부터 작곡을 하기 시작해 〈순간마다〉, 〈나를 찾아서〉와 같은 노래들을 수록했는데, 드디어 [나의 외로움이 널 부를 때]에서 〈그래!〉, 〈넌 항상〉, 〈이곳에 오면〉(조동희 작사)으로 결실을 보았다는 점이다. 이 음반은 조동익, 윤영배와 대등한 수준으로 올라서는 계기가 된 앨범이라 그녀 개인적으로도 '역사적'이다. 한국에서 조동익, 윤영배와 동급이라는 평가는 '한국 최고의 송라이터'라는 찬사와 다르지 않다.

한국에서는 이상하게도 제대로 된 여성 싱어송라이터가 드물다. 물론 가수가 반드시 송라이팅 능력이 있어야 한다는 것은 아니다. 하지만 송라이팅을 잘하는 가수 중에서 아티스트급이 많다는 것은 부인할 수 없을 것이다. 그래서 작품 중심으로 뮤지션을 평할 때 싱어송라이터를 거론하는 것은 일반적인 방법이다. 만약 송라이팅의 재능이 없다면 김추자처럼 신중현과 같은 좋은 작곡가를 만나거나, 양희은처럼 좋은 노래를 선별할 수 있는 능력이라도 갖추면 된다. 하지만 그럼에도 불구하고 김추자나 양희은은 한영애, 장필순, 이상은이 갖는 아우라를 갖지 못할 것이다. 그만큼 가수가 자기가 만든 노래를 부르지 않는다는 것은 치명적이다.

한영애, 장필순, 이상은 이후로는 박선주, 허클베리 핀을 거쳐 현재 3호선 버터플라이에서 활동 중인 남상아, 롤러코스터의 조원선, 원더버드 2집 [Cold Moon](2002)부터 참여하기 시작한 조동희를 주목할 수 있다.**3** 그리고 2000년대로 넘어와서 새로 발굴된 여자 가수로는 역시 하나뮤직 출신으로 [기억상실](2001)을 발표한 오소영과 [날치](2002)를 발표한 김가영 정도이다.**4**

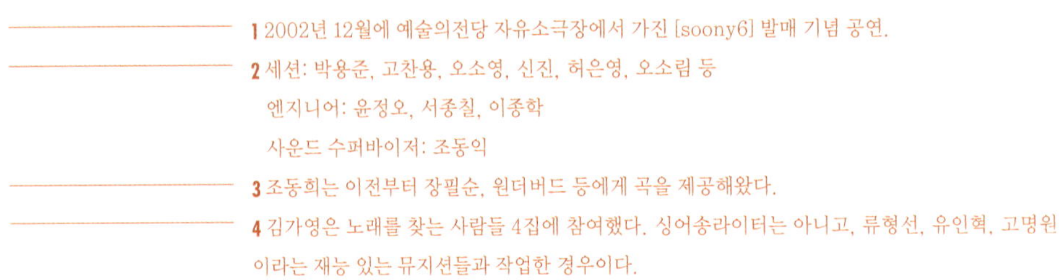

1 2002년 12월에 예술의전당 자유소극장에서 가진 [soony6] 발매 기념 공연.

2 세션: 박용준, 고찬용, 오소영, 신진, 허은영, 오소림 등
엔지니어: 윤정오, 서종철, 이종학
사운드 수퍼바이저: 조동익

3 조동희는 이전부터 장필순, 원더버드 등에게 곡을 제공해왔다.

4 김가영은 노래를 찾는 사람들 4집에 참여했다. 싱어송라이터는 아니고, 류형선, 유인혁, 고명원이라는 재능 있는 뮤지션들과 작업한 경우이다.

2. 장필순의 '동창' 공연을 보다

"처음에는 너무 오랜만에 공연을 하니까 예전 음악을 많이 불러줬으면 하는 사람들도 있었지만 나는 6집에 있는 곡들을 하고 싶었다. 그리고 예전의 내 노래들을 좋아해주는 분들도 고맙지만 만약에 내 음악에 관심이 있다면 그 음악이 변해가는 모습을 같이 보는 것도 좋겠다고 생각해서 그 요구를 거절했다. 그리고 아주 예전 노래들은 내가 잘 몰랐을 때 했던 것이 많으니까. 그때는 물론 좋았지만 나는 지금 내가 하고 있는 것에 점수를 더 많이 주고 싶다."(장필순)

장필순이 [soony6]을 발표하고 의욕적으로 벌인 공연이 2006년 12월 18~22일 예술의전당 자유소극장에서 있었던 '동창' 공연이다. "장필순, 이름이 주는 울림은 '따뜻함과 신뢰'. 1989년 큰 반향을 일으켰던 1집 [어느새]를 발표한 이래 조급하지 않은 그녀만의 템포로 자신의 음악을 아름답게 가꿔온 그녀가 5년 만에 발표하는 6집 음반과 함께 오랜만에 자신만의 단독 무대를 갖습니다"라는 공연홍보 글귀가 무척이나 반가웠고, 개인적으로도 1998년에 대학로에 있는 라이브극장에서 그녀의 공연을 본 이후 실로 4년 만의 공연 관람이었다. 세션은 무대에서 그녀를 중심으로 박용준(키보드), 임거정(드럼), 김정민(베이스), 고찬용(기타), 오소영(어쿠스틱 기타, 코러스), 오소림(오보에, 코러스), 신진(코러스), 허은영(코러스) 등 총 10명이 해주었고, 조동익은 사운드엔지니어 역할을 맡아주었다.

오랜만에 본 무척 훌륭한 공연이었고, 그녀의 이름만으로도 공연티켓을 살 만한 가치가 충분히 있었지만 소개 문구대로 '따뜻한' 느낌은 없었다. 6집을 얘기하면서 "우리가 의도했던 건 '바싹 마른 음악'을 만들어보자 정도였다"라고 말한 대로 공연은 건조했다. 6집에 있는 10곡을 순서대로 연주했고, 중간에 2번 정도 〈어느새〉, 〈나의 외로움이 널 부를 때〉와 같은 옛날 곡들을 새롭게 편곡해서 불렀다. 거기다가 3~4곡씩 노래를 묶어서 쉬지 않고 불렀는데, 노래 사이에 곡 소개나 별나른 멘트 없이, "여러분 사랑해요~" 또는 "나를 좋아하는 사람들은 Scream~"과 같은 닭살 멘트도 전혀 없이 줄기차게 노래만 불렀다. 〈Soony Rock〉 정도를 제외하고는 따라 부를 엄두도 내지 못하게 했으니,5 노래 부르다가 고음부에서 자신 없으면 관객들에게 마이크를 넘기는 일부 가수들의 간교한 작태(?)는 절대 볼 수 없었다. 이런 방식은 한국에서는 일반적인 라이브 형태는 아니고, 어찌 보면(한국적인 관점에서 보면) 관객들을 별로 배려하지 않는 낯선 방식이다. 하지만 나는 그런 방식이 너무 좋았다.

한 무더기의 노래가 끝나면 "〈헬리콥터〉, 〈고백〉, 〈Soony Rock〉이었습니다(다른 얘기 짧게 잠깐

---

5 공연에서 박수를 못 하게 하고 노래만 집중해서 들을 것을 권했다.

함) 다음은 이번 앨범에서 4번 곡입니다"이라는 식의 멘트밖에 없었다. 그러고는 앨범에서 '4번, 5번, 6번 트랙'을 계속 연주한다. 이건 "정말 이번 앨범 수록곡들을 최선을 다해서 부를 테니 집중해서 들어달라"는 아티스트로서의 간곡한 부탁이고, "제발 음악만으로 평가해달라"는 간절함과 시니컬함을 동시에 갖고 있는 표현방식이기도 하다. 공연장에 가면 가장 짜증나는 것이 박자 맞추어서 박수치는 것이나 이를 유도하는 행위다. 음악만 듣고 싶은데 잡소리가 끼어들어 오히려 라이브 보는 데 방해가 된다. 공연장에서 뮤지션에게 주는 가장 큰 찬사는 '노래를 같이 따라 부르는 것'이지**6** 매스게임 하듯이 일사불란하게 박수쳐서 연주가 들리지 않게 하는 것은 아니라고 생각한다. 제발 시청자를 의식해서 박수를 유도하는 '가요무대' 같은 곳에서만 그랬으면 좋겠다.

나는 토요일 저녁에 공연을 보았는데, 마침 그날 장필순의 가족들이 와서 공연을 보고 있어서 그런지 약간은 긴장한 듯했다. 그리고 공연 자체가 긴장감이 팽팽하게 감도는 공연이라 어떤 사람들에게는 부담스러웠을 수도 있었겠지만, 장필순의 솔직한 태도와 하나뮤직 뮤지션들의 뛰어난 세션을 볼 수 있었던 나는 근래 몇 년간 본 공연 중에서 단연 최고였다는 생각이다. 첫 곡 〈헬리콥터〉가 시작되면서 프로젝터를 통해 영상이 나오기 시작했는데, 공연 내내 특히 일렉트로니카 성향의 노래들에서 이 방법이 어울렸고, 사전에 잘 조율된 전반적인 사운드는 앨범의 것을 능가했다. 사실 [soony6]은 조동익이 혼자서 미디로 음악 작업을 한 것이라 라이브에서 어떤 연주로 풀어서 보여줄지 무척 궁금했다. 〈헬리콥터〉, 〈신기루〉 같은 곡들에서는 컴퓨터에서 미디 사운드를 불러온 상태에서 무대 위의 10명의 세션진이 아주 세심하게 각각의 연주를 믹스했고, 이때 발생한 사운드의 미려함은 흔히 듣기 어려운 고감도의 표현이었다.

비록 장필순의 댄스는 〈Soony Rock〉(유일하게 노래에 맞추어서 박수를 허용한 곡)에서밖에 없어 아쉬웠고, 팽팽한 긴장감을 조성하다 보니 그녀 역시 긴장한 모습을 보여주기도 했지만(그렇게 라이브를 많이 한 장필순이 긴장을 하다니!) 나이를 먹어가면서 더 뮤지션다운 모습을 보여주는 그녀를 보는 것은 팬으로서 무척 기쁜 일이었다. 그런 모습 자체가 후배 여자 뮤지션들에게 귀감이 되리라고 생각한다. 머리로 음악하는 가수들, '팬 1명당 ○○원'이라는 식의 계산법을 가진 음반제작자들, 제발 장필순과 하나뮤직을 본받았으면 좋겠다. 사정상 본받기가 힘들다면, 존경하는 마음이라도 가지든지.

---

6 가사를 외우는 것 자체가 싱글로서의 완성도를 증명하는 것이고, 가사를 외우는 행위는 해당 뮤지션에게 애정을 보이는 것이다.

3. 장필순 6집 [soony6]

장필순의 [soony6]에 대해 내가 덧붙이는 것보다는 이전 인터뷰에서 그녀가 한 말로 마무리하는 것이 낫겠다. 최상의 글은 바로 '본인의 말' 이라고 생각한다.

> "예전의 나의 모습과 지금의 모습은 너무 많이 변해 있는데 그걸 열정이 식었다고 보기에는 표현이 좀 다른 것 같고, 어떻게 보면 열정은 지금 더 많이 생겼다. 음악에 대한 열정은 더 많아졌지만 이제 급해지지 않은 것 같고, 기쁠 때 너무 기쁘고 슬플 때 너무 슬프고 했던 마음이 없어졌다고 살아가는 일이 재미없지는 않다. 난 지금이 더 좋다. 옛날에는 누가 미우면 막 화가 났는데 지금은 정말로 그런게 없어졌다. 내가 다 이해를 하는 게 아니라 이해를 하고 싶다. 언제부터 그랬는지는 모르겠는데 음악이 날 이렇게 만들어준 것 같다. 내 음악이 변해가면서 나도 거기에 동요되어간 것 같다."

●● 바이오그래피

장필순은 1984년 KBS '젊음의 행진' 에 출연했을 당시 한 음반기획자의 눈에 띄어 가수로 정식 데뷔하게 된다. 그녀가 가수로 데뷔하게 된 그 음반은 다섯손가락, 장완진 등이 참여한 [캠퍼스의 소리](1984)라는 컴필레이션 음반이었는데, 이 음반에 김선희와 듀엣을 이룬 '소리 두울' 로 참여했다. 이후 그녀는 들국화, 해바라기, 따로 또 같이 등의 콘서트에 게스트 또는 코러스로 참여하면서 1989년 솔로 데뷔 음반을 발표하기 전까지 많은 사람들에게 노래 잘하는 가수로 이름이 알려졌다. 그리고 소리 두울은 1988년에 1집을 발표했다. 강인원의 디렉팅으로 〈아침 햇살〉, 〈눈이 오는 날〉 등이 실린 이 음반은 장필순의 개성을 거의 살려주지 못한, 평범한 여자 듀엣 음반 이상은 아니었다. 1989년에는 영화 '굿모닝 대통령' 의 주제가를 오석준, 박정운과 트리오로 불렀고, 이후 한동안 오 · 장 · 박 활동도 병행하게 되었다.

그해에는 가수 활동 5년 만에 김현철의 프로듀싱으로 〈어느새〉가 담긴 솔로 데뷔 음반을 발표했다. 김현철이라는 당시의 감각적인 신성에 의해서 조율된 그녀의 1집은 김현철의 〈어느새〉, 〈점

점 더〉 외에도 손진태의 〈빨간 리본〉, 〈잊고 싶을 뿐〉, 〈내 작은 가슴속에〉 등 젊은 뮤지션들의 새
로운 감성이 담긴 음반으로 대중에게 사랑을 받았다. 1991년 손진태, 유영석, 장기호, 조규찬, 송
홍섭이 프로듀서와 편곡자로 참여한 2집은 손진태의 〈외로운 사랑〉을 담고 있었다. 하지만 조동
익이 음반 디렉터로 참여하기 시작한 1992년 3집 [이 도시는 언제나 외로워…]부터 사실상 장필
순의 본모습이 제대로 음반에 반영되기 시작한다. 〈가난한 그대 가슴에〉, 〈강남 어린이〉 등이 실
린 3집은 가사에 좀 더 치중하는 그녀의 모습을 볼 수 있었고, 조동익의 참가로 지난 음반보다는
포크적인 느낌을 더 많이 준다. 1995년 4집은 과도기적인 음반으로 〈아쉬운 시간〉 등에서 5집을
예고한다. 그리고 드디어 1997년 그녀의 마스터피스인 5집 [나의 외로움이 널 부를 때]가 발매된다.
　사실 5집이 나오지 않았다면 장필순은 노래 잘하는 여자 가수 정도로밖에 평가받지 못했을 것
이다. 그러나 그 음반은 1997년 국내 대중음악계가 양산한 음반 중에서 [신중현 트리뷰트], 한상원
2집 [Funky Station]과 같이 거론될 만큼 놀랄 만한 완성도를 갖춘 음반이었다. 이 음반은 3집
이후 조동익과 같이한 음악 작업이 완벽하게 결실을 맺었음을 보여주었고, 조동익 밴드(조동익,
함춘호, 윤영배, 박용준, 김영석)의 세션은 조동익, 윤영배, 장필순이 공동으로 작업한 곡들에 너
무도 역동적으로 매치되고 있음을 느끼게 한다. 또한 이 음반에서 가장 놀랄 만한 점은 〈그래!〉, 〈넌
항상〉, 〈사랑해 봐도〉를 들어보면 알 수 있지만 장필순의 곡 쓰기 작업이 완숙한 경지에 올랐다는
점이다. 한영애가 4집 [불어오라 바람아](1995)에서 보여준 것과 같이 그녀도 5집을 통해 싱어송
라이터로 인정받을 수 있게 되었다. 그리고 2002년에는 대부분의 음악 마니아들이 ‘올해의 앨
범’으로 인정하는 [soony6]을 발표했다.

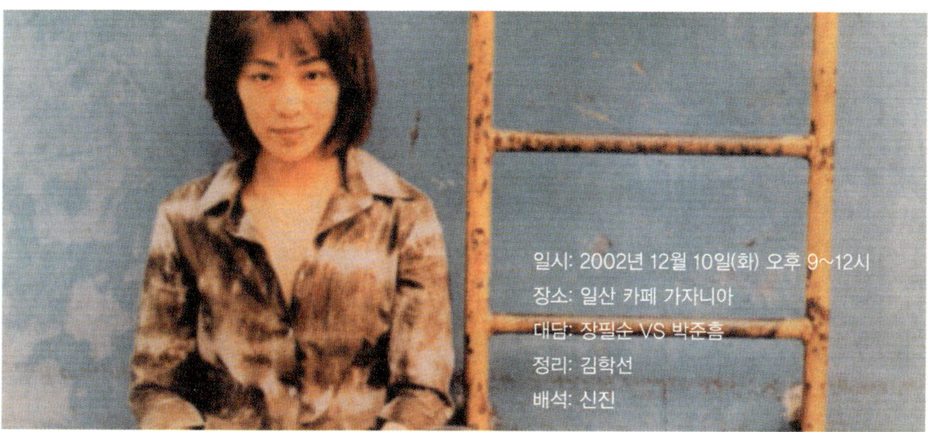

이번 6집 [soony6]도 지난 앨범 [나의 외로움이 널 부를 때](1997)와 같은 송라이팅 체제(조동익, 윤영배, 장필순)로 곡 작업을 했고, 조동익은 '듣는 사람을 지독할 정도로 편안하게 만드는' 편곡으로 이 계열에서 역시 그를 능가하는 사람이 없다는 것을 보여주었다. 그래서 앨범의 전체적인 느낌은 머리칼이 쭈뼛 설 정도로 섬세하고, 숨이 막힐 정도로 아름답다. 라운지팝과 일렉트로니카의 조화로 몽환적인 아우라가 짙게 묻어나는 앨범이고, 하드레코딩 방식을 택해 '좀 더 차갑고, 거칠고, 건조한 소리'가 들린다고 얘기하지만 장필순의 보이스 컬러가 '자장가를 불러주는 누나' 타입이고, 조동익이 지향하는 '어릴적의 기억을 복원시키는' 편곡 때문에 일반저인 일렉트로니카와는 질감이 다르다. 장필순은 1980년대 중반에 들국화, 해바라기, 따로 또 같이 등의 콘서트에 게스트 또는 코러스로 참여해(김선희와 '소리두울'로) 1989년 솔로 데뷔 음반을 발표하기 전에 많은 사람들에게 노래 잘하는 가수로 그녀의 이름을 알렸다. 나도 1985년에 따로 또 같이가 3집 발매 후 가진 연말 공연에서 소리두울의 멤버였던 장필순을 보았다.7 그러니 이번 인터뷰는 그녀를 처음 본 후 무려 17년 만에 가진 정식 인터뷰였다.

---

7 이때 조동익, 김영석, 이영재 등이 세션에 참여했다.

"예전의 내 노래들을 좋아해주는 분들도 고맙지만, 만약에 내 음악에 관심이 있다면 그 음악이 변해가는 모습을 같이 보는 것도 좋겠다고 생각한다."

박준흠: 근황은?

장필순: [soony6] 앨범 공연을 준비하고 있고, 가끔씩 FM 라디오에서 소식 듣고 불러주면 방송하고 그 정도다. 일단 공연 준비 때문에 다른 일을 하기에는 좀 무리가 있어서 홍보나 그런 부분은 공연 끝난 다음에 할 것 같다. 안 할 수는 없으니까……. (웃음)

앨범하고 공연하고 좀 다를 것 같다. 앨범 같은 경우는 조동익 씨가 혼자 다 했는데, 공연에서 세션 같은 부분은 어떻게 진행되는가?

세션은 오리지널을 최대한 살리는 방향으로 갈 예정이다. 세션 해주는 사람들은 다 하나음악 식구들인데 보컬은 '낯선 사람들'이 맡아주고, 기타는 고찬용 씨가 연주해주고……. 앨범에 있는 걸 카피하는 선에서 각자 자유스러운 표현을 할 수 있게끔 그렇게 연습하고 있다.

그럼 라이브무대에서 조동익 씨의 역할은? 베이스 연주를 직접 하나?

연주를 하지는 않고 전체 사운드 체크를 맡는다. 콘솔에 앉아 있을 것이다. 베이스 연주는 김정민 씨라고 드럼 치는 임거정 씨와 같은 팀에 있는 사람이다. 팀 이름은 지금 잘 생각이 나지 않는데 포퓰러한 음악을 하는 팀이다.

그럼 라이브에서는 일렉트로니카적인 느낌이 나는 곡들은 어떻게 연주되나?

일단은 하드 작업을 했다. 리얼로 낼 수 없는, 모방할 수조차 없는, 기계로만 해서 나올 수 있는 소리 몇 가지를 하드에 레코딩을 해서 거기에 리얼을 입히는 거다. 그러다 보니까 좀 일손이 딸려서 무대 위에 11명이 선다. (웃음) 공연 제의를 받고 이걸 어떻게 해야 할지 고민도 많이 했다. 양탄자 하나 깔아놓고 MR로 혼자 공연을 하라는 얘기도 있었고, 조동익 씨와 딱 둘이 무대에 올라가서 베이스 하나 통기타 하나에 편곡을 다시 해서 부르라는 얘기도 있었다. 일단 앨범을 만들었으니까 사람들에게 한 번은 발표해야 한다는 생각을 해서 자리를 만든 거기 때문에 일단 6집의 노래들은 다 부른다. 〈모래 언덕〉까지도……. 하드레코딩 방식을 취하고 나머지 11명을 무대로 올려서 리얼로 최대한의 소리를 만들어내는 거다. 또 다른 느낌이 있을 거라고 본다.

앨범에서 들을 수 있는 중첩되어 녹음된 소리들이 라이브에서는 어떻게 표현될지 궁금하다.

나도 궁금하다. (웃음) 지하철이나 TV 소리 등 이펙트를 쓴 소리는 오리지널을 살릴 것이고 악기가 필요한 경우는 리얼로 연주하는데, 내 생각에는 지금 너무 잘되고 있다. 다들 너무 열심히 하고…….

콘서트 타이틀이 윤영배 씨 곡 제목이기도 한 '동창'으로 정해졌는데 특별한 이유가 있나?

없다. (웃음) 처음에는 너무 오랜만에 공연을 하니까 예전 노래도 많이 불러줬으면 하는 사람들이 있지만 나는 6집에 있는 곡들을 하고 싶었다. 그리고 예전의 내 노래들을 좋아해주는 분들도 고맙지만 만약에 내 음악에 관심이 있다면 그 음악이 변해가는 모습을 같이 보는 것도 좋겠다고 생각해서 그 요구를 거절했다. 그리고 아주 예전 노래들은 내가 잘 몰랐을 때 했던 노래들이 많으니까. 그때는 물론 좋았지만 나는 지금 내가 하고 있는 것들에 대해서 점수를 더 많이 주고 싶다고 얘기를 했더니, 기획하는 팀에서 다 모여서 6집 앨범을 모니터하고 〈동창〉이라는 곡이 제일 좋다고 얘기를 해서 정하게 되었다. 그리고 내 나이 또래의 사람들에게 정겨운 의미를 주기 위해서 '동창'으로 하면 어떻겠냐 해서 나는 알아서 하라고 얘기했다. 나는 원래 'soony6'으로 하고 싶었다. 그래서 처음 계획은 [soony6] 노래 딱 열 곡만 하고 끝내려고 했는데 그게 잘 안 되었다. (웃음) 그래서 5집 수록곡인 〈TV, 돼지, 벌레〉, 〈그래!〉, 그리고 [바다] 앨범에 있는 〈다시 보고싶어〉, [겨울노래]에 있는 〈다시 눈을 뜰 수 없게 되면〉까지 가장 최근 음악들로 많이 골랐다. 이 노래들이 하드레코딩 없이 리얼로 연주되는 노래들이고, 한 코너는 아주 어쿠스틱하게 진행되는데 여자 세 명만 나와서 기타, 첼로, 오보에를 가지고 공연을 한다. 그리고 [soony6] 앨범들 열 곡하고 나머지 노래들을 하고…….

초창기에 불렀던 노래들 중에는 노래에 대한 개념이 부족한 부분들이 있었다고 했는데, 그렇다면 향후에 이 노래들을 다시 리메이크하고 싶은 생각은 없나?

곡 자체가 아쉽거나 미숙했다거나 그런 건 없다. 그냥 그때의 음악 자체가 지금보다는 나의 주관이 많이 부족한 앨범이라는 그런 의미다. 난 지나면 금방 잊어먹기 때문에 리메이크는 아직까지 별 생각 없다. (웃음)

"나는 그냥 조동진 선배님이나 이주호 선배님, 전인권 선배님 그런 분들을 계속 만나긴 했지만 전혀 노래할 생각은 안 했고, 시집갈 줄 알았다."

자료를 보니까 조동익 씨를 처음 본 게 1982년이라고 나와 있는데 맞나?

노래를 처음 시작할 때였으니까, 그때가 '햇빛촌'이라는 대학연합서클 활동을 하면서 거기서 함께 노래 부르던 김선희라는 친구와 '소리두울'을 결성했을 때였다.

그럼 소리두울을 결성한 해는 언제였나? 1982년이라고도 나오고, 1983년으로도 나오는데.

바이오그래피로 치자면 햇빛촌에서 처음 노래 시작할 때부터 그 친구와 항상 함께했는데 소리두울이라는 이름이 만들어진 건 [캠퍼스의 소리]라는 앨범이 나오면서부터다. 그러니까 이름이 만들어진 건 1984년이지만 그전부터 활동은 계속해왔다. 그리고 그때는 내가 지금까지 이렇게 노래할 줄 전혀 몰랐기 때문에 내 이름을 쓰는 게 약간 꺼림칙했다. 그냥 기념의 의미로 앨범을 만든다는 생각에 둘이 예쁘게 팀 이름을 해서 넣자, 그래서 앨범에 넣기 위해서만 만든 이름이었는데 그게 어떻게 다운타운가에 알려지면서 노래를 시작해 우연찮게 음악을 계속하게 된 거다.

그럼 김선희 씨 같은 경우는 선생만큼 음악을 계속하겠다는 생각이 없었나?

있었다. 있었는데 진행이 좀 힘들고 그랬던 것 같다. 팀(소리두울) 해체되고 나서 사실상 독집 앨범을 그 친구가 먼저 시작하면서 조동익 씨가 편곡을 맡고, 강인원 씨나 함춘호 씨처럼 함께 음악했던 사람들이 선희의 음반에 굉장히 많은 관심을 갖고 함께 준비했다. 한데 막상 둘이 하다가 혼자 하려니 많이 힘들어했던 것 같고, 그때 마침 기회가 와서 유학간 걸로 알고 있다. 그리고 나는 그냥 조동진 선배님이나 이주호 선배님, 전인권 선배님 그런 분들을 계속 만나긴 했었지만 전혀 노래할 생각은 안 했고, 시집 갈 줄 알았다. (웃음) 사람이 있어서가 아니라, 나는 지금도 그렇지만 사고가 굉장히 평범했는데 지금까지 재밌게 잘 놀았으니까 이제 시집가야겠다, 그냥 그렇게 생각했다. 그때 나이가 스물 여섯일곱 정도 됐었는데, 그때쯤은 다들 그런 생각 하니까 나도 그런 생각이었는데 주위의 꾐에 빠져서……. (웃음) 그렇게 사람들 계속 만나면서 다니는데 송홍섭 선배님께서 영화음악⁸을 하나 맡았는데 노래 한번 해보지 않겠냐고 말씀하셔서 재밌을 것 같아 흔쾌히 노래를 부르게 됐다. 노래 정말 재밌게 했었다. 박정운 씨도 미국에서 금방 들어온 상태였고 오석준 씨도 막 음악을 시작하는 친구여서 굉장히 재밌게 작업했는데, 또 어떻게 그 노래가 알려지게 되었다. 그렇게 활동하다 보니 선배들이 옆에서 앨범을 한번 제작해봐라, 자꾸 그러는 바람에 앨범을 만들게 됐다. 그런데 내가 인복이 참 많은 게, 박학기 씨가 나를 동아기획에 소개를 시켜줘서 갔더니 운 좋게 김현철 씨를 만났다. 그때는 정말 김현철 씨가 감각이 좋았고 새로운 음악적인 색깔을 가지고 있는 친구였다. 조동익 씨도 김현철 씨를 굉장히 아꼈고, 내 마음에도 딱 맞는 느낌이 들었다. 그래서 "아, 이것도 기념으로 하나 해놓으면 좋겠다" 이러면서 앨범을 만들게 됐다. 그랬는데 1집 앨범이 어떻게 알려지는 바람에 여기까지 오게 된 것 같다. 나는 사실 "음악이 없으면 살 수 없어" 그런 건 절대 아니고, 생활 속에 음악이 그냥 있는 거지 음악을 부여잡고 고통스러워하거나 그런 걸 잘 못한다. 그냥 내가 지금까지 지내오면서 만나게 되는 길인 것 같다. 옆으로 새려고 하면 또 다른 색깔의 음악이 다가오고 그러면서 여기까지 오게 된 것 같다.

---

⁸ '굿모닝 대통령', 1989, 감독 이규형, 출연 이상은, 김세준, 허준호, 김덕봉.

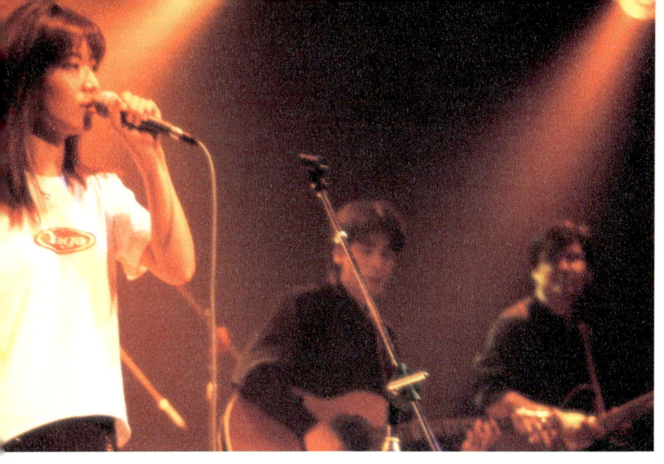

그런데 음악을 대하는 입장은, 지금은 달라지지 않았을까?

지금도 똑같은 것 같다. 똑같은데 좀 변했다면, 음악하는 누구나 다 그러리라고 생각하는데 항상은 아니지만 책임감 같은 게 좀 생기는 것 같다. 많은 사람은 아니겠지만 내가 이야기하는 한마디 한마디가 사람들에게 힘이 되어줄 수 있는 반면에 자기를 돌아보게 해줄 수 있을 것 같아서 좋고, 또 그 사람이 잊어버리고 있었던 것들을 충격적으로 다시 드러내는 기회가 될 수 있을 것 같기도 하고, 의도적인 게 아니지만 음반을 내고 음악을 하니까 그건 피해갈 수 없을 것 같다. 그렇게 생각하니까 책임감이 느껴진다. 내가 한마디 하는 것도 조심해야겠다는……. 결국 내가 하고 싶은 얘기는 CD에 담겨지는 것 아닌가. 내가 입 밖으로 떠드는 것보다 몇 년 동안 고민하면서 생각했던 얘기들을 앨범에 담는 거니까 좀 더 조심하게 되고 점점 시간도 더 걸리고 그러는 것 같다.

소리두울 음반을 들어보면 지금 목소리가 아닌 것 같고, 김선희 씨와 잘 구별되지 않는데?

선배님들이 이해할 수 없는 부분이라고 얘기하기도 했다. 따로 들으면 굉장히 다른데, 원래 나는 탁성인데다가 노래한 지 15년이 넘으니까 훨씬 많이 탁해진 것 같다. 그런데 내가 들으면 어렸을 때 불렀던 노래라는 느낌만 들지 지금하고 별 차이를 못 느끼겠는데, 듣는 사람들은 그때 너무 꾀꼬리 같았다고 얘기한다. (웃음) 아무튼 목소리는 굉장히 달랐다. 그 친구는 굉장히 목소리가 예뻤는데 둘이 같이 부르면 이상하게 같이 잘 뭉쳐진다고 칭찬을 들었던 기억이 나곤 한다. 조동진 선배님한테 들었는데 '현경과 영애'도 목소리가 굉장히 달랐다고 한다. 달랐는데 음반을 들으면 꼭 자매 같이 들렸다.

그럼 소리두울 같은 경우, 모델이 된 팀이 현경과 영애였나?

우리들은 그런 생각을 안 했는데 선배들은 현경과 영애가 생각난다고 많이 말씀들을 하셨다.

"내가 내 목소리에 대해 고민하고 그럴 때 '너는 개성이야' 라며 격려 해주고 혼자 노래를 시작할 수 있게 해준 분들이 조동익 씨를 비롯한 여러 선배님들이었다."

조동익 씨를 그렇게 일찍 만났는데 1집 앨범을 함께 작업할 생각은 하지 않았나? 조동익 씨는 장필순 씨 3집부터 참여하는데.

일단은 내가 1집을 할 때 조동익 씨는 편곡작업을 본격적으로 시작할 때였다. 나는 그때 김현철 씨를 만났고, 김현철이라는 친구가 곡만 쓰는 그런 입장이었다면 달랐을지 모르지만 그때 이미 미디 작업을 할 줄 알았고 뭔가 해보고 싶은 욕심이 있었다. 그걸 내가 믿었고. 예를 들면 김현철 1집을 듣고 맘에 들어했고, 자연스럽게 그렇게 됐다. 또 그때는 "누구만이 나를 이해하고 나의 음악을 제대로 표현해줄 것"이라는 생각보다는 앨범을 내는 것 자체가 좋았다. 그리고 그때 김현철 씨가 정말 잘해줬다. 어리지만 내 의견도 많이 수용해줬고, 어쩌면 어려서 그랬는지도 모르지만……. 그래서 재밌게 할 수 있었던 것 같다. 서로 실험적이었고, 그때만 해도 할 수 있는 걸 여러 가지로 해보려고 하는 그런 게 있었으니까. 그리고 조동익 씨는 막 바빠지고 있었고, 그때만 해도 조동익 씨는 음악을 너무 잘하는 오빠라기보다는 그냥 같이 공연하고 공연 끝나면 같이 밥 먹고 노는 그런 인간적인 면으로 많이 친했던 오빠였다. 들국화도 마찬가지였고, 공연장에서 만났던 사람들은 녹음으로까지 연장이 되지 않았다. 그런 이유 외에 그렇게 특별한 이유는 없었고 김현철 씨와 한 작업이 재미있었다.

2집 같은 경우는 김현철 씨의 역할을 손진태 씨가 한 것인가?

2집은 거의 나 혼자 한 것이다. 1집 끝난 후에 동아기획 안에서 2집 작업이 이루어졌는데, 당시에는 동아기획이 같은 색깔의 뮤지션들이 다 모여 있는 곳이었기 때문에 작업을 하는 데 별 무리는 없었다.

그러면 3집부터 조동익 씨가 본격적으로 프로듀서(디렉터)를 맡은 건데 어떤 계기가 있었나?

그전까지는 조동익 씨와 한 번도 내 음악에 대해서 개인적으로 의논해보지 못했다. 일단은 좀 어려운 사람이었고, 나이를 떠나서 내 입장에서 봤을 때는 항상 앞서가는 사람이라고 생각했다. 조동진 선배님처럼 그 사람의 음악을 존경했기 때문에 내가 그 이상의 것을 요구하기는 좀 어려웠다. 하지만 베이스는 꾸준히 연주해주셨는데 2집 앨범을 보면 베이스 세션에 '배희수' 라고 나오는데 그게 조동익 씨다. (웃음) 왜 가명을 썼는지 모르겠는데 그때 정식으로 섭외가 되어서 연주를 해준 건 아니었고, 녹음을 잘하고 있는지 놀러왔다가 손진태 씨 곡을 녹음하고 있는 걸 보고는**9**

---

                       9 당시에 손진태 씨가 베이스를 다 찍어왔었다고 한다.

갑자기 후배를 시켜 베이스를 가져오라고 해서 즉석에서 세션을 해주면서 녹음을 많이 하게 되었
다. 그래서 2집에는 즉석에서 만들어진 코드 진행도 많고, 특히 손진태 씨 곡 같은 경우는 조동익
씨가 신경을 많이 써주었다. 그러고서 3집을 할 때 조원익 씨가 서울음반 기획실장으로 계셨는
데, 3집은 여기서 하자고 연락을 주셔서 나는 일단 너무 좋았다. 당시 동아기획에서 많이 힘들었
는데, 대우에 대한 불만 이런 건 아니었고 동아기획이 뭔가 변질되어가고 있다는 느낌을 가지고
있었다. 그리고 나 말고도 동아기획을 벗어나는 사람들이 많아지면서 나도 한번 새출발을 하고
싶다는 생각을 하게 되었고……. 그런 고민을 하던 참에 마침 조원익 씨가 연락을 주셨고 나도 아
주 좋아서 같이 작업을 시작했다. 그러면서 조원익 씨가 이번 앨범은 조동익 씨가 맡으면 좋겠다
는 말씀을 하셨다. 조동익 씨도 예전부터 내 앨범 프로듀서를 한번 해보고 싶어 했었다. 그리고
내가 목소리에 대해 고민할 때 "너는 개성이야"라며 격려해주고 혼자 노래를 시작할 수 있게 해
준 분들이 조동익 씨를 비롯한 여러 선배님들이었다. 그런 것들이 오랫동안 누적되어오다가 3집
을 하면서 같이 작업하게 된 거다. 그래서 3집 할 때는 정말 열심히 작업했고 개인적으로 많이 아
끼는 작품이다. 뭔가 뚜렷한 변화는 없었지만 나를 다르게 자리 잡게 하기 위한 과도기적인 앨범
인 것 같아서 지금 들으면 향수에 젖게 만든다.

5집의 출발은 3집이라는 생각이 든다. 4집은 약간 다른 쪽으로 갔다가 다시 5집으로 온 것 같은데.

그렇지는 않은 것 같고, 그냥 순서대로 작업을 했다. (웃음) 4집 하면서 조동익 씨와 많은 의견 충
돌이 있었고 좀 고생스러웠다. 의견 충돌이란 게, 조동익 씨는 "더 확실해야 한다. 네 주관이 더
확실해야 한다"라는 거였고, 나는 "한 번 더 과도기가 있었으면 좋겠다"라는 거였다. 조동익 씨는
〈하루〉하고 고찬용 씨가 쓴 〈나누니니나〉를 제외한 모든 곡들을 모던한 록 쪽으로 가려고 했는
데, 나는 그게 너무 갑작스러웠다. 듣는 사람들은 모르겠지만 주위에서도 너무 급작스럽지 않냐,
그런 얘기들을 많이 했다.

**사실 '급작스럽다'는 느낌을 받은 건 5집이었다. 4집은 선생의 디스코그래피에서 약간 이탈한
느낌이고…….**

개인적으로는 4집이 시작이었다. 그런 느낌을 받는 건 아마 처음 시작할 때 드는 어눌한 느낌 그
런 것 때문이 아닌가 한다. 열심히 하고 최선을 다했지만 내가 그 음악 속에 완전히 녹지 않는 그
런 기분. 가끔씩 4집을 들어보면 약간 쑥스러운 느낌이 드는데 그게 음악이 부족하고 그래서라기
보다는 처음 시작할 때, 뭔가 새로운 것을 만났을 때의 어색함 그런 것 때문인 것 같다. 그게 나한
테 익숙해지면서 5집에서는 아무 걱정 없이 음악을 할 수 있었고, 편하게 작업을 할 수 있게 됐다.
그래서 4집의 역할이 나에게는 굉장히 컸던 것 같다.

5집은 정말 드라마틱할 정도의 변화가 있는 앨범이라고 생각한다. 지난번 조동익 씨와의 인터

뷰에서 음반의 앞의 2곡과 나머지 곡들이 느낌이 다르고 세션도 달랐던 이유가 박용준 씨가 앞의 두 곡을 작업하다가 미국으로 가는 바람에 음악이 달라질 수밖에 없었다고 했는데.

의도한 색깔은 마찬가지다. 그런데 조동익 씨가 얘기한 부분은 이 음악을 하기 위해서는 박용준이라는 사람이 필요한데 그 사람이 자리에 없다고 다른 사람을 쓸 수는 없고, 그렇다면 없는 상황에서 최대한 우리가 원하는 색깔을 만들어보자 해서 만든 거다. 그런데 해보니까 건반 없이 하는 것도 굉장히 독특했고 의외로 공간이 있는 음악이 되었다고 생각한다. 그래서 4집보다도 보이스 컬러를 상당히 건조하게 잡았고, 녹음실에 들어가면 아주 죽을 맛이었다. 아무것(이펙터)도 안 걸어주니까……. (웃음)

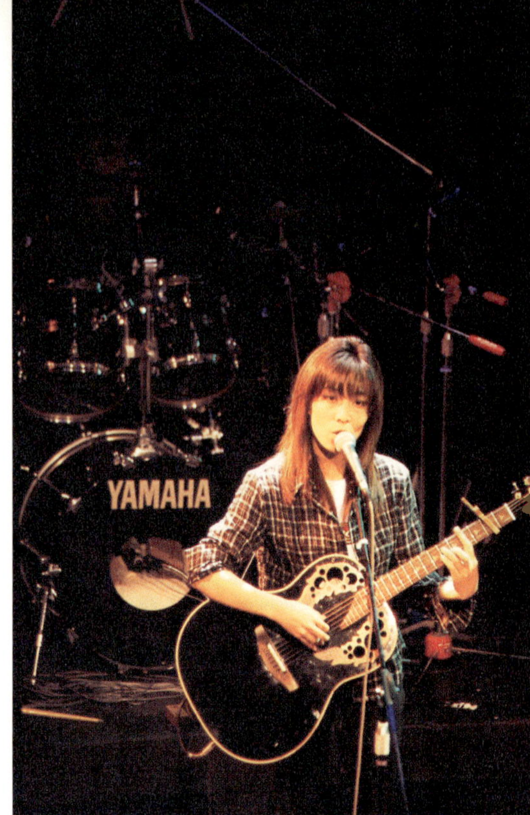

"나는 사실 '음악이 없으면 살 수 없어' 절대 그런 건 아니고, 생활 속에 음악이 그냥 있는 거지 음악을 부여잡고 고통스러워하거나 그런 걸 잘 못한다. 그냥 내가 지금까지 지내오면서 만나게 되는 길인 것 같다. 옆으로 새려고 하면 또 다른 색깔의 음악이 다가오고 그러면서 여기까지 오게 된 것 같다."

그런데 결과론적인 이야기지만, 3번 트랙부터 (5집을 높게 평가하는) 사람들의 감성에 딱 맞는 '뭔가'가 나와줬다고 생각한다.

앨범을 만들면서는 그런 반응이나 기대는 전혀 생각하지 않았다. 우린 작업하면서 어떤 반응이 나올까에 대해서는 생각하지 않는다. 서로의 음악적인 색깔에 대한 욕심에만 충실하니까. 하나음악에 있는 사람들의 음악에 대해서 자신 있게 말할 수 있는 건, 순도가 높은 것 같다. 그게 좋고 나쁘고를 떠나서 대중음악 안에서 순수한 느낌을 가질 수 있는 음악인 것 같다.

"누군가가 하나음악은 재킷은 후진데 음악은 좋다고 얘기했었는데 우리는 재킷 만들 때도 심혈을 기울인다."

최종 마스터링이 7월에 끝난 걸로 알고 있는데, 이렇게 발매가 늦어진 특별한 이유가 있나?

신진: 7월에 마스터링을 끝낸 것과 이번에 발매한 앨범은 약간 다르다. 7월에 끝낸 앨범을 들어보면서 계속 수정을 했다. 아무래도 시간을 가지고 듣다 보니까 이거는 좀, 이러면서 계속 수정을 하게 됐다. 빨리 내야 돼. (웃음) 그걸 빨리 안 내고 있으니까 틈만 나면 둘이 같이 앉아서는 아주 사소한 것이라도 이것저것 고치려고 하는데 그게 한도 끝도 없을 것 같았다. 그리고 다른 큰 이유가 있었는데,

우리와는 상관없는 외부적인 일이었지만 여름에 'PD 사건' 터지고 난 뒤 유통사에 문제가 좀 생겨서 발매가 늦어지게 되었다.

누군가 그 운전하는 모습의 재킷이 가수의 앨범 같지 않고 '연주 앨범' 같다는 얘기를 했다. 그게 좋다는 의미로 해준 얘기였는데 둘이서 "그래? 다시 하자" 그래서 바꾸게 됐다. (웃음) 우리는 누가 옆에서 조금만 말을 하면 상처를 많이 받는다. (웃음) 그런데 지금 재킷이 더 좋은 것 같다. 조동익 씨가 가지고 있는 아주 구형의 폴라로이드 사진기로 찍은 사진인데 전의 앨범 재킷보다 덜 화려해보여서 마음에 든다. 누군가 하나음악은 재킷은 후진데 음악은 좋다고 얘기했는데 우리는 재킷 만들 때도 심혈을 기울인다. (웃음) 근데 그런 말을 들어도 할 말이 없는 게, 우리가 충분한 여유를 가지고 누군가에게 재킷을 맡겨본 적이 없다. 두 가지 이유가 있는데 하나는 돈이 없어서 그렇고, 다른 하나는 외부에 맡겼는데 우리가 의도한 대로 정확히 나오지 않아서 그렇다. 오소영 씨 앨범이 그런 경우였다. 맡아서 해주신 분은 열심히 참 잘해주셨는데 우리가 원했던 느낌 같은 게 나오지 않아서 많이 아쉬웠다.

"어느 날 그런 사운드가 내 귀에 들어와서 조동익 씨와 그쪽으로 한번 해보자 얘기를 하고……."

3년 전 새 앨범을 거의 다 만들었다가 "자신이 투영되지 않아서 그만두게 됐다"는 인터뷰를 본 적이 있는데 그 얘기가 정확히 어떤 의미인지 궁금하다. 구체적으로 자신의 음악에서 "자신이 투영되었다"는 것은 음악에 어떻게 드러나는가?

내가 그때 표현하고 싶은 게 안심이 되고 만족하면 되는 거였는데 좀 만족스럽지 못했다. 그때 작업했던 게 어떤 거였냐면 전부 리얼 연주로 녹음된 것들이었다. 그것의 차이인데, 누구나 그런 욕심이 있지만 발전이라기보다는 변하고 싶었다. 내 마음속에 있는 마인드, 뿌리는 한 곳에 있지만 그것을 계속 변화시키면서 내 나름대로 시도하고 싶고 표현하고 싶고 또 그래야 재미가 있는 건데, 그 과정에서 6집을 제작하면서 5집과 큰 차이를 못 느꼈다. 앨범 거의 마무리 작업할 때 내가 이번에 하고 싶은 건 이것과는 좀 다른 건데 하는 생각이 들었고, 녹음이 끝나가면서 재미가 없어

---

10 원래는 '어느 날 자동차 운전석에 앉아 있는 모습을 우연히 찍은 폴라로이드 사진'이었는데. 이번에 발매된 재킷 사진은 장필순 씨가 벤치에 앉아 있는 모습이다.

졌다. 그게 나 혼자만 그랬다면 녹음에 들어간 공을 생각해서라도 그냥 갔을 텐데 조동익 씨도 "그래, 아무리 생각해도 이건 아니다"라고 얘기를 해줘서 그때부터 다시 어떤 방향으로 가는 게 좋을까 생각하면서 다른 음악들을 많이 찾아 들었다. 그러다가 우리나라 뮤지션들이 미디 작업을 엄청나게 많이 하고 있다는 걸 그때 처음 알았다. 어느 날 그런 사운드가 내 귀에 들어와서 조동익 씨와 그쪽으로 한번 해보자 얘기를 했고, 마침 녹음하던 스튜디오도 이전을 해서 그럼 집에서 녹음을 해보자 하면서 그때부터 공부를 하기 시작했다. 나 말고 조동익 씨가……. (웃음) 나는 작업할 때 옆에 가서 컴퓨터 먼지 닦고 끊임없이 커피를 뽑아다 주고(웃음), 셋(장필순, 조동익, 윤영배)이서 레코딩하기 전에 몇 달을 거의 같이 살다시피 하면서 곡을 새로 썼다. 먼저 있던 곡들을 다 버리고 그때 있던 곡 중에서 〈10년이 된 지금〉, 〈흔들리는 대로〉, 〈어떻게 그렇게 까맣게〉만 지금 앨범에 다시 실었고, 〈어떻게 그렇게 까맣게〉 같은 경우는 처음에는 완전 록이었는데 미디 작업을 하면서 조동익 씨가 너무나 멋있게 새로 만들어준 경우다.

조동익 씨 같은 경우는 이미 [Movie] 작업을 하면서 미디 작업에 익숙한 상태가 아니었나?그 때 [Move] 할 때는 아주 간단한 미디 작업 빼고는 전부 리얼이었다. 그런데 이번에는 그게 아니었으니까 공부하는 데만 많은 시간이 걸렸다. 왜냐하면 그런 거에 빠져 있지 않았었기 때문에……. 조동익 씨가 사진 찍느라고 음악을 안 한다. (웃음)

조동익 씨가 했던 편곡작업만 얘기하면, 가장 훌륭한 작품으로 안치환의 4집(1995), 김광석의 [다시 부르기 2](1995), 그리고 선생의 [나의 외로움이 널 부를 때](1997)를 거론할 수 있었다. 이번 [soony6]도 이전 앨범들에 이어서 다시 찬사를 받을 만하다.

[나의 외로움이 널 부를 때] 이후로는 아무것도 안 했다. 그러니까 없지. (웃음) 처음에는 "자기한테 정말 맞는 게 아니면 함부로 욕심내지 않겠다"라는 얘기를 했었는데, 요즘은 "너무 안 했더니 이제는 해달라는 소리를 안 하네"라고 웃으면서 얘기하곤 한다.

예전에는 장필순 씨가 작곡을 하지 않았었는데, 4집부터 작곡까지 직접 한 데는 조동익 씨의 부추김이 있었나?

부추김이 아니라 약간의 협박이었다. 이 정도로 네가 네 색깔의 음악을 할 줄 안다면 네가 한번 해봐야 하지 않겠냐고, 너 너무 나태하게 음악하는 거 아니냐면서 숙제를 내주고 하라고 했다. (웃음) 용기를 많이 북돋아줬다. 어렸을 때부터 나도 습작을 하긴 했었다. '문 잠가놓고' 혼자 노래 해보고 그랬다. 남한테 내 노래를 들려준다는 게 많이 쑥스럽고 용기도 안 나고 그랬는데 조동익 씨가 많이 북돋아주고 믿어줘서 조금씩 용기도 생겼고, 그래서 예전보다는 덜 서툰 음악이 나오는 것 같다.

현재 조동익 씨와 함께 작업하는 가장 큰 이유는 뭔가?

무엇보다 내가 원하는 걸 가장 잘 표현해준다. 그리고 이제는 다른 사람하고 하기도 힘든 게, 또 새로 시작해야 한다는 게 너무 어려울 것 같다. 내 개인적으로도 이만큼 해줄 사람이 없을 것 같고, 예를 들어서 집을 지을 때 내가 주춧돌을 해놓으면 문고리도 해주고, 목욕탕에 비누 담을 수 있는 케이스, 컵, 이런 것들을 하나하나 섬세하게 준비하고 내가 어떤 집을 짓고 싶은지 알고 표현해줄 수 있는 사람이기 때문에 조동익 씨와의 작업이 너무 좋다.

얘기한다. 그런 것에 대해서 고민을 많이 한다. "이제는 뭐가 잘 안 나와" 웃으면서 이런 얘기를 하는데, 그러니까 안 하는 것 같다. (웃음) "이게 안 되는데 걱정이야. 빨리 짜내야지" 이러는 게 아니고 "이게 안 되네. 그럼 쉬어야지" 이렇게 얘기한다. 손 놓고 사진을 찍으러 가거나 낚시를 하러 간다. 그것도 몇 년씩. (웃음)

지금도 취미다. 조동진 선배님 하는 거 보니까 사진 제대로 하려면 돈이 엄청 들더라. 모든 게 다 그렇지만 사진도 진짜 욕심내서 하려면 집도 팔고 그래야 한다더라. 카메라 사고 그러느라고. 굉장히 적성에 맞아야 할 수 있는 것 같다. 일단 누구의 간섭도 안 받고 할 수 있는 작업이니까. 또 어떻게 보면 사진이란 게 굉장히 외로운 작업인데 그런 것에도 잘 맞는 것 같다.

> "기쁠 때 너무 기쁘고 슬플 때 너무 슬프고 했던 마음이 없어졌다고 살아가는 일이 재미없지는 않다. 옛날에는 누가 미우면 막 화가 났는데 지금은 정말로 그런 게 없어졌다. 내가 다 이해를 하는 게 아니라 이해하고 싶다. 언제부터 그랬는지는 모르겠는데 음악이 날 이렇게 만들어준 것 같다."

그럴 수도 있다. 희로애락이라는 게 구분이 잘 안 가는 것 같다. 기쁠 때와 슬플 때, 내가 힘들어할 때가 이제는 결국엔 다 같다는 생각이 든다. 예전의 나의 모습과 지금의 모습은 너무 많이 변해 있는데 그걸 열정이 식었다고 보기에는 표현이 좀 다른 것 같고, 어떻게 보면 열정은 지금 더 많이 생겼다. 음악에 대한 열정은 더 많아졌지만 이제 조급하지 않은 것 같고, 기쁠 때 너무 기쁘고 슬플 때 너무 슬프고 했던 마음이 없어졌다고 살아가는 일이 재미없지는 않다. 지금이 더 좋다. 옛날에는 누가 미우면 막 화가 났는데 지금은 정말로 그런 게 없어졌다. 내가 다 이해하는 게 아니라 이해하고 싶다. 언제부터 그랬는지는 모르겠는데 음악이 날 이렇게 만들어준 것 같다. 내 음악이 변해가면서 나도 거기에 동요되어가는 것 같다.

일반적으로 미디 작업이란 게 기계적이다, 차갑다, 이런 느낌을 갖게 하는데 선생은 미디 작업에 어떤 느낌을 갖고 있나?

일단은 세련된 느낌이 들었다. 그리고 여지가 많아 보였다. 소스는 한정되어 있을지 모르지만 그 소스를 이용해서 만들어낼 수 있는 소리는 우리가 녹음을 마칠 때까지도 다 찾아내지 못할 정도였다. 그리고 최대한 의도대로 할 수 있다는 느낌, 머릿속에 있는 소리는 추상적인 느낌이었는데 그걸 만들어가면서는 아주 선명해지는 기분, 그런 것에 큰 묘미가 있었다. 그게 불가능하지는 않지만 아주 힘든 일이다. 내가 요구하는 것들에 대해서 사람과 사람이 하는 거에는 어느 정도 한계가 있지만, 기계는 비록 시간이 굉장히 많이 걸리기는 해도 시키는 대로 하고 (웃음) 내가 원하는 소리를 결국엔 찾아내주는 것이 재미가 있었다. 셋이 앉아 있다가 원하는 소리가 딱 만들어졌을 때 "이거야!" 그러면서 서로 흥분하고 그랬다. (웃음)

메인 엔지니어를 서종칠 씨가 맡았는데.

실질적인 엔지니어는 조동익 씨가 맡았다. 이종학 씨 같은 경우는 미디 작업에 아주 많은 도움을 주었고, 서종칠 씨는 조동익 씨가 전문 엔지니어는 아니기 때문에 옆에서 항상 같이 있어주었다. 전체적인 소리에 대한 의도는 조동익 씨가 맡은 거였고, 서종칠 씨는 옆에서 이펙터 같은 부분을 많이 도와주었다. 여기 있는 신진 씨와 함께 그 추운 겨울 야밤에 온동네를 돌아다니면서 소스를 담아내려고 정말 많이 고생했다. 처음에는 그냥 있는 것 쓰려다가 욕심이 생겨서 지하철 소리 하나 담으려고 일산에 있는 전철역은 다 가보고 그랬다. (웃음) 그런데 너무 신기한 게 지하철 소리가 시간대에 따라 다 다르더라. 너무 좋은 경험이었다. (웃음) 겨울 한밤중에 한가로이 지나가는 차 소리 잡으려고 구름다리 위에서 마이크 두 개 들고 한참 떨고 있다가, 아 이제 끝났다 싶어서 정리하려고 하는데 저쪽에서 개가 짖어서 다시 녹음하고……. (웃음)

야외에서 소리를 잡으면(녹음하면) 생각했던 소리와 많이 다르지 않나?

신진: 일단 소리 자체가 다르다. 가령 우리가 문 닫는 소리를 담으려고 마이크를 대고 샘플을 뜨면 완전히 이상한 소리가 나온다. 그런 부분이 힘들었다. 일단 우리가 원하는 문소리를 내는 문을 찾아야 하고, (웃음) 차 소리를 녹음하려고 해도 주위의 소음 때문에 애를 많이 먹었다. 그렇지만

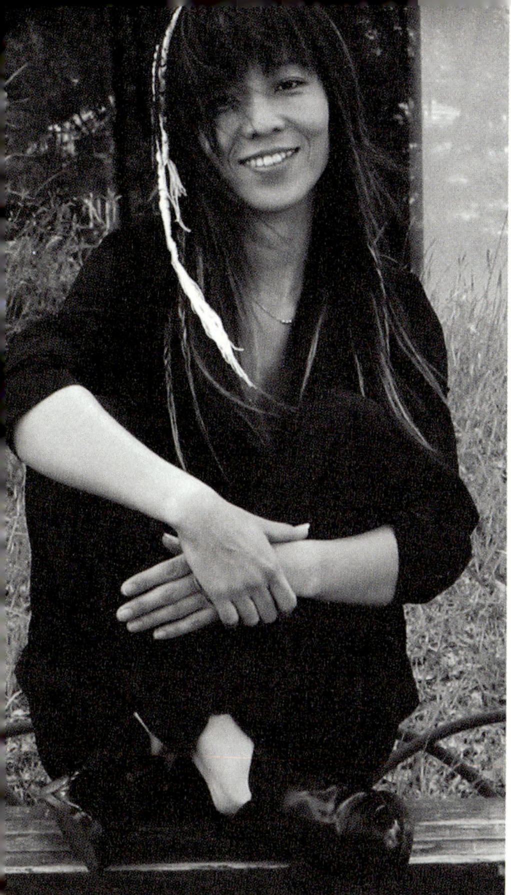

너무 재미있는 작업이었고 무엇보다 앨범에 제대로 소리가 들어가서 만족감을 느낀다.

"우리가 의도했던 건 '바싹 마른 음악' 을 만들어보자 정도였다."

6집 얘기를 마저 해보자면, 이번 앨범과 5집과의 공통점은 조동익, 윤영배, 장필순 세 명의 송라이팅 체제가 계속 이어지고 있다는 건데, 이 체제가 장필순 씨 생각에 가장 잘 맞는다고 생각하나?

아직까지는 좋다. 내가 좋아하는 이유 중 하나는 세 사람의 곡에 담긴 느낌이 다 달라서다. 기본적으로 곡을 만들어와서 모으면 저거는 다른 사람이 불러야 할 것 같고 이건 또 다른 사람이 불러야 할 것 같고 그렇다. 조동익 씨는 말할 것도 없고 윤영배 씨 곡 같은 경우도 굉장히 개성이 강하게 느껴진다. 내 노래가 그중에서는 가장 부드럽다. 그렇게 다른 세 사람의 곡이 모여 한 장의 앨범이 만들어지는데 결국엔 잘 어우러진다는 생각이 들어서 좋다. 4집 때 윤영배 씨와 함께 작업하면서 그 친구 노래를 처음 불렀는데, 그 친구가 굉장히 내성적이고 행동하는 걸 보면 절대 그런 곡이 나오지 않을 것 같은데 음악이 슬프면서도 약간은 철학적인 느낌도 나고[11] 강한 카리스마가 있다는 느낌을 받았다. 너무 독특하다고 생각했고, 그 친구는 기타를 칠 때도 코드를 치는 게 아니고 자기가 원하는 음만을 찾아서 노래를 만든다. 그게 나한테는 너무 잘 맞았던 것 같다. 조동익 씨 같은 경우는 어떨 때 들으면 음악이 너무 예쁘고 맑은 느낌이 들게 만드는 것이 좋다. 그런 여러 가지가 같이 있는 게 꼭 내 음악 같다는 느

---

[11] 윤영배는 철학과를 다녔다.

낌을 갖게 해줘서 벌써 8~9년을 함께한 것 같다. 그리고 윤영배 씨는 다른 사람에게는 음악을 전혀 주지 않는다. 독집을 빨리 해야 하는데 게을러서……. (웃음) 이번 앨범에 있는 〈동창〉이라는 곡도 굉장히 오래전에 만든 노래인데, 내가 너무 좋아해서 그 노래를 달라고 해도 "이건 내 판에 넣을 거다" 이러면서 주지 않았다. 그러고는 얼마 전에 기타 공부한다고 네덜란드로 갔다가 1년 만에 돌아와서는 내 앨범 작업에 참여했는데, 그때 내가 다시 〈동창〉을 부르고 싶다고 하니 그제서야 허락해줬다. 그래서 내가 왜 맘이 바뀌었냐고 물어봤더니 자기 앨범은 언제 할지 모르겠어서 그런다고 얘기를 하더라. (웃음)

5집이 장르적으로 록, 포크, 발라드가 섞여 있었다면, 6집은 일렉트로카나 라운지팝으로 얘기되고 있다. 미디를 쓴다고 해서 꼭 일렉트로니카를 할 필요는 없다고 보는데 굳이 일렉트로니카를 선택하게 된 이유가 있다면? 트렌드의 반영인가? 아니면 홈레코딩, 1인 세션(미디 작업)의 편의성 때문인가?

그런 건 전혀 없다. "왜 그렇게 했냐" 그런 건 전혀 없고, 하다 보니까 그렇게 된 거다. 그저 노래와 가장 어울리는 것, 해보고 싶은 음악을 하다 보니까 듣는 사람들이 규정지은 거지 의도적으로 그런 건 없다. 우리가 의도했던 건 '바싹 마른 음악'을 만들어보자 정도였다. "5집에 비해 소리는 풍성해졌지만 노래를 들을 때는 건조하고 담담한 느낌이 나게" 만들어보고 싶어서 그렇게 음악을 만들었는데, 사람들이 듣고 라운지팝이다 일렉트로니카다 그렇게 말들을 해주더라. (웃음)

미디를 썼다는 것도 그렇고, 조동익 씨가 작업을 했기 때문에도 그렇고 이 앨범을 들으면 조동익 씨의 [Movie](1998)가 자연스레 떠오른다. 조동익 씨 같은 경우는 [Movie] 이후로 앨범을 발표하지 않은 상태인데, 조동익 씨는 [Movie]를 기점으로 음악적인 지향점이 이쪽으로 바뀌었나?

예전에 조동익 씨 인터뷰에서 [동경](1994) 앨범을 마지막으로 "팻 메시니(Pat Metheny)여 안녕"이라고 했다는 내용을 봤다. 책을 읽다 보면 소설이 좋아지다가 수필이 좋아질 수도 있고 만화책이 좋아질 수도 있는데 조동익 씨도 그런 거라고 생각한다. 본인이 아니라 확실히 얘기를 못하겠지만……. 나 역시도 마찬가지다. 처음에 1집 할 때는 그게 어떤 스타일의 음악이었는지 몰랐지만 그때 그 감성이 참 좋았다. 그게 퓨전 스타일의 음악이란 것도 몰랐고, 1집을 듣고 어떤 분이 샤데이(Sade) 얘기를 해줬는데 난 샤데이도 그 이후에나 알았다. 그런데 지금 그런 음악을 하면 너무 재미가 없다. 자기가 즐겨야만 가능한 것이고, 그게 지루해지고 고루한 작업이라고 여겨지면 그때부터는 거기에서 새로운 것들이 안 나온다고 생각한다. 조동익 씨가 [Movie] 작업을 하면서 그런 방법을 썼던 건 영화 'No. 3' 자체가 그런 음악과 너무 잘 매치가 됐고, 그 영화를 보면서 음악을 만들 때 '아, 여기 이런 색깔을 쓰면 참 좋겠다' 이런 걸 아마 느끼지 않았을까. 근데 이건 다 나의 추측이다. 이런 건 서로 전혀 안 물어본다. (웃음)

그런 걸 서로 얘기를 안해서⋯⋯. (웃음)

신진: 원래 계획은 올해 안에 하는 거였는데 조동익 씨도 그렇고 박용준 씨도 그렇고 항상 말로만 해야지, 해야지 하면서 진행이 잘 안 되니까⋯⋯. (웃음)

형님 먼저, 아우 먼저 하면서. (웃음)

조동진 씨도 거의 5년 주기로 음반을 냈으니까 6집 앨범 낼 시간이 이미 넘었는데.

하셔야 되는데. 그런데 가만 보면 뭔가를 하고 계신다. 댁에 가보면 헤드폰 끼고 계시다가 "왔니?" 이렇게 말씀하시는데 앨범에 대해서는 전혀 언급이 없으시고. 그런데 내가 조동진 선배님을 보면서 본받을 만한 게 뭐였냐면, 음악하는 사람으로서 자기 마음속에 그릇이 있다면 선배님은 그 안에 물이 가득 차서 넘치려고 할 때 작업하시는 것 같다. 앨범을 한 장 작업하면서 그것을 다 비우고 다시 그걸 다 채울 때까지는 서두르지 않으시는 것 같다. 항상 음악과 함께 있는 것보다는 그동안 사물을 바라보고 뭔가에 대해서 느끼고 혼자 생각하고 그런 것들이 차곡차곡 쌓여서 그게 다 찼을 때 작업을 하시는 것 같은데, 내가 봤을 땐 그게 맞는 방법인 것 같다.

"데모를 듣다 보면 조동진 선배님께서 '얘 고생 많이 했겠다' 이렇게 말씀하시곤 하는데, 그렇게 음악 속에서 '얘 진짜 슬프다' 아니면 밝음 속에서도 삶의 체취가 느껴지는 그런 음악들을 만든 친구들을 많이 선택한다."

하나음악은 레이블과 뮤지션 사이에 어떤 강제성을 띤 계약조건 같은 게 있는가?

그런 건 전혀 없다. 그런 면에선 제로이고 100% 자율성이다. 다른 기획사들처럼 물질적인 면으로 얽힌 게 아니다. 사실 지금 하나음악이 순탄치만은 않은데 그 안에서 서로 자기가 겪고 있는 걸 함께 나누는 거지 어떤 소속의 개념이라든가 그런 건 아니다. 예를 들어서 우리들 중 누군가가 앨범을 내는 데 어떤 경제적인 지원이 정말 필요하다면 지금 하나음악에선 그걸 서포팅해줄 수 있는 능력이 없기 때문에 나가서 외부에서 앨범을 제작한다. 그렇다고 해서 그 뮤지션과 하나음악과의 관계가 끝나거나 그런 건 전혀 없다. 언제든지 다시 할 수 있고, 잠깐 떠나 있는 친구들도 회복이 되면 다시 돌아오니까 그런 것의 반복이다. 나나 옆에 신진 씨 같은 경우는 워낙 오래 전부터 하나음악과 함께했고, 하나음악이 생길 때부터 멤버였으니까 버티고 있는 거다.

신진: 목숨을 거는 거지. (웃음)

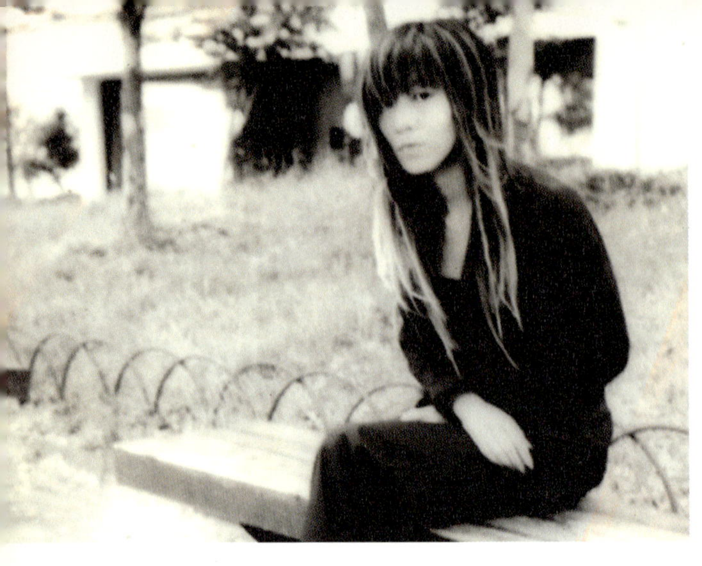

억울해서……. (웃음)

그럼 하나음악은, 낯선 사람들 1집을 제작할 당시 만들어진 건가?

신진: 그렇다. 1993년 4월쯤에 처음 만들어졌다. 낯선 사람들 1집이 1993년 11월에 나왔고.

그런데 장필순 씨 베스트 앨범도 1993년에 하나음악에서 나오지 않았었나?

하나에서 나왔는데 그게 어떤 개념이었냐면, 그때 나는 서울음반 소속이었고 앨범은 서울음반에서 나왔지만 음악적인 진행은 하나음악에서 하고 있었고, 그리고 엄밀히 따지면 그때 나는 개인이었다. 그래서 베스트 앨범이나 4집 앨범은 내가 만든 것이었고 그룹의 의미로 하나음악이 같이 있었던 거다. 5집 같은 경우는 하나음악에서 제작을 한 거고 4집 앨범은 내가 제작을 한 거고 거기에 하나음악이라는 모체가 함께하는 개념이었다. 예를 들면 이규호 씨 2집도 지금 다른 곳에서 제작하고 있지만 그래도 항상 같이 있고, 그런 개념으로 있는 사람들이 많다. 지금 하나음악에는.

1980년대 언더그라운드 음악 신에는 4가지 정도의 부류가 있었다고 생각한다. 하나는 시나위를 비롯한 헤비메탈 밴드들, 또 하나는 따로 또 같이로 시작해 들국화 등으로 이어진 팀들, 그리고 이정선, 엄인호, 김현식, 한영애 씨와 신촌블루스 같은 팀들, 마지막으로 조동진 씨로 시작해 어떤 날, 시인과 촌장 등으로 이어진 팀들. 여기서 마지막 부류는 지금의 조동진, 조동익, 장필순 씨 등의 하나음악으로 이어졌고, 앞의 세 부류는 사실상 사라졌다고 볼 수 있다. 이에 대해서 어떻게 생각하는가?

우리는 어쩌면 우리 한 사람 한 사람만 있으면 너무 약해서 같이 모여 있는지도 모른다. 다들 너무 비실비실해서 서로 의지하면서……. (웃음)

신진: 지금의 음악이 상업화되면서 그렇게 된 게 아닌가 생각된다. 동아기획 같은 곳도 1980년대에는 굉장히 색깔 있는 음악을 하는 뮤지션들도 많고 레이블도 그런 이미지로 갔는데, 1990년대로 넘어오면서 나쁘게 말하면 돈맛을 본 게 아닌가라고도 생각된다.

우선 우리 쪽으로 의외로 데모 테이프가 많이 온다. 정말 다양한 색깔의 음악들이 오고, 그중에는 트로트 음악도 오는데 하나음악 식구들이 다 모여서 음악을 같이 듣는다. 듣다 보면 조동진 선배님께서 "얘 고생 많이 했겠다" 이렇게 말씀하시곤 하는데, 그렇게 음악 속에서 "얜 진짜 슬프다" 아니면 밝음 속에서도 삶의 체취가 느껴지는 그런 음악들을 만든 친구들을 많이 선택한다. 그런 경우가 그렇게 많지는 않은데 한 2년에 한 번? (웃음) 그중에서 우리가 만난 좋은 친구가 오소영이라는 친구다.

오소영 씨 얘기가 나왔는데, 자료를 찾아보니까 유재하 음악경연대회에서 〈가을에는〉으로 동상을 수상했다. 그리고 작년에 1집 [기억상실]을 발표했는데, 뛰어난 함량의 앨범을 만든 흔치 않은 여성 싱어송라이터라는 생각이 든다. 어떻게 보면 직계 후배인데, 오소영 씨에 대해 얘기하자면?

같이 음악을 하는 입장이니까 음악적인 평가는 못 내리지만, 일단 내가 들었을 때 참 많이 감동을 받은 음악이었다. 그냥 내 감성에 잘 맞았던 것 같고, 직접 곡을 쓰는 여자가수가 흔치 않으니 반가웠다. 표현하는 감성 같은 게 독특하고, 자기만의 확실한 색깔이 있어서 뛰어나 보인다. 음악이란 건 실력보다 그 사람이 가지고 있는 개성이 더 중요하다고 생각하는데, 실력이야 어떻게 보면 공부하면 되는 거고 그 실력 안에서 그 사람의 감성이 더해져야만 음악이 완성되는 건데 그런 부분에서 아주 좋은 뮤지션이라고 생각한다. 그리고 나에게 너무 잘한다. (웃음)

유재하 음악경연대회 출신들이 하나뮤직으로 종종 온다. 일례로 고찬용(2회 대상, 〈거리풍경〉), 유희열(4회 대상, 〈달빛의 노래〉), 윤영배, 최순식(예전 레이블 매니저) 등. 유재하 음악경연대회하고 하나음악하고 어떤 관계가 있나?

직접적인 관계는 없다. 유재하 가요제는 조원익 씨와의 관계이지 하나음악하고는 관련이 없다. 조원익 씨가 유재하 장학재단에 관계하면서 하나음악의 대표로 있을 때 우리가 도와줄 수 있는 부분을 도와준 것이다.

신진: 재작년까진가 하나음악 식구들이 심사에 참여했었다. 1차, 2차까지는 하나음악에 있는 사람들이 심사를 많이 했고, 마지막 결선 때는 우리 중에서는 조동진 선배님이나 동익이 형, 용준이 등이 심사에 참여했다. 소영이 같은 경우는 부산에서 살았는데 1994년도에 유재하 가요제 나오고 나서 부산으로 다시 내려가서 자기 혼자 음악을 하고 있었다. 그러다가 [New Face] 앨범을 기획하면서 동익이 형이 같이할 친구들을 찾고 있었고, 나는 그때 부산에 내려갈 때마다 소영이하고 연락을 하고 지내면서 소영이의 음악을 계속 들어왔기 때문에 내가 동익이 형에게 소영이를 추천했다. 동익이 형이 그럼 데모를 받아보자고 해서 테이프를 들어봤는데 동익이 형이 [New Face]보다는 솔로로 하는 게 더 낫겠다고 얘기를 해서 솔로 앨범을 만들게 되었다.

유희열 씨 같은 경우는 이제 고정 팬들이 많이 생겼고, 확실한 자기 기반이 있기 때문에 앨범이 나오면 많이 도와준다. 지금도 연락하고 얼굴 보고 그러는 건 변함이 없는데 그렇게 자주는 못 본다. 희열 씨가 바쁘니까. (웃음) 희열 씨는 바쁘고 우리는 밖에 잘 안 나가니까. (웃음)

엔지니어 얘기를 잠깐 해보면 5집은 윤정오 씨, 이번에는 조동익 씨와 서종칠 씨가 했는데 엔지니어 분들도 참 뛰어난 것 같다.

윤정오 씨는 여전히 함께하고 있고, 이번에 하는 내 공연에도 이종학 씨와 함께 사운드를 봐준다. 서종칠 씨는 요새 강의를 나가서 잘 못 보는데 워낙 가르치는 걸 좋아하는 사람이다. 우리는 엔지니어 복도 참 많은데 그 모든 게 신뢰에서 오는 것 같다. 저 사람은 저게 부족한데 이걸 해도 되나 말아야 되나, 그런 생각하지 않는다. 일단 함께하면 그런 것에 대해서는 아무것도 의심하지 않는 게 중요하다고 생각한다. 그랬을 때 그 사람이 할 수 있는 것에서 플러스알파가 더 나오는 것 같다.

"내 노래가 정말 듣기 편한 가사와 멜로디가 맞나? 그런데 아무도 안 따라 부르지 않는가?"

선생에 대한 일반적인 평가는 "여성 포크 뮤지션의 대표로 손꼽히는 장필순은 차분하고 허스키한 보이스에 듣기 편한 멜로디와 가사로 사랑을 받아왔다"는 것이다. 하지만 예전에 자신의 5집 노래에 대해서 "그 곡들은 희망이 담겨 있긴 하지만 현실의 버거움을 노래하고 있다. 이는 나의 느낌이자 색깔이다"라고 한 적이 있는 것으로 봐서, 일반적인 평가는 한마디로 선생의 전작을 제대로 들어보지 않은 사람들이 하는 얘기라고 여겨진다. 이에 대해서는 어떻게 생각하는가?

내 노래가 정말 듣기 편한 가사와 멜로디가 맞나? 그런데 아무도 안 따라 부르지 않는가? (웃음) 듣기 편한 가사와 익히기 쉬운 멜로디인데 왜 안 따라 부르는지……. (웃음) 난 사실 누군가가 이번 앨범의 의도를 묻는다면 앨범 주면서 "한번 들어보세요"라고 얘기하고 싶다. 정말 제일 좋은 방법은 그거 같다. 그리고 그다음은 듣는 사람의 몫이라고 생각한다. 난 이 안에 내가 하고 싶은 말, 담고 싶은 느낌을 다 담았기 때문에……. 항상 지나면 아쉬운 점은 있지만 그건 내가 못했기 때문이 아니라 사람이기 때문에 남는 아쉬움이라고 생각한다. 그럼 그다음은 당연히 듣는 사람의 몫이다.

앨범 커버를 보면 2집만 약간 다른 느낌이 난다.

아, 두 손에 꽃을. (웃음) 거기가 광릉수목원이었다. 그런데 1집은 정말 아무 생각 없이 찍은 사진인데, 당시 동아기획 사장님이 재킷을 중요하게 생각지 않으셨다. 그래서 1집 때는 녹음하다가 재킷 사진 찍고 와라, 그러셔서 화장도 하나도 안하고 압구정동 가서 그냥 찍은 사진이고, 2집은 1집이 좀 잘 됐으니까 이번엔 돈 좀 들이자, 그러셔서 작가 분이 찍어주시고 의상도 준비해 찍은 사진이다.

이정식 씨와는 원래부터 잘 알고 지내던 사이였는데, 이정식 씨가 앨범을 녹음하는 데 보컬을 객원으로 하면 어떻겠느냐고 해서 흔쾌히 하게 되었다. 그 앨범이 참 재밌었던 게 거의 모든 작업이 스튜디오 안에서 즉흥적으로 이루어졌다. 스튜디오에 다 같이 들어가서 합주하는 기분으로 했기 때문에 재밌게 했다. 내 베스트 앨범(1993/하나뮤직)도 그런 식으로 녹음됐는데, 공연이 끝난 마지막 날 공연 내용을 그대로 스튜디오로 가지고 들어가서 나온 게 내 베스트 앨범이다. 학전에서 공연을 마치고 세션 팀들이 그대로 와서, 하나음악 사무실 앞에 있는 스튜디오에서 밥도 안 먹고 "야, 그대로 가야 돼" 이러면서 녹음을 했다. (웃음)

나는 너무 교류가 없는 편이라 그걸 함부로 말하기가 그렇다. 그게 나한테 나중에 도움이 될지 해가 될지는 모르지만, 그나마 가장 자주 만나는 사람은 한영애 언니다. 난 정말 그런 것에 대해서 정보가 없다. 이상은 씨도 사람들이 그렇게 얘기를 많이 하고 리뷰도 많고 그런데 난 잘 모른다. 함께 대중음악을 하는 입장에서 너무 관심이 없는 게 아니냐, 할 수도 있겠는데 난 그러지 못한 것 같다. 난 신문도 안 보고 집에 TV도 없는데(TV 안테나를 연결하지 않아서 볼 수 없다고 한다), 우연히 한번은 케이블 TV에서 흑백 캠고더로 찍은 이상은 씨의 뮤직비디오를 봤는데 굉장히 독특하다는 생각을 했다.

"남자들을 불러서 듀엣 앨범을 한번 해볼까 하는 생각도 해보고, 100% 순도 높은 고급스런 어쿠스틱 사운드도 해보고 싶다."

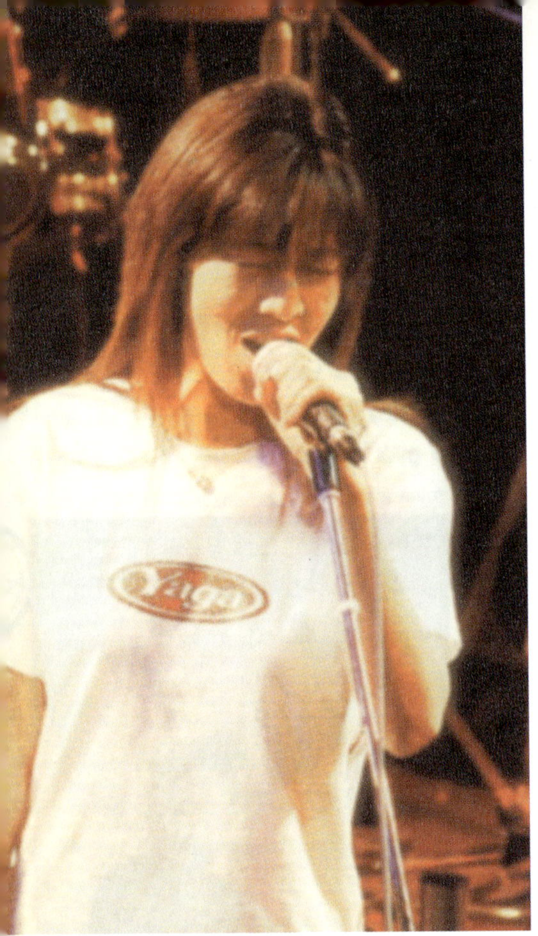

"난 사실 누군가가 이번 앨범의 의도는 어떤 거냐고 묻는다면 앨범 주면서 '한번 들어보세요'라고 얘기하고 싶다. 정말 제일 좋은 방법은 그거 같다. 그리고 그 다음은 듣는 사람의 몫이라고 생각한다. 난 이 안에 내가 하고 싶은 말, 담고 싶은 느낌을 다 담았기 때문에……."

약진하는 뮤지션들, 그리고 나머지는 미사리에서 활동하는 뮤지션들. 앞으로 한국의 포크가 어떻게 진행될 것 같은가?[12]

계속 그냥 이렇게 있을 것 같은데……. (웃음) 그 미사리 문화가 한편으로는 마음 아프기도 하지만 어쩔 수 없다는 생각도 들곤 한다. 예전에 조동진 선배님이 한창 활동 많이 하실 때 같이하셨던 분들이 지금 다 미사리에서 활동하고 계시고, 지금 보면 조동진 선배님만 안 가셨다. 어쩌다 오랜만에 선배님들 만나뵈면 첫 질문이 어디서 노래하냐는 거다. (웃음) 그게 그분들은 자기의 생활이기도 하지만 가장 마음 저린 건, 거기마저 없으면 노래할 무대가 사라진다는 거다. 그분들은 노래를 계속하고 싶어 하시고……. 나는 그런 점에서 그분들을 존경한다. 그런데 그 '미사리 포크 신'의 한계는 '창작'이 이루어지지 않는 공간이라는 거다.

신진: 내 개인적인 생각으로는 그 미사리 문화가 그리 오래가지 못할 것 같다. 일단 음악을 들으러 오는 사람들의 계층이 한정되어 있기 때문에 새로운 계층을 만나지 못하는 한 그리 오래갈 수 있다고는 생각하지 않는다.

지난 여름 문희준 씨가 [Summer Vacation in SMTOWN.com](2002)이라는 앨범에서 오.장.박의 〈내일이 찾아오면〉이라는 노래를 리메이크했다. 이 경우는 노래 판권이 다른 곳에 있으니까 선생이 허락할 문제는 아니었지만, 향후에 다른 가수가 선생의 노래를 리메이크하고 싶다고 했을 때 '허락의 원칙'으로 정해놓은 게 있나?

---

12 이에 대해 조동진 씨는 "가슴을 게워내도 들어주는 사람이 없다"며 회의를 비치기도 했다.

누가 내 노래를 리메이크할까 생각 안 해봤는데, 지금 갑자기 생각해보자면 일단 그 사람의 이미지를 보겠다. 무조건 주진 않을 것 같다.

나는 일단 정치를 정말 모르고 어둡다. 내가 거기에 서명을 한 건 구체적인 얘기를 듣지는 못했지만 그걸 제안한 사람이 믿을 만한 사람이었기 때문에 허락을 한 거다. 그리고 그거에 대해서 얘기를 들었을 때는 정치적인 문제보다도 인간적인 면에서 서명을 한 거다. 거기에 서명을 한 사람들이나 대사관 앞에서 삭발을 한 사람들도 나와 마찬가지일 거라고 생각한다.

일단 방송은 좀 안 맞는 것 같고, 내년에는 공연을 좀 자주 하려고 한다. 또 이번 내 앨범이 하나음악이 계속 힘을 가질 수 있는 출발점이 될 수도 있을 것 같고. 그러려면 내가 열심히 뛰어야 하니까 공연도 열심히 해야 할 것이고. 예전부터 전국투어 생각만 하고 엄두를 못 냈는데 이번 공연 끝내고 준비할 생각이다. 7집은 나름대로 생각을 많이 해봤는데 남자들을 불러서 듀엣 앨범을 한 번 해볼까 싶기도 하고, 100% 순도 높은 고급스런 어쿠스틱 사운드도 해보고 싶다. 7집은 또 다른 색깔로 해보고 싶다. 그게 질릴까봐 그런 것보다는 그래야만 음악을 오래 재미있게 할 수 있을 것 같고, 또 찾아보면 자꾸 새로운 것들이 눈에 보이니까, 또 그렇게 해야 하나음악 동생들에게 본이 될 수 있을 것 같고 점점 어깨만 무거워진다. 정말 그러고 싶지 않은데 어느새 내가 그런 위치에 와 있다. 그런데 이런 부담을 갖는 만큼 더 좋은 앨범을 만들 수 있는 것 같다.

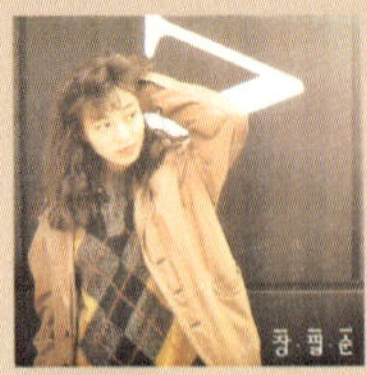

1집 (1989/서라벌레코드)
세션: 함춘호(g), 손진태(g), 김의석(g), 김현철(key), 최태완(key), 황수권(key), 조동익(b), 송홍섭(b), 배수연(d), 김희현(d)

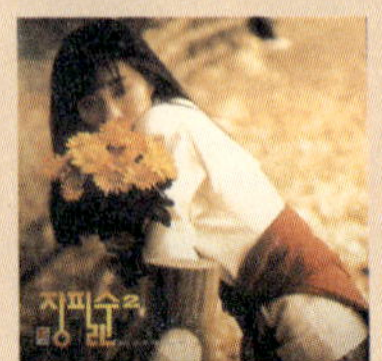

2집 (1991/서라벌레코드)
세션: 손진태(g), 한경훈(g), 박청귀(g), 함춘호(g), 조규찬(g), 김의석(g), 유영석(key), 박성식(key), 김효국(key), 하광훈(key), 최태완(key), 송홍섭(b), 장기호(b), 배희수(조동익/b), 민재현(b), 배수연(d), 김희현(d), 이건태(d), 송경호(d), 이철호(perc)

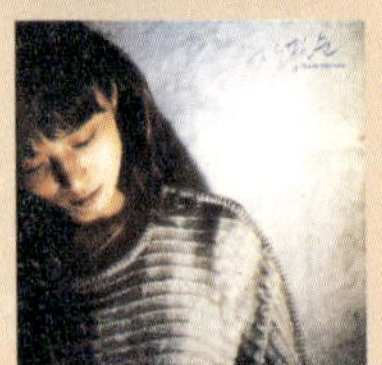

3집 [이 도시는 언제나 외로워…]
(1992/서울음반)
세션: 조동익(b, perc), 손진태(g), 김의석(g), 박용준(key), 김영석(d), 박영용(perc)

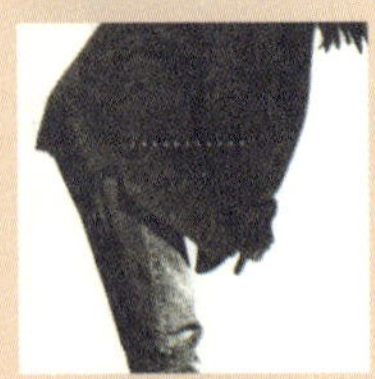

4집 [jangpilsoon]
(1995/킹레코드)
세션: 조동익(b, g), 함춘호(g), 고찬용(g), 윤영배(g), 권혁진(g), 박용준(key), 김영석(d), 박영용(perc), 임정희(oboe)

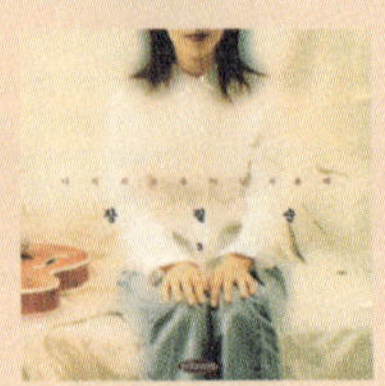

5집 [나의 외로움이 널 부를 때]
(1997/하나뮤직)
세션: 조동익(b, g, 트라이앵글), 김영석(d), 박용준(key, g), 함춘호(g), 윤영배(g), 권혁진(g)

이 음반은 장필순의 쾌거이기도 하지만 김광석의 [다시 부르기 2] 이후 조동익 밴드의 절정기이기도 하다. 그리고 한국의 여성 포크 뮤지션이 보여줄 수 있는 것의 전부를 보여주었다고 해도 과언이 아닐 정도의 완성도를 만들어냈다. 장필순의 음악적 표현이 음반에 제대로 반영되기 시작한 것은 조동익이 음반디렉터로 참여하기 시작한 1992년 3집 [이 도시는 언제나 외로워…]부터였다. 〈가난한 그대 가슴에〉, 〈강남 어린이〉 등이 실린 3집에서는 가사에 좀 더 치중하는 그녀의 모습을 볼 수 있었고, 조동익의 참가로 지난 음반보다는 포크적인 느낌을 더 많이 주었다. 그리고 그녀의 마스터피스인 5집이 1997년에 나왔다. 사실 5집이 나오지 않았다면 장필순은 노래 잘하는 여자 가수 정도로만 자리매김할 수도 있었다. 이 음반은 3집 이후 조동익과 같이한 음악 작업의 결과가 완벽하게 그 결실을 맺었음을 보여주며, 조동익 밴드의 세션은 조동익, 윤영배, 장필순이 공동으로 작업한 곡들에 너무도 역동적으로 매치되고 있음을 느끼게 한다.
이 음반의 세션은 이전과는 다른 모습을 보여주었는데 〈첫 사랑〉, 〈나

의 외로움이 널 부를 때〉를 제외하고는 박용준의 키보드 연주가 없는 심플한 록 밴드 세션이라는 점이다. 그런데 결과적으로 이 점이 장필순 노래에 역동적인 힘을 부여했고, 메시지 전달력을 향상시켰다. 이 음반의 압권은 "TV 앞에서 하루를 보내고, 돼지처럼 하루 종일 먹고 또 먹고, 그래도 무료하면 벌레처럼 잠을 자라"는 조동익의 〈TV, 돼지, 벌레〉인데 이 곡은 도시에서의 삶의 외로움과 무료함을 잘 표현한 곡이다. 그 외에 윤영배의 〈스파이더 맨〉, 〈빨간 자전거 타는 우체부〉도 뛰어난 곡들이다. 또한 〈그래!〉, 〈넌 항상〉, 〈사랑해 봐도〉를 들어보면 알 수 있지만 장필순의 곡 쓰기 작업이 완숙한 경지에 올랐음을 알 수 있다. 한영애가 4집에서 보여준 것과 같이 그녀도 5집을 통해서 싱어송라이터로 인정받을 수 있게 되었다. 장필순은 자신의 5집 노래에 대해서 "그 곡들은 희망이 담겨 있긴 하지만 현실의 버거움을 노래하고 있다. 이는 나의 느낌이자 색깔이다"라고 했다.

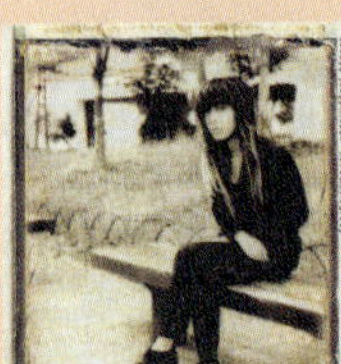

6집 [soony6]
(2002/하나뮤직)
세션: 조동익(편곡, prog, b, g)

솔직히 더 이상은 안 나올 줄 알았다. 아니, 더 이상은 나오기 힘들 거라고 생각했다. 장필순의 5년 전 전작 [나의 외로움이 널 부를 때]를 듣고 감탄하며 더 이상 장필순의 디스코그래피에서 이 앨범보다 뛰어난 작품이 나오리라고는 생각하지 않았다. 조동익, 윤영배, 장필순의 곡 쓰기와 조동익의 편곡, 그리고 조동익 밴드의 세션으로 이루어졌던 완벽한 서클은 그만큼 훌륭했다. 그러나 이제 이런 생각을 접어야 할 것 같다. 운이 좋아 이 앨범을 몇 개월 전에 미리 들어볼 수 있었고 이후 나의 신경은 온통 이 앨범이 올해 안에 발표되느냐 마느냐에 쏠려 있었다. 나는 연말이면 개인적으로 만들어서 주위 사람들에게 나눠주는 '올해의 음반' CD에 이 앨범을 너무나 넣고 싶었고, 이 앨범이 해를 넘겨 발매된다면 다음 연말까지 기다린다는 게 너무 지루할 것 같았다. 그래서 나는 이 앨범이 해를 넘기기 전에 나와준 것이 너무 반갑고, 또 고맙다.
이 앨범은 전작과 마찬가지로 조동익, 윤영배, 장필순이 나누어 곡을 썼고 조동익이 프로듀싱과 편곡을 담당했다. 그리고 전작과의 차이점(이자 지금까지의 하나음악에서 발표된 앨범들과의 차이점)이라면 조동익 밴드의 세션 대신 조동익 혼자 세션(기타, 베이스, 프로그래밍)을 전담했다는 점이다. 이들은 아날로그 방식 대신 하드디스크 레코드 방식을 도입해 더 차갑고 거칠고 건조한 소리를 만들어내고 하고, 포크와 발라드, 록적인 부분보다는 라운지팝과 일레트로니카의 방식으로 이 앨범을 만들어내고 싶었다고 얘기하지만 반은 자신들의 예상대로 들어맞았고 반은 그렇게 되지 못했다. 그리고 아이러니컬하게도 100% 이들의 의도대로 되지 못한 게 이 앨범의 완성도에 큰 보탬이 되지 않았나 생각한다. 이 앨범 안에는 건조한 느낌의 기계적인 프로그래밍뿐만 아니라 청자를 한없이 나른하게 만드는 장필순 특유의 정서가 함께 공존하고 있고, 이는 한 앨범 안에서 차가움과 따뜻함을 함께 느낄 수 있게 하는 매력으로 작용한다.
여기에는 자신의 앨범 [Movie]에서 〈프롤로그〉나 〈현기증〉, 〈이탈〉 등의 테크노적인 음악을 시도하면서도 그 안에서 자신의 정서를 결코 놓지 않았던 조동익의 역량이 역시 절대적인 역할을 했고, 그의 능력은 〈헬리콥터〉, 〈신기루〉 등의 다소 거칠고 건조한 질감의 사운드와 〈동창〉, 〈어떻게 그렇게 까맣게〉 같은 따뜻한 포크적인 감성의 이질적인 트랙들을 전혀 어색하지 않게 한 앨범 안에 담아낸 것만으로도

충분히 입증되었다. 그리고 무엇보다 불혹의 나이를 넘어서도 이런 새로운 시도를 계속할 수 있는 조동익이 존경스럽다. 또한 장필순은 지난 앨범보다 한층 성숙된 곡 쓰기로 〈soony rock〉과 〈어떻게 그렇게 까맣게〉 같은 매력적인 노래를 만들어냈고, 전작 〈스파이더맨〉과 〈빨간 자전거 타는 우체부〉 등의 노래에서 최고의 송라이팅을 보여줬던 윤영배 역시 이 앨범에서 〈헬리콥터〉와 〈동창〉 등의 훌륭한 곡들을 또다시 제공하며 하나음악에서 이다오, 김정렬 등과 함께 다음 앨범이 기다려지는 뮤지션으로 확실한 자리 매김을 했다.

이 앨범으로 장필순은 다시 한 번 자신의 커리어 하이를 넘어섰고, 하나음악은 표준오차범위 ±5%를 결코 넘지 않는 믿음직스러운 레이블임을 다시 한 번 확인시켜주었다. 최근의 하나음악에서 진행하고 있는 다소 느리지만 꾸준한, 그리고 듬직한 행보를 보면서 이 음악공동체에게 바라는 건 이제 단 하나다. 조금만 더 적극적으로 활동을 해주었으면 한다는 것. 그 이상 뭘 더 바라겠는가. (김학선)

기타 음반

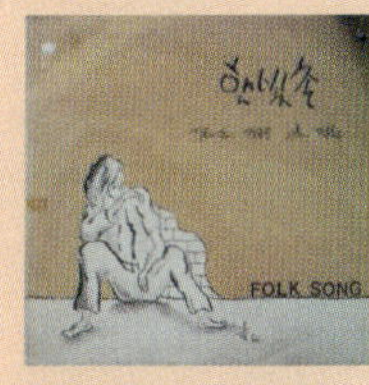

햇빛촌 1집 [햇살이 있는 풍경]
(1984/오아시스)
이정한(v, g), 함영국(v, g), 최기웅(v, g), 김일준(v, g), 신유미(v, g), 염기정(v, g), 한승민(v, g), 김선희(v, g), 장필순(v, g)

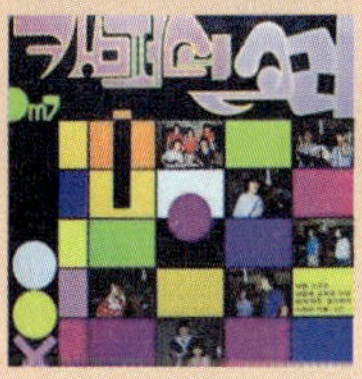

V.A. [캠퍼스의 소리]
(1984/서라벌레코드)
소리두울 〈바람에 실려온 마음〉, 〈종이비행기〉

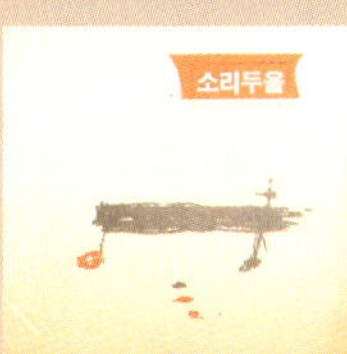

소리두울 1집
(1988/서울음반)
장필순(v), 김선희(v)
세션: 함춘호(g), 나동민(g), 강인원(g), 한송연(key), 진형주(key), 최경식(key), 조원익(b), 안기승(d)

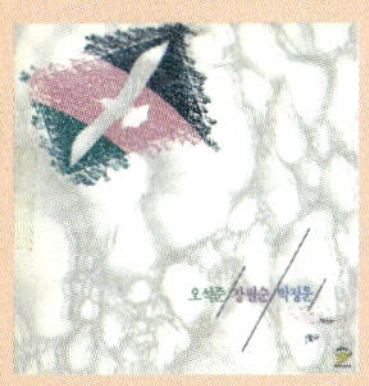

오석준, 장필순, 박정운
[오석준/장필순/박정운]
(1990/뮤직디자인)
〈방랑자〉, 〈내일이 찾아오면〉, 〈내 마음은 항상 그대 곁에〉

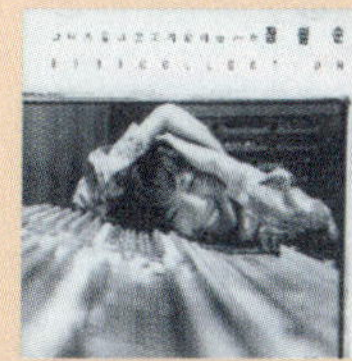

장필순 [Best]
(1993/하나음악)
스튜디오 라이브. 〈방랑자〉, 〈눈이 오는 날〉, 〈어느새〉 수록

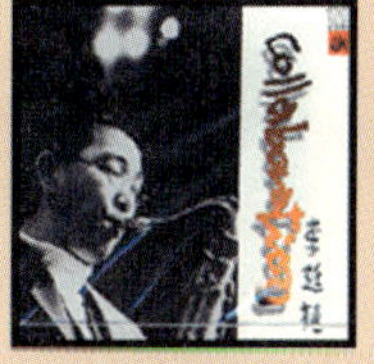

이정식 [Collaboration]
(1996/삼성뮤직)
장필순 〈오래된 친구〉, 〈거리의 크리스마스〉, 〈For Wedding〉, 〈색칠을 할까?〉, 〈순간마다〉

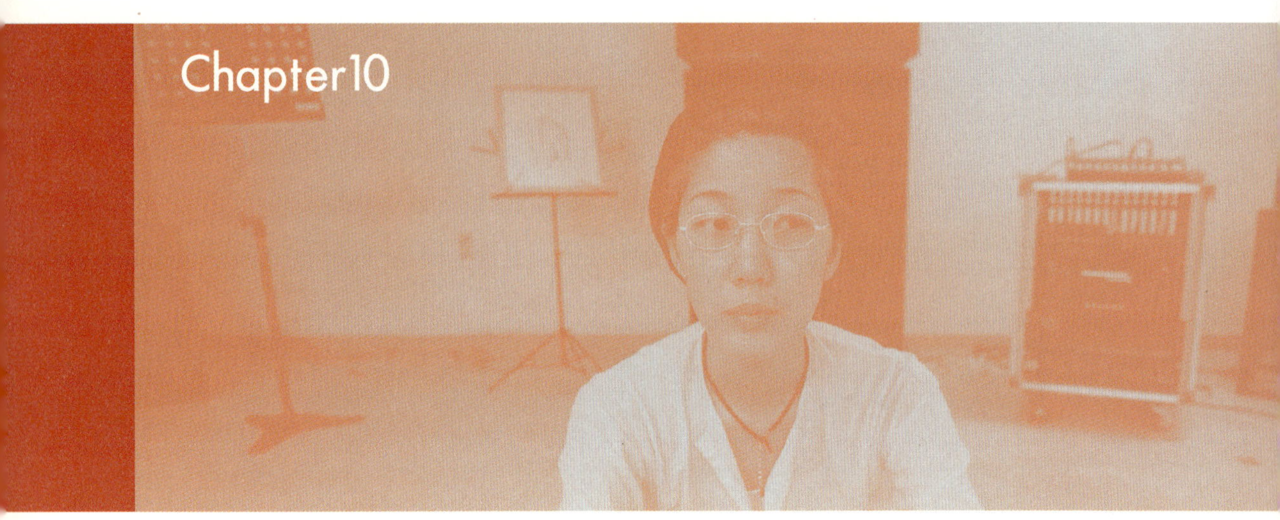

Chapter 10

이상은

"오늘 우리들의 마음이
많은 곳을 여행했다"

〈담다디〉의 아이돌 스타에서 1990년대의 거장으로

1. 데뷔 그리고 '아이돌 스타'가 되다: 1988~1990

> "노래하는 사람이면 다 노래하는 사람인 줄 알았지 그 안에서 자기표현이 얼마나 중요한지, 자기
> 길을 찾아서 진실을 향해서 가는 것이 얼마나 중요한지 몰랐다. 노트 속에 소녀적인 마음을 처박
> 아두고 노래 연습을 열심히 했다. 아무도 안 보는 데서 노래 연습을 할 때 가장 행복했다." (이상은)

1988년 MBC 강변가요제에서 〈담다디〉로 대상을 차지한 이상은은 당시 아이돌 스타의 전형에
속했다. 그녀는 탬버린을 들고 무대에서 춤추며 노래하는 어린 가수였다. 이후 만든 1989년 1집과
1990년의 2집에서도 〈사랑해 사랑해〉, 〈사랑할거야〉가 인기를 얻었지만 음반기획사의 '예쁘게
다듬어진 상품'으로서 존재할 뿐이었다. 그래서 이때는 그녀에게서 (진정한) 뮤지션으로서의 가
능성을 눈치 채기란 사실 힘들었다. 〈담다디〉는 중성적인 매력을 가진 한 아이돌 스타의 히트곡
이상의 의미는 없었고, 〈사랑할거야〉 등의 일련의 사랑 노래들은 이상은의 노래라고 할 수도 없었
다. 한동안 가공된 스타로 지냈지만, 이내 미디어의 스타가 되는 것에 공허함을 느낀 이상은은
1991년 단신으로 뉴욕으로 향한다. 아티스트 이상은의 역사는 그렇게 시작되었다.

2. [더딘 하루]로부터 시작된 모색: 1991~1992

> "나무는 참 어렵다. 그때 그것을 내가 그려냈기 때문에 기억에 남는 것이 아니라 못 그려냈기 때
> 문에 기억에 남는다. '무엇인가 자연에 대한 사물을 그려낸다는 것이 이렇게 어렵구나'라고 느꼈
> 다. 내 실력의 한계를 떠나서 '무언가를 본다는 것, 그것을 알고 느껴서 표현한다는 것이 참 어렵
> 구나'라는 생각을 하며 수업을 마쳤다. 그것이 늘 마음에 남아 있다." (이상은)

뉴욕으로 간 이상은은 프랫 인스티튜트에서 미술(유화와 조각)을 공부했다. 그림을 통해서 내면
의 이미지를 꺼내 형상화시키고 싶었기 때문이었다. 그녀는 마음속의 그림이 떠올라 보여지는 음
악, 마음속에 밀려오는 음악이 들리는 그림을 만들어내고 싶었다고 한다. 그러면서 이때부터 자

신만의 음악을 모색하기 시작했다. 뉴욕의 뮤지션들과 음악적인 교류를 가졌고, 그 결과 1991년에 3집 [더딘 하루]를 발표했다. 〈너무 오래〉, 〈더딘 하루〉라는 명곡을 담은 이 앨범으로 단번에 달라진 이상은을 대할 수 있었다. 비로소 자신의 어법으로 자기의 느낌을 얘기하기 시작한 음반이었다. "겨울에 만들었기 때문에 추운 바람과 뉴욕 거리와 눈 오던 기억밖에 없었다"라는 당시 얘기는 묘하게도 이후 그녀가 만들어내는 앨범들의 이미지를 형성하는 것 같았다. 또한 이상은은 이때 양희은이 소개해준 김홍순[1]을 알게 되었다. 김홍순은 하우스뮤직이나 힙합에 관심이 많았기 때문에 멜로디 없이 리듬을 만들면 이상은은 그것을 듣고 즉흥적으로 멜로디를 만든 다음 가사를 써서 정리를 했다. 정리 후 큰 변화가 없는 코드를 만들어놓으면 거기다가 다시 멜로디를 입히는 식으로 노래를 만들어갔고, 그렇게 해서 만든 앨범이 〈솔직히 말해줘〉가 담긴 1992년 4집 [Begin]이었다. 그러나 [더딘 하루]도 그랬지만 이 음반도 아직은 '새로운 모색' 그 이상은 아니었다.

3. [이상은]으로 보여준 '거장'의 예감: 1993~1994

"예술가가 해야 할 일은 진실을 소유하는 것이 아니라 사물에 대한 진실, 음악에 대한 진실 등 그것에 근접하려고 노력해야 한다는 것이다. 그런 점에서 내가 표현하는 것, 알고 있는 것을 실제로 해냈을 때 느낀 기쁨이 가장 깊은 것이 음악이었다." (이상은)

1993년 이상은은 드디어 그녀의 음악 경력에서 한 이정표를 제시한 5집 [이상은]을 발표했다. 감각 있는 젊은 뮤지션 안진우의 편곡과 기타 연주가 뛰어난 이 음반은 "나의 감수성은 그때만큼 파란색, 빨간색처럼 컬러풀한 적이 없었다"라는 그녀의 고백처럼 명백히 이상은을 새롭게 태어난 뮤지션으로 보게 만들었다. 이는 예상치 못한 실로 놀라운 변신이었다. "젊은 날엔 젊음을 모르고, 사랑할 땐 사랑이 보이지 않았네 / 하지만 이제 뒤돌아보니 우린 젊고 서로 사랑을 했구나 / 눈물 같은 시간의 강 위에 떠내려가는 것은 한 다발의 추억 / 그렇게 이제 뒤돌아보니 젊음도 사랑도 아주 소중했구나"라는 〈언젠가는〉 한 곡만으로도 무한한 가능성을 지닌 이상은을 발견할 수 있었고, '1990년대 거장'의 탄생을 지켜보게 되었다. 그녀는 이 앨범에 대해 "그때 한참 감성적인 세계가 마음속에서 생겨났는데, 그것을 담는 그릇인 음악 자체가 한국의 가요라는 틀을 많이 벗어나지 못했다는 점을 어떻게 해서든지 깨려고 노력한 앨범이다"라고 말했다.

---

[1] 이현우 음반의 프로듀서를 맡기도 했고, 손무현과 '네이키드 펑크'라는 프로젝트팀을 만들어 장혜진의 4집 [Temptation]에서 〈위기의 여자〉라는 완성도 있는 흑인음악풍의 노래를 만들었다.

4. 하지무 다케다와의 만남과 [공무도하가]: 1995~1997

"고대시가(古代詩歌) 공무도하가는 3인의 등장인물이 빚어내는 하나의 콘서트라 할 수 있다. 한 사람은 물을 건너가는 백수광부로 그는 디오니소스의 상징이고, 또 하나는 그런 백수광부를 노래하는 처자로서 오르페우스를 상징한다. 그리고 제3의 인물로 처자의 노래를 듣고있는 청중(聽衆)이 존재한다. 백수광부와 청중 사이에서 홀로 노래하는 존재, 그곳에 공무도하가의 이상은이 있다. 중간자 오르페우스라는 화두(話頭)는 이제 이상은의 초상(portrait)을 이해하는 중요한 코드인 것이다." (유현숙)

1995년에는 스스로 완벽한 음악감독이 되어 일본인 스태프들을 이끌고 [공무도하가]를 녹음했다. 〈보헤미안〉, 〈Don't Say That Was Yesterday〉, 〈공무도하가〉, 〈삼도천〉, 〈September Rain Song〉 등이 실린 이 음반에는 살 떨리게 정제된 예술적 감수성이 담겼고, 여기서 그녀는 자신의 음악적 정체성을 찾아 헤매고 있었다. 그리고 이 음반에서 하지무 다케다라는 뮤지션을 만나게 되는데, 그는 향후 이상은의 음악 생애에서 가장 중요한 파트너가 되었다. 이후 이상은과 하지무 다케다는 '펭귄즈(Penguins) 프로젝트'를 만들어 앨범의 프로듀싱, 편곡, 세션을 같이하게 된다. 1997년에는 [외롭고 웃긴 가게]를 발표하는데, 이 앨범은 본래 영어로 만든 가사를 역으로 번역해 만든 것이었다. 이 앨범은 화려한 악기 편곡으로 만들어진 전작과 달리 하지무 다케다의 '1인 세션'으로 녹음된 '로파이(low-fi)' 음반이었고, 이제 그녀는 자신만의 독보적인 작업을 하는 스타일리스트로서의 완결성을 갖게 되었다. "다들 어울리지도 않는 옷을 입고 있는 것 같았다. 꼬집어서 얘기하고 싶은 부분들이 보였고, 내 내면에서도 나 자신의 모순과 더러움까지도 끄집어내고 싶었다. 그런 것들을 표현하려면 로파이 사운드가 어울렸다. 한국의 현실은 하이파이 사운드가 안 어울렸다. 필연적이었다"라는 이상은의 얘기는 [외롭고 웃긴 가게]를 이해하는 코드가 될 것이다. 그리고 "종종 노래를 부르다 신적인 경지를 체험한 적이 몇 번 있는데, 노래를 멈추면 평범한 인간으로 돌아온다는 사실이 억울해서 괴로워하면서 만든 앨범이 바로 [외롭고 웃긴 가게]"라고 한다.

5. [Lee-tzsche] 그리고 'International Artist' 이상은: 1998

이상은은 펭귄즈 프로젝트로 데모 테이프를 만든 후 세계적인 레벨의 음반사를 찾았고, 도시바-EMI와 계약을 했다. 그리고 이름도 리채(Lee-tzsche)로 바꾸었다. 1998년 '리채'의 8집은 원래 국내에는 발매되지 않았다. 하지만 이제 그녀는 'International Artist' 가 된 것이 확실하다. 이는 단지 세계적인 음반사에서 앨범을 냈다는 점 때문이 아니라, 이상은의 음악은 시대와 장소와 인종을 뛰어넘을 정도로 힘을 갖기 때문이다. 그리고 이는 이상은의 데모를 들은 런던 주재의 어레인저 · 프로듀서인 리처드 나일스(Richard Niles)[2]에게서 "그녀는 틀림없이 세계에 통용될 것"이라는 얘기를 들은 사실로도 간접적으로나마 증명된다.

6. [Asian Prescription] 이상은의 초상: 1999

> "예전에는 내가 있고, 내가 곡을 쓰고, 내가 내 표현을 한다고 생각했다. 하지만 요즘에는 음악을 할 때 그런 느낌보다는 우리들이 갖고 있는 무의식이 있고, 무의식의 망망대해가 있으면 거기에는 모든 인류들이 갖고 있었던 경험과 지식이 다 쌓여 있다는 생각을 하게 된다. 음악이든 뭐든 나는 거기서 안테나 역할과 트랜지스터 라디오 역할을 한다는 느낌이다. 그건 '무의식공동체' 의 코드를 연결하는 방법으로 음악을 하다 보니 터득한 것이다." (이상은)

1999년 3월에는 9집 [Asian Prescription]이 도시바-EMI에서 발표되었고, 한국 EMI에서도 발표되었다.[3] 그리고 이 앨범은 많은 사람에게 노래를 들려주고 싶어 하는 그녀의 바람에 따라 영어로 녹음되었다. [공무도하가]에 수록된 〈공무도하가〉, 〈삼도천〉, 〈새〉 등을 다시 불렀고, 역시 하지무 다케다의 주도적인 세션에 원일(북, 공, 벨) 등이 참여한 이 음반은 신비로운 이상은의 목소리가 결합되어 전례 없는 완성도를 보여주었다. 마치 전설 속의 음률들을 이끌어낸 듯한 연주와 목소리는 그래서 이미지적(회화적)이다. 이는 '노래와 그림과 시' 를 결합시키고 싶어 하는 이상은의 욕망을 현실화한 것이고, 이를 받쳐준 하지무 다케다의 역량이 놀랍다. "나는 중간자(中間子)이다. 동양과 서양, 한국과 일본, 현실과 비현실, 음악과 비주얼, 사람과 사람, 그 사이를 오고가는. 간(間)으로부터 양쪽을 바라보고, 간(間)으로부터 창조해나간다"고 [공무도하가]에서 밝힌 그녀의 비전을 이 '아시아의 처방' 으로 다시 보게 되는 것 같다.

---

[2] 폴 메카트니, 펫숍 보이즈, 앨라니스 모리셋 등의 음반 담당.

[3] 국내 음반에는 8집에 담긴 〈Broken Pearl〉, 〈Eternity〉와 일본 영화 [Give It All](1998)에 수록된 〈Ogiyodiora〉의 한국어 버전이 추가로 실렸다.

7. O.S.T. [She Wanted] (2000/Idream), [Endless Lay] (2001/EMI), [신비 체험] (2003/Music Well), [Romantopia] (2005/Picador), [The Third Place] (2007/55am): 2000년대 작품들

"내가 지나온 시대는 X 제너레이션, 너바나 같은 얼터너티브나 펑크 록의 시대였다. 20대 초반에 그런 음악을 많이 흡수했지만, 바깥의 풍경이 어떻게 흘러가든 여전히 내 안에는 어렸을 때 들었던 양희은이나 들국화 노래의 감성이 남아 있다. 발표하지 않는 곡들 중에는 아주 최신 경향의 음악들도 있지만 그것은 '시대에 대한 반응'이고, 자꾸 돌아가게 되는 원점은 〈어기여디어라〉나 〈벽〉 같은 정서적인 노래다. 요즘 우리 대중음악계에는 그런 노래가 드물다. 나 혼자 모종을 가져다 온실에 심는 기분이다. 주위는 막 변하는데 혼자 그러는 게 외롭기도 하고. 하지만 그런 감성이 노래의 원형인 것 같다. 어느 순간을 뛰어넘어 영원과 맞부딪치는 듯한 노래를 하고 싶다." (이상은)

●●● 바이오그래피

1988년 〈담다디〉로 MBC 강변가요제 대상을 수상하면서 폭발적인 인기를 얻은 이상은은 1990년 〈사랑할거야〉가 수록된 2집을 발표할 즈음에 '10대 가수상' 을 수상하기도 했다. 당시까지 철저히 기획사가 만든 '돈 잘 버는 예쁜 상품' 일 뿐이었던 이상은은 만약 그녀가 그때 '중대 결정' 을 내리지 않았다면 지금은 가끔씩 '심야 TV 토크쇼' 에 나와서 신변잡기적인 만담을 늘어 놓든가, 연예신문의 가십난에나 오르고 있을지도 모른다.

하지만 1990년대 한국 대중음악계의 입장에서 보면 너무나도 다행스럽게도 그녀는 새로운 길을 모색했고, 1991년 뉴욕 브루클린의 프랫 인스티튜트(Pratt Institute)에 입학하면서 조각공부차 도미하는 것으로 조심스럽게 새출발을 했다. 한국 대중음악사에서 '남자 거장' 은 있어도 '여자 거장' 은 눈 씻고 찾아보기 힘든 현실을 생각한다면 대중음악 관계자들은 그녀의 존재만으로도 고마워해야 할 것이다.

1991년 셀프 프로듀스의 3집 앨범 [더딘 하루(Slow Days)]의 발매로 관심을 촉발시킨 그녀의 작업은 1992년 4집 [Begin]에서 김홍순(프로듀서, 프로그램)과의 흑인음악 실험, 1993년 안진우(프로듀서, 기타)와의 공동 작업으로 발표한 5집 [이상은]에서의 섬세한 기품으로 정점에 달하는 듯했다. 5집 [이상은]은 당대 가장 섬세한 에너지를 분출하는, 그리고 이를 음악작업으로 용해시키는 방법을 체득한 뮤지션이 만든 기념비적인 작품이었다. 하지만 [이상은]은 많은 평론가들과 팬들의 추측들을 깨버린 작품이기도 했다. 그 작품으로 "자신의 스타일을 확립했을 것"이라는 예상을 바로 다음작인 6집 [공무도하가]에서 여지없이 깨버렸기 때문이다.

이상은은 5집 이후 일본에서 자생적으로 생긴 팬들과의 교류[4]를 통해 그곳 사람들과의 끈끈한 교감을 얻었고, 하지무 다케다라는 필생의 음악적 동반자를 만났다.[5] 하지무 다케다와의 만남은 이상은에게 표현 영역의 확장을 가져다 주었다. 상상 속의 이미지로만 맴돌던 그녀의 기질들(보헤미안, 신화 속의 주인공, 새 등)이 하지무 다케다라는 '통로' 를 통해서 비로소 구체적인 모습으로

---

[4] 팬클럽 'Lee SangEun Busters' 가 결성됨.

[5] 이후 이상은과 하지무 다케다는 '펭귄즈Penguins 프로젝트' 를 만들어서 앨범의 프로듀싱, 편곡, 세션을 같이하게 된다.

가공되었기 때문이다.

　일원론의 관점으로 보는 세상, 신화 속의 인물로 빗대는 자신, 그리고 꿈꾸기를 통한 무제한적인 상상력의 발동은 우리에게는 무척 이질감을 주는 작업이었다. 하지만 여태까지 대부분 뮤지션들의 상상력이 얼마나 빈곤했는지를 반증하는 것이기도 했다. 무릇 창작자와 비평자 간의 재질을 가르는 기준을 "그가 어느 정도의 상상력과 에너지를 가지고 이를 작업으로 형상화할 수 있는가?"라고 얘기할 수 있다면, 이상은은 이를 충족시키는 소수의 예술가들 중 한 사람이 되었다.

　그리고 이 모든 자질론을 떠나서 음악과 노래 자체만으로 살 떨리는 경험을 하게 만드는 앨범이 [공무도하가]이다. 전설 속의 음률을 이끌어내어 천상의 목소리로 노래하는 〈보헤미안〉, 〈Don't Say That Was Yesterday〉, 〈공무도하가〉, 〈삼도천〉, 〈Come, The Children Do〉, 〈September Rain Song〉 등은 이 음반을 여태까지 들어보지 못한 사람들에게 신비로운 경험을 제공할 것이다.

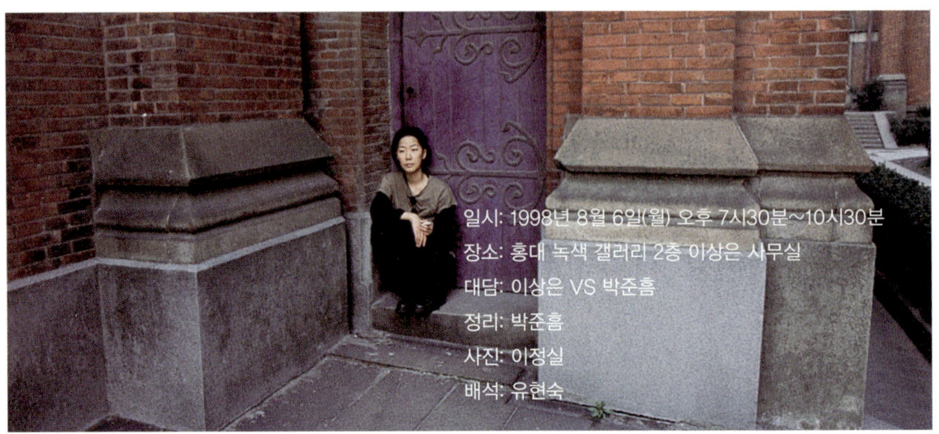

이상은은 1988년 MBC 강변가요제에서 〈담다디〉로 대상을 차지하면서 가요계에 혜성처럼 등장했다. 데뷔 당시에는 탬버린을 들고 무대에서 춤추며 노래하는 어린 가수에 불과했고, 이때 뮤지션으로서 그녀의 가능성을 눈치 채기란 사실 불가능했다. 하지만 이상은은 1993년 그녀의 음악 경력에 이정표를 제시한 5집 [이상은]을 발표했다. 감각 있는 젊은 뮤지션 안진우의 편곡과 기타 연주가 뛰어났던 이 음반은 그때까지 그녀가 갖고 있던 '아이돌 스타' 라는 이미지를 불식시켰다. 이는 예상치 못한 실로 놀라운 변신이었다. 1995년에는 음악감독으로 완벽하게 변신해 일본인 스태프들을 이끌고 6집 [공무도하가]를 녹음했고, 1997년 7집 [외롭고 웃긴 가게]에서는 자신만의 독특한 작업을 하려 하는 스타일리스트로 성장한 모습을 보여주었다. 이후 그녀는 한국에서 음악의 한 유파를 만들어냈다. 그것은 '이상은과 비슷한 성향의……' 라고 불리는 음악 스타일의 명칭이다.

"극과 극을 포용하고 수용하려고 했다는 점이 마음에 든다."

박준흠: 근황은?

이상은: 일본에서 영화음악([Give It All])을 하고 있고, 다음 앨범을 준비 중이다.**6** 20곡 정도 써 놓았

다. 전체적으로 40여 곡 정도 준비하고 그 중에서 고르려고 한다. 영화 작업하러 10일 런던에 갈 예정이다.

전작 6~8집([공무도하가], [외롭고 웃긴 가게], [Lee-Tzsche])은 일본에서 작업했는데 9집([Asian Prescription])은 영국에서 작업한다는 것인가?

버진이란 회사가 있는데 버진 캘리포니아, 버진 프랑스처럼 이번에 버진 재팬이라는 회사가 새로 설립되었다. 거기랑 계약을 했다. 이를테면 다프트 펑크(Daft Punk) 같은 경우는 버진 프랑스에서 나왔는데, 그 작품이 좋을 경우 그곳을 헤드쿼터로 또다시 레이블 마크가 여러 번 찍혀서 나온다. 그런 것처럼 버진 재팬 쪽에서 생각하는 것은 될 가능성이 있는 인터내셔널한 아티스트를 구하는 것이었고, 내가 1탄이었다. 그들은 이제까지 모든 서양 음반을 수입해서 팔았는데 그런 것에 회의를 느끼고 있었다. 여러 가지로 많은 것을 알고 있는 것은 아니지만 내가 처음이기 때문에 애정을 갖고 있다. 지금 프레젠테이션을 하고 있는 중인데 9월쯤에 얘기가 나올 것이다. 어디서 레코딩을 할지는 잘 모르겠다. 확실한 것은 내년 초에는 다음 앨범이 나온다는 것이고, 나는 그런 것 신경 안 쓰고 열심히 곡을 쓰겠다는 생각이다.

그러면 이미 곡은 만들어져 있고, 녹음할 장소는 확정되지 않았지만 일본과 영국 쪽에서 동시에 나온다는 얘기인가?

그럴 가능성도 있다.

일본에서 음반이 나오면 일본어로 노래한다는 말인가?

나는 일본어로 노래 안 한다.

일본어를 잘하지 않는가?

잘하는데 하지 않는다. 그것은 당연히 한국 사람이니까. 역사적인 문제도 있고, 그 당시 세대의 사람들도 남아 있어서 굳이 일본어로 노래할 필요는 아직 없다. '아직' 이라는 것은 내가 40, 50대가 되어 한국과 일본의 사이가 좋아지고, 월드컵이 끝나고 난 후에는 그런 생각이 달라질 수도 있는 말이다. 사실 나도 일본말로 노래할 줄 알고 일본 문학도 좋아하기 때문에 표현을 하고 싶은 필요성을 느낄 때도 있다.

자신의 음악을 하는 데 언어가 문제가 된다는 말인가?

그렇다.

이상은 씨 같은 경우는 외부 시선을 크게 신경 쓰지 않는 것으로 알고 있었는데.

사실은 무엇을 도구로 사용하는가에 따라 달라진다. 언어라는 것은 중요하다. [공무도하가]에서

---

6 이 앨범은 9집 [Asian Prescription]이고, 1999년 3월에 일본에서 발매되었다.

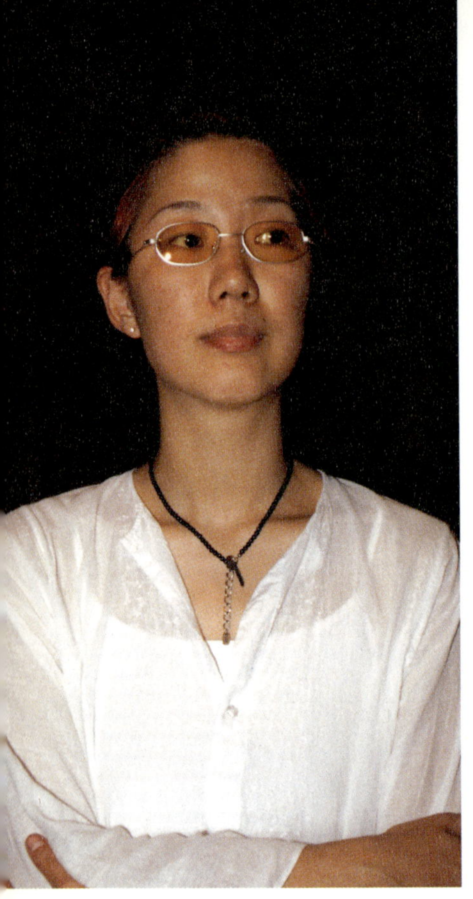

"노래하는 사람이면 다 노래하는 사람인 줄 알았지 그 안에서 자기표현이 얼마나 중요한지, 자기 길을 찾아서 진실을 향해서 가는 것이 얼마나 중요한지 몰랐다. 노트 속에 소녀적인 마음을 처박아두고 노래 연습을 열심히 했다. 아무도 안 보는 데서 노래 연습을 할 때가 가장 행복했었다."

몇 곡 정도 영어로 불렀는데, 작업하며 느낀 것은 어렵다는 것이다. 마치 유화작업을 하며 그림을 그리다가 갑자기 도구 자체를 완전히 바꿔서 그림 그리는 것과 마찬가지였다. 그러니까 평면을 하다가 조각을 하는 것처럼 다르다. 역시 더 많이 공부를 해야겠다는 생각을 하게 한다. 그런데 거기다가 갑자기 일본어까지 도구로 갖겠다고 하는 것은 스스로도 납득이 안 된다. 지금 하고 있는 것을 잘하려고 한다.

'언어' 문제를 얘기할 때 '이미지와 울림'을 거론했는데, 아직은 울림은 못 가진 상태이기 때문에 일본어로 노래하는 것이 불안하다는 것인가?

아직은 나도 마음속에 찌꺼기를 가지고 있다. 일본 안에서도 좋은 사람들이 많지만 여전히 차별은 있고, 그 상황에서 내가 자유로워 보이기도 하지만 보수적인 부분도 있기 때문에 함부로 움직이고 싶은 마음은 없다. 어떤 부분에선 지켜야 할 것이 있고, 거기서 그 부분만큼은 성숙했을 때 신중하게 해야 한다. 일본에 대해서는 좀 더 생각을 해보고 싶다. 물론 내 팀들과는 친하지만. 음악적인 부분을 얘기하자면 (일본어는) 언어 자체가 두 박자로 되어 있다. 말이 갖고 있는 뉘앙스가 두 박자이기 때문에 재미가 없다. 내가 가지고 있는 리듬과 별로 맞지 않는다. 나는 하이쿠를 쓸 수 있는 정도다. 존 레논 같은 경우도 하이쿠를 쓸 줄 알았는데, 그 정도가 되면 자연스럽게 거기서 나올 수 있을 것이다. 아직은 일상회화밖에 하지 못한다.

'하이쿠'는 무엇인가?

하이쿠는 4운율로 된 일본의 시다. 두 줄로 된. 압축적인 순간을 묘사하고 자연의 존재감을 표현한 것이다. 텅 비고 선적인 짧은 시다. 일본에도 그런 좋은 문화가 있기는 한데, 그런 것을 알리기에는 아직 20대 후반인 나로서는 잘난 체하는 느낌이다.

존 레논(John Lennon)과 오노 요코를 좋아한다고 했는데,

나는 오노 요코가 되고 싶지는 않다. 오노 요코와 나의 근본적인 차이점은 오노 요코의 경우는 전위 예술을 했고, 나는 음악 하는 사람이다. 내가 좋게 생각하는 것은 존 레논이 동양문화에 관심을 갖고 있었다는 점이다. (동양과 서양은) 어차피 무시할 수 없는 또 하나의 극과 극이다. 그 극을 포용하고 수용하려고 했다는 점이 마음에 든다. 그는 리버풀의 별로 좋은 출신도 아니고 많이 공부한 사람도 아니다. 음악이라는 길을 걷다가 비틀스(Beatles) 시절에 여러 가지를 추구했고, 인도에서 영적인 스승을 만났다. 그런 영적인 길을 가다가 동양권에 대한 관점이 생겼고 그 점이 훌륭하다고 생각한다.

"친구들은 사람을 오징어처럼 그렸는데 난 투시도법에 따라 그렸다."

간단히 좋은 얘기, 나쁜 얘기를 하나씩 하겠다. 나쁜 얘기는 초등학교 6학년 때까지 오줌을 쌌다는 거다. 좋은 얘기는 초등학교 1학년 때 학교에서 그림을 그리라고 시켰는데 그때 장학관이 왔었다. 별나라 여행을 그리라고 했고, 다른 친구들은 별을 그리는데 나는 별이 그렇게 생기지 않았다는 것을 알고 있었다. 별을 그렸는데 장학관이 와서 이것이 무엇이냐며 괴물이라고 했다. 나는 그것이 기쁘다. 그리고 추석 때 성묘하는 그림을 그리면 친구들은 사람을 오징어처럼 그렸는데 나는 투시도법에 따라 그렸다.

이유 없다. 나는 그때 내 자신을 용납할 수 없었다. 어떻게 그 나이까지 오줌을 싸는지.

어느 날 정말 싫다고 생각하니까 고쳐졌다. 그 전까지는 약간 반항이 섞여 있었을 것이다.

어렸을 때 박정희 대통령 돌아가시기 전에 그것을 맞추는 꿈을 꾼 적이 있다. 그것이 초등학교 4학년 때였을 것이다. 그리고 내 생각에는 내가 우리나라에서 태어난 것이 불쌍하다. 아니 농담이다. 왜냐하면 뭔가 어린 시절에 다른 사람과 다른 각도에서 사물을 보았다면 그림이라든지 다른 교육을 시켰을 텐데 그런 것을 못 받았다. 그것에 대한 억압된 갈등 상태가 바깥으로 유출되면서 오줌을 싸지 않았을까?

흑백 꿈을 꾸지는 않았던 것 같다.

어디에 관련된 꿈을 많이 꾸는가?

한마디로 얘기하긴 그렇고. 내가 가장 걱정하고 고민하고 무언가 알고 싶다고 느끼는 것들을 꿈속에서 계속 찾고, 그것을 찾아서 나오는 경우가 많다.

꿈에서도 여행을 하는가?

그런 편이다.

어디에 잘 가는가?

어디인지 모른다.

낯선 곳인가?

낯선 곳은 아니다. 가는 데 자주 간다.

우리나라 같지는 않고?

우리나라는 아니다.

등장인물들이 많이 나타나는가?

요즈음은 많이 나타난다.

그 사람들이 이상은 씨에게 좋은 영향을 주고 있는가?

아니다. 요즈음은 내가 못 보던 사람들을 많이 만나기 때문에 놀라는 꿈을 많이 꾼다.

왜 놀라는가?

못 보던 사람들, 못 보던 행동들을 많이 보기 때문이다.

어떤 행동을 하는가?

컬처 쇼크에 관한 꿈을 많이 꾼다. 이문화를 접했을 때 느끼는 감흥 같은 것.

예를 들면 이런 것인가? 전혀 본 적도 접한 적도 없는 낯선 문화, 말레이 축제의 이상한 춤이라든지.

그것보다 현대적이고 미래적이다. 한마디로 말하긴 어렵지만 나는 꿈을 중요하게 생각한다. 그리고 중요한 것은 현실세계에서 답을 모르는 부분들, 실수나 잘못하는 부분들을 의식 속에서는 잘 모를 때가 많다. 하지만 무의식에서는 많이 알고 있다고 한다. 그런 자기가 알고 있는 많은 정보를 수집해볼 수 있는 곳이 꿈속이다. 어릴 때부터 독특하고 재미있는 꿈들을 많이 꾸었다.

"노래와 미술과 시는 나에게 '같은 부모를 둔 세 자매' 와 같다."

미술을 하려 했지만 가정 형편상 연극영화과에 들어갈 수밖에 없었다고 했는데, 왜 연극영화과였나?

대학을 예체능계로 정하고 난 다음에 미술대학을 가려고 준비했을 때는 가정 형편이 괜찮았다. 그

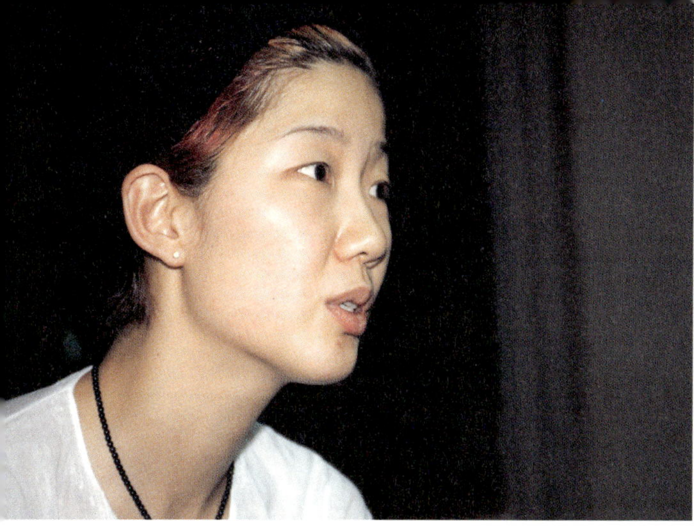

"나무는 참 어렵다. 그때 그것을 내가 그려냈기 때문에 기억에 남는 것이 아니라 못 그려냈기 때문에 기억에 남는다. '무엇인가 자연에 대한 사물을 그려낸다는 것이 이렇게 어렵구나' 라고 느꼈다. 내 실력 한계를 떠나서 '무엇인가 본다는 것, 그것을 알고 느껴서 표현한다는 것이 참 어렵구나' 라는 생각을 하며 수업을 마쳤다. 그것이 늘 마음에 남아 있다."

래서 6개월 정도 화실을 다녔다. 여름방학이 지나고 나니 집안 사정이 안 좋아졌다. 그래도 성적은 괜찮아서 실기 보지 않고 들어갈 수 있는 예체능계를 알아보니 연극영화과가 있었다. 한양대 연극영화과가 내신이나 시험성적을 더 많이 보고 비교적 실기를 안 본다는 정보를 입수해서 그곳으로 가게 된 것이다.

그러면 모델의 꿈은 연극영화과에 가서 갖게 된 것인가?

그것은 어릴 때 키가 크니까 미스코리아 되라는 얘기를 주위에서 듣곤 해서 괜히 내가 예쁜 줄 알고 착각한 것이다.

실제로 패션디자인 같은 것에 관심이 많다고 하는데.

어릴 때는 관심 가졌던 것이 너무 많았다. 고등학교 2학년 때 담임선생님이 내게 하신 말씀이 "상은아 좀 가지를 쳐라"였다. 그때도 한꺼번에 클럽 활동을 서너 가지 했다. 문예부, 미술부, 합창부 등. 혼자서 연극부 만들고. 그런 식이었다.

결과적으로 연극영화를 전공한 것이 자신에게 좋았던 점이 있나?

아버님이 한양대 건축과를 나왔다. 가장 좋은 것은 아버님과 동문이 되었다는 것이다. 아버님이 아주 기뻐히 셨다. 대학 가서 좋은 친구도 많았고, 공부한 기억은 별로 없다. 재미없었다. 친구들이랑 영화 보러 다니고, 얘기하고 그런 것이 좋았다.

노래와 미술과 시는 자신에게 '같은 부모를 둔 세 자매' 와 같다고 했는데, 데뷔할 때 부르던 노래와 지금의 노래는 급격히 달라졌다. 지금도 변하고 있는가?

음악은 아주 많은 변화가 있었다. 이것 저것 하고 싶은 것이 많았다. 가지를 치는 것과 함께 한 가지에 집중하려고도 했다. 예술가가 해야 할 일은 진실을 소유하는 것이 아니라 사물에 대한 진실, 음악에 대한 진실 등 그것에 근접하려고 노력해야 한다는 것이다. 그런 점에서 내가 표현하는 것, 알고 있는 것을 실제로 해냈을 때 느낀 기쁨이 가장 깊은 것이 음악이었다. 처음에는 비슷비슷하게 〈담다디〉처럼 시작했기 때문에 음악도 취미라고 생각하고 만화나 그림과 같은 선상에 놓았다.

그런데 어느 순간 음악이 가장 앞서갔고, 깊이가 생겨버렸다. 그것은 나 혼자만이 아니라 주위의 많은 사람들 때문에 생긴 것 같다.

그냥 나 혼자 그렇게 생각한다. 이런 얘기를 한다는 것이 부끄럽고, 무엇인지도 모르고 평생을 두고 해야 할지도 모른다. 음악이라는 배를 타고 가다가 그림이라는 배를 탈지도 모르고 아니면 가정을 갖고 아이를 최선을 다해 키워보거나 승려가 될지도 모르지만, 중요한 것은 무엇인가가 있다는 것이고 그것에 근접하려고 노력하는 것이다.

그것도 많이 바뀌는데 요즈음은 흰색이 좋다. 초록색을 좋아했던 것이 두 달 전쯤 된다.

"다른 친구들이 우아하고 아름다운 노래를 부르고 있을 때 나는 옆에서 '담다디, 담다디' 하고 있었다."

솔직히 나는 그때 보이 조지(Boy George)를 상당히 좋아했었다. 그래서 그를 흉내 내려고 애를 쓰다 그렇게 했다. 너무 어리게 들릴지 모르지만 그래봤자 18살이었으니까. 결국 마음속 어디에선가는 무언가를 동경하고 흉내 내려는 마음이 있었다. 그게 그런 쪽이었다. 근데 어떻게 그렇게 되었는지 모르겠다.

그때 나는 두 가지 얼굴을 가지고 있었다. 하나는 〈담다디〉 같은 면이었고, 숨겨온 것은 고등학교 2학년 때부터 작곡을 해왔다는 거다. 침착한 얼굴이 또 하나 있었다. 상당히 우울한 노래들이 많긴 했지만 시도 쓰고 작사 · 작곡도 고2 때 처음 시작했다. 남들에게는 절대로 못 보여주었다. 그때 후배들을 꼬드겨 3명으로 된 '준' 이라는 밴드를 했다. 그중 한 멤버의 아버님이 액세서리 핀 공장을 하셨는데, 밴드를 가져다 종이에 붙여 팔았고, 그 돈을 모아 전자 오르간을 사서 열심히 연습했다. 6개월 만에 그 팀은 깨졌는데, 밴드를 준비하면서 곡을 처음 썼다. 그 곡을 셋이서 연습했다. 사실 〈담다디〉라는 노래를 했을 때는 음악에 대해 특별한 교육을 받은 적도 없었고, 악보 같은 것도 내가 보는 악보로 그렸다. 그리고 노래하는 사람이면 다 노래하는 사람인 줄 알았지 그 안에서 자기 표현이 얼마나 중요한지, 자기 길을 찾아서 진실을 향해서 가는 것이 얼마나 중요한지 몰랐다. 노트 속에 소녀적인 마음을 처박아두고 노래 연습을 열심히 했다. 아무도 안 보는 데서 노래 연습을 할 때 가장 행복했다. 그런 식으로 계속 연습하고 싶다고 생각했다. 그때 그런 식으로 되었다면 아마 언더그라운드에서 계속 음악을 했을 것이다. 그런데 대학교 1학년 때 한 선배를 만났고, 내가 그런 식으로 쓴 곡을 보여주었는데 그건 안 된다고 했다. 뭔지 모르겠는데 그건 안 된다고 했다. 슬픈 노래였는데. 그러면 뭐가 되냐고 물으니 자기를 따르라고 했다. 나 말고 다른 친구들도 따라갔다. 그 형이 비틀스를 너무너무 좋아했다. 그때 비틀스를 처음 알게 되었다. 그 형이 5~6곡 써놓았는데, 다른 친구들이 먼저 곡을 받고 맨 마지막에 남은 곡이 하나 있었다. 〈그대는 정말〉이란 곡이었다. 후렴구에 '담다디, 담다디' 라고 되어 있어 슬펐지만 어쩔 수 없었다. 어차피 떨어질 건 데 예선 통과하면 다행이라고 생각했다. 다른 친구들이 우아하고 아름다운 노래를 부르고 있을 때 나는 옆에서 '담다디, 담다디' 하고 있었다. 다른 노래들은 괜찮았다. 내가 가장 부르고 싶었던 〈겨울 바다〉라든지. 그래서 제목을 〈담다디〉라고 바꾸고, 내친 김에 탬버린 사다가 흔들고 하니 애들이 너무 좋아했다. 하지만 불안하기도 하고 해서 중간에 포기하려 했고, 원서도 마지막 날 냈다. 그런데 지금처럼 계속 명랑성을 발휘했더니 예선을 넘어갔다. 계속 명랑해보았지만 계속 명랑할 수 없는 현실이라는 회의를 맞았다. 웃음을 잃었다. 지금은 웃으면서 얘기하지만 그때 겪었던 쇼크란.

쇼 비즈니스 때문에?

그것은 너무 아름다운 말이다. 한국 연예계의 아저씨들이 너무 싫었다. 촌지에 술 먹고. 18살 순정의 마음으로는 도저히 이해할 수 없었다. 말도 안 되고 심하다고 생각했고, 그렇지 않은 사람들을 찾으려 했다.

이제까지 만났던 사람 중에 당시 음악계에 있던 사람이 이상은 씨에게 가장 나쁜 영향을 끼쳤다고 생각하는가?

아니다. 난 영향을 받지 않았다. 나는 피해갔다. 싫다고 생각하고 그 안에 휘말려들어 혼돈상태에 빠지지 않고 버텼다. 그리고 확실하게 배웠다. 저렇게 되면 안 된다고. 저렇지 않은 사람들이 분명히 세상 어딘가에 있을 것이라고 생각했다. 그래서 어떻게 해서든 내가 도망갈 길은 딱 하나 1960, 1970년대 언더그라운드 선배들밖에 없을 것 같았다. 그분들에게 얘기를 듣고 싶었다. 나는 쇼 비즈니스의 한가운데에 있기 때문에 안 보이는 것이지만 분명히 찾아보면 만날 것이라고 생각했다. 겨우 들국화 멤버 같은 사람들을 만난 것이 그나마 내게 도움이 되었다. 그때 내 음악을 직접 해야겠다는 생각이 들었다. 정말 노력했다. 어떻게 해서든지 헤쳐나오고 싶었다. 아직 20대 끄트머리이긴 하지만 내가 여태껏 해왔던 일들이 어드벤처 게임 같다는 생각이 들기도 한다. 내가 꼭 찾아야 할 사람, 만나야 할 사람이 있고, 무언가 클리어해야 할 일들을 클리어하고 나면 장면이 바뀐다. 다른 세계로 들어가는 것이다. 거기서 그것을 클리어하지 못하면 또 한번 클리어해야 하는 것이고, 그러면서 점점 그 다음 세계로 넘어가며 새로운 친구를 만나고, 무기가 늘어나고, 자기 팀이 늘어나는 그런 것과 비슷하다. 손오공 얘기와도 비슷하다. 삼장법사가 가자 하면 다 같이 쫓아가지 않는가? 그런 것처럼 일본에 있는 분들도 지금 내가 가는 길을 같이 가자고 하며 따라와주는 것이다. 그런 것을 생각하면 앞장서서 가는 사람의 부담감 같은 것도 느끼고, 꼭 클리어를 해야지 또는 내가 필요한 무기를 찾아야지 하고 생각한다.

처음에 매체에서 거론되었던 이상은의 매력은 '중성적인 이미지' 였다. 이것이 소녀 팬들을 사로잡는 요인 중의 하나로 보였는데?

그것은 개선된 것이다. 개선이라는 말은 우습지만 그러면 사람들이 좋아할 것이라고 생각했다. 미안하다. 그럴 것이라고 생각하고, 한번 노는 건데 재미있게 놀아보자는 생각이었다. 그러다가 그것이 고정 이미지가 되니까 그런 이미지를 앞에다 방패처럼 가지고 있으면서 뒤에서는 내 음악을 해야지라는 생각을 했다. 좀 미안하다. 사실 그것도 나의 일부분이었을 것이다. 거짓말은 아니고 고등학교 때 아무 생각 없었을 때도 후배들에게 편지나 꽃다발을 받는다든가 그런 일들이 있었지만, 그때 당시 그런 것을 의식하고 했다는 것은 확실하다.

"음악이 나를 움직이게 하는 것 같다."

미술은 자신의 내부에서 어떻게 평가하는가?

아직은 〈담다디〉 수준인 것 같다. 그냥 내 만족이다. 하지만 뉴욕에서 그림 공부한 것은 정말 좋았다. 잊을 수 없다. 졸업은 못 했다. 마지막 수업의 감동을 잊을 수 없다. 부랴부랴 서머스쿨에 갔었는데 마지막 시간이 나무를 그리는 시간이었다. 아무리 열심히 해도 나무의 형태가 너무 어려웠다. 단순한 형태지만 실제로 나무를 그려보면 나무라는 본질에 가까워지기란 너무 어렵고 표현하기도 어렵다. 차라리 석고상이라든가 천이라든가, 그런 사물들은 표현하기 쉽다. 인물도 마찬가지다. 나무는 참 어렵다. 그때 그것을 내가 그려냈기 때

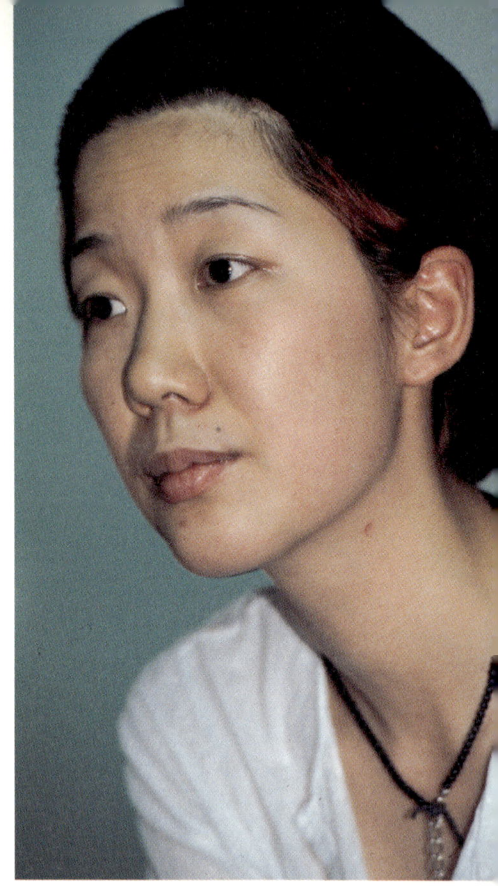

"예전에는 내가 있고, 내가 곡을 쓰고, 내가 내 표현을 한다고 생각했다. 하지만 요즘에는 음악을 할 때 그런 느낌보다는 우리들이 갖고 있는 무의식이 있고, 무의식의 망망대해가 있으면 거기에는 모든 인류들이 갖고 있었던 경험들과 지식들이 다 쌓여 있다는 생각을 하게 된다. 음악이라든지 뭐든지 나는 거기서 안테나 역할과 트랜지스터 라디오 역할을 한다는 느낌이다. 그건 '무의식공동체'의 코드를 연결하는 방법으로 음악을 하다 보니 터득한 것이다."

문에 기억에 남는 것이 아니라 못 그려냈기 때문에 기억에 남는다. '무엇인가 자연을 그려낸다는 것이 이렇게 어렵구나' 하고 느꼈다. 내 실력의 한계를 떠나서 '무엇인가를 본다는 것, 그것을 알고 느껴서 표현한다는 것이 참 어렵구나' 라는 생각을 하며 수업을 마쳤다. 그것이 늘 마음에 남아 있다.

그렇다면 자신의 표현 욕구를 가장 잘 소화해내는 장르는 역시 음악인가?

그것을 발견한 것이 얼마 되지 않는다. 그전에 [더딘 하루]라든가 다른 앨범을 만들어보아도 한 장 한 장 만들수록 자신이 없어진다는 느낌이 들었다. 곡을 만들고 데모 상태로 노래를 만들면 거의 도를 닦는 것 같았다. 고통스럽다는 것은 아니다. 뭐라고 말로 표현할 수가 없다. 그런 경험은 처음보다 그 다음이 더 강하다. 음악이 내 자신을 표현한다고 말했지만, 이제는 거기서 약간은 다른 상태로 접어들었다. 음악이 나를 움직이게 하는 것 같다. 거기까지 가니 구체적으로 말하기가 어렵다. 예전에는 내가 있고, 내가 곡을 쓰고, 내가 내 표현을 한다고 생각했다. 하지만 요즘에는 음악을 할 때 그런 느낌보다는 우리들이 갖고 있는 무의식이 있고, 무의식의 망망대해가 있으면 거기에는 모든 인류가 갖고 있던 경험과 지식이 다 쌓여 있다는 생각을 하게 된다. 음악이든 뭐든 나는 거기서 안테나 역할과 트랜지스터 라디오 역할을 한다는 느낌이다. 그건 '무의식공동체' 의 코드를 연결하는 방법으로 음악을 하다 보니 터득한 것이다. 음악을 하고 있을 때는 많은 집중력이 필요하고 너무나 즐겁기 때문에 이제 다른 것과 비교하긴 어렵다. 음악을 만들 때 그런 것을 느끼는 것은 요즈음이고, 처음에는 무대 위에서 노래할 때 그런 것을 많이 느꼈다. 시간과 공간 같은 것이 약간 바뀌는 느낌이라든지. 그것은 나만이 느끼는 것이 아니라 관객들 중에서도 느끼는 사람들이 있는 것 같다. 이것은 몇 년 전 이야기인데, 〈공무도하가〉를 불렀을 때 "오늘 저희들의 마음이 많은 곳을 여행했습니다"라는 어떤 노부부의 편지를 받았다. 그때 너무 기뻤다. 음악은 눈에 보이지 않는 다른 공간으로 가게 만들고, 눈앞에 다른 풍경이 보이게 하는 힘이 있다는 것을 알았다. 음악은 정말정말 신비한 것 같다.

〈공무도하가〉, 〈보헤미안〉 같은 곡에서는 자신의 실존 문제를 찾고 있다. 〈새〉는 자기 자신을 이야기하는 것인가?

내 음악을 듣고 나와 같다고 생각하면 절대로 안 된다. 작품을 만드는 사람이 작품과 일치한다고 생각하지 말았으면 좋겠다. 작품 그 안에는 분명 내가 있는 거지만 작품 밖에선 그냥 평범한 스물 아홉 먹은 여자로 돌아가기도 하는 거다.

그런데 〈새〉의 가사는 타자를 얘기하고 있지만, 사실은 자신을 얘기하는 것이 아닌가?

음악은 집중력이라고 생각한다. 물론 그림도 그렇다. 집중은 대학입시 때의 그런 집중이 아니다. 그것은 생산적이지 못한 집중이다. 자기 안에 있는 창조성을 끌어낸다는 것이 마음에 든다. 나는 음악에 집중하는 방법을 터득했다. 그럴 때 내 자신을 내려다보고 있는 '새' 같은 그런 자아를 느

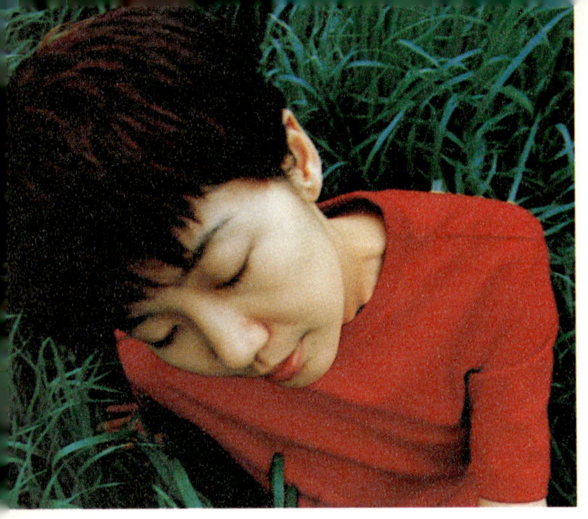

낄 수 있다.

그러면 노래, 미술, 시를 엮어서 완벽하게 하나로 만들고 싶은 생각은?

내가 그림, 음악, 시에 대해 떠들어댄 것에 비해 갈 길이 너무 험하다고 생각한다. 개념 안에서는 그럴싸하게 말이 되고, 내 안에서는 충분히 알겠다. 그러나 그것을 현실적으로 표현한다는 것은 좀 덜 게을러야 가능하다. 나는 지금 음악을 하는 것만으로 충분히 내가 게으르지 않다고 착각하고 있다. 내 안에 있는 게으름이 더 부서지고 나서야 보일 것이다. 집중하는 데 가장 커다란 적은 게으름이었다. 놀고, 여행하고, 딴짓 하느라 정신없었다. 사실 거기에서 무언가 나오지만……. 반성한다.

"예술하는 것과 놀이하는 것과의 차이는?"

예술하는 것과 놀이하는 것과의 차이는?

내가 예술하는 것이 놀이하는 것과 같다고 생각한 것이 〈담다디〉였다. 이것은 농담이기는 하지만 무시할 수는 없다. 나 같은 경우는 어떻게 해서든지 영혼을 담으려고 노력했다. 물론 잘 표현되었는지는 모르지만. "작품을 만들자"라고 생각하며 여태까지 해왔고, 그래서 주위 사람들이 고생을 했다. 요즘 세상에서는 작품을 잘 알아주지 않으니까 시간이 오래 걸렸고, 그래서 주위에 계신 분들에게 고맙게 생각한다. "어깨에 힘을 뺀다"는 말이 있다. 무엇인가를 향해서 열심히 달리는 것이다. 좋은 앨범을 내기 위해 열심히 달릴 때 무언가를 알게 되어서 어깨의 힘이 풀어지는 것이다. 대가들은 힘이 안 들어가 있다. 일부러 힘을 주어 긴장하지 않는다는 것인데, 그 경지가 어렵긴 하지만 바로 그것이 '유희'라는 경지가 아닐까 한다. 내가 경험한 것은 아니고 그냥 알고 있는 것이다. 거기까지 갈 수 있으면 참 좋겠다. 사람마다 다르다. 비틀스의 경우에는 비틀스가 가지고 있는 평상심에 그 음악이 갖고 있는 근본적인 마음이 있다고 얘기하고, 어떤 사람들 같은 경우에는 지금처럼 유희적인 마음, 그림을 그리는 마음, 절대선을 향한 마음 등을 얘기한다.

나는 모르겠다. 그때그때 바뀐다. 하루에도 수십 번씩 바뀐다.

나는 지금 그런 얘기하기에는 너무 어리다. 함부로 말할 부분이 아니다. 다른 사람들이 무엇을 갖고 있는지는 알겠는데, 나 같은 경우에는 수시로 변하기 때문이다.

그러면 말하겠다. 지금까지 알고 있는 것은 '그림'이었고, 다음 테마로 삼고 있는 것이 바뀐다고는 말했지만 난 가정이 좋다. 내가 느끼는 것은 끄트머리 하나밖에 없다. '존재'에 관한 단어가 떠오르고, 동서양이라는 단어가 떠오른다. "동양과 서양의 그림이 하나가 된다. 그럼 뭘까?"라고 생각한다. 그럴 때가 왔다고 생각한다. 이제까지 두 개의 극으로 나뉘었던 세계가 이제는 그렇지 않다. 아직까지는 일방적으로 저쪽(서양)에서 많은 것들이 흘러들어 오고 있고, 서양 쪽에서는 일부 배운 사람들만이 동양적인 생각을 받아들이고 있다. 이것이 왜 중요한가 하면, 이것을 음악으로 표현할 때 동양적인 자연관과 서양적인 자연관은 완전히 다르기 때문이다. '일원론'이라는 것이 있다. 자연이 있고 인간이 같이 있다는 얘기다. 인간과 자연이 어우러져서 함께 사는 것이다. 옛날 중국 그림이라든가 한국화라든가 자연을 배경으로 그린 것을 보면 바로 그것 같다. 산, 강이 있고 점처럼 뱃사공이 있는 것은 자연 안에 있는 인간을 표현한 것이다. 얼핏 보면 큰 산들만 보이지만 정자라든지, 사람이 낚시를 드리우는 것을 자세히 보면 자연 안에서 공존하고 있는 인간의 모습이다. 그러나 서양적인 사고방식에서는 '일원론'이 아니고 '이원론'이다. 자연을 대상으로 보고, 자연을 착취해 여기서 이득을 뽑으려 한다. 이렇게 이득을 뽑으려 할 때 인간과 자연이 분리되고, 우리가 지금 알고 있는 여러 가지 문제들이 생겨난다. 나는 어릴 때 자연 속에서 뛰어 놀았던 기억이 난다. 그렇지만 지금은 점점 그렇게 되지 않고 있다. 어떤 것이 옳은지 잘 모르지만, 근본적으로 이 생각은 지키고 있어야겠다고 생각한다. 서양 사람들을 만났을 때 얘기하거나, 음악에 대해서 커뮤니케이션할 때 내가 얘기할 것은 '존재나 일원론'에 관한 얘기다. 너무 고집스럽게 얘기한다기보다는 앞으로 바뀔 수도 있지만 그런 커뮤니케이션을 하고 싶다고 생각한다. 이런 생각을 해도 아무 소용이 없는 것이 정작 음악을 만들 때는 아무런 생각도 나지 않는다는 것이다. 그냥 한다. 평상시에는 잡생각을 많이 한다.

일원론, 이원론 이런 것은 놀이로 한 것이 아니라 열심히 공부한 것이다.

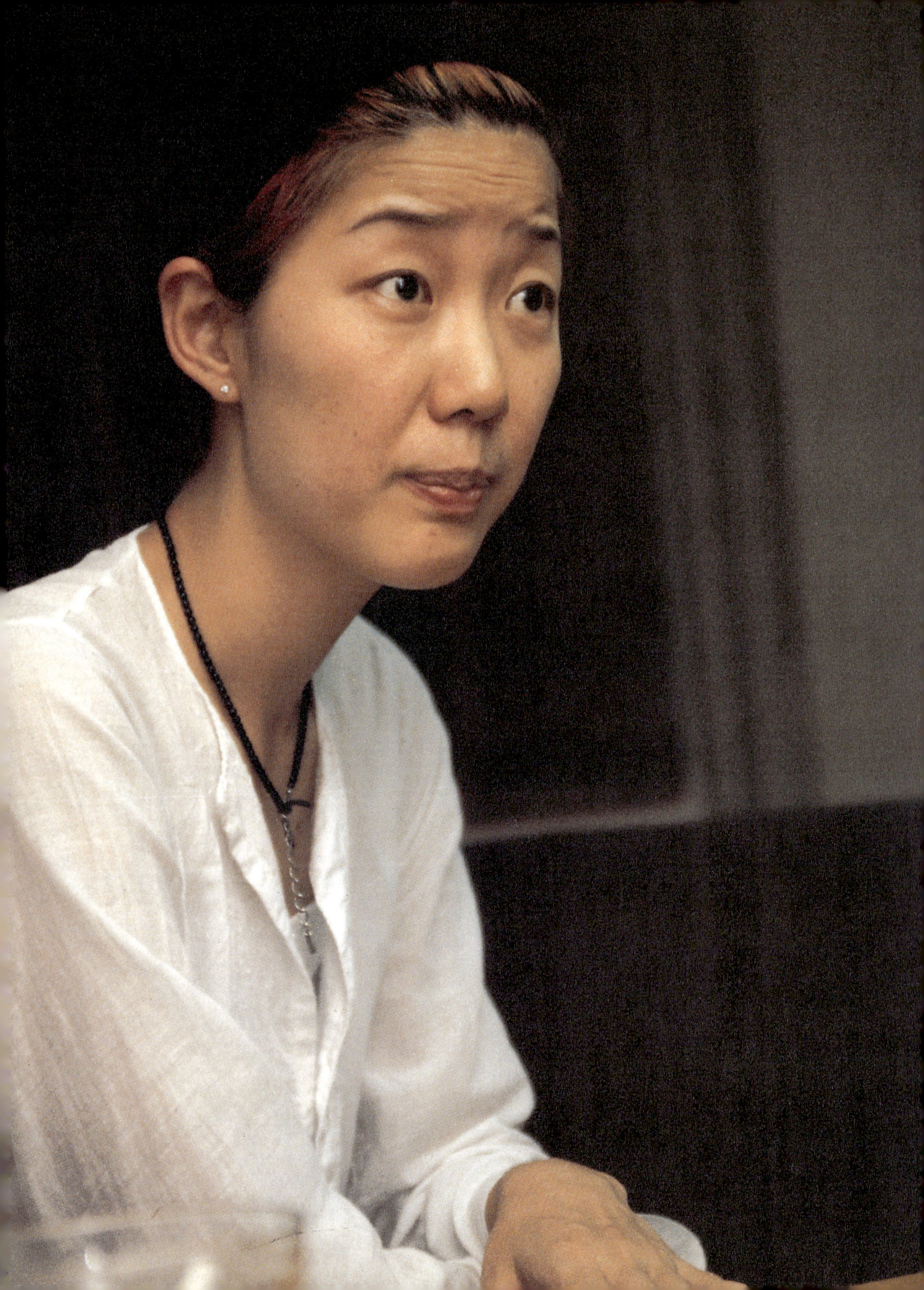

"피 속에 슈트케이스가 떠다니고 있다."

많은 사람들이 예술을 할 때 놀이에 시간을 뺏긴다고 느껴 갈등을 하는데.

그것은 아니다. 놀이에 대해서 개념을 확실히 해야겠다. 놀이라는 말이 자기가 가지고 있는 천재적인 능력을 발휘하면서 하는 놀이지, 가라오케나 노래방에서 노는 놀이는 아니지 않은가? 나는 놀이라는 것을 먼저 생각하기보다 사람을 먼저 생각한다. 사람이 있으니까 놀이가 있는 것이다. 혼자 노는 것은 우습지 않은가? 물론 혼자 놀 수도 있지만. 컴퓨터 앞에서 게임을 한다든가 이런 것 말고, 대화도 놀이가 될 수 있다. 나는 아직 어깨에 힘이 안 빠져서 그런지 모르지만 놀이라는 개념을 향해서 가고 있는 줄은 모르겠다. 놀이로 음악을 하는 것이 멋있다고 느낀다. 실제로는 상당히 종교적인데도 말이다. 그것이 밥 말리(Bob Marley)다. 그는 노는 것처럼 보이지만 실제적으로는 어마어마한 메시지를 전하고 있는 것 같았다. 그것은 어마어마한 경지니까 함부로 말할 수는 없고, 나는 거기까지 가려면 멀었다.

노는 것이 자신의 예술에 도움이 된다고 생각하는가?

그렇게는 생각하지 않는다. 절대로 도움이 되진 않는다. 고독이나 슬픔, 고통이 도움이 될 수 있다고는 본다. 노는 것만 가지고 모든 것이 다 해결된다면 얼마나 좋겠는가? 그러면 천국이다. 그러나 세상은 그런 것 같지는 않다. 설득력이 있기 위해서는 아픔이 있어야 한다. 아픔도 놀이라고 한다면 할 말이 없다.

그러면 이상은 씨는 예술과 놀이를 다르게 생각하는가?

아직은 진지하다. 음악 말고 다른 것은 노는데, 음악에 대해서는 놀지를 못한다. 겉으로 보기에는 놀아도 속으로는 분명 진지한 모습이 있다. 레코딩할 때 분위기를 보면 알 수 있다. 사람들은 레코딩이 잘 되면 논다. 그런데 속으로는 노는 것이 아니다. 엄청나게 집중하면서 서로 마찰을 줄이기 위해서 노는 것이나. 그것은 같이 노를 젓듯이 하는 놀이지 속으로는 피 튀기고 있을 것이다.

일반적으로 놀이와 예술이 다르다고 느끼는 이유 중 하나가 아까 말한 '안테나 얘기'처럼 내가 해야 할 분명한 역할이 있기 때문이라고 생각한다. 직업적인 소명의식이랄까. 거대하게 말하면 신에게서 받은 '소명의식'이 예술 안에 있기 때문에 그런 것이 없는 놀이와는 다르다고 느끼는 것이 아닐까?

비슷한 얘기인 것 같다. 그런데 조금 구별하고 싶은 마음이 생긴다. 평상시에 '삶을 위해서'의 놀이는 좋다. 그런데 '작품활동을 하면서'의 놀이가 좋은 것인지는 잘 모르겠다. 앞으로 어떻게 될지는 모르겠다.

이상은 씨의 놀이문화는?

나는 많은 사람과는 아니지만 술을 마시고, 얘기한다. 얘기하는 것이 제일 좋다. 그리고 여행가는 것을 좋아한다. 나에게 놀이는 여행이다. 여행가서 새로운 것을 보고, 말 안 통하는데 멍하니 서 있고, 이런 것은 너무나 즐거운 놀이다. 그런 것이 놀이라고 생각하지 노래방 가는 것은 정말 싫다.

여행이 주는 미덕은 무엇이라 생각하는가?

미덕까지 나오면 할 말이 없다.

그러면 여행이 주는 재미는 무엇인가?

내 자신이 여행자라고 생각하는 것이 좋다. 여행이 있어서 선택한다기보다 나그네적인 요소는 누구나 갖고 있다. 피 속에 슈트케이스(여행 가방)가 떠다니고 있는 시대가 온 것이다. 내 피 속에 그런 것이 있는 것 같다.

타고난 '역마살'이 있다는 것인가?

역마살이라는 말은 좀.

나쁘게 들리는가?

'살' 자가 끼면 좀 안 좋다. 그냥 보헤미안적인 기질이 있다. (웃음)

방랑의 기질이 있다는 것인가?

방랑은 목적이 없어 보인다. 전혜린 씨 글 중에 '보헤미안'이라는 말이 있는데, 거기에는 로망이나 로맨스가 있다. 사실 나는 로맨티스트다.

주량은 어느 정도인가?

마음먹으면 많이 마신다. 테킬라 한두 병을 마신 적이 있다.

주정도 하는가?

언제나 그렇게 마시는 것은 아니다. 평상시에는 어른처럼 있는 편이다. 오늘 내가 왜 기분이 좋으냐면 데뷔 10주년이기 때문이다.

생각나는 유명한 주사는?

창피한데……. 공적인 장소인데도 불구하고 테킬라를 많이 마시면 춤을 춘다. 정말 부끄럽다. 춤추는 장소가 아닌데 춤을 춘다. 그건 주사다. 더러운 주사다.

남들이 즐거워하지 않는데도 춤을 추는가?

대부분이 즐거워한다. 그것이 창피하다.

"광연의 도가니 속에서도 어느 순간에 중간자적인 면을 보여주었다."

영향받은 뮤지션은?

많다. 20대 초·중반까지만 하더라도 일본 같은 데서 영향받은 뮤지션이 누구냐고 하면 잘난척하느라 아무에게도 영향받은 적 없다고 했는데, 나이를 먹고 생각해보니 진실이 아닌 것 같다. 뮤지션에게 영향을 받았다기보다도 음악에 영향을 받은 경우가 중요하다. 한정 없이 한 뮤지션의 음악을 듣고 있는 나 자신을 발견하기도 한다. 처음에는 존 레논이 그랬고, 요즈음에는 버브(Verve) 음악에 심취하고 있다. 그 사람들 음반은 다 가지고 있다. 같은 버진 계열이라 오는 대로 보내준다. 공연도 보았다. 존 레논 이후로 시네드 오코너(Sinead O'Connor) 같은 경우도 상당히 영향을 받았고, 그녀에게서 영향을 받았다고 느끼면서 위대하다고 느끼는 점 한 가지는 아일랜드의 역사다. 구체적으로 알지는 못하지만 800년 이상 영국의 지배를 받아왔다고 하는데 800년 동안 저항했다. 엄청난 유혈 사태도 많았고, 결국은 나라가 두 동강이 났다. 그런 어마어마한 역사성 위에서 태어난 것이 시네드 오코너다. 그런 시네드 오코너를 자기네들이 그렇게 잘못을 했으면서도 키워준 것이 영국이라는 점이 재미있다. 그분이 그렇게 노래하고 얘기하는 것이 괜히 영혼을 울리는 것이 아니라 그 뒤에 보면 역사가 있고, 역사성이 있기 때문이라는 것을 좋게 생각한다. 요즈음은 버브에 완전히…….

버브의 어떤 면을 좋아하는가?

내가 록 음악에 관심을 갖기 시작한 것이 버브 때문이다. 초기 앨범들도 다 들어보고 이 사람들에게 영향을 준 사람들 것까지 다 들어보았다. 크림(Cream), 스톤 로지스(Stone Roses) 등. 스톤 로지스의 이언 브라운(Ian Brown)의 솔로 앨범까지 다 들어보았다. 무엇이 버브를 만들었나를 연구했다. 글 쓰라면 한 페이지 정도는 쓸 수 있다. 이 친구들도 내가 보기에는 음악을 보는 관점이 나와 비슷한 것 같다. 좀 신비주의적으로 들릴 수도 있지만 음악 자체가 살아 있는 어떤 것으로 존재한다는 것이다. 상업적으로 상품 만들려고 하는 것이 아니다. 그것은 벌써 냄새나는 것이다. 음악이 죽어 있는 악보가 아니라 영적인 세계를 만들어가고, 어마어마한 영적 대륙을 가지고 있다. 영적이라는 얘기가 좀 이상하게 들리는데 이것은 아주 중요한 얘기다. 음악이 갖고 있는 영혼의 대륙이라든가, 영혼의 알 수 없는 세계가 존재한다고 믿고 음악을 시작한 친구들이라고 생각한다. 특히 리더가 그랬을 것이다. 공연을 보았는데 내가 받은 느낌은 첫째 디오니소스가 생각이 났다. 디오니소스 제전이라고 예전에 그리스 시대에 있었다. 다들 술 마시고 어떤 환각상태로 들어가 영적인 세계를 억지로 문을 열어서 모든 사람들이 황홀경에 빠지는……. 그런 약간 그로테스크한 면도 물론 있었지만, 디오니소스적인 면이 있다. 브렉스턴이라고, 영국 남부에 있는 미국 흑인들이 많이 사는 브루클린처럼 위험한 곳인데 브렉스턴 아카데미에서 공연하는 것을 본 적이 있다. 사람들이 난리가 났었고 디오니소스 제전이었다. 두 번째 생각난 것은 오르페우스적이라는 점이다. 광연의 도가니 속에서도 어느 순간에 중간자적인 면을 보여주었다.

중간자적인 입장을 원한다고 하지 않았나?

그렇다. 그러나 그것을 굳이 말할 필요가 없는 것이 무대 위에서는 그냥 그렇게 된다. 저절로 되었다고 말하면 어폐가 있지만 그것과 현실생활은 다르니까. 굳이 중간자적인 역할을 하겠다는 것이 아니라, 아까 안테나에 대해서도 말했지만 내가 무언가를 만들고 있을 때는 무언가를 하고 있는지 모른다는 그런 경지를 말한 것이다. 이는 다른 표현이다. 분명히 그런 요소는 사라지지 않을 것이다.

버브의 〈Bitter Sweet Symphony〉같이 신비적이면서 긴장감을 주는 그런 음악을 바라지는 않는가?

그게 중요한 것은 아닌 것 같다. 건축을 예로 들어도 빌딩을 전문으로 짓는 사람이 있는가 하면 사람들이 사는 주택을 짓는 사람이 있다. 자신의 전문 분야가 있는 것이다. 그 친구들은 분명히 미국 시장을 바라보고 했기 때문에 큰 빌딩 같은 음악을 했다. 같은 스튜디오에서 한 곡을 녹음했었는데, 그래서 너무너무 기뻤다. 메트로폴리스라는 어마어마하게 큰 스튜디오였고, 그때 느낀 것은 나는 나의 세계가 있다는 것이다. 음악을 느끼는 애티튜드, 영적인 재료가 비슷하니까 거기서 굳이 같은 방향으로 가려는 생각은 추호도 없다. 간다고 해도 그쪽은 밴드이고 나는 솔로다.

"여자보다 아름다운 남자를 좋아한다."

자신을 매체에서 어떻게 다루어주었으면 하는가?

첫째 나를 너무 못 다루니까 너무 마음이 아프다. 나서지 말자, 만나지 말자고 생각한 시기가 있었다. 지금은 여기가 나의 홈그라운드다. 부모님이 계시고, 마음이 편하고, 말도 영어보다 잘하고. 그런 의미에서는 굳이 틀을 만들 필요도 없고, 나를 왜 그렇게 다루냐고 얘기하고 싶지도 않다.

어떻게 다루어주었으면 한다는 방향이 있는가?

이를테면 버브의 경우에도 버브가 실렸던 영국 잡지들을 다 수집했다. 나는 '페이스(Face)'라는 잡지를 좋아한다. 거기서 다루는 것을 보니 음악을 하는 사람이라고 해서 음악만을 다루는 것은 아니었다. 음악 얘기만 한다기보다도 어떤 유기체를 만든다. 음악이라는 뿌리가 있고, 아티스트라는 줄기가 있고, 가지가 있고. 그런데 멀리서 보면 "이 사람이 음악하는 사람이구나" 하는 식이 좋은 인터뷰어가 뮤지션을 다루는 방법인 것 같다. 부분적으로 가정 얘기, 애인 얘기도 나온다. 그렇지만 그 부분은 짧다. 짧은 부분이지만 다 읽고 나면 정말 음악을 열심히 하는 사람이구나 하고 느끼게 한다.

말한 김에 애인 얘기를 하자면…… 예전에 말한 것을 보면 잠잘 때와 사랑하는 사람이 곁에 있

솔직히 말하면 음악만 한 애인이 없다고 생각한다. 그만큼 나에게 정서적인 충격을 주거나 정서적인 만족감을 주거나 정서적인 행복감을 준 사람을 만나본 적이 없다. 음악을 할 때 느끼는 어떤······.

환희라기보다는 기쁨이다.

사실은 리처드 애시크로프트(Richard Ashcroft)를 정말 좋아한다. 상당히 기쁜 것이 버진 레코드에 들어갔을 때 담당했던 언니가 이시히상이라고 하는데, 그 언니가 지금 버브를 담당한다. 잘하면 만날 수도 있다. 반 농담이고, 반 진담이다.

내가 보기에는 뚜렷이 없고, 우리 엄마는 신현준을 좋아한다. 박진영도 좋아하는데 나는 관심이 없다.

그것은 어릴 때 순정만화를 너무 많이 봐서 그렇다. 내일 모레가 서른인데 바뀌지 않는다.

그런 사람도 만나보았는데 뭔가 간이 안 맞다.

나 같은 경우는 사람 한 가지에 빠지는 것이 아니라 그 상황 모두가 한꺼번에 들어간다. 그중에 사람이라는 요소도 들어있고, 동시에 다른 문제를 가지고 생각할 때도 있다. 다들 밸런스를 가지고 빠지면 괜찮겠지만 난 한꺼번에 그런다. 그럴 때는 나를 안 보는 것이 좋다. 우울증 증세 비슷한데 뼈를 깎으면서 생각한다.

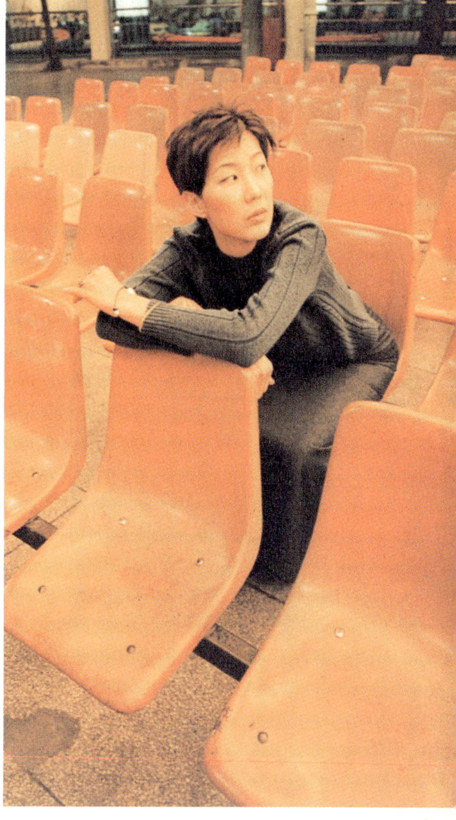

"〈담다디〉를 떠난 이유도 거기에는 내가 소외되어 있었기 때문이다. 내 자신이 거기 나타나 있는 것이 아니라 내 자신이 분리되어 있고 내가 알지 못하는 애가 유령처럼 떠돌아다니는 것 같았다. 나 자신이 소외되어 있는 상태는 음악이 아니라고 본다. 그렇다고 해서 내가 음악이라는 것은 아니다. 그래도 유기체니까 무언가 연결되어 있는 것은 있어야 하는 것이 아닌가?"

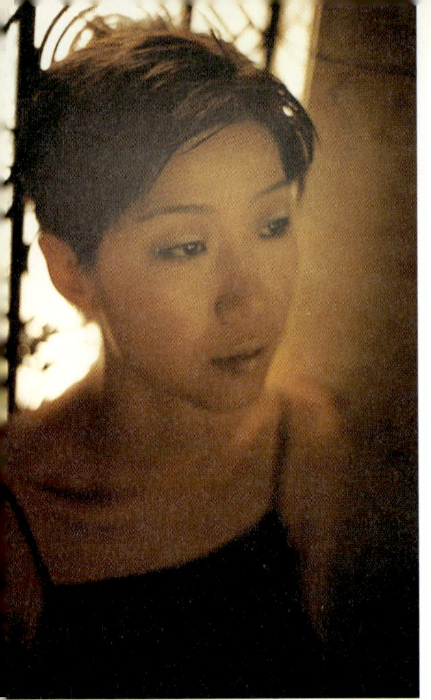

심리적인 기복이 심한 편인가?

그런 것은 아니다. 모든 예술하는 사람들이 자기만의 시간이라든가 무엇인가에 침잠하는 시간을 가지고 있을 것이다.

"노래에서 내가 소외되었을 때는 아무 의미가 없다."

이상은 씨가 만든 곡 중에서 가장 마음에 드는 곡은?

앞으로 만들 곡.

이제껏 만든 곡들은 마음에 들지 않는가?

그런 얘기는 아니다.

이제껏 만든 곡 중에서 가사 면에서 제일 마음에 드는 곡은?

나는 '앨범 아티스트'다. 한 곡 한 곡을 생각하는 그런 작곡가는 아니다. 앨범 전체를 다 듣지 않으면 말할 수 없다. 곡 하나만 뽑으라면 약간 서늘해진다.

앨범이 하나의 콘셉트를 가진 한 작품인가?

그렇게 생각하는 것이 좋고 마음도 편하다. 앨범 전체를 하나의 흐름으로 본다는 것은 상식적인 경우다. 많은 사람들이 그렇게 생각하고 음악을 하고 있다.

1989년 1집과 1990년 2집은 자신의 작품이라고 볼 수 없을 정도로 그 당시 이상은은 '노래 부르는 인형'이라는 느낌인데.

그때는 정말 그랬다. 노래 한 곡만 좋고 나머지는 마음에 안 들었다. 내가 만든 곡이 아니어서 사실은 거짓말하는 느낌도 들었다. 이제까지 되도록 가지를 친다는 부분은 어떻게 하면 사실이나 진실에 가까워질 수 있을까 하는 생각을 해왔던 것 같다. 어렸으니까 다행이었다. 물론 대중들이 나름대로 그 곡들을 좋아할 수도 있지만 거기에 내가 소외되었을 때는 아무 의미가 없다. 〈담다디〉를 떠난 이유도 거기에 내가 소외되어 있었기 때문이다. 내 자신이 거기 나타나 있는 것이 아니라 내 자신이 분리되어 있고 내가 알지 못하는 애가 유령처럼 떠돌아다니는 것 같았다. 나 자신이 소외되어 있는 상태는 음악이 아니라고 본다. 그렇다고 해서 내가 음악이라는 것은 아니다. 그래도 유기체니까 무언가 연결되어 있어야 하는 것 아닌가? 그런 느낌이 별로 없었다.

1, 2집에는 왜 사랑 노래가 많았는가?
매니저가 그런 곡을 수집하러 다녔다. 나로서는 어떻게 할 수가 없었다.

시를 많이 읽는가?
나는 사실 노래 가사가 좋지 시를 읽고 감동받은 적은 없다. 강요당하는 느낌도 들고, 왠지 상대방의 감정의 정서를 영양제처럼 먹어야 하는 것 같은 그런 느낌이다. 그런데 자연스럽게 음악에 녹아들어 있는 시는 다르다. 노래라는 것이 시가 먼저 있고 그 시를 사람들에게 전달할 때 멜로디가 붙여진 것이 원래의 발생관계다. 그러니까 역시 멜로디 없는 상태, 시에서는 감흥을 느끼지는 못하는 것 같다.

자신이 지적이라고 생각하는가?
그런 것을 안 보이려고 한다. 왜냐하면 아빠가 그러는데 사람이란 소박하고 웃겨야 한다고 한다.

"나의 감수성이 그때만큼 파란색, 빨간색으로 컬러풀한 적이 없었다."

2집 발표 후 뉴욕으로 그림 그리러 갔다. 당시의 갈증은 무엇이었나?
당시 어마어마하게 힘들었다. 그때 '밤의 디스크 쇼'라는 프로그램을 하고 있었다. 그나마 자기표현을 할 수 있는 장이었다. 그때 유지나 씨가 작가였는데 글이 좋았다. 그 글을 읽으면서 많이 생각했다. 그때는 성숙하고 얌전해 보였다. 중간중간 시간이 비면 내가 내 생각을 글로 써서 얘기할 수 있었다. 그 시간이 참 좋았다. 〈담다디〉로 뜨고 나서 아저씨들이 이상한 곡을 채집해오면 나는 부르고 싶지 않았다. 목이 쉬었는데 노래를 부르게 해서 그것을 팔아먹는 모습을 보기 싫었다. 그때 당시 하도 울어서 베개가 누런색이었다. 이해가 안 가니까. 그래서 어떻게든 도망가야지 하고 생각하고 있었다. 나는 지금의 내가 좋다. 그때 그냥 거기 남아 있었으면 어마어마한 부자가 되었겠지만 그런 것은 별로 중요하지 않다. 여하튼 그 프로그램에서 쓰고 읽으면서 꿈을 키워나갔다.

왜 뉴욕이란 곳을 택했는가? 다인종 집단이 혼재하는 곳에서 자신을 숨기고 싶었나?
미술을 하고 싶었기 때문에 그런 파인아트를 하려면 어디가 좋을지 생각했다. 처음에는 일본에 갔다. 아버님이 제발 부탁이니 먼 데는 가지 말라고 하셨다. 내가 외동딸이다 보니. 그래서 일본에 갔는데 정말 황량했다. 지금은 일본에 아는 사람들이 있어서 좀 친숙하지만 그때는 너무 힘들었다. 일단은 언어를 공부해야 해서 학원을 다녔는데, 한 달 하고 그만두었다. 너무 재미없었다. 결국 뉴욕으로 갔다. 거기서 역시 두 가지를 병행했다. 레코딩 스튜디오는 브로드웨이에 있었는데, 그 주인이랑 친해져서 나중에 공무도하가 만들 때도 거기서 데모 앨범을 만들곤 했다. 그래서 나온 음반이 [더딘 하루]라는 앨범이다. 겨울에 만들었기 때문에 추운 바람하고 뉴욕 거리하고 눈 오던 기억밖에 없다. 참 말이 없었다. 그 앨범을 만들고 학교에 들어갔다. 방학 때 한국에 나와서 그 앨범을 소개했다. 그리고 뉴욕에 계시던 양희은 선배님을 알게 되었다. 나는 양희은 선배님이 되게 무서웠다. 또한 양희은 선배님이 소개시켜준 김홍순 씨라는 분을 알게 되었다. 그분이 자기 아파트에 녹음 기자재를 가지고 있었다. 그분은 하우스뮤직이나 힙합에 관심이 많았기 때문에 멜로디 없이 리듬을 만들면 내가 그것을 듣고 즉흥적으로 노래를 하거나 멜로디를 만들어놓은 다음에 가사를 써서 정리를 했다. 정리 후 큰 변화가 없는 코드를 만들어놓으면 내가 거기다가 멜로디를 입혔다. 상당히 재미있었다. 방향성이 제시되어 있는 상태에서 내가 춤을 췄다고 볼 수 있다. 그렇게 해서 만든 앨범이 4집 [Begin]이다. 그 다음에 〈언젠가는〉이라는 노래가 들어 있는 5집 앨범이 나오게 된다. 나의 감수성이 그때만큼 파란색, 빨간색으로 컬러풀한 적이 없었다. 그때 한참 감성적인 세계가 마음속에서 생겨났는데, 그것을 담는 그릇이라는 음악 자체가 한국 가요의 틀을 많이 벗어나지 못했다는 점을 어떻게 해서든지 깨려고 노력한 앨범이다. 그 사이 강신자[7] 라는 분을 만나게 되었다. 내 인생에서 빼놓을 수 없는 '후천적 어머니' 다. 강신자 씨에 대해 얘기하자면 상당히 얘기가 길다. 신자 언니는 그냥 만나보면 학생 같지만 그 정신세계는 어마어마하다. [더딘 하루], [Begin]을 내면서 두 발로 걷기 시작하긴 했지만, 신자 언니를 만나지 않았다면 아직까지도 지도가 보이지 않고 무엇을 하고 있는지 모르고 있었을 것이다. 어두운 곳에서 헤매고 있을 때 스포트라이트를 비춰주며 갈 길을 보여준 사람이 신자 언니를 비롯해 일본에 계신 분들이다. 나는 내가 행운아라고 생각한다. 한국에 [더딘 하루]라는 앨범을 가지고 왔을 때 신자 언니가 취재를 왔다. 인터뷰를 했는데 금방 친해졌다. 너무 좋았다. 눈이 어떻게 그렇게 반짝반짝거리는지. 정말 맑다고 느꼈다. 언니와 찍은 사진도 있는데 알프스 소녀 하이디 같았다. 그것이 첫만남이었다. 그리고 나중에 곱게 편지를 써 내게 보내주었다. 나는 일본 사람이 다 그런 줄 알았다. 재일교포 3세이긴 하지만. 편지에는 "여기 구마모토에 친구들이 있는데, 제가 이상은 씨의 음악이 좋다고 해 팬들이 많이 생겼으니 와서 노래를 불러주십시오"라는 내용이었다. 우연히 그때 스케줄이 비었다. "우연은 없다. 모든 것은 필연이다." 그것이 내 모토인데……. 그래서 갔다. 물론 언니가 보고 싶기도 했고. 갔더니 일본 지방 도시들 중 특히 규슈 쪽이 한국하고 가까워서 그런지 한국 사람들과 많이 통하는 인간적인 면을 가지고 있었다. 신자 언니 친구분들이 괜찮은 분들이었다. 어쩌다가 가라

---

7 이상은이 세상에서 가장 존경하는 사람이라고 한다.

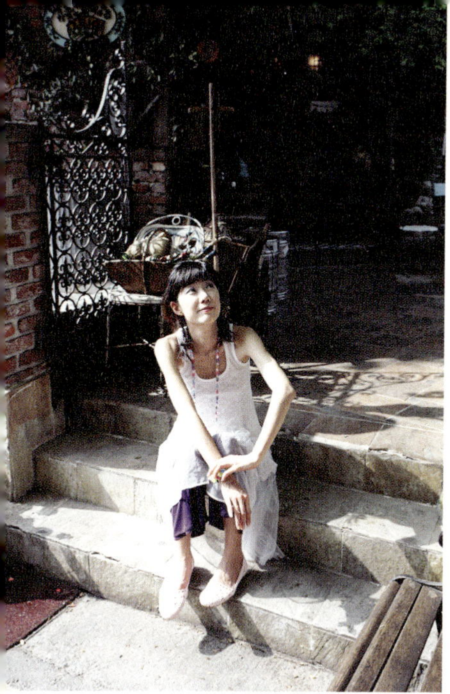

오케를 가게 되었고, 그때 내가 〈Moon River〉를 불렀다. 술은 없었고 그들은 그냥 내 목소리를 듣고 싶었던 것이었다. 불렀더니 사람들이 듣고 나서 "너무 좋다. 감동적이다"라고 했다. 한국에서는 아무도 나에게 그렇게 얘기하는 사람이 없었다. 너무 행복했다. 우리끼리 모여서 라이브를 준비하자고 했다. 그 사람들이 모여서 조그마한 첫 라이브를 하게 되었다. 1991년이었다. 지방 신문에는 '마음을 치유하는 목소리' 라고까지 나왔다. 한국에서는 아무도 그런 말을 하지 않았었다. [더딘 하루] 앨범 같은 경우 한국에서는 팔리지 않는데 일본에서는 팔리곤 했다. 입에서 입으로 전해졌다. 나에겐 아름다운 순간이었다. 정말 인간이 인간으로서 음악을 하고, 인간이 인간으로서 사랑을 받는 기회가 구마모토에서는 있었다. 신자 언니가 그 기회를 나에게 마련해준 것이었다. 그러면서 음악을 통해서 한일 간의 문화교류를 하자는 생각을 했다.

"내 안에는 여러 가지 무국적적인 것이 있다."

5집 프로듀서였던 안진우에 대해 얘기한다면.
안진우 씨는 내가 보기에 순수하고 호빵맨 같은 분이었다. 음악적인 얘기를 하자면 어떤 현실 안에서 음악을 소화해내야 할 때, 그분은 아주 부드럽게 그 상황을 이해하고 판단하는 사람이었다. 내게는 어떤 종류의 현실적인 강박관념이 있었는데도, 하고 싶은 대로 해보자 하며 내 의견도 많이 들어주었다.

5집의 〈프롤로그〉에는 어린 시절의 기억을 상징하는 대상물들을 나지막하게 독백했다. 이는 음악 인생의 새로운 출발을 의미하는가?
아주 간단히 말하면 내 안의 여러 가지 무국적적인 것이다. 출발점이라기보다는 당연히 내 안에 있던 여고 시절에 가졌던 느낌이라든가, 한국에서 느꼈던 좋은 감성들이 표현된 노래가 아닌가 한다.

〈벽〉에서 느끼는 답답함은 지금도 여전한가?
요즘도 벽이 있다. 그런데 지금 나와서도 부끄러워하며 얘기하는 거지만 문을 닫아야 할 때는 문을 닫게 되었을지도 모른다. 왜냐하면 언제나 무

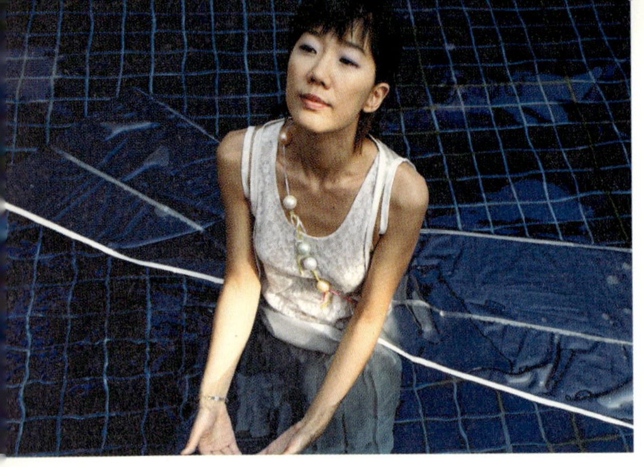

방비 상태로 살 수는 없기 때문이다.

스스로 자신을 '중간자'라 칭했고, '중간자'라면 언제나 현실에서 이런 답답함을 느낄 수밖에 없을 것 같은데.

아마 그럴지도 모른다. 그러나 내가 생각하기에 나는 내 자신이 한마디로 뭐라고 표현하기 어렵다고 얘기한다. 그러니까 그런 말도 맞겠지만 늘 그런 것은 아니다.

다중인격이 아닌가?

그것은 너무 나쁜 것이다. 다중인격인 경우에는 본인들은 모를 것이다. 하지만 난 안다. 내가 여러 가지 면을 갖고 있다는 것을.

그러면 자신의 성격 중에서 가장 좋아하는 부분이 있는가?

의외로 복잡한 것 같은데 단순한 점이다. 복잡하게 생각하다가도 한순간에 그것을 그냥 넘어가 버릴 때 너무 기쁘다. 계속 복잡하게 만드는 것은 아닌 것 같다. 주로 잊어버리는 것이 많다. 어떤 문제를 가지고 고민하다가 더 이상 고민하지 않게 된다는 것은 그 고민이 풀려서라고 생각한다.

갈등이 있을 때 어떤 부분은 해결해야 하고, 어떤 부분은 헤쳐나가야 하지 않는가?

나는 현실적인 문제 해결능력은 별로 없다. 현실적인 얘기를 하는 것이 아니라 내면적인 얘기를 하는 것이다. 내 안에 나만이 알고 있는 풀어야 할 과제들이 쌓여 있을 때 나는 그냥 넘어가는 스타일은 아니고 복잡하더라도 붙들고 늘어지는 스타일이다. 그런데 어느 틈인가 단순하게 넘어간다거나 답을 꼭 찾는다거나 다시 단순해진다. 그러니까 앞으로 나갈 수 있는 것이다.

나이가 들면서 스스로 좋다고 느끼는 점이 있는가?

확실한 것은 어느 정도 여유가 생긴다는 것이다. 어떤 종류의 마음의 여력이나 여유가 생긴다. 아까 건망증 얘기를 했는데 잊어버릴 줄 아는 것도 여유다. 정말 절박한 상황에서는 잊어버릴 수가 없다. 그것의 노예가 되거나 쫓길 것이다. 나 같은 경우는 그런 점이 좋다. 나이 들수록 더 그렇게 될 것이다.

그러면 나이 들수록 잃어간다고 느끼는 것은?

기억력이다.

잃어서 아쉽다고 느끼는 점이 아니겠는가?

나는 뒤를 돌아보고 싶은 마음이 별로 없다. 지금도 수다 떠는 마음으로 얘기하고 있는데……. 사실은 다음 앨범 준비하느라 머릿속에 그것밖에 없다. 무엇을 잊어버려서 슬프다는 생각을 깊이 해본 적이 없기 때문에 당장 답하기가 뭐하다. 굳이 말하자면 역시 그것은 어린 마음일 것이다. 어려서 맑고, 영롱하고, 투명하고 저절로 그럴 수 있었던 부분들.

"한국에서 내가 느낀 리얼리티는 '외롭고 웃긴 가게' 처럼 보였다."

[공무도하가] 녹음을 할 때 일본 스태프와 말은 거의 통하지 않았지만 정신적인 커뮤니케이션이 되었다고 했다. 한국에서 가능하지 않았던 것이 일본에서 가능했던 이유는?

나는 운이 좋기도 했다. 그들은 단지 세션을 했던 것이 아니라 직업적인 소명의식을 갖고 있었다. 굉장히 아티스틱한 사람들이었다. 내가 생각하는 것을 알고 있었다.

영어로 먼저 가사를 만들었다고 했다. 자신의 느낌을 영어로 표현하기가 편한가?

그렇지는 않다. 하지만 우리는 무국적 세대다. 어렸을 때부터 팝송을 듣고 자랐고, 이는 내 감수성의 일부분이다.

공무도하가는 긴장감 속에서 깨질 듯한 아름다움이 있다. 특히 영어 가사로 된 〈Don't Say That Was Yesterday〉, 〈Summer Clouds〉, 〈September Rain〉은 무척 아름답다.

내가 추구하고 싶었던 것은 정형화되었다고도 볼 수 있는 표백된 미였다. 하이클래스의 귀족적인 미를 표현하고 싶었다. 우리나라의 옛날 그림을 보더라도 서민적인 미를 표현한 그림이 있고, 사군자와 같이 귀족적인 미를 표현한 그림이 있다. 후자는 정형화되어 있고 관념적이다. 나름대로는 선비정신에 빠져 있었다.

반복되는 일상에서 무력감을 느낄 법한데, 오히려 시를 쓰고 상상 속의 자기 세계를 구축한다. 노래를 만들 때 현실은 존재하지 않는가?

노래가 현실일 필요는 없다. 내가 나의 세계를 구축하는 것이 아니라 그 나라를 여행하는 것 같다. 음악은 거기에 있는 것이고, 나는 그 세계를 여행하는 것이다. 죽고 나면 난 그곳에 가서 살게 되지 않을까 생각하기도 한다.

그 음악 세계의 풍경을 묘사해본다면.

이런 얘기를 하나 하겠다. 얼마 전 어떤 인터뷰 기사를 읽었다. 인도에 시타 연주의 대가가 있었는데 그에게 "음악이란 뭡니까?"라고 질문하자 그는 이렇게 말했다고 한다. "음악은 하나의 산입니다. 우린 거길 오르는 사람들이죠. 음악의 산은 4단계로 나눠져 있습니다. 첫 번째 산은 오르기 시작하는 단계를 말하지요. 인기를 모으게 되는 시기로 여기서 포기하는 사람도 있습니다. 두 번째 산은 좋아해주고 알아주는 이가 더 많아지는 시기랍니다. 팬들이 늘어나면서 때때로 팬을 통해 우리는 나쁜 걸 배우게 되죠. 명예욕과 인기에 도취하는 마음이 커지면 대부분 더 이상 산에 오르는 걸 포기하고 말죠. 세 번째 산에서는 이제 음악이 무엇인가 하는 의미를 묻게 되고 음악의 의미를 어렴풋이 알아가는 단계로 반성과 후회를 하는 시기가 오게 된답니다. 내가 음악을 위해 그때 그러면 안 되는 거였는데 하는……. 네 번째 산은 드디어 완성에 이르는 단계로 연주할 때 신을 표현하게 되고 사람들도 신을 느끼게 되는 최고의 경지에 이르게 된다고 합니다." 그분 말에 의하면 한 단계가 12년씩 걸린다고 하는데……. 그 기사를 읽었을 때 나는 "우와! Oh My God! 정말 멋있구나"라고 생각했다. 그래서 난 지금도 그 음악의 산을 계속 오르는 중이다. 내 생각에 난 지금 두 번째 단계 끝에서 세 번째로 오를까 말까 하는 과정에 있는 것 같다. 이 마음을 지켜야지, 반성하면서 잘 가야지 하고 다짐 또 다짐하는데 정말 어렵다는 걸 새삼 느낀다.

그때는 한국에서 음악을 했다. 일본에서는 귀족적인 미가 담긴 음악을 하는 것이 가능했지만, 한국에서 내가 느낀 리얼리티는 '외롭고 웃긴 가게' 처럼 보였다. 그리고 상당히 가슴이 아팠다. 예전에는 "아저씨들 싫어 싫어. 나 도망갈래"였다면, 지금은 "내 눈에는 현실이 이렇게 보이는데요"다. 다들 어울리지도 않는 옷을 입고 있는 것 같았다. 꼬집어서 얘기하고 싶은 부분들이 보였고, 내 내면에서도 나 자신의 모순과 더러움까지도 끄집어내고 싶었다. 그런 것들을 표현하려면 로파이(low-fi) 사운드가 어울렸다. 한국의 현실은 하이파이 사운드가 안 어울렸다. 필연적이었다.

단아하고 정갈하고 청아한 사람이 되고 싶다.

나는 이미 아티스트가 되었기 때문에 음악적으로 인정받고 안 받고의 문제는 상관하지 않는다.

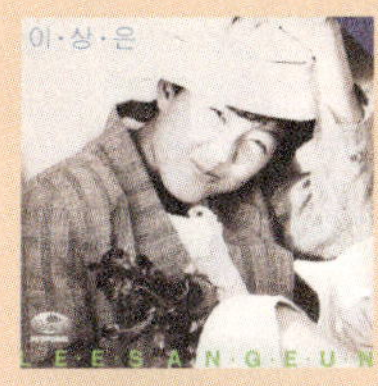

1집 (1989/지구레코드)
〈담다디〉의 인기를 발판으로 만든 음반. 〈사랑해 사랑해〉가 인기를 얻었지만 '상품'으로서의 기능성만 존재할 뿐이었다.

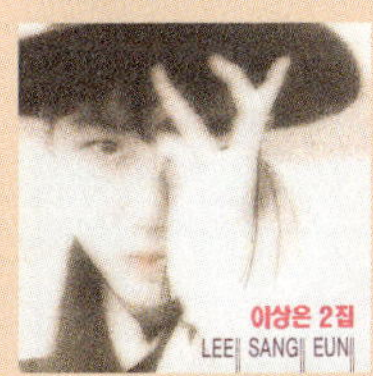

2집 (1990/지구레코드)
이때까지만 해도 그녀에게서 진정한 뮤지션으로서의 가능성을 눈치 채기란 사실 불가능했다. 〈사랑할거야〉 수록.

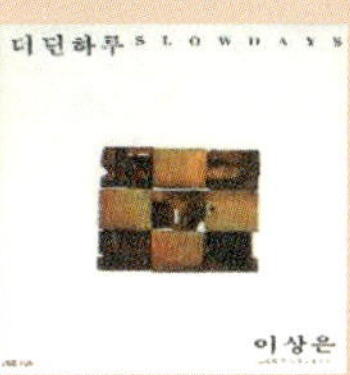

3집 [더딘 하루] (1991/서울음반)
세션: 로버트 노왁(b), 존 베이콘 Jr(d), 에디 오노스키(d), 제임스 웨이드맨(key), 로버트 바개드(key), 톰 시만스키(sax), 존 스카풀라(sax), 진 버튼시니(g), 이고르 시버스키(g)
2집 이후 뉴욕으로 간 이상은은 이때부터 자신만의 음악을 모색하기 시작했다. 뉴욕의 뮤지션들과 음악적인 교류를 가진 결과 이 음반을 발표했다. 〈너무 오래〉, 〈더딘 하루〉라는 명곡을 담은 이 앨범에서 단번에 달라진 이상은을 대할 수 있었다. 비로소 자신의 어법으로 자기의 느낌을 얘기하기 시작한 음반이었다.

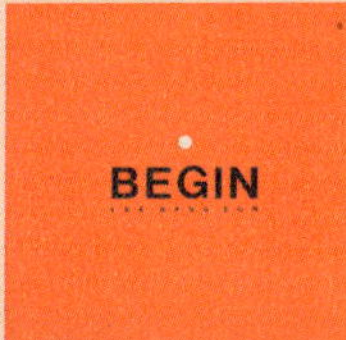

4집 [Begin] (1992/서울음반)
세션: 김홍순(all inst.)
하우스뮤직이나 힙합에 관심이 많은 김홍순이 멜로디 없이 리듬을 만들면 이상은은 그것을 듣고 즉흥적으로 멜로디를 만들어놓은 다음에 가사를 써서 정리를 했다. 정리 후 큰 변화가 없는 코드를 만들어놓으면 거기에 다시 멜로디를 입히는 식으로 노래를 만들어갔고, 그렇게 해서 만든 앨범이 〈솔직히 말해줘〉가 담긴 이 음반이다.

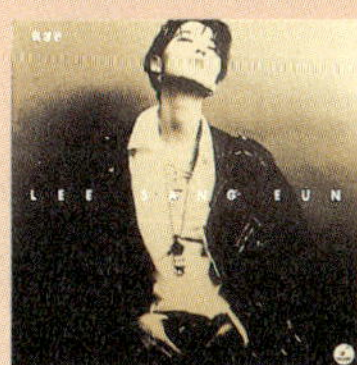

5집 [이상은] (1993/제일)
세션: 안신우(g), 마크 귤리(y), 데이비드 부샷(b), 조지 리사일(d), 마이클 소타일(key)
감각 있는 젊은 뮤지션 안진우의 편곡과 기타 연주가 뛰어난 이 음반은 이상은을 새롭게 태어나게 만들었다. "젊은 날엔 젊음을 모르고, 사랑할 땐 사랑이 보이지 않았네 / 하지만 이제 뒤돌아보니 우린 젊고 서로 사랑을 했구나"라는 〈언젠가는〉 한 곡만으로도 무한한 가능성을 가진 이상은을 발견할 수 있고, '1990년대 거장'의 탄생을 지켜보게 한다.

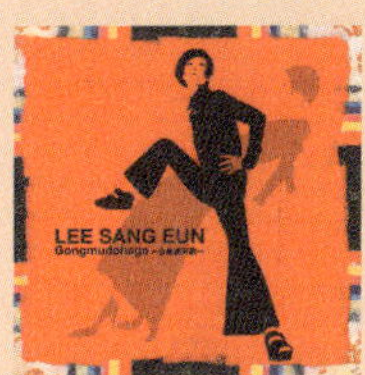

6집 [공무도하가] (1995/폴리그램)
세션: 하지무 다케다(key), 치하루 미쿠주키(b), 이지 시마무라(d), 히로후미 도쿠타케(g), 이쿠오 가케하시(perc)
이상은은 5집 이후 일본에서 자생적으로 생긴 팬들과의 교류를 통해 그곳 사람들과의 끈끈한 교감을 얻었고, 하지무 다케다라는 필생의 음악적 동반자를 만났다. 하지무 다케다와의 만남은 이상은에게 표현 영역의 확장을 가능케 했다. 〈보헤미안〉, 〈Don't Say That Was Yesterday〉, 〈공무도하가〉, 〈Come, The Children Do〉, 〈September Rain Song〉 등은 이 음반을 여태까지 들어보지 못한 사람들에게는 아직도 신비로운 경험을 제공할 것이다.

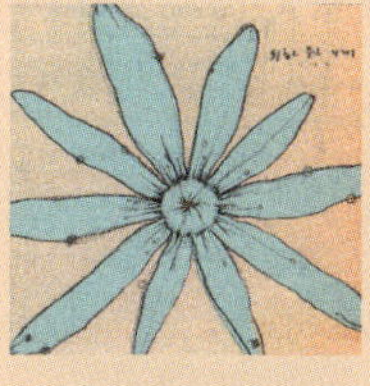

7집 [외롭고 웃긴 가게] (1997/킹레코드)
세션: 하지무 다케다(all inst.)
이 앨범은 본래 영어로 쓴 가사를 역으로 번역한 것이다. 화려한 악기 편곡으로 만들어진 전작과 달리 하지무 다케다의 '1인 세션'으로 녹음된 '로파이' 음반이고, 이제 그녀는 독보적인 스타일의 뮤지션이 되었다. 〈집〉, 〈사막〉, 〈외롭고 웃긴 가게〉 등이 실렸다.

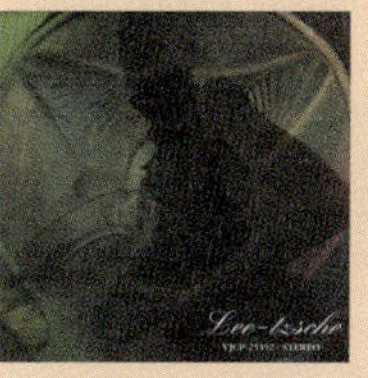

8집 [Lee-Tzsche] (1997/도시바-EMI)
세션: 하지무 다케다(all inst.), London Project
이상은은 펭귄즈 프로젝트로 데모 테이프를 만든 후 세계적인 레벨의 음반사를 찾았고, 도시바-EMI와 계약했다. 그리고 이름도 리채로 바꾸었다. 이 음반은 원래 국내에는 발매되지 않았다.

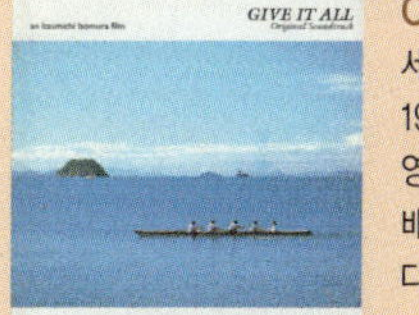

O.S.T. [Give It All] (1998/도시바-EMI)
세션: 다케다 하지무(all inst.)
1998년에 발표된 일본 영화의 사운드트랙. 영화는 20여 년 전 일본의 한 지방도시를 배경으로 여자 고교생들의 청춘 이야기를 다루고 있다.

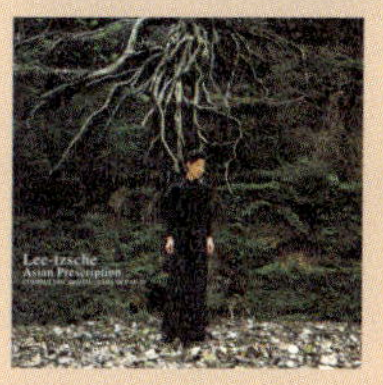

9집 [Asian Prescription] (1999/EMI)
세션: 하지무 다케다(all inst.), 원일(북, 공, 벨)
하지무 다케다의 주도적인 세션에 원일 등이 참여한 이 음반에는 〈공무도하가〉, 〈삼도천〉, 〈새〉 등이 실렸다. 국내판에는 [Lee-Tzsche]에 담긴 〈Broken Pearl〉, 〈Eternity〉와 [Give It All]에 수록〈Ogiyo diora〉의 한국어 버전이 추가로 실렸다.

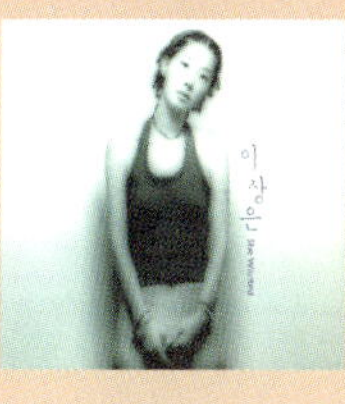

O.S.T. [She Wanted] (2000/Idream)
세션: Penguins(all inst.)
박철수 감독의 영화 '봉자'의 사운드트랙이다.

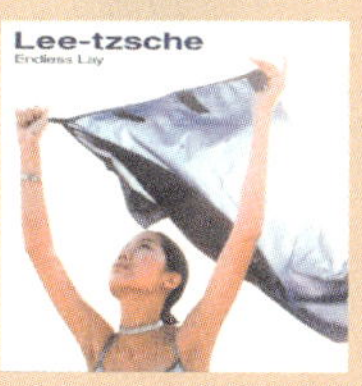

10집 [Endless Lay] (2001/EMI)
세션: Penguins(all inst.), Kiyomi Honda(g), Chiharu Mikuzuki(b), Noriyasu Kawamura(d)
이상은은 '질풍노도'의 시기를 거친 아티스트답게 무섭도록 편안하면서도 관조적

인 앨범을 만들어냈다. 그녀는 이 앨범 발표 전에 가진 인터뷰에서 "20대의 터널은 어두웠다. 그런데 어쩌면 20대는 너무나 밝아서 눈이 껌껌해지는 것일지도 모른다. 인생의 불이 가장 활활 타오를 때라서 그 빛에 눈이 먼 것이다. 터널 안이 어둡다고 생각할 필요는 없다. 젊음의 열기에 눈이 먼 것이다"라고 얘기하기도 했다. "오늘 하루 생각하고 내일은 신의 손에 맡기리 / (중략) / 우리가 정말 이어져 있다면 왜 나는 빈 배에 홀로 있는지"(〈오늘 하루〉), "We Are Never Going To Say 'Sorry' / Cleanse Your Soul And Play Under The Sun"(〈Green Tea Party〉), "도망갈 곳 없는 아파트 숲 속에 푸른 비닐 날개를 어깨에 매달고 / 삶의 부족장이 되어가는 사람 / (중략) / 사랑을 찾아내는 건 파랑새를 찾는 것과 꼭 같아"(〈삶〉)라는 전작과 다른 가사쓰기를 통해 이상은의 변화를 감지할 수 있다. 그리고 이는 편곡과 세션의 방향성을 통해서도 드러난다.

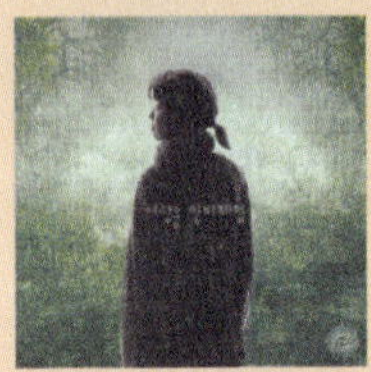

11집 [신비체험] (2003/Music Well)
세션: 장영규(prog, b), 하지무 다케다 (g, key, perc), blue in green(g), 윤성훈(g), 곽경묵(g), 이병훈(key, prog), 이철희(d), 병준(prog), 달파란(prog, b), KAYIP(prog), 정용균(trumpet), 배석원(trombone), 이병호(tuba), 이석준(french horn), 최윤상(장구, 북), 이향희(생황, 피리)
〈Valkyrie〉, 〈Indian Flower〉, 〈The World Is An Orchestra〉, 〈Supersonic〉 등 잘 만든 노래들이 수록되었다.

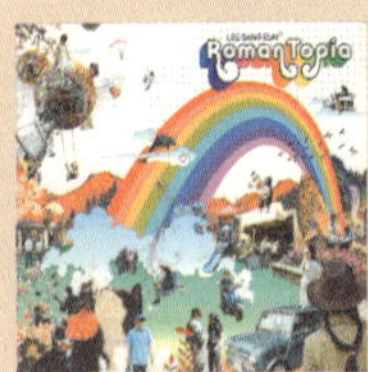

12집 [Romantopia] (2005/Picador)
세션: 하지무 다케다(g, piano, key, organ, accordion), 이병훈(prog, g, piano), 김병준(g), 신윤철(g), 민병훈(b), 최창우(b), 이철희(d), 김동하(mute trumpet), 정태효(prog), 아주지(prog), 최윤상(장구), 김연주(해금), 원일(장구), 조종훈(동해안장구), 박경소(가야금)

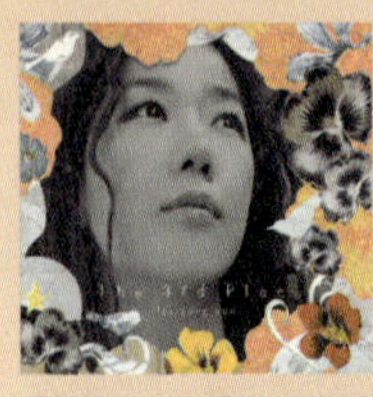

13집
[The Third Place]
(2007/55 Am Music)
세션: 하지무 다케다(g, piano, key), 히로부미 토쿠다케(g), 마사히코 로쿠가와(b), 나오야 하마다(d), 페커(perc), 유카코 푸르다테(violin), 이병훈(g, key), 이철희(d), 민재현(b), 송경근(대금)
이상은의 6집 [공무도하가]를 들어본 사람들은 알겠지만, 이번 앨범이 깨질 듯한 아름다움을 품으면서도 앨범 전체가 통일감 있게 조율된 것은 [공무도하가]와 같이 이주미 와다(프로듀서), 하지무 다케다(〈제3의 공간〉, 〈다이아몬드〉, 〈좁은 문〉 등 편곡) 체제로 작업했기 때문에 가능했을 것으로 보인다. 9집 [Asian Prescription] 이후 이상은은 10집 [Endless Lay]에서 Sun&Fish Project(이상은, 황보령, 하지무 다케다, 이주미 와다)와, 11집 [신비체험]에서 장영규, 하지무 다케다와, 12집 [Romantopia]에서 이병훈, 하지무 다케다와 음악작업을 하면서 자신의 나이를 감안한 다양한 음악작업에 관심을 보였다. 하지만 [Asian Prescription] 이후 아티스트로서 내리막길에 접어들었다는 인상은 감출 수 없었고, 1990년대 내내 그녀의 열렬한 팬이었던 내게 당혹감을 주었던 것이 사실이었다. 그런데 이 앨범, 무척 아름답다. 특히 하지무 다케다의 피아노 연주로 "이곳도 아니고 저곳도 아닌 또 다른 곳이 있다네 / 이 길도 아니고 저 길도 아닌 또 다른 길이 있다네"라고 노래하는 〈제3의 공간〉은 놀라울 정도로 아름답다. 나는 이런 이상은의 가사가 단지 노회한 수사라고는 생각하지 않는다. 그래서 〈제3의 공간〉에서 〈야상곡〉까지를 듣고 있으면 그녀가 다시 전성기로 돌아간 느낌이다. 프로듀서로서 이주미 와다와 이상은의 조율 아래 하지무 다케다와 이병훈(VOY)이 노래를 나누어 편곡한 방식으로 만든 이 음반은 세션, 녹음을 포함한 모든 면에서 2007년의 의미 있는 작품이다. 그건 '음반의 시대'가 끝났다고 떠들어대는 사람들에게 "그럼 우리가 이상은의 [The Third Place] 같은 작품을 음반이란 형태 말고 들을 방법이 있는가?"라고 묻고 싶게 만들기 때문이다. [The Third Place] 같은 작품은 단지 '음원들의 결합' 차원이 아니다. 이런 음반을 듣는다는 것은 이상은이 지난 1년 동안 숙고하며 작업한 노래들을 찬찬히 듣고 튼실한 부클릿을 보면서 그녀의 생각을 읽고 참여 뮤지션들의 작업을 상상하는 것이다.

기타 음반

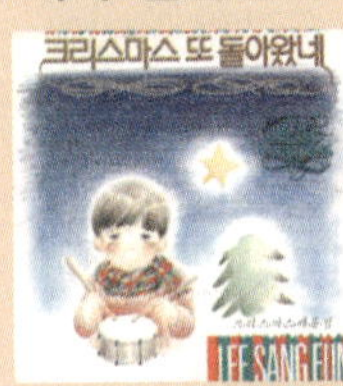

이상은
[크리스마스 또 돌아왔네]
(1989/지구레코드)
〈크리스마스 또 돌아왔네〉, 〈참 아름다워라〉

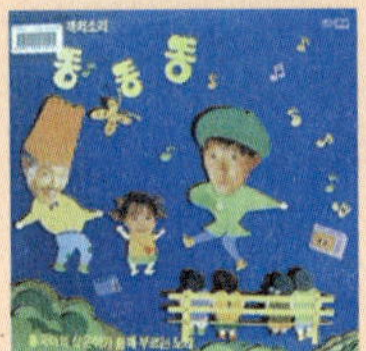

김흥국, 이상은
[까치소리 동동동] (1990/지구레코드)
세션: 김정선(g), 함춘호(g), 김광석(g), 김명곤(piano), 이태윤(b), 이수용(b), 이건태(d), 배수연(d)

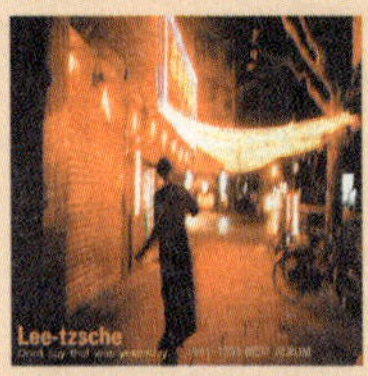

이상은
[Don't Say That Was Yesterday]
(2000/EMI)
베스트 앨범. 〈Summer Clouds〉, 〈달〉 등 수록

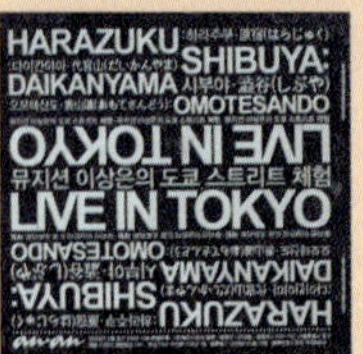

이상은
[뮤지션 이상은의 도쿄 스트리트 체험]
(2003/일요신문사)

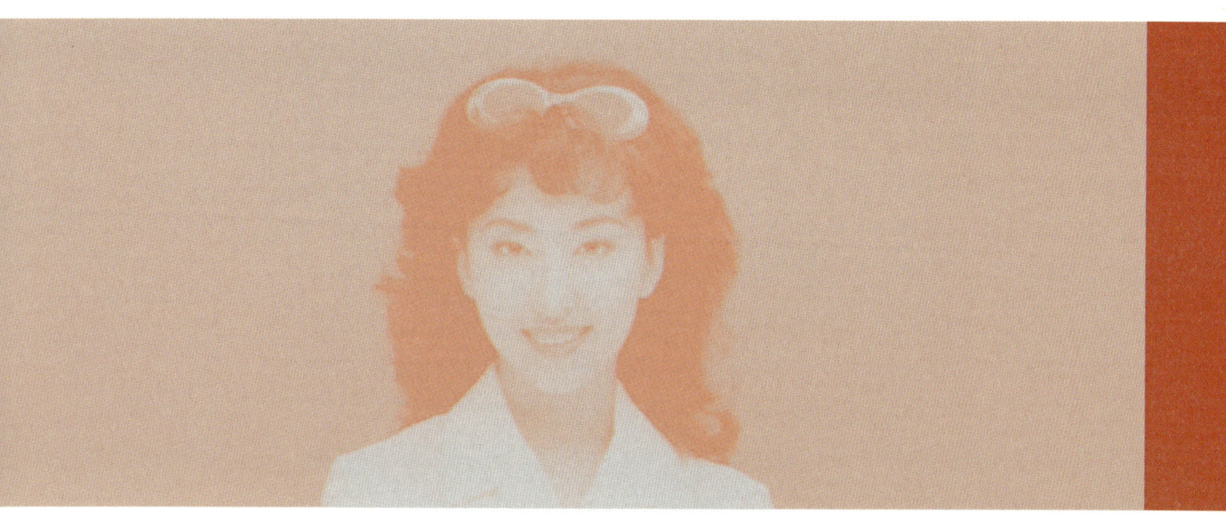

김완선 & 박주연

"1980년대의 디바"

김완선과 박주연은 1980년대에 각기 오버그라운드와 언더그라운드에서 맹렬한 활동을 펼친 여성 뮤지션이다. 그리고 김완선은 특이하게도 한동안의 휴지기를 가진 뒤 2002년 한국 댄스 음악 신(scene)의 명반인 [{S} & Remake]를 발표했다.

김완선은 '인순이와 리듬터치' 의 백댄서로 연예계에 데뷔했고, 1986년 〈오늘 밤〉 등 김창훈의 노래들로 꾸며진 1집을 발표했다. 그녀는 1990년 5집이 나오기 전까지 인기는 있었지만 평범한 댄스 가수에 불과했다. 하지만 손무현이 전체적으로 음악감독 역할을 했던 5집은 그때까지 보여주었던 이미지에서 한 단계 올라서서 '앨범' 을 만든 댄스 가수가 되었다. 이 앨범에서 손무현은 기타 세션 외에도 작곡과 편곡을 담당했고, 자신도 1980년대 헤비메탈 뮤지션이라는 이미지에서 탈피했다.[8] 그는 팝적인 감각이 좋아서 〈가장 무도회〉, 〈삐에로는 우릴 보고 웃지〉라는 히트곡을 만들었다. 그리고 〈어느 봄날〉과 같이 예전 김완선의 노래에서는 들을 수 없었던 멜로디가 수려한 곡도 만들었다. 이 앨범은 한국 댄스 음반으로는 작품으로서 완결성을 갖춘 흔치 않은 사례라고 할 수 있다.

그러다가 2002년 김완선은 8집 [{S} & Remake]라는 댄스 계열의 명반을 발표하면서, 명실상부하게 한국의 디바 반열에 올라섰다. 이 음반은 한마디로 한국 댄스 신의 역량을 집대성한 작품이다. 즉, 한국의 댄스 신에서 만들 수 있는 최상의 앨범이라는 의미다. 김완선도 최선을 다했고 음악을 대하는 안목도 수준급 이상으로 올라선 느낌이다. 이 음반에서 주목해야 할 편곡자는 웨어 더 스토리 엔드(Where The Story Ends)의 한재원(첫 번째 CD 'S' 편의 후반부 재편곡 작업)과 피터 라펠슨(Peter Rafelson, 두 번째 CD 'Remake' 편에 담긴 9곡 전부와 〈Another Me〉 편곡 작업)인데, 이들은 김완선의 곡을 격조 있는 댄스곡으로 재탄생시켰다. 그리고 그런 콘셉트로 앨범을 작업한 김완선과 프로듀서 김지환, 신인수의 안목이 돋보인다.

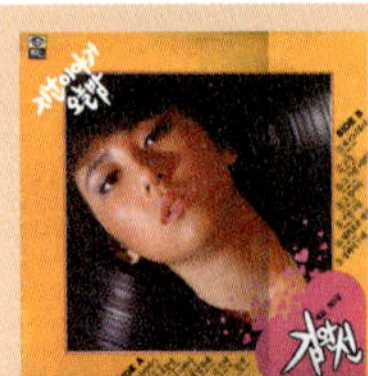

김완선 1집
(1986/지구레코드)
〈오늘 밤〉, 〈왜 아니〉

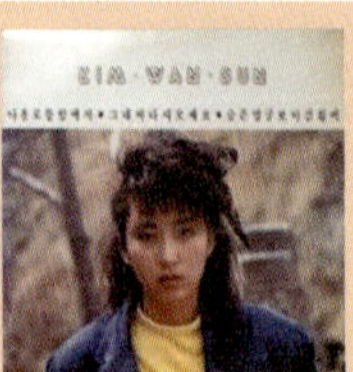

김완선 2집
(1987/지구레코드)
〈나 홀로 뜰 앞에서〉,
〈슬픈 얼굴 보이긴 싫어〉

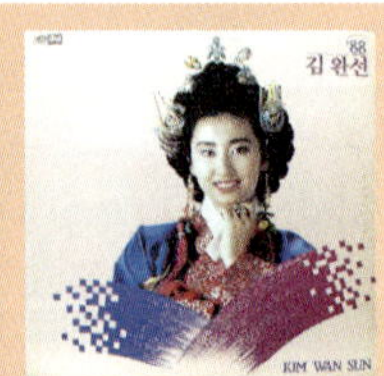

김완선 3집
(1988/지구레코드)
〈나 홀로 춤을 추긴 너무
외로워〉, 〈사랑의 골목길〉

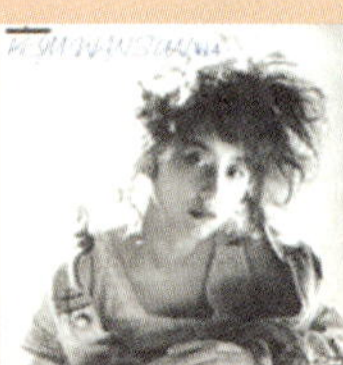

김완선 4집
(1989/지구레코드)

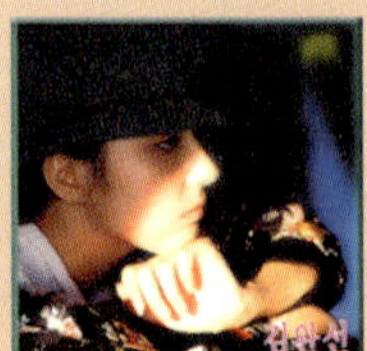

김완선 5집
(1990/아세아레코드)
세션: 손무현(g), 윤상
(b), 최태완(key), 김효
국(key), 이정식(sax),
김희현(d)

---

8 손무현은 1988년에 임재범이 보컬로 있었던 외인부대에서 이지웅과 같이 기타를 쳤다.

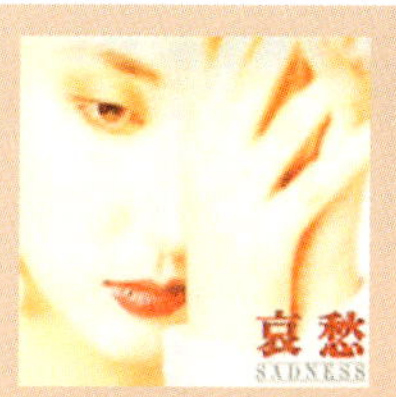

김완선 6집
(1992/아세아레코드)
〈애수〉

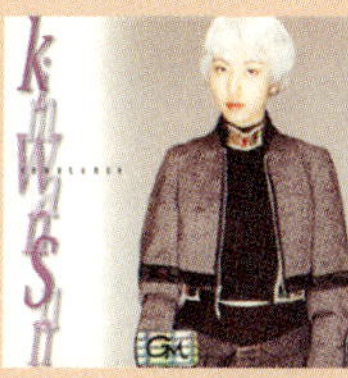

김완선 7집
[탤런트]
(1996/킹레코드)
〈운명의 장난〉, 〈슬픔
같은 행복〉

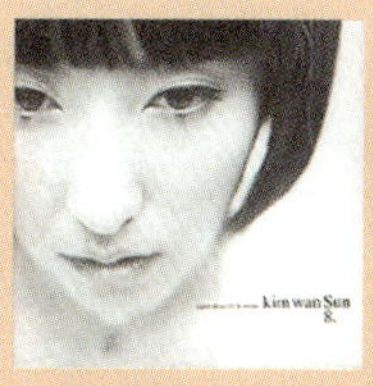

김완선 8집
[{S} & Remake]
(2002/예당)
〈Shall We Dance〉,
〈삐에로는 우릴 보고 웃지〉

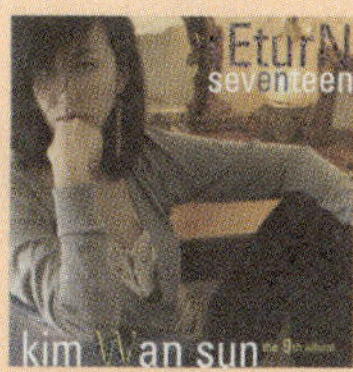

김완선 9집
[Return] (2005/도레미)

박주연은 1990년대에 하광훈(작곡), 윤상(작곡)과 짝을 이루어서 작사가로 명성을 얻었던 뮤지션이다. 그래서 자신의 음반보다는 다른 사람의 음반 작업으로 가치를 인정받았다. 대표적인 음반은 김민우의 데뷔 음반이었고, 여기서 〈사랑일 뿐이야〉, 〈입영열차 안에서〉가 폭발적인 인기를 얻었다. 대중적으로 알려지기 전인 1987년에 〈1월 14일〉이 수록된 데뷔 음반을 발표했다.

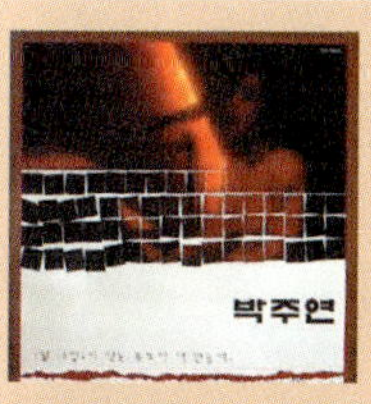

박주연 1집
[박주연]
(1987/서라벌레코드)
세션: 최이철(g), 김택환(b), 김
희현(d), 홍원표(sax), 변성룡
(key), 김광민(key), 최태완
(key), 하광훈(key)

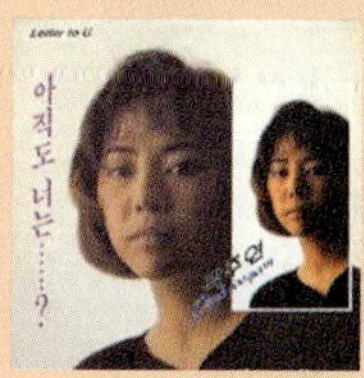

박주연 2집
[아직도 너는…?]
(1991/아세아레코드)
〈아직도 망설이고 있니?〉,
〈비상〉

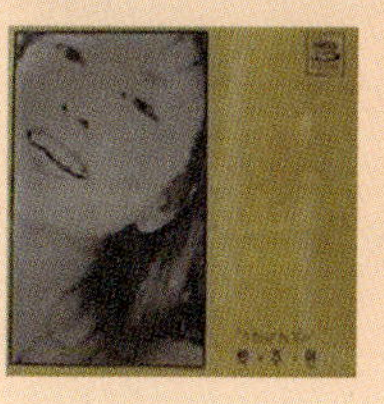

박주연 3집
[Music Is You]
(1994/삼성뮤직)
〈내가 설마 결혼을〉, 〈마지막
경고〉

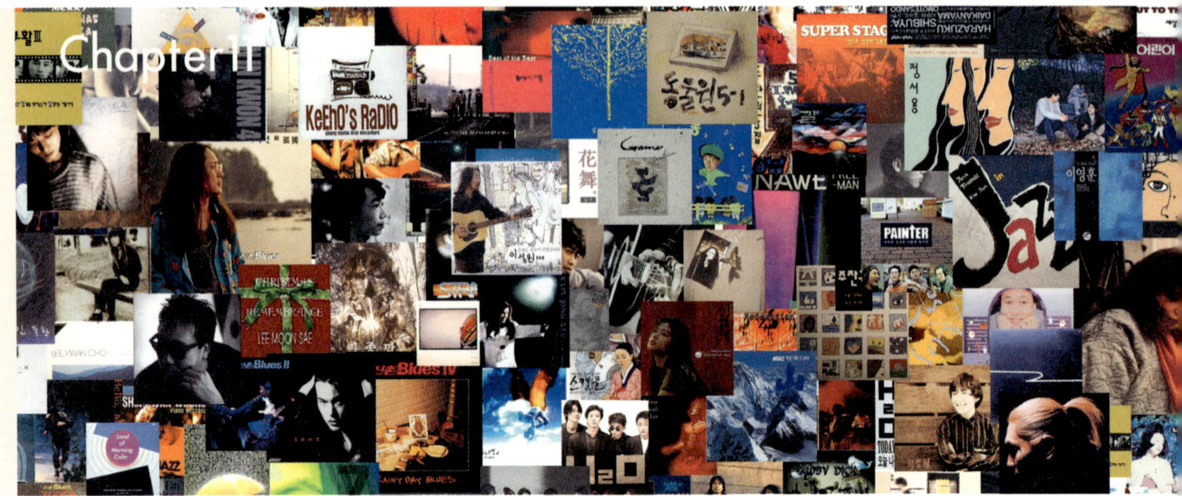

1980년대 Various Artists

1980년대 발표된 중요한 컴필레이션 앨범들을 살펴본다. 여기에는 1980년대 중반 한국대중음악의 새로운 조류를 형성한 뮤지션들을 발굴한 [우리 노래 전시회]와 같은 기념비적인 옴니버스 음반도 있고, [국풍 81 젊은이의 가요제]와 같이 5공화국 정권의 관제 행사 기념음반도 있다. 후자는 지금 다시 보면 웃음이 나오지만 이것도 기록으로서 가치가 있다. 그리고 [Friday Afternoon]과 [Rock In Korea]는 당시 한국 헤비메탈 신을 살펴볼 수 있는 귀중한 자료다. [캠퍼스의 소리]에서는 데뷔 전 장필순(소리두울)과 다섯손가락의 음악을 들을 수 있다. 1989년에 시작된 [유재하 음악경연대회] 기념음반은 현재 15회까지 발매되었다.

1. 1980년대 대표적인 O.S.T.

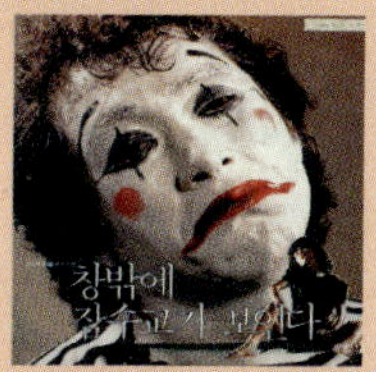

O.S.T. [창밖에 잠수교가 보인다]
(1984/대성음반)
권진경, 김창완, 이광조, 윤설하 등
〈강변연가〉, 〈사랑하면 모든 것이〉

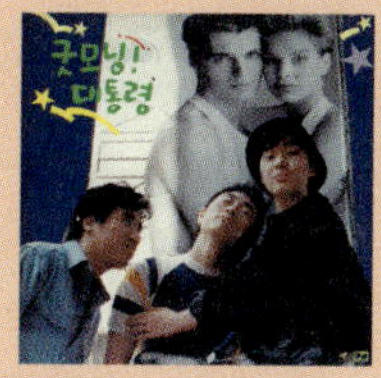

O.S.T. [굿모닝 대통령]
(1989/지구레코드)
오석준, 장필순, 박정운, 이은미
세션: 송홍섭(b, d, prog, key), 김효국
(key, piano), 황수권(key, piano), 이병우
(g), 손무현(g), 김희연(conga, cymbal),
배수연(d), 신영환(trumpet), 김원용(sax)

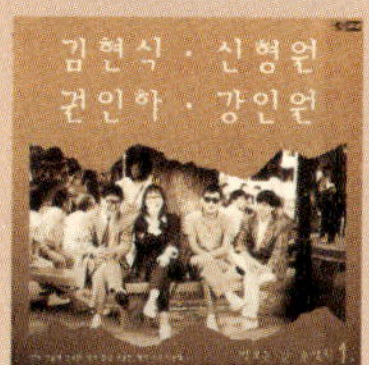

O.S.T. [비오는 날 수채화]
(1989/지구레코드)
김현식, 신형원, 권인하, 강인원
세션: 동포(d), 함춘호(g), 홍금보(b), 이시
우(key, perc), 강승혁(key), 강인원(har-
monica)

2. 우리 노래 전시회

[우리 노래 전시회]는 1980년대의 기념비적인 옴니버스 음반이다. 특히 1집(1985)은 1980년대 중반 대중음악의 새로운 조류를 형성한 뮤지션들을 발굴했다는 중요한 의미를 지닌다. 전인권의 〈그것만이 내 세상〉, 시인과 촌장의 〈비둘기에게〉, 어떤 날의 〈너무 아쉬워 하지마〉 등은 그들이 각기 데뷔 전에 발표한 귀중한 음원이기도 하다.[1] 이광조의 〈오 그대는 아름다운 여인〉이 대중적으로 가장 큰 호응을 받았지만 역시 주목할 점은 그때까지 무명이었던 전인권, 시인과 촌장, 어떤 날, 최성원이 조명을 받았고, 그 덕에 그들이 부상할 수 있는 여건

이 조성되었다는 것이다. 1980년대 언더그라운드 음악의 핵심적인 기획사 동아기획이 바야흐로 용틀임하게 되는 전기를 마련한 음반이기도 했다. 이 음반의 성공으로 우리 대중음악계는 일정 기간 풍요로울 수 있었다. 이 음반의 프로듀서였던 최성원은 2~4집을 자신의 음반으로 만들어버린 듯한 느낌으로 제작해 '새로운 조류의 발굴'이라는 1집의 의미를 잃어버리게 했다. 그런데도 손진태, 김현철, 푸른하늘, 낯선사람들이 이 음반들을 통해서 주목받았다.

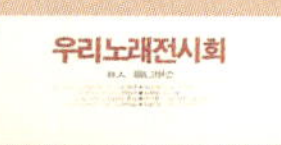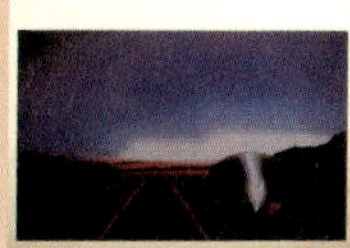

우리 노래 전시회 1
(1985/서라벌레코드)
이광조, 전인권, 시인과 촌장, 어떤 날, 강인원, 최성원, 박주연, 양병집
세션: 조동익(기타), 하덕규(기타), 조원익(베이스), 안기승(드럼), 허성욱(키보드), 김광민(키보드)

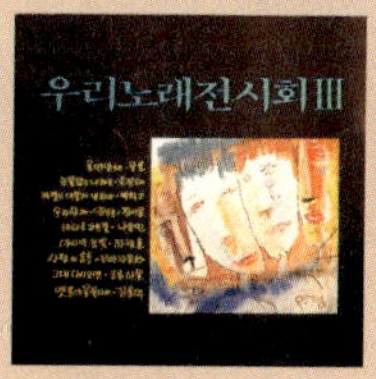

우리 노래 전시회 3
(1988/서라벌레코드)
들불, 손진태, 박학기, 정서용, 나동민, 하광훈, 꼬마 자동차, 푸른 하늘, 김용덕

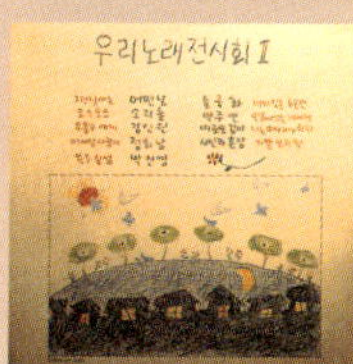

우리 노래 전시회 2
(1987/서라벌레코드)
어떤 날, 소리둥, 강인원, 정희남, 박진영, 들국화, 박주연, 따로 또 같이, 시인과 촌장

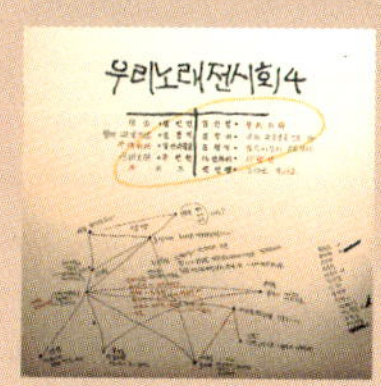

우리 노래 전시회 4
(1991/서울음반)
임인건, 조동익, 낯선 사람들, 주찬권, 김선경, 김창기, 김형석, 16년 차이, 박인영

---

[1] 이 음반의 곡들은 그들의 데뷔 음반에 실린 곡들과는 다른 버전인데, 특히 시인과 촌장의 〈비둘기에게〉는 애인에게 전화 수화기를 통해서 노래하는 재미있는 발상의 곡이다.

3. 우리 모두 여기에

[우리 모두 여기에]는 동아기획 소속의 뮤지션들이 대중음악계에서
큰 호응을 얻었던 1980년대 말부터 1990년대 초반에 합동 공연 형태
로 가진 콘서트였다. 이 공연에 참여한 뮤지션들만 봐도 동아기획이
이전에 얼마나 거대한 기획사였는지 짐작할 수 있을 것이다. 이 음반
들은 1993년에 한꺼번에 나왔고, 라이브가 아닌 정규 스튜디오 음반
컴필레이션이다.

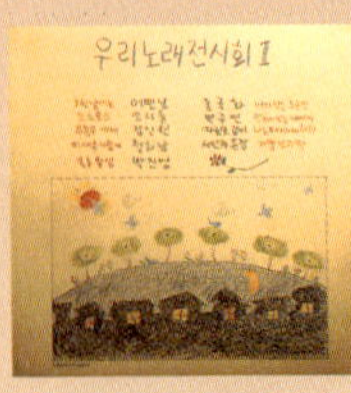

우리 모두 여기에 2회
(1990. 5. 13/동아기획)
신촌블루스, 최성원, 김현식, 빛과 소금, 하
광훈, 정서용, 장필순, 김현철, 봄여름가을
겨울, 이정선, 박학기, 이원재

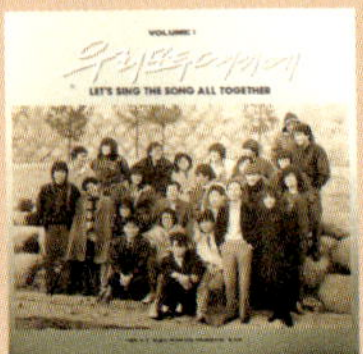

우리 모두 여기에 1회
(1988. 4. 2/동아기획)
조동진(기획)
들국화, 믿음소망사랑, 김현식, 한영애, 시
인과 촌장, 푸른하늘, 김두수, 우순실, 박
주연, 임지훈

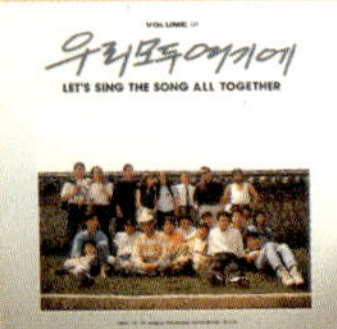

우리 모두 여기에 3회
(1992. 12. 31/동아기획)
신촌블루스, 봄여름가을겨울, 한상원, 정원
영, 빛과 소금, 푸른하늘, 소나무, 신형원,
이정선, 김현철, 박학기

4. Friday Afternoon

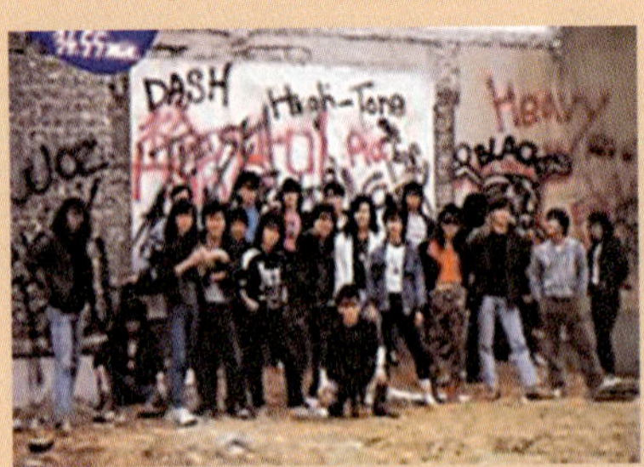

[Friday Afternoon]은 국내 최초로 만들어진 헤비메탈 컴필레이션
음반이다. 1980년대 말 당시에는 시나위, 부활, 백두산, 카리스마와
같이 인기 밴드들도 있었지만 역시 대부분의 밴드들에게는 녹음 기
회조차 쉽사리 주어지지 않았다. 그렇다고 파고다 극장, 록 월드
(1986년 봄 폐쇄) 정도 말고는 특별히 공연할 장소가 있었던 것도 아
니었다. 이런 상황을 조금이라도 타개하기 위해 1988년 기획된 것
이 이 음반이다. 블랙 신드롬, 쇼크 웨이브, 아이언 로즈, 하이톤, 대
쉬, 크라티아, 아발란시가 참여한 이 음반은 독집 음반을 낼 정도의
지명도를 갖지 못한 그룹들에게는 좋은 방식이었으나 저예산으로
진행하다 보니 녹음에 투자할 여력이 없었고, 결과적으로 다소 조악
한 음질의 음반이 나오게 되었다. 이후 3집까지 발매되었다. 하지만
이 음반들을 통해서 대중에게 알려진 일부 밴드의 경우 독자적인 음
반 작업으로까지 이어져 의미는 있는 작업이었다. 1980년대 언더그
라운드 헤비메탈을 알아보겠다면 이 음반들을 들어보면 된다. 2002
년에 톤뮤직에서 재발매되었다.

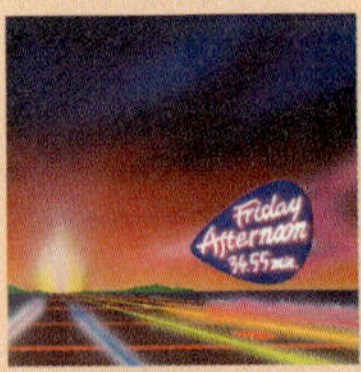

Friday Afternoon 1
(1988/대도레코드)
블랙 신드롬, 쇼크 웨이브, 아이언 로즈,
하이톤, 대쉬, 크라티아, 아발란시
한국 최초의 헤비메탈 옴니버스 앨범으로
국내 록 역사에 기록된 앨범! 블랙 신드롬
을 비롯해 크라티아, 아발란시 등의 신인
그룹들을 배출. 이 앨범은 후에 [Rock In Korea] 앨범을 제작하는 데
영향을 주기도 했다. (앨범 해설: 당시 FM-25시 DJ 전영혁氏)

1. Faith Of Rock(Black Syndrome)
   박영철(Vocals), 김재만(Guitar), 방승연(Bass), 조주영(Drums)
2. A Mouse In Museum(Shock Wave)
   Jeffrey Kim(All Guitars & Bass), Mark Donahue(Drums)
3. Rain(Iron Rose)
   김성면(Vocals), 박정서(Guitar), 임홍렬(Bass), 민경일(Drums)
4. Rock(High-Tone)
   전금중(Vocal), 정창욱(Guitar), 강기훈(Bass), 이영한(Drums)
5. Crazy World Beyond The Wall(Dash)
   전병기(Vocal), 공기수(Guitar), 조규현(Bass), 오경환(객원
   Drums ...뮤직 에로스)
6. King Of Rock(Cratia)
   최민수(Vocal), 이준일(Guitar), 박성용(Bass), 권태원(Drums)
7. Farewell To ' 99(Avalanche)
   마경식(Vocal), 현상우(Guitar), 이태섭(Guitar), 김태호(Bass),
   민경일(객원 Drums, Iron Rose 멤버)

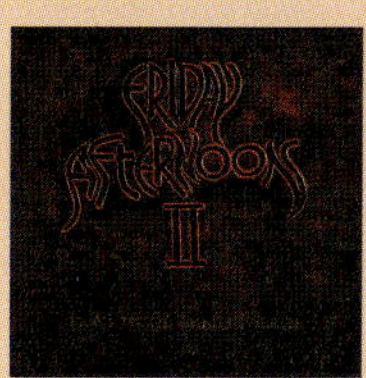

Friday Afternoon 2
(1989/대도레코드)
전작의 커다란 호응에 힘입어 야심차게
제작된 앨범. 다크에이지, 활화산, 에덴,
프라즈마, 제로지 등 참여.

1. 시베리아(다크에이지)
2. 그소리(활화산)
3. The Dark Is The North World(에덴)
4. 야생의 섬(크로스본즈)
5. Loving Tonight(프라즈마)
6. Tears Of Gypsy(제로지)
7. Let's Go(시라소니)
8. Living In A Rock(Friday Afternoon 참가자 함께)

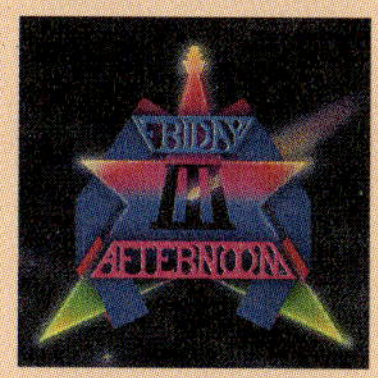

Friday Afternoon 3
(1990/대도레코드)
에센스, 타티, 한반도, B612, 헤비 엔젤
스 등 참여.

1. We Are Hunters(Essence)
   허효영(Vocal), 이승재(Guitar), 이종훈(Bass), 임우상(Drums)
2. Arrogant Empire(K.L.K.B)
   이재학(Vocal & Guitar), 김인호(Guitar), 김원엽(Bass), 방남식
   (Drums)
3. Rock'n Roll City(Metropia)
   임형균(Vocal), 정용호(Guitar), 김용중(Bass), 조상천(Drums)
4. Time Travel(Crux)
   선종욱(Vocal), 백우현(Guitar), 김성혁(Bass), 신영(Drums)
5. Truthful Heart(Naty)
   정형섭(Vocal & Guitar), 남지우(Guitar), 김태수(Drums)
6. Feel The Smell Of Rock(B612)
   서영철(Vocal), 유한승(Guitar), 유호석(Bass), 양성호
   (Keyboard), 김동훈(Drums)
7. 한반도(한반도)
   최승일(Vocal), 박종배(Guitar), 박동백(Drums)
8. 일곱번째 나팔(Heavy Angels)
   김성수(Guitar)

기타 음반

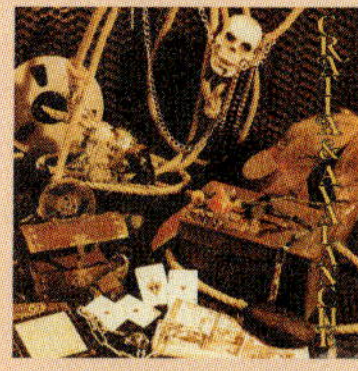

크라티아 & 아발란시 1집
[Cratia & Avalanche]
(1989/대도레코드)
크라티아: 최민수(v), 이준일(g), 박성용
(b), 권태원(d)
아발란시: 마경식(v), 현상우(g), 이태섭
(g), 김태호(b), 김성태(d)

크라티아(Cratia)와 아발란시(Avalanche)는 [Friday Afternoon 1]
에 참여한 그룹이다. L. A. 메틀풍의 크라티아와 스래시 메탈 그룹

인 아발란시가 1989년에 각각 LP의 한 면씩 채워서 만든 음반이다.
블랙 신드롬과 함께 이들은 음반에서 가장 주목받은 그룹들이었는
데, 크라티아에서는 최민수(보컬)와 이준일(기타)의 스타성이 보였다.
그리고 스래시 메탈 스타일로는 국내에서 첫 번째 곡인 〈Farewell
To '99〉을 수록했던 아발란시는 이태섭과 현상우의 트윈 리드기타
체제가 박진감 있는 리프를 만들어냈던 그룹이다. 이후 독집 음반을
내는 데까지는 이어지지 못했으며, 최민수는 솔로로 독립하고 이태
섭은 서태지의 〈하여가〉 세션에 참여한다.

5. Rock In Korea

[Rock In Korea]는 [Friday Afternoon]에 자극받은 당시 헤비메
탈계의 1급 뮤지션들이 잼 세션 형태로 녹음한 음반이다. 이 음반의
독특한 점은 여타 컴필레이션 음반들과는 달리 특정 그룹이 한 곡씩
곡을 헌정하는 방식이 아니라 소속 밴드에 상관없이 '헤쳐 모여' 형
태로 세션 그룹을 형성했다는 점이다. 일정 기간 곡 작업과 연습 시
간을 가진 후 녹음하는 방식이었다. 그래서 이중산(기타), 오태호(기
타), 강기영(베이스), 한정호(키보드), 이병일(드럼)의 반주에 김성헌이
노래를 부르는 〈멈추지 않는 강〉 같은 곡 작업이 가능했다. 이 음반
에서는 당시까지 실체가 제대로 드러나지 않았던 이중산이 〈멈추지
않는 강〉, 〈Paradise〉, 〈기억날 그날이 와도〉에서 연주를 들려준 것
이 흥미로웠고, 당시 무명 기타리스트였던 오태호의 활약도 특기할

만했다. 오태호가 〈멈추지 않는 강〉 이외에 〈허상〉, 〈기억날 그 날이
와도〉, 〈미로〉에서 보여준 헤비 프레이즈는 김도균과 비교될 정도로
기본기가 탄탄함을 보여준 연주였고, 이로써 그는 스튜디오 세션맨
으로서 적합한 자질을 지녔음을 증명했다. 고교 시절 신윤철과의
'리자드' 활동과 공중전화를 통해서만 소수에게 알려진 그가 단번에
스포트라이트를 받는 계기가 된 음반이었다. 〈Rock In Korea〉,
〈The Same Old Story〉의 김도균의 연주는 그가 당시 헤비메탈 기
타 마스터였음을 보여주는 것이었고, 1980년대 헤비메탈 3대 보컬
리스트인 임재범, 김종서, 김성헌이 한자리에 서는 의미 있는 컴필레
이션이기도 했다.

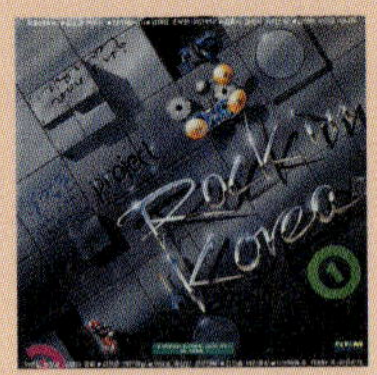

Rock In Korea (1989/성음)
이중산, 김도균, 강기영, 임재범, 손무현,
김종서, 김민기, 김성헌, 손경호, 이병일,
한정호, 김현준, 오태호, 홍성민, 김인용,
Lorren S., Terry S.

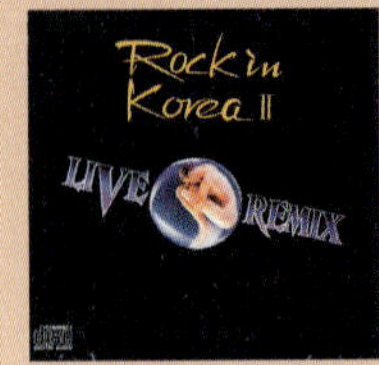

Rock In Korea Live Remix
(1993/아세아레코드)
이근형(g)

오태호

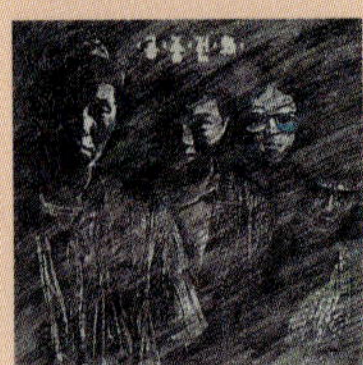

공중전화 1집 (1988/서울음반)
오태호(g), 홍성민(v), 김완영(d), 송현호
(b)

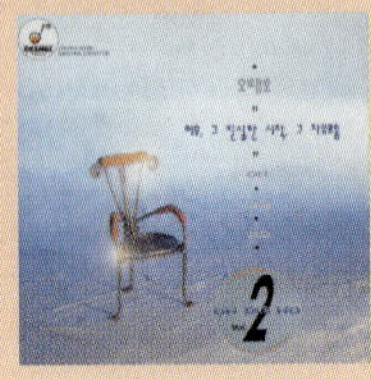

오태호 2집
[허무 그 진실한 시작, 그 자유로움]
(1994/오렌지)

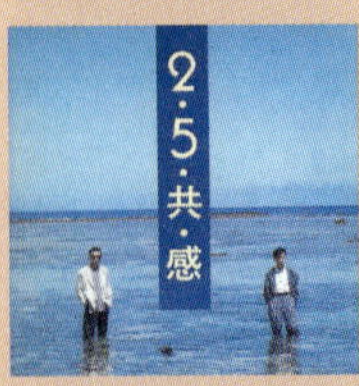

이승환, 오태호
[2·5·공·감] (1992/서울음반)

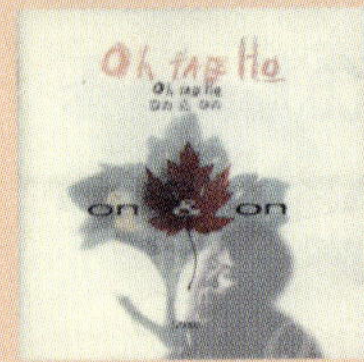

오태호 3집
[On & On] (1996/삼성뮤직)

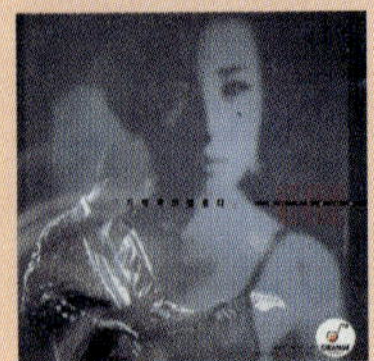

오태호 1집
[기억 속의 멜로] (1993/오렌지)

6. 국풍 81 젊은이의 가요제

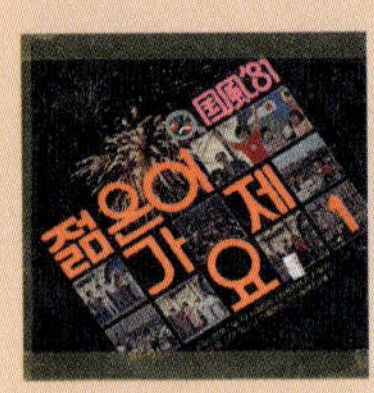

국풍 81 젊은이의 가요제 1집
(1981/지구레코드)

Side A
1. 바람이려오(금상)(작사: 황풀잎 작곡: 황풀잎) – 서울예전 이용
2. 사랑이란(은상, 작곡상)(작사: 김경수 작곡: 김경수) – 영남대 에코스
3. 이내 맘 그대 맘(입상)(작사: 김종욱 작곡: 김종욱) – 경기대 유리알
4. 마나슬루(동상)(작사: 윤상욱 작곡: 윤상욱) – 동국대 흰코끼리
5. 새쫓기(입상)(작사: 정승원 작곡: 정승원) – 목포대 허수아비
6. 젊음이야(입상)(작사: 박건상 작곡: 박건상) – 서강대 킨젝스

Side B
1. 날개(은상)(작사: 오주은 작곡: 홍서범) – 건국대 옥슨81
2. 신육자배기 사랑가(동상)(작사: 심현 작곡: 심현) – 한사대 머리끼리
3. 나 어릴적에(동상)(작사: 김정환 작곡: 김정환) – 경기대 사랑의 듀엣
4. 폭풍 때문이야(입상)(작사: 심현 작곡: 심현) – 경북대 에렉스
5. 바람(작사: 김태곤 작곡: 김태곤) – 송골매

Credits
에코스(영남대)　　　Singer: 윤덕화
　　　　　　　　　　Guitar: 권혁진
　　　　　　　　　　Organ: 문영배
　　　　　　　　　　Bass: 김도훈
　　　　　　　　　　Drum: 손동욱
유리알(경기대)　　　김종욱, 최태식, 김일중, 박민호, 김은봉, 유선영
흰코끼리(동국대)　　Singer: 윤상욱

1st Guitar: 조기형
2st Guitar: 김태희
Bass: 정광연
Organ: 박경원
Drum: 김창규

허수아비(목포대) 정승원, 김철수
킨젝스(서강대) Singer: 이규섭
Guitar: 김현
Organ: 박철우
Bass: 박건상
Drum: 박성수

옥슨 '81(건국대) Singer: 김영범
Guitar: 신정섭
Bass: 조재웅
Organ: 오주은
Drum: 제정욱

머리끼리(한사대) 김문현, 김진현
사랑의 듀엣(경기대) 김정환, 이현숙(경기음악동우회원)
에렉스(경북대) Singer: 이보환
Leader Guitar: 배성철
Organ: 안재언
Bass: 권순선
Drum: 김영호

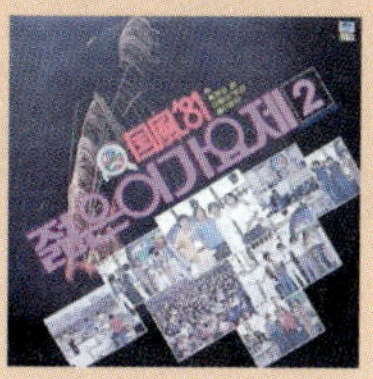

국풍 81 젊은이의 가요제 2집
(1981/지구레코드)

Side A
1. 학(대상) – 갤럭시
2. 마음의 소리 – 양반호
3. 바위 – 블랙테트라
4. 승무 – 유장영
5. 꿈이라 하기에는 – 김선경

Side B
1. 축제의 밤 – 양자택일
2. 을지문덕(연주상) – 시나브로
3. 대학생에게 – 지관해
4. 무지개 소녀 – 심술쟁이

Credits
시나브로   1st Guitar: 안지홍
(고려대, 경희대) 2nd Guitar, Singer: 문관철
                Drum: 권영국
                Keyboard: 김광석
                Bass: 이훈석

7. 웃기는 노래와 웃기지 않는 노래

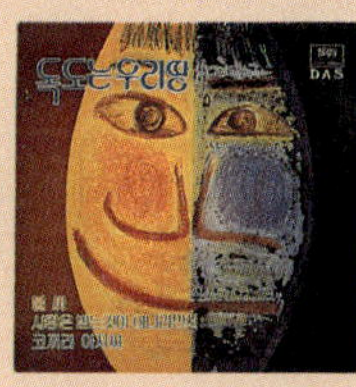

웃기는 노래와 웃기지 않는 노래 1집
[독도는 우리 땅] (1982/대성음반)

Side A
1. 불씨(작사: 한돌 작곡: 한돌) – 신형원
2. 처음 본 그녀 모습(작사: 엄인호 작곡: 엄인호) – 김덕유
3. 안녕(작사:하덕규 작곡: 하덕규) – 종이비행기
4. 독도는 우리땅(작사 :박인호 작곡: 박인호) – 정광태
5. 우리들은 한마음(작사: 김원석 작곡: 김원석) – 해오라기
6. 종이배(작사:김정환 작곡: 김정환) – 사랑의 듀엣

Side B
1. 사랑은 받는 것이 아니라면서(작사: 이정황 작곡: 이정황) – 해오라기
2. 유리벽(작사: 한돌 작곡: 한돌) – 신형원
3. 사랑의 바람(작사: 김정환 작곡: 김정환) – 사랑의 듀엣
4. 안녕이라 하지 말아요(작사: 하덕규 작곡: 하덕규) – 종이비행기
5. 코끼리 아저씨(작사: 변규만 작곡: 변규만) – 정광태
6. 일요일 오후 3시(작사: 이응수 작곡: 외국곡) – 김덕유

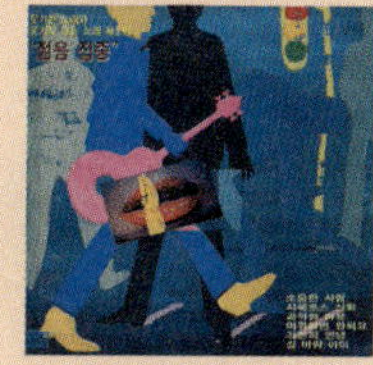

웃기는 노래와 웃기지 않는 노래 2집
[젊음 집중] (1984/지구레코드)

Side A
1. 소홀한 사람(작사: 김미지 작곡: 김미지 편곡: 유지연) – 길은정
2. 시찌프스 신화(작사: 김선민 작곡: 김선민 편곡: 유지연) – 오선과 한음
3. 공허한 마음(작사: 김선민 작곡: 김선민 편곡: 왕준기) – 김승덕
4. 길, 바람, 아이(작사: 김광일 작곡: 김광일 편곡: 이필원) – 김광일
5. 내 언제나 생각하는 사람(작사: 김선민 작곡: 김선민 편곡: 유지연)
   – 노래비
6. 이 시간 이곳에서(작사: 민재홍 작곡: 민재홍 편곡: 왕준기) – 정경화

Side B
1. 미워하면 안되요(작사: 이혜민 작곡: 이혜민 편곡: 유지연) – 노래비
2. 가만히 안녕(작사: 이혜민 작곡: 이혜민 편곡: 왕준기) – 정경화
3. 편지를 써요(작사: 김승덕 작곡: 김승덕 편곡: 왕준기) – 김승덕
4. 서둘지 말아요(작사: 김미지 작곡: 김미지 편곡: 유지연) – 길은정
5. 이름지어 그것은(작사: 김선민 작곡: 김선민 편곡: 유지연) – 오선과 한음
6. 침묵의 시간(작사: 김광일 작곡: 김광일 편곡: 김광일) – 김광일

8. 캠퍼스의 소리 (1984/서라벌레코드)

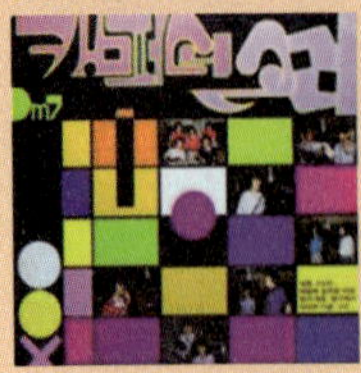

Side A
1. 낙엽, 그것은(작사: 장완진 작곡: 장완진) – 장완진
2. 밤의 여운(작사: 장완진 작곡: 장완진) – 장완진
3. 창가에서(작사: 전흥익 작곡: 전흥익) – 전흥익, 전찬익
4. 그건(작사: 권미경 작곡: 권미경) – 권미경, 장경원
5. 그 작은 순간들(작사: 이두헌 작곡: 박강영) – 다섯 손가락
6. 숲으로 난 길을 가며(작사: 우남익 작곡: 우남익) – 박은자

Side B
1. 바람에 실려온 마음(작사: 최주호 작곡: 최주호) – 소리 두울
2. 사라진 가을(작사: 박강영 작곡: 박강영) – 다섯 손가락
3. 종이 비행기(작사: 김영진 작곡: 김영진) – 소리 두울
4. 작은 사랑(작사: 황세헌 작곡: 황세헌) – 황세헌, 김제우
5. 별 사랑(작사: 장완진 작곡: 장완진) – 장완진

9. 84 젊은이의 노래 (1984/한국음반)

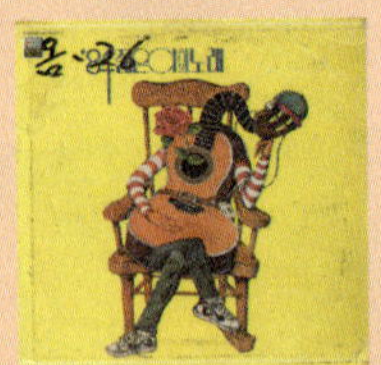

Side A
1. 외로운 사람들(작사: 이정선 작곡: 이정선) – 이정선
2. 잊혀지지 않아요(작사: 이경희 작곡: 이경희) – 우순실
3. 밤이 흐르는 강(작사: 장제훈 작곡: 조동익) – 장제훈
4. 내 인생은 그대뿐(작사: 정주훈 작곡: 정주훈) – 윤정하
5. 기다리는 마음(작사: 윤승태 작곡: 윤승태) – 김정호
6. 대답 없는 그리움(작사: 김원석 작곡: 김원석) – 해오라기

Side B
1. 어린 왕자(작사: 최성원 작곡: 최성원) – 강인원
2. 그녀가 처음 울던 날(작사: 이정선 작곡: 이정선) – 이정선
3. 난 알았네(작사: 이승희 작곡: 이승희) – 이화, 이승희
4. 눈물 속에 피는 꽃(작사: 한경애 작곡: Drelli Jhemy) – 한경애
5. 딸꾹질 사랑(작사: 민재홍 작곡: 민재홍) – 안정대
6. 별들의 고향(작사: 장제훈 작곡: 강근식) – 강근식

10. 유재하 음악경연대회

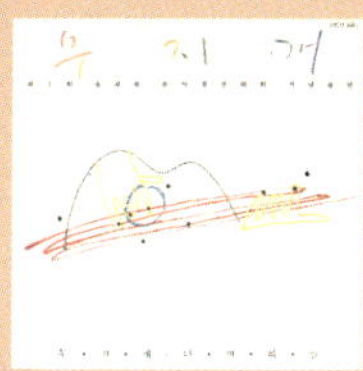

제1회 유재하 음악경연대회
(1989/서울음반)

1. 무지개(금상)(작사: 조규찬 작곡: 조규찬 편곡: 조동익) – 조규찬
2. 오늘이 지나가면(작사: 김승민 작곡: 김승민 편곡: 조동익) – 김승민
3. 비(작사: 김경훈 작곡: 김경훈 편곡: 조동익) – 심경훈
4. 그대를 위한 비밀(장려상)(작사: 손진숙 작곡: 손진숙 편곡: 조동익)
   – 손진숙
5. 밤하늘의 별처럼(작사: 김진형 작곡: 김진형 편곡: 조동익) – 김진형
6. 나의 하늘(은상)(작사: 정혜선 작곡: 정혜선 편곡: 조동익) – 정혜선
7. 멀리 있는 그대에게(작사: 배명식 작곡: 배명식 편곡: 조동익) – 배명식
8. 비 이야기(작사: 안승욱 작곡: 안승욱 편곡: 조동익) – 안승욱
9. 허무(작사: 이승준 작곡: 이승준 편곡: 조동익) – 이승준
10. 낙엽이 있는 길목(동상)(작곡: 유원준 편곡: 조동익) – 유원준

Credits
본선: 공연심사
날짜: 1989년 10월 28일 오후7시
장소: 예술의 전당 리싸이트홀
MC: 임백천
Guest: 한영애, 임인건, 김현철
심사위원: 조동진, 송창식, 김창완, 이호준, 박문영
편곡: 조동익
세션: 배수연(d), 조동익(b), 손진태(g)

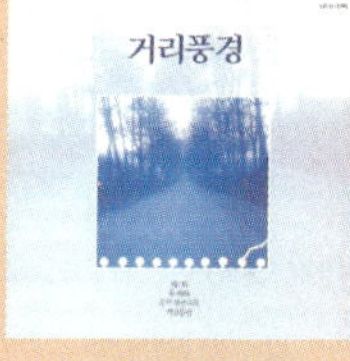

제2회 유재하 음악경연대회
(1990/서울음반)

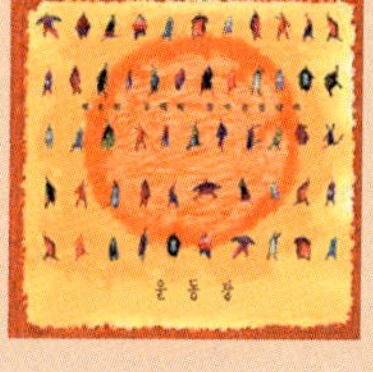

제6회 유재하 음악경연대회
(1994/하나뮤직)

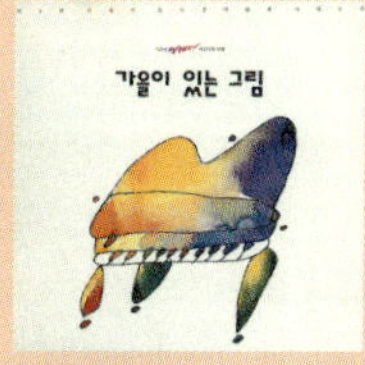

제3회 유재하 음악경연대회
(1991/서울음반)

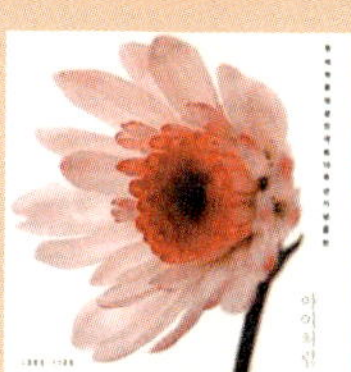

유재하 음악경연대회 10주년 기념
음반 1989–1998
(1998/서울음반)

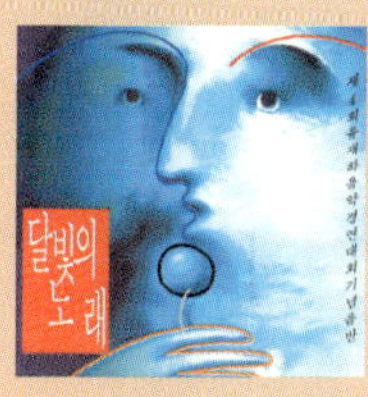

제4회 유재하 음악경연대회
(1993/하나뮤직)

제15회 유재하 음악경연대회
(2004/서울음반)

박준흠 선정 '지금, 여기, 우리의 음반 200장'

아래 선정된 200장의 음반은 2007년 8월에 가슴네트워크와 《경향신문》이 공동으로 진행한 '한국대중음악 100대 명반' 프로젝트를 운영하면서 개인적으로 선정했던 200장의 음반 리스트입니다. 이 리스트의 의미는 2007년 8월에 선정한 음악평론가 박준흠의 개인적인 '페이버릿 앨범' 이기도 하지만, 별로 알려지지 않은 김창기의 [하강의 미학]을 1위로 선정한 것을 보면 알 수 있듯이 음악비평 측면에서 조명받아야 할 음반을 우선시한 결과이기도 합니다. 또한 일반적인 인식과는 달리 인디음반을 '창작' 적인 측면에서 바라보기 때문에 적잖은 숫자가 선정되었고, 그 선정 대상도 다소 낯설 것입니다.

여기서 주의 깊게 볼 것은 진정한 '당대 음악창작자' 는 누구인가라는 점과 이전 선배 뮤지션들과 비교해 그들은 어떻게 대접해줄 것인가라는 점입니다. 나는 이들을 철저하게 같은 선상에서 평가해야 한다고 생각합니다. 그래서 한대수, 김민기, 조동진, 정태춘, 전인권 등의 노장 음악창작자들과 2000년대 현재의 이기용, 이장혁, 연영석, 김민규 등의 신진 음악창작자들을 같은 선상에서 얘기하고 있습니다. 그리고 나름대로 순위를 매겼는데, 이는 '구매 추천 순위' 로 보시면 될 것입니다. 글 마지막에는 특히 각별한 음반들에 대한 소개를 추가했습니다.

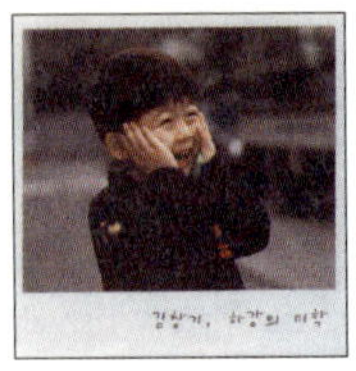

1. 김창기: 하강의 미학 (2000/하나뮤직)

2. H$_2$O: Today I (1993/킹레코드)

3. 어떤날: 1960 · 1965 (1986/서울음반)

4. 시인과 촌장: 푸른 돛 (1986/서라벌레코드)

5. 김현식: 5집 (1990/서라벌레코드)

6. 전인권 · 허성욱: 머리에 꽃을 "1979–1987 추억의 들국화" (1987/서라벌레코드)

7. 안치환: 4집 (1995/킹레코드)

8. 한대수: 무한대 (1989/신세계음향)

9. 장필순: 나의 외로움이 널 부를 때 (1997/킹레코드)

10. 연영석: 공장 (2001/맘대로레이블)

11. 산울림: 2집 (1978/서라벌레코드)

12. 이상은: 공무도하가 (1995/폴리그램)

13. 김광석: 다시부르기2 (1995/킹레코드)

14. 정태춘 · 박은옥: 92 장마, 종로에서 (1993/삶의문화)

15. 한영애: 불어오라 바람아 (1995/디지탈미디어)

16. 허클베리 핀: 18일의 수요일 (1998/강아지문화예술)

17. 럭스: 우린 어디로 가는가 (2004/스컹크)

18. 김광진: 솔베이지 #04 (2002/서울음반)

19. 언니네 이발관: 꿈의 팝송 (2002/쿠조)

20. 이장혁: Vol.1 (2004/12Monkeys Records)

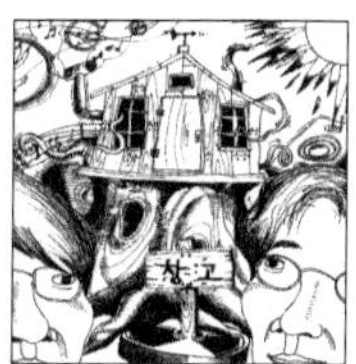

21. 김창기 · 이범용: 창고 (1997/삼성뮤직)

22. 유앤미 블루: Cry... Our Wanna Be Nation! (1996/송)

23. 이정선: 30대 (1985/한국음반)

24. 전인권: 전인권 (1988/서라벌레코드)

25. 한대수: 멀고먼−길 (1974/신세계음향)

26. 장필순: Soony6 (2002/하나뮤직)

27. 델리 스파이스: Welcome To Delihouse (1999/뮤직디자인)

28. 동물원: 2집 (1988/서울음반)

29. 위퍼: Weeper (2001/원뮤직)

30. 코코어: Boyish (2000/The Boo)

31. 푸른 새벽: Bluedawn (2003/카바레사운드)

32. 조동진: 5집 (1996/킹레코드)

33. 작은거인: 작은거인2 (1981/오아시스)

34. 김두수: 자유혼 (2002/리버맨뮤직)

35. 노 브레인: 청년폭도맹진가 (2000/문화사기단)

36. 미선이: Drifting... (1998/라디오)

37. 봄여름가을겨울: Best Of The Best (1997/동아기획)

63. 노이즈가든: Noizegarden (1996/베이)

64. 바세린: The Portrait Of Your Funeral (2002/GMC)

65. 코코어: Fire, Dance With Me (2006/55AM)

66. 덩키스: 1집 (1969/신향음반제작소)

67. 히식스: Go Go Sound '71 – He6와 함께 고고를 (1971/그랜드레코드)

68. 임주연: Imagination (2007/Rubato)

69. 나윤선: Memory Lane (2007/Hub Music/서울음반)

70. 비행선: 아름다운 비행 Part.1 (2004/비행선)

71. 99: 스케치북 (1998/강아지문화예술)

72. 크래쉬: Terminal Dream Flow (2000/록)

73. 한상원: Funky Station (1997/디지탈미디어)

74. 강산에: 나는 사춘기 (1994/킹레코드)

75. 삐삐 롱 스타킹: 원 웨이 티켓 (1997/동아기획)

76. DJ DOC: The Life... Doc Blues 5% (2000/디지탈미디어)

77. 이광조: 세월가면 (1987/성음)

78. 주석: Welcome 2 The Infected Area (2002/MP)

79. 연영석: 숨 – The Breathe (2005/맘대로레이블)

80. 이성원: 동쪽 산에 (2002/풍류)

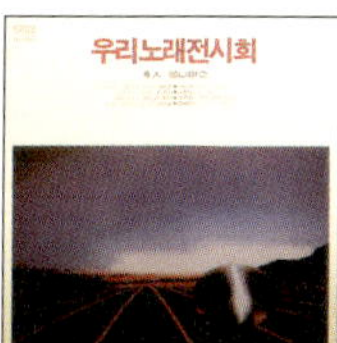

81. V.A.: 우리노래 전시회 1 (1985/서라벌레코드)

82. 신중현: Body & Feel (2002/신중현 뮤직&크리에이션)

83. 스왈로우: Sun Insane (2003/Sha Label)

84. 플라스틱 피플: Songbags Of The Plastic People (2003/카바레사운드)

85. 아무밴드: 이.판.을.사 (1998/인디)

86. 스위트피: Never Ending Stories (2000/문라이즈)

87. 슬로우 쥰: Grand A.M. (2004/롤리팝)

88. 마이 언트 매리: 2nd My Aunt Mary (2001/문라이즈)

89. 바이닐: Estrogenic Vibe (1999/인디)

90. 카리스마: Warning (1988/서라벌레코드)

91. 홀리마쉬: Infliction Of The Morbid Intention (2003/주신)

92. 시나위: 5집 (1995/워너뮤직)

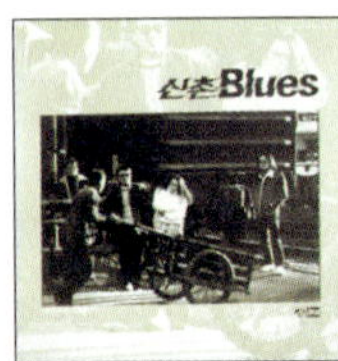

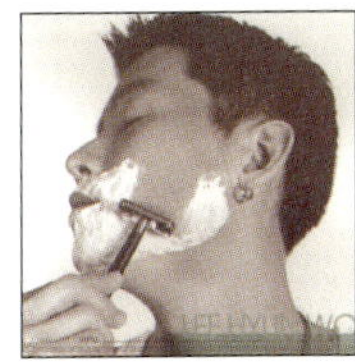

121. 이현우: Virus (2000/서울음반)

122. DJ Soulscape: 180g beat (2000/MP Production)

123. 루시드 폴: Lucid Fall (2000/라디오)

124. 전자양(Dencihinji): Day Is Far Too Long (2001/문라이즈)

125. Where The Story Ends: 안내섬광 (2001/문라이즈)

126. 허클베리 핀: 나를 닮은 사내 (2001/쌈넷)

127. 데이트리퍼: 수집가 (2000/MP)

128. 정태춘: 시인의 마을 (1978/서라벌레코드)

129. 오소영: 기억상실 (2001/하나뮤직)

130. V.A.: 2001 쌈지사운드 페스티벌 (2001/쌈넷)

131. 봄여름가을겨울: 나의 아름다운 노래가 당신의 마음을 깨끗하게 할 수 있다면 (1989/서라벌레코드)

132. 듀스: DEUXISM (1993/지구레코드)

133. 부활: 1집 (1986/서울음반)

134. 안치환: Desire (1997/킹레코드)

135. 서태지와 아이들: 2집 (1993/반도음반)

136. 김현식: 4집 (1988/서라벌레코드)

137. 하늘 바다: 1집 (1989/성음)

138. 신촌블루스: 2집 (1989/서라벌레코드)

139. 이상은: 외롭고 웃긴 가게 (1997/킹레코드)

140. 서태지와 아이들: 1집 (1992/반도음반)

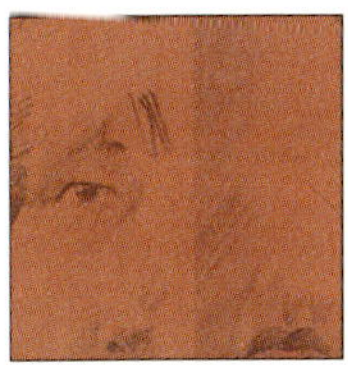

141. 조동진: 1집 (1979/대도레코드)

142. 활주로: 1집 (1979/지구레코드)

143. 따로 또 같이: 2집 (1984/대성음반)

144. H2O: 2집 (1992/아세아레코드)

145. 조동익: Movie (1998/하나뮤직)

146. 미스티블루: 너의 별 이름은 시리우스 B (2005/Pastel Music)

147. 스트라이커스: Untouchable Territories (2006/Dope Entertainment)

148. 소규모아카시아밴드: 소규모아카시아밴드 (2005/Soulshop)

149. 데프콘: Lesson 4 The People (2003/MP)

150. 그림자 궁전: 그림자 궁전 (2007/Tune Table Movement)

151. 한대수&도올: 한대수 도올 광주라이브 (2006/서울음반)

152. 김현성: 그 사내 이중섭 – 우리가 사랑하는 화가2 (2007/Book&Song Poem)

153. 못(MOT): 이상한 계절 (2007/Bounce Entertainment)

154. 몽구스: The Mongoose (2007/Superstars Records/Beatball)

155. 이적: 나무로 만든 노래 (2007/Music Farm)

156. 윤미래(T): T3 (2007/Jungle Entertainment)

157. 달빛요정역전만루홈런: Infield Fly (2003/Laylamusic.Net)

158. 불싸조: 너희가 재앙을 만날 때에 내가 웃을 것이며,
　　　너희에게 두려움이 임할 때에 내가 비웃으리라 (2006/Pastel Music)

159. 할로우 잰: Rough Draft In Progress (2006/Dope Entertainment)

160. 타프카 부다: Trauma (2003/카바레사운드)

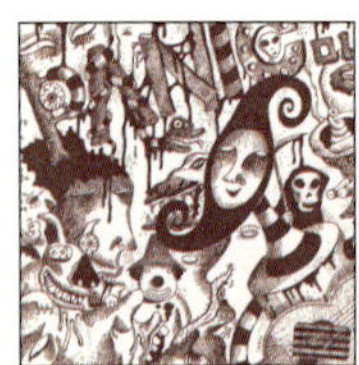

161. 패닉: 밑 (1996/신촌뮤직)

162. 김수철: 황천길 (1989/서울음반)

163. 마그마: 1집 (1981/힛트레코드)

164. 사랑과 평화: 1집 (1978/서라벌레코드)

165. 유지연: 2집 (1985/예음)

166. 박춘상: 2집 (1988/킹레코드)

167. 자유: Old Passion (1991/신세계음향)

168. 스트레인저: Sailing Out (1990/서라벌레코드)

169. 새바람이 오는 그늘: 새바람이 오는 그늘 (1990/아세아레코드)

170. 이성우: 1집 시간이 흐르고 나면... (1990/서울음반)

171. V.A.: 비오는 날 수채화 1집 (1989/지구레코드)

172. 조윤: Mobius Strip (1996/시완레코드)

173. 오선과 한음: 오선과 한음 (1985/서라벌레코드)

174. 크래쉬: Experimental State Of Fear (1997/서울음반)

175. 강산에: 삐따기 (1996/킹레코드)

176. 김현철: 횡계에서 돌아오는 저녁 (1993/서라벌레코드)

177. 낯선 사람들: 2집 (1996/녹스)

178. 해바라기: 2집 (1985/한국음반)

179. 이문세: 4집 (1987/서라벌레코드)

180. V.A.: 겨울노래 (1997/하나뮤직)

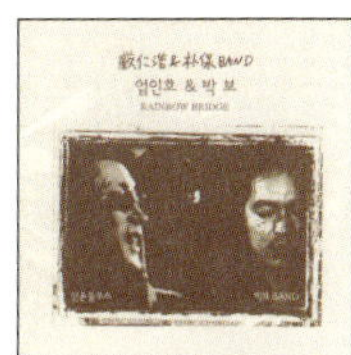

181. 엄인호&박보: Anthology & Rainbow Bridge (2002/Ponycanyon)

182. 이현우: 2005 Lee Hyun Woo Diary (2004/Fatdog Entertainment)

183. 임인건: 피아노가 된 나무 (2004/Pastel Music)

184. 포춘쿠키: 행운의 시작 (2004/Ssamnet)

185. 김완선: S & Remake (2002/Pan Entertainment)

186. 은희의 노을: Vol. 0.5 "Spring" (1999/카바레사운드)

187. 볼빨간: 야매 (2001/Imstation)

188. 3호선 버터플라이: Time Table (2003/Numb Records/Pastel Music)

189. 에브리 싱글 데이: Every Single Day (2004/Yellow Submarine)

190. 카프카: Kafka (2004/Soulshop)

191. 쥬비: The Phase (2002/서울음반)

192. 해머: Passion Engine Machine (2003/IMAPS)

193. 럭스: Another Conception (2004/2005/Skunk)

194. 싸지타: Hello World (2005/Beatball)

195. I Love JH: I Love JH (2006/Espousal Records)

196. 유재하: 1집 (1987/서울음반)

197. 문샤인: Songs Of Requiem (2005/Atro Media)

198. 잠: Requiem #1 (2002/ZZZ)

199. O.S.T.: 철없는 아내와 파란만장한 남편 그리고 태권소녀 (2002/Good International)

200. 한대수: Eternal Sorrow (2000/크림)

음악마니아였던 어린 시절, 나는 분명히 '음악평론가' 에 대한 동경이 있었다. 그렇다고 내가 직접 음악평론가가 되어서 글을 써보겠다는 생각을 한 것은 아니었다. 단지 음악잡지와 음반해설지를 통해 그들의 글을 보면서 묘한 '동류의식' 비슷한 것을 느꼈고, 사석에서 그들과 만나서 음악이야기를 나눠보고 싶은 욕구도 많았다. 아마 내가 음악마니아로 성장하는 데 첫 번째로 영향을 준 분은 전영혁 씨일 것이다. 그분이 편집장으로 재적했던 《월간팝송》이나 1980년대 초반 '황인용의 영팝스' 와 같은 라디오방송 게스트로 출연해서 선곡했던 노래들, 그리고 1980년대 지구/성음 라이선스음반에 쓴 해설지 등은 나의 음악적인 지평을 넓히는 데 무척 많은 도움을 주었다. 특히 그분은 음반해설지를 아주 감성적으로 쓰셨는데, 주다스 프리스트(Judas Priest)의 [Hell Bent for Leather](1979)의 〈Before the Dawn〉을 소개하면서 "밤을 하얗게 지새우며 감동적으로 음악을 듣다가 그만 새벽을 맞고 말았다"라는 식으로 쓴 글이 아직도 기억나는 것을 보니 내게 영향을 준 것만은 확실하다.

물론 전영혁 씨의 글이 비평문의 측면에서 보면 높이 평가할 수 없다는 얘기도 있고, 나 또한 일부 동의하는 바가 있지만 그분을 평가할 때나 음악평론가를 평가할 때는 그게 다가 아니라고 생각한다. 내가 전영혁 씨와의 관계를 통해서 확실히 안 것이 하나 있다면, 그것은 바로 음악평론가의 '음반가이드' 역할이다. 청소년기 시절에 내 음악적 감성이나 지식을 가장 풍부하게 만드는 데 도움을 준 결정적인 사람이 전영혁 씨였고, 그의 역할이 바로 '음반가이드' 였기 때문이다. 그래서 나도 언제부턴가 아래 세대 음악마니아들에게 '음반가이더' 로서 도움을 주고 싶었고, 이 마음은 10년 전에 글을 쓰기 시작했을 때부터 변함이 없다. 거칠게 얘기한다면, 음악평론가는 '음반 선정' 을 제대로 해서 소개만 잘해도 충분하다고까지 생각한다. 그런 이유로 지금도 '가슴네트워크 선정 한국대중음악 100대 명반' 과 같은 기획을 즐겁게 하고 있는지 모르겠다.

아래 음반들은 《서브(SUB)》에서 글을 쓰기 전에 매우 감동적으로 들었던 음반들 중 그 일부에 대한 소개이다.

산울림 [산울림 2집] (1978/서라벌레코드)

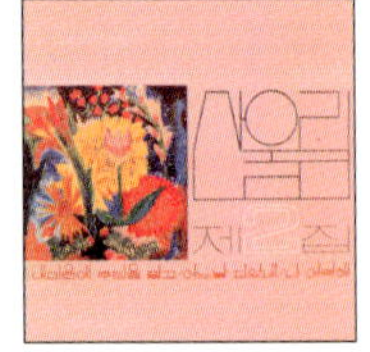

산울림 노래는 초등학교 때부터 좋아했고, 그때 〈아마 늦은 여름이었을 거야〉, 〈불꽃놀이〉, 〈안

개 속에 핀 꽃〉, 〈어느날 피었네〉를 특히 좋아했다. 이 앨범은 음반을 모으기 시작한 조금 뒤인 고등학교 1학년 때(1982년) 무렵에 산 것으로 기억한다. 당시 산울림은 김창훈, 김창익이 군에서 제대한 후 복귀해서 7집(1981)과 8집(1982)을 발표하며 엄청난 인기를 끌 무렵이라서 초기 산울림 1~3집을 온전하게 살 수가 있었다. 라디오가 아니라 음반으로 들은 산울림은 정말 대단했다. 오디오 스피커를 울리면서 1집의 〈아마 늦은 여름이었을 거야〉의 기타, 베이스, 드럼, 피아노 세션이 터져 나올 때도 대단했지만, 내게 상당히 감동을 준 노래는 라디오에서는 잘 들을 수 없었던 2집의 〈이 기쁨〉이었다. 1집보다는 진일보한 세션을 바탕으로 가장 뛰어난 곡 구성을 갖는 노래가 바로 〈이 기쁨〉이 아닌가 한다. 여기서 삼형제의 세션도 박력 넘치지만, 특히 김창완의 기타 연주는 감각 면에서는 최고다. 한마디로 놀라운 창작곡이고, 박진감 넘치는 세션이다.

그런데 지금 생각해보면, 이미 당시 나는 레드 제플린(Led Zeppelin), 크림(Cream), 제프 벡(Jeff Beck), 보스톤(Boston), 중기 스틱스(Styx), 핑크 플로이드(Pink Floyd), 알란 파슨스 프로젝트(Alan Parsons Project) 류의 연주·녹음 완성도가 높은 영미권 록음악에 빠져 있었는데도 산울림이나 송골매 같은 밴드들을 함께 좋아했던 것은 의아하게 생각된다. 어쨌든 그 덕분에 현재 한국대중음악에 대한 평을 주로 쓸 수 있게 되었지만.

시인과 촌장 [푸른 돛] (1986/서라벌레코드)

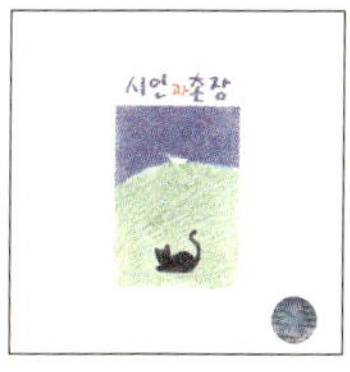

시인과 촌장을 처음 알게 된 것은 [우리노래 전시회](1984/서라벌레코드)에 담긴 〈비둘기에게〉를 들으면서였다. 전화 수화기 너머로 들리는 하덕규의 졸린 듯한 목소리와 힘찬 어구스틱기타 스트로크의 조화가 절묘했던 이 노래를 듣고 하덕규의 팬이 되었다. 그리고 2년 뒤 정규 2집을 들으면서 한국에도 이런 콘셉트 앨범을 내는 뮤지션이 있다는 것에 심히 놀랐다. 비둘기, 고양이, 매 등 자신의 감정을 이입시킨 매개체를 통해서 만든 섬세한 노랫말은 가슴을 아프게 하는 면이 있었고, 다음해 전인권·허성욱 [머리에 꽃을 "1979-1987 추억의 들국화"](1987/동아기획)에서 최구희와 함께 진가를 발휘하는 함춘호의 기타 연주는 이때 이미 절정의 감각을 선보였다. 특히 〈매〉는 가사나 연주 면에서 이 음반의 베스트이다.

저기 작은 둥우리를 트는 푸른 새들도
너의 매서운 창공에 숨죽여 울고
우울한 네 영혼은 언제나
사나운 바람이 하늘로 휘날린다

너의 평화는 언제나 눈에 보이는 곳에 없고
모든 것들이 조용히 숨을 쉴 때도
쫓고 쫓아야만 하는 네 슬픈 운명
언제나 날카로운 부리를 세우며 울고

너의 평화는 언제나 눈에 보이는 곳에 없고
모든 것들이 조용히 숨을 쉴 때도
쫓고 쫓아야만 하는 네 슬픈 운명
언제나 날카로운 발톱을 세우며 울고
날아라 매 너의 하늘로 / 날아라 매 너의 하늘로
매~

어떤날 [1960 · 1965] (1986/서라벌레코드)

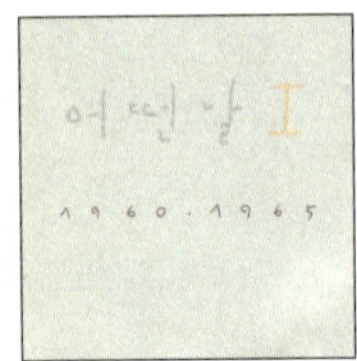

　　어떤날도 시인과 촌장과 함께 [우리노래 전시회](1984/서라벌레코드)에 참여했고, 여기서는 〈너무 아쉬워하지마〉를 불렀다. 이때는 이병우가 참여하지 않았고 조동익 혼자였다. 이후 역시 시인과 촌장의 2집이 발매된 1986년에 어떤날의 데뷔 앨범 [1960 · 1965]를 발표했다. 시인과 촌장의 [푸른 돛]이 발표 당시부터 많은 인기를 얻었던 것과 달리, 어떤날의 데뷔는 다소 조용한 편이었다. 하지만 시간이 지나면서 재평가를 받은 대표적인 앨범이 되었고, 지금은 1980년대 중반 한국대중음악의 서정미를 얘기할 때 첫 번째로 손꼽히는 앨범이 되었다. 이전에 나온 〈너무 아쉬워하지마〉를 썩 좋아하지 않아 이들의 1집을 사지 않고 있었는데, 친구 집에서 우연히 듣다가 너무 감동을 받아서 그 자리에서 연달아 세 번을 다시 들었던 기억이 지금도 생생하다. 그게 〈하늘〉, 〈오래된 친구〉, 〈그날〉로 이어지는 트랙들이었다. 지금은 절대로 들을 수 없는 이병우의 묵직하면서도 전율적인 일렉트릭기타 연주를 〈그날〉에서 들을 수 있다.

전인권 · 허성욱 [머리에 꽃을 "1979–1987 추억의 들국화"] (1987/동아기획)

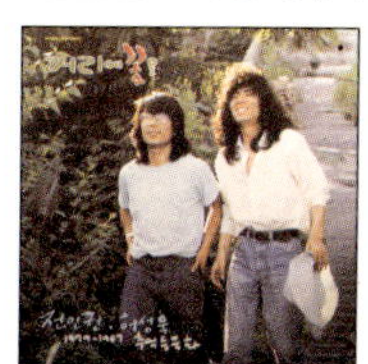

들국화는 그냥 들국화 자체가 좋았지 특정 멤버를 좋아하지는 않았다. 오히려 특정 멤버를 좋아한다면 〈아침이 밝아올 때까지〉를 만들고, 라이브에서 배드 핑거(Bad Finger)의 〈Carry on till Tomorrow〉를 기가 막히게 불렀던 조덕환이나 감성적인 피아노 · 키보드 연주를 들려주었던 허성욱이 마음에 들었다. 들국화 당시 전인권은 자기 노래를 거의 부르지 않았으니 별로 얘기할 것이 없었고, 최성원의 노래들은 특별하게 내가 좋아하는 스타일이 아니었다. 한국대중음악사에서 1985년에 불멸의 데뷔앨범을 발표한 이들이지만 1986년에 어수선한 2집을 발표하면서 해체의 길로 들어서서 실망감도 많았다. 그래서 만약 전인권이 이 앨범과 정규 솔로 1집(1988년)을 발표하지 않았다면 그는 내 기억에서 사라졌을 것이다. 정말 이 앨범은 단연코 전인권이 관여한 최고작이자 1980년대 중 · 후반 '한국대중음악 르네상스기' 에서의 정점이다. 지금은 대마초를 비롯한 온갖 가십 거리로 얘기되고 '윤도현을 능가하는 목청' 으로나 평가받지만, 1980년대 말의 전인권은 한국 대중음악계에서의 핵심적인 송라이터였다. 오버그라운드에 이영훈이 있었다면 언더그라운드에 전인권이 있었다고 해도 과언이 아니다. 그런데 그에 대한 평가가 단지 '윤도현을 능가하는 목청' 이라는 것은 매우 부당해 보인다.

들국화 활동 중단 이후 허성욱과 듀오 체제로 만든 이 음반은 첫 곡 〈북소리〉부터 심상치 않은데, 난 전인권이 이렇게 아름다운 선율을 만들어낼 것이라고는 상상도 하지 못했다. 허밍처럼 시작하는 전인권의 목소리는 "외롭게 지나온 날들이 나에게 다시 찾아온다 해도 / 나는 나의 길을 가겠어요 자유로운 마음 된다면"이 지나면서 점차 고조되고, 허성욱의 강렬한 피아노 터치가 이어진다. 이내 〈사랑한 후에〉, 〈머리에 꽃을〉과 같은 명곡들이 이어지고, 〈어떤...(가을)〉, 〈사노라면〉 을 부르며 끝난다. 처음부터 끝까지 아름다운 선율로 점철된 앨범이다. 개인적으로 1980년대 가장 아름다운 멜로디의 음반을 1장 꼽으라면, 아마 어떤날 1집과 이 앨범을 두고 고민할 것이다. 전인권은 이듬해 또 하나의 명작인 솔로 1집 [전인권]을 밴드 파랑새와 함께 녹음했다. 아쉽지만 그의 빛나는 창작은 여기까지다.

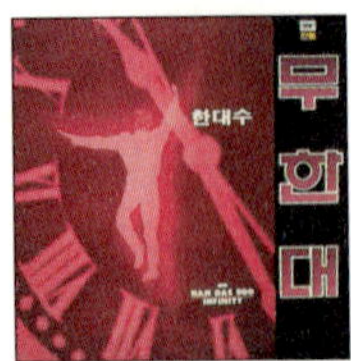

　1989년 어느 날 라디오에서 이 음반에 수록된 〈마지막 꿈〉을 들었다. 나 또한 한대수를 〈물 좀 주소〉, 〈행복의 나라〉를 부른 모던포크 뮤지션 정도로만 알고 있었고, 그의 1집 [멀고 먼 길](1974)과 2집 [고무신](1975)을 제대로 들어본 적이 없었기 때문에 그를 그다지 중요한 아티스트로 생각하지 않았다. 1, 2집 발표 후 미국에 가서 생활한다는 얘기만 들었기 때문에 3집 [무한대]가 장장 14년 만에 나왔다는 기사에도 그리 큰 관심을 갖지 않았던 때였다. 한데 모 라디오 프로그램에서 한대수를 소개하면서 시나위 출신의 김종서가 백보컬을 맡았다는 〈마지막 꿈〉을 틀어주었는데, 난 정말로 깜짝 놀랐다. '포크 뮤지션'으로만 알고 있었던 한대수의 신곡에서 '아메리칸 록 스타일의 세션'이 나왔기 때문이었고, 또한 세션 수준이 '장난이 아니었기' 때문이었다. 결국 부랴부랴 레코드점에 달려가서 한대수의 [무한대]를 샀고, 다시 뛰어오다시피 집에 와서 그의 음반을 들었는데, 버스를 타고 오는 그시간 동안 그의 새로운 음악이 궁금해서 '죽을 뻔' 했던 기억이 난다.

　집에 와서 음반의 크레딧을 보고나서야 궁금증이 풀렸다. 한대수는 자신의 곡들을 '세련된 록 세션'으로 녹음하고자 당시 젊은 헤비메틀 뮤지션들을 불러들였고, 그들은 외인부대 출신의 손무현(기타), 카리스마 출신의 김영진(베이스), 김민기(드럼), 그리고 송태호(키보드)였다. 세션의 반은 이들이 맡았는데, 그 결과 〈One Day〉, 〈Widow's Theme〉, 〈마지막 꿈〉, 〈고무신〉과 같은 한국록 역사에서 길이 남을 명세션이 탄생했다. 알다시피 한대수는 1960년대 중반 청소년기를 미국에서 보내면서 당시 히피문화와 전위적인 록음악의 세례를 직접적으로 받았던 사람이고, 1970년대 중반에는 미국 뉴욕에서 3인조 하드록 밴드 '징기스칸'의 리더를 하기도 했다. 그러니 [무한대]에서 절묘한 '아메리칸 록 스타일의 세션'이 나올 수 있었고, 당시 국내에서는 그 세션의 정체성과 퀄리티를 잘 몰랐겠지만 나 같은 영미권 록음악 마니아들은 쉽게 알아챌 수 있었다. 당시 한국의 스튜디오 세션은 1980년대 중반 이후 비약적으로 발전해서 한영애 2집 [바라본다](1988년)나 김현식 4집(1988년)과 같은 뛰어난 세션이 담긴 앨범들이 나왔던 시기였고, 한대수의 [무한대]에도 이 세션맨들이 참여했다. 하지만 록 세션의 질감은 한계가 있었는데, 이 음반에서 손무현 등의 '젊은 팀'과 송홍섭 등의 '노장 팀'의 세션을 비교해보면 알 수 있다.

　난 이 음반을 들으면서 한대수의 '창작력'에 다시 한 번 놀랐고, 왜 그와 같은 뛰어난 아티스트가 이토록 낮은 대접을 받고 있는지가 궁금했다. 한대수는 그간 국내 세션, 녹음 등 기술적인 한계 때문에 창작에서 '표현의 한계'를 겪은 경우였다. 그러다가 1980년대 말에 와서 이 부분이 어느 정도 해결되어 날개를 단 호랑이가 된 것이다. '아메리칸 록 스타일의 세션'은 [무한대]에 수록된 노래들을 가장 잘 표현할 수 있는 방법론으로 보면 되고, 이를 조율한 한대수는 프로듀서로서의 재능을 가졌다고 볼 수 있다.

결국 한대수는 이 음반이 아무런 조응을 받지 못하자 다시 미국으로 갔고, 거기서 1990년대 중반까지 음악창작 활동을 했다. 그는 1990년대 중반까지 한국에서 철저하게 무시당했고(이미 4집 [기억상실]과 5집 [천사들의 담화]도 나왔건만), 1997년쯤에 이르러야 음악적인 재평가를 받았다. 내가 1997년 말 음악전문지 《서브(SUB)》에서 'Special Text'라는 1년 연재 기사를 기획하면서 가장 먼저 재평가를 하고 싶었던 뮤지션이 바로 한대수였고, 그래서 음악사적으로 산울림을 재평가한 후 그를 다루었다. 그런데 1987년 6월 민주항쟁 이후 김민기와 같은 이들은 음악적인 복권과 재평가가 이루어졌는데, 왜 한대수는 그렇지 못했을까? 내가 알기에 한대수는 이후 10년간 김민기와 비교 아닌 비교를 당하면서 상대적으로 저평가되는 일도 당했다. 그 이유는 뭘까?

지은이 박준흠 (ceo@gaseum.co.kr)

약력

LG정보통신 중앙연구소 선임연구원 (1990~1994년)

G-TV 기술국 엔지니어 (1995~1997년)

대중음악전문지 월간 《서브(SUB)》 편집장 (1997~1999년)

인터넷음악방송국 쌈넷(ssamnet) 방송국장 (2000~2002년)

광명음악밸리축제 예술감독 (2005~2006년)

한국문화예술위원회 다원예술위원 (2006년)

성공회대 문화대학원 문화예술경영학과 졸업 (2006년)

광주청소년음악페스티벌 총감독 (2008년)

'문화기획자그룹 · 문화예술전문매체' 가슴네트워크 대표 (1999년~현재)

한국대중음악상 운영위원회 운영위원 (2004년~현재)

추계예술대학원 문화예술학과 박사 과정 (2007년~현재)

중앙대학교 대학원 문화연구학과 출강 (2008년~현재)

문화기획자, 대중음악평론가

저서

『이 땅에서 음악을 한다는 것은』(교보문고, 1999)

『대한인디만세 – 한국인디음악10년사』(세미콜론, 2006)

『문화기획입문』(한국방송통신대, 2006, 공저)

『축제기획의 실제』(도서출판한울, 2007)

『한국 음악창작자의 역사 2』(도서출판 한울, 근간)

『인디음반 가이드 2000』(도서출판 한울, 근간)

음반기획

허클베리 핀 [나를 닮은 사내 – 2집](2001/쌈넷)

V.A. [2001 쌈지사운드 페스티벌 – Live 실황 2CD](2001/쌈넷)

축제 · 공연 · 이벤트 기획

Sub '98 공연 'Live & Life' (1998년 6월, KM-TV홀)

쌈지 뮤직비디오 콘테스트 (2000년 9월, 쌈지스페이스)

2000 쌈지사운드 페스티벌 (2000년 10월, 연세대 노천극장)

2001 쌈지사운드 페스티벌 (2001년 10월, 연세대 노천극장)

제1회 한국대중음악상 (2004년 3월, 성균관대 600주년기념관)

2005 광명음악밸리축제 (2005년 10월, 광명시민운동장)

2006 광명음악밸리축제 (2006년 9월, 광명시민운동장)

'가슴네트워크 선정 한국대중음악 100대 명반' (2007년 8월, 총 50주, 경향신문)

'한국대중음악 100대 명반 인터뷰' (2008년 3월, 총 30주, 네이버)

2008 광주청소년음악페스티벌 (2008년 5월, 김대중컨벤션센터)

'한국의 인디레이블' (2008년 7월, 총 30주, 경향신문)

가슴네트워크 대중음악총서 vol.1

한국 음악창작자의 역사 1

ⓒ 박준흠, 2008

지은이　박준흠
펴낸이　김종수
펴낸곳　도서출판 한울

편집책임　김경아
편집　양은주
초판 1쇄 인쇄　2008년 8월 22일
초판 1쇄 발행　2008년 9월 1일
주소　413-832 파주시 교하읍 문발리 507-2(본사)
　　　121-801 서울시 마포구 공덕동 105-90 서울빌딩 3층(서울사무소)
전화　영업 02-326-0095, 편집 02-336-6183
팩스　02-333-7543
홈페이지　www.hanulbooks.co.kr
등록　1980년 3월 13일, 제406-2003-051호

Printed in Korea.
ISBN 978-89-460-3949-0 03670

*책값은 겉표지에 표시되어 있습니다.